THE
ASTRONOMICAL
ALMANAC

FOR THE YEAR

2019

and its companion

The Astronomical Almanac Online

Data for Astronomy, Space Sciences, Geodesy,
Surveying, Navigation and other applications

WASHINGTON

Issued by the
Nautical Almanac Office
United States
Naval Observatory
by direction of the
Secretary of the Navy
and under the
authority of Congress

TAUNTON

Issued
by
Her Majesty's
Nautical Almanac Office
on behalf
of
The United Kingdom
Hydrographic Office

WASHINGTON: U.S. GOVERNMENT PUBLISHING OFFICE
TAUNTON: THE U.K. HYDROGRAPHIC OFFICE

ISBN 978–0–7077–41925

ISSN 0737-6421

UNITED STATES

For sale by the Superintendent of Documents, U.S. Government Publishing Office
Internet: bookstore.gpo.gov Phone: toll free (866) 512-1800; DC area (202) 512-1800
Fax: (202) 512-2104 Mail: Stop IDCC, Washington, DC 20402-0001

Published by the United Kingdom Hydrographic Office

http://www.gov.uk/UKHO

Telephone:+44 (0)1823 723 366

E-mail: customerservices@ukho.gov.uk

NOTE
Every care is taken to prevent errors in the production of this publication. As a final precaution it is recommended that the sequence of pages in this copy be examined on receipt. If faulty it should be returned for replacement.

Printed in the United States of America
by the U.S. Government Publishing Office

Beginning with the edition for 1981, the title *The Astronomical Almanac* replaced both the title *The American Ephemeris and Nautical Almanac* and the title *The Astronomical Ephemeris*. The changes in title symbolise the unification of the two series, which until 1980 were published separately in the United States of America since 1855 and in the United Kingdom since 1767. *The Astronomical Almanac* is prepared jointly by the Nautical Almanac Office, United States Naval Observatory, and H.M. Nautical Almanac Office, United Kingdom Hydrographic Office, and is published jointly by the United States Government Publishing Office and the United Kingdom Hydrographic Office; it is printed only in the United States of America using reproducible material from both offices.

By international agreement the tasks of computation and publication of astronomical ephemerides are shared among the ephemeris offices of several countries. The contributors of the basic data for this Almanac are listed on page vii. This volume was designed in consultation with other astronomers of many countries, and is intended to provide current, accurate astronomical data for use in the making and reduction of observations and for general purposes. (The other publications listed on pages viii-ix give astronomical data for particular applications, such as navigation and surveying.)

Beginning with the 1984 edition, most of the data tabulated in *The Astronomical Almanac* have been based on the fundamental ephemerides of the planets and the Moon prepared at the Jet Propulsion Laboratory (JPL). In particular, the 2003 through 2014 editions utilized the JPL Planetary and Lunar Ephemerides DE405/LE405. Beginning with the 2015 edition, JPL's DE430/LE430 are the basis of the tabulations.

The 2009 edition implemented the relevant International Astronomical Union (IAU) resolutions passed at the 2003 and 2006 IAU General Assemblies. This includes the adoption of the report by the IAU Working Group on Precession and the Ecliptic which affects a significant fraction of the tabulated data (see Section L for more details). *U.S. Naval Observatory Circular No. 179* (see page ix) gives a detailed explanation of the relevant IAU resolutions. Beginning with the 2014 edition, all sections reflect the IAU 2006 resolution that formally defined planets, dwarf planets, and small solar system bodies. Beginning with the 2015 edition, the 2012 IAU resolution re-defining the astronomical unit has been implemented.

The Astronomical Almanac Online is a companion to this volume. It is designed to broaden the scope of this publication. In addition to ancillary information, the data provided will appeal to specialist groups as well as those needing more precise information. Much of the material may also be downloaded.

Suggestions for further improvement of this Almanac would be welcomed; they should be sent to the Chief, Nautical Almanac Office, United States Naval Observatory or to the Head, H.M. Nautical Almanac Office, United Kingdom Hydrographic Office.

MICHAEL RIGGINS
Captain, U.S. Navy,
Superintendent, U.S. Naval Observatory
3450 Massachusetts Avenue, NW
Washington, D.C. 20392–5420
U.S.A.

JOHN HUMPHREY
Chief Executive
UK Hydrographic Office
Admiralty Way, Taunton
Somerset, TA1 2DN
United Kingdom

October 2017

Corrections to The Astronomical Almanac, 2018

Page F43, Hyperion table only: the Inferior Conjunction value given on December 50 is erroneous and should be ignored.

Corrections to The Astronomical Almanac, 2014-2018

The values for the orbital periods given on F2 and F4 occasionally do not match similar data given on F6, F8, F40, F47, F50 or F51. In all cases, the values on F2 and F4 are the most up-to-date.

Corrections to The Astronomical Almanac, 2000-2018

Section H, Selected Variable Stars, for η Car replace HD 93309 with HD 93308.

Changes introduced for 2019

Section F: The Uranian ring data have been updated using NASA's Planetary Data System archive.

Section H: Updates to the data have been made to the lists of double stars, *UBVRI* standard stars, ICRF2 radio source positions, and gamma ray sources.

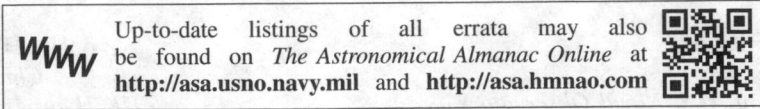

Up-to-date listings of all errata may also be found on *The Astronomical Almanac Online* at **http://asa.usno.navy.mil** and **http://asa.hmnao.com**

CONTENTS, 2019

Section A PHENOMENA
Seasons; Moon's phases; principal occultations; planetary phenomena; elongations and magnitudes of planets; visibility of planets; diary of phenomena; times of sunrise, sunset, twilight, moonrise and moonset; eclipses, transits, use of Besselian elements.

Section B TIME-SCALES AND COORDINATE SYSTEMS
Calendar; chronological cycles and eras; religious calendars; relationships between time scales; universal and sidereal times, Earth rotation angle; reduction of celestial coordinates; proper motion, annual parallax, aberration, light-deflection, precession and nutation; coordinates of the CIP & CIO, matrix elements for both frame bias, precession-nutation, and GCRS to the Celestial Intermediate Reference System, formulae for apparent and intermediate place reduction; position and velocity of the Earth; polar motion; diurnal parallax and aberration; altitude, azimuth; refraction; pole star formulae and table.

Section C SUN
Mean orbital elements, elements of rotation; low-precision formulae for coordinates of the Sun and the equation of time; ecliptic and equatorial coordinates; heliographic coordinates, horizontal parallax, semi-diameter and time of transit; geocentric rectangular coordinates.

Section D MOON
Phases; perigee and apogee; mean elements of orbit and rotation; lengths of mean months; geocentric, topocentric and selenographic coordinates; formulae for libration; ecliptic and equatorial coordinates, distance, horizontal parallax and time of transit; physical ephemeris, semi-diameter and fraction illuminated; low-precision formulae for geocentric and topocentric coordinates.

Section E PLANETS
Rotation elements for Mercury, Venus, Mars, Jupiter, Saturn, Uranus, and Neptune; physical ephemerides; osculating orbital elements (including the Earth-Moon barycentre); heliocentric ecliptic coordinates; geocentric equatorial coordinates; times of transit.

Section F NATURAL SATELLITES
Ephemerides and phenomena of the satellites of Mars, Jupiter, Saturn (including the rings), Uranus, Neptune and Pluto.

Section G DWARF PLANETS AND SMALL SOLAR SYSTEM BODIES
Osculating elements; opposition dates and finding charts; physical ephemerides; geocentric equatorial coordinates, visual magnitudes, and time of transit for those bodies at opposition. Osculating elements for periodic comets.

Section H STARS AND STELLAR SYSTEMS
Lists of bright stars, double stars, *UBVRI* standards, spectrophotometric standards, radial velocity standards, variable stars, exoplanet/host stars, bright galaxies, open clusters, globular clusters, ICRF radio source positions, radio telescope flux & polarization calibrators, X-ray sources, quasars, pulsars, and gamma ray sources.

Section J OBSERVATORIES
Index of observatory name and place; lists of optical and radio observatories.

Section K TABLES AND DATA
Julian dates of Gregorian calendar dates; selected astronomical constants; reduction of time scales; reduction of terrestrial coordinates; interpolation methods; vectors and matrices.

Section L NOTES AND REFERENCES   Section M GLOSSARY   Section N INDEX

THE ASTRONOMICAL ALMANAC ONLINE
www — http://asa.usno.navy.mil & http://asa.hmnao.com
Eclipse Portal; occultation maps; lunar polynomial coefficients; planetary heliocentric osculating elements; satellite offsets, apparent distances, position angles, orbital, physical, and photometric data; minor planet diameters; various star data sets; observatory search; astronomical constants; glossary, errata.

The pagination within each section is given in full on the first page of each section.

U.S. NAVAL OBSERVATORY

CAPT Michael Riggins, *U.S.N., Superintendent*
CDR, Jody M. Powers *U.S.N., Deputy Superintendent*
Brian Luzum, *Scientific Director*

ASTRONOMICAL APPLICATIONS DEPARTMENT

Nancy A. Oliversen, *Head*
Sean E. Urban, *Chief, Nautical Almanac Office*
Jennifer L. Bartlett, *Chief, Software Products Division*
Nancy A. Oliversen, *Acting Chief, Science Support Division*

George H. Kaplan	James L. Hilton
William T. Harris	Wendy K. Puatua
Susan G. Stewart	Mark T. Stollberg
Michael Efroimsky	Eric G. Barron
Malynda R. Chizek Frouard	John A. Bangert
Yvette Washington	

THE UNITED KINGDOM HYDROGRAPHIC OFFICE

John Humphrey, *Chief Executive*
Thomas Warren-Locke, *Head of the Scientific Analysis Group*

HER MAJESTY'S NAUTICAL ALMANAC OFFICE

Steven A. Bell, *Head*

Catherine Y. Hohenkerk	Donald B. Taylor
Susan G. Nelmes	Paresh S. Prema
James A. Whittaker	Paul A. T. Trigg

The data in this volume have been prepared as follows:

By H.M. Nautical Almanac Office, United Kingdom Hydrographic Office:

Section A—phenomena, rising, setting of Sun and Moon, lunar eclipses; B—ephemerides and tables relating to time-scales and coordinate reference frames; D—physical ephemerides and geocentric coordinates of the Moon; F—ephemerides for sixteen of the major planetary satellites; G—opposition dates, finding charts, geocentric coordinates, transit times, and osculating orbital elements, of selected dwarf planets and small solar system bodies; K—tables and data.

By the Nautical Almanac Office, United States Naval Observatory:

Section A—eclipses of the Sun; C—physical ephemerides, geocentric and rectangular coordinates of the Sun; E—physical ephemerides, orbital elements, heliocentric and geocentric coordinates, and transit times of the planets; F—phenomena and ephemerides of satellites, except Jupiter I–IV; H—data for lists of bright stars, photometric standard stars, radial velocity standard stars, exoplanets and host stars, bright galaxies, open clusters, globular clusters, radio source positions, radio flux calibrators, X-ray sources, quasars, pulsars, variable stars, double stars and gamma ray sources; J—information on observatories; L—notes and references; M—glossary; N—index.

By the Jet Propulsion Laboratory, California Institute of Technology:

The planetary and lunar ephemerides DE430/LE430. The ephemerides of the dwarf planets and the largest and/or brightest 92 minor planets.

By the IAU Standards Of Fundamental Astronomy (SOFA) initiative:

Software implementation of fundamental quantities used in sections A, B, D and G.

By the Institut de Mécanique Céleste et de Calcul des Éphémérides, Paris Observatory:

Section F—ephemerides and phenomena of satellites I–IV of Jupiter.

By the Minor Planet Center, Cambridge, Massachusetts:

Section G—orbital elements of periodic comets.

Section H—Stars and stellar systems: many individuals have provided expertise in compiling the tables; they are listed in Section L and on *The Astronomical Almanac Online*.

In general the Office responsible for the preparation of the data has drafted the related explanatory notes and auxiliary material, but both have contributed to the final form of the material. The preliminaries, Section A, except the solar eclipses, and Sections B, D, G and K have been composed in the United Kingdom, while the rest of the material has been composed in the United States. The work of proofreading has been shared, but no attempt has been made to eliminate the differences in spelling and style between the contributions of the two Offices.

Joint publications of HM Nautical Almanac Office (UKHO) and the United States Naval Observatory

These publications are available from UKHO distributors and the Superintendent of Documents, U.S. Government Publishing Office (USGPO) except where noted.

Astronomical Phenomena contains extracts from *The Astronomical Almanac* and is published annually in advance of the main volume. Included are dates and times of planetary and lunar phenomena and other astronomical data of general interest. (UKHO GP200)

The Nautical Almanac contains ephemerides at an interval of one hour and auxiliary astronomical data for marine navigation. (UKHO NP314)

The Air Almanac contains ephemerides at an interval of ten minutes and auxiliary astronomical data for air navigation. This publication is now distributed solely on CD-ROM and is only available from USGPO.

Rapid Sight Reduction Tables for Navigation (AP 3270 / NP 303), 3 volumes, formerly entitled *Sight Reduction Tables for Air Navigation*. Volume 1, selected stars for epoch 2020·0, containing the altitude to 1′ and true azimuth to 1° for the seven stars most suitable for navigation, for all latitudes and hour angles of Aries.

Other publications of HM Nautical Almanac Office (UKHO)

The Star Almanac for Land Surveyors (NP 321) contains the Greenwich hour angle of Aries and the position of the Sun, tabulated for every six hours, and represented by monthly polynomial coefficients. Positions of all stars brighter than magnitude 4·0 are tabulated monthly to a precision of 0ˢ1 in right ascension and 1″ in declination. A CD-ROM is included which contains the electronic edition plus coefficients, in ASCII format, representing the data.

NavPac and Compact Data for 2016–2020 (DP 330) contains software, algorithms and data, which are mainly in the form of polynomial coefficients, for calculating the positions of the Sun, Moon, navigational planets and bright stars. It enables navigators to compute their position at sea from sextant observations using Windows OS XP/Vista/7/8/10 for the period 1986–2020. The tabular data are also supplied as ASCII files on the CD-ROM. Upgrades and updates are available from http://astro.ukho.gov.uk/nao/navpacfour/.

Planetary and Lunar Coordinates, 2001–2020 provides low-precision astronomical data and phenomena for use well in advance of the annual ephemerides. It contains heliocentric, geocentric, spherical and rectangular coordinates of the Sun, Moon and planets, eclipse maps and auxiliary data. All the tabular ephemerides are supplied solely on CD-ROM as ASCII and Adobe's portable document format files. The full printed edition is published in the United States by Willmann-Bell Inc, PO Box 35025, Richmond VA 23235, USA.

Rapid Sight Reduction Tables for Navigation (AP 3270 / NP 303), 3 volumes, formerly entitled *Sight Reduction Tables for Air Navigation*. Volumes 2 and 3 contain altitudes to 1′ and azimuths to 1° for integral degrees of declination from N 29° to S 29°, for relevant latitudes and all hour angles at which the zenith distance is less than 95° providing for sights of the Sun, Moon and planets.

The UK Air Almanac (AP1602) contains data useful in the planning of activities where the level of illumination is important, particularly aircraft movements, and is produced to the general requirements of the Royal Air Force. It may be downloaded from the website http://astro.ukho.gov.uk/nao/publicat/ukaa.html.

NAO Technical Notes are issued irregularly to disseminate astronomical data concerning ephemerides or astronomical phenomena.

Other publications of the United States Naval Observatory

Astronomical Papers of the American Ephemeris[†] are issued irregularly and contain reports of research in celestial mechanics with particular relevance to ephemerides.

U.S. Naval Observatory Circulars[†] are issued irregularly to disseminate astronomical data concerning ephemerides or astronomical phenomena.

U.S. Naval Observatory Circular No. 179, The IAU Resolutions on Astronomical Reference Systems, Time Scales, and Earth Rotation Models explains resolutions and their effects on the data (see Web Links).

Explanatory Supplement to The Astronomical Almanac edited by Sean E. Urban, U.S. Naval Observatory and P. Kenneth Seidelmann, University of Virginia. This third edition is completely updated and offers an authoritative source on the basis and derivation of information contained in *The Astronomical Almanac*, and contains material that is relevant to positional and dynamical astronomy and to chronology. The publication is a collaborative work with authors from the U.S. Naval Observatory, H.M. Nautical Almanac Office, the Jet Propulsion Laboratory and others. It is published by, and available from University Science Books, Mill Valley, California, whose UK distributor is Macmillan Distribution.

MICA is an interactive astronomical almanac for professional applications. Software for both PC systems with Intel processors and Apple Macintosh computers is provided on a single CD-ROM. *MICA* allows a user to compute, to full precision, much of the tabular data contained in *The Astronomical Almanac*, as well as data for specific times and locations. All calculations are made in real time and data are not interpolated from tables. MICA is a product of the U.S. Naval Observatory; it is published by and available from Willmann-Bell Inc. The latest version covers the interval 1800-2050.

† Many of these publications are available from the Nautical Almanac Office, U.S. Naval Observatory, Washington, DC 20392-5420, see Web Links on the next page for availability.

Publications of other countries

Apparent Places of Fundamental Stars is prepared by the Astronomisches Rechen-Institut, Heidelberg (www.ari.uni-heidelberg.de). The printed version of APFS gives the data for a few fundamental stars only, together with the explanation and examples. The apparent places of stars using the FK6 or Hipparcos catalogues are provided by the on-line database ARIAPFS (http://www.ari.uni-heidelberg.de/ariapfs). The printed booklet also contains the so-called '10-Day-Stars' and the 'Circumpolar Stars' and is available from Der Kleine Buch Verlag, Leopoldstrasse 7b, 76133 Karlsruhe, Germany.

Ephemerides of Minor Planets is prepared annually by the Institute of Applied Astronomy of the Russian Academy of Sciences (http://iaaras.ru). Included in this volume are elements, opposition dates and opposition ephemerides of all numbered minor planets. This volume (http://iaaras.ru/html/emp2017/emp2017.html) is available from the Institute of Applied Astronomy, Naberezhnaya Kutuzova 10, St. Petersburg, 191187 Russia.

Electronic publications

The Astronomical Almanac Online: The companion publication of *The Astronomical Almanac*, providing data best presented in machine-readable form. It typically does not duplicate data from the book. It does, in some cases, provide additional information or greater precision than the printed data. Examples of data found on *The Astronomical Almanac Online* are searchable databases, eclipse and occultation maps, errata found in the printed publication, and a searchable glossary. See next page for web links to *The Astronomical Almanac Online*.

Please refer to the relevant World Wide Web address for further details about the publications and services provided by the following organisations.

H.M. Nautical Almanac Office and U.S. Naval Observatory
- *The Astronomical Almanac Online* at

http://asa.usno.navy.mil —  — http://asa.hmnao.com

U.S. Naval Observatory
- U.S. Naval Observatory at http://www.usno.navy.mil/USNO
- USNO Astronomical Applications Department at http://aa.usno.navy.mil/
- USNO Data Services at http://aa.usno.navy.mil/data/
- NOVAS astrometry software at http://aa.usno.navy.mil/software/novas/
- *USNO Circular 179* at http://aa.usno.navy.mil/publications/docs/Circular_179.php

H.M. Nautical Almanac Office
- General information at http://astro.ukho.gov.uk or http://www.gov.uk/HMNAO
- Eclipses Online at http://astro.ukho.gov.uk/eclipse/
- Online data services at http://astro.ukho.gov.uk/websurf2/
- Crescent MoonWatch at http://astro.ukho.gov.uk/moonwatch/

International Astronomical Organizations
- IAU: International Astronomical Union at http://www.iau.org
- IERS: International Earth Rotation and Reference Systems Service at http://www.iers.org
- SOFA: IAU Standards of Fundamental Astronomy at http://www.iausofa.org
- NSFA: IAU Working Group on Numerical Standards at http://maia.usno.navy.mil/NSFA
- MPC: Minor Planet Centre at http://www.minorplanetcenter.org
- CDS: Centre de Données astronomiques de Strasbourg at http://cdsweb.u-strasbg.fr

Products provided by International Astronomical Organizations
- IERS Products http://www.iers.org/ : then
    Orientation data, time, follow, Data / Products → Earth Orientation Data
    Bulletins A, B, C, D and descriptions follow, Publications → IERS Bulletins
    Technical Notes follow, Publications → IERS Technical Notes
- IERS Conventions Centre, updates at http://tai.bipm.org/iers/convupdt/convupdt.html

Publishers and Suppliers
- The UK Hydrographic Office (UKHO) at http://www.gov.uk/UKHO
- U.S. Government Publishing Office (USGPO) at https://bookstore.gpo.gov
- University Science Books at http://www.uscibooks.com
- Willmann-Bell at http://www.willbell.com
- Macmillan Distribution at http://www.palgrave.com

CONTENTS OF SECTION A

This symbol indicates that these data or auxiliary material may also be found on *The Astronomical Almanac Online* at **http://asa.usno.navy.mil** and **http://asa.hmnao.com**

NOTE: All the times in this section are expressed in Universal Time (UT).

THE SUN

	d h		d h m		d h m
Perigee … Jan.	3 05	Equinoxes … Mar.	20 21 58 …	… Sept.	23 07 50
Apogee … July	4 22	Solstices … June	21 15 54 …	… Dec.	22 04 19

PHASES OF THE MOON

Lunation	New Moon	First Quarter	Full Moon	Last Quarter
	d h m	d h m	d h m	d h m
1188	Jan. 6 01 28	Jan. 14 06 46	Jan. 21 05 16	Jan. 27 21 10
1189	Feb. 4 21 04	Feb. 12 22 26	Feb. 19 15 54	Feb. 26 11 28
1190	Mar. 6 16 04	Mar. 14 10 27	Mar. 21 01 43	Mar. 28 04 10
1191	Apr. 5 08 50	Apr. 12 19 06	Apr. 19 11 12	Apr. 26 22 18
1192	May 4 22 46	May 12 01 12	May 18 21 11	May 26 16 34
1193	June 3 10 02	June 10 05 59	June 17 08 31	June 25 09 46
1194	July 2 19 16	July 9 10 55	July 16 21 38	July 25 01 18
1195	Aug. 1 03 12	Aug. 7 17 31	Aug. 15 12 29	Aug. 23 14 56
1196	Aug. 30 10 37	Sept. 6 03 10	Sept. 14 04 33	Sept. 22 02 41
1197	Sept. 28 18 26	Oct. 5 16 47	Oct. 13 21 08	Oct. 21 12 39
1198	Oct. 28 03 38	Nov. 4 10 23	Nov. 12 13 34	Nov. 19 21 11
1199	Nov. 26 15 06	Dec. 4 06 58	Dec. 12 05 12	Dec. 19 04 57
1200	Dec. 26 05 13			

ECLIPSES AND TRANSIT OF MERCURY

A partial eclipse of the Sun	Jan. 5-6	E. Asia, Japan, N. Micronesia, Aleutian Is.
A total eclipse of the Moon	Jan. 21	Middle East, Africa, Europe, the Americas, most of Oceania, easternmost Russia
A total eclipse of the Sun	Jul. 2	Eastern Oceania, most of South America
A partial eclipse of the Moon	Jul. 16-17	Australasia, Asia except N.E., Africa, Europe except N. Scandinavia, most of S. America
A transit of Mercury	Nov. 11	Middle East, most of Europe, Africa, the Americas (except Alaska), most of Oceania
An annular eclipse of the Sun	Dec. 26	Middle East, N.E. Africa, Asia except N. & E. Russia, N. & W. Australia, Micronesia

MOON AT PERIGEE

d	h		d	h		d	h
Jan. 21	20	June	7	23	Oct. 26	11	
Feb. 19	09	July	5	05	Nov. 23	08	
Mar. 19	20	Aug.	2	07	Dec. 18	20	
Apr. 16	22	Aug.	30	16			
May 13	22	Sept.	28	02			

MOON AT APOGEE

d	h		d	h		d	h
Jan. 9	04	May	26	13	Oct. 10	18	
Feb. 5	09	June	23	08	Nov. 7	09	
Mar. 4	11	July	21	00	Dec. 5	04	
Apr. 1	00	Aug.	17	11			
Apr. 28	18	Sept.	13	14			

OCCULTATIONS OF PLANETS AND BRIGHT STARS BY THE MOON

Date	Body	Areas of Visibility
Jan. 31 18	Venus	E. Micronesia, Polynesia (except Hawaii), Galapagos Is., S. Central America, N.W. South America
Feb. 2 07	Saturn	N. & N.E. Africa, S. and central Europe, Middle East, W. Asia, parts of S. Russia
Feb. 2 20	Pluto	N. Micronesia, Hawaii, Aleutian Is., W. & central N. America (except Alaska)
Feb. 6 08	Vesta	Parts of W. Russia
Mar. 1 18	Saturn	Most of Micronesia, N. Polynesia (except Hawaii), Central America, S. North America
Mar. 2 04	Pluto	N.E. Africa, S.W. Europe, Middle East, India, most of S. & E. Asia, most of China, most of Mongolia
Mar. 29 05	Saturn	E. edge of Brazil, southern Africa, Madagascar, S. tip of India, Sri Lanka
Mar. 29 12	Pluto	W. & S. Mexico, Central America, N. half of S. America, Madeira, Cape Verde Is., W. edge of Africa
Apr. 25 14	Saturn	E. Australia, New Zealand, W. South America
Apr. 25 20	Pluto	Sri Lanka, Indonesia, Australia, Melanesia, S.E. Micronesia, N.W. Polynesia
May 2 13	Vesta	Galapagos Is., N. South America, Azores, Cape Verde Is., N.W. Africa, S. Europe

Date	Body	Areas of Visibility
May 19 18	Ceres	Parts of Antarctica
May 22 22	Saturn	S. tip of Africa, parts of E. Antarctica, Kerguelen Is., most of Australia, S. New Zealand
May 23 04	Pluto	Central S. America, S. & E. Africa
May 30 22	Vesta	Parts of Indonesia, E. Asia, N.W. Micronesia, Aleutian Is., N.W. North America
June 15 15	Ceres	Central & E. Russia, N.E. Kazakhstan, N. & E. China, Japan
June 19 04	Saturn	Easter I., S. South America, Antarctic Peninsula, southern Africa
June 19 11	Pluto	Melanesia, N.E. Australia, S. Micronesia, S. Polynesia, Central America, W. South America
July 4 06	Mars	E. tip of Africa, Arabian Peninsula, most of Asia, Micronesia
July 16 07	Saturn	E. Melanesia, S. Polynesia, Easter I., central South America
July 16 17	Pluto	E. Africa, Madagascar, S. Indonesia, N. & W. Australia, W. Micronesia
Aug. 12 10	Saturn	E. Indonesia, most of Australia, N. New Zealand, Melanesia, Polynesia (except Hawaii)

continued on page A11 ...

Maps showing the areas of visibility may be found on AsA-Online.

AVAILABILITY OF PREDICTIONS OF LUNAR OCCULTATIONS

IOTA, the International Occultation Timing Association is responsible for the predictions and reductions of timings of occultations of stars by the Moon. Their web address is http://lunar-occultations.com/iota.

GEOCENTRIC PHENOMENA

MERCURY

	d h	d h	d h
Superior conjunction ...	Jan. 30 03	May 21 13	Sept. 4 02
Greatest elongation East	Feb. 27 01 (18°)	June 23 23 (25°)	Oct. 20 04 (25°)
Stationary	Mar. 5 05	July 7 04	Oct. 31 20
Inferior conjunction ...	Mar. 15 02	July 21 13	Nov. 11 15
Stationary	Mar. 27 12	July 31 19	Nov. 20 15
Greatest elongation West	Apr. 11 20 (28°)	Aug. 9 23 (19°)	Nov. 28 11 (20°)

VENUS

	d h		d h
Greatest elongation West	Jan. 6 05 (47°)	Superior conjunction ...	Aug. 14 06

SUPERIOR PLANETS

	Conjunction	Stationary	Opposition	Stationary
	d h	d h	d h	d h
Mars	Sept. 2 11	—	—	—
Jupiter	Dec. 27 18	Apr. 10 17	June 10 15	Aug. 11 16
Saturn	Jan. 2 06	Apr. 30 02	July 9 17	Sept. 18 06
Uranus	Apr. 22 23	Aug. 12 06	Oct. 28 08	Jan. 7 02
Neptune	Mar. 7 01	June 22 04	Sept. 10 07	Nov. 27 20

The vertical bars indicate where the dates for the planet are not in chronological order.

OCCULTATIONS BY PLANETS AND SATELLITES

Details of predictions of occultations of stars by planets, minor planets and satellites are given in *The Handbook of the British Astronomical Association*.

HELIOCENTRIC PHENOMENA

	Aphelion	Perihelion	Descending Node	Greatest Lat. South	Ascending Node	Greatest Lat. North
Mercury	Jan. 12	Feb. 25	Jan. 1	Feb. 1	Feb. 20	Mar. 7
	Apr. 10	May 24	Mar. 30	Apr. 30	May 19	June 3
	July 7	Aug. 20	June 26	July 27	Aug. 15	Aug. 30
	Oct. 3	Nov. 16	Sept. 22	Oct. 23	Nov. 11	Nov. 26
	Dec. 30	—	Dec. 19	—	—	—
Venus	Apr. 18	Aug. 8	Mar. 14	May 10	July 5	Jan. 17
	Nov. 28	—	Oct. 25	Dec. 20	—	Aug. 30
Mars	Aug. 26	—	—	—	Jan. 15	July 18

Jupiter, Saturn, Uranus, Neptune: None in 2019

ELONGATIONS AND MAGNITUDES OF PLANETS AT 0ʰ UT

Date	Mercury Elong.	Mag.	Venus Elong.	Mag.	Date	Mercury Elong.	Mag.	Venus Elong.	Mag.
Jan. −3	W. 18	−0.4	W. 47	−4.7	July 1	E. 24	+1.0	W. 12	−3.9
2	W. 16	−0.4	W. 47	−4.6	6	E. 21	+1.6	W. 11	−3.9
7	W. 14	−0.5	W. 47	−4.6	11	E. 16	+2.6	W. 9	−3.9
12	W. 11	−0.6	W. 47	−4.5	16	E. 10	+4.0	W. 8	−3.9
17	W. 8	−0.8	W. 47	−4.5	21	E. 5	+5.4	W. 7	−3.9
22	W. 6	−1.0	W. 46	−4.4	26	W. 9	+4.2	W. 5	−3.9
27	W. 3	−1.3	W. 46	−4.4	31	W. 14	+2.3	W. 4	−3.9
Feb. 1	E. 2	−1.5	W. 45	−4.3	Aug. 5	W. 18	+0.9	W. 3	−4.0
6	E. 5	−1.4	W. 45	−4.3	10	W. 19	0.0	W. 2	−4.0
11	E. 9	−1.2	W. 44	−4.2	15	W. 18	−0.7	E. 1	.
16	E. 13	−1.1	W. 43	−4.2	20	W. 15	−1.1	E. 2	−4.0
21	E. 16	−1.0	W. 42	−4.2	25	W. 10	−1.4	E. 3	−4.0
26	E. 18	−0.6	W. 41	−4.1	30	W. 5	−1.7	E. 5	−3.9
Mar. 3	E. 17	+0.3	W. 41	−4.1	Sept. 4	W. 2	−1.9	E. 6	−3.9
8	E. 13	+2.0	W. 40	−4.1	9	E. 5	−1.4	E. 7	−3.9
13	E. 5	+4.8	W. 39	−4.0	14	E. 9	−0.9	E. 8	−3.9
18	W. 6	+4.6	W. 38	−4.0	19	E. 12	−0.6	E. 10	−3.9
23	W. 15	+2.5	W. 37	−4.0	24	E. 15	−0.4	E. 11	−3.9
28	W. 21	+1.4	W. 36	−4.0	29	E. 18	−0.2	E. 12	−3.9
Apr. 2	W. 25	+0.7	W. 35	−3.9	Oct. 4	E. 20	−0.2	E. 14	−3.9
7	W. 27	+0.4	W. 33	−3.9	9	E. 22	−0.1	E. 15	−3.9
12	W. 28	+0.2	W. 32	−3.9	14	E. 24	−0.1	E. 16	−3.8
17	W. 27	+0.1	W. 31	−3.9	19	E. 25	−0.1	E. 17	−3.8
22	W. 26	0.0	W. 30	−3.9	24	E. 24	−0.1	E. 19	−3.8
27	W. 23	−0.2	W. 29	−3.9	29	E. 22	+0.1	E. 20	−3.8
May 2	W. 20	−0.4	W. 28	−3.8	Nov. 3	E. 17	+1.0	E. 21	−3.8
7	W. 16	−0.7	W. 26	−3.8	8	E. 8	+3.3	E. 22	−3.8
12	W. 11	−1.1	W. 25	−3.8	13	W. 3	.	E. 24	−3.8
17	W. 5	−1.7	W. 24	−3.8	18	W. 13	+1.3	E. 25	−3.9
22	E. 1	−2.4	W. 23	−3.8	23	W. 19	−0.1	E. 26	−3.9
27	E. 7	−1.7	W. 21	−3.8	28	W. 20	−0.6	E. 27	−3.9
June 1	E. 12	−1.1	W. 20	−3.8	Dec. 3	W. 19	−0.6	E. 28	−3.9
6	E. 17	−0.7	W. 19	−3.8	8	W. 18	−0.6	E. 29	−3.9
11	E. 21	−0.4	W. 17	−3.8	13	W. 15	−0.6	E. 30	−3.9
16	E. 24	−0.1	W. 16	−3.8	18	W. 13	−0.6	E. 31	−3.9
21	E. 25	+0.2	W. 15	−3.8	23	W. 10	−0.7	E. 33	−3.9
26	E. 25	+0.6	W. 13	−3.8	28	W. 8	−0.8	E. 34	−3.9
July 1	E. 24	+1.0	W. 12	−3.9	33	W. 5	−1.0	E. 35	−4.0

SELECTED DWARF AND MINOR PLANETS

	Conjunction	Stationary	Opposition	Stationary
Ceres	—	Apr. 8	May 28	July 19
Pallas	Dec. 3	Mar. 5	Apr. 10	June 3
Juno	Aug. 22	—	—	—
Vesta	Mar. 7	Sept. 25	Nov. 12	—
Pluto	Jan. 11	Apr. 25	July 14	Oct. 2

ELONGATIONS AND MAGNITUDES OF PLANETS AT 0ʰ UT

Date		Mars Elong.	Mag.	Jupiter Elong.	Mag.	Saturn Elong.	Mag.	Uranus Elong.	Mag.	Neptune Elong.	Mag.
Jan.	−3	E. 81	+0·4	W. 25	−1·8	E. 5	+0·5	E. 112	+5·8	E. 68	+7·9
	7	E. 78	+0·5	W. 33	−1·8	W. 4	+0·5	E. 102	+5·8	E. 58	+7·9
	17	E. 74	+0·7	W. 42	−1·8	W. 13	+0·5	E. 92	+5·8	E. 48	+7·9
	27	E. 71	+0·8	W. 50	−1·9	W. 22	+0·6	E. 82	+5·8	E. 38	+7·9
Feb.	6	E. 67	+0·9	W. 58	−1·9	W. 31	+0·6	E. 72	+5·8	E. 28	+8·0
	16	E. 64	+1·0	W. 67	−2·0	W. 40	+0·6	E. 62	+5·8	E. 18	+8·0
	26	E. 61	+1·2	W. 76	−2·0	W. 50	+0·6	E. 53	+5·9	E. 9	+8·0
Mar.	8	E. 57	+1·2	W. 84	−2·1	W. 59	+0·6	E. 43	+5·9	W. 1	+8·0
	18	E. 54	+1·3	W. 94	−2·1	W. 68	+0·6	E. 33	+5·9	W. 11	+8·0
	28	E. 51	+1·4	W. 103	−2·2	W. 77	+0·6	E. 24	+5·9	W. 20	+8·0
Apr.	7	E. 48	+1·5	W. 113	−2·3	W. 87	+0·6	E. 15	+5·9	W. 30	+8·0
	17	E. 44	+1·6	W. 122	−2·4	W. 96	+0·5	E. 6	+5·9	W. 39	+7·9
	27	E. 41	+1·6	W. 133	−2·4	W. 106	+0·5	W. 4	+5·9	W. 49	+7·9
May	7	E. 38	+1·7	W. 143	−2·5	W. 116	+0·4	W. 13	+5·9	W. 58	+7·9
	17	E. 35	+1·7	W. 153	−2·5	W. 126	+0·4	W. 22	+5·9	W. 67	+7·9
	27	E. 32	+1·7	W. 164	−2·6	W. 135	+0·3	W. 31	+5·9	W. 77	+7·9
June	6	E. 28	+1·8	W. 175	−2·6	W. 146	+0·2	W. 40	+5·9	W. 86	+7·9
	16	E. 25	+1·8	E. 174	−2·6	W. 156	+0·2	W. 49	+5·9	W. 96	+7·9
	26	E. 22	+1·8	E. 163	−2·6	W. 166	+0·1	W. 58	+5·8	W. 105	+7·9
July	6	E. 19	+1·8	E. 153	−2·6	W. 176	+0·1	W. 68	+5·8	W. 115	+7·9
	16	E. 16	+1·8	E. 142	−2·5	E. 174	+0·1	W. 77	+5·8	W. 125	+7·8
	26	E. 13	+1·8	E. 132	−2·5	E. 163	+0·1	W. 86	+5·8	W. 134	+7·8
Aug.	5	E. 9	+1·8	E. 122	−2·4	E. 153	+0·2	W. 96	+5·8	W. 144	+7·8
	15	E. 6	+1·8	E. 113	−2·3	E. 143	+0·2	W. 105	+5·8	W. 154	+7·8
	25	E. 3	+1·8	E. 103	−2·3	E. 133	+0·3	W. 115	+5·7	W. 164	+7·8
Sept.	4	W. 1	+1·7	E. 94	−2·2	E. 123	+0·3	W. 125	+5·7	W. 174	+7·8
	14	W. 4	+1·8	E. 85	−2·1	E. 113	+0·4	W. 135	+5·7	E. 176	+7·8
	24	W. 7	+1·8	E. 77	−2·1	E. 103	+0·4	W. 145	+5·7	E. 166	+7·8
Oct.	4	W. 11	+1·8	E. 68	−2·0	E. 94	+0·5	W. 155	+5·7	E. 156	+7·8
	14	W. 14	+1·8	E. 60	−2·0	E. 84	+0·5	W. 165	+5·7	E. 146	+7·8
	24	W. 17	+1·8	E. 52	−1·9	E. 75	+0·5	W. 175	+5·7	E. 136	+7·8
Nov.	3	W. 21	+1·8	E. 43	−1·9	E. 65	+0·6	E. 174	+5·7	E. 126	+7·8
	13	W. 24	+1·8	E. 35	−1·9	E. 56	+0·6	E. 164	+5·7	E. 116	+7·9
	23	W. 28	+1·7	E. 27	−1·9	E. 47	+0·6	E. 153	+5·7	E. 106	+7·9
Dec.	3	W. 31	+1·7	E. 20	−1·8	E. 38	+0·6	E. 143	+5·7	E. 95	+7·9
	13	W. 35	+1·7	E. 12	−1·8	E. 29	+0·6	E. 132	+5·7	E. 85	+7·9
	23	W. 38	+1·6	E. 4	−1·8	E. 20	+0·6	E. 122	+5·7	E. 75	+7·9
	33	W. 42	+1·6	W. 4	−1·8	E. 10	+0·5	E. 112	+5·7	E. 65	+7·9

VISUAL MAGNITUDES OF SELECTED DWARF & MINOR PLANETS

	Jan 7	Feb. 16	Mar. 28	May 7	June 16	July 26	Sept. 4	Oct. 14	Nov. 23	Dec. 33
Ceres	8·9	8·7	8·2	7·5	7·4	8·3	8·9	9·1	9·2	8·9
Pallas	8·9	8·4	7·9	8·4	9·2	9·7	10·0	10·1	10·1	10·2
Juno	8·3	9·1	9·6	10·0	10·2	10·3	10·3	10·7	10·8	10·6
Vesta	8·0	7·9	8·0	8·2	8·3	8·1	7·6	7·0	6·6	7·4
Pluto	14·6	14·7	14·8	14·7	14·6	14·6	14·7	14·8	14·8	14·7

VISIBILITY OF PLANETS

The planet diagram on page A7 shows, in graphical form for any date during the year, the local mean times of meridian passage of the Sun, of the five planets, Mercury, Venus, Mars, Jupiter and Saturn, and of every 2^h of right ascension. Intermediate lines, corresponding to particular stars, may be drawn in by the user if desired. The diagram is intended to provide a general picture of the availability of planets and stars for observation during the year.

On each side of the line marking the time of meridian passage of the Sun, a band 45^m wide is shaded to indicate that planets and most stars crossing the meridian within 45^m of the Sun are generally too close to the Sun for observation.

For any date the diagram provides immediately the local mean time of meridian passage of the Sun, planets and stars, and thus the following information:
   a) whether a planet or star is too close to the Sun for observation;
   b) visibility of a planet or star in the morning or evening;
   c) location of a planet or star during twilight;
   d) proximity of planets to stars or other planets.

When the meridian passage of a body occurs at midnight, it is close to opposition to the Sun and is visible all night, and may be observed in both morning and evening twilights. As the time of meridian passage decreases, the body ceases to be observable in the morning, but its altitude above the eastern horizon during evening twilight gradually increases until it is on the meridian at evening twilight. From then onwards the body is observable above the western horizon, its altitude at evening twilight gradually decreasing, until it becomes too close to the Sun for observation. When it again becomes visible, it is seen in the morning twilight, low in the east. Its altitude at morning twilight gradually increases until meridian passage occurs at the time of morning twilight, then as the time of meridian passage decreases to 0^h, the body is observable in the west in the morning twilight with a gradually decreasing altitude, until it once again reaches opposition.

Notes on the visibility of the planets are given on page A8. Further information on the visibility of planets may be obtained from the diagram below which shows, in graphical form for any date during the year, the declinations of the bodies plotted on the planet diagram on page A7.

DECLINATION OF SUN AND PLANETS, 2019

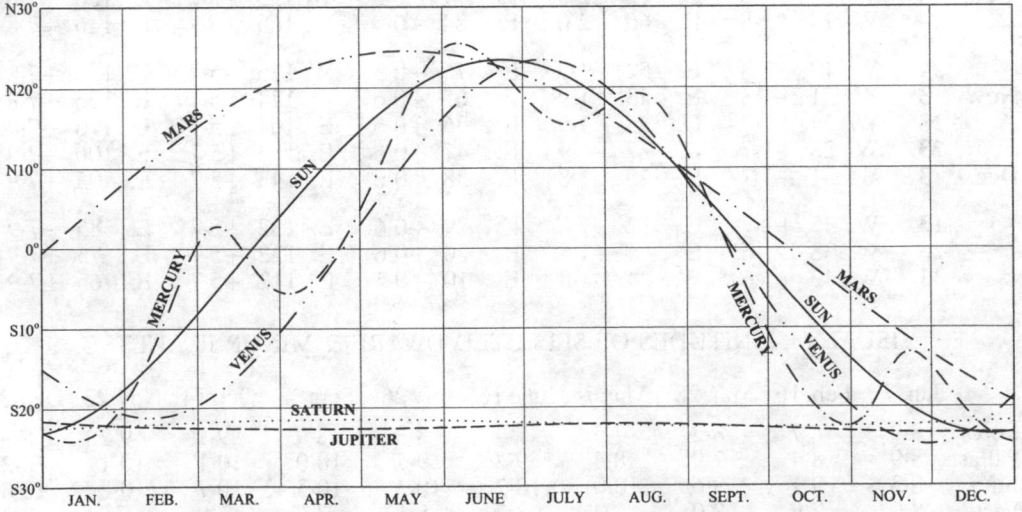

LOCAL MEAN TIME OF MERIDIAN PASSAGE

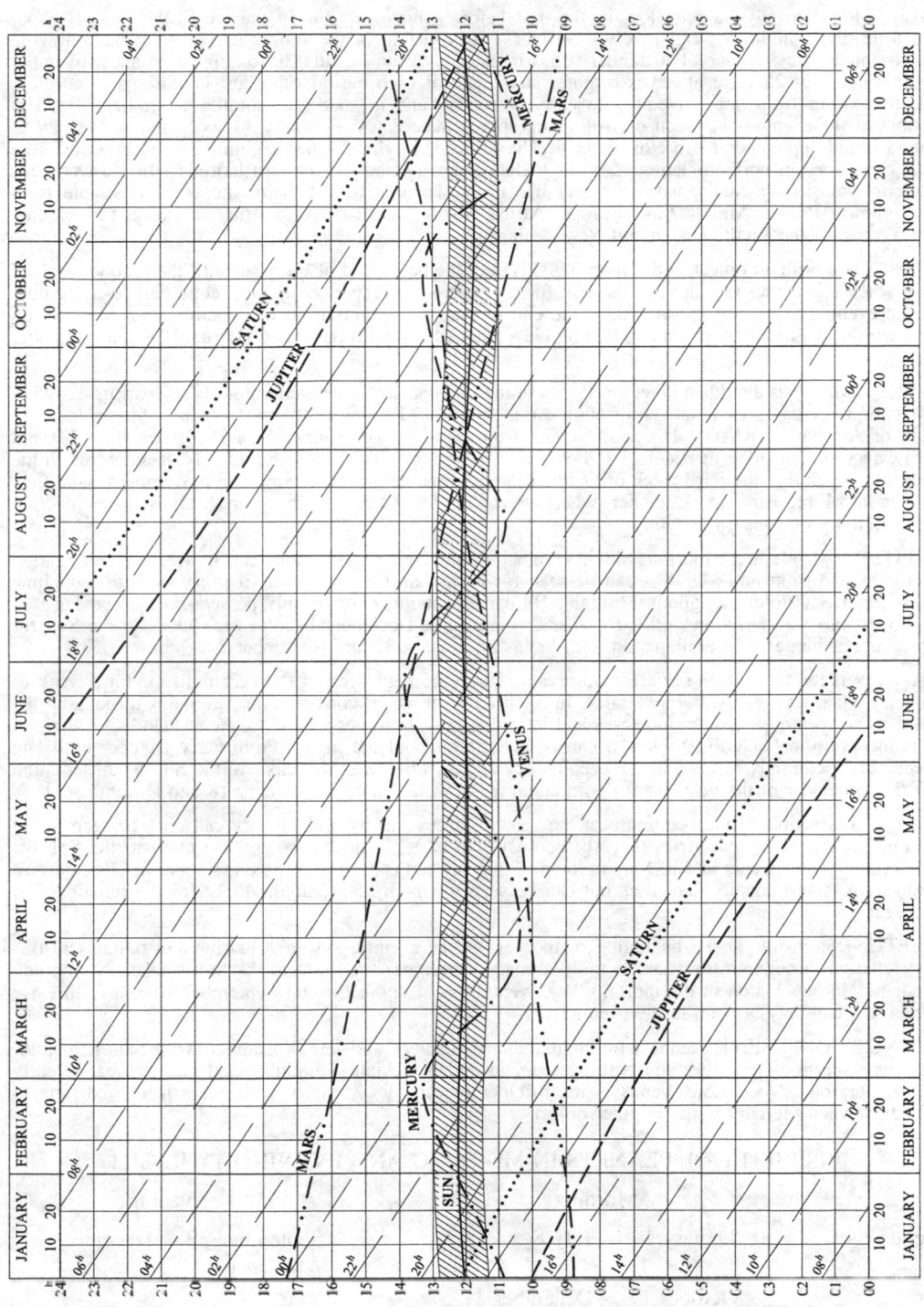

VISIBILITY OF PLANETS

MERCURY can only be seen low in the east before sunrise, or low in the west after sunset (about the time of beginning or end of civil twilight). It is visible in the mornings between the following approximate dates: January 1 to January 15, March 22 to May 14, July 30 to August 26 and November 18 to December 25. The planet is brighter at the end of each period, (the best conditions in northern latitudes occur from late November to early December and in southern latitudes in mid-April). It is visible in the evenings between the following approximate dates: February 11 to March 8, May 29 to July 13, and September 15 to November 6. The planet is brighter at the beginning of each period, (the best conditions in northern latitudes occur in late February and in southern latitudes in mid-October). Mercury transits the Sun's disk on November 11 at 12h 35m to 18h 04m; the event is visible from westernmost Russia, Middle East, Europe, Africa, South America, North America except the extreme north, most of the Pacific Ocean and New Zealand.

VENUS is a brilliant object in the morning sky from the beginning of the year until the second week of July when it becomes too close to the Sun for observation. It reappears in the second half of September in the evening sky where it stays until the end of the year. Venus is in conjunction with Mercury on October 30, with Jupiter on January 22 and November 24 and with Saturn on February 18 and December 11.

MARS is visible as a reddish object in Pisces in the evening sky at the beginning of the year. Its eastward elongation decreases as it moves through Aries from mid-February, Taurus from late March (passing 7° N of Aldebaran on April 16), into Gemini from mid-May (passing 6° S of Pollux on June 23) and into Cancer in late June. It becomes too close to the Sun for observation in mid-July. It reappears in the morning sky during the third week of October in Virgo (passing 3° N of Spica on November 8) and then moves into Libra early in December, where it remains for the rest of the year. Mars is in conjunction with Mercury on June 18 and July 7.

JUPITER is visible in the morning sky in Ophiuchus at the beginning of the year. Its westward elongation increases and from mid-March it can be seen for more than half the night. It is at opposition on June 10 when it is visible throughout the night. By early September it can only be seen in the evening sky. It moves into Sagittarius in mid-November and from mid-December becomes too close to the Sun for observation. Jupiter is in conjunction with Venus on January 22 and November 24.

SATURN is too close to the Sun for observation from the beginning of the year until the third week of January when it rises just before sunrise in Sagittarius, in which constellation it remains throughout the year. Its westward elongation increases and in mid-April it becomes visible for more than half the night. It is at opposition on July 9 when it can be seen throughout the night. From early October until late December it can only be seen in the evening sky and then becomes too close to the Sun for observation for the remainder of the year. Saturn is in conjunction with Venus on February 18 and December 11.

URANUS is visible at the beginning of the year in Pisces and by mid-January can only be seen in the evening sky, moving into Aries in early February. In early April it becomes too close to the Sun for observation. It reappears in mid-May in the morning sky and is at opposition on October 28. Its eastward elongation then gradually decreases but can be seen for more than half the night for the remainder of the year.

NEPTUNE is visible at the beginning of the year in the evening sky in Aquarius and remains in this constellation throughout the year. In mid-February it becomes too close to the Sun for observation and reappears in late March in the morning sky. Neptune is at opposition on September 10 and from early December can only be seen in the evening sky.

DO NOT CONFUSE (1) Venus with Jupiter in late January and late November, with Saturn in mid-February and mid-December and with Mercury in mid-April, late September and late October to early November; on all occasions Venus is the brighter object. (2) Mercury with Mars from mid-June to mid-July when Mercury is the brighter object.

VISIBILITY OF PLANETS IN MORNING AND EVENING TWILIGHT

	Morning		Evening	
Venus	January 1	– July 8	September 20	– December 31
Mars			January 1	– July 18
	October 17	– December 31		
Jupiter	January 1	– June 10	June 10	– December 15
Saturn	January 19	– July 9	July 9	– December 27

CONFIGURATIONS OF SUN, MOON AND PLANETS

	d h	
Jan.	1 22	Venus 1°.3 S. of Moon
	2 06	Saturn in conjunction with Sun
	3 05	Earth at perihelion
	3 08	Jupiter 3° S. of Moon
	6 01	NEW MOON Eclipse
	6 05	Venus greatest elong. W. (47°)
	7 02	Uranus stationary
	9 04	Moon at apogee
	10 22	Neptune 3° N. of Moon
	11 12	Pluto in conjunction with Sun
	12 20	Mars 5° N. of Moon
	14 07	FIRST QUARTER
	14 12	Uranus 5° N. of Moon
	15 21	Venus 8° N. of *Antares*
	21 05	FULL MOON Eclipse
	21 20	Moon at perigee
	22 06	Venus 2° N. of Jupiter
	27 21	LAST QUARTER
	30 03	Mercury in superior conjunction
	31 00	Jupiter 3° S. of Moon
	31 18	Venus 0°.09 S. of Moon Occn.
Feb.	2 07	Saturn 0°.6 S. of Moon Occn.
	2 20	Pluto 0°.6 S. of Moon Occn.
	4 21	NEW MOON
	5 09	Moon at apogee
	6 08	Vesta 1°.1 S. of Moon Occn.
	7 06	Neptune 3° N. of Moon
	10 16	Mars 6° N. of Moon
	10 20	Uranus 5° N. of Moon
	12 22	FIRST QUARTER
	13 20	Mars 1°.1 N. of Uranus
	18 14	Venus 1°.1 N. of Saturn
	19 09	Moon at perigee
	19 16	FULL MOON
	26 11	LAST QUARTER
	27 01	Mercury greatest elong. E. (18°)
	27 14	Jupiter 2° S. of Moon
Mar.	1 18	Saturn 0°.3 S. of Moon Occn.
	2 04	Pluto 0°.5 S. of Moon Occn.
	2 21	Venus 1°.2 N. of Moon
	4 11	Moon at apogee
	5 02	Pallas stationary
	5 05	Mercury stationary
	6 16	NEW MOON
	7 01	Neptune in conjunction with Sun
	7 22	Vesta in conjunction with Sun
	10 04	Uranus 5° N. of Moon
	11 12	Mars 6° N. of Moon
	14 10	FIRST QUARTER

	d h	
Mar.	15 02	Mercury in inferior conjunction
	19 20	Moon at perigee
	20 22	Equinox
	21 02	FULL MOON
	27 02	Jupiter 1°.9 S. of Moon
	27 12	Mercury stationary
	28 04	LAST QUARTER
	29 05	Saturn 0°.05 N. of Moon Occn.
	29 12	Pluto 0°.3 S. of Moon Occn.
Apr.	1 00	Moon at apogee
	2 04	Venus 3° N. of Moon
	2 19	Mercury 0°.4 N. of Neptune
	2 23	Mercury 4° N. of Moon
	2 23	Neptune 3° N. of Moon
	5 09	NEW MOON
	6 13	Uranus 5° N. of Moon
	8 21	Ceres stationary
	9 07	Mars 5° N. of Moon
	10 01	Pallas at opposition
	10 04	Venus 0°.3 S. of Neptune
	10 17	Jupiter stationary
	11 20	Mercury greatest elong. W. (28°)
	12 19	FIRST QUARTER
	16 22	Mars 7° N. of *Aldebaran*
	16 22	Moon at perigee
	19 11	FULL MOON
	22 23	Uranus in conjunction with Sun
	23 12	Jupiter 1°.6 S. of Moon
	25 09	Pluto stationary
	25 14	Saturn 0°.4 N. of Moon Occn.
	25 20	Pluto 0°.07 S. of Moon Occn.
	26 22	LAST QUARTER
	28 18	Moon at apogee
	30 02	Saturn stationary
	30 08	Neptune 3° N. of Moon
May	2 12	Venus 4° N. of Moon
	2 13	Vesta 0°.2 S. of Moon Occn.
	3 06	Mercury 3° N. of Moon
	4 23	NEW MOON
	8 00	Mars 3° N. of Moon
	12 01	FIRST QUARTER
	13 22	Moon at perigee
	18 08	Venus 1°.2 S. of Uranus
	18 21	FULL MOON
	19 18	Ceres 1°.2 N. of Moon Occn.
	20 17	Jupiter 1°.7 S. of Moon
	21 13	Mercury in superior conjunction
	22 22	Saturn 0°.5 N. of Moon Occn.
	23 04	Pluto 0°.07 N. of Moon Occn.
	26 13	Moon at apogee

DIARY OF PHENOMENA, 2019

CONFIGURATIONS OF SUN, MOON AND PLANETS

	d h		
May	26 17	LAST QUARTER	
	27 17	Neptune 4° N. of Moon	
	28 23	Ceres at opposition	
	30 22	Vesta 0°6 S. of Moon	Occn.
	31 10	Uranus 5° N. of Moon	
June	1 18	Venus 3° N. of Moon	
	3 02	Pallas stationary	
	3 10	NEW MOON	
	4 16	Mercury 4° N. of Moon	
	5 15	Mars 1°6 N. of Moon	
	7 23	Moon at perigee	
	10 06	FIRST QUARTER	
	10 15	Jupiter at opposition	
	15 15	Ceres 0°9 S. of Moon	Occn.
	16 19	Jupiter 2° S. of Moon	
	17 09	FULL MOON	
	17 21	Venus 5° N. of *Aldebaran*	
	18 15	Mercury 0°2 N. of Mars	
	19 04	Saturn 0°4 N. of Moon	Occn.
	19 11	Pluto 0°07 N. of Moon	Occn.
	21 05	Mercury 6° S. of *Pollux*	
	21 16	Solstice	
	22 04	Neptune stationary	
	23 07	Mars 6° S. of *Pollux*	
	23 08	Moon at apogee	
	23 23	Mercury greatest elong. E. (25°)	
	24 01	Neptune 4° N. of Moon	
	25 10	LAST QUARTER	
	27 22	Uranus 5° N. of Moon	
July	2 19	NEW MOON	Eclipse
	4 06	Mars 0°09 S. of Moon	Occn.
	4 09	Mercury 3° S. of Moon	
	4 22	Earth at aphelion	
	5 05	Moon at perigee	
	7 04	Mercury stationary	
	7 14	Mercury 4° S. of Mars	
	9 11	FIRST QUARTER	
	9 17	Saturn at opposition	
	13 20	Jupiter 2° S. of Moon	
	14 15	Pluto at opposition	
	16 07	Saturn 0°2 N. of Moon	Occn.
	16 17	Pluto 0°04 S. of Moon	Occn.
	16 22	FULL MOON	Eclipse
	19 17	Ceres stationary	
	21 00	Moon at apogee	
	21 08	Neptune 4° N. of Moon	
	21 13	Mercury in inferior conjunction	
	25 01	LAST QUARTER	
	25 07	Uranus 5° N. of Moon	
	31 19	Mercury stationary	

	d h		
Aug.	1 03	NEW MOON	
	2 07	Moon at perigee	
	5 22	Mercury 9° S. of *Pollux*	
	7 18	FIRST QUARTER	
	9 23	Jupiter 2° S. of Moon	
	9 23	Mercury greatest elong. W. (19°)	
	11 16	Jupiter stationary	
	12 06	Uranus stationary	
	12 10	Saturn 0°04 N. of Moon	Occn.
	12 22	Pluto 0°1 S. of Moon	Occn.
	14 06	Venus in superior conjunction	
	15 12	FULL MOON	
	17 11	Moon at apogee	
	17 13	Neptune 4° N. of Moon	
	21 15	Uranus 5° N. of Moon	
	22 22	Juno in conjunction with Sun	
	23 15	LAST QUARTER	
	30 11	NEW MOON	
	30 16	Moon at perigee	
Sept.	2 11	Mars in conjunction with Sun	
	4 02	Mercury in superior conjunction	
	6 03	FIRST QUARTER	
	6 07	Jupiter 2° S. of Moon	
	8 14	Saturn 0°04 N. of Moon	Occn.
	9 03	Pluto 0°08 S. of Moon	Occn.
	10 07	Neptune at opposition	
	13 14	Moon at apogee	
	13 18	Neptune 4° N. of Moon	
	14 05	FULL MOON	
	17 20	Uranus 4° N. of Moon	
	18 06	Saturn stationary	
	22 03	LAST QUARTER	
	23 08	Equinox	
	25 05	Vesta stationary	
	28 02	Moon at perigee	
	28 18	NEW MOON	
	28 23	Mercury 1°4 N. of *Spica*	
	29 22	Mercury 6° S. of Moon	
Oct.	2 21	Pluto stationary	
	3 01	Venus 3° N. of *Spica*	
	3 20	Jupiter 1°9 S. of Moon	
	5 17	FIRST QUARTER	
	5 21	Saturn 0°3 N. of Moon	Occn.
	6 09	Pluto 0°1 N. of Moon	Occn.
	10 18	Moon at apogee	
	10 23	Neptune 4° N. of Moon	
	13 21	FULL MOON	

CONFIGURATIONS OF SUN, MOON AND PLANETS

	d h		
Oct.	15 00	Uranus 4° N. of Moon	
	20 04	Mercury greatest elong. E. (25°)	
	21 13	LAST QUARTER	
	26 11	Moon at perigee	
	26 17	Mars 5° S. of Moon	
	28 04	NEW MOON	
	28 08	Uranus at opposition	
	29 14	Venus 4° S. of Moon	
	29 15	Mercury 7° S. of Moon	
	30 08	Mercury 3° S. of Venus	
	31 14	Jupiter 1°3 S. of Moon	
	31 20	Mercury stationary	
Nov.	2 07	Saturn 0°6 N. of Moon	Occn.
	2 18	Pluto 0°4 N. of Moon	Occn.
	4 10	FIRST QUARTER	
	7 05	Neptune 4° N. of Moon	
	7 09	Moon at apogee	
	8 15	Mars 3° N. of *Spica*	
	9 11	Venus 4° N. of *Antares*	
	11 04	Uranus 4° N. of Moon	
	11 15	Mercury in inferior conjunction, transit over Sun	
	12 09	Vesta at opposition	
	12 14	FULL MOON	
	19 21	LAST QUARTER	
	20 15	Mercury stationary	
	23 08	Moon at perigee	
	24 09	Mars 4° S. of Moon	

	d h		
Nov.	24 14	Venus 1°4 S. of Jupiter	
	25 03	Mercury 1°9 S. of Moon	
	26 15	NEW MOON	
	27 20	Neptune stationary	
	28 11	Jupiter 0°7 S. of Moon	Occn.
	28 11	Mercury greatest elong. W. (20°)	
	28 19	Venus 1°9 S. of Moon	
	29 21	Saturn 0°9 N. of Moon	Occn.
	30 04	Pluto 0°5 N. of Moon	Occn.
Dec.	3 02	Pallas in conjunction with Sun	
	4 07	FIRST QUARTER	
	4 12	Neptune 4° N. of Moon	
	5 04	Moon at apogee	
	8 11	Uranus 5° N. of Moon	
	11 05	Venus 1°8 S. of Saturn	
	12 05	FULL MOON	
	15 16	Mercury 5° N. of *Antares*	
	18 20	Moon at perigee	
	19 05	LAST QUARTER	
	22 04	Solstice	
	23 02	Mars 4° S. of Moon	
	26 05	NEW MOON	Eclipse
	27 12	Saturn 1°2 N. of Moon	
	27 15	Pluto 0°6 N. of Moon	Occn.
	27 18	Jupiter in conjunction with Sun	
	29 02	Venus 1°0 N. of Moon	Occn.
	31 21	Neptune 4° N. of Moon	

. . . continued from page A2

OCCULTATIONS OF PLANETS AND BRIGHT STARS BY THE MOON

Date d h	Body	Areas of Visibility	Date d h	Body	Areas of Visibility
Aug. 12 22	Pluto	N.E. South America, Ascension I., central & E. Africa, S. Arabian Peninsula	Nov. 2 18	Pluto	S. South America, South Georgia, southern Africa, Madagascar
Sept. 8 14	Saturn	E. Africa, Madagascar, S. Indonesia, W. & N. Australia, W. Micronesia, W. Melanesia	Nov. 28 11	Jupiter	N. Africa, most of Europe, Middle East, W. Asia
Sept. 9 03	Pluto	Polynesia (except Hawaii), Easter I., Galapagos Is., N. South America	Nov. 29 21	Saturn	S. New Zealand, Antarctica, South Georgia
Oct. 5 21	Saturn	Easter I., S. South America, S. Georgia, southern Africa	Nov. 30 04	Pluto	S. Australasia, Kerguelen Is., parts of Antarctica, S.E. Polynesia
Oct. 6 09	Pluto	Australia, Melanesia, S.E. Micronesia, W. Polynesia	Dec. 27 15	Pluto	S. South America, South Georgia, parts of Antarctica, Kerguelen Is., S. tip of Africa, S. Madagascar
Nov. 2 07	Saturn	Kerguelen Is, Prince Edward I., East Antarctica, S. Tasmania, New Zealand, S. Polynesia	Dec. 29 02	Venus	Antarctica, S. tip of South America

Maps showing the areas of visibility may be found on AsA-Online.

Arrangement and basis of the tabulations

The tabulations of risings, settings and twilights on pages A14–A77 refer to the instants when the true geocentric zenith distance of the central point of the disk of the Sun or Moon takes the value indicated in the following table. The tabular times are in universal time (UT) for selected latitudes on the meridian of Greenwich; the times for other latitudes and longitudes may be obtained by interpolation as described below and as exemplified on page A13.

Phenomena		Zenith distance	Pages
SUN (interval 4 days):	sunrise and sunset	90° 50′	A14–A21
	civil twilight	96°	A22–A29
	nautical twilight	102°	A30–A37
	astronomical twilight	108°	A38–A45
MOON (interval 1 day):	moonrise and moonset	90° 34′ + $s - \pi$	A46–A77

(s = semidiameter, π = horizontal parallax)

The zenith distance at the times for rising and setting is such that under normal conditions the upper limb of the Sun and Moon appears to be on the horizon of an observer at sea-level. The parallax of the Sun is ignored. The observed time may differ from the tabular time because of a variation of the atmospheric refraction from the adopted value (34′) and because of a difference in height of the observer and the actual horizon.

Use of tabulations

The following procedure may be used to obtain times of the phenomena for a non-tabular place and date.

Step 1:   Interpolate linearly for latitude. The differences between adjacent values are usually small and so the required interpolates can often be obtained by inspection.

Step 2:   Interpolate linearly for date and longitude in order to obtain the local mean times of the phenomena at the longitude concerned. For the Sun the variations with longitude of the local mean times of the phenomena are small, but to obtain better precision the interpolation factor for date should be increased by

west longitude in degrees /1440

since the interval of tabulation is 4 days. For the Moon, the interpolating factor to be used is simply

west longitude in degrees /360

since the interval of tabulation is 1 day; backward interpolation should be carried out for east longitudes.

Step 3:   Convert the times so obtained (which are on the scale of local mean time for the local meridian) to universal time (UT) or to the appropriate clock time, which may differ from the time of the nearest standard meridian according to the customs of the country concerned. The UT of the phenomenon is obtained from the local mean time by applying the longitude expressed in time measure (1 hour for each 15° of longitude), adding for west longitudes and subtracting for east longitudes. The times so obtained may require adjustment by 24ʰ; if so, the corresponding date must be changed accordingly.

Approximate formulae for direct calculation

The approximate UT of rising or setting of a body with right ascension α and declination δ at latitude ϕ and *east* longitude λ may be calculated from

$$\text{UT} = 0.997\,27\,\{\alpha - \lambda \pm \cos^{-1}(-\tan\phi\tan\delta) - (\text{GMST at } 0^h \text{ UT})\}$$

where each term is expressed in time measure and the GMST at 0^h UT is given in the tabulations on pages B13–B20. The negative sign corresponds to rising and the positive sign to setting. The formula ignores refraction, semi-diameter and any changes in α and δ during the day. If $\tan\phi\tan\delta$ is numerically greater than 1, there is no phenomenon.

Examples

The following examples of the calculations of the times of rising and setting phenomena use the procedure described on page A12.

1. To find the times of sunrise and sunset for Paris on 2019 July 18. Paris is at latitude N 48° 52′ (= +48°87), longitude E 2° 20′ (= E 2°33 = E 0^h 09^m), and in the summer the clocks are kept two hours in advance of UT. The relevant portions of the tabulation on page A19 and the results of the interpolation for latitude are as follows, where the interpolation factor is $(48.87 - 48)/2 = 0.43$:

	Sunrise			Sunset		
	+48°	+50°	+48°87	+48°	+50°	+48°87
	h m	h m	h m	h m	h m	h m
July 17	04 18	04 09	04 14	19 54	20 02	19 57
July 21	04 22	04 14	04 19	19 50	19 58	19 53

The interpolation factor for date and longitude is $(18 - 17)/4 - 2.33/1440 = 0.25$

	Sunrise	Sunset
	d h m	d h m
Interpolate to obtain local mean time:	18 04 15	18 19 56
Subtract 0^h 09^m to obtain universal time:	18 04 06	18 19 47
Add 2^h to obtain clock time:	18 06 06	18 21 47

2. To find the times of beginning and end of astronomical twilight for Canberra, Australia on 2019 November 4. Canberra is at latitude S 35° 18′ (= −35°30), longitude E 149° 08′ (= E 149°13 = E 9^h 57^m), and in the summer the clocks are kept eleven hours in advance of UT. The relevant portions of the tabulation on page A44 and the results of the interpolation for latitude are as follows, where the interpolation factor is $(-35.30 - (-40))/5 = 0.94$:

Astronomical Twilight

	beginning			end		
	−40°	−35°	−35°30	−40°	−35°	−35°30
	h m	h m	h m	h m	h m	h m
Nov. 2	03 06	03 24	03 23	20 23	20 04	20 05
Nov. 6	02 59	03 19	03 18	20 29	20 09	20 10

The interpolation factor for date and longitude is $(4 - 2)/4 - 149.13/1440 = 0.40$

	Astronomical Twilight	
	beginning	end
	d h m	d h m
Interpolation to obtain local mean time:	4 03 21	4 20 07
Subtract 9^h 57^m to obtain universal time:	3 17 24	4 10 10
Add 11^h to obtain clock time:	4 04 24	4 21 10

3. To find the times of moonrise and moonset for Washington, D.C. on 2019 January 25. Washington is at latitude N 38° 55′ (= +38°92), longitude W 77° 00′ (= W 77°00 = W 5^h 08^m), and in the winter the clocks are kept five hours behind UT. The relevant portions of the tabulation on page A48 and the results of the interpolation for latitude are as follows, where the interpolation factor is $(38.92 - 35)/5 = 0.78$:

	Moonrise			Moonset		
	+35°	+40°	+38°92	+35°	+40°	+38°92
	h m	h m	h m	h m	h m	h m
Jan. 25	22 28	22 28	22 28	10 11	10 13	10 13
Jan. 26	23 33	23 36	23 35	10 46	10 45	10 45

The interpolation factor for longitude is $77.0/360 = 0.21$

	Moonrise	Moonset
	d h m	d h m
Interpolate to obtain local mean time:	25 22 42	25 10 20
Add 5^h 08^m to obtain universal time:	26 03 50	25 15 28
Subtract 5^h to obtain clock time:	25 22 50	25 10 28

SUNRISE AND SUNSET, 2019

UNIVERSAL TIME FOR MERIDIAN OF GREENWICH

SUNRISE

Lat.	−55°	−50°	−45°	−40°	−35°	−30°	−20°	−10°	0°	+10°	+20°	+30°	+35°	+40°
	h m	h m	h m	h m	h m	h m	h m	h m	h m	h m	h m	h m	h m	h m
Jan. −2	3 22	3 52	4 14	4 32	4 47	5 00	5 22	5 41	5 58	6 16	6 34	6 55	7 07	7 21
2	3 27	3 56	4 18	4 35	4 50	5 03	5 24	5 43	6 00	6 17	6 35	6 56	7 08	7 22
6	3 32	4 01	4 22	4 39	4 53	5 06	5 27	5 45	6 02	6 19	6 36	6 57	7 09	7 22
10	3 39	4 06	4 26	4 43	4 57	5 09	5 30	5 47	6 04	6 20	6 37	6 57	7 08	7 22
14	3 45	4 11	4 31	4 47	5 01	5 12	5 32	5 49	6 05	6 21	6 38	6 57	7 08	7 21
18	3 53	4 18	4 36	4 52	5 05	5 16	5 35	5 51	6 07	6 22	6 38	6 56	7 07	7 19
22	4 01	4 24	4 42	4 56	5 09	5 19	5 38	5 53	6 08	6 22	6 38	6 55	7 05	7 17
26	4 09	4 31	4 48	5 01	5 13	5 23	5 40	5 55	6 09	6 23	6 37	6 54	7 03	7 14
30	4 17	4 38	4 53	5 06	5 17	5 27	5 43	5 57	6 10	6 23	6 36	6 52	7 01	7 11
Feb. 3	4 26	4 45	4 59	5 11	5 21	5 30	5 45	5 58	6 10	6 22	6 35	6 49	6 58	7 07
7	4 35	4 52	5 05	5 16	5 25	5 33	5 47	5 59	6 11	6 22	6 33	6 47	6 54	7 03
11	4 44	4 59	5 11	5 21	5 29	5 37	5 50	6 01	6 11	6 21	6 32	6 44	6 50	6 58
15	4 52	5 06	5 17	5 26	5 33	5 40	5 52	6 02	6 11	6 20	6 29	6 40	6 46	6 53
19	5 01	5 13	5 23	5 30	5 37	5 43	5 53	6 02	6 10	6 19	6 27	6 37	6 42	6 48
23	5 09	5 20	5 28	5 35	5 41	5 46	5 55	6 03	6 10	6 17	6 24	6 33	6 37	6 43
27	5 18	5 27	5 34	5 40	5 45	5 49	5 57	6 03	6 09	6 15	6 22	6 29	6 32	6 37
Mar. 3	5 26	5 33	5 39	5 44	5 48	5 52	5 58	6 04	6 09	6 14	6 19	6 24	6 27	6 31
7	5 34	5 40	5 45	5 49	5 52	5 55	6 00	6 04	6 08	6 12	6 15	6 20	6 22	6 25
11	5 42	5 47	5 50	5 53	5 55	5 57	6 01	6 04	6 07	6 09	6 12	6 15	6 17	6 19
15	5 50	5 53	5 55	5 57	5 59	6 00	6 02	6 04	6 06	6 07	6 09	6 10	6 11	6 12
19	5 58	6 00	6 01	6 01	6 02	6 03	6 03	6 04	6 05	6 05	6 05	6 06	6 06	6 06
23	6 06	6 06	6 06	6 05	6 05	6 05	6 05	6 04	6 03	6 03	6 02	6 01	6 00	5 59
27	6 14	6 12	6 11	6 10	6 08	6 07	6 06	6 04	6 02	6 00	5 58	5 56	5 54	5 53
31	6 22	6 19	6 16	6 14	6 12	6 10	6 07	6 04	6 01	5 58	5 55	5 51	5 49	5 46
Apr. 4	6 29	6 25	6 21	6 18	6 15	6 12	6 08	6 04	6 00	5 56	5 51	5 46	5 43	5 40

SUNSET

Lat.	−55°	−50°	−45°	−40°	−35°	−30°	−20°	−10°	0°	+10°	+20°	+30°	+35°	+40°
	h m	h m	h m	h m	h m	h m	h m	h m	h m	h m	h m	h m	h m	h m
Jan. −2	20 41	20 12	19 49	19 32	19 17	19 04	18 42	18 23	18 06	17 48	17 30	17 09	16 57	16 43
2	20 40	20 11	19 50	19 32	19 17	19 05	18 43	18 25	18 08	17 51	17 33	17 12	17 00	16 46
6	20 38	20 10	19 49	19 32	19 18	19 05	18 44	18 26	18 09	17 53	17 35	17 15	17 03	16 50
10	20 35	20 09	19 48	19 31	19 18	19 06	18 45	18 27	18 11	17 55	17 38	17 18	17 07	16 54
14	20 32	20 06	19 46	19 30	19 17	19 05	18 45	18 28	18 13	17 57	17 40	17 21	17 10	16 58
18	20 27	20 02	19 44	19 28	19 16	19 04	18 46	18 29	18 14	17 59	17 43	17 25	17 14	17 02
22	20 21	19 58	19 40	19 26	19 14	19 03	18 45	18 30	18 15	18 01	17 46	17 28	17 18	17 07
26	20 15	19 53	19 37	19 23	19 12	19 02	18 45	18 30	18 16	18 02	17 48	17 32	17 22	17 11
30	20 08	19 48	19 32	19 20	19 09	19 00	18 44	18 30	18 17	18 04	17 51	17 35	17 26	17 16
Feb. 3	20 00	19 42	19 28	19 16	19 06	18 57	18 42	18 29	18 17	18 05	17 53	17 39	17 30	17 21
7	19 52	19 35	19 22	19 12	19 02	18 54	18 41	18 29	18 18	18 07	17 55	17 42	17 34	17 26
11	19 44	19 29	19 17	19 07	18 58	18 51	18 39	18 28	18 18	18 08	17 57	17 45	17 38	17 31
15	19 35	19 21	19 11	19 02	18 54	18 48	18 36	18 27	18 18	18 09	17 59	17 48	17 42	17 35
19	19 26	19 14	19 04	18 56	18 50	18 44	18 34	18 25	18 17	18 09	18 01	17 52	17 46	17 40
23	19 16	19 06	18 58	18 51	18 45	18 40	18 31	18 24	18 17	18 10	18 03	17 55	17 50	17 45
27	19 06	18 58	18 51	18 45	18 40	18 36	18 28	18 22	18 16	18 10	18 04	17 57	17 54	17 49
Mar. 3	18 57	18 49	18 44	18 39	18 35	18 31	18 25	18 20	18 15	18 11	18 06	18 00	17 57	17 54
7	18 47	18 41	18 37	18 33	18 30	18 27	18 22	18 18	18 14	18 11	18 07	18 03	18 01	17 58
11	18 37	18 32	18 29	18 27	18 24	18 22	18 19	18 16	18 13	18 11	18 08	18 06	18 04	18 02
15	18 26	18 24	18 22	18 20	18 19	18 17	18 15	18 14	18 12	18 11	18 10	18 08	18 07	18 06
19	18 16	18 15	18 14	18 14	18 13	18 13	18 12	18 11	18 11	18 11	18 11	18 11	18 11	18 11
23	18 06	18 06	18 07	18 07	18 08	18 08	18 09	18 09	18 10	18 11	18 12	18 13	18 14	18 15
27	17 56	17 58	17 59	18 01	18 02	18 03	18 05	18 07	18 09	18 11	18 13	18 15	18 17	18 19
31	17 46	17 49	17 52	17 54	17 56	17 58	18 02	18 05	18 08	18 11	18 14	18 18	18 20	18 23
Apr. 4	17 36	17 41	17 45	17 48	17 51	17 53	17 58	18 02	18 06	18 11	18 15	18 20	18 23	18 27

UNIVERSAL TIME FOR MERIDIAN OF GREENWICH

SUNRISE

Lat.	+40°	+42°	+44°	+46°	+48°	+50°	+52°	+54°	+56°	+58°	+60°	+62°	+64°	+66°
	h m	h m	h m	h m	h m	h m	h m	h m	h m	h m	h m	h m	h m	h m
Jan. −2	7 21	7 28	7 34	7 42	7 50	7 58	8 08	8 19	8 32	8 46	9 03	9 24	9 52	10 32
2	7 22	7 28	7 35	7 42	7 50	7 58	8 08	8 19	8 31	8 45	9 02	9 22	9 49	10 26
6	7 22	7 28	7 35	7 42	7 49	7 58	8 07	8 17	8 29	8 43	8 59	9 19	9 43	10 18
10	7 22	7 27	7 34	7 41	7 48	7 56	8 05	8 15	8 26	8 40	8 55	9 13	9 37	10 08
14	7 21	7 26	7 32	7 39	7 46	7 54	8 02	8 12	8 23	8 35	8 50	9 07	9 28	9 57
18	7 19	7 24	7 30	7 36	7 43	7 50	7 59	8 08	8 18	8 30	8 43	8 59	9 19	9 44
22	7 17	7 22	7 27	7 33	7 40	7 47	7 54	8 03	8 12	8 23	8 36	8 51	9 09	9 32
26	7 14	7 19	7 24	7 29	7 35	7 42	7 49	7 57	8 06	8 16	8 28	8 42	8 58	9 18
30	7 11	7 15	7 20	7 25	7 31	7 37	7 43	7 51	7 59	8 08	8 19	8 32	8 46	9 04
Feb. 3	7 07	7 11	7 16	7 20	7 25	7 31	7 37	7 44	7 52	8 00	8 10	8 21	8 34	8 50
7	7 03	7 07	7 11	7 15	7 20	7 25	7 31	7 37	7 44	7 51	8 00	8 10	8 22	8 36
11	6 58	7 02	7 05	7 09	7 14	7 18	7 23	7 29	7 35	7 42	7 50	7 59	8 09	8 21
15	6 53	6 56	7 00	7 03	7 07	7 11	7 16	7 21	7 26	7 32	7 39	7 47	7 56	8 07
19	6 48	6 51	6 54	6 57	7 00	7 04	7 08	7 12	7 17	7 22	7 28	7 35	7 43	7 52
23	6 43	6 45	6 48	6 50	6 53	6 56	6 59	7 03	7 07	7 12	7 17	7 22	7 29	7 37
27	6 37	6 39	6 41	6 43	6 46	6 48	6 51	6 54	6 57	7 01	7 05	7 10	7 15	7 22
Mar. 3	6 31	6 33	6 34	6 36	6 38	6 40	6 42	6 45	6 47	6 50	6 54	6 57	7 02	7 07
7	6 25	6 26	6 27	6 29	6 30	6 32	6 33	6 35	6 37	6 39	6 42	6 45	6 48	6 51
11	6 19	6 19	6 20	6 21	6 22	6 23	6 24	6 25	6 27	6 28	6 30	6 32	6 34	6 36
15	6 12	6 13	6 13	6 14	6 14	6 15	6 15	6 16	6 16	6 17	6 18	6 19	6 20	6 21
19	6 06	6 06	6 06	6 06	6 06	6 06	6 06	6 06	6 06	6 06	6 06	6 06	6 06	6 06
23	5 59	5 59	5 59	5 58	5 58	5 57	5 57	5 56	5 55	5 55	5 54	5 53	5 52	5 50
27	5 53	5 52	5 51	5 50	5 49	5 48	5 47	5 46	5 45	5 43	5 42	5 40	5 37	5 35
31	5 46	5 45	5 44	5 43	5 41	5 40	5 38	5 36	5 34	5 32	5 29	5 27	5 23	5 19
Apr. 4	5 40	5 38	5 37	5 35	5 33	5 31	5 29	5 26	5 24	5 21	5 17	5 14	5 09	5 04

SUNSET

Lat.	+40°	+42°	+44°	+46°	+48°	+50°	+52°	+54°	+56°	+58°	+60°	+62°	+64°	+66°
	h m	h m	h m	h m	h m	h m	h m	h m	h m	h m	h m	h m	h m	h m
Jan. −2	16 43	16 37	16 30	16 22	16 14	16 06	15 56	15 45	15 33	15 18	15 01	14 40	14 12	13 32
2	16 46	16 40	16 33	16 26	16 18	16 10	16 00	15 49	15 37	15 23	15 06	14 46	14 19	13 42
6	16 50	16 44	16 37	16 30	16 22	16 14	16 05	15 54	15 43	15 29	15 13	14 53	14 28	13 54
10	16 54	16 48	16 41	16 35	16 27	16 19	16 10	16 00	15 49	15 36	15 20	15 02	14 39	14 07
14	16 58	16 52	16 46	16 40	16 32	16 25	16 16	16 07	15 56	15 43	15 29	15 12	14 50	14 22
18	17 02	16 57	16 51	16 45	16 38	16 31	16 23	16 13	16 03	15 52	15 38	15 22	15 02	14 37
22	17 07	17 02	16 56	16 50	16 44	16 37	16 29	16 21	16 11	16 00	15 48	15 33	15 15	14 52
26	17 11	17 07	17 02	16 56	16 50	16 44	16 36	16 28	16 19	16 09	15 58	15 44	15 28	15 08
30	17 16	17 12	17 07	17 02	16 56	16 50	16 44	16 36	16 28	16 19	16 08	15 56	15 41	15 23
Feb. 3	17 21	17 17	17 13	17 08	17 03	16 57	16 51	16 44	16 37	16 28	16 19	16 07	15 54	15 38
7	17 26	17 22	17 18	17 14	17 09	17 04	16 58	16 52	16 46	16 38	16 29	16 19	16 08	15 54
11	17 31	17 27	17 24	17 20	17 15	17 11	17 06	17 00	16 54	16 47	16 40	16 31	16 21	16 08
15	17 35	17 32	17 29	17 26	17 22	17 18	17 13	17 09	17 03	16 57	16 50	16 43	16 34	16 23
19	17 40	17 37	17 35	17 31	17 28	17 25	17 21	17 17	17 12	17 07	17 01	16 54	16 46	16 37
23	17 45	17 42	17 40	17 37	17 34	17 31	17 28	17 25	17 21	17 16	17 11	17 05	16 59	16 51
27	17 49	17 47	17 45	17 43	17 41	17 38	17 35	17 32	17 29	17 25	17 21	17 17	17 11	17 05
Mar. 3	17 54	17 52	17 50	17 49	17 47	17 45	17 43	17 40	17 38	17 35	17 32	17 28	17 24	17 19
7	17 58	17 57	17 56	17 54	17 53	17 51	17 50	17 48	17 46	17 44	17 42	17 39	17 36	17 32
11	18 02	18 01	18 01	18 00	17 59	17 58	17 57	17 56	17 54	17 53	17 52	17 50	17 48	17 46
15	18 06	18 06	18 06	18 05	18 05	18 04	18 04	18 03	18 03	18 02	18 01	18 01	18 00	17 59
19	18 11	18 11	18 11	18 11	18 11	18 11	18 11	18 11	18 11	18 11	18 11	18 11	18 12	18 12
23	18 15	18 15	18 16	18 16	18 17	18 17	18 18	18 18	18 19	18 20	18 21	18 22	18 23	18 25
27	18 19	18 20	18 20	18 21	18 22	18 23	18 25	18 26	18 27	18 29	18 31	18 33	18 35	18 38
31	18 23	18 24	18 25	18 27	18 28	18 30	18 31	18 33	18 36	18 38	18 41	18 44	18 47	18 51
Apr. 4	18 27	18 28	18 30	18 32	18 34	18 36	18 38	18 41	18 44	18 47	18 50	18 54	18 59	19 04

SUNRISE AND SUNSET, 2019

UNIVERSAL TIME FOR MERIDIAN OF GREENWICH

SUNRISE

Lat.	−55°	−50°	−45°	−40°	−35°	−30°	−20°	−10°	0°	+10°	+20°	+30°	+35°	+40°
	h m	h m	h m	h m	h m	h m	h m	h m	h m	h m	h m	h m	h m	h m
Mar. 31	6 22	6 19	6 16	6 14	6 10	6 10	6 07	6 04	6 01	5 58	5 55	5 51	5 49	5 46
Apr. 4	6 29	6 25	6 21	6 18	6 15	6 12	6 08	6 04	6 00	5 56	5 51	5 46	5 43	5 40
8	6 37	6 31	6 26	6 22	6 18	6 15	6 09	6 04	5 59	5 54	5 48	5 42	5 38	5 34
12	6 45	6 37	6 31	6 26	6 21	6 17	6 10	6 04	5 58	5 51	5 45	5 37	5 33	5 27
16	6 52	6 43	6 36	6 30	6 24	6 19	6 11	6 04	5 57	5 49	5 42	5 33	5 27	5 21
20	7 00	6 49	6 41	6 34	6 27	6 22	6 12	6 04	5 56	5 47	5 39	5 28	5 22	5 16
24	7 08	6 56	6 46	6 38	6 31	6 24	6 14	6 04	5 55	5 46	5 36	5 24	5 18	5 10
28	7 15	7 02	6 51	6 42	6 34	6 27	6 15	6 04	5 54	5 44	5 33	5 20	5 13	5 04
May 2	7 23	7 08	6 56	6 46	6 37	6 29	6 16	6 05	5 54	5 42	5 31	5 17	5 09	4 59
6	7 30	7 13	7 00	6 49	6 40	6 32	6 18	6 05	5 53	5 41	5 28	5 13	5 05	4 55
10	7 37	7 19	7 05	6 53	6 43	6 34	6 19	6 06	5 53	5 40	5 26	5 10	5 01	4 50
14	7 44	7 25	7 10	6 57	6 46	6 37	6 21	6 06	5 53	5 39	5 25	5 08	4 58	4 46
18	7 51	7 30	7 14	7 01	6 49	6 39	6 22	6 07	5 53	5 39	5 23	5 05	4 55	4 43
22	7 57	7 35	7 18	7 04	6 52	6 42	6 24	6 08	5 53	5 38	5 22	5 03	4 52	4 39
26	8 03	7 40	7 22	7 08	6 55	6 44	6 25	6 09	5 53	5 38	5 21	5 01	4 50	4 37
30	8 09	7 45	7 26	7 11	6 58	6 46	6 27	6 10	5 54	5 38	5 20	5 00	4 48	4 34
June 3	8 14	7 49	7 29	7 14	7 00	6 49	6 29	6 11	5 54	5 38	5 20	4 59	4 47	4 33
7	8 18	7 52	7 32	7 16	7 02	6 50	6 30	6 12	5 55	5 38	5 20	4 59	4 46	4 31
11	8 22	7 55	7 35	7 18	7 04	6 52	6 31	6 13	5 56	5 39	5 20	4 58	4 46	4 31
15	8 24	7 57	7 37	7 20	7 06	6 54	6 33	6 14	5 57	5 39	5 20	4 58	4 46	4 31
19	8 26	7 59	7 38	7 21	7 07	6 55	6 34	6 15	5 58	5 40	5 21	4 59	4 46	4 31
23	8 27	8 00	7 39	7 22	7 08	6 56	6 35	6 16	5 58	5 41	5 22	5 00	4 47	4 32
27	8 27	8 00	7 40	7 23	7 09	6 56	6 35	6 17	5 59	5 42	5 23	5 01	4 48	4 33
July 1	8 26	8 00	7 39	7 23	7 09	6 57	6 36	6 17	6 00	5 43	5 24	5 02	4 50	4 35
5	8 24	7 58	7 38	7 22	7 08	6 56	6 36	6 18	6 01	5 44	5 25	5 04	4 51	4 37

SUNSET

Lat.	−55°	−50°	−45°	−40°	−35°	−30°	−20°	−10°	0°	+10°	+20°	+30°	+35°	+40°
	h m	h m	h m	h m	h m	h m	h m	h m	h m	h m	h m	h m	h m	h m
Mar. 31	17 46	17 49	17 52	17 54	17 56	17 58	18 02	18 05	18 08	18 11	18 14	18 18	18 20	18 23
Apr. 4	17 36	17 41	17 45	17 48	17 51	17 53	17 58	18 02	18 06	18 11	18 15	18 20	18 23	18 27
8	17 26	17 32	17 37	17 42	17 45	17 49	17 55	18 00	18 05	18 10	18 16	18 23	18 27	18 31
12	17 16	17 24	17 30	17 36	17 40	17 44	17 52	17 58	18 04	18 10	18 17	18 25	18 30	18 35
16	17 06	17 16	17 23	17 30	17 35	17 40	17 48	17 56	18 03	18 11	18 18	18 28	18 33	18 39
20	16 57	17 08	17 17	17 24	17 30	17 36	17 45	17 54	18 02	18 11	18 20	18 30	18 36	18 43
24	16 48	17 00	17 10	17 18	17 25	17 32	17 43	17 52	18 02	18 11	18 21	18 33	18 39	18 47
28	16 39	16 53	17 04	17 13	17 21	17 28	17 40	17 51	18 01	18 11	18 22	18 35	18 43	18 51
May 2	16 31	16 46	16 58	17 08	17 17	17 24	17 38	17 49	18 00	18 12	18 24	18 38	18 46	18 55
6	16 23	16 39	16 52	17 03	17 13	17 21	17 35	17 48	18 00	18 12	18 25	18 40	18 49	18 59
10	16 15	16 33	16 47	16 59	17 09	17 18	17 34	17 47	18 00	18 13	18 27	18 43	18 52	19 03
14	16 08	16 27	16 43	16 55	17 06	17 15	17 32	17 46	18 00	18 14	18 28	18 46	18 56	19 07
18	16 01	16 22	16 38	16 52	17 03	17 13	17 30	17 46	18 00	18 14	18 30	18 48	18 59	19 11
22	15 55	16 17	16 35	16 49	17 01	17 11	17 29	17 45	18 00	18 15	18 32	18 51	19 02	19 14
26	15 50	16 13	16 31	16 46	16 59	17 10	17 28	17 45	18 01	18 16	18 33	18 53	19 05	19 18
30	15 46	16 10	16 29	16 44	16 57	17 08	17 28	17 45	18 01	18 17	18 35	18 55	19 07	19 21
June 3	15 42	16 07	16 27	16 42	16 56	17 08	17 28	17 45	18 02	18 18	18 36	18 57	19 10	19 24
7	15 39	16 05	16 25	16 41	16 55	17 07	17 28	17 46	18 03	18 20	18 38	18 59	19 12	19 26
11	15 37	16 04	16 24	16 41	16 55	17 07	17 28	17 46	18 03	18 21	18 39	19 01	19 14	19 29
15	15 36	16 03	16 24	16 41	16 55	17 07	17 28	17 47	18 04	18 22	18 41	19 02	19 15	19 30
19	15 36	16 04	16 24	16 41	16 55	17 08	17 29	17 48	18 05	18 23	18 42	19 04	19 17	19 32
23	15 37	16 04	16 25	16 42	16 56	17 09	17 30	17 48	18 06	18 23	18 42	19 05	19 18	19 33
27	15 39	16 06	16 27	16 43	16 57	17 10	17 31	17 49	18 07	18 24	18 43	19 05	19 18	19 33
July 1	15 42	16 08	16 29	16 45	16 59	17 11	17 32	17 50	18 08	18 25	18 43	19 05	19 18	19 33
5	15 45	16 11	16 31	16 47	17 01	17 13	17 33	17 51	18 08	18 25	18 44	19 05	19 18	19 32

SUNRISE AND SUNSET, 2019

UNIVERSAL TIME FOR MERIDIAN OF GREENWICH

SUNRISE

Lat.	+40°	+42°	+44°	+46°	+48°	+50°	+52°	+54°	+56°	+58°	+60°	+62°	+64°	+66°
	h m	h m	h m	h m	h m	h m	h m	h m	h m	h m	h m	h m	h m	h m
Mar. 31	5 46	5 45	5 44	5 43	5 41	5 40	5 38	5 36	5 34	5 32	5 29	5 27	5 23	5 19
Apr. 4	5 40	5 38	5 37	5 35	5 33	5 31	5 29	5 26	5 24	5 21	5 17	5 14	5 09	5 04
8	5 34	5 32	5 30	5 28	5 25	5 23	5 20	5 17	5 13	5 10	5 05	5 01	4 55	4 49
12	5 27	5 25	5 23	5 20	5 17	5 14	5 11	5 07	5 03	4 59	4 53	4 48	4 41	4 33
16	5 21	5 19	5 16	5 13	5 10	5 06	5 02	4 58	4 53	4 48	4 42	4 35	4 27	4 17
20	5 16	5 12	5 09	5 06	5 02	4 58	4 53	4 48	4 43	4 37	4 30	4 22	4 13	4 02
24	5 10	5 06	5 03	4 59	4 55	4 50	4 45	4 39	4 33	4 26	4 18	4 09	3 59	3 46
28	5 04	5 01	4 57	4 52	4 48	4 43	4 37	4 31	4 24	4 16	4 07	3 57	3 45	3 31
May 2	4 59	4 55	4 51	4 46	4 41	4 35	4 29	4 22	4 15	4 06	3 56	3 45	3 31	3 15
6	4 55	4 50	4 45	4 40	4 35	4 28	4 22	4 14	4 06	3 56	3 46	3 33	3 18	2 59
10	4 50	4 45	4 40	4 35	4 29	4 22	4 15	4 07	3 58	3 47	3 35	3 21	3 04	2 43
14	4 46	4 41	4 36	4 30	4 23	4 16	4 08	4 00	3 50	3 39	3 26	3 10	2 51	2 27
18	4 43	4 37	4 31	4 25	4 18	4 11	4 02	3 53	3 42	3 30	3 16	2 59	2 39	2 11
22	4 39	4 34	4 28	4 21	4 14	4 06	3 57	3 47	3 36	3 23	3 08	2 49	2 26	1 55
26	4 37	4 31	4 24	4 17	4 10	4 01	3 52	3 42	3 30	3 16	3 00	2 40	2 15	1 39
30	4 34	4 28	4 22	4 14	4 06	3 58	3 48	3 37	3 25	3 10	2 53	2 32	2 04	1 22
June 3	4 33	4 26	4 19	4 12	4 04	3 55	3 45	3 33	3 20	3 05	2 47	2 24	1 54	1 05
7	4 31	4 25	4 18	4 10	4 02	3 53	3 42	3 30	3 17	3 01	2 42	2 18	1 45	0 46
11	4 31	4 24	4 17	4 09	4 01	3 51	3 40	3 28	3 15	2 58	2 39	2 13	1 38	0 24
15	4 31	4 24	4 17	4 09	4 00	3 50	3 40	3 27	3 13	2 57	2 36	2 10	1 34	□
19	4 31	4 24	4 17	4 09	4 00	3 50	3 39	3 27	3 13	2 56	2 36	2 09	1 31	□
23	4 32	4 25	4 18	4 10	4 01	3 51	3 40	3 28	3 14	2 57	2 36	2 10	1 32	□
27	4 33	4 26	4 19	4 11	4 02	3 53	3 42	3 30	3 15	2 59	2 38	2 12	1 35	□
July 1	4 35	4 28	4 21	4 13	4 04	3 55	3 44	3 32	3 18	3 02	2 42	2 16	1 41	0 16
5	4 37	4 30	4 23	4 15	4 07	3 58	3 47	3 35	3 22	3 06	2 47	2 22	1 49	0 45

SUNSET

Lat.	+40°	+42°	+44°	+46°	+48°	+50°	+52°	+54°	+56°	+58°	+60°	+62°	+64°	+66°
	h m	h m	h m	h m	h m	h m	h m	h m	h m	h m	h m	h m	h m	h m
Mar. 31	18 23	18 24	18 25	18 27	18 28	18 30	18 31	18 33	18 36	18 38	18 41	18 44	18 47	18 51
Apr. 4	18 27	18 28	18 30	18 32	18 34	18 36	18 38	18 41	18 44	18 47	18 50	18 54	18 59	19 04
8	18 31	18 33	18 35	18 37	18 40	18 42	18 45	18 48	18 52	18 56	19 00	19 05	19 11	19 18
12	18 35	18 37	18 40	18 43	18 45	18 49	18 52	18 56	19 00	19 05	19 10	19 16	19 23	19 31
16	18 39	18 42	18 45	18 48	18 51	18 55	18 59	19 03	19 08	19 14	19 20	19 27	19 35	19 45
20	18 43	18 46	18 50	18 53	18 57	19 01	19 06	19 11	19 16	19 23	19 30	19 38	19 47	19 59
24	18 47	18 51	18 54	18 58	19 03	19 07	19 12	19 18	19 24	19 32	19 40	19 49	20 00	20 13
28	18 51	18 55	18 59	19 04	19 08	19 14	19 19	19 26	19 33	19 41	19 50	20 00	20 12	20 27
May 2	18 55	18 59	19 04	19 09	19 14	19 20	19 26	19 33	19 41	19 49	20 00	20 11	20 25	20 42
6	18 59	19 04	19 09	19 14	19 20	19 26	19 33	19 40	19 49	19 58	20 09	20 22	20 38	20 57
10	19 03	19 08	19 13	19 19	19 25	19 32	19 39	19 47	19 57	20 07	20 19	20 34	20 51	21 13
14	19 07	19 12	19 18	19 24	19 30	19 38	19 45	19 54	20 04	20 16	20 29	20 45	21 04	21 28
18	19 11	19 16	19 22	19 29	19 36	19 43	19 52	20 01	20 12	20 24	20 38	20 55	21 17	21 45
22	19 14	19 20	19 26	19 33	19 40	19 48	19 57	20 07	20 19	20 32	20 47	21 06	21 29	22 01
26	19 18	19 24	19 30	19 37	19 45	19 53	20 03	20 13	20 25	20 39	20 56	21 16	21 42	22 19
30	19 21	19 27	19 34	19 41	19 49	19 58	20 08	20 19	20 31	20 46	21 03	21 25	21 53	22 37
June 3	19 24	19 30	19 37	19 45	19 53	20 02	20 12	20 24	20 37	20 52	21 10	21 33	22 04	22 55
7	19 26	19 33	19 40	19 48	19 56	20 06	20 16	20 28	20 41	20 57	21 16	21 41	22 14	23 16
11	19 29	19 35	19 43	19 50	19 59	20 09	20 19	20 31	20 45	21 02	21 21	21 47	22 22	23 44
15	19 30	19 37	19 44	19 52	20 01	20 11	20 22	20 34	20 48	21 05	21 25	21 51	22 28	□
19	19 32	19 39	19 46	19 54	20 03	20 12	20 23	20 36	20 50	21 07	21 27	21 54	22 32	□
23	19 33	19 39	19 47	19 55	20 04	20 13	20 24	20 36	20 51	21 07	21 28	21 54	22 32	□
27	19 33	19 40	19 47	19 55	20 04	20 13	20 24	20 36	20 50	21 07	21 27	21 53	22 30	□
July 1	19 33	19 39	19 47	19 54	20 03	20 13	20 23	20 35	20 49	21 05	21 25	21 50	22 26	23 42
5	19 32	19 39	19 46	19 53	20 02	20 11	20 21	20 33	20 47	21 03	21 22	21 46	22 19	23 19

□ indicates Sun continuously above horizon.

SUNRISE AND SUNSET, 2019

UNIVERSAL TIME FOR MERIDIAN OF GREENWICH

SUNRISE

Lat.	−55°	−50°	−45°	−40°	−35°	−30°	−20°	−10°	0°	+10°	+20°	+30°	+35°	+40°
	h m	h m	h m	h m	h m	h m	h m	h m	h m	h m	h m	h m	h m	h m
July 1	8 26	8 00	7 39	7 23	7 09	6 57	6 36	6 17	6 00	5 43	5 24	5 02	4 50	4 35
5	8 24	7 58	7 38	7 22	7 08	6 56	6 36	6 18	6 01	5 44	5 25	5 04	4 51	4 37
9	8 22	7 56	7 37	7 21	7 08	6 56	6 36	6 18	6 02	5 45	5 27	5 06	4 54	4 39
13	8 18	7 54	7 35	7 19	7 06	6 55	6 35	6 18	6 02	5 46	5 28	5 08	4 56	4 42
17	8 13	7 50	7 32	7 17	7 05	6 54	6 35	6 18	6 03	5 47	5 30	5 10	4 58	4 45
21	8 08	7 46	7 29	7 15	7 03	6 52	6 34	6 18	6 03	5 48	5 31	5 12	5 01	4 48
25	8 02	7 41	7 25	7 12	7 00	6 50	6 33	6 17	6 03	5 48	5 33	5 15	5 04	4 52
29	7 56	7 36	7 21	7 08	6 57	6 48	6 31	6 17	6 03	5 49	5 34	5 17	5 07	4 55
Aug. 2	7 49	7 30	7 16	7 04	6 54	6 45	6 29	6 16	6 03	5 50	5 36	5 19	5 10	4 59
6	7 41	7 24	7 11	7 00	6 50	6 42	6 27	6 15	6 02	5 50	5 37	5 22	5 13	5 03
10	7 33	7 18	7 05	6 55	6 46	6 39	6 25	6 13	6 02	5 51	5 38	5 24	5 16	5 06
14	7 25	7 11	6 59	6 50	6 42	6 35	6 23	6 12	6 01	5 51	5 40	5 27	5 19	5 10
18	7 16	7 03	6 53	6 45	6 37	6 31	6 20	6 10	6 01	5 51	5 41	5 29	5 22	5 14
22	7 07	6 55	6 47	6 39	6 33	6 27	6 17	6 08	6 00	5 51	5 42	5 31	5 25	5 18
26	6 57	6 48	6 40	6 33	6 28	6 23	6 14	6 06	5 59	5 51	5 43	5 33	5 28	5 22
30	6 48	6 39	6 33	6 27	6 22	6 18	6 11	6 04	5 57	5 51	5 44	5 36	5 31	5 25
Sept. 3	6 38	6 31	6 26	6 21	6 17	6 13	6 07	6 02	5 56	5 51	5 45	5 38	5 34	5 29
7	6 28	6 22	6 18	6 15	6 11	6 09	6 04	5 59	5 55	5 50	5 46	5 40	5 37	5 33
11	6 18	6 14	6 11	6 08	6 06	6 04	6 00	5 57	5 53	5 50	5 46	5 42	5 40	5 37
15	6 07	6 05	6 03	6 02	6 00	5 59	5 56	5 54	5 52	5 50	5 47	5 44	5 43	5 40
19	5 57	5 56	5 56	5 55	5 54	5 54	5 53	5 52	5 51	5 49	5 48	5 46	5 45	5 44
23	5 47	5 48	5 48	5 48	5 49	5 49	5 49	5 49	5 49	5 49	5 49	5 49	5 48	5 48
27	5 37	5 39	5 40	5 42	5 43	5 44	5 45	5 47	5 48	5 49	5 50	5 51	5 51	5 52
Oct. 1	5 26	5 30	5 33	5 35	5 37	5 39	5 42	5 44	5 46	5 49	5 51	5 53	5 54	5 56
5	5 16	5 21	5 25	5 29	5 31	5 34	5 38	5 42	5 45	5 48	5 52	5 55	5 57	6 00

SUNSET

	−55°	−50°	−45°	−40°	−35°	−30°	−20°	−10°	0°	+10°	+20°	+30°	+35°	+40°
	h m	h m	h m	h m	h m	h m	h m	h m	h m	h m	h m	h m	h m	h m
July 1	15 42	16 08	16 29	16 45	16 59	17 11	17 32	17 50	18 08	18 25	18 43	19 05	19 18	19 33
5	15 45	16 11	16 31	16 47	17 01	17 13	17 33	17 51	18 08	18 25	18 44	19 05	19 18	19 32
9	15 49	16 14	16 34	16 50	17 03	17 15	17 35	17 52	18 09	18 26	18 44	19 04	19 17	19 31
13	15 54	16 18	16 37	16 52	17 05	17 17	17 36	17 53	18 09	18 26	18 43	19 03	19 15	19 29
17	15 59	16 23	16 41	16 55	17 08	17 19	17 38	17 54	18 10	18 25	18 42	19 02	19 14	19 27
21	16 05	16 27	16 44	16 58	17 10	17 21	17 39	17 55	18 10	18 25	18 41	19 00	19 11	19 24
25	16 11	16 32	16 48	17 02	17 13	17 23	17 41	17 56	18 10	18 25	18 40	18 58	19 09	19 21
29	16 18	16 37	16 53	17 05	17 16	17 26	17 42	17 56	18 10	18 24	18 39	18 56	19 06	19 17
Aug. 2	16 25	16 43	16 57	17 09	17 19	17 28	17 43	17 57	18 10	18 23	18 37	18 53	19 02	19 13
6	16 31	16 48	17 02	17 13	17 22	17 30	17 45	17 57	18 09	18 22	18 35	18 50	18 58	19 09
10	16 39	16 54	17 06	17 16	17 25	17 33	17 46	17 58	18 09	18 20	18 32	18 46	18 54	19 04
14	16 46	17 00	17 11	17 20	17 28	17 35	17 47	17 58	18 08	18 18	18 30	18 42	18 50	18 59
18	16 53	17 05	17 15	17 24	17 31	17 37	17 48	17 58	18 07	18 17	18 27	18 38	18 45	18 53
22	17 00	17 11	17 20	17 27	17 34	17 39	17 49	17 58	18 06	18 15	18 24	18 34	18 40	18 47
26	17 08	17 17	17 25	17 31	17 37	17 42	17 50	17 58	18 05	18 13	18 21	18 30	18 35	18 41
30	17 15	17 23	17 29	17 35	17 40	17 44	17 51	17 58	18 04	18 10	18 17	18 25	18 30	18 35
Sept. 3	17 22	17 29	17 34	17 39	17 42	17 46	17 52	17 57	18 03	18 08	18 14	18 21	18 25	18 29
7	17 29	17 35	17 39	17 42	17 45	17 48	17 53	17 57	18 01	18 06	18 10	18 16	18 19	18 23
11	17 37	17 40	17 43	17 46	17 48	17 50	17 54	17 57	18 00	18 03	18 07	18 11	18 13	18 16
15	17 44	17 46	17 48	17 50	17 51	17 52	17 54	17 57	17 59	18 01	18 03	18 06	18 08	18 09
19	17 52	17 52	17 53	17 53	17 54	17 54	17 55	17 56	17 57	17 58	17 59	18 01	18 02	18 03
23	17 59	17 58	17 58	17 57	17 57	17 57	17 56	17 56	17 56	17 56	17 56	17 56	17 56	17 56
27	18 07	18 04	18 03	18 01	18 00	17 59	17 57	17 56	17 54	17 53	17 52	17 51	17 50	17 50
Oct. 1	18 14	18 11	18 08	18 05	18 03	18 01	17 58	17 55	17 53	17 51	17 48	17 46	17 45	17 43
5	18 22	18 17	18 13	18 09	18 06	18 03	17 59	17 55	17 52	17 48	17 45	17 41	17 39	17 37

UNIVERSAL TIME FOR MERIDIAN OF GREENWICH

SUNRISE

Lat.	+40°	+42°	+44°	+46°	+48°	+50°	+52°	+54°	+56°	+58°	+60°	+62°	+64°	+66°
	h m	h m	h m	h m	h m	h m	h m	h m	h m	h m	h m	h m	h m	h m
July 1	4 35	4 28	4 21	4 13	4 04	3 55	3 44	3 32	3 18	3 02	2 42	2 16	1 41	0 16
5	4 37	4 30	4 23	4 15	4 07	3 58	3 47	3 35	3 22	3 06	2 47	2 22	1 49	0 45
9	4 39	4 33	4 26	4 18	4 10	4 01	3 51	3 39	3 26	3 11	2 52	2 29	1 58	1 06
13	4 42	4 36	4 29	4 22	4 14	4 05	3 55	3 44	3 32	3 17	2 59	2 37	2 09	1 25
17	4 45	4 39	4 33	4 26	4 18	4 09	4 00	3 49	3 37	3 23	3 07	2 47	2 20	1 43
21	4 48	4 42	4 36	4 30	4 22	4 14	4 05	3 55	3 44	3 31	3 15	2 56	2 32	2 00
25	4 52	4 46	4 40	4 34	4 27	4 19	4 11	4 01	3 51	3 38	3 24	3 06	2 45	2 16
29	4 55	4 50	4 44	4 38	4 32	4 25	4 17	4 08	3 58	3 46	3 33	3 17	2 57	2 32
Aug. 2	4 59	4 54	4 49	4 43	4 37	4 30	4 23	4 14	4 05	3 54	3 42	3 28	3 10	2 48
6	5 03	4 58	4 53	4 48	4 42	4 36	4 29	4 21	4 13	4 03	3 52	3 39	3 23	3 03
10	5 06	5 02	4 58	4 53	4 47	4 42	4 35	4 28	4 20	4 12	4 01	3 49	3 35	3 18
14	5 10	5 06	5 02	4 58	4 53	4 48	4 42	4 35	4 28	4 20	4 11	4 00	3 48	3 33
18	5 14	5 11	5 07	5 03	4 58	4 54	4 48	4 42	4 36	4 29	4 21	4 11	4 00	3 47
22	5 18	5 15	5 11	5 08	5 04	4 59	4 55	4 50	4 44	4 37	4 30	4 22	4 12	4 01
26	5 22	5 19	5 16	5 13	5 09	5 05	5 01	4 57	4 52	4 46	4 40	4 32	4 24	4 14
30	5 25	5 23	5 20	5 18	5 15	5 11	5 08	5 04	5 00	4 55	4 49	4 43	4 36	4 27
Sept. 3	5 29	5 27	5 25	5 23	5 20	5 17	5 14	5 11	5 07	5 03	4 59	4 53	4 47	4 40
7	5 33	5 31	5 30	5 28	5 26	5 23	5 21	5 18	5 15	5 12	5 08	5 04	4 59	4 53
11	5 37	5 35	5 34	5 33	5 31	5 29	5 27	5 25	5 23	5 20	5 18	5 14	5 11	5 06
15	5 40	5 40	5 39	5 38	5 36	5 35	5 34	5 32	5 31	5 29	5 27	5 25	5 22	5 19
19	5 44	5 44	5 43	5 43	5 42	5 41	5 40	5 40	5 39	5 37	5 36	5 35	5 33	5 31
23	5 48	5 48	5 48	5 48	5 47	5 47	5 47	5 47	5 46	5 46	5 46	5 45	5 45	5 44
27	5 52	5 52	5 52	5 53	5 53	5 53	5 54	5 54	5 54	5 55	5 55	5 56	5 56	5 57
Oct. 1	5 56	5 56	5 57	5 58	5 59	5 59	6 00	6 01	6 02	6 03	6 05	6 06	6 08	6 09
5	6 00	6 01	6 02	6 03	6 04	6 05	6 07	6 08	6 10	6 12	6 14	6 16	6 19	6 22

SUNSET

Lat.	+40°	+42°	+44°	+46°	+48°	+50°	+52°	+54°	+56°	+58°	+60°	+62°	+64°	+66°
	h m	h m	h m	h m	h m	h m	h m	h m	h m	h m	h m	h m	h m	h m
July 1	19 33	19 39	19 47	19 54	20 03	20 13	20 23	20 35	20 49	21 05	21 25	21 50	22 26	23 42
5	19 32	19 39	19 46	19 53	20 02	20 11	20 21	20 33	20 47	21 03	21 22	21 46	22 19	23 19
9	19 31	19 37	19 44	19 52	20 00	20 09	20 19	20 30	20 43	20 59	21 17	21 40	22 10	23 00
13	19 29	19 35	19 42	19 49	19 57	20 06	20 16	20 27	20 39	20 54	21 11	21 32	22 00	22 43
17	19 27	19 33	19 39	19 46	19 54	20 02	20 12	20 22	20 34	20 48	21 04	21 24	21 50	22 26
21	19 24	19 30	19 36	19 43	19 50	19 58	20 07	20 17	20 28	20 41	20 56	21 15	21 38	22 10
25	19 21	19 26	19 32	19 38	19 45	19 53	20 01	20 11	20 21	20 33	20 48	21 05	21 26	21 53
29	19 17	19 22	19 28	19 34	19 40	19 47	19 55	20 04	20 14	20 25	20 38	20 54	21 13	21 37
Aug. 2	19 13	19 18	19 23	19 29	19 35	19 41	19 49	19 57	20 06	20 17	20 29	20 43	21 00	21 22
6	19 09	19 13	19 18	19 23	19 29	19 35	19 42	19 49	19 58	20 07	20 18	20 31	20 47	21 06
10	19 04	19 08	19 12	19 17	19 22	19 28	19 34	19 41	19 49	19 58	20 08	20 19	20 33	20 50
14	18 59	19 02	19 06	19 11	19 16	19 21	19 27	19 33	19 40	19 48	19 57	20 07	20 20	20 34
18	18 53	18 57	19 00	19 04	19 09	19 13	19 18	19 24	19 30	19 38	19 46	19 55	20 06	20 19
22	18 47	18 50	18 54	18 57	19 01	19 05	19 10	19 15	19 21	19 27	19 34	19 42	19 52	20 03
26	18 41	18 44	18 47	18 50	18 54	18 57	19 01	19 06	19 11	19 16	19 22	19 29	19 38	19 47
30	18 35	18 38	18 40	18 43	18 46	18 49	18 52	18 56	19 01	19 05	19 11	19 17	19 24	19 32
Sept. 3	18 29	18 31	18 33	18 35	18 38	18 41	18 43	18 47	18 50	18 54	18 59	19 04	19 09	19 16
7	18 23	18 24	18 26	18 28	18 30	18 32	18 34	18 37	18 40	18 43	18 47	18 51	18 55	19 01
11	18 16	18 17	18 19	18 20	18 22	18 23	18 25	18 27	18 29	18 32	18 34	18 38	18 41	18 45
15	18 09	18 10	18 11	18 12	18 13	18 14	18 16	18 17	18 19	18 20	18 22	18 24	18 27	18 30
19	18 03	18 03	18 04	18 04	18 05	18 06	18 06	18 07	18 08	18 09	18 10	18 11	18 13	18 14
23	17 56	17 56	17 56	17 56	17 57	17 57	17 57	17 57	17 57	17 58	17 58	17 58	17 59	17 59
27	17 50	17 49	17 49	17 49	17 48	17 48	17 48	17 47	17 47	17 46	17 46	17 45	17 44	17 44
Oct. 1	17 43	17 42	17 42	17 41	17 40	17 39	17 38	17 37	17 36	17 35	17 34	17 32	17 30	17 28
5	17 37	17 36	17 34	17 33	17 32	17 31	17 29	17 28	17 26	17 24	17 22	17 19	17 16	17 13

SUNRISE AND SUNSET, 2019

UNIVERSAL TIME FOR MERIDIAN OF GREENWICH

SUNRISE

Lat.	−55°	−50°	−45°	−40°	−35°	−30°	−20°	−10°	0°	+10°	+20°	+30°	+35°	+40°
	h m	h m	h m	h m	h m	h m	h m	h m	h m	h m	h m	h m	h m	h m
Oct. 1	5 26	5 30	5 33	5 35	5 37	5 39	5 42	5 44	5 46	5 49	5 51	5 53	5 54	5 56
5	5 16	5 21	5 25	5 29	5 31	5 34	5 38	5 42	5 45	5 48	5 52	5 55	5 57	6 00
9	5 06	5 13	5 18	5 22	5 26	5 29	5 35	5 40	5 44	5 48	5 53	5 58	6 01	6 04
13	4 56	5 04	5 11	5 16	5 21	5 25	5 32	5 37	5 43	5 48	5 54	6 00	6 04	6 08
17	4 46	4 56	5 04	5 10	5 15	5 20	5 28	5 36	5 42	5 49	5 55	6 03	6 07	6 12
21	4 37	4 48	4 57	5 04	5 10	5 16	5 25	5 34	5 41	5 49	5 57	6 06	6 11	6 16
25	4 27	4 40	4 50	4 59	5 06	5 12	5 23	5 32	5 41	5 49	5 58	6 08	6 14	6 21
29	4 18	4 33	4 44	4 53	5 01	5 08	5 20	5 31	5 40	5 50	6 00	6 11	6 18	6 25
Nov. 2	4 09	4 25	4 38	4 48	4 57	5 05	5 18	5 29	5 40	5 51	6 02	6 14	6 22	6 30
6	4 01	4 19	4 32	4 44	4 53	5 02	5 16	5 29	5 40	5 52	6 04	6 17	6 25	6 34
10	3 53	4 12	4 27	4 39	4 50	4 59	5 14	5 28	5 40	5 53	6 06	6 21	6 29	6 39
14	3 46	4 06	4 23	4 36	4 47	4 57	5 13	5 27	5 41	5 54	6 08	6 24	6 33	6 43
18	3 39	4 01	4 18	4 32	4 44	4 55	5 12	5 27	5 41	5 55	6 10	6 27	6 37	6 48
22	3 33	3 57	4 15	4 30	4 42	4 53	5 12	5 28	5 42	5 57	6 13	6 30	6 41	6 53
26	3 28	3 53	4 12	4 28	4 41	4 52	5 11	5 28	5 44	5 59	6 15	6 34	6 45	6 57
30	3 23	3 50	4 10	4 26	4 40	4 51	5 11	5 29	5 45	6 01	6 18	6 37	6 48	7 01
Dec. 4	3 20	3 47	4 08	4 25	4 39	4 51	5 12	5 30	5 46	6 03	6 20	6 40	6 52	7 05
8	3 17	3 46	4 07	4 24	4 39	4 51	5 13	5 31	5 48	6 05	6 23	6 43	6 55	7 09
12	3 16	3 45	4 07	4 25	4 39	4 52	5 14	5 33	5 50	6 07	6 25	6 46	6 58	7 12
16	3 15	3 45	4 08	4 25	4 40	4 53	5 15	5 34	5 52	6 09	6 28	6 49	7 01	7 15
20	3 16	3 46	4 09	4 27	4 42	4 55	5 17	5 36	5 54	6 11	6 30	6 51	7 03	7 18
24	3 18	3 48	4 11	4 29	4 44	4 57	5 19	5 38	5 56	6 13	6 32	6 53	7 05	7 19
28	3 21	3 51	4 13	4 31	4 46	4 59	5 21	5 40	5 58	6 15	6 33	6 55	7 07	7 21
32	3 25	3 55	4 17	4 34	4 49	5 02	5 24	5 42	6 00	6 17	6 35	6 56	7 08	7 22
36	3 31	3 59	4 21	4 38	4 52	5 05	5 26	5 44	6 01	6 18	6 36	6 57	7 08	7 22

SUNSET

	−55°	−50°	−45°	−40°	−35°	−30°	−20°	−10°	0°	+10°	+20°	+30°	+35°	+40°
	h m	h m	h m	h m	h m	h m	h m	h m	h m	h m	h m	h m	h m	h m
Oct. 1	18 14	18 11	18 08	18 05	18 03	18 01	17 58	17 55	17 53	17 51	17 48	17 46	17 45	17 43
5	18 22	18 17	18 13	18 09	18 06	18 03	17 59	17 55	17 52	17 48	17 45	17 41	17 39	17 37
9	18 30	18 23	18 18	18 13	18 09	18 06	18 00	17 55	17 51	17 46	17 42	17 36	17 34	17 30
13	18 38	18 29	18 23	18 17	18 13	18 08	18 01	17 55	17 50	17 44	17 38	17 32	17 28	17 24
17	18 46	18 36	18 28	18 22	18 16	18 11	18 03	17 55	17 49	17 42	17 35	17 27	17 23	17 18
21	18 54	18 43	18 33	18 26	18 19	18 14	18 04	17 56	17 48	17 40	17 32	17 23	17 18	17 12
25	19 02	18 49	18 39	18 30	18 23	18 17	18 06	17 56	17 47	17 39	17 30	17 19	17 14	17 07
29	19 11	18 56	18 44	18 35	18 27	18 20	18 07	17 57	17 47	17 37	17 27	17 16	17 09	17 02
Nov. 2	19 19	19 03	18 50	18 40	18 31	18 23	18 09	17 58	17 47	17 36	17 25	17 12	17 05	16 57
6	19 27	19 10	18 56	18 44	18 34	18 26	18 11	17 59	17 47	17 36	17 23	17 09	17 01	16 52
10	19 36	19 16	19 01	18 49	18 38	18 29	18 14	18 00	17 47	17 35	17 22	17 07	16 58	16 48
14	19 44	19 23	19 07	18 54	18 42	18 33	18 16	18 01	17 48	17 35	17 21	17 05	16 55	16 45
18	19 52	19 30	19 12	18 58	18 46	18 36	18 18	18 03	17 49	17 35	17 20	17 03	16 53	16 42
22	20 00	19 36	19 18	19 03	18 50	18 39	18 21	18 05	17 50	17 35	17 19	17 01	16 51	16 39
26	20 08	19 42	19 23	19 07	18 54	18 43	18 23	18 06	17 51	17 35	17 19	17 00	16 49	16 37
30	20 15	19 48	19 28	19 12	18 58	18 46	18 26	18 08	17 52	17 36	17 19	17 00	16 49	16 36
Dec. 4	20 21	19 54	19 33	19 16	19 01	18 49	18 28	18 10	17 54	17 37	17 20	17 00	16 48	16 35
8	20 27	19 58	19 37	19 19	19 05	18 52	18 31	18 12	17 55	17 39	17 21	17 00	16 48	16 35
12	20 32	20 02	19 40	19 23	19 08	18 55	18 33	18 15	17 57	17 40	17 22	17 01	16 49	16 35
16	20 36	20 06	19 43	19 26	19 11	18 58	18 36	18 17	17 59	17 42	17 23	17 02	16 50	16 36
20	20 39	20 09	19 46	19 28	19 13	19 00	18 38	18 19	18 01	17 44	17 25	17 04	16 52	16 37
24	20 41	20 10	19 48	19 30	19 15	19 02	18 40	18 21	18 03	17 46	17 27	17 06	16 54	16 39
28	20 41	20 11	19 49	19 31	19 16	19 03	18 41	18 23	18 05	17 48	17 29	17 08	16 56	16 42
32	20 41	20 12	19 50	19 32	19 17	19 05	18 43	18 24	18 07	17 50	17 32	17 11	16 59	16 45
36	20 39	20 11	19 49	19 32	19 18	19 05	18 44	18 26	18 09	17 52	17 34	17 14	17 02	16 48

UNIVERSAL TIME FOR MERIDIAN OF GREENWICH

SUNRISE

Lat.	+40°	+42°	+44°	+46°	+48°	+50°	+52°	+54°	+56°	+58°	+60°	+62°	+64°	+66°
	h m	h m	h m	h m	h m	h m	h m	h m	h m	h m	h m	h m	h m	h m
Oct. 1	5 56	5 56	5 57	5 58	5 59	5 59	6 00	6 01	6 02	6 03	6 05	6 06	6 08	6 09
5	6 00	6 01	6 02	6 03	6 04	6 05	6 07	6 08	6 10	6 12	6 14	6 16	6 19	6 22
9	6 04	6 05	6 07	6 08	6 10	6 12	6 14	6 16	6 18	6 21	6 24	6 27	6 31	6 35
13	6 08	6 10	6 12	6 14	6 16	6 18	6 21	6 23	6 26	6 30	6 33	6 38	6 43	6 48
17	6 12	6 14	6 17	6 19	6 22	6 24	6 27	6 31	6 35	6 39	6 43	6 49	6 55	7 02
21	6 16	6 19	6 22	6 24	6 28	6 31	6 34	6 38	6 43	6 48	6 53	7 00	7 07	7 15
25	6 21	6 24	6 27	6 30	6 34	6 37	6 42	6 46	6 51	6 57	7 03	7 11	7 19	7 29
29	6 25	6 28	6 32	6 36	6 40	6 44	6 49	6 54	7 00	7 06	7 14	7 22	7 32	7 43
Nov. 2	6 30	6 33	6 37	6 41	6 46	6 51	6 56	7 02	7 08	7 16	7 24	7 33	7 44	7 57
6	6 34	6 38	6 42	6 47	6 52	6 57	7 03	7 10	7 17	7 25	7 34	7 45	7 57	8 12
10	6 39	6 43	6 48	6 53	6 58	7 04	7 10	7 17	7 25	7 34	7 44	7 56	8 10	8 27
14	6 43	6 48	6 53	6 58	7 04	7 10	7 17	7 25	7 34	7 43	7 54	8 07	8 23	8 42
18	6 48	6 53	6 58	7 04	7 10	7 17	7 24	7 33	7 42	7 52	8 04	8 19	8 36	8 57
22	6 53	6 58	7 03	7 09	7 16	7 23	7 31	7 40	7 50	8 01	8 14	8 30	8 48	9 12
26	6 57	7 02	7 08	7 15	7 22	7 29	7 38	7 47	7 57	8 09	8 23	8 40	9 01	9 27
30	7 01	7 07	7 13	7 20	7 27	7 35	7 44	7 53	8 04	8 17	8 32	8 50	9 12	9 42
Dec. 4	7 05	7 11	7 17	7 24	7 32	7 40	7 49	7 59	8 11	8 24	8 40	8 59	9 23	9 56
8	7 09	7 15	7 21	7 29	7 36	7 45	7 54	8 05	8 17	8 31	8 47	9 07	9 33	10 09
12	7 12	7 18	7 25	7 32	7 40	7 49	7 59	8 09	8 22	8 36	8 53	9 14	9 41	10 20
16	7 15	7 21	7 28	7 36	7 44	7 52	8 02	8 13	8 26	8 40	8 58	9 19	9 47	10 28
20	7 18	7 24	7 31	7 38	7 46	7 55	8 05	8 16	8 29	8 44	9 01	9 23	9 51	10 34
24	7 19	7 26	7 33	7 40	7 48	7 57	8 07	8 18	8 31	8 46	9 03	9 25	9 53	10 35
28	7 21	7 27	7 34	7 41	7 49	7 58	8 08	8 19	8 32	8 46	9 03	9 25	9 53	10 34
32	7 22	7 28	7 35	7 42	7 50	7 59	8 08	8 19	8 31	8 46	9 02	9 23	9 50	10 28
36	7 22	7 28	7 35	7 42	7 50	7 58	8 07	8 18	8 30	8 44	9 00	9 20	9 45	10 21

SUNSET

Lat.	+40°	+42°	+44°	+46°	+48°	+50°	+52°	+54°	+56°	+58°	+60°	+62°	+64°	+66°
	h m	h m	h m	h m	h m	h m	h m	h m	h m	h m	h m	h m	h m	h m
Oct. 1	17 43	17 42	17 42	17 41	17 40	17 39	17 38	17 37	17 36	17 35	17 34	17 32	17 30	17 28
5	17 37	17 36	17 34	17 33	17 32	17 31	17 29	17 28	17 26	17 24	17 22	17 19	17 16	17 13
9	17 30	17 29	17 27	17 26	17 24	17 22	17 20	17 18	17 15	17 13	17 10	17 06	17 02	16 58
13	17 24	17 22	17 20	17 18	17 16	17 14	17 11	17 08	17 05	17 02	16 58	16 54	16 49	16 43
17	17 18	17 16	17 14	17 11	17 08	17 06	17 02	16 59	16 55	16 51	16 46	16 41	16 35	16 28
21	17 12	17 10	17 07	17 04	17 01	16 58	16 54	16 50	16 45	16 41	16 35	16 29	16 21	16 13
25	17 07	17 04	17 01	16 58	16 54	16 50	16 46	16 41	16 36	16 30	16 24	16 16	16 08	15 58
29	17 02	16 58	16 55	16 51	16 47	16 43	16 38	16 33	16 27	16 20	16 13	16 04	15 55	15 43
Nov. 2	16 57	16 53	16 49	16 45	16 41	16 36	16 30	16 25	16 18	16 11	16 02	15 53	15 42	15 29
6	16 52	16 48	16 44	16 40	16 35	16 29	16 23	16 17	16 10	16 01	15 52	15 42	15 29	15 14
10	16 48	16 44	16 39	16 34	16 29	16 23	16 17	16 10	16 02	15 53	15 43	15 31	15 17	15 00
14	16 45	16 40	16 35	16 30	16 24	16 18	16 11	16 03	15 54	15 45	15 33	15 20	15 05	14 46
18	16 42	16 37	16 31	16 26	16 19	16 13	16 05	15 57	15 48	15 37	15 25	15 11	14 54	14 32
22	16 39	16 34	16 28	16 22	16 16	16 08	16 00	15 52	15 42	15 30	15 17	15 02	14 43	14 19
26	16 37	16 32	16 26	16 19	16 12	16 05	15 56	15 47	15 36	15 24	15 10	14 54	14 33	14 06
30	16 36	16 30	16 24	16 17	16 10	16 02	15 53	15 43	15 32	15 19	15 04	14 47	14 24	13 54
Dec. 4	16 35	16 29	16 22	16 16	16 08	16 00	15 51	15 40	15 29	15 15	15 00	14 41	14 17	13 44
8	16 35	16 28	16 22	16 15	16 07	15 58	15 49	15 38	15 26	15 13	14 56	14 36	14 10	13 34
12	16 35	16 29	16 22	16 15	16 07	15 58	15 48	15 37	15 25	15 11	14 54	14 33	14 06	13 27
16	16 36	16 29	16 23	16 15	16 07	15 58	15 49	15 38	15 25	15 10	14 53	14 32	14 04	13 22
20	16 37	16 31	16 24	16 17	16 09	16 00	15 50	15 39	15 26	15 11	14 54	14 32	14 04	13 21
24	16 39	16 33	16 26	16 19	16 11	16 02	15 52	15 41	15 28	15 13	14 56	14 34	14 06	13 23
28	16 42	16 36	16 29	16 21	16 13	16 05	15 55	15 44	15 31	15 17	14 59	14 38	14 10	13 29
32	16 45	16 39	16 32	16 25	16 17	16 08	15 59	15 48	15 36	15 21	15 04	14 44	14 17	13 38
36	16 48	16 42	16 36	16 29	16 21	16 13	16 03	15 53	15 41	15 27	15 11	14 51	14 25	13 50

CIVIL TWILIGHT, 2019

UNIVERSAL TIME FOR MERIDIAN OF GREENWICH
BEGINNING OF MORNING CIVIL TWILIGHT

Lat.	−55°	−50°	−45°	−40°	−35°	−30°	−20°	−10°	0°	+10°	+20°	+30°	+35°	+40°
	h m	h m	h m	h m	h m	h m	h m	h m	h m	h m	h m	h m	h m	h m
Jan. −2	2 25	3 08	3 37	4 00	4 18	4 33	4 57	5 18	5 36	5 53	6 10	6 29	6 39	6 51
2	2 30	3 12	3 41	4 03	4 21	4 36	5 00	5 20	5 38	5 54	6 11	6 30	6 40	6 52
6	2 37	3 17	3 45	4 07	4 24	4 39	5 03	5 22	5 40	5 56	6 13	6 31	6 41	6 52
10	2 44	3 23	3 50	4 11	4 28	4 42	5 05	5 25	5 41	5 57	6 14	6 31	6 41	6 52
14	2 53	3 29	3 55	4 16	4 32	4 46	5 08	5 27	5 43	5 59	6 14	6 31	6 40	6 51
18	3 02	3 36	4 01	4 20	4 36	4 49	5 11	5 29	5 45	5 59	6 14	6 30	6 39	6 49
22	3 12	3 44	4 07	4 25	4 40	4 53	5 14	5 31	5 46	6 00	6 14	6 30	6 38	6 47
26	3 21	3 51	4 13	4 31	4 45	4 57	5 17	5 33	5 47	6 00	6 14	6 28	6 36	6 45
30	3 31	3 59	4 20	4 36	4 49	5 01	5 19	5 35	5 48	6 01	6 13	6 26	6 34	6 42
Feb. 3	3 41	4 07	4 26	4 41	4 54	5 04	5 22	5 36	5 49	6 00	6 12	6 24	6 31	6 38
7	3 52	4 15	4 33	4 47	4 58	5 08	5 24	5 38	5 49	6 00	6 11	6 22	6 28	6 35
11	4 01	4 23	4 39	4 52	5 03	5 12	5 27	5 39	5 49	5 59	6 09	6 19	6 24	6 30
15	4 11	4 30	4 45	4 57	5 07	5 15	5 29	5 40	5 50	5 58	6 07	6 16	6 20	6 26
19	4 21	4 38	4 51	5 02	5 11	5 18	5 31	5 41	5 49	5 57	6 05	6 12	6 16	6 21
23	4 30	4 46	4 57	5 07	5 15	5 22	5 33	5 42	5 49	5 56	6 02	6 08	6 12	6 15
27	4 39	4 53	5 03	5 12	5 19	5 25	5 34	5 42	5 49	5 54	5 59	6 04	6 07	6 10
Mar. 3	4 48	5 00	5 09	5 17	5 23	5 28	5 36	5 43	5 48	5 52	5 56	6 00	6 02	6 04
7	4 57	5 07	5 15	5 21	5 26	5 31	5 38	5 43	5 47	5 50	5 53	5 56	5 57	5 58
11	5 06	5 14	5 21	5 26	5 30	5 33	5 39	5 43	5 46	5 48	5 50	5 51	5 52	5 52
15	5 14	5 21	5 26	5 30	5 33	5 36	5 40	5 43	5 45	5 46	5 47	5 47	5 46	5 45
19	5 22	5 27	5 31	5 34	5 37	5 39	5 41	5 43	5 44	5 44	5 43	5 42	5 40	5 39
23	5 30	5 34	5 36	5 38	5 40	5 41	5 43	5 43	5 43	5 42	5 40	5 37	5 35	5 32
27	5 38	5 40	5 42	5 43	5 43	5 44	5 44	5 43	5 42	5 39	5 36	5 32	5 29	5 26
31	5 46	5 46	5 47	5 47	5 46	5 46	5 45	5 43	5 40	5 37	5 33	5 27	5 23	5 19
Apr. 4	5 53	5 52	5 52	5 51	5 49	5 48	5 46	5 43	5 39	5 35	5 29	5 22	5 18	5 13

END OF EVENING CIVIL TWILIGHT

Lat.	−55°	−50°	−45°	−40°	−35°	−30°	−20°	−10°	0°	+10°	+20°	+30°	+35°	+40°
	h m	h m	h m	h m	h m	h m	h m	h m	h m	h m	h m	h m	h m	h m
Jan. −2	21 39	20 56	20 27	20 04	19 46	19 31	19 06	18 46	18 28	18 11	17 54	17 35	17 25	17 13
2	21 37	20 55	20 27	20 05	19 47	19 32	19 08	18 48	18 30	18 13	17 56	17 38	17 28	17 16
6	21 34	20 54	20 26	20 04	19 47	19 33	19 09	18 49	18 32	18 15	17 59	17 41	17 31	17 20
10	21 29	20 51	20 24	20 03	19 47	19 33	19 09	18 50	18 33	18 17	18 01	17 44	17 34	17 24
14	21 24	20 48	20 22	20 02	19 46	19 32	19 10	18 51	18 35	18 19	18 04	17 47	17 38	17 28
18	21 17	20 43	20 19	20 00	19 44	19 31	19 09	18 52	18 36	18 21	18 06	17 50	17 42	17 32
22	21 10	20 38	20 15	19 57	19 42	19 30	19 09	18 52	18 37	18 23	18 09	17 54	17 45	17 36
26	21 02	20 32	20 11	19 54	19 40	19 28	19 08	18 52	18 38	18 25	18 11	17 57	17 49	17 41
30	20 53	20 26	20 06	19 50	19 37	19 25	19 07	18 52	18 38	18 26	18 14	18 00	17 53	17 45
Feb. 3	20 44	20 19	20 00	19 46	19 33	19 23	19 05	18 51	18 39	18 27	18 16	18 04	17 57	17 50
7	20 35	20 12	19 55	19 41	19 29	19 20	19 04	18 50	18 39	18 28	18 18	18 07	18 01	17 54
11	20 25	20 04	19 49	19 36	19 25	19 16	19 02	18 49	18 39	18 29	18 20	18 10	18 05	17 59
15	20 15	19 57	19 42	19 30	19 21	19 13	18 59	18 48	18 39	18 30	18 22	18 13	18 08	18 03
19	20 05	19 48	19 35	19 25	19 16	19 09	18 57	18 47	18 38	18 31	18 23	18 16	18 12	18 08
23	19 55	19 40	19 28	19 19	19 11	19 04	18 54	18 45	18 38	18 31	18 25	18 19	18 15	18 12
27	19 45	19 31	19 21	19 13	19 06	19 00	18 51	18 43	18 37	18 31	18 26	18 21	18 19	18 16
Mar. 3	19 34	19 23	19 14	19 07	19 01	18 56	18 48	18 41	18 36	18 32	18 28	18 24	18 22	18 21
7	19 24	19 14	19 06	19 00	18 55	18 51	18 44	18 39	18 35	18 32	18 29	18 27	18 26	18 25
11	19 13	19 05	18 59	18 54	18 50	18 46	18 41	18 37	18 34	18 32	18 30	18 29	18 29	18 29
15	19 03	18 56	18 51	18 47	18 44	18 41	18 37	18 35	18 33	18 32	18 32	18 32	18 33	18 33
19	18 52	18 47	18 44	18 41	18 38	18 37	18 34	18 32	18 32	18 32	18 33	18 34	18 36	18 38
23	18 42	18 39	18 36	18 34	18 33	18 32	18 30	18 30	18 31	18 32	18 34	18 37	18 39	18 42
27	18 32	18 30	18 29	18 28	18 27	18 27	18 27	18 28	18 29	18 32	18 35	18 39	18 42	18 46
31	18 22	18 21	18 21	18 21	18 22	18 22	18 24	18 26	18 28	18 32	18 36	18 42	18 46	18 50
Apr. 4	18 12	18 13	18 14	18 15	18 16	18 17	18 20	18 23	18 27	18 32	18 37	18 44	18 49	18 54

UNIVERSAL TIME FOR MERIDIAN OF GREENWICH
BEGINNING OF MORNING CIVIL TWILIGHT

Lat.	+40°	+42°	+44°	+46°	+48°	+50°	+52°	+54°	+56°	+58°	+60°	+62°	+64°	+66°
	h m	h m	h m	h m	h m	h m	h m	h m	h m	h m	h m	h m	h m	h m
Jan. −2	6 51	6 56	7 01	7 07	7 13	7 20	7 27	7 35	7 44	7 55	8 06	8 19	8 35	8 55
2	6 52	6 57	7 02	7 08	7 14	7 20	7 28	7 35	7 44	7 54	8 05	8 18	8 34	8 52
6	6 52	6 57	7 02	7 07	7 13	7 20	7 27	7 34	7 43	7 53	8 03	8 16	8 31	8 49
10	6 52	6 56	7 01	7 07	7 12	7 19	7 25	7 33	7 41	7 50	8 00	8 12	8 26	8 43
14	6 51	6 55	7 00	7 05	7 11	7 17	7 23	7 30	7 38	7 47	7 56	8 08	8 21	8 37
18	6 49	6 54	6 58	7 03	7 08	7 14	7 20	7 27	7 34	7 42	7 51	8 02	8 14	8 29
22	6 47	6 51	6 56	7 00	7 05	7 10	7 16	7 22	7 29	7 37	7 45	7 55	8 07	8 20
26	6 45	6 49	6 53	6 57	7 01	7 06	7 12	7 17	7 24	7 31	7 39	7 48	7 58	8 10
30	6 42	6 45	6 49	6 53	6 57	7 02	7 07	7 12	7 18	7 24	7 31	7 39	7 49	7 59
Feb. 3	6 38	6 42	6 45	6 49	6 52	6 56	7 01	7 06	7 11	7 17	7 23	7 30	7 39	7 48
7	6 35	6 37	6 40	6 44	6 47	6 51	6 55	6 59	7 03	7 09	7 14	7 21	7 28	7 36
11	6 30	6 33	6 35	6 38	6 41	6 44	6 48	6 52	6 56	7 00	7 05	7 10	7 17	7 24
15	6 26	6 28	6 30	6 33	6 35	6 38	6 41	6 44	6 47	6 51	6 55	7 00	7 05	7 11
19	6 21	6 22	6 24	6 26	6 28	6 31	6 33	6 36	6 38	6 41	6 45	6 49	6 53	6 57
23	6 15	6 17	6 18	6 20	6 22	6 23	6 25	6 27	6 29	6 32	6 34	6 37	6 40	6 44
27	6 10	6 11	6 12	6 13	6 14	6 16	6 17	6 18	6 20	6 21	6 23	6 25	6 27	6 30
Mar. 3	6 04	6 05	6 05	6 06	6 07	6 08	6 08	6 09	6 10	6 11	6 12	6 13	6 14	6 15
7	5 58	5 58	5 59	5 59	5 59	5 59	6 00	6 00	6 00	6 00	6 00	6 00	6 00	6 00
11	5 52	5 52	5 52	5 51	5 51	5 51	5 51	5 50	5 50	5 49	5 49	5 48	5 47	5 45
15	5 45	5 45	5 44	5 44	5 43	5 42	5 42	5 41	5 39	5 38	5 37	5 35	5 33	5 30
19	5 39	5 38	5 37	5 36	5 35	5 34	5 32	5 31	5 29	5 27	5 24	5 22	5 18	5 15
23	5 32	5 31	5 30	5 28	5 27	5 25	5 23	5 21	5 18	5 15	5 12	5 08	5 04	4 59
27	5 26	5 24	5 22	5 20	5 18	5 16	5 13	5 11	5 07	5 04	5 00	4 55	4 49	4 43
31	5 19	5 17	5 15	5 13	5 10	5 07	5 04	5 00	4 56	4 52	4 47	4 41	4 34	4 26
Apr. 4	5 13	5 10	5 08	5 05	5 02	4 58	4 54	4 50	4 45	4 40	4 34	4 27	4 19	4 09

END OF EVENING CIVIL TWILIGHT

Lat.	+40°	+42°	+44°	+46°	+48°	+50°	+52°	+54°	+56°	+58°	+60°	+62°	+64°	+66°
	h m	h m	h m	h m	h m	h m	h m	h m	h m	h m	h m	h m	h m	h m
Jan. −2	17 13	17 08	17 03	16 57	16 51	16 44	16 37	16 29	16 20	16 10	15 58	15 45	15 29	15 10
2	17 16	17 11	17 06	17 00	16 54	16 48	16 41	16 33	16 24	16 14	16 03	15 50	15 34	15 16
6	17 20	17 15	17 10	17 04	16 58	16 52	16 45	16 37	16 29	16 19	16 08	15 56	15 41	15 23
10	17 24	17 19	17 14	17 09	17 03	16 57	16 50	16 43	16 34	16 25	16 15	16 03	15 49	15 32
14	17 28	17 23	17 18	17 13	17 08	17 02	16 55	16 48	16 41	16 32	16 22	16 11	15 58	15 42
18	17 32	17 27	17 23	17 18	17 13	17 07	17 01	16 55	16 47	16 39	16 30	16 19	16 07	15 53
22	17 36	17 32	17 28	17 23	17 18	17 13	17 07	17 01	16 54	16 47	16 38	16 29	16 17	16 04
26	17 41	17 37	17 33	17 29	17 24	17 19	17 14	17 08	17 02	16 55	16 47	16 38	16 28	16 16
30	17 45	17 42	17 38	17 34	17 30	17 25	17 21	17 15	17 10	17 03	16 56	16 48	16 39	16 28
Feb. 3	17 50	17 46	17 43	17 40	17 36	17 32	17 27	17 23	17 18	17 12	17 05	16 58	16 50	16 41
7	17 54	17 51	17 48	17 45	17 42	17 38	17 34	17 30	17 26	17 21	17 15	17 09	17 02	16 53
11	17 59	17 56	17 54	17 51	17 48	17 45	17 41	17 38	17 34	17 29	17 25	17 19	17 13	17 06
15	18 03	18 01	17 59	17 56	17 54	17 51	17 48	17 45	17 42	17 38	17 34	17 30	17 25	17 19
19	18 08	18 06	18 04	18 02	18 00	17 58	17 55	17 53	17 50	17 47	17 44	17 40	17 36	17 32
23	18 12	18 11	18 09	18 08	18 06	18 04	18 02	18 01	17 58	17 56	17 54	17 51	17 48	17 45
27	18 16	18 15	18 14	18 13	18 12	18 11	18 09	18 08	18 07	18 05	18 04	18 02	18 00	17 58
Mar. 3	18 21	18 20	18 19	18 19	18 18	18 17	18 17	18 16	18 15	18 14	18 13	18 12	18 12	18 11
7	18 25	18 25	18 24	18 24	18 24	18 24	18 24	18 23	18 23	18 23	18 23	18 23	18 23	18 24
11	18 29	18 29	18 29	18 30	18 30	18 30	18 31	18 31	18 32	18 32	18 33	18 34	18 35	18 37
15	18 33	18 34	18 34	18 35	18 36	18 37	18 38	18 39	18 40	18 41	18 43	18 45	18 47	18 50
19	18 38	18 38	18 39	18 41	18 42	18 43	18 45	18 46	18 48	18 50	18 53	18 56	18 59	19 03
23	18 42	18 43	18 44	18 46	18 48	18 50	18 52	18 54	18 57	19 00	19 03	19 07	19 11	19 17
27	18 46	18 48	18 49	18 51	18 54	18 56	18 59	19 02	19 05	19 09	19 13	19 18	19 24	19 31
31	18 50	18 52	18 54	18 57	19 00	19 03	19 06	19 09	19 14	19 18	19 23	19 29	19 37	19 45
Apr. 4	18 54	18 57	19 00	19 02	19 06	19 09	19 13	19 17	19 22	19 28	19 34	19 41	19 50	20 00

CIVIL TWILIGHT, 2019
UNIVERSAL TIME FOR MERIDIAN OF GREENWICH
BEGINNING OF MORNING CIVIL TWILIGHT

Lat.	−55°	−50°	−45°	−40°	−35°	−30°	−20°	−10°	0°	+10°	+20°	+30°	+35°	+40°
	h m	h m	h m	h m	h m	h m	h m	h m	h m	h m	h m	h m	h m	h m
Mar. 31	5 46	5 46	5 47	5 47	5 46	5 46	5 45	5 43	5 40	5 37	5 33	5 27	5 23	5 19
Apr. 4	5 53	5 52	5 52	5 51	5 49	5 48	5 46	5 43	5 39	5 35	5 29	5 22	5 18	5 13
8	6 01	5 59	5 56	5 54	5 53	5 51	5 47	5 43	5 38	5 32	5 26	5 17	5 12	5 06
12	6 08	6 05	6 01	5 58	5 56	5 53	5 48	5 42	5 37	5 30	5 22	5 13	5 07	5 00
16	6 15	6 10	6 06	6 02	5 59	5 55	5 49	5 42	5 36	5 28	5 19	5 08	5 01	4 53
20	6 23	6 16	6 11	6 06	6 02	5 58	5 50	5 42	5 35	5 26	5 16	5 04	4 56	4 47
24	6 30	6 22	6 16	6 10	6 05	6 00	5 51	5 42	5 34	5 24	5 13	4 59	4 51	4 41
28	6 37	6 28	6 20	6 14	6 08	6 02	5 52	5 43	5 33	5 22	5 10	4 55	4 46	4 35
May 2	6 44	6 33	6 25	6 17	6 11	6 05	5 53	5 43	5 32	5 21	5 07	4 51	4 42	4 30
6	6 50	6 39	6 29	6 21	6 14	6 07	5 55	5 43	5 32	5 19	5 05	4 48	4 37	4 25
10	6 57	6 44	6 34	6 25	6 17	6 09	5 56	5 44	5 31	5 18	5 03	4 44	4 33	4 20
14	7 03	6 49	6 38	6 28	6 19	6 12	5 57	5 44	5 31	5 17	5 01	4 41	4 30	4 16
18	7 09	6 54	6 42	6 31	6 22	6 14	5 59	5 45	5 31	5 16	4 59	4 39	4 26	4 12
22	7 15	6 59	6 46	6 35	6 25	6 16	6 00	5 46	5 31	5 16	4 58	4 37	4 23	4 08
26	7 20	7 03	6 50	6 38	6 28	6 18	6 02	5 46	5 31	5 15	4 57	4 35	4 21	4 05
30	7 25	7 07	6 53	6 41	6 30	6 20	6 03	5 47	5 32	5 15	4 56	4 33	4 19	4 02
June 3	7 30	7 11	6 56	6 43	6 32	6 22	6 05	5 48	5 32	5 15	4 56	4 32	4 18	4 00
7	7 33	7 14	6 59	6 46	6 34	6 24	6 06	5 49	5 33	5 15	4 55	4 31	4 17	3 59
11	7 36	7 17	7 01	6 48	6 36	6 26	6 07	5 50	5 33	5 16	4 56	4 31	4 16	3 58
15	7 39	7 19	7 03	6 50	6 38	6 27	6 09	5 51	5 34	5 16	4 56	4 31	4 16	3 58
19	7 41	7 21	7 04	6 51	6 39	6 28	6 10	5 52	5 35	5 17	4 56	4 32	4 16	3 58
23	7 42	7 21	7 05	6 52	6 40	6 29	6 10	5 53	5 36	5 18	4 57	4 32	4 17	3 59
27	7 42	7 22	7 06	6 52	6 40	6 30	6 11	5 54	5 37	5 19	4 58	4 34	4 18	4 00
July 1	7 41	7 21	7 06	6 52	6 41	6 30	6 12	5 55	5 38	5 20	5 00	4 35	4 20	4 02
5	7 40	7 20	7 05	6 52	6 40	6 30	6 12	5 55	5 38	5 21	5 01	4 37	4 22	4 04

END OF EVENING CIVIL TWILIGHT

Lat.	−55°	−50°	−45°	−40°	−35°	−30°	−20°	−10°	0°	+10°	+20°	+30°	+35°	+40°
	h m	h m	h m	h m	h m	h m	h m	h m	h m	h m	h m	h m	h m	h m
Mar. 31	18 22	18 21	18 21	18 21	18 22	18 22	18 24	18 26	18 28	18 32	18 36	18 42	18 46	18 50
Apr. 4	18 12	18 13	18 14	18 15	18 16	18 17	18 20	18 23	18 27	18 32	18 37	18 44	18 49	18 54
8	18 02	18 04	18 07	18 09	18 11	18 13	18 17	18 21	18 26	18 32	18 38	18 47	18 52	18 59
12	17 53	17 56	18 00	18 03	18 06	18 08	18 14	18 19	18 25	18 32	18 40	18 50	18 56	19 03
16	17 43	17 49	17 53	17 57	18 01	18 04	18 11	18 17	18 24	18 32	18 41	18 52	18 59	19 07
20	17 34	17 41	17 46	17 51	17 56	18 00	18 08	18 15	18 23	18 32	18 42	18 55	19 03	19 12
24	17 26	17 34	17 40	17 46	17 51	17 56	18 05	18 14	18 23	18 33	18 44	18 58	19 06	19 16
28	17 17	17 27	17 34	17 41	17 47	17 53	18 03	18 12	18 22	18 33	18 45	19 00	19 10	19 20
May 2	17 10	17 20	17 29	17 36	17 43	17 49	18 00	18 11	18 22	18 34	18 47	19 03	19 13	19 25
6	17 02	17 14	17 24	17 32	17 39	17 46	17 58	18 10	18 22	18 34	18 49	19 06	19 17	19 29
10	16 55	17 08	17 19	17 28	17 36	17 43	17 57	18 09	18 22	18 35	18 50	19 09	19 20	19 34
14	16 49	17 03	17 14	17 24	17 33	17 41	17 55	18 08	18 22	18 36	18 52	19 12	19 24	19 38
18	16 43	16 58	17 11	17 21	17 30	17 39	17 54	18 08	18 22	18 37	18 54	19 14	19 27	19 42
22	16 38	16 54	17 07	17 18	17 28	17 37	17 53	18 08	18 22	18 38	18 56	19 17	19 30	19 46
26	16 33	16 50	17 04	17 16	17 26	17 35	17 52	18 07	18 23	18 39	18 57	19 20	19 33	19 50
30	16 30	16 47	17 02	17 14	17 25	17 34	17 52	18 08	18 23	18 40	18 59	19 22	19 36	19 53
June 3	16 26	16 45	17 00	17 13	17 24	17 34	17 51	18 08	18 24	18 41	19 01	19 25	19 39	19 56
7	16 24	16 43	16 59	17 12	17 23	17 33	17 52	18 08	18 25	18 43	19 02	19 27	19 41	19 59
11	16 23	16 42	16 58	17 11	17 23	17 33	17 52	18 09	18 26	18 44	19 04	19 28	19 43	20 01
15	16 22	16 42	16 58	17 11	17 23	17 34	17 52	18 10	18 27	18 45	19 05	19 30	19 45	20 03
19	16 22	16 42	16 58	17 12	17 24	17 34	17 53	18 10	18 28	18 46	19 06	19 31	19 46	20 05
23	16 23	16 43	16 59	17 13	17 24	17 35	17 54	18 11	18 28	18 47	19 07	19 32	19 47	20 05
27	16 24	16 44	17 00	17 14	17 26	17 36	17 55	18 12	18 29	18 47	19 08	19 32	19 48	20 06
July 1	16 27	16 46	17 02	17 16	17 27	17 37	17 56	18 13	18 30	18 48	19 08	19 33	19 48	20 05
5	16 30	16 49	17 05	17 18	17 29	17 39	17 57	18 14	18 31	18 48	19 08	19 32	19 47	20 05

UNIVERSAL TIME FOR MERIDIAN OF GREENWICH
BEGINNING OF MORNING CIVIL TWILIGHT

Lat.	+40°	+42°	+44°	+46°	+48°	+50°	+52°	+54°	+56°	+58°	+60°	+62°	+64°	+66°
	h m	h m	h m	h m	h m	h m	h m	h m	h m	h m	h m	h m	h m	h m
Mar. 31	5 19	5 17	5 15	5 13	5 10	5 07	5 04	5 00	4 56	4 52	4 47	4 41	4 34	4 26
Apr. 4	5 13	5 10	5 08	5 05	5 02	4 58	4 54	4 50	4 45	4 40	4 34	4 27	4 19	4 09
8	5 06	5 03	5 00	4 57	4 53	4 49	4 45	4 40	4 35	4 28	4 21	4 13	4 03	3 52
12	5 00	4 56	4 53	4 49	4 45	4 40	4 35	4 30	4 24	4 16	4 08	3 59	3 48	3 34
16	4 53	4 50	4 46	4 42	4 37	4 32	4 26	4 20	4 13	4 05	3 55	3 44	3 32	3 16
20	4 47	4 43	4 39	4 34	4 29	4 23	4 17	4 10	4 02	3 53	3 42	3 30	3 15	2 57
24	4 41	4 37	4 32	4 27	4 21	4 15	4 08	4 00	3 51	3 41	3 29	3 15	2 58	2 37
28	4 35	4 31	4 25	4 20	4 13	4 07	3 59	3 50	3 40	3 29	3 16	3 00	2 40	2 15
May 2	4 30	4 25	4 19	4 13	4 06	3 59	3 50	3 41	3 30	3 18	3 03	2 45	2 22	1 51
6	4 25	4 19	4 13	4 06	3 59	3 51	3 42	3 32	3 20	3 06	2 50	2 29	2 03	1 23
10	4 20	4 14	4 08	4 00	3 53	3 44	3 34	3 23	3 10	2 55	2 37	2 13	1 42	0 45
14	4 16	4 09	4 02	3 55	3 46	3 37	3 26	3 14	3 01	2 44	2 23	1 57	1 17	// //
18	4 12	4 05	3 58	3 50	3 41	3 31	3 19	3 07	2 51	2 33	2 11	1 40	0 46	// //
22	4 08	4 01	3 53	3 45	3 35	3 25	3 13	2 59	2 43	2 23	1 58	1 21	// //	// //
26	4 05	3 58	3 50	3 41	3 31	3 20	3 07	2 53	2 35	2 14	1 45	1 00	// //	// //
30	4 02	3 55	3 46	3 37	3 27	3 15	3 02	2 47	2 28	2 05	1 33	0 33	// //	// //
June 3	4 00	3 53	3 44	3 34	3 24	3 12	2 58	2 42	2 22	1 57	1 21	// //	// //	// //
7	3 59	3 51	3 42	3 32	3 21	3 09	2 55	2 38	2 17	1 50	1 11	// //	// //	// //
11	3 58	3 50	3 41	3 31	3 20	3 07	2 52	2 35	2 13	1 45	1 01	// //	// //	// //
15	3 58	3 49	3 40	3 30	3 19	3 06	2 51	2 33	2 11	1 42	0 54	// //	// //	▭
19	3 58	3 50	3 40	3 30	3 19	3 06	2 51	2 33	2 10	1 40	0 50	// //	// //	▭
23	3 59	3 50	3 41	3 31	3 19	3 06	2 51	2 33	2 11	1 41	0 50	// //	// //	▭
27	4 00	3 52	3 43	3 32	3 21	3 08	2 53	2 35	2 13	1 44	0 54	// //	// //	▭
July 1	4 02	3 54	3 45	3 35	3 23	3 11	2 56	2 38	2 17	1 48	1 02	// //	// //	// //
5	4 04	3 56	3 47	3 37	3 26	3 14	2 59	2 42	2 22	1 54	1 13	// //	// //	// //

END OF EVENING CIVIL TWILIGHT

	+40°	+42°	+44°	+46°	+48°	+50°	+52°	+54°	+56°	+58°	+60°	+62°	+64°	+66°
	h m	h m	h m	h m	h m	h m	h m	h m	h m	h m	h m	h m	h m	h m
Mar. 31	18 50	18 52	18 54	18 57	19 00	19 03	19 06	19 09	19 14	19 18	19 23	19 29	19 37	19 45
Apr. 4	18 54	18 57	19 00	19 02	19 06	19 09	19 13	19 17	19 22	19 28	19 34	19 41	19 50	20 00
8	18 59	19 02	19 05	19 08	19 12	19 16	19 20	19 25	19 31	19 37	19 45	19 53	20 03	20 15
12	19 03	19 06	19 10	19 14	19 18	19 22	19 28	19 33	19 40	19 47	19 55	20 05	20 17	20 31
16	19 07	19 11	19 15	19 19	19 24	19 29	19 35	19 41	19 49	19 57	20 07	20 18	20 31	20 47
20	19 12	19 16	19 20	19 25	19 30	19 36	19 42	19 50	19 58	20 07	20 18	20 31	20 46	21 05
24	19 16	19 20	19 25	19 31	19 36	19 43	19 50	19 58	20 07	20 17	20 30	20 44	21 01	21 24
28	19 20	19 25	19 31	19 36	19 43	19 50	19 58	20 06	20 16	20 28	20 41	20 58	21 18	21 45
May 2	19 25	19 30	19 36	19 42	19 49	19 57	20 05	20 15	20 26	20 39	20 54	21 12	21 36	22 08
6	19 29	19 35	19 41	19 48	19 55	20 03	20 13	20 23	20 35	20 49	21 06	21 27	21 55	22 37
10	19 34	19 40	19 46	19 53	20 01	20 10	20 20	20 32	20 45	21 00	21 19	21 43	22 16	23 22
14	19 38	19 44	19 51	19 59	20 07	20 17	20 28	20 40	20 54	21 11	21 32	21 59	22 41	// //
18	19 42	19 49	19 56	20 04	20 13	20 23	20 35	20 48	21 03	21 22	21 45	22 17	23 17	// //
22	19 46	19 53	20 01	20 09	20 19	20 29	20 41	20 55	21 12	21 32	21 58	22 37	// //	// //
26	19 50	19 57	20 05	20 14	20 24	20 35	20 48	21 03	21 20	21 42	22 12	22 59	// //	// //
30	19 53	20 01	20 09	20 18	20 29	20 40	20 54	21 09	21 28	21 52	22 25	23 31	// //	// //
June 3	19 56	20 04	20 13	20 22	20 33	20 45	20 59	21 15	21 35	22 01	22 38	// //	// //	// //
7	19 59	20 07	20 16	20 26	20 37	20 49	21 04	21 21	21 42	22 09	22 50	// //	// //	// //
11	20 01	20 10	20 19	20 29	20 40	20 53	21 07	21 25	21 47	22 15	23 00	// //	// //	// //
15	20 03	20 12	20 21	20 31	20 42	20 55	21 10	21 28	21 50	22 20	23 09	// //	// //	▭
19	20 05	20 13	20 22	20 33	20 44	20 57	21 12	21 30	21 53	22 23	23 14	// //	// //	▭
23	20 05	20 14	20 23	20 33	20 45	20 58	21 13	21 31	21 53	22 23	23 14	// //	// //	▭
27	20 06	20 14	20 23	20 33	20 45	20 58	21 13	21 31	21 53	22 22	23 10	// //	// //	▭
July 1	20 05	20 14	20 23	20 33	20 44	20 57	21 11	21 29	21 50	22 19	23 03	// //	// //	// //
5	20 05	20 13	20 22	20 31	20 42	20 55	21 09	21 26	21 47	22 13	22 54	// //	// //	// //

▭ indicates Sun continuously above horizon.
// // indicates continuous twilight.

CIVIL TWILIGHT, 2019

UNIVERSAL TIME FOR MERIDIAN OF GREENWICH
BEGINNING OF MORNING CIVIL TWILIGHT

Lat.	−55°	−50°	−45°	−40°	−35°	−30°	−20°	−10°	0°	+10°	+20°	+30°	+35°	+40°
	h m	h m	h m	h m	h m	h m	h m	h m	h m	h m	h m	h m	h m	h m
July 1	7 41	7 21	7 06	6 52	6 41	6 30	6 12	5 55	5 38	5 20	5 00	4 35	4 20	4 02
5	7 40	7 20	7 05	6 52	6 40	6 30	6 12	5 55	5 38	5 21	5 01	4 37	4 22	4 04
9	7 37	7 19	7 04	6 51	6 40	6 30	6 12	5 56	5 39	5 22	5 02	4 39	4 24	4 07
13	7 34	7 16	7 02	6 49	6 39	6 29	6 12	5 56	5 40	5 23	5 04	4 41	4 27	4 10
17	7 30	7 13	6 59	6 48	6 37	6 28	6 11	5 56	5 40	5 24	5 06	4 43	4 30	4 13
21	7 26	7 10	6 56	6 45	6 35	6 26	6 10	5 56	5 41	5 25	5 07	4 46	4 32	4 17
25	7 21	7 05	6 53	6 42	6 33	6 25	6 09	5 55	5 41	5 26	5 09	4 48	4 36	4 21
29	7 15	7 01	6 49	6 39	6 30	6 22	6 08	5 55	5 41	5 27	5 11	4 51	4 39	4 25
Aug. 2	7 08	6 55	6 45	6 35	6 27	6 20	6 06	5 54	5 41	5 28	5 12	4 53	4 42	4 29
6	7 01	6 50	6 40	6 31	6 24	6 17	6 04	5 53	5 41	5 28	5 14	4 56	4 45	4 33
10	6 54	6 43	6 34	6 27	6 20	6 14	6 02	5 51	5 41	5 29	5 15	4 59	4 49	4 37
14	6 46	6 37	6 29	6 22	6 16	6 10	6 00	5 50	5 40	5 29	5 17	5 01	4 52	4 41
18	6 38	6 30	6 23	6 17	6 11	6 07	5 57	5 48	5 39	5 29	5 18	5 04	4 55	4 45
22	6 29	6 22	6 17	6 11	6 07	6 03	5 54	5 47	5 38	5 30	5 19	5 06	4 59	4 49
26	6 20	6 15	6 10	6 06	6 02	5 58	5 51	5 45	5 38	5 30	5 20	5 09	5 02	4 53
30	6 11	6 07	6 03	6 00	5 57	5 54	5 48	5 43	5 36	5 30	5 21	5 11	5 05	4 57
Sept. 3	6 01	5 59	5 56	5 54	5 52	5 49	5 45	5 40	5 35	5 29	5 22	5 14	5 08	5 02
7	5 52	5 50	5 49	5 48	5 46	5 45	5 42	5 38	5 34	5 29	5 23	5 16	5 11	5 05
11	5 42	5 42	5 41	5 41	5 41	5 40	5 38	5 36	5 33	5 29	5 24	5 18	5 14	5 09
15	5 31	5 33	5 34	5 35	5 35	5 35	5 34	5 33	5 31	5 29	5 25	5 20	5 17	5 13
19	5 21	5 24	5 26	5 28	5 29	5 30	5 31	5 31	5 30	5 28	5 26	5 23	5 20	5 17
23	5 11	5 15	5 19	5 21	5 23	5 25	5 27	5 28	5 29	5 28	5 27	5 25	5 23	5 21
27	5 00	5 06	5 11	5 15	5 18	5 20	5 23	5 26	5 27	5 28	5 28	5 27	5 26	5 25
Oct. 1	4 50	4 57	5 03	5 08	5 12	5 15	5 20	5 23	5 26	5 28	5 29	5 29	5 29	5 29
5	4 39	4 48	4 56	5 01	5 06	5 10	5 16	5 21	5 24	5 27	5 30	5 31	5 32	5 33

END OF EVENING CIVIL TWILIGHT

Lat.	−55°	−50°	−45°	−40°	−35°	−30°	−20°	−10°	0°	+10°	+20°	+30°	+35°	+40°
	h m	h m	h m	h m	h m	h m	h m	h m	h m	h m	h m	h m	h m	h m
July 1	16 27	16 46	17 02	17 16	17 27	17 37	17 56	18 13	18 30	18 48	19 08	19 33	19 48	20 05
5	16 30	16 49	17 05	17 18	17 29	17 39	17 57	18 14	18 31	18 48	19 08	19 32	19 47	20 05
9	16 34	16 52	17 07	17 20	17 31	17 41	17 59	18 15	18 31	18 48	19 08	19 32	19 46	20 03
13	16 38	16 56	17 10	17 22	17 33	17 43	18 00	18 16	18 32	18 48	19 07	19 30	19 44	20 01
17	16 42	16 59	17 13	17 25	17 35	17 45	18 01	18 17	18 32	18 48	19 06	19 29	19 42	19 58
21	16 48	17 04	17 17	17 28	17 38	17 47	18 03	18 17	18 32	18 48	19 05	19 27	19 40	19 55
25	16 53	17 08	17 21	17 31	17 40	17 49	18 04	18 18	18 32	18 47	19 04	19 24	19 37	19 52
29	16 59	17 13	17 24	17 34	17 43	17 51	18 05	18 19	18 32	18 46	19 02	19 22	19 34	19 48
Aug. 2	17 05	17 18	17 29	17 38	17 46	17 53	18 06	18 19	18 31	18 45	19 00	19 19	19 30	19 43
6	17 11	17 23	17 33	17 41	17 48	17 55	18 08	18 19	18 31	18 44	18 58	19 15	19 26	19 38
10	17 18	17 28	17 37	17 45	17 51	17 57	18 09	18 19	18 30	18 42	18 55	19 12	19 22	19 33
14	17 24	17 33	17 41	17 48	17 54	18 00	18 10	18 20	18 29	18 40	18 53	19 08	19 17	19 28
18	17 31	17 39	17 46	17 51	17 57	18 02	18 11	18 19	18 28	18 38	18 50	19 03	19 12	19 22
22	17 38	17 44	17 50	17 55	18 00	18 04	18 12	18 19	18 27	18 36	18 46	18 59	19 07	19 16
26	17 45	17 50	17 54	17 59	18 02	18 06	18 13	18 19	18 26	18 34	18 43	18 54	19 01	19 10
30	17 52	17 56	17 59	18 02	18 05	18 08	18 13	18 19	18 25	18 32	18 40	18 50	18 56	19 03
Sept. 3	17 59	18 01	18 04	18 06	18 08	18 10	18 14	18 19	18 24	18 29	18 36	18 45	18 50	18 57
7	18 06	18 07	18 08	18 09	18 11	18 12	18 15	18 18	18 22	18 27	18 32	18 40	18 44	18 50
11	18 13	18 13	18 13	18 13	18 13	18 14	18 16	18 18	18 21	18 24	18 29	18 35	18 39	18 43
15	18 20	18 19	18 17	18 17	18 16	18 16	18 16	18 18	18 19	18 22	18 25	18 30	18 33	18 37
19	18 28	18 25	18 22	18 20	18 19	18 18	18 17	18 17	18 18	18 19	18 21	18 25	18 27	18 30
23	18 35	18 31	18 27	18 24	18 22	18 20	18 18	18 17	18 16	18 17	18 18	18 20	18 21	18 23
27	18 43	18 37	18 32	18 28	18 25	18 23	18 19	18 17	18 15	18 14	18 14	18 15	18 15	18 17
Oct. 1	18 51	18 43	18 37	18 32	18 28	18 25	18 20	18 16	18 14	18 12	18 10	18 10	18 10	18 10
5	18 59	18 50	18 42	18 36	18 32	18 28	18 21	18 16	18 12	18 09	18 07	18 05	18 04	18 04

UNIVERSAL TIME FOR MERIDIAN OF GREENWICH
BEGINNING OF MORNING CIVIL TWILIGHT

Lat.	+40°	+42°	+44°	+46°	+48°	+50°	+52°	+54°	+56°	+58°	+60°	+62°	+64°	+66°
	h m	h m	h m	h m	h m	h m	h m	h m	h m	h m	h m	h m	h m	h m
July 1	4 02	3 54	3 45	3 35	3 23	3 11	2 56	2 38	2 17	1 48	1 02	// //	// //	// //
5	4 04	3 56	3 47	3 37	3 26	3 14	2 59	2 42	2 22	1 54	1 13	// //	// //	// //
9	4 07	3 59	3 50	3 41	3 30	3 18	3 04	2 47	2 27	2 02	1 25	// //	// //	// //
13	4 10	4 02	3 54	3 45	3 34	3 22	3 09	2 53	2 34	2 11	1 37	0 27	// //	// //
17	4 13	4 06	3 58	3 49	3 39	3 28	3 15	3 00	2 42	2 20	1 50	1 01	// //	// //
21	4 17	4 10	4 02	3 53	3 44	3 33	3 21	3 07	2 50	2 30	2 03	1 24	// //	// //
25	4 21	4 14	4 06	3 58	3 49	3 39	3 28	3 14	2 59	2 40	2 16	1 44	0 40	// //
29	4 25	4 18	4 11	4 03	3 55	3 45	3 34	3 22	3 08	2 51	2 29	2 01	1 18	// //
Aug. 2	4 29	4 23	4 16	4 09	4 01	3 52	3 42	3 30	3 17	3 01	2 42	2 18	1 43	0 30
6	4 33	4 27	4 21	4 14	4 06	3 58	3 49	3 38	3 26	3 12	2 55	2 33	2 05	1 21
10	4 37	4 32	4 26	4 19	4 12	4 05	3 56	3 46	3 35	3 22	3 07	2 48	2 24	1 50
14	4 41	4 36	4 31	4 25	4 18	4 11	4 03	3 54	3 44	3 33	3 19	3 02	2 41	2 14
18	4 45	4 41	4 36	4 30	4 24	4 18	4 11	4 02	3 53	3 43	3 30	3 16	2 58	2 35
22	4 49	4 45	4 41	4 36	4 30	4 24	4 18	4 11	4 02	3 53	3 42	3 29	3 13	2 53
26	4 53	4 50	4 46	4 41	4 36	4 31	4 25	4 18	4 11	4 02	3 53	3 41	3 28	3 11
30	4 57	4 54	4 50	4 47	4 42	4 37	4 32	4 26	4 20	4 12	4 04	3 53	3 42	3 27
Sept. 3	5 02	4 59	4 55	4 52	4 48	4 44	4 39	4 34	4 28	4 22	4 14	4 05	3 55	3 43
7	5 05	5 03	5 00	4 57	4 54	4 50	4 46	4 42	4 37	4 31	4 24	4 17	4 08	3 58
11	5 09	5 07	5 05	5 02	5 00	4 56	4 53	4 49	4 45	4 40	4 35	4 28	4 21	4 12
15	5 13	5 12	5 10	5 07	5 05	5 03	5 00	4 57	4 53	4 49	4 44	4 39	4 33	4 26
19	5 17	5 16	5 14	5 13	5 11	5 09	5 07	5 04	5 01	4 58	4 54	4 50	4 45	4 39
23	5 21	5 20	5 19	5 18	5 16	5 15	5 13	5 11	5 09	5 07	5 04	5 01	4 57	4 53
27	5 25	5 24	5 24	5 23	5 22	5 21	5 20	5 19	5 17	5 15	5 14	5 11	5 09	5 06
Oct. 1	5 29	5 29	5 28	5 28	5 28	5 27	5 27	5 26	5 25	5 24	5 23	5 22	5 20	5 18
5	5 33	5 33	5 33	5 33	5 33	5 33	5 33	5 33	5 33	5 33	5 33	5 33	5 32	5 31

END OF EVENING CIVIL TWILIGHT

Lat.	+40°	+42°	+44°	+46°	+48°	+50°	+52°	+54°	+56°	+58°	+60°	+62°	+64°	+66°
	h m	h m	h m	h m	h m	h m	h m	h m	h m	h m	h m	h m	h m	h m
July 1	20 05	20 14	20 23	20 33	20 44	20 57	21 11	21 29	21 50	22 19	23 03	// //	// //	// //
5	20 05	20 13	20 22	20 31	20 42	20 55	21 09	21 26	21 47	22 13	22 54	// //	// //	// //
9	20 03	20 11	20 20	20 29	20 40	20 52	21 06	21 22	21 42	22 07	22 43	// //	// //	// //
13	20 01	20 09	20 17	20 26	20 37	20 48	21 02	21 17	21 36	21 59	22 31	23 34	// //	// //
17	19 58	20 06	20 14	20 23	20 33	20 44	20 57	21 11	21 29	21 50	22 19	23 05	// //	// //
21	19 55	20 02	20 10	20 19	20 28	20 39	20 51	21 05	21 21	21 41	22 07	22 44	// //	// //
25	19 52	19 59	20 06	20 14	20 23	20 33	20 44	20 57	21 13	21 31	21 54	22 25	23 22	// //
29	19 48	19 54	20 01	20 09	20 17	20 27	20 37	20 49	21 04	21 20	21 41	22 08	22 49	// //
Aug. 2	19 43	19 49	19 56	20 03	20 11	20 20	20 30	20 41	20 54	21 09	21 28	21 52	22 24	23 25
6	19 38	19 44	19 50	19 57	20 04	20 13	20 22	20 32	20 44	20 58	21 15	21 36	22 03	22 44
10	19 33	19 38	19 44	19 50	19 57	20 05	20 13	20 23	20 34	20 47	21 02	21 20	21 43	22 15
14	19 28	19 33	19 38	19 44	19 50	19 57	20 05	20 14	20 24	20 35	20 48	21 05	21 25	21 51
18	19 22	19 26	19 31	19 37	19 42	19 49	19 56	20 04	20 13	20 23	20 35	20 50	21 07	21 29
22	19 16	19 20	19 24	19 29	19 34	19 40	19 47	19 54	20 02	20 11	20 22	20 35	20 50	21 09
26	19 10	19 13	19 17	19 22	19 26	19 32	19 37	19 44	19 51	19 59	20 09	20 20	20 33	20 50
30	19 03	19 06	19 10	19 14	19 18	19 23	19 28	19 34	19 40	19 48	19 56	20 06	20 17	20 31
Sept. 3	18 57	19 00	19 03	19 06	19 10	19 14	19 19	19 24	19 29	19 36	19 43	19 51	20 01	20 13
7	18 50	18 52	18 55	18 58	19 01	19 05	19 09	19 13	19 18	19 24	19 30	19 37	19 46	19 56
11	18 43	18 45	18 48	18 50	18 53	18 56	18 59	19 03	19 07	19 12	19 17	19 23	19 31	19 39
15	18 37	18 38	18 40	18 42	18 44	18 47	18 50	18 53	18 56	19 00	19 04	19 10	19 15	19 22
19	18 30	18 31	18 33	18 34	18 36	18 38	18 40	18 42	18 45	18 48	18 52	18 56	19 01	19 06
23	18 23	18 24	18 25	18 26	18 28	18 29	18 31	18 32	18 34	18 37	18 39	18 42	18 46	18 50
27	18 17	18 17	18 17	18 18	18 19	18 20	18 21	18 22	18 24	18 25	18 27	18 29	18 32	18 35
Oct. 1	18 10	18 10	18 10	18 11	18 11	18 11	18 12	18 12	18 13	18 14	18 15	18 16	18 18	18 19
5	18 04	18 03	18 03	18 03	18 03	18 03	18 03	18 03	18 03	18 03	18 03	18 03	18 04	18 04

// // indicates continuous twilight.

CIVIL TWILIGHT, 2019

UNIVERSAL TIME FOR MERIDIAN OF GREENWICH
BEGINNING OF MORNING CIVIL TWILIGHT

Lat.	−55°	−50°	−45°	−40°	−35°	−30°	−20°	−10°	0°	+10°	+20°	+30°	+35°	+40°
	h m	h m	h m	h m	h m	h m	h m	h m	h m	h m	h m	h m	h m	h m
Oct. 1	4 50	4 57	5 03	5 08	5 12	5 15	5 20	5 23	5 26	5 28	5 29	5 29	5 29	5 29
5	4 39	4 48	4 56	5 01	5 06	5 10	5 16	5 21	5 24	5 27	5 30	5 31	5 32	5 33
9	4 29	4 40	4 48	4 55	5 00	5 05	5 13	5 19	5 23	5 27	5 31	5 34	5 35	5 37
13	4 18	4 31	4 40	4 48	4 55	5 00	5 09	5 16	5 22	5 27	5 32	5 36	5 38	5 41
17	4 08	4 22	4 33	4 42	4 49	4 56	5 06	5 14	5 21	5 27	5 33	5 39	5 42	5 45
21	3 57	4 13	4 26	4 36	4 44	4 51	5 03	5 12	5 20	5 27	5 34	5 41	5 45	5 49
25	3 47	4 05	4 19	4 30	4 39	4 47	5 00	5 11	5 20	5 28	5 36	5 44	5 48	5 53
29	3 37	3 57	4 12	4 24	4 35	4 43	4 57	5 09	5 19	5 28	5 37	5 47	5 52	5 57
Nov. 2	3 27	3 49	4 06	4 19	4 30	4 40	4 55	5 08	5 19	5 29	5 39	5 50	5 55	6 02
6	3 17	3 42	4 00	4 14	4 26	4 36	4 53	5 07	5 19	5 30	5 41	5 53	5 59	6 06
10	3 08	3 34	3 54	4 10	4 22	4 33	4 51	5 06	5 19	5 31	5 43	5 56	6 03	6 10
14	2 59	3 28	3 49	4 05	4 19	4 31	4 50	5 05	5 19	5 32	5 45	5 59	6 06	6 15
18	2 51	3 22	3 44	4 02	4 16	4 28	4 49	5 05	5 20	5 33	5 47	6 02	6 10	6 19
22	2 43	3 16	3 40	3 59	4 14	4 27	4 48	5 05	5 20	5 35	5 49	6 05	6 14	6 23
26	2 36	3 11	3 37	3 56	4 12	4 25	4 47	5 05	5 21	5 36	5 52	6 08	6 17	6 27
30	2 30	3 07	3 34	3 54	4 11	4 24	4 47	5 06	5 23	5 38	5 54	6 11	6 21	6 31
Dec. 4	2 25	3 04	3 32	3 53	4 10	4 24	4 48	5 07	5 24	5 40	5 56	6 14	6 24	6 35
8	2 21	3 02	3 30	3 52	4 10	4 24	4 48	5 08	5 26	5 42	5 59	6 17	6 27	6 38
12	2 19	3 01	3 30	3 52	4 10	4 25	4 49	5 10	5 27	5 44	6 01	6 20	6 30	6 42
16	2 18	3 01	3 30	3 53	4 11	4 26	4 51	5 11	5 29	5 46	6 03	6 22	6 33	6 44
20	2 18	3 02	3 31	3 54	4 12	4 28	4 52	5 13	5 31	5 48	6 06	6 25	6 35	6 47
24	2 20	3 04	3 33	3 56	4 14	4 30	4 54	5 15	5 33	5 50	6 08	6 27	6 37	6 49
28	2 23	3 07	3 36	3 59	4 17	4 32	4 57	5 17	5 35	5 52	6 09	6 28	6 39	6 50
32	2 28	3 11	3 40	4 02	4 20	4 35	4 59	5 19	5 37	5 54	6 11	6 29	6 40	6 51
36	2 35	3 15	3 44	4 05	4 23	4 38	5 02	5 22	5 39	5 56	6 12	6 30	6 41	6 52

END OF EVENING CIVIL TWILIGHT

Lat.	−55°	−50°	−45°	−40°	−35°	−30°	−20°	−10°	0°	+10°	+20°	+30°	+35°	+40°
	h m	h m	h m	h m	h m	h m	h m	h m	h m	h m	h m	h m	h m	h m
Oct. 1	18 51	18 43	18 37	18 32	18 28	18 25	18 20	18 16	18 14	18 12	18 10	18 10	18 10	18 10
5	18 59	18 50	18 42	18 36	18 32	18 28	18 21	18 16	18 12	18 09	18 07	18 05	18 04	18 04
9	19 07	18 56	18 48	18 41	18 35	18 30	18 22	18 16	18 11	18 07	18 04	18 00	17 59	17 57
13	19 16	19 03	18 53	18 45	18 38	18 33	18 24	18 16	18 10	18 05	18 00	17 56	17 54	17 51
17	19 25	19 10	18 59	18 50	18 42	18 36	18 25	18 17	18 10	18 03	17 57	17 52	17 49	17 45
21	19 34	19 17	19 04	18 54	18 46	18 38	18 27	18 17	18 09	18 02	17 55	17 48	17 44	17 40
25	19 43	19 24	19 10	18 59	18 50	18 42	18 28	18 18	18 09	18 00	17 52	17 44	17 39	17 35
29	19 52	19 32	19 16	19 04	18 53	18 45	18 30	18 19	18 08	17 59	17 50	17 40	17 35	17 30
Nov. 2	20 02	19 39	19 22	19 09	18 58	18 48	18 32	18 20	18 08	17 58	17 48	17 37	17 31	17 25
6	20 11	19 47	19 28	19 14	19 02	18 51	18 35	18 21	18 09	17 57	17 46	17 34	17 28	17 21
10	20 21	19 55	19 35	19 19	19 06	18 55	18 37	18 22	18 09	17 57	17 45	17 32	17 25	17 17
14	20 31	20 02	19 41	19 24	19 10	18 59	18 39	18 24	18 10	17 57	17 44	17 30	17 22	17 14
18	20 41	20 10	19 47	19 29	19 15	19 02	18 42	18 25	18 11	17 57	17 43	17 28	17 20	17 11
22	20 50	20 17	19 53	19 34	19 19	19 06	18 45	18 27	18 12	17 57	17 43	17 27	17 18	17 09
26	20 59	20 24	19 59	19 39	19 23	19 09	18 47	18 29	18 13	17 58	17 43	17 26	17 17	17 07
30	21 08	20 31	20 04	19 44	19 27	19 13	18 50	18 31	18 14	17 59	17 43	17 26	17 16	17 06
Dec. 4	21 16	20 37	20 09	19 48	19 31	19 16	18 53	18 33	18 16	18 00	17 44	17 26	17 16	17 05
8	21 23	20 42	20 14	19 52	19 34	19 19	18 55	18 35	18 18	18 01	17 45	17 26	17 16	17 05
12	21 29	20 47	20 18	19 55	19 37	19 22	18 58	18 38	18 20	18 03	17 46	17 27	17 17	17 05
16	21 34	20 50	20 21	19 58	19 40	19 25	19 00	18 40	18 22	18 05	17 47	17 29	17 18	17 06
20	21 37	20 53	20 23	20 01	19 43	19 27	19 02	18 42	18 24	18 07	17 49	17 30	17 20	17 08
24	21 39	20 55	20 25	20 03	19 45	19 29	19 04	18 44	18 26	18 09	17 51	17 32	17 22	17 10
28	21 39	20 56	20 26	20 04	19 46	19 31	19 06	18 46	18 28	18 11	17 53	17 35	17 24	17 12
32	21 37	20 56	20 27	20 05	19 47	19 32	19 07	18 47	18 30	18 13	17 56	17 37	17 27	17 15
36	21 35	20 54	20 26	20 05	19 47	19 32	19 08	18 49	18 31	18 15	17 58	17 40	17 30	17 19

CIVIL TWILIGHT, 2019

UNIVERSAL TIME FOR MERIDIAN OF GREENWICH
BEGINNING OF MORNING CIVIL TWILIGHT

Lat.	+40°	+42°	+44°	+46°	+48°	+50°	+52°	+54°	+56°	+58°	+60°	+62°	+64°	+66°
	h m	h m	h m	h m	h m	h m	h m	h m	h m	h m	h m	h m	h m	h m
Oct. 1	5 29	5 29	5 28	5 28	5 28	5 27	5 27	5 26	5 25	5 24	5 23	5 22	5 20	5 18
5	5 33	5 33	5 33	5 33	5 33	5 33	5 33	5 33	5 33	5 33	5 33	5 32	5 32	5 31
9	5 37	5 37	5 38	5 38	5 39	5 39	5 40	5 40	5 41	5 41	5 42	5 43	5 43	5 44
13	5 41	5 42	5 43	5 43	5 44	5 46	5 47	5 48	5 49	5 50	5 51	5 53	5 54	5 56
17	5 45	5 46	5 47	5 49	5 50	5 52	5 53	5 55	5 57	5 59	6 01	6 03	6 06	6 09
21	5 49	5 50	5 52	5 54	5 56	5 58	6 00	6 02	6 05	6 07	6 10	6 14	6 17	6 21
25	5 53	5 55	5 57	5 59	6 02	6 04	6 07	6 10	6 13	6 16	6 20	6 24	6 28	6 34
29	5 57	6 00	6 02	6 05	6 07	6 10	6 13	6 17	6 21	6 25	6 29	6 34	6 40	6 46
Nov. 2	6 02	6 04	6 07	6 10	6 13	6 17	6 20	6 24	6 28	6 33	6 38	6 44	6 51	6 59
6	6 06	6 09	6 12	6 15	6 19	6 23	6 27	6 31	6 36	6 42	6 48	6 54	7 02	7 11
10	6 10	6 14	6 17	6 21	6 25	6 29	6 34	6 39	6 44	6 50	6 57	7 05	7 13	7 23
14	6 15	6 18	6 22	6 26	6 30	6 35	6 40	6 46	6 52	6 58	7 06	7 14	7 24	7 36
18	6 19	6 23	6 27	6 31	6 36	6 41	6 47	6 52	6 59	7 06	7 15	7 24	7 35	7 47
22	6 23	6 27	6 32	6 36	6 41	6 47	6 53	6 59	7 06	7 14	7 23	7 33	7 45	7 59
26	6 27	6 32	6 36	6 41	6 47	6 52	6 59	7 05	7 13	7 21	7 31	7 42	7 54	8 10
30	6 31	6 36	6 41	6 46	6 52	6 58	7 04	7 11	7 19	7 28	7 38	7 50	8 03	8 20
Dec. 4	6 35	6 40	6 45	6 50	6 56	7 02	7 09	7 17	7 25	7 34	7 45	7 57	8 12	8 29
8	6 38	6 43	6 49	6 54	7 00	7 07	7 14	7 22	7 30	7 40	7 51	8 04	8 19	8 37
12	6 42	6 47	6 52	6 58	7 04	7 11	7 18	7 26	7 35	7 45	7 56	8 09	8 25	8 44
16	6 44	6 50	6 55	7 01	7 07	7 14	7 21	7 29	7 39	7 49	8 00	8 14	8 30	8 49
20	6 47	6 52	6 58	7 03	7 10	7 17	7 24	7 32	7 41	7 52	8 03	8 17	8 33	8 53
24	6 49	6 54	7 00	7 05	7 12	7 19	7 26	7 34	7 43	7 54	8 05	8 19	8 35	8 55
28	6 50	6 56	7 01	7 07	7 13	7 20	7 27	7 35	7 44	7 54	8 06	8 19	8 35	8 55
32	6 51	6 56	7 02	7 08	7 14	7 20	7 28	7 36	7 44	7 54	8 06	8 19	8 34	8 53
36	6 52	6 57	7 02	7 08	7 14	7 20	7 27	7 35	7 43	7 53	8 04	8 17	8 32	8 50

END OF EVENING CIVIL TWILIGHT

Lat.	+40°	+42°	+44°	+46°	+48°	+50°	+52°	+54°	+56°	+58°	+60°	+62°	+64°	+66°
	h m	h m	h m	h m	h m	h m	h m	h m	h m	h m	h m	h m	h m	h m
Oct. 1	18 10	18 10	18 10	18 11	18 11	18 11	18 12	18 12	18 13	18 14	18 15	18 16	18 18	18 19
5	18 04	18 03	18 03	18 03	18 03	18 03	18 03	18 03	18 03	18 03	18 03	18 03	18 04	18 04
9	17 57	17 57	17 56	17 56	17 55	17 54	17 54	17 53	17 53	17 52	17 51	17 51	17 50	17 49
13	17 51	17 50	17 49	17 48	17 47	17 46	17 45	17 44	17 43	17 41	17 40	17 38	17 37	17 35
17	17 45	17 44	17 43	17 41	17 40	17 38	17 37	17 35	17 33	17 31	17 29	17 26	17 24	17 20
21	17 40	17 38	17 36	17 35	17 33	17 31	17 28	17 26	17 24	17 21	17 18	17 15	17 11	17 07
25	17 35	17 33	17 30	17 28	17 26	17 23	17 21	17 18	17 15	17 11	17 07	17 03	16 58	16 53
29	17 30	17 27	17 25	17 22	17 19	17 16	17 13	17 10	17 06	17 02	16 57	16 52	16 46	16 40
Nov. 2	17 25	17 22	17 19	17 16	17 13	17 10	17 06	17 02	16 58	16 53	16 48	16 42	16 35	16 27
6	17 21	17 18	17 15	17 11	17 08	17 04	17 00	16 55	16 50	16 45	16 39	16 32	16 24	16 15
10	17 17	17 14	17 10	17 06	17 02	16 58	16 53	16 48	16 43	16 37	16 30	16 22	16 13	16 03
14	17 14	17 10	17 06	17 02	16 58	16 53	16 48	16 42	16 36	16 30	16 22	16 14	16 04	15 52
18	17 11	17 07	17 03	16 58	16 54	16 49	16 43	16 37	16 30	16 23	16 15	16 05	15 55	15 42
22	17 09	17 04	17 00	16 55	16 50	16 45	16 39	16 32	16 25	16 17	16 08	15 58	15 46	15 32
26	17 07	17 02	16 58	16 53	16 47	16 42	16 35	16 28	16 21	16 12	16 03	15 52	15 39	15 24
30	17 06	17 01	16 56	16 51	16 45	16 39	16 33	16 25	16 17	16 08	15 58	15 47	15 33	15 17
Dec. 4	17 05	17 00	16 55	16 50	16 44	16 37	16 31	16 23	16 15	16 05	15 55	15 42	15 28	15 11
8	17 05	17 00	16 55	16 49	16 43	16 36	16 29	16 22	16 13	16 03	15 52	15 39	15 24	15 06
12	17 05	17 00	16 55	16 49	16 43	16 36	16 29	16 21	16 12	16 02	15 51	15 38	15 22	15 03
16	17 06	17 01	16 56	16 50	16 44	16 37	16 29	16 21	16 12	16 02	15 50	15 37	15 21	15 02
20	17 08	17 03	16 57	16 51	16 45	16 38	16 31	16 23	16 13	16 03	15 51	15 38	15 22	15 02
24	17 10	17 05	16 59	16 53	16 47	16 40	16 33	16 25	16 16	16 05	15 54	15 40	15 24	15 04
28	17 12	17 07	17 02	16 56	16 50	16 43	16 36	16 28	16 19	16 08	15 57	15 43	15 28	15 08
32	17 15	17 10	17 05	16 59	16 53	16 47	16 39	16 31	16 22	16 13	16 01	15 48	15 33	15 14
36	17 19	17 14	17 09	17 03	16 57	16 51	16 43	16 36	16 27	16 17	16 07	15 54	15 39	15 21

NAUTICAL TWILIGHT, 2019

UNIVERSAL TIME FOR MERIDIAN OF GREENWICH
BEGINNING OF MORNING NAUTICAL TWILIGHT

Lat.	−55°	−50°	−45°	−40°	−35°	−30°	−20°	−10°	0°	+10°	+20°	+30°	+35°	+40°
	h m	h m	h m	h m	h m	h m	h m	h m	h m	h m	h m	h m	h m	h m
Jan. −2	// //	2 03	2 48	3 18	3 41	3 59	4 28	4 51	5 10	5 26	5 42	5 59	6 07	6 17
2	0 16	2 08	2 52	3 22	3 44	4 02	4 31	4 53	5 12	5 28	5 44	6 00	6 09	6 18
6	0 45	2 15	2 57	3 26	3 48	4 06	4 34	4 55	5 14	5 30	5 45	6 01	6 09	6 18
10	1 05	2 23	3 03	3 31	3 52	4 09	4 37	4 58	5 15	5 31	5 46	6 01	6 09	6 18
14	1 23	2 31	3 09	3 36	3 56	4 13	4 40	5 00	5 17	5 33	5 47	6 02	6 09	6 17
18	1 40	2 40	3 16	3 41	4 01	4 17	4 43	5 02	5 19	5 34	5 47	6 01	6 08	6 16
22	1 56	2 49	3 23	3 47	4 06	4 21	4 46	5 05	5 20	5 34	5 47	6 00	6 07	6 14
26	2 11	2 59	3 30	3 53	4 11	4 25	4 49	5 07	5 22	5 35	5 47	5 59	6 06	6 12
30	2 25	3 09	3 37	3 59	4 16	4 30	4 52	5 09	5 23	5 35	5 47	5 58	6 03	6 09
Feb. 3	2 39	3 18	3 45	4 05	4 21	4 34	4 54	5 10	5 24	5 35	5 46	5 56	6 01	6 06
7	2 53	3 28	3 52	4 11	4 26	4 38	4 57	5 12	5 24	5 35	5 44	5 53	5 58	6 02
11	3 05	3 37	3 59	4 17	4 30	4 42	5 00	5 13	5 25	5 34	5 43	5 51	5 55	5 58
15	3 18	3 46	4 07	4 22	4 35	4 46	5 02	5 15	5 25	5 33	5 41	5 48	5 51	5 54
19	3 29	3 55	4 13	4 28	4 40	4 49	5 04	5 16	5 25	5 32	5 39	5 44	5 47	5 49
23	3 41	4 03	4 20	4 33	4 44	4 53	5 06	5 17	5 25	5 31	5 36	5 41	5 42	5 44
27	3 51	4 12	4 27	4 39	4 48	4 56	5 08	5 17	5 24	5 30	5 34	5 37	5 38	5 38
Mar. 3	4 01	4 20	4 33	4 44	4 52	4 59	5 10	5 18	5 24	5 28	5 31	5 32	5 33	5 33
7	4 11	4 27	4 39	4 49	4 56	5 02	5 12	5 18	5 23	5 26	5 28	5 28	5 28	5 27
11	4 21	4 35	4 45	4 54	5 00	5 05	5 13	5 19	5 22	5 24	5 25	5 24	5 22	5 20
15	4 30	4 42	4 51	4 58	5 04	5 08	5 15	5 19	5 21	5 22	5 21	5 19	5 17	5 14
19	4 39	4 49	4 57	5 03	5 07	5 11	5 16	5 19	5 20	5 20	5 18	5 14	5 11	5 07
23	4 47	4 56	5 02	5 07	5 11	5 13	5 17	5 19	5 19	5 17	5 14	5 09	5 05	5 01
27	4 55	5 02	5 07	5 11	5 14	5 16	5 18	5 19	5 17	5 15	5 11	5 04	4 59	4 54
31	5 03	5 09	5 13	5 15	5 17	5 18	5 19	5 18	5 16	5 13	5 07	4 59	4 54	4 47
Apr. 4	5 11	5 15	5 18	5 19	5 20	5 21	5 20	5 18	5 15	5 10	5 03	4 54	4 48	4 40

END OF EVENING NAUTICAL TWILIGHT

Lat.	−55°	−50°	−45°	−40°	−35°	−30°	−20°	−10°	0°	+10°	+20°	+30°	+35°	+40°
	h m	h m	h m	h m	h m	h m	h m	h m	h m	h m	h m	h m	h m	h m
Jan. −2	// //	22 01	21 16	20 46	20 23	20 04	19 36	19 13	18 54	18 38	18 22	18 05	17 57	17 47
2	23 43	21 59	21 15	20 46	20 23	20 05	19 37	19 15	18 56	18 40	18 24	18 08	17 59	17 50
6	23 22	21 55	21 14	20 45	20 23	20 05	19 38	19 16	18 58	18 42	18 26	18 11	18 02	17 54
10	23 06	21 51	21 11	20 44	20 22	20 05	19 38	19 17	18 59	18 44	18 29	18 14	18 06	17 57
14	22 52	21 45	21 08	20 42	20 21	20 04	19 38	19 18	19 01	18 45	18 31	18 17	18 09	18 01
18	22 38	21 39	21 04	20 39	20 19	20 03	19 38	19 18	19 02	18 47	18 33	18 20	18 13	18 05
22	22 24	21 32	20 59	20 35	20 17	20 01	19 37	19 18	19 03	18 49	18 36	18 23	18 16	18 09
26	22 11	21 24	20 54	20 31	20 14	19 59	19 36	19 18	19 03	18 50	18 38	18 26	18 20	18 13
30	21 58	21 16	20 48	20 27	20 10	19 56	19 35	19 18	19 04	18 51	18 40	18 29	18 23	18 18
Feb. 3	21 46	21 08	20 42	20 22	20 06	19 53	19 33	19 17	19 04	18 53	18 42	18 32	18 27	18 22
7	21 33	20 59	20 35	20 17	20 02	19 50	19 31	19 16	19 04	18 53	18 44	18 35	18 31	18 26
11	21 21	20 50	20 28	20 11	19 57	19 46	19 28	19 15	19 04	18 54	18 46	18 38	18 34	18 31
15	21 08	20 41	20 21	20 05	19 52	19 42	19 26	19 13	19 03	18 55	18 48	18 41	18 38	18 35
19	20 56	20 31	20 13	19 59	19 47	19 38	19 23	19 12	19 03	18 55	18 49	18 44	18 41	18 39
23	20 44	20 22	20 05	19 52	19 42	19 33	19 20	19 10	19 02	18 56	18 51	18 47	18 45	18 44
27	20 32	20 12	19 58	19 46	19 37	19 29	19 17	19 08	19 01	18 56	18 52	18 49	18 48	18 48
Mar. 3	20 21	20 03	19 50	19 39	19 31	19 24	19 14	19 06	19 00	18 56	18 53	18 52	18 52	18 52
7	20 09	19 53	19 42	19 33	19 25	19 19	19 10	19 04	18 59	18 56	18 55	18 55	18 55	18 56
11	19 58	19 44	19 34	19 26	19 19	19 14	19 07	19 01	18 58	18 56	18 56	18 57	18 59	19 01
15	19 46	19 35	19 26	19 19	19 14	19 09	19 03	18 59	18 57	18 56	18 57	19 00	19 02	19 05
19	19 35	19 25	19 18	19 12	19 08	19 04	19 00	18 57	18 56	18 56	18 58	19 02	19 05	19 09
23	19 25	19 16	19 10	19 06	19 02	18 59	18 56	18 55	18 55	18 56	18 59	19 05	19 09	19 14
27	19 14	19 07	19 03	18 59	18 56	18 55	18 53	18 52	18 53	18 56	19 01	19 07	19 12	19 18
31	19 04	18 59	18 55	18 53	18 51	18 50	18 49	18 50	18 52	18 56	19 02	19 10	19 16	19 22
Apr. 4	18 54	18 50	18 48	18 46	18 45	18 45	18 46	18 48	18 51	18 56	19 03	19 13	19 19	19 27

// // indicates continuous twilight.

UNIVERSAL TIME FOR MERIDIAN OF GREENWICH
BEGINNING OF MORNING NAUTICAL TWILIGHT

Lat.	+40°	+42°	+44°	+46°	+48°	+50°	+52°	+54°	+56°	+58°	+60°	+62°	+64°	+66°
	h m	h m	h m	h m	h m	h m	h m	h m	h m	h m	h m	h m	h m	h m
Jan. −2	6 17	6 21	6 25	6 29	6 34	6 39	6 44	6 49	6 55	7 02	7 09	7 18	7 27	7 38
2	6 18	6 22	6 26	6 30	6 34	6 39	6 44	6 50	6 55	7 02	7 09	7 17	7 26	7 37
6	6 18	6 22	6 26	6 30	6 34	6 39	6 44	6 49	6 55	7 01	7 08	7 16	7 24	7 34
10	6 18	6 22	6 25	6 29	6 33	6 38	6 42	6 47	6 53	6 59	7 05	7 13	7 21	7 31
14	6 17	6 21	6 24	6 28	6 32	6 36	6 41	6 45	6 50	6 56	7 02	7 09	7 17	7 26
18	6 16	6 19	6 23	6 26	6 30	6 34	6 38	6 42	6 47	6 52	6 58	7 04	7 11	7 19
22	6 14	6 17	6 20	6 24	6 27	6 31	6 34	6 38	6 43	6 48	6 53	6 58	7 05	7 12
26	6 12	6 15	6 18	6 21	6 24	6 27	6 30	6 34	6 38	6 42	6 47	6 52	6 58	7 04
30	6 09	6 12	6 14	6 17	6 20	6 23	6 26	6 29	6 32	6 36	6 40	6 44	6 49	6 55
Feb. 3	6 06	6 08	6 11	6 13	6 15	6 18	6 20	6 23	6 26	6 29	6 33	6 36	6 40	6 45
7	6 02	6 04	6 06	6 08	6 10	6 12	6 15	6 17	6 19	6 22	6 24	6 27	6 31	6 34
11	5 58	6 00	6 02	6 03	6 05	6 06	6 08	6 10	6 12	6 14	6 16	6 18	6 20	6 23
15	5 54	5 55	5 56	5 58	5 59	6 00	6 01	6 02	6 04	6 05	6 06	6 08	6 09	6 11
19	5 49	5 50	5 51	5 52	5 52	5 53	5 54	5 55	5 55	5 56	5 56	5 57	5 57	5 58
23	5 44	5 44	5 45	5 45	5 46	5 46	5 46	5 46	5 46	5 46	5 46	5 46	5 45	5 44
27	5 38	5 38	5 39	5 39	5 38	5 38	5 38	5 38	5 37	5 36	5 35	5 34	5 32	5 31
Mar. 3	5 33	5 32	5 32	5 32	5 31	5 30	5 29	5 28	5 27	5 26	5 24	5 22	5 19	5 16
7	5 27	5 26	5 25	5 24	5 23	5 22	5 21	5 19	5 17	5 15	5 12	5 09	5 05	5 01
11	5 20	5 19	5 18	5 17	5 15	5 14	5 12	5 09	5 07	5 04	5 00	4 56	4 51	4 45
15	5 14	5 12	5 11	5 09	5 07	5 05	5 02	4 59	4 56	4 52	4 48	4 42	4 36	4 29
19	5 07	5 05	5 03	5 01	4 59	4 56	4 53	4 49	4 45	4 40	4 35	4 28	4 21	4 12
23	5 01	4 58	4 56	4 53	4 50	4 47	4 43	4 39	4 34	4 28	4 22	4 14	4 05	3 54
27	4 54	4 51	4 48	4 45	4 41	4 37	4 33	4 28	4 22	4 16	4 08	3 59	3 49	3 36
31	4 47	4 44	4 40	4 37	4 33	4 28	4 23	4 17	4 10	4 03	3 54	3 44	3 31	3 16
Apr. 4	4 40	4 37	4 33	4 28	4 24	4 18	4 13	4 06	3 58	3 50	3 40	3 28	3 13	2 55

END OF EVENING NAUTICAL TWILIGHT

Lat.	+40°	+42°	+44°	+46°	+48°	+50°	+52°	+54°	+56°	+58°	+60°	+62°	+64°	+66°
	h m	h m	h m	h m	h m	h m	h m	h m	h m	h m	h m	h m	h m	h m
Jan. −2	17 47	17 43	17 39	17 35	17 30	17 26	17 20	17 15	17 09	17 02	16 55	16 46	16 37	16 26
2	17 50	17 46	17 42	17 38	17 34	17 29	17 24	17 19	17 13	17 06	16 59	16 51	16 42	16 31
6	17 54	17 50	17 46	17 42	17 38	17 33	17 28	17 23	17 17	17 11	17 04	16 56	16 48	16 38
10	17 57	17 54	17 50	17 46	17 42	17 37	17 33	17 28	17 22	17 16	17 10	17 03	16 54	16 45
14	18 01	17 58	17 54	17 50	17 46	17 42	17 38	17 33	17 28	17 23	17 16	17 10	17 02	16 53
18	18 05	18 02	17 58	17 55	17 51	17 47	17 43	17 39	17 34	17 29	17 23	17 17	17 10	17 02
22	18 09	18 06	18 03	18 00	17 56	17 53	17 49	17 45	17 41	17 36	17 31	17 25	17 19	17 12
26	18 13	18 11	18 08	18 05	18 02	17 59	17 55	17 52	17 48	17 44	17 39	17 34	17 28	17 22
30	18 18	18 15	18 13	18 10	18 07	18 04	18 01	17 58	17 55	17 51	17 47	17 43	17 38	17 33
Feb. 3	18 22	18 20	18 18	18 15	18 13	18 10	18 08	18 05	18 02	17 59	17 56	17 52	17 48	17 44
7	18 26	18 24	18 23	18 21	18 19	18 17	18 14	18 12	18 10	18 07	18 05	18 02	17 59	17 55
11	18 31	18 29	18 28	18 26	18 24	18 23	18 21	18 19	18 18	18 16	18 14	18 12	18 10	18 07
15	18 35	18 34	18 33	18 31	18 30	18 29	18 28	18 27	18 26	18 24	18 23	18 22	18 21	18 19
19	18 39	18 38	18 38	18 37	18 36	18 35	18 35	18 34	18 34	18 33	18 33	18 32	18 32	18 31
23	18 44	18 43	18 43	18 42	18 42	18 42	18 42	18 42	18 42	18 42	18 42	18 42	18 43	18 44
27	18 48	18 48	18 48	18 48	18 48	18 48	18 49	18 49	18 50	18 51	18 52	18 53	18 55	18 57
Mar. 3	18 52	18 52	18 53	18 53	18 54	18 55	18 56	18 57	18 58	19 00	19 02	19 04	19 07	19 10
7	18 56	18 57	18 58	18 59	19 00	19 01	19 03	19 04	19 06	19 09	19 12	19 15	19 19	19 23
11	19 01	19 02	19 03	19 04	19 06	19 08	19 10	19 12	19 15	19 18	19 22	19 26	19 31	19 37
15	19 05	19 06	19 08	19 10	19 12	19 14	19 17	19 20	19 24	19 28	19 32	19 38	19 44	19 51
19	19 09	19 11	19 13	19 16	19 18	19 21	19 24	19 28	19 32	19 37	19 43	19 49	19 57	20 06
23	19 14	19 16	19 18	19 21	19 24	19 28	19 32	19 36	19 41	19 47	19 54	20 02	20 11	20 22
27	19 18	19 21	19 24	19 27	19 31	19 35	19 39	19 45	19 50	19 57	20 05	20 14	20 25	20 38
31	19 22	19 26	19 29	19 33	19 37	19 42	19 47	19 53	20 00	20 08	20 17	20 27	20 40	20 56
Apr. 4	19 27	19 31	19 34	19 39	19 44	19 49	19 55	20 02	20 10	20 19	20 29	20 41	20 56	21 15

NAUTICAL TWILIGHT, 2019

UNIVERSAL TIME FOR MERIDIAN OF GREENWICH
BEGINNING OF MORNING NAUTICAL TWILIGHT

Lat.	−55°	−50°	−45°	−40°	−35°	−30°	−20°	−10°	0°	+10°	+20°	+30°	+35°	+40°
	h m	h m	h m	h m	h m	h m	h m	h m	h m	h m	h m	h m	h m	h m
Mar. 31	5 03	5 09	5 13	5 15	5 17	5 18	5 19	5 18	5 16	5 13	5 07	4 59	4 54	4 47
Apr. 4	5 11	5 15	5 18	5 19	5 20	5 21	5 20	5 18	5 15	5 10	5 03	4 54	4 48	4 40
8	5 19	5 21	5 22	5 23	5 23	5 23	5 21	5 18	5 14	5 08	5 00	4 49	4 42	4 33
12	5 26	5 27	5 27	5 27	5 26	5 25	5 22	5 18	5 12	5 05	4 56	4 44	4 36	4 26
16	5 33	5 33	5 32	5 31	5 29	5 27	5 23	5 18	5 11	5 03	4 53	4 39	4 30	4 20
20	5 40	5 39	5 37	5 34	5 32	5 30	5 24	5 18	5 10	5 01	4 49	4 34	4 25	4 13
24	5 47	5 44	5 41	5 38	5 35	5 32	5 25	5 18	5 09	4 59	4 46	4 30	4 19	4 07
28	5 54	5 50	5 46	5 42	5 38	5 34	5 26	5 18	5 08	4 57	4 43	4 25	4 14	4 00
May 2	6 00	5 55	5 50	5 45	5 41	5 36	5 27	5 18	5 07	4 55	4 40	4 21	4 09	3 54
6	6 07	6 00	5 54	5 49	5 43	5 38	5 28	5 18	5 07	4 54	4 38	4 17	4 04	3 49
10	6 13	6 05	5 58	5 52	5 46	5 41	5 30	5 18	5 06	4 52	4 35	4 14	4 00	3 43
14	6 19	6 10	6 02	5 55	5 49	5 43	5 31	5 19	5 06	4 51	4 33	4 10	3 56	3 38
18	6 24	6 15	6 06	5 59	5 52	5 45	5 32	5 19	5 05	4 50	4 31	4 07	3 52	3 33
22	6 29	6 19	6 10	6 02	5 54	5 47	5 33	5 20	5 05	4 49	4 30	4 05	3 49	3 29
26	6 34	6 23	6 13	6 04	5 57	5 49	5 35	5 21	5 05	4 49	4 28	4 02	3 46	3 25
30	6 39	6 27	6 16	6 07	5 59	5 51	5 36	5 21	5 06	4 48	4 27	4 01	3 43	3 22
June 3	6 43	6 30	6 19	6 10	6 01	5 53	5 37	5 22	5 06	4 48	4 27	3 59	3 42	3 20
7	6 46	6 33	6 22	6 12	6 03	5 55	5 39	5 23	5 07	4 48	4 26	3 58	3 40	3 18
11	6 49	6 35	6 24	6 14	6 05	5 56	5 40	5 24	5 07	4 49	4 26	3 58	3 39	3 17
15	6 51	6 37	6 26	6 15	6 06	5 57	5 41	5 25	5 08	4 49	4 27	3 58	3 39	3 16
19	6 53	6 39	6 27	6 17	6 07	5 59	5 42	5 26	5 09	4 50	4 27	3 58	3 39	3 16
23	6 54	6 40	6 28	6 18	6 08	5 59	5 43	5 27	5 10	4 51	4 28	3 59	3 40	3 17
27	6 54	6 40	6 28	6 18	6 09	6 00	5 44	5 28	5 11	4 52	4 29	4 00	3 42	3 19
July 1	6 54	6 40	6 28	6 18	6 09	6 00	5 44	5 28	5 12	4 53	4 30	4 02	3 43	3 21
5	6 52	6 39	6 28	6 18	6 09	6 00	5 45	5 29	5 12	4 54	4 32	4 04	3 46	3 23

END OF EVENING NAUTICAL TWILIGHT

Lat.	−55°	−50°	−45°	−40°	−35°	−30°	−20°	−10°	0°	+10°	+20°	+30°	+35°	+40°
	h m	h m	h m	h m	h m	h m	h m	h m	h m	h m	h m	h m	h m	h m
Mar. 31	19 04	18 59	18 55	18 53	18 51	18 50	18 49	18 50	18 52	18 56	19 02	19 10	19 16	19 22
Apr. 4	18 54	18 50	18 48	18 46	18 45	18 45	18 46	18 48	18 51	18 56	19 03	19 13	19 19	19 27
8	18 44	18 42	18 41	18 40	18 40	18 41	18 43	18 46	18 50	18 56	19 04	19 16	19 23	19 32
12	18 34	18 34	18 34	18 34	18 35	18 36	18 39	18 44	18 49	18 57	19 06	19 18	19 26	19 36
16	18 25	18 26	18 27	18 28	18 30	18 32	18 36	18 42	18 49	18 57	19 07	19 21	19 30	19 41
20	18 17	18 19	18 21	18 23	18 25	18 28	18 34	18 40	18 48	18 57	19 09	19 24	19 34	19 46
24	18 08	18 11	18 15	18 18	18 21	18 24	18 31	18 39	18 47	18 58	19 11	19 27	19 38	19 51
28	18 00	18 05	18 09	18 13	18 17	18 21	18 29	18 37	18 47	18 58	19 12	19 30	19 42	19 56
May 2	17 53	17 58	18 04	18 08	18 13	18 18	18 27	18 36	18 47	18 59	19 14	19 34	19 46	20 01
6	17 46	17 53	17 59	18 04	18 09	18 15	18 25	18 35	18 47	19 00	19 16	19 37	19 50	20 06
10	17 39	17 47	17 54	18 00	18 06	18 12	18 23	18 35	18 47	19 01	19 18	19 40	19 54	20 11
14	17 33	17 42	17 50	17 57	18 03	18 10	18 22	18 34	18 47	19 02	19 20	19 43	19 58	20 16
18	17 28	17 38	17 46	17 54	18 01	18 08	18 21	18 34	18 47	19 03	19 22	19 46	20 02	20 20
22	17 23	17 34	17 43	17 51	17 59	18 06	18 20	18 33	18 48	19 04	19 24	19 49	20 05	20 25
26	17 19	17 31	17 41	17 49	17 57	18 05	18 19	18 33	18 49	19 06	19 26	19 52	20 09	20 29
30	17 16	17 28	17 38	17 48	17 56	18 04	18 19	18 34	18 49	19 07	19 28	19 55	20 12	20 33
June 3	17 13	17 26	17 37	17 46	17 55	18 03	18 19	18 34	18 50	19 08	19 30	19 57	20 15	20 37
7	17 11	17 25	17 36	17 46	17 55	18 03	18 19	18 35	18 51	19 09	19 31	20 00	20 18	20 40
11	17 10	17 24	17 35	17 45	17 54	18 03	18 19	18 35	18 52	19 11	19 33	20 02	20 20	20 43
15	17 09	17 23	17 35	17 45	17 55	18 03	18 20	18 36	18 53	19 12	19 34	20 03	20 22	20 45
19	17 10	17 24	17 35	17 46	17 55	18 04	18 21	18 37	18 54	19 13	19 35	20 05	20 23	20 46
23	17 11	17 25	17 36	17 47	17 56	18 05	18 21	18 38	18 55	19 14	19 36	20 05	20 24	20 47
27	17 12	17 26	17 38	17 48	17 57	18 06	18 22	18 38	18 55	19 14	19 37	20 06	20 24	20 47
July 1	17 14	17 28	17 39	17 50	17 59	18 07	18 23	18 39	18 56	19 15	19 37	20 06	20 24	20 47
5	17 17	17 30	17 42	17 51	18 00	18 09	18 25	18 40	18 57	19 15	19 37	20 05	20 23	20 46

UNIVERSAL TIME FOR MERIDIAN OF GREENWICH
BEGINNING OF MORNING NAUTICAL TWILIGHT

Lat.	+40°	+42°	+44°	+46°	+48°	+50°	+52°	+54°	+56°	+58°	+60°	+62°	+64°	+66°
	h m	h m	h m	h m	h m	h m	h m	h m	h m	h m	h m	h m	h m	h m
Mar. 31	4 47	4 44	4 40	4 37	4 33	4 28	4 23	4 17	4 10	4 03	3 54	3 44	3 31	3 16
Apr. 4	4 40	4 37	4 33	4 28	4 24	4 18	4 13	4 06	3 58	3 50	3 40	3 28	3 13	2 55
8	4 33	4 29	4 25	4 20	4 15	4 09	4 02	3 55	3 46	3 36	3 25	3 11	2 54	2 32
12	4 26	4 22	4 17	4 12	4 06	3 59	3 52	3 43	3 34	3 23	3 09	2 53	2 33	2 07
16	4 20	4 15	4 09	4 04	3 57	3 50	3 41	3 32	3 21	3 09	2 53	2 35	2 11	1 36
20	4 13	4 08	4 02	3 55	3 48	3 40	3 31	3 20	3 08	2 54	2 37	2 15	1 45	0 53
24	4 07	4 01	3 54	3 47	3 39	3 30	3 20	3 09	2 55	2 39	2 19	1 52	1 12	// //
28	4 00	3 54	3 47	3 39	3 31	3 21	3 10	2 57	2 42	2 24	2 00	1 27	0 04	// //
May 2	3 54	3 47	3 40	3 32	3 22	3 12	3 00	2 45	2 28	2 07	1 39	0 52	// //	// //
6	3 49	3 41	3 33	3 24	3 14	3 03	2 49	2 34	2 15	1 50	1 14	// //	// //	// //
10	3 43	3 35	3 27	3 17	3 06	2 54	2 39	2 22	2 00	1 31	0 40	// //	// //	// //
14	3 38	3 30	3 21	3 10	2 59	2 45	2 29	2 10	1 45	1 09	// //	// //	// //	// //
18	3 33	3 25	3 15	3 04	2 52	2 37	2 20	1 59	1 30	0 41	// //	// //	// //	// //
22	3 29	3 20	3 10	2 58	2 45	2 29	2 11	1 47	1 13	// //	// //	// //	// //	// //
26	3 25	3 16	3 05	2 53	2 39	2 22	2 02	1 36	0 54	// //	// //	// //	// //	// //
30	3 22	3 12	3 01	2 48	2 34	2 16	1 54	1 25	0 30	// //	// //	// //	// //	// //
June 3	3 20	3 10	2 58	2 45	2 29	2 11	1 47	1 14	// //	// //	// //	// //	// //	// //
7	3 18	3 07	2 55	2 42	2 26	2 06	1 41	1 04	// //	// //	// //	// //	// //	// //
11	3 17	3 06	2 54	2 40	2 23	2 03	1 37	0 56	// //	// //	// //	// //	// //	// //
15	3 16	3 05	2 53	2 38	2 22	2 01	1 34	0 49	// //	// //	// //	// //	// //	□
19	3 16	3 05	2 53	2 38	2 21	2 00	1 32	0 45	// //	// //	// //	// //	// //	□
23	3 17	3 06	2 53	2 39	2 22	2 01	1 33	0 46	// //	// //	// //	// //	// //	□
27	3 19	3 07	2 55	2 41	2 24	2 03	1 35	0 50	// //	// //	// //	// //	// //	□
July 1	3 21	3 10	2 57	2 43	2 26	2 06	1 39	0 57	// //	// //	// //	// //	// //	// //
5	3 23	3 12	3 00	2 47	2 30	2 11	1 45	1 07	// //	// //	// //	// //	// //	// //

END OF EVENING NAUTICAL TWILIGHT

	+40°	+42°	+44°	+46°	+48°	+50°	+52°	+54°	+56°	+58°	+60°	+62°	+64°	+66°
	h m	h m	h m	h m	h m	h m	h m	h m	h m	h m	h m	h m	h m	h m
Mar. 31	19 22	19 26	19 29	19 33	19 37	19 42	19 47	19 53	20 00	20 08	20 17	20 27	20 40	20 56
Apr. 4	19 27	19 31	19 34	19 39	19 44	19 49	19 55	20 02	20 10	20 19	20 29	20 41	20 56	21 15
8	19 32	19 36	19 40	19 45	19 50	19 56	20 03	20 11	20 20	20 30	20 42	20 56	21 14	21 36
12	19 36	19 41	19 46	19 51	19 57	20 04	20 12	20 20	20 30	20 41	20 55	21 12	21 33	22 01
16	19 41	19 46	19 51	19 57	20 04	20 12	20 20	20 30	20 41	20 54	21 09	21 29	21 54	22 31
20	19 46	19 51	19 57	20 04	20 11	20 19	20 29	20 39	20 52	21 07	21 25	21 47	22 20	23 21
24	19 51	19 57	20 03	20 10	20 18	20 27	20 38	20 50	21 03	21 20	21 41	22 09	22 53	// //
28	19 56	20 02	20 09	20 17	20 26	20 36	20 47	21 00	21 16	21 35	21 59	22 35	// //	// //
May 2	20 01	20 08	20 15	20 24	20 33	20 44	20 56	21 11	21 28	21 50	22 20	23 13	// //	// //
6	20 06	20 13	20 21	20 30	20 41	20 52	21 06	21 22	21 42	22 07	22 46	// //	// //	// //
10	20 11	20 19	20 27	20 37	20 48	21 01	21 16	21 33	21 56	22 26	23 25	// //	// //	// //
14	20 16	20 24	20 33	20 44	20 55	21 09	21 25	21 45	22 10	22 49	// //	// //	// //	// //
18	20 20	20 29	20 39	20 50	21 03	21 17	21 35	21 57	22 26	23 21	// //	// //	// //	// //
22	20 25	20 34	20 45	20 56	21 10	21 25	21 44	22 09	22 44	// //	// //	// //	// //	// //
26	20 29	20 39	20 50	21 02	21 16	21 33	21 54	22 21	23 05	// //	// //	// //	// //	// //
30	20 33	20 43	20 55	21 07	21 22	21 40	22 02	22 33	23 34	// //	// //	// //	// //	// //
June 3	20 37	20 47	20 59	21 12	21 28	21 47	22 11	22 45	// //	// //	// //	// //	// //	// //
7	20 40	20 51	21 03	21 17	21 33	21 52	22 18	22 56	// //	// //	// //	// //	// //	// //
11	20 43	20 54	21 06	21 20	21 37	21 57	22 24	23 05	// //	// //	// //	// //	// //	// //
15	20 45	20 56	21 08	21 23	21 40	22 01	22 28	23 13	// //	// //	// //	// //	// //	□
19	20 46	20 58	21 10	21 25	21 42	22 03	22 31	23 18	// //	// //	// //	// //	// //	□
23	20 47	20 58	21 11	21 25	21 42	22 03	22 31	23 18	// //	// //	// //	// //	// //	□
27	20 47	20 58	21 11	21 25	21 42	22 03	22 30	23 15	// //	// //	// //	// //	// //	□
July 1	20 47	20 58	21 10	21 24	21 41	22 01	22 27	23 08	// //	// //	// //	// //	// //	// //
5	20 46	20 56	21 08	21 22	21 38	21 58	22 23	23 00	// //	// //	// //	// //	// //	// //

□ indicates Sun continuously above horizon.
// // indicates continuous twilight.

NAUTICAL TWILIGHT, 2019

UNIVERSAL TIME FOR MERIDIAN OF GREENWICH
BEGINNING OF MORNING NAUTICAL TWILIGHT

Lat.	−55°	−50°	−45°	−40°	−35°	−30°	−20°	−10°	0°	+10°	+20°	+30°	+35°	+40°
	h m	h m	h m	h m	h m	h m	h m	h m	h m	h m	h m	h m	h m	h m
July 1	6 54	6 40	6 28	6 18	6 09	6 00	5 44	5 28	5 12	4 53	4 30	4 02	3 43	3 21
5	6 52	6 39	6 28	6 18	6 09	6 00	5 45	5 29	5 12	4 54	4 32	4 04	3 46	3 23
9	6 50	6 38	6 27	6 17	6 08	6 00	5 45	5 29	5 13	4 55	4 34	4 06	3 48	3 26
13	6 48	6 35	6 25	6 16	6 07	6 00	5 45	5 30	5 14	4 56	4 35	4 08	3 51	3 30
17	6 44	6 33	6 23	6 14	6 06	5 59	5 44	5 30	5 15	4 57	4 37	4 11	3 54	3 34
21	6 40	6 29	6 20	6 12	6 04	5 57	5 43	5 30	5 15	4 59	4 39	4 14	3 57	3 38
25	6 36	6 26	6 17	6 09	6 02	5 55	5 43	5 29	5 15	5 00	4 41	4 16	4 01	3 42
29	6 30	6 21	6 13	6 06	6 00	5 53	5 41	5 29	5 16	5 01	4 43	4 19	4 05	3 47
Aug. 2	6 24	6 16	6 09	6 03	5 57	5 51	5 40	5 28	5 16	5 02	4 44	4 22	4 08	3 51
6	6 18	6 11	6 05	5 59	5 54	5 48	5 38	5 27	5 16	5 02	4 46	4 25	4 12	3 56
10	6 11	6 05	6 00	5 55	5 50	5 45	5 36	5 26	5 16	5 03	4 48	4 28	4 16	4 01
14	6 03	5 59	5 54	5 50	5 46	5 42	5 34	5 25	5 15	5 04	4 50	4 31	4 20	4 06
18	5 55	5 52	5 48	5 45	5 42	5 38	5 31	5 24	5 15	5 04	4 51	4 34	4 23	4 10
22	5 47	5 45	5 42	5 40	5 37	5 35	5 29	5 22	5 14	5 04	4 53	4 37	4 27	4 15
26	5 38	5 37	5 36	5 34	5 32	5 30	5 26	5 20	5 13	5 05	4 54	4 40	4 31	4 20
30	5 29	5 29	5 29	5 28	5 27	5 26	5 23	5 18	5 12	5 05	4 55	4 42	4 34	4 24
Sept. 3	5 19	5 21	5 22	5 22	5 22	5 22	5 19	5 16	5 11	5 05	4 56	4 45	4 38	4 29
7	5 10	5 13	5 15	5 16	5 17	5 17	5 16	5 14	5 10	5 05	4 57	4 47	4 41	4 33
11	5 00	5 04	5 08	5 10	5 11	5 12	5 12	5 11	5 09	5 05	4 58	4 50	4 44	4 37
15	4 49	4 55	5 00	5 03	5 06	5 07	5 09	5 09	5 07	5 04	4 59	4 52	4 47	4 41
19	4 39	4 46	4 52	4 57	5 00	5 02	5 05	5 06	5 06	5 04	5 00	4 55	4 50	4 45
23	4 28	4 37	4 44	4 50	4 54	4 57	5 01	5 04	5 05	5 04	5 01	4 57	4 54	4 49
27	4 17	4 28	4 36	4 43	4 48	4 52	4 58	5 01	5 03	5 03	5 02	4 59	4 57	4 53
Oct. 1	4 06	4 19	4 28	4 36	4 42	4 47	4 54	4 59	5 02	5 03	5 03	5 01	5 00	4 57
5	3 54	4 09	4 20	4 29	4 36	4 42	4 50	4 56	5 00	5 03	5 04	5 04	5 03	5 01

END OF EVENING NAUTICAL TWILIGHT

Lat.	−55°	−50°	−45°	−40°	−35°	−30°	−20°	−10°	0°	+10°	+20°	+30°	+35°	+40°
	h m	h m	h m	h m	h m	h m	h m	h m	h m	h m	h m	h m	h m	h m
July 1	17 14	17 28	17 39	17 50	17 59	18 07	18 23	18 39	18 56	19 15	19 37	20 06	20 24	20 47
5	17 17	17 30	17 42	17 51	18 00	18 09	18 25	18 40	18 57	19 15	19 37	20 05	20 23	20 46
9	17 20	17 33	17 44	17 54	18 02	18 10	18 26	18 41	18 57	19 15	19 37	20 04	20 22	20 44
13	17 24	17 36	17 47	17 56	18 04	18 12	18 27	18 42	18 58	19 15	19 36	20 03	20 20	20 41
17	17 28	17 40	17 50	17 58	18 06	18 14	18 28	18 43	18 58	19 15	19 35	20 01	20 18	20 38
21	17 33	17 44	17 53	18 01	18 09	18 16	18 30	18 43	18 58	19 14	19 34	19 59	20 15	20 34
25	17 38	17 48	17 56	18 04	18 11	18 18	18 31	18 44	18 58	19 13	19 32	19 56	20 11	20 30
29	17 43	17 52	18 00	18 07	18 14	18 20	18 32	18 44	18 57	19 12	19 30	19 53	20 08	20 25
Aug. 2	17 49	17 57	18 04	18 10	18 16	18 22	18 33	18 44	18 57	19 11	19 28	19 50	20 04	20 20
6	17 55	18 02	18 08	18 13	18 19	18 24	18 34	18 45	18 56	19 09	19 25	19 46	19 59	20 15
10	18 01	18 07	18 12	18 17	18 21	18 26	18 35	18 45	18 55	19 08	19 23	19 42	19 54	20 09
14	18 07	18 12	18 16	18 20	18 24	18 28	18 36	18 45	18 54	19 06	19 20	19 38	19 49	20 03
18	18 13	18 17	18 20	18 23	18 27	18 30	18 37	18 44	18 53	19 04	19 16	19 33	19 44	19 57
22	18 20	18 22	18 24	18 27	18 29	18 32	18 38	18 44	18 52	19 01	19 13	19 28	19 38	19 50
26	18 27	18 27	18 29	18 30	18 32	18 34	18 38	18 44	18 51	18 59	19 09	19 23	19 32	19 43
30	18 34	18 33	18 33	18 34	18 34	18 36	18 39	18 44	18 49	18 56	19 06	19 18	19 27	19 36
Sept. 3	18 41	18 39	18 38	18 37	18 37	18 38	18 40	18 43	18 48	18 54	19 02	19 13	19 21	19 29
7	18 48	18 44	18 42	18 41	18 40	18 40	18 41	18 43	18 46	18 51	18 58	19 08	19 15	19 22
11	18 55	18 50	18 47	18 44	18 43	18 42	18 41	18 42	18 45	18 49	18 55	19 03	19 09	19 15
15	19 03	18 56	18 52	18 48	18 46	18 44	18 42	18 42	18 43	18 46	18 51	18 58	19 03	19 09
19	19 10	19 02	18 56	18 52	18 49	18 46	18 43	18 42	18 42	18 44	18 47	18 53	18 57	19 02
23	19 18	19 09	19 01	18 56	18 52	18 48	18 44	18 41	18 40	18 41	18 43	18 47	18 51	18 55
27	19 27	19 15	19 07	19 00	18 55	18 51	18 45	18 41	18 39	18 38	18 40	18 42	18 45	18 48
Oct. 1	19 35	19 22	19 12	19 04	18 58	18 53	18 46	18 41	18 38	18 36	18 36	18 38	18 39	18 41
5	19 44	19 29	19 18	19 09	19 02	18 56	18 47	18 41	18 37	18 34	18 33	18 33	18 34	18 35

UNIVERSAL TIME FOR MERIDIAN OF GREENWICH
BEGINNING OF MORNING NAUTICAL TWILIGHT

Lat.	+40°	+42°	+44°	+46°	+48°	+50°	+52°	+54°	+56°	+58°	+60°	+62°	+64°	+66°
	h m	h m	h m	h m	h m	h m	h m	h m	h m	h m	h m	h m	h m	h m
July 1	3 21	3 10	2 57	2 43	2 26	2 06	1 39	0 57	// //	// //	// //	// //	// //	// //
5	3 23	3 12	3 00	2 47	2 30	2 11	1 45	1 07	// //	// //	// //	// //	// //	// //
9	3 26	3 16	3 04	2 51	2 35	2 16	1 52	1 18	// //	// //	// //	// //	// //	// //
13	3 30	3 20	3 08	2 55	2 40	2 22	2 00	1 29	0 25	// //	// //	// //	// //	// //
17	3 34	3 24	3 13	3 01	2 46	2 29	2 09	1 41	0 56	// //	// //	// //	// //	// //
21	3 38	3 28	3 18	3 06	2 53	2 37	2 18	1 53	1 17	// //	// //	// //	// //	// //
25	3 42	3 33	3 23	3 12	3 00	2 45	2 27	2 05	1 35	0 36	// //	// //	// //	// //
29	3 47	3 38	3 29	3 18	3 07	2 53	2 36	2 17	1 50	1 11	// //	// //	// //	// //
Aug. 2	3 51	3 43	3 35	3 25	3 14	3 01	2 46	2 28	2 05	1 34	0 27	// //	// //	// //
6	3 56	3 49	3 40	3 31	3 21	3 09	2 55	2 39	2 19	1 53	1 13	// //	// //	// //
10	4 01	3 54	3 46	3 38	3 28	3 17	3 05	2 50	2 32	2 10	1 39	0 40	// //	// //
14	4 06	3 59	3 52	3 44	3 35	3 25	3 14	3 00	2 45	2 25	2 00	1 22	// //	// //
18	4 10	4 04	3 58	3 50	3 42	3 33	3 23	3 11	2 56	2 39	2 18	1 49	1 00	// //
22	4 15	4 09	4 03	3 57	3 49	3 41	3 31	3 20	3 08	2 53	2 34	2 10	1 37	0 19
26	4 20	4 15	4 09	4 03	3 56	3 48	3 40	3 30	3 19	3 05	2 49	2 29	2 03	1 22
30	4 24	4 19	4 14	4 09	4 03	3 56	3 48	3 39	3 29	3 17	3 03	2 46	2 24	1 54
Sept. 3	4 29	4 24	4 20	4 15	4 09	4 03	3 56	3 48	3 39	3 29	3 16	3 02	2 43	2 19
7	4 33	4 29	4 25	4 21	4 16	4 10	4 04	3 57	3 49	3 40	3 29	3 16	3 00	2 41
11	4 37	4 34	4 30	4 26	4 22	4 17	4 11	4 05	3 58	3 50	3 41	3 30	3 16	3 00
15	4 41	4 38	4 35	4 32	4 28	4 24	4 19	4 14	4 07	4 00	3 52	3 43	3 31	3 17
19	4 45	4 43	4 40	4 37	4 34	4 30	4 26	4 22	4 16	4 10	4 03	3 55	3 45	3 34
23	4 49	4 47	4 45	4 43	4 40	4 37	4 33	4 29	4 25	4 20	4 14	4 07	3 59	3 49
27	4 53	4 52	4 50	4 48	4 46	4 43	4 40	4 37	4 33	4 29	4 24	4 18	4 12	4 04
Oct. 1	4 57	4 56	4 55	4 53	4 52	4 50	4 47	4 45	4 42	4 38	4 34	4 30	4 24	4 18
5	5 01	5 01	5 00	4 59	4 57	4 56	4 54	4 52	4 50	4 47	4 44	4 41	4 36	4 31

END OF EVENING NAUTICAL TWILIGHT

Lat.	+40°	+42°	+44°	+46°	+48°	+50°	+52°	+54°	+56°	+58°	+60°	+62°	+64°	+66°
	h m	h m	h m	h m	h m	h m	h m	h m	h m	h m	h m	h m	h m	h m
July 1	20 47	20 58	21 10	21 24	21 41	22 01	22 27	23 08	// //	// //	// //	// //	// //	// //
5	20 46	20 56	21 08	21 22	21 38	21 58	22 23	23 00	// //	// //	// //	// //	// //	// //
9	20 44	20 54	21 06	21 19	21 35	21 53	22 17	22 50	// //	// //	// //	// //	// //	// //
13	20 41	20 51	21 02	21 15	21 30	21 48	22 10	22 40	23 37	// //	// //	// //	// //	// //
17	20 38	20 48	20 59	21 11	21 25	21 41	22 02	22 29	23 11	// //	// //	// //	// //	// //
21	20 34	20 44	20 54	21 06	21 19	21 34	21 53	22 17	22 52	// //	// //	// //	// //	// //
25	20 30	20 39	20 49	21 00	21 12	21 27	21 44	22 06	22 35	23 26	// //	// //	// //	// //
29	20 25	20 34	20 43	20 53	21 05	21 19	21 35	21 54	22 19	22 57	// //	// //	// //	// //
Aug. 2	20 20	20 28	20 37	20 47	20 58	21 10	21 25	21 42	22 04	22 34	23 29	// //	// //	// //
6	20 15	20 22	20 30	20 39	20 50	21 01	21 15	21 31	21 50	22 15	22 53	// //	// //	// //
10	20 09	20 16	20 24	20 32	20 41	20 52	21 04	21 19	21 36	21 58	22 27	23 17	// //	// //
14	20 03	20 09	20 16	20 24	20 33	20 43	20 54	21 07	21 22	21 41	22 06	22 41	// //	// //
18	19 57	20 02	20 09	20 16	20 24	20 33	20 43	20 55	21 09	21 26	21 46	22 14	22 57	// //
22	19 50	19 55	20 01	20 08	20 15	20 24	20 33	20 44	20 56	21 11	21 28	21 51	22 23	23 21
26	19 43	19 48	19 54	20 00	20 06	20 14	20 22	20 32	20 43	20 56	21 12	21 31	21 56	22 33
30	19 36	19 41	19 46	19 51	19 57	20 04	20 12	20 20	20 30	20 42	20 55	21 12	21 33	22 01
Sept. 3	19 29	19 34	19 38	19 43	19 48	19 54	20 00	20 09	20 18	20 28	20 40	20 54	21 12	21 35
7	19 22	19 26	19 30	19 35	19 39	19 45	19 51	19 58	20 06	20 14	20 25	20 37	20 52	21 11
11	19 15	19 19	19 22	19 26	19 30	19 35	19 41	19 47	19 53	20 01	20 10	20 21	20 34	20 50
15	19 09	19 11	19 14	19 18	19 21	19 26	19 30	19 36	19 42	19 48	19 56	20 06	20 17	20 30
19	19 02	19 04	19 07	19 09	19 13	19 16	19 20	19 25	19 30	19 36	19 43	19 50	20 00	20 11
23	18 55	18 57	18 59	19 01	19 04	19 07	19 10	19 14	19 18	19 23	19 29	19 36	19 44	19 53
27	18 48	18 49	18 51	18 53	18 55	18 58	19 01	19 04	19 07	19 11	19 16	19 22	19 28	19 36
Oct. 1	18 41	18 42	18 44	18 45	18 47	18 49	18 51	18 54	18 56	19 00	19 04	19 08	19 13	19 20
5	18 35	18 36	18 37	18 38	18 39	18 40	18 42	18 44	18 46	18 48	18 51	18 55	18 59	19 04

// // indicates continuous twilight.

NAUTICAL TWILIGHT, 2019

UNIVERSAL TIME FOR MERIDIAN OF GREENWICH
BEGINNING OF MORNING NAUTICAL TWILIGHT

Lat.	−55°	−50°	−45°	−40°	−35°	−30°	−20°	−10°	0°	+10°	+20°	+30°	+35°	+40°
	h m	h m	h m	h m	h m	h m	h m	h m	h m	h m	h m	h m	h m	h m
Oct. 1	4 06	4 19	4 28	4 36	4 42	4 47	4 54	4 59	5 02	5 03	5 03	5 01	5 00	4 57
5	3 54	4 09	4 20	4 29	4 36	4 42	4 50	4 56	5 00	5 03	5 04	5 04	5 03	5 01
9	3 43	4 00	4 12	4 22	4 30	4 37	4 47	4 54	4 59	5 03	5 05	5 06	5 06	5 05
13	3 31	3 50	4 04	4 15	4 24	4 32	4 43	4 52	4 58	5 03	5 06	5 08	5 09	5 09
17	3 19	3 40	3 56	4 09	4 19	4 27	4 40	4 49	4 57	5 03	5 07	5 11	5 12	5 13
21	3 07	3 31	3 48	4 02	4 13	4 22	4 37	4 47	4 56	5 03	5 09	5 13	5 15	5 17
25	2 55	3 21	3 41	3 56	4 08	4 18	4 33	4 45	4 55	5 03	5 10	5 16	5 19	5 21
29	2 43	3 12	3 33	3 50	4 03	4 14	4 31	4 44	4 54	5 03	5 11	5 19	5 22	5 25
Nov. 2	2 30	3 03	3 26	3 44	3 58	4 10	4 28	4 42	4 54	5 04	5 13	5 21	5 25	5 30
6	2 18	2 54	3 19	3 38	3 53	4 06	4 26	4 41	4 54	5 05	5 15	5 24	5 29	5 34
10	2 05	2 45	3 12	3 33	3 49	4 02	4 24	4 40	4 54	5 05	5 16	5 27	5 32	5 38
14	1 52	2 37	3 06	3 28	3 45	3 59	4 22	4 39	4 54	5 06	5 18	5 30	5 36	5 42
18	1 39	2 29	3 00	3 24	3 42	3 57	4 20	4 39	4 54	5 08	5 20	5 33	5 39	5 46
22	1 26	2 21	2 55	3 20	3 39	3 55	4 19	4 39	4 55	5 09	5 22	5 36	5 43	5 50
26	1 12	2 14	2 51	3 17	3 37	3 53	4 19	4 39	4 56	5 11	5 25	5 39	5 46	5 54
30	0 58	2 08	2 47	3 14	3 35	3 52	4 19	4 39	4 57	5 12	5 27	5 42	5 49	5 58
Dec. 4	0 43	2 03	2 44	3 12	3 34	3 51	4 19	4 40	4 58	5 14	5 29	5 45	5 53	6 01
8	0 26	2 00	2 42	3 11	3 33	3 51	4 19	4 41	5 00	5 16	5 32	5 47	5 56	6 05
12	// //	1 57	2 41	3 11	3 33	3 52	4 20	4 43	5 01	5 18	5 34	5 50	5 59	6 08
16	// //	1 56	2 41	3 11	3 34	3 53	4 22	4 44	5 03	5 20	5 36	5 52	6 01	6 10
20	// //	1 56	2 42	3 12	3 35	3 54	4 23	4 46	5 05	5 22	5 38	5 55	6 03	6 13
24	// //	1 58	2 44	3 14	3 37	3 56	4 25	4 48	5 07	5 24	5 40	5 57	6 05	6 15
28	// //	2 01	2 47	3 17	3 40	3 59	4 28	4 50	5 09	5 26	5 42	5 58	6 07	6 16
32	// //	2 06	2 50	3 20	3 43	4 01	4 30	4 52	5 11	5 28	5 44	6 00	6 08	6 17
36	0 37	2 13	2 55	3 24	3 47	4 05	4 33	4 55	5 13	5 29	5 45	6 01	6 09	6 18

END OF EVENING NAUTICAL TWILIGHT

Lat.	−55°	−50°	−45°	−40°	−35°	−30°	−20°	−10°	0°	+10°	+20°	+30°	+35°	+40°
	h m	h m	h m	h m	h m	h m	h m	h m	h m	h m	h m	h m	h m	h m
Oct. 1	19 35	19 22	19 12	19 04	18 58	18 53	18 46	18 41	18 38	18 36	18 36	18 38	18 39	18 41
5	19 44	19 29	19 18	19 09	19 02	18 56	18 47	18 41	18 37	18 34	18 33	18 33	18 34	18 35
9	19 54	19 36	19 23	19 13	19 05	18 59	18 48	18 41	18 36	18 32	18 29	18 28	18 28	18 29
13	20 03	19 44	19 29	19 18	19 09	19 01	18 50	18 41	18 35	18 30	18 26	18 24	18 23	18 23
17	20 14	19 52	19 36	19 23	19 13	19 04	18 51	18 42	18 34	18 28	18 23	18 19	18 18	18 17
21	20 24	20 00	19 42	19 28	19 17	19 08	18 53	18 42	18 33	18 26	18 20	18 16	18 13	18 11
25	20 35	20 08	19 49	19 33	19 21	19 11	18 55	18 43	18 33	18 25	18 18	18 12	18 09	18 06
29	20 47	20 17	19 55	19 39	19 26	19 15	18 57	18 44	18 33	18 24	18 16	18 09	18 05	18 01
Nov. 2	20 59	20 26	20 02	19 44	19 30	19 18	18 59	18 45	18 33	18 23	18 14	18 05	18 01	17 57
6	21 12	20 35	20 09	19 50	19 35	19 22	19 02	18 46	18 34	18 23	18 12	18 03	17 58	17 53
10	21 25	20 44	20 17	19 56	19 39	19 26	19 04	18 48	18 34	18 22	18 11	18 01	17 55	17 49
14	21 39	20 54	20 24	20 02	19 44	19 30	19 07	18 50	18 35	18 22	18 10	17 59	17 53	17 46
18	21 54	21 03	20 31	20 07	19 49	19 34	19 10	18 51	18 36	18 22	18 10	17 57	17 51	17 44
22	22 09	21 12	20 38	20 13	19 54	19 38	19 13	18 53	18 37	18 23	18 09	17 56	17 49	17 42
26	22 25	21 21	20 45	20 18	19 58	19 42	19 16	18 56	18 39	18 24	18 10	17 55	17 48	17 40
30	22 43	21 30	20 51	20 24	20 03	19 45	19 19	18 58	18 40	18 25	18 10	17 55	17 47	17 39
Dec. 4	23 01	21 38	20 57	20 28	20 07	19 49	19 22	19 00	18 42	18 26	18 11	17 55	17 47	17 39
8	23 23	21 45	21 02	20 33	20 11	19 53	19 24	19 02	18 44	18 28	18 12	17 56	17 48	17 39
12	// //	21 51	21 07	20 37	20 14	19 56	19 27	19 05	18 46	18 29	18 13	17 57	17 48	17 39
16	// //	21 56	21 10	20 40	20 17	19 58	19 29	19 07	18 48	18 31	18 15	17 58	17 50	17 40
20	// //	21 59	21 13	20 43	20 19	20 01	19 32	19 09	18 50	18 33	18 17	18 00	17 51	17 42
24	// //	22 01	21 15	20 44	20 21	20 03	19 34	19 11	18 52	18 35	18 19	18 02	17 53	17 44
28	// //	22 01	21 16	20 46	20 23	20 04	19 35	19 13	18 54	18 37	18 21	18 05	17 56	17 47
32	23 55	21 59	21 16	20 46	20 23	20 05	19 36	19 14	18 56	18 39	18 23	18 07	17 59	17 49
36	23 28	21 57	21 14	20 45	20 23	20 05	19 37	19 16	18 57	18 41	18 26	18 10	18 01	17 53

// // indicates continuous twilight.

UNIVERSAL TIME FOR MERIDIAN OF GREENWICH
BEGINNING OF MORNING NAUTICAL TWILIGHT

Lat.	+40°	+42°	+44°	+46°	+48°	+50°	+52°	+54°	+56°	+58°	+60°	+62°	+64°	+66°
	h m	h m	h m	h m	h m	h m	h m	h m	h m	h m	h m	h m	h m	h m
Oct. 1	4 57	4 56	4 55	4 53	4 52	4 50	4 47	4 45	4 42	4 38	4 34	4 30	4 24	4 18
5	5 01	5 01	5 00	4 59	4 57	4 56	4 54	4 52	4 50	4 47	4 44	4 41	4 36	4 31
9	5 05	5 05	5 04	5 04	5 03	5 02	5 01	4 59	4 58	4 56	4 54	4 51	4 48	4 44
13	5 09	5 09	5 09	5 09	5 09	5 08	5 08	5 07	5 06	5 05	5 03	5 02	5 00	4 57
17	5 13	5 14	5 14	5 14	5 14	5 14	5 14	5 14	5 14	5 13	5 13	5 12	5 11	5 09
21	5 17	5 18	5 19	5 19	5 20	5 20	5 21	5 21	5 21	5 22	5 22	5 22	5 22	5 22
25	5 21	5 22	5 23	5 24	5 25	5 26	5 27	5 28	5 29	5 30	5 31	5 32	5 33	5 34
29	5 25	5 27	5 28	5 30	5 31	5 32	5 34	5 35	5 37	5 38	5 40	5 42	5 44	5 46
Nov. 2	5 30	5 31	5 33	5 35	5 37	5 38	5 40	5 42	5 44	5 47	5 49	5 51	5 54	5 57
6	5 34	5 36	5 38	5 40	5 42	5 44	5 47	5 49	5 52	5 55	5 58	6 01	6 04	6 08
10	5 38	5 40	5 42	5 45	5 47	5 50	5 53	5 56	5 59	6 02	6 06	6 10	6 14	6 19
14	5 42	5 44	5 47	5 50	5 53	5 56	5 59	6 02	6 06	6 10	6 14	6 19	6 24	6 30
18	5 46	5 49	5 52	5 55	5 58	6 01	6 05	6 09	6 13	6 17	6 22	6 28	6 34	6 40
22	5 50	5 53	5 56	6 00	6 03	6 07	6 11	6 15	6 19	6 24	6 30	6 36	6 43	6 50
26	5 54	5 57	6 01	6 04	6 08	6 12	6 16	6 21	6 26	6 31	6 37	6 44	6 51	6 59
30	5 58	6 01	6 05	6 09	6 13	6 17	6 21	6 26	6 32	6 37	6 44	6 51	6 59	7 08
Dec. 4	6 01	6 05	6 09	6 13	6 17	6 21	6 26	6 31	6 37	6 43	6 50	6 57	7 06	7 16
8	6 05	6 08	6 12	6 17	6 21	6 26	6 31	6 36	6 42	6 48	6 55	7 03	7 12	7 22
12	6 08	6 12	6 16	6 20	6 24	6 29	6 34	6 40	6 46	6 52	7 00	7 08	7 17	7 28
16	6 10	6 14	6 19	6 23	6 28	6 32	6 38	6 43	6 49	6 56	7 04	7 12	7 21	7 32
20	6 13	6 17	6 21	6 25	6 30	6 35	6 40	6 46	6 52	6 59	7 06	7 15	7 25	7 36
24	6 15	6 19	6 23	6 27	6 32	6 37	6 42	6 48	6 54	7 01	7 08	7 17	7 26	7 38
28	6 16	6 20	6 24	6 29	6 33	6 38	6 44	6 49	6 55	7 02	7 09	7 18	7 27	7 38
32	6 17	6 21	6 25	6 30	6 34	6 39	6 44	6 50	6 56	7 02	7 09	7 18	7 27	7 37
36	6 18	6 22	6 26	6 30	6 34	6 39	6 44	6 49	6 55	7 01	7 08	7 16	7 25	7 35

END OF EVENING NAUTICAL TWILIGHT

Lat.	+40°	+42°	+44°	+46°	+48°	+50°	+52°	+54°	+56°	+58°	+60°	+62°	+64°	+66°
	h m	h m	h m	h m	h m	h m	h m	h m	h m	h m	h m	h m	h m	h m
Oct. 1	18 41	18 42	18 44	18 45	18 47	18 49	18 51	18 54	18 56	19 00	19 04	19 08	19 13	19 20
5	18 35	18 36	18 37	18 38	18 39	18 40	18 42	18 44	18 46	18 48	18 51	18 55	18 59	19 04
9	18 29	18 29	18 29	18 30	18 31	18 32	18 33	18 34	18 36	18 37	18 39	18 42	18 45	18 48
13	18 23	18 23	18 23	18 23	18 23	18 24	18 24	18 25	18 26	18 27	18 28	18 29	18 31	18 34
17	18 17	18 16	18 16	18 16	18 16	18 16	18 16	18 16	18 16	18 16	18 17	18 17	18 18	18 20
21	18 11	18 11	18 10	18 09	18 09	18 08	18 08	18 07	18 07	18 06	18 06	18 06	18 06	18 06
25	18 06	18 05	18 04	18 03	18 02	18 01	18 00	17 59	17 58	17 57	17 56	17 55	17 54	17 53
29	18 01	18 00	17 59	17 57	17 56	17 54	17 53	17 51	17 50	17 48	17 46	17 44	17 43	17 40
Nov. 2	17 57	17 55	17 54	17 52	17 50	17 48	17 46	17 44	17 42	17 40	17 37	17 35	17 32	17 29
6	17 53	17 51	17 49	17 47	17 45	17 42	17 40	17 37	17 35	17 32	17 29	17 25	17 22	17 17
10	17 49	17 47	17 45	17 42	17 40	17 37	17 34	17 31	17 28	17 24	17 21	17 17	17 12	17 07
14	17 46	17 44	17 41	17 38	17 35	17 32	17 29	17 26	17 22	17 18	17 14	17 09	17 04	16 58
18	17 44	17 41	17 38	17 35	17 32	17 28	17 25	17 21	17 17	17 12	17 07	17 02	16 56	16 49
22	17 42	17 39	17 35	17 32	17 28	17 25	17 21	17 16	17 12	17 07	17 02	16 55	16 49	16 41
26	17 40	17 37	17 33	17 30	17 26	17 22	17 18	17 13	17 08	17 03	16 57	16 50	16 43	16 34
30	17 39	17 36	17 32	17 28	17 24	17 20	17 15	17 10	17 05	16 59	16 53	16 46	16 38	16 29
Dec. 4	17 39	17 35	17 31	17 27	17 23	17 18	17 14	17 08	17 03	16 57	16 50	16 42	16 34	16 24
8	17 39	17 35	17 31	17 27	17 22	17 18	17 13	17 07	17 01	16 55	16 48	16 40	16 31	16 21
12	17 39	17 35	17 31	17 27	17 22	17 18	17 13	17 07	17 01	16 54	16 47	16 39	16 30	16 19
16	17 40	17 36	17 32	17 28	17 23	17 18	17 13	17 08	17 01	16 55	16 47	16 39	16 29	16 18
20	17 42	17 38	17 34	17 29	17 25	17 20	17 15	17 09	17 03	16 56	16 48	16 40	16 30	16 19
24	17 44	17 40	17 36	17 31	17 27	17 22	17 17	17 11	17 05	16 58	16 50	16 42	16 32	16 21
28	17 47	17 43	17 38	17 34	17 29	17 25	17 19	17 14	17 08	17 01	16 54	16 45	16 36	16 25
32	17 49	17 45	17 41	17 37	17 33	17 28	17 23	17 17	17 11	17 05	16 58	16 49	16 40	16 30
36	17 53	17 49	17 45	17 41	17 36	17 32	17 27	17 21	17 16	17 09	17 02	16 55	16 46	16 35

ASTRONOMICAL TWILIGHT, 2019
UNIVERSAL TIME FOR MERIDIAN OF GREENWICH
BEGINNING OF MORNING ASTRONOMICAL TWILIGHT

Lat.	−55°	−50°	−45°	−40°	−35°	−30°	−20°	−10°	0°	+10°	+20°	+30°	+35°	+40°
	h m	h m	h m	h m	h m	h m	h m	h m	h m	h m	h m	h m	h m	h m
Jan. −2	// //	// //	1 43	2 30	3 01	3 24	3 58	4 23	4 43	5 00	5 15	5 30	5 37	5 44
2	// //	// //	1 48	2 34	3 04	3 27	4 01	4 26	4 45	5 02	5 17	5 31	5 38	5 45
6	// //	// //	1 55	2 39	3 08	3 31	4 04	4 28	4 47	5 04	5 18	5 32	5 39	5 45
10	// //	// //	2 03	2 44	3 13	3 35	4 07	4 31	4 49	5 05	5 19	5 32	5 39	5 45
14	// //	.0 51	2 11	2 50	3 18	3 39	4 10	4 33	4 51	5 07	5 20	5 33	5 39	5 45
18	// //	1 13	2 20	2 57	3 23	3 43	4 13	4 36	4 53	5 08	5 21	5 32	5 38	5 44
22	// //	1 32	2 30	3 04	3 29	3 48	4 17	4 38	4 55	5 09	5 21	5 32	5 37	5 42
26	// //	1 48	2 39	3 11	3 34	3 52	4 20	4 40	4 56	5 09	5 21	5 31	5 36	5 40
30	// //	2 03	2 48	3 18	3 40	3 57	4 23	4 42	4 57	5 10	5 20	5 29	5 34	5 37
Feb. 3	0 47	2 17	2 58	3 25	3 45	4 02	4 26	4 44	4 58	5 10	5 19	5 28	5 31	5 34
7	1 24	2 31	3 07	3 32	3 51	4 06	4 29	4 46	4 59	5 10	5 18	5 25	5 28	5 31
11	1 49	2 43	3 16	3 39	3 57	4 11	4 32	4 48	5 00	5 09	5 17	5 23	5 25	5 27
15	2 09	2 55	3 24	3 45	4 02	4 15	4 35	4 49	5 00	5 09	5 15	5 20	5 21	5 23
19	2 26	3 06	3 32	3 52	4 07	4 19	4 37	4 51	5 00	5 08	5 13	5 16	5 17	5 18
23	2 42	3 17	3 40	3 58	4 12	4 23	4 40	4 52	5 00	5 07	5 11	5 13	5 13	5 13
27	2 56	3 26	3 48	4 04	4 17	4 27	4 42	4 52	5 00	5 05	5 08	5 09	5 08	5 07
Mar. 3	3 09	3 36	3 55	4 10	4 21	4 30	4 44	4 53	4 59	5 03	5 05	5 05	5 03	5 01
7	3 21	3 45	4 02	4 15	4 25	4 34	4 46	4 54	4 59	5 02	5 02	5 00	4 58	4 55
11	3 32	3 53	4 09	4 20	4 30	4 37	4 47	4 54	4 58	5 00	4 59	4 56	4 53	4 49
15	3 43	4 02	4 15	4 25	4 33	4 40	4 49	4 54	4 57	4 58	4 56	4 51	4 47	4 42
19	3 53	4 09	4 21	4 30	4 37	4 43	4 50	4 54	4 56	4 55	4 52	4 46	4 41	4 35
23	4 02	4 17	4 27	4 35	4 41	4 45	4 51	4 54	4 55	4 53	4 49	4 41	4 35	4 28
27	4 11	4 24	4 33	4 39	4 44	4 48	4 52	4 54	4 53	4 50	4 45	4 36	4 29	4 21
31	4 20	4 31	4 38	4 44	4 48	4 50	4 54	4 54	4 52	4 48	4 41	4 30	4 23	4 14
Apr. 4	4 28	4 37	4 43	4 48	4 51	4 53	4 55	4 54	4 51	4 45	4 37	4 25	4 17	4 07

END OF EVENING ASTRONOMICAL TWILIGHT

Lat.	−55°	−50°	−45°	−40°	−35°	−30°	−20°	−10°	0°	+10°	+20°	+30°	+35°	+40°
	h m	h m	h m	h m	h m	h m	h m	h m	h m	h m	h m	h m	h m	h m
Jan. −2	// //	// //	22 21	21 34	21 03	20 40	20 06	19 41	19 21	19 04	18 49	18 35	18 27	18 20
2	// //	// //	22 19	21 34	21 03	20 41	20 07	19 42	19 22	19 06	18 51	18 37	18 30	18 23
6	// //	// //	22 15	21 32	21 03	20 41	20 08	19 43	19 24	19 08	18 53	18 40	18 33	18 26
10	// //	23 49	22 11	21 30	21 01	20 40	20 08	19 44	19 25	19 10	18 56	18 43	18 36	18 30
14	// //	23 21	22 05	21 27	20 59	20 39	20 08	19 45	19 27	19 11	18 58	18 46	18 40	18 34
18	// //	23 03	21 59	21 23	20 57	20 37	20 07	19 45	19 27	19 13	19 00	18 48	18 43	18 37
22	// //	22 48	21 52	21 18	20 54	20 35	20 06	19 45	19 28	19 14	19 02	18 51	18 46	18 41
26	// //	22 34	21 44	21 13	20 50	20 32	20 05	19 45	19 29	19 16	19 04	18 54	18 50	18 45
30	// //	22 20	21 36	21 07	20 46	20 29	20 03	19 44	19 29	19 17	19 06	18 57	18 53	18 49
Feb. 3	23 29	22 07	21 28	21 01	20 41	20 25	20 01	19 43	19 29	19 18	19 08	19 00	18 57	18 54
7	22 58	21 55	21 20	20 55	20 36	20 21	19 58	19 42	19 29	19 19	19 10	19 03	19 00	18 58
11	22 35	21 43	21 11	20 48	20 31	20 17	19 56	19 40	19 28	19 19	19 12	19 06	19 04	19 02
15	22 16	21 31	21 02	20 42	20 26	20 13	19 53	19 39	19 28	19 20	19 13	19 09	19 07	19 06
19	21 58	21 20	20 54	20 35	20 20	20 08	19 50	19 37	19 27	19 20	19 15	19 12	19 11	19 11
23	21 42	21 08	20 45	20 28	20 14	20 03	19 47	19 35	19 26	19 20	19 16	19 14	19 14	19 15
27	21 27	20 57	20 36	20 20	20 08	19 58	19 43	19 33	19 25	19 20	19 18	19 17	19 18	19 19
Mar. 3	21 13	20 46	20 27	20 13	20 02	19 53	19 40	19 31	19 24	19 21	19 19	19 20	19 21	19 24
7	20 59	20 36	20 19	20 06	19 56	19 48	19 36	19 28	19 23	19 21	19 20	19 22	19 25	19 28
11	20 46	20 25	20 10	19 59	19 50	19 43	19 33	19 26	19 22	19 21	19 21	19 25	19 28	19 32
15	20 33	20 15	20 02	19 52	19 44	19 38	19 29	19 24	19 21	19 21	19 23	19 28	19 32	19 37
19	20 21	20 05	19 53	19 45	19 38	19 32	19 25	19 21	19 20	19 21	19 24	19 30	19 35	19 41
23	20 09	19 55	19 45	19 38	19 32	19 27	19 22	19 19	19 19	19 21	19 25	19 33	19 39	19 46
27	19 58	19 46	19 37	19 31	19 26	19 22	19 18	19 17	19 17	19 21	19 26	19 36	19 42	19 51
31	19 47	19 37	19 29	19 24	19 20	19 18	19 15	19 14	19 16	19 21	19 28	19 39	19 46	19 56
Apr. 4	19 36	19 28	19 22	19 18	19 15	19 13	19 11	19 12	19 15	19 21	19 29	19 42	19 50	20 01

// // indicates continuous twilight.

UNIVERSAL TIME FOR MERIDIAN OF GREENWICH
BEGINNING OF MORNING ASTRONOMICAL TWILIGHT

Lat.	+40°	+42°	+44°	+46°	+48°	+50°	+52°	+54°	+56°	+58°	+60°	+62°	+64°	+66°
	h m	h m	h m	h m	h m	h m	h m	h m	h m	h m	h m	h m	h m	h m
Jan. −2	5 44	5 47	5 50	5 53	5 56	5 59	6 03	6 06	6 10	6 14	6 18	6 23	6 28	6 33
2	5 45	5 48	5 51	5 54	5 57	6 00	6 03	6 06	6 10	6 14	6 18	6 22	6 27	6 33
6	5 45	5 48	5 51	5 54	5 57	6 00	6 03	6 06	6 09	6 13	6 17	6 21	6 26	6 31
10	5 45	5 48	5 51	5 53	5 56	5 59	6 02	6 05	6 08	6 11	6 15	6 19	6 23	6 27
14	5 45	5 47	5 50	5 52	5 55	5 57	6 00	6 03	6 06	6 09	6 12	6 15	6 19	6 23
18	5 44	5 46	5 48	5 50	5 53	5 55	5 58	6 00	6 03	6 05	6 08	6 11	6 14	6 18
22	5 42	5 44	5 46	5 48	5 50	5 52	5 54	5 57	5 59	6 01	6 03	6 06	6 08	6 11
26	5 40	5 42	5 44	5 45	5 47	5 49	5 51	5 52	5 54	5 56	5 58	6 00	6 02	6 03
30	5 37	5 39	5 40	5 42	5 43	5 45	5 46	5 47	5 49	5 50	5 51	5 53	5 54	5 55
Feb. 3	5 34	5 36	5 37	5 38	5 39	5 40	5 41	5 42	5 43	5 44	5 44	5 45	5 45	5 45
7	5 31	5 32	5 33	5 33	5 34	5 35	5 35	5 36	5 36	5 36	5 36	5 36	5 36	5 35
11	5 27	5 28	5 28	5 28	5 29	5 29	5 29	5 29	5 29	5 28	5 28	5 27	5 25	5 24
15	5 23	5 23	5 23	5 23	5 23	5 23	5 22	5 22	5 21	5 20	5 18	5 17	5 14	5 12
19	5 18	5 18	5 17	5 17	5 17	5 16	5 15	5 14	5 12	5 11	5 08	5 06	5 03	4 59
23	5 13	5 12	5 11	5 11	5 10	5 09	5 07	5 05	5 03	5 01	4 58	4 54	4 50	4 45
27	5 07	5 06	5 05	5 04	5 03	5 01	4 59	4 56	4 54	4 50	4 47	4 42	4 37	4 30
Mar. 3	5 01	5 00	4 59	4 57	4 55	4 53	4 50	4 47	4 44	4 40	4 35	4 29	4 22	4 14
7	4 55	4 53	4 52	4 49	4 47	4 44	4 41	4 37	4 33	4 28	4 22	4 16	4 07	3 58
11	4 49	4 47	4 44	4 42	4 39	4 35	4 32	4 27	4 22	4 16	4 09	4 01	3 52	3 40
15	4 42	4 40	4 37	4 34	4 30	4 26	4 22	4 17	4 11	4 04	3 56	3 46	3 35	3 21
19	4 35	4 32	4 29	4 25	4 21	4 17	4 11	4 06	3 59	3 51	3 41	3 30	3 17	3 00
23	4 28	4 25	4 21	4 17	4 12	4 07	4 01	3 54	3 46	3 37	3 26	3 13	2 57	2 37
27	4 21	4 17	4 13	4 08	4 03	3 57	3 50	3 42	3 33	3 23	3 10	2 55	2 36	2 10
31	4 14	4 10	4 05	3 59	3 53	3 47	3 39	3 30	3 20	3 08	2 53	2 35	2 12	1 38
Apr. 4	4 07	4 02	3 56	3 50	3 44	3 36	3 27	3 17	3 06	2 52	2 35	2 13	1 43	0 49

END OF EVENING ASTRONOMICAL TWILIGHT

Lat.	+40°	+42°	+44°	+46°	+48°	+50°	+52°	+54°	+56°	+58°	+60°	+62°	+64°	+66°
	h m	h m	h m	h m	h m	h m	h m	h m	h m	h m	h m	h m	h m	h m
Jan. −2	18 20	18 17	18 14	18 11	18 08	18 05	18 02	17 58	17 54	17 50	17 46	17 41	17 36	17 31
2	18 23	18 20	18 17	18 15	18 11	18 08	18 05	18 02	17 58	17 54	17 50	17 46	17 41	17 36
6	18 26	18 24	18 21	18 18	18 15	18 12	18 09	18 06	18 02	17 59	17 55	17 51	17 46	17 41
10	18 30	18 27	18 25	18 22	18 19	18 16	18 14	18 10	18 07	18 04	18 00	17 57	17 53	17 48
14	18 34	18 31	18 29	18 26	18 24	18 21	18 18	18 16	18 13	18 10	18 07	18 03	18 00	17 56
18	18 37	18 35	18 33	18 31	18 28	18 26	18 24	18 21	18 19	18 16	18 13	18 10	18 07	18 04
22	18 41	18 39	18 37	18 35	18 33	18 31	18 29	18 27	18 25	18 23	18 20	18 18	18 16	18 13
26	18 45	18 44	18 42	18 40	18 38	18 37	18 35	18 33	18 32	18 30	18 28	18 26	18 24	18 23
30	18 49	18 48	18 47	18 45	18 44	18 42	18 41	18 40	18 39	18 37	18 36	18 35	18 34	18 33
Feb. 3	18 54	18 52	18 51	18 50	18 49	18 48	18 47	18 46	18 46	18 45	18 44	18 44	18 44	18 44
7	18 58	18 57	18 56	18 55	18 55	18 54	18 54	18 53	18 53	18 53	18 53	18 53	18 54	18 55
11	19 02	19 02	19 01	19 01	19 00	19 00	19 00	19 00	19 01	19 01	19 02	19 03	19 05	19 06
15	19 06	19 06	19 06	19 06	19 06	19 07	19 07	19 08	19 09	19 10	19 11	19 13	19 16	19 19
19	19 11	19 11	19 11	19 11	19 11	19 12	19 13	19 14	19 15	19 17	19 18	19 21	19 24	19 27	19 31
23	19 15	19 15	19 16	19 17	19 18	19 19	19 21	19 23	19 25	19 27	19 31	19 34	19 39	19 44
27	19 19	19 20	19 21	19 22	19 24	19 26	19 28	19 30	19 33	19 37	19 41	19 45	19 51	19 58
Mar. 3	19 24	19 25	19 26	19 28	19 30	19 32	19 35	19 38	19 42	19 46	19 51	19 57	20 04	20 12
7	19 28	19 30	19 32	19 34	19 36	19 39	19 42	19 46	19 51	19 56	20 02	20 09	20 17	20 27
11	19 32	19 34	19 37	19 40	19 43	19 46	19 50	19 55	20 00	20 06	20 13	20 21	20 31	20 44
15	19 37	19 39	19 42	19 45	19 49	19 53	19 58	20 03	20 09	20 16	20 25	20 34	20 46	21 01
19	19 41	19 44	19 48	19 51	19 56	20 00	20 06	20 12	20 19	20 27	20 37	20 48	21 02	21 20
23	19 46	19 49	19 53	19 58	20 02	20 08	20 14	20 21	20 29	20 39	20 50	21 03	21 20	21 41
27	19 51	19 55	19 59	20 04	20 09	20 16	20 23	20 31	20 40	20 51	21 04	21 19	21 39	22 07
31	19 56	20 00	20 05	20 10	20 17	20 24	20 31	20 40	20 51	21 03	21 19	21 37	22 02	22 39
Apr. 4	20 01	20 06	20 11	20 17	20 24	20 32	20 41	20 51	21 03	21 17	21 35	21 58	22 30	23 40

ASTRONOMICAL TWILIGHT, 2019

UNIVERSAL TIME FOR MERIDIAN OF GREENWICH
BEGINNING OF MORNING ASTRONOMICAL TWILIGHT

Lat.	−55°	−50°	−45°	−40°	−35°	−30°	−20°	−10°	0°	+10°	+20°	+30°	+35°	+40°
	h m	h m	h m	h m	h m	h m	h m	h m	h m	h m	h m	h m	h m	h m
Mar. 31	4 20	4 31	4 38	4 44	4 48	4 50	4 54	4 54	4 52	4 48	4 41	4 30	4 23	4 14
Apr. 4	4 28	4 37	4 43	4 48	4 51	4 53	4 55	4 54	4 51	4 45	4 37	4 25	4 17	4 07
8	4 36	4 43	4 48	4 52	4 54	4 55	4 56	4 54	4 49	4 43	4 34	4 20	4 11	3 59
12	4 44	4 50	4 53	4 56	4 57	4 57	4 56	4 53	4 48	4 41	4 30	4 15	4 04	3 52
16	4 51	4 55	4 58	4 59	5 00	5 00	4 57	4 53	4 47	4 38	4 26	4 09	3 58	3 44
20	4 58	5 01	5 03	5 03	5 03	5 02	4 58	4 53	4 46	4 36	4 23	4 04	3 52	3 37
24	5 05	5 07	5 07	5 07	5 05	5 04	4 59	4 53	4 44	4 33	4 19	3 59	3 46	3 30
28	5 12	5 12	5 11	5 10	5 08	5 06	5 00	4 53	4 43	4 31	4 16	3 54	3 40	3 23
May 2	5 18	5 17	5 16	5 14	5 11	5 08	5 01	4 53	4 42	4 29	4 13	3 50	3 35	3 16
6	5 25	5 22	5 20	5 17	5 14	5 10	5 02	4 53	4 41	4 28	4 10	3 45	3 29	3 09
10	5 30	5 27	5 24	5 20	5 16.	5 12	5 03	4 53	4 41	4 26	4 07	3 41	3 24	3 03
14	5 36	5 32	5 28	5 23	5 19	5 14	5 04	4 53	4 40	4 25	4 04	3 37	3 19	2 56
18	5 41	5 36	5 31	5 26	5 21	5 16	5 06	4 54	4 40	4 23	4 02	3 34	3 15	2 51
22	5 46	5 40	5 35	5 29	5 24	5 18	5 07	4 54	4 40	4 22	4 00	3 31	3 11	2 46
26	5 51	5 44	5 38	5 32	5 26	5 20	5 08	4 55	4 40	4 22	3 59	3 28	3 08	2 41
30	5 55	5 48	5 41	5 35	5 28	5 22	5 09	4 55	4 40	4 21	3 58	3 26	3 05	2 37
June 3	5 59	5 51	5 44	5 37	5 30	5 24	5 10	4 56	4 40	4 21	3 57	3 24	3 02	2 33
7	6 02	5 54	5 46	5 39	5 32	5 25	5 12	4 57	4 40	4 21	3 56	3 23	3 00	2 31
11	6 05	5 56	5 48	5 41	5 34	5 27	5 13	4 58	4 41	4 21	3 56	3 22	2 59	2 29
15	6 07	5 58	5 50	5 43	5 35	5 28	5 14	4 59	4 42	4 22	3 56	3 22	2 59	2 28
19	6 08	5 59	5 51	5 44	5 36	5 29	5 15	5 00	4 43	4 22	3 57	3 22	2 59	2 28
23	6 09	6 00	5 52	5 45	5 37	5 30	5 16	5 01	4 43	4 23	3 58	3 23	3 00	2 28
27	6 10	6 01	5 53	5 45	5 38	5 31	5 17	5 01	4 44	4 24	3 59	3 24	3 01	2 30
July 1	6 09	6 01	5 53	5 45	5 38	5 31	5 17	5 02	4 45	4 25	4 00	3 26	3 03	2 32
5	6 08	6 00	5 52	5 45	5 38	5 31	5 18	5 03	4 46	4 27	4 02	3 28	3 06	2 36

END OF EVENING ASTRONOMICAL TWILIGHT

Lat.	−55°	−50°	−45°	−40°	−35°	−30°	−20°	−10°	0°	+10°	+20°	+30°	+35°	+40°
	h m	h m	h m	h m	h m	h m	h m	h m	h m	h m	h m	h m	h m	h m
Mar. 31	19 47	19 37	19 29	19 24	19 20	19 18	19 15	19 14	19 16	19 21	19 28	19 39	19 46	19 56
Apr. 4	19 36	19 28	19 22	19 18	19 15	19 13	19 11	19 12	19 15	19 21	19 29	19 42	19 50	20 01
8	19 26	19 19	19 15	19 11	19 09	19 08	19 08	19 10	19 14	19 21	19 31	19 45	19 54	20 06
12	19 16	19 11	19 08	19 05	19 04	19 04	19 05	19 08	19 14	19 21	19 32	19 48	19 58	20 11
16	19 07	19 03	19 01	19 00	18 59	19 00	19 02	19 07	19 13	19 22	19 34	19 51	20 02	20 16
20	18 58	18 56	18 55	18 54	18 55	18 56	18 59	19 05	19 12	19 22	19 36	19 54	20 07	20 22
24	18 50	18 49	18 49	18 49	18 50	18 52	18 57	19 04	19 12	19 23	19 38	19 58	20 11	20 28
28	18 42	18 42	18 43	18 44	18 46	18 49	18 55	19 02	19 12	19 24	19 40	20 01	20 16	20 34
May 2	18 35	18 36	18 38	18 40	18 43	18 46	18 53	19 01	19 12	19 25	19 42	20 05	20 20	20 39
6	18 28	18 30	18 33	18 36	18 39	18 43	18 51	19 00	19 12	19 26	19 44	20 09	20 25	20 45
10	18 22	18 25	18 29	18 32	18 36	18 40	18 49	19 00	19 12	19 27	19 46	20 12	20 30	20 51
14	18 16	18 20	18 25	18 29	18 34	18 38	18 48	18 59	19 13	19 28	19 49	20 16	20 34	20 57
18	18 11	18 16	18 21	18 26	18 31	18 36	18 47	18 59	19 13	19 30	19 51	20 20	20 39	21 03
22	18 07	18 13	18 18	18 24	18 29	18 35	18 46	18 59	19 14	19 31	19 53	20 23	20 43	21 09
26	18 03	18 09	18 16	18 22	18 28	18 34	18 46	18 59	19 14	19 33	19 55	20 26	20 47	21 14
30	18 00	18 07	18 14	18 20	18 27	18 33	18 46	19 00	19 15	19 34	19 58	20 30	20 51	21 19
June 3	17 57	18 05	18 12	18 19	18 26	18 32	18 46	19 00	19 16	19 35	20 00	20 32	20 55	21 24
7	17 55	18 04	18 11	18 18	18 25	18 32	18 46	19 01	19 17	19 37	20 01	20 35	20 58	21 28
11	17 54	18 03	18 11	18 18	18 25	18 32	18 46	19 01	19 18	19 38	20 03	20 37	21 00	21 31
15	17 54	18 03	18 11	18 18	18 26	18 33	18 47	19 02	19 19	19 39	20 05	20 39	21 02	21 33
19	17 54	18 03	18 11	18 19	18 26	18 33	18 48	19 03	19 20	19 40	20 06	20 40	21 04	21 35
23	17 55	18 04	18 12	18 20	18 27	18 34	18 49	19 04	19 21	19 41	20 07	20 41	21 05	21 36
27	17 57	18 05	18 13	18 21	18 28	18 35	18 50	19 05	19 22	19 42	20 07	20 41	21 05	21 36
July 1	17 59	18 07	18 15	18 22	18 30	18 36	18 51	19 06	19 22	19 42	20 07	20 41	21 04	21 35
5	18 01	18 10	18 17	18 24	18 31	18 38	18 52	19 06	19 23	19 43	20 07	20 41	21 03	21 33

UNIVERSAL TIME FOR MERIDIAN OF GREENWICH
BEGINNING OF MORNING ASTRONOMICAL TWILIGHT

Lat.	+40°	+42°	+44°	+46°	+48°	+50°	+52°	+54°	+56°	+58°	+60°	+62°	+64°	+66°
	h m	h m	h m	h m	h m	h m	h m	h m	h m	h m	h m	h m	h m	h m
Mar. 31	4 14	4 10	4 05	3 59	3 53	3 47	3 39	3 30	3 20	3 08	2 53	2 35	2 12	1 38
Apr. 4	4 07	4 02	3 56	3 50	3 44	3 36	3 27	3 17	3 06	2 52	2 35	2 13	1 43	0 49
8	3 59	3 54	3 48	3 41	3 34	3 25	3 16	3 04	2 51	2 35	2 15	1 48	1 05	// //
12	3 52	3 46	3 39	3 32	3 24	3 14	3 03	2 51	2 36	2 17	1 52	1 16	// //	// //
16	3 44	3 38	3 31	3 23	3 13	3 03	2 51	2 36	2 19	1 57	1 25	0 14	// //	// //
20	3 37	3 30	3 22	3 13	3 03	2 51	2 38	2 21	2 01	1 33	0 47	// //	// //	// //
24	3 30	3 22	3 13	3 04	2 53	2 40	2 24	2 06	1 41	1 04	// //	// //	// //	// //
28	3 23	3 14	3 05	2 54	2 42	2 28	2 10	1 48	1 18	0 03	// //	// //	// //	// //
May 2	3 16	3 07	2 57	2 45	2 31	2 15	1 56	1 29	0 47	// //	// //	// //	// //	// //
6	3 09	2 59	2 48	2 36	2 21	2 03	1 40	1 07	// //	// //	// //	// //	// //	// //
10	3 03	2 52	2 40	2 26	2 10	1 50	1 23	0 36	// //	// //	// //	// //	// //	// //
14	2 56	2 45	2 33	2 18	1 59	1 36	1 03	// //	// //	// //	// //	// //	// //	// //
18	2 51	2 39	2 25	2 09	1 49	1 22	0 37	// //	// //	// //	// //	// //	// //	// //
22	2 46	2 33	2 18	2 01	1 38	1 07	// //	// //	// //	// //	// //	// //	// //	// //
26	2 41	2 27	2 12	1 53	1 28	0 50	// //	// //	// //	// //	// //	// //	// //	// //
30	2 37	2 23	2 06	1 46	1 18	0 27	// //	// //	// //	// //	// //	// //	// //	// //
June 3	2 33	2 19	2 01	1 39	1 08	// //	// //	// //	// //	// //	// //	// //	// //	// //
7	2 31	2 15	1 57	1 34	0 59	// //	// //	// //	// //	// //	// //	// //	// //	// //
11	2 29	2 13	1 54	1 29	0 51	// //	// //	// //	// //	// //	// //	// //	// //	// //
15	2 28	2 12	1 52	1 27	0 45	// //	// //	// //	// //	// //	// //	// //	// //	□
19	2 28	2 11	1 52	1 25	0 42	// //	// //	// //	// //	// //	// //	// //	// //	□
23	2 28	2 12	1 52	1 26	0 42	// //	// //	// //	// //	// //	// //	// //	// //	□
27	2 30	2 14	1 54	1 28	0 46	// //	// //	// //	// //	// //	// //	// //	// //	□
July 1	2 32	2 17	1 57	1 32	0 53	// //	// //	// //	// //	// //	// //	// //	// //	// //
5	2 36	2 20	2 02	1 38	1 02	// //	// //	// //	// //	// //	// //	// //	// //	// //

END OF EVENING ASTRONOMICAL TWILIGHT

Lat.	+40°	+42°	+44°	+46°	+48°	+50°	+52°	+54°	+56°	+58°	+60°	+62°	+64°	+66°
	h m	h m	h m	h m	h m	h m	h m	h m	h m	h m	h m	h m	h m	h m
Mar. 31	19 56	20 00	20 05	20 10	20 17	20 24	20 31	20 40	20 51	21 03	21 19	21 37	22 02	22 39
Apr. 4	20 01	20 06	20 11	20 17	20 24	20 32	20 41	20 51	21 03	21 17	21 35	21 58	22 30	23 40
8	20 06	20 11	20 17	20 24	20 32	20 40	20 50	21 02	21 16	21 32	21 53	22 22	23 12	// //
12	20 11	20 17	20 24	20 31	20 40	20 49	21 01	21 14	21 29	21 49	22 15	22 55	// //	// //
16	20 16	20 23	20 30	20 39	20 48	20 59	21 11	21 26	21 44	22 08	22 41	// //	// //	// //
20	20 22	20 29	20 37	20 46	20 57	21 09	21 23	21 39	22 01	22 30	23 25	// //	// //	// //
24	20 28	20 36	20 44	20 54	21 06	21 19	21 35	21 54	22 22	23 00	// //	// //	// //	// //
28	20 34	20 42	20 52	21 02	21 15	21 30	21 48	22 10	22 43	// //	// //	// //	// //	// //
May 2	20 39	20 49	20 59	21 11	21 25	21 41	22 02	22 29	23 17	// //	// //	// //	// //	// //
6	20 45	20 55	21 07	21 19	21 35	21 53	22 17	22 52	// //	// //	// //	// //	// //	// //
10	20 51	21 02	21 14	21 28	21 45	22 06	22 34	23 28	// //	// //	// //	// //	// //	// //
14	20 57	21 09	21 22	21 37	21 55	22 19	22 55	// //	// //	// //	// //	// //	// //	// //
18	21 03	21 15	21 29	21 46	22 06	22 34	23 24	// //	// //	// //	// //	// //	// //	// //
22	21 09	21 22	21 37	21 54	22 17	22 50	// //	// //	// //	// //	// //	// //	// //	// //
26	21 14	21 28	21 44	22 03	22 28	23 09	// //	// //	// //	// //	// //	// //	// //	// //
30	21 19	21 33	21 50	22 11	22 39	23 36	// //	// //	// //	// //	// //	// //	// //	// //
June 3	21 24	21 39	21 56	22 19	22 50	// //	// //	// //	// //	// //	// //	// //	// //	// //
7	21 28	21 43	22 02	22 25	23 00	// //	// //	// //	// //	// //	// //	// //	// //	// //
11	21 31	21 47	22 06	22 31	23 10	// //	// //	// //	// //	// //	// //	// //	// //	// //
15	21 33	21 50	22 09	22 35	23 17	// //	// //	// //	// //	// //	// //	// //	// //	□
19	21 35	21 51	22 11	22 37	23 21	// //	// //	// //	// //	// //	// //	// //	// //	□
23	21 36	21 52	22 12	22 38	23 22	// //	// //	// //	// //	// //	// //	// //	// //	□
27	21 36	21 52	22 12	22 37	23 18	// //	// //	// //	// //	// //	// //	// //	// //	□
July 1	21 35	21 51	22 10	22 34	23 13	// //	// //	// //	// //	// //	// //	// //	// //	// //
5	21 33	21 48	22 07	22 30	23 05	// //	// //	// //	// //	// //	// //	// //	// //	// //

□ indicates Sun continuously above horizon.
// // indicates continuous twilight.

ASTRONOMICAL TWILIGHT, 2019

UNIVERSAL TIME FOR MERIDIAN OF GREENWICH
BEGINNING OF MORNING ASTRONOMICAL TWILIGHT

Lat.	−55°	−50°	−45°	−40°	−35°	−30°	−20°	−10°	0°	+10°	+20°	+30°	+35°	+40°
	h m	h m	h m	h m	h m	h m	h m	h m	h m	h m	h m	h m	h m	h m
July 1	6 09	6 01	5 53	5 45	5 38	5 31	5 17	5 02	4 45	4 25	4 00	3 26	3 03	2 32
5	6 08	6 00	5 52	5 45	5 38	5 31	5 18	5 03	4 46	4 27	4 02	3 28	3 06	2 36
9	6 06	5 59	5 51	5 44	5 38	5 31	5 18	5 03	4 47	4 28	4 04	3 31	3 09	2 39
13	6 04	5 57	5 50	5 43	5 37	5 31	5 18	5 04	4 48	4 29	4 06	3 34	3 12	2 44
17	6 01	5 54	5 48	5 42	5 36	5 30	5 17	5 04	4 49	4 31	4 08	3 37	3 16	2 49
21	5 57	5 51	5 45	5 40	5 34	5 28	5 17	5 04	4 49	4 32	4 10	3 40	3 20	2 54
25	5 53	5 47	5 42	5 37	5 32	5 27	5 16	5 04	4 50	4 33	4 12	3 43	3 24	2 59
29	5 48	5 43	5 39	5 34	5 30	5 25	5 15	5 04	4 50	4 34	4 14	3 46	3 28	3 05
Aug. 2	5 42	5 38	5 35	5 31	5 27	5 23	5 14	5 03	4 51	4 35	4 16	3 50	3 33	3 11
6	5 36	5 33	5 30	5 27	5 24	5 20	5 12	5 02	4 51	4 36	4 18	3 53	3 37	3 16
10	5 29	5 27	5 25	5 23	5 20	5 17	5 10	5 01	4 51	4 37	4 20	3 57	3 41	3 22
14	5 21	5 21	5 20	5 19	5 16	5 14	5 08	5 00	4 50	4 38	4 22	4 00	3 46	3 28
18	5 13	5 14	5 14	5 14	5 12	5 11	5 05	4 59	4 50	4 39	4 24	4 03	3 50	3 33
22	5 05	5 07	5 08	5 08	5 08	5 07	5 03	4 57	4 49	4 39	4 26	4 07	3 54	3 39
26	4 56	5 00	5 02	5 03	5 03	5 03	5 00	4 55	4 49	4 40	4 27	4 10	3 58	3 44
30	4 47	4 52	4 55	4 57	4 58	4 58	4 57	4 53	4 48	4 40	4 29	4 13	4 02	3 49
Sept. 3	4 37	4 44	4 48	4 51	4 53	4 54	4 54	4 51	4 47	4 40	4 30	4 16	4 06	3 54
7	4 27	4 35	4 41	4 45	4 48	4 49	4 50	4 49	4 46	4 40	4 31	4 18	4 10	3 59
11	4 17	4 26	4 33	4 38	4 42	4 44	4 47	4 47	4 45	4 40	4 32	4 21	4 13	4 04
15	4 06	4 17	4 25	4 32	4 36	4 39	4 43	4 44	4 43	4 40	4 34	4 24	4 17	4 08
19	3 54	4 08	4 17	4 25	4 30	4 34	4 40	4 42	4 42	4 40	4 35	4 26	4 20	4 13
23	3 43	3 58	4 09	4 18	4 24	4 29	4 36	4 39	4 41	4 39	4 36	4 29	4 24	4 17
27	3 30	3 48	4 01	4 10	4 18	4 24	4 32	4 37	4 39	4 39	4 37	4 31	4 27	4 21
Oct. 1	3 18	3 38	3 52	4 03	4 12	4 18	4 28	4 34	4 38	4 39	4 38	4 34	4 30	4 26
5	3 05	3 27	3 44	3 56	4 05	4 13	4 24	4 32	4 36	4 39	4 39	4 36	4 33	4 30

END OF EVENING ASTRONOMICAL TWILIGHT

Lat.	−55°	−50°	−45°	−40°	−35°	−30°	−20°	−10°	0°	+10°	+20°	+30°	+35°	+40°
	h m	h m	h m	h m	h m	h m	h m	h m	h m	h m	h m	h m	h m	h m
July 1	17 59	18 07	18 15	18 22	18 30	18 36	18 51	19 06	19 22	19 42	20 07	20 41	21 04	21 35
5	18 01	18 10	18 17	18 24	18 31	18 38	18 52	19 06	19 23	19 43	20 07	20 41	21 03	21 33
9	18 04	18 12	18 19	18 26	18 33	18 39	18 53	19 07	19 23	19 42	20 07	20 39	21 01	21 30
13	18 08	18 15	18 22	18 29	18 35	18 41	18 54	19 08	19 24	19 42	20 06	20 38	20 59	21 27
17	18 12	18 19	18 25	18 31	18 37	18 43	18 55	19 08	19 24	19 42	20 04	20 35	20 56	21 23
21	18 16	18 22	18 28	18 34	18 39	18 45	18 56	19 09	19 23	19 41	20 03	20 33	20 52	21 18
25	18 21	18 26	18 31	18 36	18 41	18 46	18 57	19 09	19 23	19 40	20 01	20 29	20 48	21 13
29	18 26	18 30	18 35	18 39	18 44	18 48	18 58	19 09	19 23	19 39	19 59	20 26	20 44	21 07
Aug. 2	18 32	18 35	18 38	18 42	18 46	18 50	18 59	19 10	19 22	19 37	19 56	20 22	20 39	21 01
6	18 37	18 39	18 42	18 45	18 48	18 52	19 00	19 10	19 21	19 35	19 53	20 18	20 34	20 54
10	18 43	18 44	18 46	18 48	18 51	18 54	19 01	19 10	19 20	19 33	19 50	20 13	20 29	20 48
14	18 49	18 49	18 50	18 51	18 53	18 56	19 02	19 09	19 19	19 31	19 47	20 09	20 23	20 41
18	18 55	18 54	18 54	18 55	18 56	18 58	19 03	19 09	19 18	19 29	19 44	20 04	20 17	20 33
22	19 02	18 59	18 58	18 58	18 59	19 00	19 03	19 09	19 16	19 26	19 40	19 59	20 11	20 26
26	19 09	19 05	19 03	19 01	19 01	19 02	19 04	19 08	19 15	19 24	19 36	19 53	20 05	20 19
30	19 16	19 10	19 07	19 05	19 04	19 03	19 05	19 08	19 14	19 21	19 32	19 48	19 58	20 11
Sept. 3	19 23	19 16	19 12	19 09	19 07	19 05	19 05	19 08	19 12	19 19	19 28	19 43	19 52	20 04
7	19 31	19 22	19 16	19 12	19 09	19 07	19 06	19 07	19 10	19 16	19 25	19 37	19 46	19 56
11	19 38	19 28	19 21	19 16	19 12	19 10	19 07	19 07	19 09	19 13	19 21	19 32	19 39	19 49
15	19 47	19 35	19 26	19 20	19 15	19 12	19 08	19 06	19 07	19 11	19 17	19 26	19 33	19 41
19	19 55	19 41	19 31	19 24	19 18	19 14	19 08	19 06	19 06	19 08	19 13	19 21	19 27	19 34
23	20 04	19 48	19 37	19 28	19 22	19 16	19 09	19 06	19 04	19 05	19 09	19 15	19 20	19 27
27	20 14	19 56	19 43	19 33	19 25	19 19	19 10	19 05	19 03	19 03	19 05	19 10	19 14	19 20
Oct. 1	20 24	20 03	19 48	19 37	19 29	19 22	19 12	19 05	19 02	19 00	19 02	19 05	19 09	19 13
5	20 34	20 11	19 55	19 42	19 32	19 24	19 13	19 05	19 01	18 58	18 58	19 00	19 03	19 06

UNIVERSAL TIME FOR MERIDIAN OF GREENWICH
BEGINNING OF MORNING ASTRONOMICAL TWILIGHT

Lat.	+40°	+42°	+44°	+46°	+48°	+50°	+52°	+54°	+56°	+58°	+60°	+62°	+64°	+66°
	h m	h m	h m	h m	h m	h m	h m	h m	h m	h m	h m	h m	h m	h m
July 1	2 32	2 17	1 57	1 32	0 53	// //	// //	// //	// //	// //	// //	// //	// //	// //
5	2 36	2 20	2 02	1 38	1 02	// //	// //	// //	// //	// //	// //	// //	// //	// //
9	2 39	2 24	2 07	1 44	1 12	// //	// //	// //	// //	// //	// //	// //	// //	// //
13	2 44	2 29	2 13	1 52	1 23	0 23	// //	// //	// //	// //	// //	// //	// //	// //
17	2 49	2 35	2 19	1 59	1 34	0 52	// //	// //	// //	// //	// //	// //	// //	// //
21	2 54	2 41	2 26	2 08	1 45	1 11	// //	// //	// //	// //	// //	// //	// //	// //
25	2 59	2 47	2 33	2 16	1 55	1 27	0 34	// //	// //	// //	// //	// //	// //	// //
29	3 05	2 53	2 40	2 25	2 06	1 42	1 05	// //	// //	// //	// //	// //	// //	// //
Aug. 2	3 11	3 00	2 48	2 33	2 16	1 55	1 26	0 25	// //	// //	// //	// //	// //	// //
6	3 16	3 06	2 55	2 42	2 27	2 08	1 43	1 07	// //	// //	// //	// //	// //	// //
10	3 22	3 13	3 02	2 50	2 36	2 20	1 59	1 30	0 37	// //	// //	// //	// //	// //
14	3 28	3 19	3 09	2 58	2 46	2 31	2 12	1 49	1 15	// //	// //	// //	// //	// //
18	3 33	3 25	3 16	3 06	2 55	2 41	2 25	2 05	1 38	0 55	// //	// //	// //	// //
22	3 39	3 31	3 23	3 14	3 03	2 51	2 37	2 20	1 58	1 27	0 17	// //	// //	// //
26	3 44	3 37	3 30	3 21	3 12	3 01	2 48	2 33	2 14	1 50	1 13	// //	// //	// //
30	3 49	3 43	3 36	3 28	3 20	3 10	2 59	2 45	2 29	2 09	1 41	0 57	// //	// //
Sept. 3	3 54	3 49	3 42	3 35	3 28	3 19	3 08	2 57	2 42	2 25	2 03	1 33	0 33	// //
7	3 59	3 54	3 48	3 42	3 35	3 27	3 18	3 07	2 55	2 40	2 22	1 58	1 23	// //
11	4 04	3 59	3 54	3 48	3 42	3 35	3 27	3 17	3 07	2 54	2 38	2 18	1 52	1 11
15	4 08	4 04	4 00	3 55	3 49	3 43	3 35	3 27	3 18	3 06	2 53	2 36	2 15	1 46
19	4 13	4 09	4 05	4 01	3 56	3 50	3 44	3 36	3 28	3 18	3 06	2 52	2 35	2 12
23	4 17	4 14	4 11	4 07	4 02	3 57	3 52	3 45	3 38	3 29	3 19	3 07	2 52	2 34
27	4 21	4 19	4 16	4 12	4 09	4 04	3 59	3 54	3 47	3 40	3 31	3 21	3 08	2 53
Oct. 1	4 26	4 23	4 21	4 18	4 15	4 11	4 07	4 02	3 57	3 50	3 43	3 34	3 23	3 10
5	4 30	4 28	4 26	4 23	4 21	4 18	4 14	4 10	4 05	4 00	3 54	3 46	3 37	3 26

END OF EVENING ASTRONOMICAL TWILIGHT

Lat.	+40°	+42°	+44°	+46°	+48°	+50°	+52°	+54°	+56°	+58°	+60°	+62°	+64°	+66°
	h m	h m	h m	h m	h m	h m	h m	h m	h m	h m	h m	h m	h m	h m
July 1	21 35	21 51	22 10	22 34	23 13	// //	// //	// //	// //	// //	// //	// //	// //	// //
5	21 33	21 48	22 07	22 30	23 05	// //	// //	// //	// //	// //	// //	// //	// //	// //
9	21 30	21 45	22 03	22 25	22 56	// //	// //	// //	// //	// //	// //	// //	// //	// //
13	21 27	21 41	21 58	22 18	22 46	23 39	// //	// //	// //	// //	// //	// //	// //	// //
17	21 23	21 36	21 52	22 11	22 36	23 15	// //	// //	// //	// //	// //	// //	// //	// //
21	21 18	21 31	21 46	22 03	22 26	22 58	// //	// //	// //	// //	// //	// //	// //	// //
25	21 13	21 25	21 39	21 55	22 15	22 42	23 30	// //	// //	// //	// //	// //	// //	// //
29	21 07	21 18	21 31	21 46	22 05	22 28	23 03	// //	// //	// //	// //	// //	// //	// //
Aug. 2	21 01	21 12	21 24	21 37	21 54	22 15	22 42	23 33	// //	// //	// //	// //	// //	// //
6	20 54	21 04	21 15	21 28	21 43	22 02	22 25	22 59	// //	// //	// //	// //	// //	// //
10	20 48	20 57	21 07	21 19	21 33	21 49	22 09	22 36	23 22	// //	// //	// //	// //	// //
14	20 41	20 49	20 59	21 09	21 22	21 37	21 54	22 17	22 49	// //	// //	// //	// //	// //
18	20 33	20 41	20 50	21 00	21 11	21 24	21 40	21 59	22 25	23 04	// //	// //	// //	// //
22	20 26	20 33	20 41	20 50	21 01	21 13	21 27	21 43	22 04	22 33	23 26	// //	// //	// //
26	20 19	20 25	20 33	20 41	20 50	21 01	21 13	21 28	21 46	22 10	22 43	// //	// //	// //
30	20 11	20 17	20 24	20 32	20 40	20 50	21 01	21 14	21 29	21 49	22 15	22 54	// //	// //
Sept. 3	20 04	20 09	20 15	20 22	20 30	20 38	20 48	21 00	21 14	21 30	21 51	22 20	23 09	// //
7	19 56	20 01	20 07	20 13	20 20	20 28	20 36	20 47	20 59	21 13	21 31	21 54	22 26	23 36
11	19 49	19 53	19 58	20 04	20 10	20 17	20 25	20 34	20 45	20 57	21 12	21 31	21 56	22 33
15	19 41	19 45	19 50	19 55	20 00	20 06	20 13	20 22	20 31	20 42	20 55	21 11	21 31	21 59
19	19 34	19 37	19 41	19 46	19 51	19 56	20 02	20 10	20 18	20 27	20 39	20 52	21 09	21 31
23	19 27	19 30	19 33	19 37	19 41	19 46	19 52	19 58	20 05	20 13	20 23	20 35	20 49	21 07
27	19 20	19 22	19 25	19 29	19 32	19 37	19 41	19 47	19 53	20 00	20 09	20 19	20 31	20 46
Oct. 1	19 13	19 15	19 18	19 20	19 24	19 27	19 31	19 36	19 41	19 47	19 55	20 03	20 14	20 26
5	19 06	19 08	19 10	19 12	19 15	19 18	19 22	19 25	19 30	19 35	19 41	19 49	19 57	20 08

// // indicates continuous twilight.

ASTRONOMICAL TWILIGHT, 2019

UNIVERSAL TIME FOR MERIDIAN OF GREENWICH
BEGINNING OF MORNING ASTRONOMICAL TWILIGHT

Lat.	−55°	−50°	−45°	−40°	−35°	−30°	−20°	−10°	0°	+10°	+20°	+30°	+35°	+40°
	h m	h m	h m	h m	h m	h m	h m	h m	h m	h m	h m	h m	h m	h m
Oct. 1	3 18	3 38	3 52	4 03	4 12	4 18	4 28	4 34	4 38	4 39	4 38	4 34	4 30	4 26
5	3 05	3 27	3 44	3 56	4 05	4 13	4 24	4 32	4 36	4 39	4 39	4 36	4 33	4 30
9	2 51	3 17	3 35	3 49	3 59	4 08	4 21	4 29	4 35	4 38	4 40	4 38	4 37	4 34
13	2 37	3 06	3 26	3 41	3 53	4 03	4 17	4 27	4 34	4 38	4 41	4 41	4 40	4 38
17	2 23	2 55	3 17	3 34	3 47	3 57	4 13	4 24	4 32	4 38	4 42	4 43	4 43	4 42
21	2 07	2 43	3 08	3 27	3 41	3 52	4 10	4 22	4 31	4 38	4 43	4 46	4 46	4 46
25	1 50	2 32	2 59	3 19	3 35	3 48	4 06	4 20	4 30	4 38	4 44	4 48	4 49	4 50
29	1 32	2 20	2 51	3 12	3 29	3 43	4 03	4 18	4 30	4 39	4 45	4 51	4 53	4 54
Nov. 2	1 11	2 08	2 42	3 06	3 24	3 38	4 00	4 17	4 29	4 39	4 47	4 53	4 56	4 58
6	0 44	1 56	2 33	2 59	3 19	3 34	3 58	4 15	4 29	4 39	4 48	4 56	4 59	5 02
10	// //	1 43	2 25	2 53	3 14	3 30	3 55	4 14	4 28	4 40	4 50	4 59	5 02	5 06
14	// //	1 30	2 17	2 47	3 09	3 27	3 53	4 13	4 28	4 41	4 52	5 01	5 06	5 10
18	// //	1 16	2 09	2 41	3 05	3 24	3 52	4 12	4 29	4 42	4 54	5 04	5 09	5 14
22	// //	1 02	2 02	2 37	3 02	3 21	3 50	4 12	4 29	4 43	4 56	5 07	5 12	5 18
26	// //	0 45	1 55	2 32	2 59	3 19	3 50	4 12	4 30	4 45	4 58	5 10	5 16	5 21
30	// //	0 24	1 49	2 29	2 56	3 17	3 49	4 12	4 31	4 46	5 00	5 13	5 19	5 25
Dec. 4	// //	// //	1 44	2 26	2 54	3 16	3 49	4 13	4 32	4 48	5 02	5 15	5 22	5 29
8	// //	// //	1 39	2 24	2 53	3 16	3 49	4 14	4 33	4 50	5 04	5 18	5 25	5 32
12	// //	// //	1 37	2 23	2 53	3 16	3 50	4 15	4 35	4 52	5 07	5 21	5 28	5 35
16	// //	// //	1 35	2 23	2 54	3 17	3 51	4 17	4 37	4 54	5 09	5 23	5 30	5 37
20	// //	// //	1 36	2 24	2 55	3 18	3 53	4 18	4 39	4 56	5 11	5 25	5 33	5 40
24	// //	// //	1 37	2 25	2 57	3 20	3 55	4 20	4 41	4 58	5 13	5 27	5 35	5 42
28	// //	// //	1 41	2 28	3 00	3 23	3 57	4 23	4 43	5 00	5 15	5 29	5 36	5 43
32	// //	// //	1 46	2 32	3 03	3 26	4 00	4 25	4 45	5 01	5 16	5 30	5 37	5 45
36	// //	// //	1 53	2 37	3 07	3 29	4 03	4 27	4 47	5 03	5 18	5 32	5 38	5 45

END OF EVENING ASTRONOMICAL TWILIGHT

Lat.	−55°	−50°	−45°	−40°	−35°	−30°	−20°	−10°	0°	+10°	+20°	+30°	+35°	+40°
	h m	h m	h m	h m	h m	h m	h m	h m	h m	h m	h m	h m	h m	h m
Oct. 1	20 24	20 03	19 48	19 37	19 29	19 22	19 12	19 05	19 02	19 00	19 02	19 05	19 09	19 13
5	20 34	20 11	19 55	19 42	19 32	19 24	19 13	19 05	19 01	18 58	18 58	19 00	19 03	19 06
9	20 46	20 20	20 01	19 47	19 36	19 27	19 14	19 06	19 00	18 56	18 55	18 56	18 57	19 00
13	20 58	20 29	20 08	19 52	19 40	19 31	19 16	19 06	18 59	18 54	18 52	18 51	18 52	18 54
17	21 11	20 38	20 15	19 58	19 45	19 34	19 18	19 07	18 58	18 53	18 49	18 47	18 47	18 48
21	21 26	20 48	20 23	20 04	19 49	19 38	19 20	19 07	18 58	18 51	18 46	18 43	18 43	18 43
25	21 42	20 58	20 30	20 10	19 54	19 41	19 22	19 08	18 58	18 50	18 44	18 40	18 38	18 38
29	22 00	21 10	20 38	20 16	19 59	19 45	19 25	19 09	18 58	18 49	18 42	18 36	18 34	18 33
Nov. 2	22 22	21 21	20 47	20 23	20 04	19 49	19 27	19 11	18 58	18 48	18 40	18 34	18 31	18 29
6	22 50	21 34	20 56	20 29	20 09	19 54	19 30	19 12	18 59	18 48	18 39	18 31	18 28	18 25
10	// //	21 47	21 05	20 36	20 15	19 58	19 33	19 14	18 59	18 47	18 37	18 29	18 25	18 21
14	// //	22 02	21 14	20 43	20 20	20 03	19 36	19 16	19 00	18 48	18 37	18 27	18 23	18 18
18	// //	22 17	21 23	20 50	20 26	20 07	19 39	19 18	19 02	18 48	18 36	18 26	18 21	18 16
22	// //	22 34	21 32	20 57	20 31	20 11	19 42	19 20	19 03	18 49	18 36	18 25	18 19	18 14
26	// //	22 54	21 41	21 03	20 36	20 16	19 45	19 23	19 05	18 50	18 36	18 24	18 18	18 13
30	// //	23 20	21 50	21 09	20 41	20 20	19 48	19 25	19 06	18 51	18 37	18 24	18 18	18 12
Dec. 4	// //	// //	21 58	21 15	20 46	20 24	19 51	19 27	19 08	18 52	18 38	18 24	18 18	18 11
8	// //	// //	22 05	21 20	20 50	20 28	19 54	19 30	19 10	18 54	18 39	18 25	18 18	18 12
12	// //	// //	22 11	21 25	20 54	20 31	19 57	19 32	19 12	18 55	18 40	18 26	18 19	18 12
16	// //	// //	22 16	21 29	20 57	20 34	20 00	19 34	19 14	18 57	18 42	18 28	18 21	18 13
20	// //	// //	22 19	21 31	21 00	20 36	20 02	19 36	19 16	18 59	18 44	18 29	18 22	18 15
24	// //	// //	22 21	21 33	21 02	20 38	20 04	19 38	19 18	19 01	18 46	18 31	18 24	18 17
28	// //	// //	22 21	21 34	21 03	20 40	20 05	19 40	19 20	19 03	18 48	18 34	18 27	18 19
32	// //	// //	22 20	21 34	21 03	20 40	20 07	19 42	19 22	19 05	18 50	18 36	18 29	18 22
36	// //	// //	22 17	21 33	21 03	20 41	20 07	19 43	19 24	19 07	18 53	18 39	18 32	18 25

// // indicates continuous twilight.

UNIVERSAL TIME FOR MERIDIAN OF GREENWICH
BEGINNING OF MORNING ASTRONOMICAL TWILIGHT

Lat.	+40°	+42°	+44°	+46°	+48°	+50°	+52°	+54°	+56°	+58°	+60°	+62°	+64°	+66°
	h m	h m	h m	h m	h m	h m	h m	h m	h m	h m	h m	h m	h m	h m
Oct. 1	4 26	4 23	4 21	4 18	4 15	4 11	4 07	4 02	3 57	3 50	3 43	3 34	3 23	3 10
5	4 30	4 28	4 26	4 23	4 21	4 18	4 14	4 10	4 05	4 00	3 54	3 46	3 37	3 26
9	4 34	4 32	4 31	4 29	4 27	4 24	4 21	4 18	4 14	4 09	4 04	3 58	3 50	3 41
13	4 38	4 37	4 36	4 34	4 32	4 30	4 28	4 25	4 22	4 19	4 14	4 09	4 03	3 55
17	4 42	4 41	4 40	4 39	4 38	4 37	4 35	4 33	4 30	4 28	4 24	4 20	4 15	4 09
21	4 46	4 46	4 45	4 45	4 44	4 43	4 42	4 40	4 38	4 36	4 34	4 30	4 27	4 22
25	4 50	4 50	4 50	4 50	4 49	4 49	4 48	4 47	4 46	4 45	4 43	4 41	4 38	4 34
29	4 54	4 54	4 55	4 55	4 55	4 55	4 55	4 55	4 54	4 53	4 52	4 50	4 49	4 46
Nov. 2	4 58	4 59	4 59	5 00	5 00	5 01	5 01	5 01	5 01	5 01	5 01	5 00	4 59	4 58
6	5 02	5 03	5 04	5 05	5 06	5 07	5 07	5 08	5 08	5 09	5 09	5 09	5 09	5 09
10	5 06	5 07	5 09	5 10	5 11	5 12	5 13	5 14	5 16	5 16	5 17	5 18	5 19	5 20
14	5 10	5 12	5 13	5 15	5 16	5 18	5 19	5 21	5 22	5 24	5 25	5 27	5 28	5 30
18	5 14	5 16	5 18	5 19	5 21	5 23	5 25	5 27	5 29	5 31	5 33	5 35	5 37	5 39
22	5 18	5 20	5 22	5 24	5 26	5 28	5 31	5 33	5 35	5 38	5 40	5 43	5 46	5 49
26	5 21	5 24	5 26	5 28	5 31	5 33	5 36	5 38	5 41	5 44	5 47	5 50	5 53	5 57
30	5 25	5 28	5 30	5 33	5 35	5 38	5 41	5 44	5 47	5 50	5 53	5 57	6 01	6 05
Dec. 4	5 29	5 31	5 34	5 37	5 39	5 42	5 45	5 49	5 52	5 55	5 59	6 03	6 07	6 12
8	5 32	5 35	5 37	5 40	5 43	5 46	5 50	5 53	5 56	6 00	6 04	6 08	6 13	6 18
12	5 35	5 38	5 41	5 44	5 47	5 50	5 53	5 57	6 00	6 04	6 08	6 13	6 18	6 23
16	5 37	5 40	5 43	5 47	5 50	5 53	5 56	6 00	6 04	6 08	6 12	6 17	6 22	6 28
20	5 40	5 43	5 46	5 49	5 52	5 56	5 59	6 03	6 06	6 11	6 15	6 20	6 25	6 31
24	5 42	5 45	5 48	5 51	5 54	5 58	6 01	6 05	6 08	6 13	6 17	6 22	6 27	6 33
28	5 43	5 46	5 49	5 52	5 56	5 59	6 02	6 06	6 10	6 14	6 18	6 23	6 28	6 33
32	5 45	5 47	5 50	5 53	5 56	6 00	6 03	6 06	6 10	6 14	6 18	6 23	6 28	6 33
36	5 45	5 48	5 51	5 54	5 57	6 00	6 03	6 06	6 10	6 13	6 17	6 22	6 26	6 31

END OF EVENING ASTRONOMICAL TWILIGHT

Lat.	+40°	+42°	+44°	+46°	+48°	+50°	+52°	+54°	+56°	+58°	+60°	+62°	+64°	+66°
	h m	h m	h m	h m	h m	h m	h m	h m	h m	h m	h m	h m	h m	h m
Oct. 1	19 13	19 15	19 18	19 20	19 24	19 27	19 31	19 36	19 41	19 47	19 55	20 03	20 14	20 26
5	19 06	19 08	19 10	19 12	19 15	19 18	19 22	19 25	19 30	19 35	19 41	19 49	19 57	20 08
9	19 00	19 01	19 03	19 05	19 07	19 09	19 12	19 15	19 19	19 24	19 29	19 35	19 42	19 51
13	18 54	18 55	18 56	18 57	18 59	19 01	19 03	19 06	19 09	19 12	19 17	19 22	19 28	19 35
17	18 48	18 49	18 50	18 50	18 52	18 53	18 55	18 57	18 59	19 02	19 05	19 09	19 14	19 20
21	18 43	18 43	18 43	18 44	18 45	18 45	18 47	18 48	18 50	18 52	18 54	18 57	19 01	19 05
25	18 38	18 37	18 37	18 38	18 38	18 38	18 39	18 40	18 41	18 42	18 44	18 46	18 49	18 52
29	18 33	18 32	18 32	18 32	18 32	18 32	18 32	18 32	18 33	18 33	18 34	18 36	18 37	18 39
Nov. 2	18 29	18 28	18 27	18 26	18 26	18 25	18 25	18 25	18 25	18 25	18 25	18 26	18 27	18 28
6	18 25	18 24	18 23	18 22	18 21	18 20	18 19	18 18	18 18	18 17	18 17	18 17	18 17	18 17
10	18 21	18 20	18 19	18 17	18 16	18 15	18 14	18 12	18 11	18 10	18 09	18 08	18 08	18 07
14	18 18	18 17	18 15	18 13	18 12	18 10	18 09	18 07	18 06	18 04	18 02	18 01	17 59	17 58
18	18 16	18 14	18 12	18 10	18 08	18 06	18 04	18 02	18 00	17 58	17 56	17 54	17 52	17 50
22	18 14	18 12	18 10	18 08	18 05	18 03	18 01	17 59	17 56	17 54	17 51	17 48	17 46	17 42
26	18 13	18 10	18 08	18 05	18 03	18 01	17 58	17 55	17 53	17 50	17 47	17 44	17 40	17 36
30	18 12	18 09	18 07	18 04	18 01	17 59	17 56	17 53	17 50	17 47	17 43	17 40	17 36	17 31
Dec. 4	18 11	18 09	18 06	18 03	18 00	17 57	17 54	17 51	17 48	17 44	17 41	17 37	17 32	17 28
8	18 12	18 09	18 06	18 03	18 00	17 57	17 54	17 50	17 47	17 43	17 39	17 35	17 30	17 25
12	18 12	18 09	18 06	18 03	18 00	17 57	17 54	17 50	17 46	17 43	17 38	17 34	17 29	17 23
16	18 13	18 10	18 07	18 04	18 01	17 58	17 54	17 51	17 47	17 43	17 39	17 34	17 29	17 23
20	18 15	18 12	18 09	18 06	18 03	17 59	17 56	17 52	17 48	17 44	17 40	17 35	17 30	17 24
24	18 17	18 14	18 11	18 08	18 05	18 01	17 58	17 54	17 50	17 46	17 42	17 37	17 32	17 26
28	18 19	18 17	18 14	18 10	18 07	18 04	18 01	17 57	17 53	17 49	17 45	17 40	17 35	17 30
32	18 22	18 19	18 16	18 13	18 10	18 07	18 04	18 00	17 57	17 53	17 49	17 44	17 39	17 34
36	18 25	18 23	18 20	18 17	18 14	18 11	18 08	18 04	18 01	17 57	17 53	17 49	17 45	17 39

MOONRISE AND MOONSET, 2019
UNIVERSAL TIME FOR MERIDIAN OF GREENWICH
MOONRISE

Lat.	−55°	−50°	−45°	−40°	−35°	−30°	−20°	−10°	0°	+10°	+20°	+30°	+35°	+40°
	h m	h m	h m	h m	h m	h m	h m	h m	h m	h m	h m	h m	h m	h m
Jan. 0	0 44	0 50	0 55	0 59	1 03	1 06	1 12	1 17	1 22	1 27	1 32	1 38	1 41	1 45
1	1 04	1 15	1 23	1 31	1 37	1 43	1 52	2 01	2 09	2 17	2 26	2 36	2 42	2 49
2	1 26	1 41	1 54	2 04	2 13	2 21	2 34	2 46	2 57	3 08	3 20	3 34	3 42	3 51
3	1 53	2 12	2 28	2 41	2 51	3 01	3 18	3 32	3 46	3 59	4 14	4 31	4 41	4 52
4	2 25	2 48	3 06	3 21	3 34	3 45	4 03	4 20	4 35	4 51	5 07	5 26	5 38	5 51
5	3 05	3 31	3 50	4 06	4 20	4 31	4 51	5 09	5 25	5 42	5 59	6 19	6 31	6 45
6	3 54	4 20	4 39	4 55	5 09	5 21	5 41	5 59	6 15	6 31	6 49	7 09	7 21	7 35
7	4 50	5 14	5 33	5 48	6 01	6 12	6 32	6 48	7 04	7 19	7 36	7 55	8 06	8 19
8	5 53	6 14	6 30	6 44	6 55	7 05	7 22	7 37	7 51	8 05	8 20	8 37	8 47	8 58
9	6 58	7 15	7 29	7 40	7 50	7 58	8 13	8 25	8 37	8 48	9 01	9 15	9 23	9 33
10	8 06	8 19	8 29	8 37	8 45	8 51	9 02	9 12	9 21	9 30	9 39	9 50	9 57	10 04
11	9 14	9 22	9 29	9 35	9 40	9 44	9 51	9 58	10 04	10 10	10 16	10 23	10 28	10 32
12	10 23	10 27	10 30	10 32	10 35	10 37	10 40	10 43	10 46	10 49	10 52	10 55	10 57	10 59
13	11 33	11 32	11 32	11 31	11 31	11 30	11 30	11 29	11 29	11 28	11 28	11 27	11 27	11 26
14	12 45	12 39	12 35	12 31	12 28	12 25	12 20	12 16	12 12	12 09	12 04	12 00	11 57	11 54
15	13 59	13 49	13 41	13 34	13 28	13 22	13 14	13 06	12 58	12 51	12 43	12 35	12 30	12 24
16	15 17	15 01	14 49	14 39	14 30	14 22	14 09	13 58	13 48	13 37	13 26	13 13	13 06	12 58
17	16 36	16 15	15 59	15 46	15 35	15 25	15 09	14 54	14 41	14 28	14 13	13 57	13 48	13 37
18	17 53	17 29	17 10	16 54	16 41	16 30	16 11	15 54	15 38	15 23	15 06	14 48	14 37	14 24
19	19 04	18 37	18 17	18 01	17 47	17 35	17 14	16 56	16 40	16 23	16 05	15 45	15 33	15 20
20	20 02	19 37	19 18	19 02	18 48	18 37	18 17	17 59	17 43	17 27	17 09	16 49	16 38	16 24
21	20 48	20 27	20 10	19 56	19 44	19 34	19 16	19 01	18 46	18 31	18 16	17 58	17 48	17 36
22	21 23	21 06	20 53	20 42	20 33	20 25	20 11	19 58	19 47	19 35	19 23	19 08	19 00	18 50
23	21 50	21 39	21 30	21 23	21 16	21 11	21 01	20 52	20 44	20 36	20 27	20 17	20 12	20 05
24	22 12	22 06	22 02	21 58	21 55	21 52	21 47	21 42	21 38	21 34	21 29	21 24	21 21	21 18

MOONSET

Lat.	−55°	−50°	−45°	−40°	−35°	−30°	−20°	−10°	0°	+10°	+20°	+30°	+35°	+40°
	h m	h m	h m	h m	h m	h m	h m	h m	h m	h m	h m	h m	h m	h m
Jan. 0	14 38	14 29	14 22	14 16	14 10	14 06	13 58	13 51	13 44	13 38	13 31	13 23	13 19	13 14
1	15 53	15 39	15 28	15 19	15 11	15 04	14 52	14 42	14 32	14 22	14 12	14 00	13 53	13 46
2	17 06	16 47	16 33	16 21	16 11	16 02	15 46	15 33	15 20	15 08	14 55	14 39	14 31	14 21
3	18 15	17 52	17 35	17 21	17 08	16 58	16 40	16 24	16 09	15 55	15 39	15 21	15 11	14 59
4	19 17	18 52	18 33	18 17	18 04	17 52	17 33	17 15	16 59	16 43	16 26	16 06	15 55	15 42
5	20 11	19 45	19 25	19 09	18 56	18 44	18 23	18 06	17 49	17 33	17 15	16 55	16 43	16 29
6	20 55	20 31	20 12	19 56	19 43	19 32	19 12	18 55	18 39	18 23	18 05	17 45	17 34	17 20
7	21 31	21 09	20 52	20 38	20 26	20 16	19 57	19 42	19 27	19 12	18 56	18 38	18 27	18 15
8	22 00	21 41	21 27	21 15	21 05	20 56	20 40	20 26	20 13	20 00	19 47	19 31	19 21	19 11
9	22 23	22 08	21 57	21 48	21 39	21 32	21 20	21 09	20 58	20 48	20 37	20 24	20 16	20 08
10	22 42	22 32	22 24	22 17	22 11	22 06	21 57	21 49	21 42	21 34	21 26	21 17	21 11	21 05
11	22 59	22 54	22 49	22 45	22 42	22 39	22 33	22 29	22 24	22 20	22 15	22 09	22 06	22 03
12	23 16	23 14	23 13	23 12	23 11	23 10	23 09	23 08	23 06	23 05	23 04	23 02	23 02	23 01
13	23 32	23 35	23 37	23 39	23 41	23 42	23 45	23 47	23 49	23 52	23 54	23 57	23 58	.. ..
14	23 49	23 56	.. ..	.. ..	.. ..	.. ..	.. ..	.. ..	.. ..	.. ..	.. ..	.. ..	.. ..	0 00
15	.. ..	.. ..	0 02	0 08	0 12	0 16	0 23	0 28	0 34	0 40	0 46	0 52	0 56	1 01
16	0 09	0 21	0 31	0 39	0 46	0 52	1 03	1 13	1 21	1 30	1 40	1 51	1 57	2 04
17	0 33	0 50	1 04	1 15	1 25	1 33	1 48	2 00	2 12	2 25	2 37	2 52	3 01	3 11
18	1 05	1 27	1 44	1 58	2 10	2 20	2 38	2 53	3 08	3 22	3 38	3 56	4 06	4 18
19	1 48	2 13	2 33	2 49	3 02	3 14	3 34	3 51	4 07	4 23	4 41	5 01	5 12	5 26
20	2 46	3 12	3 32	3 49	4 03	4 15	4 35	4 53	5 10	5 26	5 44	6 04	6 16	6 30
21	3 58	4 23	4 42	4 57	5 10	5 21	5 41	5 58	6 13	6 29	6 45	7 04	7 15	7 28
22	5 22	5 42	5 58	6 11	6 22	6 31	6 48	7 02	7 15	7 28	7 42	7 58	8 08	8 18
23	6 50	7 05	7 16	7 26	7 34	7 41	7 54	8 04	8 14	8 24	8 35	8 47	8 54	9 01
24	8 18	8 27	8 34	8 40	8 45	8 50	8 57	9 04	9 10	9 16	9 23	9 30	9 34	9 39

.. .. indicates phenomenon will occur the next day.

UNIVERSAL TIME FOR MERIDIAN OF GREENWICH

MOONRISE

Lat.	+40°	+42°	+44°	+46°	+48°	+50°	+52°	+54°	+56°	+58°	+60°	+62°	+64°	+66°
	h m	h m	h m	h m	h m	h m	h m	h m	h m	h m	h m	h m	h m	h m
Jan. 0	1 45	1 47	1 49	1 51	1 53	1 55	1 58	2 00	2 04	2 07	2 11	2 15	2 20	2 26
1	2 49	2 52	2 55	2 58	3 02	3 06	3 10	3 15	3 21	3 27	3 34	3 41	3 51	4 01
2	3 51	3 55	4 00	4 05	4 10	4 15	4 21	4 28	4 36	4 44	4 54	5 06	5 19	5 36
3	4 52	4 57	5 03	5 09	5 15	5 22	5 30	5 38	5 48	5 59	6 12	6 27	6 45	7 08
4	5 51	5 56	6 02	6 09	6 16	6 24	6 33	6 43	6 54	7 07	7 23	7 41	8 03	8 34
5	6 45	6 51	6 58	7 05	7 13	7 21	7 30	7 41	7 53	8 07	8 24	8 44	9 09	9 44
6	7 35	7 41	7 47	7 54	8 02	8 10	8 20	8 30	8 42	8 56	9 12	9 32	9 57	10 30
7	8 19	8 25	8 31	8 37	8 44	8 52	9 01	9 11	9 22	9 34	9 49	10 06	10 27	10 55
8	8 58	9 03	9 08	9 14	9 20	9 27	9 35	9 43	9 52	10 03	10 15	10 29	10 47	11 08
9	9 33	9 37	9 41	9 46	9 51	9 57	10 03	10 09	10 17	10 25	10 35	10 46	10 59	11 14
10	10 04	10 07	10 10	10 14	10 18	10 22	10 26	10 31	10 37	10 43	10 50	10 58	11 07	11 18
11	10 32	10 34	10 37	10 39	10 42	10 44	10 47	10 51	10 54	10 58	11 03	11 08	11 14	11 20
12	10 59	11 00	11 02	11 03	11 04	11 05	11 07	11 08	11 10	11 12	11 14	11 16	11 19	11 22
13	11 26	11 26	11 26	11 26	11 26	11 26	11 25	11 25	11 25	11 25	11 24	11 24	11 24	11 23
14	11 54	11 53	11 52	11 50	11 48	11 47	11 45	11 43	11 41	11 38	11 35	11 32	11 29	11 25
15	12 24	12 22	12 19	12 16	12 13	12 10	12 06	12 02	11 58	11 53	11 48	11 42	11 35	11 27
16	12 58	12 54	12 50	12 46	12 42	12 37	12 32	12 26	12 19	12 12	12 04	11 55	11 44	11 31
17	13 37	13 33	13 27	13 22	13 16	13 10	13 03	12 55	12 46	12 37	12 25	12 12	11 57	11 38
18	14 24	14 18	14 12	14 06	13 59	13 51	13 43	13 33	13 23	13 10	12 56	12 40	12 19	11 53
19	15 20	15 14	15 07	15 00	14 52	14 44	14 34	14 24	14 12	13 58	13 42	13 23	12 59	12 26
20	16 24	16 18	16 12	16 05	15 57	15 49	15 39	15 29	15 17	15 04	14 48	14 29	14 04	13 31
21	17 36	17 30	17 25	17 18	17 12	17 04	16 56	16 47	16 37	16 25	16 11	15 55	15 35	15 10
22	18 50	18 46	18 42	18 37	18 31	18 26	18 19	18 12	18 04	17 55	17 45	17 33	17 19	17 02
23	20 05	20 02	19 59	19 56	19 52	19 48	19 44	19 39	19 34	19 28	19 22	19 14	19 05	18 55
24	21 18	21 17	21 15	21 13	21 11	21 09	21 07	21 05	21 02	20 59	20 56	20 52	20 48	20 43

MOONSET

Lat.	+40°	+42°	+44°	+46°	+48°	+50°	+52°	+54°	+56°	+58°	+60°	+62°	+64°	+66°
	h m	h m	h m	h m	h m	h m	h m	h m	h m	h m	h m	h m	h m	h m
Jan. 0	13 14	13 11	13 09	13 06	13 04	13 01	12 57	12 54	12 50	12 45	12 41	12 35	12 29	12 21
1	13 46	13 42	13 39	13 35	13 31	13 26	13 21	13 16	13 10	13 03	12 55	12 46	12 36	12 25
2	14 21	14 16	14 11	14 06	14 01	13 55	13 48	13 41	13 33	13 24	13 13	13 01	12 47	12 30
3	14 59	14 54	14 48	14 42	14 35	14 28	14 20	14 11	14 01	13 50	13 36	13 21	13 02	12 39
4	15 42	15 36	15 30	15 23	15 15	15 07	14 58	14 48	14 36	14 23	14 08	13 49	13 26	12 56
5	16 29	16 23	16 16	16 09	16 01	15 53	15 43	15 33	15 21	15 07	14 50	14 30	14 05	13 29
6	17 20	17 14	17 08	17 01	16 53	16 45	16 36	16 25	16 13	16 00	15 44	15 24	15 00	14 26
7	18 15	18 09	18 03	17 57	17 50	17 42	17 34	17 24	17 14	17 01	16 47	16 30	16 09	15 42
8	19 11	19 06	19 01	18 55	18 50	18 43	18 36	18 28	18 19	18 09	17 57	17 43	17 27	17 06
9	20 08	20 04	20 00	19 56	19 51	19 46	19 40	19 34	19 27	19 19	19 10	19 00	18 47	18 33
10	21 05	21 02	20 59	20 56	20 53	20 49	20 45	20 41	20 36	20 30	20 24	20 17	20 09	19 59
11	22 03	22 01	21 59	21 57	21 55	21 53	21 51	21 48	21 45	21 42	21 39	21 35	21 30	21 25
12	23 01	23 00	23 00	22 59	22 59	22 58	22 57	22 57	22 56	22 55	22 54	22 53	22 52	22 50
13	.. ..	.. ..	.. ..	.. ..	.. ..	.. ..	.. ..	.. ..	.. ..	.. ..	.. ..	.. ..	.. ..	.. ..
14	0 00	0 01	0 01	0 02	0 03	0 04	0 05	0 06	0 08	0 09	0 11	0 13	0 15	0 17
15	1 01	1 03	1 05	1 07	1 10	1 12	1 15	1 18	1 22	1 26	1 30	1 35	1 41	1 48
16	2 04	2 08	2 11	2 15	2 19	2 23	2 28	2 33	2 39	2 45	2 53	3 01	3 11	3 23
17	3 11	3 15	3 20	3 25	3 30	3 36	3 43	3 50	3 58	4 07	4 18	4 30	4 45	5 03
18	4 18	4 24	4 29	4 36	4 42	4 50	4 58	5 07	5 17	5 29	5 43	5 59	6 19	6 45
19	5 26	5 32	5 38	5 45	5 53	6 01	6 10	6 21	6 33	6 46	7 02	7 21	7 45	8 18
20	6 30	6 36	6 43	6 50	6 57	7 06	7 15	7 26	7 38	7 51	8 07	8 27	8 51	9 24
21	7 28	7 33	7 39	7 46	7 53	8 01	8 09	8 18	8 29	8 41	8 55	9 12	9 32	9 58
22	8 18	8 23	8 28	8 33	8 39	8 45	8 52	8 59	9 08	9 18	9 28	9 41	9 56	10 14
23	9 01	9 05	9 08	9 12	9 16	9 21	9 26	9 31	9 37	9 44	9 52	10 00	10 10	10 22
24	9 39	9 41	9 43	9 46	9 48	9 51	9 54	9 57	10 01	10 05	10 09	10 14	10 20	10 26

.. .. indicates phenomenon will occur the next day.

MOONRISE AND MOONSET, 2019

UNIVERSAL TIME FOR MERIDIAN OF GREENWICH

MOONRISE

Lat.	−55°	−50°	−45°	−40°	−35°	−30°	−20°	−10°	0°	+10°	+20°	+30°	+35°	+40°
	h m	h m	h m	h m	h m	h m	h m	h m	h m	h m	h m	h m	h m	h m
Jan. 23	21 50	21 39	21 30	21 23	21 16	21 11	21 01	20 52	20 44	20 36	20 27	20 17	20 12	20 05
24	22 12	22 06	22 02	21 58	21 55	21 52	21 47	21 42	21 38	21 34	21 29	21 24	21 21	21 18
25	22 32	22 31	22 31	22 31	22 30	22 30	22 30	22 29	22 29	22 29	22 29	22 28	22 28	22 28
26	22 51	22 55	22 59	23 02	23 05	23 07	23 11	23 15	23 18	23 22	23 26	23 30	23 33	23 36
27	23 10	23 19	23 27	23 33	23 39	23 44	23 52	.. ..	.. ..	.. ..	.. ..	.. ..	.. ..	.. ..
28	23 32	23 46	23 57	.. ..	.. ..	.. ..	.. ..	0 00	0 07	0 14	0 22	0 30	0 35	0 41
29	23 57	.. ..	.. ..	0 06	0 14	0 21	0 34	0 45	0 55	1 05	1 16	1 29	1 36	1 45
30	.. ..	0 15	0 30	0 42	0 52	1 01	1 17	1 30	1 43	1 56	2 10	2 26	2 36	2 46
31	0 27	0 49	1 06	1 21	1 33	1 43	2 01	2 17	2 32	2 47	3 03	3 22	3 33	3 45
Feb. 1	1 04	1 29	1 48	2 04	2 17	2 29	2 48	3 06	3 22	3 38	3 55	4 15	4 27	4 41
2	1 50	2 15	2 35	2 51	3 05	3 17	3 37	3 55	4 11	4 28	4 45	5 06	5 18	5 31
3	2 43	3 08	3 27	3 43	3 56	4 07	4 27	4 44	5 00	5 16	5 33	5 53	6 04	6 17
4	3 44	4 06	4 23	4 37	4 49	5 00	5 18	5 33	5 48	6 02	6 18	6 36	6 46	6 58
5	4 48	5 07	5 22	5 34	5 44	5 53	6 08	6 21	6 34	6 46	7 00	7 15	7 24	7 34
6	5 55	6 10	6 21	6 31	6 39	6 46	6 58	7 09	7 19	7 29	7 39	7 51	7 58	8 06
7	7 04	7 14	7 22	7 28	7 34	7 39	7 47	7 55	8 02	8 09	8 16	8 25	8 30	8 35
8	8 12	8 18	8 22	8 26	8 29	8 31	8 36	8 40	8 44	8 48	8 52	8 57	9 00	9 03
9	9 22	9 22	9 23	9 24	9 24	9 24	9 25	9 26	9 26	9 27	9 28	9 28	9 29	9 29
10	10 32	10 28	10 25	10 22	10 20	10 18	10 15	10 12	10 09	10 06	10 03	10 00	9 58	9 56
11	11 44	11 35	11 28	11 23	11 18	11 13	11 06	10 59	10 53	10 47	10 41	10 34	10 29	10 25
12	12 58	12 44	12 34	12 25	12 17	12 10	11 59	11 49	11 40	11 30	11 21	11 09	11 03	10 56
13	14 14	13 55	13 41	13 29	13 19	13 10	12 55	12 42	12 29	12 17	12 04	11 49	11 41	11 31
14	15 29	15 06	14 49	14 34	14 22	14 11	13 53	13 37	13 23	13 08	12 53	12 35	12 24	12 13
15	16 41	16 15	15 56	15 39	15 26	15 14	14 54	14 36	14 20	14 04	13 47	13 27	13 15	13 02
16	17 45	17 18	16 58	16 42	16 28	16 16	15 55	15 37	15 21	15 04	14 46	14 26	14 14	14 00

MOONSET

Lat.	−55°	−50°	−45°	−40°	−35°	−30°	−20°	−10°	0°	+10°	+20°	+30°	+35°	+40°
	h m	h m	h m	h m	h m	h m	h m	h m	h m	h m	h m	h m	h m	h m
Jan. 23	6 50	7 05	7 16	7 26	7 34	7 41	7 54	8 04	8 14	8 24	8 35	8 47	8 54	9 01
24	8 18	8 27	8 34	8 40	8 45	8 50	8 57	9 04	9 10	9 16	9 23	9 30	9 34	9 39
25	9 44	9 47	9 50	9 52	9 54	9 55	9 58	10 00	10 03	10 05	10 07	10 10	10 11	10 13
26	11 06	11 04	11 02	11 01	10 59	10 58	10 56	10 54	10 53	10 51	10 49	10 47	10 46	10 45
27	12 26	12 18	12 12	12 07	12 03	11 59	11 53	11 47	11 42	11 36	11 30	11 24	11 20	11 16
28	13 43	13 30	13 20	13 12	13 05	12 59	12 48	12 39	12 30	12 21	12 12	12 01	11 55	11 48
29	14 57	14 39	14 26	14 15	14 05	13 57	13 42	13 30	13 18	13 06	12 54	12 40	12 32	12 22
30	16 07	15 45	15 29	15 15	15 03	14 53	14 36	14 21	14 07	13 53	13 38	13 21	13 11	12 59
31	17 11	16 46	16 27	16 12	15 59	15 48	15 29	15 12	14 56	14 40	14 24	14 04	13 53	13 40
Feb. 1	18 07	17 41	17 21	17 05	16 52	16 40	16 20	16 02	15 46	15 29	15 12	14 51	14 39	14 26
2	18 54	18 29	18 10	17 54	17 40	17 29	17 09	16 51	16 35	16 19	16 01	15 41	15 29	15 16
3	19 32	19 09	18 52	18 37	18 25	18 14	17 55	17 39	17 23	17 08	16 51	16 32	16 21	16 09
4	20 03	19 43	19 28	19 15	19 04	18 55	18 38	18 24	18 10	17 57	17 42	17 25	17 15	17 04
5	20 28	20 12	20 00	19 49	19 40	19 33	19 19	19 07	18 56	18 44	18 32	18 18	18 10	18 01
6	20 48	20 37	20 28	20 20	20 13	20 07	19 57	19 48	19 40	19 31	19 22	19 11	19 05	18 58
7	21 06	20 59	20 53	20 48	20 44	20 40	20 34	20 28	20 22	20 17	20 11	20 04	20 00	19 56
8	21 22	21 19	21 17	21 15	21 13	21 12	21 09	21 07	21 05	21 02	21 00	20 57	20 55	20 54
9	21 38	21 40	21 41	21 42	21 43	21 43	21 45	21 46	21 47	21 48	21 49	21 50	21 51	21 52
10	21 55	22 00	22 05	22 09	22 13	22 16	22 21	22 26	22 30	22 34	22 39	22 44	22 48	22 51
11	22 13	22 23	22 32	22 39	22 45	22 50	22 59	23 07	23 15	23 23	23 31	23 40	23 46	23 52
12	22 34	22 49	23 01	23 11	23 20	23 28	23 41	23 52	.. ..	.. ..	.. ..	.. ..	.. ..	.. ..
13	23 02	23 21	23 37	23 49	.. ..	.. ..	.. ..	.. ..	0 03	0 14	0 25	0 39	0 46	0 55
14	23 37	.. ..	.. ..	.. ..	0 00	0 10	0 26	0 41	0 54	1 08	1 22	1 39	1 49	2 00
15	.. ..	0 01	0 19	0 34	0 47	0 58	1 17	1 34	1 50	2 05	2 22	2 41	2 52	3 05
16	0 26	0 52	1 12	1 28	1 42	1 54	2 14	2 32	2 49	3 05	3 23	3 44	3 55	4 09

.. .. indicates phenomenon will occur the next day.

UNIVERSAL TIME FOR MERIDIAN OF GREENWICH

MOONRISE

Lat.	+40°	+42°	+44°	+46°	+48°	+50°	+52°	+54°	+56°	+58°	+60°	+62°	+64°	+66°
	h m	h m	h m	h m	h m	h m	h m	h m	h m	h m	h m	h m	h m	h m
Jan. 23	20 05	20 02	19 59	19 56	19 52	19 48	19 44	19 39	19 34	19 28	19 22	19 14	19 05	18 55
24	21 18	21 17	21 15	21 13	21 11	21 09	21 07	21 05	21 02	20 59	20 56	20 52	20 48	20 43
25	22 28	22 28	22 28	22 28	22 28	22 28	22 28	22 28	22 28	22 27	22 27	22 27	22 27	22 27
26	23 36	23 37	23 38	23 40	23 42	23 43	23 45	23 47	23 50	23 52	23 55	23 58	.. ..	.. ..
27	.. ..	.. ..	.. ..	.. ..	.. ..	.. ..	.. ..	.. ..	.. ..	.. ..	.. ..	.. ..	0 02	0 07
28	0 41	0 44	0 47	0 50	0 53	0 56	1 00	1 04	1 09	1 14	1 20	1 27	1 35	1 44
29	1 45	1 49	1 53	1 57	2 02	2 07	2 12	2 19	2 26	2 33	2 42	2 53	3 05	3 19
30	2 46	2 51	2 56	3 02	3 08	3 14	3 22	3 30	3 39	3 49	4 01	4 15	4 32	4 52
31	3 45	3 51	3 57	4 03	4 10	4 18	4 27	4 36	4 47	4 59	5 14	5 31	5 52	6 20
Feb. 1	4 41	4 47	4 53	5 00	5 08	5 16	5 25	5 36	5 48	6 02	6 18	6 37	7 02	7 36
2	5 31	5 37	5 44	5 51	5 59	6 07	6 17	6 28	6 40	6 54	7 10	7 30	7 55	8 30
3	6 17	6 23	6 29	6 36	6 43	6 51	7 00	7 10	7 22	7 35	7 50	8 08	8 31	9 01
4	6 58	7 03	7 09	7 15	7 21	7 29	7 36	7 45	7 55	8 06	8 19	8 35	8 53	9 17
5	7 34	7 38	7 43	7 48	7 54	8 00	8 06	8 13	8 22	8 31	8 41	8 53	9 08	9 25
6	8 06	8 09	8 13	8 17	8 21	8 26	8 31	8 37	8 43	8 50	8 58	9 07	9 17	9 29
7	8 35	8 38	8 40	8 43	8 46	8 49	8 53	8 57	9 01	9 06	9 11	9 17	9 24	9 32
8	9 03	9 04	9 06	9 07	9 09	9 10	9 12	9 14	9 17	9 19	9 22	9 25	9 29	9 33
9	9 29	9 30	9 30	9 30	9 30	9 31	9 31	9 31	9 32	9 32	9 33	9 33	9 34	9 35
10	9 56	9 55	9 54	9 53	9 52	9 51	9 50	9 48	9 47	9 45	9 43	9 41	9 39	9 36
11	10 25	10 23	10 20	10 18	10 16	10 13	10 10	10 07	10 03	9 59	9 55	9 50	9 44	9 38
12	10 56	10 53	10 49	10 46	10 42	10 37	10 33	10 28	10 22	10 16	10 09	10 01	9 51	9 40
13	11 31	11 27	11 22	11 17	11 12	11 06	11 00	10 53	10 45	10 36	10 27	10 15	10 02	9 46
14	12 13	12 07	12 02	11 56	11 49	11 42	11 34	11 25	11 16	11 04	10 52	10 36	10 18	9 56
15	13 02	12 56	12 50	12 43	12 35	12 27	12 18	12 08	11 57	11 44	11 28	11 10	10 47	10 17
16	14 00	13 54	13 48	13 40	13 33	13 24	13 15	13 04	12 52	12 38	12 22	12 02	11 37	11 02

MOONSET

Lat.	+40°	+42°	+44°	+46°	+48°	+50°	+52°	+54°	+56°	+58°	+60°	+62°	+64°	+66°
	h m	h m	h m	h m	h m	h m	h m	h m	h m	h m	h m	h m	h m	h m
Jan. 23	9 01	9 05	9 08	9 12	9 16	9 21	9 26	9 31	9 37	9 44	9 52	10 00	10 10	10 22
24	9 39	9 41	9 43	9 46	9 48	9 51	9 54	9 57	10 01	10 05	10 09	10 14	10 20	10 26
25	10 13	10 14	10 14	10 15	10 16	10 17	10 18	10 19	10 20	10 22	10 23	10 25	10 27	10 29
26	10 45	10 44	10 44	10 43	10 42	10 41	10 40	10 40	10 39	10 37	10 36	10 35	10 33	10 31
27	11 16	11 14	11 12	11 10	11 08	11 05	11 03	11 00	10 57	10 53	10 49	10 44	10 39	10 33
28	11 48	11 45	11 42	11 38	11 35	11 30	11 26	11 21	11 16	11 10	11 03	10 55	10 47	10 36
29	12 22	12 18	12 14	12 09	12 04	11 58	11 52	11 45	11 38	11 29	11 20	11 09	10 56	10 40
30	12 59	12 54	12 49	12 43	12 37	12 30	12 22	12 14	12 04	11 54	11 41	11 27	11 09	10 48
31	13 40	13 35	13 29	13 22	13 15	13 07	12 58	12 48	12 37	12 24	12 10	11 52	11 30	11 02
Feb. 1	14 26	14 20	14 13	14 06	13 58	13 50	13 40	13 30	13 18	13 04	12 48	12 28	12 03	11 29
2	15 16	15 09	15 03	14 56	14 48	14 40	14 30	14 20	14 08	13 54	13 37	13 18	12 52	12 17
3	16 09	16 03	15 57	15 50	15 43	15 35	15 26	15 16	15 05	14 53	14 38	14 20	13 57	13 28
4	17 04	16 59	16 54	16 48	16 42	16 35	16 27	16 19	16 09	15 58	15 46	15 31	15 13	14 50
5	18 01	17 57	17 53	17 48	17 43	17 37	17 31	17 24	17 16	17 08	16 58	16 46	16 33	16 16
6	18 58	18 55	18 52	18 48	18 45	18 40	18 36	18 31	18 25	18 19	18 12	18 04	17 54	17 43
7	19 56	19 54	19 52	19 49	19 47	19 44	19 42	19 38	19 35	19 31	19 26	19 21	19 16	19 09
8	20 54	20 53	20 52	20 51	20 50	20 49	20 48	20 46	20 45	20 43	20 41	20 39	20 37	20 34
9	21 52	21 52	21 52	21 53	21 53	21 54	21 54	21 55	21 55	21 56	21 57	21 58	21 59	22 00
10	22 51	22 53	22 54	22 56	22 58	23 00	23 02	23 05	23 07	23 11	23 14	23 18	23 22	23 28
11	23 52	23 55	23 58	.. ..	.. ..	.. ..	.. ..	.. ..	.. ..	.. ..	.. ..	.. ..	.. ..	.. ..
12	.. ..	.. ..	.. ..	0 01	0 04	0 08	0 12	0 16	0 21	0 27	0 33	0 40	0 49	0 58
13	0 55	0 59	1 03	1 08	1 12	1 18	1 24	1 30	1 37	1 45	1 55	2 05	2 18	2 33
14	2 00	2 05	2 10	2 16	2 22	2 29	2 36	2 45	2 54	3 05	3 17	3 32	3 49	4 11
15	3 05	3 11	3 17	3 24	3 31	3 39	3 48	3 58	4 09	4 22	4 37	4 55	5 18	5 47
16	4 09	4 15	4 22	4 29	4 37	4 45	4 55	5 05	5 17	5 31	5 48	6 07	6 33	7 07

.. .. indicates phenomenon will occur the next day.

MOONRISE AND MOONSET, 2019

UNIVERSAL TIME FOR MERIDIAN OF GREENWICH

MOONRISE

Lat.	−55°	−50°	−45°	−40°	−35°	−30°	−20°	−10°	0°	+10°	+20°	+30°	+35°	+40°
	h m	h m	h m	h m	h m	h m	h m	h m	h m	h m	h m	h m	h m	h m
Feb. 15	16 41	16 15	15 56	15 39	15 26	15 14	14 54	14 36	14 20	14 04	13 47	13 27	13 15	13 02
16	17 45	17 18	16 58	16 42	16 28	16 16	15 55	15 37	15 21	15 04	14 46	14 26	14 14	14 00
17	18 36	18 12	17 54	17 39	17 26	17 15	16 55	16 39	16 23	16 07	15 51	15 31	15 20	15 07
18	19 16	18 57	18 42	18 29	18 18	18 09	17 53	17 38	17 25	17 12	16 57	16 41	16 31	16 20
19	19 47	19 33	19 22	19 13	19 05	18 58	18 46	18 35	18 25	18 15	18 04	17 51	17 44	17 36
20	20 12	20 04	19 57	19 51	19 47	19 42	19 35	19 28	19 22	19 16	19 09	19 01	18 57	18 52
21	20 34	20 31	20 28	20 26	20 25	20 23	20 21	20 18	20 16	20 14	20 12	20 09	20 08	20 06
22	20 53	20 56	20 58	20 59	21 01	21 02	21 04	21 06	21 08	21 10	21 12	21 15	21 16	21 18
23	21 13	21 21	21 27	21 32	21 36	21 40	21 47	21 53	21 59	22 05	22 11	22 18	22 22	22 27
24	21 34	21 47	21 57	22 05	22 12	22 19	22 30	22 39	22 49	22 58	23 08	23 19	23 26	23 34
25	21 59	22 16	22 29	22 41	22 50	22 59	23 13	23 26	23 38	23 51	.. ..	.. ..	.. ..	.. ..
26	22 28	22 49	23 05	23 19	23 31	23 41	23 58	.. ..	.. ..	.. ..	0 04	0 19	0 28	0 38
27	23 03	23 27	23 46	.. ..	.. ..	.. ..	.. ..	0 14	0 28	0 43	0 58	1 16	1 27	1 39
28	23 46	.. ..	.. ..	0 01	0 14	0 26	0 45	1 02	1 18	1 34	1 51	2 11	2 23	2 36
Mar. 1	.. ..	0 12	0 32	0 48	1 01	1 13	1 34	1 51	2 08	2 24	2 42	3 03	3 15	3 28
2	0 37	1 02	1 22	1 38	1 51	2 03	2 23	2 41	2 57	3 13	3 31	3 51	4 02	4 16
3	1 35	1 59	2 17	2 32	2 44	2 55	3 14	3 30	3 45	4 00	4 16	4 35	4 45	4 58
4	2 39	2 59	3 14	3 27	3 38	3 48	4 04	4 18	4 31	4 45	4 59	5 15	5 24	5 35
5	3 46	4 01	4 14	4 24	4 33	4 41	4 54	5 06	5 17	5 27	5 39	5 52	6 00	6 08
6	4 54	5 05	5 14	5 22	5 28	5 34	5 44	5 52	6 00	6 08	6 17	6 26	6 32	6 38
7	6 03	6 10	6 15	6 20	6 24	6 27	6 33	6 38	6 43	6 48	6 53	6 59	7 02	7 06
8	7 13	7 15	7 16	7 18	7 19	7 20	7 22	7 24	7 25	7 27	7 29	7 31	7 32	7 33
9	8 23	8 20	8 18	8 17	8 15	8 14	8 12	8 10	8 08	8 06	8 04	8 02	8 01	8 00
10	9 34	9 27	9 21	9 16	9 12	9 09	9 02	8 57	8 52	8 46	8 41	8 35	8 31	8 28
11	10 48	10 35	10 26	10 18	10 11	10 05	9 54	9 45	9 37	9 29	9 20	9 10	9 04	8 57

MOONSET

Lat.	−55°	−50°	−45°	−40°	−35°	−30°	−20°	−10°	0°	+10°	+20°	+30°	+35°	+40°
	h m	h m	h m	h m	h m	h m	h m	h m	h m	h m	h m	h m	h m	h m
Feb. 15	.. ..	0 01	0 19	0 34	0 47	0 58	1 17	1 34	1 50	2 05	2 22	2 41	2 52	3 05
16	0 26	0 52	1 12	1 28	1 42	1 54	2 14	2 32	2 49	3 05	3 23	3 44	3 55	4 09
17	1 29	1 55	2 15	2 31	2 44	2 56	3 16	3 34	3 50	4 07	4 24	4 44	4 56	5 09
18	2 46	3 09	3 26	3 41	3 53	4 04	4 22	4 38	4 53	5 07	5 23	5 41	5 51	6 03
19	4 12	4 30	4 44	4 56	5 06	5 14	5 29	5 42	5 54	6 05	6 18	6 32	6 40	6 50
20	5 43	5 55	6 04	6 12	6 19	6 25	6 35	6 44	6 52	7 00	7 09	7 19	7 24	7 31
21	7 12	7 18	7 23	7 27	7 31	7 34	7 39	7 44	7 48	7 52	7 56	8 01	8 04	8 07
22	8 40	8 40	8 40	8 40	8 40	8 41	8 41	8 41	8 41	8 41	8 41	8 41	8 41	8 41
23	10 04	9 59	9 54	9 51	9 48	9 45	9 40	9 36	9 32	9 28	9 24	9 20	9 17	9 14
24	11 25	11 15	11 06	10 59	10 53	10 47	10 38	10 30	10 23	10 15	10 07	9 58	9 53	9 47
25	12 43	12 27	12 15	12 05	11 56	11 48	11 35	11 23	11 12	11 02	10 50	10 37	10 30	10 21
26	13 56	13 36	13 20	13 07	12 56	12 47	12 30	12 16	12 02	11 49	11 35	11 18	11 09	10 58
27	15 04	14 40	14 22	14 07	13 54	13 43	13 24	13 08	12 52	12 37	12 21	12 02	11 51	11 38
28	16 03	15 37	15 18	15 02	14 48	14 36	14 16	13 59	13 42	13 26	13 08	12 48	12 36	12 23
Mar. 1	16 53	16 28	16 08	15 52	15 38	15 26	15 06	14 48	14 32	14 15	13 57	13 37	13 25	13 11
2	17 34	17 10	16 51	16 36	16 23	16 12	15 53	15 36	15 20	15 04	14 47	14 28	14 16	14 03
3	18 07	17 46	17 29	17 16	17 04	16 54	16 37	16 22	16 08	15 53	15 38	15 20	15 10	14 58
4	18 33	18 16	18 02	17 51	17 41	17 33	17 18	17 06	16 53	16 41	16 28	16 13	16 05	15 55
5	18 54	18 41	18 31	18 23	18 15	18 09	17 57	17 47	17 38	17 28	17 18	17 07	17 00	16 52
6	19 13	19 04	18 57	18 51	18 46	18 42	18 34	18 27	18 21	18 15	18 08	18 00	17 55	17 50
7	19 29	19 25	19 22	19 19	19 16	19 14	19 10	19 07	19 04	19 00	18 57	18 53	18 50	18 48
8	19 45	19 45	19 45	19 45	19 45	19 46	19 46	19 46	19 46	19 46	19 46	19 46	19 46	19 46
9	20 01	20 06	20 09	20 12	20 15	20 18	20 22	20 25	20 29	20 32	20 36	20 40	20 43	20 45
10	20 18	20 27	20 35	20 41	20 46	20 51	20 59	21 06	21 13	21 20	21 27	21 35	21 40	21 46
11	20 38	20 52	21 03	21 12	21 20	21 27	21 39	21 50	21 59	22 09	22 20	22 32	22 39	22 47

.. .. indicates phenomenon will occur the next day.

UNIVERSAL TIME FOR MERIDIAN OF GREENWICH

MOONRISE

Lat.	+40°	+42°	+44°	+46°	+48°	+50°	+52°	+54°	+56°	+58°	+60°	+62°	+64°	+66°
	h m	h m	h m	h m	h m	h m	h m	h m	h m	h m	h m	h m	h m	h m
Feb. 15	13 02	12 56	12 50	12 43	12 35	12 27	12 18	12 08	11 57	11 44	11 28	11 10	10 47	10 17
16	14 00	13 54	13 48	13 40	13 33	13 24	13 15	13 04	12 52	12 38	12 22	12 02	11 37	11 02
17	15 07	15 01	14 55	14 48	14 41	14 33	14 24	14 14	14 03	13 50	13 35	13 17	12 54	12 24
18	16 20	16 15	16 10	16 04	15 58	15 51	15 44	15 36	15 27	15 16	15 04	14 49	14 32	14 11
19	17 36	17 32	17 29	17 24	17 20	17 15	17 09	17 03	16 57	16 49	16 41	16 31	16 19	16 05
20	18 52	18 50	18 47	18 45	18 42	18 39	18 36	18 32	18 28	18 24	18 19	18 13	18 07	17 59
21	20 06	20 05	20 04	20 04	20 03	20 02	20 01	19 59	19 58	19 57	19 55	19 53	19 51	19 49
22	21 18	21 18	21 19	21 20	21 21	21 22	21 23	21 24	21 25	21 27	21 28	21 30	21 32	21 34
23	22 27	22 29	22 31	22 34	22 36	22 39	22 42	22 45	22 49	22 53	22 58	23 03	23 10	23 17
24	23 34	23 37	23 41	23 44	23 49	23 53	23 58	.. ..	.. ..	.. ..	.. ..	.. ..	.. ..	.. ..
25	.. ..	.. ..	.. ..	.. ..	.. ..	.. ..	.. ..	0 04	0 10	0 17	0 25	0 34	0 44	0 57
26	0 38	0 42	0 47	0 52	0 58	1 04	1 11	1 18	1 27	1 36	1 47	2 00	2 15	2 34
27	1 39	1 44	1 50	1 56	2 03	2 10	2 19	2 28	2 38	2 50	3 04	3 20	3 41	4 07
28	2 36	2 42	2 48	2 55	3 03	3 11	3 20	3 31	3 42	3 56	4 12	4 31	4 55	5 29
Mar. 1	3 28	3 35	3 41	3 48	3 56	4 05	4 14	4 25	4 37	4 52	5 08	5 28	5 54	6 30
2	4 16	4 22	4 28	4 35	4 43	4 51	5 00	5 11	5 22	5 36	5 52	6 11	6 35	7 07
3	4 58	5 03	5 09	5 16	5 22	5 30	5 38	5 48	5 58	6 10	6 24	6 40	7 00	7 26
4	5 35	5 40	5 45	5 50	5 56	6 03	6 10	6 18	6 26	6 36	6 47	7 01	7 16	7 35
5	6 08	6 12	6 16	6 20	6 25	6 30	6 36	6 42	6 49	6 56	7 05	7 15	7 27	7 41
6	6 38	6 41	6 44	6 47	6 51	6 54	6 58	7 03	7 08	7 13	7 19	7 26	7 34	7 43
7	7 06	7 08	7 10	7 12	7 14	7 16	7 18	7 21	7 24	7 27	7 31	7 35	7 39	7 45
8	7 33	7 34	7 34	7 35	7 36	7 36	7 37	7 38	7 39	7 40	7 41	7 43	7 44	7 46
9	8 00	7 59	7 59	7 58	7 57	7 57	7 56	7 55	7 54	7 53	7 51	7 50	7 49	7 47
10	8 28	8 26	8 24	8 22	8 20	8 18	8 15	8 12	8 09	8 06	8 02	7 58	7 53	7 48
11	8 57	8 54	8 51	8 48	8 44	8 41	8 36	8 32	8 27	8 21	8 15	8 08	8 00	7 50

MOONSET

Lat.	+40°	+42°	+44°	+46°	+48°	+50°	+52°	+54°	+56°	+58°	+60°	+62°	+64°	+66°
	h m	h m	h m	h m	h m	h m	h m	h m	h m	h m	h m	h m	h m	h m
Feb. 15	3 05	3 11	3 17	3 24	3 31	3 39	3 48	3 58	4 09	4 22	4 37	4 55	5 18	5 47
16	4 09	4 15	4 22	4 29	4 37	4 45	4 55	5 05	5 17	5 31	5 48	6 07	6 33	7 07
17	5 09	5 15	5 21	5 28	5 36	5 44	5 53	6 03	6 15	6 28	6 43	7 02	7 25	7 55
18	6 03	6 08	6 13	6 19	6 26	6 33	6 41	6 50	6 59	7 10	7 23	7 38	7 56	8 18
19	6 50	6 54	6 58	7 03	7 08	7 13	7 19	7 26	7 33	7 42	7 51	8 02	8 15	8 30
20	7 31	7 33	7 36	7 40	7 43	7 47	7 51	7 55	8 00	8 05	8 11	8 18	8 26	8 35
21	8 07	8 09	8 10	8 12	8 14	8 15	8 17	8 20	8 22	8 25	8 27	8 31	8 35	8 39
22	8 41	8 41	8 41	8 41	8 41	8 41	8 41	8 41	8 41	8 41	8 41	8 41	8 41	8 41
23	9 14	9 13	9 11	9 10	9 08	9 06	9 04	9 02	9 00	8 57	8 54	8 51	8 48	8 43
24	9 47	9 44	9 41	9 38	9 35	9 32	9 28	9 24	9 19	9 14	9 08	9 02	8 54	8 46
25	10 21	10 17	10 13	10 09	10 04	9 59	9 54	9 47	9 41	9 33	9 24	9 14	9 03	8 49
26	10 58	10 53	10 48	10 42	10 36	10 30	10 23	10 15	10 06	9 56	9 44	9 31	9 15	8 55
27	11 38	11 33	11 27	11 20	11 13	11 06	10 57	10 48	10 37	10 25	10 11	9 54	9 33	9 07
28	12 23	12 17	12 10	12 03	11 55	11 47	11 38	11 27	11 15	11 02	10 46	10 26	10 02	9 28
Mar. 1	13 11	13 05	12 58	12 51	12 43	12 35	12 25	12 15	12 02	11 48	11 32	11 11	10 46	10 09
2	14 03	13 57	13 51	13 44	13 37	13 29	13 20	13 09	12 58	12 44	12 29	12 10	11 46	11 14
3	14 58	14 53	14 47	14 41	14 34	14 27	14 19	14 10	14 00	13 48	13 35	13 19	12 59	12 34
4	15 55	15 50	15 45	15 40	15 35	15 29	15 22	15 15	15 06	14 57	14 46	14 33	14 18	14 00
5	16 52	16 49	16 45	16 41	16 37	16 32	16 27	16 21	16 15	16 08	16 00	15 51	15 40	15 27
6	17 50	17 47	17 45	17 42	17 39	17 36	17 33	17 29	17 25	17 20	17 15	17 09	17 02	16 54
7	18 48	18 47	18 45	18 44	18 42	18 41	18 39	18 37	18 35	18 33	18 30	18 27	18 24	18 20
8	19 46	19 46	19 46	19 46	19 46	19 46	19 46	19 46	19 46	19 46	19 46	19 46	19 46	19 46
9	20 45	20 46	20 48	20 49	20 51	20 52	20 54	20 56	20 58	21 00	21 03	21 06	21 10	21 14
10	21 46	21 48	21 51	21 53	21 56	22 00	22 03	22 07	22 11	22 16	22 22	22 28	22 35	22 43
11	22 47	22 51	22 55	22 59	23 03	23 08	23 14	23 20	23 26	23 33	23 42	23 52	.. ..	.. ..

.. .. indicates phenomenon will occur the next day.

MOONRISE AND MOONSET, 2019

UNIVERSAL TIME FOR MERIDIAN OF GREENWICH

MOONRISE

Lat.	−55°	−50°	−45°	−40°	−35°	−30°	−20°	−10°	0°	+10°	+20°	+30°	+35°	+40°
	h m	h m	h m	h m	h m	h m	h m	h m	h m	h m	h m	h m	h m	h m
Mar. 9	8 23	8 20	8 18	8 17	8 15	8 14	8 12	8 10	8 08	8 06	8 04	8 02	8 01	8 00
10	9 34	9 27	9 21	9 16	9 12	9 09	9 02	8 57	8 52	8 46	8 41	8 35	8 31	8 28
11	10 48	10 35	10 26	10 18	10 11	10 05	9 54	9 45	9 37	9 29	9 20	9 10	9 04	8 57
12	12 02	11 45	11 31	11 20	11 11	11 03	10 48	10 36	10 25	10 13	10 01	9 47	9 39	9 30
13	13 16	12 55	12 38	12 24	12 12	12 02	11 45	11 30	11 16	11 02	10 47	10 30	10 20	10 09
14	14 28	14 03	13 43	13 27	13 14	13 03	12 43	12 26	12 10	11 54	11 37	11 18	11 06	10 53
15	15 33	15 06	14 45	14 29	14 15	14 03	13 42	13 24	13 07	12 50	12 33	12 12	12 00	11 46
16	16 27	16 02	15 42	15 26	15 12	15 01	14 40	14 23	14 07	13 50	13 33	13 12	13 01	12 47
17	17 10	16 49	16 31	16 17	16 05	15 55	15 37	15 21	15 07	14 52	14 36	14 18	14 07	13 55
18	17 44	17 27	17 14	17 03	16 53	16 45	16 30	16 18	16 06	15 54	15 41	15 26	15 18	15 08
19	18 11	18 00	17 51	17 43	17 36	17 31	17 20	17 12	17 03	16 55	16 46	16 36	16 30	16 23
20	18 34	18 28	18 23	18 19	18 16	18 13	18 08	18 03	17 59	17 54	17 50	17 44	17 41	17 38
21	18 54	18 54	18 53	18 53	18 53	18 53	18 53	18 52	18 52	18 52	18 52	18 52	18 52	18 52
22	19 14	19 19	19 23	19 26	19 29	19 32	19 37	19 41	19 45	19 49	19 53	19 58	20 01	20 04
23	19 35	19 45	19 53	20 00	20 06	20 11	20 20	20 29	20 36	20 44	20 52	21 02	21 08	21 14
24	19 58	20 13	20 25	20 35	20 44	20 52	21 05	21 17	21 28	21 39	21 51	22 05	22 13	22 22
25	20 25	20 45	21 01	21 14	21 25	21 34	21 51	22 06	22 19	22 33	22 48	23 05	23 15	23 27
26	20 58	21 22	21 40	21 55	22 08	22 19	22 38	22 55	23 11	23 27	23 43	.. ..	.. ..	.. ..
27	21 39	22 05	22 25	22 41	22 55	23 07	23 27	23 45	.. ..	.. ..	.. ..	0 03	0 14	0 27
28	22 28	22 55	23 15	23 31	23 45	23 57	.. ..	.. ..	0 02	0 19	0 36	0 57	1 09	1 23
29	23 25	23 50	.. ..	.. ..	.. ..	.. ..	0 17	0 35	0 52	1 09	1 27	1 47	1 59	2 13
30	.. ..	.. ..	0 09	0 24	0 37	0 49	1 08	1 25	1 41	1 57	2 13	2 33	2 44	2 57
31	0 28	0 49	1 06	1 20	1 31	1 41	1 59	2 14	2 28	2 42	2 57	3 14	3 24	3 36
Apr. 1	1 34	1 51	2 05	2 16	2 26	2 35	2 49	3 02	3 14	3 25	3 38	3 52	4 01	4 10
2	2 42	2 55	3 05	3 14	3 21	3 28	3 39	3 49	3 58	4 07	4 16	4 27	4 34	4 41

MOONSET

Lat.	−55°	−50°	−45°	−40°	−35°	−30°	−20°	−10°	0°	+10°	+20°	+30°	+35°	+40°
	h m	h m	h m	h m	h m	h m	h m	h m	h m	h m	h m	h m	h m	h m
Mar. 9	20 01	20 06	20 09	20 12	20 15	20 18	20 22	20 25	20 29	20 32	20 36	20 40	20 43	20 45
10	20 18	20 27	20 35	20 41	20 46	20 51	20 59	21 06	21 13	21 20	21 27	21 35	21 40	21 46
11	20 38	20 52	21 03	21 12	21 20	21 27	21 39	21 50	21 59	22 09	22 20	22 32	22 39	22 47
12	21 03	21 21	21 35	21 47	21 58	22 07	22 22	22 36	22 49	23 01	23 15	23 31	23 40	23 51
13	21 34	21 57	22 14	22 29	22 41	22 52	23 10	23 26	23 41	23 56	.. ..	.. ..	.. ..	.. ..
14	22 15	22 41	23 01	23 17	23 31	23 42	.. ..	.. ..	.. ..	.. ..	0 12	0 31	0 42	0 54
15	23 10	23 37	23 57	.. ..	.. ..	.. ..	0 03	0 20	0 37	0 53	1 11	1 31	1 43	1 57
16	.. ..	.. ..	.. ..	0 14	0 28	0 40	1 01	1 19	1 35	1 52	2 10	2 30	2 42	2 56
17	0 19	0 44	1 03	1 18	1 32	1 43	2 02	2 19	2 35	2 51	3 08	3 27	3 38	3 50
18	1 39	2 00	2 16	2 29	2 40	2 50	3 07	3 21	3 35	3 48	4 03	4 19	4 28	4 39
19	3 06	3 21	3 33	3 43	3 52	3 59	4 12	4 23	4 33	4 43	4 54	5 06	5 14	5 21
20	4 36	4 45	4 52	4 59	5 04	5 08	5 16	5 23	5 30	5 36	5 43	5 50	5 55	6 00
21	6 05	6 08	6 11	6 13	6 15	6 17	6 19	6 22	6 24	6 26	6 29	6 31	6 33	6 35
22	7 32	7 30	7 28	7 26	7 25	7 23	7 21	7 19	7 17	7 15	7 13	7 11	7 10	7 08
23	8 58	8 50	8 43	8 37	8 33	8 29	8 21	8 15	8 09	8 03	7 57	7 50	7 46	7 41
24	10 20	10 07	9 56	9 47	9 39	9 32	9 21	9 10	9 01	8 51	8 41	8 30	8 23	8 16
25	11 39	11 20	11 05	10 53	10 43	10 34	10 19	10 05	9 53	9 40	9 27	9 11	9 03	8 53
26	12 51	12 28	12 11	11 56	11 44	11 33	11 15	10 59	10 44	10 29	10 13	9 55	9 45	9 33
27	13 56	13 30	13 11	12 55	12 41	12 29	12 09	11 52	11 35	11 19	11 02	10 42	10 30	10 17
28	14 50	14 24	14 04	13 47	13 34	13 22	13 01	12 43	12 26	12 09	11 51	11 31	11 19	11 05
29	15 35	15 10	14 50	14 34	14 21	14 09	13 49	13 32	13 16	12 59	12 42	12 22	12 10	11 56
30	16 10	15 48	15 30	15 16	15 04	14 53	14 35	14 19	14 04	13 49	13 33	13 14	13 03	12 51
31	16 38	16 19	16 05	15 52	15 42	15 33	15 17	15 03	14 50	14 37	14 23	14 07	13 58	13 47
Apr. 1	17 00	16 46	16 34	16 25	16 17	16 09	15 57	15 46	15 35	15 24	15 13	15 00	14 53	14 44
2	17 19	17 09	17 01	16 54	16 48	16 43	16 34	16 26	16 19	16 11	16 03	15 53	15 48	15 42

.. .. indicates phenomenon will occur the next day.

UNIVERSAL TIME FOR MERIDIAN OF GREENWICH

MOONRISE

Lat.	+40°	+42°	+44°	+46°	+48°	+50°	+52°	+54°	+56°	+58°	+60°	+62°	+64°	+66°
	h m	h m	h m	h m	h m	h m	h m	h m	h m	h m	h m	h m	h m	h m
Mar. 9	8 00	7 59	7 59	7 58	7 57	7 57	7 56	7 55	7 54	7 53	7 51	7 50	7 49	7 47
10	8 28	8 26	8 24	8 22	8 20	8 18	8 15	8 12	8 09	8 06	8 02	7 58	7 53	7 48
11	8 57	8 54	8 51	8 48	8 44	8 41	8 36	8 32	8 27	8 21	8 15	8 08	8 00	7 50
12	9 30	9 26	9 22	9 18	9 13	9 07	9 02	8 55	8 48	8 40	8 31	8 20	8 08	7 54
13	10 09	10 04	9 58	9 53	9 46	9 40	9 32	9 24	9 15	9 04	8 52	8 38	8 21	8 01
14	10 53	10 48	10 42	10 35	10 28	10 20	10 11	10 01	9 50	9 37	9 23	9 05	8 43	8 15
15	11 46	11 40	11 33	11 26	11 18	11 10	11 00	10 50	10 38	10 24	10 07	9 47	9 22	8 47
16	12 47	12 41	12 35	12 27	12 20	12 11	12 02	11 51	11 40	11 26	11 10	10 50	10 25	9 51
17	13 55	13 50	13 44	13 38	13 31	13 23	13 15	13 06	12 55	12 43	12 29	12 13	11 53	11 26
18	15 08	15 04	14 59	14 54	14 48	14 43	14 36	14 29	14 21	14 12	14 01	13 49	13 34	13 16
19	16 23	16 20	16 17	16 13	16 10	16 05	16 01	15 56	15 51	15 45	15 38	15 30	15 21	15 10
20	17 38	17 36	17 35	17 33	17 31	17 29	17 27	17 24	17 22	17 19	17 15	17 11	17 07	17 02
21	18 52	18 52	18 52	18 52	18 51	18 51	18 51	18 51	18 51	18 51	18 51	18 51	18 51	18 51
22	20 04	20 05	20 07	20 08	20 10	20 12	20 14	20 16	20 19	20 22	20 25	20 29	20 33	20 38
23	21 14	21 17	21 20	21 23	21 27	21 30	21 35	21 39	21 44	21 50	21 56	22 04	22 13	22 23
24	22 22	22 26	22 30	22 35	22 40	22 46	22 52	22 59	23 06	23 15	23 24	23 36	23 49	.. ..
25	23 27	23 32	23 37	23 43	23 50	23 57	.. ..	.. ..	.. ..	.. ..	.. ..	.. ..	.. ..	0 06
26	.. ..	.. ..	.. ..	.. ..	.. ..	.. ..	0 05	0 13	0 23	0 34	0 47	1 03	1 21	1 45
27	0 27	0 33	0 40	0 46	0 54	1 02	1 11	1 21	1 33	1 46	2 02	2 20	2 44	3 16
28	1 23	1 29	1 36	1 43	1 51	2 00	2 09	2 20	2 33	2 47	3 04	3 25	3 51	4 29
29	2 13	2 19	2 26	2 33	2 41	2 49	2 59	3 10	3 22	3 36	3 53	4 13	4 39	5 14
30	2 57	3 03	3 09	3 16	3 23	3 31	3 40	3 50	4 01	4 14	4 28	4 46	5 08	5 37
31	3 36	3 41	3 46	3 52	3 58	4 05	4 13	4 22	4 31	4 42	4 54	5 09	5 26	5 48
Apr. 1	4 10	4 14	4 19	4 24	4 29	4 34	4 41	4 47	4 55	5 03	5 13	5 24	5 37	5 53
2	4 41	4 44	4 47	4 51	4 55	4 59	5 04	5 09	5 14	5 21	5 28	5 36	5 45	5 56

MOONSET

Lat.	+40°	+42°	+44°	+46°	+48°	+50°	+52°	+54°	+56°	+58°	+60°	+62°	+64°	+66°
	h m	h m	h m	h m	h m	h m	h m	h m	h m	h m	h m	h m	h m	h m
Mar. 9	20 45	20 46	20 48	20 49	20 51	20 52	20 54	20 56	20 58	21 00	21 03	21 06	21 10	21 14
10	21 46	21 48	21 51	21 53	21 56	22 00	22 03	22 07	22 11	22 16	22 22	22 28	22 35	22 43
11	22 47	22 51	22 55	22 59	23 03	23 08	23 14	23 20	23 26	23 33	23 42	23 52	.. ..	.. ..
12	23 51	23 55	.. ..	.. ..	.. ..	.. ..	.. ..	.. ..	.. ..	.. ..	.. ..	.. ..	0 03	0 17
13	.. ..	.. ..	0 00	0 06	0 12	0 18	0 25	0 33	0 42	0 52	1 03	1 17	1 33	1 53
14	0 54	1 00	1 06	1 12	1 19	1 27	1 35	1 45	1 56	2 08	2 22	2 40	3 01	3 29
15	1 57	2 03	2 09	2 17	2 24	2 33	2 42	2 53	3 05	3 19	3 35	3 55	4 20	4 54
16	2 56	3 02	3 09	3 16	3 24	3 32	3 42	3 53	4 05	4 18	4 35	4 55	5 20	5 54
17	3 50	3 56	4 02	4 09	4 16	4 24	4 32	4 42	4 53	5 05	5 19	5 36	5 57	6 24
18	4 39	4 44	4 49	4 54	5 00	5 06	5 13	5 21	5 30	5 40	5 51	6 04	6 19	6 38
19	5 21	5 25	5 29	5 33	5 37	5 42	5 47	5 53	5 59	6 06	6 14	6 22	6 33	6 45
20	6 00	6 02	6 04	6 06	6 09	6 12	6 15	6 18	6 22	6 26	6 31	6 36	6 42	6 49
21	6 35	6 35	6 36	6 37	6 38	6 39	6 40	6 41	6 42	6 44	6 45	6 47	6 49	6 51
22	7 08	7 07	7 07	7 06	7 05	7 04	7 03	7 02	7 01	7 00	6 58	6 57	6 55	6 53
23	7 41	7 39	7 37	7 35	7 32	7 30	7 27	7 24	7 20	7 16	7 12	7 07	7 01	6 55
24	8 16	8 12	8 09	8 05	8 01	7 57	7 52	7 46	7 41	7 34	7 27	7 18	7 09	6 57
25	8 53	8 48	8 43	8 38	8 33	8 27	8 20	8 13	8 05	7 55	7 45	7 33	7 19	7 01
26	9 33	9 27	9 21	9 15	9 08	9 01	8 53	8 44	8 34	8 22	8 09	7 53	7 34	7 09
27	10 17	10 11	10 04	9 57	9 50	9 41	9 32	9 22	9 10	8 56	8 41	8 21	7 58	7 25
28	11 05	10 58	10 52	10 44	10 36	10 28	10 18	10 07	9 55	9 40	9 23	9 03	8 36	7 58
29	11 56	11 50	11 44	11 36	11 29	11 20	11 11	11 00	10 48	10 34	10 18	9 57	9 32	8 56
30	12 51	12 45	12 39	12 32	12 25	12 18	12 09	11 59	11 49	11 36	11 22	11 04	10 42	10 14
31	13 47	13 42	13 37	13 31	13 25	13 19	13 11	13 03	12 54	12 44	12 32	12 18	12 01	11 40
Apr. 1	14 44	14 40	14 36	14 32	14 27	14 22	14 16	14 10	14 03	13 55	13 46	13 35	13 23	13 08
2	15 42	15 39	15 36	15 33	15 30	15 26	15 22	15 17	15 12	15 07	15 01	14 53	14 45	14 35

.. .. indicates phenomenon will occur the next day.

MOONRISE AND MOONSET, 2019
UNIVERSAL TIME FOR MERIDIAN OF GREENWICH
MOONRISE

Lat.	−55°	−50°	−45°	−40°	−35°	−30°	−20°	−10°	0°	+10°	+20°	+30°	+35°	+40°
	h m	h m	h m	h m	h m	h m	h m	h m	h m	h m	h m	h m	h m	h m
Apr. 1	1 34	1 51	2 05	2 16	2 26	2 35	2 49	3 02	3 14	3 25	3 38	3 52	4 01	4 10
2	2 42	2 55	3 05	3 14	3 21	3 28	3 39	3 49	3 58	4 07	4 16	4 27	4 34	4 41
3	3 51	3 59	4 06	4 12	4 17	4 21	4 28	4 35	4 41	4 47	4 53	5 00	5 05	5 09
4	5 01	5 05	5 08	5 10	5 12	5 14	5 18	5 21	5 23	5 26	5 29	5 32	5 34	5 36
5	6 12	6 11	6 10	6 09	6 09	6 08	6 08	6 07	6 06	6 05	6 05	6 04	6 04	6 03
6	7 24	7 18	7 14	7 10	7 06	7 03	6 58	6 54	6 50	6 46	6 41	6 36	6 34	6 30
7	8 38	8 27	8 18	8 11	8 05	8 00	7 50	7 42	7 35	7 27	7 19	7 10	7 05	7 00
8	9 53	9 37	9 25	9 14	9 05	8 58	8 44	8 33	8 22	8 12	8 00	7 47	7 40	7 32
9	11 08	10 47	10 31	10 18	10 07	9 57	9 40	9 26	9 12	8 59	8 45	8 28	8 19	8 08
10	12 21	11 56	11 37	11 22	11 09	10 57	10 38	10 21	10 06	9 50	9 33	9 14	9 03	8 51
11	13 28	13 01	12 40	12 23	12 09	11 57	11 36	11 18	11 01	10 45	10 27	10 06	9 54	9 40
12	14 24	13 58	13 37	13 21	13 07	12 55	12 34	12 16	11 59	11 42	11 24	11 03	10 51	10 37
13	15 10	14 46	14 28	14 13	14 00	13 49	13 29	13 13	12 57	12 41	12 25	12 05	11 54	11 41
14	15 45	15 26	15 11	14 58	14 48	14 38	14 22	14 08	13 55	13 41	13 27	13 11	13 01	12 50
15	16 13	15 59	15 48	15 39	15 31	15 24	15 11	15 01	14 51	14 41	14 30	14 17	14 10	14 02
16	16 36	16 28	16 21	16 15	16 10	16 06	15 58	15 51	15 45	15 39	15 32	15 24	15 20	15 15
17	16 56	16 53	16 51	16 49	16 47	16 45	16 43	16 40	16 38	16 36	16 33	16 31	16 29	16 27
18	17 16	17 18	17 20	17 21	17 23	17 24	17 26	17 28	17 30	17 32	17 34	17 36	17 38	17 39
19	17 35	17 43	17 49	17 54	17 59	18 03	18 10	18 16	18 22	18 28	18 34	18 41	18 46	18 51
20	17 57	18 10	18 20	18 29	18 36	18 43	18 54	19 04	19 14	19 23	19 34	19 46	19 53	20 01
21	18 22	18 40	18 54	19 06	19 16	19 25	19 40	19 54	20 06	20 19	20 33	20 49	20 58	21 08
22	18 52	19 15	19 32	19 47	19 59	20 09	20 28	20 44	20 59	21 14	21 30	21 49	22 00	22 13
23	19 30	19 56	20 16	20 32	20 45	20 57	21 17	21 35	21 52	22 08	22 26	22 47	22 59	23 13
24	20 17	20 44	21 04	21 21	21 35	21 47	22 08	22 27	22 44	23 01	23 19	23 40	23 52	.. ..
25	21 12	21 38	21 58	22 14	22 28	22 40	23 00	23 17	23 34	23 50	.. ..	.. ..	.. ..	0 06

MOONSET

Lat.	−55°	−50°	−45°	−40°	−35°	−30°	−20°	−10°	0°	+10°	+20°	+30°	+35°	+40°
	h m	h m	h m	h m	h m	h m	h m	h m	h m	h m	h m	h m	h m	h m
Apr. 1	17 00	16 46	16 34	16 25	16 17	16 09	15 57	15 46	15 35	15 24	15 13	15 00	14 53	14 44
2	17 19	17 09	17 01	16 54	16 48	16 43	16 34	16 26	16 19	16 11	16 03	15 53	15 48	15 42
3	17 36	17 31	17 26	17 22	17 19	17 16	17 10	17 06	17 01	16 57	16 52	16 47	16 44	16 40
4	17 52	17 51	17 50	17 49	17 48	17 47	17 46	17 45	17 44	17 43	17 42	17 40	17 40	17 39
5	18 08	18 11	18 13	18 16	18 17	18 19	18 22	18 25	18 27	18 29	18 32	18 35	18 36	18 38
6	18 24	18 32	18 38	18 44	18 48	18 52	18 59	19 05	19 11	19 17	19 23	19 30	19 34	19 39
7	18 43	18 55	19 06	19 14	19 21	19 27	19 38	19 48	19 57	20 06	20 16	20 27	20 34	20 41
8	19 06	19 23	19 37	19 48	19 58	20 06	20 21	20 34	20 46	20 58	21 11	21 26	21 35	21 45
9	19 34	19 56	20 13	20 27	20 39	20 49	21 07	21 23	21 38	21 52	22 08	22 26	22 36	22 49
10	20 12	20 37	20 57	21 13	21 26	21 38	21 58	22 16	22 32	22 48	23 06	23 26	23 38	23 51
11	21 01	21 28	21 49	22 06	22 20	22 32	22 53	23 12	23 29	23 46	.. ..	.. ..	.. ..	.. ..
12	22 04	22 30	22 50	23 07	23 20	23 32	23 53	.. ..	.. ..	.. ..	0 04	0 25	0 37	0 51
13	23 18	23 41	23 59	.. ..	.. ..	.. ..	.. ..	0 10	0 27	0 43	1 01	1 21	1 32	1 46
14	.. ..	.. ..	.. ..	0 13	0 25	0 36	0 54	1 10	1 25	1 39	1 55	2 12	2 23	2 34
15	0 41	0 58	1 12	1 24	1 34	1 42	1 57	2 10	2 21	2 33	2 46	3 00	3 08	3 17
16	2 07	2 19	2 28	2 36	2 43	2 49	2 59	3 08	3 17	3 25	3 34	3 43	3 49	3 56
17	3 34	3 40	3 45	3 49	3 53	3 56	4 01	4 06	4 10	4 15	4 19	4 24	4 27	4 30
18	5 01	5 01	5 01	5 02	5 02	5 02	5 02	5 03	5 03	5 03	5 03	5 03	5 03	5 03
19	6 27	6 21	6 17	6 13	6 10	6 08	6 03	5 59	5 55	5 51	5 47	5 42	5 39	5 36
20	7 51	7 40	7 31	7 24	7 18	7 12	7 03	6 54	6 47	6 39	6 30	6 21	6 16	6 09
21	9 14	8 57	8 44	8 33	8 24	8 16	8 02	7 50	7 39	7 28	7 16	7 02	6 54	6 45
22	10 31	10 10	9 53	9 40	9 28	9 18	9 01	8 46	8 32	8 17	8 03	7 45	7 35	7 24
23	11 42	11 17	10 58	10 42	10 29	10 17	9 57	9 40	9 24	9 08	8 51	8 32	8 20	8 07
24	12 43	12 16	11 55	11 39	11 25	11 13	10 52	10 34	10 17	10 00	9 42	9 21	9 09	8 55
25	13 32	13 06	12 46	12 30	12 16	12 04	11 43	11 25	11 08	10 51	10 33	10 12	10 00	9 46

.. .. indicates phenomenon will occur the next day.

UNIVERSAL TIME FOR MERIDIAN OF GREENWICH
MOONRISE

Lat.	+40°	+42°	+44°	+46°	+48°	+50°	+52°	+54°	+56°	+58°	+60°	+62°	+64°	+66°
	h m	h m	h m	h m	h m	h m	h m	h m	h m	h m	h m	h m	h m	h m
Apr. 1	4 10	4 14	4 19	4 24	4 29	4 34	4 41	4 47	4 55	5 03	5 13	5 24	5 37	5 53
2	4 41	4 44	4 47	4 51	4 55	4 59	5 04	5 09	5 14	5 21	5 28	5 36	5 45	5 56
3	5 09	5 11	5 14	5 16	5 19	5 21	5 24	5 28	5 31	5 35	5 40	5 45	5 51	5 57
4	5 36	5 37	5 38	5 39	5 41	5 42	5 43	5 45	5 46	5 48	5 50	5 52	5 55	5 58
5	6 03	6 03	6 03	6 02	6 02	6 02	6 02	6 01	6 01	6 01	6 00	6 00	5 59	5 58
6	6 30	6 29	6 28	6 26	6 24	6 22	6 21	6 18	6 16	6 13	6 10	6 07	6 03	5 59
7	7 00	6 57	6 54	6 51	6 48	6 45	6 41	6 37	6 33	6 28	6 22	6 16	6 09	6 00
8	7 32	7 28	7 24	7 20	7 15	7 10	7 05	6 59	6 52	6 45	6 36	6 27	6 16	6 03
9	8 08	8 03	7 58	7 53	7 47	7 40	7 33	7 25	7 17	7 07	6 55	6 42	6 27	6 07
10	8 51	8 45	8 39	8 32	8 25	8 18	8 09	7 59	7 49	7 36	7 22	7 05	6 45	6 18
11	9 40	9 34	9 27	9 20	9 12	9 04	8 54	8 43	8 31	8 17	8 01	7 41	7 16	6 41
12	10 37	10 31	10 24	10 17	10 09	10 00	9 51	9 40	9 27	9 13	8 56	8 36	8 09	7 32
13	11 41	11 35	11 29	11 22	11 15	11 07	10 58	10 48	10 37	10 24	10 09	9 50	9 27	8 57
14	12 50	12 45	12 40	12 34	12 28	12 21	12 14	12 06	11 57	11 46	11 34	11 20	11 03	10 41
15	14 02	13 58	13 54	13 50	13 46	13 41	13 35	13 29	13 22	13 15	13 06	12 56	12 45	12 31
16	15 15	15 12	15 10	15 07	15 05	15 02	14 58	14 55	14 51	14 46	14 41	14 35	14 29	14 21
17	16 27	16 27	16 26	16 25	16 24	16 23	16 22	16 20	16 19	16 18	16 16	16 14	16 12	16 09
18	17 39	17 40	17 41	17 42	17 43	17 43	17 44	17 46	17 47	17 48	17 50	17 52	17 54	17 56
19	18 51	18 53	18 55	18 57	19 00	19 03	19 06	19 10	19 14	19 18	19 23	19 28	19 35	19 42
20	20 01	20 04	20 08	20 12	20 16	20 21	20 26	20 32	20 38	20 46	20 54	21 03	21 15	21 28
21	21 08	21 13	21 18	21 24	21 30	21 36	21 43	21 51	22 00	22 10	22 22	22 36	22 52	23 12
22	22 13	22 19	22 25	22 31	22 38	22 46	22 55	23 05	23 16	23 28	23 43	.. ..	.. ..	.. ..
23	23 13	23 19	23 25	23 33	23 41	23 49	23 59	.. ..	.. ..	.. ..	.. ..	0 01	0 23	0 52
24	.. ..	.. ..	.. ..	.. ..	.. ..	.. ..	.. ..	0 10	0 22	0 37	0 54	1 14	1 41	2 19
25	0 06	0 13	0 20	0 27	0 35	0 44	0 54	1 05	1 18	1 32	1 50	2 11	2 38	3 18

MOONSET

Lat.	+40°	+42°	+44°	+46°	+48°	+50°	+52°	+54°	+56°	+58°	+60°	+62°	+64°	+66°
	h m	h m	h m	h m	h m	h m	h m	h m	h m	h m	h m	h m	h m	h m
Apr. 1	14 44	14 40	14 36	14 32	14 27	14 22	14 16	14 10	14 03	13 55	13 46	13 35	13 23	13 08
2	15 42	15 39	15 36	15 33	15 30	15 26	15 22	15 17	15 12	15 07	15 01	14 53	14 45	14 35
3	16 40	16 38	16 37	16 35	16 33	16 31	16 28	16 26	16 23	16 20	16 16	16 12	16 08	16 02
4	17 39	17 38	17 38	17 37	17 37	17 36	17 36	17 35	17 35	17 34	17 33	17 32	17 31	17 29
5	18 38	18 39	18 40	18 41	18 42	18 43	18 44	18 46	18 47	18 49	18 51	18 53	18 55	18 58
6	19 39	19 41	19 43	19 46	19 48	19 51	19 54	19 57	20 01	20 05	20 10	20 15	20 21	20 28
7	20 41	20 45	20 48	20 52	20 56	21 00	21 05	21 11	21 17	21 23	21 31	21 40	21 50	22 02
8	21 45	21 49	21 54	21 59	22 05	22 11	22 17	22 25	22 33	22 42	22 53	23 06	23 20	23 39
9	22 49	22 54	23 00	23 06	23 13	23 20	23 29	23 38	23 48	.. ..	.. ..	.. ..	.. ..	.. ..
10	23 51	23 57	.. ..	.. ..	.. ..	.. ..	.. ..	.. ..	.. ..	0 00	0 14	0 30	0 51	1 17
11	.. ..	.. ..	0 04	0 11	0 19	0 27	0 37	0 47	0 59	1 13	1 29	1 49	2 14	2 48
12	0 51	0 57	1 04	1 11	1 19	1 28	1 38	1 49	2 01	2 15	2 32	2 53	3 20	3 57
13	1 46	1 52	1 58	2 05	2 12	2 21	2 30	2 40	2 52	3 05	3 21	3 39	4 02	4 33
14	2 34	2 40	2 45	2 51	2 58	3 05	3 13	3 21	3 31	3 42	3 55	4 10	4 27	4 50
15	3 17	3 21	3 26	3 31	3 36	3 41	3 47	3 54	4 01	4 09	4 19	4 30	4 42	4 57
16	3 56	3 58	4 01	4 05	4 08	4 12	4 16	4 20	4 25	4 31	4 37	4 44	4 52	5 01
17	4 30	4 32	4 33	4 35	4 37	4 39	4 41	4 43	4 45	4 48	4 51	4 55	4 58	5 03
18	5 03	5 03	5 03	5 03	5 04	5 04	5 04	5 04	5 04	5 04	5 04	5 04	5 04	5 04
19	5 36	5 35	5 33	5 32	5 30	5 28	5 26	5 24	5 22	5 19	5 16	5 13	5 09	5 05
20	6 09	6 07	6 04	6 01	5 57	5 54	5 50	5 46	5 41	5 36	5 30	5 23	5 15	5 06
21	6 45	6 41	6 37	6 32	6 27	6 22	6 16	6 10	6 03	5 55	5 46	5 35	5 23	5 09
22	7 24	7 19	7 14	7 08	7 02	6 55	6 47	6 39	6 29	6 19	6 06	5 52	5 35	5 14
23	8 07	8 01	7 55	7 48	7 41	7 33	7 24	7 14	7 02	6 49	6 34	6 16	5 54	5 24
24	8 55	8 48	8 41	8 34	8 26	8 17	8 08	7 57	7 44	7 30	7 13	6 52	6 25	5 47
25	9 46	9 40	9 33	9 25	9 17	9 09	8 59	8 48	8 35	8 20	8 03	7 42	7 14	6 35

.. .. indicates phenomenon will occur the next day.

MOONRISE AND MOONSET, 2019

UNIVERSAL TIME FOR MERIDIAN OF GREENWICH

MOONRISE

Lat.	−55°	−50°	−45°	−40°	−35°	−30°	−20°	−10°	0°	+10°	+20°	+30°	+35°	+40°
	h m	h m	h m	h m	h m	h m	h m	h m	h m	h m	h m	h m	h m	h m
Apr. 24	20 17	20 44	21 04	21 21	21 35	21 47	22 08	22 27	22 44	23 01	23 19	23 40	23 52	.. ..
25	21 12	21 38	21 58	22 14	22 28	22 40	23 00	23 17	23 34	23 50	.. ..	.. ..	.. ..	0 06
26	22 13	22 37	22 55	23 09	23 22	23 33	23 51	.. ..	.. ..	.. ..	0 08	0 28	0 40	0 54
27	23 19	23 39	23 54	.. ..	.. ..	.. ..	.. ..	0 07	0 22	0 37	0 54	1 12	1 23	1 35
28	.. ..	.. ..	.. ..	0 06	0 17	0 26	0 42	0 56	1 09	1 22	1 36	1 51	2 01	2 11
29	0 27	0 42	0 54	1 04	1 12	1 20	1 32	1 43	1 54	2 04	2 15	2 27	2 35	2 43
30	1 36	1 46	1 55	2 02	2 08	2 13	2 22	2 30	2 37	2 44	2 52	3 01	3 06	3 12
May 1	2 46	2 51	2 56	3 00	3 03	3 06	3 11	3 15	3 20	3 24	3 28	3 33	3 36	3 39
2	3 57	3 57	3 58	3 59	3 59	4 00	4 01	4 01	4 02	4 03	4 04	4 04	4 05	4 06
3	5 09	5 05	5 02	4 59	4 57	4 55	4 51	4 48	4 45	4 43	4 40	4 36	4 35	4 32
4	6 23	6 14	6 07	6 01	5 56	5 51	5 43	5 37	5 30	5 24	5 17	5 10	5 06	5 01
5	7 39	7 25	7 14	7 04	6 56	6 49	6 38	6 27	6 17	6 08	5 58	5 46	5 39	5 32
6	8 56	8 37	8 22	8 09	7 59	7 50	7 34	7 20	7 08	6 55	6 41	6 26	6 17	6 07
7	10 12	9 48	9 30	9 15	9 02	8 51	8 32	8 16	8 01	7 46	7 29	7 11	7 00	6 48
8	11 23	10 56	10 35	10 18	10 04	9 52	9 31	9 13	8 57	8 40	8 22	8 01	7 50	7 36
9	12 23	11 56	11 35	11 18	11 04	10 51	10 30	10 12	9 54	9 37	9 19	8 58	8 45	8 31
10	13 12	12 47	12 28	12 12	11 58	11 46	11 26	11 09	10 53	10 36	10 19	9 59	9 47	9 33
11	13 50	13 29	13 12	12 59	12 47	12 37	12 19	12 04	11 50	11 36	11 21	11 03	10 52	10 40
12	14 19	14 03	13 50	13 40	13 31	13 23	13 09	12 57	12 45	12 34	12 22	12 08	12 00	11 50
13	14 42	14 32	14 23	14 16	14 10	14 04	13 55	13 47	13 39	13 31	13 23	13 13	13 07	13 01
14	15 02	14 57	14 53	14 49	14 46	14 43	14 39	14 34	14 31	14 27	14 22	14 18	14 15	14 12
15	15 21	15 21	15 21	15 21	15 21	15 21	15 21	15 21	15 21	15 21	15 21	15 22	15 22	15 22
16	15 39	15 44	15 49	15 52	15 55	15 58	16 03	16 07	16 11	16 16	16 20	16 25	16 28	16 32
17	15 59	16 09	16 18	16 25	16 31	16 36	16 46	16 54	17 02	17 10	17 19	17 29	17 34	17 41
18	16 21	16 37	16 49	17 00	17 09	17 17	17 30	17 42	17 54	18 05	18 18	18 32	18 40	18 49

MOONSET

	−55°	−50°	−45°	−40°	−35°	−30°	−20°	−10°	0°	+10°	+20°	+30°	+35°	+40°
	h m	h m	h m	h m	h m	h m	h m	h m	h m	h m	h m	h m	h m	h m
Apr. 24	12 43	12 16	11 55	11 39	11 25	11 13	10 52	10 34	10 17	10 00	9 42	9 21	9 09	8 55
25	13 32	13 06	12 46	12 30	12 16	12 04	11 43	11 25	11 08	10 51	10 33	10 12	10 00	9 46
26	14 12	13 48	13 29	13 14	13 01	12 50	12 30	12 13	11 58	11 42	11 25	11 05	10 54	10 40
27	14 42	14 22	14 06	13 52	13 41	13 31	13 14	12 59	12 45	12 31	12 16	11 58	11 48	11 37
28	15 06	14 50	14 37	14 26	14 17	14 09	13 55	13 42	13 31	13 19	13 06	12 52	12 44	12 34
29	15 26	15 14	15 05	14 57	14 50	14 44	14 33	14 24	14 15	14 06	13 56	13 45	13 39	13 32
30	15 43	15 36	15 30	15 25	15 20	15 16	15 09	15 03	14 58	14 52	14 46	14 38	14 34	14 30
May 1	15 59	15 56	15 53	15 51	15 49	15 48	15 45	15 42	15 40	15 38	15 35	15 32	15 30	15 28
2	16 14	16 16	16 17	16 18	16 19	16 19	16 21	16 22	16 23	16 24	16 25	16 26	16 27	16 28
3	16 30	16 36	16 41	16 45	16 49	16 52	16 57	17 02	17 07	17 11	17 16	17 22	17 25	17 28
4	16 48	16 59	17 07	17 15	17 21	17 26	17 36	17 45	17 53	18 01	18 09	18 19	18 25	18 31
5	17 09	17 25	17 37	17 48	17 56	18 04	18 18	18 30	18 41	18 52	19 04	19 18	19 26	19 35
6	17 35	17 56	18 12	18 25	18 37	18 47	19 04	19 19	19 33	19 47	20 02	20 19	20 29	20 41
7	18 10	18 35	18 54	19 09	19 23	19 34	19 54	20 11	20 27	20 43	21 00	21 20	21 32	21 45
8	18 56	19 23	19 44	20 01	20 15	20 27	20 49	21 07	21 24	21 41	21 59	22 21	22 33	22 47
9	19 55	20 22	20 43	21 00	21 14	21 26	21 47	22 05	22 22	22 39	22 57	23 18	23 30	23 44
10	21 06	21 30	21 49	22 04	22 17	22 29	22 48	23 05	23 20	23 36	23 52	.. ..	.. ..	.. ..
11	22 25	22 45	23 01	23 13	23 24	23 33	23 50	.. ..	.. ..	.. ..	.. ..	0 11	0 22	0 34
12	23 49	.. ..	.. ..	.. ..	.. ..	.. ..	.. ..	0 04	0 17	0 29	0 43	0 59	1 08	1 18
13	.. ..	0 03	0 15	0 24	0 32	0 39	0 51	1 01	1 11	1 21	1 31	1 42	1 49	1 57
14	1 14	1 22	1 29	1 35	1 40	1 44	1 51	1 58	2 04	2 09	2 16	2 23	2 27	2 31
15	2 38	2 41	2 43	2 45	2 47	2 48	2 51	2 53	2 55	2 57	2 59	3 01	3 02	3 03
16	4 02	3 59	3 57	3 55	3 54	3 52	3 49	3 47	3 45	3 43	3 41	3 38	3 36	3 35
17	5 26	5 17	5 10	5 05	5 00	4 56	4 48	4 42	4 36	4 29	4 23	4 16	4 11	4 07
18	6 48	6 34	6 23	6 14	6 06	5 59	5 47	5 36	5 27	5 17	5 07	4 55	4 48	4 40

.. .. indicates phenomenon will occur the next day.

UNIVERSAL TIME FOR MERIDIAN OF GREENWICH

MOONRISE

Lat.	+40°	+42°	+44°	+46°	+48°	+50°	+52°	+54°	+56°	+58°	+60°	+62°	+64°	+66°
	h m	h m	h m	h m	h m	h m	h m	h m	h m	h m	h m	h m	h m	h m
Apr. 24	.. ..	.. ..	.. ..	.. ..	.. ..	.. ..	.. ..	0 10	0 22	0 37	0 54	1 14	1 41	2 19
25	0 06	0 13	0 20	0 27	0 35	0 44	0 54	1 05	1 18	1 32	1 50	2 11	2 38	3 18
26	0 54	1 00	1 06	1 13	1 21	1 29	1 39	1 49	2 01	2 15	2 31	2 50	3 15	3 48
27	1 35	1 40	1 46	1 53	1 59	2 07	2 15	2 24	2 35	2 47	3 00	3 16	3 36	4 01
28	2 11	2 16	2 20	2 26	2 32	2 38	2 45	2 52	3 01	3 10	3 21	3 34	3 49	4 07
29	2 43	2 46	2 50	2 54	2 59	3 04	3 09	3 15	3 21	3 29	3 37	3 46	3 57	4 10
30	3 12	3 14	3 17	3 20	3 23	3 27	3 30	3 34	3 39	3 44	3 49	3 55	4 03	4 11
May 1	3 39	3 40	3 42	3 44	3 45	3 47	3 49	3 51	3 54	3 57	4 00	4 03	4 07	4 11
2	4 06	4 06	4 06	4 06	4 07	4 07	4 07	4 08	4 08	4 09	4 09	4 10	4 11	4 11
3	4 32	4 31	4 31	4 29	4 28	4 27	4 26	4 24	4 23	4 21	4 19	4 17	4 14	4 11
4	5 01	4 59	4 56	4 54	4 51	4 49	4 45	4 42	4 38	4 34	4 30	4 25	4 19	4 12
5	5 32	5 29	5 25	5 21	5 17	5 13	5 08	5 03	4 57	4 50	4 43	4 34	4 25	4 13
6	6 07	6 03	5 58	5 53	5 47	5 41	5 35	5 27	5 19	5 10	5 00	4 48	4 33	4 16
7	6 48	6 43	6 37	6 30	6 24	6 16	6 08	5 59	5 49	5 37	5 23	5 07	4 48	4 24
8	7 36	7 30	7 23	7 16	7 08	7 00	6 50	6 40	6 28	6 14	5 58	5 38	5 14	4 40
9	8 31	8 25	8 18	8 10	8 02	7 53	7 44	7 32	7 20	7 05	6 48	6 27	5 59	5 20
10	9 33	9 27	9 21	9 14	9 06	8 57	8 48	8 38	8 26	8 12	7 55	7 36	7 11	6 36
11	10 40	10 35	10 29	10 23	10 17	10 09	10 01	9 52	9 42	9 31	9 17	9 01	8 42	8 17
12	11 50	11 46	11 42	11 37	11 32	11 26	11 20	11 13	11 05	10 57	10 47	10 35	10 22	10 05
13	13 01	12 58	12 55	12 52	12 49	12 45	12 41	12 36	12 31	12 25	12 19	12 12	12 03	11 53
14	14 12	14 10	14 09	14 07	14 06	14 04	14 02	14 00	13 57	13 54	13 51	13 48	13 44	13 39
15	15 22	15 22	15 22	15 22	15 22	15 22	15 22	15 23	15 23	15 23	15 23	15 23	15 23	15 24
16	16 32	16 33	16 35	16 37	16 38	16 40	16 43	16 45	16 48	16 51	16 54	16 58	17 02	17 08
17	17 41	17 44	17 47	17 50	17 54	17 58	18 02	18 07	18 12	18 18	18 25	18 32	18 41	18 52
18	18 49	18 54	18 58	19 03	19 08	19 14	19 20	19 27	19 35	19 44	19 54	20 06	20 20	20 37

MOONSET

Lat.	+40°	+42°	+44°	+46°	+48°	+50°	+52°	+54°	+56°	+58°	+60°	+62°	+64°	+66°
	h m	h m	h m	h m	h m	h m	h m	h m	h m	h m	h m	h m	h m	h m
Apr. 24	8 55	8 48	8 41	8 34	8 26	8 17	8 08	7 57	7 44	7 30	7 13	6 52	6 25	5 47
25	9 46	9 40	9 33	9 25	9 17	9 09	8 59	8 48	8 35	8 20	8 03	7 42	7 14	6 35
26	10 40	10 34	10 28	10 21	10 14	10 05	9 56	9 46	9 34	9 21	9 05	8 46	8 22	7 49
27	11 37	11 31	11 26	11 20	11 13	11 06	10 58	10 49	10 39	10 28	10 14	9 59	9 39	9 15
28	12 34	12 30	12 25	12 20	12 15	12 09	12 02	11 55	11 47	11 38	11 28	11 16	11 01	10 44
29	13 32	13 28	13 25	13 21	13 17	13 13	13 08	13 03	12 57	12 50	12 43	12 34	12 24	12 12
30	14 30	14 28	14 25	14 23	14 20	14 18	14 15	14 11	14 07	14 03	13 59	13 53	13 47	13 40
May 1	15 28	15 27	15 26	15 25	15 24	15 23	15 22	15 20	15 19	15 17	15 15	15 13	15 10	15 07
2	16 28	16 28	16 28	16 29	16 29	16 30	16 30	16 31	16 31	16 32	16 33	16 33	16 34	16 36
3	17 28	17 30	17 32	17 34	17 35	17 38	17 40	17 43	17 45	17 49	17 52	17 56	18 01	18 06
4	18 31	18 34	18 37	18 40	18 44	18 48	18 52	18 56	19 02	19 07	19 14	19 21	19 30	19 40
5	19 35	19 39	19 44	19 48	19 53	19 59	20 05	20 12	20 19	20 28	20 38	20 49	21 02	21 18
6	20 41	20 46	20 51	20 57	21 04	21 11	21 19	21 27	21 37	21 49	22 02	22 17	22 36	23 00
7	21 45	21 51	21 58	22 05	22 12	22 20	22 30	22 40	22 52	23 05	23 21	23 40	.. ..	.. ..
8	22 47	22 53	23 00	23 08	23 16	23 25	23 34	23 46	23 58	.. ..	.. ..	.. ..	0 05	0 38
9	23 44	23 50	23 57	.. ..	.. ..	.. ..	.. ..	.. ..	.. ..	0 13	0 30	0 51	1 19	1 58
10	.. ..	.. ..	.. ..	0 04	0 12	0 20	0 30	0 41	0 53	1 07	1 23	1 43	2 09	2 43
11	0 34	0 40	0 46	0 52	0 59	1 07	1 15	1 24	1 35	1 47	2 01	2 17	2 37	3 03
12	1 18	1 23	1 28	1 33	1 38	1 45	1 51	1 59	2 07	2 16	2 27	2 39	2 54	3 11
13	1 57	2 00	2 04	2 07	2 11	2 16	2 21	2 26	2 32	2 38	2 46	2 54	3 04	3 15
14	2 31	2 33	2 35	2 38	2 40	2 43	2 46	2 49	2 52	2 56	3 00	3 05	3 10	3 17
15	3 03	3 04	3 05	3 05	3 06	3 07	3 08	3 09	3 10	3 11	3 12	3 14	3 15	3 17
16	3 35	3 34	3 33	3 32	3 31	3 30	3 29	3 28	3 27	3 25	3 24	3 22	3 20	3 18
17	4 07	4 05	4 02	4 00	3 57	3 55	3 51	3 48	3 45	3 40	3 36	3 31	3 25	3 18
18	4 40	4 37	4 33	4 29	4 25	4 21	4 16	4 10	4 04	3 57	3 50	3 41	3 31	3 19

.. .. indicates phenomenon will occur the next day.

MOONRISE AND MOONSET, 2019

UNIVERSAL TIME FOR MERIDIAN OF GREENWICH

MOONRISE

Lat.	−55°	−50°	−45°	−40°	−35°	−30°	−20°	−10°	0°	+10°	+20°	+30°	+35°	+40°
	h m	h m	h m	h m	h m	h m	h m	h m	h m	h m	h m	h m	h m	h m
May 17	15 59	16 09	16 18	16 25	16 31	16 36	16 46	16 54	17 02	17 10	17 19	17 29	17 34	17 41
18	16 21	16 37	16 49	17 00	17 09	17 17	17 30	17 42	17 54	18 05	18 18	18 32	18 40	18 49
19	16 49	17 09	17 25	17 39	17 50	18 00	18 17	18 32	18 46	19 01	19 16	19 34	19 44	19 56
20	17 23	17 47	18 06	18 22	18 35	18 46	19 06	19 23	19 40	19 56	20 13	20 33	20 45	20 58
21	18 06	18 33	18 53	19 10	19 24	19 36	19 57	20 15	20 33	20 50	21 08	21 29	21 42	21 56
22	18 58	19 25	19 45	20 02	20 16	20 28	20 49	21 08	21 25	21 42	22 00	22 21	22 33	22 47
23	19 57	20 22	20 42	20 57	21 11	21 22	21 42	21 59	22 15	22 31	22 48	23 07	23 19	23 32
24	21 03	21 24	21 41	21 54	22 06	22 16	22 33	22 48	23 03	23 17	23 32	23 49	23 59	.. ..
25	22 10	22 27	22 41	22 52	23 02	23 10	23 24	23 37	23 48	.. ..	.. ..	.. ..	.. ..	0 10
26	23 19	23 32	23 42	23 50	23 57	.. ..	.. ..	.. ..	.. ..	0 00	0 12	0 26	0 34	0 44
27	.. ..	.. ..	.. ..	.. ..	.. ..	0 03	0 14	0 23	0 32	0 41	0 50	1 01	1 07	1 14
28	0 29	0 36	0 43	0 48	0 52	0 56	1 03	1 09	1 15	1 20	1 26	1 33	1 37	1 41
29	1 39	1 42	1 44	1 46	1 48	1 49	1 52	1 55	1 57	1 59	2 01	2 04	2 06	2 08
30	2 50	2 48	2 47	2 45	2 44	2 43	2 42	2 41	2 39	2 38	2 37	2 36	2 35	2 34
31	4 03	3 56	3 51	3 46	3 42	3 39	3 33	3 28	3 23	3 19	3 14	3 08	3 05	3 01
June 1	5 18	5 07	4 57	4 49	4 42	4 37	4 26	4 18	4 09	4 01	3 53	3 43	3 37	3 31
2	6 36	6 19	6 05	5 54	5 45	5 37	5 22	5 10	4 58	4 47	4 35	4 21	4 13	4 04
3	7 55	7 32	7 15	7 01	6 49	6 39	6 21	6 06	5 51	5 37	5 22	5 04	4 54	4 43
4	9 10	8 44	8 23	8 07	7 53	7 42	7 21	7 04	6 47	6 31	6 14	5 54	5 42	5 29
5	10 17	9 49	9 27	9 10	8 56	8 43	8 22	8 03	7 46	7 29	7 10	6 49	6 37	6 22
6	11 11	10 45	10 24	10 08	9 54	9 42	9 21	9 03	8 46	8 29	8 11	7 50	7 38	7 24
7	11 53	11 30	11 13	10 58	10 46	10 35	10 16	10 00	9 45	9 30	9 13	8 54	8 44	8 31
8	12 25	12 07	11 53	11 41	11 31	11 23	11 08	10 54	10 42	10 29	10 16	10 00	9 52	9 41
9	12 50	12 37	12 27	12 19	12 12	12 06	11 55	11 45	11 36	11 27	11 17	11 06	11 00	10 52
10	13 10	13 03	12 58	12 53	12 49	12 45	12 39	12 33	12 28	12 23	12 17	12 11	12 07	12 03

MOONSET

Lat.	−55°	−50°	−45°	−40°	−35°	−30°	−20°	−10°	0°	+10°	+20°	+30°	+35°	+40°
	h m	h m	h m	h m	h m	h m	h m	h m	h m	h m	h m	h m	h m	h m
May 17	5 26	5 17	5 10	5 05	5 00	4 56	4 48	4 42	4 36	4 29	4 23	4 16	4 11	4 07
18	6 48	6 34	6 23	6 14	6 06	5 59	5 47	5 36	5 27	5 17	5 07	4 55	4 48	4 40
19	8 08	7 49	7 34	7 21	7 11	7 01	6 46	6 32	6 19	6 06	5 52	5 37	5 28	5 17
20	9 23	9 00	8 41	8 26	8 14	8 02	7 44	7 27	7 12	6 57	6 40	6 22	6 11	5 58
21	10 30	10 03	9 43	9 27	9 13	9 01	8 40	8 22	8 05	7 48	7 30	7 10	6 58	6 44
22	11 26	10 59	10 38	10 21	10 07	9 54	9 33	9 15	8 58	8 41	8 22	8 01	7 48	7 34
23	12 10	11 45	11 25	11 09	10 55	10 43	10 23	10 06	9 49	9 32	9 15	8 54	8 42	8 28
24	12 44	12 22	12 05	11 50	11 38	11 28	11 09	10 53	10 38	10 23	10 07	9 48	9 37	9 25
25	13 11	12 53	12 38	12 26	12 16	12 07	11 51	11 38	11 25	11 12	10 58	10 42	10 33	10 22
26	13 32	13 19	13 07	12 58	12 50	12 43	12 31	12 20	12 10	11 59	11 48	11 36	11 28	11 20
27	13 50	13 41	13 33	13 27	13 21	13 16	13 08	13 00	12 53	12 46	12 38	12 29	12 24	12 18
28	14 06	14 01	13 57	13 53	13 50	13 48	13 43	13 39	13 35	13 31	13 27	13 22	13 19	13 16
29	14 21	14 21	14 20	14 20	14 19	14 19	14 18	14 18	14 17	14 17	14 16	14 15	14 15	14 14
30	14 36	14 40	14 43	14 46	14 48	14 51	14 54	14 57	15 00	15 03	15 06	15 10	15 12	15 14
31	14 53	15 01	15 08	15 14	15 19	15 24	15 32	15 39	15 45	15 51	15 58	16 06	16 11	16 16
June 1	15 12	15 26	15 36	15 46	15 53	16 00	16 12	16 23	16 32	16 42	16 53	17 05	17 12	17 20
2	15 36	15 54	16 09	16 21	16 32	16 41	16 56	17 10	17 23	17 36	17 50	18 06	18 15	18 26
3	16 07	16 30	16 48	17 03	17 16	17 27	17 46	18 02	18 18	18 33	18 50	19 09	19 20	19 33
4	16 49	17 16	17 36	17 53	18 07	18 19	18 40	18 58	19 15	19 32	19 50	20 11	20 23	20 37
5	17 44	18 12	18 33	18 50	19 05	19 17	19 39	19 57	20 14	20 32	20 50	21 11	21 24	21 38
6	18 53	19 19	19 39	19 55	20 08	20 20	20 40	20 58	21 14	21 30	21 48	22 07	22 19	22 32
7	20 12	20 33	20 50	21 04	21 16	21 26	21 43	21 58	22 12	22 26	22 41	22 58	23 08	23 19
8	21 35	21 52	22 04	22 15	22 24	22 32	22 45	22 57	23 08	23 19	23 30	23 43	23 51	23 59
9	23 00	23 11	23 19	23 26	23 32	23 37	23 46	23 54	.. ..	.. ..	.. ..	.. ..	.. ..	.. ..
10	.. ..	.. ..	.. ..	.. ..	.. ..	.. ..	.. ..	.. ..	0 01	0 08	0 16	0 24	0 29	0 35

.. .. indicates phenomenon will occur the next day.

UNIVERSAL TIME FOR MERIDIAN OF GREENWICH
MOONRISE

Lat.	+40°	+42°	+44°	+46°	+48°	+50°	+52°	+54°	+56°	+58°	+60°	+62°	+64°	+66°
	h m	h m	h m	h m	h m	h m	h m	h m	h m	h m	h m	h m	h m	h m
May 17	17 41	17 44	17 47	17 50	17 54	17 58	18 02	18 07	18 12	18 18	18 25	18 32	18 41	18 52
18	18 49	18 54	18 58	19 03	19 08	19 14	19 20	19 27	19 35	19 44	19 54	20 06	20 20	20 37
19	19 56	20 01	20 07	20 13	20 20	20 27	20 35	20 44	20 54	21 06	21 19	21 35	21 55	22 21
20	20 58	21 05	21 11	21 18	21 26	21 34	21 44	21 54	22 06	22 20	22 37	22 56	23 22	23 57
21	21 56	22 02	22 09	22 17	22 25	22 34	22 44	22 55	23 08	23 23	23 41	.. ..	.. ..	.. ..
22	22 47	22 53	23 00	23 08	23 16	23 24	23 34	23 45	23 58	.. ..	.. ..	0 03	0 31	1 13
23	23 32	23 37	23 44	23 50	23 58	.. ..	.. ..	.. ..	.. ..	0 12	0 29	0 50	1 17	1 56
24	.. ..	.. ..	.. ..	.. ..	.. ..	0 06	0 15	0 25	0 36	0 49	1 04	1 22	1 44	2 14
25	0 10	0 15	0 21	0 26	0 33	0 40	0 47	0 56	1 05	1 16	1 28	1 42	2 00	2 21
26	0 44	0 48	0 52	0 57	1 02	1 07	1 14	1 20	1 28	1 36	1 45	1 56	2 09	2 24
27	1 14	1 17	1 20	1 23	1 27	1 31	1 36	1 40	1 46	1 52	1 59	2 06	2 15	2 25
28	1 41	1 43	1 45	1 47	1 50	1 52	1 55	1 58	2 01	2 05	2 09	2 14	2 19	2 26
29	2 08	2 08	2 09	2 10	2 11	2 12	2 13	2 14	2 16	2 17	2 19	2 21	2 23	2 25
30	2 34	2 33	2 33	2 33	2 32	2 32	2 31	2 30	2 30	2 29	2 28	2 27	2 26	2 25
31	3 01	3 00	2 58	2 56	2 54	2 52	2 50	2 47	2 44	2 41	2 38	2 34	2 30	2 25
June 1	3 31	3 28	3 25	3 22	3 18	3 15	3 11	3 06	3 01	2 56	2 50	2 43	2 35	2 25
2	4 04	4 00	3 56	3 51	3 46	3 41	3 35	3 29	3 22	3 13	3 04	2 54	2 42	2 27
3	4 43	4 38	4 32	4 27	4 20	4 13	4 06	3 57	3 48	3 37	3 25	3 10	2 53	2 32
4	5 29	5 23	5 16	5 09	5 02	4 54	4 45	4 35	4 23	4 10	3 55	3 36	3 13	2 43
5	6 22	6 16	6 09	6 02	5 54	5 45	5 35	5 24	5 11	4 56	4 39	4 18	3 50	3 12
6	7 24	7 17	7 11	7 03	6 55	6 47	6 37	6 26	6 13	5 59	5 42	5 21	4 54	4 16
7	8 31	8 25	8 19	8 13	8 06	7 58	7 49	7 39	7 29	7 16	7 01	6 44	6 22	5 53
8	9 41	9 37	9 32	9 27	9 21	9 15	9 08	9 00	8 51	8 42	8 31	8 18	8 02	7 43
9	10 52	10 49	10 46	10 42	10 38	10 33	10 29	10 23	10 17	10 11	10 03	9 54	9 44	9 32
10	12 03	12 01	11 59	11 57	11 54	11 52	11 49	11 46	11 43	11 39	11 35	11 30	11 25	11 19

MOONSET

Lat.	+40°	+42°	+44°	+46°	+48°	+50°	+52°	+54°	+56°	+58°	+60°	+62°	+64°	+66°
	h m	h m	h m	h m	h m	h m	h m	h m	h m	h m	h m	h m	h m	h m
May 17	4 07	4 05	4 02	4 00	3 57	3 55	3 51	3 48	3 45	3 40	3 36	3 31	3 25	3 18
18	4 40	4 37	4 33	4 29	4 25	4 21	4 16	4 10	4 04	3 57	3 50	3 41	3 31	3 19
19	5 17	5 13	5 08	5 02	4 57	4 50	4 44	4 36	4 28	4 18	4 07	3 55	3 40	3 22
20	5 58	5 53	5 47	5 40	5 33	5 26	5 17	5 08	4 57	4 45	4 31	4 14	3 54	3 28
21	6 44	6 38	6 31	6 24	6 16	6 07	5 58	5 47	5 35	5 21	5 04	4 44	4 18	3 43
22	7 34	7 28	7 21	7 13	7 05	6 56	6 46	6 35	6 22	6 07	5 49	5 27	4 59	4 17
23	8 28	8 22	8 15	8 08	8 00	7 51	7 42	7 31	7 18	7 04	6 47	6 26	6 00	5 22
24	9 25	9 19	9 13	9 06	8 59	8 51	8 43	8 33	8 22	8 10	7 55	7 37	7 15	6 46
25	10 22	10 17	10 12	10 07	10 01	9 54	9 47	9 39	9 30	9 20	9 08	8 54	8 37	8 17
26	11 20	11 16	11 12	11 08	11 03	10 58	10 53	10 47	10 40	10 32	10 23	10 13	10 01	9 47
27	12 18	12 15	12 12	12 09	12 06	12 03	11 59	11 55	11 50	11 45	11 39	11 32	11 24	11 15
28	13 16	13 14	13 13	13 11	13 10	13 08	13 06	13 03	13 01	12 58	12 55	12 51	12 47	12 42
29	14 14	14 14	14 14	14 14	14 14	14 13	14 13	14 13	14 12	14 12	14 11	14 11	14 10	14 10
30	15 14	15 15	15 16	15 18	15 19	15 20	15 22	15 24	15 25	15 27	15 30	15 32	15 35	15 39
31	16 16	16 18	16 21	16 24	16 26	16 29	16 33	16 37	16 41	16 45	16 50	16 56	17 03	17 11
June 1	17 20	17 24	17 27	17 32	17 36	17 41	17 46	17 52	17 58	18 06	18 14	18 24	18 35	18 48
2	18 26	18 31	18 36	18 41	18 47	18 54	19 01	19 09	19 18	19 28	19 40	19 53	20 10	20 30
3	19 33	19 38	19 44	19 51	19 58	20 06	20 15	20 25	20 36	20 49	21 04	21 22	21 44	22 14
4	20 37	20 44	20 51	20 58	21 06	21 15	21 25	21 36	21 48	22 03	22 20	22 41	23 08	23 47
5	21 38	21 44	21 51	21 59	22 07	22 16	22 25	22 37	22 49	23 04	23 21	23 42	.. ..	.. ..
6	22 32	22 38	22 44	22 51	22 58	23 06	23 15	23 25	23 37	23 50	.. ..	.. ..	0 09	0 47
7	23 19	23 24	23 29	23 35	23 41	23 48	23 55	.. ..	.. ..	.. ..	0 05	0 23	0 45	1 14
8	23 59	.. ..	.. ..	.. ..	.. ..	.. ..	.. ..	0 03	0 12	0 22	0 34	0 48	1 04	1 25
9	.. ..	0 03	0 07	0 11	0 16	0 21	0 26	0 32	0 39	0 46	0 55	1 05	1 16	1 29
10	0 35	0 37	0 40	0 43	0 45	0 49	0 52	0 56	1 00	1 05	1 10	1 16	1 23	1 31

.. .. indicates phenomenon will occur the next day.

MOONRISE AND MOONSET, 2019
UNIVERSAL TIME FOR MERIDIAN OF GREENWICH
MOONRISE

Lat.	−55°	−50°	−45°	−40°	−35°	−30°	−20°	−10°	0°	+10°	+20°	+30°	+35°	+40°
	h m	h m	h m	h m	h m	h m	h m	h m	h m	h m	h m	h m	h m	h m
June 8	12 25	12 07	11 53	11 41	11 31	11 23	11 08	10 54	10 42	10 29	10 16	10 00	9 52	9 41
9	12 50	12 37	12 27	12 19	12 12	12 06	11 55	11 45	11 36	11 27	11 17	11 06	11 00	10 52
10	13 10	13 03	12 58	12 53	12 49	12 45	12 39	12 33	12 28	12 23	12 17	12 11	12 07	12 03
11	13 28	13 27	13 25	13 24	13 23	13 22	13 21	13 19	13 18	13 17	13 15	13 14	13 13	13 12
12	13 46	13 49	13 52	13 55	13 57	13 58	14 02	14 04	14 07	14 10	14 13	14 16	14 18	14 20
13	14 04	14 13	14 20	14 26	14 31	14 35	14 43	14 50	14 56	15 03	15 10	15 18	15 23	15 28
14	14 25	14 39	14 50	14 59	15 07	15 14	15 26	15 36	15 46	15 56	16 07	16 20	16 27	16 35
15	14 49	15 08	15 23	15 35	15 45	15 55	16 10	16 24	16 38	16 51	17 05	17 21	17 31	17 42
16	15 20	15 43	16 01	16 16	16 28	16 39	16 58	17 14	17 30	17 45	18 02	18 21	18 32	18 45
17	15 58	16 25	16 45	17 01	17 15	17 27	17 48	18 06	18 23	18 39	18 58	19 19	19 31	19 45
18	16 46	17 14	17 35	17 51	18 06	18 18	18 39	18 58	19 15	19 32	19 51	20 12	20 25	20 39
19	17 43	18 09	18 30	18 46	19 00	19 12	19 32	19 50	20 06	20 23	20 41	21 01	21 13	21 26
20	18 47	19 10	19 28	19 43	19 55	20 06	20 24	20 40	20 55	21 10	21 26	21 45	21 55	22 08
21	19 54	20 13	20 28	20 41	20 51	21 00	21 16	21 30	21 42	21 55	22 09	22 24	22 33	22 43
22	21 03	21 18	21 29	21 39	21 47	21 54	22 06	22 17	22 27	22 37	22 48	23 00	23 07	23 15
23	22 12	22 22	22 30	22 36	22 42	22 47	22 56	23 03	23 10	23 17	23 24	23 33	23 38	23 43
24	23 21	23 27	23 31	23 34	23 37	23 40	23 44	23 48	23 52	23 56	.. ..	.. ..	.. ..	.. ..
25	.. ..	.. ..	.. ..	.. ..	.. ..	.. ..	.. ..	.. ..	.. ..	.. ..	0 00	0 04	0 07	0 10
26	0 31	0 32	0 32	0 32	0 32	0 33	0 33	0 33	0 34	0 34	0 34	0 35	0 35	0 35
27	1 42	1 38	1 34	1 31	1 29	1 27	1 23	1 19	1 16	1 13	1 10	1 06	1 04	1 02
28	2 56	2 46	2 39	2 32	2 27	2 22	2 14	2 07	2 01	1 54	1 47	1 39	1 35	1 30
29	4 12	3 57	3 46	3 36	3 28	3 21	3 08	2 58	2 48	2 38	2 27	2 15	2 08	2 01
30	5 30	5 10	4 54	4 42	4 31	4 21	4 05	3 51	3 38	3 25	3 11	2 56	2 47	2 36
July 1	6 48	6 23	6 04	5 49	5 36	5 24	5 05	4 48	4 33	4 17	4 01	3 42	3 31	3 19
2	8 00	7 32	7 11	6 55	6 40	6 28	6 07	5 48	5 31	5 14	4 56	4 35	4 23	4 09

MOONSET

Lat.	−55°	−50°	−45°	−40°	−35°	−30°	−20°	−10°	0°	+10°	+20°	+30°	+35°	+40°
	h m	h m	h m	h m	h m	h m	h m	h m	h m	h m	h m	h m	h m	h m
June 8	21 35	21 52	22 04	22 15	22 24	22 32	22 45	22 57	23 08	23 19	23 30	23 43	23 51	23 59
9	23 00	23 11	23 19	23 26	23 32	23 37	23 46	23 54	.. ..	.. ..	.. ..	.. ..	.. ..	.. ..
10	.. ..	.. ..	.. ..	.. ..	.. ..	.. ..	.. ..	.. ..	0 01	0 08	0 16	0 24	0 29	0 35
11	0 24	0 29	0 33	0 36	0 39	0 41	0 45	0 49	0 52	0 55	0 59	1 02	1 05	1 07
12	1 47	1 46	1 45	1 45	1 44	1 44	1 43	1 42	1 41	1 41	1 40	1 39	1 38	1 38
13	3 09	3 02	2 57	2 53	2 49	2 46	2 40	2 35	2 31	2 26	2 21	2 15	2 12	2 08
14	4 30	4 18	4 08	4 00	3 54	3 48	3 37	3 28	3 20	3 12	3 03	2 53	2 47	2 40
15	5 49	5 32	5 18	5 07	4 58	4 49	4 35	4 22	4 11	3 59	3 47	3 32	3 24	3 15
16	7 06	6 44	6 26	6 12	6 00	5 50	5 32	5 17	5 02	4 48	4 33	4 15	4 05	3 53
17	8 16	7 50	7 30	7 14	7 01	6 49	6 29	6 11	5 55	5 39	5 21	5 01	4 50	4 36
18	9 16	8 49	8 28	8 11	7 57	7 45	7 24	7 05	6 48	6 31	6 12	5 51	5 39	5 24
19	10 06	9 39	9 19	9 02	8 48	8 36	8 15	7 57	7 40	7 23	7 05	6 44	6 31	6 17
20	10 44	10 20	10 02	9 47	9 34	9 22	9 03	8 46	8 30	8 14	7 57	7 38	7 26	7 13
21	11 14	10 54	10 38	10 25	10 14	10 04	9 47	9 32	9 18	9 04	8 49	8 32	8 22	8 10
22	11 38	11 22	11 09	10 59	10 49	10 42	10 28	10 16	10 04	9 53	9 40	9 26	9 18	9 09
23	11 57	11 45	11 36	11 28	11 22	11 16	11 05	10 56	10 48	10 39	10 30	10 20	10 14	10 07
24	12 13	12 06	12 00	11 56	11 51	11 48	11 41	11 36	11 30	11 25	11 19	11 12	11 09	11 04
25	12 28	12 25	12 23	12 21	12 20	12 19	12 16	12 14	12 12	12 10	12 08	12 05	12 04	12 02
26	12 43	12 44	12 46	12 47	12 48	12 49	12 51	12 53	12 54	12 55	12 57	12 58	12 59	13 00
27	12 58	13 04	13 10	13 14	13 18	13 21	13 27	13 32	13 37	13 42	13 47	13 53	13 57	14 00
28	13 15	13 27	13 36	13 43	13 50	13 56	14 06	14 14	14 23	14 31	14 40	14 50	14 56	15 03
29	13 37	13 53	14 06	14 16	14 25	14 34	14 48	15 00	15 11	15 23	15 35	15 49	15 58	16 07
30	14 04	14 25	14 41	14 55	15 07	15 17	15 34	15 50	16 04	16 18	16 34	16 51	17 02	17 13
July 1	14 40	15 05	15 25	15 41	15 54	16 06	16 26	16 44	17 00	17 17	17 34	17 55	18 06	18 20
2	15 30	15 57	16 19	16 36	16 50	17 03	17 24	17 43	18 00	18 17	18 36	18 57	19 10	19 24

.. .. indicates phenomenon will occur the next day.

UNIVERSAL TIME FOR MERIDIAN OF GREENWICH
MOONRISE

Lat.	+40°	+42°	+44°	+46°	+48°	+50°	+52°	+54°	+56°	+58°	+60°	+62°	+64°	+66°
	h m	h m	h m	h m	h m	h m	h m	h m	h m	h m	h m	h m	h m	h m
June 8	9 41	9 37	9 32	9 27	9 21	9 15	9 08	9 00	8 51	8 42	8 31	8 18	8 02	7 43
9	10 52	10 49	10 46	10 42	10 38	10 33	10 29	10 23	10 17	10 11	10 03	9 54	9 44	9 32
10	12 03	12 01	11 59	11 57	11 54	11 52	11 49	11 46	11 43	11 39	11 35	11 30	11 25	11 19
11	13 12	13 12	13 11	13 11	13 10	13 10	13 09	13 08	13 07	13 07	13 06	13 05	13 03	13 02
12	14 20	14 21	14 22	14 24	14 25	14 26	14 28	14 29	14 31	14 33	14 35	14 38	14 41	14 44
13	15 28	15 31	15 33	15 36	15 39	15 42	15 46	15 49	15 54	15 59	16 04	16 10	16 17	16 26
14	16 35	16 39	16 43	16 47	16 52	16 57	17 03	17 09	17 16	17 23	17 32	17 42	17 54	18 08
15	17 42	17 46	17 52	17 57	18 03	18 10	18 18	18 26	18 35	18 46	18 58	19 12	19 29	19 51
16	18 45	18 51	18 57	19 04	19 11	19 19	19 28	19 38	19 50	20 03	20 18	20 37	21 00	21 31
17	19 45	19 51	19 58	20 05	20 14	20 22	20 32	20 43	20 56	21 11	21 28	21 50	22 18	22 58
18	20 39	20 45	20 52	21 00	21 08	21 17	21 27	21 38	21 51	22 06	22 24	22 46	23 14	23 56
19	21 26	21 33	21 39	21 46	21 54	22 02	22 12	22 22	22 34	22 48	23 04	23 24	23 49	.. ..
20	22 08	22 13	22 19	22 25	22 32	22 40	22 48	22 57	23 07	23 19	23 33	23 49	.. ..	0 22
21	22 43	22 48	22 53	22 58	23 04	23 10	23 17	23 24	23 32	23 42	23 52	.. ..	0 08	0 33
22	23 15	23 18	23 22	23 26	23 30	23 35	23 40	23 46	23 52	23 59	.. ..	0 05	0 19	0 37
23	23 43	23 46	23 48	23 51	23 54	23 57	.. ..	.. ..	.. ..	.. ..	0 07	0 16	0 27	0 39
24	.. ..	.. ..	.. ..	.. ..	.. ..	.. ..	0 01	0 04	0 09	0 13	0 18	0 24	0 31	0 39
25	0 10	0 11	0 12	0 14	0 15	0 17	0 19	0 21	0 23	0 26	0 28	0 31	0 35	0 39
26	0 35	0 36	0 36	0 36	0 36	0 36	0 36	0 37	0 37	0 37	0 37	0 38	0 38	0 38
27	1 02	1 01	0 59	0 58	0 57	0 56	0 54	0 52	0 51	0 49	0 47	0 44	0 41	0 38
28	1 30	1 27	1 25	1 22	1 20	1 17	1 13	1 10	1 06	1 02	0 57	0 51	0 45	0 38
29	2 01	1 57	1 53	1 50	1 45	1 41	1 36	1 30	1 24	1 17	1 10	1 01	0 51	0 39
30	2 36	2 32	2 27	2 22	2 16	2 10	2 03	1 55	1 47	1 38	1 27	1 14	1 00	0 42
July 1	3 19	3 13	3 07	3 01	2 54	2 46	2 38	2 28	2 18	2 06	1 52	1 35	1 15	0 49
2	4 09	4 03	3 56	3 49	3 41	3 32	3 23	3 12	3 00	2 45	2 29	2 09	1 43	1 08

MOONSET

Lat.	+40°	+42°	+44°	+46°	+48°	+50°	+52°	+54°	+56°	+58°	+60°	+62°	+64°	+66°
	h m	h m	h m	h m	h m	h m	h m	h m	h m	h m	h m	h m	h m	h m
June 8	23 59	.. ..	.. ..	.. ..	.. ..	.. ..	.. ..	.. ..	0 03	0 12	0 22	0 34	0 48	1 04	1 25
9	.. ..	0 03	0 07	0 11	0 16	0 21	0 26	0 32	0 39	0 46	0 55	1 05	1 16	1 29
10	0 35	0 37	0 40	0 43	0 45	0 49	0 52	0 56	1 00	1 05	1 10	1 16	1 23	1 31
11	1 07	1 08	1 09	1 11	1 12	1 13	1 15	1 16	1 18	1 20	1 23	1 25	1 28	1 31
12	1 38	1 38	1 37	1 37	1 37	1 36	1 36	1 35	1 35	1 34	1 34	1 33	1 32	1 32
13	2 08	2 07	2 05	2 03	2 01	1 59	1 57	1 54	1 52	1 48	1 45	1 41	1 37	1 32
14	2 40	2 37	2 34	2 31	2 27	2 24	2 19	2 15	2 10	2 04	1 57	1 50	1 42	1 32
15	3 15	3 11	3 06	3 02	2 56	2 51	2 45	2 38	2 31	2 22	2 13	2 02	1 49	1 34
16	3 53	3 48	3 42	3 36	3 30	3 23	3 15	3 06	2 57	2 46	2 33	2 18	2 00	1 38
17	4 36	4 30	4 24	4 17	4 09	4 01	3 52	3 42	3 30	3 16	3 01	2 42	2 18	1 47
18	5 24	5 18	5 11	5 04	4 55	4 46	4 36	4 25	4 12	3 58	3 40	3 18	2 50	2 10
19	6 17	6 11	6 04	5 56	5 48	5 39	5 29	5 18	5 05	4 50	4 33	4 11	3 43	3 01
20	7 13	7 07	7 01	6 54	6 46	6 38	6 29	6 18	6 06	5 53	5 37	5 18	4 53	4 20
21	8 10	8 05	8 00	7 54	7 47	7 40	7 32	7 23	7 13	7 02	6 49	6 33	6 14	5 50
22	9 09	9 04	9 00	8 55	8 50	8 44	8 38	8 31	8 23	8 14	8 04	7 52	7 38	7 21
23	10 07	10 03	10 00	9 57	9 53	9 49	9 44	9 39	9 33	9 27	9 20	9 12	9 02	8 51
24	11 04	11 02	11 00	10 58	10 56	10 53	10 50	10 47	10 44	10 40	10 35	10 30	10 25	10 18
25	12 02	12 01	12 00	12 00	11 59	11 58	11 57	11 55	11 54	11 53	11 51	11 49	11 47	11 44
26	13 00	13 01	13 01	13 02	13 03	13 03	13 04	13 05	13 06	13 06	13 07	13 09	13 10	13 12
27	14 00	14 02	14 04	14 06	14 08	14 10	14 13	14 16	14 19	14 22	14 26	14 30	14 35	14 41
28	15 03	15 06	15 09	15 12	15 16	15 20	15 24	15 29	15 34	15 40	15 47	15 55	16 04	16 15
29	16 07	16 11	16 16	16 21	16 26	16 32	16 38	16 45	16 53	17 01	17 12	17 23	17 37	17 54
30	17 13	17 19	17 24	17 31	17 37	17 45	17 53	18 02	18 12	18 23	18 37	18 53	19 13	19 38
July 1	18 20	18 26	18 33	18 40	18 48	18 56	19 06	19 16	19 28	19 42	19 58	20 18	20 44	21 19
2	19 24	19 30	19 37	19 45	19 53	20 02	20 12	20 23	20 36	20 51	21 08	21 30	21 58	22 38

.. .. indicates phenomenon will occur the next day.

MOONRISE AND MOONSET, 2019

UNIVERSAL TIME FOR MERIDIAN OF GREENWICH

MOONRISE

Lat.	−55°	−50°	−45°	−40°	−35°	−30°	−20°	−10°	0°	+10°	+20°	+30°	+35°	+40°
July	h m	h m	h m	h m	h m	h m	h m	h m	h m	h m	h m	h m	h m	h m
1	6 48	6 23	6 04	5 49	5 36	5 24	5 05	4 48	4 33	4 17	4 01	3 42	3 31	3 19
2	8 00	7 32	7 11	6 55	6 40	6 28	6 07	5 48	5 31	5 14	4 56	4 35	4 23	4 09
3	9 02	8 34	8 13	7 56	7 42	7 29	7 08	6 49	6 32	6 15	5 56	5 35	5 23	5 08
4	9 50	9 26	9 07	8 51	8 38	8 26	8 07	7 49	7 33	7 17	7 00	6 40	6 29	6 15
5	10 27	10 07	9 52	9 39	9 28	9 18	9 01	8 47	8 33	8 19	8 05	7 48	7 38	7 27
6	10 55	10 41	10 29	10 19	10 11	10 04	9 51	9 40	9 30	9 20	9 09	8 56	8 48	8 40
7	11 17	11 08	11 01	10 55	10 50	10 46	10 38	10 31	10 24	10 18	10 10	10 02	9 58	9 53
8	11 36	11 33	11 30	11 28	11 26	11 24	11 21	11 18	11 15	11 13	11 10	11 07	11 05	11 03
9	11 54	11 56	11 57	11 58	11 59	12 00	12 02	12 04	12 05	12 07	12 08	12 10	12 11	12 13
10	12 12	12 19	12 24	12 29	12 33	12 37	12 43	12 49	12 54	13 00	13 05	13 12	13 16	13 20
11	12 31	12 43	12 53	13 01	13 08	13 14	13 25	13 34	13 43	13 52	14 02	14 13	14 20	14 27
12	12 54	13 11	13 24	13 35	13 45	13 54	14 08	14 21	14 33	14 46	14 59	15 14	15 23	15 33
13	13 21	13 43	14 00	14 14	14 26	14 36	14 54	15 10	15 24	15 39	15 55	16 13	16 24	16 36
14	13 56	14 21	14 41	14 57	15 10	15 22	15 42	16 00	16 16	16 33	16 50	17 11	17 23	17 37
15	14 40	15 07	15 28	15 45	15 59	16 11	16 33	16 51	17 08	17 25	17 44	18 05	18 18	18 32
16	15 33	16 00	16 21	16 37	16 51	17 04	17 24	17 43	18 00	18 16	18 35	18 55	19 08	19 22
17	16 34	16 59	17 18	17 33	17 46	17 58	18 17	18 34	18 49	19 05	19 22	19 41	19 52	20 05
18	17 41	18 01	18 18	18 31	18 42	18 52	19 09	19 23	19 37	19 51	20 05	20 22	20 32	20 43
19	18 49	19 05	19 18	19 29	19 38	19 46	20 00	20 12	20 23	20 34	20 46	20 59	21 07	21 16
20	19 58	20 10	20 19	20 27	20 34	20 39	20 49	20 58	21 06	21 14	21 23	21 33	21 39	21 45
21	21 07	21 14	21 20	21 24	21 28	21 32	21 38	21 43	21 48	21 53	21 59	22 05	22 08	22 12
22	22 16	22 19	22 20	22 22	22 23	22 24	22 26	22 28	22 30	22 31	22 33	22 35	22 36	22 38
23	23 26	23 23	23 21	23 20	23 18	23 17	23 15	23 13	23 11	23 10	23 08	23 06	23 05	23 03
24	.. ..	.. ..	.. ..	.. ..	.. ..	.. ..	.. ..	23 59	23 54	23 49	23 43	23 37	23 34	23 30
25	0 37	0 30	0 24	0 19	0 15	0 11	0 05	.. ..	.. ..	.. ..	.. ..	.. ..	.. ..	23 59

MOONSET

Lat.	−55°	−50°	−45°	−40°	−35°	−30°	−20°	−10°	0°	+10°	+20°	+30°	+35°	+40°
July	h m	h m	h m	h m	h m	h m	h m	h m	h m	h m	h m	h m	h m	h m
1	14 40	15 05	15 25	15 41	15 54	16 06	16 26	16 44	17 00	17 17	17 34	17 55	18 06	18 20
2	15 30	15 57	16 19	16 36	16 50	17 03	17 24	17 43	18 00	18 17	18 36	18 57	19 10	19 24
3	16 34	17 01	17 22	17 39	17 53	18 05	18 26	18 44	19 01	19 18	19 36	19 57	20 09	20 23
4	17 52	18 15	18 34	18 49	19 01	19 12	19 31	19 47	20 02	20 17	20 33	20 51	21 02	21 14
5	19 17	19 35	19 50	20 01	20 12	20 20	20 35	20 48	21 01	21 13	21 25	21 40	21 48	21 58
6	20 44	20 56	21 06	21 15	21 22	21 28	21 38	21 48	21 56	22 05	22 14	22 24	22 30	22 36
7	22 10	22 17	22 22	22 26	22 30	22 34	22 39	22 44	22 49	22 53	22 58	23 04	23 07	23 10
8	23 34	23 35	23 36	23 37	23 37	23 37	23 38	23 39	23 39	23 40	23 40	23 41	23 41	23 42
9	.. ..	.. ..	.. ..	.. ..	.. ..	.. ..	.. ..	.. ..	.. ..	.. ..	.. ..	.. ..	.. ..	.. ..
10	0 57	0 52	0 48	0 45	0 42	0 40	0 36	0 32	0 29	0 25	0 21	0 17	0 15	0 12
11	2 18	2 07	1 59	1 52	1 47	1 41	1 33	1 25	1 18	1 10	1 03	0 54	0 49	0 43
12	3 37	3 21	3 09	2 59	2 50	2 42	2 29	2 18	2 07	1 56	1 45	1 32	1 25	1 16
13	4 53	4 32	4 16	4 03	3 52	3 42	3 26	3 11	2 58	2 44	2 30	2 13	2 04	1 53
14	6 04	5 40	5 21	5 05	4 52	4 41	4 22	4 05	3 49	3 33	3 17	2 57	2 46	2 33
15	7 08	6 41	6 20	6 04	5 50	5 37	5 16	4 58	4 41	4 24	4 06	3 45	3 33	3 19
16	8 01	7 34	7 13	6 56	6 42	6 30	6 09	5 50	5 33	5 16	4 57	4 36	4 24	4 09
17	8 43	8 18	7 59	7 43	7 30	7 18	6 58	6 40	6 24	6 07	5 50	5 29	5 17	5 04
18	9 16	8 54	8 37	8 23	8 12	8 01	7 43	7 27	7 13	6 58	6 42	6 24	6 13	6 01
19	9 42	9 24	9 10	8 59	8 49	8 40	8 25	8 12	7 59	7 47	7 34	7 18	7 09	6 59
20	10 02	9 49	9 39	9 30	9 22	9 15	9 04	8 54	8 44	8 34	8 24	8 12	8 05	7 57
21	10 19	10 11	10 04	9 58	9 53	9 48	9 40	9 33	9 27	9 20	9 13	9 05	9 00	8 55
22	10 35	10 30	10 27	10 24	10 21	10 19	10 15	10 12	10 08	10 05	10 01	9 57	9 55	9 52
23	10 49	10 49	10 49	10 49	10 49	10 50	10 50	10 50	10 50	10 50	10 50	10 50	10 50	10 50
24	11 04	11 08	11 12	11 15	11 18	11 20	11 24	11 28	11 32	11 35	11 39	11 43	11 45	11 48
25	11 20	11 29	11 36	11 43	11 48	11 53	12 01	12 08	12 15	12 22	12 29	12 38	12 42	12 48

.. .. indicates phenomenon will occur the next day.

MOONRISE AND MOONSET, 2019

UNIVERSAL TIME FOR MERIDIAN OF GREENWICH

MOONRISE

Lat.	+40°	+42°	+44°	+46°	+48°	+50°	+52°	+54°	+56°	+58°	+60°	+62°	+64°	+66°
	h m	h m	h m	h m	h m	h m	h m	h m	h m	h m	h m	h m	h m	h m
July 1	3 19	3 13	3 07	3 01	2 54	2 46	2 38	2 28	2 18	2 06	1 52	1 35	1 15	0 49
2	4 09	4 03	3 56	3 49	3 41	3 32	3 23	3 12	3 00	2 45	2 29	2 09	1 43	1 08
3	5 08	5 02	4 55	4 48	4 39	4 30	4 21	4 09	3 57	3 42	3 24	3 03	2 35	1 54
4	6 15	6 09	6 03	5 56	5 48	5 40	5 31	5 20	5 09	4 55	4 39	4 20	3 56	3 22
5	7 27	7 22	7 16	7 11	7 04	6 57	6 50	6 41	6 32	6 21	6 08	5 53	5 35	5 13
6	8 40	8 36	8 32	8 28	8 23	8 18	8 13	8 06	8 00	7 52	7 43	7 33	7 21	7 06
7	9 53	9 50	9 48	9 45	9 42	9 39	9 36	9 32	9 28	9 23	9 18	9 12	9 05	8 57
8	11 03	11 03	11 02	11 01	11 01	10 58	10 57	10 56	10 54	10 52	10 50	10 48	10 46	10 43
9	12 13	12 13	12 14	12 14	12 15	12 16	12 17	12 17	12 18	12 20	12 21	12 22	12 24	12 26
10	13 20	13 22	13 24	13 27	13 29	13 32	13 35	13 38	13 41	13 45	13 50	13 55	14 00	14 07
11	14 27	14 30	14 34	14 38	14 42	14 46	14 51	14 56	15 02	15 09	15 17	15 26	15 36	15 48
12	15 33	15 37	15 42	15 47	15 53	15 59	16 06	16 13	16 22	16 31	16 42	16 55	17 11	17 30
13	16 36	16 42	16 48	16 54	17 01	17 09	17 17	17 26	17 37	17 49	18 04	18 21	18 42	19 09
14	17 37	17 43	17 49	17 57	18 04	18 13	18 23	18 33	18 46	19 00	19 17	19 37	20 04	20 41
15	18 32	18 38	18 45	18 53	19 01	19 10	19 20	19 32	19 45	20 00	20 17	20 39	21 08	21 51
16	19 22	19 28	19 35	19 42	19 50	19 59	20 08	20 19	20 32	20 46	21 03	21 24	21 50	22 27
17	20 05	20 11	20 17	20 24	20 31	20 39	20 47	20 57	21 08	21 21	21 35	21 53	22 14	22 42
18	20 43	20 48	20 53	20 59	21 05	21 11	21 19	21 27	21 36	21 46	21 58	22 12	22 28	22 48
19	21 16	21 20	21 24	21 28	21 33	21 38	21 44	21 50	21 58	22 05	22 14	22 25	22 37	22 51
20	21 45	21 48	21 51	21 54	21 58	22 01	22 06	22 10	22 15	22 21	22 27	22 34	22 42	22 52
21	22 12	22 14	22 16	22 18	22 20	22 22	22 24	22 27	22 30	22 33	22 37	22 41	22 46	22 51
22	22 38	22 38	22 39	22 40	22 40	22 41	22 42	22 43	22 44	22 45	22 46	22 47	22 49	22 51
23	23 03	23 03	23 02	23 01	23 01	23 00	22 59	22 58	22 57	22 56	22 55	22 54	22 52	22 50
24	23 30	23 28	23 26	23 24	23 22	23 20	23 17	23 15	23 12	23 08	23 04	23 00	22 56	22 50
25	23 59	23 56	23 53	23 49	23 46	23 42	23 38	23 33	23 28	23 22	23 16	23 08	23 00	22 50

MOONSET

Lat.	+40°	+42°	+44°	+46°	+48°	+50°	+52°	+54°	+56°	+58°	+60°	+62°	+64°	+66°
	h m	h m	h m	h m	h m	h m	h m	h m	h m	h m	h m	h m	h m	h m
July 1	18 20	18 26	18 33	18 40	18 48	18 56	19 06	19 16	19 28	19 42	19 58	20 18	20 44	21 19
2	19 24	19 30	19 37	19 45	19 53	20 02	20 12	20 23	20 36	20 51	21 08	21 30	21 58	22 38
3	20 23	20 29	20 35	20 42	20 50	20 59	21 08	21 19	21 31	21 45	22 01	22 21	22 45	23 19
4	21 14	21 19	21 25	21 31	21 38	21 45	21 53	22 02	22 12	22 24	22 37	22 52	23 11	23 35
5	21 58	22 02	22 07	22 12	22 17	22 22	22 29	22 35	22 43	22 52	23 01	23 12	23 25	23 41
6	22 36	22 39	22 42	22 45	22 49	22 53	22 57	23 02	23 07	23 12	23 19	23 26	23 34	23 44
7	23 10	23 12	23 13	23 15	23 17	23 19	23 21	23 23	23 26	23 29	23 32	23 36	23 40	23 45
8	23 42	23 42	23 42	23 42	23 42	23 42	23 43	23 43	23 43	23 43	23 44	23 44	23 44	23 45
9	.. ..	.. ..	.. ..	.. ..	.. ..	.. ..	.. ..	.. ..	.. ..	.. ..	23 57	23 55	23 52	23 49	23 45
10	0 12	0 11	0 10	0 08	0 07	0 05	0 04	0 02	0 00	.. ..	.. ..	.. ..	23 53	23 45
11	0 43	0 41	0 38	0 35	0 32	0 29	0 25	0 21	0 17	0 12	0 07	0 00	.. ..	23 46
12	1 16	1 13	1 09	1 04	1 00	0 55	0 49	0 43	0 36	0 29	0 20	0 11	0 00	23 49
13	1 53	1 48	1 43	1 37	1 31	1 24	1 17	1 09	1 00	0 50	0 38	0 25	0 09	23 56
14	2 33	2 28	2 21	2 15	2 07	2 00	1 51	1 41	1 30	1 17	1 03	0 45	0 24	.. ..
15	3 19	3 13	3 06	2 58	2 50	2 42	2 32	2 21	2 08	1 54	1 37	1 16	0 50	0 12
16	4 09	4 03	3 56	3 48	3 40	3 31	3 21	3 10	2 57	2 42	2 24	2 02	1 33	0 51
17	5 04	4 58	4 51	4 44	4 36	4 27	4 18	4 07	3 55	3 41	3 24	3 03	2 37	2 00
18	6 01	5 55	5 49	5 43	5 36	5 28	5 20	5 11	5 00	4 48	4 33	4 16	3 55	3 28
19	6 59	6 54	6 49	6 44	6 38	6 32	6 25	6 17	6 09	5 59	5 48	5 35	5 19	4 59
20	7 57	7 53	7 50	7 46	7 41	7 36	7 31	7 25	7 19	7 12	7 04	6 54	6 43	6 30
21	8 55	8 52	8 50	8 47	8 44	8 41	8 37	8 34	8 29	8 25	8 19	8 13	8 06	7 58
22	9 52	9 51	9 50	9 48	9 47	9 45	9 43	9 41	9 39	9 37	9 34	9 31	9 28	9 24
23	10 50	10 50	10 50	10 50	10 50	10 50	10 50	10 50	10 50	10 50	10 50	10 50	10 50	10 49
24	11 48	11 49	11 51	11 52	11 53	11 55	11 57	11 59	12 01	12 03	12 06	12 09	12 12	12 16
25	12 48	12 50	12 53	12 56	12 59	13 02	13 06	13 10	13 14	13 19	13 24	13 31	13 38	13 46

.. .. indicates phenomenon will occur the next day.

MOONRISE AND MOONSET, 2019
UNIVERSAL TIME FOR MERIDIAN OF GREENWICH
MOONRISE

Lat.	−55°	−50°	−45°	−40°	−35°	−30°	−20°	−10°	0°	+10°	+20°	+30°	+35°	+40°
	h m	h m	h m	h m	h m	h m	h m	h m	h m	h m	h m	h m	h m	h m
July 24	.. ..	.. ..	.. ..	.. ..	.. ..	.. ..	.. ..	.. ..	23 59	23 54	23 49	23 43	23 37	23 34	23 30
25	0 37	0 30	0 24	0 19	0 15	0 11	0 05	.. ..	.. ..	.. ..	.. ..	.. ..	.. ..	23 59
26	1 50	1 38	1 28	1 20	1 13	1 07	0 56	0 47	0 39	0 30	0 21	0 11	0 05	.. ..
27	3 06	2 48	2 35	2 23	2 14	2 05	1 51	1 38	1 26	1 15	1 02	0 48	0 40	0 31
28	4 23	4 00	3 43	3 28	3 16	3 06	2 48	2 33	2 18	2 04	1 48	1 31	1 21	1 09
29	5 37	5 11	4 51	4 34	4 20	4 09	3 48	3 30	3 14	2 58	2 40	2 20	2 08	1 55
30	6 44	6 17	5 55	5 38	5 23	5 11	4 49	4 31	4 13	3 56	3 38	3 16	3 04	2 50
31	7 40	7 14	6 53	6 37	6 23	6 11	5 50	5 32	5 15	4 58	4 40	4 19	4 07	3 53
Aug. 1	8 23	8 00	7 43	7 29	7 17	7 06	6 48	6 32	6 17	6 02	5 46	5 27	5 16	5 04
2	8 55	8 38	8 25	8 14	8 04	7 56	7 41	7 29	7 17	7 05	6 52	6 37	6 29	6 19
3	9 20	9 09	9 00	8 53	8 46	8 41	8 31	8 22	8 14	8 06	7 57	7 47	7 41	7 34
4	9 41	9 36	9 31	9 28	9 24	9 21	9 17	9 12	9 08	9 04	9 00	8 55	8 52	8 49
5	10 00	10 00	10 00	10 00	10 00	10 00	10 00	10 00	10 00	10 00	10 00	10 00	10 01	10 01
6	10 18	10 23	10 27	10 31	10 34	10 37	10 42	10 46	10 51	10 55	10 59	11 04	11 07	11 11
7	10 37	10 47	10 56	11 03	11 09	11 15	11 24	11 33	11 40	11 48	11 57	12 07	12 13	12 19
8	10 59	11 14	11 27	11 37	11 46	11 54	12 07	12 19	12 31	12 42	12 54	13 08	13 16	13 26
9	11 25	11 45	12 01	12 14	12 25	12 35	12 52	13 07	13 21	13 35	13 51	14 08	14 18	14 30
10	11 57	12 21	12 40	12 55	13 08	13 20	13 39	13 57	14 13	14 29	14 46	15 06	15 18	15 31
11	12 37	13 04	13 25	13 41	13 56	14 08	14 29	14 47	15 04	15 21	15 40	16 01	16 13	16 28
12	13 27	13 54	14 15	14 32	14 46	14 59	15 20	15 38	15 55	16 13	16 31	16 52	17 04	17 19
13	14 26	14 51	15 11	15 27	15 40	15 52	16 12	16 29	16 45	17 02	17 19	17 39	17 50	18 04
14	15 30	15 52	16 09	16 24	16 35	16 46	17 04	17 19	17 34	17 48	18 03	18 21	18 31	18 43
15	16 38	16 56	17 10	17 21	17 31	17 40	17 55	18 08	18 20	18 32	18 44	18 59	19 07	19 17
16	17 47	18 00	18 11	18 20	18 27	18 34	18 45	18 55	19 04	19 13	19 23	19 34	19 40	19 47
17	18 56	19 05	19 12	19 17	19 22	19 26	19 34	19 40	19 46	19 52	19 59	20 06	20 10	20 15

MOONSET

Lat.	−55°	−50°	−45°	−40°	−35°	−30°	−20°	−10°	0°	+10°	+20°	+30°	+35°	+40°
	h m	h m	h m	h m	h m	h m	h m	h m	h m	h m	h m	h m	h m	h m
July 24	11 04	11 08	11 12	11 15	11 18	11 20	11 24	11 28	11 32	11 35	11 39	11 43	11 45	11 48
25	11 20	11 29	11 36	11 43	11 48	11 53	12 01	12 08	12 15	12 22	12 29	12 38	12 42	12 48
26	11 39	11 52	12 04	12 13	12 21	12 28	12 40	12 51	13 01	13 11	13 22	13 35	13 42	13 50
27	12 02	12 21	12 36	12 48	12 58	13 08	13 24	13 38	13 51	14 04	14 18	14 34	14 43	14 54
28	12 33	12 56	13 15	13 29	13 42	13 53	14 12	14 29	14 44	15 00	15 16	15 36	15 47	16 00
29	13 15	13 42	14 03	14 19	14 33	14 46	15 07	15 25	15 42	15 59	16 17	16 38	16 50	17 05
30	14 12	14 40	15 01	15 18	15 33	15 45	16 07	16 25	16 43	17 00	17 18	17 39	17 52	18 06
31	15 24	15 50	16 10	16 26	16 39	16 51	17 11	17 28	17 44	18 01	18 18	18 37	18 49	19 02
Aug. 1	16 48	17 09	17 26	17 39	17 50	18 00	18 17	18 32	18 46	18 59	19 13	19 30	19 39	19 50
2	18 18	18 33	18 45	18 55	19 03	19 10	19 23	19 34	19 44	19 54	20 05	20 17	20 24	20 32
3	19 48	19 57	20 04	20 10	20 15	20 19	20 27	20 34	20 40	20 46	20 53	21 00	21 04	21 09
4	21 16	21 19	21 21	21 23	21 25	21 26	21 29	21 31	21 33	21 35	21 37	21 39	21 41	21 42
5	22 41	22 39	22 36	22 34	22 33	22 31	22 29	22 26	22 24	22 22	22 20	22 17	22 16	22 14
6	.. ..	23 56	23 49	23 44	23 39	23 34	23 27	23 20	23 14	23 08	23 02	22 54	22 50	22 45
7	0 05	.. ..	.. ..	.. ..	.. ..	.. ..	.. ..	.. ..	.. ..	23 55	23 44	23 33	23 26	23 18
8	1 25	1 11	1 00	0 51	0 43	0 36	0 24	0 14	0 04	.. ..	.. ..	.. ..	.. ..	23 54
9	2 43	2 24	2 09	1 57	1 46	1 37	1 21	1 08	0 55	0 42	0 28	0 13	0 04	.. ..
10	3 56	3 33	3 14	3 00	2 47	2 36	2 17	2 01	1 46	1 31	1 14	0 56	0 45	0 33
11	5 02	4 35	4 15	3 59	3 45	3 33	3 12	2 54	2 37	2 21	2 03	1 42	1 30	1 16
12	5 58	5 30	5 10	4 53	4 38	4 26	4 05	3 46	3 29	3 12	2 53	2 32	2 19	2 05
13	6 43	6 17	5 57	5 41	5 27	5 15	4 54	4 36	4 20	4 03	3 45	3 24	3 12	2 58
14	7 18	6 55	6 37	6 23	6 10	5 59	5 41	5 24	5 09	4 53	4 37	4 18	4 07	3 54
15	7 46	7 27	7 12	6 59	6 49	6 40	6 23	6 09	5 56	5 43	5 28	5 12	5 02	4 51
16	8 08	7 53	7 41	7 32	7 23	7 16	7 03	6 52	6 41	6 31	6 19	6 06	5 58	5 50
17	8 26	8 16	8 07	8 01	7 55	7 49	7 40	7 32	7 24	7 17	7 09	6 59	6 54	6 47

.. .. indicates phenomenon will occur the next day.

UNIVERSAL TIME FOR MERIDIAN OF GREENWICH

MOONRISE

Lat.	+40°	+42°	+44°	+46°	+48°	+50°	+52°	+54°	+56°	+58°	+60°	+62°	+64°	+66°
	h m	h m	h m	h m	h m	h m	h m	h m	h m	h m	h m	h m	h m	h m
July 24	23 30	23 28	23 26	23 24	23 22	23 20	23 17	23 15	23 12	23 08	23 04	23 00	22 56	22 50
25	23 59	23 56	23 53	23 49	23 46	23 42	23 38	23 33	23 28	23 22	23 16	23 08	23 00	22 50
26	.. ..	.. ..	.. ..	.. ..	.. ..	.. ..	.. ..	23 55	23 48	23 39	23 30	23 19	23 07	22 52
27	0 31	0 27	0 23	0 18	0 13	0 08	0 02	.. ..	.. ..	.. ..	23 50	23 36	23 18	22 57
28	1 09	1 04	0 59	0 53	0 46	0 39	0 32	0 23	0 14	0 03	.. ..	.. ..	23 39	23 08
29	1 55	1 49	1 43	1 36	1 28	1 20	1 11	1 01	0 49	0 36	0 20	0 02	.. ..	23 38
30	2 50	2 43	2 36	2 29	2 21	2 12	2 02	1 51	1 38	1 23	1 06	0 44	0 17	.. ..
31	3 53	3 47	3 40	3 33	3 25	3 16	3 06	2 56	2 43	2 29	2 12	1 51	1 24	0 46
Aug. 1	5 04	4 59	4 53	4 46	4 39	4 32	4 23	4 14	4 03	3 51	3 36	3 19	2 58	2 30
2	6 19	6 15	6 10	6 05	5 59	5 53	5 47	5 40	5 31	5 22	5 12	4 59	4 45	4 27
3	7 34	7 31	7 28	7 25	7 21	7 17	7 13	7 08	7 03	6 57	6 50	6 42	6 33	6 23
4	8 49	8 47	8 46	8 44	8 42	8 40	8 38	8 36	8 33	8 30	8 27	8 24	8 19	8 15
5	10 01	10 01	10 01	10 01	10 01	10 01	10 01	10 01	10 01	10 01	10 02	10 02	10 02	10 02
6	11 11	11 12	11 14	11 16	11 18	11 20	11 22	11 24	11 27	11 30	11 33	11 37	11 42	11 47
7	12 19	12 22	12 25	12 28	12 32	12 36	12 40	12 45	12 50	12 56	13 03	13 10	13 19	13 30
8	13 26	13 30	13 34	13 39	13 44	13 50	13 56	14 03	14 11	14 20	14 30	14 41	14 55	15 12
9	14 30	14 35	14 41	14 47	14 54	15 01	15 09	15 18	15 28	15 39	15 53	16 09	16 28	16 53
10	15 31	15 37	15 44	15 51	15 58	16 07	16 16	16 27	16 38	16 52	17 08	17 28	17 53	18 28
11	16 28	16 34	16 41	16 48	16 57	17 06	17 16	17 27	17 40	17 55	18 13	18 35	19 03	19 46
12	17 19	17 25	17 32	17 39	17 47	17 56	18 06	18 18	18 30	18 45	19 02	19 24	19 52	20 32
13	18 04	18 10	18 16	18 23	18 30	18 39	18 48	18 58	19 10	19 23	19 38	19 57	20 20	20 51
14	18 43	18 48	18 54	19 00	19 06	19 13	19 21	19 30	19 40	19 51	20 03	20 18	20 37	20 59
15	19 17	19 21	19 26	19 31	19 36	19 42	19 48	19 55	20 03	20 11	20 21	20 33	20 46	21 02
16	19 47	19 51	19 54	19 58	20 02	20 06	20 11	20 16	20 21	20 28	20 35	20 43	20 52	21 03
17	20 15	20 17	20 19	20 22	20 24	20 27	20 30	20 33	20 37	20 41	20 46	20 51	20 56	21 03

MOONSET

Lat.	+40°	+42°	+44°	+46°	+48°	+50°	+52°	+54°	+56°	+58°	+60°	+62°	+64°	+66°
	h m	h m	h m	h m	h m	h m	h m	h m	h m	h m	h m	h m	h m	h m
July 24	11 48	11 49	11 51	11 52	11 53	11 55	11 57	11 59	12 01	12 03	12 06	12 09	12 12	12 16
25	12 48	12 50	12 53	12 56	12 59	13 02	13 06	13 10	13 14	13 19	13 24	13 31	13 38	13 46
26	13 50	13 54	13 58	14 02	14 06	14 11	14 17	14 23	14 29	14 37	14 45	14 55	15 07	15 21
27	14 54	14 59	15 04	15 10	15 16	15 22	15 30	15 38	15 47	15 57	16 09	16 23	16 40	17 01
28	16 00	16 05	16 12	16 18	16 26	16 34	16 42	16 52	17 04	17 16	17 32	17 50	18 12	18 43
29	17 05	17 11	17 18	17 25	17 33	17 42	17 52	18 03	18 16	18 30	18 47	19 09	19 36	20 15
30	18 06	18 12	18 19	18 27	18 35	18 44	18 54	19 05	19 17	19 32	19 49	20 10	20 37	21 15
31	19 02	19 07	19 14	19 20	19 28	19 36	19 45	19 54	20 05	20 18	20 33	20 51	21 12	21 40
Aug. 1	19 50	19 55	20 00	20 05	20 11	20 18	20 25	20 33	20 42	20 51	21 03	21 16	21 31	21 50
2	20 32	20 35	20 39	20 43	20 47	20 52	20 57	21 03	21 09	21 16	21 23	21 32	21 42	21 54
3	21 09	21 11	21 13	21 15	21 18	21 21	21 24	21 27	21 30	21 34	21 39	21 44	21 50	21 56
4	21 42	21 43	21 43	21 44	21 45	21 46	21 47	21 48	21 49	21 50	21 51	21 53	21 55	21 57
5	22 14	22 13	22 12	22 11	22 11	22 10	22 08	22 07	22 06	22 05	22 03	22 01	21 59	21 57
6	22 45	22 43	22 41	22 39	22 36	22 33	22 30	22 27	22 23	22 19	22 15	22 10	22 04	21 57
7	23 18	23 15	23 11	23 07	23 03	22 59	22 54	22 48	22 42	22 36	22 28	22 19	22 09	21 58
8	23 54	23 49	23 44	23 39	23 33	23 27	23 20	23 13	23 05	22 55	22 44	22 32	22 17	22 00
9	.. ..	.. ..	.. ..	.. ..	.. ..	.. ..	23 52	23 43	23 32	23 20	23 07	22 50	22 30	22 05
10	0 33	0 27	0 21	0 15	0 08	0 00	.. ..	.. ..	.. ..	23 54	23 37	23 17	22 52	22 17
11	1 16	1 10	1 04	0 56	0 49	0 40	0 30	0 20	0 08	.. ..	.. ..	23 58	23 29	22 46
12	2 05	1 59	1 52	1 44	1 36	1 27	1 17	1 05	0 52	0 37	0 20	.. ..	.. ..	23 47
13	2 58	2 52	2 45	2 37	2 29	2 21	2 11	2 00	1 47	1 32	1 15	0 54	0 26	.. ..
14	3 54	3 48	3 42	3 35	3 28	3 20	3 11	3 01	2 50	2 37	2 22	2 03	1 40	1 10
15	4 51	4 46	4 41	4 36	4 29	4 23	4 15	4 07	3 57	3 47	3 35	3 20	3 03	2 41
16	5 50	5 46	5 41	5 37	5 32	5 27	5 21	5 15	5 07	4 59	4 50	4 39	4 27	4 11
17	6 47	6 45	6 42	6 39	6 35	6 31	6 27	6 23	6 18	6 12	6 06	5 59	5 50	5 40

.. .. indicates phenomenon will occur the next day.

MOONRISE AND MOONSET, 2019

UNIVERSAL TIME FOR MERIDIAN OF GREENWICH

MOONRISE

Lat.	−55°	−50°	−45°	−40°	−35°	−30°	−20°	−10°	0°	+10°	+20°	+30°	+35°	+40°
	h m	h m	h m	h m	h m	h m	h m	h m	h m	h m	h m	h m	h m	h m
Aug. 16	17 47	18 00	18 11	18 20	18 27	18 34	18 45	18 55	19 04	19 13	19 23	19 34	19 40	19 47
17	18 56	19 05	19 12	19 17	19 22	19 26	19 34	19 40	19 46	19 52	19 59	20 06	20 10	20 15
18	20 05	20 09	20 12	20 15	20 17	20 19	20 22	20 25	20 28	20 31	20 33	20 37	20 39	20 41
19	21 14	21 13	21 13	21 12	21 11	21 11	21 10	21 10	21 09	21 08	21 08	21 07	21 07	21 06
20	22 24	22 18	22 14	22 10	22 07	22 04	21 59	21 55	21 51	21 47	21 42	21 38	21 35	21 32
21	23 35	23 25	23 16	23 09	23 03	22 58	22 49	22 41	22 34	22 26	22 19	22 10	22 05	21 59
22	.. ..	.. ..	.. ..	.. ..	.. ..	23 54	23 41	23 30	23 19	23 09	22 58	22 45	22 38	22 29
23	0 49	0 33	0 21	0 10	0 02	.. ..	.. ..	.. ..	.. ..	23 54	23 40	23 24	23 15	23 04
24	2 03	1 42	1 26	1 13	1 02	0 52	0 36	0 21	0 08	.. ..	.. ..	.. ..	23 58	23 45
25	3 17	2 52	2 33	2 17	2 04	1 52	1 33	1 16	1 00	0 45	0 28	0 09	.. ..	.. ..
26	4 26	3 58	3 37	3 20	3 06	2 53	2 32	2 14	1 56	1 39	1 21	1 00	0 48	0 34
27	5 26	4 58	4 37	4 20	4 06	3 53	3 32	3 13	2 56	2 38	2 20	1 59	1 46	1 32
28	6 14	5 50	5 30	5 15	5 02	4 50	4 30	4 13	3 57	3 41	3 23	3 03	2 52	2 38
29	6 51	6 31	6 16	6 03	5 52	5 42	5 26	5 11	4 57	4 44	4 29	4 12	4 03	3 51
30	7 20	7 06	6 54	6 45	6 37	6 30	6 18	6 07	5 57	5 46	5 36	5 23	5 16	5 07
31	7 43	7 34	7 28	7 22	7 18	7 13	7 06	6 59	6 53	6 47	6 41	6 33	6 29	6 24
Sept. 1	8 03	8 00	7 58	7 57	7 55	7 54	7 52	7 50	7 48	7 46	7 44	7 42	7 41	7 40
2	8 21	8 24	8 27	8 29	8 31	8 33	8 36	8 38	8 41	8 43	8 46	8 49	8 51	8 53
3	8 40	8 49	8 56	9 02	9 07	9 11	9 19	9 26	9 33	9 39	9 47	9 55	9 59	10 05
4	9 01	9 15	9 27	9 36	9 44	9 51	10 03	10 14	10 24	10 35	10 46	10 59	11 06	11 15
5	9 26	9 45	10 00	10 13	10 23	10 33	10 49	11 03	11 16	11 30	11 44	12 01	12 10	12 22
6	9 57	10 20	10 38	10 53	11 06	11 17	11 36	11 53	12 08	12 24	12 41	13 01	13 12	13 25
7	10 35	11 01	11 22	11 38	11 52	12 05	12 25	12 44	13 01	13 18	13 36	13 57	14 09	14 24
8	11 22	11 50	12 11	12 28	12 42	12 55	13 16	13 35	13 52	14 10	14 28	14 50	15 02	15 17
9	12 18	12 45	13 05	13 21	13 35	13 47	14 08	14 26	14 42	14 59	15 17	15 38	15 49	16 03

MOONSET

Lat.	−55°	−50°	−45°	−40°	−35°	−30°	−20°	−10°	0°	+10°	+20°	+30°	+35°	+40°
	h m	h m	h m	h m	h m	h m	h m	h m	h m	h m	h m	h m	h m	h m
Aug. 16	8 08	7 53	7 41	7 32	7 23	7 16	7 03	6 52	6 41	6 31	6 19	6 06	5 58	5 50
17	8 26	8 16	8 07	8 01	7 55	7 49	7 40	7 32	7 24	7 17	7 09	6 59	6 54	6 47
18	8 41	8 36	8 31	8 27	8 24	8 21	8 15	8 11	8 06	8 02	7 57	7 52	7 49	7 45
19	8 56	8 55	8 53	8 53	8 52	8 51	8 50	8 49	8 48	8 47	8 45	8 44	8 43	8 42
20	9 10	9 13	9 16	9 18	9 20	9 21	9 24	9 27	9 29	9 31	9 34	9 36	9 38	9 40
21	9 25	9 33	9 39	9 44	9 49	9 53	9 59	10 05	10 11	10 17	10 23	10 30	10 34	10 38
22	9 42	9 55	10 04	10 13	10 20	10 26	10 37	10 46	10 55	11 04	11 14	11 25	11 31	11 38
23	10 03	10 20	10 33	10 45	10 54	11 03	11 17	11 30	11 42	11 54	12 07	12 22	12 30	12 40
24	10 29	10 51	11 08	11 22	11 34	11 44	12 02	12 18	12 32	12 47	13 03	13 21	13 31	13 44
25	11 05	11 31	11 50	12 07	12 20	12 32	12 52	13 10	13 27	13 43	14 01	14 21	14 33	14 47
26	11 53	12 21	12 43	13 00	13 14	13 27	13 48	14 07	14 24	14 42	15 00	15 22	15 34	15 49
27	12 57	13 24	13 45	14 02	14 16	14 29	14 50	15 08	15 25	15 42	16 00	16 20	16 32	16 46
28	14 15	14 39	14 57	15 12	15 25	15 36	15 54	16 11	16 26	16 41	16 57	17 15	17 26	17 38
29	15 43	16 01	16 15	16 27	16 37	16 46	17 01	17 14	17 26	17 38	17 50	18 05	18 13	18 23
30	17 14	17 26	17 36	17 44	17 51	17 57	18 07	18 16	18 24	18 32	18 41	18 50	18 56	19 02
31	18 46	18 52	18 56	19 00	19 03	19 06	19 11	19 15	19 19	19 23	19 28	19 32	19 35	19 38
Sept. 1	20 16	20 15	20 15	20 15	20 15	20 14	20 14	20 14	20 13	20 13	20 12	20 12	20 11	20 11
2	21 43	21 37	21 32	21 28	21 24	21 21	21 15	21 10	21 06	21 01	20 56	20 50	20 47	20 44
3	23 08	22 56	22 46	22 38	22 31	22 25	22 15	22 06	21 57	21 49	21 40	21 30	21 24	21 17
4	.. ..	.. ..	23 58	23 47	23 37	23 29	23 14	23 01	22 49	22 37	22 25	22 10	22 02	21 52
5	0 30	0 12	.. ..	.. ..	.. ..	.. ..	.. ..	23 56	23 41	23 27	23 11	22 53	22 43	22 31
6	1 47	1 24	1 07	0 52	0 40	0 30	0 12	.. ..	.. ..	.. ..	23 59	23 39	23 27	23 14
7	2 56	2 30	2 10	1 54	1 40	1 28	1 08	0 50	0 34	0 17	.. ..	.. ..	.. ..	.. ..
8	3 55	3 28	3 07	2 50	2 35	2 23	2 01	1 43	1 26	1 08	0 50	0 28	0 16	0 01
9	4 44	4 17	3 56	3 39	3 25	3 13	2 52	2 34	2 17	1 59	1 41	1 20	1 07	0 53

.. .. indicates phenomenon will occur the next day.

UNIVERSAL TIME FOR MERIDIAN OF GREENWICH
MOONRISE

Lat.	+40°	+42°	+44°	+46°	+48°	+50°	+52°	+54°	+56°	+58°	+60°	+62°	+64°	+66°
	h m	h m	h m	h m	h m	h m	h m	h m	h m	h m	h m	h m	h m	h m
Aug. 16	19 47	19 51	19 54	19 58	20 02	20 06	20 11	20 16	20 21	20 28	20 35	20 43	20 52	21 03
17	20 15	20 17	20 19	20 22	20 24	20 27	20 30	20 33	20 37	20 41	20 46	20 51	20 56	21 03
18	20 41	20 42	20 43	20 44	20 45	20 46	20 48	20 49	20 51	20 53	20 55	20 57	21 00	21 03
19	21 06	21 06	21 06	21 06	21 05	21 05	21 05	21 05	21 04	21 04	21 03	21 03	21 02	21 02
20	21 32	21 31	21 29	21 28	21 26	21 24	21 22	21 20	21 18	21 15	21 12	21 09	21 05	21 01
21	21 59	21 57	21 54	21 51	21 48	21 45	21 41	21 37	21 33	21 28	21 22	21 16	21 09	21 01
22	22 29	22 26	22 22	22 18	22 13	22 08	22 03	21 57	21 50	21 43	21 35	21 26	21 15	21 02
23	23 04	22 59	22 54	22 49	22 43	22 36	22 29	22 22	22 13	22 03	21 52	21 39	21 23	21 04
24	23 45	23 39	23 33	23 27	23 19	23 12	23 03	22 53	22 43	22 30	22 16	21 59	21 38	21 11
25	.. ..	.. ..	.. ..	.. ..	.. ..	23 57	23 47	23 36	23 24	23 09	22 52	22 32	22 06	21 29
26	0 34	0 28	0 21	0 13	0 05	.. ..	.. ..	.. ..	.. ..	.. ..	23 47	23 25	22 57	22 16
27	1 32	1 25	1 18	1 11	1 03	0 54	0 44	0 32	0 20	0 05	.. ..	.. ..	.. ..	23 44
28	2 38	2 32	2 26	2 19	2 11	2 03	1 54	1 43	1 31	1 18	1 02	0 42	0 18	.. ..
29	3 51	3 46	3 41	3 35	3 29	3 22	3 14	3 06	2 56	2 45	2 33	2 18	2 00	1 37
30	5 07	5 04	5 00	4 56	4 51	4 46	4 41	4 34	4 28	4 20	4 11	4 01	3 50	3 36
31	6 24	6 22	6 20	6 17	6 14	6 12	6 08	6 05	6 01	5 57	5 52	5 46	5 40	5 32
Sept. 1	7 40	7 39	7 38	7 38	7 37	7 36	7 35	7 34	7 33	7 32	7 31	7 29	7 27	7 25
2	8 53	8 54	8 55	8 56	8 57	8 59	9 00	9 01	9 03	9 05	9 07	9 09	9 12	9 15
3	10 05	10 07	10 10	10 13	10 16	10 19	10 22	10 26	10 31	10 36	10 41	10 47	10 55	11 03
4	11 15	11 18	11 22	11 27	11 31	11 37	11 42	11 48	11 55	12 03	12 12	12 23	12 35	12 50
5	12 22	12 27	12 32	12 38	12 44	12 51	12 58	13 07	13 16	13 27	13 39	13 54	14 12	14 34
6	13 25	13 31	13 37	13 44	13 51	14 00	14 09	14 19	14 31	14 44	15 00	15 18	15 42	16 15
7	14 24	14 30	14 37	14 44	14 53	15 02	15 12	15 23	15 36	15 51	16 08	16 30	16 59	17 41
8	15 17	15 23	15 30	15 38	15 46	15 55	16 05	16 17	16 30	16 45	17 03	17 25	17 54	18 37
9	16 03	16 09	16 16	16 23	16 31	16 40	16 49	17 00	17 12	17 26	17 42	18 02	18 27	19 02

MOONSET

Lat.	+40°	+42°	+44°	+46°	+48°	+50°	+52°	+54°	+56°	+58°	+60°	+62°	+64°	+66°
	h m	h m	h m	h m	h m	h m	h m	h m	h m	h m	h m	h m	h m	h m
Aug. 16	5 50	5 46	5 41	5 37	5 32	5 27	5 21	5 15	5 07	4 59	4 50	4 39	4 27	4 11
17	6 47	6 45	6 42	6 39	6 35	6 31	6 27	6 23	6 18	6 12	6 06	5 59	5 50	5 40
18	7 45	7 43	7 42	7 40	7 38	7 36	7 33	7 31	7 28	7 25	7 21	7 17	7 13	7 07
19	8 42	8 42	8 41	8 41	8 40	8 40	8 39	8 39	8 38	8 37	8 36	8 35	8 34	8 33
20	9 40	9 41	9 42	9 42	9 43	9 45	9 46	9 47	9 48	9 50	9 52	9 54	9 56	9 59
21	10 38	10 40	10 43	10 45	10 47	10 50	10 53	10 56	11 00	11 04	11 08	11 14	11 19	11 26
22	11 38	11 42	11 45	11 49	11 53	11 57	12 02	12 07	12 13	12 20	12 27	12 36	12 46	12 58
23	12 40	12 45	12 49	12 54	13 00	13 06	13 12	13 20	13 28	13 37	13 48	14 00	14 15	14 33
24	13 44	13 49	13 55	14 01	14 08	14 15	14 24	14 33	14 43	14 55	15 09	15 26	15 46	16 12
25	14 47	14 53	15 00	15 07	15 15	15 23	15 33	15 44	15 56	16 10	16 27	16 47	17 13	17 49
26	15 49	15 55	16 02	16 10	16 18	16 27	16 37	16 48	17 01	17 16	17 34	17 56	18 24	19 05
27	16 46	16 52	16 59	17 06	17 14	17 23	17 32	17 43	17 55	18 09	18 25	18 45	19 10	19 44
28	17 38	17 43	17 49	17 55	18 02	18 09	18 17	18 26	18 36	18 48	19 01	19 16	19 35	19 58
29	18 23	18 27	18 31	18 36	18 41	18 47	18 53	19 00	19 07	19 16	19 25	19 36	19 49	20 04
30	19 02	19 05	19 08	19 11	19 15	19 18	19 22	19 27	19 31	19 37	19 43	19 50	19 58	20 07
31	19 38	19 39	19 41	19 42	19 44	19 45	19 47	19 49	19 52	19 54	19 57	20 00	20 03	20 07
Sept. 1	20 11	20 11	20 11	20 11	20 10	20 10	20 10	20 10	20 09	20 09	20 09	20 08	20 08	20 07
2	20 44	20 42	20 40	20 39	20 37	20 35	20 32	20 30	20 27	20 24	20 21	20 17	20 12	20 07
3	21 17	21 14	21 11	21 07	21 04	21 00	20 56	20 51	20 46	20 40	20 33	20 26	20 18	20 08
4	21 52	21 48	21 44	21 39	21 34	21 28	21 22	21 15	21 07	20 59	20 49	20 38	20 25	20 09
5	22 31	22 26	22 20	22 14	22 07	22 00	21 52	21 43	21 33	21 22	21 09	20 54	20 35	20 12
6	23 14	23 08	23 01	22 54	22 47	22 38	22 29	22 18	22 06	21 53	21 37	21 18	20 53	20 21
7	.. ..	23 55	23 48	23 40	23 32	23 23	23 13	23 02	22 49	22 34	22 16	21 54	21 25	20 43
8	0 01	.. ..	.. ..	.. ..	.. ..	.. ..	.. ..	23 53	23 40	23 25	23 08	22 45	22 16	21 33
9	0 53	0 47	0 40	0 32	0 24	0 15	0 05	.. ..	.. ..	.. ..	.. ..	23 52	23 27	22 52

.. .. indicates phenomenon will occur the next day.

MOONRISE AND MOONSET, 2019

UNIVERSAL TIME FOR MERIDIAN OF GREENWICH

MOONRISE

Lat.	−55°	−50°	−45°	−40°	−35°	−30°	−20°	−10°	0°	+10°	+20°	+30°	+35°	+40°
	h m	h m	h m	h m	h m	h m	h m	h m	h m	h m	h m	h m	h m	h m
Sept. 8	11 22	11 50	12 11	12 28	12 42	12 55	13 16	13 35	13 52	14 10	14 28	14 50	15 02	15 17
9	12 18	12 45	13 05	13 21	13 35	13 47	14 08	14 26	14 42	14 59	15 17	15 38	15 49	16 03
10	13 21	13 45	14 03	14 18	14 30	14 41	15 00	15 16	15 31	15 46	16 02	16 21	16 32	16 44
11	14 28	14 48	15 03	15 15	15 26	15 35	15 51	16 05	16 18	16 30	16 44	17 00	17 09	17 19
12	15 37	15 52	16 03	16 13	16 21	16 29	16 41	16 52	17 02	17 12	17 23	17 35	17 42	17 50
13	16 46	16 56	17 04	17 11	17 17	17 22	17 30	17 38	17 45	17 52	18 00	18 08	18 13	18 19
14	17 56	18 01	18 05	18 09	18 12	18 14	18 19	18 23	18 27	18 31	18 35	18 39	18 42	18 45
15	19 05	19 06	19 06	19 06	19 07	19 07	19 07	19 08	19 08	19 08	19 09	19 09	19 10	19 10
16	20 15	20 11	20 07	20 04	20 02	20 00	19 56	19 53	19 50	19 47	19 43	19 40	19 38	19 35
17	21 26	21 17	21 09	21 03	20 58	20 53	20 45	20 38	20 32	20 26	20 19	20 11	20 07	20 02
18	22 38	22 24	22 12	22 03	21 55	21 48	21 36	21 26	21 16	21 07	20 56	20 45	20 38	20 31
19	23 51	23 32	23 17	23 05	22 54	22 45	22 29	22 16	22 03	21 50	21 37	21 22	21 13	21 03
20	.. ..	.. ..	.. ..	.. ..	23 54	23 43	23 24	23 08	22 53	22 38	22 22	22 03	21 53	21 41
21	1 04	0 40	0 22	0 07	.. ..	.. ..	.. ..	.. ..	23 46	23 29	23 11	22 51	22 39	22 25
22	2 14	1 46	1 26	1 09	0 55	0 42	0 21	0 03	.. ..	.. ..	.. ..	23 45	23 32	23 17
23	3 16	2 47	2 26	2 08	1 54	1 41	1 19	1 00	0 43	0 25	0 06	.. ..	.. ..	.. ..
24	4 07	3 40	3 20	3 03	2 49	2 37	2 16	1 58	1 41	1 24	1 06	0 45	0 32	0 18
25	4 47	4 25	4 07	3 53	3 40	3 30	3 11	2 55	2 40	2 25	2 09	1 50	1 39	1 27
26	5 18	5 01	4 48	4 36	4 27	4 18	4 03	3 51	3 38	3 26	3 13	2 58	2 50	2 40
27	5 43	5 32	5 23	5 15	5 08	5 03	4 53	4 44	4 35	4 27	4 18	4 08	4 02	3 55
28	6 04	5 58	5 54	5 50	5 47	5 44	5 39	5 35	5 31	5 27	5 23	5 18	5 15	5 12
29	6 23	6 23	6 23	6 24	6 24	6 24	6 24	6 25	6 25	6 25	6 26	6 26	6 27	6 27
30	6 42	6 48	6 53	6 57	7 00	7 03	7 09	7 14	7 19	7 23	7 28	7 34	7 38	7 42
Oct. 1	7 02	7 13	7 23	7 31	7 38	7 44	7 54	8 03	8 12	8 21	8 30	8 41	8 47	8 55
2	7 25	7 42	7 56	8 07	8 17	8 26	8 40	8 53	9 06	9 18	9 31	9 46	9 55	10 06

MOONSET

Lat.	−55°	−50°	−45°	−40°	−35°	−30°	−20°	−10°	0°	+10°	+20°	+30°	+35°	+40°
	h m	h m	h m	h m	h m	h m	h m	h m	h m	h m	h m	h m	h m	h m
Sept. 8	3 55	3 28	3 07	2 50	2 35	2 23	2 01	1 43	1 26	1 08	0 50	0 28	0 16	0 01
9	4 44	4 17	3 56	3 39	3 25	3 13	2 52	2 34	2 17	1 59	1 41	1 20	1 07	0 53
10	5 21	4 57	4 38	4 23	4 10	3 59	3 39	3 22	3 06	2 50	2 33	2 13	2 01	1 48
11	5 51	5 30	5 14	5 01	4 50	4 40	4 23	4 08	3 54	3 40	3 24	3 07	2 57	2 45
12	6 14	5 58	5 45	5 34	5 25	5 17	5 03	4 51	4 39	4 28	4 15	4 01	3 53	3 43
13	6 33	6 21	6 12	6 04	5 57	5 51	5 41	5 32	5 23	5 14	5 05	4 54	4 48	4 41
14	6 49	6 42	6 36	6 31	6 27	6 23	6 16	6 11	6 05	6 00	5 54	5 47	5 43	5 39
15	7 03	7 01	6 58	6 57	6 55	6 54	6 51	6 49	6 47	6 45	6 42	6 40	6 38	6 36
16	7 17	7 19	7 20	7 22	7 23	7 24	7 25	7 27	7 28	7 29	7 31	7 32	7 33	7 34
17	7 32	7 38	7 43	7 47	7 51	7 54	8 00	8 05	8 10	8 15	8 20	8 25	8 29	8 32
18	7 48	7 59	8 07	8 15	8 21	8 27	8 36	8 45	8 53	9 01	9 10	9 20	9 25	9 32
19	8 07	8 22	8 35	8 45	8 54	9 02	9 15	9 27	9 38	9 50	10 02	10 15	10 23	10 33
20	8 30	8 50	9 06	9 20	9 31	9 41	9 58	10 13	10 27	10 41	10 56	11 13	11 23	11 34
21	9 01	9 26	9 45	10 00	10 14	10 25	10 45	11 02	11 18	11 34	11 52	12 11	12 23	12 36
22	9 43	10 10	10 31	10 48	11 03	11 15	11 37	11 56	12 13	12 30	12 49	13 10	13 23	13 37
23	10 38	11 06	11 28	11 45	12 00	12 12	12 34	12 53	13 10	13 28	13 46	14 08	14 20	14 35
24	11 48	12 14	12 34	12 50	13 03	13 15	13 33	13 53	14 09	14 25	14 42	15 02	15 14	15 27
25	13 09	13 30	13 47	14 01	14 12	14 22	14 39	14 54	15 08	15 22	15 36	15 53	16 02	16 13
26	14 38	14 53	15 05	15 15	15 24	15 31	15 44	15 55	16 06	16 16	16 27	16 39	16 46	16 54
27	16 09	16 18	16 25	16 31	16 37	16 41	16 49	16 56	17 02	17 08	17 15	17 22	17 26	17 31
28	17 41	17 43	17 46	17 47	17 49	17 50	17 53	17 55	17 57	17 59	18 00	18 03	18 04	18 05
29	19 11	19 08	19 05	19 03	19 01	18 59	18 56	18 53	18 50	18 48	18 45	18 42	18 40	18 38
30	20 40	20 31	20 23	20 17	20 11	20 06	19 58	19 51	19 44	19 37	19 30	19 22	19 17	19 12
Oct. 1	22 07	21 51	21 39	21 29	21 20	21 12	20 59	20 48	20 37	20 27	20 16	20 03	19 55	19 47
2	23 29	23 08	22 52	22 38	22 27	22 17	22 00	21 45	21 31	21 18	21 03	20 46	20 36	20 25

.. .. indicates phenomenon will occur the next day.

UNIVERSAL TIME FOR MERIDIAN OF GREENWICH
MOONRISE

Lat.	+40°	+42°	+44°	+46°	+48°	+50°	+52°	+54°	+56°	+58°	+60°	+62°	+64°	+66°
	h m	h m	h m	h m	h m	h m	h m	h m	h m	h m	h m	h m	h m	h m
Sept. 8	15 17	15 23	15 30	15 38	15 46	15 55	16 05	16 17	16 30	16 45	17 03	17 25	17 54	18 37
9	16 03	16 09	16 16	16 23	16 31	16 40	16 49	17 00	17 12	17 26	17 42	18 02	18 27	19 02
10	16 44	16 49	16 55	17 02	17 08	17 16	17 24	17 34	17 44	17 56	18 10	18 26	18 46	19 11
11	17 19	17 24	17 29	17 34	17 40	17 46	17 53	18 00	18 09	18 18	18 29	18 42	18 57	19 15
12	17 50	17 54	17 58	18 02	18 06	18 11	18 16	18 22	18 28	18 35	18 43	18 53	19 03	19 16
13	18 19	18 21	18 24	18 26	18 29	18 33	18 36	18 40	18 44	18 49	18 54	19 01	19 07	19 15
14	18 45	18 46	18 48	18 49	18 51	18 52	18 54	18 56	18 59	19 01	19 04	19 07	19 11	19 15
15	19 10	19 10	19 10	19 11	19 11	19 11	19 11	19 11	19 12	19 12	19 12	19 13	19 13	19 14
16	19 35	19 34	19 33	19 32	19 31	19 30	19 28	19 27	19 25	19 23	19 21	19 18	19 16	19 13
17	20 02	20 00	19 57	19 55	19 52	19 49	19 46	19 43	19 39	19 35	19 30	19 25	19 19	19 12
18	20 31	20 27	20 24	20 20	20 16	20 11	20 06	20 01	19 55	19 49	19 41	19 33	19 23	19 12
19	21 03	20 59	20 54	20 49	20 43	20 37	20 31	20 23	20 15	20 06	19 56	19 44	19 30	19 13
20	21 41	21 35	21 29	21 23	21 16	21 09	21 01	20 51	20 41	20 30	20 16	20 00	19 41	19 16
21	22 25	22 19	22 12	22 05	21 57	21 49	21 39	21 28	21 16	21 02	20 46	20 26	20 01	19 27
22	23 17	23 11	23 04	22 56	22 48	22 39	22 29	22 17	22 04	21 49	21 31	21 09	20 40	19 57
23	.. ..	.. ..	.. ..	23 58	23 50	23 41	23 31	23 20	23 07	22 53	22 35	22 14	21 46	21 07
24	0 18	0 12	0 05	.. ..	.. ..	.. ..	.. ..	.. ..	.. ..	.. ..	23 57	23 40	23 18	22 50
25	1 27	1 21	1 15	1 08	1 01	0 54	0 45	0 35	0 24	0 12	.. ..	.. ..	.. ..	.. ..
26	2 40	2 35	2 31	2 25	2 20	2 14	2 07	2 00	1 52	1 42	1 31	1 19	1 04	0 45
27	3 55	3 52	3 49	3 46	3 42	3 38	3 34	3 29	3 23	3 17	3 10	3 02	2 53	2 42
28	5 12	5 10	5 09	5 07	5 05	5 03	5 01	4 59	4 56	4 54	4 50	4 47	4 43	4 38
29	6 27	6 27	6 27	6 28	6 28	6 28	6 28	6 29	6 29	6 29	6 30	6 30	6 30	6 31
30	7 42	7 43	7 45	7 47	7 49	7 52	7 54	7 57	8 00	8 03	8 07	8 12	8 17	8 23
Oct. 1	8 55	8 58	9 01	9 05	9 09	9 13	9 18	9 23	9 29	9 36	9 43	9 52	10 02	10 14
2	10 06	10 10	10 15	10 20	10 26	10 32	10 39	10 47	10 55	11 05	11 16	11 29	11 45	12 05

MOONSET

Lat.	+40°	+42°	+44°	+46°	+48°	+50°	+52°	+54°	+56°	+58°	+60°	+62°	+64°	+66°
	h m	h m	h m	h m	h m	h m	h m	h m	h m	h m	h m	h m	h m	h m
Sept. 8	0 01	.. ..	.. ..	.. ..	.. ..	.. ..	.. ..	23 53	23 40	23 25	23 08	22 45	22 16	21 33
9	0 53	0 47	0 40	0 32	0 24	0 15	0 05	.. ..	.. ..	.. ..	.. ..	23 52	23 27	22 52
10	1 48	1 42	1 36	1 29	1 21	1 13	1 03	0 53	0 41	0 27	0 11	.. ..	.. ..	.. ..
11	2 45	2 40	2 34	2 28	2 22	2 14	2 06	1 58	1 47	1 36	1 23	1 07	0 47	0 23
12	3 43	3 39	3 34	3 29	3 24	3 18	3 12	3 05	2 57	2 48	2 38	2 26	2 12	1 54
13	4 41	4 38	4 35	4 31	4 27	4 23	4 18	4 13	4 07	4 01	3 54	3 45	3 36	3 24
14	5 39	5 37	5 35	5 33	5 30	5 27	5 25	5 21	5 18	5 14	5 10	5 05	4 59	4 52
15	6 36	6 36	6 35	6 34	6 33	6 32	6 31	6 30	6 28	6 27	6 25	6 23	6 21	6 18
16	7 34	7 35	7 35	7 36	7 36	7 37	7 37	7 38	7 39	7 40	7 41	7 42	7 43	7 45
17	8 32	8 34	8 36	8 38	8 40	8 42	8 45	8 47	8 50	8 54	8 57	9 01	9 06	9 12
18	9 32	9 35	9 38	9 41	9 45	9 49	9 53	9 58	10 03	10 09	10 15	10 23	10 32	10 42
19	10 33	10 37	10 41	10 46	10 51	10 56	11 02	11 09	11 17	11 25	11 35	11 46	11 59	12 16
20	11 34	11 40	11 45	11 51	11 57	12 05	12 12	12 21	12 31	12 42	12 55	13 10	13 29	13 53
21	12 36	12 42	12 49	12 56	13 03	13 12	13 21	13 32	13 43	13 57	14 13	14 32	14 57	15 31
22	13 37	13 44	13 51	13 58	14 06	14 16	14 26	14 37	14 50	15 05	15 23	15 45	16 14	16 57
23	14 35	14 41	14 48	14 55	15 04	15 13	15 23	15 34	15 47	16 01	16 19	16 40	17 08	17 48
24	15 27	15 33	15 39	15 46	15 53	16 01	16 10	16 20	16 31	16 44	16 59	17 17	17 39	18 08
25	16 13	16 18	16 23	16 29	16 35	16 41	16 49	16 57	17 06	17 16	17 27	17 40	17 56	18 16
26	16 54	16 58	17 02	17 06	17 10	17 15	17 20	17 26	17 32	17 39	17 47	17 56	18 06	18 18
27	17 31	17 33	17 35	17 38	17 40	17 43	17 46	17 49	17 53	17 57	18 01	18 07	18 12	18 19
28	18 05	18 06	18 07	18 07	18 08	18 09	18 10	18 10	18 11	18 13	18 14	18 15	18 17	18 19
29	18 38	18 37	18 36	18 35	18 34	18 33	18 32	18 30	18 29	18 27	18 25	18 23	18 21	18 18
30	19 12	19 09	19 07	19 04	19 01	18 58	18 55	18 51	18 47	18 42	18 37	18 32	18 25	18 17
Oct. 1	19 47	19 43	19 39	19 35	19 30	19 25	19 20	19 14	19 07	19 00	18 51	18 42	18 31	18 17
2	20 25	20 20	20 15	20 09	20 03	19 56	19 49	19 41	19 32	19 21	19 09	18 56	18 39	18 19

.. .. indicates phenomenon will occur the next day.

MOONRISE AND MOONSET, 2019
UNIVERSAL TIME FOR MERIDIAN OF GREENWICH
MOONRISE

Lat.	−55°	−50°	−45°	−40°	−35°	−30°	−20°	−10°	0°	+10°	+20°	+30°	+35°	+40°
	h m	h m	h m	h m	h m	h m	h m	h m	h m	h m	h m	h m	h m	h m
Oct. 1	7 02	7 13	7 23	7 31	7 38	7 44	7 54	8 03	8 12	8 21	8 30	8 41	8 47	8 55
2	7 25	7 42	7 56	8 07	8 17	8 26	8 40	8 53	9 06	9 18	9 31	9 46	9 55	10 06
3	7 54	8 16	8 33	8 47	9 00	9 10	9 28	9 44	10 00	10 15	10 31	10 50	11 01	11 13
4	8 30	8 56	9 16	9 32	9 46	9 58	10 19	10 36	10 53	11 10	11 28	11 49	12 02	12 16
5	9 15	9 43	10 04	10 21	10 36	10 48	11 10	11 29	11 46	12 04	12 23	12 45	12 57	13 12
6	10 09	10 36	10 57	11 14	11 29	11 41	12 02	12 21	12 38	12 55	13 14	13 35	13 47	14 02
7	11 10	11 35	11 55	12 10	12 24	12 35	12 55	13 12	13 28	13 44	14 01	14 20	14 31	14 44
8	12 17	12 38	12 54	13 08	13 19	13 29	13 46	14 01	14 15	14 29	14 44	15 00	15 10	15 21
9	13 26	13 42	13 55	14 06	14 15	14 23	14 37	14 49	15 00	15 11	15 23	15 37	15 45	15 54
10	14 35	14 47	14 56	15 04	15 11	15 16	15 27	15 35	15 44	15 52	16 00	16 10	16 16	16 22
11	15 45	15 52	15 57	16 02	16 06	16 09	16 15	16 21	16 26	16 30	16 36	16 42	16 45	16 49
12	16 55	16 57	16 58	17 00	17 01	17 02	17 04	17 05	17 07	17 08	17 10	17 12	17 13	17 14
13	18 05	18 02	18 00	17 58	17 56	17 55	17 52	17 50	17 48	17 46	17 44	17 42	17 41	17 39
14	19 16	19 08	19 02	18 57	18 53	18 49	18 42	18 36	18 31	18 25	18 20	18 13	18 10	18 05
15	20 29	20 16	20 06	19 57	19 50	19 44	19 33	19 24	19 15	19 06	18 57	18 46	18 40	18 33
16	21 43	21 25	21 11	20 59	20 49	20 40	20 26	20 13	20 01	19 49	19 36	19 22	19 14	19 04
17	22 56	22 33	22 16	22 01	21 49	21 38	21 20	21 05	20 50	20 35	20 20	20 02	19 52	19 40
18	.. ..	23 40	23 20	23 03	22 49	22 37	22 16	21 59	21 42	21 25	21 07	20 47	20 35	20 22
19	0 07	.. ..	.. ..	.. ..	23 48	23 35	23 13	22 54	22 36	22 19	22 00	21 38	21 25	21 11
20	1 11	0 42	0 20	0 03	.. ..	.. ..	.. ..	23 50	23 33	23 15	22 56	22 35	22 22	22 07
21	2 05	1 37	1 15	0 58	0 44	0 31	0 09	.. ..	.. ..	.. ..	23 56	23 36	23 25	23 11
22	2 47	2 23	2 04	1 48	1 35	1 23	1 03	0 46	0 30	0 14	.. ..	.. ..	.. ..	.. ..
23	3 20	3 00	2 45	2 32	2 21	2 11	1 55	1 40	1 27	1 13	0 58	0 41	0 32	0 20
24	3 46	3 32	3 20	3 11	3 03	2 56	2 43	2 32	2 22	2 12	2 01	1 48	1 41	1 33
25	4 07	3 58	3 52	3 46	3 41	3 37	3 29	3 23	3 16	3 10	3 03	2 56	2 51	2 46

MOONSET

Lat.	−55°	−50°	−45°	−40°	−35°	−30°	−20°	−10°	0°	+10°	+20°	+30°	+35°	+40°
	h m	h m	h m	h m	h m	h m	h m	h m	h m	h m	h m	h m	h m	h m
Oct. 1	22 07	21 51	21 39	21 29	21 20	21 12	20 59	20 48	20 37	20 27	20 16	20 03	19 55	19 47
2	23 29	23 08	22 52	22 38	22 27	22 17	22 00	21 45	21 31	21 18	21 03	20 46	20 36	20 25
3	.. ..	.. ..	23 59	23 44	23 30	23 19	22 59	22 41	22 25	22 09	21 52	21 32	21 21	21 08
4	0 44	0 19	.. ..	.. ..	.. ..	.. ..	23 55	23 36	23 19	23 02	22 43	22 22	22 09	21 55
5	1 50	1 22	1 01	0 43	0 29	0 16	.. ..	.. ..	.. ..	23 54	23 35	23 13	23 01	22 46
6	2 43	2 15	1 54	1 36	1 22	1 09	0 48	0 29	0 12	.. ..	.. ..	.. ..	23 55	23 41
7	3 24	2 59	2 39	2 23	2 09	1 57	1 37	1 19	1 02	0 46	0 28	0 07	.. ..	.. ..
8	3 56	3 34	3 17	3 02	2 50	2 40	2 22	2 06	1 51	1 36	1 20	1 01	0 50	0 38
9	4 20	4 03	3 49	3 37	3 27	3 18	3 03	2 50	2 37	2 24	2 11	1 55	1 46	1 36
10	4 40	4 27	4 16	4 07	4 00	3 53	3 41	3 31	3 21	3 12	3 01	2 49	2 42	2 34
11	4 57	4 48	4 41	4 35	4 30	4 25	4 17	4 10	4 04	3 57	3 50	3 42	3 37	3 32
12	5 11	5 07	5 04	5 01	4 58	4 56	4 52	4 49	4 46	4 42	4 39	4 35	4 32	4 30
13	5 25	5 25	5 26	5 26	5 26	5 26	5 26	5 27	5 27	5 27	5 27	5 27	5 28	5 28
14	5 39	5 44	5 48	5 51	5 54	5 57	6 01	6 05	6 09	6 12	6 16	6 21	6 23	6 26
15	5 54	6 04	6 11	6 18	6 23	6 28	6 37	6 45	6 52	6 59	7 06	7 15	7 20	7 26
16	6 12	6 26	6 38	6 47	6 55	7 03	7 15	7 26	7 37	7 47	7 58	8 11	8 18	8 27
17	6 33	6 52	7 08	7 20	7 31	7 40	7 57	8 11	8 24	8 37	8 52	9 08	9 18	9 29
18	7 01	7 25	7 44	7 59	8 11	8 23	8 42	8 59	9 14	9 30	9 47	10 07	10 18	10 31
19	7 38	8 06	8 27	8 44	8 58	9 11	9 32	9 50	10 08	10 25	10 44	11 05	11 17	11 32
20	8 28	8 57	9 19	9 37	9 51	10 04	10 26	10 45	11 03	11 21	11 40	12 02	12 15	12 29
21	9 31	9 59	10 20	10 37	10 51	11 04	11 25	11 43	12 00	12 17	12 35	12 56	13 08	13 22
22	10 46	11 10	11 29	11 43	11 56	12 07	12 26	12 42	12 57	13 12	13 28	13 46	13 57	14 09
23	12 10	12 28	12 43	12 54	13 04	13 13	13 28	13 41	13 53	14 05	14 18	14 32	14 41	14 50
24	13 37	13 50	13 59	14 07	14 14	14 20	14 31	14 40	14 48	14 56	15 05	15 15	15 21	15 27
25	15 07	15 13	15 17	15 21	15 25	15 28	15 33	15 37	15 42	15 46	15 50	15 55	15 58	16 01

.. .. indicates phenomenon will occur the next day.

MOONRISE AND MOONSET, 2019

UNIVERSAL TIME FOR MERIDIAN OF GREENWICH

MOONRISE

Lat.	+40°	+42°	+44°	+46°	+48°	+50°	+52°	+54°	+56°	+58°	+60°	+62°	+64°	+66°
	h m	h m	h m	h m	h m	h m	h m	h m	h m	h m	h m	h m	h m	h m
Oct. 1	8 55	8 58	9 01	9 05	9 09	9 13	9 18	9 23	9 29	9 36	9 43	9 52	10 02	10 14
2	10 06	10 10	10 15	10 20	10 26	10 32	10 39	10 47	10 55	11 05	11 16	11 29	11 45	12 05
3	11 13	11 19	11 25	11 31	11 39	11 46	11 55	12 05	12 16	12 28	12 43	13 01	13 23	13 53
4	12 16	12 22	12 29	12 36	12 44	12 53	13 03	13 15	13 27	13 42	14 00	14 21	14 50	15 31
5	13 12	13 19	13 26	13 34	13 42	13 51	14 02	14 13	14 27	14 42	15 01	15 24	15 55	16 43
6	14 02	14 08	14 15	14 22	14 31	14 40	14 49	15 01	15 13	15 28	15 46	16 07	16 35	17 15
7	14 44	14 50	14 57	15 03	15 11	15 19	15 28	15 37	15 49	16 02	16 16	16 34	16 57	17 26
8	15 21	15 26	15 32	15 37	15 44	15 50	15 58	16 06	16 15	16 26	16 38	16 52	17 08	17 29
9	15 54	15 58	16 02	16 06	16 11	16 17	16 22	16 29	16 36	16 44	16 53	17 03	17 15	17 30
10	16 22	16 25	16 28	16 32	16 35	16 39	16 43	16 48	16 53	16 58	17 04	17 11	17 20	17 29
11	16 49	16 51	16 52	16 54	16 56	16 59	17 01	17 04	17 07	17 10	17 14	17 18	17 23	17 28
12	17 14	17 15	17 15	17 16	17 17	17 17	17 18	17 19	17 20	17 21	17 22	17 23	17 25	17 26
13	17 39	17 39	17 38	17 37	17 37	17 36	17 35	17 34	17 33	17 31	17 30	17 29	17 27	17 25
14	18 05	18 04	18 02	17 59	17 57	17 55	17 52	17 49	17 46	17 43	17 39	17 34	17 29	17 23
15	18 33	18 30	18 27	18 24	18 20	18 16	18 11	18 07	18 01	17 55	17 49	17 41	17 33	17 22
16	19 04	19 00	18 56	18 51	18 46	18 40	18 34	18 27	18 20	18 11	18 02	17 51	17 38	17 22
17	19 40	19 35	19 29	19 23	19 17	19 10	19 02	18 53	18 43	18 32	18 19	18 04	17 46	17 24
18	20 22	20 16	20 09	20 02	19 54	19 46	19 37	19 26	19 15	19 01	18 45	18 26	18 02	17 30
19	21 11	21 04	20 57	20 50	20 41	20 32	20 22	20 10	19 57	19 42	19 24	19 01	18 32	17 49
20	22 07	22 01	21 54	21 46	21 38	21 29	21 18	21 07	20 54	20 38	20 20	19 57	19 27	18 42
21	23 11	23 05	22 59	22 52	22 44	22 36	22 26	22 16	22 04	21 50	21 34	21 15	20 50	20 16
22	.. ..	.. ..	.. ..	.. ..	23 58	23 51	23 43	23 35	23 25	23 14	23 02	22 47	22 29	22 06
23	0 20	0 15	0 10	0 04	.. ..	.. ..	.. ..	.. ..	.. ..	.. ..	.. ..	.. ..	.. ..	.. ..
24	1 33	1 29	1 25	1 21	1 16	1 11	1 05	0 59	0 52	0 45	0 36	0 26	0 14	0 00
25	2 46	2 44	2 42	2 39	2 36	2 33	2 30	2 26	2 22	2 18	2 13	2 07	2 01	1 53

MOONSET

Lat.	+40°	+42°	+44°	+46°	+48°	+50°	+52°	+54°	+56°	+58°	+60°	+62°	+64°	+66°
	h m	h m	h m	h m	h m	h m	h m	h m	h m	h m	h m	h m	h m	h m
Oct. 1	19 47	19 43	19 39	19 35	19 30	19 25	19 20	19 14	19 07	19 00	18 51	18 42	18 31	18 17
2	20 25	20 20	20 15	20 09	20 03	19 56	19 49	19 41	19 32	19 21	19 09	18 56	18 39	18 19
3	21 08	21 02	20 55	20 49	20 41	20 33	20 24	20 14	20 02	19 49	19 34	19 16	18 53	18 23
4	21 55	21 48	21 41	21 34	21 25	21 16	21 06	20 55	20 42	20 27	20 09	19 47	19 19	18 37
5	22 46	22 39	22 32	22 25	22 16	22 07	21 57	21 45	21 32	21 16	20 57	20 34	20 04	19 16
6	23 41	23 35	23 28	23 21	23 13	23 04	22 54	22 43	22 30	22 16	21 59	21 37	21 10	20 30
7	.. ..	.. ..	.. ..	.. ..	.. ..	.. ..	23 56	23 47	23 36	23 23	23 09	22 51	22 30	22 01
8	0 38	0 32	0 26	0 20	0 13	0 05	.. ..	.. ..	.. ..	.. ..	.. ..	.. ..	23 54	23 34
9	1 36	1 31	1 26	1 21	1 15	1 09	1 02	0 54	0 45	0 35	0 24	0 10	.. ..	.. ..
10	2 34	2 30	2 27	2 23	2 18	2 13	2 08	2 02	1 56	1 48	1 40	1 30	1 19	1 06
11	3 32	3 30	3 27	3 24	3 21	3 18	3 15	3 11	3 07	3 02	2 56	2 50	2 43	2 35
12	4 30	4 29	4 27	4 26	4 25	4 23	4 21	4 19	4 17	4 15	4 12	4 09	4 06	4 02
13	5 28	5 28	5 28	5 28	5 28	5 28	5 28	5 28	5 28	5 28	5 29	5 29	5 29	5 29
14	6 26	6 28	6 29	6 30	6 32	6 34	6 36	6 38	6 40	6 43	6 45	6 49	6 52	6 57
15	7 26	7 28	7 31	7 34	7 37	7 41	7 44	7 48	7 53	7 58	8 04	8 10	8 18	8 27
16	8 27	8 31	8 35	8 39	8 44	8 49	8 54	9 00	9 07	9 15	9 24	9 34	9 46	10 01
17	9 29	9 34	9 39	9 45	9 51	9 57	10 05	10 13	10 22	10 33	10 45	11 00	11 17	11 39
18	10 31	10 37	10 43	10 50	10 57	11 05	11 14	11 25	11 36	11 49	12 05	12 23	12 47	13 19
19	11 32	11 38	11 45	11 53	12 01	12 10	12 20	12 32	12 45	13 00	13 18	13 40	14 09	14 52
20	12 29	12 36	12 43	12 51	12 59	13 09	13 19	13 30	13 44	13 59	14 18	14 40	15 10	15 56
21	13 22	13 28	13 35	13 42	13 50	13 59	14 08	14 19	14 31	14 45	15 02	15 22	15 47	16 22
22	14 09	14 14	14 20	14 26	14 33	14 40	14 48	14 57	15 07	15 19	15 32	15 47	16 06	16 30
23	14 50	14 54	14 59	15 04	15 09	15 14	15 21	15 27	15 35	15 43	15 53	16 04	16 17	16 32
24	15 27	15 30	15 33	15 36	15 39	15 43	15 47	15 52	15 57	16 02	16 08	16 15	16 23	16 33
25	16 01	16 02	16 04	16 05	16 07	16 09	16 11	16 13	16 15	16 18	16 21	16 24	16 27	16 32

.. .. indicates phenomenon will occur the next day.

MOONRISE AND MOONSET, 2019

UNIVERSAL TIME FOR MERIDIAN OF GREENWICH

MOONRISE

Lat.	−55°	−50°	−45°	−40°	−35°	−30°	−20°	−10°	0°	+10°	+20°	+30°	+35°	+40°
	h m	h m	h m	h m	h m	h m	h m	h m	h m	h m	h m	h m	h m	h m
Oct. 24	3 46	3 32	3 20	3 11	3 03	2 56	2 43	2 32	2 22	2 12	2 01	1 48	1 41	1 33
25	4 07	3 58	3 52	3 46	3 41	3 37	3 29	3 23	3 16	3 10	3 03	2 56	2 51	2 46
26	4 25	4 23	4 21	4 19	4 17	4 16	4 14	4 11	4 10	4 08	4 06	4 03	4 02	4 00
27	4 43	4 46	4 49	4 51	4 53	4 55	4 57	5 00	5 02	5 05	5 08	5 11	5 13	5 15
28	5 02	5 11	5 18	5 24	5 29	5 34	5 42	5 49	5 56	6 02	6 10	6 18	6 23	6 29
29	5 24	5 38	5 50	5 59	6 08	6 15	6 28	6 39	6 50	7 00	7 12	7 25	7 33	7 42
30	5 49	6 09	6 25	6 38	6 49	6 59	7 16	7 31	7 45	7 59	8 14	8 31	8 41	8 53
31	6 22	6 47	7 06	7 22	7 35	7 47	8 06	8 24	8 40	8 57	9 14	9 35	9 47	10 00
Nov. 1	7 04	7 32	7 53	8 10	8 25	8 37	8 59	9 18	9 35	9 53	10 12	10 34	10 47	11 02
2	7 55	8 24	8 46	9 03	9 18	9 31	9 53	10 12	10 29	10 47	11 06	11 28	11 41	11 56
3	8 56	9 23	9 43	10 00	10 14	10 26	10 46	11 04	11 21	11 38	11 56	12 16	12 28	12 42
4	10 02	10 25	10 43	10 58	11 10	11 21	11 39	11 55	12 10	12 25	12 41	12 59	13 10	13 22
5	11 11	11 30	11 44	11 56	12 07	12 15	12 31	12 44	12 56	13 09	13 22	13 37	13 46	13 56
6	12 21	12 35	12 46	12 55	13 02	13 09	13 21	13 31	13 41	13 50	14 00	14 12	14 18	14 26
7	13 31	13 40	13 47	13 53	13 58	14 02	14 10	14 17	14 23	14 29	14 36	14 43	14 48	14 53
8	14 41	14 45	14 48	14 51	14 53	14 55	14 58	15 01	15 04	15 07	15 10	15 14	15 16	15 18
9	15 51	15 50	15 49	15 49	15 48	15 48	15 47	15 46	15 46	15 45	15 44	15 44	15 43	15 43
10	17 02	16 56	16 52	16 48	16 44	16 41	16 36	16 32	16 28	16 24	16 19	16 14	16 11	16 08
11	18 15	18 04	17 55	17 48	17 42	17 37	17 27	17 19	17 11	17 04	16 56	16 47	16 41	16 35
12	19 30	19 14	19 01	18 50	18 41	18 33	18 20	18 08	17 57	17 46	17 35	17 22	17 14	17 05
13	20 46	20 24	20 07	19 54	19 42	19 32	19 15	19 00	18 46	18 32	18 17	18 01	17 51	17 40
14	21 59	21 33	21 13	20 57	20 43	20 32	20 11	19 54	19 38	19 22	19 04	18 44	18 33	18 20
15	23 07	22 38	22 16	21 59	21 44	21 31	21 09	20 50	20 32	20 15	19 56	19 34	19 21	19 07
16	.. ..	23 36	23 14	22 56	22 41	22 28	22 06	21 46	21 29	21 11	20 51	20 29	20 16	20 02
17	0 05	.. ..	.. ..	23 47	23 33	23 21	23 00	22 42	22 25	22 08	21 50	21 30	21 17	21 03

MOONSET

Lat.	−55°	−50°	−45°	−40°	−35°	−30°	−20°	−10°	0°	+10°	+20°	+30°	+35°	+40°
	h m	h m	h m	h m	h m	h m	h m	h m	h m	h m	h m	h m	h m	h m
Oct. 24	13 37	13 50	13 59	14 07	14 14	14 20	14 31	14 40	14 48	14 56	15 05	15 15	15 21	15 27
25	15 07	15 13	15 17	15 21	15 25	15 28	15 33	15 37	15 42	15 46	15 50	15 55	15 58	16 01
26	16 36	16 36	16 36	16 36	16 35	16 35	16 35	16 35	16 35	16 34	16 34	16 34	16 33	16 33
27	18 06	17 59	17 54	17 50	17 46	17 43	17 37	17 32	17 28	17 23	17 18	17 12	17 09	17 06
28	19 34	19 22	19 12	19 04	18 56	18 50	18 39	18 30	18 21	18 12	18 03	17 53	17 46	17 40
29	21 01	20 43	20 28	20 16	20 06	19 57	19 42	19 28	19 16	19 03	18 50	18 35	18 26	18 17
30	22 23	21 59	21 41	21 26	21 13	21 02	20 43	20 27	20 11	19 56	19 40	19 21	19 10	18 58
31	23 36	23 08	22 47	22 30	22 16	22 04	21 42	21 24	21 07	20 50	20 31	20 10	19 58	19 44
Nov. 1	.. ..	.. ..	23 46	23 28	23 13	23 00	22 38	22 19	22 02	21 44	21 25	21 03	20 50	20 35
2	0 36	0 08	.. ..	.. ..	.. ..	23 52	23 30	23 12	22 55	22 37	22 18	21 57	21 44	21 30
3	1 24	0 56	0 35	0 19	0 04	.. ..	.. ..	.. ..	23 45	23 29	23 12	22 52	22 41	22 27
4	1 59	1 35	1 17	1 02	0 49	0 37	0 18	0 01	.. ..	.. ..	.. ..	23 47	23 37	23 26
5	2 26	2 07	1 51	1 38	1 27	1 18	1 01	0 46	0 33	0 19	0 04	.. ..	.. ..	.. ..
6	2 47	2 32	2 20	2 10	2 01	1 54	1 41	1 29	1 18	1 07	0 55	0 42	0 34	0 25
7	3 05	2 54	2 46	2 38	2 32	2 27	2 17	2 09	2 01	1 53	1 45	1 35	1 29	1 23
8	3 19	3 13	3 09	3 04	3 01	2 58	2 52	2 47	2 43	2 38	2 33	2 28	2 24	2 21
9	3 33	3 32	3 30	3 29	3 29	3 28	3 26	3 25	3 24	3 23	3 22	3 20	3 19	3 18
10	3 47	3 50	3 52	3 54	3 56	3 58	4 01	4 03	4 06	4 08	4 11	4 13	4 15	4 17
11	4 01	4 09	4 15	4 20	4 25	4 29	4 36	4 42	4 48	4 54	5 01	5 08	5 12	5 17
12	4 17	4 30	4 40	4 49	4 56	5 03	5 14	5 24	5 33	5 42	5 52	6 04	6 10	6 18
13	4 37	4 55	5 09	5 21	5 31	5 39	5 54	6 08	6 20	6 33	6 46	7 01	7 10	7 21
14	5 03	5 25	5 43	5 58	6 10	6 21	6 39	6 55	7 10	7 26	7 42	8 01	8 11	8 24
15	5 37	6 04	6 24	6 41	6 55	7 07	7 28	7 47	8 04	8 21	8 39	9 00	9 12	9 27
16	6 23	6 52	7 14	7 32	7 47	8 00	8 22	8 41	8 59	9 17	9 36	9 58	10 11	10 26
17	7 22	7 50	8 12	8 30	8 45	8 57	9 19	9 38	9 56	10 13	10 32	10 54	11 06	11 21

.. .. indicates phenomenon will occur the next day.

UNIVERSAL TIME FOR MERIDIAN OF GREENWICH

MOONRISE

Lat.	+40°	+42°	+44°	+46°	+48°	+50°	+52°	+54°	+56°	+58°	+60°	+62°	+64°	+66°
	h m	h m	h m	h m	h m	h m	h m	h m	h m	h m	h m	h m	h m	h m
Oct. 24	1 33	1 29	1 25	1 21	1 16	1 11	1 05	0 59	0 52	0 45	0 36	0 26	0 14	0 00
25	2 46	2 44	2 42	2 39	2 36	2 33	2.30	2 26	2 22	2 18	2 13	2 07	2 01	1 53
26	4 00	4 00	3 59	3 58	3 57	3 57	3 56	3 54	3 53	3 52	3 51	3 49	3 47	3 45
27	5 15	5 15	5 16	5 18	5 19	5 20	5 21	5 23	5 24	5 26	5 28	5 30	5 33	5 36
28	6 29	6 31	6 34	6 37	6 40	6 43	6 47	6 51	6 55	7 00	7 06	7 12	7 20	7 28
29	7 42	7 46	7 50	7 54	7 59	8 05	8 11	8 17	8 25	8 33	8 42	8 53	9 06	9 22
30	8 53	8 58	9 04	9 10	9 16	9 24	9 32	9 41	9 51	10 02	10 15	10 31	10 51	11 15
31	10 00	10 06	10 13	10 20	10 28	10 37	10 46	10 57	11 10	11 24	11 41	12 01	12 28	13 05
Nov. 1	11 02	11 08	11 15	11 23	11 32	11 41	11 52	12 03	12 17	12 33	12 52	13 15	13 47	14 38
2	11 56	12 02	12 10	12 17	12 26	12 35	12 46	12 57	13 11	13 26	13 45	14 08	14 39	15 27
3	12 42	12 48	12 55	13 02	13 10	13 19	13 28	13 39	13 51	14 05	14 21	14 41	15 06	15 41
4	13 22	13 27	13 33	13 39	13 46	13 53	14 01	14 11	14 21	14 32	14 46	15 01	15 21	15 45
5	13 56	14 00	14 05	14 10	14 15	14 21	14 28	14 35	14 43	14 52	15 02	15 14	15 28	15 45
6	14 26	14 29	14 32	14 36	14 40	14 45	14 50	14 55	15 01	15 07	15 15	15 23	15 33	15 44
7	14 53	14 55	14 57	15 00	15 02	15 05	15 08	15 12	15 15	15 20	15 24	15 30	15 36	15 43
8	15 18	15 19	15 20	15 21	15 22	15 24	15 25	15 27	15 28	15 30	15 32	15 35	15 38	15 41
9	15 43	15 43	15 43	15 42	15 42	15 42	15 42	15 41	15 41	15 41	15 40	15 40	15 39	15 39
10	16 08	16 07	16 05	16 04	16 02	16 00	15 58	15 56	15 54	15 51	15 48	15 45	15 41	15 37
11	16 35	16 33	16 30	16 27	16 24	16 20	16 17	16 13	16 08	16 03	15 57	15 51	15 44	15 35
12	17 05	17 02	16 58	16 53	16 49	16 43	16 38	16 32	16 25	16 17	16 09	15 59	15 48	15 34
13	17 40	17 35	17 30	17 24	17 18	17 11	17 04	16 56	16 46	16 36	16 24	16 11	15 54	15 34
14	18 20	18 14	18 08	18 01	17 53	17 45	17 36	17 26	17 15	17 02	16 47	16 29	16 06	15 37
15	19 07	19 00	18 53	18 46	18 37	18 28	18 18	18 07	17 54	17 39	17 21	16 59	16 30	15 48
16	20 02	19 55	19 48	19 40	19 31	19 22	19 11	19 00	18 46	18 30	18 11	17 48	17 16	16 26
17	21 03	20 57	20 50	20 43	20 35	20 26	20 16	20 05	19 52	19 38	19 20	18 59	18 31	17 51

MOONSET

Lat.	+40°	+42°	+44°	+46°	+48°	+50°	+52°	+54°	+56°	+58°	+60°	+62°	+64°	+66°
	h m	h m	h m	h m	h m	h m	h m	h m	h m	h m	h m	h m	h m	h m
Oct. 24	15 27	15 30	15 33	15 36	15 39	15 43	15 47	15 52	15 57	16 02	16 08	16 15	16 23	16 33
25	16 01	16 02	16 04	16 05	16 07	16 09	16 11	16 13	16 15	16 18	16 21	16 24	16 27	16 32
26	16 33	16 33	16 33	16 33	16 33	16 33	16 32	16 32	16 32	16 32	16 31	16 31	16 31	16 30
27	17 06	17 04	17 02	17 01	16 59	16 56	16 54	16 52	16 49	16 46	16 42	16 39	16 34	16 29
28	17 40	17 37	17 33	17 30	17 26	17 22	17 18	17 13	17 07	17 01	16 55	16 47	16 38	16 28
29	18 17	18 12	18 07	18 02	17 57	17 51	17 44	17 37	17 29	17 20	17 10	16 58	16 44	16 28
30	18 58	18 52	18 46	18 40	18 33	18 25	18 17	18 07	17 57	17 45	17 31	17 15	16 54	16 29
31	19 44	19 37	19 30	19 23	19 15	19 06	18 56	18 45	18 33	18 18	18 01	17 40	17 13	16 35
Nov. 1	20 35	20 28	20 21	20 13	20 04	19 55	19 44	19 32	19 19	19 03	18 44	18 20	17 49	16 57
2	21 30	21 23	21 16	21 08	21 00	20 51	20 40	20 29	20 16	20 00	19 42	19 19	18 48	18 00
3	22 27	22 21	22 15	22 08	22 00	21 52	21 43	21 32	21 20	21 07	20 51	20 31	20 06	19 32
4	23 26	23 21	23 15	23 09	23 03	22 56	22 48	22 40	22 30	22 19	22 06	21 51	21 32	21 08
5	.. ..	.. ..	.. ..	.. ..	.. ..	.. ..	23 55	23 48	23 41	23 32	23 23	23 12	22 58	22 42
6	0 25	0 21	0 16	0 12	0 07	0 01	.. ..	.. ..	.. ..	.. ..	.. ..	.. ..	.. ..	.. ..
7	1 23	1 20	1 17	1 14	1 10	1 06	1 02	0 57	0 52	0 46	0 40	0 32	0 23	0 13
8	2 21	2 19	2 17	2 15	2 13	2 11	2 09	2 06	2 03	2 00	1 56	1 52	1 47	1 41
9	3 18	3 18	3 18	3 17	3 17	3 16	3 15	3 15	3 14	3 13	3 12	3 11	3 10	3 08
10	4 17	4 18	4 19	4 20	4 21	4 22	4 23	4 24	4 26	4 27	4 29	4 31	4 34	4 36
11	5 17	5 19	5 21	5 23	5 26	5 29	5 32	5 35	5 39	5 43	5 48	5 53	5 59	6 06
12	6 18	6 21	6 25	6 29	6 33	6 37	6 42	6 48	6 54	7 01	7 09	7 18	7 28	7 40
13	7 21	7 25	7 30	7 35	7 41	7 47	7 54	8 02	8 10	8 20	8 31	8 44	9 00	9 19
14	8 24	8 30	8 36	8 42	8 49	8 57	9 06	9 15	9 26	9 39	9 54	10 11	10 33	11 02
15	9 27	9 33	9 40	9 47	9 55	10 04	10 14	10 26	10 38	10 53	11 11	11 33	12 01	12 43
16	10 26	10 33	10 40	10 48	10 56	11 06	11 16	11 28	11 42	11 58	12 16	12 40	13 11	14 01
17	11 21	11 27	11 34	11 42	11 50	11 59	12 09	12 20	12 33	12 48	13 05	13 27	13 55	14 35

.. .. indicates phenomenon will occur the next day.

MOONRISE AND MOONSET, 2019
UNIVERSAL TIME FOR MERIDIAN OF GREENWICH
MOONRISE

Lat.	−55°	−50°	−45°	−40°	−35°	−30°	−20°	−10°	0°	+10°	+20°	+30°	+35°	+40°
	h m	h m	h m	h m	h m	h m	h m	h m	h m	h m	h m	h m	h m	h m
Nov. 16	.. ..	23 36	23 14	22 56	22 41	22 28	22 06	21 46	21 29	21 11	20 51	20 29	20 16	20 02
17	0 05	.. ..	.. ..	23 47	23 33	23 21	23 00	22 42	22 25	22 08	21 50	21 30	21 17	21 03
18	0 50	0 24	0 04	.. ..	.. ..	.. ..	23 52	23 36	23 22	23 07	22 51	22 33	22 22	22 10
19	1 25	1 03	0 46	0 32	0 20	0 10	.. ..	.. ..	.. ..	.. ..	23 52	23 38	23 29	23 20
20	1 52	1 35	1 22	1 12	1 02	0 54	0 40	0 28	0 16	0 04	.. ..	.. ..	.. ..	.. ..
21	2 13	2 02	1 54	1 47	1 40	1 35	1 25	1 17	1 09	1 01	0 53	0 43	0 37	0 31
22	2 31	2 26	2 22	2 19	2 16	2 13	2 08	2 04	2 01	1 57	1 53	1 48	1 45	1 42
23	2 48	2 49	2 49	2 50	2 50	2 50	2 51	2 51	2 52	2 52	2 52	2 53	2 53	2 54
24	3 06	3 12	3 17	3 21	3 24	3 28	3 33	3 38	3 43	3 48	3 53	3 58	4 02	4 06
25	3 25	3 36	3 46	3 54	4 01	4 07	4 17	4 26	4 35	4 44	4 53	5 04	5 11	5 18
26	3 47	4 05	4 19	4 30	4 40	4 48	5 03	5 17	5 29	5 41	5 55	6 10	6 19	6 30
27	4 16	4 39	4 56	5 11	5 23	5 34	5 53	6 09	6 24	6 40	6 56	7 15	7 27	7 39
28	4 53	5 20	5 40	5 57	6 11	6 24	6 45	7 03	7 20	7 38	7 56	8 18	8 30	8 45
29	5 40	6 09	6 31	6 49	7 04	7 17	7 39	7 58	8 16	8 34	8 53	9 16	9 29	9 44
30	6 38	7 06	7 28	7 45	8 00	8 12	8 34	8 53	9 10	9 28	9 46	10 08	10 21	10 35
Dec. 1	7 44	8 09	8 28	8 44	8 57	9 09	9 28	9 46	10 01	10 17	10 34	10 54	11 05	11 18
2	8 53	9 14	9 30	9 44	9 55	10 05	10 21	10 36	10 50	11 03	11 18	11 35	11 44	11 55
3	10 04	10 20	10 32	10 43	10 52	10 59	11 13	11 24	11 35	11 46	11 58	12 11	12 18	12 27
4	11 14	11 25	11 34	11 41	11 48	11 53	12 02	12 11	12 18	12 26	12 34	12 44	12 49	12 55
5	12 24	12 30	12 35	12 39	12 43	12 46	12 51	12 56	13 00	13 05	13 09	13 14	13 17	13 21
6	13 34	13 35	13 36	13 37	13 38	13 38	13 39	13 40	13 41	13 42	13 43	13 44	13 45	13 46
7	14 44	14 41	14 38	14 35	14 33	14 31	14 28	14 25	14 23	14 20	14 17	14 14	14 12	14 10
8	15 56	15 48	15 41	15 35	15 30	15 25	15 18	15 11	15 05	14 59	14 53	14 45	14 41	14 36
9	17 11	16 57	16 46	16 36	16 29	16 22	16 10	16 00	15 50	15 41	15 30	15 19	15 12	15 05
10	18 27	18 08	17 52	17 40	17 29	17 20	17 04	16 51	16 38	16 25	16 12	15 56	15 47	15 37

MOONSET

Lat.	−55°	−50°	−45°	−40°	−35°	−30°	−20°	−10°	0°	+10°	+20°	+30°	+35°	+40°
	h m	h m	h m	h m	h m	h m	h m	h m	h m	h m	h m	h m	h m	h m
Nov. 16	6 23	6 52	7 14	7 32	7 47	8 00	8 22	8 41	8 59	9 17	9 36	9 58	10 11	10 26
17	7 22	7 50	8 12	8 30	8 45	8 57	9 19	9 38	9 56	10 13	10 32	10 54	11 06	11 21
18	8 33	8 59	9 18	9 34	9 48	9 59	10 19	10 36	10 52	11 08	11 25	11 45	11 56	12 09
19	9 53	10 14	10 30	10 43	10 54	11 04	11 20	11 34	11 48	12 01	12 15	12 31	12 40	12 51
20	11 18	11 32	11 44	11 54	12 02	12 09	12 21	12 32	12 41	12 51	13 02	13 13	13 20	13 28
21	12 44	12 52	12 59	13 05	13 10	13 14	13 21	13 28	13 34	13 39	13 46	13 53	13 57	14 01
22	14 10	14 13	14 15	14 16	14 18	14 19	14 21	14 23	14 25	14 26	14 28	14 30	14 31	14 33
23	15 37	15 33	15 30	15 28	15 26	15 24	15 21	15 18	15 16	15 13	15 10	15 07	15 05	15 03
24	17 04	16 54	16 46	16 40	16 35	16 30	16 22	16 14	16 07	16 01	15 53	15 45	15 41	15 35
25	18 30	18 15	18 02	17 52	17 43	17 36	17 23	17 11	17 01	16 50	16 39	16 26	16 18	16 10
26	19 55	19 34	19 17	19 03	18 52	18 42	18 24	18 09	17 55	17 41	17 26	17 09	16 59	16 48
27	21 14	20 47	20 27	20 11	19 57	19 46	19 25	19 08	18 51	18 35	18 17	17 57	17 45	17 32
28	22 22	21 53	21 31	21 14	20 59	20 46	20 24	20 05	19 47	19 29	19 10	18 48	18 36	18 21
29	23 17	22 48	22 27	22 09	21 54	21 41	21 19	21 00	20 42	20 24	20 05	19 43	19 30	19 15
30	23 58	23 33	23 13	22 56	22 43	22 31	22 10	21 52	21 35	21 18	21 00	20 39	20 27	20 13
Dec. 1	.. ..	.. ..	23 51	23 36	23 24	23 14	22 56	22 40	22 25	22 10	21 54	21 36	21 25	21 12
2	0 29	0 08	.. ..	.. ..	.. ..	23 52	23 37	23 24	23 12	23 00	22 46	22 31	22 22	22 12
3	0 53	0 36	0 22	0 11	0 01	.. ..	.. ..	.. ..	23 56	23 47	23 37	23 25	23 19	23 11
4	1 12	0 59	0 49	0 40	0 33	0 27	0 16	0 06	.. ..	.. ..	.. ..	.. ..	.. ..	.. ..
5	1 27	1 19	1 13	1 07	1 03	0 58	0 51	0 45	0 39	0 33	0 26	0 19	0 14	0 09
6	1 41	1 37	1 35	1 32	1 30	1 29	1 25	1 23	1 20	1 17	1 14	1 11	1 09	1 07
7	1 54	1 55	1 56	1 57	1 58	1 58	1 59	2 00	2 01	2 02	2 03	2 04	2 04	2 05
8	2 08	2 14	2 18	2 22	2 26	2 29	2 34	2 38	2 43	2 47	2 52	2 57	3 00	3 04
9	2 23	2 33	2 42	2 49	2 55	3 01	3 10	3 19	3 26	3 34	3 43	3 52	3 58	4 04
10	2 41	2 57	3 09	3 19	3 28	3 36	3 50	4 01	4 13	4 24	4 36	4 49	4 57	5 07

.. .. indicates phenomenon will occur the next day.

UNIVERSAL TIME FOR MERIDIAN OF GREENWICH

MOONRISE

Lat.	+40°	+42°	+44°	+46°	+48°	+50°	+52°	+54°	+56°	+58°	+60°	+62°	+64°	+66°
	h m	h m	h m	h m	h m	h m	h m	h m	h m	h m	h m	h m	h m	h m
Nov. 16	20 02	19 55	19 48	19 40	19 31	19 22	19 11	19 00	18 46	18 30	18 11	17 48	17 16	16 26
17	21 03	20 57	20 50	20 43	20 35	20 26	20 16	20 05	19 52	19 38	19 20	18 59	18 31	17 51
18	22 10	22 05	21 59	21 52	21 46	21 38	21 30	21 20	21 10	20 58	20 44	20 27	20 06	19 39
19	23 20	23 16	23 11	23 06	23 01	22 55	22 49	22 42	22 34	22 25	22 15	22 03	21 49	21 31
20	.. ..	.. ..	.. ..	.. ..	.. ..	.. ..	.. ..	.. ..	.. ..	23 55	23 48	23 41	23 32	23 22
21	0 31	0 28	0 25	0 22	0 18	0 14	0 10	0 06	0 00	.. ..	.. ..	.. ..	.. ..	.. ..
22	1 42	1 41	1 40	1 38	1 36	1 35	1 33	1 30	1 28	1 25	1 22	1 19	1 15	1 11
23	2 54	2 54	2 54	2 54	2 55	2 55	2 55	2 56	2 56	2 56	2 57	2 57	2 58	2 58
24	4 06	4 08	4 09	4 11	4 13	4 16	4 18	4 21	4 24	4 28	4 32	4 36	4 41	4 47
25	5 18	5 21	5 25	5 28	5 32	5 37	5 42	5 47	5 53	5 59	6 07	6 16	6 26	6 38
26	6 30	6 34	6 39	6 45	6 50	6 57	7 04	7 12	7 20	7 30	7 42	7 55	8 11	8 31
27	7 39	7 45	7 51	7 58	8 05	8 14	8 22	8 32	8 44	8 57	9 12	9 31	9 54	10 25
28	8 45	8 51	8 58	9 06	9 14	9 24	9 34	9 46	9 59	10 14	10 33	10 55	11 26	12 13
29	9 44	9 51	9 58	10 06	10 15	10 24	10 35	10 47	11 01	11 17	11 36	12 01	12 33	13 29
30	10 35	10 42	10 49	10 56	11 04	11 13	11 24	11 35	11 48	12 03	12 21	12 43	13 12	13 54
Dec. 1	11 18	11 24	11 31	11 37	11 45	11 53	12 02	12 12	12 23	12 36	12 51	13 09	13 31	14 00
2	11 55	12 00	12 05	12 11	12 17	12 24	12 31	12 39	12 48	12 59	13 10	13 24	13 40	14 00
3	12 27	12 31	12 35	12 39	12 44	12 49	12 55	13 01	13 08	13 15	13 24	13 34	13 46	13 59
4	12 55	12 58	13 01	13 04	13 07	13 11	13 14	13 19	13 23	13 29	13 34	13 41	13 49	13 58
5	13 21	13 22	13 24	13 26	13 28	13 30	13 32	13 34	13 37	13 40	13 43	13 46	13 51	13 55
6	13 46	13 46	13 46	13 47	13 47	13 48	13 48	13 49	13 49	13 50	13 50	13 51	13 52	13 53
7	14 10	14 10	14 09	14 08	14 07	14 05	14 04	14 03	14 01	14 00	13 58	13 56	13 54	13 51
8	14 36	14 34	14 32	14 30	14 27	14 25	14 22	14 18	14 15	14 11	14 06	14 01	13 56	13 49
9	15 05	15 02	14 58	14 54	14 50	14 46	14 41	14 36	14 30	14 24	14 16	14 08	13 59	13 47
10	15 37	15 33	15 28	15 23	15 17	15 11	15 05	14 58	14 49	14 40	14 30	14 18	14 04	13 46

MOONSET

Lat.	+40°	+42°	+44°	+46°	+48°	+50°	+52°	+54°	+56°	+58°	+60°	+62°	+64°	+66°
	h m	h m	h m	h m	h m	h m	h m	h m	h m	h m	h m	h m	h m	h m
Nov. 16	10 26	10 33	10 40	10 48	10 56	11 06	11 16	11 28	11 42	11 58	12 16	12 40	13 11	14 01
17	11 21	11 27	11 34	11 42	11 50	11 59	12 09	12 20	12 33	12 48	13 05	13 27	13 55	14 35
18	12 09	12 15	12 21	12 27	12 35	12 42	12 51	13 01	13 12	13 24	13 39	13 56	14 18	14 45
19	12 51	12 55	13 00	13 06	13 12	13 18	13 25	13 33	13 41	13 51	14 02	14 14	14 29	14 48
20	13 28	13 31	13 35	13 39	13 43	13 47	13 52	13 58	14 04	14 10	14 18	14 26	14 36	14 48
21	14 01	14 03	14 05	14 08	14 10	14 13	14 15	14 18	14 22	14 26	14 30	14 35	14 40	14 46
22	14 33	14 33	14 34	14 34	14 35	14 36	14 36	14 37	14 38	14 39	14 40	14 42	14 43	14 45
23	15 03	15 02	15 02	15 00	14 59	14 58	14 57	14 55	14 54	14 52	14 50	14 48	14 46	14 43
24	15 35	15 33	15 30	15 28	15 25	15 22	15 18	15 15	15 11	15 06	15 01	14 55	14 49	14 41
25	16 10	16 06	16 02	15 58	15 53	15 48	15 42	15 36	15 30	15 22	15 14	15 04	14 53	14 40
26	16 48	16 43	16 38	16 32	16 26	16 19	16 11	16 03	15 54	15 43	15 31	15 17	15 00	14 39
27	17 32	17 26	17 19	17 12	17 04	16 56	16 47	16 36	16 25	16 11	15 55	15 36	15 13	14 41
28	18 21	18 14	18 07	17 59	17 51	17 41	17 31	17 19	17 06	16 50	16 32	16 08	15 38	14 51
29	19 15	19 08	19 01	18 53	18 44	18 35	18 24	18 12	17 58	17 42	17 23	16 59	16 26	15 30
30	20 13	20 06	20 00	19 52	19 44	19 35	19 25	19 14	19 01	18 46	18 29	18 07	17 39	16 57
Dec. 1	21 12	21 07	21 01	20 54	20 47	20 40	20 31	20 21	20 11	19 58	19 44	19 26	19 05	18 36
2	22 12	22 08	22 03	21 57	21 52	21 46	21 39	21 31	21 22	21 13	21 02	20 49	20 33	20 14
3	23 11	23 08	23 04	23 00	22 56	22 51	22 46	22 41	22 35	22 28	22 20	22 11	22 00	21 47
4	.. ..	.. ..	.. ..	.. ..	23 59	23 57	23 53	23 50	23 46	23 41	23 37	23 31	23 24	23 17
5	0 09	0 07	0 05	0 02	.. ..	.. ..	.. ..	.. ..	.. ..	.. ..	.. ..	.. ..	.. ..	.. ..
6	1 07	1 06	1 05	1 04	1 03	1 01	1 00	0 58	0 57	0 55	0 53	0 50	0 47	0 44
7	2 05	2 05	2 05	2 06	2 06	2 06	2 07	2 07	2 08	2 08	2 09	2 10	2 10	2 11
8	3 04	3 05	3 07	3 09	3 11	3 13	3 15	3 17	3 20	3 23	3 26	3 30	3 35	3 40
9	4 04	4 07	4 10	4 13	4 17	4 20	4 25	4 29	4 34	4 40	4 46	4 54	5 02	5 12
10	5 07	5 11	5 15	5 20	5 25	5 30	5 36	5 43	5 51	5 59	6 09	6 20	6 33	6 50

.. .. indicates phenomenon will occur the next day.

MOONRISE AND MOONSET, 2019

UNIVERSAL TIME FOR MERIDIAN OF GREENWICH

MOONRISE

Lat.	−55°	−50°	−45°	−40°	−35°	−30°	−20°	−10°	0°	+10°	+20°	+30°	+35°	+40°
	h m	h m	h m	h m	h m	h m	h m	h m	h m	h m	h m	h m	h m	h m
Dec. 9	17 11	16 57	16 46	16 36	16 29	16 22	16 10	16 00	15 50	15 41	15 30	15 19	15 12	15 05
10	18 27	18 08	17 52	17 40	17 29	17 20	17 04	16 51	16 38	16 25	16 12	15 56	15 47	15 37
11	19 43	19 19	19 00	18 45	18 32	18 20	18 01	17 45	17 29	17 14	16 57	16 39	16 28	16 15
12	20 56	20 27	20 06	19 48	19 34	19 21	19 00	18 41	18 24	18 07	17 48	17 27	17 15	17 00
13	21 59	21 30	21 07	20 49	20 34	20 21	19 58	19 39	19 21	19 03	18 44	18 21	18 08	17 54
14	22 50	22 22	22 01	21 44	21 30	21 17	20 55	20 37	20 19	20 02	19 43	19 22	19 09	18 54
15	23 29	23 05	22 47	22 32	22 19	22 08	21 49	21 33	21 17	21 01	20 45	20 25	20 14	20 01
16	23 58	23 40	23 26	23 14	23 03	22 54	22 39	22 25	22 13	22 00	21 46	21 31	21 22	21 11
17	.. ..	.. ..	23 58	23 50	23 43	23 36	23 25	23 15	23 06	22 57	22 47	22 36	22 29	22 22
18	0 21	0 08	.. ..	.. ..	.. ..	.. ..	.. ..	.. ..	23 58	23 52	23 47	23 41	23 37	23 33
19	0 39	0 32	0 27	0 22	0 18	0 15	0 08	0 03	.. ..	.. ..	.. ..	.. ..	.. ..	.. ..
20	0 56	0 55	0 54	0 53	0 52	0 51	0 50	0 49	0 48	0 47	0 45	0 44	0 44	0 43
21	1 13	1 17	1 20	1 23	1 25	1 27	1 31	1 34	1 37	1 40	1 44	1 48	1 50	1 53
22	1 30	1 39	1 47	1 53	1 59	2 04	2 13	2 20	2 27	2 35	2 42	2 51	2 57	3 02
23	1 50	2 05	2 17	2 27	2 36	2 43	2 56	3 08	3 19	3 30	3 42	3 55	4 03	4 12
24	2 15	2 35	2 51	3 05	3 16	3 26	3 43	3 58	4 12	4 26	4 42	4 59	5 10	5 21
25	2 47	3 12	3 32	3 48	4 01	4 13	4 33	4 51	5 07	5 24	5 41	6 02	6 14	6 28
26	3 29	3 57	4 19	4 36	4 51	5 04	5 26	5 45	6 03	6 20	6 40	7 02	7 15	7 30
27	4 22	4 51	5 13	5 31	5 45	5 58	6 21	6 40	6 58	7 15	7 35	7 57	8 10	8 25
28	5 25	5 52	6 12	6 29	6 43	6 55	7 16	7 34	7 51	8 07	8 25	8 46	8 58	9 12
29	6 34	6 57	7 14	7 29	7 41	7 52	8 10	8 26	8 41	8 56	9 12	9 30	9 40	9 52
30	7 45	8 03	8 18	8 29	8 39	8 48	9 03	9 16	9 28	9 40	9 53	10 08	10 17	10 26
31	8 56	9 10	9 20	9 29	9 36	9 43	9 54	10 04	10 13	10 22	10 32	10 43	10 49	10 56
32	10 07	10 15	10 22	10 27	10 32	10 36	10 43	10 49	10 55	11 01	11 07	11 14	11 18	11 23
33	11 16	11 20	11 22	11 25	11 27	11 28	11 31	11 34	11 36	11 39	11 41	11 44	11 46	11 48

MOONSET

Lat.	−55°	−50°	−45°	−40°	−35°	−30°	−20°	−10°	0°	+10°	+20°	+30°	+35°	+40°
	h m	h m	h m	h m	h m	h m	h m	h m	h m	h m	h m	h m	h m	h m
Dec. 9	2 23	2 33	2 42	2 49	2 55	3 01	3 10	3 19	3 26	3 34	3 43	3 52	3 58	4 04
10	2 41	2 57	3 09	3 19	3 28	3 36	3 50	4 01	4 13	4 24	4 36	4 49	4 57	5 07
11	3 04	3 25	3 41	3 54	4 06	4 16	4 33	4 48	5 02	5 16	5 31	5 49	5 59	6 11
12	3 34	4 00	4 19	4 35	4 49	5 01	5 21	5 39	5 55	6 11	6 29	6 50	7 01	7 15
13	4 16	4 45	5 07	5 24	5 39	5 52	6 14	6 33	6 51	7 09	7 28	7 50	8 03	8 18
14	5 12	5 41	6 03	6 21	6 36	6 49	7 12	7 31	7 49	8 07	8 26	8 48	9 01	9 16
15	6 21	6 48	7 09	7 25	7 39	7 52	8 12	8 30	8 47	9 04	9 21	9 42	9 54	10 07
16	7 40	8 03	8 20	8 34	8 46	8 56	9 14	9 30	9 44	9 58	10 13	10 31	10 41	10 52
17	9 05	9 21	9 34	9 45	9 54	10 02	10 16	10 27	10 39	10 49	11 01	11 14	11 22	11 31
18	10 30	10 40	10 49	10 56	11 02	11 07	11 16	11 24	11 31	11 38	11 46	11 54	11 59	12 05
19	11 55	12 00	12 03	12 06	12 09	12 11	12 15	12 18	12 21	12 25	12 28	12 31	12 34	12 36
20	13 20	13 18	13 17	13 16	13 15	13 15	13 13	13 12	13 11	13 10	13 09	13 08	13 07	13 06
21	14 44	14 37	14 31	14 26	14 22	14 18	14 12	14 06	14 01	13 56	13 50	13 44	13 40	13 36
22	16 08	15 55	15 44	15 36	15 28	15 22	15 11	15 01	14 52	14 43	14 33	14 22	14 15	14 08
23	17 32	17 13	16 58	16 45	16 35	16 26	16 10	15 57	15 44	15 31	15 18	15 03	14 54	14 44
24	18 52	18 27	18 09	17 53	17 41	17 29	17 10	16 54	16 38	16 23	16 06	15 47	15 36	15 24
25	20 04	19 36	19 15	18 58	18 44	18 31	18 10	17 51	17 34	17 16	16 58	16 36	16 24	16 10
26	21 05	20 36	20 14	19 57	19 42	19 29	19 06	18 47	18 29	18 11	17 52	17 29	17 16	17 01
27	21 53	21 26	21 05	20 48	20 33	20 21	19 59	19 41	19 23	19 06	18 47	18 25	18 13	17 58
28	22 29	22 05	21 47	21 32	21 19	21 07	20 48	20 31	20 15	19 59	19 42	19 22	19 11	18 57
29	22 56	22 37	22 21	22 09	21 58	21 48	21 32	21 18	21 04	20 50	20 36	20 19	20 09	19 58
30	23 17	23 02	22 50	22 41	22 32	22 25	22 12	22 01	21 50	21 39	21 28	21 15	21 07	20 58
31	23 33	23 24	23 15	23 09	23 03	22 58	22 49	22 41	22 33	22 26	22 18	22 08	22 03	21 57
32	23 48	23 42	23 38	23 34	23 31	23 28	23 24	23 19	23 15	23 11	23 06	23 01	22 58	22 55
33	.. ..	.. ..	.. ..	23 59	23 58	23 58	23 57	23 57	23 56	23 55	23 54	23 53	23 53	23 52

.. .. indicates phenomenon will occur the next day.

MOONRISE AND MOONSET, 2019

UNIVERSAL TIME FOR MERIDIAN OF GREENWICH

MOONRISE

Lat.	+40°	+42°	+44°	+46°	+48°	+50°	+52°	+54°	+56°	+58°	+60°	+62°	+64°	+66°
	h m	h m	h m	h m	h m	h m	h m	h m	h m	h m	h m	h m	h m	h m
Dec. 9	15 05	15 02	14 58	14 54	14 50	14 46	14 41	14 36	14 30	14 24	14 16	14 08	13 59	13 47
10	15 37	15 33	15 28	15 23	15 17	15 11	15 05	14 58	14 49	14 40	14 30	14 18	14 04	13 46
11	16 15	16 10	16 04	15 58	15 51	15 43	15 35	15 25	15 15	15 03	14 49	14 33	14 13	13 48
12	17 00	16 54	16 47	16 40	16 32	16 23	16 13	16 02	15 50	15 35	15 18	14 57	14 31	13 54
13	17 54	17 47	17 40	17 32	17 23	17 14	17 03	16 51	16 38	16 22	16 03	15 39	15 08	14 18
14	18 54	18 48	18 41	18 33	18 25	18 16	18 05	17 54	17 41	17 25	17 07	16 44	16 14	15 29
15	20 01	19 55	19 49	19 42	19 35	19 27	19 18	19 08	18 56	18 43	18 28	18 09	17 46	17 15
16	21 11	21 06	21 01	20 56	20 50	20 44	20 37	20 29	20 20	20 10	19 59	19 45	19 29	19 09
17	22 22	22 19	22 15	22 11	22 07	22 03	21 58	21 53	21 47	21 40	21 32	21 23	21 13	21 01
18	23 33	23 31	23 29	23 27	23 25	23 22	23 19	23 16	23 13	23 10	23 05	23 01	22 55	22 49
19	.. ..	.. ..	.. ..	.. ..	.. ..	.. ..	.. ..	.. ..	.. ..	.. ..	.. ..	.. ..	.. ..	.. ..
20	0 43	0 43	0 42	0 42	0 41	0 41	0 40	0 40	0 39	0 39	0 38	0 37	0 36	0 35
21	1 53	1 54	1 55	1 56	1 58	1 59	2 01	2 03	2 05	2 07	2 10	2 13	2 16	2 20
22	3 02	3 05	3 08	3 11	3 14	3 18	3 22	3 26	3 31	3 36	3 42	3 49	3 57	4 06
23	4 12	4 16	4 21	4 25	4 30	4 36	4 42	4 49	4 56	5 05	5 15	5 26	5 39	5 55
24	5 21	5 27	5 32	5 39	5 45	5 53	6 01	6 10	6 20	6 32	6 45	7 01	7 21	7 47
25	6 28	6 34	6 41	6 48	6 56	7 05	7 15	7 26	7 38	7 53	8 10	8 31	8 58	9 38
26	7 30	7 36	7 44	7 52	8 00	8 10	8 20	8 32	8 46	9 02	9 22	9 46	10 18	11 13
27	8 25	8 31	8 39	8 46	8 55	9 04	9 15	9 27	9 40	9 56	10 15	10 39	11 10	12 00
28	9 12	9 18	9 25	9 32	9 40	9 49	9 58	10 09	10 21	10 35	10 51	11 11	11 37	12 11
29	9 52	9 57	10 03	10 09	10 16	10 23	10 32	10 40	10 51	11 02	11 15	11 31	11 50	12 14
30	10 26	10 31	10 35	10 40	10 46	10 51	10 58	11 05	11 13	11 21	11 31	11 43	11 57	12 13
31	10 56	10 59	11 03	11 06	11 10	11 14	11 19	11 24	11 30	11 36	11 43	11 51	12 00	12 11
32	11 23	11 25	11 27	11 29	11 32	11 34	11 37	11 40	11 44	11 48	11 52	11 57	12 03	12 09
33	11 48	11 49	11 49	11 50	11 51	11 53	11 54	11 55	11 57	11 58	12 00	12 02	12 04	12 07

MOONSET

Lat.	+40°	+42°	+44°	+46°	+48°	+50°	+52°	+54°	+56°	+58°	+60°	+62°	+64°	+66°
	h m	h m	h m	h m	h m	h m	h m	h m	h m	h m	h m	h m	h m	h m
Dec. 9	4 04	4 07	4 10	4 13	4 17	4 20	4 25	4 29	4 34	4 40	4 46	4 54	5 02	5 12
10	5 07	5 11	5 15	5 20	5 25	5 30	5 36	5 43	5 51	5 59	6 09	6 20	6 33	6 50
11	6 11	6 16	6 22	6 28	6 34	6 41	6 49	6 58	7 08	7 20	7 33	7 49	8 08	8 33
12	7 15	7 21	7 28	7 35	7 43	7 52	8 01	8 12	8 24	8 38	8 55	9 15	9 41	10 18
13	8 18	8 24	8 32	8 39	8 48	8 57	9 08	9 20	9 33	9 49	10 08	10 31	11 03	11 52
14	9 16	9 22	9 29	9 37	9 46	9 55	10 05	10 17	10 30	10 46	11 04	11 27	11 57	12 43
15	10 07	10 13	10 20	10 27	10 34	10 43	10 52	11 03	11 14	11 28	11 44	12 03	12 26	12 58
16	10 52	10 57	11 02	11 08	11 15	11 21	11 29	11 37	11 47	11 57	12 10	12 24	12 41	13 02
17	11 31	11 34	11 38	11 43	11 47	11 53	11 58	12 04	12 11	12 19	12 27	12 37	12 48	13 02
18	12 05	12 07	12 10	12 12	12 15	12 19	12 22	12 26	12 30	12 35	12 40	12 46	12 53	13 01
19	12 36	12 37	12 38	12 39	12 40	12 42	12 43	12 45	12 47	12 49	12 51	12 53	12 56	12 59
20	13 06	13 06	13 05	13 05	13 04	13 04	13 03	13 03	13 02	13 01	13 00	12 59	12 58	12 57
21	13 36	13 34	13 32	13 30	13 28	13 26	13 23	13 20	13 17	13 14	13 10	13 06	13 01	12 55
22	14 08	14 05	14 02	13 58	13 54	13 50	13 45	13 40	13 35	13 28	13 21	13 13	13 04	12 53
23	14 44	14 39	14 34	14 29	14 24	14 18	14 11	14 04	13 55	13 46	13 36	13 24	13 09	12 52
24	15 24	15 18	15 12	15 06	14 59	14 51	14 42	14 33	14 22	14 10	13 56	13 39	13 18	12 52
25	16 10	16 03	15 56	15 49	15 41	15 32	15 22	15 10	14 58	14 43	14 25	14 04	13 36	12 57
26	17 01	16 55	16 47	16 39	16 31	16 21	16 10	15 58	15 44	15 28	15 09	14 45	14 12	13 17
27	17 58	17 51	17 44	17 36	17 28	17 19	17 08	16 57	16 43	16 27	16 09	15 45	15 14	14 24
28	18 57	18 51	18 45	18 38	18 30	18 22	18 13	18 02	17 51	17 37	17 21	17 01	16 36	16 02
29	19 58	19 53	19 48	19 42	19 35	19 28	19 21	19 12	19 03	18 52	18 39	18 24	18 06	17 43
30	20 58	20 54	20 50	20 45	20 41	20 35	20 29	20 23	20 16	20 07	19 58	19 47	19 35	19 19
31	21 57	21 54	21 51	21 48	21 45	21 41	21 37	21 33	21 28	21 22	21 16	21 09	21 01	20 51
32	22 55	22 53	22 52	22 50	22 48	22 46	22 44	22 42	22 39	22 36	22 33	22 29	22 25	22 19
33	23 52	23 52	23 52	23 52	23 51	23 51	23 50	23 50	23 50	23 49	23 48	23 48	23 47	23 46

.. .. indicates phenomenon will occur the next day.

ECLIPSES, 2019

CONTENTS OF THE ECLIPSE SECTION

SUMMARY OF ECLIPSES AND TRANSITS FOR 2019

There are five eclipses, three of the Sun and two of the Moon. All times are expressed in Universal Time using $\Delta T = +69^s.0$. There is a transit of Mercury across the Sun.

I. *A partial eclipse of the Sun*, January 5-6. See map on page A85. The eclipse begins at $23^h 34^m$ on January 5 and ends at $03^h 49^m$ on January 6. It is visible from eastern Asia, extreme western North America, and the north Pacific Ocean.

II. *A total eclipse of the Moon*, January 21. See map on page A86. The eclipse begins at $02^h 35^m$ and ends at $07^h 50^m$; the total phase begins at $04^h 41^m$ and ends at $05^h 44^m$. It is visible from Africa, Europe, South America, North America, extreme eastern Asia, the Atlantic Ocean, and the Pacific Ocean.

III. *A total eclipse of the Sun*, July 2. See map on page A88. The eclipse begins at $16^h 55^m$ and ends at $21^h 51^m$. Maximum duration of totality is $4^m 38^s$. It is visible from South America, south Central America, and the south Pacific Ocean.

IV. *A partial eclipse of the Moon*, July 16-17. See map on page A91. The eclipse begins at $18^h 42^m$ on July 16 and ends at $00^h 20^m$ on July 17. Time of maximum eclipse is $21^h 31^m$. It is visible from Australia, Antarctica, Asia, Africa, the Middle East, Europe, South America, the Indian Ocean, and the Atlantic Ocean.

V. *An annular eclipse of the Sun*, December 26. See map on page A93. The eclipse begins at $02^h 30^m$ and ends at $08^h 06^m$. Maximum duration of annularity is $3^m 34^s$. It is visible from western Australia, Asia, the Middle East, eastern Europe, extreme eastern Africa, the north Indian Ocean, and the Pacific Ocean.

Transit of Mercury. A transit of Mercury over the disk of the Sun will occur on November 11. The entire transit will be visible in southern Greenland, extreme western Africa, most of the Atlantic Ocean, eastern North America, southern Central America, South America and most of Antarctica.

Local circumstances and animations for upcoming eclipses can be found on the *Astronomical Almanac Online* at http://asa.hmnao.com or http://asa.usno.navy.mil.

Local circumstances and animations for upcoming eclipses can be found on *The Astronomical Almanac Online* at http://asa.hmnao.com or http://asa.usno.navy.mil.

General Information

The elements and circumstances are computed according to Bessel's method from apparent right ascensions and declinations of the Sun and Moon. Semidiameters of the Sun and Moon used in the calculation of eclipses do not include irradiation. The adopted semidiameter of the Sun at unit distance is $15'\ 59''.64$ from the IAU (1976) Astronomical Constants. The apparent semidiameter of the Moon is equal to arcsin $(k \sin \pi)$, where π is the Moon's horizontal parallax and k is an adopted constant. In 1982, the IAU adopted $k = 0.272\ 5076$, corresponding to the mean radius of Watts' datum as determined by observations of occultations and to the adopted radius of the Earth.

Standard corrections of $+0''.5$ and $-0''.25$ have been applied to the longitude and latitude of the Moon, respectively, to help correct for the difference between the center of figure and the center of mass.

Refraction is neglected in calculating solar and lunar eclipses. Because the circumstances of eclipses are calculated for the surface of the ellipsoid, refraction is not included in Besselian element polynomials. For local predictions, corrections for refraction are unnecessary; they are required only in precise comparisons of theory with observation in which many other refinements are also necessary.

All time arguments are given provisionally in Universal Time, using $\Delta T(A) = +69^s.0$. Once an updated value of ΔT is known, the data on these pages may be expressed in Universal Time as follows:

Define $\delta T = \Delta T - \Delta T(A)$, in units of seconds of time.

Change the times of circumstances given in preliminary Universal Time by subtracting δT.

Correct the tabulated longitudes, $\lambda(A)$, using $\lambda = \lambda(A) + 0.00417807 \times \delta T$ (longitudes are in degrees).

Leave all other quantities unchanged.

The correction of δT is included in the Besselian elements.

Longitude is positive to the east, and negative to the west.

Explanation of Solar Eclipse Diagram

The solar eclipse diagrams in *The Astronomical Almanac* show the region over which different phases of each eclipse may be seen and the times at which these phases occur. Each diagram has a series of dashed curves that show the outline of the Moon's penumbra on the Earth's surface at one-hour intervals. Short dashes show the leading edge and long dashes show the trailing edge. Except for certain extreme cases, the shadow outline moves generally from west to east. The Moon's shadow cone first contacts the Earth's surface where "First Contact" is indicated on the diagram. "Last Contact" is where the Moon's shadow cone last contacts the Earth's surface. The path of the central eclipse, whether for a total, annular, or annular-total eclipse, is marked by two closely spaced curves that cut across all of the dashed curves. These two curves mark the extent of the Moon's umbral shadow on the Earth's surface. Viewers within these boundaries will observe a total, annular, or annular-total eclipse, and viewers outside these boundaries will see a partial eclipse.

Solid curves labeled "Northern" and "Southern Limit of Eclipse" represent the furthest extent north or south of the Moon's penumbra on the Earth's surface. Viewers outside of these boundaries will not experience any eclipse. When only one of these two curves appears, only part of the Moon's penumbra touches the Earth; the other part is projected into space north or south of the Earth. The solid curves labeled "Eclipse begins at Sunset" and "Eclipse ends at Sunrise" define the other limits.

Another set of solid curves appears on some diagrams as two teardrop shapes (or lobes) on either end of the eclipse path, and on other diagrams as a distorted figure eight. These lobes represent in time the intersection of the Moon's penumbra with the Earth's terminator as the eclipse progresses. As time elapses, the Earth's terminator moves east-to-west while the Moon's penumbra moves west-to-east. These lobes connect to form an elongated figure eight on a diagram when part of the Moon's penumbra stays in contact with the Earth's terminator throughout the eclipse. The lobes become two separate teardrop shapes when the Moon's penumbra breaks contact with the Earth's terminator during the beginning of the eclipse and reconnects with it near the end. In the east, the outer portion of the lobe is labeled "Eclipse begins at Sunset" and marks the first contact between the Moon's penumbra and Earth's terminator in the east. Observers on this curve just fail to see the eclipse. The inner part of the lobe is labeled "Eclipse ends at Sunset" and marks the last contact between the Moon's penumbra and the Earth's terminator in the east. Observers on this curve just see the whole eclipse. The curve bisecting this lobe is labeled "Maximum Eclipse at Sunset" and is part of the sunset terminator at maximum eclipse. Viewers in the eastern half of the lobe will see the Sun set before maximum eclipse; *i.e.* see less than half of the eclipse. Viewers in the western half of the lobe will see the Sun set after maximum eclipse; *i.e.* see more than half of the eclipse. A similar description holds for the western lobe except everything occurs at sunrise instead of sunset.

Computing Local Circumstances for Solar Eclipses

The solar eclipse maps show the path of the eclipse, beginning and ending times of the eclipse, and the region of visibility, including restrictions due to rising and setting of the Sun. The short-dash and long-dash lines show, respectively, the progress of the leading and trailing edge of the penumbra; thus, at a given location, the times of the first and last contact may be interpolated. If further precision is desired, Besselian elements can be utilized.

Besselian elements characterize the geometric position of the shadow of the Moon relative to the Earth. The exterior tangents to the surfaces of the Sun and Moon form the umbral cone; the interior tangents form the penumbral cone. The common axis of these two cones is the axis of the shadow. To form a system of geocentric rectangular coordinates, the geocentric plane perpendicular to the axis of the shadow is taken as the xy-plane. This is called the fundamental plane. The x-axis is the intersection of the fundamental plane with the plane of the equator; it is positive toward the east. The y-axis is positive toward the north. The z-axis is parallel to the axis of the shadow and is positive toward the Moon. The tabular values of x and y are the coordinates, in units of the Earth's equatorial radius, of the intersection of the axis of the shadow with the fundamental plane. The direction of the axis of the shadow is specified by the declination d and hour angle μ of the point on the celestial sphere toward which the axis is directed.

The radius of the umbral cone is regarded as positive for an annular eclipse and negative for a total eclipse. The angles f_1 and f_2 are the angles at which the tangents that form the penumbral and umbral cones, respectively, intersect the axis of the shadow.

To predict accurate local circumstances, calculate the geocentric coordinates $\rho \sin \phi'$ and $\rho \cos \phi'$ from the geodetic latitude ϕ and longitude λ, using the relationships given on pages K11–K12 of *The Astronomical Almanac*. Inclusion of the height h in this calculation is all that is necessary to obtain the local circumstances at high altitudes.

Obtain approximate times for the beginning, middle and end of the eclipse from the eclipse map. For each of these three times, compute — from the Besselian element polynomials — the values of x, y, $\sin d$, $\cos d$, μ and l_1 (the radius of the penumbra on the fundamental plane). If the eclipse is central (i.e., total, annular or annular-total), then, at the approximate time of the middle of the eclipse, l_2 (the radius of the umbra on the fundamental plane) is required instead of l_1. The hourly variations x', y' of x and y are needed, and may be obtained by evaluating the derivative of the polynomial expressions for x and y. Values of μ', d', $\tan f_1$ and $\tan f_2$ are nearly constant throughout the eclipse and are given immediately following the Besselian polynomials.

For each of the three approximate times, calculate the coordinates ξ, η, ζ for the observer and the hourly variations ξ' and η' from

$$\xi = \rho \cos \phi' \sin \theta,$$
$$\eta = \rho \sin \phi' \cos d - \rho \cos \phi' \sin d \cos \theta,$$
$$\zeta = \rho \sin \phi' \sin d + \rho \cos \phi' \cos d \cos \theta,$$
$$\xi' = \mu' \rho \cos \phi' \cos \theta,$$
$$\eta' = \mu' \xi \sin d - \zeta d',$$

where

$$\theta = \mu + \lambda$$

for longitudes measured positive towards the east.

Next, calculate

$$
\begin{array}{ll}
u = x - \xi & u' = x' - \xi' \\
v = y - \eta & v' = y' - \eta' \\
m^2 = u^2 + v^2 & n^2 = u'^2 + v'^2 \quad\quad (m, n > 0)
\end{array}
$$
$$L_i = l_i - \zeta \tan f_i$$
$$D = uu' + vv'$$
$$\Delta = \tfrac{1}{n}(uv' - u'v)$$
$$\sin \psi = \frac{\Delta}{L_i},$$

where $i = 1, 2$.

At the approximate times of the beginning and end of the eclipse, L_1 is required. At the approximate time of the middle of the eclipse, L_2 is required if the eclipse is central; L_1 is required if the eclipse is partial.

Neglecting the variation of L, the correction τ to be applied to the approximate time of the middle of the eclipse to obtain the *Universal Time of greatest phase* (in hours) is

$$\tau = -\frac{D}{n^2},$$

which may be expressed in minutes by multiplying by 60. The correction τ to be applied to the approximate times of the beginning and end of the eclipse to obtain the *Universal Times of the penumbral contacts* (in hours) is

$$\tau = \frac{L_1}{n} \cos \psi - \frac{D}{n^2},$$

which may be expressed in minutes by multiplying by 60.

If the eclipse is central, use the approximate time for the middle of the eclipse as a first approximation to the times of umbral contact. The correction τ to be applied to obtain the *Universal Times of the umbral contacts* is

$$\tau = \frac{L_2}{n} \cos \psi - \frac{D}{n^2},$$

which may be expressed in minutes by multiplying by 60.

In the last two equations, the ambiguity in the quadrant of ψ is removed by noting that $\cos \psi$ must be *negative* for the beginning of the eclipse, for the beginning of the annular phase, or for the end of the total phase; $\cos \psi$ must be *positive* for the end of the eclipse, the end of the annular phase, or the beginning of the total phase.

For greater accuracy, the times resulting from the calculation outlined above should be used in place of the original approximate times, and the entire procedure repeated at least once. The calculations for each of the contact times and the time of greatest phase should be performed separately.

The *magnitude of greatest partial eclipse*, in units of the solar diameter is

$$M_1 = \frac{L_1 - m}{(2L_1 - 0.5459)},$$

where the value of m at the time of greatest phase is used. If the magnitude is negative at the time of greatest phase, no eclipse is visible from the location.

The *magnitude of the central phase*, in the same units, is

$$M_2 = \frac{L_1 - L_2}{(L_1 + L_2)}.$$

The *position angle of a point of contact* measured eastward (counterclockwise) from the north point of the solar limb is given by

$$\tan P = \frac{u}{v},$$

where u and v are evaluated at the times of contacts computed in the final approximation. The quadrant of P is determined by noting that $\sin P$ has the algebraic sign of u, except for the contacts of the total phase, for which $\sin P$ has the opposite sign to u.

The position angle of the point of contact measured eastward from the vertex of the solar limb is given by

$$V = P - C,$$

where C, the parallactic angle, is obtained with sufficient accuracy from

$$\tan C = \frac{\xi}{\eta},$$

with $\sin C$ having the same algebraic sign as ξ, and the results of the final approximation again being used. The vertex point of the solar limb lies on a great circle arc drawn from the zenith to the center of the solar disk.

Lunar Eclipses

A calculator to produce local circumstances of recent and upcoming lunar eclipses is provided at http://aa.usno.navy.mil/data/docs/LunarEclipse.php

In calculating lunar eclipses, the radius of the geocentric shadow of the Earth is increased by one-fiftieth part to allow for the effect of the atmosphere. Refraction is neglected in calculating solar and lunar eclipses. Standard corrections of $+0''.5$ and $-0''.25$ have been applied to the longitude and latitude of the Moon, respectively, to help correct for the difference between the center of figure and the center of mass.

Explanation of Lunar Eclipse Diagram

Information on lunar eclipses is presented in the form of a diagram consisting of two parts. The upper panel shows the path of the Moon relative to the penumbral and umbral shadows of the Earth. The lower panel shows the visibility of the eclipse from the surface of the Earth. The title of the upper panel includes the type of eclipse, its place in the sequence of eclipses for the year and the Greenwich calendar date of the eclipse. The inner darker circle is the umbral shadow of the Earth and the outer lighter circle is that of the penumbra. The axis of the shadow of the Earth is denoted by $(+)$ with the ecliptic shown for reference purposes. A 30-arcminute scale bar is provided on the right hand side of the diagram and the orientation is given by the cardinal points displayed on the small graphic on the left hand side of the diagram. The position angle (PA) is measured from North point of the lunar disk along the limb of the Moon to the point of contact. It is shown on the graphic by the use of an arc extending anti-clockwise (eastwards) from North terminated with an arrow head.

Moon symbols are plotted at the principal phases of the eclipse to show its position relative to the umbral and penumbral shadows. The UT times of the different phases of the eclipse to the nearest tenth of a minute are printed above or below the Moon symbols as appropriate. P1 and P4 are the first and last external contacts of the penumbra respectively and denote the beginning and end of the penumbral eclipse respectively. U1 and U4 are the first and last external contacts of the umbra denoting the beginning and end of the partial phase of the eclipse respectively. U2 and U3 are the first and last internal contacts of the umbra and denote the beginning and end of the total phase respectively. MID is the middle of the eclipse. The position angle is given for P1 and P4 for penumbral eclipses and U1 and U4 for partial and total eclipses. The UT time of the geocentric opposition in right ascension of the Sun and Moon and the magnitude of the eclipse are given above or below the Moon symbols as appropriate.

The lower panel is a cylindrical equidistant map projection showing the Earth centered on the longitude at which the Moon is in the zenith at the middle of the eclipse. The visibility of the eclipse is displayed by plotting the Moon rise/set terminator for the principal phases of the eclipse for which timing information is provided in the upper panel. The terminator for the middle of the eclipse is not plotted for the sake of clarity.

The unshaded area indicates the region of the Earth from which all the eclipse is visible, whereas the darkest shading indicates the area from which the eclipse is invisible. The different shades of gray indicate regions where the Moon is either rising or setting during the principal phases of the eclipse. The Moon is rising on the left hand side of the diagram after the eclipse has started and is setting on the right hand side of the diagram before the eclipse ends. Labels are provided to this effect.

Symbols are plotted showing the locations for which the Moon is in the zenith at the principal phases of the eclipse. The points at which the Moon is in the zenith at P1 and P4 are denoted by $(+)$, at U1 and U4 by $(\odot)$ and at U2 and U3 by $(\oplus)$. These symbols are also plotted on the upper panel where appropriate. The value of ΔT used for the calculation of the eclipse circumstances is given below the diagram. Country boundaries are also provided to assist the user in determining the visibility of the eclipse at a particular location.

I. –Partial Eclipse of the Sun, 2019 January 5-6

CIRCUMSTANCES OF THE ECLIPSE

Universal Time of geocentric conjunction in right ascension, January 6^d 01^h 43^m $41^s.736$
Julian Date = 2458489.5720108324

		UT	Longitude	Latitude
		d h m	∘ ′	∘ ′
Eclipse begins	January	5 23 34.2	+119 24.5	+41 30.5
Greatest eclipse		6 01 41.5	+153 34.3	+67 26.1
Eclipse ends		6 03 48.8	−168 41.3	+43 07.4

Magnitude of greatest eclipse: 0.7148

BESSELIAN ELEMENTS

Let $t = (UT-23^h) + \delta T/3600$ in units of hours.

These equations are valid over the range $0^h.458 \le t \le 4^h.983$. Do not use t outside the given range, and do not omit any terms in the series.

Intersection of the axis of shadow with the fundamental plane:

$$x = -1.38659606 + 0.50818017\ t + 0.00003580\ t^2 - 0.00000581\ t^3$$
$$y = +1.11983606 + 0.00780609\ t + 0.00010357\ t^2$$

Direction of the axis of shadow:

$$\sin d = -0.38363976 + 0.00007756\ t + 0.00000009\ t^2$$
$$\cos d = +0.92348286 + 0.00003217\ t + 0.00000005\ t^2$$
$$\mu = 163°62425183 + 14.99672873\ t + 0.00000132\ t^2 + 0.00000004\ t^3 - 0.00417807\ \delta T$$

Radius of the shadow on the fundamental plane:

penumbra $(l_1) = +0.57246388 + 0.00011749\ t - 0.00001006\ t^2$
umbra $(l_2) = +0.02594811 + 0.00011691\ t - 0.00001001\ t^2$

Other important quantities:

$\tan f_1 = +0.004756$
$\mu' = +0.261742$ radians per hour
$d' = +0.000085$ radians per hour

All time arguments are given provisionally in Universal Time, using $\Delta T(A) = 69^s.0$.

PARTIAL SOLAR ECLIPSE OF 2019 JANUARY 5-6

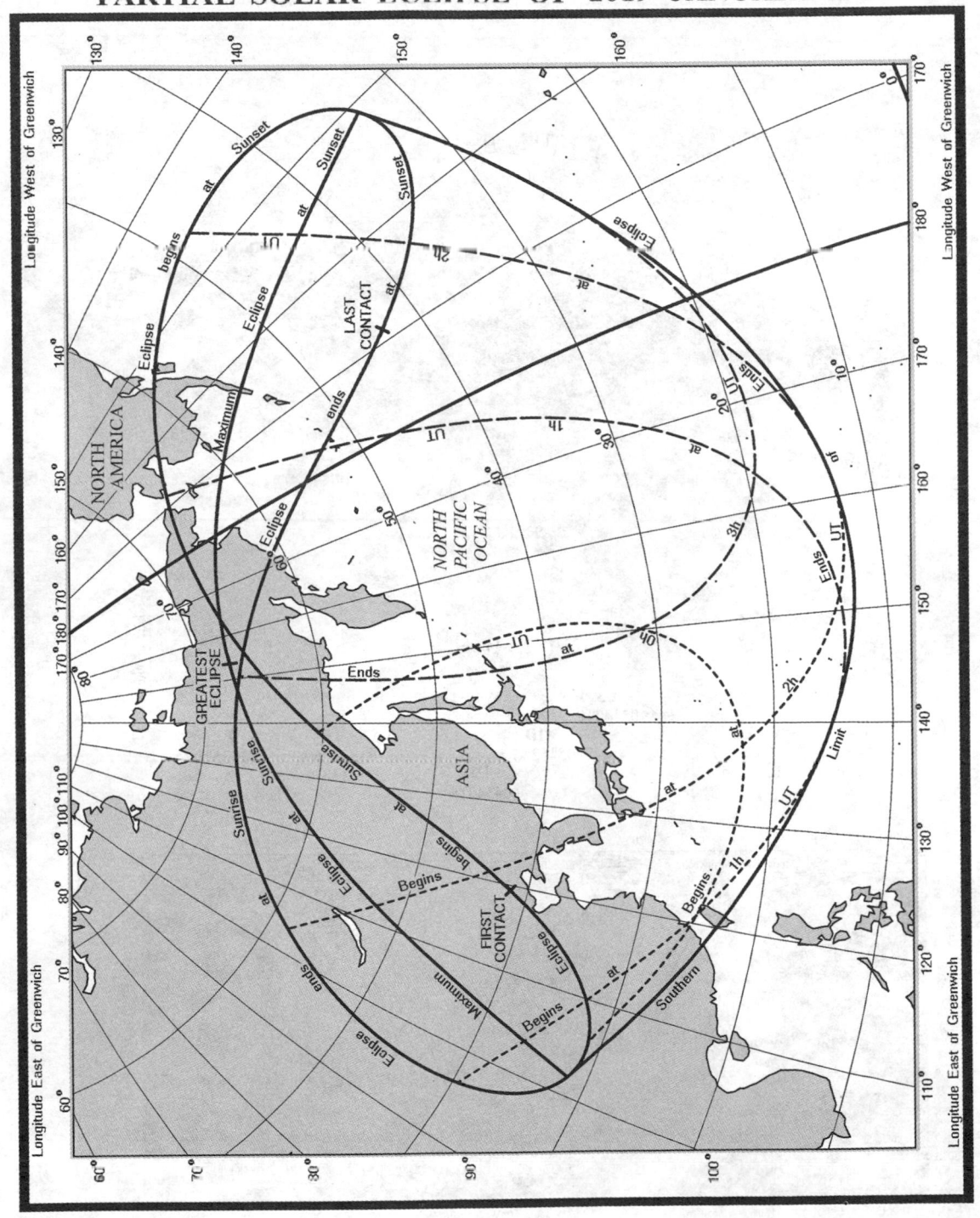

II. - Total Eclipse of the Moon

UT of geocentric opposition in RA: January 21^d 5^h 7^m 42^{s}555

2019 January 21

Umbral magnitude of the eclipse: 1.201

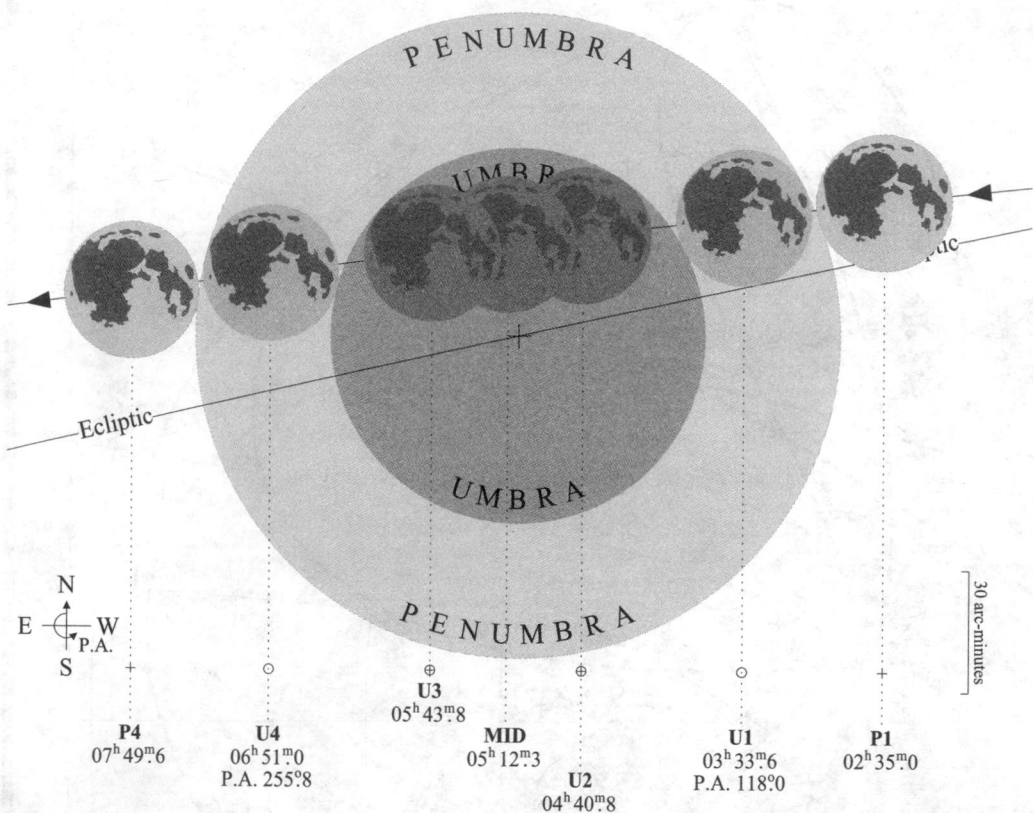

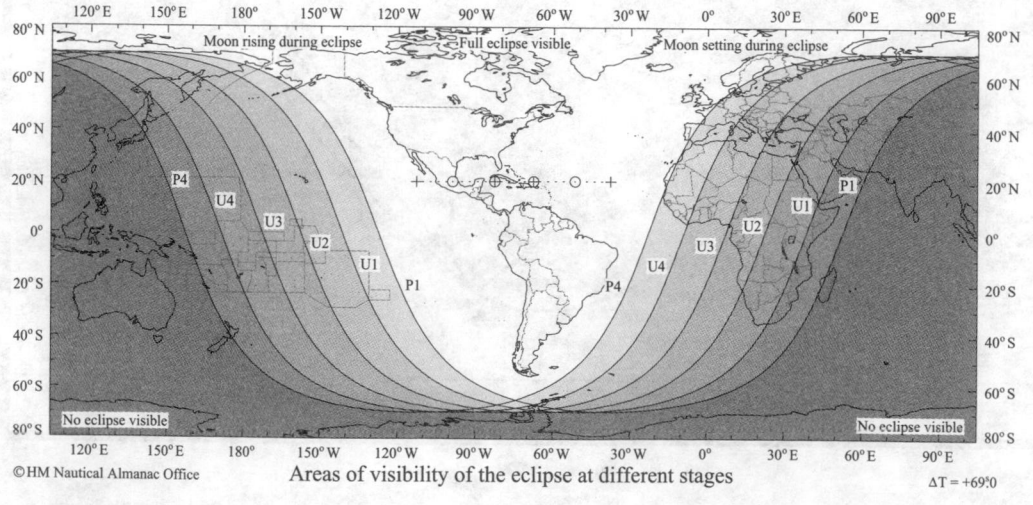

Areas of visibility of the eclipse at different stages

©HM Nautical Almanac Office

ΔT = +69^{s}0

III. –Total Eclipse of the Sun, 2019 July 2

CIRCUMSTANCES OF THE ECLIPSE

Universal Time of geocentric conjunction in right ascension, July 2^d 19^h 21^m $41\overset{s}{.}989$
Julian Date = 2458667.3067359771

		UT			Longitude		Latitude	
		d	h	m	°	′	°	′
Eclipse begins	July	2	16	55.2	−151	56.6	−23	53.1
Beginning of northern limit of umbra		2	18	01.7	−160	40.2	−37	06.1
Beginning of center line; central eclipse begins		2	18	02.3	−160	25.7	−37	39.5
Beginning of southern limit of umbra		2	18	03.0	−160	10.9	38	13.1
Central eclipse at local apparent noon		2	19	21.7	−109	24.2	−17	24.2
End of southern limit of umbra		2	20	43.0	− 57	56.7	−36	22.6
End of center line; central eclipse ends		2	20	43.6	− 57	42.7	−35	47.6
End of northern limit of umbra		2	20	44.3	− 57	28.9	−35	12.9
Eclipse ends		2	21	50.7	− 66	29.7	−21	57.4

BESSELIAN ELEMENTS

Let t = (UT−17^h) + $\delta T / 3600$ in units of hours.

These equations are valid over the range $-0\overset{h}{.}125 \leq t \leq 5\overset{h}{.}017$. Do not use t outside the given range, and do not omit any terms in the series.

Intersection of the axis of shadow with the fundamental plane:

$$x = -1.33702254 + 0.56599677\ t + 0.00007972\ t^2 - 0.00000880\ t^3$$
$$y = -0.67228557 + 0.01114107\ t - 0.00012565\ t^2 - 0.00000027\ t^3$$

Direction of the axis of shadow:

$$\sin d = +0.39104024 - 0.00005082\ t - 0.00000011\ t^2$$
$$\cos d = +0.92037359 + 0.00002159\ t + 0.00000005\ t^2$$
$$\mu = 73\overset{\circ}{.}97992695 + 14.99950220\ t + 0.00000117\ t^2 - 0.00000002\ t^3 - 0.00417807\ \delta T$$

Radius of the shadow on the fundamental plane:

penumbra (l_1) = $+0.53778414 - 0.00004217\ t - 0.00001201\ t^2$
umbra (l_2) = $-0.00855846 - 0.00004200\ t - 0.00001192\ t^2 - 0.00000001\ t^3$

Other important quantities:

$$\tan f_1 = +0.004598$$
$$\tan f_2 = +0.004576$$
$$\mu' = +0.261791 \text{ radians per hour}$$
$$d' = -0.000056 \text{ radians per hour}$$

All time arguments are given provisionally in Universal Time, using $\Delta T(A) = 69\overset{s}{.}0$.

TOTAL SOLAR ECLIPSE OF 2019 JULY 2

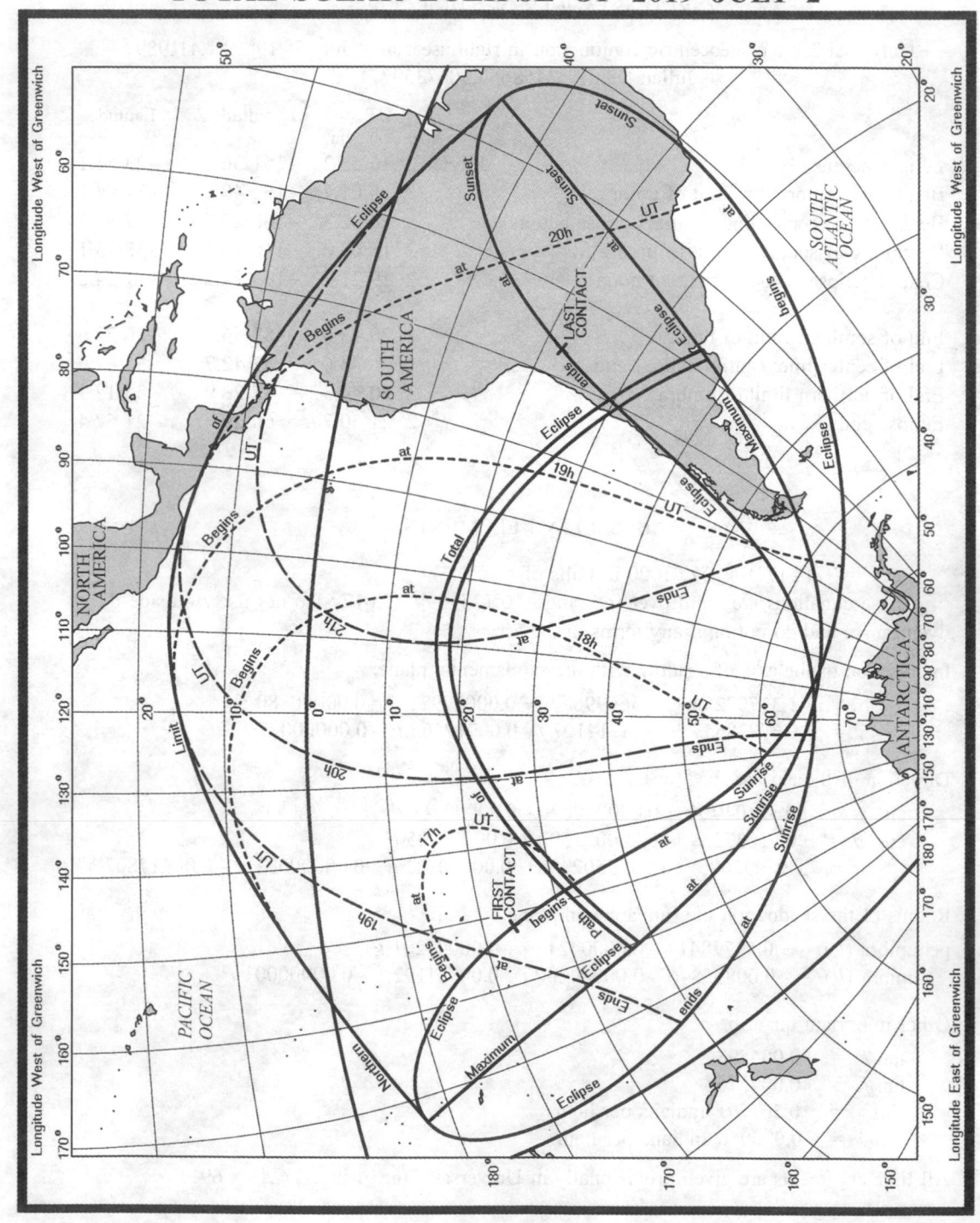

PATH OF CENTRAL PHASE: TOTAL SOLAR ECLIPSE OF JULY 2

For limits, see Circumstances of the Eclipse.

Longitude	Latitude of: Northern Limit	Latitude of: Central Line	Latitude of: Southern Limit	Universal Time at: Northern Limit	Universal Time at: Central Line	Universal Time at: Southern Limit	On Central Line Maximum Duration	On Central Line Sun's Alt.	On Central Line Sun's Az.
° ′	° ′	° ′	° ′	h m s	h m s	h m s	m s	°	°
−156 00	−34 55.8	−35 37.2	−36 18.9	18 02 08.7	18 02 45.3	18 03 23.4	2 12.0	4	58
−155 00	−34 27.3	−35 09.2	−35 51.4	18 02 20.7	18 02 55.5	18 03 30.6	2 14.3	5	57
−154 00	−33 58.8	−34 41.0	−35 23.6	18 02 33.5	18 03 07.9	18 03 43.2	2 16.5	6	56
−153 00	−33 29.9	−34 12.6	−34 55.4	18 02 50.7	18 03 24.8	18 04 00.7	2 18.9	7	56
−152 00	−33 00.9	−33 43.9	−34 27.1	18 03 11.0	18 03 44.6	18 04 19.8	2 21.4	8	55
−151 00	−32 31.8	−33 15.1	−33 58.7	18 03 34.2	18 04 07.2	18 04 41.9	2 23.9	9	55
−150 00	−32 02.4	−32 46.2	−33 30.1	18 04 00.4	18 04 32.8	18 05 06.9	2 26.5	10	54
−149 00	−31 33.0	−32 17.1	−33 01.4	18 04 29.8	18 05 01.6	18 05 35.1	2 29.2	11	53
−148 00	−31 03.4	−31 47.9	−32 32.6	18 05 02.4	18 05 33.6	18 06 06.4	2 32.0	12	53
−147 00	−30 33.8	−31 18.6	−32 03.7	18 05 38.5	18 06 08.9	18 06 41.1	2 34.8	13	52
−146 00	−30 04.0	−30 49.3	−31 34.8	18 06 18.1	18 06 47.8	18 07 19.2	2 37.7	14	51
−145 00	−29 34.2	−30 19.8	−31 05.7	18 07 01.4	18 07 30.3	18 08 00.9	2 40.7	16	51
−144 00	−29 04.3	−29 50.4	−30 36.6	18 07 48.4	18 08 16.4	18 08 46.3	2 43.8	17	50
−143 00	−28 34.4	−29 20.8	−30 07.5	18 08 39.3	18 09 06.5	18 09 35.5	2 46.9	18	49
−142 00	−28 04.5	−28 51.3	−29 38.4	18 09 34.3	18 10 00.5	18 10 28.6	2 50.2	19	49
−141 00	−27 34.6	−28 21.8	−29 09.3	18 10 33.4	18 10 58.7	18 11 25.8	2 53.5	20	48
−140 00	−27 04.8	−27 52.4	−28 40.2	18 11 36.7	18 12 01.0	18 12 27.2	2 56.9	21	47
−139 00	−26 35.0	−27 23.0	−28 11.3	18 12 44.4	18 13 07.7	18 13 32.9	3 00.4	22	46
−138 00	−26 05.3	−26 53.8	−27 42.4	18 13 56.7	18 14 18.9	18 14 43.0	3 04.0	24	46
−137 00	−25 35.8	−26 24.7	−27 13.7	18 15 13.5	18 15 34.6	18 15 57.7	3 07.7	25	45
−136 00	−25 06.5	−25 55.8	−26 45.2	18 16 35.1	18 16 55.0	18 17 17.0	3 11.4	26	44
−135 00	−24 37.4	−25 27.1	−26 16.9	18 18 01.5	18 18 20.3	18 18 41.1	3 15.2	27	43
−134 00	−24 08.6	−24 58.6	−25 48.8	18 19 32.8	18 19 50.4	18 20 10.1	3 19.1	28	42
−133 00	−23 40.1	−24 30.5	−25 21.1	18 21 09.1	18 21 25.5	18 21 44.0	3 23.1	29	41
−132 00	−23 12.0	−24 2.7	−24 53.7	18 22 50.6	18 23 05.7	18 23 23.0	3 27.1	31	40
−131 00	−22 44.2	−23 35.3	−24 26.7	18 24 37.2	18 24 51.1	18 25 07.1	3 31.1	32	39
−130 00	−22 17.0	−23 08.4	−24 00.1	18 26 29.0	18 26 41.7	18 26 56.4	3 35.2	33	38
−129 00	−21 50.2	−22 42.1	−23 34.1	18 28 26.0	18 28 37.5	18 28 50.9	3 39.3	34	37
−128 00	−21 24.1	−22 16.2	−23 08.6	18 30 28.3	18 30 38.5	18 30 50.7	3 43.5	35	36
−127 00	−20 58.6	−21 51.1	−22 43.8	18 32 35.9	18 32 44.9	18 32 55.8	3 47.6	37	35
−126 00	−20 33.8	−21 26.6	−22 19.6	18 34 48.7	18 34 56.4	18 35 06.2	3 51.8	38	33
−125 00	−20 09.9	−21 02.9	−21 56.2	18 37 06.7	18 37 13.3	18 37 21.7	3 55.9	39	32
−124 00	−19 46.7	−20 40.1	−21 33.6	18 39 29.8	18 39 35.2	18 39 42.5	4 00.0	40	31
−123 00	−19 24.5	−20 18.1	−21 12.0	18 41 57.9	18 42 02.2	18 42 08.3	4 03.9	41	29
−122 00	−19 03.3	−19 57.2	−20 51.3	18 44 30.9	18 44 34.1	18 44 39.1	4 07.8	42	27
−121 00	−18 43.2	−19 37.3	−20 31.6	18 47 08.5	18 47 10.8	18 47 14.6	4 11.6	43	26
−120 00	−18 24.2	−19 18.5	−20 13.0	18 49 50.7	18 49 52.0	18 49 54.8	4 15.2	44	24
−119 00	−18 06.4	−19 00.9	−19 55.6	18 52 37.2	18 52 37.5	18 52 39.4	4 18.7	45	22
−118 00	−17 49.9	−18 44.5	−19 39.4	18 55 27.6	18 55 27.2	18 55 28.1	4 22.0	46	20
−117 00	−17 34.7	−18 29.5	−19 24.6	18 58 21.8	18 58 20.6	18 58 20.7	4 25.0	46	18
−116 00	−17 21.0	−18 15.9	−19 11.1	19 01 19.3	19 01 17.4	19 01 16.7	4 27.7	47	16
−115 00	−17 08.7	−18 03.7	−18 59.0	19 04 19.8	19 04 17.4	19 04 16.0	4 30.2	48	14
−114 00	−16 57.9	−17 53.0	−18 48.5	19 07 23.0	19 07 20.1	19 07 18.0	4 32.4	48	11
−113 00	−16 48.7	−17 43.9	−18 39.4	19 10 28.4	19 10 25.0	19 10 22.3	4 34.2	49	9
−112 00	−16 41.0	−17 36.3	−18 31.9	19 13 35.6	19 13 31.8	19 13 28.5	4 35.7	49	7
−111 00	−16 35.0	−17 30.3	−18 26.0	19 16 44.2	19 16 40.0	19 16 36.2	4 36.8	49	4
−110 00	−16 30.7	−17 26.0	−18 21.7	19 19 53.6	19 19 49.1	19 19 44.8	4 37.6	50	2
−109 00	−16 28.0	−17 23.4	−18 19.0	19 23 03.4	19 22 58.6	19 22 53.9	4 37.9	50	359
−108 00	−16 27.0	−17 22.3	−18 18.0	19 26 13.2	19 26 08.1	19 26 03.0	4 37.8	50	356
−107 00	−16 27.7	−17 23.0	−18 18.6	19 29 22.4	19 29 17.1	19 29 11.5	4 37.4	49	354

PATH OF CENTRAL PHASE: TOTAL SOLAR ECLIPSE OF JULY 2

Longitude	Latitude of:			Universal Time at:			On Central Line		
	Northern Limit	Central Line	Southern Limit	Northern Limit	Central Line	Southern Limit	Maximum Duration	Sun's Alt.	Az.
° ′	° ′	° ′	° ′	h m s	h m s	h m s	m s	°	°
−106 00	−16 30.0	−17 25.3	−18 20.8	19 32 30.7	19 32 25.1	19 32 19.1	4 36.6	49	351
−105 00	−16 34.0	−17 29.2	−18 24.7	19 35 37.5	19 35 31.6	19 35 25.2	4 35.4	49	349
−104 00	−16 39.6	−17 34.7	−18 30.1	19 38 42.4	19 38 36.2	19 38 29.3	4 33.8	48	347
−103 00	−16 46.8	−17 41.8	−18 37.1	19 41 45.0	19 41 38.5	19 41 31.1	4 31.9	48	344
−102 00	−16 55.5	−17 50.4	−18 45.6	19 44 44.9	19 44 38.0	19 44 30.1	4 29.7	47	342
−101 00	−17 05.7	−18 00.5	−18 55.6	19 47 41.8	19 47 34.4	19 47 25.9	4 27.2	46	340
−100 00	−17 17.4	−18 12.0	−19 07.0	19 50 35.2	19 50 27.3	19 50 18.2	4 24.4	46	338
− 99 00	−17 30.5	−18 24.9	−19 19.7	19 53 24.9	19 53 16.4	19 53 06.7	4 21.4	45	336
− 98 00	−17 44.9	−18 39.2	−19 33.7	19 56 10.6	19 56 01.5	19 55 51.1	4 18.1	44	334
− 97 00	−18 00.5	−18 54.6	−19 49.0	19 58 52.0	19 58 42.3	19 58 31.1	4 14.7	43	332
− 96 00	−18 17.4	−19 11.3	−20 05.4	20 01 29.0	20 01 18.5	20 01 06.5	4 11.1	42	331
− 95 00	−18 35.4	−19 29.0	−20 23.0	20 04 01.3	20 03 50.1	20 03 37.2	4 07.4	41	329
− 94 00	−18 54.5	−19 47.9	−20 41.5	20 06 28.7	20 06 16.7	20 06 03.0	4 03.5	40	328
− 93 00	−19 14.5	−20 07.7	−21 01.1	20 08 51.3	20 08 38.4	20 08 23.7	3 59.6	39	326
− 92 00	−19 35.5	−20 28.4	−21 21.6	20 11 08.7	20 10 55.0	20 10 39.4	3 55.6	38	325
− 91 00	−19 57.4	−20 50.0	−21 42.9	20 13 21.1	20 13 06.4	20 12 49.8	3 51.6	37	323
− 90 00	−20 20.1	−21 12.4	−22 05.0	20 15 28.3	20 15 12.6	20 14 55.1	3 47.5	35	322
− 89 00	−20 43.5	−21 35.5	−22 27.8	20 17 30.3	20 17 13.7	20 16 55.1	3 43.5	34	321
− 88 00	−21 07.6	−21 59.3	−22 51.2	20 19 27.1	20 19 09.5	20 18 50.0	3 39.4	33	320
− 87 00	−21 32.3	−22 23.7	−23 15.3	20 21 18.7	20 21 00.2	20 20 39.6	3 35.4	32	319
− 86 00	−21 57.5	−22 48.6	−23 39.9	20 23 05.2	20 22 45.7	20 22 24.1	3 31.4	31	318
− 85 00	−22 23.3	−23 14.0	−24 05.0	20 24 46.6	20 24 26.1	20 24 03.5	3 27.4	30	317
− 84 00	−22 49.6	−23 39.9	−24 30.5	20 26 23.0	20 26 01.5	20 25 38.0	3 23.5	28	316
− 83 00	−23 16.2	−24 06.2	−24 56.5	20 27 54.4	20 27 31.9	20 27 07.4	3 19.6	27	315
− 82 00	−23 43.2	−24 32.9	−25 22.7	20 29 20.9	20 28 57.5	20 28 32.0	3 15.8	26	314
− 81 00	−24 10.5	−24 59.8	−25 49.3	20 30 42.7	20 30 18.3	20 29 51.9	3 12.1	25	314
− 80 00	−24 38.1	−25 27.1	−26 16.2	20 31 59.7	20 31 34.4	20 31 07.1	3 08.4	24	313
− 79 00	−25 06.0	−25 54.5	−26 43.3	20 33 12.2	20 32 46.0	20 32 17.8	3 04.9	22	312
− 78 00	−25 34.0	−26 22.2	−27 10.6	20 34 20.2	20 33 53.1	20 33 24.1	3 01.3	21	311
− 77 00	−26 02.2	−26 50.0	−27 38.1	20 35 23.8	20 34 55.9	20 34 26.1	2 57.9	20	311
− 76 00	−26 30.5	−27 18.0	−28 05.7	20 36 23.2	20 35 54.4	20 35 23.8	2 54.6	19	310
− 75 00	−26 59.0	−27 46.1	−28 33.4	20 37 18.4	20 36 48.9	20 36 17.5	2 51.3	18	309
− 74 00	−27 27.5	−28 14.2	−29 01.2	20 38 09.6	20 37 39.4	20 37 07.3	2 48.1	17	309
− 73 00	−27 56.1	−28 42.4	−29 29.0	20 38 57.0	20 38 26.0	20 37 53.2	2 45.0	16	308
− 72 00	−28 24.7	−29 10.7	−29 56.9	20 39 40.5	20 39 08.8	20 38 35.3	2 41.9	14	307
− 71 00	−28 53.3	−29 38.9	−30 24.8	20 40 20.4	20 39 48.0	20 39 13.9	2 39.0	13	307
− 70 00	−29 22.0	−30 07.2	−30 52.6	20 40 56.7	20 40 23.7	20 39 49.0	2 36.1	12	306
− 69 00	−29 50.5	−30 35.4	−31 20.5	20 41 29.6	20 40 56.0	20 40 20.7	2 33.3	11	305
− 68 00	−30 19.1	−31 03.6	−31 48.3	20 41 59.1	20 41 25.0	20 40 49.2	2 30.6	10	305
− 67 00	−30 47.5	−31 31.7	−32 16.1	20 42 25.5	20 41 50.8	20 41 14.5	2 27.9	9	304
− 66 00	−31 15.9	−31 59.7	−32 43.7	20 42 48.8	20 42 13.6	20 41 36.8	2 25.3	8	304
− 65 00	−31 44.2	−32 27.7	−33 11.3	20 43 09.2	20 42 33.5	20 41 56.1	2 22.8	7	303
− 64 00	−32 12.4	−32 55.5	−33 38.8	20 43 26.4	20 42 50.7	20 42 11.2	2 20.4	6	302
− 63 00	−32 40.4	−33 23.2	−34 06.2	20 43 39.1	20 43 03.2	20 42 25.6	2 18.0	5	302

For limits, see Circumstances of the Eclipse.

IV. - Partial Eclipse of the Moon   2019 July 16-17

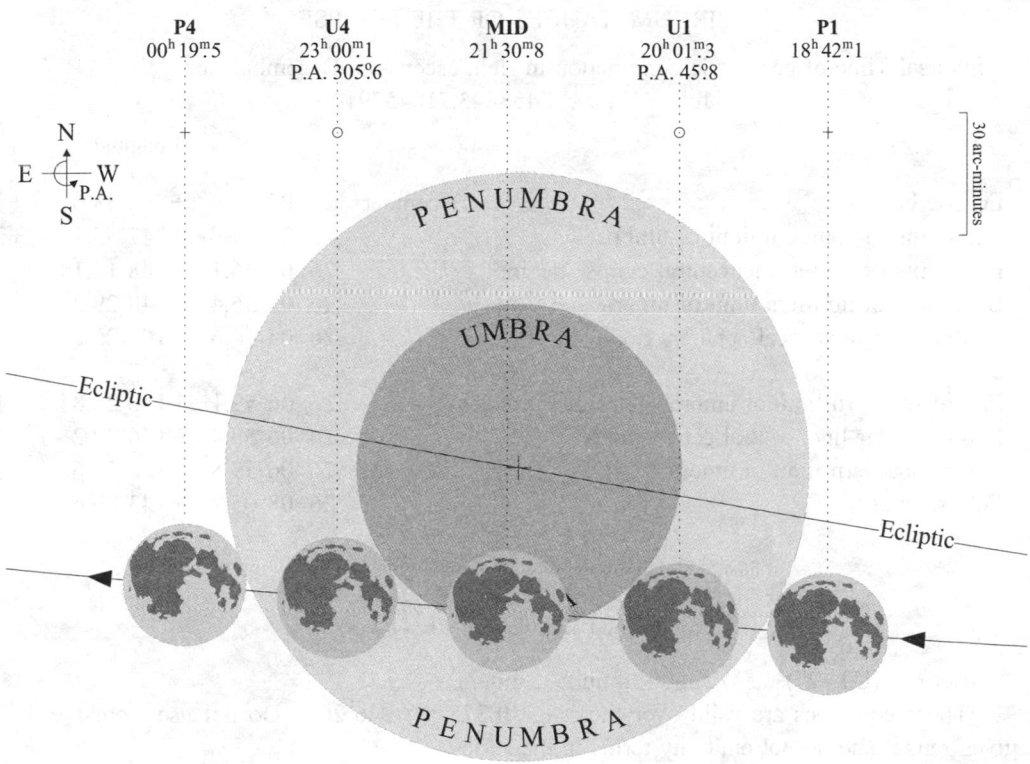

P4	**U4**	**MID**	**U1**	**P1**
00^{h}19^m.5	23^{h}00^m.1	21^{h}30^m.8	20^{h}01^m.3	18^{h}42^m.1
	P.A. 305°.6		P.A. 45°.8	

PENUMBRA

UMBRA

Ecliptic

Ecliptic

PENUMBRA

30 arc-minutes

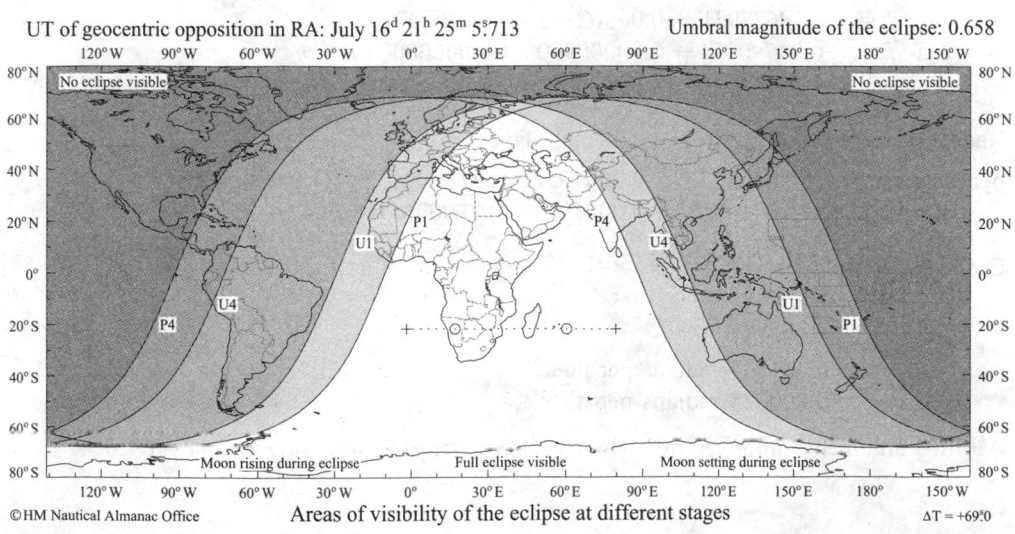

UT of geocentric opposition in RA: July 16^d 21^h 25^m 5^s.713   Umbral magnitude of the eclipse: 0.658

No eclipse visible

No eclipse visible

Moon rising during eclipse   Full eclipse visible   Moon setting during eclipse

©HM Nautical Almanac Office   Areas of visibility of the eclipse at different stages   ΔT = +69^s.0

V. – Annular Eclipse of the Sun, 2019 December 26

CIRCUMSTANCES OF THE ECLIPSE

Universal Time of geocentric conjunction in right ascension, December $26^d\ 5^h\ 14^m\ 34^s\!.764$
Julian Date = 2458843.7184579140

		UT			Longitude		Latitude	
		d	h	m	°	′	°	′
Eclipse begins	December	26	02	29.9	+ 60	33.6	+17	47.3
Beginning of southern limit of umbra		26	03	35.7	+ 47	55.1	+25	18.2
Beginning of center line; central eclipse begins		26	03	36.1	+ 48	12.1	+25	59.1
Beginning of northern limit of umbra		26	03	36.4	+ 48	29.2	+26	40.2
Central eclipse at local apparent noon		26	05	14.6	+101	25.2	+ 1	07.2
End of northern limit of umbra		26	06	59.1	+156	26.8	+19	37.0
End of center line; central eclipse ends		26	06	59.4	+156	42.2	+18	54.0
End of southern limit of umbra		26	06	59.8	+156	57.6	+18	11.2
Eclipse ends		26	08	05.7	+143	59.6	+10	37.2

BESSELIAN ELEMENTS

Let $t = (UT-2^h) + \delta T/3600$ in units of hours.

These equations are valid over the range $0^h\!.375 \le t \le 6^h\!.267$. Do not use t outside the given range, and do not omit any terms in the series.

Intersection of the axis of shadow with the fundamental plane:

$$x = -1.73680329 + 0.53542885\ t + 0.00006244\ t^2 - 0.00000715\ t^3$$
$$y = +0.53461897 - 0.03750822\ t + 0.00014037\ t^2 + 0.00000060\ t^3$$

Direction of the axis of shadow:

$$\sin d = -0.39678921 + 0.00002193\ t + 0.00000010\ t^2$$
$$\cos d = +0.91790974 + 0.00000950\ t + 0.00000004\ t^2$$
$$\mu = 209°\!.94710262 + 14.99626891\ t + 0.00000050\ t^2 - 0.00000002\ t^3 - 0.00417807\ \delta T$$

Radius of the shadow on the fundamental plane:

penumbra $(l_1) = +0.55842767 + 0.00019522\ t - 0.00001125\ t^2 + 0.00000001\ t^3$
umbra $(l_2) = +0.01198187 + 0.00019419\ t - 0.00001117\ t^2$

Other important quantities:

$$\tan f_1 = +0.004755$$
$$\tan f_2 = +0.004731$$
$$\mu' = +0.261734 \text{ radians per hour}$$
$$d' = +0.000025 \text{ radians per hour}$$

All time arguments are given provisionally in Universal Time, using $\Delta T(A) = 69^s\!.0$.

ANNULAR SOLAR ECLIPSE OF 2019 DECEMBER 26

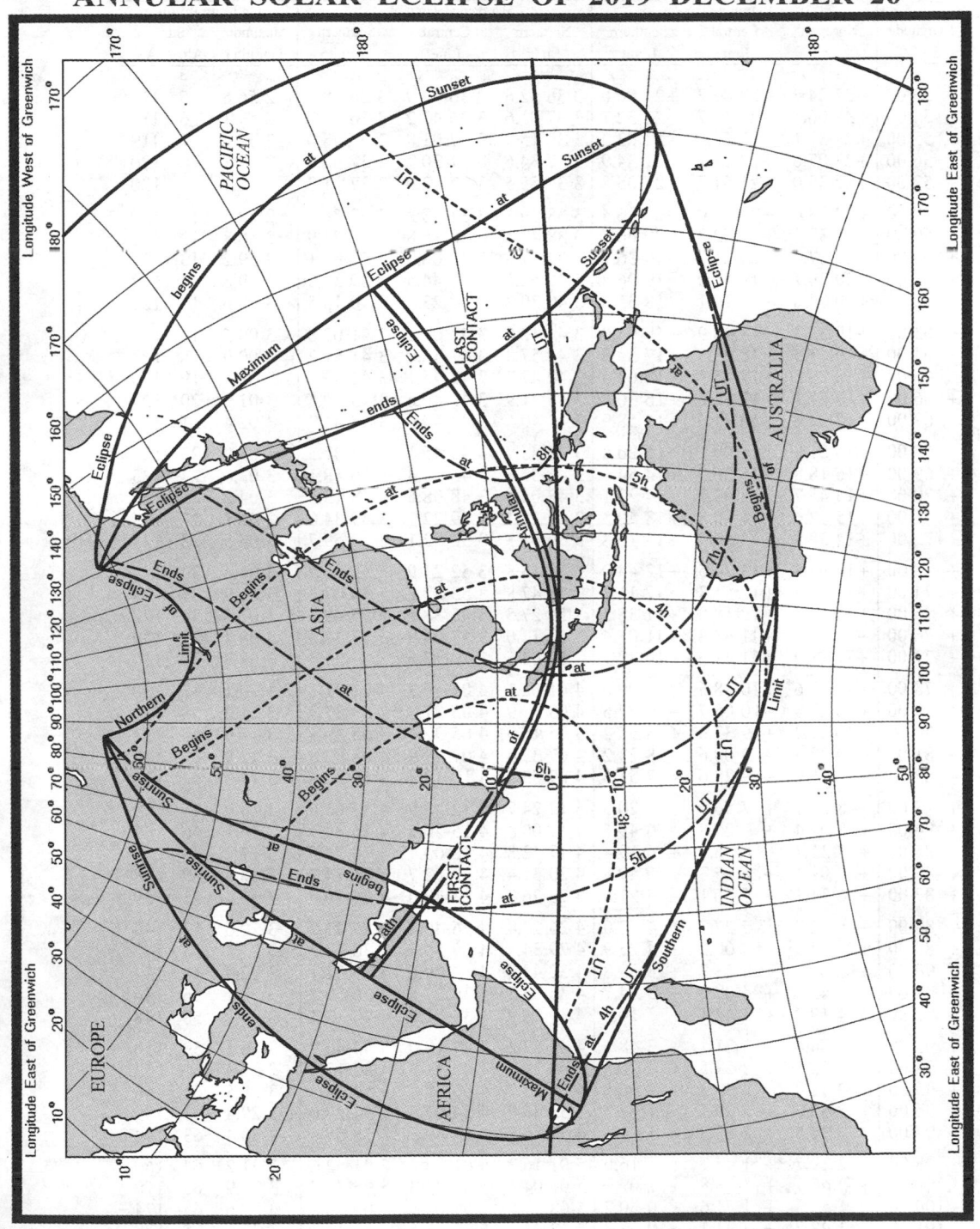

ECLIPSES, 2019

PATH OF CENTRAL PHASE: TOTAL SOLAR ECLIPSE OF DECEMBER 26

For limits, see Circumstances of the Eclipse.

| Longitude | Latitude of: | | | Universal Time at: | | | On Central Line | | |
	Northern Limit	Central Line	Southern Limit	Northern Limit	Central Line	Southern Limit	Maximum Duration	Sun's Alt.	Az.
° ′	° ′	° ′	° ′	h m s	h m s	h m s	m s	°	°
+ 53 00	+24 34.4	+23 47.2	+23 00.0	3 36 52.6	3 36 32.9	3 36 18.5	2 56.8	5	118
+ 54 00	+24 06.1	+23 18.7	+22 32.1	3 37 01.6	3 36 47.2	3 36 31.0	2 57.1	6	119
+ 55 00	+23 37.1	+22 50.1	+22 03.7	3 37 15.9	3 37 01.8	3 36 48.0	2 57.4	7	119
+ 56 00	+23 07.6	+22 21.1	+21 34.9	3 37 34.6	3 37 20.7	3 37 08.4	2 57.8	8	120
+ 57 00	+22 38.0	+21 51.7	+21 05.8	3 37 55.5	3 37 42.9	3 37 31.7	2 58.1	9	120
+ 58 00	+22 08.0	+21 22.0	+20 36.4	3 38 19.7	3 38 08.2	3 37 58.1	2 58.4	11	120
+ 59 00	+21 37.6	+20 52.0	+20 06.7	3 38 47.1	3 38 36.8	3 38 27.9	2 58.8	12	121
+ 60 00	+21 07.0	+20 21.7	+19 36.7	3 39 17.8	3 39 08.9	3 39 01.1	2 59.2	13	121
+ 61 00	+20 36.1	+19 51.0	+19 06.4	3 39 52.2	3 39 44.5	3 39 38.0	2 59.6	14	122
+ 62 00	+20 04.8	+19 20.1	+18 35.8	3 40 30.2	3 40 23.7	3 40 18.5	3 00.0	15	122
+ 63 00	+19 33.3	+18 48.9	+18 05.0	3 41 12.0	3 41 06.8	3 41 02.8	3 00.5	16	123
+ 64 00	+19 01.5	+18 17.5	+17 33.8	3 41 57.8	3 41 53.9	3 41 51.2	3 00.9	18	123
+ 65 00	+18 29.5	+17 45.7	+17 02.4	3 42 47.7	3 42 45.1	3 42 43.7	3 01.4	19	123
+ 66 00	+17 57.1	+17 13.8	+16 30.8	3 43 41.9	3 43 40.6	3 43 40.5	3 01.9	20	124
+ 67 00	+17 24.6	+16 41.6	+15 58.9	3 44 40.5	3 44 40.6	3 44 41.7	3 02.4	21	124
+ 68 00	+16 51.8	+16 09.1	+15 26.8	3 45 43.7	3 45 45.1	3 45 47.5	3 03.0	23	125
+ 69 00	+16 18.8	+15 36.5	+14 54.6	3 46 51.6	3 46 54.3	3 46 58.1	3 03.6	24	125
+ 70 00	+15 45.7	+15 03.7	+14 22.1	3 48 04.4	3 48 08.5	3 48 13.5	3 04.2	25	126
+ 71 00	+15 12.4	+14 30.8	+13 49.5	3 49 22.3	3 49 27.7	3 49 34.0	3 04.8	27	126
+ 72 00	+14 38.9	+13 57.7	+13 16.8	3 50 45.3	3 50 52.1	3 50 59.7	3 05.5	28	127
+ 73 00	+14 05.4	+13 24.5	+12 44.0	3 52 13.8	3 52 21.9	3 52 30.8	3 06.2	30	127
+ 74 00	+13 31.8	+12 51.3	+12 11.2	3 53 47.8	3 53 57.2	3 54 07.3	3 06.9	31	128
+ 75 00	+12 58.2	+12 18.0	+11 38.3	3 55 27.5	3 55 38.1	3 55 49.5	3 07.7	32	128
+ 76 00	+12 24.6	+11 44.8	+11 05.4	3 57 13.0	3 57 24.9	3 57 37.5	3 08.4	34	129
+ 77 00	+11 51.0	+11 11.6	+10 32.7	3 59 04.5	3 59 17.6	3 59 31.4	3 09.3	35	130
+ 78 00	+11 17.6	+10 38.6	+10 00.0	4 01 02.1	4 01 16.3	4 01 31.2	3 10.1	37	130
+ 79 00	+10 44.3	+10 05.7	+ 9 27.5	4 03 05.9	4 03 21.3	4 03 37.2	3 11.0	38	131
+ 80 00	+10 11.2	+ 9 33.0	+ 8 55.2	4 05 16.0	4 05 32.4	4 05 49.4	3 12.0	40	132
+ 81 00	+ 9 38.4	+ 9 00.6	+ 8 23.2	4 07 32.4	4 07 49.9	4 08 07.8	3 12.9	41	132
+ 82 00	+ 9 06.0	+ 8 28.6	+ 7 51.5	4 09 55.3	4 10 13.7	4 10 32.6	3 14.0	43	133
+ 83 00	+ 8 33.9	+ 7 56.9	+ 7 20.3	4 12 24.7	4 12 43.9	4 13 03.6	3 15.0	44	134
+ 84 00	+ 8 02.4	+ 7 25.8	+ 6 49.6	4 15 00.5	4 15 20.5	4 15 40.9	3 16.1	46	135
+ 85 00	+ 7 31.4	+ 6 55.2	+ 6 19.4	4 17 42.8	4 18 03.4	4 18 24.5	3 17.2	47	136
+ 86 00	+ 7 01.1	+ 6 25.3	+ 5 49.8	4 20 31.4	4 20 52.7	4 21 14.2	3 18.3	49	138
+ 87 00	+ 6 31.5	+ 5 56.1	+ 5 21.0	4 23 26.3	4 23 48.0	4 24 10.0	3 19.4	51	139
+ 88 00	+ 6 02.7	+ 5 27.7	+ 4 53.0	4 26 27.4	4 26 49.4	4 27 11.7	3 20.6	52	140
+ 89 00	+ 5 34.9	+ 5 00.2	+ 4 25.9	4 29 34.4	4 29 56.7	4 30 19.2	3 21.7	53	142
+ 90 00	+ 5 08.0	+ 4 33.7	+ 3 59.8	4 32 47.2	4 33 09.6	4 33 32.1	3 22.9	55	144
+ 91 00	+ 4 42.3	+ 4 08.3	+ 3 34.7	4 36 05.5	4 36 27.8	4 36 50.2	3 24.1	56	146
+ 92 00	+ 4 17.7	+ 3 44.1	+ 3 10.8	4 39 28.9	4 39 51.0	4 40 13.3	3 25.2	58	148
+ 93 00	+ 3 54.4	+ 3 21.1	+ 2 48.1	4 42 57.2	4 43 19.0	4 43 40.9	3 26.3	59	150
+ 94 00	+ 3 32.5	+ 2 59.5	+ 2 26.8	4 46 29.9	4 46 51.3	4 47 12.6	3 27.4	60	153
+ 95 00	+ 3 11.9	+ 2 39.3	+ 2 06.8	4 50 06.7	4 50 27.4	4 50 48.2	3 28.5	61	156
+ 96 00	+ 2 53.0	+ 2 20.5	+ 1 48.3	4 53 46.9	4 54 07.0	4 54 27.0	3 29.4	62	159
+ 97 00	+ 2 35.5	+ 2 03.3	+ 1 31.4	4 57 30.3	4 57 49.5	4 58 08.6	3 30.4	63	162
+ 98 00	+ 2 19.7	+ 1 47.7	+ 1 16.0	5 01 16.2	5 01 34.4	5 01 52.6	3 31.2	64	166
+ 99 00	+ 2 05.7	+ 1 33.8	+ 1 02.3	5 05 04.1	5 05 21.3	5 05 38.4	3 31.9	65	170
+100 00	+ 1 53.3	+ 1 21.6	+ 0 50.2	5 08 53.5	5 09 09.5	5 09 25.4	3 32.6	65	174
+101 00	+ 1 42.7	+ 1 11.1	+ 0 39.8	5 12 43.7	5 12 58.5	5 13 13.3	3 33.1	65	178
+102 00	+ 1 33.9	+ 1 02.4	+ 0 31.2	5 16 34.3	5 16 47.8	5 17 01.3	3 33.6	66	183

PATH OF CENTRAL PHASE: TOTAL SOLAR ECLIPSE OF DECEMBER 26

Longitude	Latitude of:			Universal Time at:			On Central Line		
	Northern Limit	Central Line	Southern Limit	Northern Limit	Central Line	Southern Limit	Maximum Duration	Sun's Alt.	Az.
° ′	° ′	° ′	° ′	h m s	h m s	h m s	m s	°	°
+103 00	+ 1 26.9	+ 0 55.5	+ 0 24.3	5 20 24.7	5 20 36.9	5 20 49.0	3 33.9	66	187
+104 00	+ 1 21.8	+ 0 50.3	+ 0 19.1	5 24 14.3	5 24 25.1	5 24 35.9	3 34.1	65	191
+105 00	+ 1 18.4	+ 0 46.9	+ 0 15.7	5 28 02.6	5 28 12.0	5 28 21.5	3 34.2	65	195
+106 00	+ 1 16.9	+ 0 45.3	+ 0 14.0	5 31 49.0	5 31 57.1	5 32 05.2	3 34.2	64	199
+107 00	+ 1 17.1	+ 0 45.5	+ 0 14.1	5 35 33.1	5 35 39.9	5 35 46.7	3 34.0	64	203
+108 00	+ 1 19.1	+ 0 47.3	+ 0 15.8	5 39 14.5	5 39 20.0	5 39 25.5	3 33.8	63	206
+109 00	+ 1 22.8	+ 0 50.8	+ 0 19.2	5 42 52.6	5 42 56.8	5 43 01.1	3 33.4	62	210
+110 00	+ 1 28.1	+ 0 56.0	+ 0 24.1	5 46 27.0	5 46 30.1	5 46 33.2	3 32.9	61	212
+111 00	+ 1 35.1	+ 1 02.8	+ 0 30.7	5 49 57.5	5 49 59.5	5 50 01.5	3 32.4	60	215
+112 00	+ 1 43.7	+ 1 11.1	+ 0 38.7	5 53 23.6	5 53 24.6	5 53 25.5	3 31.8	58	218
+113 00	+ 1 53.7	+ 1 20.8	+ 0 48.2	5 56 45.0	5 56 45.1	5 56 45.1	3 31.1	57	220
+114 00	+ 2 05.2	+ 1 32.0	+ 0 59.1	6 00 01.5	6 00 00.8	6 00 00.0	3 30.3	56	222
+115 00	+ 2 18.1	+ 1 44.6	+ 1 11.4	6 03 12.9	6 03 11.4	6 03 09.9	3 29.5	55	223
+116 00	+ 2 32.2	+ 1 58.4	+ 1 24.9	6 06 18.9	6 06 16.8	6 06 14.6	3 28.7	53	225
+117 00	+ 2 47.7	+ 2 13.5	+ 1 39.6	6 09 19.4	6 09 16.8	6 09 14.0	3 27.8	52	226
+118 00	+ 3 04.3	+ 2 29.7	+ 1 55.5	6 12 14.2	6 12 11.2	6 12 08.0	3 26.9	50	228
+119 00	+ 3 22.0	+ 2 47.0	+ 2 12.4	6 15 03.2	6 14 59.9	6 14 56.4	3 26.0	49	229
+120 00	+ 3 40.7	+ 3 05.4	+ 2 30.4	6 17 46.4	6 17 42.9	6 17 39.1	3 25.1	47	230
+121 00	+ 4 00.4	+ 3 24.7	+ 2 49.3	6 20 23.7	6 20 20.1	6 20 16.2	3 24.1	46	231
+122 00	+ 4 21.0	+ 3 44.9	+ 3 09.1	6 22 55.1	6 22 51.4	6 22 47.4	3 23.2	44	232
+123 00	+ 4 42.4	+ 4 05.9	+ 3 29.7	6 25 20.5	6 25 16.9	6 25 13.0	3 22.2	43	232
+124 00	+ 5 04.7	+ 4 27.7	+ 3 51.0	6 27 39.9	6 27 36.5	6 27 32.7	3 21.3	41	233
+125 00	+ 5 27.6	+ 4 50.2	+ 4 13.1	6 29 53.5	6 29 50.3	6 29 46.7	3 20.4	40	234
+126 00	+ 5 51.2	+ 5 13.3	+ 4 35.8	6 32 01.2	6 31 58.3	6 31 55.0	3 19.5	38	234
+127 00	+ 6 15.3	+ 5 37.1	+ 4 59.1	6 34 03.1	6 34 00.6	6 33 57.7	3 18.6	37	235
+128 00	+ 6 40.1	+ 6 01.4	+ 5 23.0	6 35 59.3	6 35 57.3	6 35 54.8	3 17.7	36	236
+129 00	+ 7 05.3	+ 6 26.1	+ 5 47.3	6 37 49.8	6 37 48.3	6 37 46.3	3 16.9	34	236
+130 00	+ 7 30.9	+ 6 51.3	+ 6 12.1	6 39 34.8	6 39 33.9	6 39 32.4	3 16.1	33	236
+131 00	+ 7 57.0	+ 7 16.9	+ 6 37.3	6 41 14.3	6 41 14.1	6 41 13.2	3 15.3	31	237
+132 00	+ 8 23.4	+ 7 42.9	+ 7 02.8	6 42 48.5	6 42 49.0	6 42 48.7	3 14.5	30	237
+133 00	+ 8 50.1	+ 8 09.2	+ 7 28.6	6 44 17.5	6 44 18.7	6 44 19.1	3 13.7	29	238
+134 00	+ 9 17.0	+ 8 35.7	+ 7 54.7	6 45 41.4	6 45 43.3	6 45 44.5	3 13.0	27	238
+135 00	+ 9 44.2	+ 9 02.5	+ 8 21.1	6 47 00.3	6 47 03.0	6 47 04.9	3 12.3	26	238
+136 00	+10 11.6	+ 9 29.5	+ 8 47.7	6 48 14.3	6 48 17.8	6 48 20.6	3 11.6	24	239
+137 00	+10 39.2	+ 9 56.6	+ 9 14.4	6 49 23.6	6 49 28.0	6 49 31.5	3 10.9	23	239
+138 00	+11 06.9	+10 23.9	+ 9 41.3	6 50 28.3	6 50 33.5	6 50 38.0	3 10.3	22	239
+139 00	+11 34.7	+10 51.3	+10 08.3	6 51 28.5	6 51 34.6	6 51 39.9	3 09.6	21	240
+140 00	+12 02.6	+11 18.8	+10 35.4	6 52 24.3	6 52 31.4	6 52 37.6	3 09.0	19	240
+141 00	+12 30.6	+11 46.4	+11 02.5	6 53 16.0	6 53 24.0	6 53 31.0	3 08.4	18	240
+142 00	+12 58.6	+12 14.0	+11 29.8	6 54 03.5	6 54 12.4	6 54 20.4	3 07.9	17	241
+143 00	+13 26.6	+12 41.6	+11 57.0	6 54 47.0	6 54 56.9	6 55 05.8	3 07.3	16	241
+144 00	+13 54.6	+13 09.2	+12 24.2	6 55 26.7	6 55 37.6	6 55 47.4	3 06.8	14	241
+145 00	+14 22.6	+13 36.8	+12 51.5	6 56 02.7	6 56 14.5	6 56 25.2	3 06.3	13	242
+146 00	+14 50.6	+14 04.4	+13 18.6	6 56 35.0	6 56 47.8	6 56 59.5	3 05.8	12	242
+147 00	+15 18.4	+14 31.9	+13 45.8	6 57 03.9	6 57 17.6	6 57 30.2	3 05.3	11	242
+148 00	+15 46.3	+14 59.4	+14 12.9	6 57 29.3	6 57 44.0	6 57 57.5	3 04.9	10	243
+149 00	+16 14.0	+15 26.8	+14 39.9	6 57 51.5	6 58 07.2	6 58 21.6	3 04.4	8	243
+150 00	+16 41.7	+15 54.1	+15 06.9	6 58 11.2	6 58 27.1	6 58 42.7	3 04.0	7	243
+151 00	+17 09.2	+16 21.2	+15 33.7	6 58 26.7	6 58 42.5	6 59 00.2	3 03.6	6	243
+152 00	+17 36.5	+16 48.3	+16 00.4	6 58 36.7	6 58 57.4	6 59 13.2	3 03.2	5	244

For limits, see Circumstances of the Eclipse.

TRANSIT OF MERCURY OF 2019 NOVEMBER 11

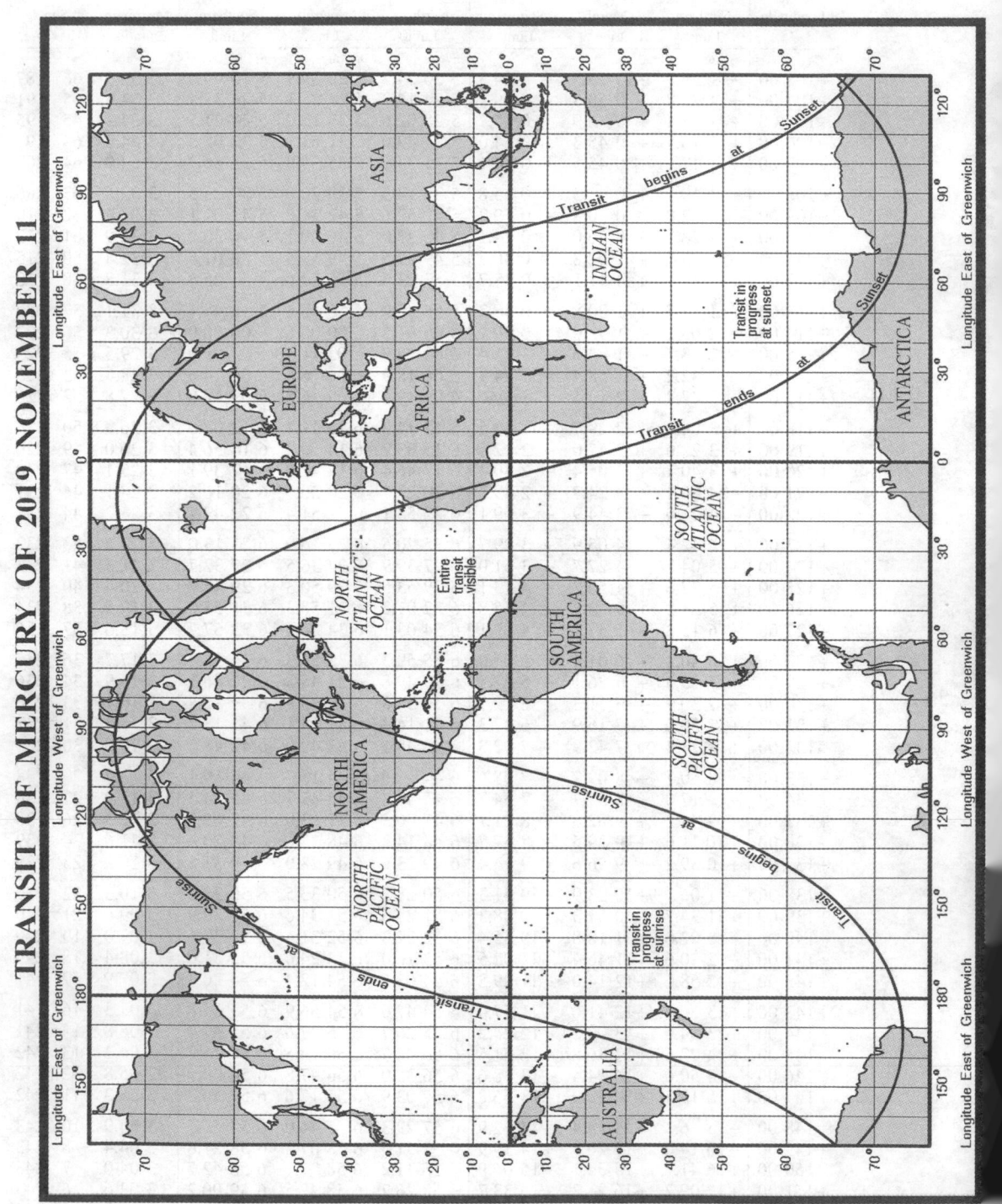

A transit of Mercury over the disk of the Sun will occur on November 11. The entire transit will be visible in eastern North America, South America, Antarctica, extreme southern Greenland, extreme western Africa, and the Atlantic Ocean.

The times provided in the following tables are given provisionally in Universal Time, using $\Delta T(A) = +69\overset{s}{.}0$. Once the value of ΔT is known, the data on these pages may be expressed in Universal Time as follows:

Define $\delta T = \Delta T - \Delta T(A)$, in units of seconds of time.

Change the times given in provisional Universal Time by subtracting δT.

Apply the correction $0.00417807\ \delta T$ to the longitudes in such a way that if δT is positive, the longitudes shift to the east.

Leave all other quantities unchanged.

Longitude is positive to the east and negative to the west.

GEOCENTRIC PHASES

		UT	Position Angle P	Mercury being in the Zenith in Longitude	Latitude
		d h m s	°	° ′	° ′
Ingress, exterior contact	November	11 12 35 27.2	109.8	− 12 36.2	−17 30.5
Ingress, interior contact		11 12 37 08.5	109.8	− 13 01.7	−17 30.5
Least angular distance		11 15 19 48.3	24.3	− 53 56.8	−17 25.8
Egress, interior contact		11 18 02 33.3	298.8	− 94 53.1	−17 21.0
Egress, exterior contact		11 18 04 14.7	298.7	− 95 18.6	−17 21.0

Least angular distance: $1'\ 15\overset{''}{.}9$

The position angle P of the point of contact is reckoned from the north point of the limb of the Sun towards the east as viewed at the geocenter.

The position angle V of the point of contact, reckoned from the vertex of the limb of the Sun towards the east, is found by:

$$V = P - C$$

where C, the parallactic angle, is given by:

$$\tan C = \frac{\cos \phi' \sin h}{\sin \phi' \cos \delta - \cos \phi' \sin \delta \cos h}$$

in which ϕ' is the geocentric latitude of the place, δ is the declination of the Sun, and h is the local hour angle of the Sun; $\sin C$ has the same algebraic sign as $\sin h$.

TRANSIT OF MERCURY OF 2019 NOVEMBER 11

Location	Position Latitude	Position Longitude	Ingress Exterior Contact UT (h m s)	P (°)	Ingress Interior Contact UT (h m s)	P (°)	Least Angular Distance UT (h m s)	Separation (′ ″)	Egress Interior Contact UT (h m s)	P (°)	Egress Exterior Contact UT (h m s)	P (°)
United States												
Hartford, CT	+41 46.2	− 72 40.6	12 36 03.4	109.9	12 37 44.6	109.9	15 20 12.8	1 13.2	18 02 39.8	298.5	18 04 21.0	298.5
Boston, MA	+42 20.0	− 71 05.0	12 36 02.9	109.9	12 37 44.2	109.9	15 20 12.0	1 13.1	18 02 39.2	298.5	18 04 20.4	298.5
New York, NY	+40 44.0	− 74 00.0	12 36 03.9	109.9	12 37 45.2	109.9	15 20 13.4	1 13.2	18 02 40.1	298.5	18 04 21.2	298.5
Washington, DC	+38 53.7	− 77 02.2	12 36 04.9	109.9	12 37 46.2	109.9	15 20 14.7	1 13.4	18 02 40.9	298.5	18 04 22.1	298.5
Raleigh, NC	+35 49.1	− 78 38.7	12 36 05.8	109.9	12 37 47.1	109.9	15 20 15.5	1 13.6	18 02 40.8	298.6	18 04 21.9	298.5
Atlanta, GA	+33 45.3	− 84 23.4	12 36 07.1	109.9	12 37 48.4	109.9	15 20 18.1	1 13.9	18 02 43.2	298.6	18 04 24.4	298.5
Miami, FL	+25 45.0	− 80 15.0	12 36 07.5	109.9	12 37 48.8	109.8	15 20 15.8	1 14.2	18 02 38.4	298.6	18 04 19.6	298.5
Montgomery, AL	+32 21.7	− 86 16.8	12 36 07.5	109.9	12 37 48.8	109.8	15 20 18.9	1 14.0	18 02 43.9	298.6	18 04 25.0	298.5
Detroit, MI	+42 19.9	− 83 02.8	12 36 04.9	109.9	12 37 46.3	109.9	15 20 17.2	1 13.4	18 02 44.9	298.5	18 04 26.1	298.5
Indianapolis, IN	+39 47.5	− 86 08.9	12 36 05.9	109.9	12 37 47.3	109.9	15 20 18.6	1 13.6	18 02 45.8	298.6	18 04 26.9	298.5
Chicago, IL	+41 03.0	− 87 38.0	……	……	……	……	15 20 19.0	1 13.6	18 02 47.0	298.6	18 04 28.2	298.5
Milwaukee, WI	+43 03.0	− 87 57.0	……	……	……	……	15 20 19.0	1 13.5	18 02 47.4	298.6	18 04 28.6	298.5
Minneapolis, MN	+44 58.8	− 93 15.1	……	……	……	……	15 20 20.6	1 13.6	18 02 50.3	298.6	18 04 31.5	298.5
St. Louis, MO	+38 40.0	− 90 15.0	……	……	……	……	15 20 20.3	1 13.8	18 02 47.6	298.6	18 04 28.7	298.5
Louisville, KY	+38 15.3	− 85 45.6	12 36 06.3	109.9	12 37 47.6	109.9	15 20 18.5	1 13.7	18 02 45.2	298.6	18 04 26.3	298.5
Lincoln, NE	+40 48.6	− 96 40.5	……	……	……	……	15 20 22.3	1 13.8	18 02 51.2	298.6	18 04 32.4	298.5
Oklahoma City, OK	+35 28.9	− 97 32.1	……	……	……	……	15 20 23.2	1 14.1	18 02 50.7	298.6	18 04 31.8	298.5
Denver, CO	+39 44.4	−104 59.1	……	……	……	……	15 20 24.9	1 14.1	18 02 55.0	298.6	18 04 36.2	298.5
Salt Lake City, UT	+40 45.0	−111 55.0	……	……	……	……	15 20 26.4	1 14.2	18 02 58.3	298.6	18 04 39.5	298.5
Dallas, TX	+32 47.0	− 96 48.2	……	……	……	……	15 20 23.1	1 14.3	18 02 49.7	298.6	18 04 30.9	298.5
Houston, TX	+29 45.0	− 95 25.0	……	……	……	……	15 20 22.7	1 14.4	18 02 48.3	298.6	18 04 29.4	298.5
Albuquerque, NM	+35 06.6	−106 36.6	……	……	……	……	15 20 26.0	1 14.4	18 02 55.2	298.6	18 04 36.4	298.5
Las Vegas, NV	+36 10.6	−115 08.2	……	……	……	……	15 20 27.8	1 14.6	18 02 59.4	298.6	18 04 40.6	298.5
Los Angeles, CA	+34 03.0	−118 15.0	……	……	……	……	15 20 28.7	1 14.8	18 03 00.7	298.6	18 04 41.9	298.5
San Diego, CA	+32 42.9	−117 09.7	……	……	……	……	15 20 28.6	1 14.9	18 03 00.0	298.6	18 04 41.2	298.5
San Francisco, CA	+37 46.8	−122 25.2	……	……	……	……	15 20 28.7	1 14.7	18 03 02.7	298.6	18 04 43.9	298.5
Portland, OR	+45 32.0	−122 40.0	……	……	……	……	15 20 26.9	1 14.2	18 03 02.7	298.6	18 04 43.9	298.5
Seattle, WA	+47 36.6	−122 20.0	……	……	……	……	15 20 26.3	1 14.1	18 03 02.5	298.6	18 04 43.7	298.5
Canada												
St. John's, Nfld.	+47 34.1	− 52 42.4	12 35 56.6	110.0	12 37 37.8	109.9	15 20 03.9	1 12.5	18 02 33.7	298.5	18 04 14.9	298.5
Moncton, N.B.	+46 07.0	− 64 48.2	12 36 00.4	110.0	12 37 41.7	109.9	15 20 09.3	1 12.8	18 02 37.9	298.5	18 04 19.1	298.5
Halifax, N.S.	+44 38.0	− 63 35.0	12 36 00.5	110.0	12 37 41.7	109.9	15 20 08.7	1 12.8	18 02 36.7	298.5	18 04 17.9	298.5
Charlottetown, P.E.I.	+46 14.4	− 63 08.4	12 36 00.0	110.0	12 37 41.2	109.9	15 20 08.5	1 12.8	18 02 37.2	298.5	18 04 18.4	298.5
Montreal, Que.	+45 30.5	− 73 33.2	12 36 02.5	110.0	12 37 43.8	109.9	15 20 13.1	1 13.0	18 02 41.5	298.5	18 04 22.6	298.5
Toronto, Ont.	+43 43.0	− 79 20.4	12 36 04.0	109.9	12 37 45.3	109.9	15 20 15.6	1 13.3	18 02 43.5	298.5	18 04 24.7	298.5
Thunder Bay, Ont.	+48 22.9	− 89 14.8	……	……	……	……	15 20 18.7	1 13.3	18 02 49.2	298.6	18 04 30.3	298.5
Winnipeg, Man.	+49 54.0	− 97 08.0	……	……	……	……	15 20 20.8	1 13.4	18 02 52.7	298.6	18 04 33.9	298.5
Edmonton, Alta.	+53 34.6	−113 31.0	……	……	……	……	15 20 23.2	1 13.6	18 02 59.1	298.6	18 04 40.3	298.5
Iqaluit, Nunavut	+63 44.9	− 68 31.2	……	……	……	……	15 20 09.9	1 12.4	18 02 45.6	298.5	18 04 26.9	298.5
Vancouver, B.C.	+49 15.0	−123 06.0	……	……	……	……	15 20 25.8	1 14.0	18 03 02.6	298.6	18 04 43.9	298.5

Location	Position		Ingress Exterior Contact		Ingress Interior Contact		Least Angular Distance		Egress Interior Contact		Egress Exterior Contact	
	Latitude	Longitude	UT	P	UT	P	UT	Separation	UT	P	UT	P
	° ′	° ′	h m s	°	h m s	°	h m s	′ ″	h m s	°	h m s	°
Martinique Fort-de-France	+14 36.0	− 61 05.0	12 36 01.9	109.9	12 37 43.2	109.8	15 20 02.9	1 14.2	18 02 23.1	298.6	18 04 04.3	298.6
Bermuda Hamilton	+32 18.0	− 64 48.0	12 36 03.0	109.9	12 37 44.3	109.9	15 20 08.2	1 13.4	18 02 32.3	298.6	18 04 13.4	298.5
Puerto Rico San Juan	+18 29.0	− 66 08.0	12 36 04.0	109.9	12 37 45.2	109.8	15 20 06.9	1 14.1	18 02 27.5	298.6	18 04 08.7	298.5
Haiti Port-au-Prince	+18 32.0	− 72 20.0	12 36 05.9	109.9	12 37 47.1	109.8	15 20 10.5	1 14.3	18 02 31.2	298.6	18 04 12.4	298.5
Jamaica Kingston	+17 58.0	− 76 48.0	12 36 07.0	109.8	12 37 48.3	109.8	15 20 13.0	1 14.5	18 02 33.7	298.6	18 04 14.9	298.6
Bahamas Nassau	+25 03.6	− 77 20.7	12 36 06.9	109.9	12 37 48.2	109.8	15 20 14.2	1 14.1	18 02 36.5	298.6	18 04 17.6	298.5
Cuba Havana	+23 08.0	− 82 23.0	12 36 08.0	109.9	12 37 49.3	109.8	15 20 16.6	1 14.4	18 02 38.9	298.6	18 04 20.0	298.5
Mexico												
Mexico City	+19 25.0	− 99 10.0	⋮ ⋮	⋮	⋮ ⋮	⋮	15 20 23.7	1 15.1	18 02 47.9	298.6	18 04 29.0	298.6
Monterrey	+25 40.0	−100 20.0	⋮ ⋮	⋮	⋮ ⋮	⋮	15 20 24.5	1 14.8	18 02 50.1	298.6	18 04 31.2	298.6
Guadalajara	+20 40.0	−103 21.0	⋮ ⋮	⋮	⋮ ⋮	⋮	15 20 25.3	1 15.2	18 02 50.6	298.6	18 04 31.8	298.6
Veracruz	+19 26.1	− 96 23.0	12 36 09.2	109.8	12 37 50.6	109.8	15 20 22.7	1 15.0	18 02 46.2	298.6	18 04 27.3	298.6
Guatemala Guatemala City	+14 38.0	− 90 22.0	12 36 08.9	109.8	12 37 50.2	109.8	15 20 19.4	1 15.1	18 02 41.1	298.6	18 04 22.2	298.6
El Salvador San Salvador	+13 40.0	− 89 10.0	12 36 08.7	109.8	12 37 50.1	109.8	15 20 18.7	1 15.1	18 02 40.0	298.6	18 04 21.2	298.6
Honduras Tegucigalpa	+14 05.0	− 87 14.0	12 36 08.6	109.8	12 37 49.9	109.8	15 20 17.8	1 15.1	18 02 38.9	298.6	18 04 20.1	298.6
Belize Belmopan	+17 13.0	− 88 48.0	12 36 08.8	109.8	12 37 50.2	109.8	15 20 19.1	1 14.9	18 02 40.9	298.6	18 04 22.0	298.6
Nicaragua Managua	+12 06.0	− 86 18.0	12 36 08.3	109.8	12 37 49.6	109.8	15 20 17.0	1 15.1	18 02 37.7	298.6	18 04 18.8	298.6
Venezuela Caracas	+10 30.0	− 66 55.0	12 36 03.6	109.8	12 37 44.9	109.8	15 20 05.6	1 14.6	18 02 25.0	298.6	18 04 06.1	298.6
Costa Rica San Jose	+ 9 59.0	− 84 04.0	12 36 07.8	109.8	12 37 49.1	109.8	15 20 15.5	1 15.2	18 02 35.6	298.6	18 04 16.7	298.6
Panama Panama City	+ 8 57.0	− 79 30.0	12 36 06.9	109.8	12 37 48.2	109.8	15 20 12.8	1 15.1	18 02 32.3	298.6	18 04 13.4	298.6
Argentina												
Buenos Aires	−34 40.0	− 58 30.0	12 35 45.3	109.7	12 37 26.6	109.7	15 19 46.6	1 17.2	18 02 08.4	298.8	18 03 49.6	298.7
Cordoba	−31 25.0	− 64 11.0	12 35 48.9	109.7	12 37 30.2	109.7	15 19 50.8	1 17.1	18 02 11.7	298.8	18 03 52.8	298.7
Falkland Islands Stanley	−51 41.5	− 57 51.5	12 35 35.9	109.7	12 37 17.2	109.6	15 19 40.9	1 18.1	18 02 07.4	298.9	18 03 48.7	298.8
Brazil												
Recife	− 8 03.0	− 34 54.0	12 35 44.0	109.8	12 37 25.1	109.8	15 19 39.2	1 14.8	18 02 02.0	298.7	18 03 43.3	298.6
Rio de Janeiro	−22 54.5	− 43 11.8	12 35 43.8	109.8	12 37 25.0	109.7	15 19 40.8	1 16.0	18 02 02.7	298.7	18 03 43.9	298.7
Belo Horizonte	−19 55.1	− 43 56.3	12 35 45.3	109.8	12 37 26.5	109.7	15 19 42.0	1 15.8	18 02 03.5	298.7	18 03 44.7	298.7
Sao Paolo	−23 33.0	− 46 38.0	12 35 45.3	109.8	12 37 26.5	109.7	15 19 42.8	1 16.1	18 02 04.1	298.7	18 03 45.3	298.7

TRANSIT OF MERCURY OF 2019 NOVEMBER 11

Location	Position		Ingress Exterior Contact		Ingress Interior Contact		Least Angular Distance		Egress Interior Contact		Egress Exterior Contact	
	Latitude	Longitude	UT	P	UT	P	UT	Separation	UT	P	UT	P
	° ′	° ′	h m s	°	h m s	°	h m s	′ ″	h m s	°	h m s	°
Brazil												
Brasilia	−15 45.0	− 47 57.0	12 35 48.9	109.8	12 37 30.0	109.7	15 19 45.8	1 15.7	18 02 06.2	298.7	18 03 47.4	298.7
Porto Alegre	−30 02.0	− 51 13.8	12 35 44.7	109.7	12 37 25.9	109.7	15 19 43.8	1 16.7	18 02 05.5	298.8	18 03 46.7	298.7
Chile												
Santiago	−33 30.0	− 70 40.0	12 35 49.7	109.7	12 37 31.0	109.6	15 19 53.5	1 17.4	18 02 14.7	298.8	18 03 55.9	298.7
Concepcion	−36 50.0	− 73 03.0	12 35 48.4	109.7	12 37 29.7	109.6	15 19 53.3	1 17.7	18 02 15.3	298.8	18 03 56.5	298.8
Colombia												
Medellin	+ 6 14.2	− 75 34.5	12 36 05.6	109.8	12 37 46.9	109.8	15 20 09.9	1 15.1	18 02 28.9	298.6	18 04 10.0	298.6
Bogota	+ 4 38.0	− 74 05.0	12 36 04.9	109.8	12 37 46.2	109.8	15 20 08.6	1 15.2	18 02 27.4	298.6	18 04 08.5	298.6
Guyana Georgetown	+ 6 46.0	− 58 10.0	12 35 59.7	109.8	12 37 40.9	109.8	15 19 59.1	1 14.5	18 02 18.5	298.6	18 03 59.6	298.6
Suriname Paramaribo	+ 5 52.0	− 55 14.0	12 35 58.3	109.8	12 37 39.5	109.8	15 19 56.9	1 14.5	18 02 16.5	298.6	18 03 57.6	298.6
French Guiana Cayenne	+ 4 55.0	− 52 18.0	12 35 56.7	109.8	12 37 37.9	109.8	15 19 54.6	1 14.5	18 02 14.5	298.6	18 03 55.7	298.6
Bolivia												
Santa Cruz	−17 45.0	− 63 14.0	12 35 54.8	109.7	12 37 36.0	109.7	15 19 55.0	1 16.2	18 02 13.9	298.7	18 03 55.1	298.7
Cochabamba	−17 23.0	− 66 10.0	12 35 55.9	109.7	12 37 37.2	109.7	15 19 56.9	1 16.3	18 02 15.7	298.7	18 03 56.9	298.7
Paraguay Asuncion	−25 15.0	− 57 40.0	12 35 49.5	109.7	12 37 30.7	109.7	15 19 49.1	1 16.5	18 02 09.3	298.7	18 03 50.5	298.7
Ecuador Quito	− 0 15.0	− 78 35.0	12 36 05.0	109.8	12 37 46.3	109.8	15 20 09.9	1 15.6	18 02 28.6	298.7	18 04 09.8	298.6
Peru Lima	−12 06.0	− 77 03.0	12 36 01.0	109.7	12 37 42.4	109.7	15 20 05.2	1 16.3	18 02 23.8	298.7	18 04 05.0	298.7
Uruguay Montevideo	−34 53.0	− 56 10.0	12 35 44.4	109.7	12 37 25.6	109.7	15 19 45.2	1 17.1	18 02 07.3	298.8	18 03 48.5	298.7
Easter Island Hanga Roa	−27 09.0	−109 26.0	12 35 55.6	109.7	12 37 37.1	109.6	15 20 12.4	1 18.2	18 02 37.9	298.8	18 04 19.1	298.8
Pitcairn Islands Adamstown	−25 04.0	−130 06.0	: : :	:	: : :	:	15 20 16.9	1 18.7	18 02 48.8	298.8	18 04 30.0	298.8
French Polynesia Papeete, Tahiti	−17 32.0	−149 34.0	: : :	:	: : :	:	15 20 19.7	1 18.7	18 02 59.4	298.9	18 04 40.7	298.8
Kenya Nairobi	− 1 17.0	+ 36 49.0	12 34 59.6	110.0	12 36 40.8	109.9	15 19 09.0	1 14.3	: : :	:	: : :	:
Mozambique Maputo	−25 58.0	+ 32 35.0	12 34 58.7	109.9	12 36 39.9	109.8	15 19 06.6	1 15.9	: : :	:	: : :	:
Uganda Kampala	+ 0 18.8	+ 32 34.9	12 35 02.2	110.0	12 36 43.4	109.9	15 19 10.0	1 14.2	: : :	:	: : :	:
Zimbabwe Harare	−17 51.8	+ 31 01.8	12 35 00.0	109.9	12 36 41.2	109.8	15 19 07.0	1 15.3	: : :	:	: : :	:
Zambia Lusaka	−15 25.0	+ 28 17.0	12 35 01.8	109.9	12 36 42.9	109.9	15 19 07.7	1 15.1	: : :	:	: : :	:
South Africa, Rep. of												
Johannesburg	−26 12.3	+ 28 02.7	12 35 01.0	109.9	12 36 42.2	109.8	15 19 07.3	1 15.9	: : :	:	: : :	:
Cape Town	−33 55.5	+ 18 25.4	12 35 05.8	109.8	12 36 46.9	109.8	15 19 10.0	1 16.3	: : :	:	: : :	:
Namibia Windhoek	−22 34.2	+ 17 05.0	12 35 07.3	109.9	12 36 48.5	109.8	15 19 10.0	1 15.5				

Location	Position Latitude	Position Longitude	Ingress Exterior Contact UT	Ingress Exterior Contact P	Ingress Interior Contact UT	Ingress Interior Contact P	Least Angular Distance UT	Least Angular Distance Separation	Egress Interior Contact UT	Egress Interior Contact P	Egress Exterior Contact UT	Egress Exterior Contact P
	° ′	° ′	h m s	°	h m s	°	h m s	′ ″	h m s	°	h m s	°
Congo, Democratic Republic of Kinshasa	− 4 19.5	+ 15 19.3	12 35 11.5	109.9	12 36 52.6	109.9	15 19 13.0	1 14.2	...	...	...	...
Libya												
Benghazi	+32 07.0	+ 20 04.0	12 35 19.3	110.0	12 37 00.5	110.0	15 19 26.8	1 12.4	...	...	...	...
Tripoli	+32 54.1	+ 13 11.1	12 35 23.3	110.0	12 37 04.4	110.0	15 19 29.1	1 12.3	...	...	...	...
Central African Republic Bangui	+ 4 22.0	+ 18 35.0	12 35 11.4	110.0	12 36 52.5	109.9	15 19 14.5	1 13.7	...	...	...	...
Chad N'Djamena	+12 06.7	+ 15 02.1	12 35 15.8	110.0	12 36 56.9	109.9	15 19 18.4	1 13.2	...	...	...	...
Tunisia Tunis	+36 48.0	+ 10 11.0	12 35 26.2	110.1	12 37 07.3	110.0	15 19 32.2	1 12.2	...	...	...	...
Cameroon Yaounde	+ 3 52.0	+ 11 31.0	12 35 15.9	110.0	12 36 57.0	109.9	15 19 16.7	1 13.7	...	...	...	...
Nigeria Lagos	+ 6 27.2	+ 3 23.8	12 35 21.9	110.0	12 37 03.0	109.9	15 19 20.9	1 13.5	...	...	...	...
Algeria Algiers	+36 42.0	+ 3 13.0	12 35 29.9	110.0	12 37 11.0	110.0	15 19 34.5	1 12.2	...	...	...	...
Niger Niamey	+13 31.3	+ 2 06.3	12 35 24.6	110.0	12 37 05.7	109.9	15 19 24.1	1 13.1	...	...	...	...
Ghana Accra	+ 5 33.0	− 0 12.0	12 35 24.2	110.0	12 37 05.3	109.9	15 19 22.3	1 13.6	...	...	...	...
Ivory Coast Abidjan	+ 5 20.2	− 4 01.6	12 35 26.7	109.9	12 37 07.8	109.9	15 19 24.2	1 13.6	...	...	...	...
Morocco Rabat	+34 02.0	− 6 50.0	12 35 35.0	110.0	12 37 16.1	110.0	15 19 37.3	1 12.3	...	...	...	...
Mali Bamako	+12 39.0	− 8 00.0	12 35 31.2	110.0	12 37 12.3	109.9	15 19 28.8	1 13.2	...	...	...	...
Liberia Monrovia	+ 6 19.0	− 10 46.8	12 35 31.6	109.9	12 37 12.7	109.9	15 19 28.1	1 13.6	18 01 59.6	298.6	18 03 40.9	298.6
Western Sahara El Aaiun	+27 09.2	− 13 12.2	12 35 37.5	110.0	12 37 18.6	110.0	15 19 37.3	1 12.6	...	...	...	...
Sierra Leone Freetown	+ 8 29.1	− 13 14.1	12 35 33.8	109.9	12 37 14.9	109.9	15 19 30.2	1 13.5	18 02 00.9	298.6	18 03 42.2	298.6
Guinea-Bissau Bissau	+11 51.0	− 15 34.0	12 35 36.1	109.9	12 37 17.2	109.9	15 19 32.7	1 13.3	18 02 02.9	298.6	18 03 44.2	298.6
Mauritania Nouakchott	+18 06.0	− 15 57.0	12 35 37.6	110.0	12 37 18.7	109.9	15 19 35.2	1 13.0	18 02 06.0	298.6	18 03 47.3	298.5
Senegal Dakar	+14 41.6	− 17 26.8	12 35 37.9	110.0	12 37 19.0	109.9	15 19 34.8	1 13.2	18 02 04.6	298.6	18 03 45.9	298.5
Albania Tirana	+41 19.8	+ 19 49.2	12 35 22.9	110.1	12 37 04.1	110.0	15 19 32.4	1 12.1	...	...	...	...
Bosnia-Herzegovina Sarajevo	+43 50.9	+ 18 21.4	12 35 24.5	110.1	12 37 05.7	110.0	15 19 34.3	1 12.0	...	...	...	...
Austria Vienna	+48 12.5	+ 16 22.4	12 35 27.0	110.1	12 37 08.2	110.0	15 19 37.5	1 12.0	...	...	...	...
Croatia Zagreb	+45 49.0	+ 15 59.0	12 35 26.3	110.1	12 37 07.5	110.0	15 19 36.0	1 12.0	...	...	...	...
Czech Republic Prague	+50 05.0	+ 14 25.0	12 35 28.5	110.1	12 37 09.7	110.0	15 19 39.1	1 11.9	...	...	...	...
Germany												
Munich	+48 08.0	+ 11 34.0	12 35 29.1	110.0	12 37 10.2	110.0	15 19 38.5	1 11.9	...	...	...	...
Stuttgart	+48 46.7	+ 9 10.8	12 35 30.3	110.1	12 37 11.5	110.0	15 19 39.6	1 11.9	...	...	...	...

TRANSIT OF MERCURY OF 2019 NOVEMBER 11

Location	Position Latitude	Position Longitude	Ingress Exterior Contact UT	P	Ingress Interior Contact UT	P	Least Angular Distance UT	Separation	Egress Interior Contact UT	P	Egress Exterior Contact UT	P
	° ′	° ′	h m s	°	h m s	°	h m s	′ ″	h m s	°	h m s	°
Germany Dusseldorf	+51 14.2	+ 6 47.0	12 35 32.0	110.1	12 37 13.2	110.0	15 19 41.7	1 11.9	...	...	...	...
San Marino San Marino	+43 56.0	+12 26.0	12 35 27.3	110.1	12 37 08.5	110.0	15 19 35.8	1 12.0	...	...	...	...
Italy												
Rome	+41 54.0	+12 30.0	12 35 26.6	110.1	12 37 07.8	110.0	15 19 34.5	1 12.1	...	...	...	...
Milan	+45 27.8	+ 9 11.4	12 35 29.3	110.1	12 37 10.5	110.0	15 19 37.6	1 12.0	...	...	...	...
Switzerland Zurich	+47 22.0	+ 8 33.0	12 35 30.2	110.1	12 37 11.3	110.0	15 19 38.9	1 11.9	...	...	...	...
Netherlands Amsterdam	+52 22.4	+ 4 53.5	12 35 33.1	110.1	12 37 14.3	110.0	15 19 42.9	1 11.9	...	...	...	...
France												
Ajaccio, Corsica	+41 55.6	+ 8 44.2	12 35 28.5	110.1	12 37 09.6	110.0	15 19 35.6	1 12.0	...	...	...	...
Marseille	+43 17.8	+ 5 22.2	12 35 30.5	110.1	12 37 11.7	110.0	15 19 37.4	1 12.0	...	...	...	...
Paris	+48 51.4	+ 2 21.0	12 35 33.4	110.1	12 37 14.5	110.0	15 19 41.6	1 11.9	...	...	...	...
Spain												
Barcelona	+41 23.0	+ 2 11.0	12 35 31.6	110.1	12 37 12.8	110.0	15 19 37.4	1 12.0	...	...	...	...
Madrid	+40 24.0	+ 3 41.0	12 35 34.5	110.0	12 37 15.6	110.0	15 19 39.1	1 12.1	...	...	...	...
United Kingdom												
London	+51 30.5	− 0 07.5	12 35 35.1	110.1	12 37 16.2	110.0	15 19 43.8	1 11.9	...	...	...	...
Birmingham	+52 29.0	− 1 53.6	12 35 36.0	110.1	12 37 17.2	110.0	15 19 44.9	1 11.9	...	...	...	...
Edinburgh	+55 57.0	− 3 09.6	12 35 37.1	110.1	12 37 18.3	110.0	15 19 47.1	1 11.8	...	...	...	...
Taunton	+51 01.1	− 3 06.0	12 35 36.2	110.1	12 37 17.4	110.0	15 19 44.5	1 11.9	...	...	...	...
Ireland Dublin	+53 20.9	− 6 15.6	12 35 38.0	110.1	12 37 19.2	110.0	15 19 46.7	1 11.9	...	...	...	...
Faroe Islands Torshavn	+62 00.0	− 6 47.0	12 35 39.3	110.1	12 37 20.5	110.0	15 19 51.3	1 11.8	...	...	...	...
Portugal Lisbon	+38 42.8	− 9 08.4	12 35 37.1	110.0	12 37 18.2	110.0	15 19 40.5	1 12.1	...	...	...	...
Ascension Island Georgetown	− 7 55.7	−14 24.7	12 35 30.7	109.9	12 37 11.8	109.8	15 19 26.3	1 14.5	18 01 55.7	298.7	18 03 37.0	298.6
Canary Islands Las Palmas de Gran Canaria	+28 09.0	−15 25.0	12 35 39.0	110.0	12 37 20.1	110.0	15 19 38.9	1 12.5	18 02 11.3	298.6	18 03 52.6	298.5
Madeira Funchal	+32 39.1	−16 54.6	12 35 40.5	110.0	12 37 21.7	110.0	15 19 41.5	1 12.4	18 02 14.3	298.5	18 03 55.6	298.5
Iceland Reykjavik	+64 08.0	−21 56.0	12 35 44.0	110.1	12 37 25.3	110.0	15 19 56.3	1 11.9	...	...	...	...
Cape Verde Islands Praia, Santiago	+14 55.2	−23 30.5	12 35 41.9	109.9	12 37 23.0	109.9	15 19 38.6	1 13.2	18 02 06.3	298.6	18 03 47.6	298.5
Azores Ponta Delgada	+37 44.0	−25 40.0	12 35 45.8	110.0	12 37 26.9	110.0	15 19 48.0	1 12.3	18 02 19.4	298.5	18 04 00.7	298.5
South Georgia Grytviken	−54 16.9	−36 30.5	12 35 27.9	109.7	12 37 09.1	109.6	15 19 31.6	1 17.9	18 02 01.2	298.9	18 03 42.5	298.8
Greenland Nuuk	+64 10.0	−51 44.0	12 35 51.7	110.0	12 37 33.0	110.0	15 20 05.0	1 12.2	18 02 41.4	298.5	18 04 22.7	298.5

CONTENTS·OF SECTION B

This symbol indicates that these data or auxiliary material may also be found on *The Astronomical Almanac Online* at **http://asa.usno.navy.mil** and **http://asa.hmnao.com**

Introduction

The tables and formulae in this section are produced in accordance with the recommendations of the International Astronomical Union at its General Assemblies up to and including 2012 and reviewed before the current edition was prepared. They are intended for use with relativistic coordinate time-scales, the International Celestial Reference System (ICRS), the Geocentric Celestial Reference System (GCRS) and the standard epoch of J2000·0 TT.

Because of its consistency with previous reference systems, implementation of the ICRS will be transparent to any applications with accuracy requirements of no better than 0″·1 near epoch J2000·0. At this level of accuracy the distinctions between the International Celestial Reference Frame, FK5, and dynamical equator and equinox of J2000·0 are not significant.

Procedures are given to calculate both intermediate and apparent right ascension, declination and hour angle of planetary and stellar objects which are referred to the ICRS, e.g. the JPL DE430/LE430 Planetary and Lunar Ephemerides or the Hipparcos star catalogue. These procedures include the effects of the differences between time-scales, light-time and the relativistic effects of light-deflection, parallax and aberration, and the rotations, i.e. frame bias, precession and nutation, to give the "of date" system.

The rotations from the GCRS to the Terrestrial Intermediate Reference System are illustrated using both equinox-based and CIO-based techniques. Both of these techniques require the position of the Celestial Intermediate Pole and involve the angles for frame bias, precession and nutation, whether applied individually or amalgamated, directly or indirectly. Within this section the CIO-based techniques are indicated by shading of the text.

The equinox-based and CIO-based techniques only differ in the location of the origin for right ascension, and thus whether Greenwich apparent sidereal time or Earth rotation angle, respectively, is used to calculate hour angle. Equinox-based techniques use the equinox as the origin for right ascension and the system is usually labelled the true equator and equinox of date. CIO-based techniques use the celestial intermediate origin (CIO), and the system is labelled the Celestial Intermediate Reference System. It must be emphasized that the equator of date is the celestial intermediate equator and hour angle is independent of the origin of right ascension. However, the hour angle must be calculated consistently within the system used.

Introduction (continued)

This section includes the long-standing daily tabulations of the nutation angles, $\Delta\psi$ and $\Delta\epsilon$, the true obliquity of the ecliptic, Greenwich mean and apparent sidereal time and the equation of the equinoxes, as well as the parameters that define the Celestial Intermediate Reference System, $\mathcal{X}$, $\mathcal{Y}$, s, the Earth rotation angle and equation of the origins. Also tabulated daily are the matrices, both equinox and CIO based, for reduction from the GCRS.

It should be noted that the IAU 2006 precession parameters are to be used with the IAU 2000A nutation series. However, for the highest precision, adjustments are required to the nutation in longitude and obliquity (see page B55). These adjustments are included in the IAU SOFA code which is used throughout this section.

Background information about time-scales and coordinate reference systems recommended by the IAU and adopted in this almanac are given in Section L, *Notes and References* and in Section M, *Glossary*.

Definitions involving the relationship between universal and sidereal time require knowledge of ΔT. However, accurate values of ΔT (see pages K8–K9) are only available in retrospect via analysis of observations from the IERS (see page x). Therefore the tables adopt the most likely value at the time of production. The value used and the errors are stated in the text.

CALENDAR

Julian date

A Julian date (JD) may be associated with any time scale (see page B6). A tabulation of Julian date (JD) at 0^h UT1 against calendar date is given with the ephemeris of universal and sidereal times on pages B13–B20. Similarly, pages B21–B24 tabulate the UT1 Julian date together with the Earth rotation angle. The following relationship holds during 2019:

$$\text{UT1 Julian date} = \text{JD}_{\text{UT1}} = 245\ 8483\cdot5 + \text{day of year} + \text{fraction of day from } 0^h \text{ UT1}$$

$$\text{TT Julian date} = \text{JD}_{\text{TT}} = 245\ 8483\cdot5 + d + \text{fraction of day from } 0^h \text{ TT}$$

where the day of the year (d) for the current year of the Gregorian calendar is given on pages B4–B5. The following table gives the Julian dates at day 0 of each month of 2019:

0^h	Julian Date	0^h	Julian Date	0^h	Julian Date	0^h	Julian Date
Jan. 0	245 8483·5	Apr. 0	245 8573·5	July 0	245 8664·5	Oct. 0	245 8756·5
Feb. 0	245 8514·5	May 0	245 8603·5	Aug. 0	245 8695·5	Nov. 0	245 8787·5
Mar. 0	245 8542·5	June 0	245 8634·5	Sept. 0	245 8726·5	Dec. 0	245 8817·5

Tabulations of Julian date against calendar date for other years are given on pages K2–K4.

A date may also be expressed in years as a Julian epoch, or for some purposes as a Besselian epoch, using:

$$\text{Julian epoch} = \text{J}[2000\cdot0 + (\text{JD}_{\text{TT}} - 245\ 1545\cdot0)/365\cdot25]$$

$$\text{Besselian epoch} = \text{B}[1900\cdot0 + (\text{JD}_{\text{TT}} - 241\ 5020\cdot313\ 52)/365\cdot242\ 198\ 781]$$

the prefixes J and B may be omitted only where the context, or precision, make them superfluous.

400-day date, JD 245 8800·5 = 2019 November 13·0

Standard epoch B1900·0 = 1900 Jan. 0·813 52 = JD 241 5020·313 52 TT
B1950·0 = 1950 Jan. 0·923   = JD 243 3282·423 TT
B2019·0 = 2019 Jan. 0·635 TT = JD 245 8484·135 TT

Standard epoch J2000·0 = 2000 Jan. 1·5 TT   = JD 245 1545·0 TT
J2019·5 = 2019 July 2·875 TT = JD 245 8667·375 TT

For epochs B1900·0 and B1950·0 the TT time scale is used proleptically.

The *modified Julian date* (MJD) is the Julian date minus 240 0000·5 and in 2019 is given by: MJD = 58483·0 + day of year + fraction of day from 0^h in the time scale being used.

Day of Month	JANUARY Day of Week	JANUARY Day of Year	FEBRUARY Day of Week	FEBRUARY Day of Year	MARCH Day of Week	MARCH Day of Year	APRIL Day of Week	APRIL Day of Year	MAY Day of Week	MAY Day of Year	JUNE Day of Week	JUNE Day of Year
1	Tue.	1	Fri.	32	Fri.	60	Mon.	91	Wed.	121	Sat.	152
2	Wed.	2	Sat.	33	Sat.	61	Tue.	92	Thu.	122	Sun.	153
3	Thu.	3	Sun.	34	Sun.	62	Wed.	93	Fri.	123	Mon.	154
4	Fri.	4	Mon.	35	Mon.	63	Thu.	94	Sat.	124	Tue.	155
5	Sat.	5	Tue.	36	Tue.	64	Fri.	95	Sun.	125	Wed.	156
6	Sun.	6	Wed.	37	Wed.	65	Sat.	96	Mon.	126	Thu.	157
7	Mon.	7	Thu.	38	Thu.	66	Sun.	97	Tue.	127	Fri.	158
8	Tue.	8	Fri.	39	Fri.	67	Mon.	98	Wed.	128	Sat.	159
9	Wed.	9	Sat.	40	Sat.	68	Tue.	99	Thu.	129	Sun.	160
10	Thu.	10	Sun.	41	Sun.	69	Wed.	100	Fri.	130	Mon.	161
11	Fri.	11	Mon.	42	Mon.	70	Thu.	101	Sat.	131	Tue.	162
12	Sat.	12	Tue.	43	Tue.	71	Fri.	102	Sun.	132	Wed.	163
13	Sun.	13	Wed.	44	Wed.	72	Sat.	103	Mon.	133	Thu.	164
14	Mon.	14	Thu.	45	Thu.	73	Sun.	104	Tue.	134	Fri.	165
15	Tue.	15	Fri.	46	Fri.	74	Mon.	105	Wed.	135	Sat.	166
16	Wed.	16	Sat.	47	Sat.	75	Tue.	106	Thu.	136	Sun.	167
17	Thu.	17	Sun.	48	Sun.	76	Wed.	107	Fri.	137	Mon.	168
18	Fri.	18	Mon.	49	Mon.	77	Thu.	108	Sat.	138	Tue.	169
19	Sat.	19	Tue.	50	Tue.	78	Fri.	109	Sun.	139	Wed.	170
20	Sun.	20	Wed.	51	Wed.	79	Sat.	110	Mon.	140	Thu.	171
21	Mon.	21	Thu.	52	Thu.	80	Sun.	111	Tue.	141	Fri.	172
22	Tue.	22	Fri.	53	Fri.	81	Mon.	112	Wed.	142	Sat.	173
23	Wed.	23	Sat.	54	Sat.	82	Tue.	113	Thu.	143	Sun.	174
24	Thu.	24	Sun.	55	Sun.	83	Wed.	114	Fri.	144	Mon.	175
25	Fri.	25	Mon.	56	Mon.	84	Thu.	115	Sat.	145	Tue.	176
26	Sat.	26	Tue.	57	Tue.	85	Fri.	116	Sun.	146	Wed.	177
27	Sun.	27	Wed.	58	Wed.	86	Sat.	117	Mon.	147	Thu.	178
28	Mon.	28	Thu.	59	Thu.	87	Sun.	118	Tue.	148	Fri.	179
29	Tue.	29			Fri.	88	Mon.	119	Wed.	149	Sat.	180
30	Wed.	30			Sat.	89	Tue.	120	Thu.	150	Sun.	181
31	Thu.	31			Sun.	90			Fri.	151		

CHRONOLOGICAL CYCLES AND ERAS

Dominical Letter	F	Julian Period (year of)	6732
Epact	24	Roman Indiction	12
Golden Number (Lunar Cycle) ...	VI	Solar Cycle	12

All dates are given in terms of the Gregorian calendar in which
2019 January 14 corresponds to 2019 January 1 of the Julian calendar.

ERA	YEAR	BEGINS	ERA	YEAR	BEGINS
Byzantine	7528	Sept. 14	Japanese	2679	Jan. 1
Jewish (A.M.)*	5780	Sept. 29	Seleucidæ (Grecian) ...	2331	Sept. 14
Chinese (jǐ hài)		Feb. 5			(or Oct. 14)
Roman (A.U.C.)	2772	Jan. 14	Saka (Indian)	1941	Mar. 22
Nabonassar	2768	Apr. 19	Diocletian (Coptic) ...	1736	Sept. 12
			Islamic (Hegira)* ...	1441	Aug. 31

* Year begins at sunset

	JULY		AUGUST		SEPTEMBER		OCTOBER		NOVEMBER		DECEMBER	
Day of Month	Day of Week	Day of Year	Day of Week	Day of Year	Day of Week	Day of Year	Day of Week	Day of Year	Day of Week	Day of Year	Day of Week	Day of Year
1	Mon.	182	Thu.	213	Sun.	244	Tue.	274	Fri.	305	Sun.	335
2	Tue.	183	Fri.	214	Mon.	245	Wed.	275	Sat.	306	Mon.	336
3	Wed.	184	Sat.	215	Tue.	246	Thu.	276	Sun.	307	Tue.	337
4	Thu.	185	Sun.	216	Wed.	247	Fri.	277	Mon.	308	Wed.	338
5	Fri.	186	Mon.	217	Thu.	248	Sat.	278	Tue.	309	Thu.	339
6	Sat.	187	Tue.	218	Fri.	249	Sun.	279	Wed.	310	Fri.	340
7	Sun.	188	Wed.	219	Sat.	250	Mon.	280	Thu.	311	Sat.	341
8	Mon.	189	Thu.	220	Sun.	251	Tue.	281	Fri.	312	Sun.	342
9	Tue.	190	Fri.	221	Mon.	252	Wed.	282	Sat.	313	Mon.	343
10	Wed.	191	Sat.	222	Tue.	253	Thu.	283	Sun.	314	Tue.	344
11	Thu.	192	Sun.	223	Wed.	254	Fri.	284	Mon.	315	Wed.	345
12	Fri.	193	Mon.	224	Thu.	255	Sat.	285	Tue.	316	Thu.	346
13	Sat.	194	Tue.	225	Fri.	256	Sun.	286	Wed.	317	Fri.	347
14	Sun.	195	Wed.	226	Sat.	257	Mon.	287	Thu.	318	Sat.	348
15	Mon.	196	Thu.	227	Sun.	258	Tue.	288	Fri.	319	Sun.	349
16	Tue.	197	Fri.	228	Mon.	259	Wed.	289	Sat.	320	Mon.	350
17	Wed.	198	Sat.	229	Tue.	260	Thu.	290	Sun.	321	Tue.	351
18	Thu.	199	Sun.	230	Wed.	261	Fri.	291	Mon.	322	Wed.	352
19	Fri.	200	Mon.	231	Thu.	262	Sat.	292	Tue.	323	Thu.	353
20	Sat.	201	Tue.	232	Fri.	263	Sun.	293	Wed.	324	Fri.	354
21	Sun.	202	Wed.	233	Sat.	264	Mon.	294	Thu.	325	Sat.	355
22	Mon.	203	Thu.	234	Sun.	265	Tue.	295	Fri.	326	Sun.	356
23	Tue.	204	Fri.	235	Mon.	266	Wed.	296	Sat.	327	Mon.	357
24	Wed.	205	Sat.	236	Tue.	267	Thu.	297	Sun.	328	Tue.	358
25	Thu.	206	Sun.	237	Wed.	268	Fri.	298	Mon.	329	Wed.	359
26	Fri.	207	Mon.	238	Thu.	269	Sat.	299	Tue.	330	Thu.	360
27	Sat.	208	Tue.	239	Fri.	270	Sun.	300	Wed.	331	Fri.	361
28	Sun.	209	Wed.	240	Sat.	271	Mon.	301	Thu.	332	Sat.	362
29	Mon.	210	Thu.	241	Sun.	272	Tue.	302	Fri.	333	Sun.	363
30	Tue.	211	Fri.	242	Mon.	273	Wed.	303	Sat.	334	Mon.	364
31	Wed.	212	Sat.	243			Thu.	304			Tue.	365

RELIGIOUS CALENDARS

Epiphany	Jan.	6	Ascension Day	May 30
Ash Wednesday	Mar.	6	Whit Sunday—Pentecost ...	June 9
Palm Sunday	Apr.	14	Trinity Sunday	June 16
Good Friday	Apr.	19	First Sunday in Advent	Dec. 1
Easter Day	Apr.	21	Christmas Day (Wednesday) ...	Dec. 25
First day of Passover (Pesach)	Apr.	20	Day of Atonement (Yom Kippur)	Oct. 9
Feast of Weeks (Shavuot) ...	June	9	First day of Tabernacles (Succoth)	Oct. 14
Jewish New Year (Rosh Hashanah)	Sept.	30	Festival of Lights (Hanukkah)	Dec. 23
First day of Ramadân	May	6	Islamic New Year	Sept. 1
First day of Shawwal (Eid ul Fitr)	June	5		

The Jewish and Islamic dates above are tabular dates, which begin at sunset on the previous evening and end at sunset on the date tabulated. In practice, the dates of Islamic fasts and festivals are determined by an actual sighting of the appropriate new moon.

Notation for time-scales and related quantities

A summary of the notation for time-scales and related quantities used in this Almanac is given below. Additional information is given in the *Glossary* (Section M and *The Astronomical Almanac Online*) and in the *Notes and References* (Section L).

UT1   universal time (also UT); counted from 0^h (midnight); unit is second of mean solar time, affected by irregularities in the Earth's rate of rotation.

GMST   Greenwich mean sidereal time; GHA of mean equinox of date.

GAST   Greenwich apparent sidereal time; GHA of true equinox of date.

E_e Equation of the equinoxes: GAST $-$ GMST.

E_o Equation of the origins: ERA $-$ GAST $= \theta -$ GAST.

ERA   Earth rotation angle (θ); the angle between the celestial and terrestrial intermediate origins; it is proportional to UT1.

TAI   International Atomic Time; unit is the SI second on the geoid.

UTC   coordinated universal time; differs from TAI by an integral number of seconds, and is the basis of most radio time signals and national and/or legal time systems.

ΔUT $=$ UT1$-$UTC; increment to be applied to UTC to give UT1.

DUT1   predicted value of ΔUT, rounded to 0^s1, given in some radio time signals.

TDB   barycentric dynamical time; used as time-scale of ephemerides, referred to the barycentre of the solar system.

TT   terrestrial time; used as time-scale of ephemerides for observations from the Earth's surface (geoid). TT $=$ TAI $+ 32^s184$.

ΔT $=$ TT $-$ UT1; increment to be applied to UT1 to give TT.
         $=$ TAI $+ 32^s184 -$ UT1.

ΔAT $=$ TAI $-$ UTC; increment to be applied to UTC to give TAI; an integral number of seconds.

ΔTT $=$ TT $-$ UTC $= \Delta$AT$+32^s184$; increment to be applied to UTC to give TT.

JD_{TT} $=$ Julian date and fraction, where the time fraction is expressed in the terrestrial time scale, e.g. 2000 January 1, 12^h TT is JD 245 1545·0 TT.

JD_{UT1} $=$ Julian date and fraction, where the time fraction is expressed in the universal time scale, e.g. 2000 January 1, 12^h UT1 is JD 245 1545·0 UT1.

The following intervals are used in this section.

$$T = (JD_{TT} - 245\,1545{\cdot}0)/36\,525 = \text{Julian centuries of 365 25 days from J2000·0}$$

$$D = JD - 245\,1545{\cdot}0 = \text{days and fraction from J2000·0}$$

$$D_U = JD_{UT1} - 245\,1545{\cdot}0 = \text{days and UT1 fraction from J2000·0}$$

$$d = \text{Day of the year, January 1} = 1, \text{etc., see B4–B5}$$

Note that the intervals above are based on different time scales. T implies the TT time scale while D_U implies the UT1 time scale. This is an important distinction when calculating Greenwich mean sidereal time. T is the number of Julian centuries from J2000·0 to the required epoch (TT), while D, D_U and d are all in days.

The name Greenwich mean time (GMT) is not used in this Almanac since it is ambiguous. It is now used, although not in astronomy, in the sense of UTC, in addition to the earlier sense of UT; prior to 1925 it was reckoned for astronomical purposes from Greenwich mean noon (12^h UT).

Relationships between time-scales

The unit of UTC is the SI second on the geoid, but step adjustments of 1 second (leap seconds) are occasionally introduced into UTC so that universal time (UT1) may be obtained directly from it with an accuracy of 1 second or better and so that International Atomic Time (TAI) may be obtained by the addition of an integral number of seconds. The step adjustments, when required, are usually inserted after the 60th second of the last minute of December 31 or June 30. Values of the differences ΔAT for 1972 onwards are given on page K9. Accurate values of the increment ΔUT to be applied to UTC to give UT1 are derived from observations, but predicted values are transmitted in code in some time signals. Wherever UT is used in this volume it always means UT1.

The difference between the terrestrial time scale (TT) and the barycentric dynamical time scale (TDB) is often ignored, since the two time scales differ by no more than 2 milliseconds.

An approximate expression for the relationship between the barycentric and terrestrial time-scales (due to the variations in gravitational potential around the Earth's orbit) is:

and
$$TDB = TT + 0\!\!\!.^{\!s}001\ 656\ 67 \sin g + 0\!\!\!.^{\!s}000\ 022\ 42 \sin(L - L_J)$$
$$g = 357\!\!\!.^{\!\circ}53 + 0\!\cdot\!985\ 600\ 28(JD - 245\ 1545\!\cdot\!0)$$
$$L - L_J = 246\!\!\!.^{\!\circ}11 + 0\!\cdot\!902\ 517\ 92(JD - 245\ 1545\!\cdot\!0)$$

where g is the mean anomaly of the Earth in its orbit around the Sun, and $L - L_J$ is the difference in the mean ecliptic longitudes of the Sun and Jupiter. The above formula for $TDB - TT$ is accurate to about $\pm 30 \mu s$ over the period 1980 to 2050.

For 2019
$$g = 356\!\!\!.^{\!\circ}12 + 0\!\!\!.^{\!\circ}985\ 60\ d \qquad \text{and} \qquad L - L_J = 28\!\!\!.^{\!\circ}24 + 0\!\!\!.^{\!\circ}902\ 52\ d$$

where d is the day of the year and fraction of the day.

The TDB time scale should be used for quantities such as precession angles and the fundamental arguments. However, for these quantities, the difference between TDB and TT is negligible at the microarcsecond (μas) level.

Relationships between universal time, ERA, GMST and GAST

The following equations show the relationships between the Earth rotation angle (ERA=θ), Greenwich mean (GMST) and apparent (GAST) sidereal time, in terms of the equation of the origins (E_o) and the equation of the equinoxes (E_e):

$$GMST(D_U, T) = \theta(D_U) + \text{polynomial part}(T)$$
$$GAST(D_U, T) = \theta(D_U) - \text{equation of the origins}(T)$$
$$= GMST(D_U, T) + \text{equation of the equinoxes}(T)$$

The definition of these quantities follow. Note that ERA is a function of UT1, while GMST and GAST are functions of both UT1 and TT. A diagram showing the relationships between these concepts is given on page B9.

ERA is for use with intermediate right ascensions while GAST must be used with apparent (equinox based) right ascensions.

Relationship between universal time and Earth rotation angle

The Earth rotation angle (θ) is measured in the Celestial Intermediate Reference System along its equator (the true equator of date) between the terrestrial and the celestial intermediate origins. It is proportional to UT1, and its time derivative is the Earth's adopted mean angular velocity; it is defined by the following relationship

$$\theta(D_U) = 2\pi(0 \cdot 7790\,5727\,32640 + 1 \cdot 0027\,3781\,1911\,35448\,D_U) \text{ radians}$$
$$= 360°(0 \cdot 7790\,5727\,32640 + 0 \cdot 0027\,3781\,1911\,35448\,D_U + D_U \text{ mod } 1)$$

where D_U is the interval, in days, elapsed since the epoch 2000 January 1^d 12^h UT1 (JD 245 1545·0 UT1), and D_U mod 1 is the fraction of the UT1 day remaining after removing all the whole days. The Earth rotation angle (ERA) is tabulated daily at 0^h UT1 on pages B21–B24.

During 2019, on day d, at t^h UT1, the Earth rotation angle, expressed in arc and time, respectively, is given by:

$$\theta = 99°\!\cdot\!131\,479 + 0°\!\cdot\!985\,612\,288\,d + 15°\!\cdot\!041\,0672\,t$$
$$= 6^h\!\cdot\!608\,7653 + 0^h\!\cdot\!065\,707\,4859\,d + 1^h\!\cdot\!002\,737\,81\,t$$

Relationship between universal and sidereal time

Greenwich Mean Sidereal Time

Universal time is defined in terms of Greenwich mean sidereal time (i.e. the hour angle of the mean equinox of date) by:

$$\text{GMST}(D_U, T) = \theta(D_U) + \text{GMST}_P(T)$$
$$\text{GMST}_P(T) = 0''\!\cdot\!014\,506 + 4612''\!\cdot\!156\,534\,T + 1''\!\cdot\!391\,5817\,T^2$$
$$- 0''\!\cdot\!000\,000\,44\,T^3 - 0''\!\cdot\!000\,029\,956\,T^4 - 3''\!\cdot\!68 \times 10^{-8}\,T^5$$

where θ is the Earth rotation angle. The polynomial part, $\text{GMST}_P(T)$ is due almost entirely to the effect of precession and is given separately as it also forms part of the equation of the origins (see page B10). The time interval D_U is measured in days elapsed since the epoch 2000 January 1^d 12^h UT1 (JD 245 1545·0 UT1), whereas T is measured in the TT scale, in Julian centuries of 36 525 days, from JD 245 1545·0 TT.

The Earth rotation angle is expressed in degrees while the terms of the polynomial part (GMST_P) are in arcseconds. GMST is tabulated on pages B13–B20 and the equivalent expression in time units is

$$\text{GMST}(D_U, T) = 86400^s(0 \cdot 7790\,5727\,32640 + 0 \cdot 0027\,3781\,1911\,35448D_U + D_U \text{ mod } 1)$$
$$+ 0^s\!\cdot\!000\,967\,07 + 307^s\!\cdot\!477\,102\,27\,T + 0^s\!\cdot\!092\,772\,113\,T^2$$
$$- 0^s\!\cdot\!000\,000\,0293\,T^3 - 0^s\!\cdot\!000\,001\,997\,07\,T^4 - 2^s\!\cdot\!453 \times 10^{-9}\,T^5$$

It is necessary, in this formula, to distinguish TT from UT1 only for the most precise work. The table on pages B13–B20 is calculated assuming $\Delta T = 69^s$. During 2019, an error of $\pm 1^s$ in ΔT at 0^h UT1 introduces differences of $\mp 1''\!\cdot\!5 \times 10^{-6}$ or equivalently $\mp 0^s\!\cdot\!10 \times 10^{-6}$, in the calculation of GMST.

The following relationship holds during 2019:

on day of year d at t^h UT1, GMST $= 6^h\!\cdot\!624\,9915 + 0^h\!\cdot\!065\,709\,8245\,d + 1^h\!\cdot\!002\,737\,91\,t$,

where the day of year d is tabulated on pages B4–B5. Add or subtract multiples of 24^h as necessary.

Relationship between universal and sidereal time (continued)

In 2019:   1 mean solar day $=$ 1·002 737 909 36   mean sidereal days

$=$ $24^h\ 03^m\ 56\overset{s}{.}555\ 37$ of mean sidereal time

1 mean sidereal day $=$ 0·997 269 566 32   mean solar days

$=$ $23^h\ 56^m\ 04\overset{s}{.}090\ 53$ of mean solar time

Greenwich Apparent Sidereal Time

The hour angle of the true equinox of date (GAST) is given by:

$$\text{GAST}(D_U, T) = \theta(D_U) - \text{equation of the origins} = \theta(D_U) - E_o(T)$$
$$= \text{GMST}(D_U, T) + \text{equation of the equinoxes} = \text{GMST}(D_U, T) + E_e(T)$$

where θ is the Earth rotation angle (ERA) and GMST, the Greenwich mean sidereal time are given above, while the equation of the origins (E_o) and the equation of the equinoxes (E_e) are given on page B10.

Pages B13–B20 tabulate GAST and the equation of the equinoxes daily at 0^h UT1. These quantities have been calculated using the IAU 2000A nutation model together with the tiny (μas level) amendments (see B55); they are expressed in time units and are based on a predicted $\Delta T = 69^s$. During 2019, an error of $\pm 1^s$ in ΔT at 0^h UT1 introduces a maximum error of $\pm 3\overset{''}{.}2 \times 10^{-6}$ or equivalently $\pm 0\overset{s}{.}21 \times 10^{-6}$, in the calculation of GAST.

Interpolation may be used to obtain the equation of the equinoxes for another instant, or if full precision is required.

Relationships between origins

The difference between the CIO and true equinox of date is called the equation of the origins

$$E_o(T) = \theta - \text{GAST}$$

while the difference between the true and mean equinox is called the equation of the equinoxes and is given by

$$E_e(T) = \text{GAST} - \text{GMST}$$

The following schematic diagram shows the relationship between the "zero longitude" defined by the terrestrial intermediate origin, the true equinox and the celestial intermediate origin.

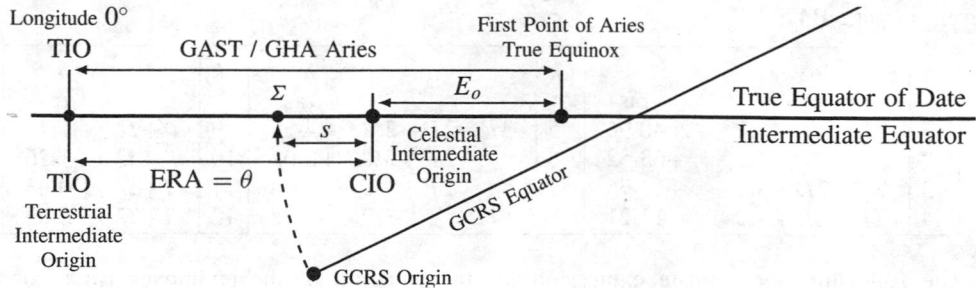

The diagram illustrates that the origin of Greenwich hour angle, the terrestrial intermediate origin (TIO), may be obtained from either Greenwich apparent sidereal time (GAST) or Earth rotation angle (ERA). The quantity s, the CIO locator, positions the GCRS origin (Σ) on the equator (see page B47). Note that the planes of intermediate equator and the true equator of date (the pole of which is the celestial intermediate pole) are identical.

Relationships between origins (continued)

Equation of the origins

The equation of the origins (E_o), the angular difference between the origin of intermediate right ascension (the CIO) and the origin of equinox right ascension (the true equinox) is defined to be

$$E_o(T) = \theta - \mathrm{GAST} = s - \tan^{-1} \frac{\mathbf{M_j} \cdot \mathscr{R}_{\Sigma_i}}{\mathbf{M_i} \cdot \mathscr{R}_{\Sigma_i}}$$

where s is the CIO locator (see page B47). $\mathbf{M_i}$, and $\mathbf{M_j}$ are vectors formed from the top and middle rows of $\mathbf{M}$ (see page B50) which transforms positions from the GCRS to the equator and equinox of date, while the vector $\mathscr{R}_{\Sigma_i}$ which is formed from the top row of $\mathscr{R}_{\Sigma}$ is given on page B49. The symbol · denotes the scalar or dot product of the two vectors.

Alternatively,

$$E_o(T) = -(\mathrm{GMST}_P(T) + E_e(T))$$

where GMST_P is the polynomial part of the Greenwich mean sidereal time formulae (see page B8), and E_e is the equation of the equinoxes given below. E_o is tabulated with the Earth rotation angle (θ) on pages B21–B24, and is calculated in the sense

$$E_o = \theta - \mathrm{GAST} = \alpha_i - \alpha_e$$

and therefore
$$\alpha_i = E_o + \alpha_e$$

Thus, given an apparent right ascension (α_e) and the equation of the origins, the intermediate right ascension (α_i) may be calculated so that it can be used with the Earth rotation angle (θ) to form an hour angle.

Equation of the equinoxes

The equation of the equinoxes (E_e) is the difference between Greenwich apparent (GAST) and mean (GMST) sidereal time.

$$E_e(T) = \mathrm{GAST} - \mathrm{GMST}$$

which can be expressed, less precisely, in series form as

$$= \Delta\psi \cos\epsilon_A + \sum_k S_k \sin A_k - 0\rlap{.}''87 \times 10^{-6} T \sin\Omega$$

GAST and GMST are given on pages B9 and B8, respectively. $\Delta\psi$ is the total nutation in longitude (in seconds of arc) and ϵ_A is the mean obliquity of the ecliptic (see pages B55 and B52, respectively). The coefficients (S_k) are in seconds of arc in the above equation; they are given below (in μas) for all terms exceeding 0.5μas during 1975-2025. This series expression is accurate to $\pm 0\rlap{.}''3 \times 10^{-5}$ during this period. The arguments (A_k) l, l', F, D, and Ω are given on page B47.

k	A_k	S_k μas	k	A_k	S_k μas	k	A_k	S_k μas
1	Ω	+2640·96	5	$2F-2D+2\Omega$	−4·55	9	$l'+\Omega$	−1·41
2	2Ω	+63·52	6	$2F+3\Omega$	+2·02	10	$l'-\Omega$	−1·26
3	$2F-2D+3\Omega$	+11·75	7	$2F+\Omega$	+1·98	11	$l+\Omega$	−0·63
4	$2F-2D+\Omega$	+11·21	8	3Ω	−1·72	12	$l-\Omega$	−0·63

The following approximate expression for the equation of the equinoxes (in seconds), incorporates the two largest terms, and is accurate to better than $2^s \times 10^{-6}$ assuming $\Delta\psi$ and ϵ_A are supplied with sufficient accuracy.

$$E_e^s = \tfrac{1}{15}\left(\Delta\psi \cos\epsilon_A + 0\rlap{.}''002\,64 \sin\Omega + 0\rlap{.}''000\,06 \sin 2\Omega\right)$$

During 2019, $\Omega = 117°\!\!.62 - 0°\!\!.052\,953\,74\,d$, and d is the day of the year and fraction of day (see page D2).

Relationships between local time and hour angle

The local hour angle of an object is the angle between two planes: the plane containing the geocentre, the CIP, and the observer; and the plane containing the geocentre, the CIP, and the object. Hour angle increases with time and is positive when the object is west of the observer as viewed from the geocentre. The plane defining the astronomical zero ("Greenwich") meridian (from which Greenwich hour angles are measured) contains the geocentre, the CIP, and the TIO; there, the observer's longitude λ (not λ_{ITRS}) = 0. This plane is called the TIO meridian and it is a fundamental plane of the Terrestrial Intermediate Reference System.

The following general relationships are used to relate the right ascensions of celestial objects to locations on the Earth and universal time (UT1):

local mean solar time = universal time + east longitude
local hour angle (h) = Greenwich hour angle (H) + east longitude (λ)

Equinox-based
local mean sidereal time = Greenwich mean sidereal time + east longitude
local apparent sidereal time = local mean sidereal time + equation of equinoxes
= Greenwich apparent sidereal time + east longitude
Greenwich hour angle = Greenwich apparent sidereal time − apparent right ascension
local hour angle = local apparent sidereal time − apparent right ascension

CIO-based
Greenwich hour angle = Earth rotation angle − intermediate right ascension
local hour angle = Earth rotation angle − intermediate right ascension
+ east longitude
= Earth rotation angle − equation of origins
− apparent right ascension + east longitude

Note: ensure that the units of all quantities used are compatible.

Alternatively, use the rotation matrix $\mathbf{R}_3$ (see page K19) to rotate the equator and equinox of date system or the Celestial Intermediate Reference System about the z-axis (CIP) to the terrestrial system, resulting in either the TIO meridian and hour angle, or the local meridian and local hour angle.

Equinox-based   *CIO based*
$\mathbf{r}_e$ = position with respect to the equator and $\mathbf{r}_i$ = position with respect to the Celestial
    equinox (mean or true) of date   Intermediate Reference System
$\mathbf{r} = \mathbf{R}_3(\text{GST})\,\mathbf{r}_e$ or $\mathbf{R}_3(\text{GST} + \lambda)\,\mathbf{r}_e$ $\mathbf{r} = \mathbf{R}_3(\theta)\,\mathbf{r}_i$ or $\mathbf{R}_3(\theta + \lambda)\,\mathbf{r}_i$

depending on whether the Greenwich (H) or local (h) hour angle is required, and then

$$H \text{ or } h = \tan^{-1}(-\mathbf{r}_y/\mathbf{r}_x) \qquad \text{positive to the west,}$$

and $\mathbf{r}_x$, $\mathbf{r}_y$ are components of $\mathbf{r}$ (see page K18). GST is the Greenwich mean (GMST) or apparent (GAST) sidereal time, as appropriate, and θ is the Earth rotation angle. Greenwich apparent and mean sidereal times, and the equation of the equinoxes are tabulated on pages B13–B20, while Earth rotation angle and equation of the origins are tabulated on pages B21–B24. Both tables are tabulated daily at 0^h UT1.

The relationships above, which result in a position with respect to the Terrestrial Intermediate Reference System (see page B26 note 7), require corrections for polar motion (see page B84) when the reduction of very precise observations are made with respect to a standard geodetic system such as the International Terrestrial Reference System (ITRS). These small corrections are (i) the alignment of the terrestrial intermediate origin (TIO) onto the longitude origin (λ_{ITRS} = 0) of the ITRS, and (ii) for positioning the pole (CIP) within the ITRS.

Examples of the use of the ephemeris of universal and sidereal times

1. *Conversion of universal time to local sidereal time*

To find the local apparent sidereal time at $09^h\ 44^m\ 30^s$ UT on 2019 July 8 in longitude $80°$ $22'\ 55\rlap{.}''79$ west.

	h	m	s
Greenwich mean sidereal time on July 8 at 0^h UT (page B17)	19	02	38·9341
Add the equivalent mean sidereal time interval from 0^h to $09^h\ 44^m\ 30^s$ UT (multiply UT interval by 1·002 737 9094)	9	46	06·0185
Greenwich mean sidereal time at required UT:	4	48	44·9526
Add equation of equinoxes, interpolated using second-order differences to approximate UT $= 0\rlap{.}^d41$			−0·9647
Greenwich apparent sidereal time:	4	48	43·9879
Subtract west longitude (add east longitude)	5	21	31·7193
Local apparent sidereal time:	23	27	12·2686

The calculation for local mean sidereal time is similar, but omit the step which allows for the equation of the equinoxes.

2. *Conversion of local sidereal time to universal time*

To find the universal time at $23^h\ 27^m\ 12\rlap{.}^s2686$ local apparent sidereal time on 2019 July 8 in longitude $80°\ 22'\ 55\rlap{.}''79$ west.

	h	m	s
Local apparent sidereal time:	23	27	12·2686
Add west longitude (subtract east longitude)	5	21	31·7193
Greenwich apparent sidereal time:	4	48	43·9879
Subtract equation of equinoxes, interpolated using second-order differences to approximate UT $= 0\rlap{.}^d41$			−0·9647
Greenwich mean sidereal time:	4	48	44·9526
Subtract Greenwich mean sidereal time at 0^h UT	19	02	38·9341
Mean sidereal time interval from 0^h UT:	9	46	06·0185
Equivalent UT interval (multiply mean sidereal time interval by 0·997 269 5663)	9	44	30·0000

The conversion of mean sidereal time to universal time is carried out by a similar procedure; omit the step which allows for the equation of the equinoxes.

Date 0ʰ UT1		Julian Date	G. SIDEREAL TIME (GHA of the Equinox)		Equation of Equinoxes at 0ʰ UT1	GSD at 0ʰ GMST	UT1 at 0ʰ GMST (Greenwich Transit of the Mean Equinox)			
			Apparent	Mean						
		245	h m s	s	s	246			h m s	
Jan.	0	8483·5	6 37 29·0471	29·9695	− 0·9224	5216·0	Jan.	0	17 19 39·2418	
	1	8484·5	6 41 25·6020	26·5248	− 0·9228	5217·0		1	17 15 43·3323	
	2	8485·5	6 45 22·1594	23·0802	− 0·9208	5218·0		2	17 11 47·4229	
	3	8486·5	6 49 18·7190	19·6356	− 0·9166	5219·0		3	17 07 51·5134	
	4	8487·5	6 53 15·2803	16·1909	− 0·9107	5220·0		4	17 03 55·6039	
	5	8488·5	6 57 11·8425	12·7463	− 0·9039	5221·0		5	16 59 59·6945	
	6	8489·5	7 01 08·4046	09·3017	− 0·8971	5222·0		6	16 56 03·7850	
	7	8490·5	7 05 04·9658	05·8571	− 0·8912	5223·0		7	16 52 07·8755	
	8	8491·5	7 09 01·5255	02·4124	0·8870	5224·0		8	16 48 11·9661	
	9	8492·5	7 12 58·0830	58·9678	− 0·8848	5225·0		9	16 44 16·0566	
	10	8493·5	7 16 54·6385	55·5232	− 0·8847	5226·0		10	16 40 20·1471	
	11	8494·5	7 20 51·1919	52·0785	− 0·8866	5227·0		11	16 36 24·2377	
	12	8495·5	7 24 47·7439	48·6339	− 0·8900	5228·0		12	16 32 28·3282	
	13	8496·5	7 28 44·2952	45·1893	− 0·8941	5229·0		13	16 28 32·4187	
	14	8497·5	7 32 40·8465	41·7446	− 0·8981	5230·0		14	16 24 36·5092	
	15	8498·5	7 36 37·3991	38·3000	− 0·9009	5231·0		15	16 20 40·5998	
	16	8499·5	7 40 33·9537	34·8554	− 0·9017	5232·0		16	16 16 44·6903	
	17	8500·5	7 44 30·5113	31·4107	− 0·8995	5233·0		17	16 12 48·7808	
	18	8501·5	7 48 27·0720	27·9661	− 0·8941	5234·0		18	16 08 52·8714	
	19	8502·5	7 52 23·6355	24·5215	− 0·8860	5235·0		19	16 04 56·9619	
	20	8503·5	7 56 20·2004	21·0768	− 0·8764	5236·0		20	16 01 01·0524	
	21	8504·5	8 00 16·7646	17·6322	− 0·8676	5237·0		21	15 57 05·1430	
	22	8505·5	8 04 13·3262	14·1876	− 0·8614	5238·0		22	15 53 09·2335	
	23	8506·5	8 08 09·8837	10·7429	− 0·8592	5239·0		23	15 49 13·3240	
	24	8507·5	8 12 06·4374	07·2983	− 0·8609	5240·0		24	15 45 17·4145	
	25	8508·5	8 16 02·9882	03·8537	− 0·8654	5241·0		25	15 41 21·5051	
	26	8509·5	8 19 59·5381	60·4091	− 0·8709	5242·0		26	15 37 25·5956	
	27	8510·5	8 23 56·0887	56·9644	− 0·8757	5243·0		27	15 33 29·6861	
	28	8511·5	8 27 52·6411	53·5198	− 0·8787	5244·0		28	15 29 33·7767	
	29	8512·5	8 31 49·1959	50·0752	− 0·8793	5245·0		29	15 25 37·8672	
	30	8513·5	8 35 45·7529	46·6305	− 0·8776	5246·0		30	15 21 41·9577	
	31	8514·5	8 39 42·3117	43·1859	− 0·8742	5247·0		31	15 17 46·0483	
Feb.	1	8515·5	8 43 38·8715	39·7413	− 0·8697	5248·0	Feb.	1	15 13 50·1388	
	2	8516·5	8 47 35·4314	36·2966	− 0·8652	5249·0		2	15 09 54·2293	
	3	8517·5	8 51 31·9905	32·8520	− 0·8615	5250·0		3	15 05 58·3198	
	4	8518·5	8 55 28·5482	29·4074	− 0·8592	5251·0		4	15 02 02·4104	
	5	8519·5	8 59 25·1038	25·9627	− 0·8589	5252·0		5	14 58 06·5009	
	6	8520·5	9 03 21·6573	22·5181	− 0·8608	5253·0		6	14 54 10·5914	
	7	8521·5	9 07 18·2087	19·0735	− 0·8647	5254·0		7	14 50 14·6820	
	8	8522·5	9 11 14·7585	15·6288	− 0·8704	5255·0		8	14 46 18·7725	
	9	8523·5	9 15 11·3073	12·1842	− 0·8770	5256·0		9	14 42 22·8630	
	10	8524·5	9 19 07·8559	08·7396	− 0·8837	5257·0		10	14 38 26·9536	
	11	8525·5	9 23 04·4053	05·2949	− 0·8896	5258·0		11	14 34 31·0441	
	12	8526·5	9 27 00·9565	01·8503	− 0·8938	5259·0		12	14 30 35·1346	
	13	8527·5	9 30 57·5102	58·4057	− 0·8955	5260·0		13	14 26 39·2252	
	14	8528·5	9 34 54·0667	54·9611	− 0·8943	5261·0		14	14 22 43·3157	
	15	8529·5	9 38 50·6260	51·5164	− 0·8904	5262·0		15	14 18 47·4062	

Date 0ʰ UT1	Julian Date	G. SIDEREAL TIME (GHA of the Equinox)		Equation of Equinoxes at 0ʰ UT1	GSD at 0ʰ GMST	UT1 at 0ʰ GMST (Greenwich Transit of the Mean Equinox)
		Apparent	Mean			
	245	h m s	s	s	**246**	h m s
Feb. 15	**8529·5**	9 38 50·6260	51·5164	− 0·8904	**5262·0**	Feb. 15 14 18 47·4062
16	**8530·5**	9 42 47·1872	48·0718	− 0·8845	**5263·0**	16 14 14 51·4967
17	**8531·5**	9 46 43·7489	44·6272	− 0·8783	**5264·0**	17 14 10 55·5873
18	**8532·5**	9 50 40·3090	41·1825	− 0·8736	**5265·0**	18 14 06 59·6778
19	**8533·5**	9 54 36·8658	37·7379	− 0·8721	**5266·0**	19 14 03 03·7683
20	**8534·5**	9 58 33·4186	34·2933	− 0·8747	**5267·0**	20 13 59 07·8589
21	**8535·5**	10 02 29·9678	30·8486	− 0·8808	**5268·0**	21 13 55 11·9494
22	**8536·5**	10 06 26·5152	27·4040	− 0·8888	**5269·0**	22 13 51 16·0399
23	**8537·5**	10 10 23·0626	23·9594	− 0·8968	**5270·0**	23 13 47 20·1305
24	**8538·5**	10 14 19·6117	20·5147	− 0·9030	**5271·0**	24 13 43 24·2210
25	**8539·5**	10 18 16·1633	17·0701	− 0·9068	**5272·0**	25 13 39 28·3115
26	**8540·5**	10 22 12·7174	13·6255	− 0·9081	**5273·0**	26 13 35 32·4020
27	**8541·5**	10 26 09·2735	10·1808	− 0·9073	**5274·0**	27 13 31 36·4926
28	**8542·5**	10 30 05·8309	06·7362	− 0·9053	**5275·0**	28 13 27 40·5831
Mar. 1	**8543·5**	10 34 02·3885	03·2916	− 0·9031	**5276·0**	Mar. 1 13 23 44·6736
2	**8544·5**	10 37 58·9455	59·8469	− 0·9014	**5277·0**	2 13 19 48·7642
3	**8545·5**	10 41 55·5012	56·4023	− 0·9011	**5278·0**	3 13 15 52·8547
4	**8546·5**	10 45 52·0550	52·9577	− 0·9026	**5279·0**	4 13 11 56·9452
5	**8547·5**	10 49 48·6068	49·5130	− 0·9063	**5280·0**	5 13 08 01·0358
6	**8548·5**	10 53 45·1564	46·0684	− 0·9120	**5281·0**	6 13 04 05·1263
7	**8549·5**	10 57 41·7043	42·6238	− 0·9195	**5282·0**	7 13 00 09·2168
8	**8550·5**	11 01 38·2510	39·1792	− 0·9281	**5283·0**	8 12 56 13·3074
9	**8551·5**	11 05 34·7975	35·7345	− 0·9370	**5284·0**	9 12 52 17·3979
10	**8552·5**	11 09 31·3447	32·2899	− 0·9452	**5285·0**	10 12 48 21·4884
11	**8553·5**	11 13 27·8934	28·8453	− 0·9519	**5286·0**	11 12 44 25·5789
12	**8554·5**	11 17 24·4444	25·4006	− 0·9562	**5287·0**	12 12 40 29·6695
13	**8555·5**	11 21 20·9982	21·9560	− 0·9578	**5288·0**	13 12 36 33·7600
14	**8556·5**	11 25 17·5547	18·5114	− 0·9567	**5289·0**	14 12 32 37·8505
15	**8557·5**	11 29 14·1133	15·0667	− 0·9535	**5290·0**	15 12 28 41·9411
16	**8558·5**	11 33 10·6727	11·6221	− 0·9494	**5291·0**	16 12 24 46·0316
17	**8559·5**	11 37 07·2315	08·1775	− 0·9460	**5292·0**	17 12 20 50·1221
18	**8560·5**	11 41 03·7879	04·7328	− 0·9449	**5293·0**	18 12 16 54·2127
19	**8561·5**	11 45 00·3409	01·2882	− 0·9473	**5294·0**	19 12 12 58·3032
20	**8562·5**	11 48 56·8902	57·8436	− 0·9533	**5295·0**	20 12 09 02·3937
21	**8563·5**	11 52 53·4370	54·3989	− 0·9620	**5296·0**	21 12 05 06·4842
22	**8564·5**	11 56 49·9830	50·9543	− 0·9714	**5297·0**	22 12 01 10·5748
23	**8565·5**	12 00 46·5301	47·5097	− 0·9796	**5298·0**	23 11 57 14·6653
24	**8566·5**	12 04 43·0798	44·0650	− 0·9853	**5299·0**	24 11 53 18·7558
25	**8567·5**	12 08 39·6323	40·6204	− 0·9881	**5300·0**	25 11 49 22·8464
26	**8568·5**	12 12 36·1874	37·1758	− 0·9884	**5301·0**	26 11 45 26·9369
27	**8569·5**	12 16 32·7442	33·7312	− 0·9869	**5302·0**	27 11 41 31·0274
28	**8570·5**	12 20 29·3016	30·2865	− 0·9849	**5303·0**	28 11 37 35·1180
29	**8571·5**	12 24 25·8587	26·8419	− 0·9832	**5304·0**	29 11 33 39·2085
30	**8572·5**	12 28 22·4145	23·3973	− 0·9827	**5305·0**	30 11 29 43·2990
31	**8573·5**	12 32 18·9687	19·9526	− 0·9840	**5306·0**	31 11 25 47·3896
Apr. 1	**8574·5**	12 36 15·5208	16·5080	− 0·9872	**5307·0**	Apr. 1 11 21 51·4801
2	**8575·5**	12 40 12·0708	13·0634	− 0·9926	**5308·0**	2 11 17 55·5706

Date 0^h UT1	Julian Date	G. SIDEREAL TIME (GHA of the Equinox) Apparent	Mean	Equation of Equinoxes at 0^h UT1	GSD at 0^h GMST	UT1 at 0^h GMST (Greenwich Transit of the Mean Equinox)
	245	h m s	s	s	246	h m s
Apr. 1	8574·5	12 36 15·5208	16·5080	−0·9872	5307·0	Apr. 1 11 21 51·4801
2	8575·5	12 40 12·0708	13·0634	−0·9926	5308·0	2 11 17 55·5706
3	8576·5	12 44 08·6190	09·6187	−0·9997	5309·0	3 11 13 59·6611
4	8577·5	12 48 05·1660	06·1741	−1·0081	5310·0	4 11 10 03·7517
5	8578·5	12 52 01·7125	02·7295	−1·0170	5311·0	5 11 06 07·8422
6	8579·5	12 55 58·2595	59·2848	−1·0253	5312·0	6 11 02 11·9327
7	8580·5	12 59 54·8081	55·8402	−1·0321	5313·0	7 10 58 16·0233
8	8581·5	13 03 51·3589	52·3956	−1·0367	5314·0	8 10 54 20·1138
9	8582·5	13 07 47·9126	48·9509	−1·0384	5315·0	9 10 50 24·2043
10	8583·5	13 11 44·4690	45·5063	−1·0373	5316·0	10 10 46 28·2949
11	8584·5	13 15 41·0277	42·0617	−1·0340	5317·0	11 10 42 32·3854
12	8585·5	13 19 37·5875	38·6170	−1·0296	5318·0	12 10 38 36·4759
13	8586·5	13 23 34·1470	35·1724	−1·0254	5319·0	13 10 34 40·5664
14	8587·5	13 27 30·7047	31·7278	−1·0231	5320·0	14 10 30 44·6570
15	8588·5	13 31 27·2595	28·2832	−1·0237	5321·0	15 10 26 48·7475
16	8589·5	13 35 23·8109	24·8385	−1·0276	5322·0	16 10 22 52·8380
17	8590·5	13 39 20·3595	21·3939	−1·0344	5323·0	17 10 18 56·9286
18	8591·5	13 43 16·9067	17·9493	−1·0425	5324·0	18 10 15 01·0191
19	8592·5	13 47 13·4544	14·5046	−1·0502	5325·0	19 10 11 05·1096
20	8593·5	13 51 10·0041	11·0600	−1·0559	5326·0	20 10 07 09·2002
21	8594·5	13 55 06·5569	07·6154	−1·0585	5327·0	21 10 03 13·2907
22	8595·5	13 59 03·1127	04·1707	−1·0581	5328·0	22 9 59 17·3812
23	8596·5	14 02 59·6707	60·7261	−1·0554	5329·0	23 9 55 21·4717
24	8597·5	14 06 56·2300	57·2815	−1·0515	5330·0	24 9 51 25·5623
25	8598·5	14 10 52·7893	53·8368	−1·0476	5331·0	25 9 47 29·6528
26	8599·5	14 14 49·3476	50·3922	−1·0446	5332·0	26 9 43 33·7433
27	8600·5	14 18 45·9043	46·9476	−1·0433	5333·0	27 9 39 37·8339
28	8601·5	14 22 42·4589	43·5029	−1·0440	5334·0	28 9 35 41·9244
29	8602·5	14 26 39·0115	40·0583	−1·0468	5335·0	29 9 31 46·0149
30	8603·5	14 30 35·5621	36·6137	−1·0515	5336·0	30 9 27 50·1055
May 1	8604·5	14 34 32·1114	33·1690	−1·0577	5337·0	May 1 9 23 54·1960
2	8605·5	14 38 28·6599	29·7244	−1·0645	5338·0	2 9 19 58·2865
3	8606·5	14 42 25·2087	26·2798	−1·0711	5339·0	3 9 16 02·3771
4	8607·5	14 46 21·7587	22·8352	−1·0764	5340·0	4 9 12 06·4676
5	8608·5	14 50 18·3110	19·3905	−1·0796	5341·0	5 9 08 10·5581
6	8609·5	14 54 14·8661	15·9459	−1·0798	5342·0	6 9 04 14·6486
7	8610·5	14 58 11·4242	12·5013	−1·0770	5343·0	7 9 00 18·7392
8	8611·5	15 02 07·9849	09·0566	−1·0717	5344·0	8 8 56 22·8297
9	8612·5	15 06 04·5470	05·6120	−1·0650	5345·0	9 8 52 26·9202
10	8613·5	15 10 01·1091	02·1674	−1·0583	5346·0	10 8 48 31·0108
11	8614·5	15 13 57·6696	58·7227	−1·0531	5347·0	11 8 44 35·1013
12	8615·5	15 17 54·2273	55·2781	−1·0508	5348·0	12 8 40 39·1918
13	8616·5	15 21 50·7818	51·8335	−1·0517	5349·0	13 8 36 43·2824
14	8617·5	15 25 47·3333	48·3888	−1·0555	5350·0	14 8 32 47·3729
15	8618·5	15 29 43·8831	44·9442	−1·0611	5351·0	15 8 28 51·4634
16	8619·5	15 33 40·4327	41·4996	−1·0668	5352·0	16 8 24 55·5539
17	8620·5	15 37 36·9839	38·0549	−1·0710	5353·0	17 8 20 59·6445

Date 0ʰ UT1	Julian Date	G. SIDEREAL TIME (GHA of the Equinox) Apparent	Mean	Equation of Equinoxes at 0ʰ UT1	GSD at 0ʰ GMST	UT1 at 0ʰ GMST (Greenwich Transit of the Mean Equinox)
	245	h m s	s	s	246	h m s
May 17	8620·5	15 37 36·9839	38·0549	−1·0710	5353·0	May 17 8 20 59·6445
18	8621·5	15 41 33·5377	34·6103	−1·0726	5354·0	18 8 17 03·7350
19	8622·5	15 45 30·0947	31·1657	−1·0710	5355·0	19 8 13 07·8255
20	8623·5	15 49 26·6543	27·7210	−1·0668	5356·0	20 8 09 11·9161
21	8624·5	15 53 23·2157	24·2764	−1·0607	5357·0	21 8 05 16·0066
22	8625·5	15 57 19·7776	20·8318	−1·0542	5358·0	22 8 01 20·0971
23	8626·5	16 01 16·3389	17·3872	−1·0482	5359·0	23 7 57 24·1877
24	8627·5	16 05 12·8988	13·9425	−1·0438	5360·0	24 7 53 28·2782
25	8628·5	16 09 09·4566	10·4979	−1·0413	5361·0	25 7 49 32·3687
26	8629·5	16 13 06·0121	07·0533	−1·0411	5362·0	26 7 45 36·4593
27	8630·5	16 17 02·5657	03·6086	−1·0430	5363·0	27 7 41 40·5498
28	8631·5	16 20 59·1175	60·1640	−1·0465	5364·0	28 7 37 44·6403
29	8632·5	16 24 55·6684	56·7194	−1·0509	5365·0	29 7 33 48·7308
30	8633·5	16 28 52·2192	53·2747	−1·0556	5366·0	30 7 29 52·8214
31	8634·5	16 32 48·7708	49·8301	−1·0593	5367·0	31 7 25 56·9119
June 1	8635·5	16 36 45·3243	46·3855	−1·0612	5368·0	June 1 7 22 01·0024
2	8636·5	16 40 41·8805	42·9408	−1·0604	5369·0	2 7 18 05·0930
3	8637·5	16 44 38·4398	39·4962	−1·0564	5370·0	3 7 14 09·1835
4	8638·5	16 48 35·0021	36·0516	−1·0495	5371·0	4 7 10 13·2740
5	8639·5	16 52 31·5663	32·6069	−1·0407	5372·0	5 7 06 17·3646
6	8640·5	16 56 28·1309	29·1623	−1·0314	5373·0	6 7 02 21·4551
7	8641·5	17 00 24·6941	25·7177	−1·0236	5374·0	7 6 58 25·5456
8	8642·5	17 04 21·2546	22·2730	−1·0184	5375·0	8 6 54 29·6361
9	8643·5	17 08 17·8117	18·8284	−1·0167	5376·0	9 6 50 33·7267
10	8644·5	17 12 14·3655	15·3838	−1·0183	5377·0	10 6 46 37·8172
11	8645·5	17 16 10·9172	11·9392	−1·0219	5378·0	11 6 42 41·9077
12	8646·5	17 20 07·4684	08·4945	−1·0261	5379·0	12 6 38 45·9983
13	8647·5	17 24 04·0205	05·0499	−1·0294	5380·0	13 6 34 50·0888
14	8648·5	17 28 00·5749	01·6053	−1·0304	5381·0	14 6 30 54·1793
15	8649·5	17 31 57·1321	58·1606	−1·0285	5382·0	15 6 26 58·2699
16	8650·5	17 35 53·6922	54·7160	−1·0238	5383·0	16 6 23 02·3604
17	8651·5	17 39 50·2542	51·2714	−1·0171	5384·0	17 6 19 06·4509
18	8652·5	17 43 46·8172	47·8267	−1·0095	5385·0	18 6 15 10·5414
19	8653·5	17 47 43·3801	44·3821	−1·0020	5386·0	19 6 11 14·6320
20	8654·5	17 51 39·9416	40·9375	−0·9958	5387·0	20 6 07 18·7225
21	8655·5	17 55 36·5013	37·4928	−0·9916	5388·0	21 6 03 22·8130
22	8656·5	17 59 33·0586	34·0482	−0·9896	5389·0	22 5 59 26·9036
23	8657·5	18 03 29·6137	30·6036	−0·9899	5390·0	23 5 55 30·9941
24	8658·5	18 07 26·1669	27·1589	−0·9920	5391·0	24 5 51 35·0846
25	8659·5	18 11 22·7188	23·7143	−0·9955	5392·0	25 5 47 39·1752
26	8660·5	18 15 19·2702	20·2697	−0·9995	5393·0	26 5 43 43·2657
27	8661·5	18 19 15·8220	16·8250	−1·0031	5394·0	27 5 39 47·3562
28	8662·5	18 23 12·3752	13·3804	−1·0052	5395·0	28 5 35 51·4468
29	8663·5	18 27 08·9307	09·9358	−1·0051	5396·0	29 5 31 55·5373
30	8664·5	18 31 05·4892	06·4912	−1·0020	5397·0	30 5 27 59·6278
July 1	8665·5	18 35 02·0507	03·0465	−0·9958	5398·0	July 1 5 24 03·7183
2	8666·5	18 38 58·6148	59·6019	−0·9871	5399·0	2 5 20 07·8089

Date 0^h UT1	Julian Date	G. SIDEREAL TIME (GHA of the Equinox) Apparent	Mean	Equation of Equinoxes at 0^h UT1	GSD at 0^h GMST	UT1 at 0^h GMST (Greenwich Transit of the Mean Equinox)
	245	h m s	s	s	246	h m s
July 2	8666·5	18 38 58·6148	59·6019	−0·9871	5399·0	July 2 5 20 07·8089
3	8667·5	18 42 55·1800	56·1573	−0·9773	5400·0	3 5 16 11·8994
4	8668·5	18 46 51·7445	52·7126	−0·9682	5401·0	4 5 12 15·9899
5	8669·5	18 50 48·3064	49·2680	−0·9616	5402·0	5 5 08 20·0805
6	8670·5	18 54 44·8647	45·8234	−0·9586	5403·0	6 5 04 24·1710
7	8671·5	18 58 41·4194	42·3787	−0·9594	5404·0	7 5 00 28·2615
8	8672·5	19 02 37·9713	38·9341	−0·9628	5405·0	8 4 56 32·3521
9	8673·5	19 06 34·5221	35·4895	−0·9674	5406·0	9 4 52 36·4426
10	8674·5	19 10 31·0735	32·0448	−0·9713	5407·0	10 4 48 40·5331
11	8675·5	19 14 27·6269	28·6002	−0·9733	5408·0	11 4 44 44·6236
12	8676·5	19 18 24·1829	25·1556	−0·9727	5409·0	12 4 40 48·7142
13	8677·5	19 22 20·7415	21·7109	−0·9694	5410·0	13 4 36 52·8047
14	8678·5	19 26 17·3023	18·2663	−0·9640	5411·0	14 4 32 56·8952
15	8679·5	19 30 13·8643	14·8217	−0·9574	5412·0	15 4 29 00·9858
16	8680·5	19 34 10·4263	11·3770	−0·9507	5413·0	16 4 25 05·0763
17	8681·5	19 38 06·9874	07·9324	−0·9450	5414·0	17 4 21 09·1668
18	8682·5	19 42 03·5467	04·4878	−0·9411	5415·0	18 4 17 13·2574
19	8683·5	19 46 00·1037	01·0432	−0·9394	5416·0	19 4 13 17·3479
20	8684·5	19 49 56·6584	57·5985	−0·9401	5417·0	20 4 09 21·4384
21	8685·5	19 53 53·2110	54·1539	−0·9429	5418·0	21 4 05 25·5289
22	8686·5	19 57 49·7620	50·7093	−0·9472	5419·0	22 4 01 29·6195
23	8687·5	20 01 46·3122	47·2646	−0·9524	5420·0	23 3 57 33·7100
24	8688·5	20 05 42·8625	43·8200	−0·9575	5421·0	24 3 53 37·8005
25	8689·5	20 09 39·4137	40·3754	−0·9616	5422·0	25 3 49 41·8911
26	8690·5	20 13 35·9668	36·9307	−0·9639	5423·0	26 3 45 45·9816
27	8691·5	20 17 32·5225	33·4861	−0·9636	5424·0	27 3 41 50·0721
28	8692·5	20 21 29·0811	30·0415	−0·9603	5425·0	28 3 37 54·1627
29	8693·5	20 25 25·6425	26·5968	−0·9543	5426·0	29 3 33 58·2532
30	8694·5	20 29 22·2057	23·1522	−0·9465	5427·0	30 3 30 02·3437
31	8695·5	20 33 18·7691	19·7076	−0·9385	5428·0	31 3 26 06·4343
Aug. 1	8696·5	20 37 15·3308	16·2629	−0·9322	5429·0	Aug. 1 3 22 10·5248
2	8697·5	20 41 11·8891	12·8183	−0·9292	5430·0	2 3 18 14·6153
3	8698·5	20 45 08·4433	09·3737	−0·9303	5431·0	3 3 14 18·7058
4	8699·5	20 49 04·9942	05·9290	−0·9349	5432·0	4 3 10 22·7964
5	8700·5	20 53 01·5432	02·4844	−0·9412	5433·0	5 3 06 26·8869
6	8701·5	20 56 58·0923	59·0398	−0·9475	5434·0	6 3 02 30·9774
7	8702·5	21 00 54·6431	55·5951	−0·9520	5435·0	7 2 58 35·0680
8	8703·5	21 04 51·1965	52·1505	−0·9540	5436·0	8 2 54 39·1585
9	8704·5	21 08 47·7526	48·7059	−0·9533	5437·0	9 2 50 43·2490
10	8705·5	21 12 44·3109	45·2613	−0·9503	5438·0	10 2 46 47·3396
11	8706·5	21 16 40·8705	41·8166	−0·9461	5439·0	11 2 42 51·4301
12	8707·5	21 20 37·4304	38·3720	−0·9416	5440·0	12 2 38 55·5206
13	8708·5	21 24 33·9895	34·9274	−0·9378	5441·0	13 2 34 59·6111
14	8709·5	21 28 30·5470	31·4827	−0·9357	5442·0	14 2 31 03·7017
15	8710·5	21 32 27·1024	28·0381	−0·9357	5443·0	15 2 27 07·7922
16	8711·5	21 36 23·6554	24·5935	−0·9380	5444·0	16 2 23 11·8827
17	8712·5	21 40 20·2063	21·1488	−0·9426	5445·0	17 2 19 15·9733

Date 0ʰ UT1	Julian Date	G. SIDEREAL TIME (GHA of the Equinox) Apparent		Mean	Equation of Equinoxes at 0ʰ UT1	GSD at 0ʰ GMST	UT1 at 0ʰ GMST (Greenwich Transit of the Mean Equinox)			
	245	h	m	s	s	s	246		h	m s
Aug. 17	8712·5	21	40	20·2063	21·1488	− 0·9426	5445·0	Aug. 17	2	19 15·9733
18	8713·5	21	44	16·7554	17·7042	− 0·9488	5446·0	18	2	15 20·0638
19	8714·5	21	48	13·3034	14·2596	− 0·9562	5447·0	19	2	11 24·1543
20	8715·5	21	52	09·8513	10·8149	− 0·9637	5448·0	20	2	07 28·2449
21	8716·5	21	56	06·3999	07·3703	− 0·9704	5449·0	21	2	03 32·3354
22	8717·5	22	00	02·9500	03·9257	− 0·9756	5450·0	22	1	59 36·4259
23	8718·5	22	03	59·5025	60·4810	− 0·9786	5451·0	23	1	55 40·5165
24	8719·5	22	07	56·0576	57·0364	− 0·9788	5452·0	24	1	51 44·6070
25	8720·5	22	11	52·6154	53·5918	− 0·9764	5453·0	25	1	47 48·6975
26	8721·5	22	15	49·1753	50·1471	− 0·9719	5454·0	26	1	43 52·7880
27	8722·5	22	19	45·7362	46·7025	− 0·9663	5455·0	27	1	39 56·8786
28	8723·5	22	23	42·2963	43·2579	− 0·9616	5456·0	28	1	36 00·9691
29	8724·5	22	27	38·8540	39·8133	− 0·9593	5457·0	29	1	32 05·0596
30	8725·5	22	31	35·4079	36·3686	− 0·9608	5458·0	30	1	28 09·1502
31	8726·5	22	35	31·9579	32·9240	− 0·9661	5459·0	31	1	24 13·2407
Sept. 1	8727·5	22	39	28·5052	29·4794	− 0·9742	5460·0	Sept. 1	1	20 17·3312
2	8728·5	22	43	25·0518	26·0347	− 0·9829	5461·0	2	1	16 21·4218
3	8729·5	22	47	21·5998	22·5901	− 0·9903	5462·0	3	1	12 25·5123
4	8730·5	22	51	18·1505	19·1455	− 0·9950	5463·0	4	1	08 29·6028
5	8731·5	22	55	14·7041	15·7008	− 0·9968	5464·0	5	1	04 33·6933
6	8732·5	22	59	11·2602	12·2562	− 0·9960	5465·0	6	1	00 37·7839
7	8733·5	23	03	07·8179	08·8116	− 0·9937	5466·0	7	0	56 41·8744
8	8734·5	23	07	04·3760	05·3669	− 0·9909	5467·0	8	0	52 45·9649
9	8735·5	23	11	00·9336	01·9223	− 0·9887	5468·0	9	0	48 50·0555
10	8736·5	23	14	57·4898	58·4777	− 0·9879	5469·0	10	0	44 54·1460
11	8737·5	23	18	54·0439	55·0330	− 0·9892	5470·0	11	0	40 58·2365
12	8738·5	23	22	50·5957	51·5884	− 0·9927	5471·0	12	0	37 02·3271
13	8739·5	23	26	47·1453	48·1438	− 0·9985	5472·0	13	0	33 06·4176
14	8740·5	23	30	43·6931	44·6991	− 1·0061	5473·0	14	0	29 10·5081
15	8741·5	23	34	40·2397	41·2545	− 1·0148	5474·0	15	0	25 14·5986
16	8742·5	23	38	36·7860	37·8099	− 1·0239	5475·0	16	0	21 18·6892
17	8743·5	23	42	33·3328	34·3653	− 1·0324	5476·0	17	0	17 22·7797
18	8744·5	23	46	29·8811	30·9206	− 1·0395	5477·0	18	0	13 26·8702
19	8745·5	23	50	26·4315	27·4760	− 1·0445	5478·0	19	0	09 30·9608
20	8746·5	23	54	22·9845	24·0314	− 1·0469	5479·0	20	0	05 35·0513
21	8747·5	23	58	19·5401	20·5867	− 1·0466	5480·0	21	0	01 39·1418
							5481·0	21	23	57 43·2324
22	8748·5	0	02	16·0979	17·1421	− 1·0442	5482·0	22	23	53 47·3229
23	8749·5	0	06	12·6570	13·6975	− 1·0404	5483·0	23	23	49 51·4134
24	8750·5	0	10	09·2161	10·2528	− 1·0367	5484·0	24	23	45 55·5040
25	8751·5	0	14	05·7736	06·8082	− 1·0346	5485·0	25	23	41 59·5945
26	8752·5	0	18	02·3280	03·3636	− 1·0356	5486·0	26	23	38 03·6850
27	8753·5	0	21	58·8787	59·9189	− 1·0402	5487·0	27	23	34 07·7755
28	8754·5	0	25	55·4263	56·4743	− 1·0480	5488·0	28	23	30 11·8661
29	8755·5	0	29	51·9723	53·0297	− 1·0574	5489·0	29	23	26 15·9566
30	8756·5	0	33	48·5189	49·5850	− 1·0661	5490·0	30	23	22 20·0471
Oct. 1	8757·5	0	37	45·0679	46·1404	− 1·0725	5491·0	Oct. 1	23	18 24·1377

Date 0ʰ UT1		Julian Date	G. SIDEREAL TIME (GHA of the Equinox)		Equation of Equinoxes at 0ʰ UT1	GSD at 0ʰ GMST	UT1 at 0ʰ GMST (Greenwich Transit of the Mean Equinox)			
			Apparent	Mean						
		245	h m s	s	s	**246**			h m s	
Oct.	1	**8757·5**	0 37 45·0679	46·1404	$-1·0725$	**5491·0**	Oct.	1	23 18	24·1377
	2	**8758·5**	0 41 41·6202	42·6958	$-1·0756$	**5492·0**		2	23 14	28·2282
	3	**8759·5**	0 45 38·1756	39·2511	$-1·0755$	**5493·0**		3	23 10	32·3187
	4	**8760·5**	0 49 34·7332	35·8065	$-1·0733$	**5494·0**		4	23 06	36·4093
	5	**8761·5**	0 53 31·2917	32·3619	$-1·0702$	**5495·0**		5	23 02	40·4998
	6	**8762·5**	0 57 27·8499	28·9173	$-1·0674$	**5496·0**		6	22 58	44·5903
	7	**8763·5**	1 01 24·4067	25·4726	$-1·0659$	**5497·0**		7	22 54	48·6808
	8	**8764·5**	1 05 20·9616	22·0280	$-1·0664$	**5498·0**		8	22 50	52·7714
	9	**8765·5**	1 09 17·5142	18·5834	$-1·0691$	**5499·0**		9	22 46	56·8619
	10	**8766·5**	1 13 14·0647	15·1387	$-1·0740$	**5500·0**		10	22 43	00·9524
	11	**8767·5**	1 17 10·6132	11·6941	$-1·0809$	**5501·0**		11	22 39	05·0430
	12	**8768·5**	1 21 07·1605	08·2495	$-1·0890$	**5502·0**		12	22 35	09·1335
	13	**8769·5**	1 25 03·7072	04·8048	$-1·0976$	**5503·0**		13	22 31	13·2240
	14	**8770·5**	1 29 00·2544	01·3602	$-1·1058$	**5504·0**		14	22 27	17·3146
	15	**8771·5**	1 32 56·8029	57·9156	$-1·1126$	**5505·0**		15	22 23	21·4051
	16	**8772·5**	1 36 53·3536	54·4709	$-1·1174$	**5506·0**		16	22 19	25·4956
	17	**8773·5**	1 40 49·9068	51·0263	$-1·1195$	**5507·0**		17	22 15	29·5862
	18	**8774·5**	1 44 46·4628	47·5817	$-1·1189$	**5508·0**		18	22 11	33·6767
	19	**8775·5**	1 48 43·0211	44·1370	$-1·1160$	**5509·0**		19	22 07	37·7672
	20	**8776·5**	1 52 39·5808	40·6924	$-1·1116$	**5510·0**		20	22 03	41·8577
	21	**8777·5**	1 56 36·1409	37·2478	$-1·1069$	**5511·0**		21	21 59	45·9483
	22	**8778·5**	2 00 32·6997	33·8031	$-1·1034$	**5512·0**		22	21 55	50·0388
	23	**8779·5**	2 04 29·2562	30·3585	$-1·1023$	**5513·0**		23	21 51	54·1293
	24	**8780·5**	2 08 25·8095	26·9139	$-1·1044$	**5514·0**		24	21 47	58·2199
	25	**8781·5**	2 12 22·3595	23·4693	$-1·1097$	**5515·0**		25	21 44	02·3104
	26	**8782·5**	2 16 18·9075	20·0246	$-1·1171$	**5516·0**		26	21 40	06·4009
	27	**8783·5**	2 20 15·4552	16·5800	$-1·1248$	**5517·0**		27	21 36	10·4915
	28	**8784·5**	2 24 12·0046	13·1354	$-1·1308$	**5518·0**		28	21 32	14·5820
	29	**8785·5**	2 28 08·5572	09·6907	$-1·1335$	**5519·0**		29	21 28	18·6725
	30	**8786·5**	2 32 05·1134	06·2461	$-1·1327$	**5520·0**		30	21 24	22·7630
	31	**8787·5**	2 36 01·6725	02·8015	$-1·1290$	**5521·0**		31	21 20	26·8536
Nov.	1	**8788·5**	2 39 58·2332	59·3568	$-1·1236$	**5522·0**	Nov.	1	21 16	30·9441
	2	**8789·5**	2 43 54·7941	55·9122	$-1·1181$	**5523·0**		2	21 12	35·0346
	3	**8790·5**	2 47 51·3540	52·4676	$-1·1136$	**5524·0**		3	21 08	39·1252
	4	**8791·5**	2 51 47·9120	49·0229	$-1·1109$	**5525·0**		4	21 04	43·2157
	5	**8792·5**	2 55 44·4677	45·5783	$-1·1106$	**5526·0**		5	21 00	47·3062
	6	**8793·5**	2 59 41·0211	42·1337	$-1·1126$	**5527·0**		6	20 56	51·3968
	7	**8794·5**	3 03 37·5724	38·6890	$-1·1166$	**5528·0**		7	20 52	55·4873
	8	**8795·5**	3 07 34·1223	35·2444	$-1·1221$	**5529·0**		8	20 48	59·5778
	9	**8796·5**	3 11 30·6715	31·7998	$-1·1283$	**5530·0**		9	20 45	03·6683
	10	**8797·5**	3 15 27·2208	28·3551	$-1·1343$	**5531·0**		10	20 41	07·7589
	11	**8798·5**	3 19 23·7713	24·9105	$-1·1392$	**5532·0**		11	20 37	11·8494
	12	**8799·5**	3 23 20·3238	21·4659	$-1·1421$	**5533·0**		12	20 33	15·9399
	13	**8800·5**	3 27 16·8790	18·0213	$-1·1423$	**5534·0**		13	20 29	20·0305
	14	**8801·5**	3 31 13·4369	14·5766	$-1·1397$	**5535·0**		14	20 25	24·1210
	15	**8802·5**	3 35 09·9975	11·1320	$-1·1345$	**5536·0**		15	20 21	28·2115
	16	**8803·5**	3 39 06·5598	07·6874	$-1·1276$	**5537·0**		16	20 17	32·3021

Date 0ʰ UT1	Julian Date	G. SIDEREAL TIME (GHA of the Equinox) Apparent	Mean	Equation of Equinoxes at 0ʰ UT1	GSD at 0ʰ GMST	UT1 at 0ʰ GMST (Greenwich Transit of the Mean Equinox)
	245	h m s	s	s	**246**	h m s
Nov. 16	**8803·5**	3 39 06·5598	07·6874	− 1·1276	**5537·0**	Nov. 16 20 17 32·3021
17	**8804·5**	3 43 03·1226	04·2427	− 1·1202	**5538·0**	17 20 13 36·3926
18	**8805·5**	3 46 59·6844	60·7981	− 1·1137	**5539·0**	18 20 09 40·4831
19	**8806·5**	3 50 56·2440	57·3535	− 1·1094	**5540·0**	19 20 05 44·5737
20	**8807·5**	3 54 52·8006	53·9088	− 1·1082	**5541·0**	20 20 01 48·6642
21	**8808·5**	3 58 49·3541	50·4642	− 1·1101	**5542·0**	21 19 57 52·7547
22	**8809·5**	4 02 45·9052	47·0196	− 1·1143	**5543·0**	22 19 53 56·8452
23	**8810·5**	4 06 42·4555	43·5749	− 1·1194	**5544·0**	23 19 50 00·9358
24	**8811·5**	4 10 39·0067	40·1303	− 1·1236	**5545·0**	24 19 46 05·0263
25	**8812·5**	4 14 35·5605	36·6857	− 1·1252	**5546·0**	25 19 42 09·1168
26	**8813·5**	4 18 32·1178	33·2410	− 1·1233	**5547·0**	26 19 38 13·2074
27	**8814·5**	4 22 28·6784	29·7964	− 1·1181	**5548·0**	27 19 34 17·2979
28	**8815·5**	4 26 25·2413	26·3518	− 1·1105	**5549·0**	28 19 30 21·3884
29	**8816·5**	4 30 21·8052	22·9071	− 1·1019	**5550·0**	29 19 26 25·4790
30	**8817·5**	4 34 18·3685	19·4625	− 1·0940	**5551·0**	30 19 22 29·5695
Dec. 1	**8818·5**	4 38 14·9302	16·0179	− 1·0877	**5552·0**	Dec. 1 19 18 33·6600
2	**8819·5**	4 42 11·4895	12·5733	− 1·0838	**5553·0**	2 19 14 37·7505
3	**8820·5**	4 46 08·0463	09·1286	− 1·0823	**5554·0**	3 19 10 41·8411
4	**8821·5**	4 50 04·6008	05·6840	− 1·0832	**5555·0**	4 19 06 45·9316
5	**8822·5**	4 54 01·1536	02·2394	− 1·0858	**5556·0**	5 19 02 50·0221
6	**8823·5**	4 57 57·7053	58·7947	− 1·0895	**5557·0**	6 18 58 54·1127
7	**8824·5**	5 01 54·2568	55·3501	− 1·0933	**5558·0**	7 18 54 58·2032
8	**8825·5**	5 05 50·8091	51·9055	− 1·0964	**5559·0**	8 18 51 02·2937
9	**8826·5**	5 09 47·3631	48·4608	− 1·0977	**5560·0**	9 18 47 06·3843
10	**8827·5**	5 13 43·9195	45·0162	− 1·0967	**5561·0**	10 18 43 10·4748
11	**8828·5**	5 17 40·4788	41·5716	− 1·0928	**5562·0**	11 18 39 14·5653
12	**8829·5**	5 21 37·0409	38·1269	− 1·0861	**5563·0**	12 18 35 18·6558
13	**8830·5**	5 25 33·6051	34·6823	− 1·0772	**5564·0**	13 18 31 22·7464
14	**8831·5**	5 29 30·1703	31·2377	− 1·0674	**5565·0**	14 18 27 26·8369
15	**8832·5**	5 33 26·7348	27·7930	− 1·0583	**5566·0**	15 18 23 30·9274
16	**8833·5**	5 37 23·2971	24·3484	− 1·0513	**5567·0**	16 18 19 35·0180
17	**8834·5**	5 41 19·8563	20·9038	− 1·0475	**5568·0**	17 18 15 39·1085
18	**8835·5**	5 45 16·4121	17·4591	− 1·0471	**5569·0**	18 18 11 43·1990
19	**8836·5**	5 49 12·9652	14·0145	− 1·0493	**5570·0**	19 18 07 47·2896
20	**8837·5**	5 53 09·5171	10·5699	− 1·0528	**5571·0**	20 18 03 51·3801
21	**8838·5**	5 57 06·0693	07·1253	− 1·0559	**5572·0**	21 17 59 55·4706
22	**8839·5**	6 01 02·6235	03·6806	− 1·0571	**5573·0**	22 17 55 59·5612
23	**8840·5**	6 04 59·1807	60·2360	− 1·0553	**5574·0**	23 17 52 03·6517
24	**8841·5**	6 08 55·7411	56·7914	− 1·0503	**5575·0**	24 17 48 07·7422
25	**8842·5**	6 12 52·3042	53·3467	− 1·0426	**5576·0**	25 17 44 11·8327
26	**8843·5**	6 16 48·8687	49·9021	− 1·0334	**5577·0**	26 17 40 15·9233
27	**8844·5**	6 20 45·4332	46·4575	− 1·0242	**5578·0**	27 17 36 20·0138
28	**8845·5**	6 24 41·9965	43·0128	− 1·0164	**5579·0**	28 17 32 24·1043
29	**8846·5**	6 28 38·5575	39·5682	− 1·0107	**5580·0**	29 17 28 28·1949
30	**8847·5**	6 32 35·1160	36·1236	− 1·0076	**5581·0**	30 17 24 32·2854
31	**8848·5**	6 36 31·6718	32·6789	− 1·0071	**5582·0**	31 17 20 36·3759
32	**8849·5**	6 40 28·2256	29·2343	− 1·0087	**5583·0**	32 17 16 40·4665

Date 0ʰ UT1	Julian Date	Earth Rotation Angle θ (° ′ ″)	Equation of Origins Eₒ (′ ″)	Date 0ʰ UT1	Julian Date	Earth Rotation Angle θ (° ′ ″)	Equation of Origins Eₒ (′ ″)
	245				245		
Jan. 0	8483.5	99 07 53.3254	− 14 22.3815	Feb. 15	8529.5	144 28 10.7203	− 14 28.6698
1	8484.5	100 07 01.5296	− 14 22.5011	16	8530.5	145 27 18.9245	− 14 28.8840
2	8485.5	101 06 09.7338	− 14 22.6566	17	8531.5	146 26 27.1288	− 14 29.1044
3	8486.5	102 05 17.9381	− 14 22.8462	18	8532.5	147 25 35.3330	− 14 29.3016
4	8487.5	103 04 26.1423	− 14 23.0615	19	8533.5	148 24 43.5372	− 14 29.4497
5	8488.5	104 03 34.3466	− 14 23.2903	20	8534.5	149 23 51.7415	− 14 29.5370
6	8489.5	105 02 42.5508	− 14 23.5184	21	8535.5	150 22 59.9457	− 14 29.5715
7	8490.5	106 01 50.7550	− 14 23.7326	22	8536.5	151 22 08.1499	− 14 29.5776
8	8491.5	107 00 58.9593	− 14 23.9226	23	8537.5	152 21 16.3542	− 14 29.5849
9	8492.5	108 00 07.1635	− 14 24.0820	24	8538.5	153 20 24.5584	− 14 29.6172
10	8493.5	108 59 15.3677	− 14 24.2092	25	8539.5	154 19 32.7627	− 14 29.6867
11	8494.5	109 58 23.5720	− 14 24.3070	26	8540.5	155 18 40.9669	− 14 29.7943
12	8495.5	110 57 31.7762	− 14 24.3827	27	8541.5	156 17 49.1711	− 14 29.9320
13	8496.5	111 56 39.9805	− 14 24.4470	28	8542.5	157 16 57.3754	− 14 30.0877
14	8497.5	112 55 48.1847	− 14 24.5134	Mar. 1	8543.5	158 16 05.5796	− 14 30.2477
15	8498.5	113 54 56.3889	− 14 24.5969	2	8544.5	159 15 13.7838	− 14 30.3987
16	8499.5	114 54 04.5932	− 14 24.7124	3	8545.5	160 14 21.9881	− 14 30.5299
17	8500.5	115 53 12.7974	− 14 24.8714	4	8546.5	161 13 30.1923	− 14 30.6332
18	8501.5	116 52 21.0016	− 14 25.0786	5	8547.5	162 12 38.3966	− 14 30.7048
19	8502.5	117 51 29.2059	− 14 25.3268	6	8548.5	163 11 46.6008	− 14 30.7451
20	8503.5	118 50 37.4101	− 14 25.5958	7	8549.5	164 10 54.8050	− 14 30.7592
21	8504.5	119 49 45.6144	− 14 25.8552	8	8550.5	165 10 03.0093	− 14 30.7565
22	8505.5	120 48 53.8186	− 14 26.0740	9	8551.5	166 09 11.2135	− 14 30.7494
23	8506.5	121 48 02.0228	− 14 26.2333	10	8552.5	167 08 19.4177	− 14 30.7522
24	8507.5	122 47 10.2271	− 14 26.3334	11	8553.5	168 07 27.6220	− 14 30.7788
25	8508.5	123 46 18.4313	− 14 26.3923	12	8554.5	169 06 35.8262	− 14 30.8403
26	8509.5	124 45 26.6355	− 14 26.4364	13	8555.5	170 05 44.0304	− 14 30.9429
27	8510.5	125 44 34.8398	− 14 26.4909	14	8556.5	171 04 52.2347	− 14 31.0858
28	8511.5	126 43 43.0440	− 14 26.5730	15	8557.5	172 04 00.4389	− 14 31.2599
29	8512.5	127 42 51.2483	− 14 26.6903	16	8558.5	173 03 08.6432	− 14 31.4475
30	8513.5	128 41 59.4525	− 14 26.8417	17	8559.5	174 02 16.8474	− 14 31.6249
31	8514.5	129 41 07.6567	− 14 27.0193	18	8560.5	175 01 25.0516	− 14 31.7673
Feb. 1	8515.5	130 40 15.8610	− 14 27.2118	19	8561.5	176 00 33.2559	− 14 31.8576
2	8516.5	131 39 24.0652	− 14 27.4058	20	8562.5	176 59 41.4601	− 14 31.8935
3	8517.5	132 38 32.2694	− 14 27.5885	21	8563.5	177 58 49.6643	− 14 31.8903
4	8518.5	133 37 40.4737	− 14 27.7490	22	8564.5	178 57 57.8686	− 14 31.8758
5	8519.5	134 36 48.6779	− 14 27.8797	23	8565.5	179 57 06.0728	− 14 31.8788
6	8520.5	135 35 56.8821	− 14 27.9777	24	8566.5	180 56 14.2771	− 14 31.9193
7	8521.5	136 35 05.0864	− 14 28.0446	25	8567.5	181 55 22.4813	− 14 32.0036
8	8522.5	137 34 13.2906	− 14 28.0866	26	8568.5	182 54 30.6855	− 14 32.1259
9	8523.5	138 33 21.4949	− 14 28.1139	27	8569.5	183 53 38.8898	− 14 32.2733
10	8524.5	139 32 29.6991	− 14 28.1392	28	8570.5	184 52 47.0940	− 14 32.4301
11	8525.5	140 31 37.9033	− 14 28.1767	29	8571.5	185 51 55.2982	− 14 32.5815
12	8526.5	141 30 46.1076	− 14 28.2401	30	8572.5	186 51 03.5025	− 14 32.7155
13	8527.5	142 29 54.3118	− 14 28.3406	31	8573.5	187 50 11.7067	− 14 32.8233
14	8528.5	143 29 02.5160	− 14 28.4845	Apr. 1	8574.5	188 49 19.9110	− 14 32.9005
15	8529.5	144 28 10.7203	− 14 28.6698	2	8575.5	189 48 28.1152	− 14 32.9466

$$\text{GHA} = \theta - \alpha_i, \qquad \alpha_i = \alpha_e + E_o$$

α_i, α_e are the right ascensions with respect to the CIO and the true equinox of date, respectively.

Date 0ʰ UT1	Julian Date	Earth Rotation Angle θ	Equation of Origins E_o	Date 0ʰ UT1	Julian Date	Earth Rotation Angle θ	Equation of Origins E_o
	245	° ′ ″	′ ″		**245**	° ′ ″	′ ″
Apr. 1	**8574.5**	188 49 19.9110	− 14 32.9005	May 17	**8620.5**	234 09 37.3059	− 14 37.4526
2	**8575.5**	189 48 28.1152	− 14 32.9466	18	**8621.5**	235 08 45.5101	− 14 37.5558
3	**8576.5**	190 47 36.3194	− 14 32.9657	19	**8622.5**	236 07 53.7143	− 14 37.7054
4	**8577.5**	191 46 44.5237	− 14 32.9661	20	**8623.5**	237 07 01.9186	− 14 37.8958
5	**8578.5**	192 45 52.7279	− 14 32.9597	21	**8624.5**	238 06 10.1228	− 14 38.1124
6	**8579.5**	193 45 00.9321	− 14 32.9610	22	**8625.5**	239 05 18.3270	− 14 38.3370
7	**8580.5**	194 44 09.1364	− 14 32.9847	23	**8626.5**	240 04 26.5313	− 14 38.5526
8	**8581.5**	195 43 17.3406	− 14 33.0432	24	**8627.5**	241 03 34.7355	− 14 38.7458
9	**8582.5**	196 42 25.5448	− 14 33.1438	25	**8628.5**	242 02 42.9398	− 14 38.9086
10	**8583.5**	197 41 33.7491	− 14 33.2862	26	**8629.5**	243 01 51.1440	− 14 39.0383
11	**8584.5**	198 40 41.9533	− 14 33.4620	27	**8630.5**	244 00 59.3482	− 14 39.1368
12	**8585.5**	199 39 50.1576	− 14 33.6548	28	**8631.5**	245 00 07.5525	− 14 39.2106
13	**8586.5**	200 38 58.3618	− 14 33.8432	29	**8632.5**	245 59 15.7567	− 14 39.2695
14	**8587.5**	201 38 06.5660	− 14 34.0047	30	**8633.5**	246 58 23.9609	− 14 39.3265
15	**8588.5**	202 37 14.7703	− 14 34.1221	31	**8634.5**	247 57 32.1652	− 14 39.3964
16	**8589.5**	203 36 22.9745	− 14 34.1892	June 1	**8635.5**	248 56 40.3694	− 14 39.4946
17	**8590.5**	204 35 31.1787	− 14 34.2141	2	**8636.5**	249 55 48.5737	− 14 39.6334
18	**8591.5**	205 34 39.3830	− 14 34.2179	3	**8637.5**	250 54 56.7779	− 14 39.8192
19	**8592.5**	206 33 47.5872	− 14 34.2284	4	**8638.5**	251 54 04.9821	− 14 40.0487
20	**8593.5**	207 32 55.7915	− 14 34.2704	5	**8639.5**	252 53 13.1864	− 14 40.3075
21	**8594.5**	208 32 03.9957	− 14 34.3575	6	**8640.5**	253 52 21.3906	− 14 40.5723
22	**8595.5**	209 31 12.1999	− 14 34.4898	7	**8641.5**	254 51 29.5948	− 14 40.8170
23	**8596.5**	210 30 20.4042	− 14 34.6566	8	**8642.5**	255 50 37.7991	− 14 41.0203
24	**8597.5**	211 29 28.6084	− 14 34.8412	9	**8643.5**	256 49 46.0033	− 14 41.1718
25	**8598.5**	212 28 36.8126	− 14 35.0262	10	**8644.5**	257 48 54.2076	− 14 41.2753
26	**8599.5**	213 27 45.0169	− 14 35.1969	11	**8645.5**	258 48 02.4118	− 14 41.3469
27	**8600.5**	214 26 53.2211	− 14 35.3430	12	**8646.5**	259 47 10.6160	− 14 41.4096
28	**8601.5**	215 26 01.4254	− 14 35.4587	13	**8647.5**	260 46 18.8203	− 14 41.4874
29	**8602.5**	216 25 09.6296	− 14 35.5427	14	**8648.5**	261 45 27.0245	− 14 41.5990
30	**8603.5**	217 24 17.8338	− 14 35.5981	15	**8649.5**	262 44 35.2287	− 14 41.7535
May 1	**8604.5**	218 23 26.0381	− 14 35.6322	16	**8650.5**	263 43 43.4330	− 14 41.9494
2	**8605.5**	219 22 34.2423	− 14 35.6560	17	**8651.5**	264 42 51.6372	− 14 42.1761
3	**8606.5**	220 21 42.4465	− 14 35.6834	18	**8652.5**	265 41 59.8414	− 14 42.4172
4	**8607.5**	221 20 50.6508	− 14 35.7298	19	**8653.5**	266 41 08.0457	− 14 42.6551
5	**8608.5**	222 19 58.8550	− 14 35.8095	20	**8654.5**	267 40 16.2499	− 14 42.8745
6	**8609.5**	223 19 07.0593	− 14 35.9322	21	**8655.5**	268 39 24.4542	− 14 43.0647
7	**8610.5**	224 18 15.2635	− 14 36.1001	22	**8656.5**	269 38 32.6584	− 14 43.2207
8	**8611.5**	225 17 23.4677	− 14 36.3060	23	**8657.5**	270 37 40.8626	− 14 43.3429
9	**8612.5**	226 16 31.6720	− 14 36.5335	24	**8658.5**	271 36 49.0669	− 14 43.4366
10	**8613.5**	227 15 39.8762	− 14 36.7603	25	**8659.5**	272 35 57.2711	− 14 43.5108
11	**8614.5**	228 14 48.0804	− 14 36.9633	26	**8660.5**	273 35 05.4753	− 14 43.5773
12	**8615.5**	229 13 56.2847	− 14 37.1249	27	**8661.5**	274 34 13.6796	− 14 43.6502
13	**8616.5**	230 13 04.4889	− 14 37.2375	28	**8662.5**	275 33 21.8838	− 14 43.7441
14	**8617.5**	231 12 12.6931	− 14 37.3065	29	**8663.5**	276 32 30.0881	− 14 43.8726
15	**8618.5**	232 11 20.8974	− 14 37.3491	30	**8664.5**	277 31 38.2923	− 14 44.0454
16	**8619.5**	233 10 29.1016	− 14 37.3896	July 1	**8665.5**	278 30 46.4965	− 14 44.2645
17	**8620.5**	234 09 37.3059	− 14 37.4526	2	**8666.5**	279 29 54.7008	− 14 44.5210

$$\text{GHA} = \theta - \alpha_i, \qquad \alpha_i = \alpha_e + E_o$$

α_i, α_e are the right ascensions with respect to the CIO and the true equinox of date, respectively.

Date 0ʰ UT1	Julian Date	Earth Rotation Angle θ	Equation of Origins E_o	Date 0ʰ UT1	Julian Date	Earth Rotation Angle θ	Equation of Origins E_o
		° ′ ″	′ ″			° ′ ″	′ ″
	245				**245**		
July 1	**8665·5**	278 30 46·4965	− 14 44·2645	Aug. 16	**8711·5**	323 51 03·8914	− 14 50·9402
2	**8666·5**	279 29 54·7008	− 14 44·5210	17	**8712·5**	324 50 12·0957	− 14 50·9984
3	**8667·5**	280 29 02·9050	− 14 44·7947	18	**8713·5**	325 49 20·2999	− 14 51·0305
4	**8668·5**	281 28 11·1092	− 14 45·0576	19	**8714·5**	326 48 28·5041	− 14 51·0471
5	**8669·5**	282 27 19·3135	− 14 45·2828	20	**8715·5**	327 47 36·7084	− 14 51·0609
6	**8670·5**	283 26 27·5177	− 14 45·4533	21	**8716·5**	328 46 44·9126	− 14 51·0854
7	**8671·5**	284 25 35·7220	− 14 45·5685	22	**8717·5**	329 45 53·1169	− 14 51·1336
8	**8672·5**	285 24 43·9262	− 14 45·6431	23	**8718·5**	330 45 01·3211	− 14 51·2157
9	**8673·5**	286 23 52·1304	− 14 45·7013	24	**8719·5**	331 44 09·5253	− 14 51·3382
10	**8674·5**	287 23 00·3347	− 14 45·7684	25	**8720·5**	332 43 17·7296	− 14 51·5009
11	**8675·5**	288 22 08·5389	− 14 45·8645	26	**8721·5**	333 42 25·9338	− 14 51·6955
12	**8676·5**	289 21 16·7431	− 14 46·0002	27	**8722·5**	334 41 34·1380	− 14 51·9045
13	**8677·5**	290 20 24·9474	− 14 46·1759	28	**8723·5**	335 40 42·3423	− 14 52·1027
14	**8678·5**	291 19 33·1516	− 14 46·3833	29	**8724·5**	336 39 50·5465	− 14 52·2631
15	**8679·5**	292 18 41·3559	− 14 46·6084	30	**8725·5**	337 38 58·7508	− 14 52·3671
16	**8680·5**	293 17 49·5601	− 14 46·8347	31	**8726·5**	338 38 06·9550	− 14 52·4130
17	**8681·5**	294 16 57·7643	− 14 47·0465	Sept. 1	**8727·5**	339 37 15·1592	− 14 52·4186
18	**8682·5**	295 16 05·9686	− 14 47·2315	2	**8728·5**	340 36 23·3635	− 14 52·4142
19	**8683·5**	296 15 14·1728	− 14 47·3829	3	**8729·5**	341 35 31·5677	− 14 52·4297
20	**8684·5**	297 14 22·3770	− 14 47·4990	4	**8730·5**	342 34 39·7719	− 14 52·4848
21	**8685·5**	298 13 30·5813	− 14 47·5835	5	**8731·5**	343 33 47·9762	− 14 52·5846
22	**8686·5**	299 12 38·7855	− 14 47·6446	6	**8732·5**	344 32 56·1804	− 14 52·7222
23	**8687·5**	300 11 46·9897	− 14 47·6935	7	**8733·5**	345 32 04·3847	− 14 52·8835
24	**8688·5**	301 10 55·1940	− 14 47·7431	8	**8734·5**	346 31 12·5889	− 14 53·0518
25	**8689·5**	302 10 03·3982	− 14 47·8075	9	**8735·5**	347 30 20·7931	− 14 53·2112
26	**8690·5**	303 09 11·6025	− 14 47·9000	10	**8736·5**	348 29 28·9974	− 14 53·3490
27	**8691·5**	304 08 19·8067	− 14 48·0311	11	**8737·5**	349 28 37·2016	− 14 53·4563
28	**8692·5**	305 07 28·0109	− 14 48·2062	12	**8738·5**	350 27 45·4058	− 14 53·5294
29	**8693·5**	306 06 36·2152	− 14 48·4223	13	**8739·5**	351 26 53·6101	− 14 53·5694
30	**8694·5**	307 05 44·4194	− 14 48·6658	14	**8740·5**	352 26 01·8143	− 14 53·5820
31	**8695·5**	308 04 52·6236	− 14 48·9126	15	**8741·5**	353 25 10·0186	− 14 53·5769
Aug. 1	**8696·5**	309 04 00·8279	− 14 49·1335	16	**8742·5**	354 24 18·2228	− 14 53·5668
2	**8697·5**	310 03 09·0321	− 14 49·3038	17	**8743·5**	355 23 26·4270	− 14 53·5651
3	**8698·5**	311 02 17·2364	− 14 49·4135	18	**8744·5**	356 22 34·6313	− 14 53·5850
4	**8699·5**	312 01 25·4406	− 14 49·4718	19	**8745·5**	357 21 42·8355	− 14 53·6370
5	**8700·5**	313 00 33·6448	− 14 49·5028	20	**8746·5**	358 20 51·0397	− 14 53·7276
6	**8701·5**	313 59 41·8491	− 14 49·5353	21	**8747·5**	359 19 59·2440	− 14 53·8576
7	**8702·5**	314 58 50·0533	− 14 49·5933	22	**8748·5**	0 19 07·4482	− 14 54·0207
8	**8703·5**	315 57 58·2575	− 14 49·6901	23	**8749·5**	1 18 15·6524	− 14 54·2032
9	**8704·5**	316 57 06·4618	− 14 49·8275	24	**8750·5**	2 17 23·8567	− 14 54·3850
10	**8705·5**	317 56 14·6660	− 14 49·9979	25	**8751·5**	3 16 32·0609	− 14 54·5424
11	**8706·5**	318 55 22·8703	− 14 50·1879	26	**8752·5**	4 15 40·2652	− 14 54·6546
12	**8707·5**	319 54 31·0745	− 14 50·3817	27	**8753·5**	5 14 48·4694	− 14 54·7116
13	**8708·5**	320 53 39·2787	− 14 50·5642	28	**8754·5**	6 13 56·6736	− 14 54·7210
14	**8709·5**	321 52 47·4830	− 14 50·7226	29	**8755·5**	7 13 04·8779	− 14 54·7068
15	**8710·5**	322 51 55·6872	− 14 50·8490	30	**8756·5**	8 12 13·0821	− 14 54·7014
16	**8711·5**	323 51 03·8914	− 14 50·9402	Oct. 1	**8757·5**	9 11 21·2863	− 14 54·7323

$$GHA = \theta - \alpha_i, \qquad \alpha_i = \alpha_e + E_o$$

α_i, α_e are the right ascensions with respect to the CIO and the true equinox of date, respectively.

Date 0ʰ UT1	Julian Date	Earth Rotation Angle θ	Equation of Origins E_o	Date 0ʰ UT1	Julian Date	Earth Rotation Angle θ	Equation of Origins E_o
		° ′ ″	′ ″			° ′ ″	′ ″
	245				245		
Oct. 1	8757·5	9 11 21·2863	− 14 54·7323	Nov. 16	8803·5	54 31 38·6813	− 14 59·7154
2	8758·5	10 10 29·4906	− 14 54·8128	17	8804·5	55 30 46·8855	− 14 59·9529
3	8759·5	11 09 37·6948	− 14 54·9399	18	8805·5	56 29 55·0897	− 15 00·1764
4	8760·5	12 08 45·8991	− 14 55·0994	19	8806·5	57 29 03·2940	− 15 00·3666
5	8761·5	13 07 54·1033	− 14 55·2723	20	8807·5	58 28 11·4982	− 15 00·5113
6	8762·5	14 07 02·3075	− 14 55·4403	21	8808·5	59 27 19·7024	− 15 00·6093
7	8763·5	15 06 10·5118	− 14 55·5887	22	8809·5	60 26 27·9067	− 15 00·6719
8	8764·5	16 05 18·7160	− 14 55·7080	23	8810·5	61 25 36·1109	− 15 00·7216
9	8765·5	17 04 26·9202	− 14 55·7935	24	8811·5	62 24 44·3151	− 15 00·7855
10	8766·5	18 03 35·1245	− 14 55·8457	25	8812·5	63 23 52·5194	− 15 00·8881
11	8767·5	19 02 43·3287	− 14 55·8696	26	8813·5	64 23 00·7236	− 15 01·0426
12	8768·5	20 01 51·5330	− 14 55·8741	27	8814·5	65 22 08·9279	− 15 01·2474
13	8769·5	21 00 59·7372	− 14 55·8712	28	8815·5	66 21 17·1321	− 15 01·4877
14	8770·5	22 00 07·9414	− 14 55·8747	29	8816·5	67 20 25·3363	− 15 01·7416
15	8771·5	22 59 16·1457	− 14 55·8984	30	8817·5	68 19 33·5406	− 15 01·9873
16	8772·5	23 58 24·3499	− 14 55·9538	Dec. 1	8818·5	69 18 41·7448	− 15 02·2077
17	8773·5	24 57 32·5541	− 14 56·0485	2	8819·5	70 17 49·9490	− 15 02·3931
18	8774·5	25 56 40·7584	− 14 56·1836	3	8820·5	71 16 58·1533	− 15 02·5409
19	8775·5	26 55 48·9626	− 14 56·3536	4	8821·5	72 16 06·3575	− 15 02·6545
20	8776·5	27 54 57·1669	− 14 56·5457	5	8822·5	73 15 14·5618	− 15 02·7415
21	8777·5	28 54 05·3711	− 14 56·7418	6	8823·5	74 14 22·7660	− 15 02·8130
22	8778·5	29 53 13·5753	− 14 56·9209	7	8824·5	75 13 30·9702	− 15 02·8818
23	8779·5	30 52 21·7796	− 14 57·0636	8	8825·5	76 12 39·1745	− 15 02·9621
24	8780·5	31 51 29·9838	− 14 57·1581	9	8826·5	77 11 47·3787	− 15 03·0675
25	8781·5	32 50 38·1880	− 14 57·2050	10	8827·5	78 10 55·5829	− 15 03·2095
26	8782·5	33 49 46·3923	− 14 57·2202	11	8828·5	79 10 03·7872	− 15 03·3945
27	8783·5	34 48 54·5965	− 14 57·2312	12	8829·5	80 09 11·9914	− 15 03·6217
28	8784·5	35 48 02·8007	− 14 57·2682	13	8830·5	81 08 20·1957	− 15 03·8811
29	8785·5	36 47 11·0050	− 14 57·3530	14	8831·5	82 07 28·3999	− 15 04·1541
30	8786·5	37 46 19·2092	− 14 57·4914	15	8832·5	83 06 36·6041	− 15 04·4172
31	8787·5	38 45 27·4135	− 14 57·6738	16	8833·5	84 05 44·8084	− 15 04·6480
Nov. 1	8788·5	39 44 35·6177	− 14 57·8806	17	8834·5	85 04 53·0126	− 15 04·8315
2	8789·5	40 43 43·8219	− 14 58·0901	18	8835·5	86 04 01·2168	− 15 04·9646
3	8790·5	41 42 52·0262	− 14 58·2840	19	8836·5	87 03 09·4211	− 15 05·0576
4	8791·5	42 42 00·2304	− 14 58·4496	20	8837·5	88 02 17·6253	− 15 05·1309
5	8792·5	43 41 08·4346	− 14 58·5808	21	8838·5	89 01 25·8296	− 15 05·2101
6	8793·5	44 40 16·6389	− 14 58·6773	22	8839·5	90 00 34·0338	− 15 05·3188
7	8794·5	45 39 24·8431	− 14 58·7434	23	8840·5	90 59 42·2380	− 15 05·4723
8	8795·5	46 38 33·0474	− 14 58·7874	24	8841·5	91 58 50·4423	− 15 05·6743
9	8796·5	47 37 41·2516	− 14 58·8206	25	8842·5	92 57 58·6465	− 15 05·9159
10	8797·5	48 36 49·4558	− 14 58·8567	26	8843·5	93 57 06·8507	− 15 06·1795
11	8798·5	49 35 57·6601	− 14 58·9098	27	8844·5	94 56 15·0550	− 15 06·4434
12	8799·5	50 35 05·8643	− 14 58·9930	28	8845·5	95 55 23·2592	− 15 06·6879
13	8800·5	51 34 14·0685	− 14 59·1158	29	8846·5	96 54 31·4634	− 15 06·8994
14	8801·5	52 33 22·2728	− 14 59·2813	30	8847·5	97 53 39·6677	− 15 07·0716
15	8802·5	53 32 30·4770	− 14 59·4853	31	8848·5	98 52 47·8719	− 15 07·2055
16	8803·5	54 31 38·6813	− 14 59·7154	32	8849·5	99 51 56·0762	− 15 07·3077

$$GHA = \theta - \alpha_i, \qquad \alpha_i = \alpha_e + E_o$$

α_i, α_e are the right ascensions with respect to the CIO and the true equinox of date, respectively.

Purpose, explanation and arrangement

The formulae, tables and ephemerides in the remainder of this section are mainly intended to provide for the reduction of celestial coordinates (especially of right ascension, declination and hour angle) from one reference system to another; in particular from a position in the International Celestial Reference System (ICRS) to a geocentric apparent or intermediate position, but some of the data may be used for other purposes.

Formulae and numerical values are given for the separate steps in such reductions, i.e. for proper motion, parallax, light-deflection, aberration on pages B27–B29, and for frame bias, precession and nutation on pages B50–B56. Formulae are given for full-precision reductions using vectors and rotation matrices on pages B48–B50. The examples given use **both** the long-standing equator and equinox of date system, as well as the Celestial Intermediate Reference System (equator and CIO of date) (see pages B66–B75). Finally, formulae and numerical values are given for the reduction from geocentric to topocentric place on pages B84–B86. Background information is given in Section L, *Notes and References* and in Section M, the *Glossary* while vector and matrix algebra, including the rotation matrices, is given on pages K18–K19.

Notation and units

The following is a list of some frequently used coordinate systems and their designations and include the practical consequences of adoption of the ICRS, IAU 2000 resolutions B1.6, B1.7 and B1.8, and IAU 2006 resolutions 1 and 2.

1. Barycentric Celestial Reference System (BCRS): a system of barycentric space-time coordinates for the solar system within the framework of General Relativity. For all practical applications, the BCRS is assumed to be oriented according to the ICRS axes, the directions of which are realized by the International Celestial Reference Frame. The ICRS is not identical to the system defined by the dynamical mean equator and equinox of J2000·0, although the difference in orientation is only about $0\rlap{.}{''}02$.

2. The Geocentric Celestial Reference System (GCRS): is a system of geocentric space-time coordinates within the framework of General Relativity. The directions of the GCRS axes are obtained from those of the BCRS (ICRS) by a relativistic transformation. Positions of stars obtained from ICRS reference data, corrected for proper motion, parallax, light bending, and aberration (for a geocentric observer) are with respect to the GCRS. The same is true for planetary positions, although the corrections are somewhat different.

3. The J2000·0 dynamical reference system; mean equator and equinox of J2000·0; a geocentric system where the origin of right ascension is the intersection of the mean ecliptic and equator of J2000·0; the system in which the IAU 2000 precession-nutation is defined. For precise applications, a small rotation (frame bias, see page B50) should be made to GCRS positions before precession and nutation are applied. The J2000·0 system may also be barycentric, for example as the reference system for catalogues.

4. The mean system of date (m); mean equator and equinox of date.

5. The true system of date (t); true equator and equinox of date: a geocentric system of date, the pole of which is the celestial intermediate pole (CIP), with the origin of right ascension at the equinox on the true equator of date (intermediate equator). It is a system "between" the GCRS and the Terrestrial Intermediate Reference System that separates the components labelled precession-nutation and polar motion.

6. The Celestial Intermediate Reference System (i): the IAU recommended geocentric system of date, the pole of which is the celestial intermediate pole (CIP), with the origin of right ascension at the celestial intermediate origin (CIO) which is located on the intermediate equator (true equator of date). It is a system "between" (*intermediate*) the GCRS and the Terrestrial Intermediate Reference System that separates the components labelled precession-nutation and polar motion.

Notation and units (continued)

7. The Terrestrial Intermediate Reference System: a rotating geocentric system of date, the pole of which is the celestial intermediate pole (CIP), with the origin of longitude at the terrestrial intermediate origin (TIO), which is located on the intermediate equator (true equator of date). The plane containing the geocentre, the CIP, and TIO is the fundamental plane of this system and is called the TIO meridian and corresponds to the astronomical zero meridian.

8. The International Terrestrial Reference System (ITRS): a geodetic system realized by the International Terrestrial Reference Frame (ITRF2014), see page K11. The CIP and TIO of the Terrestrial Intermediate Reference System differ from the geodetic pole and zero-longitude point on the geodetic equator by the effects of polar motion (page B84).

Summary

No.	System	Equator/Pole	Origin on the Equator	Epoch
1	BCRS (ICRS)	ICRS equator and pole	ICRS (RA)	—
2	GCRS	ICRS (see 2 above)	ICRS (RA)	—
3	J2000·0	mean equator	mean equinox (RA)	J2000·0
4	Mean (*m*)	mean equator	mean equinox (RA)	date
5	True (*t*)	equator/CIP	true equinox (RA)	date
6	Intermediate (*i*)	equator/CIP	CIO (RA)	date
7	Terrestrial	equator/CIP	TIO (GHA)	date
8	ITRS	geodetic equator/pole	longitude (λ_{ITRS})	date

- The true equator of date, the intermediate equator, the instantaneous equator are all terms for the plane orthogonal to the direction of the CIP, which in this volume will be referred to as the "equator of date". Declinations, apparent or intermediate, derived using either equinox-based or CIO-based methods, respectively, are identical.

- The origin of the right ascension system may be one of five different locations (ICRS origin, J2000·0, mean equinox, true equinox, or the CIO). The notation will make it clear which is being referred to when necessary.

- The celestial intermediate origin (CIO) is the chosen origin of the Celestial Intermediate Reference System. It has no instantaneous motion along the equator as the equator's orientation in space changes, and is therefore referred to as a "non-rotating" origin. The CIO makes the relationship between UT1 and Earth rotation a simple linear function (see page B8). Right ascensions measured from this origin are called intermediate right ascensions or CIO right ascensions.

- The only difference between apparent and intermediate right ascensions is the position of the origin on the equator. When using the equator and equinox of date system, right ascension is measured from the equinox and is called apparent right ascension. When using the Celestial Intermediate Reference System, right ascension is measured from the CIO, and is called intermediate right ascension.

- Apparent right ascension is subtracted from Greenwich apparent sidereal time to give hour angle (GHA).

- Intermediate right ascension is subtracted from Earth rotation angle to give hour angle (GHA).

Matrices

$\mathbf{R}_1, \mathbf{R}_2, \mathbf{R}_3$ rotation matrices $\mathbf{R}_n(\phi)$, $n = 1, 2, 3$, where the original system is rotated about its x, y, or z-axis by the angle ϕ, counterclockwise as viewed from the $+x$, $+y$ or $+z$ direction, respectively (see page K19 for information on matrices).

$\mathscr{R}_\Sigma$ Matrix transformation of the GCRS to the equator and GCRS origin of date. An intermediary matrix which locates and relates origins, see pages B9 and B49.

Notation and units (continued)

Matrices for Equinox-Based Techniques

B Bias matrix: transformation of the GCRS to J2000·0 system, mean equator and equinox of J2000·0, see page B50.

P Precession matrix: transformation of the J2000·0 system to the mean equator and equinox of date, see page B51.

N Nutation matrix: transformation of the mean equator and equinox of date to equator and equinox of date, see page B55.

M = NPB Celestial to equator and equinox of date matrix: transformation of the GCRS to the true equator and equinox of date, see page B56.

R_3(GAST) Earth rotation matrix: transformation of the true equator and equinox of date to the Terrestrial Intermediate Reference System (origin is the TIO).

Matrices for CIO-Based Techniques

C Celestial to Intermediate matrix: transformation of the GCRS to the Celestial Intermediate Reference System (equator and CIO of date). **C** includes frame bias and precession-nutation, see page B49.

$R_3(\theta)$ Earth rotation matrix: transformation of the Celestial Intermediate Reference System to the Terrestrial Intermediate Reference System (origin is the TIO).

Other terms

t an epoch expressed in terms of the Julian year; (see page B3); the difference between two epochs represents a time-interval expressed in Julian years; subscripts zero and one are used to indicate the epoch of a catalogue place, usually the standard epoch of J2000·0, and the epoch of the middle of a Julian year (here shortened to "epoch of year"), respectively.

T an interval of time expressed in Julian centuries of 36 525 days; usually measured from J2000·0, i.e. from JD 245 1545·0 TT.

$\mathbf{r}_m, \mathbf{r}_t, \mathbf{r}_i$ column position vectors (see page K18), with respect to mean equinox, true equinox, and celestial intermediate system, respectively.

α, δ, π right ascension, declination and annual parallax; in the formulae for computation, right ascension and related quantities are expressed in time-measure ($1^h = 15°$, etc.), while declination and related quantities, including annual parallax, are expressed in angular measure, unless the contrary is indicated.

α_e, α_i equinox and intermediate right ascensions, respectively; α_e is measured from the equinox, while α_i is measured from the CIO.

μ_α, μ_δ components of proper motion in right ascension and declination. **Check the units.** Modern catalogues usually include the $\cos\delta$ factor in μ_α, translating the rate of change of right ascension to great circle units comparable to those of μ_δ.

λ, β ecliptic longitude and latitude.

Ω, i, ω orbital elements referred to the ecliptic; longitude of ascending node, inclination, argument of perihelion.

X, Y, Z rectangular coordinates of the Earth with respect to the barycentre of the solar system, referred to the ICRS and expressed in astronomical units (au).

$\dot{X}, \dot{Y}, \dot{Z}$ first derivatives of X, Y, Z with respect to time expressed in TDB days.

Approximate reduction for proper motion

In its simplest form the reduction for the proper motion is given by:

$$\alpha = \alpha_0 + (t - t_0)\mu_\alpha \quad \text{or} \quad \alpha = \alpha_0 + (t - t_0)\mu_\alpha / \cos\delta$$

$$\delta = \delta_0 + (t - t_0)\mu_\delta$$

where the rate of the proper motions are per year. In some cases it is necessary to allow also for second-order terms, radial velocity and orbital motion, but appropriate formulae are usually given in the catalogue (see page B72).

Approximate reduction for annual parallax

The reduction for annual parallax from the catalogue place (α_0, δ_0) to the geocentric place (α, δ) is given by:

$$\alpha = \alpha_0 + (\pi/15 \cos \delta_0)(X \sin \alpha_0 - Y \cos \alpha_0)$$
$$\delta = \delta_0 + \pi(X \cos \alpha_0 \sin \delta_0 + Y \sin \alpha_0 \sin \delta_0 - Z \cos \delta_0)$$

where X, Y, Z are the coordinates of the Earth tabulated on pages B76-B83. Expressions for X, Y, Z may be obtained from page C5, since $X = -x$, $Y = -y$, $Z = -z$.

The times of reception of periodic phenomena, such as pulsar signals, may be reduced to a common origin at the barycentre by adding the light-time corresponding to the component of the Earth's position vector along the direction to the object; that is by adding to the observed times $(X \cos \alpha \cos \delta + Y \sin \alpha \cos \delta + Z \sin \delta)/c$, where the velocity of light, $c = 173 \cdot 14$ au/d, and the light time for 1 au, $1/c = 0\overset{d}{\cdot}005\,7755$.

Approximate reduction for light-deflection

The apparent direction of a star or a body in the solar system may be significantly affected by the deflection of light in the gravitational field of the Sun. The elongation (E) from the centre of the Sun is increased by an amount (ΔE) that, for a star, depends on the elongation in the following manner:

$$\Delta E = 0\overset{''}{\cdot}004\,07/\tan(E/2)$$

E	$0\overset{\circ}{\cdot}25$	$0\overset{\circ}{\cdot}5$	$1°$	$2°$	$5°$	$10°$	$20°$	$50°$	$90°$
ΔE	$1\overset{''}{\cdot}866$	$0\overset{''}{\cdot}933$	$0\overset{''}{\cdot}466$	$0\overset{''}{\cdot}233$	$0\overset{''}{\cdot}093$	$0\overset{''}{\cdot}047$	$0\overset{''}{\cdot}023$	$0\overset{''}{\cdot}009$	$0\overset{''}{\cdot}004$

The body disappears behind the Sun when E is less than the limiting grazing value of about $0\overset{\circ}{\cdot}25$. The effects in right ascension and declination may be calculated approximately from:

$$\cos E = \sin \delta \sin \delta_0 + \cos \delta \cos \delta_0 \cos (\alpha - \alpha_0)$$
$$\Delta\alpha = 0\overset{s}{\cdot}000\,271 \cos \delta_0 \sin (\alpha - \alpha_0)/(1 - \cos E) \cos \delta$$
$$\Delta\delta = 0\overset{''}{\cdot}004\,07[\sin \delta \cos \delta_0 \cos (\alpha - \alpha_0) - \cos \delta \sin \delta_0]/(1 - \cos E)$$

where α, δ refer to the star, and α_0, δ_0 to the Sun. See also page B67 *Step 3*.

Approximate reduction for annual aberration

The reduction for annual aberration from a geometric geocentric place (α_0, δ_0) to an apparent geocentric place (α, δ) is given by:

$$\alpha = \alpha_0 + (-\dot{X} \sin \alpha_0 + \dot{Y} \cos \alpha_0)/(c \cos \delta_0)$$
$$\delta = \delta_0 + (-\dot{X} \cos \alpha_0 \sin \delta_0 - \dot{Y} \sin \alpha_0 \sin \delta_0 + \dot{Z} \cos \delta_0)/c$$

where $c = 173 \cdot 14$ au/d, and $\dot{X}, \dot{Y}, \dot{Z}$ are the velocity components of the Earth given on pages B76-B83. Alternatively, but to lower precision, it is possible to use the expressions

$$\dot{X} = +0 \cdot 0172 \sin \lambda \qquad \dot{Y} = -0 \cdot 0158 \cos \lambda \qquad \dot{Z} = -0 \cdot 0068 \cos \lambda$$

where the apparent longitude of the Sun, λ, is given by the expression on page C5. The reduction may also be carried out by using the vector-matrix technique (see page B67 *Step 4*) when full precision is required.

Measurements of radial velocity may be reduced to a common origin at the barycentre by adding the component of the Earth's velocity in the direction of the object; that is by adding

$$\dot{X} \cos \alpha_0 \cos \delta_0 + \dot{Y} \sin \alpha_0 \cos \delta_0 + \dot{Z} \sin \delta_0$$

Traditional reduction for planetary aberration

In the case of a body in the solar system, the apparent direction at the instant of observation (t) differs from the geometric direction at that instant because of (a) the motion of the body during the light-time and (b) the motion of the Earth relative to the reference system in which light propagation is computed. The reduction may be carried out in two stages: (i) by combining the barycentric position of the body at time $t - \Delta t$, where Δt is the light-time, with the barycentric position of the Earth at time t, and then (ii) by applying the correction for annual aberration as described above. Alternatively, it is possible to interpolate the geometric (geocentric) ephemeris of the body to the time $t - \Delta t$; it is usually sufficient to subtract the product of the light-time and the first derivative of the coordinate. The light-time Δt in days is given by the distance in au between the body and the Earth, multiplied by 0·005 7755; strictly, the light-time corresponds to the distance from the position of the Earth at time t to the position of the body at time $t - \Delta t$ (i.e. some iteration is required), but it is usually sufficient to use the geocentric distance at time t.

Differential aberration

The corrections for differential annual aberration to be added to the observed differences (in the sense moving object minus star) of right ascension and declination to give the true differences are:

in right ascension $a\,\Delta\alpha + b\,\Delta\delta$ in units of $0^s\!\cdot\!001$

in declination $c\,\Delta\alpha + d\,\Delta\delta$ in units of $0''\!\cdot\!01$

where $\Delta\alpha$, $\Delta\delta$ are the observed differences in units of 1^m and $1'$ respectively, and where a, b, c, d are coefficients defined by:

$$a = -5 \cdot 701 \cos{(H + \alpha)} \sec\delta \qquad b = -0 \cdot 380 \sin{(H + \alpha)} \sec\delta \tan\delta$$

$$c = +8 \cdot 552 \sin{(H + \alpha)} \sin\delta \qquad d = -0 \cdot 570 \cos{(H + \alpha)} \cos\delta$$

$$H^h = 23 \cdot 4 - (\text{day of year}/15 \cdot 2)$$

The day of year is tabulated on pages B4–B5.

GCRS positions

For objects with reference data (catalogue coordinates or ephemerides) expressed in the ICRS, the application of corrections for proper motion and parallax (for stars), light-time (for solar system objects), light-deflection, and annual aberration results in a position referred to the GCRS, which is sometimes called the *proper place*.

Astrometric positions

An astrometric place is the direction of a solar system body formed by applying the correction for the barycentric motion of this body during the light time to the geometric geocentric position referred to the ICRS. Such a position is then directly comparable with the astrometric position of a star formed by applying the corrections for proper motion and annual parallax to the ICRS (or J2000) catalog direction. The gravitational deflection of light is ignored since it will generally be similar (although not identical) for the solar system body and background stars. For high-accuracy applications, gravitational light-deflection effects need to be considered, and the adopted policy declared.

MATRIX ELEMENTS FOR CONVERSION FROM
GCRS TO EQUATOR AND EQUINOX OF DATE
FOR 0^h TERRESTRIAL TIME

Date 0^h TT	$M_{1,1}-1$	$M_{1,2}$	$M_{1,3}$	$M_{2,1}$	$M_{2,2}-1$	$M_{2,3}$	$M_{3,1}$	$M_{3,2}$	$M_{3,3}-1$
Jan. 0	−103901	−4180 9213	−1816 5770	+4180 9627	−87404	+19 0055	+1816 4817	−26 6003	−16502
1	−103930	−4181 5011	−1816 8289	+4181 5427	−87429	+19 1057	+1816 7332	−26 7027	−16506
2	−103967	−4182 2551	−1817 1564	+4182 2969	−87460	+19 2239	+1817 0601	−26 8236	−16512
3	−104013	−4183 1740	−1817 5553	+4183 2160	−87499	+19 3217	+1817 4586	−26 9248	−16519
4	−104065	−4184 2178	−1818 0084	+4184 2600	−87542	+19 3683	+1817 9115	−26 9751	−16528
5	−104120	−4185 3266	−1818 4897	+4185 3687	−87589	+19 3439	+1818 3928	−26 9547	−16536
6	−104175	−4186 4325	−1818 9697	+4186 4744	−87635	+19 2418	+1818 8732	−26 8567	−16545
7	−104227	−4187 4714	−1819 4206	+4187 5130	−87679	+19 0684	+1819 3248	−26 6870	−16553
8	−104272	−4188 3926	−1819 8206	+4188 4339	−87717	+18 8403	+1819 7257	−26 4623	−16561
9	−104311	−4189 1655	−1820 1562	+4189 2063	−87749	+18 5814	+1820 0624	−26 2063	−16567
10	−104342	−4189 7819	−1820 4240	+4189 8222	−87775	+18 3191	+1820 3313	−25 9461	−16571
11	−104365	−4190 2562	−1820 6302	+4190 2961	−87795	+18 0800	+1820 5384	−25 7088	−16575
12	−104384	−4190 6233	−1820 7899	+4190 6628	−87810	+17 8875	+1820 6989	−25 5176	−16578
13	−104399	−4190 9351	−1820 9257	+4190 9744	−87823	+17 7589	+1820 8352	−25 3902	−16580
14	−104415	−4191 2570	−1821 0658	+4191 2962	−87837	+17 7028	+1820 9756	−25 3352	−16583
15	−104435	−4191 6619	−1821 2419	+4191 7011	−87854	+17 7166	+1821 1516	−25 3505	−16586
16	−104463	−4192 2216	−1821 4851	+4192 2609	−87877	+17 7841	+1821 3945	−25 4200	−16591
17	−104502	−4192 9925	−1821 8199	+4193 0320	−87910	+17 8736	+1821 7289	−25 5124	−16597
18	−104552	−4193 9964	−1822 2557	+4194 0361	−87952	+17 9398	+1822 1644	−25 5822	−16605
19	−104612	−4195 1998	−1822 7779	+4195 2395	−88002	+17 9317	+1822 6867	−25 5785	−16614
20	−104677	−4196 5040	−1823 3439	+4196 5435	−88057	+17 8077	+1823 2531	−25 4593	−16625
21	−104739	−4197 7614	−1823 8896	+4197 8004	−88110	+17 5551	+1823 7998	−25 2113	−16634
22	−104792	−4198 8225	−1824 3501	+4198 8608	−88154	+17 2017	+1824 2618	−24 8617	−16643
23	−104831	−4199 5950	−1824 6856	+4199 6326	−88186	+16 8102	+1824 5989	−24 4730	−16649
24	−104855	−4200 0806	−1824 8967	+4200 1176	−88207	+16 4544	+1824 8115	−24 1190	−16653
25	−104869	−4200 3661	−1825 0210	+4200 4026	−88219	+16 1913	+1824 9369	−23 8569	−16655
26	−104880	−4200 5799	−1825 1143	+4200 6162	−88228	+16 0439	+1825 0308	−23 7103	−16657
27	−104893	−4200 8440	−1825 2294	+4200 8802	−88239	+16 0017	+1825 1460	−23 6691	−16659
28	−104913	−4201 2420	−1825 4025	+4201 2783	−88255	+16 0316	+1825 3191	−23 7005	−16662
29	−104942	−4201 8107	−1825 6496	+4201 8471	−88279	+16 0913	+1825 5659	−23 7623	−16666
30	−104978	−4202 5442	−1825 9682	+4202 5807	−88310	+16 1402	+1825 8842	−23 8138	−16672
31	−105021	−4203 4055	−1826 3422	+4203 4420	−88346	+16 1457	+1826 2582	−23 8224	−16679
Feb. 1	−105068	−4204 3386	−1826 7473	+4204 3750	−88386	+16 0866	+1826 6635	−23 7668	−16686
2	−105115	−4205 2793	−1827 1556	+4205 3155	−88425	+15 9542	+1827 0724	−23 6378	−16694
3	−105159	−4206 1650	−1827 5402	+4206 2008	−88462	+15 7518	+1827 4578	−23 4386	−16701
4	−105198	−4206 9430	−1827 8780	+4206 9783	−88495	+15 4930	+1827 7967	−23 1826	−16707
5	−105230	−4207 5770	−1828 1535	+4207 6119	−88522	+15 1997	+1828 0733	−22 8917	−16712
6	−105254	−4208 0522	−1828 3600	+4208 0865	−88541	+14 8985	+1828 2812	−22 5922	−16716
7	−105270	−4208 3766	−1828 5013	+4208 4104	−88555	+14 6171	+1828 4236	−22 3120	−16718
8	−105280	−4208 5805	−1828 5902	+4208 6138	−88564	+14 3803	+1828 5135	−22 0760	−16720
9	−105287	−4208 7127	−1828 6481	+4208 7457	−88569	+14 2068	+1828 5721	−21 9030	−16721
10	−105293	−4208 8353	−1828 7018	+4208 8681	−88574	+14 1066	+1828 6263	−21 8032	−16722
11	−105302	−4209 0169	−1828 7812	+4209 0497	−88582	+14 0786	+1828 7057	−21 7758	−16723
12	−105317	−4209 3241	−1828 9149	+4209 3570	−88595	+14 1095	+1828 8393	−21 8080	−16726
13	−105342	−4209 8115	−1829 1268	+4209 8445	−88615	+14 1739	+1829 0509	−21 8741	−16730
14	−105377	−4210 5089	−1829 4297	+4210 5420	−88645	+14 2345	+1829 3536	−21 9372	−16735
15	−105421	−4211 4069	−1829 8196	+4211 4400	−88683	+14 2473	+1829 7434	−21 9533	−16742

$\mathbf{M} = \mathbf{NPB}$. Values are in units of 10^{-10}. Matrix used with GAST (B13–B20). CIP is $\mathcal{X} = M_{3,1}$, $\mathcal{Y} = M_{3,2}$.

MATRIX ELEMENTS FOR CONVERSION FROM
GCRS TO EQUATOR & CELESTIAL INTERMEDIATE ORIGIN OF DATE
FOR 0^h TERRESTRIAL TIME

Julian Date	$C_{1,1}-1$	$C_{1,2}$	$C_{1,3}$	$C_{2,1}$	$C_{2,2}-1$	$C_{2,3}$	$C_{3,1}$	$C_{3,2}$	$C_{3,3}-1$
245									
8483·5	− 16498	+ 95	− 1816 4817	+ 389	− 4	+ 26 6003	+ 1816 4817	− 26 6003	− 16502
8484·5	− 16503	+ 95	− 1816 7332	+ 390	− 4	+ 26 7027	+ 1816 7332	− 26 7027	− 16506
8485·5	− 16509	+ 95	− 1817 0601	+ 393	− 4	+ 26 8235	+ 1817 0601	− 26 8236	− 16512
8486·5	− 16516	+ 95	− 1817 4586	+ 394	− 4	+ 26 9247	+ 1817 4586	− 26 9248	− 16519
8487·5	− 16524	+ 95	− 1817 9115	+ 395	− 4	+ 26 9751	+ 1817 9115	− 26 9751	− 16528
8488·5	− 16533	+ 95	− 1818 3928	+ 395	− 4	+ 26 9547	+ 1818 3928	− 26 9547	− 16536
8489·5	− 16542	+ 95	− 1818 8732	+ 393	− 4	+ 26 8567	+ 1818 8732	− 26 8567	− 16545
8490·5	− 16550	+ 95	− 1819 3248	+ 390	− 4	+ 26 6870	+ 1819 3248	− 26 6870	− 16553
8491·5	− 16557	+ 96	− 1819 7257	+ 386	− 4	+ 26 4623	+ 1819 7257	− 26 4623	− 16561
8492·5	− 16563	+ 96	− 1820 0624	+ 381	− 3	+ 26 2062	+ 1820 0624	− 26 2063	− 16567
8493·5	− 16568	+ 96	− 1820 3313	+ 377	− 3	+ 25 9461	+ 1820 3313	− 25 9461	− 16571
8494·5	− 16572	+ 96	− 1820 5384	+ 372	− 3	+ 25 7087	+ 1820 5384	− 25 7088	− 16575
8495·5	− 16575	+ 96	− 1820 6989	+ 369	− 3	+ 25 5176	+ 1820 6989	− 25 5176	− 16578
8496·5	− 16577	+ 96	− 1820 8352	+ 367	− 3	+ 25 3901	+ 1820 8352	− 25 3902	− 16580
8497·5	− 16580	+ 96	− 1820 9756	+ 366	− 3	+ 25 3352	│ 1820 9756	− 25 3352	− 16583
8498·5	− 16583	+ 96	− 1821 1516	+ 366	− 3	+ 25 3505	+ 1821 1516	− 25 3505	− 16586
8499·5	− 16587	+ 96	− 1821 3945	+ 367	− 3	+ 25 4200	+ 1821 3945	− 25 4200	− 16591
8500·5	− 16593	+ 96	− 1821 7289	+ 369	− 3	+ 25 5123	+ 1821 7289	− 25 5124	− 16597
8501·5	− 16601	+ 96	− 1822 1644	+ 370	− 3	+ 25 5822	+ 1822 1644	− 25 5822	− 16605
8502·5	− 16611	+ 96	− 1822 6867	+ 370	− 3	+ 25 5785	+ 1822 6867	− 25 5785	− 16614
8503·5	− 16621	+ 96	− 1823 2531	+ 368	− 3	+ 25 4593	+ 1823 2531	− 25 4593	− 16625
8504·5	− 16631	+ 97	− 1823 7998	+ 363	− 3	+ 25 2112	+ 1823 7998	− 25 2113	− 16634
8505·5	− 16640	+ 97	− 1824 2618	+ 357	− 3	+ 24 8617	+ 1824 2618	− 24 8617	− 16643
8506·5	− 16646	+ 97	− 1824 5989	+ 350	− 3	+ 24 4730	+ 1824 5989	− 24 4730	− 16649
8507·5	− 16650	+ 97	− 1824 8115	+ 343	− 3	+ 24 1190	+ 1824 8115	− 24 1190	− 16653
8508·5	− 16652	+ 97	− 1824 9369	+ 339	− 3	+ 23 8569	+ 1824 9369	− 23 8569	− 16655
8509·5	− 16654	+ 97	− 1825 0308	+ 336	− 3	+ 23 7103	+ 1825 0308	− 23 7103	− 16657
8510·5	− 16656	+ 97	− 1825 1460	+ 335	− 3	+ 23 6691	+ 1825 1460	− 23 6691	− 16659
8511·5	− 16659	+ 97	− 1825 3191	+ 336	− 3	+ 23 7005	+ 1825 3191	− 23 7005	− 16662
8512·5	− 16663	+ 97	− 1825 5659	+ 337	− 3	+ 23 7622	+ 1825 5659	− 23 7623	− 16666
8513·5	− 16669	+ 97	− 1825 8842	+ 338	− 3	+ 23 8138	+ 1825 8842	− 23 8138	− 16672
8514·5	− 16676	+ 97	− 1826 2582	+ 338	− 3	+ 23 8224	+ 1826 2582	− 23 8224	− 16679
8515·5	− 16684	+ 97	− 1826 6635	+ 337	− 3	+ 23 7667	+ 1826 6635	− 23 7668	− 16686
8516·5	− 16691	+ 97	− 1827 0724	+ 335	− 3	+ 23 6378	+ 1827 0724	− 23 6378	− 16694
8517·5	− 16698	+ 97	− 1827 4578	+ 331	− 3	+ 23 4386	+ 1827 4578	− 23 4386	− 16701
8518·5	− 16704	+ 98	− 1827 7967	+ 326	− 3	+ 23 1826	+ 1827 7967	− 23 1826	− 16707
8519·5	− 16709	+ 98	− 1828 0733	+ 321	− 3	+ 22 8916	+ 1828 0733	− 22 8917	− 16712
8520·5	− 16713	+ 98	− 1828 2812	+ 315	− 3	+ 22 5922	+ 1828 2812	− 22 5922	− 16716
8521·5	− 16716	+ 98	− 1828 4236	+ 310	− 2	+ 22 3120	+ 1828 4236	− 22 3120	− 16718
8522·5	− 16717	+ 98	− 1828 5135	+ 306	− 2	+ 22 0760	+ 1828 5135	− 22 0760	− 16720
8523·5	− 16718	+ 98	− 1828 5721	+ 303	− 2	+ 21 9030	+ 1828 5721	− 21 9030	− 16721
8524·5	− 16719	+ 98	− 1828 6263	+ 301	− 2	+ 21 8032	+ 1828 6263	− 21 8032	− 16722
8525·5	− 16721	+ 98	− 1828 7057	+ 300	− 2	+ 21 7758	+ 1828 7057	− 21 7758	− 16723
8526·5	− 16723	+ 98	− 1828 8393	+ 301	− 2	+ 21 8079	+ 1828 8393	− 21 8080	− 16726
8527·5	− 16727	+ 98	− 1829 0509	+ 302	− 2	+ 21 8740	+ 1829 0509	− 21 8741	− 16730
8528·5	− 16733	+ 98	− 1829 3536	+ 303	− 2	+ 21 9372	+ 1829 3536	− 21 9372	− 16735
8529·5	− 16740	+ 98	− 1829 7434	+ 304	− 2	+ 21 9533	+ 1829 7434	− 21 9533	− 16742

Values are in units of 10^{-10}. Matrix used with ERA (B21–B24). CIP is $X = C_{3,1}$, $y = C_{3,2}$

MATRIX ELEMENTS FOR CONVERSION FROM
GCRS TO EQUATOR AND EQUINOX OF DATE ·
FOR 0^h TERRESTRIAL TIME

Date 0^h TT	$M_{1,1}-1$	$M_{1,2}$	$M_{1,3}$	$M_{2,1}$	$M_{2,2}-1$	$M_{2,3}$	$M_{3,1}$	$M_{3,2}$	$M_{3,3}-1$
Feb. 15	−105421	−4211 4069	−1829 8196	+4211 4400	−88683	+14 2473	+1829 7434	−21 9533	−16742
16	−105473	−4212 4456	−1830 2704	+4212 4786	−88726	+14 1700	+1830 1945	−21 8799	−16750
17	−105527	−4213 5138	−1830 7341	+4213 5464	−88771	+13 9762	+1830 6589	−21 6899	−16759
18	−105575	−4214 4701	−1831 1492	+4214 5022	−88811	+13 6696	+1831 0754	−21 3868	−16766
19	−105611	−4215 1886	−1831 4613	+4215 2200	−88842	+13 2918	+1831 3890	−21 0117	−16772
20	−105632	−4215 6118	−1831 6453	+4215 6425	−88859	+12 9132	+1831 5746	−20 6347	−16775
21	−105640	−4215 7792	−1831 7185	+4215 8094	−88866	+12 6068	+1831 6491	−20 3288	−16777
22	−105642	−4215 8088	−1831 7319	+4215 8386	−88868	+12 4195	+1831 6633	−20 1417	−16777
23	−105644	−4215 8440	−1831 7478	+4215 8737	−88869	+12 3584	+1831 6794	−20 0807	−16777
24	−105652	−4216 0005	−1831 8162	+4216 0303	−88876	+12 3950	+1831 7477	−20 1178	−16779
25	−105669	−4216 3376	−1831 9629	+4216 3676	−88890	+12 4823	+1831 8940	−20 2064	−16781
26	−105695	−4216 8587	−1832 1894	+4216 8888	−88912	+12 5723	+1832 1201	−20 2983	−16785
27	−105728	−4217 5265	−1832 4795	+4217 5567	−88940	+12 6260	+1832 4099	−20 3545	−16791
28	−105766	−4218 2813	−1832 8073	+4218 3115	−88972	+12 6188	+1832 7377	−20 3500	−16797
Mar. 1	−105805	−4219 0567	−1833 1440	+4219 0868	−89005	+12 5401	+1833 0748	−20 2742	−16803
2	−105842	−4219 7891	−1833 4621	+4219 8189	−89036	+12 3918	+1833 3935	−20 1285	−16809
3	−105873	−4220 4250	−1833 7383	+4220 4545	−89062	+12 1860	+1833 6706	−19 9251	−16814
4	−105899	−4220 9263	−1833 9562	+4220 9553	−89083	+11 9430	+1833 8895	−19 6839	−16818
5	−105916	−4221 2736	−1834 1074	+4221 3021	−89098	+11 6879	+1834 0417	−19 4301	−16820
6	−105926	−4221 4690	−1834 1927	+4221 4971	−89106	+11 4485	+1834 1280	−19 1914	−16822
7	−105929	−4221 5374	−1834 2229	+4221 5652	−89109	+11 2509	+1834 1591	−18 9941	−16823
8	−105929	−4221 5240	−1834 2177	+4221 5515	−89109	+11 1163	+1834 1544	−18 8594	−16822
9	−105927	−4221 4897	−1834 2034	+4221 5171	−89107	+11 0570	+1834 1404	−18 8000	−16822
10	−105928	−4221 5034	−1834 2099	+4221 5309	−89108	+11 0742	+1834 1469	−18 8173	−16822
11	−105934	−4221 6322	−1834 2664	+4221 6598	−89113	+11 1560	+1834 2029	−18 8996	−16823
12	−105949	−4221 9301	−1834 3961	+4221 9579	−89126	+11 2785	+1834 3321	−19 0231	−16826
13	−105974	−4222 4272	−1834 6122	+4222 4553	−89147	+11 4073	+1834 5477	−19 1537	−16830
14	−106009	−4223 1199	−1834 9130	+4223 1482	−89176	+11 5026	+1834 8481	−19 2515	−16835
15	−106051	−4223 9639	−1835 2795	+4223 9921	−89212	+11 5257	+1835 2144	−19 2778	−16842
16	−106097	−4224 8735	−1835 6744	+4224 9017	−89250	+11 4486	+1835 6097	−19 2040	−16849
17	−106140	−4225 7335	−1836 0478	+4225 7613	−89286	+11 2644	+1835 9838	−19 0230	−16856
18	−106175	−4226 4243	−1836 3478	+4226 4516	−89315	+10 9958	+1836 2850	−18 7569	−16861
19	−106197	−4226 8623	−1836 5383	+4226 8891	−89334	+10 6951	+1836 4767	−18 4579	−16865
20	−106206	−4227 0364	−1836 6144	+4227 0627	−89341	+10 4315	+1836 5539	−18 1949	−16866
21	−106205	−4227 0212	−1836 6084	+4227 0472	−89341	+10 2669	+1836 5486	−18 0302	−16866
22	−106201	−4226 9508	−1836 5784	+4226 9767	−89338	+10 2323	+1836 5188	−17 9954	−16866
23	−106202	−4226 9653	−1836 5853	+4226 9914	−89338	+10 3182	+1836 5253	−18 0813	−16866
24	−106212	−4227 1614	−1836 6709	+4227 1877	−89347	+10 4828	+1836 6102	−18 2467	−16867
25	−106232	−4227 5697	−1836 8485	+4227 5964	−89364	+10 6717	+1836 7869	−18 4370	−16871
26	−106262	−4228 1627	−1837 1061	+4228 1897	−89389	+10 8354	+1837 0439	−18 6029	−16875
27	−106298	−4228 8771	−1837 4164	+4228 9044	−89419	+10 9404	+1837 3537	−18 7106	−16881
28	−106336	−4229 6374	−1837 7466	+4229 6647	−89451	+10 9709	+1837 6837	−18 7439	−16887
29	−106373	−4230 3715	−1838 0654	+4230 3988	−89482	+10 9267	+1838 0028	−18 7024	−16893
30	−106406	−4231 0209	−1838 3475	+4231 0479	−89510	+10 8194	+1838 2853	−18 5975	−16898
31	−106432	−4231 5438	−1838 5748	+4231 5706	−89532	+10 6687	+1838 5132	−18 4487	−16902
Apr. 1	−106451	−4231 9181	−1838 7376	+4231 9446	−89548	+10 4994	+1838 6767	−18 2808	−16905
2	−106462	−4232 1419	−1838 8352	+4232 1681	−89557	+10 3388	+1838 7750	−18 1209	−16907

$M = NPB$. Values are in units of 10^{-10}. Matrix used with GAST (B13–B20). CIP is $\mathcal{X} = M_{3,1}$, $\mathcal{Y} = M_{3,2}$.

MATRIX ELEMENTS FOR CONVERSION FROM
GCRS TO EQUATOR & CELESTIAL INTERMEDIATE ORIGIN OF DATE
FOR 0^h TERRESTRIAL TIME

Julian Date	$C_{1,1}-1$	$C_{1,2}$	$C_{1,3}$	$C_{2,1}$	$C_{2,2}-1$	$C_{2,3}$	$C_{3,1}$	$C_{3,2}$	$C_{3,3}-1$
245									
8529·5	− 16740	+ 98	− 1829 7434	+ 304	− 2	+ 21 9533	+ 1829 7434	− 21 9533	− 16742
8530·5	− 16748	+ 98	− 1830 1945	+ 302	− 2	+ 21 8799	+ 1830 1945	− 21 8799	− 16750
8531·5	− 16757	+ 98	− 1830 6589	+ 299	− 2	+ 21 6899	+ 1830 6589	− 21 6899	− 16759
8532·5	− 16764	+ 98	− 1831 0754	+ 293	− 2	+ 21 3868	+ 1831 0754	− 21 3868	− 16766
8533·5	− 16770	+ 98	− 1831 3890	+ 286	− 2	+ 21 0117	+ 1831 3890	− 21 0117	− 16772
8534·5	− 16773	+ 98	− 1831 5746	+ 280	− 2	+ 20 6347	+ 1831 5746	− 20 6347	− 16775
8535·5	− 16775	+ 98	− 1831 6491	+ 274	− 2	+ 20 3288	+ 1831 6491	− 20 3288	− 16777
8536·5	− 16775	+ 98	− 1831 6633	+ 271	− 2	+ 20 1417	+ 1831 6633	− 20 1417	− 16777
8537·5	− 16775	+ 98	− 1831 6794	+ 269	− 2	+ 20 0807	+ 1831 6794	− 20 0807	− 16777
8538·5	− 16777	+ 98	− 1831 7477	+ 270	− 2	+ 20 1178	+ 1831 7477	− 20 1178	− 16779
8539·5	− 16779	+ 98	− 1831 8940	+ 272	− 2	+ 20 2064	+ 1831 8940	− 20 2064	− 16781
8540·5	− 16783	+ 98	− 1832 1201	+ 273	− 2	+ 20 2982	+ 1832 1201	− 20 2983	− 16785
8541·5	− 16789	+ 99	− 1832 4099	+ 274	− 2	+ 20 3544	+ 1832 4099	− 20 3545	− 16791
8542·5	− 16795	+ 99	− 1832 7377	+ 274	− 2	+ 20 3500	+ 1832 7377	− 20 3500	− 16797
8543·5	− 16801	+ 99	− 1833 0748	+ 273	− 2	+ 20 2742	+ 1833 0748	− 20 2742	− 16803
8544·5	− 16807	+ 99	− 1833 3935	+ 270	− 2	+ 20 1285	+ 1833 3935	− 20 1285	− 16809
8545·5	− 16812	+ 99	− 1833 6706	+ 267	− 2	+ 19 9251	+ 1833 6706	− 19 9251	− 16814
8546·5	− 16816	+ 99	− 1833 8895	+ 262	− 2	+ 19 6839	+ 1833 8895	− 19 6839	− 16818
8547·5	− 16819	+ 99	− 1834 0417	+ 258	− 2	+ 19 4301	+ 1834 0417	− 19 4301	− 16820
8548·5	− 16820	+ 99	− 1834 1280	+ 253	− 2	+ 19 1914	+ 1834 1280	− 19 1914	− 16822
8549·5	− 16821	+ 99	− 1834 1591	+ 250	− 2	+ 18 9941	+ 1834 1591	− 18 9941	− 16823
8550·5	− 16821	+ 99	− 1834 1544	+ 247	− 2	+ 18 8594	+ 1834 1544	− 18 8594	− 16822
8551·5	− 16820	+ 99	− 1834 1404	+ 246	− 2	+ 18 8000	+ 1834 1404	− 18 8000	− 16822
8552·5	− 16820	+ 99	− 1834 1469	+ 246	− 2	+ 18 8172	+ 1834 1469	− 18 8173	− 16822
8553·5	− 16822	+ 99	− 1834 2029	+ 248	− 2	+ 18 8996	+ 1834 2029	− 18 8996	− 16823
8554·5	− 16824	+ 99	− 1834 3321	+ 250	− 2	+ 19 0231	+ 1834 3321	− 19 0231	− 16826
8555·5	− 16828	+ 99	− 1834 5477	+ 252	− 2	+ 19 1537	+ 1834 5477	− 19 1537	− 16830
8556·5	− 16833	+ 99	− 1834 8481	+ 254	− 2	+ 19 2515	+ 1834 8481	− 19 2515	− 16835
8557·5	− 16840	+ 99	− 1835 2144	+ 255	− 2	+ 19 2778	+ 1835 2144	− 19 2778	− 16842
8558·5	− 16847	+ 99	− 1835 6097	+ 253	− 2	+ 19 2040	+ 1835 6097	− 19 2040	− 16849
8559·5	− 16854	+ 99	− 1835 9838	+ 250	− 2	+ 19 0229	+ 1835 9838	− 19 0230	− 16856
8560·5	− 16860	+ 99	− 1836 2850	+ 245	− 2	+ 18 7569	+ 1836 2850	− 18 7569	− 16861
8561·5	− 16863	+ 99	− 1836 4767	+ 240	− 2	+ 18 4579	+ 1836 4767	− 18 4579	− 16865
8562·5	− 16865	+ 99	− 1836 5539	+ 235	− 2	+ 18 1949	+ 1836 5539	− 18 1949	− 16866
8563·5	− 16865	+ 99	− 1836 5486	+ 232	− 2	+ 18 0302	+ 1836 5486	− 18 0302	− 16866
8564·5	− 16864	+ 99	− 1836 5188	+ 231	− 2	+ 17 9954	+ 1836 5188	− 17 9954	− 16866
8565·5	− 16864	+ 99	− 1836 5253	+ 233	− 2	+ 18 0813	+ 1836 5253	− 18 0813	− 16866
8566·5	− 16866	+ 99	− 1836 6102	+ 236	− 2	+ 18 2467	+ 1836 6102	− 18 2467	− 16867
8567·5	− 16869	+ 99	− 1836 7869	+ 239	− 2	+ 18 4370	+ 1836 7869	− 18 4370	− 16871
8568·5	− 16874	+ 99	− 1837 0439	+ 242	− 2	+ 18 6029	+ 1837 0439	− 18 6029	− 16875
8569·5	− 16879	+ 99	− 1837 3537	+ 244	− 2	+ 18 7106	+ 1837 3537	− 18 7106	− 16881
8570·5	− 16885	+ 100	− 1837 6837	+ 245	− 2	+ 18 7439	+ 1837 6837	− 18 7439	− 16887
8571·5	− 16891	+ 100	− 1838 0028	+ 244	− 2	+ 18 7024	+ 1838 0028	− 18 7024	− 16893
8572·5	− 16896	+ 100	− 1838 2853	+ 242	− 2	+ 18 5974	+ 1838 2853	− 18 5975	− 16898
8573·5	− 16901	+ 100	− 1838 5132	+ 239	− 2	+ 18 4487	+ 1838 5132	− 18 4487	− 16902
8574·5	− 16904	+ 100	− 1838 6767	+ 236	− 2	+ 18 2807	+ 1838 6767	− 18 2808	− 16905
8575·5	− 16905	+ 100	− 1838 7750	+ 233	− 2	+ 18 1209	+ 1838 7750	− 18 1209	− 16907

Values are in units of 10^{-10}. Matrix used with ERA (B21–B24). CIP is $\mathcal{X} = C_{3,1}$, $\mathcal{Y} = C_{3,2}$

MATRIX ELEMENTS FOR CONVERSION FROM
GCRS TO EQUATOR AND EQUINOX OF DATE
FOR 0^h TERRESTRIAL TIME

Date 0^h TT	$M_{1,1}-1$	$M_{1,2}$	$M_{1,3}$	$M_{2,1}$	$M_{2,2}-1$	$M_{2,3}$	$M_{3,1}$	$M_{3,2}$	$M_{3,3}-1$
Apr. 1	−106451	−4231 9181	−1838 7376	+4231 9446	−89548	+10 4994	+1838 6767	−18 2808	−16905
2	−106462	−4232 1419	−1838 8352	+4232 1681	−89557	+10 3388	+1838 7750	−18 1209	−16907
3	−106467	−4232 2346	−1838 8760	+4232 2605	−89561	+10 2135	+1838 8163	−17 9960	−16908
4	−106467	−4232 2363	−1838 8773	+4232 2621	−89561	+10 1469	+1838 8179	−17 9294	−16908
5	−106465	−4232 2054	−1838 8645	+4232 2312	−89560	+10 1546	+1838 8051	−17 9370	−16908
6	−106466	−4232 2116	−1838 8678	+4232 2376	−89560	+10 2415	+1838 8080	−18 0240	−16908
7	−106472	−4232 3265	−1838 9182	+4232 3528	−89565	+10 3990	+1838 8577	−18 1818	−16909
8	−106486	−4232 6101	−1839 0417	+4232 6367	−89577	+10 6042	+1838 9804	−18 3881	−16911
9	−106510	−4233 0974	−1839 2535	+4233 1245	−89598	+10 8229	+1839 1913	−18 6086	−16915
10	−106545	−4233 7878	−1839 5534	+4233 8152	−89627	+11 0147	+1839 4903	−18 8029	−16920
11	−106588	−4234 6399	−1839 9234	+4234 6676	−89663	+11 1408	+1839 8597	−18 9322	−16927
12	−106635	−4235 5748	−1840 3292	+4235 6025	−89703	+11 1729	+1840 2654	−18 9677	−16935
13	−106681	−4236 4879	−1840 7257	+4236 5155	−89741	+11 1018	+1840 6621	−18 8999	−16942
14	−106721	−4237 2711	−1841 0658	+4237 2984	−89774	+10 9428	+1841 0029	−18 7438	−16948
15	−106749	−4237 8407	−1841 3133	+4237 8676	−89799	+10 7363	+1841 2513	−18 5395	−16953
16	−106766	−4238 1661	−1841 4549	+4238 1927	−89812	+10 5405	+1841 3937	−18 3448	−16955
17	−106772	−4238 2866	−1841 5078	+4238 3129	−89817	+10 4154	+1841 4471	−18 2201	−16956
18	−106773	−4238 3051	−1841 5164	+4238 3315	−89818	+10 4037	+1841 4558	−18 2085	−16956
19	−106775	−4238 3562	−1841 5391	+4238 3828	−89820	+10 5157	+1841 4780	−18 3207	−16957
20	−106785	−4238 5595	−1841 6278	+4238 5864	−89829	+10 7263	+1841 5658	−18 5321	−16959
21	−106807	−4238 9815	−1841 8113	+4239 0089	−89847	+10 9861	+1841 7482	−18 7934	−16962
22	−106839	−4239 6230	−1842 0901	+4239 6509	−89874	+11 2398	+1842 0258	−19 0495	−16967
23	−106880	−4240 4315	−1842 4411	+4240 4598	−89909	+11 4424	+1842 3760	−19 2551	−16974
24	−106925	−4241 3263	−1842 8296	+4241 3548	−89947	+11 5680	+1842 7639	−19 3840	−16981
25	−106970	−4242 2232	−1843 2190	+4242 2518	−89985	+11 6103	+1843 1531	−19 4296	−16988
26	−107012	−4243 0511	−1843 5785	+4243 0797	−90020	+11 5786	+1843 5127	−19 4009	−16995
27	−107048	−4243 7594	−1843 8861	+4243 7878	−90050	+11 4924	+1843 8207	−19 3173	−17000
28	−107076	−4244 3202	−1844 1298	+4244 3484	−90074	+11 3772	+1844 0649	−19 2042	−17005
29	−107096	−4244 7275	−1844 3069	+4244 7555	−90091	+11 2605	+1844 2425	−19 0890	−17008
30	−107110	−4244 9964	−1844 4241	+4245 0242	−90102	+11 1698	+1844 3601	−18 9993	−17010
May 1	−107118	−4245 1619	−1844 4964	+4245 1896	−90109	+11 1292	+1844 4325	−18 9593	−17011
2	−107124	−4245 2772	−1844 5470	+4245 3050	−90114	+11 1573	+1844 4830	−18 9879	−17012
3	−107131	−4245 4100	−1844 6052	+4245 4380	−90120	+11 2634	+1844 5407	−19 0944	−17013
4	−107142	−4245 6349	−1844 7033	+4245 6633	−90129	+11 4439	+1844 6380	−19 2758	−17015
5	−107162	−4246 0209	−1844 8712	+4246 0497	−90146	+11 6804	+1844 8050	−19 5137	−17018
6	−107192	−4246 6156	−1845 1295	+4246 6449	−90171	+11 9402	+1845 0622	−19 7757	−17023
7	−107233	−4247 4297	−1845 4830	+4247 4594	−90206	+12 1809	+1845 4147	−20 0194	−17030
8	−107283	−4248 4278	−1845 9163	+4248 4579	−90248	+12 3593	+1845 8472	−20 2015	−17038
9	−107339	−4249 5307	−1846 3950	+4249 5609	−90295	+12 4426	+1846 3255	−20 2889	−17047
10	−107395	−4250 6302	−1846 8722	+4250 6603	−90342	+12 4180	+1846 8027	−20 2683	−17055
11	−107444	−4251 6146	−1847 2995	+4251 6445	−90384	+12 2982	+1847 2306	−20 1521	−17063
12	−107484	−4252 3980	−1847 6397	+4252 4276	−90417	+12 1204	+1847 5715	−19 9773	−17070
13	−107511	−4252 9442	−1847 8771	+4252 9735	−90440	+11 9381	+1847 8096	−19 7969	−17074
14	−107528	−4253 2789	−1848 0228	+4253 3080	−90454	+11 8074	+1847 9559	−19 6675	−17077
15	−107539	−4253 4853	−1848 1128	+4253 5143	−90463	+11 7722	+1848 0460	−19 6331	−17078
16	−107549	−4253 6815	−1848 1985	+4253 7106	−90471	+11 8515	+1848 1313	−19 7130	−17080
17	−107564	−4253 9868	−1848 3314	+4254 0163	−90484	+12 0336	+1848 2635	−19 8963	−17082

$M = NPB$. Values are in units of 10^{-10}. Matrix used with GAST (B13–B20). CIP is $\mathcal{X} = M_{3,1}$, $\mathcal{Y} = M_{3,2}$.

MATRIX ELEMENTS FOR CONVERSION FROM
GCRS TO EQUATOR & CELESTIAL INTERMEDIATE ORIGIN OF DATE
FOR 0^h TERRESTRIAL TIME

Julian Date	$C_{1,1}-1$	$C_{1,2}$	$C_{1,3}$	$C_{2,1}$	$C_{2,2}-1$	$C_{2,3}$	$C_{3,1}$	$C_{3,2}$	$C_{3,3}-1$
245									
8574·5	− 16904	+ 100	− 1838 6767	+ 236	− 2	+ 18 2807	+ 1838 6767	− 18 2808	− 16905
8575·5	− 16905	+ 100	− 1838 7750	+ 233	− 2	+ 18 1209	+ 1838 7750	− 18 1209	− 16907
8576·5	− 16906	+ 100	− 1838 8163	+ 231	− 2	+ 17 9960	+ 1838 8163	− 17 9960	− 16908
8577·5	− 16906	+ 100	− 1838 8179	+ 230	− 2	+ 17 9294	+ 1838 8179	− 17 9294	− 16908
8578·5	− 16906	+ 100	− 1838 8051	+ 230	− 2	+ 17 9370	+ 1838 8051	− 17 9370	− 16908
8579·5	− 16906	+ 100	− 1838 8080	+ 232	− 2	+ 18 0240	+ 1838 8080	− 18 0240	− 16908
8580·5	− 16907	+ 100	− 1838 8577	+ 235	− 2	+ 18 1818	+ 1838 8577	− 18 1818	− 16909
8581·5	− 16909	+ 100	− 1838 9804	+ 238	− 2	+ 18 3880	+ 1838 9804	− 18 3881	− 16911
8582·5	− 16913	+ 100	− 1839 1913	+ 242	− 2	+ 18 6086	+ 1839 1913	− 18 6086	− 16915
8583·5	− 16919	+ 100	− 1839 4903	+ 246	− 2	+ 18 8029	+ 1839 4903	− 18 8029	− 16920
8584·5	− 16925	+ 100	− 1839 8597	+ 248	− 2	+ 18 9322	+ 1839 8597	− 18 9322	− 16927
8585·5	− 16933	+ 100	− 1840 2654	+ 249	− 2	+ 18 9677	+ 1840 2654	− 18 9677	− 16935
8586·5	− 16940	+ 100	− 1840 6621	+ 248	− 2	+ 18 8999	+ 1840 6621	− 18 8999	− 16942
8587·5	− 16946	+ 100	− 1841 0029	+ 245	− 2	+ 18 7438	+ 1841 0029	− 18 7438	− 16948
8588·5	− 16951	+ 100	− 1841 2513	+ 241	− 2	+ 18 5395	+ 1841 2513	− 18 5395	− 16953
8589·5	− 16954	+ 100	− 1841 3937	+ 238	− 2	+ 18 3448	+ 1841 3937	− 18 3448	− 16955
8590·5	− 16955	+ 100	− 1841 4471	+ 235	− 2	+ 18 2201	+ 1841 4471	− 18 2201	− 16956
8591·5	− 16955	+ 100	− 1841 4558	+ 235	− 2	+ 18 2085	+ 1841 4558	− 18 2085	− 16956
8592·5	− 16955	+ 100	− 1841 4780	+ 237	− 2	+ 18 3207	+ 1841 4780	− 18 3207	− 16957
8593·5	− 16957	+ 100	− 1841 5658	+ 241	− 2	+ 18 5321	+ 1841 5658	− 18 5321	− 16959
8594·5	− 16960	+ 100	− 1841 7482	+ 246	− 2	+ 18 7934	+ 1841 7482	− 18 7934	− 16962
8595·5	− 16965	+ 100	− 1842 0258	+ 251	− 2	+ 19 0495	+ 1842 0258	− 19 0495	− 16967
8596·5	− 16972	+ 100	− 1842 3760	+ 254	− 2	+ 19 2551	+ 1842 3760	− 19 2551	− 16974
8597·5	− 16979	+ 100	− 1842 7639	+ 257	− 2	+ 19 3840	+ 1842 7639	− 19 3840	− 16981
8598·5	− 16986	+ 101	− 1843 1531	+ 258	− 2	+ 19 4296	+ 1843 1531	− 19 4296	− 16988
8599·5	− 16993	+ 101	− 1843 5127	+ 257	− 2	+ 19 4009	+ 1843 5127	− 19 4009	− 16995
8600·5	− 16998	+ 101	− 1843 8207	+ 255	− 2	+ 19 3173	+ 1843 8207	− 19 3173	− 17000
8601·5	− 17003	+ 101	− 1844 0649	+ 253	− 2	+ 19 2041	+ 1844 0649	− 19 2042	− 17005
8602·5	− 17006	+ 101	− 1844 2425	+ 251	− 2	+ 19 0890	+ 1844 2425	− 19 0890	− 17008
8603·5	− 17008	+ 101	− 1844 3601	+ 250	− 2	+ 18 9992	+ 1844 3601	− 18 9993	− 17010
8604·5	− 17010	+ 101	− 1844 4325	+ 249	− 2	+ 18 9593	+ 1844 4325	− 18 9593	− 17011
8605·5	− 17011	+ 101	− 1844 4830	+ 249	− 2	+ 18 9879	+ 1844 4830	− 18 9879	− 17012
8606·5	− 17012	+ 101	− 1844 5407	+ 251	− 2	+ 19 0944	+ 1844 5407	− 19 0944	− 17013
8607·5	− 17013	+ 101	− 1844 6380	+ 255	− 2	+ 19 2757	+ 1844 6380	− 19 2758	− 17015
8608·5	− 17017	+ 101	− 1844 8050	+ 259	− 2	+ 19 5137	+ 1844 8050	− 19 5137	− 17018
8609·5	− 17021	+ 101	− 1845 0622	+ 264	− 2	+ 19 7757	+ 1845 0622	− 19 7757	− 17023
8610·5	− 17028	+ 101	− 1845 4147	+ 268	− 2	+ 20 0193	+ 1845 4147	− 20 0194	− 17030
8611·5	− 17036	+ 101	− 1845 8472	+ 272	− 2	+ 20 2015	+ 1845 8472	− 20 2015	− 17038
8612·5	− 17045	+ 101	− 1846 3255	+ 273	− 2	+ 20 2888	+ 1846 3255	− 20 2889	− 17047
8613·5	− 17053	+ 101	− 1846 8027	+ 273	− 2	+ 20 2682	+ 1846 8027	− 20 2683	− 17055
8614·5	− 17061	+ 101	− 1847 2306	+ 271	− 2	+ 20 1521	+ 1847 2306	− 20 1521	− 17063
8615·5	− 17068	+ 101	− 1847 5715	+ 268	− 2	+ 19 9772	+ 1847 5715	− 19 9773	− 17070
8616·5	− 17072	+ 101	− 1847 8096	+ 264	− 2	+ 19 7969	+ 1847 8096	− 19 7969	− 17074
8617·5	− 17075	+ 102	− 1847 9559	+ 262	− 2	+ 19 6675	+ 1847 9559	− 19 6675	− 17077
8618·5	− 17076	+ 102	− 1848 0460	+ 261	− 2	+ 19 6331	+ 1848 0460	− 19 6331	− 17078
8619·5	− 17078	+ 102	− 1848 1313	+ 263	− 2	+ 19 7130	+ 1848 1313	− 19 7130	− 17080
8620·5	− 17080	+ 102	− 1848 2635	+ 266	− 2	+ 19 8963	+ 1848 2635	− 19 8963	− 17082

Values are in units of 10^{-10}. Matrix used with ERA (B21–B24). CIP is $\mathcal{X} = C_{3,1}$, $\mathcal{Y} = C_{3,2}$

MATRIX ELEMENTS FOR CONVERSION FROM
GCRS TO EQUATOR AND EQUINOX OF DATE
FOR 0^h TERRESTRIAL TIME

Date 0^h TT	$M_{1,1}-1$	$M_{1,2}$	$M_{1,3}$	$M_{2,1}$	$M_{2,2}-1$	$M_{2,3}$	$M_{3,1}$	$M_{3,2}$	$M_{3,3}-1$
May 17	−107564	−4253 9868	−1848 3314	+4254 0163	−90484	+12 0336	+1848 2635	−19 8963	−17082
18	−107590	−4254 4871	−1848 5489	+4254 5170	−90506	+12 2809	+1848 4799	−20 1455	−17086
19	−107626	−4255 2124	−1848 8639	+4255 2429	−90537	+12 5420	+1848 7938	−20 4093	−17092
20	−107673	−4256 1350	−1849 2644	+4256 1659	−90576	+12 7671	+1849 1933	−20 6378	−17100
21	−107726	−4257 1849	−1849 7202	+4257 2161	−90621	+12 9205	+1849 6484	−20 7950	−17108
22	−107781	−4258 2742	−1850 1929	+4258 3055	−90667	+12 9860	+1850 1209	−20 8646	−17117
23	−107834	−4259 3193	−1850 6466	+4259 3506	−90712	+12 9669	+1850 5746	−20 8493	−17125
24	−107881	−4260 2561	−1851 0533	+4260 2872	−90751	+12 8801	+1850 9816	−20 7660	−17133
25	−107921	−4261 0454	−1851 3960	+4261 0763	−90785	+12 7513	+1851 3249	−20 6401	−17139
26	−107953	−4261 6741	−1851 6692	+4261 7048	−90812	+12 6093	+1851 5986	−20 5004	−17144
27	−107978	−4262 1522	−1851 8770	+4262 1827	−90832	+12 4824	+1851 8070	−20 3753	−17148
28	−107996	−4262 5101	−1852 0327	+4262 5403	−90847	+12 3961	+1851 9631	−20 2903	−17151
29	−108010	−4262 7957	−1852 1571	+4262 8259	−90860	+12 3706	+1852 0876	−20 2659	−17153
30	−108024	−4263 0717	−1852 2774	+4263 1021	−90871	+12 4182	+1852 2076	−20 3145	−17155
31	−108041	−4263 4108	−1852 4249	+4263 4413	−90886	+12 5406	+1852 3546	−20 4382	−17158
June 1	−108065	−4263 8863	−1852 6317	+4263 9172	−90906	+12 7260	+1852 5606	−20 6253	−17162
2	−108100	−4264 5592	−1852 9240	+4264 5905	−90935	+12 9473	+1852 8519	−20 8491	−17167
3	−108145	−4265 4600	−1853 3150	+4265 4917	−90973	+13 1639	+1853 2420	−21 0691	−17175
4	−108202	−4266 5724	−1853 7979	+4266 6045	−91021	+13 3289	+1853 7241	−21 2382	−17184
5	−108265	−4267 8269	−1854 3423	+4267 8591	−91074	+13 4008	+1854 2682	−21 3147	−17194
6	−108330	−4269 1108	−1854 8994	+4269 1429	−91129	+13 3572	+1854 8255	−21 2759	−17204
7	−108391	−4270 2974	−1855 4144	+4270 3293	−91180	+13 2045	+1855 3411	−21 1276	−17214
8	−108441	−4271 2828	−1855 8422	+4271 3143	−91222	+12 9785	+1855 7698	−20 9052	−17222
9	−108478	−4272 0176	−1856 1613	+4272 0486	−91253	+12 7342	+1856 0899	−20 6637	−17227
10	−108503	−4272 5197	−1856 3795	+4272 5503	−91275	+12 5305	+1856 3091	−20 4618	−17232
11	−108521	−4272 8666	−1856 5305	+4272 8970	−91289	+12 4134	+1856 4605	−20 3460	−17234
12	−108537	−4273 1708	−1856 6629	+4273 2012	−91302	+12 4049	+1856 5930	−20 3386	−17237
13	−108556	−4273 5480	−1856 8271	+4273 5786	−91319	+12 4989	+1856 7567	−20 4341	−17240
14	−108583	−4274 0886	−1857 0620	+4274 1195	−91342	+12 6654	+1856 9909	−20 6025	−17244
15	−108621	−4274 8374	−1857 3872	+4274 8687	−91374	+12 8590	+1857 3152	−20 7989	−17250
16	−108669	−4275 7871	−1857 7995	+4275 8187	−91414	+13 0318	+1857 7268	−20 9753	−17258
17	−108725	−4276 8860	−1858 2764	+4276 9178	−91461	+13 1442	+1858 2032	−21 0918	−17267
18	−108785	−4278 0551	−1858 7838	+4278 0870	−91511	+13 1728	+1858 7105	−21 1247	−17276
19	−108843	−4279 2086	−1859 2844	+4279 2404	−91561	+13 1127	+1859 2113	−21 0689	−17286
20	−108898	−4280 2721	−1859 7461	+4280 3037	−91606	+12 9757	+1859 6735	−20 9358	−17294
21	−108944	−4281 1942	−1860 1464	+4281 2254	−91646	+12 7849	+1860 0746	−20 7485	−17302
22	−108983	−4281 9505	−1860 4748	+4281 9813	−91678	+12 5694	+1860 4040	−20 5358	−17308
23	−109013	−4282 5434	−1860 7324	+4282 5738	−91703	+12 3591	+1860 6624	−20 3277	−17312
24	−109036	−4282 9979	−1860 9300	+4283 0279	−91723	+12 1810	+1860 8608	−20 1513	−17316
25	−109055	−4283 3575	−1861 0865	+4283 3873	−91738	+12 0568	+1861 0178	−20 0284	−17319
26	−109071	−4283 6800	−1861 2269	+4283 7097	−91752	+12 0007	+1861 1584	−19 9735	−17322
27	−109089	−4284 0330	−1861 3805	+4284 0628	−91767	+12 0177	+1861 3120	−19 9919	−17324
28	−109112	−4284 4881	−1861 5784	+4284 5181	−91787	+12 1014	+1861 5095	−20 0773	−17328
29	−109144	−4285 1112	−1861 8491	+4285 1414	−91813	+12 2320	+1861 7796	−20 2101	−17333
30	−109187	−4285 9489	−1862 2128	+4285 9794	−91849	+12 3755	+1862 1427	−20 3568	−17340
July 1	−109241	−4287 0108	−1862 6737	+4287 0415	−91895	+12 4873	+1862 6031	−20 4725	−17349
2	−109304	−4288 2542	−1863 2134	+4288 2850	−91948	+12 5204	+1863 1425	−20 5103	−17359

$M = NPB$. Values are in units of 10^{-10}. Matrix used with GAST (B13–B20). CIP is $\mathcal{X} = M_{3,1}$, $\mathcal{Y} = M_{3,2}$.

MATRIX ELEMENTS FOR CONVERSION FROM
GCRS TO EQUATOR & CELESTIAL INTERMEDIATE ORIGIN OF DATE
FOR 0^h TERRESTRIAL TIME

Julian Date	$C_{1,1}-1$	$C_{1,2}$	$C_{1,3}$	$C_{2,1}$	$C_{2,2}-1$	$C_{2,3}$	$C_{3,1}$	$C_{3,2}$	$C_{3,3}-1$
245									
8620·5	− 17080	+ 102	− 1848 2635	+ 266	− 2	+ 19 8963	+ 1848 2635	− 19 8963	− 17082
8621·5	− 17084	+ 102	− 1848 4799	+ 271	− 2	+ 20 1455	+ 1848 4799	− 20 1455	− 17086
8622·5	− 17090	+ 102	− 1848 7938	+ 276	− 2	+ 20 4093	+ 1848 7938	− 20 4093	− 17092
8623·5	− 17098	+ 102	− 1849 1933	+ 280	− 2	+ 20 6378	+ 1849 1933	− 20 6378	− 17100
8624·5	− 17106	+ 102	− 1849 6484	+ 283	− 2	+ 20 7950	+ 1849 6484	− 20 7950	− 17108
8625·5	− 17115	+ 102	− 1850 1209	+ 284	− 2	+ 20 8646	+ 1850 1209	− 20 8646	− 17117
8626·5	− 17123	+ 102	− 1850 5746	+ 284	− 2	+ 20 8493	+ 1850 5746	− 20 8493	− 17125
8627·5	− 17131	+ 102	− 1850 9816	+ 282	− 2	+ 20 7660	+ 1850 9816	− 20 7660	− 17133
8628·5	− 17137	+ 102	− 1851 3249	+ 280	− 2	+ 20 6401	+ 1851 3249	− 20 6401	− 17139
8629·5	− 17142	+ 102	− 1851 5986	+ 277	− 2	+ 20 5004	+ 1851 5986	− 20 5004	− 17144
8630·5	− 17146	+ 102	− 1851 8070	+ 275	− 2	+ 20 3753	+ 1851 8070	− 20 3753	− 17148
8631·5	− 17149	+ 102	− 1851 9631	+ 273	− 2	+ 20 2903	+ 1851 9631	− 20 2903	− 17151
8632·5	− 17151	+ 102	− 1852 0876	+ 273	− 2	+ 20 2658	+ 1852 0876	− 20 2659	− 17153
8633·5	− 17153	+ 102	− 1852 2076	+ 274	− 2	+ 20 3145	+ 1852 2076	− 20 3145	− 17155
8634·5	− 17156	+ 102	− 1852 3546	+ 276	− 2	+ 20 4382	+ 1852 3546	− 20 4382	− 17158
8635·5	− 17160	+ 102	− 1852 5606	+ 280	− 2	+ 20 6253	+ 1852 5606	− 20 6253	− 17162
8636·5	− 17165	+ 103	− 1852 8519	+ 284	− 2	+ 20 8491	+ 1852 8519	− 20 8491	− 17167
8637·5	− 17173	+ 103	− 1853 2420	+ 288	− 2	+ 21 0691	+ 1853 2420	− 21 0691	− 17175
8638·5	− 17181	+ 103	− 1853 7241	+ 291	− 2	+ 21 2382	+ 1853 7241	− 21 2382	− 17184
8639·5	− 17192	+ 103	− 1854 2682	+ 292	− 2	+ 21 3147	+ 1854 2682	− 21 3147	− 17194
8640·5	− 17202	+ 103	− 1854 8255	+ 292	− 2	+ 21 2758	+ 1854 8255	− 21 2759	− 17204
8641·5	− 17211	+ 103	− 1855 3411	+ 289	− 2	+ 21 1276	+ 1855 3411	− 21 1276	− 17214
8642·5	− 17219	+ 103	− 1855 7698	+ 285	− 2	+ 20 9052	+ 1855 7698	− 20 9052	− 17222
8643·5	− 17225	+ 103	− 1856 0899	+ 280	− 2	+ 20 6636	+ 1856 0899	− 20 6637	− 17227
8644·5	− 17229	+ 103	− 1856 3091	+ 277	− 2	+ 20 4618	+ 1856 3091	− 20 4618	− 17232
8645·5	− 17232	+ 103	− 1856 4605	+ 274	− 2	+ 20 3460	+ 1856 4605	− 20 3460	− 17234
8646·5	− 17235	+ 103	− 1856 5930	+ 274	− 2	+ 20 3386	+ 1856 5930	− 20 3386	− 17237
8647·5	− 17238	+ 103	− 1856 7567	+ 276	− 2	+ 20 4341	+ 1856 7567	− 20 4341	− 17240
8648·5	− 17242	+ 103	− 1856 9909	+ 279	− 2	+ 20 6025	+ 1856 9909	− 20 6025	− 17244
8649·5	− 17248	+ 103	− 1857 3152	+ 283	− 2	+ 20 7989	+ 1857 3152	− 20 7989	− 17250
8650·5	− 17256	+ 104	− 1857 7268	+ 286	− 2	+ 20 9752	+ 1857 7268	− 20 9753	− 17258
8651·5	− 17265	+ 104	− 1858 2032	+ 288	− 2	+ 21 0917	+ 1858 2032	− 21 0918	− 17267
8652·5	− 17274	+ 104	− 1858 7105	+ 289	− 2	+ 21 1247	+ 1858 7105	− 21 1247	− 17276
8653·5	− 17283	+ 104	− 1859 2113	+ 288	− 2	+ 21 0689	+ 1859 2113	− 21 0689	− 17286
8654·5	− 17292	+ 104	− 1859 6735	+ 285	− 2	+ 20 9358	+ 1859 6735	− 20 9358	− 17294
8655·5	− 17299	+ 104	− 1860 0746	+ 282	− 2	+ 20 7484	+ 1860 0746	− 20 7485	− 17302
8656·5	− 17306	+ 104	− 1860 4040	+ 278	− 2	+ 20 5358	+ 1860 4040	− 20 5358	− 17308
8657·5	− 17310	+ 104	− 1860 6624	+ 274	− 2	+ 20 3277	+ 1860 6624	− 20 3277	− 17312
8658·5	− 17314	+ 104	− 1860 8608	+ 271	− 2	+ 20 1513	+ 1860 8608	− 20 1513	− 17316
8659·5	− 17317	+ 104	− 1861 0178	+ 269	− 2	+ 20 0284	+ 1861 0178	− 20 0284	− 17319
8660·5	− 17320	+ 104	− 1861 1584	+ 267	− 2	+ 19 9735	+ 1861 1584	− 19 9735	− 17322
8661·5	− 17322	+ 104	− 1861 3120	+ 268	− 2	+ 19 9918	+ 1861 3120	− 19 9919	− 17324
8662 5	17326	│ 104	− 1861 5095	+ 269	− 2	+ 20 0772	│ 1861 5095	20 0773	17328
8663·5	− 17331	+ 104	− 1861 7796	+ 272	− 2	+ 20 2101	+ 1861 7796	− 20 2101	− 17333
8664·5	− 17338	+ 104	− 1862 1427	+ 275	− 2	+ 20 3567	+ 1862 1427	− 20 3568	− 17340
8665·5	− 17346	+ 105	− 1862 6031	+ 277	− 2	+ 20 4725	+ 1862 6031	− 20 4725	− 17349
8666·5	− 17357	+ 105	− 1863 1425	+ 277	− 2	+ 20 5103	+ 1863 1425	− 20 5103	− 17359

Values are in units of 10^{-10}. Matrix used with ERA (B21–B24). CIP is $\mathcal{X} = C_{3,1}$, $\mathcal{Y} = C_{3,2}$

FRAME BIAS, PRECESSION AND NUTATION, 2019

MATRIX ELEMENTS FOR CONVERSION FROM
GCRS TO EQUATOR AND EQUINOX OF DATE
FOR 0^h TERRESTRIAL TIME

Date 0^h TT	$M_{1,1}-1$	$M_{1,2}$	$M_{1,3}$	$M_{2,1}$	$M_{2,2}-1$	$M_{2,3}$	$M_{3,1}$	$M_{3,2}$	$M_{3,3}-1$
July 1	−109241	−4287 0108	−1862 6737	+4287 0415	−91895	+12 4873	+1862 6031	−20 4725	−17349
2	−109304	−4288 2542	−1863 2134	+4288 2850	−91948	+12 5204	+1863 1425	−20 5103	−17359
3	−109372	−4289 5809	−1863 7891	+4289 6115	−92005	+12 4397	+1863 7185	−20 4345	−17369
4	−109437	−4290 8558	−1864 3423	+4290 8861	−92060	+12 2368	+1864 2727	−20 2364	−17380
5	−109492	−4291 9477	−1864 8163	+4291 9775	−92106	+11 9385	+1864 7478	−19 9421	−17388
6	−109535	−4292 7747	−1865 1754	+4292 8038	−92142	+11 6006	+1865 1084	−19 6073	−17395
7	−109563	−4293 3333	−1865 4181	+4293 3618	−92166	+11 2899	+1865 3524	−19 2987	−17400
8	−109582	−4293 6950	−1865 5754	+4293 7231	−92181	+11 0622	+1865 5108	−19 0723	−17402
9	−109596	−4293 9770	−1865 6983	+4294 0049	−92193	+10 9460	+1865 6341	−18 9572	−17405
10	−109613	−4294 3026	−1865 8400	+4294 3304	−92207	+10 9389	+1865 7758	−18 9514	−17407
11	−109636	−4294 7683	−1866 0425	+4294 7964	−92227	+11 0124	+1865 9780	−19 0266	−17411
12	−109670	−4295 4258	−1866 3281	+4295 4541	−92256	+11 1232	+1866 2631	−19 1398	−17417
13	−109713	−4296 2773	−1866 6978	+4296 3057	−92292	+11 2246	+1866 6324	−19 2444	−17423
14	−109765	−4297 2829	−1867 1343	+4297 3114	−92335	+11 2768	+1867 0686	−19 3003	−17432
15	−109821	−4298 3743	−1867 6080	+4298 4028	−92382	+11 2532	+1867 5424	−19 2808	−17440
16	−109877	−4299 4713	−1868 0842	+4299 4996	−92430	+11 1440	+1868 0190	−19 1757	−17449
17	−109929	−4300 4980	−1868 5298	+4300 5260	−92474	+10 9552	+1868 4655	−18 9907	−17458
18	−109975	−4301 3954	−1868 9195	+4301 4229	−92512	+10 7059	+1868 8561	−18 7448	−17465
19	−110012	−4302 1292	−1869 2381	+4302 1562	−92544	+10 4235	+1869 1760	−18 4652	−17471
20	−110041	−4302 6921	−1869 4828	+4302 7186	−92568	+10 1383	+1869 4218	−18 1821	−17475
21	−110062	−4303 1023	−1869 6612	+4303 1283	−92585	+ 9 8790	+1869 6013	−17 9243	−17479
22	−110077	−4303 3986	−1869 7902	+4303 4242	−92598	+ 9 6690	+1869 7313	−17 7154	−17481
23	−110089	−4303 6352	−1869 8934	+4303 6606	−92608	+ 9 5245	+1869 8351	−17 5718	−17483
24	−110102	−4303 8759	−1869 9983	+4303 9011	−92619	+ 9 4524	+1869 9403	−17 5006	−17485
25	−110118	−4304 1882	−1870 1342	+4304 2134	−92632	+ 9 4492	+1870 0763	−17 4986	−17487
26	−110141	−4304 6363	−1870 3291	+4304 6616	−92651	+ 9 5000	+1870 2708	−17 5511	−17491
27	−110173	−4305 2716	−1870 6051	+4305 2971	−92679	+ 9 5780	+1870 5465	−17 6314	−17496
28	−110217	−4306 1203	−1870 9736	+4306 1459	−92715	+ 9 6450	+1870 9147	−17 7016	−17503
29	−110270	−4307 1680	−1871 4283	+4307 1936	−92760	+ 9 6567	+1871 3694	−17 7172	−17512
30	−110331	−4308 3484	−1871 9406	+4308 3739	−92811	+ 9 5713	+1871 8820	−17 6362	−17521
31	−110392	−4309 5450	−1872 4599	+4309 5701	−92863	+ 9 3648	+1872 4022	−17 4342	−17531
Aug. 1	−110447	−4310 6161	−1872 9248	+4310 6406	−92909	+ 9 0448	+1872 8684	−17 1182	−17540
2	−110489	−4311 4420	−1873 2834	+4311 4658	−92944	+ 8 6559	+1873 2287	−16 7324	−17546
3	−110517	−4311 9742	−1873 5148	+4311 9973	−92967	+ 8 2682	+1873 4617	−16 3467	−17551
4	−110531	−4312 2570	−1873 6379	+4312 2795	−92980	+ 7 9523	+1873 5862	−16 0318	−17553
5	−110539	−4312 4070	−1873 7035	+4312 4291	−92986	+ 7 7531	+1873 6527	−15 8333	−17554
6	−110547	−4312 5646	−1873 7724	+4312 5865	−92993	+ 7 6781	+1873 7219	−15 7588	−17555
7	−110561	−4312 8458	−1873 8949	+4312 8678	−93005	+ 7 7006	+1873 8443	−15 7824	−17558
8	−110585	−4313 3151	−1874 0989	+4313 3372	−93025	+ 7 7749	+1874 0480	−15 8584	−17562
9	−110619	−4313 9808	−1874 3881	+4314 0031	−93054	+ 7 8508	+1874 3368	−15 9368	−17567
10	−110662	−4314 8067	−1874 7467	+4314 8290	−93089	+ 7 8861	+1874 6953	−15 9752	−17574
11	−110709	−4315 7277	−1875 1466	+4315 7501	−93129	+ 7 8525	+1875 0953	−15 9451	−17581
12	−110757	−4316 6676	−1875 5546	+4316 6897	−93170	+ 7 7375	+1875 5037	−15 8336	−17589
13	−110803	−4317 5521	−1875 9386	+4317 5738	−93208	+ 7 5442	+1875 8886	−15 6436	−17596
14	−110842	−4318 3205	−1876 2723	+4318 3418	−93241	+ 7 2883	+1876 2234	−15 3906	−17602
15	−110874	−4318 9332	−1876 5385	+4318 9539	−93267	+ 6 9946	+1876 4908	−15 0992	−17607
16	−110896	−4319 3753	−1876 7308	+4319 3955	−93287	+ 6 6924	+1876 6844	−14 7987	−17611

$\mathbf{M} = \mathbf{NPB}$. Values are in units of 10^{-10}. Matrix used with GAST (B13–B20). CIP is $\mathcal{X} = M_{3,1}$, $\mathcal{Y} = M_{3,2}$.

MATRIX ELEMENTS FOR CONVERSION FROM
GCRS TO EQUATOR & CELESTIAL INTERMEDIATE ORIGIN OF DATE
FOR 0^h TERRESTRIAL TIME

Julian Date	$C_{1,1}-1$	$C_{1,2}$	$C_{1,3}$	$C_{2,1}$	$C_{2,2}-1$	$C_{2,3}$	$C_{3,1}$	$C_{3,2}$	$C_{3,3}-1$
245									
8665·5	− 17346	+ 105	− 1862 6031	+ 277	− 2	+ 20 4725	+ 1862 6031	− 20 4725	− 17349
8666·5	− 17357	+ 105	− 1863 1425	+ 277	− 2	+ 20 5103	+ 1863 1425	− 20 5103	− 17359
8667·5	− 17367	+ 105	− 1863 7185	+ 276	− 2	+ 20 4344	+ 1863 7185	− 20 4345	− 17369
8668·5	− 17378	+ 105	− 1864 2727	+ 272	− 2	+ 20 2363	+ 1864 2727	− 20 2364	− 17380
8669·5	− 17386	+ 105	− 1864 7478	+ 267	− 2	+ 19 9421	+ 1864 7478	− 19 9421	− 17388
8670·5	− 17393	+ 105	− 1865 1084	+ 261	− 2	+ 19 6073	+ 1865 1084	− 19 6073	− 17395
8671·5	− 17398	+ 105	− 1865 3524	+ 255	− 2	+ 19 2987	+ 1865 3524	− 19 2987	− 17400
8672·5	− 17401	+ 105	− 1865 5108	+ 251	− 2	+ 19 0723	+ 1865 5108	− 19 0723	− 17402
8673·5	− 17403	+ 105	− 1865 6341	+ 249	− 2	+ 18 9572	+ 1865 6341	− 18 9572	− 17405
8674·5	− 17406	+ 105	− 1865 7758	+ 248	− 2	+ 18 9513	+ 1865 7758	− 18 9514	− 17407
8675·5	− 17409	+ 105	− 1865 9780	+ 250	− 2	+ 19 0266	+ 1865 9780	− 19 0266	− 17411
8676·5	− 17415	+ 105	− 1866 2631	+ 252	− 2	+ 19 1398	+ 1866 2631	− 19 1398	− 17417
8677·5	− 17422	+ 105	− 1866 6324	+ 254	− 2	+ 19 2444	+ 1866 6324	− 19 2444	− 17423
8678·5	− 17430	+ 105	− 1867 0686	+ 255	− 2	+ 19 3003	+ 1867 0686	− 19 3003	− 17432
8679·5	− 17439	+ 106	− 1867 5424	+ 255	− 2	+ 19 2808	+ 1867 5424	− 19 2808	− 17440
8680·5	− 17447	+ 106	− 1868 0190	+ 253	− 2	+ 19 1757	+ 1868 0190	− 19 1757	− 17449
8681·5	− 17456	+ 106	− 1868 4655	+ 249	− 2	+ 18 9907	+ 1868 4655	− 18 9907	− 17458
8682·5	− 17463	+ 106	− 1868 8561	+ 245	− 2	+ 18 7448	+ 1868 8561	− 18 7448	− 17465
8683·5	− 17469	+ 106	− 1869 1760	+ 239	− 2	+ 18 4652	+ 1869 1760	− 18 4652	− 17471
8684·5	− 17474	+ 106	− 1869 4218	+ 234	− 2	+ 18 1821	+ 1869 4218	− 18 1821	− 17475
8685·5	− 17477	+ 106	− 1869 6013	+ 229	− 2	+ 17 9242	+ 1869 6013	− 17 9243	− 17479
8686·5	− 17479	+ 106	− 1869 7313	+ 225	− 2	+ 17 7154	+ 1869 7313	− 17 7154	− 17481
8687·5	− 17481	+ 106	− 1869 8351	+ 223	− 2	+ 17 5718	+ 1869 8351	− 17 5718	− 17483
8688·5	− 17483	+ 106	− 1869 9403	+ 221	− 2	+ 17 5006	+ 1869 9403	− 17 5006	− 17485
8689·5	− 17486	+ 106	− 1870 0763	+ 221	− 2	+ 17 4986	+ 1870 0763	− 17 4986	− 17487
8690·5	− 17490	+ 106	− 1870 2708	+ 222	− 2	+ 17 5511	+ 1870 2708	− 17 5511	− 17491
8691·5	− 17495	+ 106	− 1870 5465	+ 224	− 2	+ 17 6314	+ 1870 5465	− 17 6314	− 17496
8692·5	− 17502	+ 106	− 1870 9147	+ 225	− 2	+ 17 7016	+ 1870 9147	− 17 7016	− 17503
8693·5	− 17510	+ 106	− 1871 3694	+ 225	− 2	+ 17 7172	+ 1871 3694	− 17 7172	− 17512
8694·5	− 17520	+ 106	− 1871 8820	+ 224	− 2	+ 17 6362	+ 1871 8820	− 17 6362	− 17521
8695·5	− 17529	+ 106	− 1872 4022	+ 220	− 2	+ 17 4342	+ 1872 4022	− 17 4342	− 17531
8696·5	− 17538	+ 106	− 1872 8684	+ 214	− 1	+ 17 1182	+ 1872 8684	− 17 1182	− 17540
8697·5	− 17545	+ 107	− 1873 2287	+ 207	− 1	+ 16 7323	+ 1873 2287	− 16 7324	− 17546
8698·5	− 17549	+ 107	− 1873 4617	+ 200	− 1	+ 16 3467	+ 1873 4617	− 16 3467	− 17551
8699·5	− 17552	+ 107	− 1873 5862	+ 194	− 1	+ 16 0318	+ 1873 5862	− 16 0318	− 17553
8700·5	− 17553	+ 107	− 1873 6527	+ 190	− 1	+ 15 8333	+ 1873 6527	− 15 8333	− 17554
8701·5	− 17554	+ 107	− 1873 7219	+ 189	− 1	+ 15 7588	+ 1873 7219	− 15 7588	− 17555
8702·5	− 17556	+ 107	− 1873 8443	+ 189	− 1	+ 15 7824	+ 1873 8443	− 15 7824	− 17558
8703·5	− 17560	+ 107	− 1874 0480	+ 191	− 1	+ 15 8584	+ 1874 0480	− 15 8584	− 17562
8704·5	− 17566	+ 107	− 1874 3368	+ 192	− 1	+ 15 9368	+ 1874 3368	− 15 9368	− 17567
8705·5	− 17572	+ 107	− 1874 6953	+ 193	− 1	+ 15 9752	+ 1874 6953	− 15 9752	− 17574
8706·5	− 17580	+ 107	− 1875 0953	+ 192	− 1	+ 15 9450	+ 1875 0953	− 15 9451	− 17581
8707 5	17588	ǀ 107	1875 5037	ǀ 190	1	ǀ 15 8336	+ 1875 5037	− 15 8336	− 17589
8708·5	− 17595	+ 107	− 1875 8886	+ 186	− 1	+ 15 6436	+ 1875 8886	− 15 6436	− 17596
8709·5	− 17601	+ 107	− 1876 2234	+ 182	− 1	+ 15 3906	+ 1876 2234	− 15 3906	− 17602
8710·5	− 17606	+ 107	− 1876 4908	+ 176	− 1	+ 15 0992	+ 1876 4908	− 15 0992	− 17607
8711·5	− 17610	+ 107	− 1876 6844	+ 171	− 1	+ 14 7987	+ 1876 6844	− 14 7987	− 17611

Values are in units of 10^{-10}. Matrix used with ERA (B21–B24). CIP is $\mathcal{X} = C_{3,1}$, $\mathcal{Y} = C_{3,2}$

MATRIX ELEMENTS FOR CONVERSION FROM
GCRS TO EQUATOR AND EQUINOX OF DATE
FOR 0^h TERRESTRIAL TIME

Date 0^h TT	$M_{1,1}-1$	$M_{1,2}$	$M_{1,3}$	$M_{2,1}$	$M_{2,2}-1$	$M_{2,3}$	$M_{3,1}$	$M_{3,2}$	$M_{3,3}-1$
Aug. 16	−110896	−4319 3753	−1876 7308	+4319 3955	−93287	+ 6 6924	+1876 6844	−14 7987	−17611
17	−110911	−4319 6576	−1876 8537	+4319 6772	−93299	+ 6 4113	+1876 8085	−14 5186	−17613
18	−110919	−4319 8135	−1876 9219	+4319 8327	−93305	+ 6 1766	+1876 8777	−14 2845	−17614
19	−110923	−4319 8939	−1876 9573	+4319 9128	−93309	+ 6 0066	+1876 9139	−14 1148	−17615
20	−110926	−4319 9608	−1876 9869	+4319 9795	−93312	+ 5 9103	+1876 9439	−14 0188	−17616
21	−110932	−4320 0798	−1877 0391	+4320 0985	−93317	+ 5 8860	+1876 9962	−13 9949	−17617
22	−110944	−4320 3130	−1877 1408	+4320 3318	−93327	+ 5 9212	+1877 0977	−14 0310	−17618
23	−110965	−4320 7112	−1877 3140	+4320 7300	−93344	+ 5 9927	+1877 2705	−14 1040	−17622
24	−110995	−4321 3046	−1877 5718	+4321 3236	−93370	+ 6 0681	+1877 5281	−14 1816	−17627
25	−111036	−4322 0933	−1877 9143	+4322 1124	−93404	+ 6 1082	+1877 8704	−14 2247	−17633
26	−111084	−4323 0370	−1878 3240	+4323 0560	−93445	+ 6 0734	+1878 2802	−14 1935	−17641
27	−111136	−4324 0502	−1878 7638	+4324 0690	−93488	+ 5 9329	+1878 7206	−14 0568	−17649
28	−111186	−4325 0108	−1879 1808	+4325 0291	−93530	+ 5 6778	+1879 1387	−13 8053	−17657
29	−111226	−4325 7889	−1879 5187	+4325 8065	−93564	+ 5 3319	+1879 4780	−13 4623	−17663
30	−111252	−4326 2932	−1879 7379	+4326 3101	−93585	+ 4 9528	+1879 6988	−13 0851	−17667
31	−111263	−4326 5158	−1879 8349	+4326 5321	−93595	+ 4 6161	+1879 7974	−12 7492	−17669
Sept. 1	−111265	−4326 5431	−1879 8474	+4326 5590	−93596	+ 4 3872	+1879 8108	−12 5204	−17669
2	−111264	−4326 5217	−1879 8387	+4326 5374	−93595	+ 4 2953	+1879 8025	−12 4285	−17669
3	−111267	−4326 5971	−1879 8720	+4326 6129	−93598	+ 4 3260	+1879 8357	−12 4594	−17670
4	−111281	−4326 8640	−1879 9882	+4326 8800	−93610	+ 4 4327	+1879 9515	−12 5671	−17672
5	−111306	−4327 3475	−1880 1985	+4327 3638	−93631	+ 4 5582	+1880 1611	−12 6945	−17676
6	−111340	−4328 0145	−1880 4882	+4328 0309	−93660	+ 4 6521	+1880 4504	−12 7908	−17681
7	−111381	−4328 7964	−1880 8277	+4328 8129	−93694	+ 4 6805	+1880 7898	−12 8222	−17688
8	−111423	−4329 6123	−1881 1820	+4329 6286	−93729	+ 4 6284	+1881 1443	−12 7731	−17694
9	−111462	−4330 3853	−1881 5177	+4330 4014	−93762	+ 4 4972	+1881 4805	−12 6448	−17701
10	−111497	−4331 0531	−1881 8078	+4331 0689	−93791	+ 4 3013	+1881 7715	−12 4514	−17706
11	−111524	−4331 5738	−1882 0340	+4331 5891	−93814	+ 4 0640	+1881 9988	−12 2161	−17710
12	−111542	−4331 9284	−1882 1884	+4331 9433	−93829	+ 3 8135	+1882 1542	−11 9670	−17713
13	−111552	−4332 1223	−1882 2730	+4332 1367	−93838	+ 3 5794	+1882 2398	−11 7336	−17715
14	−111555	−4332 1834	−1882 3001	+4332 1974	−93840	+ 3 3882	+1882 2677	−11 5427	−17715
15	−111554	−4332 1590	−1882 2901	+4332 1728	−93839	+ 3 2606	+1882 2583	−11 4149	−17715
16	−111551	−4332 1096	−1882 2693	+4332 1233	−93837	+ 3 2080	+1882 2377	−11 3622	−17715
17	−111551	−4332 1014	−1882 2663	+4332 1152	−93837	+ 3 2312	+1882 2346	−11 3853	−17715
18	−111556	−4332 1977	−1882 3086	+4332 2117	−93841	+ 3 3192	+1882 2766	−11 4737	−17715
19	−111569	−4332 4499	−1882 4185	+4332 4641	−93852	+ 3 4504	+1882 3859	−11 6059	−17718
20	−111591	−4332 8891	−1882 6095	+4332 9036	−93871	+ 3 5942	+1882 5763	−11 7513	−17721
21	−111624	−4333 5189	−1882 8831	+4333 5336	−93898	+ 3 7147	+1882 8494	−11 8742	−17726
22	−111665	−4334 3094	−1883 2264	+4334 3242	−93932	+ 3 7753	+1883 1923	−11 9378	−17733
23	−111710	−4335 1944	−1883 6106	+4335 2091	−93971	+ 3 7459	+1883 5767	−11 9117	−17740
24	−111756	−4336 0757	−1883 9933	+4336 0902	−94009	+ 3 6113	+1883 9599	−11 7804	−17747
25	−111795	−4336 8389	−1884 3247	+4336 8530	−94042	+ 3 3808	+1884 2923	−11 5528	−17753
26	−111823	−4337 3830	−1884 5611	+4337 3966	−94066	+ 3 0930	+1884 5300	−11 2671	−17758
27	−111837	−4337 6599	−1884 6818	+4337 6729	−94078	+ 2 8119	+1884 6518	−10 9870	−17760
28	−111840	−4337 7052	−1884 7020	+4337 7178	−94079	+ 2 6084	+1884 6730	−10 7837	−17761
29	−111836	−4337 6364	−1884 6727	+4337 6489	−94076	+ 2 5341	+1884 6440	−10 7091	−17760
30	−111835	−4337 6102	−1884 6620	+4337 6228	−94075	+ 2 5994	+1884 6330	−10 7743	−17760
Oct. 1	−111842	−4337 7601	−1884 7276	+4337 7730	−94082	+ 2 7711	+1884 6978	−10 9466	−17761

M = NPB. Values are in units of 10^{-10}. Matrix used with GAST (B13–B20). CIP is $\mathcal{X} = M_{3,1}$, $\mathcal{Y} = M_{3,2}$.

MATRIX ELEMENTS FOR CONVERSION FROM
GCRS TO EQUATOR & CELESTIAL INTERMEDIATE ORIGIN OF DATE
FOR 0^h TERRESTRIAL TIME

Julian Date	$C_{1,1}-1$	$C_{1,2}$	$C_{1,3}$	$C_{2,1}$	$C_{2,2}-1$	$C_{2,3}$	$C_{3,1}$	$C_{3,2}$	$C_{3,3}-1$
245									
8711·5	− 17610	+ 107	− 1876 6844	+ 171	− 1	+ 14 7987	+ 1876 6844	− 14 7987	− 17611
8712·5	− 17612	+ 107	− 1876 8085	+ 165	− 1	+ 14 5186	+ 1876 8085	− 14 5186	− 17613
8713·5	− 17613	+ 107	− 1876 8777	+ 161	− 1	+ 14 2845	+ 1876 8777	− 14 2845	− 17614
8714·5	− 17614	+ 107	− 1876 9139	+ 158	− 1	+ 14 1148	+ 1876 9139	− 14 1148	− 17615
8715·5	− 17615	+ 107	− 1876 9439	+ 156	− 1	+ 14 0188	+ 1876 9439	− 14 0188	− 17616
8716·5	− 17616	+ 107	− 1876 9962	+ 156	− 1	+ 13 9949	+ 1876 9962	− 13 9949	− 17617
8717·5	− 17617	+ 107	− 1877 0977	+ 156	− 1	+ 14 0310	+ 1877 0977	− 14 0310	− 17618
8718·5	− 17621	+ 107	− 1877 2705	+ 158	− 1	+ 14 1040	+ 1877 2705	− 14 1040	− 17622
8719·5	− 17626	+ 107	− 1877 5281	+ 159	− 1	+ 14 1816	+ 1877 5281	− 14 1816	− 17627
8720·5	− 17632	+ 107	− 1877 8704	+ 160	− 1	+ 14 2247	+ 1877 8704	− 14 2247	− 17633
8721·5	− 17640	+ 107	− 1878 2802	+ 159	− 1	+ 14 1934	+ 1878 2802	− 14 1935	− 17641
8722·5	− 17648	+ 107	− 1878 7206	+ 157	− 1	+ 14 0568	+ 1878 7206	− 14 0568	− 17649
8723·5	− 17656	+ 107	− 1879 1387	+ 152	− 1	+ 13 8053	+ 1879 1387	− 13 8053	− 17657
8724·5	− 17662	+ 107	− 1879 4780	+ 146	− 1	+ 13 4623	+ 1879 4780	− 13 4623	− 17663
8725·5	− 17666	+ 107	− 1879 6988	+ 138	− 1	+ 13 0851		1879 6988	− 13 0851	− 17667
8726·5	− 17668	+ 108	− 1879 7974	+ 132	− 1	+ 12 7492	+ 1879 7974	− 12 7492	− 17669
8727·5	− 17668	+ 108	− 1879 8108	+ 128	− 1	+ 12 5204	+ 1879 8108	− 12 5204	− 17669
8728·5	− 17668	+ 108	− 1879 8025	+ 126	− 1	+ 12 4285	+ 1879 8025	− 12 4285	− 17669
8729·5	− 17669	+ 108	− 1879 8357	+ 127	− 1	+ 12 4594	+ 1879 8357	− 12 4594	− 17670
8730·5	− 17671	+ 108	− 1879 9515	+ 129	− 1	+ 12 5671	+ 1879 9515	− 12 5671	− 17672
8731·5	− 17675	+ 108	− 1880 1611	+ 131	− 1	+ 12 6945	+ 1880 1611	− 12 6945	− 17676
8732·5	− 17680	+ 108	− 1880 4504	+ 133	− 1	+ 12 7908	+ 1880 4504	− 12 7908	− 17681
8733·5	− 17687	+ 108	− 1880 7898	+ 134	− 1	+ 12 8222	+ 1880 7898	− 12 8222	− 17688
8734·5	− 17694	+ 108	− 1881 1443	+ 133	− 1	+ 12 7731	+ 1881 1443	− 12 7731	− 17694
8735·5	− 17700	+ 108	− 1881 4805	+ 130	− 1	+ 12 6448	+ 1881 4805	− 12 6448	− 17701
8736·5	− 17705	+ 108	− 1881 7715	+ 127	− 1	+ 12 4514	+ 1881 7715	− 12 4514	− 17706
8737·5	− 17710	+ 108	− 1881 9988	+ 122	− 1	+ 12 2161	+ 1881 9988	− 12 2161	− 17710
8738·5	− 17713	+ 108	− 1882 1542	+ 117	− 1	+ 11 9670	+ 1882 1542	− 11 9670	− 17713
8739·5	− 17714	+ 108	− 1882 2398	+ 113	− 1	+ 11 7336	+ 1882 2398	− 11 7336	− 17715
8740·5	− 17715	+ 108	− 1882 2677	+ 109	− 1	+ 11 5427	+ 1882 2677	− 11 5427	− 17715
8741·5	− 17714	+ 108	− 1882 2583	+ 107	− 1	+ 11 4149	+ 1882 2583	− 11 4149	− 17715
8742·5	− 17714	+ 108	− 1882 2377	+ 106	− 1	+ 11 3622	+ 1882 2377	− 11 3622	− 17715
8743·5	− 17714	+ 108	− 1882 2346	+ 106	− 1	+ 11 3853	+ 1882 2346	− 11 3853	− 17715
8744·5	− 17715	+ 108	− 1882 2766	+ 108	− 1	+ 11 4737	+ 1882 2766	− 11 4737	− 17715
8745·5	− 17717	+ 108	− 1882 3859	+ 111	− 1	+ 11 6059	+ 1882 3859	− 11 6059	− 17718
8746·5	− 17720	+ 108	− 1882 5763	+ 113	− 1	+ 11 7513	+ 1882 5763	− 11 7513	− 17721
8747·5	− 17726	+ 108	− 1882 8494	+ 116	− 1	+ 11 8742	+ 1882 8494	− 11 8742	− 17726
8748·5	− 17732	+ 108	− 1883 1923	+ 117	− 1	+ 11 9378	+ 1883 1923	− 11 9378	− 17733
8749·5	− 17739	+ 108	− 1883 5767	+ 116	− 1	+ 11 9117	+ 1883 5767	− 11 9117	− 17740
8750·5	− 17747	+ 108	− 1883 9599	+ 114	− 1	+ 11 7804	+ 1883 9599	− 11 7804	− 17747
8751·5	− 17753	+ 108	− 1884 2923	+ 110	− 1	+ 11 5528	+ 1884 2923	− 11 5528	− 17753
8752·5	− 17757	+ 108	− 1884 5300	+ 104	− 1	+ 11 2671	+ 1884 5300	− 11 2671	− 17758
8753·5	− 17760	+ 108	− 1884 6518	+ 99	− 1	+ 10 9870	+ 1884 6518	− 10 9870	− 17760
8754·5	− 17760	+ 108	− 1884 6730	+ 95	− 1	+ 10 7837	+ 1884 6730	− 10 7837	− 17761
8755·5	− 17759	+ 108	− 1884 6440	+ 94	− 1	+ 10 7091	+ 1884 6440	− 10 7091	− 17760
8756·5	− 17759	+ 108	− 1884 6330	+ 95	− 1	+ 10 7743	+ 1884 6330	− 10 7743	− 17760
8757·5	− 17760	+ 108	− 1884 6978	+ 98	− 1	+ 10 9466	+ 1884 6978	− 10 9466	− 17761

Values are in units of 10^{-10}. Matrix used with ERA (B21–B24). CIP is $\mathcal{X} = C_{3,1}$, $\mathcal{Y} = C_{3,2}$

MATRIX ELEMENTS FOR CONVERSION FROM
GCRS TO EQUATOR AND EQUINOX OF DATE
FOR 0^h TERRESTRIAL TIME

Date 0^h TT	$M_{1,1}-1$	$M_{1,2}$	$M_{1,3}$	$M_{2,1}$	$M_{2,2}-1$	$M_{2,3}$	$M_{3,1}$	$M_{3,2}$	$M_{3,3}-1$
Oct. 1	−111842	−4337 7601	−1884 7276	+4337 7730	−94082	+ 2 7711	+1884 6978	−10 9466	−17761
2	−111863	−4338 1500	−1884 8972	+4338 1633	−94099	+ 2 9895	+1884 8664	−11 1665	−17764
3	−111894	−4338 7660	−1885 1648	+4338 7798	−94126	+ 3 1925	+1885 1332	−11 3718	−17769
4	−111934	−4339 5392	−1885 5006	+4339 5532	−94159	+ 3 3343	+1885 4683	−11 5165	−17776
5	−111977	−4340 3775	−1885 8645	+4340 3916	−94195	+ 3 3918	+1885 8321	−11 5772	−17782
6	−112019	−4341 1920	−1886 2182	+4341 2060	−94231	+ 3 3635	+1886 1858	−11 5519	−17789
7	−112057	−4341 9117	−1886 5308	+4341 9256	−94262	+ 3 2631	+1886 4988	−11 4543	−17795
8	−112086	−4342 4899	−1886 7820	+4342 5035	−94287	+ 3 1144	+1886 7507	−11 3077	−17800
9	−112108	−4342 9046	−1886 9624	+4342 9179	−94305	+ 2 9458	+1886 9318	−11 1407	−17803
10	−112121	−4343 1579	−1887 0728	+4343 1709	−94316	+ 2 7868	+1887 0429	−10 9827	−17805
11	−112127	−4343 2739	−1887 1236	+4343 2866	−94321	+ 2 6650	+1887 0943	−10 8613	−17806
12	−112128	−4343 2957	−1887 1337	+4343 3083	−94322	+ 2 6025	+1887 1046	−10 7989	−17806
13	−112127	−4343 2816	−1887 1281	+4343 2942	−94322	+ 2 6139	+1887 0990	−10 8103	−17806
14	−112128	−4343 2985	−1887 1361	+4343 3113	−94322	+ 2 7031	+1887 1065	−10 8995	−17806
15	−112134	−4343 4131	−1887 1863	+4343 4263	−94327	+ 2 8619	+1887 1561	−11 0587	−17807
16	−112148	−4343 6819	−1887 3035	+4343 6955	−94339	+ 3 0701	+1887 2723	−11 2679	−17810
17	−112172	−4344 1406	−1887 5029	+4344 1545	−94359	+ 3 2976	+1887 4707	−11 4972	−17813
18	−112206	−4344 7956	−1887 7874	+4344 8099	−94387	+ 3 5081	+1887 7543	−11 7101	−17819
19	−112248	−4345 6195	−1888 1451	+4345 6341	−94423	+ 3 6649	+1888 1114	−11 8701	−17826
20	−112296	−4346 5510	−1888 5495	+4346 5658	−94464	+ 3 7384	+1888 5154	−11 9470	−17833
21	−112345	−4347 5017	−1888 9623	+4347 5165	−94505	+ 3 7123	+1888 9283	−11 9246	−17841
22	−112390	−4348 3700	−1889 3392	+4348 3845	−94543	+ 3 5909	+1889 3058	−11 8064	−17848
23	−112426	−4349 0622	−1889 6399	+4349 0763	−94573	+ 3 4022	+1889 6072	−11 6203	−17854
24	−112450	−4349 5203	−1889 8391	+4349 5342	−94593	+ 3 1963	+1889 8073	−11 4162	−17858
25	−112462	−4349 7480	−1889 9384	+4349 7615	−94603	+ 3 0359	+1889 9073	−11 2567	−17859
26	−112465	−4349 8216	−1889 9709	+4349 8350	−94606	+ 2 9780	+1889 9400	−11 1990	−17860
27	−112468	−4349 8749	−1889 9946	+4349 8885	−94608	+ 3 0529	+1889 9634	−11 2741	−17860
28	−112477	−4350 0544	−1890 0730	+4350 0683	−94616	+ 3 2510	+1890 0409	−11 4729	−17862
29	−112499	−4350 4652	−1890 2516	+4350 4796	−94634	+ 3 5258	+1890 2184	−11 7493	−17865
30	−112533	−4351 1360	−1890 5430	+4351 1510	−94663	+ 3 8125	+1890 5085	−12 0385	−17871
31	−112579	−4352 0199	−1890 9267	+4352 0353	−94702	+ 4 0517	+1890 8912	−12 2810	−17878
Nov. 1	−112631	−4353 0224	−1891 3619	+4353 0381	−94745	+ 4 2056	+1891 3257	−12 4387	−17886
2	−112683	−4354 0383	−1891 8029	+4354 0542	−94789	+ 4 2631	+1891 7664	−12 5000	−17895
3	−112732	−4354 9781	−1892 2109	+4354 9939	−94830	+ 4 2344	+1892 1745	−12 4749	−17902
4	−112774	−4355 7811	−1892 5596	+4355 7968	−94865	+ 4 1437	+1892 5236	−12 3872	−17909
5	−112807	−4356 4176	−1892 8361	+4356 4330	−94893	+ 4 0213	+1892 8006	−12 2672	−17914
6	−112831	−4356 8854	−1893 0395	+4356 9006	−94913	+ 3 8985	+1893 0045	−12 1462	−17918
7	−112847	−4357 2059	−1893 1790	+4357 2209	−94927	+ 3 8040	+1893 1445	−12 0530	−17921
8	−112859	−4357 4192	−1893 2721	+4357 4342	−94937	+ 3 7616	+1893 2377	−12 0114	−17922
9	−112867	−4357 5806	−1893 3426	+4357 5955	−94944	+ 3 7879	+1893 3081	−12 0383	−17924
10	−112876	−4357 7554	−1893 4190	+4357 7706	−94951	+ 3 8904	+1893 3840	−12 1414	−17925
11	−112889	−4358 0128	−1893 5311	+4358 0283	−94963	+ 4 0650	+1893 4954	−12 3170	−17927
12	−112910	−4358 4161	−1893 7066	+4358 4321	−94980	+ 4 2953	+1893 6698	−12 5489	−17931
13	−112941	−4359 0109	−1893 9650	+4359 0273	−95006	+ 4 5528	+1893 9271	−12 8086	−17936
14	−112983	−4359 8134	−1894 3135	+4359 8303	−95041	+ 4 8002	+1894 2745	−13 0590	−17942
15	−113034	−4360 8024	−1894 7428	+4360 8197	−95084	+ 4 9979	+1894 7030	−13 2605	−17950
16	−113092	−4361 9178	−1895 2269	+4361 9353	−95133	+ 5 1124	+1895 1865	−13 3792	−17960

$M = NPB$. Values are in units of 10^{-10}. Matrix used with GAST (B13–B20). CIP is $\mathcal{X} = M_{3,1}$, $\mathcal{Y} = M_{3,2}$.

MATRIX ELEMENTS FOR CONVERSION FROM
GCRS TO EQUATOR & CELESTIAL INTERMEDIATE ORIGIN OF DATE
FOR 0^h TERRESTRIAL TIME

Julian Date	$C_{1,1}-1$	$C_{1,2}$	$C_{1,3}$	$C_{2,1}$	$C_{2,2}-1$	$C_{2,3}$	$C_{3,1}$	$C_{3,2}$	$C_{3,3}-1$
245									
8757·5	− 17760	+ 108	− 1884 6978	+ 98	− 1	+ 10 9466	+ 1884 6978	− 10 9466	− 17761
8758·5	− 17764	+ 108	− 1884 8664	+ 102	− 1	+ 11 1665	+ 1884 8664	− 11 1665	− 17764
8759·5	− 17769	+ 108	− 1885 1332	+ 106	− 1	+ 11 3718	+ 1885 1332	− 11 3718	− 17769
8760·5	− 17775	+ 108	− 1885 4683	+ 109	− 1	+ 11 5165	+ 1885 4683	− 11 5165	− 17776
8761·5	− 17782	+ 108	− 1885 8321	+ 110	− 1	+ 11 5772	+ 1885 8321	− 11 5772	− 17782
8762·5	− 17789	+ 108	− 1886 1858	+ 110	− 1	+ 11 5519	+ 1886 1858	− 11 5519	− 17789
8763·5	− 17794	+ 108	− 1886 4988	+ 108	− 1	+ 11 4543	+ 1886 4988	− 11 4543	− 17795
8764·5	− 17799	+ 108	− 1886 7507	+ 105	− 1	+ 11 3077	+ 1886 7507	− 11 3077	− 17800
8765·5	− 17803	+ 108	− 1886 9318	+ 102	− 1	+ 11 1407	+ 1886 9318	− 11 1407	− 17803
8766·5	− 17805	+ 108	− 1887 0429	+ 99	− 1	+ 10 9827	+ 1887 0429	− 10 9827	− 17805
8767·5	− 17806	+ 108	− 1887 0943	+ 97	− 1	+ 10 8613	+ 1887 0943	− 10 8613	− 17806
8768·5	− 17806	+ 108	− 1887 1046	+ 95	− 1	+ 10 7989	+ 1887 1046	− 10 7989	− 17806
8769·5	− 17806	+ 108	− 1887 0990	+ 96	− 1	+ 10 8103	+ 1887 0990	− 10 8103	− 17806
8770·5	− 17806	+ 108	− 1887 1065	+ 97	− 1	+ 10 8995	+ 1887 1065	− 10 8995	− 17806
8771·5	− 17807	+ 108	− 1887 1561	+ 100	− 1	+ 11 0587	+ 1887 1561	− 11 0587	− 17807
8772·5	− 17809	+ 108	− 1887 2723	+ 104	− 1	+ 11 2679	+ 1887 2723	− 11 2679	− 17810
8773·5	− 17813	+ 108	− 1887 4707	+ 109	− 1	+ 11 4972	+ 1887 4707	− 11 4972	− 17813
8774·5	− 17818	+ 108	− 1887 7543	+ 113	− 1	+ 11 7101	+ 1887 7543	− 11 7101	− 17819
8775·5	− 17825	+ 109	− 1888 1114	+ 116	− 1	+ 11 8701	+ 1888 1114	− 11 8701	− 17826
8776·5	− 17832	+ 109	− 1888 5154	+ 117	− 1	+ 11 9470	+ 1888 5154	− 11 9470	− 17833
8777·5	− 17840	+ 109	− 1888 9283	+ 117	− 1	+ 11 9246	+ 1888 9283	− 11 9246	− 17841
8778·5	− 17847	+ 109	− 1889 3058	+ 114	− 1	+ 11 8064	+ 1889 3058	− 11 8064	− 17848
8779·5	− 17853	+ 109	− 1889 6072	+ 111	− 1	+ 11 6203	+ 1889 6072	− 11 6203	− 17854
8780·5	− 17857	+ 109	− 1889 8073	+ 107	− 1	+ 11 4162	+ 1889 8073	− 11 4162	− 17858
8781·5	− 17859	+ 109	− 1889 9073	+ 104	− 1	+ 11 2567	+ 1889 9073	− 11 2567	− 17859
8782·5	− 17859	+ 109	− 1889 9400	+ 103	− 1	+ 11 1990	+ 1889 9400	− 11 1990	− 17860
8783·5	− 17860	+ 109	− 1889 9634	+ 104	− 1	+ 11 2741	+ 1889 9634	− 11 2741	− 17860
8784·5	− 17861	+ 109	− 1890 0409	+ 108	− 1	+ 11 4729	+ 1890 0409	− 11 4729	− 17862
8785·5	− 17865	+ 109	− 1890 2184	+ 113	− 1	+ 11 7493	+ 1890 2184	− 11 7493	− 17865
8786·5	− 17870	+ 109	− 1890 5085	+ 119	− 1	+ 12 0385	+ 1890 5085	− 12 0385	− 17871
8787·5	− 17877	+ 109	− 1890 8912	+ 123	− 1	+ 12 2810	+ 1890 8912	− 12 2810	− 17878
8788·5	− 17886	+ 109	− 1891 3257	+ 126	− 1	+ 12 4387	+ 1891 3257	− 12 4387	− 17886
8789·5	− 17894	+ 109	− 1891 7664	+ 128	− 1	+ 12 5000	+ 1891 7664	− 12 5000	− 17895
8790·5	− 17902	+ 109	− 1892 1745	+ 127	− 1	+ 12 4749	+ 1892 1745	− 12 4749	− 17902
8791·5	− 17908	+ 109	− 1892 5236	+ 125	− 1	+ 12 3872	+ 1892 5236	− 12 3872	− 17909
8792·5	− 17913	+ 109	− 1892 8006	+ 123	− 1	+ 12 2672	+ 1892 8006	− 12 2672	− 17914
8793·5	− 17917	+ 109	− 1893 0045	+ 121	− 1	+ 12 1462	+ 1893 0045	− 12 1462	− 17918
8794·5	− 17920	+ 109	− 1893 1445	+ 119	− 1	+ 12 0530	+ 1893 1445	− 12 0530	− 17921
8795·5	− 17922	+ 109	− 1893 2377	+ 118	− 1	+ 12 0114	+ 1893 2377	− 12 0114	− 17922
8796·5	− 17923	+ 109	− 1893 3081	+ 119	− 1	+ 12 0383	+ 1893 3081	− 12 0383	− 17924
8797·5	− 17925	+ 109	− 1893 3840	+ 121	− 1	+ 12 1414	+ 1893 3840	− 12 1414	− 17925
8798·5	− 17927	+ 109	− 1893 4954	+ 124	− 1	+ 12 3170	+ 1893 4954	− 12 3170	− 17927
8799·5	− 17930	+ 109	− 1893 6698	+ 128	− 1	+ 12 5489	+ 1893 6698	− 12 5489	− 17931
8800·5	− 17935	+ 109	− 1893 9271	+ 133	− 1	+ 12 8086	+ 1893 9271	− 12 8086	− 17936
8801·5	− 17941	+ 109	− 1894 2745	+ 138	− 1	+ 13 0590	+ 1894 2745	− 13 0590	− 17942
8802·5	− 17950	+ 109	− 1894 7030	+ 142	− 1	+ 13 2605	+ 1894 7030	− 13 2605	− 17950
8803·5	− 17959	+ 109	− 1895 1865	+ 144	− 1	+ 13 3792	+ 1895 1865	− 13 3792	− 17960

Values are in units of 10^{-10}. Matrix used with ERA (B21–B24). CIP is $\mathcal{X} = C_{3,1}$, $\mathcal{Y} = C_{3,2}$

MATRIX ELEMENTS FOR CONVERSION FROM
GCRS TO EQUATOR AND EQUINOX OF DATE
FOR 0^h TERRESTRIAL TIME

Date 0^h TT	$M_{1,1}-1$	$M_{1,2}$	$M_{1,3}$	$M_{2,1}$	$M_{2,2}-1$	$M_{2,3}$	$M_{3,1}$	$M_{3,2}$	$M_{3,3}-1$
Nov. 16	−113092	−4361 9178	−1895 2269	+4361 9353	−95133	+ 5 1124	+1895 1865	−13 3792	−17960
17	−113151	−4363 0690	−1895 7265	+4363 0866	−95183	+ 5 1247	+1895 6861	−13 3958	−17969
18	−113208	−4364 1526	−1896 1968	+4364 1700	−95230	+ 5 0366	+1896 1568	−13 3118	−17978
19	−113255	−4365 0749	−1896 5972	+4365 0920	−95271	+ 4 8733	+1896 5579	−13 1520	−17986
20	−113292	−4365 7766	−1896 9020	+4365 7933	−95301	+ 4 6798	+1896 8635	−12 9612	−17991
21	−113317	−4366 2518	−1897 1086	+4366 2682	−95322	+ 4 5121	+1897 0708	−12 7953	−17995
22	−113332	−4366 5557	−1897 2409	+4366 5720	−95335	+ 4 4235	+1897 2035	−12 7079	−17998
23	−113345	−4366 7963	−1897 3458	+4366 8126	−95346	+ 4 4495	+1897 3083	−12 7348	−18000
24	−113361	−4367 1064	−1897 4808	+4367 1230	−95359	+ 4 5953	+1897 4426	−12 8818	−18002
25	−113387	−4367 6036	−1897 6969	+4367 6206	−95381	+ 4 8323	+1897 6577	−13 1206	−18006
26	−113426	−4368 3524	−1898 0221	+4368 3699	−95414	+ 5 1066	+1897 9817	−13 3978	−18013
27	−113477	−4369 3449	−1898 4530	+4369 3630	−95457	+ 5 3569	+1898 4115	−13 6518	−18021
28	−113538	−4370 5098	−1898 9585	+4370 5282	−95508	+ 5 5331	+1898 9162	−13 8325	−18030
29	−113602	−4371 7410	−1899 4928	+4371 7595	−95562	+ 5 6093	+1899 4502	−13 9134	−18041
30	−113663	−4372 9319	−1900 0097	+4372 9504	−95614	+ 5 5857	+1899 9671	−13 8943	−18050
Dec. 1	−113719	−4374 0004	−1900 4735	+4374 0188	−95661	+ 5 4823	+1900 4313	−13 7950	−18059
2	−113766	−4374 8994	−1900 8638	+4374 9174	−95700	+ 5 3305	+1900 8222	−13 6466	−18067
3	−113803	−4375 6162	−1901 1751	+4375 6339	−95731	+ 5 1644	+1901 1343	−13 4832	−18072
4	−113832	−4376 1670	−1901 4144	+4376 1844	−95756	+ 5 0158	+1901 3743	−13 3367	−18077
5	−113854	−4376 5892	−1901 5980	+4376 6064	−95774	+ 4 9108	+1901 5583	−13 2333	−18081
6	−113872	−4376 9357	−1901 7488	+4376 9529	−95789	+ 4 8679	+1901 7093	−13 1917	−18083
7	−113889	−4377 2694	−1901 8941	+4377 2867	−95804	+ 4 8971	+1901 8545	−13 2222	−18086
8	−113909	−4377 6585	−1902 0634	+4377 6760	−95821	+ 4 9985	+1902 0233	−13 3251	−18089
9	−113936	−4378 1695	−1902 2854	+4378 1872	−95843	+ 5 1605	+1902 2446	−13 4890	−18094
10	−113972	−4378 8575	−1902 5843	+4378 8756	−95873	+ 5 3595	+1902 5426	−13 6906	−18099
11	−114018	−4379 7545	−1902 9737	+4379 7730	−95913	+ 5 5606	+1902 9311	−13 8951	−18107
12	−114076	−4380 8558	−1903 4517	+4380 8747	−95961	+ 5 7224	+1903 4084	−14 0612	−18116
13	−114141	−4382 1131	−1903 9974	+4382 1321	−96016	+ 5 8053	+1903 9536	−14 1488	−18126
14	−114210	−4383 4365	−1904 5716	+4383 4554	−96074	+ 5 7819	+1904 5280	−14 1304	−18137
15	−114277	−4384 7122	−1905 1252	+4384 7309	−96130	+ 5 6472	+1905 0821	−14 0006	−18148
16	−114335	−4385 8312	−1905 6109	+4385 8495	−96179	+ 5 4234	+1905 5688	−13 7811	−18157
17	−114381	−4386 7209	−1905 9972	+4386 7387	−96218	+ 5 1561	+1905 9562	−13 5171	−18164
18	−114415	−4387 3666	−1906 2777	+4387 3839	−96246	+ 4 9027	+1906 2378	−13 2662	−18170
19	−114439	−4387 8175	−1906 4737	+4387 8345	−96266	+ 4 7176	+1906 4347	−13 0829	−18173
20	−114457	−4388 1732	−1906 6285	+4388 1900	−96282	+ 4 6374	+1906 5898	−13 0040	−18176
21	−114477	−4388 5571	−1906 7955	+4388 5740	−96298	+ 4 6714	+1906 7567	−13 0395	−18179
22	−114505	−4389 0835	−1907 0243	+4389 1007	−96322	+ 4 7996	+1906 9849	−13 1697	−18184
23	−114543	−4389 8276	−1907 3474	+4389 8451	−96354	+ 4 9785	+1907 3072	−13 3514	−18190
24	−114595	−4390 8066	−1907 7724	+4390 8244	−96397	+ 5 1531	+1907 7314	−13 5298	−18198
25	−114656	−4391 9782	−1908 2809	+4391 9963	−96449	+ 5 2723	+1908 2393	−13 6534	−18208
26	−114722	−4393 2559	−1908 8354	+4393 2740	−96505	+ 5 3009	+1908 7936	−13 6869	−18218
27	−114789	−4394 5351	−1909 3905	+4394 5531	−96561	+ 5 2274	+1909 3491	−13 6182	−18229
28	−114851	−4395 7208	−1909 9051	+4395 7385	−96613	+ 5 0624	+1909 8644	−13 4578	−18239
29	−114905	−4396 7462	−1910 3502	+4396 7635	−96658	+ 4 8334	+1910 3105	−13 2327	−18247
30	−114948	−4397 5814	−1910 7128	+4397 5981	−96695	+ 4 5752	+1910 6742	−12 9777	−18254
31	−114982	−4398 2307	−1910 9949	+4398 2470	−96723	+ 4 3229	+1910 9574	−12 7278	−18260
32	−115008	−4398 7261	−1911 2102	+4398 7419	−96745	+ 4 1062	+1911 1736	−12 5131	−18264

M = **NPB**. Values are in units of 10^{-10}. Matrix used with GAST (B13–B20). CIP is $\mathcal{X} = M_{3,1}$, $\mathcal{Y} = M_{3,2}$.

MATRIX ELEMENTS FOR CONVERSION FROM
GCRS TO EQUATOR & CELESTIAL INTERMEDIATE ORIGIN OF DATE
FOR 0^h TERRESTRIAL TIME

Julian Date	$C_{1,1}-1$	$C_{1,2}$	$C_{1,3}$	$C_{2,1}$	$C_{2,2}-1$	$C_{2,3}$	$C_{3,1}$	$C_{3,2}$	$C_{3,3}-1$
245									
8803·5	-17959	$+109$	$-1895\ 1865$	$+144$	-1	$+13\ 3792$	$+1895\ 1865$	$-13\ 3792$	-17960
8804·5	-17968	$+109$	$-1895\ 6861$	$+144$	-1	$+13\ 3958$	$+1895\ 6861$	$-13\ 3958$	-17969
8805·5	-17977	$+110$	$-1896\ 1568$	$+143$	-1	$+13\ 3118$	$+1896\ 1568$	$-13\ 3118$	-17978
8806·5	-17985	$+110$	$-1896\ 5579$	$+140$	-1	$+13\ 1520$	$+1896\ 5579$	$-13\ 1520$	-17986
8807·5	-17990	$+110$	$-1896\ 8635$	$+136$	-1	$+12\ 9612$	$+1896\ 8635$	$-12\ 9612$	-17991
8808·5	-17994	$+110$	$-1897\ 0708$	$+133$	-1	$+12\ 7953$	$+1897\ 0708$	$-12\ 7953$	-17995
8809·5	-17997	$+110$	$-1897\ 2035$	$+131$	-1	$+12\ 7079$	$+1897\ 2035$	$-12\ 7079$	-17998
8810·5	-17999	$+110$	$-1897\ 3083$	$+132$	-1	$+12\ 7348$	$+1897\ 3083$	$-12\ 7348$	-18000
8811·5	-18001	$+110$	$-1897\ 4426$	$+135$	-1	$+12\ 8818$	$+1897\ 4426$	$-12\ 8818$	-18002
8812·5	-18006	$+110$	$-1897\ 6577$	$+139$	-1	$+13\ 1206$	$+1897\ 6577$	$-13\ 1206$	-18006
8813·5	-18012	$+110$	$-1897\ 9817$	$+145$	-1	$+13\ 3978$	$+1897\ 9817$	$-13\ 3978$	-18013
8814·5	-18020	$+110$	$-1898\ 4115$	$+149$	-1	$+13\ 6518$	$+1898\ 4115$	$-13\ 6518$	-18021
8815·5	-18029	$+110$	$-1898\ 9162$	$+153$	-1	$+13\ 8325$	$+1898\ 9162$	$-13\ 8325$	-18030
8816·5	-18040	$+110$	$-1899\ 4502$	$+154$	-1	$+13\ 9134$	$+1899\ 4502$	$-13\ 9134$	-18041
8817·5	-18049	$+110$	$-1899\ 9671$	$+154$	-1	$+13\ 8943$	$+1899\ 9671$	$-13\ 8943$	-18050
8818·5	-18058	$+110$	$-1900\ 4313$	$+152$	-1	$+13\ 7950$	$+1900\ 4313$	$-13\ 7950$	-18059
8819·5	-18066	$+110$	$-1900\ 8222$	$+149$	-1	$+13\ 6466$	$+1900\ 8222$	$-13\ 6466$	-18067
8820·5	-18072	$+110$	$-1901\ 1343$	$+146$	-1	$+13\ 4832$	$+1901\ 1343$	$-13\ 4832$	-18072
8821·5	-18076	$+110$	$-1901\ 3743$	$+143$	-1	$+13\ 3367$	$+1901\ 3743$	$-13\ 3367$	-18077
8822·5	-18080	$+110$	$-1901\ 5583$	$+141$	-1	$+13\ 2332$	$+1901\ 5583$	$-13\ 2333$	-18081
8823·5	-18083	$+110$	$-1901\ 7093$	$+141$	-1	$+13\ 1917$	$+1901\ 7093$	$-13\ 1917$	-18083
8824·5	-18085	$+110$	$-1901\ 8545$	$+141$	-1	$+13\ 2222$	$+1901\ 8545$	$-13\ 2222$	-18086
8825·5	-18088	$+110$	$-1902\ 0233$	$+143$	-1	$+13\ 3251$	$+1902\ 0233$	$-13\ 3251$	-18089
8826·5	-18093	$+110$	$-1902\ 2446$	$+146$	-1	$+13\ 4890$	$+1902\ 2446$	$-13\ 4890$	-18094
8827·5	-18098	$+110$	$-1902\ 5426$	$+150$	-1	$+13\ 6906$	$+1902\ 5426$	$-13\ 6906$	-18099
8828·5	-18106	$+110$	$-1902\ 9311$	$+154$	-1	$+13\ 8951$	$+1902\ 9311$	$13\ 8951$	18107
8829·5	-18115	$+111$	$-1903\ 4084$	$+157$	-1	$+14\ 0612$	$+1903\ 4084$	$-14\ 0612$	-18116
8830·5	-18125	$+111$	$-1903\ 9536$	$+159$	-1	$+14\ 1488$	$+1903\ 9536$	$-14\ 1488$	-18126
8831·5	-18136	$+111$	$-1904\ 5280$	$+158$	-1	$+14\ 1304$	$+1904\ 5280$	$-14\ 1304$	-18137
8832·5	-18147	$+111$	$-1905\ 0821$	$+156$	-1	$+14\ 0006$	$+1905\ 0821$	$-14\ 0006$	-18148
8833·5	-18156	$+111$	$-1905\ 5688$	$+152$	-1	$+13\ 7811$	$+1905\ 5688$	$-13\ 7811$	-18157
8834·5	-18163	$+111$	$-1905\ 9562$	$+147$	-1	$+13\ 5171$	$+1905\ 9562$	$-13\ 5171$	-18164
8835·5	-18169	$+111$	$-1906\ 2378$	$+142$	-1	$+13\ 2662$	$+1906\ 2378$	$-13\ 2662$	-18170
8836·5	-18172	$+111$	$-1906\ 4347$	$+138$	-1	$+13\ 0829$	$+1906\ 4347$	$-13\ 0829$	-18173
8837·5	-18175	$+111$	$-1906\ 5898$	$+137$	-1	$+13\ 0040$	$+1906\ 5898$	$-13\ 0040$	-18176
8838·5	-18179	$+111$	$-1906\ 7567$	$+138$	-1	$+13\ 0395$	$+1906\ 7567$	$-13\ 0395$	-18179
8839·5	-18183	$+111$	$-1906\ 9849$	$+140$	-1	$+13\ 1697$	$+1906\ 9849$	$-13\ 1697$	-18184
8840·5	-18189	$+111$	$-1907\ 3072$	$+144$	-1	$+13\ 3514$	$+1907\ 3072$	$-13\ 3514$	-18190
8841·5	-18197	$+111$	$-1907\ 7314$	$+147$	-1	$+13\ 5298$	$+1907\ 7314$	$-13\ 5298$	-18198
8842·5	-18207	$+111$	$-1908\ 2393$	$+149$	-1	$+13\ 6534$	$+1908\ 2393$	$-13\ 6534$	-18208
8843·5	-18217	$+111$	$-1908\ 7936$	$+150$	-1	$+13\ 6869$	$+1908\ 7936$	$-13\ 6869$	-18218
8844·5	-18228	$+111$	$-1909\ 3491$	$+149$	-1	$+13\ 6182$	$+1909\ 3491$	$-13\ 6182$	-18229
8845·5	18238	$\mid 111$	$-1909\ 8644$	$+146$	-1	$+13\ 4578$	$\mid 1909\ 8644$	$-13\ 4578$	18239
8846·5	-18246	$+111$	$-1910\ 3105$	$+141$	-1	$+13\ 2327$	$+1910\ 3105$	$-13\ 2327$	-18247
8847·5	-18253	$+111$	$-1910\ 6742$	$+136$	-1	$+12\ 9777$	$+1910\ 6742$	$-12\ 9777$	-18254
8848·5	-18259	$+112$	$-1910\ 9574$	$+132$	-1	$+12\ 7278$	$+1910\ 9574$	$-12\ 7278$	-18260
8849·5	-18263	$+112$	$-1911\ 1736$	$+128$	-1	$+12\ 5131$	$+1911\ 1736$	$-12\ 5131$	-18264

Values are in units of 10^{-10}. Matrix used with ERA (B21–B24). CIP is $\mathcal{X} = C_{3,1}$, $\mathcal{Y} = C_{3,2}$

The Celestial Intermediate Reference System

The IAU 2000 and 2006 resolutions very precisely define the Celestial Intermediate Reference System by the direction of its pole (CIP) and the location of its origin of right ascension (CIO) at any date in the Geocentric Celestial Reference System (GCRS). This system is often denoted as the "equator and CIO of date" which has the same pole and equator as the equator and equinox of date, however, they have different origins for right ascension. This section includes the transformations using both origins and the relationships between them.

Pole of the Celestial Intermediate Reference System

The direction of the celestial intermediate pole (CIP), which is the pole of the Celestial Intermediate Reference System (the true celestial pole of date), at any instant is defined by the transformation from the GCRS that involves the rotations implementing frame bias and precession-nutation.

The unit vector components of the CIP (in radians) are given by elements one and two from the third row of the following rotation matrices, namely

$$\mathcal{X} = \mathbf{C}_{3,1} = \mathbf{M}_{3,1} \qquad \text{and} \qquad \mathcal{Y} = \mathbf{C}_{3,2} = \mathbf{M}_{3,2}$$

and the equations for calculating $\mathbf{C}$ are given on page B49, while those for $\mathbf{M}$ are given on page B50. Alternatively, $\mathcal{X}$ and $\mathcal{Y}$ may be calculated directly using

$$\mathcal{X} = \sin \epsilon \sin \psi \cos \bar{\gamma} - (\sin \epsilon \cos \psi \cos \bar{\phi} - \cos \epsilon \sin \bar{\phi}) \sin \bar{\gamma}$$
$$\mathcal{Y} = \sin \epsilon \sin \psi \sin \bar{\gamma} + (\sin \epsilon \cos \psi \cos \bar{\phi} - \cos \epsilon \sin \bar{\phi}) \cos \bar{\gamma}$$

where $\bar{\gamma}$, $\bar{\phi}$, ψ and ϵ include the effects of frame bias, precession and nutation (see page B56). $\mathcal{X}$ and $\mathcal{Y}$ are tabulated, in radians, at 0^{h} TT on even pages B30–B44, on odd pages B31–B45, and in arcseconds on pages B58–B65. The equations above may also be used to calculate the coordinates of the mean pole by ignoring nutation, that is by replacing ψ by $\bar{\psi}$ and ϵ by ϵ_{A}.

The position ($\mathcal{X}$, $\mathcal{Y}$) of the CIP, expressed in arcseconds, accurate to $0''\!.0001$, may also be calculated from the following series expansions,

$$\mathcal{X} = -0''\!.016\,617 + 2004''\!.191\,898\,T - 0''\!.429\,7829\,T^2$$
$$- 0''\!.198\,618\,34\,T^3 + 7''\!.578 \times 10^{-6}\,T^4 + 5''\!.9285 \times 10^{-6}\,T^5$$
$$+ \sum_{j,i} [(a_{\text{s},j})_i\,T^j \sin(\text{ARGUMENT}) + (a_{\text{c},j})_i\,T^j \cos(\text{ARGUMENT})] + \cdots$$

$$\mathcal{Y} = -0''\!.006\,951 - 0''\!.025\,896\,T - 22''\!.407\,2747\,T^2$$
$$+ 0''\!.001\,900\,59\,T^3 + 0''\!.001\,112\,526\,T^4 + 0''\!.1358 \times 10^{-6}\,T^5$$
$$+ \sum_{j,i} [(b_{\text{c},j})_i\,T^j \cos(\text{ARGUMENT}) + (b_{\text{s},j})_i\,T^j \sin(\text{ARGUMENT})] + \cdots$$

where T is measured in TT Julian centuries from J2000·0 and the coefficients and arguments may be downloaded from the CDS (see *The Astronomical Almanac Online* for the web link).

Approximate formulae for the Celestial Intermediate Pole

The following formulae may be used to compute $\mathcal{X}$ and $\mathcal{Y}$ to a precision of $0''\!.3$ during 2019:

$$\mathcal{X} = 380''\!.68 + 0''\!.0549\,d \qquad\qquad \mathcal{Y} = -0''\!.82$$
$$- 6''\!.8 \sin \Omega - 0''\!.5 \sin 2L \qquad\qquad + 9''\!.2 \cos \Omega + 0''\!.6 \cos 2L$$

where $\Omega = 117°\!.6 - 0·053\,d$, $L = 279°\!.4 + 0·986\,d$ and d is the day of the year and fraction of the day in the TT time scale.

Origin of the Celestial Intermediate Reference System

The CIO locator s, positions the celestial intermediate origin (CIO) on the equator of the Celestial Intermediate Reference System. It is the difference in the right ascension of the node of the equators in the GCRS and the Celestial Intermediate Reference System (see page B9). The CIO locator s is tabulated daily at 0^h TT, in arcseconds, on pages B58–B65.

The location of the CIO may be represented by $s + \mathcal{XY}/2$, the series of which is downloadable from the CDS (see *The Astronomical Almanac Online* for the web link). However, the definition below includes all terms exceeding 0.5μas during the interval 1975–2025.

$$s = -\mathcal{XY}/2 + 94'' \times 10^{-6} + \sum_k C_k \sin A_k$$
$$+ (+0''.003\ 808\ 65 + 1''.73 \times 10^{-6} \sin \Omega + 3''.57 \times 10^{-6} \cos 2\Omega)\ T$$
$$+ (-0''.000\ 122\ 68 + 743''.52 \times 10^{-6} \sin \Omega - 8''.85 \times 10^{-6} \sin 2\Omega$$
$$+ 56''.91 \times 10^{-6} \sin 2(F - D + \Omega) + 9''.84 \times 10^{-6} \sin 2(F + \Omega))\ T^2$$
$$- 0''.072\ 574\ 11\ T^3 + 27''.98 \times 10^{-6}\ T^4 + 15''.62 \times 10^{-6}\ T^5$$

		Terms for $C_k \sin A_k$			
	Argument	Coefficient		Argument	Coefficient
k	A_k	C_k $''$	k	A_k	C_k $''$
1	Ω	$-0.002\ 640\ 73$	7	$2F + \Omega$	$-0.000\ 001\ 98$
2	2Ω	$-0.000\ 063\ 53$	8	3Ω	$+0.000\ 001\ 72$
3	$2F - 2D + 3\Omega$	$-0.000\ 011\ 75$	9	$l' + \Omega$	$+0.000\ 001\ 41$
4	$2F - 2D + \Omega$	$-0.000\ 011\ 21$	10	$l' - \Omega$	$+0.000\ 001\ 26$
5	$2F - 2D + 2\Omega$	$+0.000\ 004\ 57$	11	$l + \Omega$	$+0.000\ 000\ 63$
6	$2F + 3\Omega$	$-0.000\ 002\ 02$	12	$l - \Omega$	$+0.000\ 000\ 63$

$\mathcal{X}$, $\mathcal{Y}$ (expressed in radians) is the position of the CIP at the required TT instant. The coefficients and arguments (C_k, A_k) are tabulated above and the expressions for the fundamental arguments are

$$l = 134°.963\ 402\ 51 + 1\ 717\ 915\ 923''.2178T + 31''.8792T^2 + 0''.051\ 635T^3 - 0''.000\ 244\ 70T^4$$

$$l' = 357°.529\ 109\ 18 + 129\ 596\ 581''.0481T - 0''.5532T^2 + 0''.000\ 136T^3 - 0''.000\ 011\ 49T^4$$

$$F = 93°.272\ 090\ 62 + 1\ 739\ 527\ 262''.8478T - 12''.7512T^2 - 0''.001\ 037T^3 + 0''.000\ 004\ 17T^4$$

$$D = 297°.850\ 195\ 47 + 1\ 602\ 961\ 601''.2090T - 6''.3706T^2 + 0''.006\ 593T^3 - 0''.000\ 031\ 69T^4$$

$$\Omega = 125°.044\ 555\ 01 - 6\ 962\ 890''.5431T + 7''.4722T^2 + 0''.007\ 702T^3 - 0''.000\ 059\ 39T^4$$

where T is the interval in TT Julian centuries from J2000.0 and is used in both the fundamental arguments and the expression for s itself.

These fundamental arguments are also used with the series expression for the complementary terms of the equation of the equinoxes (see page B10).

Approximate position of the Celestial Intermediate Origin

The CIO locator s may be ignored (i.e. set $s = 0$) in the interval 1963 to 2031 if accuracies no better than $0''.01$ are acceptable.

During 2019, $s + \mathcal{XY}/2$ may be computed to a precision of 8×10^{-5} arcseconds from

$$s + \mathcal{XY}/2 = 0''.000\ 32 - 0''.0026 \sin(117°.6 - 0.053\ d) - 0''.0001 \sin(235°.2 - 0.106\ d)$$

where $\mathcal{X}$ and $\mathcal{Y}$ are expressed in radians (page B46 gives an approximation) and d is the day of the year and fraction of the day in the TT time scale.

Reduction from the GCRS

The transformation from the GCRS to the terrestrial reference system applies rotations implementing frame bias, the effects of precession and nutation, and Earth rotation. It is only the origin of right ascension and whether ERA or GAST is used to obtain a position with respect to the terrestrial system, that differ.

The following shows the matrix transformations to both the Celestial Intermediate Reference System (based on the CIP and CIO) and the traditional equator and equinox of date system (based on the CIP and equinox). This is followed by considering frame bias, precession, nutation, and the angles and rotations that represent these effects.

Summary of the CIP and the relationships between various origins

The CIP is the pole of both the Celestial Intermediate Reference System and the system of the the equator and equinox of date. The transformation from the GCRS to either of these systems and to the Terrestrial Intermediate Reference System may be represented by

$$\mathscr{R}_\beta = \mathbf{R}_3(-\beta)\,\mathscr{R}_\Sigma$$

where the matrix $\mathscr{R}_\Sigma$ transforms position vectors from the GCRS equator and origin (see diagram on page B9) to the "of date" system defined by the CIP and β determines the origin to be used and thus the method (see Capitaine, N., and Wallace, P.T., *Astron. Astrophys.*, **450**, 855-872, 2006). Thus listing the matrix relationships by method (i.e. value of β) gives:

CIO Method	Equinox Method
$\beta = s$	$\beta = s - E_o$
$\mathscr{R}_\beta = \mathbf{R}_3(-s)\,\mathscr{R}_\Sigma$	$\mathscr{R}_\beta = \mathbf{R}_3(-s + E_o)\,\mathscr{R}_\Sigma$
$= \mathbf{C}$	$= \mathbf{M} \equiv \mathbf{NPB}$

where s is the CIO locator (see page B47), E_o is the equation of the origins (see page B10), and the matrices $\mathbf{C}$, $\mathscr{R}_\Sigma$ and $\mathbf{M}$ are defined on pages B49 and B50, respectively.

When β includes the Earth rotation angle, or Greenwich apparent sidereal time, then coordinates with respect to the terrestrial intermediate origin are the result. Finally, longitude may be included, then the coordinates will be relative to the observers prime meridian.

CIO Method	Equinox Method
$\beta = s - \theta - \lambda$	$\beta = s - E_o - \text{GAST} - \lambda$
$\mathscr{R}_\beta = \mathbf{R}_3(\lambda + \theta - s)\,\mathscr{R}_\Sigma$	$\mathscr{R}_\beta = \mathbf{R}_3(\lambda + \text{GAST} - s + E_o)\,\mathscr{R}_\Sigma$
$= \mathbf{R}_3(\lambda + \theta)\,\mathbf{C}$	$= \mathbf{R}_3(\lambda + \text{GAST})\,\mathbf{M}$
$= \mathbf{Q}$	$= \mathbf{Q}$

where east longitudes are positive. The above ignores the small corrections for polar motion that are required in the reduction of very precise observations; they are (i) alignment of the terrestrial intermediate origin onto the longitude origin ($\lambda_{\text{ITRS}} = 0$) of the International Terrestrial Reference System, and (ii) for the positioning of the CIP within ITRS, (see page B84).

The equation of the origins, the relationship between the two systems may be calculated using

$$\mathbf{M} = \mathbf{R}_3(-s + E_o)\,\mathscr{R}_\Sigma \qquad \text{and thus} \qquad E_o = s - \tan^{-1}\frac{\mathbf{M}_j \cdot \mathscr{R}_{\Sigma_i}}{\mathbf{M}_i \cdot \mathscr{R}_{\Sigma_i}}$$

where $\mathbf{M}_i$ and $\mathbf{M}_j$ are the first two rows of $\mathbf{M}$, $\mathscr{R}_{\Sigma_i}$ is the first row of $\mathscr{R}_\Sigma$ and $\cdot$ denotes the dot or scalar product. See also page B10 for an alternative method.

CIO method of reduction from the GCRS—rigorous formulae

Given an equatorial geocentric position vector $\mathbf{r}$ of an object with respect to the GCRS, then $\mathbf{r}_i$, its position with respect to the Celestial Intermediate Reference System, is given by

$$\mathbf{r}_i = \mathbf{C}\,\mathbf{r} \quad \text{and} \quad \mathbf{r} = \mathbf{C}^{-1}\,\mathbf{r}_i = \mathbf{C}'\,\mathbf{r}_i$$

The matrix $\mathbf{C}$ is tabulated daily at 0^h TT on odd numbered pages B31–B45, and is calculated thus

$$\mathbf{C}(\mathcal{X}, \mathcal{Y}, s) = \mathbf{R}_3(-[E+s])\,\mathbf{R}_2(d)\,\mathbf{R}_3(E) = \mathbf{R}_3(-s)\,\mathcal{R}_\Sigma$$

where the quantities $\mathcal{X}$, $\mathcal{Y}$, are the coordinates of the CIP, (expressed in radians), and the relationships between $\mathcal{X}$, $\mathcal{Y}$, $\mathcal{Z}$, E and d are:

$$\mathcal{X} = \sin d \cos E = \mathbf{M}_{3,1} = \mathbf{C}_{3,1} \qquad\qquad E = \tan^{-1}(\mathcal{Y}/\mathcal{X})$$
$$\mathcal{Y} = \sin d \sin E = \mathbf{M}_{3,2} = \mathbf{C}_{3,2}$$
$$\mathcal{Z} = \cos d = \sqrt{(1 - \mathcal{X}^2 - \mathcal{Y}^2)} \qquad\qquad d = \tan^{-1}\left(\frac{\mathcal{X}^2 + \mathcal{Y}^2}{1 - \mathcal{X}^2 - \mathcal{Y}^2}\right)^{\frac{1}{2}}$$

$\mathcal{X}$, $\mathcal{Y}$ and s are given on pages B46-B47 and tabulated, in arcseconds, daily at 0^h TT on pages B58–B65.

The matrix $\mathbf{C}$ transforms positions to the Celestial Intermediate Reference System, with the CIO being located by the rotation $\mathbf{R}_3(-s)$, and $\mathcal{R}_\Sigma$, the transformation from the GCRS equator to the equator of date being given by

$$\mathcal{R}_\Sigma = \begin{pmatrix} 1 - a\mathcal{X}^2 & -a\mathcal{X}\mathcal{Y} & -\mathcal{X} \\ -a\mathcal{X}\mathcal{Y} & 1 - a\mathcal{Y}^2 & -\mathcal{Y} \\ \mathcal{X} & \mathcal{Y} & 1 - a(\mathcal{X}^2 + \mathcal{Y}^2) \end{pmatrix} = \begin{pmatrix} \mathcal{R}_{\Sigma_i} \\ \mathcal{R}_{\Sigma_k} \times \mathcal{R}_{\Sigma_i} \\ \mathcal{R}_{\Sigma_k} \end{pmatrix}$$

where $a = 1/(1 + \mathcal{Z})$. $\mathcal{R}_{\Sigma_i}$ is the unit vector pointing towards Σ (see diagram on page B9) that is obtained from the elements of the first row of $\mathcal{R}_\Sigma$ and similarly $\mathcal{R}_{\Sigma_k}$ is the unit vector pointing towards the CIP. Note that $\mathcal{R}_{\Sigma_k} = \mathbf{M}_k$ (see page B50).

Approximate reduction from GCRS to the Celestial Intermediate Reference System

The matrix $\mathbf{C}$ given below together with the approximate formulae for $\mathcal{X}$ and $\mathcal{Y}$ on page B46 (expressed in radians) may be used when the resulting position is required to no better than $0''\!.3$ during 2019:

$$\mathbf{C} = \begin{pmatrix} 1 - \mathcal{X}^2/2 & 0 & -\mathcal{X} \\ 0 & 1 & -\mathcal{Y} \\ \mathcal{X} & \mathcal{Y} & 1 - \mathcal{X}^2/2 \end{pmatrix}$$

Thus the position vector $\mathbf{r}_i = (x_i, y_i, z_i)$ with respect to the Celestial Intermediate Reference System (equator and CIO of date) may be calculated from the geocentric position vector $\mathbf{r} = (r_x, r_y, r_z)$ with respect to the GCRS using

$$\mathbf{r}_i = \mathbf{C}\,\mathbf{r}$$

therefore using the approximate matrix

$$x_i = (1 - \mathcal{X}^2/2)\, r_x \qquad\qquad\qquad\quad\; - \mathcal{X}\, r_z$$
$$y_i = \qquad\qquad\qquad\qquad r_y \qquad\quad - \mathcal{Y}\, r_z$$
$$z_i = \qquad\qquad \mathcal{X}\, r_x + \mathcal{Y}\, r_y + (1 - \mathcal{X}^2/2)\, r_z$$

and thus

$$\alpha_i = \tan^{-1}(y_i/x_i) \qquad \delta = \tan^{-1}\left(z_i/\sqrt{(x_i^2 + y_i^2)}\right)$$

where α_i, δ, are the intermediate right ascension and declination, and the quadrant of α_i is determined by the signs of x_i and y_i.

During 2019, the $\mathcal{X}^2$ term may be dropped without significant loss of accuracy.

Equinox method of reduction from the GCRS—rigorous formulae

The reduction from a geocentric position $\mathbf{r}$ with respect to the Geocentric Celestial Reference System (GCRS) to a position $\mathbf{r}_t$ with respect to the equator and equinox of date, and vice versa, is given by:

$$\mathbf{r}_t = \mathbf{M}\,\mathbf{r} \quad \text{and} \quad \mathbf{r} = \mathbf{M}^{-1}\,\mathbf{r}_t = \mathbf{M}'\,\mathbf{r}_t$$

Using the 4-rotation Fukushima-Willams (F-W) method, the rotation matrix $\mathbf{M}$ may be written as

$$\mathbf{M} = \mathbf{R}_1(-[\epsilon_A + \Delta\epsilon])\,\mathbf{R}_3(-[\bar{\psi} + \Delta\psi])\,\mathbf{R}_1(\bar{\phi})\,\mathbf{R}_3(\bar{\gamma}) = \begin{pmatrix} \mathbf{M}_i \\ \mathbf{M}_j \\ \mathbf{M}_k \end{pmatrix} = \mathbf{N}\,\mathbf{P}\,\mathbf{B}$$

where the angles $\bar{\gamma}$, $\bar{\phi}$, $\bar{\psi}$ combine the frame bias with the effects of precession (see page B56). Nutation is applied by adding the nutations in longitude ($\Delta\psi$) and obliquity ($\Delta\epsilon$) (see page B55) to $\bar{\psi}$ and ϵ_A, respectively. Pages B50–B56 give the formulae for calculating the matrices $\mathbf{B}$, $\mathbf{P}$ and $\mathbf{N}$ individually using the traditional angles and rotations.

The elements of the rows of $\mathbf{M}$ represent unit vectors pointing in the directions of the x, y and z axes of the equator and equinox of date system. Thus the elements of the first row are the components of the unit vector in the direction of the true equinox,

$$\mathbf{M}_i = \begin{pmatrix} \mathbf{M}_{1,1} \\ \mathbf{M}_{1,2} \\ \mathbf{M}_{1,3} \end{pmatrix} = \begin{pmatrix} \cos\psi\cos\bar{\gamma} + \sin\psi\cos\bar{\phi}\sin\bar{\gamma} \\ \cos\psi\sin\bar{\gamma} - \sin\psi\cos\bar{\phi}\cos\bar{\gamma} \\ -\sin\psi\sin\bar{\phi} \end{pmatrix}$$

The second row of elements defines the unit vector in the direction of the y-axis, in the plane $90°$ from the x-z plane, i.e. the plane of the equator of date, and is given by

$$\mathbf{M}_j = \mathbf{M}_k \times \mathbf{M}_i$$

$$= \begin{pmatrix} \mathbf{M}_{2,1} \\ \mathbf{M}_{2,2} \\ \mathbf{M}_{2,3} \end{pmatrix} = \begin{pmatrix} \cos\epsilon\sin\psi\cos\bar{\gamma} - (\cos\epsilon\cos\psi\cos\bar{\phi} + \sin\epsilon\sin\bar{\phi})\sin\bar{\gamma} \\ \cos\epsilon\sin\psi\sin\bar{\gamma} + (\cos\epsilon\cos\psi\cos\bar{\phi} + \sin\epsilon\sin\bar{\phi})\cos\bar{\gamma} \\ \cos\epsilon\cos\psi\sin\bar{\phi} - \sin\epsilon\cos\bar{\phi} \end{pmatrix}$$

Lastly, the elements of the third row are the components of the unit vector pointing in the direction of the celestial intermediate pole (CIP), thus

$$\mathbf{M}_k = \begin{pmatrix} \mathbf{M}_{3,1} \\ \mathbf{M}_{3,2} \\ \mathbf{M}_{3,3} \end{pmatrix} = \begin{pmatrix} x \\ y \\ z \end{pmatrix} = \begin{pmatrix} \sin\epsilon\sin\psi\cos\bar{\gamma} - (\sin\epsilon\cos\psi\cos\bar{\phi} - \cos\epsilon\sin\bar{\phi})\sin\bar{\gamma} \\ \sin\epsilon\sin\psi\sin\bar{\gamma} + (\sin\epsilon\cos\psi\cos\bar{\phi} - \cos\epsilon\sin\bar{\phi})\cos\bar{\gamma} \\ \sin\epsilon\cos\psi\sin\bar{\phi} + \cos\epsilon\cos\bar{\phi} \end{pmatrix}$$

Reduction from GCRS to J2000—frame bias—rigorous formulae

Positions of objects with respect to the GCRS must be rotated to the J2000·0 dynamical system before precession and nutation are applied. Objects whose positions are given with respect to another system, e.g. FK5, may first be transformed to the GCRS before using the methods given here. An GCRS position $\mathbf{r}$ may be transformed to a J2000·0 or FK5 position $\mathbf{r}_0$ and vice versa, as follows,

$$\mathbf{r}_0 = \mathbf{B}\mathbf{r} \quad \text{and} \quad \mathbf{r} = \mathbf{B}^{-1}\mathbf{r}_0 = \mathbf{B}'\mathbf{r}_0$$

where $\mathbf{B}$ is the frame bias matrix.

Reduction from GCRS to J2000—frame bias—rigorous formulae (continued)

There are two sets of parameters that may be used to generate **B**. There are η_0, ξ_0 and $d\alpha_0$ which appeared in the literature first, or those consistent with the Fukushima-Williams precession parameterization, γ_B, ϕ_B and ψ_B.

Offsets of the Pole and Origin at J2000·0

Rotation From	η_0 mas	ξ_0 mas	$d\alpha_0$ mas	F-W IAU 2006		
				γ_B mas	ϕ_B mas	ψ_B mas
GCRS to J2000·0	− 6·8192	−16·617	−14·6	52·928	6·819	41·775
GCRS to FK5	−19·9	+ 9·1	−22·9			

where η_0, ξ_0 are the offsets from the pole together with $d\alpha_0$, the shift in right ascension origin. The IAU 2006 offsets, γ_B, ϕ_B and ψ_B are extracted from the IAU WGPE report and are consistent with F-W method of rotations:

$$\mathbf{B} = \mathbf{R}_3(-\psi_B)\,\mathbf{R}_1(\phi_B)\,\mathbf{R}_3(\gamma_B)$$

Alternatively

$$\mathbf{B} = \mathbf{R}_1(-\eta_0)\,\mathbf{R}_2(\xi_0)\,\mathbf{R}_3(d\alpha_0) \qquad \mathbf{B}^{-1} = \mathbf{R}_3(-d\alpha_0)\,\mathbf{R}_2(-\xi_0)\,\mathbf{R}_1(+\eta_0)$$

where in terms of corrections provided by the IAU 2000 precession-nutation theory, $\delta\epsilon_0 = \eta_0$ and $\xi_0 = -41\cdot775\sin(23°\,26'\,21''\!\cdot448) = -16\cdot617$ mas.

Evaluating the matrix for GCRS to J2000·0 gives

$$\mathbf{B} = \begin{pmatrix} +0\cdot9999\,9999\,9999\,9942 & -0\cdot0000\,0007\,1 & +0\cdot0000\,0008\,056 \\ +0\cdot0000\,0007\,1 & +0\cdot9999\,9999\,9999\,9969 & +0\cdot0000\,0003\,306 \\ -0\cdot0000\,0008\,056 & -0\cdot0000\,0003\,306 & +0\cdot9999\,9999\,9999\,9962 \end{pmatrix}$$

where the number of digits is determined by the accuracy of the offsets.

Approximate reduction from GCRS to J2000

Since the rotations to orient the GCRS to J2000·0 system are small the following approximate matrix, accurate to $2'' \times 10^{-9}$ (1×10^{-14} radians), may be used:

$$\mathbf{B} = \begin{pmatrix} 1 & d\alpha_0 & -\xi_0 \\ -d\alpha_0 & 1 & -\eta_0 \\ \xi_0 & \eta_0 & 1 \end{pmatrix}$$

where η_0, ξ_0 and $d\alpha_0$ are the offsets of the pole and the origin (expressed in radians) from J2000·0 given in the table above.

Reduction for precession—rigorous formulae

Rigorous formulae for the reduction of mean equatorial positions from J2000·0 (t_0) to epoch of date t, and vice versa, are as follows:

For equatorial rectangular coordinates (x_0, y_0, z_0), or direction cosines ($\mathbf{r}_0$),

$$\mathbf{r}_m = \mathbf{P}\,\mathbf{r}_0 \qquad\qquad \mathbf{r}_0 = \mathbf{P}^{-1}\,\mathbf{r}_m = \mathbf{P}'\,\mathbf{r}_m$$

where

$$\mathbf{P} = \mathbf{R}_1(-\epsilon_A)\,\mathbf{R}_3(-\psi_J)\,\mathbf{R}_1(\phi_J)\,\mathbf{R}_3(\gamma_J)$$
$$= \mathbf{R}_3(\chi_A)\,\mathbf{R}_1(-\omega_A)\,\mathbf{R}_3(-\psi_A)\,\mathbf{R}_1(\epsilon_0)$$
$$= \mathbf{R}_3(-z_A)\,\mathbf{R}_2(\theta_A)\,\mathbf{R}_3(-\zeta_A)$$

and $\mathbf{r}_m$ is the position vector precessed from t_0 to the mean equinox at t.

The angles given in this section precess positions from J2000·0 to date and therefore do not include the frame bias, which is only needed when positions are with respect to the GCRS.

Reduction for precession—rigorous formulae (continued)

For all the precession angles given in this section the time argument T is given by

$$T = (t - 2000 \cdot 0)/100 = (JD_{TT} - 245\ 1545 \cdot 0)/36\ 525$$

which is a function of TT. Strictly speaking precession angles should be a function of TDB, but this makes no significant difference.

The 4-rotation Fukushima-Williams (F-W) method using angles γ_J, ϕ_J, ψ_J, and ϵ_A, are

$$\gamma_J = 10''556\ 403\ T + 0''493\ 2044\ T^2 - 0''000\ 312\ 38\ T^3$$
$$- 2''788 \times 10^{-6}\ T^4 + 2''60 \times 10^{-8}\ T^5$$

$$\phi_J = \epsilon_0 - 46''811\ 015\ T + 0''051\ 1269\ T^2 + 0''000\ 532\ 89\ T^3$$
$$- 0''440 \times 10^{-6}\ T^4 - 1''76 \times 10^{-8}\ T^5$$

$$\psi_J = 5038''481\ 507\ T + 1''558\ 4176\ T^2 - 0''000\ 185\ 22\ T^3$$
$$- 26''452 \times 10^{-6}\ T^4 - 1''48 \times 10^{-8}\ T^5$$

$$\epsilon_A = \epsilon_0 - 46''836\ 769\ T - 0''000\ 1831\ T^2 + 0''002\ 003\ 40\ T^3$$
$$- 0''576 \times 10^{-6}\ T^4 - 4''34 \times 10^{-8}\ T^5$$

where $\epsilon_0 = 84\ 381''406 = 23°\ 26'\ 21''406$ is the obliquity of the ecliptic with respect to the dynamical equinox at J2000 and ϵ_A is the obliquity of the ecliptic with respect to the mean equator of date; equivalently

$$\epsilon_A = 23°439\ 279\ 4444 - 0°013\ 010\ 213\ 61\ T - 5°0861 \times 10^{-8}\ T^2$$
$$+ 5°565 \times 10^{-7}\ T^3 - 1°6 \times 10^{-10}\ T^4 - 1°2056 \times 10^{-11}\ T^5$$

The precession matrix for the F-W precession angles, which includes how to incorporate the frame bias and nutation, is described on page B56.

The Capitaine *et al.* method, the formulation of which cleanly separates precession of the equator from precession of the ecliptic, is via the precession angles χ_A, ω_A, ψ_A, which are

$$\psi_A = 5038''481\ 507\ T - 1''079\ 0069\ T^2 - 0''001\ 140\ 45\ T^3$$
$$+ 0''000\ 132\ 851\ T^4 - 9''51 \times 10^{-8}\ T^5$$

$$\omega_A = \epsilon_0 - 0''025\ 754\ T + 0''051\ 2623\ T^2 - 0''007\ 725\ 03\ T^3$$
$$- 0''000\ 000\ 467\ T^4 + 33''37 \times 10^{-8}\ T^5$$

$$\chi_A = 10''556\ 403\ T - 2''381\ 4292\ T^2 - 0''001\ 211\ 97\ T^3$$
$$+ 0''000\ 170\ 663\ T^4 - 5''60 \times 10^{-8}\ T^5$$

where the precession matrix using χ_A, ω_A, ψ_A and ϵ_0 is

$$\mathbf{P} = \begin{pmatrix} C_4C_2 - S_2S_4C_3 & C_4S_2C_1 + S_4C_3C_2C_1 - S_1S_4S_3 & C_4S_2S_1 + S_4C_3C_2S_1 + C_1S_4S_3 \\ -S_4C_2 - S_2C_4C_3 & -S_4S_2C_1 + C_4C_3C_2C_1 - S_1C_4S_3 & -S_4S_2S_1 + C_4C_3C_2S_1 + C_1C_4S_3 \\ S_2S_3 & -S_3C_2C_1 - S_1C_3 & -S_3C_2S_1 + C_3C_1 \end{pmatrix}$$

and

$$S_1 = \sin \epsilon_0 \quad S_2 = \sin(-\psi_A) \quad S_3 = \sin(-\omega_A) \quad S_4 = \sin \chi_A$$
$$C_1 = \cos \epsilon_0 \quad C_2 = \cos(-\psi_A) \quad C_3 = \cos(-\omega_A) \quad C_4 = \cos \chi_A$$

The traditional equatorial precession angles ζ_A, z_A, θ_A are

$$\zeta_A = +2''650\ 545 + 2306''083\ 227\ T + 0''298\ 8499\ T^2 + 0''018\ 018\ 28\ T^3$$
$$- 5''971 \times 10^{-6}\ T^4 - 3''173 \times 10^{-7}\ T^5$$

$$z_A = -2''650\ 545 + 2306''077\ 181\ T + 1''092\ 7348\ T^2 + 0''018\ 268\ 37\ T^3$$
$$- 28''596 \times 10^{-6}\ T^4 - 2''904 \times 10^{-7}\ T^5$$

$$\theta_A = 2004''191\ 903\ T - 0''429\ 4934\ T^2 - 0''041\ 822\ 64\ T^3$$
$$- 7''089 \times 10^{-6}\ T^4 - 1''274 \times 10^{-7}\ T^5$$

Reduction for precession—rigorous formulae (continued)

The precession matrix using ζ_A, z_A, θ_A is

$$\mathbf{P} = \begin{pmatrix} \cos\zeta_A\cos\theta_A\cos z_A - \sin\zeta_A\sin z_A & -\sin\zeta_A\cos\theta_A\cos z_A - \cos\zeta_A\sin z_A & -\sin\theta_A\cos z_A \\ \cos\zeta_A\cos\theta_A\sin z_A + \sin\zeta_A\cos z_A & -\sin\zeta_A\cos\theta_A\sin z_A + \cos\zeta_A\cos z_A & -\sin\theta_A\sin z_A \\ \cos\zeta_A\sin\theta_A & -\sin\zeta_A\sin\theta_A & \cos\theta_A \end{pmatrix}$$

For right ascension and declination in terms of ζ_A, z_A, θ_A:

$$\sin(\alpha - z_A)\cos\delta = \sin(\alpha_0 + \zeta_A)\cos\delta_0$$
$$\cos(\alpha - z_A)\cos\delta = \cos(\alpha_0 + \zeta_A)\cos\theta_A\cos\delta_0 - \sin\theta_A\sin\delta_0$$
$$\sin\delta = \cos(\alpha_0 + \zeta_A)\sin\theta_A\cos\delta_0 + \cos\theta_A\sin\delta_0$$

$$\sin(\alpha_0 + \zeta_A)\cos\delta_0 = \sin(\alpha - z_A)\cos\delta$$
$$\cos(\alpha_0 + \zeta_A)\cos\delta_0 = \cos(\alpha - z_A)\cos\theta_A\cos\delta + \sin\theta_A\sin\delta$$
$$\sin\delta_0 = -\cos(\alpha - z_A)\sin\theta_A\cos\delta + \cos\theta_A\sin\delta$$

where ζ_A, z_A, θ_A, given above, are angles that serve to specify the position of the mean equator and equinox of date with respect to the mean equator and equinox of J2000·0.

Values of all the angles and the elements of $\mathbf{P}$ for reduction from J2000·0 to epoch and mean equinox of the middle of the year (J2019·5) are as follows:

F-W Precession Angles γ_J, ϕ_J, ψ_J, and ϵ_A

$$\gamma_J = +2\rlap{.}{''}08 = +0\rlap{.}{°}000\,577 \qquad \phi_J = +843\ 72\rlap{.}{''}28 = +23\rlap{.}{°}436\,744$$
$$\psi_J = +982\rlap{.}{''}56 = +0\rlap{.}{°}272\,934 \qquad \epsilon_A = 23°\ 26'\ 12\rlap{.}{''}27 = 23\rlap{.}{°}436\,742$$

Precession Angles ζ_A, z_A, θ_A

$$\zeta_A = +452\rlap{.}{''}35 = +0\rlap{.}{°}125\,652$$
$$z_A = +447\rlap{.}{''}08 = +0\rlap{.}{°}124\,188$$
$$\theta_A = +390\rlap{.}{''}80 = +0\rlap{.}{°}108\,556$$

Precession Angles ψ_A, ω_A, χ_A

$$\psi_A = +982\rlap{.}{''}46 = +0\rlap{.}{°}272\,906$$
$$\omega_A = +843\ 81\rlap{.}{''}40 = +23\rlap{.}{°}439\,279$$
$$\chi_A = +1\rlap{.}{''}97 = +0\rlap{.}{°}000\,547$$

The rotation matrix for precession from J2000·0 to J2019·5 is

$$\mathbf{P} = \begin{pmatrix} +0\cdot999\,988\,698 & -0\cdot004\,360\,515 & -0\cdot001\,894\,650 \\ +0\cdot004\,360\,515 & +0\cdot999\,990\,493 & -0\cdot000\,004\,107 \\ +0\cdot001\,894\,650 & -0\cdot000\,004\,155 & +0\cdot999\,998\,205 \end{pmatrix}$$

The precessional motion of the ecliptic is specified by the inclination (π_A) and longitude of the node (Π_A) of the ecliptic of date with respect to the ecliptic and equinox of J2000·0; they are given by:

$$\sin\pi_A\sin\Pi_A = +\ 4\rlap{.}{''}199\,094\ T + 0\rlap{.}{''}193\,9873\ T^2 - 0\rlap{.}{''}000\,224\,66\ T^3$$
$$- 9\rlap{.}{''}12\times10^{-7}\ T^4 + 1\rlap{.}{''}20\times10^{-8}\ T^5$$

$$\sin\pi_A\cos\Pi_A = -46\rlap{.}{''}811\,015\ T + 0\rlap{.}{''}051\,0283\ T^2 + 0\rlap{.}{''}000\,524\,13\ T^3$$
$$- 6\rlap{.}{''}46\times10^{-7}\ T^4 - 1\rlap{.}{''}72\times10^{-8}\ T^5$$

π_A is a small angle, and often π_A replaces $\sin\pi_A$.

For epoch J2019·5 $\pi_A = +9\rlap{.}{''}164 = 0\rlap{.}{°}002\,5454$
$$\Pi_A = 174°\ 49\rlap{.}{'}6 = 174\rlap{.}{°}827$$

Reduction for precession—approximate formulae

Approximate formulae for the reduction of coordinates and orbital elements referred to the mean equinox and equator or ecliptic of date (t) are as follows:

For reduction to J2000·0

$$\alpha_0 = \alpha - M - N \sin \alpha_m \tan \delta_m$$
$$\delta_0 = \delta - N \cos \alpha_m$$
$$\lambda_0 = \lambda - a + b \cos (\lambda + c') \tan \beta_0$$
$$\beta_0 = \beta - b \sin (\lambda + c')$$
$$\Omega_0 = \Omega - a + b \sin (\Omega + c') \cot i_0$$
$$i_0 = i - b \cos (\Omega + c')$$
$$\omega_0 = \omega - b \sin (\Omega + c') \csc i_0$$

For reduction from J2000·0

$$\alpha = \alpha_0 + M + N \sin \alpha_m \tan \delta_m$$
$$\delta = \delta_0 + N \cos \alpha_m$$
$$\lambda = \lambda_0 + a - b \cos (\lambda_0 + c) \tan \beta$$
$$\beta = \beta_0 + b \sin (\lambda_0 + c)$$
$$\Omega = \Omega_0 + a - b \sin (\Omega_0 + c) \cot i$$
$$i = i_0 + b \cos (\Omega_0 + c)$$
$$\omega = \omega_0 + b \sin (\Omega_0 + c) \csc i$$

where the subscript zero refers to epoch J2000·0 and α_m, δ_m refer to the mean epoch; with sufficient accuracy:

$$\alpha_m = \alpha - \tfrac{1}{2}(M + N \sin \alpha \tan \delta)$$
$$\delta_m = \delta - \tfrac{1}{2} N \cos \alpha_m$$

or

$$\alpha_m = \alpha_0 + \tfrac{1}{2}(M + N \sin \alpha_0 \tan \delta_0)$$
$$\delta_m = \delta_0 + \tfrac{1}{2} N \cos \alpha_m$$

The precessional constants M, N, etc., are given by:

$$M = 1°2811\ 5566\ 89\ T + 0°0003\ 8655\ 131\ T^2 + 0°0000\ 1007\ 9625\ T^3$$
$$- 9°60194 \times 10^{-9}\ T^4 - 1°68806 \times 10^{-10}\ T^5$$

$$N = 0°5567\ 1997\ 31\ T - 0°0001\ 1930\ 372\ T^2 - 0°0000\ 1161\ 7400\ T^3$$
$$- 1°96917 \times 10^{-9}\ T^4 - 3°5389 \times 10^{-11}\ T^5$$

$$a = 1°3968\ 8783\ 19\ T + 0°0003\ 0706\ 522\ T^2 + 2°2122 \times 10^{-8}\ T^3$$
$$- 6°62694 \times 10^{-9}\ T^4 + 1°0639 \times 10^{-11}\ T^5$$

$$b = 0°0130\ 5527\ 03\ T - 0°0000\ 0930\ 350\ T^2 + 3°4886 \times 10^{-8}\ T^3$$
$$+ 3°13889 \times 10^{-11}\ T^4 - 6°11 \times 10^{-13}\ T^5$$

$$c = 5°1258\ 9067 + 0°8189\ 93580\ T + 0°0001\ 4256\ 094\ T^2 + 2°971\ 04 \times 10^{-8}\ T^3$$
$$- 2°480\ 66 \times 10^{-9}\ T^4 + 4°694 \times 10^{-12}\ T^5$$

$$c' = 5°1258\ 9067 - 0°5778\ 94252\ T - 0°0001\ 6450\ 428\ T^2 + 7°588\ 19 \times 10^{-9}\ T^3$$
$$+ 4°146\ 28 \times 10^{-9}\ T^4 - 5°944 \times 10^{-12}\ T^5$$

Formulae for the reduction from the mean equinox and equator or ecliptic of the middle of year (t_1) to date (t) are as follows:

$$\alpha = \alpha_1 + \tau(m + n \sin \alpha_1 \tan \delta_1)$$
$$\lambda = \lambda_1 + \tau(p - \pi \cos (\lambda_1 + 6°) \tan \beta)$$
$$\Omega = \Omega_1 + \tau(p - \pi \sin (\Omega_1 + 6°) \cot i)$$
$$\omega = \omega_1 + \tau\pi \sin (\Omega_1 + 6°) \csc i$$

$$\delta = \delta_1 + \tau n \cos \alpha_1$$
$$\beta = \beta_1 + \tau\pi \sin (\lambda_1 + 6°)$$
$$i = i_1 + \tau\pi \cos (\Omega_1 + 6°)$$

where $\tau = t - t_1$ and π is the annual rate of rotation of the ecliptic.

Reduction for precession—approximate formulae (continued)

The precessional constants p, m, etc., are as follows:

Annual	Epoch J2019·5		Epoch J2019·5
general precession	$p = +0°013\,9701$	Annual rate of rotation	$\pi = +0°000\,1305$
precession in R.A.	$m = +0°012\,8131$	Longitude of axis	$\Pi = +174°8271$
precession in Dec.	$n = +0°005\,5667$		$\gamma = 180° - \Pi = +5°1729$

where Π is the longitude of the instantaneous rotation axis of the ecliptic, measured from the mean equinox of date.

Reduction for nutation—rigorous formulae

Nutations in longitude ($\Delta\psi$) and obliquity ($\Delta\epsilon$) have been calculated using the IAU 2000A series definitions (order of 1μas) with the following adjustments which are required for use at the highest precision with the IAU 2006 precession, viz:

$$\Delta\psi = \Delta\psi_{2000A} + (0·4697 \times 10^{-6} - 2·7774 \times 10^{-6}\,T)\,\Delta\psi_{2000A}$$

$$\Delta\epsilon = \Delta\epsilon_{2000A} - 2·7774 \times 10^{-6}\,T\,\Delta\epsilon_{2000A}$$

where T is measured in Julian centuries from 245 1545·0 TT. $\Delta\psi$ and $\Delta\epsilon$ together with the true obliquity of the ecliptic (ϵ) are tabulated, daily at 0^h TT, on pages B58–B65. Web links are given on page x or on *The Astronomical Almanac Online* for series for evaluating $\Delta\psi_{2000A}$, $\Delta\epsilon_{2000A}$, and $\Delta\psi$, $\Delta\epsilon$.

A mean place ($\mathbf{r}_m$) may be transformed to a true place ($\mathbf{r}_t$), and vice versa, as follows:

$$\mathbf{r}_t = \mathbf{N}\,\mathbf{r}_m \qquad \mathbf{r}_m = \mathbf{N}^{-1}\,\mathbf{r}_t = \mathbf{N}'\,\mathbf{r}_t$$

where
$$\mathbf{N} = \mathbf{R}_1(-\epsilon)\,\mathbf{R}_3(-\Delta\psi)\,\mathbf{R}_1(+\epsilon_A)$$

$$\epsilon = \epsilon_A + \Delta\epsilon$$

and ϵ_A is given on page B52. The matrix for nutation is given by

$$\mathbf{N} = \begin{pmatrix} \cos\Delta\psi & -\sin\Delta\psi\cos\epsilon_A & -\sin\Delta\psi\sin\epsilon_A \\ \sin\Delta\psi\cos\epsilon & \cos\Delta\psi\cos\epsilon_A\cos\epsilon+\sin\epsilon_A\sin\epsilon & \cos\Delta\psi\sin\epsilon_A\cos\epsilon-\cos\epsilon_A\sin\epsilon \\ \sin\Delta\psi\sin\epsilon & \cos\Delta\psi\cos\epsilon_A\sin\epsilon-\sin\epsilon_A\cos\epsilon & \cos\Delta\psi\sin\epsilon_A\sin\epsilon+\cos\epsilon_A\cos\epsilon \end{pmatrix}$$

Approximate reduction for nutation

To first order, the contributions of the nutations in longitude ($\Delta\psi$) and in obliquity ($\Delta\epsilon$) to the reduction from mean place to true place are given by:

$$\Delta\alpha = (\cos\epsilon + \sin\epsilon\,\sin\alpha\,\tan\delta)\,\Delta\psi - \cos\alpha\,\tan\delta\,\Delta\epsilon \qquad \Delta\lambda = \Delta\psi$$

$$\Delta\delta = \sin\epsilon\,\cos\alpha\,\Delta\psi + \sin\alpha\,\Delta\epsilon \qquad\qquad\qquad \Delta\beta = 0$$

The following formulae may be used to compute $\Delta\psi$ and $\Delta\epsilon$ to a precision of about $0°0002$ ($1''$) during 2019.

$$\Delta\psi = -0°0048\,\sin(117°6 - 0·053\,d) \qquad \Delta\epsilon = +0°0026\,\cos(117°6 - 0·053\,d)$$

$$-0°0004\,\sin(198°8 + 1·971\,d) \qquad\qquad +0°0002\,\cos(198°8 + 1·971\,d)$$

where $d = \text{JD}_{TT} - 245\,8483·5$ is the day of the year and fraction; for this precision

$$\epsilon = 23°44 \qquad \cos\epsilon = 0·917 \qquad \sin\epsilon = 0·398$$

Approximate reduction for nutation (continued)

The corrections to be added to the mean rectangular coordinates (x, y, z) to produce the true rectangular coordinates are given by:

$$\Delta x = -(y \cos \epsilon + z \sin \epsilon) \Delta \psi \quad \Delta y = +x \Delta \psi \cos \epsilon - z \Delta \epsilon \quad \Delta z = +x \Delta \psi \sin \epsilon + y \Delta \epsilon$$

where $\Delta \psi$ and $\Delta \epsilon$ are expressed in radians. The corresponding rotation matrix is

$$\mathbf{N} = \begin{pmatrix} 1 & -\Delta \psi \cos \epsilon & -\Delta \psi \sin \epsilon \\ +\Delta \psi \cos \epsilon & 1 & -\Delta \epsilon \\ +\Delta \psi \sin \epsilon & +\Delta \epsilon & 1 \end{pmatrix}$$

Combined reduction for frame bias, precession and nutation—rigorous formulae

The angles $\bar{\gamma}, \bar{\phi}, \bar{\psi}$ which combine frame bias with the effects of precession are given by

$$\bar{\gamma} = -0''052\,928 + 10''556\,378\,T + 0''493\,2044\,T^2 - 0''000\,312\,38\,T^3$$
$$- 2''788 \times 10^{-6}\,T^4 + 2''60 \times 10^{-8}\,T^5$$

$$\bar{\phi} = 84381''412\,819 - 46''811\,016\,T + 0''051\,1268\,T^2 + 0''000\,532\,89\,T^3$$
$$- 0''440 \times 10^{-6}\,T^4 - 1''76 \times 10^{-8}\,T^5$$

$$\bar{\psi} = -0''041\,775 + 5038''481\,484\,T + 1''558\,4175\,T^2 - 0''000\,185\,22\,T^3$$
$$- 26''452 \times 10^{-6}\,T^4 - 1''48 \times 10^{-8}\,T^5$$

Nutation (see page B55) is applied by adding the nutations in longitude ($\Delta \psi$) and obliquity ($\Delta \epsilon$) thus

$$\psi = \bar{\psi} + \Delta \psi \quad \text{and} \quad \epsilon = \epsilon_A + \Delta \epsilon$$

Values for $\Delta \psi$ and $\Delta \epsilon$ are tabulated daily on pages B58–B65 with ϵ, the true obliquity of the ecliptic, while ϵ_A is given on page B52.

Thus the reduction from a geocentric position $\mathbf{r}$ with respect to the GCRS to a position $\mathbf{r}_t$ with respect to the (true) equator and equinox of date, and vice versa, is given by:

$$\mathbf{r}_t = \mathbf{M}\,\mathbf{r} = \mathbf{N}\mathbf{P}\mathbf{B}\,\mathbf{r} \qquad \mathbf{r} = \mathbf{B}^{-1}\mathbf{P}^{-1}\mathbf{N}^{-1}\,\mathbf{r}_t = \mathbf{B}'\mathbf{P}'\mathbf{N}'\,\mathbf{r}_t$$

or where
$$\mathbf{M} = \mathbf{R}_1(-\epsilon)\,\mathbf{R}_3(-\psi)\,\mathbf{R}_1(\bar{\phi})\,\mathbf{R}_3(\bar{\gamma})$$

and the matrices $\mathbf{B}$, $\mathbf{P}$ and $\mathbf{N}$ are defined in the preceding sections. The combined matrix $\mathbf{M}$ (see page B50) is tabulated daily at 0^h TT on even numbered pages B30–B44. There should be no significant difference between the various methods of calculating $\mathbf{M}$.

Values for the middle of the year, epoch J2019·5 for $\bar{\gamma}, \bar{\phi}, \bar{\psi}, \epsilon_A$, and the combined bias and precession matrices are

F-W Bias and Precession Angles $\bar{\gamma}, \bar{\phi}, \bar{\psi}$, and ϵ_A

$\bar{\gamma} =$	$+2''02 =$	$+0°000\,562$	$\bar{\phi} = +843\,72''29 =$	$+23°436\,746$
$\bar{\psi} =$	$+982''52 =$	$+0°272\,923$	$\epsilon_A = 23°\,26'\,12''27 =$	$23°436\,742$

$$\mathbf{PB} = \begin{pmatrix} +0·999\,988\,698 & -0·004\,360\,586 & -0·001\,894\,570 \\ +0·004\,360\,586 & +0·999\,990\,493 & -0·000\,004\,073 \\ +0·001\,894\,569 & -0·000\,004\,188 & +0·999\,998\,205 \end{pmatrix}$$

where the combined frame bias and precession matrix has been calculated by ignoring the nutation terms $\Delta \psi$ and $\Delta \epsilon$.

Approximate reduction for precession and nutation

The following formulae and table may be used for the approximate reduction from the equator and equinox of J2000·0 (or from the GCRS if the small frame bias correction is ignored) to the true equator and equinox of date during 2019:

$$\alpha = \alpha_0 + f + g \sin (G + \alpha_0) \tan \delta_0$$
$$\delta = \delta_0 + g \cos (G + \alpha_0)$$

where the units of the correction to α_0 and δ_0 are seconds and arcminutes, respectively.

Date		f	g	g	G	Date		f	g	g	G
		s	s	′	h m			s	s	′	h m
Jan.	−3*	+57·5	25·0	6·24	00 03	July	6	+59·0	25·7	6·41	00 02
	7	ǀ 57 6	25 0	6 26	00 03		16*	ǀ 59 1	25 7	6·42	00 02
	17	+57·7	25·1	6·26	00 03		26	+59·2	25·7	6·43	00 02
	27	+57·8	25·1	6·28	00 03	Aug.	5	+59·3	25·8	6·44	00 02
Feb.	6*	+57·9	25·1	6·29	00 03		15	+59·4	25·8	6·45	00 02
	16	+57·9	25·2	6·29	00 03		25*	+59·4	25·8	6·46	00 02
	26	+58·0	25·2	6·30	00 03	Sept.	4	+59·5	25·9	6·46	00 02
Mar.	8	+58·0	25·2	6·31	00 02		14	+59·6	25·9	6·47	00 01
	18*	+58·1	25·3	6·31	00 02		24	+59·6	25·9	6·48	00 01
	28	+58·2	25·3	6·32	00 02	Oct.	4*	+59·7	25·9	6·48	00 01
Apr.	7	+58·2	25·3	6·32	00 02		14	+59·7	26·0	6·49	00 01
	17	+58·3	25·3	6·33	00 02		24	+59·8	26·0	6·50	00 01
	27*	+58·4	25·4	6·34	00 02	Nov.	3	+59·9	26·0	6·51	00 02
May	7	+58·4	25·4	6·34	00 02		13*†	+59·9	26·0	6·51	00 02
	17	+58·5	25·4	6·35	00 02		23	+60·0	26·1	6·52	00 02
	27	+58·6	25·5	6·37	00 03	Dec.	3	+60·2	26·1	6·54	00 02
June	6*	+58·7	25·5	6·38	00 03		13	+60·3	26·2	6·55	00 02
	16	+58·8	25·5	6·39	00 03		23*	+60·4	26·2	6·56	00 02
	26	+58·9	25·6	6·40	00 02		33	+60·5	26·3	6·57	00 01
July	6	+59·0	25·7	6·41	00 02						

* 40-day date   † 400-day date for osculation epoch

Differential precession and nutation

The corrections for differential precession and nutation are given below. These are to be added to the observed differences of the right ascension and declination, $\Delta\alpha$ and $\Delta\delta$, of an object relative to a comparison star to obtain the differences in the mean place for a standard epoch (e.g. J2000·0 or the beginning of the year). The differences $\Delta\alpha$ and $\Delta\delta$ are measured in the sense "object − comparison star", and the corrections are in the same units as $\Delta\alpha$ and $\Delta\delta$.

In the correction to right ascension the same units must be used for $\Delta\alpha$ and $\Delta\delta$.

correction to right ascension $e \tan \delta \, \Delta\alpha - f \sec^2 \delta \, \Delta\delta$

correction to declination $f \, \Delta\alpha$

where e = $- \cos \alpha \, (nt + \sin \epsilon \, \Delta\psi) - \sin \alpha \, \Delta\epsilon$

f = $+ \sin \alpha \, (nt + \sin \epsilon \, \Delta\psi) - \cos \alpha \, \Delta\epsilon$

ϵ = $23°44$, $\sin \epsilon = 0.3977$, $n = 0.000\,0972$ radians for epoch J2019·5,

and t is the time in years *from* the standard epoch *to* the time of observation. $\Delta\psi$, $\Delta\epsilon$ are nutations in longitude and obliquity at the time of observation, *expressed in radians*. ($1'' = 0.000\,004\,8481$ rad).

The errors in arc units caused by using these formulae are of order $10^{-8} \, t^2 \sec^2 \delta$ multiplied by the displacement in arc from the comparison star.

FOR 0ʰ TERRESTRIAL TIME

Date 0ʰ TT	NUTATION in Long. $\Delta\psi$	NUTATION in Obl. $\Delta\epsilon$	True Obl. of Ecliptic ϵ 23° 26′	Julian Date 0ʰ TT 245	CELESTIAL INTERMEDIATE Pole x	Pole y	Origin s
	″	*″*	*″*		*″*	*″*	*″*
Jan. 0	− 15·081 78	− 4·691 69	07·816 93	8483·5	+ 374·676 24	− 5·486 71	+ 0·003 03
1	− 15·089 09	− 4·712 59	07·794 75	8484·5	+ 374·728 11	− 5·507 82	+ 0·003 05
2	− 15·057 22	− 4·737 24	07·768 82	8485·5	+ 374·795 55	− 5·532 76	+ 0·003 07
3	− 14·988 28	− 4·757 77	07·747 00	8486·5	+ 374·877 74	− 5·553 63	+ 0·003 09
4	− 14·891 25	− 4·767 77	07·735 72	8487·5	+ 374·971 16	− 5·564 02	+ 0·003 10
5	− 14·779 62	− 4·763 15	07·739 06	8488·5	+ 375·070 44	− 5·559 81	+ 0·003 09
6	− 14·668 65	− 4·742 51	07·758 42	8489·5	+ 375·169 52	− 5·539 59	+ 0·003 07
7	− 14·572 74	− 4·707 12	07·792 52	8490·5	+ 375·262 68	− 5·504 59	+ 0·003 04
8	− 14·503 27	− 4·660 42	07·837 95	8491·5	+ 375·345 36	− 5·458 24	+ 0·003 00
9	− 14·467 16	− 4·607 32	07·889 76	8492·5	+ 375·414 81	− 5·405 43	+ 0·002 95
10	− 14·466 23	− 4·553 43	07·942 37	8493·5	+ 375·470 27	− 5·351 77	+ 0·002 90
11	− 14·497 24	− 4·504 29	07·990 23	8494·5	+ 375·513 01	− 5·302 81	+ 0·002 85
12	− 14·552 37	− 4·464 73	08·028 51	8495·5	+ 375·546 11	− 5·263 39	+ 0·002 82
13	− 14·619 91	− 4·438 32	08·053 64	8496·5	+ 375·574 23	− 5·237 09	+ 0·002 79
14	− 14·685 19	− 4·426 86	08·063 81	8497·5	+ 375·603 18	− 5·225 76	+ 0·002 78
15	− 14·731 81	− 4·429 87	08·059 52	8498·5	+ 375·639 49	− 5·228 92	+ 0·002 78
16	− 14·743 63	− 4·444 00	08·044 11	8499·5	+ 375·689 59	− 5·243 26	+ 0·002 80
17	− 14·707 96	− 4·462 75	08·024 08	8500·5	+ 375·758 56	− 5·262 30	+ 0·002 81
18	− 14·619 91	− 4·476 78	08·008 76	8501·5	+ 375·848 39	− 5·276 72	+ 0·002 82
19	− 14·487 02	− 4·475 56	08·008 70	8502·5	+ 375·956 11	− 5·275 94	+ 0·002 82
20	− 14·331 45	− 4·450 48	08·032 50	8503·5	+ 376·072 95	− 5·251 36	+ 0·002 80
21	− 14·186 42	− 4·398 85	08·082 85	8504·5	+ 376·185 71	− 5·200 19	+ 0·002 75
22	− 14·085 52	− 4·326 34	08·154 07	8505·5	+ 376·281 01	− 5·128 09	+ 0·002 68
23	− 14·049 50	− 4·245 88	08·233 25	8506·5	+ 376·350 54	− 5·047 92	+ 0·002 61
24	− 14·077 97	− 4·172 68	08·305 17	8507·5	+ 376·394 39	− 4·974 91	+ 0·002 54
25	− 14·151 43	− 4·118 51	08·358 06	8508·5	+ 376·420 26	− 4·920 84	+ 0·002 49
26	− 14·240 99	− 4·088 19	08·387 10	8509·5	+ 376·439 63	− 4·890 60	+ 0·002 46
27	− 14·319 28	− 4·079 59	08·394 41	8510·5	+ 376·463 40	− 4·882 10	+ 0·002 46
28	− 14·367 43	− 4·085 91	08·386 81	8511·5	+ 376·499 08	− 4·888 57	+ 0·002 46
29	− 14·377 23	− 4·098 44	08·373 00	8512·5	+ 376·550 00	− 4·901 32	+ 0·002 47
30	− 14·349 97	− 4·108 79	08·361 36	8513·5	+ 376·615 66	− 4·911 95	+ 0·002 48
31	− 14·293 98	− 4·110 24	08·358 63	8514·5	+ 376·692 79	− 4·913 73	+ 0·002 48
Feb. 1	− 14·221 85	− 4·098 41	08·369 18	8515·5	+ 376·776 39	− 4·902 25	+ 0·002 47
2	− 14·148 01	− 4·071 46	08·394 85	8516·5	+ 376·860 73	− 4·875 65	+ 0·002 45
3	− 14·086 54	− 4·030 03	08·434 99	8517·5	+ 376·940 22	− 4·834 56	+ 0·002 41
4	− 14·049 29	− 3·976 94	08·486 80	8518·5	+ 377·010 12	− 4·781 76	+ 0·002 36
5	− 14·044 39	− 3·916 69	08·545 78	8519·5	+ 377·067 19	− 4·721 75	+ 0·002 30
6	− 14·075 20	− 3·854 74	08·606 44	8520·5	+ 377·110 06	− 4·659 98	+ 0·002 25
7	− 14·139 92	− 3·796 82	08·663 08	8521·5	+ 377·139 43	− 4·602 18	+ 0·002 19
8	− 14·231 73	− 3·748 05	08·710 56	8522·5	+ 377·157 98	− 4·553 50	+ 0·002 15
9	− 14·339 66	− 3·712 32	08·745 01	8523·5	+ 377·170 07	− 4·517 82	+ 0·002 12
10	− 14·449 74	− 3·691 69	08·764 36	8524·5	+ 377·181 24	− 4·497 23	+ 0·002 10
11	− 14·546 55	− 3·685 98	08·768 79	8525·5	+ 377·197 63	− 4·491 59	+ 0·002 09
12	− 14·615 13	− 3·692 49	08·761 00	8526·5	+ 377·225 19	− 4·498 21	+ 0·002 10
13	− 14·643 20	− 3·705 94	08·746 27	8527·5	+ 377·268 84	− 4·511 85	+ 0·002 11
14	− 14·624 06	− 3·718 70	08·732 22	8528·5	+ 377·331 26	− 4·524 88	+ 0·002 12
15	− 14·559 82	− 3·721 68	08·727 96	8529·5	+ 377·411 66	− 4·528 19	+ 0·002 12

FOR 0^h TERRESTRIAL TIME

Date 0^h TT	NUTATION in Long. $\Delta\psi$	in Obl. $\Delta\epsilon$	True Obl. of Ecliptic ϵ 23° 26′	Julian Date 0^h TT 245	CELESTIAL INTERMEDIATE Pole x	y	Origin s
	″	″	″		″	″	″
Feb. 15	− 14·559 82	− 3·721 68	08·727 96	8529·5	+ 377·411 66	− 4·528 19	+ 0·002 12
16	− 14·463 95	− 3·706 14	08·742 22	8530·5	+ 377·504 72	− 4·513 05	+ 0·002 11
17	− 14·361 46	− 3·666 56	08·780 52	8531·5	+ 377·600 51	− 4·473 87	+ 0·002 07
18	− 14·284 11	− 3·603 67	08·842 12	8532·5	+ 377·686 40	− 4·411 34	+ 0·002 01
19	− 14·260 23	− 3·526 03	08·918 48	8533·5	+ 377·751 09	− 4·333 98	+ 0·001 94
20	− 14·302 72	− 3·448 10	08·993 13	8534·5	+ 377·789 39	− 4·236 21	+ 0·001 87
21	− 14·402 73	− 3·384 94	09·057 00	8535·5	+ 377·804 74	− 4·193 12	+ 0·001 81
22	− 14·533 73	− 3·346 33	09·094 33	8536·5	+ 377·807 67	− 4·154 52	+ 0·001 78
23	− 14·663 45	− 3·333 74	09·105 64	8537·5	+ 377·811 00	− 4·141 94	+ 0·001 76
24	− 14·765 91	− 3·341 34	09·096 76	8538·5	+ 377·825 08	− 4·149 60	+ 0·001 77
25	− 14·827 77	− 3·359 49	09·077 33	8539·5	+ 377·855 27	− 4·167 88	+ 0·001 79
26	− 14·848 26	− 3·378 23	09·057 30	8540·5	+ 377·901 90	− 4·186 82	+ 0·001 80
27	− 14·835 79	− 3·389 57	09·044 68	8541·5	+ 377·961 67	− 4·198 41	+ 0·001 81
28	− 14·803 73	− 3·388 37	09·044 60	8542·5	+ 378·029 30	− 4·197 50	+ 0·001 81
Mar. 1	− 14·767 06	− 3·372 43	09·059 26	8543·5	+ 378·098 81	− 4·181 85	+ 0·001 80
2	− 14·740 06	− 3·342 11	09·088 29	8544·5	+ 378·164 55	− 4·151 81	+ 0·001 77
3	− 14·734 73	− 3·299 91	09·129 21	8545·5	+ 378·221 71	− 4·109 85	+ 0·001 73
4	− 14·759 68	− 3·249 96	09·177 88	8546·5	+ 378·266 86	− 4·060 09	+ 0·001 68
5	− 14·819 26	− 3·197 48	09·229 07	8547·5	+ 378·298 25	− 4·007 75	+ 0·001 64
6	− 14·912 95	− 3·148 17	09·277 10	8548·5	+ 378·316 06	− 3·958 51	+ 0·001 59
7	− 15·035 22	− 3·107 44	09·316 55	8549·5	+ 378·322 47	− 3·917 81	+ 0·001 55
8	− 15·175 89	− 3·079 67	09·343 04	8550·5	+ 378·321 51	− 3·890 03	+ 0·001 53
9	− 15·321 24	− 3·067 44	09·353 99	8551·5	+ 378·318 61	− 3·877 79	+ 0·001 52
10	− 15·455 80	− 3·070 98	09·349 16	8552·5	+ 378·319 95	− 3·881 34	+ 0·001 52
11	− 15·564 49	− 3·087 91	09·330 95	8553·5	+ 378·331 51	− 3·898 32	+ 0·001 54
12	− 15·635 16	− 3·113 27	09·304 31	8554·5	+ 378·358 16	− 3·923 79	+ 0·001 56
13	− 15·661 05	− 3·140 03	09·276 27	8555·5	+ 378·402 62	− 3·950 74	+ 0·001 58
14	− 15·642 96	− 3·159 95	09·255 07	8556·5	+ 378·464 59	− 3·970 92	+ 0·001 60
15	− 15·590 88	− 3·165 03	09·248 70	8557·5	+ 378·540 15	− 3·976 33	+ 0·001 61
16	− 15·524 02	− 3·149 47	09·262 98	8558·5	+ 378·621 67	− 3·961 11	+ 0·001 59
17	− 15·468 34	− 3·111 80	09·299 36	8559·5	+ 378·698 84	− 3·923 77	+ 0·001 56
18	− 15·450 67	− 3·056 67	09·353 22	8560·5	+ 378·760 96	− 3·868 89	+ 0·001 50
19	− 15·489 85	− 2·994 82	09·413 79	8561·5	+ 378·800 51	− 3·807 21	+ 0·001 45
20	− 15·588 35	− 2·940 51	09·466 81	8562·5	+ 378·816 43	− 3·752 97	+ 0·001 40
21	− 15·729 41	− 2·906 55	09·499 49	8563·5	+ 378·815 33	− 3·719 00	+ 0·001 37
22	− 15·882 89	− 2·899 39	09·505 37	8564·5	+ 378·809 19	− 3·711 82	+ 0·001 36
23	− 16·017 27	− 2·917 11	09·486 37	8565·5	+ 378·810 53	− 3·729 54	+ 0·001 38
24	− 16·110 84	− 2·951 13	09·451 06	8566·5	+ 378·828 04	− 3·763 65	+ 0·001 41
25	− 16·156 69	− 2·990 24	09·410 67	8567·5	+ 378·864 50	− 3·802 90	+ 0·001 44
26	− 16·161 02	− 3·024 24	09·375 39	8568·5	+ 378·917 50	− 3·837 13	+ 0·001 47
27	− 16·138 04	− 3·046 17	09·352 17	8569·5	+ 378·981 41	− 3·859 33	+ 0·001 49
28	− 16·104 78	− 3·052 75	09·344 31	8570·5	+ 379·049 48	− 3·866 20	+ 0·001 50
29	− 16·077 37	− 3·043 91	09·351 87	8571·5	+ 379·115 28	− 3·857 64	+ 0·001 49
30	− 16·069 04	− 3·022 02	09·372 48	8572·5	+ 379·173 55	− 3·836 00	+ 0·001 47
31	− 16·089 11	− 2·991 13	09·402 08	8573·5	+ 379·220 56	− 3·805 31	+ 0·001 44
Apr. 1	− 16·142 61	− 2·956 36	09·435 58	8574·5	+ 379·254 30	− 3·770 68	+ 0·001 41
2	− 16·229 94	− 2·923 30	09·467 35	8575·5	+ 379·274 57	− 3·737 71	+ 0·001 38

FOR 0ʰ TERRESTRIAL TIME

Date 0ʰ TT	NUTATION in Long. $\Delta\psi$	NUTATION in Obl. $\Delta\epsilon$	True Obl. of Ecliptic ϵ 23° 26′	Julian Date 0ʰ TT 245	CELESTIAL INTERMEDIATE Pole x	Pole y	Origin s
	″	″	″		″	″	″
Apr. 1	− 16·142 61	− 2·956 36	09·435 58	8574·5	+ 379·254 30	− 3·770 68	+ 0·001 41
2	− 16·229 94	− 2·923 30	09·467 35	8575·5	+ 379·274 57	− 3·737 71	+ 0·001 38
3	− 16·346 75	− 2·897 50	09·491 87	8576·5	+ 379·283 09	− 3·711 95	+ 0·001 36
4	− 16·484 00	− 2·883 76	09·504 33	8577·5	+ 379·283 42	− 3·698 20	+ 0·001 34
5	− 16·628 61	− 2·885 34	09·501 46	8578·5	+ 379·280 77	− 3·699 78	+ 0·001 34
6	− 16·764 85	− 2·903 27	09·482 25	8579·5	+ 379·281 37	− 3·717 71	+ 0·001 36
7	− 16·876 66	− 2·935 78	09·448 46	8580·5	+ 379·291 63	− 3·750 27	+ 0·001 39
8	− 16·950 55	− 2·978 22	09·404 74	8581·5	+ 379·316 93	− 3·792 81	+ 0·001 43
9	− 16·978 64	− 3·023 52	09·358 15	8582·5	+ 379·360 43	− 3·838 30	+ 0·001 47
10	− 16·961 08	− 3·063 35	09·317 04	8583·5	+ 379·422 11	− 3·878 39	+ 0·001 51
11	− 16·907 15	− 3·089 68	09·289 43	8584·5	+ 379·498 31	− 3·905 04	+ 0·001 53
12	− 16·834 63	− 3·096 66	09·281 17	8585·5	+ 379·581 99	− 3·912 38	+ 0·001 54
13	− 16·766 99	− 3·082 33	09·294 22	8586·5	+ 379·663 82	− 3·898 39	+ 0·001 52
14	− 16·728 57	− 3·049 83	09·325 44	8587·5	+ 379·734 10	− 3·866 19	+ 0·001 49
15	− 16·738 15	− 3·007 46	09·366 52	8588·5	+ 379·785 33	− 3·824 04	+ 0·001 45
16	− 16·802 64	− 2·967 19	09·405 51	8589·5	+ 379·814 72	− 3·783 89	+ 0·001 42
17	− 16·913 20	− 2·941 42	09·429 99	8590·5	+ 379·825 72	− 3·758 17	+ 0·001 39
18	− 17·046 67	− 2·939 02	09·431 12	8591·5	+ 379·827 52	− 3·755 78	+ 0·001 39
19	− 17·172 83	− 2·962 14	09·406 71	8592·5	+ 379·832 11	− 3·778 92	+ 0·001 41
20	− 17·264 78	− 3·005 66	09·361 91	8593·5	+ 379·850 21	− 3·822 52	+ 0·001 45
21	− 17·307 55	− 3·059 41	09·306 88	8594·5	+ 379·887 84	− 3·876 43	+ 0·001 50
22	− 17·300 96	− 3·111 97	09·253 03	8595·5	+ 379·945 10	− 3·929 24	+ 0·001 55
23	− 17·256 85	− 3·154 07	09·209 65	8596·5	+ 380·017 34	− 3·971 64	+ 0·001 59
24	− 17·193 34	− 3·180 32	09·182 12	8597·5	+ 380·097 35	− 3·998 24	+ 0·001 61
25	− 17·129 35	− 3·189 39	09·171 77	8598·5	+ 380·177 63	− 4·007 64	+ 0·001 62
26	− 17·080 87	− 3·183 15	09·176 72	8599·5	+ 380·251 80	− 4·001 72	+ 0·001 61
27	− 17·059 27	− 3·165 65	09·192 95	8600·5	+ 380·315 33	− 3·984 48	+ 0·001 60
28	− 17·070 85	− 3·142 09	09·215 22	8601·5	+ 380·365 69	− 3·961 14	+ 0·001 57
29	− 17·116 92	− 3·118 19	09·237 84	8602·5	+ 380·402 33	− 3·937 40	+ 0·001 55
30	− 17·194 11	− 3·099 57	09·255 18	8603·5	+ 380·426 57	− 3·918 88	+ 0·001 53
May 1	− 17·294 56	− 3·091 26	09·262 20	8604·5	+ 380·441 52	− 3·910 64	+ 0·001 53
2	− 17·406 28	− 3·097 11	09·255 07	8605·5	+ 380·451 93	− 3·916 53	+ 0·001 53
3	− 17·514 06	− 3·119 04	09·231 86	8606·5	+ 380·463 83	− 3·938 51	+ 0·001 55
4	− 17·601 14	− 3·156 35	09·193 26	8607·5	+ 380·483 91	− 3·975 91	+ 0·001 59
5	− 17·652 00	− 3·205 28	09·143 05	8608·5	+ 380·518 34	− 4·024 99	+ 0·001 63
6	− 17·655 96	− 3·259 09	09·087 96	8609·5	+ 380·571 40	− 4·079 02	+ 0·001 68
7	− 17·610 59	− 3·309 05	09·036 72	8610·5	+ 380·644 10	− 4·129 29	+ 0·001 73
8	− 17·523 83	− 3·346 24	08·998 25	8611·5	+ 380·733 31	− 4·166 86	+ 0·001 76
9	− 17·413 53	− 3·363 83	08·979 37	8612·5	+ 380·831 97	− 4·184 88	+ 0·001 78
10	− 17·304 01	− 3·359 17	08·982 76	8613·5	+ 380·930 41	− 4·180 63	+ 0·001 77
11	− 17·220 34	− 3·334 83	09·005 81	8614·5	+ 381·018 65	− 4·156 67	+ 0·001 75
12	− 17·181 87	− 3·298 47	09·040 89	8615·5	+ 381·088 97	− 4·120 60	+ 0·001 71
13	− 17·196 72	− 3·261 07	09·077 01	8616·5	+ 381·138 09	− 4·083 41	+ 0·001 68
14	− 17·259 11	− 3·234 24	09·102 55	8617·5	+ 381·168 26	− 4·056 71	+ 0·001 65
15	− 17·350 36	− 3·227 06	09·108 45	8618·5	+ 381·186 86	− 4·049 62	+ 0·001 65
16	− 17·443 89	− 3·243 48	09·090 75	8619·5	+ 381·204 45	− 4·066 11	+ 0·001 66
17	− 17·512 90	− 3·281 16	09·051 79	8620·5	+ 381·231 72	− 4·103 90	+ 0·001 70

FOR 0^h TERRESTRIAL TIME

Date	NUTATION		True Obl.	Julian	CELESTIAL INTERMEDIATE		
	in Long.	in Obl.	of Ecliptic	Date	Pole		Origin
0^h TT	$\Delta\psi$	$\Delta\epsilon$	ϵ 23° 26′	0^h TT 245	x	y	s
	″	″	″		″	″	″
May 17	− 17·512 90	− 3·281 16	09·051 79	**8620·5**	+ 381·231 72	− 4·103 90	+ 0·001 70
18	− 17·538 08	− 3·332 36	08·999 30	**8621·5**	+ 381·276 35	− 4·155 30	+ 0·001 74
19	− 17·512 66	− 3·386 50	08·943 88	**8622·5**	+ 381·341 09	− 4·209 71	+ 0·001 79
20	− 17·442 88	− 3·433 28	08·895 82	**8623·5**	+ 381·423 51	− 4·256 85	+ 0·001 84
21	− 17·344 49	− 3·465 31	08·862 51	**8624·5**	+ 381·517 37	− 4·289 27	+ 0·001 87
22	− 17·237 26	− 3·479 25	08·847 29	**8625·5**	+ 381·614 82	− 4·303 63	+ 0·001 88
23	− 17·139 94	− 3·475 69	08·849 56	**8626·5**	+ 381·708 41	− 4·300 47	+ 0·001 87
24	− 17·066 99	− 3·458 16	08·865 81	**8627·5**	+ 381·792 36	− 4·283 30	+ 0·001 86
25	− 17·027 17	− 3·431 89	08·890 80	**8628·5**	+ 381·863 17	− 4·257 33	+ 0·001 83
26	− 17·023 47	− 3·402 83	08·918 58	**8629·5**	+ 381·919 63	− 4·228 51	+ 0·001 81
27	− 17·053 64	− 3·376 84	08·943 28	**8630·5**	+ 381·962 61	− 4·202 71	+ 0·001 78
28	− 17·110 84	− 3·359 18	08·959 66	**8631·5**	+ 381·994 80	− 4·185 18	+ 0·001 76
29	− 17·184 27	− 3·354 02	08·963 54	**8632·5**	+ 382·020 48	− 4·180 13	+ 0·001 76
30	− 17·259 85	− 3·363 94	08·952 33	**8633·5**	+ 382·045 24	− 4·190 16	+ 0·001 77
31	− 17·321 28	− 3·389 33	08·925 67	**8634·5**	+ 382·075 57	− 4·215 68	+ 0·001 79
June 1	− 17·352 01	− 3·427 75	08·885 96	**8635·5**	+ 382·118 05	− 4·254 28	+ 0·001 83
2	− 17·338 38	− 3·473 65	08·838 78	**8636·5**	+ 382·178 14	− 4·300 44	+ 0·001 87
3	− 17·273 51	− 3·518 67	08·792 47	**8637·5**	+ 382·258 61	− 4·345 81	+ 0·001 91
4	− 17·161 07	− 3·553 13	08·756 73	**8638·5**	+ 382·358 05	− 4·380 69	+ 0·001 94
5	− 17·016 70	− 3·568 43	08·740 15	**8639·5**	+ 382·470 27	− 4·396 47	+ 0·001 96
6	− 16·865 70	− 3·559 93	08·747 37	**8640·5**	+ 382·585 22	− 4·388 46	+ 0·001 95
7	− 16·736 58	− 3·528 90	08·777 12	**8641·5**	+ 382·691 57	− 4·357 88	+ 0·001 92
8	− 16·652 68	− 3·482 64	08·822 09	**8642·5**	+ 382·780 00	− 4·312 01	+ 0·001 87
9	− 16·625 15	− 3·432 54	08·870 91	**8643·5**	+ 382·846 03	− 4·262 19	+ 0·001 83
10	− 16·649 90	− 3·390 72	08·911 46	**8644·5**	+ 382·891 23	− 4·220 55	+ 0·001 79
11	− 16·709 55	− 3·366 69	08·934 20	**8645·5**	+ 382·922 47	− 4·196 67	+ 0·001 77
12	− 16·778 83	− 3·365 05	08·934 56	**8646·5**	+ 382·949 79	− 4·195 14	+ 0·001 76
13	− 16·831 66	− 3·384 60	08·913 73	**8647·5**	+ 382·983 56	− 4·214 83	+ 0·001 78
14	− 16·847 76	− 3·419 14	08·877 91	**8648·5**	+ 383·031 87	− 4·249 58	+ 0·001 81
15	− 16·817 08	− 3·459 36	08·836 40	**8649·5**	+ 383·098 77	− 4·290 09	+ 0·001 85
16	− 16·741 22	− 3·495 36	08·799 11	**8650·5**	+ 383·183 65	− 4·326 46	+ 0·001 88
17	− 16·631 81	− 3·518 97	08·774 22	**8651·5**	+ 383·281 93	− 4·350 49	+ 0·001 90
18	− 16·506 63	− 3·525 31	08·766 60	**8652·5**	+ 383·386 55	− 4·357 28	+ 0·001 91
19	− 16·384 95	− 3·513 37	08·777 26	**8653·5**	+ 383·489 86	− 4·345 77	+ 0·001 90
20	− 16·283 49	− 3·485 51	08·803 84	**8654·5**	+ 383·585 20	− 4·318 32	+ 0·001 87
21	− 16·213 85	− 3·446 51	08·841 56	**8655·5**	+ 383·667 93	− 4·279 68	+ 0·001 83
22	− 16·181 45	− 3·402 35	08·884 44	**8656·5**	+ 383·735 86	− 4·235 81	+ 0·001 79
23	− 16·185 81	− 3·359 20	08·926 31	**8657·5**	+ 383·789 18	− 4·192 89	+ 0·001 75
24	− 16·221 29	− 3·322 64	08·961 58	**8658·5**	+ 383·830 09	− 4·156 50	+ 0·001 72
25	− 16·278 09	− 3·297 15	08·985 79	**8659·5**	+ 383·862 47	− 4·131 16	+ 0·001 69
26	− 16·343 23	− 3·285 70	08·995 95	**8660·5**	+ 383·891 48	− 4·119 83	+ 0·001 68
27	− 16·401 50	− 3·289 35	08·991 02	**8661·5**	+ 383·923 16	− 4·123 62	+ 0·001 69
28	= 16·436 84	− 3·306 79	08·972 30	**8662·5**	+ 383·963 89	− 4·141 23	+ 0·001 70
29	− 16·434 40	− 3·333 95	08·943 85	**8663·5**	+ 384·019 61	− 4·168 63	+ 0·001 73
30	− 16·383 73	− 3·363 88	08·912 64	**8664·5**	+ 384·094 50	− 4·198 88	+ 0·001 75
July 1	− 16·282 64	− 3·387 35	08·887 89	**8665·5**	+ 384·189 47	− 4·222 76	+ 0·001 78
2	− 16·140 75	− 3·394 66	08·879 30	**8666·5**	+ 384·300 73	− 4·230 55	+ 0·001 78

FOR 0ʰ TERRESTRIAL TIME

Date 0ʰ TT	NUTATION in Long. $\Delta\psi$	in Obl. $\Delta\epsilon$	True Obl. of Ecliptic ϵ 23° 26'	Julian Date 0ʰ TT 245	CELESTIAL INTERMEDIATE Pole x	y	Origin s
	"	"	"		"	"	"
July 1	− 16·282 64	− 3·387 35	08·887 89	8665·5	+ 384·189 47	− 4·222 76	+ 0·001 78
2	− 16·140 75	− 3·394 66	08·879 30	8666·5	+ 384·300 73	− 4·230 55	+ 0·001 78
3	− 15·980 14	− 3·378 51	08·894 17	8667·5	+ 384·419 54	− 4·214 91	+ 0·001 77
4	− 15·831 15	− 3·337 16	08·934 24	8668·5	+ 384·533 84	− 4·174 05	+ 0·001 73
5	− 15·723 32	− 3·276 05	08·994 07	8669·5	+ 384·631 85	− 4·113 36	+ 0·001 67
6	− 15·675 04	− 3·206 66	09·062 17	8670·5	+ 384·706 22	− 4·044 29	+ 0·001 60
7	− 15·687 12	− 3·142 80	09·124 75	8671·5	+ 384·756 55	− 3·980 65	+ 0·001 54
8	− 15·743 45	− 3·095 96	09·170 30	8672·5	+ 384·789 21	− 3·933 95	+ 0·001 50
9	− 15·817 70	− 3·072 12	09·192 87	8673·5	+ 384·814 65	− 3·910 21	+ 0·001 48
10	− 15·882 15	− 3·070 77	09·192 93	8674·5	+ 384·843 89	− 3·909 00	+ 0·001 48
11	− 15·915 07	− 3·086 11	09·176 30	8675·5	+ 384·885 59	− 3·924 52	+ 0·001 49
12	− 15·904 91	− 3·109 21	09·151 93	8676·5	+ 384·944 40	− 3·947 87	+ 0·001 51
13	− 15·851 13	− 3·130 45	09·129 40	8677·5	+ 385·020 56	− 3·969 44	+ 0·001 53
14	− 15·762 70	− 3·141 60	09·116 97	8678·5	+ 385·110 55	− 3·980 97	+ 0·001 54
15	− 15·654 99	− 3·137 17	09·120 12	8679·5	+ 385·208 27	− 3·976 96	+ 0·001 54
16	− 15·546 01	− 3·115 06	09·140 95	8680·5	+ 385·306 58	− 3·955 27	+ 0·001 52
17	− 15·452 83	− 3·076 51	09·178 22	8681·5	+ 385·398 67	− 3·917 12	+ 0·001 48
18	− 15·388 72	− 3·025 44	09·228 00	8682·5	+ 385·479 25	− 3·866 40	+ 0·001 43
19	− 15·361 41	− 2·967 48	09·284 68	8683·5	+ 385·545 23	− 3·808 72	+ 0·001 38
20	− 15·372 50	− 2·908 86	09·342 02	8684·5	+ 385·595 93	− 3·750 32	+ 0·001 32
21	− 15·417 93	− 2·855 52	09·394 07	8685·5	+ 385·632 96	− 3·697 14	+ 0·001 27
22	− 15·488 96	− 2·812 33	09·435 98	8686·5	+ 385·659 76	− 3·654 07	+ 0·001 23
23	− 15·573 41	− 2·782 62	09·464 41	8687·5	+ 385·681 16	− 3·624 45	+ 0·001 20
24	− 15·656 94	− 2·767 84	09·477 91	8688·5	+ 385·702 87	− 3·609 76	+ 0·001 19
25	− 15·724 38	− 2·767 30	09·477 17	8689·5	+ 385·730 92	− 3·609 34	+ 0·001 19
26	− 15·761 29	− 2·777 95	09·465 23	8690·5	+ 385·771 05	− 3·620 17	+ 0·001 20
27	− 15·756 10	− 2·794 27	09·447 63	8691·5	+ 385·827 91	− 3·636 73	+ 0·001 21
28	− 15·702 95	− 2·808 43	09·432 19	8692·5	+ 385·903 86	− 3·651 22	+ 0·001 23
29	− 15·605 06	− 2·811 23	09·428 10	8693·5	+ 385·997 64	− 3·654 43	+ 0·001 23
30	− 15·477 33	− 2·794 08	09·443 97	8694·5	+ 386·103 38	− 3·637 73	+ 0·001 21
31	− 15·345 97	− 2·751 94	09·484 83	8695·5	+ 386·210 67	− 3·596 06	+ 0·001 17
Aug. 1	− 15·242 82	− 2·686 35	09·549 14	8696·5	+ 386·306 84	− 3·530 88	+ 0·001 11
2	− 15·194 79	− 2·606 45	09·627 76	8697·5	+ 386·381 16	− 3·451 30	+ 0·001 03
3	− 15·212 78	− 2·526 69	09·706 23	8698·5	+ 386·429 21	− 3·371 75	+ 0·000 96
4	− 15·286 84	− 2·461 63	09·770 01	8699·5	+ 386·454 90	− 3·306 80	+ 0·000 90
5	− 15·390 77	− 2·420 62	09·809 74	8700·5	+ 386·468 61	− 3·265 85	+ 0·000 86
6	− 15·492 99	− 2·405 20	09·823 88	8701·5	+ 386·482 89	− 3·250 49	+ 0·000 85
7	− 15·567 41	− 2·409 96	09·817 84	8702·5	+ 386·508 13	− 3·255 36	+ 0·000 85
8	− 15·599 56	− 2·425 45	09·801 07	8703·5	+ 386·550 14	− 3·271 03	+ 0·000 86
9	− 15·587 53	− 2·441 37	09·783 87	8704·5	+ 386·609 72	− 3·287 20	+ 0·000 88
10	− 15·539 51	− 2·448 97	09·774 98	8705·5	+ 386·683 65	− 3·295 13	+ 0·000 89
11	− 15·470 09	− 2·442 39	09·780 28	8706·5	+ 386·766 16	− 3·288 90	+ 0·000 88
12	− 15·396 44	− 2·419 04	09·802 35	8707·5	+ 386·850 42	− 3·265 92	+ 0·000 86
13	− 15·335 24	− 2·379 51	09·840 59	8708·5	+ 386·929 79	− 3·226 73	+ 0·000 82
14	− 15·300 12	− 2·327 03	09·891 80	8709·5	+ 386·998 85	− 3·174 55	+ 0·000 77
15	− 15·300 03	− 2·266 68	09·950 86	8710·5	+ 387·054 01	− 3·114 44	+ 0·000 71
16	− 15·338 28	− 2·204 52	10·011 74	8711·5	+ 387·093 93	− 3·052 45	+ 0·000 66

FOR 0ʰ TERRESTRIAL TIME

Date 0ʰ TT		NUTATION in Long. $\Delta\psi$	in Obl. $\Delta\epsilon$	True Obl. of Ecliptic ϵ 23° 26′	Julian Date 0ʰ TT 245	CELESTIAL INTERMEDIATE Pole x	y	Origin s
		″	″	″		″	″	″
Aug.	16	− 15·338 28	− 2·204 52	10·011 74	8711·5	+ 387·093 93	− 3·052 45	+ 0·000 66
	17	− 15·412 47	− 2·146 63	10·068 34	8712·5	+ 387·119 54	− 2·994 67	+ 0·000 60
	18	− 15·515 07	− 2·098 29	10·115 41	8713·5	+ 387·133 81	− 2·946 39	+ 0·000 56
	19	− 15·634 63	− 2·063 26	10·149 15	8714·5	+ 387·141 28	− 2·911 40	+ 0·000 52
	20	− 15·757 23	− 2·043 42	10·167 71	8715·5	+ 387·147 47	− 2·891 58	+ 0·000 50
	21	− 15·868 12	− 2·038 45	10·171 39	8716·5	+ 387·158 25	− 2·886 66	+ 0·000 50
	22	− 15·953 34	− 2·045 80	10·162 76	8717·5	+ 387·179 19	− 2·894 10	+ 0·000 51
	23	− 16·001 47	− 2·060 70	10·146 57	8718·5	+ 387·214 85	− 2·909 16	+ 0·000 52
	24	− 16·005 71	− 2·076 48	10·129 52	8719·5	+ 387·267 96	− 2·925 17	+ 0·000 53
	25	− 15·966 04	− 2·085 06	10·119 65	8720·5	+ 387·338 57	− 2·934 06	+ 0·000 54
	26	− 15·891 53	− 2·078 25	10·125 18	8721·5	+ 387·423 09	− 2·927 61	+ 0·000 54
	27	− 15·801 39	− 2·049 67	10·152 48	8722·5	+ 387·513 93	− 2·899 42	+ 0·000 51
	28	− 15·723 07	− 1·997 42	10·203 45	8723·5	+ 387·600 17	− 2·847 54	+ 0·000 46
	29	− 15·685 81	− 1·926 37	10·273 21	8724·5	+ 387·670 17	− 2·776 80	+ 0·000 39
	30	− 15·710 08	− 1·848 37	10·349 94	8725·5	+ 387·715 72	− 2·698 99	+ 0·000 32
	31	− 15·797 68	− 1·779 01	10·418 01	8726·5	+ 387·736 04	− 2·629 72	+ 0·000 25
Sept.	1	− 15·929 17	− 1·731 80	10·463 94	8727·5	+ 387·738 81	− 2·582 52	+ 0·000 21
	2	− 16·071 64	− 1·712 84	10·481 62	8728·5	+ 387·737 10	− 2·563 56	+ 0·000 19
	3	− 16·192 32	− 1·719 19	10·473 99	8729·5	+ 387·743 94	− 2·569 94	+ 0·000 20
	4	− 16·269 97	− 1·741 31	10·450 58	8730·5	+ 387·767 82	− 2·592 16	+ 0·000 22
	5	− 16·298 91	− 1·767 38	10·423 23	8731·5	+ 387·811 07	− 2·618 42	+ 0·000 24
	6	− 16·286 60	− 1·787 00	10·402 33	8732·5	+ 387·870 74	− 2·638 30	+ 0·000 26
	7	− 16·248 47	− 1·793 17	10·394 88	8733·5	+ 387·940 75	− 2·644 77	+ 0·000 27
	8	− 16·202 70	− 1·782 73	10·404 04	8734·5	+ 388·013 86	− 2·634 65	+ 0·000 26
	9	− 16·166 56	− 1·755 96	10·429 52	8735·5	+ 388·083 22	− 2·608 18	+ 0·000 23
	10	− 16·154 06	− 1·715 81	10·468 39	8736·5	+ 388·143 23	− 2·568 29	+ 0·000 19
	11	− 16·174 66	− 1·667 07	10·515 85	8737·5	+ 388·190 12	− 2·519 75	+ 0·000 15
	12	− 16·232 58	− 1·615 55	10·566 08	8738·5	+ 388·222 17	− 2·468 38	+ 0·000 10
	13	− 16·326 64	− 1·567 33	10·613 02	8739·5	+ 388·239 83	− 2·420 23	+ 0·000 05
	14	− 16·450 54	− 1·527 92	10·651 15	8740·5	+ 388·245 59	− 2·380 84	+ 0·000 02
	15	− 16·593 67	− 1·501 58	10·676 21	8741·5	+ 388·243 64	− 2·354 50	− 0·000 01
	16	− 16·742 42	− 1·490 72	10·685 78	8742·5	+ 388·239 39	− 2·343 62	− 0·000 02
	17	− 16·881 90	− 1·495 49	10·679 73	8743·5	+ 388·238 77	− 2·348 39	− 0·000 01
	18	− 16·997 89	− 1·513 69	10·660 25	8744·5	+ 388·247 42	− 2·366 63	0·000 00
	19	− 17·078 85	− 1·540 84	10·631 81	8745·5	+ 388·269 97	− 2·393 88	+ 0·000 03
	20	− 17·117 75	− 1·570 68	10·600 70	8746·5	+ 388·309 23	− 2·423 89	+ 0·000 06
	21	− 17·113 81	− 1·595 77	10·574 32	8747·5	+ 388·365 56	− 2·449 22	+ 0·000 08
	22	− 17·073 74	− 1·608 58	10·560 23	8748·5	+ 388·436 30	− 2·462 34	+ 0·000 09
	23	− 17·012 43	− 1·602 85	10·564 68	8749·5	+ 388·515 58	− 2·456 96	+ 0·000 09
	24	− 16·951 93	− 1·575 44	10·590 80	8750·5	+ 388·594 62	− 2·429 89	+ 0·000 06
	25	− 16·918 00	− 1·528 19	10·636 77	8751·5	+ 388·663 19	− 2·382 94	+ 0·000 02
	26	− 16·933 33	− 1·469 05	10·694 63	8752·5	+ 388·712 22	− 2·324 01	− 0·000 04
	27	− 17·008 72	− 1·411 16	10·751 24	8753·5	+ 388·737 35	− 2·266 23	− 0·000 09
	28	− 17·136 18	− 1·369 20	10·791 91	8754·5	+ 388·741 70	− 2·224 29	− 0·000 13
	29	− 17·289 30	− 1·353 85	10·805 98	8755·5	+ 388·735 73	− 2·208 91	− 0·000 15
	30	− 17·432 83	− 1·367 31	10·791 24	8756·5	+ 388·733 46	− 2·222 36	− 0·000 14
Oct.	1	− 17·536 77	− 1·402 79	10·754 48	8757·5	+ 388·746 83	− 2·257 90	− 0·000 10

FOR 0ʰ TERRESTRIAL TIME

Date 0ʰ TT		NUTATION		True Obl. of Ecliptic	Julian Date	CELESTIAL INTERMEDIATE		
		in Long.	in Obl.			Pole		Origin
		$\Delta\psi$	$\Delta\epsilon$	ϵ 23° 26′	0ʰ TT 245	x	y	s
		″	″	″		″	″	″
Oct.	1	− 17·536 77	− 1·402 79	10·754 48	8757·5	+ 388·746 83	− 2·257 90	− 0·000 10
	2	− 17·586 77	− 1·447 98	10·708 00	8758·5	+ 388·781 61	− 2·303 25	− 0·000 06
	3	− 17·585 92	− 1·490 10	10·664 60	8759·5	+ 388·836 63	− 2·345 60	− 0·000 02
	4	− 17·549 74	− 1·519 64	10·633 78	8760·5	+ 388·905 76	− 2·375 45	+ 0·000 01
	5	− 17·498 92	− 1·531 84	10·620 30	8761·5	+ 388·980 78	− 2·387 97	+ 0·000 02
	6	− 17·453 47	− 1·526 30	10·624 56	8762·5	+ 389·053 75	− 2·382 75	+ 0·000 01
	7	− 17·429 30	− 1·505 88	10·643 70	8763·5	+ 389·118 32	− 2·362 61	− 0·000 01
	8	− 17·436 97	− 1·475 43	10·672 86	8764·5	+ 389·170 27	− 2·332 38	− 0·000 03
	9	− 17·481 37	− 1·440 81	10·706 20	8765·5	+ 389·207 62	− 2·297 93	− 0·000 07
	10	− 17·562 07	− 1·408 12	10·737 60	8766·5	+ 389·230 53	− 2·265 34	− 0·000 10
	11	− 17·673 65	− 1·383 03	10·761 41	8767·5	+ 389·241 13	− 2·240 30	− 0·000 12
	12	− 17·806 40	− 1·370 16	10·773 00	8768·5	+ 389·243 26	− 2·227 44	− 0·000 13
	13	− 17·947 21	− 1·372 51	10·769 38	8769·5	+ 389·242 11	− 2·229 78	− 0·000 13
	14	− 18·081 05	− 1·390 90	10·749 70	8770·5	+ 389·243 66	− 2·248 18	− 0·000 11
	15	− 18·192 92	− 1·423 69	10·715 62	8771·5	+ 389·253 89	− 2·281 02	− 0·000 08
	16	− 18·270 14	− 1·466 75	10·671 28	8772·5	+ 389·277 86	− 2·324 18	− 0·000 04
	17	− 18·304 67	− 1·513 86	10·622 90	8773·5	+ 389·318 78	− 2·371 46	0·000 00
	18	− 18·295 06	− 1·557 52	10·577 95	8774·5	+ 389·377 28	− 2·415 38	+ 0·000 04
	19	− 18·247 49	− 1·590 20	10·543 99	8775·5	+ 389·450 93	− 2·448 38	+ 0·000 07
	20	− 18·175 72	− 1·605 71	10·527 20	8776·5	+ 389·534 27	− 2·464 25	+ 0·000 09
	21	− 18·099 62	− 1·600 70	10·530 92	8777·5	+ 389·619 42	− 2·459 62	+ 0·000 08
	22	− 18·042 07	− 1·575 99	10·554 35	8778·5	+ 389·697 28	− 2·435 25	+ 0·000 06
	23	− 18·024 10	− 1·537 34	10·591 72	8779·5	+ 389·759 47	− 2·396 86	+ 0·000 02
	24	− 18·058 74	− 1·495 06	10·632 72	8780·5	+ 389·800 74	− 2·354 76	− 0·000 02
	25	− 18·145 20	− 1·462 06	10·664 43	8781·5	+ 389·821 36	− 2·321 86	− 0·000 05
	26	− 18·266 29	− 1·450 13	10·675 08	8782·5	+ 389·828 12	− 2·309 96	− 0·000 06
	27	− 18·391 95	− 1·465 60	10·658 33	8783·5	+ 389·832 94	− 2·325 45	− 0·000 05
	28	− 18·489 25	− 1·506 54	10·616 11	8784·5	+ 389·848 93	− 2·366 46	− 0·000 01
	29	− 18·534 55	− 1·563 39	10·557 98	8785·5	+ 389·885 53	− 2·423 47	+ 0·000 05
	30	− 18·521 38	− 1·622 79	10·497 30	8786·5	+ 389·945 37	− 2·483 13	+ 0·000 10
	31	− 18·460 32	− 1·672 45	10·446 35	8787·5	+ 390·024 31	− 2·533 14	+ 0·000 15
Nov.	1	− 18·372 58	− 1·704 60	10·412 92	8788·5	+ 390·113 93	− 2·565 68	+ 0·000 18
	2	− 18·281 83	− 1·716 84	10·399 39	8789·5	+ 390·204 83	− 2·578 32	+ 0·000 19
	3	− 18·208 20	− 1·711 29	10·403 66	8790·5	+ 390·289 01	− 2·573 13	+ 0·000 19
	4	− 18·165 31	− 1·692 89	10·420 78	8791·5	+ 390·361 01	− 2·555 05	+ 0·000 17
	5	− 18·159 88	− 1·667 90	10·444 49	8792·5	+ 390·418 15	− 2·530 30	+ 0·000 14
	6	− 18·192 34	− 1·642 75	10·468 36	8793·5	+ 390·460 21	− 2·505 34	+ 0·000 12
	7	− 18·257 93	− 1·623 39	10·486 44	8794·5	+ 390·489 07	− 2·486 10	+ 0·000 10
	8	− 18·347 63	− 1·614 72	10·493 82	8795·5	+ 390·508 31	− 2·477 52	+ 0·000 09
	9	− 18·449 00	− 1·620 22	10·487 04	8796·5	+ 390·522 83	− 2·483 08	+ 0·000 10
	10	− 18·547 34	− 1·641 42	10·464 56	8797·5	+ 390·538 49	− 2·504 35	+ 0·000 12
	11	− 18·627 11	− 1·677 54	10·427 15	8798·5	+ 390·561 47	− 2·540 57	+ 0·000 15
	12	− 18·674 09	− 1·725 20	10·378 21	8799·5	+ 390·597 44	− 2·588 39	+ 0·000 20
	13	− 18·678 02	− 1·778 53	10·323 60	8800·5	+ 390·650 51	− 2·641 96	+ 0·000 25
	14	− 18·635 24	− 1·829 88	10·270 97	8801·5	+ 390·722 17	− 2·693 61	+ 0·000 30
	15	− 18·550 55	− 1·871 05	10·228 51	8802·5	+ 390·810 54	− 2·735 18	+ 0·000 34
	16	− 18·437 44	− 1·895 11	10·203 18	8803·5	+ 390·910 28	− 2·759 67	+ 0·000 36

FOR 0ʰ TERRESTRIAL TIME

Date 0ʰ TT	NUTATION in Long. $\Delta\psi$	in Obl. $\Delta\epsilon$	True Obl. of Ecliptic ϵ 23° 26′	Julian Date 0ʰ TT 245	CELESTIAL INTERMEDIATE Pole x	y	Origin s
	″	″	″		″	″	″
Nov. 16	− 18·437 44	− 1·895 11	10·203 18	**8803·5**	+ 390·910 28	− 2·759 67	+ 0·000 36
17	− 18·316 27	− 1·898 08	10·198 92	**8804·5**	+ 391·013 33	− 2·763 09	+ 0·000 36
18	− 18·210 32	− 1·880 33	10·215 39	**8805·5**	+ 391·110 41	− 2·745 76	+ 0·000 34
19	− 18·140 62	− 1·847 00	10·247 43	**8806·5**	+ 391·193 14	− 2·712 80	+ 0·000 31
20	− 18·120 51	− 1·807 37	10·285 78	**8807·5**	+ 391·256 18	− 2·673 44	+ 0·000 27
21	− 18·151 33	− 1·772 97	10·318 91	**8808·5**	+ 391·298 94	− 2·639 22	+ 0·000 24
22	− 18·220 64	− 1·754 82	10·335 77	**8809·5**	+ 391·326 32	− 2·621 20	+ 0·000 22
23	− 18·304 20	− 1·760 28	10·329 03	**8810·5**	+ 391·347 93	− 2·626 75	+ 0·000 23
24	− 18·372 13	− 1·790 46	10·297 56	**8811·5**	+ 391·375 64	− 2·657 05	+ 0·000 26
25	− 18·398 00	− 1·839 54	10·247 21	**8812·5**	+ 391·420 00	− 2·706 33	+ 0·000 30
26	− 18·367 31	− 1·896 42	10·189 04	**8813·5**	+ 391·486 83	− 2·763 50	+ 0·000 36
27	− 18·281 81	− 1·948 42	10·135 76	**8814·5**	+ 391·575 47	− 2·815 89	+ 0·000 41
28	− 18·157 58	− 1·985 22	10·097 67	**8815·5**	+ 391·679 59	− 2·853 15	+ 0·000 44
29	− 18·018 44	− 2·001 43	10·080 18	**8816·5**	+ 391·789 72	− 2·869 84	+ 0·000 46
30	− 17·888 34	− 1·997 03	10·083 31	**8817·5**	+ 391·896 34	− 2·865 90	+ 0·000 45
Dec. 1	− 17·785 77	− 1·976 12	10·102 92	**8818·5**	+ 391·992 10	− 2·845 42	+ 0·000 43
2	− 17·721 32	− 1·945 16	10·132 61	**8819·5**	+ 392·072 73	− 2·814 81	+ 0·000 40
3	− 17·697 81	− 1·911 18	10·165 30	**8820·5**	+ 392·137 10	− 2·781 11	+ 0·000 37
4	− 17·711 64	− 1·880 75	10·194 46	**8821·5**	+ 392·186 59	− 2·750 89	+ 0·000 34
5	− 17·754 36	− 1·859 24	10·214 68	**8822·5**	+ 392·224 56	− 2·729 55	+ 0·000 32
6	− 17·814 10	− 1·850 53	10·222 11	**8823·5**	+ 392·255 70	− 2·720 98	+ 0·000 31
7	− 17·876 72	− 1·856 70	10·214 66	**8824·5**	+ 392·285 64	− 2·727 28	+ 0·000 32
8	− 17·926 89	− 1·877 76	10·192 31	**8825·5**	+ 392·320 46	− 2·748 50	+ 0·000 34
9	− 17·949 67	− 1·911 38	10·157 41	**8826·5**	+ 392·366 12	− 2·782 31	+ 0·000 37
10	− 17·932 63	− 1·952 68	10·114 83	**8827·5**	+ 392·427 58	− 2·823 89	+ 0·000 41
11	− 17·868 63	− 1·994 51	10·071 71	**8828·5**	+ 392·507 71	− 2·866 07	+ 0·000 45
12	− 17·758 66	− 2·028 33	10·036 61	**8829·5**	+ 392·606 17	− 2·900 32	+ 0·000 48
13	− 17·613 66	− 2·045 91	10·017 75	**8830·5**	+ 392·718 63	− 2·918 40	+ 0·000 50
14	− 17·453 79	− 2·041 60	10·020 78	**8831·5**	+ 392·837 09	− 2·914 60	+ 0·000 49
15	− 17·304 64	− 2·014 32	10·046 77	**8832·5**	+ 392·951 40	− 2·887 83	+ 0·000 47
16	− 17·190 70	− 1·968 61	10·091 20	**8833·5**	+ 393·051 78	− 2·842 56	+ 0·000 42
17	− 17·128 34	− 1·913 81	10·144 72	**8834·5**	+ 393·131 69	− 2·788 11	+ 0·000 37
18	− 17·120 82	− 1·861 80	10·195 45	**8835·5**	+ 393·189 77	− 2·736 36	+ 0·000 32
19	− 17·157 10	− 1·823 80	10·232 16	**8836·5**	+ 393·230 38	− 2·698 54	+ 0·000 28
20	− 17·214 78	− 1·807 40	10·247 28	**8837·5**	+ 393·262 38	− 2·682 27	+ 0·000 27
21	− 17·266 11	− 1·814 56	10·238 84	**8838·5**	+ 393·296 79	− 2·689 59	+ 0·000 28
22	− 17·285 41	− 1·841 21	10·210 91	**8839·5**	+ 393·343 86	− 2·716 44	+ 0·000 30
23	− 17·255 78	− 1·878 39	10·172 45	**8840·5**	+ 393·410 35	− 2·753 92	+ 0·000 34
24	− 17·173 33	− 1·914 80	10·134 75	**8841·5**	+ 393·497 85	− 2·790 72	+ 0·000 37
25	− 17·047 58	− 1·939 84	10·108 43	**8842·5**	+ 393·602 62	− 2·816 21	+ 0·000 39
26	− 16·897 99	− 1·946 26	10·100 73	**8843·5**	+ 393·716 95	− 2·823 13	+ 0·000 40
27	− 16·748 04	− 1·931 58	10·114 13	**8844·5**	+ 393·831 52	− 2·808 96	+ 0·000 39
28	− 16·619 14	− 1·898 03	10·146 40	**8845·5**	+ 393·937 80	− 2·775 87	+ 0·000 35
29	− 16·526 25	− 1·851 18	10·191 96	**8846·5**	+ 394·029 82	− 2·729 43	+ 0·000 31
30	− 16·476 14	− 1·798 25	10·243 61	**8847·5**	+ 394·104 84	− 2·676 83	+ 0·000 26
31	− 16·467 80	− 1·746 47	10·294 11	**8848·5**	+ 394·163 25	− 2·625 30	+ 0·000 21
32	− 16·494 09	− 1·701 98	10·337 32	**8849·5**	+ 394·207 86	− 2·581 01	+ 0·000 17

Planetary reduction overview

Data and formulae are provided for the precise computation of the geocentric apparent right ascension, intermediate right ascension, declination, and hour angle, at an instant of time, for an object within the solar system, ignoring polar motion (see page B84), from a barycentric ephemeris in rectangular coordinates and relativistic coordinate time referred to the International Celestial Reference System (ICRS).

1. Given an instant for which the position of the planet is required, obtain the dynamical time (TDB) to use with the ephemeris. If the position is required at a given Universal Time (UT1), or the hour angle is required, then obtain a value for ΔT, which may have to be predicted.

2. Calculate the geocentric rectangular coordinates of the planet from barycentric ephemerides of the planet and the Earth at coordinate time argument TDB, allowing for light time calculated from heliocentric coordinates.

3. Calculate the geocentric direction of the planet by allowing for light-deflection due to solar gravitation.

4. Calculate the proper direction of the planet by applying the correction for the Earth's orbital velocity about the barycentre (i.e. annual aberration). The resulting vector (from steps 2-4) is in the Geocentric Celestial Reference System (GCRS), and is sometimes called the proper or virtual place.

| *Equinox Method* | *CIO Method* |

5. Apply frame bias, precession and nutation to convert from the GCRS to the system defined by the true equator and equinox of date.

5. Rotate from the GCRS to the intermediate system using $\mathcal{X}, \mathcal{Y}$ and s to apply frame bias and precession-nutation.

6. Convert to spherical coordinates, giving the geocentric apparent right ascension and declination with respect to the true equator and equinox of date.

6. Convert to spherical coordinates, giving the geocentric intermediate right ascension and declination with respect to the CIO and equator of date.

7. Calculate Greenwich apparent sidereal time and form the Greenwich hour angle for the given UT1.

7. Calculate the Earth rotation angle and form the Greenwich hour angle for the given UT1.

Alternatively, if right ascension is not required, combine Steps 5 and 7

*5. Apply frame bias, precession, nutation, and Greenwich apparent sidereal time to convert from the GCRS to the Terrestrial Intermediate Reference System; with origin of longitude at the TIO, and the equator of date.

*5. Rotate, using $\mathcal{X}, \mathcal{Y}, s$ and θ to apply frame bias, precession-nutation and Earth rotation, from the GCRS to the Terrestrial Intermediate Reference System; with origin of longitude at the TIO, and equator of date.

*6. Convert to spherical coordinates, giving the Greenwich hour angle (H) and declination (δ) with respect Terrestrial Intermediate Reference System (TIO and equator of date).

Note: In *Steps 7* and *Steps *5* the effects of polar motion (see page B84) have been ignored; they are the very small difference between the International Terrestrial Reference Frame (ITRF) zero meridian and the TIO, and the position of the CIP within the ITRS.

Formulae and method for planetary reduction

Step 1.   Depending on the instant at which the planetary position is required, obtain the terrestrial or proper time (TT) and the barycentric dynamical time (TDB). Terrestrial time is related to UT1, whereas TDB is used as the time argument for the barycentric ephemeris. For calculating an apparent place the following approximate formulae are sufficient for converting from UT1 to TT and TDB:

$$TT = UT1 + \Delta T, \qquad TDB = TT + 0\overset{s}{.}001\ 656\ 67 \sin g + 0 \cdot 000\ 022\ 42 \sin(L - L_J)$$

$$g = 357\overset{\circ}{.}53 + 0 \cdot 985\ 600\ 28\ D \quad \text{and} \quad L - L_J = 246\overset{\circ}{.}11 + 0 \cdot 902\ 517\ 92\ D$$

where $D = JD - 245\ 1545 \cdot 0$ and ΔT may be obtained from page K9 and JD is the Julian date to two decimals of a day. The difference between TT and TDB may be ignored.

Step 2.   Obtain the Earth's barycentric position $\mathbf{E_B}(t)$ in au and velocity $\dot{\mathbf{E}}_B(t)$ in au/d, at coordinate time $t = TDB$, referred to the ICRS.

Using an ephemeris, obtain the barycentric ICRS position of the planet $\mathbf{Q_B}$ in au at time $(t - \tau)$ where τ is the light time, so that light emitted by the planet at the event $\mathbf{Q_B}(t - \tau)$ arrives at the Earth at the event $\mathbf{E_B}(t)$.

The light time equation is solved iteratively using the heliocentric position of the Earth ($\mathbf{E}$) and the planet ($\mathbf{Q}$), starting with the approximation $\tau = 0$, as follows:

Form $\mathbf{P}$, the vector from the Earth to the planet from the equation:

$$\mathbf{P} = \mathbf{Q_B}(t - \tau) - \mathbf{E_B}(t)$$

Form $\mathbf{E}$ and $\mathbf{Q}$ from the equations: $\qquad \mathbf{E} = \mathbf{E_B}(t) - \mathbf{S_B}(t)$

$$\mathbf{Q} = \mathbf{Q_B}(t - \tau) - \mathbf{S_B}(t - \tau)$$

where $\mathbf{S_B}$ is the barycentric position of the Sun.

Calculate τ from: $\quad c\tau = P + (2\mu/c^2) \ln[(E + P + Q)/(E - P + Q)]$

where the light time (τ) includes the effect of gravitational retardation due to the Sun, and

$$\mu = \text{solar mass parameter} = GM_S \qquad c = \text{velocity of light} = 173 \cdot 1446 \text{ au/d}$$
$$\mu/c^2 = 9 \cdot 87 \times 10^{-9} \text{ au} \qquad P = |\mathbf{P}|, \ Q = |\mathbf{Q}|, \ E = |\mathbf{E}|$$

where | | means calculate the square root of the sum of the squares of the components.

After convergence, form unit vectors $\mathbf{p}$, $\mathbf{q}$, $\mathbf{e}$ by dividing $\mathbf{P}$, $\mathbf{Q}$, $\mathbf{E}$ by P, Q, E respectively.

Step 3.   Calculate the geocentric direction ($\mathbf{p_1}$) of the planet, corrected for light-deflection due to solar gravitation, from:

$$\mathbf{p_1} = \mathbf{p} + (2\mu/c^2 E)((\mathbf{p} \cdot \mathbf{q})\, \mathbf{e} - (\mathbf{e} \cdot \mathbf{p})\, \mathbf{q})/(1 + \mathbf{q} \cdot \mathbf{e})$$

where the dot indicates a scalar product.

The vector $\mathbf{p_1}$ is a unit vector to order μ/c^2.

Step 4.   Calculate the proper direction of the planet ($\mathbf{p_2}$) in the GCRS that is moving with the instantaneous velocity ($\mathbf{V}$) of the Earth, from:

$$\mathbf{p_2} = (\beta^{-1}\mathbf{p_1} + (1 + (\mathbf{p_1} \cdot \mathbf{V})/(1 + \beta^{-1}))\, \mathbf{V})/(1 + \mathbf{p_1} \cdot \mathbf{V})$$

where $\mathbf{V} = \dot{\mathbf{E}}_B/c = 0 \cdot 005\ 7755\, \dot{\mathbf{E}}_B$ and $\beta = (1 - V^2)^{-1/2}$; the velocity ($\mathbf{V}$) is expressed in units of the velocity of light.

Formulae and method for planetary reduction (continued)

| *Equinox method* | *CIO method* |

Step 5. Apply frame bias, precession and nutation to the proper direction ($\mathbf{p}_2$) by multiplying by the rotation matrix $\mathbf{M} = \mathbf{NPB}$ given on the even pages B30–B44 to obtain the apparent direction $\mathbf{p}_3$ from:

$$\mathbf{p}_3 = \mathbf{M}\,\mathbf{p}_2$$

Step 5. Apply the rotation from the GCRS to the Celestial Intermediate System by multiplying the proper direction ($\mathbf{p}_2$) by the matrix $\mathbf{C}(\mathcal{X}, \mathcal{Y}, s)$ given on the odd pages B31–B45 to obtain the intermediate direction $\mathbf{p}_3$ from:

$$\mathbf{p}_3 = \mathbf{C}\,\mathbf{p}_2$$

Step 6. Convert to spherical coordinates α_e, δ using:

$$\alpha_e = \tan^{-1}(\eta/\xi) \quad \delta = \tan^{-1}(\zeta/\beta)$$

Step 6. Convert to spherical coordinates α_i, δ using:

$$\alpha_i = \tan^{-1}(\eta/\xi) \quad \delta = \tan^{-1}(\zeta/\beta)$$

where $\mathbf{p}_3 = (\xi, \eta, \zeta)$, $\beta = \sqrt{(\xi^2 + \eta^2)}$ and the quadrant of α_e or α_i is determined by the signs of ξ and η.

Step 7. Calculate Greenwich apparent sidereal time (GAST) for the required UT1 (B13–B20), and then form

$$H = \text{GAST} - \alpha_e$$

Note: H is usually given in arc measure, while GAST and right ascension are given in units of time.

Step 7. Calculate the Earth rotation angle (θ) for the required UT1 (B21–B24), and then form

$$H = \theta - \alpha_i$$

Note: H and θ are usually given in arc measure, while right ascension is given in units of time.

Alternatively combining steps 5 and 7 before forming spherical coordinates

Step *5. Apply frame bias, precession, nutation, and sidereal time, to the proper direction ($\mathbf{p}_2$) by multiplying by the rotation matrix $\mathbf{R}_3(\text{GAST})\mathbf{M}$ to obtain the position ($\mathbf{p}_4$) measured relative to the Terrestrial Intermediate Reference System:

$$\mathbf{p}_4 = \mathbf{R}_3(\text{GAST})\mathbf{M}\,\mathbf{p}_2$$

Step *5. Apply the rotation from the GCRS to the terrestrial system by multiplying the proper direction ($\mathbf{p}_2$) by the matrix $\mathbf{R}_3(\theta)\mathbf{C}(\mathcal{X}, \mathcal{Y}, s)$ to obtain the position ($\mathbf{p}_4$) measured with respect to the Terrestrial Intermediate Reference System:

$$\mathbf{p}_4 = \mathbf{R}_3(\theta)\,\mathbf{C}\,\mathbf{p}_2$$

Step *6. Convert to spherical coordinates Greenwich hour angle (H) and declination δ using:

$$H = \tan^{-1}(-\eta/\xi), \quad \delta = \tan^{-1}(\zeta/\beta)$$

where $\mathbf{p}_4 = (\xi, \eta, \zeta)$, $\beta = \sqrt{(\xi^2 + \eta^2)}$, and H is measured from the TIO meridian positive to the west, and the quadrant is determined by the signs of ξ and $-\eta$.

Example of planetary reduction: Equinox method

Calculate the apparent place, the apparent right ascension (right ascension with respect to the equinox) and declination and the Greenwich hour angle, of Venus on 2019 July 4 at 12^{h} 00^{m} 00^{s} UT1. Assume that $\Delta T = 69^{\text{s}}_{\cdot}0$.

Example of planetary reduction: Equinox method (continued)

Step 1.   From page B17, on 2019 July 4 the tabular JD $= 245\ 8668{\cdot}5$ UT1.

$$\Delta T = \text{TT} - \text{UT1} = 69{\overset{s}{\cdot}}0 = 7{\cdot}986\ 111 \times 10^{-4} \text{ days.}$$

At $12^{\text{h}}\ 00^{\text{m}}\ 00^{\text{s}}$ UT1 the required TT instant is therefore

$$\text{TT} = 245\ 8669{\cdot}000\ 799 = 245\ 8668{\cdot}5 + 0{\cdot}500\ 00 + 7{\cdot}986\ 111 \times 10^{-4}$$

and the equivalent TDB instant is

$$\text{TDB} = 245\ 8669{\cdot}000\ 798\ 611 = 0{\cdot}28 \times 10^{-9} + \text{TT}$$

where $g = 178{\overset{\circ}{\cdot}}95$, and $L - L_J = 195{\overset{\circ}{\cdot}}65$. Thus the difference between TDB and TT is small and may be neglected.

Step 2.   Tabular values, taken from the JPL DE430/LE430 barycentric ephemeris, referred to the ICRS at J2000·0, which are required for the calculation, are as follows:

Vector	Julian date (0^{h} TDB)	Rectangular components x	y	z
$\mathbf{Q_B}$	245 8666·5	+0·233 741 066	+0·633 664 513	+0·270 050 661
	245 8667·5	+0·214 463 388	+0·638 928 123	+0·273 638 512
	245 8668·5	+0·195 014 469	+0·643 692 416	+0·277 012 530
	245 8669·5	+0·175 409 596	+0·647 953 387	+0·280 169 946
	245 8670·5	+0·155 664 192	+0·651 707 426	+0·283 108 159
	245 8671·5	+0·135 793 810	+0·654 951 327	+0·285 824 744
$\mathbf{S_B}$	245 8667·5	−0·002 261 260	+0·006 995 944	+0·003 013 056
	245 8668·5	−0·002 269 672	+0·006 995 870	+0·003 013 262
	245 8669·5	−0·002 278 086	+0·006 995 786	+0·003 013 465
	245 8670·5	−0·002 286 500	+0·006 995 692	+0·003 013 663

Interpolating to the instant JD 245 8669·000 798 611 TDB gives:

$$\mathbf{S_B} = (-0{\cdot}002\ 273\ 886,\quad +0{\cdot}006\ 995\ 829,\quad +0{\cdot}003\ 013\ 364)$$
$$\mathbf{E_B} = (+0{\cdot}208\ 811\ 932,\quad -0{\cdot}905\ 550\ 237,\quad -0{\cdot}392\ 575\ 715)$$
$$\mathbf{\dot{E}_B} = (+0{\cdot}016\ 547\ 108,\quad +0{\cdot}003\ 221\ 460,\quad +0{\cdot}001\ 395\ 972)$$

where Bessel's interpolation formula (see page K14) has been used up to δ^2 for $\mathbf{S_B}$ and δ^4 for $\mathbf{E_B}$ and $\mathbf{\dot{E}_B}$, the tabular values of which may be found on page B80.

$$\mathbf{E} = (+0{\cdot}211\ 085\ 818,\quad -0{\cdot}912\ 546\ 066,\quad -0{\cdot}395\ 589\ 079)\qquad E = 1{\cdot}016\ 753\ 788$$

The first iteration, with $\tau = 0$, gives:

$$\mathbf{P} = (-0{\cdot}023\ 597\ 023,\quad +1{\cdot}551\ 439\ 692,\quad +0{\cdot}671\ 196\ 717)\qquad P = 1{\cdot}690\ 570\ 013$$
$$\mathbf{Q} = (+0{\cdot}187\ 488\ 794,\quad +0{\cdot}638\ 893\ 626,\quad +0{\cdot}275\ 607\ 637)\qquad Q = 0{\cdot}720\ 622\ 427$$
$$\tau = 0{\overset{d}{\cdot}}009\ 763\ 9186$$

The second iteration, with $\tau = 0{\overset{d}{\cdot}}009\ 763\ 9186$ using Bessel's interpolation formula up to δ^4 to interpolate $\mathbf{Q_B}$, and up to δ^2 to interpolate $\mathbf{S_B}$, gives:

$$\mathbf{P} = (-0{\cdot}023\ 405\ 603,\quad +1{\cdot}551\ 398\ 067,\quad +0{\cdot}671\ 165\ 878)\qquad P = 1{\cdot}690\ 516\ 909$$
$$\mathbf{Q} = (+0{\cdot}187\ 680\ 133,\quad +0{\cdot}638\ 852\ 000,\quad +0{\cdot}275\ 576\ 801)\qquad Q = 0{\cdot}720\ 623\ 538$$
$$\tau = 0{\overset{d}{\cdot}}009\ 763\ 6119$$

Iterate until P changes by less than 10^{-9}. Hence the unit vectors are:

$$\mathbf{p} = (-0{\cdot}013\ 845\ 238,\quad +0{\cdot}917\ 706\ 329,\quad +0{\cdot}397\ 018\ 140)$$
$$\mathbf{q} = (+0{\cdot}260\ 441\ 295,\quad +0{\cdot}886\ 526\ 692,\quad +0{\cdot}382\ 414\ 378)$$
$$\mathbf{e} = (+0{\cdot}207\ 607\ 604,\quad -0{\cdot}897\ 509\ 384,\quad -0{\cdot}389\ 070\ 672)$$

Example of planetary reduction: Equinox method (continued)

Step 3.   Calculate the scalar products:

$\mathbf{p} \cdot \mathbf{q} = +0{\cdot}961\ 790\ 729$ $\mathbf{e} \cdot \mathbf{p} = -0{\cdot}980\ 992\ 533$ $\mathbf{q} \cdot \mathbf{e} = -0{\cdot}890\ 382\ 651$ then

$$\frac{(2\mu/c^2 E)}{1 + \mathbf{q} \cdot \mathbf{e}}\big((\mathbf{p} \cdot \mathbf{q})\mathbf{e} - (\mathbf{e} \cdot \mathbf{p})\mathbf{q}\big) = (+0{\cdot}000\ 000\ 081, +0{\cdot}000\ 000\ 001, 0{\cdot}000\ 000\ 000)$$

and $\mathbf{p}_1 = (-0{\cdot}013\ 845\ 157, +0{\cdot}917\ 706\ 330, +0{\cdot}397\ 018\ 140)$

Step 4.   Take $\dot{\mathbf{E}}_B$, interpolated to JD 245 8669·000 799 TT from *Step* 2 and calculate:

$\mathbf{V} = 0{\cdot}005\ 775\ 518\ \dot{\mathbf{F}}_B = (+0{\cdot}000\ 095\ 568,\quad +0{\cdot}000\ 018\ 606,\quad +0{\cdot}000\ 008\ 062)$

Then $V = 0{\cdot}000\ 097\ 696$, $\beta = 1{\cdot}000\ 000\ 005$ and $\beta^{-1} = 0{\cdot}999\ 999\ 995$

Calculate the scalar product $\mathbf{p}_1 \cdot \mathbf{V} = +0{\cdot}000\ 018\ 952$

Then $1 + (\mathbf{p}_1 \cdot \mathbf{V})/(1 + \beta^{-1}) = 1{\cdot}000\ 009\ 476$

Hence $\mathbf{p}_2 = (-0{\cdot}013\ 749\ 328,\quad +0{\cdot}917\ 707\ 539,\quad +0{\cdot}397\ 018\ 676)$

Step 5.   From page B38, the bias, precession and nutation matrix $\mathbf{M}$, interpolated to the required instant JD 245 8669·000 799 TT, is given by:

$$\mathbf{M} = \mathbf{NPB} = \begin{bmatrix} +0{\cdot}999\ 989\ 053 & -0{\cdot}004\ 291\ 432 & -0{\cdot}001\ 864\ 593 \\ +0{\cdot}004\ 291\ 462 & +0{\cdot}999\ 990\ 792 & +0{\cdot}000\ 012\ 096 \\ +0{\cdot}001\ 864\ 523 & -0{\cdot}000\ 020\ 098 & +0{\cdot}999\ 998\ 262 \end{bmatrix}$$

Hence $\mathbf{p}_3 = \mathbf{M}\,\mathbf{p}_2 = (-0{\cdot}018\ 427\ 735, +0{\cdot}917\ 644\ 886, +0{\cdot}396\ 973\ 906)$

Step 6.   Converting to spherical coordinates $\alpha_e = 6^{\text{h}}\ 04^{\text{m}}\ 36{\overset{\text{s}}{\cdot}}1041$, $\delta = +23°\ 23'\ 20{\cdot}''899$.

Step 7.   From page B17, interpolating in the daily values to the required UT1 instant gives

GAST $-$ UT1 $= 18^{\text{h}}\ 48^{\text{m}}\ 50{\overset{\text{s}}{\cdot}}0258$,   and thus

$$H = (\text{GAST} - \text{UT1}) - \alpha_e + \text{UT1}$$
$$= 18^{\text{h}}\ 48^{\text{m}}\ 50{\overset{\text{s}}{\cdot}}0258 - 6^{\text{h}}\ 04^{\text{m}}\ 36{\overset{\text{s}}{\cdot}}1041 + 12^{\text{h}}\ 00^{\text{m}}\ 00^{\text{s}}$$
$$= 11°\ 03'\ 28{\cdot}''827$$

where H, the Greenwich hour angle of Venus, is expressed in angular measure.

Example of planetary reduction: CIO method

Step 1-4.   Repeat Steps 1-4 of the planetary reduction given on page B66, calculating the proper direction of the planet ($\mathbf{p}_2$) in the GCRS, hence

$\mathbf{p}_2 = (-0{\cdot}013\ 749\ 328,\quad +0{\cdot}917\ 707\ 539,\quad +0{\cdot}397\ 018\ 676)$

Step 5. From pages B39 extract $\mathbf{C}$, interpolated to the required TT time, that rotates the GCRS to the Celestial Intermediate Reference System, viz:

$$\mathbf{C} = \begin{bmatrix} +0{\cdot}999\ 998\ 262 & +0{\cdot}000\ 000\ 010 & -0{\cdot}001\ 864\ 523 \\ +0{\cdot}000\ 000\ 027 & +1{\cdot}000\ 000\ 000 & +0{\cdot}000\ 020\ 098 \\ +0{\cdot}001\ 864\ 523 & -0{\cdot}000\ 020\ 098 & +0{\cdot}999\ 998\ 262 \end{bmatrix}$$

Hence $\mathbf{p}_3 = \mathbf{C}\,\mathbf{p}_2 = (-0{\cdot}014\ 489\ 545, +0{\cdot}917\ 715\ 518, +0{\cdot}396\ 973\ 906)$

Example of planetary reduction: CIO method   **(continued)**

Step 6. Converting to spherical coordinates $\alpha_i = 6^{\rm h}\ 03^{\rm m}\ 37\fs0923$, $\delta = +23°\ 23'\ 20\farcs899$.

Step 7. From page B23, interpolating to the required UT1, gives

$$\theta - {\rm UT1} = 281°\ 57'\ 45\farcs211$$

and thus the Greenwich hour angle (H) of Venus is

$$
\begin{aligned}
H &= (\theta - {\rm UT1}) - \alpha_i + {\rm UT1} \\
&= 281°\ 57'\ 45\farcs211 - 6^{\rm h}\ 03^{\rm m}\ 37\fs0923 \times 15 + 12^{\rm h}\ 00^{\rm m}\ 00^{\rm s} \times 15 \\
&= 11°\ 03'\ 28\farcs827
\end{aligned}
$$

Summary of planetary reduction examples

Thus on 2019 July 4 at $12^{\rm h}\ 00^{\rm m}\ 00^{\rm s}$ UT1, the position of Venus is

$H = 11°\ 03'\ 28\farcs827$ is the Greenwich hour angle ignoring polar motion,

$\delta = +23°\ 23'\ 20\farcs899$ is the apparent and intermediate declination,

$\alpha_e = 6^{\rm h}\ 04^{\rm m}\ 36\fs1041$ is the apparent (equinox) right ascension, and

$\alpha_i = 6^{\rm h}\ 03^{\rm m}\ 37\fs0923$ is the intermediate right ascension

The geometric distance between the Earth and Venus at time $t = {\rm JD}\ 245\ 8669{\cdot}000\ 799$ TT is the value of $P = 1{\cdot}690\ 570\ 013$ au in the first iteration in *Step 2*, where $\tau = 0$. The distance between the Earth at time t and Venus at time $(t - \tau)$ is the value of $P = 1{\cdot}690\ 516\ 911$ au in the final iteration in *Step 2*, where $\tau = 0\fd009\ 763\ 6119$.

Solar reduction

The method for solar reduction is identical to the method for planetary reduction, except for the following differences:

In *Step 2* set $\mathbf{Q}_{\rm B} = \mathbf{S}_{\rm B}$ and hence $\mathbf{P} = \mathbf{S}_{\rm B}(t - \tau) - \mathbf{E}_{\rm B}(t)$. Calculate the light time (τ) by iteration from $\tau = P/c$ and form the unit vector $\mathbf{p}$ only.

In *Step 3* set $\mathbf{p}_1 = \mathbf{p}$ since there is no light-deflection from the centre of the Sun's disk.

Stellar reduction overview

The method for planetary reduction may be applied with some modification to the calculation of the apparent places of stars.

The barycentric direction of a star at a particular epoch is calculated from its right ascension, declination and space motion at the catalogue epoch with respect to the ICRS. If the position of the star is not on the ICRS, and the accuracy of the data warrants it, convert it to the ICRS. See page B50 for FK5 to ICRS conversion.

The main modifications to the planetary reduction in the stellar case are: in *Step 1*, the distinction between TDB and TT is not significant; in *Step 2*, the space motion of the star is included but light time is ignored; in *Step 3*, the relativity term for light-deflection is modified to the asymptotic case where the star is assumed to be at infinity.

Formulae and method for stellar reduction

The steps in the stellar reduction are as follows:

Step 1. Set TDB = TT.

Step 2. Obtain the Earth's barycentric position $\mathbf{E}_B$ in au and velocity $\dot{\mathbf{E}}_B$ in au/d, at coordinate time $t = $ TDB, referred to the ICRS.

The barycentric direction ($\mathbf{q}$) of a star at epoch J2000·0, referred to the ICRS, is given by:

$$\mathbf{q} = (\cos\alpha_0 \cos\delta_0, \; \sin\alpha_0 \cos\delta_0, \; \sin\delta_0)$$

where α_0 and δ_0 are the ICRS right ascension and declination at epoch J2000·0.

The space motion vector $\mathbf{m} = (m_x, m_y, m_z)$ of the star, expressed in radians per century, is given by:

$$
\begin{aligned}
m_x &= -\mu_\alpha \sin\alpha_0 \; - \mu_\delta \sin\delta_0 \cos\alpha_0 \; + v\,\pi \cos\delta_0 \cos\alpha_0 \\
m_y &= \mu_\alpha \cos\alpha_0 \; - \mu_\delta \sin\delta_0 \sin\alpha_0 \; + v\,\pi \cos\delta_0 \sin\alpha_0 \\
m_z &= \mu_\delta \cos\delta_0 + v\,\pi \sin\delta_0
\end{aligned}
$$

where (μ_α, μ_δ), the proper motion in right ascension and declination, are in radians/century; μ_α is the measurement in units of a great circle, and so **includes** the $\cos\delta_0$ factor. Note: catalogues give proper motions in various units, e.g., arcseconds per century ("/cy), milliarcseconds per year (mas/yr). Use the factor $1/10$ to convert from mas/yr to "/cy. The radial velocity (v) is in au/century (1 km/s $= 21{\cdot}095$ au/century), measured positively away from the Earth.

Calculate $\mathbf{P}$, the geocentric vector of the star at the required epoch, from:

$$\mathbf{P} = \mathbf{q} + T\,\mathbf{m} - \pi\,\mathbf{E}_B$$

where $T = (\mathrm{JD_{TT}} - 245\,1545{\cdot}0)/36\,525$, which is the interval in Julian centuries from J2000·0, and $\mathrm{JD_{TT}}$ is the Julian date to one decimal of a day.

Form the heliocentric position of the Earth ($\mathbf{E}$) from:

$$\mathbf{E} = \mathbf{E}_B - \mathbf{S}_B$$

where $\mathbf{S}_B$ is the barycentric position of the Sun at time t.

Form the geocentric direction ($\mathbf{p}$) of the star and the unit vector ($\mathbf{e}$) from $\mathbf{p} = \mathbf{P}/|\mathbf{P}|$ and $\mathbf{e} = \mathbf{E}/|\mathbf{E}|$.

Step 3. Calculate the geocentric direction ($\mathbf{p}_1$) of the star, corrected for light-deflection, from:

$$\mathbf{p}_1 = \mathbf{p} + (2\mu/c^2 E)(\mathbf{e} - (\mathbf{p}\cdot\mathbf{e})\mathbf{p})/(1 + \mathbf{p}\cdot\mathbf{e})$$

where the dot indicates a scalar product, $\mu/c^2 = 9{\cdot}87 \times 10^{-9}$ au and $E = |\mathbf{E}|$. Note that the expression is derived from the planetary case by substituting $\mathbf{q} = \mathbf{p}$ in the equation for light-deflection (*Step* 3) given on page B67.

The vector $\mathbf{p}_1$ is a unit vector to order μ/c^2.

Step 4. Calculate the proper direction ($\mathbf{p}_2$) in the GCRS that is moving with the instantaneous velocity ($\mathbf{V}$) of the Earth, from:

$$\mathbf{p}_2 = (\beta^{-1}\mathbf{p}_1 + (1 + (\mathbf{p}_1\cdot\mathbf{V})/(1 + \beta^{-1}))\mathbf{V})/(1 + \mathbf{p}_1\cdot\mathbf{V})$$

where $\mathbf{V} = \dot{\mathbf{E}}_B/c = 0{\cdot}005\,7755\,\dot{\mathbf{E}}_B$ and $\beta = (1 - V^2)^{-1/2}$; the velocity ($\mathbf{V}$) is expressed in units of velocity of light.

Equinox method	*CIO method*
Step 5. Follow the left-hand *Steps 5–7* or	*Step 5.* Follow the right-hand *Steps 5–7* or
*Steps *5–*6* on page B68.	*Steps *5–*6* on page B68.

Example of stellar reduction: Equinox method

Calculate the apparent position of a fictitious star on 2019 January 1 at 0^h 00^m 00^s TT. The ICRS right ascension (α_0), declination (δ_0), proper motions (μ_α, μ_δ), parallax (π) and radial velocity (v) of the star at J2000·0 are given by:

$$\alpha_0 = 14^h\,39^m\,36^s\!\cdot\!4958 \qquad \delta_0 = -60° \, 50' \, 02''\!\cdot\!309 \qquad \pi = 0''\!\cdot\!742 = 3\cdot5973\times10^{-6}\,\text{rad}$$
$$\mu_\alpha = -367\,8\cdot06\,\text{mas/yr} \qquad \mu_\delta = +482\cdot87\,\text{mas/yr} \qquad v = -21\cdot6\,\text{km/s}$$
$$\quad = -0\cdot001\,783\,174\,\text{rad/cy}, \qquad = +0\cdot000\,234\,102\,\text{rad/cy}, \quad v\pi = -0\cdot001\,639\,121\,\text{rad/cy}$$

Note: $\mu_\alpha = -367\,8\cdot06\,\text{mas/yr}$ is the arc proper motion in right ascension on a great circle in milliarcseconds per year; it includes the $\cos\delta_0$ factor.

Step 1. TDB = TT = JD 245 8484·5 TT.

Step 2. Tabular values of $\mathbf{E_B}$, $\dot{\mathbf{E}}_B$ and $\mathbf{S_B}$, taken from the JPL DE430/LE430 barycentric ephemeris, referred to the ICRS, which are required for the calculation, are as follows:

Vector	Julian date (0^h TDB)	Rectangular components		
		x	y	z
$\mathbf{E_B}$	245 8484·5	$-0\cdot171\,511\,534$	$+0\cdot895\,320\,694$	$+0\cdot388\,056\,068$
$\dot{\mathbf{E}}_B$	245 8484·5	$-0\cdot017\,235\,952$	$-0\cdot002\,794\,241$	$-0\cdot001\,210\,869$
$\mathbf{S_B}$	245 8484·5	$-0\cdot000\,755\,874$	$+0\cdot006\,838\,663$	$+0\cdot002\,902\,392$

From the positional data, calculate:

$$\mathbf{q} = (-0\cdot373\,860\,494, \ -0\cdot312\,618\,798, \ -0\cdot873\,211\,210)$$
$$\mathbf{m} = (-0\cdot000\,687\,882, \ +0\cdot001\,749\,237, \ +0\cdot001\,545\,387)$$

Form $\qquad \mathbf{P} = \mathbf{q} + T\,\mathbf{m} - \pi\,\mathbf{E_B} = (-0\cdot373\,990\,570, \ -0\cdot312\,289\,676, \ -0\cdot872\,918\,993)$

where $\qquad T = (245\,8484\cdot5 - 245\,1545\cdot0)/36\,525 = +0\cdot189\,993\,155,$

and form $\quad \mathbf{E} = \mathbf{E_B} - \mathbf{S_B} = (-0\cdot170\,755\,660, \ +0\cdot888\,482\,030, \ +0\cdot385\,153\,676),$

$\qquad\qquad E = 0\cdot983\,311\,328$

Hence the unit vectors are:

$$\mathbf{p} = (-0\cdot374\,106\,307, \ -0\cdot312\,386\,319, \ -0\cdot873\,189\,131)$$
$$\mathbf{e} = (-0\cdot173\,653\,710, \ +0\cdot903\,561\,268, \ +0\cdot391\,690\,470)$$

Step 3. Calculate the scalar product $\mathbf{p} \cdot \mathbf{e} = -0\cdot559\,315\,091$, then

$$\frac{(2\mu/c^2E)}{(1+\mathbf{p}\cdot\mathbf{e})}(\mathbf{e}-(\mathbf{p}\cdot\mathbf{e})\mathbf{p}) = (-0\cdot000\,000\,017, \ +0\cdot000\,000\,033, \ -0\cdot000\,000\,004)$$

$$\text{and}\quad \mathbf{p}_1 = (-0\cdot374\,106\,325, \ -0\cdot312\,386\,285, \ -0\cdot873\,189\,136)$$

Step 4. Using $\dot{\mathbf{E}}_B$ given in the table in *Step* 2, calculate

$\mathbf{V} = 0\cdot005\,775\,518\,\dot{\mathbf{E}}_B = (-0\cdot000\,099\,547, \ -0\cdot000\,016\,138, \ -0\cdot000\,006\,993)$

Then $V = 0\cdot000\,101\,088$, $\beta = 1\cdot000\,000\,005$ and $\beta^{-1} = 0\cdot999\,999\,995$

Calculate the scalar product $\mathbf{p}_1 \cdot \mathbf{V} = +0\cdot000\,048\,389$

Then $1 + (\mathbf{p}_1 \cdot \mathbf{V})/(1 + \beta^{-1}) = 1\cdot000\,024\,194$

Hence $\quad \mathbf{p}_2 = (-0\cdot374\,187\,765, \ -0\cdot312\,387\,306, \ -0\cdot873\,153\,874)$

Example of stellar reduction: Equinox method (continued)

Step 5.   From page B30, the bias, precession and nutation matrix **M** is given by:

$$\mathbf{M} = \mathbf{NPB} = \begin{bmatrix} +0.999\ 989\ 607 & -0.004\ 181\ 501 & -0.001\ 816\ 829 \\ +0.004\ 181\ 543 & +0.999\ 991\ 257 & +0.000\ 019\ 106 \\ +0.001\ 816\ 733 & -0.000\ 026\ 703 & +0.999\ 998\ 349 \end{bmatrix}$$

hence $\mathbf{p}_3 = \mathbf{M}\,\mathbf{p}_2 = (-0.371\ 291\ 257,\ -0.313\ 965\ 940,\ -0.873\ 823\ 890)$

Step 6.   Converting to spherical coordinates: $\alpha_e = 14^{\mathrm{h}}\ 40^{\mathrm{m}}\ 52\overset{\mathrm{s}}{\cdot}3309$, $\delta = -60° \ 54' \ 21\overset{''}{\cdot}915$

Example of stellar reduction: CIO method

Steps 1-4.   Repeat Steps 1-4 above, calculating the proper direction of the star ($\mathbf{p}_2$) in the GCRS. Hence

$$\mathbf{p}_2 = (-0.374\ 187\ 765,\quad -0.312\ 387\ 306,\quad -0.873\ 153\ 874)$$

Step 5. From page B31 extract **C** that rotates the GCRS to the CIO and equator of date,

$$\mathbf{C} = \begin{bmatrix} +0.999\ 998\ 350 & +0.000\ 000\ 009 & -0.001\ 816\ 733 \\ +0.000\ 000\ 039 & +1.000\ 000\ 000 & +0.000\ 026\ 703 \\ +0.001\ 816\ 733 & -0.000\ 026\ 703 & +0.999\ 998\ 349 \end{bmatrix}$$

hence $\mathbf{p}_3 = \mathbf{C}\,\mathbf{p}_2 = (-0.372\ 600\ 863,\ -0.312\ 410\ 636,\ -0.873\ 823\ 890)$

Step 6. Converting to spherical coordinates $\alpha_i = 14^{\mathrm{h}}\ 39^{\mathrm{m}}\ 54\overset{\mathrm{s}}{\cdot}8308$, $\delta = -60° \ 54' \ 21\overset{''}{\cdot}915$.

Note: the intermediate right ascension (α_i) may also be calculated thus

$$\alpha_i = \alpha_e + E_o = 14^{\mathrm{h}}\ 40^{\mathrm{m}}\ 52\overset{\mathrm{s}}{\cdot}3309 - 57\overset{\mathrm{s}}{\cdot}5001$$

where α_e is the apparent (equinox) right ascension and E_o is the equation of the origins, which is tabulated daily at 0^{h} UT1 on pages B21–B24.

Approximate reduction to apparent geocentric altitude and azimuth

The following example illustrates an approximate procedure based on the CIO method for calculating the altitude and azimuth of a star for a specified UT1 instant. The procedure given is accurate to about $\pm 1''$. It is valid for 2019 as it uses the relevant annual equations given earlier in this section. Strictly, all the parameters, except the Earth rotation angle (θ), should be evaluated for the equivalent TT (UT1+ΔT) instant.

Example On 2019 January 1 at $0^{\mathrm{h}}\ 00^{\mathrm{m}}\ 00^{\mathrm{s}}$ UT1 calculate the local hour angle (h), declination (δ), and altitude and azimuth of the fictitious star given in the example on page B73, for an observer at W $60°0$, S $30°0$.

Step A The day of the year is 1; the time is $0\overset{\mathrm{h}}{\cdot}000\ 00$ UT1; the ICRS barycentric direction (**q**) and space motion (**m**) of the star at epoch J2000·0 (see page B73) are

$$\mathbf{q} = (-0.373\ 860\ 494,\ -0.312\ 618\ 798,\ -0.873\ 211\ 210)$$

$$\mathbf{m} = (-0.000\ 687\ 882,\ +0.001\ 749\ 237,\ +0.001\ 545\ 387)$$

Apply space motion and ignore parallax to give the approximate geocentric position of the star at the epoch of date with respect to the GCRS

$$\mathbf{p} = \mathbf{q} + T\mathbf{m} = (-0.373\ 991\ 187,\ -0.312\ 286\ 455,\ -0.872\ 917\ 597)$$

where $T = +0.189\ 993\ 155$ centuries from 245 1545·0 TT and $\mathbf{p} = (p_x, p_y, p_z)$ is a column vector.

Approximate reduction to apparent geocentric altitude and azimuth (continued)

Step B Apply aberration and precession-nutation to form

$$x_i = v_x + (1 - \mathcal{X}^2/2)\, p_x \qquad - \qquad \mathcal{X}\, p_z = -0.372\ 502$$
$$y_i = v_y + \qquad\qquad p_y - \qquad \mathcal{Y}\, p_z = -0.312\ 327$$
$$z_i = v_z + \qquad \mathcal{X}\, p_x + \mathcal{Y}\, p_y + (1 - \mathcal{X}^2/2)\, p_z = -0.873\ 594$$

where

$$\mathbf{v} = \frac{1}{c}(0.0172 \sin L,\ -0.0158 \cos L,\ -0.0068 \cos L)$$

$$= \frac{1}{173.14}(-0.016\ 92,\ -0.002\ 85,\ -0.001\ 23)$$

where $\mathbf{v}$ in au/day is the approximate barycentric velocity of the Earth, $L = 280°4$ is the ecliptic longitude of the Sun, and the speed of light is given by $c = 173.14$ au/d.

$\mathcal{X}$, $\mathcal{Y}$ are the approximate coordinates of the CIP, given in radians, and are evaluated using the approximate formulae on page B46, with arguments $\Omega = 117°5$ and $2L = 200°8$, giving

$$\mathcal{X} = +0.001\ 817 \qquad \text{and} \qquad \mathcal{Y} = -0.000\ 027$$

Therefore (x_i, y_i, z_i) is the position vector of the star with respect to the equator and CIO of date, i.e., the position of the star in the Celestial Intermediate Reference System.

Converting to spherical coordinates gives $\alpha_i = 14^h\ 39^m\ 54^s8$ and $\delta = -60°\ 54'\ 22''$ (see page B68 *Step* 6).

Step C Transform from the celestial intermediate origin and equator of date to the observer's meridian at longitude $\lambda = -60°0$ (west longitudes are negative)

$$x_g = +x_i \cos(\theta + \lambda) + y_i \sin(\theta + \lambda) = -0.486\ 111$$
$$y_g = -x_i \sin(\theta + \lambda) + y_i \cos(\theta + \lambda) = +0.001\ 177$$
$$z_g = +z_i \qquad\qquad\qquad\qquad\qquad = -0.873\ 594$$

where the Earth rotation angle (see page B8) is

$$\theta = 99°131\ 479 + 0°985\ 6123 \times \text{day of year} + 15°041\ 067 \times \text{UT1}$$
$$= 100°117\ 091$$

Thus the local hour angle (h) and declination (δ) are calculated using

$$h = \tan^{-1}(-y_g/x_g)$$
$$= 180°\ 08'\ 19''$$
$$\delta = -60°\ 54'\ 22''$$

h is measured positive to the west of the local meridian and the declination is unchanged (from Step B) by the rotation.

Step D Transform to altitude and azimuth (also see page B86), for the observer at latitude $\phi = -30°0$:

$$x_t = -x_g \sin\phi + z_g \cos\phi = -0.999\ 611$$
$$y_t = +y_g \qquad\qquad\qquad = +0.001\ 177$$
$$z_t = +x_g \cos\phi + z_g \sin\phi = +0.015\ 812$$

Thus

$$\text{Altitude} = \tan^{-1}\left(\frac{z_t}{\sqrt{x_t^2 + y_t^2}}\right) = +0°\ 54'\ 23''$$

$$\text{Azimuth} = \tan^{-1}\left(\frac{y_t}{x_t}\right) = 179°\ 55'\ 57''$$

where azimuth is measured from north through east in the plane of the horizon.

ICRS, ORIGIN AT SOLAR SYSTEM BARYCENTRE
FOR 0^h BARYCENTRIC DYNAMICAL TIME

Date 0^h TDB	X	Y	Z	$\dot{X}$	$\dot{Y}$	$\dot{Z}$
Jan. 0	−0·154 250 552	+0·897 976 039	+0·389 206 807	−1728 5075	− 251 6355	− 109 0570
1	−0·171 511 534	+0·895 320 694	+0·388 056 068	−1723 5952	− 279 4241	− 121 0869
2	−0·188 720 578	+0·892 387 768	+0·386 785 156	−1718 1195	− 307 1491	− 133 0906
3	−0·205 872 040	+0·889 177 976	+0·385 394 364	−1712 0787	− 334 7947	− 145 0618
4	−0·222 960 267	+0·885 692 191	+0·383 884 049	−1705 4726	− 362 3451	− 156 9942
5	−0·239 979 613	+0·881 931 443	+0·382 254 631	−1698 3029	− 389 7848	− 168 8814
6	−0·256 924 458	+0·877 896 915	+0·380 506 592	−1690 5729	− 417 0986	− 180 7172
7	−0·273 789 218	+0·873 589 939	+0·378 640 479	−1682 2870	− 444 2720	− 192 4952
8	−0·290 568 363	+0·869 011 989	+0·376 656 900	−1673 4508	− 471 2912	− 204 2096
9	−0·307 256 423	+0·864 164 673	+0·374 556 520	−1664 0711	− 498 1431	− 215 8544
10	−0·323 847 997	+0·859 049 725	+0·372 340 061	−1654 1550	− 524 8156	− 227 4244
11	−0·340 337 761	+0·853 668 998	+0·370 008 300	−1643 7105	− 551 2972	− 238 9141
12	−0·356 720 474	+0·848 024 455	+0·367 562 064	−1632 7461	− 577 5770	− 250 3186
13	−0·372 990 980	+0·842 118 164	+0·365 002 229	−1621 2708	− 603 6450	− 261 6330
14	−0·389 144 219	+0·835 952 293	+0·362 329 718	−1609 2943	− 629 4915	− 272 8529
15	−0·405 175 231	+0·829 529 100	+0·359 545 502	−1596 8272	− 655 1078	− 283 9736
16	−0·421 079 167	+0·822 850 929	+0·356 650 589	−1583 8812	− 680 4863	− 294 9914
17	−0·436 851 300	+0·815 920 186	+0·353 646 028	−1570 4688	− 705 6211	− 305 9028
18	−0·452 487 033	+0·808 739 331	+0·350 532 896	−1556 6032	− 730 5086	− 316 7052
19	−0·467 981 896	+0·801 310 841	+0·347 312 292	−1542 2971	− 755 1483	− 327 3974
20	−0·483 331 543	+0·793 637 183	+0·343 985 316	−1527 5613	− 779 5428	− 337 9794
21	−0·498 531 715	+0·785 720 785	+0·340 553 067	−1512 4031	− 803 6972	− 348 4526
22	−0·513 578 204	+0·777 564 021	+0·337 016 621	−1496 8246	− 827 6170	− 358 8190
23	−0·528 466 796	+0·769 169 213	+0·333 377 036	−1480 8228	− 851 3063	− 369 0806
24	−0·543 193 228	+0·760 538 661	+0·329 635 355	−1464 3912	− 874 7654	− 379 2382
25	−0·557 753 159	+0·751 674 687	+0·325 792 621	−1447 5213	− 897 9897	− 389 2910
26	−0·572 142 168	+0·742 579 679	+0·321 849 893	−1430 2057	− 920 9704	− 399 2363
27	−0·586 355 770	+0·733 256 130	+0·317 808 265	−1412 4394	− 943 6956	− 409 0703
28	−0·600 389 444	+0·723 706 664	+0·313 668 875	−1394 2200	− 966 1514	− 418 7879
29	−0·614 238 662	+0·713 934 048	+0·309 432 913	−1375 5483	− 988 3234	− 428 3837
30	−0·627 898 913	+0·703 941 190	+0·305 101 624	−1356 4273	−1010 1974	− 437 8524
31	−0·641 365 726	+0·693 731 139	+0·300 676 308	−1336 8618	−1031 7597	− 447 1883
Feb. 1	−0·654 634 688	+0·683 307 079	+0·296 158 318	−1316 8581	−1052 9970	− 456 3862
2	−0·667 701 453	+0·672 672 324	+0·291 549 062	−1296 4239	−1073 8968	− 465 4407
3	−0·680 561 759	+0·661 830 309	+0·286 849 998	−1275 5677	−1094 4471	− 474 3469
4	−0·693 211 432	+0·650 784 585	+0·282 062 636	−1254 2990	−1114 6366	− 483 0998
5	−0·705 646 399	+0·639 538 814	+0·277 188 529	−1232 6283	−1134 4548	− 491 6948
6	−0·717 862 696	+0·628 096 759	+0·272 229 282	−1210 5670	−1153 8919	− 500 1274
7	−0·729 856 476	+0·616 462 277	+0·267 186 537	−1188 1269	−1172 9388	− 508 3935
8	−0·741 624 014	+0·604 639 311	+0·262 061 980	−1165 3207	−1191 5874	− 516 4892
9	−0·753 161 714	+0·592 631 880	+0·256 857 333	−1142 1616	−1209 8306	− 524 4110
10	−0·764 466 114	+0·580 444 070	+0·251 574 351	−1118 6631	−1227 6621	− 532 1556
11	−0·775 533 891	+0·568 080 028	+0·246 214 820	−1094 8392	−1245 0765	− 539 7203
12	−0·786 361 862	+0·555 543 945	+0·240 780 553	−1070 7045	−1262 0695	− 547 1025
13	−0·796 946 995	+0·542 840 052	+0·235 273 385	−1046 2741	−1278 6383	− 554 3002
14	−0·807 286 410	+0·529 972 598	+0·229 695 168	−1021 5634	−1294 7814	− 561 3121
15	−0·817 377 380	+0·516 945 839	+0·224 047 764	− 996 5877	−1310 4999	− 568 1376

$\dot{X}$, $\dot{Y}$, $\dot{Z}$ are in units of 10^{-9} au / d.

ICRS, ORIGIN AT SOLAR SYSTEM BARYCENTRE
FOR 0^h BARYCENTRIC DYNAMICAL TIME

Date 0^h TDB	X	Y	Z	$\dot{X}$	$\dot{Y}$	$\dot{Z}$
Feb. 15	−0·817 377 380	+0·516 945 839	+0·224 047 764	− 996 5877	−1310 4999	− 568 1376
16	−0·827 217 330	+0·503 764 006	+0·218 333 035	− 971 3619	−1325 7970	− 574 7773
17	−0·836 803 826	+0·490 431 284	+0·212 552 833	− 945 8985	−1340 6788	− 581 2328
18	−0·846 134 540	+0·476 951 787	+0·206 708 983	− 920 2068	−1355 1535	− 587 5072
19	−0·855 207 216	+0·463 329 542	+0·200 803 282	− 894 2913	−1369 2296	− 593 6038
20	−0·864 019 617	+0·449 568 498	+0·194 837 488	− 868 1512	−1382 9143	− 599 5261
21	−0·872 569 478	+0·435 672 549	+0·188 813 332	− 841 7822	−1396 2108	− 605 2764
22	−0·880 854 478	+0·421 645 582	+0·182 732 532	− 815 1781	−1409 1173	− 610 8550
23	−0·888 872 239	+0·407 491 524	+0·176 596 809	− 788 3338	−1421 6273	− 616 2606
24	−0·896 620 345	+0·393 214 389	+0·170 407 908	− 761 2469	−1433 7310	− 621 4900
25	−0·904 096 373	+0·378 818 297	+0·164 167 608	− 733 9188	−1445 4168	− 626 5396
26	−0·911 297 932	+0·364 307 486	+0·157 877 731	− 706 3540	−1456 6729	− 631 4048
27	−0·918 222 688	+0·349 686 308	+0·151 540 141	− 678 5597	−1467 4884	− 636 0814
28	−0·924 868 391	+0·334 959 221	+0·145 156 744	− 650 5450	−1477 8532	− 640 5656
Mar. 1	−0·931 232 887	+0·320 130 776	+0·138 729 483	− 622 3201	−1487 7585	− 644 8536
2	−0·937 314 130	+0·305 205 609	+0·132 260 338	− 593 8961	−1497 1964	− 648 9420
3	−0·943 110 184	+0·290 188 430	+0·125 751 319	− 565 2845	−1506 1598	− 652 8278
4	−0·948 619 236	+0·275 084 017	+0·119 204 466	− 536 4978	−1514 6422	− 656 5081
5	−0·953 839 598	+0·259 897 208	+0·112 621 850	− 507 5487	−1522 6379	− 659 9803
6	−0·958 769 713	+0·244 632 899	+0·106 005 563	− 478 4506	−1530 1417	− 663 2418
7	−0·963 408 161	+0·229 296 028	+0·099 357 723	− 449 2178	−1537 1494	− 666 2906
8	−0·967 753 669	+0·213 891 576	+0·092 680 467	− 419 8649	−1543 6576	− 669 1247
9	−0·971 805 110	+0·198 424 550	+0·085 975 951	− 390 4072	−1549 6639	− 671 7426
10	−0·975 561 515	+0·182 899 974	+0·079 246 340	− 360 8603	−1555 1673	− 674 1433
11	−0·979 022 071	+0·167 322 880	+0·072 493 810	− 331 2399	−1560 1679	− 676 3262
12	−0·982 186 123	+0·151 698 289	+0·065 720 542	− 301 5621	−1564 6671	− 678 2913
13	−0·985 053 174	+0·136 031 200	+0·058 928 709	− 271 8426	−1568 6679	− 680 0391
14	−0·987 622 887	+0·120 326 576	+0·052 120 481	− 242 0968	−1572 1751	− 681 5708
15	−0·989 895 072	+0·104 589 323	+0·045 298 008	− 212 3394	−1575 1949	− 682 8884
16	−0·991 869 680	+0·088 824 274	+0·038 463 416	− 182 5837	−1577 7359	− 683 9949
17	−0·993 546 787	+0·073 036 168	+0·031 618 800	− 152 8406	−1579 8081	− 684 8941
18	−0·994 926 562	+0·057 229 638	+0·024 766 211	− 123 1180	−1581 4228	− 685 5905
19	−0·996 009 229	+0·041 409 199	+0·017 907 651	− 93 4195	−1582 5915	− 686 0890
20	−0·996 795 029	+0·025 579 263	+0·011 045 075	− 63 7443	−1583 3236	− 686 3942
21	−0·997 284 179	+0·009 744 162	+0·004 180 398	− 34 0885	−1583 6251	− 686 5098
22	−0·997 476 846	−0·006 091 810	−0·002 684 494	− 4 4467	−1583 4976	− 686 4375
23	−0·997 373 144	−0·021 924 351	−0·009 547 726	+ 25 1857	−1582 9380	− 686 1774
24	−0·996 973 158	−0·037 749 108	−0·016 407 411	+ 54 8102	−1581 9396	− 685 7279
25	−0·996 276 972	−0·053 561 654	−0·023 261 644	+ 84 4250	−1580 4945	− 685 0866
26	−0·995 284 709	−0·069 357 482	−0·030 108 493	+ 114 0244	−1578 5945	− 684 2505
27	−0·993 996 563	−0·085 132 003	−0·036 945 996	+ 143 6002	−1576 2322	− 683 2170
28	−0·992 412 818	−0·100 880 566	−0·043 772 166	+ 173 1423	−1573 4019	− 681 9836
29	−0·990 533 867	−0·116 598 466	−0·050 584 996	+ 202 6395	−1570 0990	− 680 5487
30	−0·988 360 218	−0·132 280 961	−0·057 382 462	+ 232 0801	−1566 3204	− 678 9105
31	−0·985 892 494	−0·147 923 279	−0·064 162 526	+ 261 4521	−1562 0635	− 677 0681
Apr. 1	−0·983 131 446	−0·163 520 632	−0·070 923 141	+ 290 7431	−1557 3269	− 675 0205
2	−0·980 077 944	−0·179 068 213	−0·077 662 250	+ 319 9406	−1552 1093	− 672 7670

$\dot{X}$, $\dot{Y}$, $\dot{Z}$ are in units of 10^{-9} au / d.

POSITION AND VELOCITY OF THE EARTH, 2019

ICRS, ORIGIN AT SOLAR SYSTEM BARYCENTRE
FOR 0^h BARYCENTRIC DYNAMICAL TIME

Date 0^h TDB	X	Y	Z	$\dot{X}$	$\dot{Y}$	$\dot{Z}$
Apr. 1	−0·983 131 446	−0·163 520 632	−0·070 923 141	+ 290 7431	−1557 3269	− 675 0205
2	−0·980 077 944	−0·179 068 213	−0·077 662 250	+ 319 9406	−1552 1093	− 672 7670
3	−0·976 732 989	−0·194 561 213	−0·084 377 793	+ 349 0315	−1546 4104	− 670 3071
4	−0·973 097 715	−0·209 994 818	−0·091 067 704	+ 378 0021	−1540 2304	− 667 6406
5	−0·969 173 394	−0·225 364 220	−0·097 729 915	+ 406 8383	−1533 5703	− 664 7673
6	−0·964 961 445	−0·240 664 631	−0·104 362 362	+ 435 5253	−1526 4324	− 661 6878
7	−0·960 463 435	−0·255 891 288	−0·110 962 987	+ 464 0480	−1518 8204	− 658 4030
8	−0·955 681 083	−0·271 039 476	−0·117 529 742	+ 492 3913	−1510 7394	− 654 9143
9	−0·950 616 257	−0·286 104 536	−0·124 060 601	+ 520 5403	−1502 1963	− 651 2240
10	−0·945 270 972	−0·301 081 889	−0·130 553 561	+ 548 4809	−1493 1996	− 647 3351
11	−0·939 647 377	−0·315 967 050	−0·137 006 653	+ 576 2003	−1483 7596	− 643 2512
12	−0·933 747 742	−0·330 755 641	−0·143 417 950	+ 603 6872	−1473 8877	− 638 9768
13	−0·927 574 439	−0·345 443 407	−0·149 785 570	+ 630 9325	−1463 5968	− 634 5168
14	−0·921 129 919	−0·360 026 225	−0·156 107 685	+ 657 9296	−1452 9003	− 629 8768
15	−0·914 416 684	−0·374 500 107	−0·162 382 526	+ 684 6753	−1441 8117	− 625 0627
16	−0·907 437 253	−0·388 861 195	−0·168 608 379	+ 711 1693	−1430 3436	− 620 0803
17	−0·900 194 128	−0·403 105 749	−0·174 783 587	+ 737 4146	−1418 5063	− 614 9347
18	−0·892 689 772	−0·417 230 116	−0·180 906 542	+ 763 4165	−1406 3072	− 609 6300
19	−0·884 926 589	−0·431 230 697	−0·186 975 667	+ 789 1809	−1393 7494	− 604 1690
20	−0·876 906 928	−0·445 103 907	−0·192 989 404	+ 814 7127	−1380 8325	− 598 5526
21	−0·868 633 102	−0·458 846 139	−0·198 946 200	+ 840 0142	−1367 5531	− 592 7805
22	−0·860 107 414	−0·472 453 745	−0·204 844 492	+ 865 0845	−1353 9064	− 586 8516
23	−0·851 332 197	−0·485 923 027	−0·210 682 704	+ 889 9193	−1339 8876	− 580 7642
24	−0·842 309 837	−0·499 250 242	−0·216 459 244	+ 914 5115	−1325 4925	− 574 5171
25	−0·833 042 805	−0·512 431 614	−0·222 172 509	+ 938 8524	−1310 7187	− 568 1090
26	−0·823 533 660	−0·525 463 349	−0·227 820 886	+ 962 9322	−1295 5650	− 561 5395
27	−0·813 785 065	−0·538 341 649	−0·233 402 762	+ 986 7406	−1280 0317	− 554 8086
28	−0·803 799 786	−0·551 062 722	−0·238 916 521	+1010 2673	−1264 1200	− 547 9165
29	−0·793 580 693	−0·563 622 793	−0·244 360 556	+1033 5017	−1247 8317	− 540 8638
30	−0·783 130 762	−0·576 018 110	−0·249 733 264	+1056 4332	−1231 1695	− 533 6512
May 1	−0·772 453 075	−0·588 244 947	−0·255 033 051	+1079 0510	−1214 1363	− 526 2797
2	−0·761 550 827	−0·600 299 611	−0·260 258 332	+1101 3436	−1196 7356	− 518 7504
3	−0·750 427 328	−0·612 178 448	−0·265 407 538	+1123 2991	−1178 9718	− 511 0647
4	−0·739 086 011	−0·623 877 854	−0·270 479 110	+1144 9049	−1160 8505	− 503 2242
5	−0·727 530 438	−0·635 394 289	−0·275 471 514	+1166 1481	−1142 3787	− 495 2314
6	−0·715 764 300	−0·646 724 289	−0·280 383 241	+1187 0158	−1123 5653	− 487 0893
7	−0·703 791 415	−0·657 864 492	−0·285 212 816	+1207 4958	−1104 4212	− 478 8018
8	−0·691 615 714	−0·668 811 653	−0·289 958 809	+1227 5770	−1084 9593	− 470 3737
9	−0·679 241 233	−0·679 562 666	−0·294 619 841	+1247 2507	−1065 1939	− 461 8106
10	−0·666 672 079	−0·690 114 570	−0·299 194 591	+1266 5107	−1045 1404	− 453 1186
11	−0·653 912 411	−0·700 464 565	−0·303 681 806	+1285 3534	−1024 8145	− 444 3044
12	−0·640 966 405	−0·710 610 002	−0·308 080 294	+1303 7784	−1004 2313	− 435 3746
13	−0·627 838 229	−0·720 548 380	−0·312 388 934	+1321 7880	− 983 4049	− 426 3357
14	−0·614 532 014	−0·730 277 329	−0·316 606 664	+1339 3869	− 962 3472	− 417 1934
15	−0·601 051 838	−0·739 794 585	−0·320 732 475	+1356 5817	− 941 0678	− 407 9528
16	−0·587 401 704	−0·749 097 967	−0·324 765 406	+1373 3795	− 919 5731	− 398 6178
17	−0·573 585 547	−0·758 185 341	−0·328 704 525	+1389 7875	− 897 8665	− 389 1910

$\dot{X}, \dot{Y}, \dot{Z}$ are in units of 10^{-9} au / d.

ICRS, ORIGIN AT SOLAR SYSTEM BARYCENTRE
FOR 0^h BARYCENTRIC DYNAMICAL TIME

Date 0^h TDB	X	Y	Z	$\dot{X}$	$\dot{Y}$	$\dot{Z}$
May 17	−0·573 585 547	−0·758 185 341	−0·328 704 525	+1389 7875	− 897 8665	− 389 1910
18	−0·559 607 233	−0·767 054 593	−0·332 548 924	+1405 8115	− 875 9487	− 379 6736
19	−0·545 470 585	−0·775 703 606	−0·336 297 698	+1421 4548	− 853 8182	− 370 0662
20	−0·531 179 404	−0·784 130 241	−0·339 949 946	+1436 7180	− 831 4726	− 360 3683
21	−0·516 737 499	−0·792 332 333	−0·343 504 760	+1451 5989	− 808 9093	− 350 5793
22	−0·502 148 715	−0·800 307 696	−0·346 961 226	+1466 0929	− 786 1267	− 340 6986
23	−0·487 416 951	−0·808 054 135	−0·350 318 426	+1480 1939	− 763 1245	− 330 7262
24	0 472 546 172	0·815 569 457	−0·353 575 444	+1493 8945	− 739 9036	− 320 6622
25	−0·457 540 420	−0·822 851 486	−0·356 731 367	+1507 1871	− 716 4663	− 310 5075
26	−0·442 403 815	−0·829 898 073	−0·359 785 294	+1520 0640	− 692 8160	− 300 2631
27	−0·427 140 553	−0·836 707 109	−0·362 736 335	+1532 5173	− 668 9567	− 289 9305
28	−0·411 754 907	−0·843 276 525	−0·365 583 616	+1544 5393	− 644 8929	− 279 5112
29	−0·396 251 232	−0·849 604 303	−0·368 326 277	+1556 1219	− 620 6299	− 269 0071
30	−0·380 633 961	−0·855 688 476	−0·370 963 482	+1567 2569	− 596 1730	− 258 4201
31	−0·364 907 616	−0·861 527 138	−0·373 494 410	+1577 9353	− 571 5287	− 247 7523
June 1	−0·349 076 810	−0·867 118 450	−0·375 918 266	+1588 1474	− 546 7044	− 237 0062
2	−0·333 146 255	−0·872 460 655	−0·378 234 283	+1597 8834	− 521 7091	− 226 1850
3	−0·317 120 762	−0·877 552 098	−0·380 441 728	+1607 1333	− 496 5538	− 215 2925
4	−0·301 005 239	−0·882 391 244	−0·382 539 913	+1615 8881	− 471 2521	− 204 3338
5	−0·284 804 676	−0·886 976 703	−0·384 528 204	+1624 1404	− 445 8193	− 193 3148
6	−0·268 524 120	−0·891 307 251	−0·386 406 031	+1631 8861	− 420 2727	− 182 2424
7	−0·252 168 646	−0·895 381 836	−0·388 172 897	+1639 1242	− 394 6298	− 171 1238
8	−0·235 743 318	−0·899 199 583	−0·389 828 378	+1645 8576	− 368 9078	− 159 9666
9	−0·219 253 157	−0·902 759 778	−0·391 372 123	+1652 0922	− 343 1218	− 148 7778
10	−0·202 703 110	−0·906 061 849	−0·392 803 849	+1657 8362	− 317 2848	− 137 5636
11	−0·186 098 035	−0·909 105 337	−0·394 123 329	+1663 0994	− 291 4067	− 126 3295
12	−0·169 442 691	−0·911 889 869	−0·395 330 385	+1667 8918	− 265 4946	− 115 0794
13	−0·152 741 737	−0·914 415 130	−0·396 424 874	+1672 2228	− 239 5529	− 103 8163
14	−0·135 999 745	−0·916 680 835	−0·397 406 675	+1676 1008	− 213 5837	− 92 5423
15	−0·119 221 209	−0·918 686 714	−0·398 275 687	+1679 5324	− 187 5875	− 81 2584
16	−0·102 410 570	−0·920 432 491	−0·399 031 811	+1682 5219	− 161 5633	− 69 9649
17	−0·085 572 237	−0·921 917 883	−0·399 674 954	+1685 0715	− 135 5101	− 58 6620
18	−0·068 710 606	−0·923 142 593	−0·400 205 018	+1687 1811	− 109 4267	− 47 3493
19	−0·051 830 087	−0·924 106 316	−0·400 621 908	+1688 8488	− 83 3129	− 36 0270
20	−0·034 935 115	−0·924 808 753	−0·400 925 528	+1690 0710	− 57 1696	− 24 6953
21	−0·018 030 165	−0·925 249 615	−0·401 115 785	+1690 8437	− 30 9986	− 13 3548
22	−0·001 119 756	−0·925 428 643	−0·401 192 598	+1691 1621	− 4 8032	− 2 0066
23	+0·015 791 546	−0·925 345 611	−0·401 155 896	+1691 0213	+ 21 4125	+ 9 3479
24	+0·032 699 123	−0·925 000 342	−0·401 005 625	+1690 4166	+ 47 6434	+ 20 7070
25	+0·049 598 314	−0·924 392 710	−0·400 741 748	+1689 3431	+ 73 8843	+ 32 0686
26	+0·066 484 406	−0·923 522 644	−0·400 364 250	+1687 7959	+ 100 1290	+ 43 4308
27	+0·083 352 635	−0·922 390 138	−0·399 873 137	+1685 7698	+ 126 3711	+ 54 7913
28	+0·100 198 186	−0·920 995 254	−0·399 268 439	+1683 2591	+ 152 6035	+ 66 1475
29	+0·117 016 180	−0·919 338 129	−0·398 550 211	+1680 2575	+ 178 8178	+ 77 4966
30	0 133 801 677	−0·917 418 990	−0·397 718 542	+1676 7584	+ 205 0044	+ 88 8351
July 1	+0·150 549 667	−0·915 238 174	−0·396 773 558	+1672 7551	+ 231 1512	+ 100 1588
2	+0·167 255 079	−0·912 796 147	−0·395 715 433	+1668 2420	+ 257 2438	+ 111 4624

$\dot{X}, \dot{Y}, \dot{Z}$ are in units of 10^{-9} au / d.

ICRS, ORIGIN AT SOLAR SYSTEM BARYCENTRE
FOR 0ʰ BARYCENTRIC DYNAMICAL TIME

Date 0ʰ TDB	X	Y	Z	$\dot{X}$	$\dot{Y}$	$\dot{Z}$
July 1	+0·150 549 667	−0·915 238 174	−0·396 773 558	+1672 7551	+ 231 1512	+ 100 1588
2	+0·167 255 079	−0·912 796 147	−0·395 715 433	+1668 2420	+ 257 2438	+ 111 4624
3	+0·183 912 796	−0·910 093 533	−0·394 544 399	+1663 2158	+ 283 2657	+ 122 7393
4	+0·200 517 684	−0·907 131 131	−0·393 260 760	+1657 6765	+ 309 1983	+ 133 9821
5	+0·217 064 630	−0·903 909 926	−0·391 864 897	+1651 6285	+ 335 0232	+ 145 1828
6	+0·233 548 587	−0·900 431 083	−0·390 357 270	+1645 0804	+ 360 7234	+ 156 3338
7	+0·249 964 612	−0·896 695 922	−0·388 738 410	+1638 0445	+ 386 2846	+ 167 4282
8	+0·266 307 895	−0·892 705 890	−0·387 008 914	+1630 5344	+ 411 6964	+ 178 4603
9	+0·282 573 767	−0·888 462 515	−0·385 169 426	+1622 5644	+ 436 9520	+ 189 4261
10	+0·298 757 694	−0·883 967 383	−0·383 220 623	+1614 1476	+ 462 0477	+ 200 3227
11	+0·314 855 267	−0·879 222 100	−0·381 163 207	+1605 2954	+ 486 9820	+ 211 1486
12	+0·330 862 183	−0·874 228 281	−0·378 997 890	+1596 0173	+ 511 7549	+ 221 9028
13	+0·346 774 218	−0·868 987 537	−0·376 725 391	+1586 3205	+ 536 3674	+ 232 5850
14	+0·362 587 214	−0·863 501 465	−0·374 346 430	+1576 2102	+ 560 8205	+ 243 1952
15	+0·378 297 056	−0·857 771 655	−0·371 861 727	+1565 6899	+ 585 1152	+ 253 7334
16	+0·393 899 653	−0·851 799 686	−0·369 272 001	+1554 7615	+ 609 2522	+ 264 1998
17	+0·409 390 926	−0·845 587 137	−0·366 577 970	+1543 4252	+ 633 2312	+ 274 5943
18	+0·424 766 796	−0·839 135 591	−0·363 780 355	+1531 6806	+ 657 0512	+ 284 9167
19	+0·440 023 173	−0·832 446 650	−0·360 879 880	+1519 5263	+ 680 7100	+ 295 1661
20	+0·455 155 951	−0·825 521 939	−0·357 877 278	+1506 9606	+ 704 2045	+ 305 3418
21	+0·470 161 007	−0·818 363 120	−0·354 773 294	+1493 9814	+ 727 5309	+ 315 4423
22	+0·485 034 195	−0·810 971 898	−0·351 568 687	+1480 5869	+ 750 6842	+ 325 4661
23	+0·499 771 353	−0·803 350 031	−0·348 264 233	+1466 7750	+ 773 6591	+ 335 4114
24	+0·514 368 298	−0·795 499 330	−0·344 860 728	+1452 5438	+ 796 4498	+ 345 2760
25	+0·528 820 825	−0·787 421 670	−0·341 358 989	+1437 8911	+ 819 0497	+ 355 0577
26	+0·543 124 707	−0·779 118 995	−0·337 759 858	+1422 8144	+ 841 4517	+ 364 7541
27	+0·557 275 690	−0·770 593 323	−0·334 064 200	+1407 3107	+ 863 6476	+ 374 3624
28	+0·571 269 488	−0·761 846 762	−0·330 272 916	+1391 3770	+ 885 6276	+ 383 8790
29	+0·585 101 787	−0·752 881 528	−0·326 386 940	+1375 0102	+ 907 3802	+ 393 2998
30	+0·598 768 242	−0·743 699 962	−0·322 407 256	+1358 2084	+ 928 8913	+ 402 6196
31	+0·612 264 506	−0·734 304 560	−0·318 334 905	+1340 9721	+ 950 1446	+ 411 8320
Aug. 1	+0·625 586 249	−0·724 697 990	−0·314 170 999	+1323 3054	+ 971 1220	+ 420 9295
2	+0·638 729 209	−0·714 883 099	−0·309 916 724	+1305 2174	+ 991 8058	+ 429 9044
3	+0·651 689 238	−0·704 862 906	−0·305 573 345	+1286 7219	+1012 1800	+ 438 7492
4	+0·664 462 346	−0·694 640 570	−0·301 142 194	+1267 8363	+1032 2328	+ 447 4578
5	+0·677 044 725	−0·684 219 346	−0·296 624 658	+1248 5791	+1051 9569	+ 456 0257
6	+0·689 432 751	−0·673 602 539	−0·292 022 157	+1228 9685	+1071 3492	+ 464 4504
7	+0·701 622 969	−0·662 793 466	−0·287 336 132	+1209 0201	+1090 4102	+ 472 7307
8	+0·713 612 071	−0·651 795 433	−0·282 568 025	+1188 7470	+1109 1419	+ 480 8666
9	+0·725 396 861	−0·640 611 717	−0·277 719 280	+1168 1593	+1127 5472	+ 488 8585
10	+0·736 974 234	−0·629 245 567	−0·272 791 332	+1147 2648	+1145 6290	+ 496 7074
11	+0·748 341 154	−0·617 700 207	−0·267 785 608	+1126 0695	+1163 3898	+ 504 4138
12	+0·759 494 637	−0·605 978 836	−0·262 703 529	+1104 5780	+1180 8313	+ 511 9784
13	+0·770 431 739	−0·594 084 641	−0·257 546 510	+1082 7937	+1197 9546	+ 519 4018
14	+0·781 149 544	−0·582 020 804	−0·252 315 963	+1060 7191	+1214 7600	+ 526 6842
15	+0·791 645 159	−0·569 790 503	−0·247 013 297	+1038 3559	+1231 2471	+ 533 8256
16	+0·801 915 706	−0·557 396 927	−0·241 639 923	+1015 7056	+1247 4147	+ 540 8258

$\dot{X}, \dot{Y}, \dot{Z}$ are in units of 10^{-9} au / d.

İCRS, ORIGIN AT SOLAR SYSTEM BARYCENTRE
FOR 0^h BARYCENTRIC DYNAMICAL TIME

Date 0^h TDB	X	Y	Z	$\dot{X}$	$\dot{Y}$	$\dot{Z}$
Aug. 16	+0·801 915 706	−0·557 396 927	−0·241 639 923	+1015 7056	+1247 4147	+ 540 8258
17	+0·811 958 316	−0·544 843 281	−0·236 197 253	+ 992 7689	+1263 2607	+ 547 6844
18	+0·821 770 131	−0·532 132 794	−0·230 686 709	+ 969 5465	+1278 7824	+ 554 4006
19	+0·831 348 297	−0·519 268 727	−0·225 109 720	+ 946 0391	+1293 9760	+ 560 9733
20	+0·840 689 965	−0·506 254 381	−0·219 467 727	+ 922 2471	+1308 8374	+ 567 4011
21	+0·849 792 292	−0·493 093 104	−0·213 762 186	+ 898 1711	+1323 3615	+ 573 6825
22	+0·858 652 441	−0·479 788 293	−0·207 994 570	+ 873 8116	+1337 5429	+ 579 8158
23	+0·867 267 580	−0·466 343 410	−0·202 166 372	+ 849 1690	+1351 3751	+ 585 7986
24	+0·875 634 878	−0·452 761 979	−0·196 279 107	+ 824 2436	+1364 8509	+ 591 6286
25	+0·883 751 510	−0·439 047 609	−0·190 334 319	+ 799 0358	+1377 9616	+ 597 3028
26	+0·891 614 654	−0·425 203 999	−0·184 333 584	+ 773 5463	+1390 6968	+ 602 8173
27	+0·899 221 503	−0·411 234 965	−0·178 278 521	+ 747 7771	+1403 0442	+ 608 1675
28	+0·906 569 278	−0·397 144 456	−0·172 170 801	+ 721 7326	+1414 9893	+ 613 3476
29	+0·913 655 263	−0·382 936 573	−0·166 012 157	+ 695 4208	+1426 5164	+ 618 3512
30	+0·920 476 845	−0·368 615 573	−0·159 804 388	+ 668 8546	+1437 6103	+ 623 1714
31	+0·927 031 564	−0·354 185 856	−0·153 549 363	+ 642 0516	+1448 2578	+ 627 8017
Sept. 1	+0·933 317 158	−0·339 651 933	−0·147 249 004	+ 615 0331	+1458 4504	+ 632 2372
2	+0·939 331 581	−0·325 018 376	−0·140 905 277	+ 587 8211	+1468 1845	+ 636 4752
3	+0·945 073 006	−0·310 289 767	−0·134 520 163	+ 560 4367	+1477 4616	+ 640 5146
4	+0·950 539 799	−0·295 470 652	−0·128 095 643	+ 532 8974	+1486 2864	+ 644 3565
5	+0·955 730 486	−0·280 565 525	−0·121 633 686	+ 505 2174	+1494 6652	+ 648 0025
6	+0·960 643 714	−0·265 578 813	−0·115 136 238	+ 477 4072	+1502 6046	+ 651 4551
7	+0·965 278 223	−0·250 514 880	−0·108 605 222	+ 449 4749	+1510 1102	+ 654 7163
8	+0·969 632 826	−0·235 378 040	−0·102 042 542	+ 421 4268	+1517 1867	+ 657 7882
9	+0·973 706 391	−0·220 172 564	−0·095 450 084	+ 393 2682	+1523 8378	+ 660 6723
10	+0·977 497 837	−0·204 902 693	−0·088 829 718	+ 365 0035	+1530 0662	+ 663 3700
11	+0·981 006 122	−0·189 572 642	−0·082 183 303	+ 336 6367	+1535 8739	+ 665 8824
12	+0·984 230 243	−0·174 186 612	−0·075 512 686	+ 308 1714	┤1541 2623	+ 668 2103
13	+0·987 169 233	−0·158 748 792	−0·068 819 708	+ 279 6108	+1546 2320	+ 670 3546
14	+0·989 822 151	−0·143 263 367	−0·062 106 205	+ 250 9576	+1550 7831	+ 672 3155
15	+0·992 188 086	−0·127 734 527	−0·055 374 008	+ 222 2146	+1554 9150	+ 674 0934
16	+0·994 266 151	−0·112 166 469	−0·048 624 947	+ 193 3841	+1558 6263	+ 675 6882
17	+0·996 055 483	−0·096 563 409	−0·041 860 855	+ 164 4683	+1561 9150	+ 677 0995
18	+0·997 555 240	−0·080 929 588	−0·035 083 570	+ 135 4696	+1564 7781	+ 678 3268
19	+0·998 764 606	−0·065 269 277	−0·028 294 937	+ 106 3903	+1567 2120	+ 679 3689
20	+0·999 682 787	−0·049 586 793	−0·021 496 814	+ 77 2331	+1569 2121	+ 680 2245
21	+1·000 309 018	−0·033 886 500	−0·014 691 074	+ 48 0008	+1570 7728	+ 680 8919
22	+1·000 642 563	−0·018 172 824	−0·007 879 610	+ 18 6966	+1571 8874	+ 681 3688
23	+1·000 682 724	−0·002 450 265	−0·001 064 342	− 10 6753	+1572 5479	+ 681 6523
24	+1·000 428 850	+0·013 276 589	+0·005 752 778	− 40 1093	+1572 7447	+ 681 7386
25	+0·999 880 357	+0·029 003 048	+0·012 569 758	− 69 5973	+1572 4670	+ 681 6234
26	+0·999 036 760	+0·044 724 309	+0·019 384 559	− 99 1281	+1571 7033	+ 681 3018
27	+0·997 897 704	+0·060 435 458	+0·026 195 089	− 128 6860	+1570 4429	+ 680 7686
28	+0·996 463 014	+0·076 131 483	+0·032 999 211	− 158 2513	+1568 6774	+ 680 0194
29	+0·994 732 729	+0·091 807 307	+0·039 794 747	− 187 8012	+1566 4027	+ 679 0512
30	+0·992 707 121	+0·107 457 842	+0·046 579 500	− 217 3119	+1563 6200	+ 677 8630
Oct. 1	+0·990 386 694	+0·123 078 035	+0·053 351 277	− 246 7617	+1560 3355	+ 676 4560

$\dot{X}$, $\dot{Y}$, $\dot{Z}$ are in units of 10^{-9} au / d.

POSITION AND VELOCITY OF THE EARTH, 2019

ICRS, ORIGIN AT SOLAR SYSTEM BARYCENTRE
FOR 0ʰ BARYCENTRIC DYNAMICAL TIME

Date 0ʰ TDB		X	Y	Z	$\dot{X}$	$\dot{Y}$	$\dot{Z}$
Oct.	1	+0·990 386 694	+0·123 078 035	+0·053 351 277	− 246 7617	+1560 3355	+ 676 4560
	2	+0·987 772 153	+0·138 662 910	+0·060 107 902	− 276 1321	+1556 5584	+ 674 8334
	3	+0·984 864 365	+0·154 207 598	+0·066 847 238	− 305 4089	+1552 2998	+ 672 9988
	4	+0·981 664 320	+0·169 707 336	+0·073 567 186	− 334 5820	+1547 5701	+ 670 9566
	5	+0·978 173 097	+0·185 157 463	+0·080 265 692	− 363 6436	+1542 3790	+ 668 7108
	6	+0·974 391 838	+0·200 553 404	+0·086 940 736	− 392 5881	+1536 7343	+ 666 2649
	7	+0·970 321 741	+0·215 890 660	+0·093 590 333	− 421 4106	+1530 6427	+ 663 6220
	8	+0·965 964 047	+0·231 164 787	+0·100 212 528	− 450 1066	+1524 1097	+ 660 7848
	9	+0·961 320 043	+0·246 371 397	+0·106 805 388	− 478 6721	+1517 1399	+ 657 7556
	10	+0·956 391 055	+0·261 506 144	+0·113 367 007	− 507 1029	+1509 7375	+ 654 5366
	11	+0·951 178 447	+0·276 564 719	+0·119 895 495	− 535 3953	+1501 9062	+ 651 1299
	12	+0·945 683 622	+0·291 542 849	+0·126 388 986	− 563 5459	+1493 6491	+ 647 5373
	13	+0·939 908 013	+0·306 436 289	+0·132 845 627	− 591 5515	+1484 9687	+ 643 7604
	14	+0·933 853 084	+0·321 240 818	+0·139 263 584	− 619 4095	+1475 8670	+ 639 8006
	15	+0·927 520 324	+0·335 952 229	+0·145 641 033	− 647 1173	+1466 3450	+ 635 6589
	16	+0·920 911 248	+0·350 566 318	+0·151 976 158	− 674 6723	+1456 4028	+ 631 3361
	17	+0·914 027 396	+0·365 078 881	+0·158 267 151	− 702 0719	+1446 0394	+ 626 8323
	18	+0·906 870 339	+0·379 485 697	+0·164 512 200	− 729 3129	+1435 2529	+ 622 1473
	19	+0·899 441 679	+0·393 782 518	+0·170 709 491	− 756 3916	+1424 0401	+ 617 2804
	20	+0·891 743 065	+0·407 965 064	+0·176 857 197	− 783 3029	+1412 3970	+ 612 2302
	21	+0·883 776 200	+0·422 029 006	+0·182 953 478	− 810 0407	+1400 3186	+ 606 9950
	22	+0·875 542 857	+0·435 969 965	+0·188 996 474	− 836 5969	+1387 7992	+ 601 5726
	23	+0·867 044 902	+0·449 783 499	+0·194 984 297	− 862 9610	+1374 8327	+ 595 9603
	24	+0·858 284 321	+0·463 465 108	+0·200 915 037	− 889 1197	+1361 4132	+ 590 1552
	25	+0·849 263 247	+0·477 010 237	+0·206 786 750	− 915 0565	+1347 5361	+ 584 1547
	26	+0·839 983 997	+0·490 414 297	+0·212 597 473	− 940 7515	+1333 1994	+ 577 9570
	27	+0·830 449 094	+0·503 672 699	+0·218 345 232	− 966 1832	+1318 4051	+ 571 5617
	28	+0·820 661 284	+0·516 780 894	+0·224 028 054	− 991 3296	+1303 1594	+ 564 9702
	29	+0·810 623 521	+0·529 734 419	+0·229 643 993	−1016 1704	+1287 4734	+ 558 1859
	30	+0·800 338 949	+0·542 528 938	+0·235 191 145	−1040 6892	+1271 3606	+ 551 2137
	31	+0·789 810 854	+0·555 160 260	+0·240 667 660	−1064 8733	+1254 8363	+ 544 0595
Nov.	1	+0·779 042 626	+0·567 624 343	+0·246 071 750	−1088 7145	+1237 9154	+ 536 7296
	2	+0·768 037 727	+0·579 917 290	+0·251 401 686	−1112 2070	+1220 6112	+ 529 2298
	3	+0·756 799 661	+0·592 035 328	+0·256 655 797	−1135 3473	+1202 9355	+ 521 5654
	4	+0·745 331 964	+0·603 974 795	+0·261 832 462	−1158 1325	+1184 8984	+ 513 7413
	5	+0·733 638 201	+0·615 732 122	+0·266 930 104	−1180 5603	+1166 5088	+ 505 7615
	6	+0·721 721 957	+0·627 303 823	+0·271 947 187	−1202 6283	+1147 7746	+ 497 6301
	7	+0·709 586 843	+0·638 686 490	+0·276 882 212	−1224 3341	+1128 7032	+ 489 3506
	8	+0·697 236 491	+0·649 876 786	+0·281 733 717	−1245 6755	+1109 3014	+ 480 9266
	9	+0·684 674 554	+0·660 871 439	+0·286 500 272	−1266 6507	+1089 5758	+ 472 3613
	10	+0·671 904 702	+0·671 667 243	+0·291 180 482	−1287 2583	+1069 5326	+ 463 6580
	11	+0·658 930 616	+0·682 261 049	+0·295 772 981	−1307 4972	+1049 1769	+ 454 8195
	12	+0·645 755 988	+0·692 649 756	+0·300 276 431	−1327 3670	+1028 5134	+ 445 8485
	13	+0·632 384 510	+0·702 830 302	+0·304 689 517	−1346 8670	+1007 5452	+ 436 7471
	14	+0·618 819 881	+0·712 799 652	+0·309 010 942	−1365 9968	+ 986 2744	+ 427 5167
	15	+0·605 065 812	+0·722 554 782	+0·313 239 423	−1384 7550	+ 964 7014	+ 418 1582
	16	+0·591 126 029	+0·732 092 670	+0·317 373 681	−1403 1390	+ 942 8256	+ 408 6719

$\dot{X}, \dot{Y}, \dot{Z}$ are in units of 10^{-9} au / d.

ICRS, ORIGIN AT SOLAR SYSTEM BARYCENTRE
FOR 0^h BARYCENTRIC DYNAMICAL TIME

Date 0^h TDB	X	Y	Z	$\dot{X}$	$\dot{Y}$	$\dot{Z}$
Nov. 16	+0·591 126 029	+0·732 092 670	+0·317 373 681	−1403 1390	+ 942 8256	+ 408 6719
17	+0·577 004 293	+0·741 410 281	+0·321 412 435	−1421 1446	+ 920 6456	+ 399 0575
18	+0·562 704 418	+0·750 504 562	+0·325 354 401	−1438 7657	+ 898 1594	+ 389 3142
19	+0·548 230 289	+0·759 372 441	+0·329 198 286	−1455 9937	+ 875 3649	+ 379 4412
20	+0·533 585 891	+0·768 010 829	+0·332 942 789	−1472 8177	+ 852 2609	+ 369 4375
21	+0·518 775 325	+0·776 416 628	+0·336 586 599	−1489 2247	+ 828 8474	+ 359 3025
22	+0·503 802 838	+0·784 586 752	+0·340 128 402	−1505 1993	+ 805 1264	+ 349 0363
23	+0·488 672 837	+0·792 518 145	+0·343 566 891	−1520 7245	+ 781 1023	+ 338 6398
24	+0·473 389 904	+0·800 207 815	+0·346 900 771	−1535 7828	+ 756 7834	+ 328 1152
25	+0·457 958 795	+0·807 652 868	+0·350 128 781	−1550 3572	+ 732 1811	+ 317 4665
26	+0·442 384 424	+0·814 850 543	+0·353 249 704	−1564 4326	+ 707 3104	+ 306 6988
27	+0·426 671 845	+0·821 798 237	+0·356 262 382	−1577 9974	+ 682 1881	+ 295 8187
28	+0·410 826 207	+0·828 493 527	+0·359 165 729	−1591 0433	+ 656 8325	+ 284 8337
29	+0·394 852 723	+0·834 934 169	+0·361 958 732	−1603 5661	+ 631 2612	+ 273 7513
30	+0·378 756 635	+0·841 118 088	+0·364 640 454	−1615 5640	+ 605 4907	+ 262 5786
Dec. 1	+0·362 543 190	+0·847 043 367	+0·367 210 026	−1627 0376	+ 579 5355	+ 251 3225
2	+0·346 217 627	+0·852 708 225	+0·369 666 645	−1637 9880	+ 553 4086	+ 239 9888
3	+0·329 785 168	+0·858 111 004	+0·372 009 563	−1648 4171	+ 527 1214	+ 228 5832
4	+0·313 251 018	+0·863 250 154	+0·374 238 087	−1658 3265	+ 500 6845	+ 217 1107
5	+0·296 620 364	+0·868 124 226	+0·376 351 570	−1667 7181	+ 474 1074	+ 205 5760
6	+0·279 898 377	+0·872 731 866	+0·378 349 415	−1676 5936	+ 447 3995	+ 193 9836
7	+0·263 090 206	+0·877 071 811	+0·380 231 065	−1684 9551	+ 420 5697	+ 182 3379
8	+0·246 200 981	+0·881 142 881	+0·381 996 009	−1692 8050	+ 393 6262	+ 170 6431
9	+0·229 235 802	+0·884 943 983	+0·383 643 776	−1700 1465	+ 366 5769	+ 158 9031
10	+0·212 199 735	+0·888 474 090	+0·385 173 933	−1706 9831	+ 339 4285	+ 147 1216
11	+0·195 097 810	+0·891 732 240	+0·386 586 080	−1713 3187	+ 312 1862	+ 135 3016
12	+0·177 935 019	+0·894 717 514	+0·387 879 844	−1719 1571	+ 284 8538	+ 123 4453
13	+0·160 716 317	+0·897 429 023	+0·389 054 870	−1724 5011	+ 257 4332	+ 111 5542
14	+0·143 446 641	+0·899 865 887	+0·390 110 815	−1729 3518	+ 229 9249	+ 99 6291
15	+0·126 130 928	+0·902 027 227	+0·391 047 338	−1733 7082	+ 202 3284	+ 87 6698
16	+0·108 774 138	+0·903 912 158	+0·391 864 096	−1737 5662	+ 174 6430	+ 75 6761
17	+0·091 381 286	+0·905 519 792	+0·392 560 743	−1740 9191	+ 146 8692	+ 63 6477
18	+0·073 957 470	+0·906 849 253	+0·393 136 934	−1743 7576	+ 119 0089	+ 51 5848
19	+0·056 507 886	+0·907 899 695	+0·393 592 328	−1746 0708	+ 91 0665	+ 39 4885
20	+0·039 037 844	+0·908 670 331	+0·393 926 600	−1747 8469	+ 63 0490	+ 27 3608
21	+0·021 552 777	+0·909 160 457	+0·394 139 449	−1749 0740	+ 34 9662	+ 15 2047
22	+0·004 058 232	+0·909 369 480	+0·394 230 613	−1749 7408	+ 6 8308	+ 3 0246
23	−0·013 440 139	+0·909 296 947	+0·394 199 880	−1749 8377	− 21 3423	− 9 1739
24	−0·030 936 598	+0·908 942 565	+0·394 047 095	−1749 3575	− 49 5361	− 21 3844
25	−0·048 425 350	+0·908 306 216	+0·393 772 176	−1748 2956	− 77 7326	− 33 5996
26	−0·065 900 567	+0·907 387 967	+0·393 375 113	−1746 6507	− 105 9131	− 45 8118
27	−0·083 356 425	+0·906 188 066	+0·392 855 976	−1744 4243	− 134 0599	− 58 0132
28	−0·100 787 127	+0·904 706 937	+0·392 214 910	−1741 6202	− 162 1561	− 70 1964
29	−0·118 186 924	+0·902 945 162	+0·391 452 133	−1738 2444	− 190 1868	− 82 3544
30	−0·135 550 130	+0·900 903 466	+0·390 567 928	−1734 3033	− 218 1384	− 94 4809
31	−0·152 871 130	+0·898 582 698	+0·389 562 639	−1729 8043	− 245 9990	− 106 5702
32	−0·170 144 381	+0·895 983 825	+0·388 436 664	−1724 7546	− 273 7580	− 118 6171

$\dot{X}, \dot{Y}, \dot{Z}$ are in units of 10^{-9} au / d.

Reduction for polar motion

The rotation of the Earth can be represented by a diurnal rotation about a reference axis whose motion with respect to a space-fixed system is given by the theories of precession and nutation plus very small (< 1 mas) corrections from observations. The pole of the reference axis is the celestial intermediate pole (CIP) and the system within which it moves is the GCRS (see page B25). The equator of date is orthogonal to the axis of the CIP. The axis of the CIP also moves with respect to the standard geodetic coordinate system, the ITRS (see below), which is fixed (in a specifically defined sense) with respect to the crust of the Earth. The motion of the CIP within the ITRS is known as polar motion; the path of the pole is quasi-circular with a maximum radius of about 10 m (0″3) and principal periods of 365 and 428 days. The longer period component of the spin axis relative to the mean figure axis is called the Chandler wobble. It is the free nutation of the nonrigid triaxial mantle and crust of the Earth. The Chandler wobble is excited primarily by transfer of angular momentum from the atmosphere and oceans to the Earth's crust and mantle. The annual component is driven by seasonal effects. Polar motion as a whole is affected by unpredictable geophysical forces and must be determined continuously from various kinds of observations.

The origin of the International Terrestrial Reference System (ITRS) is the geocentre and the directions of its axes are defined implicitly by the adoption of a set of coordinates of stations (instruments) used to determine UT1 and polar motion from observations. The ITRS is systematically within a few centimetres of WGS 84, the geodetic system provided by GPS. The orientation of the Terrestrial Intermediate Reference System (see page B26) with respect to the ITRS is given by successive rotations through the three small angles y, x, and $-s'$. The celestial reference system is then obtained by a rotation about the z-axis, either by Greenwich apparent sidereal time (GAST) if the celestial coordinates are with respect to the true equator and equinox of date; or by the Earth rotation angle (θ) if the celestial coordinates are with respect to the Celestial Intermediate Reference System.

The small angle s', called the TIO locator, is a measure of the secular drift of the terrestrial intermediate origin (TIO), with respect to geodetic zero longitude, that is, the very slow systematic rotation of the Terrestrial Intermediate Reference System with respect to the ITRS (due to polar motion). The value of s' (see below) is minuscule and may be set to zero unless very precise results are needed.

The quantities x, y correspond to the coordinates of the CIP with respect to the ITRS, measured along the meridians at longitudes $0°$ and $270°$ ($90°$ west). Current values of the coordinates, x, y, of the pole for use in the reduction of observations are published by the Central Bureau of the IERS (see *The Astronomical Almanac Online* for web links). Previous values, from 1970 January 1 onwards, are given on page K10 at 3-monthly intervals. For precise work the values at 5-day intervals from the IERS should be used. The coordinates x and y are usually measured in arcseconds.

The longitude and latitude of a terrestrial observer, λ and ϕ, used in astronomical formulae (e.g., for hour angle or the determination of astronomical time), should be expressed in the Terrestrial Intermediate Reference System, that is, corrected for polar motion:

$$\lambda = \lambda_{ITRS} + \left(x \sin \lambda_{ITRS} + y \cos \lambda_{ITRS} \right) \tan \phi_{ITRS}$$

$$\phi = \phi_{ITRS} + \left(x \cos \lambda_{ITRS} - y \sin \lambda_{ITRS} \right)$$

where λ_{ITRS} and ϕ_{ITRS} are the ITRS (geodetic) longitude and latitude of the observer, and x and y are the ITRS coordinates of the CIP, in the same units as λ and ϕ. These formulae are approximate and should not be used for places at polar latitudes.

Reduction for polar motion (continued)

The rigorous transformation of a vector $\mathbf{p}_3$ with respect to the celestial system to the corresponding vector $\mathbf{p}_4$ with respect to the ITRS is given by the formula:

$$\mathbf{p}_4 = \mathbf{R}_1(-y)\,\mathbf{R}_2(-x)\,\mathbf{R}_3(s')\,\mathbf{R}_3(\beta)\,\mathbf{p}_3$$

and conversely,

$$\mathbf{p}_3 = \mathbf{R}_3(-\beta)\,\mathbf{R}_3(-s')\,\mathbf{R}_2(x)\,\mathbf{R}_1(y)\,\mathbf{p}_4$$

where the TIO locator

$$s' = -0\overset{''}{.}000\,047\,T$$

and T is measured in Julian centuries of 365 25 days from 245 1545·0 TT. Some previous values of x and y are tabulated on page K10. Note, the standard rotation matrices $\mathbf{R}_1$, $\mathbf{R}_2$, $\mathbf{R}_3$ are given on page K19 and correspond to rotations about the x, y and z axes, respectively.

The method to form the vector $\mathbf{p}_3$ for celestial objects is given on page B68. However, the vectors given above could represent, for example, the coordinates of a point on the Earth's surface or of a satellite in orbit around the Earth. The quantity β depends on whether the true equinox or the celestial intermediate origin (CIO) is used, viz:

Equinox method	*CIO method*
where $\beta = $ GAST, Greenwich apparent sidereal time, tabulated daily at 0^h UT1 on pages B13–B20. GAST must be used if $\mathbf{p}_3$ is an equinox based position,	or $\beta = \theta$, the Earth rotation angle, tabulated daily at 0^h UT1 on pages B21–B24. ERA must be used when $\mathbf{p}_3$ is a CIO based position.

Reduction for diurnal parallax and diurnal aberration

The computation of diurnal parallax and aberration due to the displacement of the observer from the centre of the Earth requires a knowledge of the geocentric coordinates (ρ, geocentric distance in units of the Earth's equatorial radius, and ϕ', geocentric latitude, see the explanation beginning on page K11) of the place of observation, and the local hour angle (h).

For bodies whose equatorial horizontal parallax (π) normally amounts to only a few arcseconds the corrections for diurnal parallax in right ascension and declination (in the sense geocentric place *minus* topocentric place) are given by:

$$\Delta\alpha = \pi\,(\rho\cos\phi'\sin h\,\sec\delta)$$
$$\Delta\delta = \pi\,(\rho\sin\phi'\cos\delta - \rho\cos\phi'\cos h\,\sin\delta)$$

and

$$h = \text{GAST} - \alpha_e + \lambda$$
$$= \theta - \alpha_i + \lambda$$

where λ is the longitude. $\text{GAST} - \alpha_e$ is the hour angle calculated from the Greenwich apparent sidereal time and the equinox right ascension, whereas $\theta - \alpha_i$ is the hour angle formed from the Earth rotation angle and the CIO right ascension. π may be calculated from $8\overset{''}{.}794$ divided by the geocentric distance of the body (in au). For the Moon (and other very close bodies) more precise formulae are required (see page D3).

The corrections for diurnal aberration in right ascension and declination (in the sense apparent place *minus* mean place) are given by:

$$\Delta\alpha = 0\overset{s}{.}0213\,\rho\cos\phi'\cos h\,\sec\delta$$
$$\Delta\delta = 0\overset{''}{.}319\,\rho\cos\phi'\sin h\,\sin\delta$$

Reduction for diurnal parallax and diurnal aberration (continued)

For a body at transit the local hour angle (h) is zero and so $\Delta\delta$ is zero, but

$$\Delta\alpha = \pm 0^{s}\!0213 \, \rho \, \cos\phi' \, \sec\delta$$

where the plus and minus signs are used for the upper and lower transits, respectively; this may be regarded as a correction to the time of transit.

Alternatively, the effects may be computed in rectangular coordinates using the following expressions for the geocentric coordinates and velocity components of the observer with respect to the celestial equatorial reference system:

position: $(\ a_e\rho\cos\phi'\cos(\beta+\lambda),\ a_e\rho\cos\phi'\sin(\beta+\lambda),\ a_e\rho\sin\phi')$

velocity: $(-a_e\omega\rho\cos\phi'\sin(\beta+\lambda),\ a_e\omega\rho\cos\phi'\cos(\beta+\lambda),\ 0)$

where β is the Greenwich sidereal time (mean or apparent) or the Earth rotation angle (as appropriate), λ is the longitude of the observer (east longitudes are positive), a_e is the equatorial radius of the Earth and ω the angular velocity of the Earth.

$$a_e\omega = 0{\cdot}465 \, \text{km/s} = 0{\cdot}269 \times 10^{-3}\,\text{au/d} \qquad c = 2{\cdot}998 \times 10^{5}\,\text{km/s} = 173{\cdot}14\,\text{au/d}$$

$$a_e\omega/c = 1{\cdot}55 \times 10^{-6}\,\text{rad} = 0''\!320 = 0^{s}\!0213$$

These geocentric position and velocity vectors of the observer are added to the barycentric position and velocity of the Earth's centre, respectively, to obtain the corresponding barycentric vectors of the observer. Then, the procedures on pages B66–B75 may be followed using the barycentric position and velocity of the observer rather than $\mathbf{E}_{\mathrm{B}}$ and $\dot{\mathbf{E}}_{\mathrm{B}}$.

Conversion to altitude and azimuth

It is convenient to use the local hour angle (h) as an intermediary in the conversion from the right ascension (α_e or α_i) and declination (δ) to the azimuth (A_z) and altitude (a).

In order to determine the local hour angle (see page B11) corresponding to the UT1 of the observation, first obtain either Greenwich apparent sidereal time (GAST), see pages B13–B20, or the Earth rotation angle (θ) tabulated on pages B21–B24. This choice depends on whether the right ascension is with respect to the equinox or the CIO, respectively. The formulae are:

Then
$$h = \text{GAST} + \lambda - \alpha_e = \theta + \lambda - \alpha_i$$

$$\cos a \sin A_z = -\cos\delta\sin h$$

$$\cos a \cos A_z = \ \ \sin\delta\cos\phi - \cos\delta\cos h\sin\phi$$

$$\sin a = \ \ \sin\delta\sin\phi + \cos\delta\cos h\cos\phi$$

where azimuth (A_z) is measured from the north through east in the plane of the horizon, altitude (a) is measured perpendicular to the horizon, and λ, ϕ are the astronomical values (see page K13) of the east longitude and latitude of the place of observation. The plane of the horizon is defined to be perpendicular to the apparent direction of gravity. Zenith distance is given by $z = 90° - a$.

For most purposes the values of the geodetic longitude and latitude may be used but in some cases the effects of local gravity anomalies and polar motion (see page B84) must be included. For full precision, the values of α, δ must be corrected for diurnal parallax and diurnal aberration. The inverse formulae are:

$$\cos\delta\sin h = -\cos a\sin A_z$$

$$\cos\delta\cos h = \ \ \sin a\cos\phi - \cos a\cos A_z\sin\phi$$

$$\sin\delta = \ \ \sin a\sin\phi + \cos a\cos A_z\cos\phi$$

Correction for refraction

For most astronomical purposes the effect of refraction in the Earth's atmosphere is to decrease the zenith distance (computed by the formulae of the previous section) by an amount R that depends on the zenith distance and on the meteorological conditions at the site. A simple expression for R for zenith distances less than $75°$ (altitudes greater than $15°$) is:

$$R = 0°004\ 52\ P \tan z/(273 + T)$$
$$= 0°004\ 52\ P/((273 + T)\tan a)$$

where T is the temperature ($°C$) and P is the barometric pressure (millibars). This formula is usually accurate to about $0'\!.1$ for altitudes above $15°$, but the error increases rapidly at lower altitudes, especially in abnormal meteorological conditions. For observed apparent altitudes below $15°$ use the approximate formula:

$$R = P(0·1594 + 0·0196a + 0·000\ 02a^2)/[(273 + T)(1 + 0·505a + 0·0845a^2)]$$

where the altitude a is in degrees.

DETERMINATION OF LATITUDE AND AZIMUTH

Use of the Polaris table

The table on pages B88-B91 gives data for obtaining latitude from an observed altitude of Polaris (suitably corrected for instrumental errors and refraction) and the azimuth of this star (measured from north, positive to the east and negative to the west), for all hour angles and northern latitudes. The six tabulated quantities, each given to a precision of $0'\!.1$, are a_0, a_1, a_2, referring to the correction to altitude, and b_0, b_1, b_2, to the azimuth.

$$\text{latitude} = \text{corrected observed altitude} + a_0 + a_1 + a_2$$
$$\text{azimuth} = (b_0 + b_1 + b_2)/\cos(\text{latitude})$$

The table is to be entered with the local apparent sidereal time of observation (LAST), and gives the values of a_0, b_0 directly; interpolation, with maximum differences of $0'\!.7$, can be done mentally. To the precision of these tables local mean sidereal time may be used instead of LAST. In the same vertical column, the values of a_1, b_1 are found with the latitude, and those of a_2, b_2 with the date, as argument. Thus all six quantities can, if desired, be extracted together. The errors due to the adoption of a mean value of the local sidereal time for each of the subsidiary tables have been reduced to a minimum, and the total error is not likely to exceed $0'\!.2$. Interpolation between columns should not be attempted.

The observed altitude must be corrected for refraction before being used to determine the astronomical latitude of the place of observation. Both the latitude and the azimuth so obtained are affected by local gravity anomalies if the altitude is measured with respect to a plane orthogonal to the local gravity vector, e.g., a liquid surface.

POLARIS TABLE, 2019

LST	0^h a_0	b_0	1^h a_0	b_0	2^h a_0	b_0	3^h a_0	b_0	4^h a_0	b_0	5^h a_0	b_0
m	′	′	′	′	′	′	′	′	′	′	′	′
0	− 28·1	+ 27·6	− 34·3	+ 19·3	− 38·1	+ 9·7	− 39·3	− 0·7	− 37·8	− 10·9	− 33·6	− 20·4
3	− 28·5	+ 27·2	− 34·5	+ 18·9	− 38·2	+ 9·2	− 39·3	− 1·2	− 37·6	− 11·4	− 33·4	− 20·9
6	− 28·8	+ 26·8	− 34·8	+ 18·4	− 38·3	+ 8·7	− 39·3	− 1·7	− 37·5	− 11·9	− 33·1	− 21·3
9	− 29·2	+ 26·5	− 35·0	+ 17·9	− 38·5	+ 8·2	− 39·2	− 2·2	− 37·3	− 12·4	− 32·8	− 21·8
12	− 29·5	+ 26·1	− 35·3	+ 17·5	− 38·6	+ 7·6	− 39·2	− 2·7	− 37·1	− 12·9	− 32·5	− 22·2
15	− 29·9	+ 25·7	− 35·5	+ 17·0	− 38·7	+ 7·1	− 39·2	− 3·3	− 37·0	− 13·4	− 32·2	− 22·6
18	− 30·2	+ 25·3	− 35·7	+ 16·5	− 38·7	+ 6·6	− 39·1	− 3·8	− 36·8	− 13·9	− 31·9	− 23·0
21	− 30·5	+ 24·9	− 35·9	+ 16·1	− 38·8	+ 6·1	− 39·1	− 4·3	− 36·6	− 14·4	− 31·6	− 23·5
24	− 30·8	+ 24·5	− 36·1	+ 15·6	− 38·9	+ 5·6	− 39·0	− 4·8	− 36·4	− 14·9	− 31·3	− 23·9
27	− 31·2	+ 24·1	− 36·3	+ 15·1	− 39·0	+ 5·1	− 38·9	− 5·3	− 36·2	− 15·3	− 31·0	− 24·3
30	− 31·5	+ 23·7	− 36·5	+ 14·6	− 39·0	+ 4·6	− 38·9	− 5·8	− 36·0	− 15·8	− 30·7	− 24·7
33	− 31·8	+ 23·2	− 36·7	+ 14·1	− 39·1	+ 4·0	− 38·8	− 6·4	− 35·8	− 16·3	− 30·4	− 25·1
36	− 32·1	+ 22·8	− 36·9	+ 13·7	− 39·1	+ 3·5	− 38·7	− 6·9	− 35·6	− 16·8	− 30·0	− 25·5
39	− 32·4	+ 22·4	− 37·1	+ 13·2	− 39·2	+ 3·0	− 38·6	− 7·4	− 35·4	− 17·2	− 29·7	− 25·9
42	− 32·7	+ 22·0	− 37·2	+ 12·7	− 39·2	+ 2·5	− 38·5	− 7·9	− 35·1	− 17·7	− 29·3	− 26·3
45	− 33·0	+ 21·5	− 37·4	+ 12·2	− 39·3	+ 2·0	− 38·4	− 8·4	− 34·9	− 18·2	− 29·0	− 26·7
48	− 33·2	+ 21·1	− 37·5	+ 11·7	− 39·3	+ 1·4	− 38·3	− 8·9	− 34·7	− 18·6	− 28·6	− 27·0
51	− 33·5	+ 20·7	− 37·7	+ 11·2	− 39·3	+ 0·9	− 38·2	− 9·4	− 34·4	− 19·1	− 28·3	− 27·4
54	− 33·8	+ 20·2	− 37·8	+ 10·7	− 39·3	+ 0·4	− 38·0	− 9·9	− 34·2	− 19·5	− 27·9	− 27·8
57	− 34·0	+ 19·8	− 38·0	+ 10·2	− 39·3	− 0·1	− 37·9	− 10·4	− 33·9	− 20·0	− 27·6	− 28·1
60	− 34·3	+ 19·3	− 38·1	+ 9·7	− 39·3	− 0·7	− 37·8	− 10·9	− 33·6	− 20·4	− 27·2	− 28·5

Lat. °	a_1	b_1	a_1	b_1	a_1	b_1	a_1	b_1	a_1	b_1	a_1	b_1
0	− 0·1	− 0·3	0·0	− 0·2	0·0	− 0·1	0·0	+ 0·1	0·0	+ 0·2	− 0·1	+ 0·3
10	− 0·1	− 0·2	0·0	− 0·2	0·0	− 0·1	0·0	+ 0·1	0·0	+ 0·2	− 0·1	+ 0·2
20	− 0·1	− 0·2	0·0	− 0·1	0·0	0·0	0·0	+ 0·1	0·0	+ 0·1	− 0·1	+ 0·2
30	0·0	− 0·1	0·0	− 0·1	0·0	0·0	0·0	0·0	0·0	+ 0·1	− 0·1	+ 0·1
40	0·0	− 0·1	0·0	− 0·1	0·0	0·0	0·0	0·0	0·0	+ 0·1	0·0	+ 0·1
45	0·0	0·0	0·0	0·0	0·0	0·0	0·0	0·0	0·0	0·0	0·0	0·0
50	0·0	0·0	0·0	0·0	0·0	0·0	0·0	0·0	0·0	0·0	0·0	0·0
55	0·0	+ 0·1	0·0	0·0	0·0	0·0	0·0	0·0	0·0	0·0	0·0	− 0·1
60	0·0	+ 0·1	0·0	+ 0·1	0·0	0·0	0·0	0·0	0·0	− 0·1	0·0	− 0·1
62	+ 0·1	+ 0·1	0·0	+ 0·1	0·0	0·0	0·0	0·0	0·0	− 0·1	+ 0·1	− 0·2
64	+ 0·1	+ 0·2	0·0	+ 0·1	0·0	0·0	0·0	− 0·1	0·0	− 0·1	+ 0·1	− 0·2
66	+ 0·1	+ 0·2	0·0	+ 0·2	0·0	+ 0·1	0·0	− 0·1	0·0	− 0·2	+ 0·1	− 0·2

Month	a_2	b_2	a_2	b_2	a_2	b_2	a_2	b_2	a_2	b_2	a_2	b_2
Jan.	+ 0·1	− 0·1	+ 0·1	0·0	+ 0·1	0·0	+ 0·1	0·0	+ 0·1	+ 0·1	+ 0·1	+ 0·1
Feb.	+ 0·1	− 0·2	+ 0·1	− 0·2	+ 0·2	− 0·2	+ 0·2	− 0·1	+ 0·2	− 0·1	+ 0·2	0·0
Mar.	− 0·1	− 0·3	0·0	− 0·3	+ 0·1	− 0·3	+ 0·2	− 0·3	+ 0·2	− 0·2	+ 0·3	− 0·1
Apr.	− 0·2	− 0·3	− 0·1	− 0·3	− 0·1	− 0·4	0·0	− 0·4	+ 0·1	− 0·3	+ 0·2	− 0·3
May	− 0·3	− 0·2	− 0·3	− 0·3	− 0·2	− 0·3	− 0·1	− 0·4	0·0	− 0·4	+ 0·1	− 0·4
June	− 0·4	0·0	− 0·4	− 0·1	− 0·3	− 0·2	− 0·2	− 0·3	− 0·2	− 0·4	− 0·1	− 0·4
July	− 0·3	+ 0·1	− 0·4	0·0	− 0·3	− 0·1	− 0·3	− 0·2	− 0·3	− 0·2	− 0·2	− 0·3
Aug.	− 0·2	+ 0·2	− 0·3	+ 0·2	− 0·3	+ 0·1	− 0·3	0·0	− 0·3	− 0·1	− 0·3	− 0·2
Sept.	− 0·1	+ 0·3	− 0·1	+ 0·3	− 0·2	+ 0·2	− 0·2	+ 0·2	− 0·3	+ 0·1	− 0·3	0·0
Oct.	+ 0·1	+ 0·3	+ 0·1	+ 0·3	0·0	+ 0·3	− 0·1	+ 0·3	− 0·2	+ 0·3	− 0·3	+ 0·2
Nov.	+ 0·3	+ 0·2	+ 0·2	+ 0·3	+ 0·2	+ 0·4	+ 0·1	+ 0·4	0·0	+ 0·4	− 0·1	+ 0·4
Dec.	+ 0·4	+ 0·1	+ 0·4	+ 0·2	+ 0·3	+ 0·3	+ 0·2	+ 0·4	+ 0·1	+ 0·4	0·0	+ 0·4

Latitude = Corrected observed altitude of *Polaris* + $a_0 + a_1 + a_2$

Azimuth of *Polaris* = $(b_0 + b_1 + b_2) / \cos(\text{latitude})$

LST	6^h		7^h		8^h		9^h		10^h		11^h	
	a_0	b_0	a_0	b_0	a_0	b_0	a_0	b_0	a_0	b_0	a_0	b_0
m	′	′	′	′	′	′	′	′	′	′	′	′
0	−27·2	−28·5	−18·9	−34·6	−9·3	−38·2	+0·9	−39·3	+11·0	−37·6	+20·4	−33·5
3	−26·8	−28·9	−18·4	−34·8	−8·8	−38·4	+1·4	−39·3	+11·5	−37·5	+20·8	−33·2
6	−26·4	−29·2	−18·0	−35·1	−8·3	−38·5	+1·9	−39·2	+12·0	−37·3	+21·3	−32·9
9	−26·1	−29·6	−17·5	−35·3	−7·8	−38·6	+2·5	−39·2	+12·5	−37·2	+21·7	−32·6
12	−25·7	−29·9	−17·0	−35·5	−7·3	−38·7	+3·0	−39·2	+13·0	−37·0	+22·1	−32·4
15	−25·3	−30·2	−16·6	−35·7	−6·8	−38·8	+3·5	−39·1	+13·5	−36·8	+22·5	−32·1
18	−24·9	−30·6	−16·1	−35·9	−6·3	−38·8	+4·0	−39·1	+14·0	−36·7	+23·0	−31·8
21	−24·5	−30·9	−15·6	−36·2	−5·8	−38·9	+4·5	−39·0	+14·4	−36·5	+23·4	−31·5
24	−24·1	−31·2	−15·2	−36·4	−5·2	−39·0	+5·0	−38·9	+14·9	−36·3	+23·8	−31·2
27	−23·7	−31·5	−14·7	−36·5	−4·7	−39·0	+5·5	38·9	15·4	36·1	+24·2	−30·8
30	−23·2	−31·8	−14·2	−36·7	−4·2	−39·1	+6·0	−38·8	+15·9	−35·9	+24·6	−30·5
33	−22·8	−32·1	−13·7	−36·9	−3·7	−39·2	+6·5	−38·7	+16·3	−35·6	+25·0	−30·2
36	−22·4	−32·4	−13·2	−37·1	−3·2	−39·2	+7·0	−38·6	+16·8	−35·4	+25·4	−29·9
39	−22·0	−32·7	−12·8	−37·3	−2·7	−39·2	+7·5	−38·5	+17·3	−35·2	+25·8	−29·5
42	−21·5	−33·0	−12·3	−37·4	−2·2	−39·3	+8·1	−38·4	+17·7	−35·0	+26·2	−29·2
45	−21·1	−33·3	−11·8	−37·6	−1·7	−39·3	+8·6	−38·3	+18·2	−34·7	+26·5	−28·9
48	−20·7	−33·5	−11·3	−37·7	−1·1	−39·3	+9·1	−38·2	+18·6	−34·5	+26·9	−28·5
51	−20·2	−33·8	−10·8	−37·9	−0·6	−39·3	+9·6	−38·1	+19·1	−34·3	+27·3	−28·2
54	−19·8	−34·1	−10·3	−38·0	−0·1	−39·3	+10·1	−37·9	+19·5	−34·0	+27·7	−27·8
57	−19·3	−34·3	−9·8	−38·1	+0·4	−39·3	+10·5	−37·8	+20·0	−33·7	+28·0	−27·4
60	−18·9	−34·6	−9·3	−38·2	+0·9	−39·3	+11·0	−37·6	+20·4	−33·5	+28·4	−27·1

Lat.	a_1	b_1	a_1	b_1	a_1	b_1	a_1	b_1	a_1	b_1	a_1	b_1
°												
0	− 0·2	+ 0·3	− 0·2	+ 0·2	−0·3	+ 0·1	− 0·3	− 0·1	− 0·2	− 0·2	− 0·2	− 0·3
10	− 0·1	+ 0·2	− 0·2	+ 0·2	−0·2	+ 0·1	− 0·2	− 0·1	− 0·2	− 0·2	− 0·1	− 0·2
20	− 0·1	+ 0·2	− 0·2	+ 0·1	−0·2	0·0	− 0·2	− 0·1	− 0·2	− 0·1	− 0·1	− 0·2
30	− 0·1	+ 0·1	− 0·1	+ 0·1	−0·1	0·0	− 0·1	0·0	− 0·1	− 0·1	− 0·1	− 0·1
40	− 0·1	+ 0·1	− 0·1	+ 0·1	−0·1	0·0	− 0·1	0·0	− 0·1	− 0·1	0·0	− 0·1
45	0·0	0·0	0·0	0·0	0·0	0·0	0·0	0·0	0·0	0·0	0·0	0·0
50	0·0	0·0	0·0	0·0	0·0	0·0	0·0	0·0	0·0	0·0	0·0	0·0
55	0·0	− 0·1	0·0	0·0	+0·1	0·0	+ 0·1	0·0	0·0	0·0	0·0	+ 0·1
60	+ 0·1	− 0·1	+ 0·1	− 0·1	+0·1	0·0	+ 0·1	0·0	+ 0·1	+ 0·1	+ 0·1	+ 0·1
62	+ 0·1	− 0·1	+ 0·1	− 0·1	+0·2	0·0	+ 0·2	0·0	+ 0·1	+ 0·1	+ 0·1	+ 0·2
64	+ 0·1	− 0·2	+ 0·2	− 0·1	+0·2	0·0	+ 0·2	+ 0·1	+ 0·2	+ 0·1	+ 0·1	+ 0·2
66	+ 0·2	− 0·2	+ 0·2	− 0·2	+0·2	− 0·1	+ 0·2	+ 0·1	+ 0·2	+ 0·2	+ 0·1	+ 0·2

Month	a_2	b_2	a_2	b_2	a_2	b_2	a_2	b_2	a_2	b_2	a_2	b_2
Jan.	+ 0·1	+ 0·1	0·0	+ 0·1	0·0	+ 0·1	0·0	+ 0·1	− 0·1	+ 0·1	− 0·1	+ 0·1
Feb.	+ 0·2	+ 0·1	+ 0·2	+ 0·1	+0·2	+ 0·2	+ 0·1	+ 0·2	+ 0·1	+ 0·2	0·0	+ 0·2
Mar.	+ 0·3	− 0·1	+ 0·3	0·0	+0·3	+ 0·1	+ 0·3	+ 0·2	+ 0·2	+ 0·2	+ 0·1	+ 0·3
Apr.	+ 0·3	− 0·2	+ 0·3	− 0·1	+0·4	− 0·1	+ 0·4	0·0	+ 0·3	+ 0·1	+ 0·3	+ 0·2
May	+ 0·2	− 0·3	+ 0·3	− 0·3	+0·3	− 0·2	+ 0·4	− 0·1	+ 0·4	0·0	+ 0·4	+ 0·1
June	0·0	− 0·4	+ 0·1	− 0·4	+0·2	− 0·3	+ 0·3	− 0·2	+ 0·4	− 0·2	+ 0·4	− 0·1
July	− 0·1	− 0·3	0·0	− 0·4	+0·1	− 0·3	+ 0·2	− 0·3	+ 0·2	− 0·3	+ 0·3	− 0·2
Aug.	− 0·2	− 0·2	− 0·2	− 0·3	−0·1	− 0·3	0·0	− 0·3	+ 0·1	− 0·3	+ 0·2	− 0·3
Sept.	− 0·3	− 0·1	− 0·3	− 0·1	−0·2	− 0·2	− 0·2	− 0·2	− 0·1	− 0·3	0·0	− 0·3
Oct.	− 0·3	+ 0·1	− 0·3	+ 0·1	−0·3	0·0	− 0·3	0·1	0·3	− 0·2	− 0·2	− 0·3
Nov.	− 0·2	+ 0·3	− 0·3	+ 0·2	−0·4	+ 0·2	− 0·4	+ 0·1	− 0·4	0·0	− 0·4	− 0·1
Dec.	− 0·1	+ 0·4	− 0·2	+ 0·4	−0·3	+ 0·3	− 0·4	+ 0·2	− 0·4	+ 0·1	− 0·4	0·0

Latitude = Corrected observed altitude of *Polaris* + a_0 + a_1 + a_2

Azimuth of *Polaris* = (b_0 + b_1 + b_2) / cos (latitude)

POLARIS TABLE, 2019

LST	12^h a_0	b_0	13^h a_0	b_0	14^h a_0	b_0	15^h a_0	b_0	16^h a_0	b_0	17^h a_0	b_0
m	′	′	′	′	′	′	′	′	′	′	′	′
0	+28·4	−27·1	+34·4	−18·9	+38·1	−9·4	+39·3	+0·6	+37·8	+10·7	+33·8	+20·0
3	+28·7	−26·7	+34·7	−18·4	+38·3	−8·9	+39·3	+1·1	+37·7	+11·1	+33·5	+20·4
6	+29·1	−26·3	+34·9	−18·0	+38·4	−8·4	+39·3	+1·6	+37·5	+11·6	+33·2	+20·8
9	+29·4	−25·9	+35·1	−17·5	+38·5	−7·9	+39·2	+2·2	+37·4	+12·1	+33·0	+21·3
12	+29·7	−25·5	+35·4	−17·1	+38·6	−7·4	+39·2	+2·7	+37·2	+12·6	+32·7	+21·7
15	+30·1	−25·2	+35·6	−16·6	+38·7	−6·9	+39·2	+3·2	+37·0	+13·1	+32·4	+22·1
18	+30·4	−24·8	+35·8	−16·1	+38·8	−6·4	+39·1	+3·7	+36·9	+13·5	+32·1	+22·5
21	+30·7	−24·4	+36·0	−15·7	+38·8	−5·9	+39·1	+4·2	+36·7	+14·0	+31·8	+22·9
24	+31·0	−24·0	+36·2	−15·2	+38·9	−5·4	+39·0	+4·7	+36·5	+14·5	+31·5	+23·4
27	+31·4	−23·6	+36·4	−14·7	+39·0	−4·9	+39·0	+5·2	+36·3	+15·0	+31·2	+23·8
30	+31·7	−23·2	+36·6	−14·3	+39·0	−4·4	+38·9	+5·7	+36·1	+15·4	+30·9	+24·2
33	+32·0	−22·7	+36·8	−13·8	+39·1	−3·9	+38·8	+6·2	+35·9	+15·9	+30·6	+24·6
36	+32·3	−22·3	+36·9	−13·3	+39·1	−3·4	+38·7	+6·7	+35·7	+16·4	+30·2	+25·0
39	+32·5	−21·9	+37·1	−12·8	+39·2	−2·9	+38·6	+7·2	+35·5	+16·8	+29·9	+25·4
42	+32·8	−21·5	+37·3	−12·3	+39·2	−2·4	+38·5	+7·7	+35·2	+17·3	+29·6	+25·7
45	+33·1	−21·1	+37·4	−11·9	+39·3	−1·9	+38·4	+8·2	+35·0	+17·7	+29·2	+26·1
48	+33·4	−20·6	+37·6	−11·4	+39·3	−1·4	+38·3	+8·7	+34·8	+18·2	+28·9	+26·5
51	+33·6	−20·2	+37·7	−10·9	+39·3	−0·9	+38·2	+9·2	+34·5	+18·6	+28·5	+26·9
54	+33·9	−19·7	+37·9	−10·4	+39·3	−0·4	+38·1	+9·7	+34·3	+19·1	+28·2	+27·2
57	+34·2	−19·3	+38·0	−9·9	+39·3	+0·1	+37·9	+10·2	+34·0	+19·5	+27·8	+27·6
60	+34·4	−18·9	+38·1	−9·4	+39·3	+0·6	+37·8	+10·7	+33·8	+20·0	+27·5	+28·0

Lat. °	a_1	b_1	a_1	b_1	a_1	b_1	a_1	b_1	a_1	b_1	a_1	b_1
0	− 0·1	− 0·3	0·0	− 0·2	0·0	−0·1	0·0	+ 0·1	0·0	+ 0·2	− 0·1	+ 0·3
10	− 0·1	− 0·2	0·0	− 0·2	0·0	−0·1	0·0	+ 0·1	0·0	+ 0·2	− 0·1	+ 0·2
20	− 0·1	− 0·2	0·0	− 0·1	0·0	0·0	0·0	+ 0·1	0·0	+ 0·1	− 0·1	+ 0·2
30	0·0	− 0·1	0·0	− 0·1	0·0	0·0	0·0	0·0	0·0	+ 0·1	− 0·1	+ 0·1
40	0·0	− 0·1	0·0	− 0·1	0·0	0·0	0·0	0·0	0·0	+ 0·1	0·0	+ 0·1
45	0·0	0·0	0·0	0·0	0·0	0·0	0·0	0·0	0·0	0·0	0·0	0·0
50	0·0	0·0	0·0	0·0	0·0	0·0	0·0	0·0	0·0	0·0	0·0	0·0
55	0·0	+ 0·1	0·0	0·0	0·0	0·0	0·0	0·0	0·0	0·0	0·0	− 0·1
60	0·0	+ 0·1	0·0	+ 0·1	0·0	0·0	0·0	0·0	0·0	− 0·1	0·0	− 0·1
62	+ 0·1	+ 0·1	0·0	+ 0·1	0·0	0·0	0·0	0·0	0·0	− 0·1	+ 0·1	− 0·2
64	+ 0·1	+ 0·2	0·0	+ 0·1	0·0	0·0	0·0	− 0·1	0·0	− 0·1	+ 0·1	− 0·2
66	+ 0·1	+ 0·2	0·0	+ 0·2	0·0	+0·1	0·0	− 0·1	0·0	− 0·2	+ 0·1	− 0·2

Month	a_2	b_2	a_2	b_2	a_2	b_2	a_2	b_2	a_2	b_2	a_2	b_2
Jan.	− 0·1	+ 0·1	− 0·1	0·0	− 0·1	0·0	− 0·1	0·0	− 0·1	− 0·1	− 0·1	− 0·1
Feb.	− 0·1	+ 0·2	− 0·1	+ 0·2	− 0·2	+0·2	− 0·2	+ 0·1	− 0·2	+ 0·1	− 0·2	0·0
Mar.	+ 0·1	+ 0·3	0·0	+ 0·3	− 0·1	+0·3	− 0·2	+ 0·3	− 0·2	+ 0·2	− 0·3	+ 0·1
Apr.	+ 0·2	+ 0·3	+ 0·1	+ 0·3	+ 0·1	+0·4	0·0	+ 0·4	− 0·1	+ 0·3	− 0·2	+ 0·3
May	+ 0·3	+ 0·2	+ 0·3	+ 0·3	+ 0·2	+0·3	+ 0·1	+ 0·4	0·0	+ 0·4	− 0·1	+ 0·4
June	+ 0·4	0·0	+ 0·4	+ 0·1	+ 0·3	+0·2	+ 0·2	+ 0·3	+ 0·2	+ 0·4	+ 0·1	+ 0·4
July	+ 0·3	− 0·1	+ 0·4	0·0	+ 0·3	+0·1	+ 0·3	+ 0·2	+ 0·3	+ 0·2	+ 0·2	+ 0·3
Aug.	+ 0·2	− 0·2	+ 0·3	− 0·2	+ 0·3	−0·1	+ 0·3	0·0	+ 0·3	+ 0·1	+ 0·3	+ 0·2
Sept.	+ 0·1	− 0·3	+ 0·1	− 0·3	+ 0·2	−0·2	+ 0·2	− 0·2	+ 0·3	− 0·1	+ 0·3	0·0
Oct.	− 0·1	− 0·3	− 0·1	− 0·3	0·0	−0·3	+ 0·1	− 0·3	+ 0·2	− 0·3	+ 0·3	− 0·2
Nov.	− 0·3	− 0·2	− 0·2	− 0·3	− 0·2	−0·4	− 0·1	− 0·4	0·0	− 0·4	+ 0·1	− 0·4
Dec.	− 0·4	− 0·1	− 0·4	− 0·2	− 0·3	−0·3	− 0·2	− 0·4	− 0·1	− 0·4	0·0	− 0·4

Latitude = Corrected observed altitude of *Polaris* + $a_0 + a_1 + a_2$

Azimuth of *Polaris* = $(b_0 + b_1 + b_2)$ / cos (latitude)

LST	18^h a_0	b_0	19^h a_0	b_0	20^h a_0	b_0	21^h a_0	b_0	22^h a_0	b_0	23^h a_0	b_0
m	′	′	′	′	′	′	′	′	′	′	′	′
0	+27·5	+28·0	+19·3	+34·1	+9·8	+38·0	− 0·4	+39·3	−10·5	+37·9	−20·0	+33·9
3	+27·1	+28·3	+18·8	+34·4	+9·3	+38·1	− 0·9	+39·3	−11·0	+37·8	−20·5	+33·7
6	+26·7	+28·7	+18·4	+34·6	+8·8	+38·2	− 1·4	+39·3	−11·5	+37·6	−20·9	+33·4
9	+26·3	+29·0	+17·9	+34·9	+8·3	+38·4	− 1·9	+39·3	−12·0	+37·5	−21·3	+33·1
12	+26·0	+29·4	+17·5	+35·1	+7·8	+38·5	− 2·4	+39·2	−12·5	+37·3	−21·8	+32·9
15	+25·6	+29·7	+17·0	+35·3	+7·3	+38·6	− 2·9	+39·2	−13·0	+37·2	−22·2	+32·6
18	+25·2	+30·0	+16·6	+35·5	+6·8	+38·7	− 3·5	+39·2	−13·5	+37·0	−22·6	+32·3
21	+24·8	+30·4	+16·1	+35·8	+6·3	+38·8	− 4·0	+39·1	−14·0	+36·8	−23·0	+32·0
24	+24·4	+30·7	+15·6	+36·0	+5·8	+38·8	− 4·5	+39·1	−14·5	+36·6	−23·4	+31·7
27	+24·0	+31·0	+15·1	+36·2	+5·3	+38·9	− 5·0	+39·0	−14·9	+36·4	−23·9	+31·4
30	+23·6	+31·3	+14·7	+36·4	+4·8	+39·0	− 5·5	+39·0	−15·4	+36·3	−24·3	+31·0
33	+23·2	+31·6	+14·2	+36·6	+4·2	+39·0	− 6·0	+38·9	−15·9	+36·0	−24·7	+30·7
36	+22·8	+31·9	+13·7	+36·7	+3·7	+39·1	− 6·5	+38·8	−16·4	+35·8	−25·1	+30·4
39	+22·3	+32·2	+13·2	+36·9	+3·2	+39·1	− 7·0	+38·7	−16·8	+35·6	−25·5	+30·1
42	+21·9	+32·5	+12·8	+37·1	+2·7	+39·2	− 7·5	+38·6	−17·3	+35·4	−25·9	+29·7
45	+21·5	+32·8	+12·3	+37·3	+2·2	+39·2	− 8·0	+38·5	−17·7	+35·2	−26·2	+29·4
48	+21·1	+33·1	+11·8	+37·4	+1·7	+39·3	− 8·5	+38·4	−18·2	+34·9	−26·6	+29·0
51	+20·6	+33·3	+11·3	+37·6	+1·2	+39·3	− 9·0	+38·3	−18·7	+34·7	−27·0	+28·7
54	+20·2	+33·6	+10·8	+37·7	+0·7	+39·3	− 9·5	+38·2	−19·1	+34·5	−27·4	+28·3
57	+19·7	+33·9	+10·3	+37·9	+0·1	+39·3	−10·0	+38·1	−19·6	+34·2	−27·7	+28·0
60	+19·3	+34·1	+ 9·8	+38·0	−0·4	+39·3	−10·5	+37·9	−20·0	+33·9	−28·1	+27·6

Lat.	a_1	b_1	a_1	b_1	a_1	b_1	a_1	b_1	a_1	b_1	a_1	b_1
°												
0	− 0·2	+ 0·3	− 0·2	+ 0·2	−0·3	+ 0·1	− 0·3	− 0·1	− 0·2	− 0·2	− 0·2	− 0·3
10	− 0·1	+ 0·2	− 0·2	+ 0·2	−0·2	+ 0·1	− 0·2	− 0·1	− 0·2	− 0·2	− 0·1	− 0·2
20	− 0·1	+ 0·2	− 0·2	+ 0·1	−0·2	0·0	− 0·2	− 0·1	− 0·2	− 0·1	− 0·1	− 0·2
30	− 0·1	+ 0·1	− 0·1	+ 0·1	−0·1	0·0	− 0·1	0·0	− 0·1	− 0·1	− 0·1	− 0·1
40	− 0·1	+ 0·1	− 0·1	+ 0·1	−0·1	0·0	− 0·1	0·0	− 0·1	− 0·1	0·0	− 0·1
45	0·0	0·0	0·0	0·0	0·0	0·0	0·0	0·0	0·0	0·0	0·0	0·0
50	0·0	0·0	0·0	0·0	0·0	0·0	0·0	0·0	0·0	0·0	0·0	0·0
55	0·0	− 0·1	0·0	0·0	+0·1	0·0	+ 0·1	0·0	0·0	0·0	0·0	+ 0·1
60	+ 0·1	− 0·1	+ 0·1	− 0·1	+0·1	0·0	+ 0·1	0·0	+ 0·1	+ 0·1	+ 0·1	+ 0·1
62	+ 0·1	− 0·1	+ 0·1	− 0·1	+0·2	0·0	+ 0·2	0·0	+ 0·1	+ 0·1	+ 0·1	+ 0·2
64	+ 0·1	− 0·2	+ 0·2	− 0·1	+0·2	0·0	+ 0·2	+ 0·1	+ 0·2	+ 0·1	+ 0·1	+ 0·2
66	+ 0·2	− 0·2	+ 0·2	− 0·2	+0·2	− 0·1	+ 0·2	+ 0·1	+ 0·2	+ 0·2	+ 0·1	+ 0·2

Month	a_2	b_2	a_2	b_2	a_2	b_2	a_2	b_2	a_2	b_2	a_2	b_2
Jan.	− 0·1	− 0·1	0·0	− 0·1	0·0	− 0·1	0·0	− 0·1	+ 0·1	− 0·1	+ 0·1	− 0·1
Feb.	− 0·2	− 0·1	− 0·2	− 0·1	−0·2	− 0·2	− 0·1	− 0·2	− 0·1	− 0·2	0·0	− 0·2
Mar.	− 0·3	+ 0·1	− 0·3	0·0	−0·3	− 0·1	− 0·3	− 0·2	− 0·2	− 0·2	− 0·1	− 0·3
Apr.	− 0·3	+ 0·2	− 0·3	+ 0·1	−0·4	+ 0·1	− 0·4	0·0	− 0·3	− 0·1	− 0·3	− 0·2
May	− 0·2	+ 0·3	− 0·3	+ 0·3	−0·3	+ 0·2	− 0·4	+ 0·1	− 0·4	0·0	− 0·4	− 0·1
June	0·0	+ 0·4	− 0·1	+ 0·4	−0·2	+ 0·3	− 0·3	+ 0·2	− 0·4	+ 0·2	− 0·4	+ 0·1
July	+ 0·1	+ 0·3	0·0	+ 0·4	−0·1	+ 0·3	− 0·2	+ 0·3	− 0·2	+ 0·3	− 0·3	+ 0·2
Aug.	+ 0·2	+ 0·2	+ 0·2	+ 0·3	+0·1	+ 0·3	0·0	+ 0·3	− 0·1	+ 0·3	− 0·2	+ 0·3
Sept.	+ 0·3	+ 0·1	+ 0·3	+ 0·1	+0·2	+ 0·2	+ 0·2	+ 0·2	+ 0·1	+ 0·3	0·0	+ 0·3
Oct.	+ 0·3	− 0·1	+ 0·3	− 0·1	+0·3	0·0	+ 0·3	+ 0·1	+ 0·3	+ 0·2	+ 0·2	+ 0·3
Nov.	+ 0·2	− 0·3	+ 0·3	− 0·2	+0·4	− 0·2	+ 0·4	− 0·1	+ 0·4	0·0	+ 0·4	+ 0·1
Dec.	+ 0·1	− 0·4	+ 0·2	− 0·4	+0·3	− 0·3	+ 0·4	− 0·2	+ 0·4	− 0·1	+ 0·4	0·0

Latitude = Corrected observed altitude of *Polaris* + $a_0 + a_1 + a_2$

Azimuth of *Polaris* = $(b_0 + b_1 + b_2) / \cos (\text{latitude})$

Pole star formulae

The formulae below provide a method for obtaining latitude from the observed altitude of one of the pole stars, *Polaris* or σ Octantis, and an assumed *east* longitude of the observer λ. In addition, the azimuth of a pole star may be calculated from an assumed *east* longitude λ and the observed altitude a, or from λ and an assumed latitude ϕ. An error of $0°002$ in a or $0°1$ in λ will produce an error of about $0°002$ in the calculated latitude. Likewise an error of $0°03$ in λ, a or ϕ will produce an error of about $0°002$ in the calculated azimuth for latitudes below $70°$.

Step 1. Calculate the hour angle HA and polar distance p, in degrees, from expressions of the form:

$$HA = a_0 + a_1 L + a_2 \sin L + a_3 \cos L + 15\,t$$
$$p = a_0 + a_1 L + a_2 \sin L + a_3 \cos L$$

where
$$L = 0°985\,65\,d$$
$$d = \text{day of year (from pages B4–B5)} + t/24$$

and where the coefficients a_0, a_1, a_2, a_3 are given in the table below, t is the universal time in hours, d is the interval in days from 2019 January 0 at 0^h UT1 to the time of observation, and the quantity L is in degrees. In the above formulae d is required to two decimals of a day, L to two decimals of a degree and t to three decimals of an hour.

Step 2. Calculate the local hour angle *LHA* from:

$$LHA = HA + \lambda \quad \text{(add or subtract multiples of } 360°\text{)}$$

where λ is the assumed longitude measured east from the Greenwich meridian.

Form the quantities: $\quad S = p \sin(LHA) \quad\quad C = p \cos(LHA)$

Step 3. The latitude of the place of observation, in degrees, is given by:

$$\text{latitude} = a - C + 0·0087\,S^2 \tan a$$

where a is the observed altitude of the pole star after correction for instrument error and atmospheric refraction.

Step 4. The azimuth of the pole star, in degrees, is given by:

$$\text{azimuth of } Polaris = -S/\cos a$$
$$\text{azimuth of } \sigma \text{ Octantis} = 180° + S/\cos a$$

where azimuth is measured eastwards around the horizon from north.

In *Step 4*, if a has not been observed, use the quantity:

$$a = \phi + C - 0·0087\,S^2 \tan \phi$$

where ϕ is an assumed latitude, taken to be positive in either hemisphere.

POLE STAR COEFFICIENTS FOR 2019

	Polaris		σ Octantis	
	GHA	p	GHA	p
	°	°	°	°
a_0	55·49	0·6578	138·37	1·1232
a_1	0·999 17	−0·0000 109	0·999 41	0·0000 092
a_2	0·38	−0·0027	0·18	0·0038
a_3	−0·29	−0·0046	0·21	−0·0038

CONTENTS OF SECTION C

NOTES AND FORMULAS

Mean orbital elements of the Sun

    Mean elements of the orbit of the Sun, referred to the mean equinox and ecliptic of date, are given by the following expressions. The time argument d is the interval in days from 2019 January 0, 0^h TT. These expressions are intended for use only during the year of this volume.

    $d = $ JD $- 245\,8483.5 = $ day of year (from B4–B5) + fraction of day from 0^h TT.

Geometric mean longitude:	$279°\!.380\,654 + 0.985\,647\,36\,d$
Mean longitude of perigee:	$283°\!.263\,996 + 0.000\,047\,08\,d$
Mean anomaly:	$356°\!.116\,659 + 0.985\,600\,28\,d$
Eccentricity:	$0.016\,700\,64 - 0.000\,000\,0012\,d$
Mean obliquity of the ecliptic	
(w.r.t. mean equator of date):	$23°\!.436\,808 - 0.000\,000\,36\,d$

The position of the ecliptic of date with respect to the ecliptic of the standard epoch is given by formulas on page B53. Osculating elements of the Earth/Moon barycenter are on page E8.

NOTES AND FORMULAS

Lengths of principal years

The lengths of the principal years at 2019.0 as derived from the Sun's mean motion are:

		d	d h m s
tropical year	(equinox to equinox)	365.242 189	365 05 48 45.2
sidereal year	(fixed star to fixed star)	365.256 363	365 06 09 09.8
anomalistic year	(perigee to perigee)	365.259 636	365 06 13 52.6
eclipse year	(node to node)	346.620 082	346 14 52 55.1

Apparent ecliptic coordinates of the Sun

The apparent ecliptic longitude may be computed from the geometric ecliptic longitude tabulated on pages C6–C20 using:

apparent longitude = tabulated longitude + nutation in longitude $(\Delta\psi) - 20''.496/R$

where $\Delta\psi$ is tabulated on pages B58–B65 and R is the true geocentric distance tabulated on pages C6–C20. The apparent ecliptic latitude is equal to the geometric ecliptic latitude found on pages C6–C20 to the precision of tabulation.

Time of transit of the Sun

The quantity tabulated as "Ephemeris Transit" on pages C7–C21 is the TT of transit of the Sun over the ephemeris meridian, which is at the longitude $1.002\ 738\ \Delta T$ east of the prime (Greenwich) meridian; in this expression ΔT is the difference TT – UT. The TT of transit of the Sun over a local meridian is obtained by interpolation where the first differences are about 24 hours. The interpolation factor p is given by:

$$p = -\lambda + 1.002\ 738\ \Delta T$$

where λ is the east longitude and the right-hand side of the equation is expressed in days. (Divide longitude in degrees by 360 and ΔT in seconds by 86 400). During 2019 it is expected that ΔT will be about 69 seconds, so that the second term is about +0.000 80 days.

The UT of transit is obtained by subtracting ΔT from the TT of transit obtained by interpolation.

Equation of Time

Apparent solar time is the timescale based on the diurnal motion of the true Sun. The rate of solar diurnal motion has seasonal variations caused by the obliquity of the ecliptic and by the eccentricity of the Earth's orbit. Additional small variations arise from irregularities in the rotation of the Earth on its axis. Mean solar time is the timescale based on the diurnal motion of the fictitious mean Sun, a point with uniform motion along the celestial equator. The difference between apparent solar time and mean solar time is the Equation of Time.

Equation of Time = apparent solar time – mean solar time

To obtain the Equation of Time to a precision of about 1 second it is sufficient to use:

Equation of Time at 12^h UT = 12^h – tabulated value of ephem. transit found on C7–C21.

NOTES AND FORMULAS

Equation of Time (continued)

Alternatively, Equation of Time may be calculated for any instant during 2019 in seconds of time to a precision of about 3 seconds directly from the expression:

$$\text{Equation of Time} = -109.9 \sin L + 595.9 \sin 2L + 4.5 \sin 3L - 12.7 \sin 4L$$
$$- 427.8 \cos L - 2.1 \cos 2L + 19.2 \cos 3L$$

where L is the mean longitude of the Sun, corrected for aberration, given by:

$$L = 279°375 + 0.985\,647\,d$$

and where d is the interval in days from 2019 January 0 at 0^h UT, given by:

$$d = \text{day of year (from B4–B5)} + \text{fraction of day from } 0^h \text{ UT}.$$

ICRS geocentric rectangular coordinates of the Sun

The geocentric equatorial rectangular coordinates of the Sun in au, referred to the ICRS axes, are given on pages C22–C25. The direction of these axes have been defined by the International Astronomical Union and are realized in practice by the coordinates of several hundred extragalactic radio sources. A rigorous method of determining the apparent place of a solar system object is described beginning on page B66.

Elements of the rotation of the Sun

The mean elements of the rotation of the Sun for 2019.0 are given below. With the exception of the position of the ascending node of the solar equator on the ecliptic whose rate is 0°014 per year, the values change less than 0°01 per year and can be used for the entire year for most applications. Linear interpolation using values found in recent editions can be made if needed.

Position of the ascending node of the solar equator:
   on the ecliptic (longitude) = 76°03
   on the mean equator of 2019.0 (right ascension) = 16°16
Inclination of the solar equator:
   with respect to the "Carrington" ecliptic (1850) = 7°25
   with respect to the mean equator of 2019.0 = 26°10
Position of the pole of the solar equator, w.r.t. the mean equinox and equator of 2019.0:
   Right ascension = 286°16
   Declination = 63°90
Sidereal rotation rate of the prime meridian = 14°1844 per day.
Mean synodic period of rotation of the prime meridian = 27.2753 days.

These data are derived from elements originally given by R. C. Carrington, 1863, *Observations of the Spots on the Sun*, p. 244. They have been updated using values from Urban and Seidelmann, 2012, *Explanatory Supplement to the Astronomical Almanac*, p. 426, and Archinal et al., Celestial Mech Dyn Astr, 2011, **110** 401.

NOTES AND FORMULAS

Heliographic coordinates

Except for Ephemeris Transit, the quantities on the right-hand pages of C7–C21 are tabulated for 0^h TT. Except for L_0, the values are, to the accuracy given, essentially the same for 0^h UT. The value of L_0 at 0^h TT is approximately $0°01$ greater than its value at 0^h UT.

If ρ_1, θ are the observed angular distance and position angle of a sunspot from the center of the disk of the Sun as seen from the Earth, and ρ is the heliocentric angular distance of the spot on the solar surface from the center of the Sun's disk, then

$$\sin(\rho + \rho_1) = \rho_1/S$$

where S is the semidiameter of the Sun. The position angle is measured from the north point of the disk towards the east.

The formulas for the computation of the heliographic coordinates (L, B) of a sunspot (or other feature on the surface of the Sun) from (ρ, θ) are as follows:

$$\sin B = \sin B_0 \cos \rho + \cos B_0 \sin \rho \cos(P - \theta)$$
$$\cos B \sin(L - L_0) = \sin \rho \sin(P - \theta)$$
$$\cos B \cos(L - L_0) = \cos \rho \cos B_0 - \sin B_0 \sin \rho \cos(P - \theta)$$

where B is measured positive to the north of the solar equator and L is measured from $0°$ to $360°$ in the direction of rotation of the Sun, i.e., westwards on the apparent disk as seen from the Earth. Daily values for B_0 and L_0 are tabulated on pages C7–C21.

SYNODIC ROTATION NUMBERS, 2019

Number	Date of Commencement			Number	Date of Commencement		
2212	2018	Dec.	20.49	2220	2019	July	26.67
2213	2019	Jan.	16.83	2221		Aug.	22.90
2214		Feb.	13.17	2222		Sept	19.16
2215		Mar.	12.50	2223		Oct.	16.44
2216		Apr.	8.80	2224		Nov.	12.74
2217		May	6.05	2225	2019	Dec.	10.05
2218		June	2.27	2226	2020	Jan.	6.38
2219		June	29.47	2227		Feb.	2.72

At the date of commencement of each synodic rotation period, the value of L_0 is zero; that is, the prime meridian passes through the central point of the disk.

NOTES AND FORMULAS

Low precision formulas for the Sun

The following are low precision formulas for the Sun. On this page, the time argument n is the number of days of TT from J2000.0. UT can be used with negligible error.

The low precision formulas for the apparent right ascension and declination of the Sun yield a precision better than $1''\!.0$ between the years 1950 and 2050.

$n = $ JD $- 2451545.0 = 6938.5 + $ day of year (from B4–B5) $+$ fraction of day from 0^{h} TT
Mean longitude of Sun, corrected for aberration: $L = 280°\!.460 + 0°\!.985\ 6474\ n$
Mean anomaly: $g = 357°\!.528 + 0°\!.985\ 6003\ n$

Put L and g in the range $0°$ to $360°$ by adding multiples of $360°$.

Ecliptic longitude: $\lambda = L + 1°\!.915 \sin g + 0°\!.020 \sin 2g$
Ecliptic latitude: $\beta = 0°$
Obliquity of ecliptic: $\epsilon = 23°\!.439 - 0°\!.000\ 0004\ n$
Right ascension: $\alpha = \tan^{-1}(\cos \epsilon \tan \lambda)$; ($\alpha$ in same quadrant as λ)

Alternatively, right ascension, α, may be calculated directly from:

Right ascension: $\alpha = \lambda - ft \sin 2\lambda + (f/2)t^2 \sin 4\lambda$
    where $f = 180/\pi$ and $t = \tan^2(\epsilon/2)$
Declination: $\delta = \sin^{-1}(\sin \epsilon \sin \lambda)$

The low precision formula for the distance of the Sun from Earth, R, in au, yields a precision better than 0.0003 au between the years 1950 and 2050.

$R = 1.000\ 14 - 0.016\ 71 \cos g - 0.000\ 14 \cos 2g$

The low precision formulas for the equatorial rectangular coordinates of the Sun, in au, yield a precision better than 0.015 au between the years 1950 and 2050.

$x = R \cos \lambda$
$y = R \cos \epsilon \sin \lambda$
$z = R \sin \epsilon \sin \lambda$

The low precision formula for the Equation of Time, E, in minutes, yields a precision better than $3^{\text{s}}\!.5$ between 1950 and 2050.

$E = (L - \alpha)$, in degrees, multiplied by 4

Other useful quantities:

Horizontal parallax: $0°\!.0024$
Semidiameter: $0°\!.2666/R$
Light-time: $0^{\text{d}}\!.0058$

SUN, 2019

FOR 0^h TERRESTRIAL TIME

Date		Julian Date	Geometric Ecliptic Coords. Mn Equinox & Ecliptic of Date		Apparent R. A.	Apparent Declination	True Geocentric Distance
			Longitude	Latitude			
		245	° ′ ″	″	h m s	° ′ ″	au
Jan.	0	8483.5	279 14 46.74	+1.06	18 40 12.12	−23 06 48.9	0.983 3228
	1	8484.5	280 15 56.64	+1.05	18 44 37.34	−23 02 20.3	0.983 3113
	2	8485.5	281 17 06.90	+1.00	18 49 02.29	−22 57 24.2	0.983 3042
	3	8486.5	282 18 17.44	+0.93	18 53 26.92	−22 52 00.5	0.983 3013
	4	8487.5	283 19 28.17	+0.84	18 57 51.21	−22 46 09.6	0.983 3024
	5	8488.5	284 20 39.00	+0.72	19 02 15.11	−22 39 51.5	0.983 3074
	6	8489.5	285 21 49.85	+0.60	19 06 38.59	−22 33 06.5	0.983 3163
	7	8490.5	286 23 00.61	+0.47	19 11 01.63	−22 25 54.7	0.983 3291
	8	8491.5	287 24 11.22	+0.34	19 15 24.18	−22 18 16.4	0.983 3458
	9	8492.5	288 25 21.57	+0.21	19 19 46.22	−22 10 11.8	0.983 3664
	10	8493.5	289 26 31.58	+0.09	19 24 07.72	−22 01 41.1	0.983 3911
	11	8494.5	290 27 41.19	0.00	19 28 28.65	−21 52 44.5	0.983 4200
	12	8495.5	291 28 50.31	−0.08	19 32 48.98	−21 43 22.4	0.983 4532
	13	8496.5	292 29 58.89	−0.13	19 37 08.70	−21 33 35.0	0.983 4910
	14	8497.5	293 31 06.85	−0.16	19 41 27.78	−21 23 22.5	0.983 5334
	15	8498.5	294 32 14.15	−0.15	19 45 46.20	−21 12 45.3	0.983 5808
	16	8499.5	295 33 20.75	−0.11	19 50 03.95	−21 01 43.7	0.983 6334
	17	8500.5	296 34 26.61	−0.04	19 54 20.99	−20 50 18.0	0.983 6915
	18	8501.5	297 35 31.71	+0.05	19 58 37.33	−20 38 28.4	0.983 7554
	19	8502.5	298 36 36.05	+0.17	20 02 52.94	−20 26 15.5	0.983 8252
	20	8503.5	299 37 39.65	+0.31	20 07 07.81	−20 13 39.4	0.983 9013
	21	8504.5	300 38 42.55	+0.46	20 11 21.94	−20 00 40.6	0.983 9839
	22	8505.5	301 39 44.79	+0.60	20 15 35.31	−19 47 19.3	0.984 0729
	23	8506.5	302 40 46.41	+0.74	20 19 47.92	−19 33 36.0	0.984 1684
	24	8507.5	303 41 47.47	+0.86	20 23 59.76	−19 19 31.0	0.984 2702
	25	8508.5	304 42 48.00	+0.94	20 28 10.83	−19 05 04.5	0.984 3779
	26	8509.5	305 43 48.00	+1.00	20 32 21.12	−18 50 17.0	0.984 4913
	27	8510.5	306 44 47.48	+1.03	20 36 30.64	−18 35 08.9	0.984 6101
	28	8511.5	307 45 46.40	+1.02	20 40 39.37	−18 19 40.4	0.984 7338
	29	8512.5	308 46 44.74	+0.98	20 44 47.32	−18 03 52.0	0.984 8621
	30	8513.5	309 47 42.43	+0.91	20 48 54.48	−17 47 44.1	0.984 9946
	31	8514.5	310 48 39.43	+0.82	20 53 00.85	−17 31 17.1	0.985 1312
Feb.	1	8515.5	311 49 35.65	+0.71	20 57 06.41	−17 14 31.3	0.985 2715
	2	8516.5	312 50 31.04	+0.59	21 01 11.17	−16 57 27.3	0.985 4153
	3	8517.5	313 51 25.50	+0.45	21 05 15.13	−16 40 05.4	0.985 5625
	4	8518.5	314 52 18.98	+0.32	21 09 18.27	−16 22 25.9	0.985 7129
	5	8519.5	315 53 11.37	+0.19	21 13 20.60	−16 04 29.5	0.985 8664
	6	8520.5	316 54 02.61	+0.07	21 17 22.11	−15 46 16.4	0.986 0230
	7	8521.5	317 54 52.61	−0.04	21 21 22.82	−15 27 47.0	0.986 1827
	8	8522.5	318 55 41.30	−0.12	21 25 22.71	−15 09 01.9	0.986 3454
	9	8523.5	319 56 28.61	−0.18	21 29 21.81	−14 50 01.4	0.986 5111
	10	8524.5	320 57 14.45	−0.22	21 33 20.10	−14 30 45.9	0.986 6801
	11	8525.5	321 57 58.76	−0.22	21 37 17.59	−14 11 15.9	0.986 8524
	12	8526.5	322 58 41.49	−0.20	21 41 14.31	−13 51 31.8	0.987 0281
	13	8527.5	323 59 22.59	−0.14	21 45 10.24	−13 31 34.0	0.987 2074
	14	8528.5	325 00 02.00	−0.06	21 49 05.40	−13 11 23.0	0.987 3906
	15	8529.5	326 00 39.70	+0.04	21 52 59.81	−12 50 59.1	0.987 5779

FOR 0ʰ TERRESTRIAL TIME

Date		Pos. Angle of Axis P	Heliographic		Horiz. Parallax	Semi- Diameter	Ephemeris Transit
			Latitude B_0	Longitude L_0			
		°	°	°	″	′ ″	h m s
Jan.	0	+ 2.69	− 2.85	221.59	8.94	16 15.92	12 02 57.50
	1	+ 2.21	− 2.97	208.42	8.94	16 15.93	12 03 26.04
	2	+ 1.72	− 3.09	195.25	8.94	16 15.94	12 03 54.28
	3	+ 1.24	− 3.21	182.08	8.94	16 15.94	12 04 22.20
	4	+ 0.75	− 3.32	168.91	8.94	16 15.94	12 04 49.74
	5	+ 0.27	− 3.43	155.74	8.94	16 15.94	12 05 16.88
	6	0.22	3.55	142.57	8.94	16 15.93	12 05 43.59
	7	− 0.70	− 3.66	129.40	8.94	16 15.91	12 06 09.83
	8	− 1.18	− 3.77	116.23	8.94	16 15.90	12 06 35.58
	9	− 1.66	− 3.88	103.06	8.94	16 15.88	12 07 00.80
	10	− 2.14	− 3.99	89.90	8.94	16 15.85	12 07 25.47
	11	− 2.62	− 4.09	76.73	8.94	16 15.82	12 07 49.55
	12	− 3.10	− 4.20	63.56	8.94	16 15.79	12 08 13.04
	13	− 3.57	− 4.30	50.39	8.94	16 15.75	12 08 35.89
	14	− 4.05	− 4.41	37.22	8.94	16 15.71	12 08 58.09
	15	− 4.52	− 4.51	24.06	8.94	16 15.66	12 09 19.62
	16	− 4.98	− 4.61	10.89	8.94	16 15.61	12 09 40.46
	17	− 5.45	− 4.71	357.72	8.94	16 15.55	12 10 00.60
	18	− 5.91	− 4.81	344.55	8.94	16 15.49	12 10 20.01
	19	− 6.37	− 4.90	331.39	8.94	16 15.42	12 10 38.69
	20	− 6.83	− 5.00	318.22	8.94	16 15.35	12 10 56.62
	21	− 7.28	− 5.09	305.05	8.94	16 15.26	12 11 13.81
	22	− 7.73	− 5.18	291.88	8.94	16 15.18	12 11 30.23
	23	− 8.18	− 5.27	278.72	8.94	16 15.08	12 11 45.90
	24	− 8.62	− 5.36	265.55	8.93	16 14.98	12 12 00.80
	25	− 9.06	− 5.44	252.38	8.93	16 14.87	12 12 14.92
	26	− 9.50	− 5.53	239.22	8.93	16 14.76	12 12 28.28
	27	− 9.93	− 5.61	226.05	8.93	16 14.64	12 12 40.85
	28	− 10.36	− 5.69	212.88	8.93	16 14.52	12 12 52.63
	29	− 10.78	− 5.77	199.72	8.93	16 14.40	12 13 03.63
	30	− 11.20	− 5.85	186.55	8.93	16 14.26	12 13 13.82
	31	− 11.62	− 5.92	173.39	8.93	16 14.13	12 13 23.22
Feb.	1	− 12.03	− 5.99	160.22	8.93	16 13.99	12 13 31.82
	2	− 12.44	− 6.07	147.05	8.92	16 13.85	12 13 39.61
	3	− 12.84	− 6.13	133.89	8.92	16 13.70	12 13 46.59
	4	− 13.24	− 6.20	120.72	8.92	16 13.55	12 13 52.76
	5	− 13.63	− 6.27	107.56	8.92	16 13.40	12 13 58.12
	6	− 14.02	− 6.33	94.39	8.92	16 13.25	12 14 02.67
	7	− 14.40	− 6.39	81.22	8.92	16 13.09	12 14 06.42
	8	− 14.78	− 6.45	68.06	8.92	16 12.93	12 14 09.35
	9	− 15.15	− 6.51	54.89	8.91	16 12.77	12 14 11.49
	10	− 15.52	− 6.57	41.72	8.91	16 12.60	12 14 12.82
	11	− 15.88	− 6.62	28.56	8.91	16 12.43	12 14 13.37
	12	− 16.24	− 6.67	15.39	8.91	16 12.26	12 14 13.13
	13	− 16.59	− 6.72	2.22	8.91	16 12.08	12 14 12.12
	14	− 16.93	− 6.77	349.06	8.91	16 11.90	12 14 10.34
	15	− 17.27	− 6.81	335.89	8.90	16 11.72	12 14 07.80

SUN, 2019

FOR 0ʰ TERRESTRIAL TIME

Date		Julian Date	Geometric Ecliptic Coords. Mn Equinox & Ecliptic of Date		Apparent R. A.	Apparent Declination	True Geocentric Distance
			Longitude	Latitude			
		245	° ′ ″	″	h m s	° ′ ″	au
Feb.	15	8529.5	326 00 39.70	+0.04	21 52 59.81	−12 50 59.1	0.987 5779
	16	8530.5	327 01 15.68	+0.17	21 56 53.47	−12 30 22.9	0.987 7696
	17	8531.5	328 01 49.94	+0.31	22 00 46.40	−12 09 34.7	0.987 9659
	18	8532.5	329 02 22.49	+0.45	22 04 38.61	−11 48 34.9	0.988 1670
	19	8533.5	330 02 53.40	+0.58	22 08 30.12	−11 27 24.0	0.988 3731
	20	8534.5	331 03 22.70	+0.70	22 12 20.94	−11 06 02.4	0.988 5843
	21	8535.5	332 03 50.47	+0.80	22 16 11.09	−10 44 30.4	0.988 8005
	22	8536.5	333 04 16.76	+0.86	22 20 00.61	−10 22 48.4	0.989 0216
	23	8537.5	334 04 41.63	+0.90	22 23 49.50	−10 00 56.7	0.989 2472
	24	8538.5	335 05 05.09	+0.90	22 27 37.79	− 9 38 55.9	0.989 4771
	25	8539.5	336 05 27.16	+0.87	22 31 25.49	− 9 16 46.1	0.989 7108
	26	8540.5	337 05 47.85	+0.81	22 35 12.63	− 8 54 28.0	0.989 9479
	27	8541.5	338 06 07.12	+0.72	22 38 59.23	− 8 32 01.7	0.990 1882
	28	8542.5	339 06 24.96	+0.61	22 42 45.29	− 8 09 27.9	0.990 4312
Mar.	1	8543.5	340 06 41.31	+0.49	22 46 30.83	− 7 46 46.7	0.990 6766
	2	8544.5	341 06 56.15	+0.36	22 50 15.87	− 7 23 58.8	0.990 9242
	3	8545.5	342 07 09.41	+0.23	22 54 00.43	− 7 01 04.4	0.991 1737
	4	8546.5	343 07 21.05	+0.10	22 57 44.51	− 6 38 04.0	0.991 4248
	5	8547.5	344 07 31.00	−0.02	23 01 28.13	− 6 14 57.9	0.991 6773
	6	8548.5	345 07 39.20	−0.13	23 05 11.32	− 5 51 46.7	0.991 9312
	7	8549.5	346 07 45.59	−0.21	23 08 54.08	− 5 28 30.6	0.992 1861
	8	8550.5	347 07 50.10	−0.28	23 12 36.44	− 5 05 10.1	0.992 4422
	9	8551.5	348 07 52.67	−0.32	23 16 18.40	− 4 41 45.6	0.992 6992
	10	8552.5	349 07 53.24	−0.33	23 20 00.00	− 4 18 17.4	0.992 9572
	11	8553.5	350 07 51.74	−0.31	23 23 41.24	− 3 54 46.1	0.993 2162
	12	8554.5	351 07 48.11	−0.27	23 27 22.14	− 3 31 11.9	0.993 4763
	13	8555.5	352 07 42.31	−0.20	23 31 02.72	− 3 07 35.2	0.993 7376
	14	8556.5	353 07 34.28	−0.10	23 34 43.01	− 2 43 56.5	0.994 0003
	15	8557.5	354 07 24.01	+0.01	23 38 23.02	− 2 20 16.1	0.994 2646
	16	8558.5	355 07 11.46	+0.14	23 42 02.76	− 1 56 34.5	0.994 5306
	17	8559.5	356 06 56.64	+0.27	23 45 42.26	− 1 32 52.0	0.994 7988
	18	8560.5	357 06 39.57	+0.40	23 49 21.54	− 1 09 09.0	0.995 0692
	19	8561.5	358 06 20.28	+0.52	23 53 00.61	− 0 45 25.8	0.995 3422
	20	8562.5	359 05 58.82	+0.62	23 56 39.52	− 0 21 42.9	0.995 6179
	21	8563.5	0 05 35.28	+0.69	0 00 18.27	+ 0 01 59.5	0.995 8963
	22	8564.5	1 05 09.71	+0.73	0 03 56.90	+ 0 25 41.1	0.996 1775
	23	8565.5	2 04 42.21	+0.74	0 07 35.44	+ 0 49 21.4	0.996 4612
	24	8566.5	3 04 12.83	+0.71	0 11 13.91	+ 1 13 00.3	0.996 7473
	25	8567.5	4 03 41.62	+0.66	0 14 52.33	+ 1 36 37.3	0.997 0354
	26	8568.5	5 03 08.62	+0.58	0 18 30.74	+ 2 00 12.1	0.997 3251
	27	8569.5	6 02 33.85	+0.47	0 22 09.14	+ 2 23 44.4	0.997 6161
	28	8570.5	7 01 57.32	+0.36	0 25 47.56	+ 2 47 13.8	0.997 9080
	29	8571.5	8 01 19.02	+0.23	0 29 26.01	+ 3 10 40.0	0.998 2005
	30	8572.5	9 00 38.94	+0.10	0 33 04.52	+ 3 34 02.6	0.998 4932
	31	8573.5	9 59 57.07	−0.03	0 36 43.11	+ 3 57 21.3	0.998 7859
Apr.	1	8574.5	10 59 13.38	−0.15	0 40 21.78	+ 4 20 35.6	0.999 0782
	2	8575.5	11 58 27.84	−0.25	0 44 00.57	+ 4 43 45.3	0.999 3698

FOR 0ʰ TERRESTRIAL TIME

Date		Pos. Angle of Axis P	Heliographic		Horiz. Parallax	Semi-Diameter	Ephemeris Transit
			Latitude B_0	Longitude L_0			
		°	°	°	″	′ ″	h m s
Feb.	15	− 17.27	− 6.81	335.89	8.90	16 11.72	12 14 07.80
	16	− 17.61	− 6.86	322.72	8.90	16 11.53	12 14 04.53
	17	− 17.94	− 6.90	309.55	8.90	16 11.33	12 14 00.53
	18	− 18.26	− 6.93	296.38	8.90	16 11.14	12 13 55.82
	19	− 18.58	− 6.97	283.21	8.90	16 10.93	12 13 50.42
	20	− 18.89	− 7.01	270.04	8.90	16 10.73	12 13 44.34
	21	− 19.20	− 7.04	256.87	8.89	16 10.51	12 13 37.62
	22	− 19.50	− 7.07	243.70	8.89	16 10.30	12 13 30.27
	23	− 19.79	− 7.09	230.53	8.89	16 10.08	12 13 22.30
	24	− 20.08	− 7.12	217.36	8.89	16 09.85	12 13 13.74
	25	− 20.36	− 7.14	204.19	8.89	16 09.62	12 13 04.61
	26	− 20.63	− 7.16	191.02	8.88	16 09.39	12 12 54.91
	27	− 20.90	− 7.18	177.85	8.88	16 09.15	12 12 44.68
	28	− 21.17	− 7.20	164.68	8.88	16 08.92	12 12 33.92
Mar.	1	− 21.43	− 7.21	151.51	8.88	16 08.68	12 12 22.65
	2	− 21.68	− 7.23	138.33	8.87	16 08.43	12 12 10.88
	3	− 21.92	− 7.24	125.16	8.87	16 08.19	12 11 58.64
	4	− 22.16	− 7.24	111.99	8.87	16 07.95	12 11 45.94
	5	− 22.39	− 7.25	98.82	8.87	16 07.70	12 11 32.79
	6	− 22.62	− 7.25	85.64	8.87	16 07.45	12 11 19.21
	7	− 22.84	− 7.25	72.47	8.86	16 07.20	12 11 05.22
	8	− 23.05	− 7.25	59.29	8.86	16 06.95	12 10 50.83
	9	− 23.26	− 7.25	46.12	8.86	16 06.70	12 10 36.06
	10	− 23.45	− 7.24	32.94	8.86	16 06.45	12 10 20.93
	11	− 23.65	− 7.23	19.76	8.85	16 06.20	12 10 05.45
	12	− 23.83	− 7.22	6.59	8.85	16 05.95	12 09 49.64
	13	− 24.01	− 7.21	353.41	8.85	16 05.69	12 09 33.52
	14	− 24.19	− 7.20	340.23	8.85	16 05.44	12 09 17.11
	15	− 24.35	− 7.18	327.05	8.84	16 05.18	12 09 00.42
	16	− 24.51	− 7.16	313.87	8.84	16 04.92	12 08 43.48
	17	− 24.67	− 7.14	300.69	8.84	16 04.66	12 08 26.31
	18	− 24.81	− 7.12	287.51	8.84	16 04.40	12 08 08.93
	19	− 24.95	− 7.09	274.32	8.84	16 04.14	12 07 51.37
	20	− 25.08	− 7.06	261.14	8.83	16 03.87	12 07 33.65
	21	− 25.21	− 7.03	247.96	8.83	16 03.60	12 07 15.80
	22	− 25.33	− 7.00	234.77	8.83	16 03.33	12 06 57.84
	23	− 25.44	− 6.97	221.59	8.83	16 03.05	12 06 39.79
	24	− 25.54	− 6.93	208.40	8.82	16 02.78	12 06 21.69
	25	− 25.64	− 6.89	195.21	8.82	16 02.50	12 06 03.55
	26	− 25.73	− 6.85	182.03	8.82	16 02.22	12 05 45.40
	27	− 25.81	− 6.81	168.84	8.82	16 01.94	12 05 27.25
	28	− 25.89	− 6.77	155.65	8.81	16 01.66	12 05 09.13
	29	− 25.96	− 6.72	142.46	8.81	16 01.37	12 04 51.06
	30	− 26.02	− 6.67	129.27	8.81	16 01.09	12 04 33.06
	31	− 26.08	− 6.62	116.08	8.80	16 00.81	12 04 15.14
Apr.	1	− 26.13	− 6.57	102.89	8.80	16 00.53	12 03 57.32
	2	− 26.17	− 6.52	89.70	8.80	16 00.25	12 03 39.61

SUN, 2019

FOR 0ʰ TERRESTRIAL TIME

Date		Julian Date	Geometric Ecliptic Coords. Mn Equinox & Ecliptic of Date		Apparent R. A.	Apparent Declination	True Geocentric Distance
			Longitude	Latitude			
		245	° ′ ″	″	h m s	° ′ ″	au
Apr.	1	8574.5	10 59 13.38	−0.15	0 40 21.78	+ 4 20 35.6	0.999 0782
	2	8575.5	11 58 27.84	−0.25	0 44 00.57	+ 4 43 45.3	0.999 3698
	3	8576.5	12 57 40.41	−0.34	0 47 39.47	+ 5 06 49.9	0.999 6606
	4	8577.5	13 56 51.06	−0.41	0 51 18.52	+ 5 29 49.2	0.999 9503
	5	8578.5	14 55 59.74	−0.45	0 54 57.73	+ 5 52 42.7	1.000 2387
	6	8579.5	15 55 06.41	−0.46	0 58 37.12	+ 6 15 30.1	1.000 5257
	7	8580.5	16 54 11.00	−0.45	1 02 16.69	+ 6 38 11.1	1.000 8112
	8	8581.5	17 53 13.47	−0.40	1 05 56.47	+ 7 00 45.3	1.001 0951
	9	8582.5	18 52 13.78	−0.34	1 09 36.48	+ 7 23 12.2	1.001 3774
	10	8583.5	19 51 11.86	−0.25	1 13 16.72	+ 7 45 31.7	1.001 6583
	11	8584.5	20 50 07.69	−0.14	1 16 57.21	+ 8 07 43.2	1.001 9377
	12	8585.5	21 49 01.23	−0.02	1 20 37.96	+ 8 29 46.4	1.002 2160
	13	8586.5	22 47 52.46	+0.11	1 24 18.99	+ 8 51 41.1	1.002 4932
	14	8587.5	23 46 41.37	+0.24	1 28 00.31	+ 9 13 26.7	1.002 7697
	15	8588.5	24 45 28.00	+0.35	1 31 41.94	+ 9 35 03.0	1.003 0457
	16	8589.5	25 44 12.36	+0.45	1 35 23.89	+ 9 56 29.6	1.003 3214
	17	8590.5	26 42 54.50	+0.52	1 39 06.18	+10 17 46.3	1.003 5972
	18	8591.5	27 41 34.50	+0.57	1 42 48.84	+10 38 52.6	1.003 8731
	19	8592.5	28 40 12.44	+0.58	1 46 31.88	+10 59 48.3	1.004 1492
	20	8593.5	29 38 48.41	+0.56	1 50 15.32	+11 20 33.1	1.004 4256
	21	8594.5	30 37 22.48	+0.51	1 53 59.19	+11 41 06.7	1.004 7021
	22	8595.5	31 35 54.75	+0.43	1 57 43.49	+12 01 28.8	1.004 9785
	23	8596.5	32 34 25.27	+0.33	2 01 28.25	+12 21 39.0	1.005 2545
	24	8597.5	33 32 54.10	+0.22	2 05 13.48	+12 41 37.2	1.005 5299
	25	8598.5	34 31 21.29	+0.09	2 08 59.19	+13 01 22.9	1.005 8043
	26	8599.5	35 29 46.87	−0.04	2 12 45.40	+13 20 55.8	1.006 0774
	27	8600.5	36 28 10.86	−0.17	2 16 32.10	+13 40 15.6	1.006 3489
	28	8601.5	37 26 33.28	−0.29	2 20 19.32	+13 59 22.0	1.006 6185
	29	8602.5	38 24 54.12	−0.39	2 24 07.06	+14 18 14.7	1.006 8858
	30	8603.5	39 23 13.40	−0.48	2 27 55.33	+14 36 53.3	1.007 1505
May	1	8604.5	40 21 31.11	−0.55	2 31 44.14	+14 55 17.5	1.007 4124
	2	8605.5	41 19 47.23	−0.59	2 35 33.50	+15 13 26.9	1.007 6713
	3	8606.5	42 18 01.74	−0.61	2 39 23.40	+15 31 21.3	1.007 9267
	4	8607.5	43 16 14.62	−0.60	2 43 13.86	+15 49 00.3	1.008 1786
	5	8608.5	44 14 25.83	−0.56	2 47 04.87	+16 06 23.6	1.008 4268
	6	8609.5	45 12 35.33	−0.49	2 50 56.45	+16 23 30.9	1.008 6711
	7	8610.5	46 10 43.09	−0.40	2 54 48.58	+16 40 21.9	1.008 9115
	8	8611.5	47 08 49.04	−0.29	2 58 41.28	+16 56 56.1	1.009 1480
	9	8612.5	48 06 53.17	−0.17	3 02 34.53	+17 13 13.4	1.009 3806
	10	8613.5	49 04 55.43	−0.04	3 06 28.34	+17 29 13.4	1.009 6095
	11	8614.5	50 02 55.81	+0.08	3 10 22.69	+17 44 55.7	1.009 8348
	12	8615.5	51 00 54.29	+0.20	3 14 17.60	+18 00 20.0	1.010 0570
	13	8616.5	51 58 50.90	+0.30	3 18 13.06	+18 15 26.1	1.010 2761
	14	8617.5	52 56 45.65	+0.38	3 22 09.06	+18 30 13.7	1.010 4925
	15	8618.5	53 54 38.59	+0.42	3 26 05.61	+18 44 42.4	1.010 7065
	16	8619.5	54 52 29.79	+0.44	3 30 02.71	+18 58 52.0	1.010 9184
	17	8620.5	55 50 19.33	+0.43	3 34 00.37	+19 12 42.3	1.011 1282

FOR 0^h TERRESTRIAL TIME

Date		Pos. Angle of Axis P	Heliographic		Horiz. Parallax	Semi-Diameter	Ephemeris Transit
			Latitude B_0	Longitude L_0			
		°	°	°	″	′ ″	h m s
Apr.	1	− 26.13	− 6.57	102.89	8.80	16 00.53	12 03 57.32
	2	− 26.17	− 6.52	89.70	8.80	16 00.25	12 03 39.61
	3	− 26.20	− 6.46	76.50	8.80	15 59.97	12 03 22.05
	4	− 26.23	− 6.40	63.31	8.79	15 59.69	12 03 04.63
	5	− 26.25	− 6.34	50.12	8.79	15 59.42	12 02 47.38
	6	− 26.26	− 6.28	36.92	8.79	15 59.14	12 02 30.32
	7	− 26.26	− 6.22	23.73	8.79	15 58.87	12 02 13.45
	8	− 26.26	− 6.15	10.53	8.78	15 58.60	12 01 56.79
	9	− 26.25	− 6.09	357.33	8.78	15 58.32	12 01 40.36
	10	− 26.24	− 6.02	344.13	8.78	15 58.06	12 01 24.17
	11	− 26.21	− 5.95	330.93	8.78	15 57.79	12 01 08.23
	12	− 26.18	− 5.88	317.73	8.77	15 57.52	12 00 52.56
	13	− 26.14	− 5.80	304.53	8.77	15 57.26	12 00 37.18
	14	− 26.09	− 5.73	291.33	8.77	15 56.99	12 00 22.10
	15	− 26.04	− 5.65	278.13	8.77	15 56.73	12 00 07.34
	16	− 25.98	− 5.57	264.92	8.77	15 56.47	11 59 52.91
	17	− 25.91	− 5.49	251.72	8.76	15 56.21	11 59 38.84
	18	− 25.84	− 5.41	238.51	8.76	15 55.94	11 59 25.13
	19	− 25.75	− 5.33	225.31	8.76	15 55.68	11 59 11.83
	20	− 25.66	− 5.24	212.10	8.76	15 55.42	11 58 58.93
	21	− 25.57	− 5.16	198.89	8.75	15 55.15	11 58 46.46
	22	− 25.46	− 5.07	185.68	8.75	15 54.89	11 58 34.43
	23	− 25.35	− 4.98	172.47	8.75	15 54.63	11 58 22.87
	24	− 25.23	− 4.89	159.26	8.75	15 54.37	11 58 11.78
	25	− 25.10	− 4.80	146.05	8.74	15 54.11	11 58 01.18
	26	− 24.97	− 4.71	132.84	8.74	15 53.85	11 57 51.07
	27	− 24.82	− 4.61	119.63	8.74	15 53.59	11 57 41.48
	28	− 24.68	− 4.51	106.41	8.74	15 53.34	11 57 32.41
	29	− 24.52	− 4.42	93.20	8.73	15 53.08	11 57 23.86
	30	− 24.36	− 4.32	79.99	8.73	15 52.83	11 57 15.85
May	1	− 24.18	− 4.22	66.77	8.73	15 52.58	11 57 08.38
	2	− 24.01	− 4.12	53.55	8.73	15 52.34	11 57 01.46
	3	− 23.82	− 4.02	40.34	8.72	15 52.10	11 56 55.09
	4	− 23.63	− 3.92	27.12	8.72	15 51.86	11 56 49.27
	5	− 23.43	− 3.81	13.90	8.72	15 51.63	11 56 44.01
	6	− 23.22	− 3.71	0.68	8.72	15 51.40	11 56 39.31
	7	− 23.01	− 3.60	347.46	8.72	15 51.17	11 56 35.17
	8	− 22.79	− 3.49	334.24	8.71	15 50.95	11 56 31.58
	9	− 22.56	− 3.39	321.02	8.71	15 50.73	11 56 28.54
	10	− 22.33	− 3.28	307.80	8.71	15 50.51	11 56 26.06
	11	− 22.08	− 3.17	294.58	8.71	15 50.30	11 56 24.13
	12	− 21.84	− 3.06	281.36	8.71	15 50.09	11 56 22.76
	13	− 21.58	− 2.95	268.13	8.70	15 49.88	11 56 21.93
	14	− 21.32	− 2.84	254.91	8.70	15 49.68	11 56 21.66
	15	− 21.05	− 2.72	241.68	8.70	15 49.48	11 56 21.93
	16	− 20.78	− 2.61	228.46	8.70	15 49.28	11 56 22.76
	17	− 20.50	− 2.50	215.23	8.70	15 49.08	11 56 24.14

SUN, 2019

FOR 0ʰ TERRESTRIAL TIME

Date		Julian Date	Geometric Ecliptic Coords. Mn Equinox & Ecliptic of Date		Apparent R. A.	Apparent Declination	True Geocentric Distance
			Longitude	Latitude			
		245	° ′ ″	″	h m s	° ′ ″	au
May	17	8620.5	55 50 19.33	+0.43	3 34 00.37	+19 12 42.3	1.011 1282
	18	8621.5	56 48 07.28	+0.38	3 37 58.58	+19 26 12.9	1.011 3361
	19	8622.5	57 45 53.75	+0.31	3 41 57.35	+19 39 23.8	1.011 5421
	20	8623.5	58 43 38.82	+0.21	3 45 56.67	+19 52 14.5	1.011 7462
	21	8624.5	59 41 22.58	+0.09	3 49 56.54	+20 04 45.0	1.011 9482
	22	8625.5	60 39 05.11	−0.03	3 53 56.95	+20 16 54.9	1.012 1479
	23	8626.5	61 36 46.48	−0.17	3 57 57.91	+20 28 44.0	1.012 3451
	24	8627.5	62 34 26.75	−0.30	4 01 59.39	+20 40 12.2	1.012 5396
	25	8628.5	63 32 05.97	−0.42	4 06 01.40	+20 51 19.0	1.012 7311
	26	8629.5	64 29 44.19	−0.53	4 10 03.92	+21 02 04.4	1.012 9192
	27	8630.5	65 27 21.44	−0.63	4 14 06.95	+21 12 28.1	1.013 1038
	28	8631.5	66 24 57.74	−0.70	4 18 10.47	+21 22 29.9	1.013 2845
	29	8632.5	67 22 33.12	−0.75	4 22 14.47	+21 32 09.5	1.013 4610
	30	8633.5	68 20 07.59	−0.77	4 26 18.94	+21 41 26.7	1.013 6332
	31	8634.5	69 17 41.16	−0.76	4 30 23.85	+21 50 21.4	1.013 8006
June	1	8635.5	70 15 13.81	−0.72	4 34 29.21	+21 58 53.4	1.013 9630
	2	8636.5	71 12 45.54	−0.66	4 38 34.98	+22 07 02.4	1.014 1202
	3	8637.5	72 10 16.33	−0.57	4 42 41.15	+22 14 48.3	1.014 2720
	4	8638.5	73 07 46.12	−0.46	4 46 47.69	+22 22 10.8	1.014 4183
	5	8639.5	74 05 14.90	−0.33	4 50 54.60	+22 29 10.0	1.014 5590
	6	8640.5	75 02 42.62	−0.20	4 55 01.82	+22 35 45.5	1.014 6941
	7	8641.5	76 00 09.23	−0.07	4 59 09.35	+22 41 57.2	1.014 8236
	8	8642.5	76 57 34.72	+0.05	5 03 17.16	+22 47 45.0	1.014 9479
	9	8643.5	77 54 59.07	+0.16	5 07 25.22	+22 53 08.7	1.015 0671
	10	8644.5	78 52 22.28	+0.24	5 11 33.51	+22 58 08.2	1.015 1815
	11	8645.5	79 49 44.36	+0.30	5 15 42.01	+23 02 43.4	1.015 2915
	12	8646.5	80 47 05.37	+0.32	5 19 50.71	+23 06 54.1	1.015 3974
	13	8647.5	81 44 25.34	+0.32	5 23 59.57	+23 10 40.4	1.015 4994
	14	8648.5	82 41 44.35	+0.28	5 28 08.59	+23 14 02.1	1.015 5978
	15	8649.5	83 39 02.48	+0.21	5 32 17.75	+23 16 59.2	1.015 6928
	16	8650.5	84 36 19.81	+0.12	5 36 27.02	+23 19 31.6	1.015 7846
	17	8651.5	85 33 36.44	0.00	5 40 36.39	+23 21 39.3	1.015 8732
	18	8652.5	86 30 52.46	−0.12	5 44 45.84	+23 23 22.3	1.015 9586
	19	8653.5	87 28 07.95	−0.25	5 48 55.34	+23 24 40.6	1.016 0407
	20	8654.5	88 25 23.00	−0.39	5 53 04.88	+23 25 34.1	1.016 1195
	21	8655.5	89 22 37.69	−0.51	5 57 14.43	+23 26 02.9	1.016 1947
	22	8656.5	90 19 52.08	−0.63	6 01 23.98	+23 26 06.9	1.016 2663
	23	8657.5	91 17 06.24	−0.73	6 05 33.49	+23 25 46.1	1.016 3340
	24	8658.5	92 14 20.24	−0.81	6 09 42.96	+23 25 00.5	1.016 3975
	25	8659.5	93 11 34.10	−0.86	6 13 52.36	+23 23 50.2	1.016 4567
	26	8660.5	94 08 47.89	−0.89	6 18 01.66	+23 22 15.2	1.016 5113
	27	8661.5	95 06 01.63	−0.89	6 22 10.85	+23 20 15.6	1.016 5610
	28	8662.5	96 03 15.34	−0.86	6 26 19.91	+23 17 51.3	1.016 6056
	29	8663.5	97 00 29.06	−0.80	6 30 28.80	+23 15 02.5	1.016 6448
	30	8664.5	97 57 42.77	−0.72	6 34 37.51	+23 11 49.3	1.016 6783
July	1	8665.5	98 54 56.48	−0.61	6 38 46.00	+23 08 11.6	1.016 7060
	2	8666.5	99 52 10.17	−0.49	6 42 54.27	+23 04 09.7	1.016 7275

FOR 0^h TERRESTRIAL TIME

Date		Pos. Angle of Axis P	Heliographic		Horiz. Parallax	Semi-Diameter	Ephemeris Transit
			Latitude B_0	Longitude L_0			
		°	°	°	″	′ ″	h m s
May	17	− 20.50	− 2.50	215.23	8.70	15 49.08	11 56 24.14
	18	− 20.21	− 2.38	202.00	8.70	15 48.89	11 56 26.07
	19	− 19.91	− 2.27	188.78	8.69	15 48.69	11 56 28.56
	20	− 19.61	− 2.15	175.55	8.69	15 48.50	11 56 31.59
	21	− 19.31	− 2.03	162.32	8.69	15 48.31	11 56 35.17
	22	− 18.99	− 1.92	149.09	8.69	15 48.13	11 56 39.29
	23	− 18.68	− 1.80	135.86	8.69	15 47.94	11 56 43.93
	24	− 18.35	− 1.68	122.63	8.69	15 47.76	11 56 49.14
	25	− 18.02	− 1.56	109.40	8.68	15 47.58	11 56 54.85
	26	− 17.68	− 1.45	96.17	8.68	15 47.40	11 57 01.07
	27	− 17.34	− 1.33	82.94	8.68	15 47.23	11 57 07.79
	28	− 16.99	− 1.21	69.71	8.68	15 47.06	11 57 15.00
	29	− 16.64	− 1.09	56.47	8.68	15 46.90	11 57 22.69
	30	− 16.28	− 0.97	43.24	8.68	15 46.74	11 57 30.83
	31	− 15.92	− 0.85	30.01	8.67	15 46.58	11 57 39.41
June	1	− 15.55	− 0.73	16.78	8.67	15 46.43	11 57 48.42
	2	− 15.18	− 0.61	3.54	8.67	15 46.28	11 57 57.84
	3	− 14.80	− 0.49	350.31	8.67	15 46.14	11 58 07.64
	4	− 14.42	− 0.36	337.08	8.67	15 46.00	11 58 17.81
	5	− 14.03	− 0.24	323.84	8.67	15 45.87	11 58 28.31
	6	− 13.64	− 0.12	310.61	8.67	15 45.75	11 58 39.13
	7	− 13.24	0.00	297.37	8.67	15 45.63	11 58 50.24
	8	− 12.84	+ 0.12	284.14	8.66	15 45.51	11 59 01.62
	9	− 12.44	+ 0.24	270.90	8.66	15 45.40	11 59 13.24
	10	− 12.03	+ 0.36	257.67	8.66	15 45.29	11 59 25.09
	11	− 11.62	+ 0.48	244.43	8.66	15 45.19	11 59 37.14
	12	− 11.20	+ 0.60	231.19	8.66	15 45.09	11 59 49.37
	13	− 10.78	+ 0.72	217.96	8.66	15 45.00	12 00 01.77
	14	− 10.36	+ 0.84	204.72	8.66	15 44.91	12 00 14.30
	15	− 9.94	+ 0.96	191.49	8.66	15 44.82	12 00 26.96
	16	− 9.51	+ 1.08	178.25	8.66	15 44.73	12 00 39.73
	17	− 9.08	+ 1.20	165.01	8.66	15 44.65	12 00 52.58
	18	− 8.65	+ 1.32	151.77	8.66	15 44.57	12 01 05.49
	19	− 8.21	+ 1.44	138.54	8.66	15 44.49	12 01 18.46
	20	− 7.77	+ 1.55	125.30	8.65	15 44.42	12 01 31.45
	21	− 7.33	+ 1.67	112.06	8.65	15 44.35	12 01 44.44
	22	− 6.89	+ 1.79	98.82	8.65	15 44.28	12 01 57.42
	23	− 6.45	+ 1.90	85.59	8.65	15 44.22	12 02 10.37
	24	− 6.00	+ 2.02	72.35	8.65	15 44.16	12 02 23.25
	25	− 5.55	+ 2.14	59.11	8.65	15 44.11	12 02 36.05
	26	− 5.10	+ 2.25	45.88	8.65	15 44.06	12 02 48.75
	27	− 4.66	+ 2.36	32.64	8.65	15 44.01	12 03 01.33
	28	− 4.20	+ 2.48	19.40	8.65	15 43.97	12 03 13.75
	29	− 3.75	+ 2.59	6.17	8.65	15 43.93	12 03 26.00
	30	− 3.30	+ 2.70	352.93	8.65	15 43.90	12 03 38.04
July	1	− 2.85	+ 2.81	339.69	8.65	15 43.88	12 03 49.87
	2	− 2.39	+ 2.93	326.46	8.65	15 43.86	12 04 01.44

SUN, 2019

FOR 0ʰ TERRESTRIAL TIME

Date		Julian Date	Geometric Ecliptic Coords. Mn Equinox & Ecliptic of Date		Apparent R. A.	Apparent Declination	True Geocentric Distance
			Longitude	Latitude			
		245	° ′ ″	″	h m s	° ′ ″	au
July	1	8665.5	98 54 56.48	−0.61	6 38 46.00	+23 08 11.6	1.016 7060
	2	8666.5	99 52 10.17	−0.49	6 42 54.27	+23 04 09.7	1.016 7275
	3	8667.5	100 49 23.79	−0.35	6 47 02.27	+22 59 43.6	1.016 7427
	4	8668.5	101 46 37.31	−0.22	6 51 09.98	+22 54 53.4	1.016 7517
	5	8669.5	102 43 50.69	−0.08	6 55 17.37	+22 49 39.3	1.016 7543
	6	8670.5	103 41 03.89	+0.03	6 59 24.41	+22 44 01.3	1.016 7508
	7	8671.5	104 38 16.88	+0.13	7 03 31.08	+22 37 59.7	1.016 7414
	8	8672.5	105 35 29.63	+0.19	7 07 37.36	+22 31 34.5	1.016 7263
	9	8673.5	106 32 42.17	+0.23	7 11 43.23	+22 24 45.9	1.016 7060
	10	8674.5	107 29 54.50	+0.23	7 15 48.68	+22 17 34.1	1.016 6808
	11	8675.5	108 27 06.67	+0.20	7 19 53.68	+22 09 59.2	1.016 6509
	12	8676.5	109 24 18.73	+0.14	7 23 58.22	+22 02 01.5	1.016 6168
	13	8677.5	110 21 30.75	+0.06	7 28 02.30	+21 53 41.1	1.016 5787
	14	8678.5	111 18 42.80	−0.05	7 32 05.89	+21 44 58.2	1.016 5368
	15	8679.5	112 15 54.97	−0.17	7 36 08.99	+21 35 53.1	1.016 4913
	16	8680.5	113 13 07.34	−0.30	7 40 11.59	+21 26 25.9	1.016 4424
	17	8681.5	114 10 19.99	−0.43	7 44 13.67	+21 16 36.9	1.016 3900
	18	8682.5	115 07 33.01	−0.56	7 48 15.23	+21 06 26.3	1.016 3342
	19	8683.5	116 04 46.48	−0.68	7 52 16.26	+20 55 54.3	1.016 2749
	20	8684.5	117 02 00.49	−0.78	7 56 16.75	+20 45 01.1	1.016 2122
	21	8685.5	117 59 15.10	−0.87	8 00 16.69	+20 33 47.0	1.016 1458
	22	8686.5	118 56 30.38	−0.93	8 04 16.08	+20 22 12.1	1.016 0756
	23	8687.5	119 53 46.40	−0.96	8 08 14.92	+20 10 16.8	1.016 0016
	24	8688.5	120 51 03.22	−0.97	8 12 13.19	+19 58 01.2	1.015 9234
	25	8689.5	121 48 20.88	−0.95	8 16 10.90	+19 45 25.6	1.015 8409
	26	8690.5	122 45 39.42	−0.90	8 20 08.04	+19 32 30.3	1.015 7539
	27	8691.5	123 42 58.88	−0.82	8 24 04.61	+19 19 15.5	1.015 6622
	28	8692.5	124 40 19.29	−0.72	8 28 00.60	+19 05 41.4	1.015 5654
	29	8693.5	125 37 40.65	−0.60	8 31 56.00	+18 51 48.4	1.015 4633
	30	8694.5	126 35 02.96	−0.47	8 35 50.82	+18 37 36.8	1.015 3557
	31	8695.5	127 32 26.19	−0.33	8 39 45.04	+18 23 06.8	1.015 2424
Aug.	1	8696.5	128 29 50.31	−0.20	8 43 38.66	+18 08 18.7	1.015 1231
	2	8697.5	129 27 15.27	−0.07	8 47 31.66	+17 53 12.8	1.014 9979
	3	8698.5	130 24 41.02	+0.03	8 51 24.05	+17 37 49.5	1.014 8668
	4	8699.5	131 22 07.51	+0.11	8 55 15.82	+17 22 09.0	1.014 7300
	5	8700.5	132 19 34.71	+0.16	8 59 06.97	+17 06 11.6	1.014 5877
	6	8701.5	133 17 02.59	+0.18	9 02 57.49	+16 49 57.6	1.014 4403
	7	8702.5	134 14 31.15	+0.16	9 06 47.40	+16 33 27.4	1.014 2882
	8	8703.5	135 12 00.42	+0.11	9 10 36.70	+16 16 41.2	1.014 1316
	9	8704.5	136 09 30.42	+0.03	9 14 25.39	+15 59 39.3	1.013 9711
	10	8705.5	137 07 01.20	−0.07	9 18 13.48	+15 42 22.1	1.013 8070
	11	8706.5	138 04 32.82	−0.18	9 22 00.98	+15 24 49.9	1.013 6395
	12	8707.5	139 02 05.34	−0.30	9 25 47.89	+15 07 03.0	1.013 4688
	13	8708.5	139 59 38.84	−0.43	9 29 34.23	+14 49 01.7	1.013 2953
	14	8709.5	140 57 13.38	−0.56	9 33 20.01	+14 30 46.3	1.013 1190
	15	8710.5	141 54 49.04	−0.68	9 37 05.23	+14 12 17.1	1.012 9402
	16	8711.5	142 52 25.90	−0.78	9 40 49.91	+13 53 34.4	1.012 7588

FOR 0^h TERRESTRIAL TIME

Date		Pos. Angle of Axis P	Heliographic		Horiz. Parallax	Semi-Diameter	Ephemeris Transit
			Latitude B_0	Longitude L_0			
		°	°	°	″	′ ″	h m s
July	1	− 2.85	+ 2.81	339.69	8.65	15 43.88	12 03 49.87
	2	− 2.39	+ 2.93	326.46	8.65	15 43.86	12 04 01.44
	3	− 1.94	+ 3.04	313.22	8.65	15 43.84	12 04 12.73
	4	− 1.49	+ 3.14	299.99	8.65	15 43.83	12 04 23.72
	5	− 1.03	+ 3.25	286.75	8.65	15 43.83	12 04 34.38
	6	− 0.58	+ 3.36	273.52	8.65	15 43.83	12 04 44.68
	7	0.13	+ 3.47	260.28	8.65	15 43.84	12 04 54.61
	8	+ 0.33	+ 3.57	247.05	8.65	15 43.86	12 05 04.14
	9	+ 0.78	+ 3.68	233.81	8.65	15 43.88	12 05 13.24
	10	+ 1.23	+ 3.78	220.58	8.65	15 43.90	12 05 21.91
	11	+ 1.68	+ 3.88	207.34	8.65	15 43.93	12 05 30.13
	12	+ 2.13	+ 3.98	194.11	8.65	15 43.96	12 05 37.89
	13	+ 2.57	+ 4.08	180.88	8.65	15 43.99	12 05 45.16
	14	+ 3.02	+ 4.18	167.64	8.65	15 44.03	12 05 51.95
	15	+ 3.46	+ 4.28	154.41	8.65	15 44.08	12 05 58.24
	16	+ 3.91	+ 4.38	141.17	8.65	15 44.12	12 06 04.01
	17	+ 4.35	+ 4.47	127.94	8.65	15 44.17	12 06 09.27
	18	+ 4.79	+ 4.57	114.71	8.65	15 44.22	12 06 14.01
	19	+ 5.22	+ 4.66	101.48	8.65	15 44.28	12 06 18.21
	20	+ 5.66	+ 4.75	88.25	8.65	15 44.33	12 06 21.87
	21	+ 6.09	+ 4.84	75.01	8.65	15 44.40	12 06 24.98
	22	+ 6.52	+ 4.93	61.78	8.66	15 44.46	12 06 27.54
	23	+ 6.95	+ 5.02	48.55	8.66	15 44.53	12 06 29.55
	24	+ 7.37	+ 5.11	35.32	8.66	15 44.60	12 06 30.99
	25	+ 7.79	+ 5.19	22.09	8.66	15 44.68	12 06 31.86
	26	+ 8.21	+ 5.27	8.86	8.66	15 44.76	12 06 32.15
	27	+ 8.63	+ 5.36	355.64	8.66	15 44.85	12 06 31.87
	28	+ 9.04	+ 5.44	342.41	8.66	15 44.94	12 06 31.01
	29	+ 9.45	+ 5.52	329.18	8.66	15 45.03	12 06 29.55
	30	+ 9.86	+ 5.59	315.95	8.66	15 45.13	12 06 27.51
	31	+ 10.26	+ 5.67	302.73	8.66	15 45.24	12 06 24.86
Aug.	1	+ 10.67	+ 5.75	289.50	8.66	15 45.35	12 06 21.61
	2	+ 11.06	+ 5.82	276.28	8.66	15 45.46	12 06 17.75
	3	+ 11.46	+ 5.89	263.05	8.67	15 45.59	12 06 13.27
	4	+ 11.84	+ 5.96	249.83	8.67	15 45.71	12 06 08.18
	5	+ 12.23	+ 6.03	236.60	8.67	15 45.85	12 06 02.46
	6	+ 12.61	+ 6.10	223.38	8.67	15 45.98	12 05 56.13
	7	+ 12.99	+ 6.16	210.15	8.67	15 46.13	12 05 49.18
	8	+ 13.36	+ 6.22	196.93	8.67	15 46.27	12 05 41.61
	9	+ 13.73	+ 6.28	183.71	8.67	15 46.42	12 05 33.44
	10	+ 14.10	+ 6.34	170.49	8.67	15 46.58	12 05 24.68
	11	+ 14.46	+ 6.40	157.27	8.68	15 46.73	12 05 15.32
	12	+ 14.82	+ 6.46	144.05	8.68	15 46.89	12 05 05.39
	13	+ 15.17	+ 6.51	130.82	8.68	15 47.05	12 04 54.88
	14	+ 15.52	+ 6.57	117.60	8.68	15 47.22	12 04 43.82
	15	+ 15.86	+ 6.62	104.39	8.68	15 47.39	12 04 32.22
	16	+ 16.20	+ 6.67	91.17	8.68	15 47.56	12 04 20.09

SUN, 2019

FOR 0^h TERRESTRIAL TIME

Date		Julian Date	Geometric Ecliptic Coords. Mn Equinox & Ecliptic of Date		Apparent R. A.	Apparent Declination	True Geocentric Distance
			Longitude	Latitude			
		245	o ′ ″	″	h m s	o ′ ″	au
Aug.	16	8711.5	142 52 25.90	−0.78	9 40 49.91	+13 53 34.4	1.012 7588
	17	8712.5	143 50 04.04	−0.87	9 44 34.07	+13 34 38.5	1.012 5749
	18	8713.5	144 47 43.52	−0.93	9 48 17.71	+13 15 29.7	1.012 3885
	19	8714.5	145 45 24.43	−0.97	9 52 00.85	+12 56 08.3	1.012 1996
	20	8715.5	146 43 06.81	−0.98	9 55 43.52	+12 36 34.6	1.012 0081
	21	8716.5	147 40 50.75	−0.97	9 59 25.71	+12 16 48.9	1.011 8140
	22	8717.5	148 38 36.29	−0.93	10 03 07.45	+11 56 51.5	1.011 6170
	23	8718.5	149 36 23.49	−0.86	10 06 48.75	+11 36 42.7	1.011 4170
	24	8719.5	150 34 12.39	−0.76	10 10 29.62	+11 16 22.8	1.011 2138
	25	8720.5	151 32 03.02	−0.65	10 14 10.09	+10 55 52.0	1.011 0073
	26	8721.5	152 29 55.42	−0.52	10 17 50.16	+10 35 10.9	1.010 7971
	27	8722.5	153 27 49.58	−0.39	10 21 29.85	+10 14 19.5	1.010 5831
	28	8723.5	154 25 45.49	−0.25	10 25 09.17	+ 9 53 18.4	1.010 3649
	29	8724.5	155 23 43.13	−0.12	10 28 48.13	+ 9 32 07.7	1.010 1423
	30	8725.5	156 21 42.46	−0.01	10 32 26.73	+ 9 10 48.0	1.009 9153
	31	8726.5	157 19 43.41	+0.08	10 36 04.99	+ 8 49 19.4	1.009 6837
Sept.	1	8727.5	158 17 45.91	+0.14	10 39 42.91	+ 8 27 42.4	1.009 4477
	2	8728.5	159 15 49.91	+0.16	10 43 20.53	+ 8 05 57.2	1.009 2073
	3	8729.5	160 13 55.37	+0.16	10 46 57.84	+ 7 44 04.3	1.008 9630
	4	8730.5	161 12 02.24	+0.12	10 50 34.86	+ 7 22 03.9	1.008 7150
	5	8731.5	162 10 10.52	+0.05	10 54 11.61	+ 6 59 56.4	1.008 4637
	6	8732.5	163 08 20.22	−0.04	10 57 48.11	+ 6 37 42.1	1.008 2096
	7	8733.5	164 06 31.34	−0.15	11 01 24.38	+ 6 15 21.5	1.007 9530
	8	8734.5	165 04 43.92	−0.27	11 05 00.42	+ 5 52 54.7	1.007 6943
	9	8735.5	166 02 58.01	−0.39	11 08 36.27	+ 5 30 22.1	1.007 4338
	10	8736.5	167 01 13.65	−0.51	11 12 11.94	+ 5 07 44.2	1.007 1717
	11	8737.5	167 59 30.89	−0.63	11 15 47.45	+ 4 45 01.1	1.006 9084
	12	8738.5	168 57 49.79	−0.73	11 19 22.82	+ 4 22 13.2	1.006 6440
	13	8739.5	169 56 10.40	−0.81	11 22 58.08	+ 3 59 20.8	1.006 3787
	14	8740.5	170 54 32.80	−0.88	11 26 33.25	+ 3 36 24.2	1.006 1126
	15	8741.5	171 52 57.04	−0.92	11 30 08.34	+ 3 13 23.8	1.005 8459
	16	8742.5	172 51 23.19	−0.93	11 33 43.40	+ 2 50 19.8	1.005 5787
	17	8743.5	173 49 51.31	−0.92	11 37 18.43	+ 2 27 12.6	1.005 3109
	18	8744.5	174 48 21.46	−0.88	11 40 53.46	+ 2 04 02.4	1.005 0425
	19	8745.5	175 46 53.70	−0.81	11 44 28.52	+ 1 40 49.6	1.004 7735
	20	8746.5	176 45 28.07	−0.72	11 48 03.63	+ 1 17 34.4	1.004 5038
	21	8747.5	177 44 04.63	−0.61	11 51 38.81	+ 0 54 17.3	1.004 2333
	22	8748.5	178 42 43.41	−0.49	11 55 14.08	+ 0 30 58.4	1.003 9618
	23	8749.5	179 41 24.44	−0.36	11 58 49.47	+ 0 07 38.2	1.003 6891
	24	8750.5	180 40 07.74	−0.22	12 02 24.98	− 0 15 42.9	1.003 4150
	25	8751.5	181 38 53.30	−0.09	12 06 00.65	− 0 39 04.8	1.003 1391
	26	8752.5	182 37 41.11	+0.02	12 09 36.48	− 1 02 27.0	1.002 8614
	27	8753.5	183 36 31.12	+0.12	12 13 12.50	− 1 25 49.1	1.002 5815
	28	8754.5	184 35 23.27	+0.19	12 16 48.72	− 1 49 10.8	1.002 2993
	29	8755.5	185 34 17.50	+0.22	12 20 25.16	− 2 12 31.7	1.002 0147
	30	8756.5	186 33 13.72	+0.22	12 24 01.83	− 2 35 51.5	1.001 7279
Oct.	1	8757.5	187 32 11.86	+0.19	12 27 38.76	− 2 59 09.8	1.001 4389

FOR 0ʰ TERRESTRIAL TIME

Date		Pos. Angle of Axis P	Heliographic		Horiz. Parallax	Semi-Diameter	Ephemeris Transit
			Latitude B_0	Longitude L_0			
		°	°	°	″	′ ″	h m s
Aug.	16	+ 16.20	+ 6.67	91.17	8.68	15 47.56	12 04 20.09
	17	+ 16.53	+ 6.71	77.95	8.68	15 47.73	12 04 07.43
	18	+ 16.86	+ 6.76	64.73	8.69	15 47.90	12 03 54.28
	19	+ 17.19	+ 6.80	51.51	8.69	15 48.08	12 03 40.63
	20	+ 17.51	+ 6.84	38.30	8.69	15 48.26	12 03 26.51
	21	+ 17.82	+ 6.88	25.08	8.69	15 48.44	12 03 11.92
	22	+ 18.13	+ 6.92	11.86	8.69	15 48.62	12 02 56.89
	23	+ 18.44	+ 6.96	358.65	8.69	15 48.81	12 02 41.43
	24	+ 18.74	+ 6.99	345.44	8.70	15 49.00	12 02 25.54
	25	+ 19.04	+ 7.02	332.22	8.70	15 49.20	12 02 09.26
	26	+ 19.33	+ 7.05	319.01	8.70	15 49.39	12 01 52.58
	27	+ 19.61	+ 7.08	305.80	8.70	15 49.60	12 01 35.52
	28	+ 19.89	+ 7.10	292.58	8.70	15 49.80	12 01 18.10
	29	+ 20.16	+ 7.13	279.37	8.71	15 50.01	12 01 00.33
	30	+ 20.43	+ 7.15	266.16	8.71	15 50.22	12 00 42.21
	31	+ 20.70	+ 7.17	252.95	8.71	15 50.44	12 00 23.75
Sept.	1	+ 20.96	+ 7.19	239.74	8.71	15 50.66	12 00 04.98
	2	+ 21.21	+ 7.20	226.53	8.71	15 50.89	11 59 45.90
	3	+ 21.46	+ 7.21	213.32	8.72	15 51.12	11 59 26.52
	4	+ 21.70	+ 7.23	200.12	8.72	15 51.35	11 59 06.86
	5	+ 21.93	+ 7.24	186.91	8.72	15 51.59	11 58 46.93
	6	+ 22.16	+ 7.24	173.70	8.72	15 51.83	11 58 26.76
	7	+ 22.39	+ 7.25	160.49	8.72	15 52.07	11 58 06.36
	8	+ 22.61	+ 7.25	147.29	8.73	15 52.32	11 57 45.75
	9	+ 22.82	+ 7.25	134.08	8.73	15 52.56	11 57 24.95
	10	+ 23.03	+ 7.25	120.88	8.73	15 52.81	11 57 03.99
	11	+ 23.23	+ 7.25	107.67	8.73	15 53.06	11 56 42.88
	12	+ 23.42	+ 7.24	94.47	8.74	15 53.31	11 56 21.65
	13	+ 23.61	+ 7.24	81.26	8.74	15 53.56	11 56 00.31
	14	+ 23.79	+ 7.23	68.06	8.74	15 53.81	11 55 38.90
	15	+ 23.97	+ 7.21	54.85	8.74	15 54.07	11 55 17.43
	16	+ 24.14	+ 7.20	41.65	8.75	15 54.32	11 54 55.93
	17	+ 24.30	+ 7.18	28.45	8.75	15 54.58	11 54 34.42
	18	+ 24.46	+ 7.17	15.25	8.75	15 54.83	11 54 12.92
	19	+ 24.61	+ 7.15	2.05	8.75	15 55.09	11 53 51.45
	20	+ 24.76	+ 7.12	348.85	8.75	15 55.34	11 53 30.04
	21	+ 24.90	+ 7.10	335.65	8.76	15 55.60	11 53 08.71
	22	+ 25.03	+ 7.07	322.45	8.76	15 55.86	11 52 47.49
	23	+ 25.16	+ 7.05	309.25	8.76	15 56.12	11 52 26.38
	24	+ 25.28	+ 7.02	296.05	8.76	15 56.38	11 52 05.42
	25	+ 25.39	+ 6.98	282.85	8.77	15 56.64	11 51 44.61
	26	+ 25.50	+ 6.95	269.65	8.77	15 56.91	11 51 23.99
	27	+ 25.60	+ 6.91	256.45	8.77	15 57.17	11 51 03.56
	28	+ 25.69	+ 6.87	243.26	8.77	15 57.44	11 50 43.34
	29	+ 25.78	+ 6.83	230.06	8.78	15 57.72	11 50 23.35
	30	+ 25.85	+ 6.79	216.86	8.78	15 57.99	11 50 03.60
Oct.	1	+ 25.93	+ 6.74	203.67	8.78	15 58.27	11 49 44.11

SUN, 2019

FOR 0ʰ TERRESTRIAL TIME

Date		Julian Date	Geometric Ecliptic Coords. Mn Equinox & Ecliptic of Date		Apparent R. A.	Apparent Declination	Trué Geocentric Distance
			Longitude	Latitude			
		245	° ′ ″	″	h m s	° ′ ″	au
Oct.	1	8757.5	187 32 11.86	+0.19	12 27 38.76	− 2 59 09.8	1.001 4389
	2	8758.5	188 31 11.85	+0.13	12 31 15.95	− 3 22 26.1	1.001 1482
	3	8759.5	189 30 13.65	+0.04	12 34 53.43	− 3 45 40.2	1.000 8559
	4	8760.5	190 29 17.23	−0.06	12 38 31.22	− 4 08 51.6	1.000 5626
	5	8761.5	191 28 22.57	−0.18	12 42 09.32	− 4 32 00.1	1.000 2685
	6	8762.5	192 27 29.67	−0.30	12 45 47.77	− 4 55 05.1	0.999 9741
	7	8763.5	193 26 38.53	−0.42	12 49 26.58	− 5 18 06.3	0.999 6797
	8	8764.5	194 25 49.18	−0.54	12 53 05.77	− 5 41 03.4	0.999 3857
	9	8765.5	195 25 01.64	−0.64	12 56 45.36	− 6 03 56.0	0.999 0923
	10	8766.5	196 24 15.93	−0.72	13 00 25.37	− 6 26 43.7	0.998 7998
	11	8767.5	197 23 32.10	−0.78	13 04 05.82	− 6 49 26.3	0.998 5084
	12	8768.5	198 22 50.18	−0.82	13 07 46.74	− 7 12 03.2	0.998 2185
	13	8769.5	199 22 10.21	−0.84	13 11 28.15	− 7 34 34.3	0.997 9302
	14	8770.5	200 21 32.24	−0.82	13 15 10.07	− 7 56 59.0	0.997 6436
	15	8771.5	201 20 56.32	−0.78	13 18 52.52	− 8 19 17.2	0.997 3589
	16	8772.5	202 20 22.50	−0.71	13 22 35.53	− 8 41 28.3	0.997 0761
	17	8773.5	203 19 50.82	−0.62	13 26 19.12	− 9 03 32.1	0.996 7952
	18	8774.5	204 19 21.34	−0.51	13 30 03.30	− 9 25 28.3	0.996 5163
	19	8775.5	205 18 54.09	−0.39	13 33 48.10	− 9 47 16.3	0.996 2393
	20	8776.5	206 18 29.12	−0.26	13 37 33.54	−10 08 56.0	0.995 9641
	21	8777.5	207 18 06.44	−0.12	13 41 19.63	−10 30 26.8	0.995 6904
	22	8778.5	208 17 46.07	+0.01	13 45 06.39	−10 51 48.5	0.995 4181
	23	8779.5	209 17 28.03	+0.13	13 48 53.83	−11 13 00.5	0.995 1469
	24	8780.5	210 17 12.28	+0.23	13 52 41.97	−11 34 02.6	0.994 8767
	25	8781.5	211 16 58.79	+0.30	13 56 30.82	−11 54 54.3	0.994 6070
	26	8782.5	212 16 47.51	+0.34	14 00 20.39	−12 15 35.2	0.994 3378
	27	8783.5	213 16 38.37	+0.35	14 04 10.69	−12 36 04.9	0.994 0688
	28	8784.5	214 16 31.28	+0.32	14 08 01.75	−12 56 22.9	0.993 8001
	29	8785.5	215 16 26.15	+0.26	14 11 53.55	−13 16 28.9	0.993 5315
	30	8786.5	216 16 22.89	+0.18	14 15 46.12	−13 36 22.4	0.993 2634
	31	8787.5	217 16 21.41	+0.07	14 19 39.45	−13 56 03.1	0.992 9958
Nov.	1	8788.5	218 16 21.65	−0.04	14 23 33.56	−14 15 30.3	0.992 7291
	2	8789.5	219 16 23.56	−0.17	14 27 28.44	−14 34 43.8	0.992 4637
	3	8790.5	220 16 27.10	−0.29	14 31 24.11	−14 53 43.2	0.992 1998
	4	8791.5	221 16 32.23	−0.41	14 35 20.58	−15 12 27.9	0.991 9379
	5	8792.5	222 16 38.93	−0.52	14 39 17.84	−15 30 57.6	0.991 6782
	6	8793.5	223 16 47.21	−0.60	14 43 15.91	−15 49 11.8	0.991 4211
	7	8794.5	224 16 57.05	−0.67	14 47 14.79	−16 07 10.3	0.991 1669
	8	8795.5	225 17 08.47	−0.71	14 51 14.49	−16 24 52.5	0.990 9158
	9	8796.5	226 17 21.46	−0.73	14 55 15.02	−16 42 18.0	0.990 6683
	10	8797.5	227 17 36.04	−0.72	14 59 16.38	−16 59 26.6	0.990 4244
	11	8798.5	228 17 52.24	−0.68	15 03 18.58	−17 16 17.8	0.990 1844
	12	8799.5	229 18 10.07	−0.61	15 07 21.63	−17 32 51.2	0.989 9485
	13	8800.5	230 18 29.58	−0.52	15 11 25.53	−17 49 06.4	0.989 7169
	14	8801.5	231 18 50.80	−0.40	15 15 30.29	−18 05 03.1	0.989 4896
	15	8802.5	232 19 13.77	−0.28	15 19 35.90	−18 20 40.9	0.989 2668
	16	8803.5	233 19 38.52	−0.14	15 23 42.37	−18 35 59.5	0.989 0484

FOR 0^h TERRESTRIAL TIME

Date		Pos. Angle of Axis P	Heliographic		Horiz. Parallax	Semi-Diameter		Ephemeris Transit
			Latitude B_0	Longitude L_0				
		°	°	°	"	' "		h m s
Oct.	1	+ 25.93	+ 6.74	203.67	8.78	15 58.27		11 49 44.11
	2	+ 25.99	+ 6.70	190.47	8.78	15 58.54		11 49 24.90
	3	+ 26.05	+ 6.65	177.28	8.79	15 58.82		11 49 05.97
	4	+ 26.10	+ 6.60	164.08	8.79	15 59.11		11 48 47.36
	5	+ 26.15	+ 6.55	150.89	8.79	15 59.39		11 48 29.08
	6	+ 26.18	+ 6.49	137.69	8.79	15 59.67		11 48 11.15
	7	+ 26.22	+ 6.43	124.50	8.80	15 59.95		11 47 53.59
	8	+ 26.24	+ 6.38	111.31	8.80	16 00.23		11 47 36.42
	9	+ 26.25	+ 6.31	98.11	8.80	16 00.52		11 47 19.66
	10	+ 26.26	+ 6.25	84.92	8.80	16 00.80		11 47 03.34
	11	+ 26.26	+ 6.19	71.73	8.81	16 01.08		11 46 47.48
	12	+ 26.26	+ 6.12	58.53	8.81	16 01.36		11 46 32.09
	13	+ 26.24	+ 6.05	45.34	8.81	16 01.64		11 46 17.20
	14	+ 26.22	+ 5.98	32.15	8.81	16 01.91		11 46 02.84
	15	+ 26.20	+ 5.91	18.96	8.82	16 02.19		11 45 49.01
	16	+ 26.16	+ 5.84	5.77	8.82	16 02.46		11 45 35.75
	17	+ 26.12	+ 5.76	352.58	8.82	16 02.73		11 45 23.08
	18	+ 26.07	+ 5.69	339.38	8.82	16 03.00		11 45 11.00
	19	+ 26.01	+ 5.61	326.19	8.83	16 03.27		11 44 59.56
	20	+ 25.94	+ 5.53	313.00	8.83	16 03.53		11 44 48.75
	21	+ 25.87	+ 5.44	299.81	8.83	16 03.80		11 44 38.61
	22	+ 25.79	+ 5.36	286.63	8.83	16 04.06		11 44 29.14
	23	+ 25.70	+ 5.27	273.44	8.84	16 04.32		11 44 20.37
	24	+ 25.60	+ 5.19	260.25	8.84	16 04.59		11 44 12.30
	25	+ 25.49	+ 5.10	247.06	8.84	16 04.85		11 44 04.95
	26	+ 25.38	+ 5.01	233.87	8.84	16 05.11		11 43 58.34
	27	+ 25.26	+ 4.92	220.68	8.85	16 05.37		11 43 52.46
	28	+ 25.13	+ 4.82	207.50	8.85	16 05.63		11 43 47.33
	29	+ 25.00	+ 4.73	194.31	8.85	16 05.89		11 43 42.95
	30	+ 24.85	+ 4.63	181.12	8.85	16 06.15		11 43 39.33
	31	+ 24.70	+ 4.53	167.94	8.86	16 06.41		11 43 36.48
Nov.	1	+ 24.54	+ 4.43	154.75	8.86	16 06.67		11 43 34.41
	2	+ 24.37	+ 4.33	141.56	8.86	16 06.93		11 43 33.12
	3	+ 24.20	+ 4.23	128.38	8.86	16 07.19		11 43 32.61
	4	+ 24.02	+ 4.13	115.19	8.87	16 07.44		11 43 32.91
	5	+ 23.83	+ 4.02	102.01	8.87	16 07.70		11 43 34.01
	6	+ 23.63	+ 3.92	88.82	8.87	16 07.95		11 43 35.92
	7	+ 23.42	+ 3.81	75.64	8.87	16 08.20		11 43 38.65
	8	+ 23.21	+ 3.70	62.45	8.87	16 08.44		11 43 42.21
	9	+ 22.98	+ 3.59	49.27	8.88	16 08.68		11 43 46.59
	10	+ 22.75	+ 3.48	36.08	8.88	16 08.92		11 43 51.82
	11	+ 22.52	+ 3.37	22.90	8.88	16 09.16		11 43 57.88
	12	+ 22.27	+ 3.25	9.71	8.88	16 09.39		11 44 04.80
	13	+ 22.02	+ 3.14	356.53	8.89	16 09.62		11 44 12.56
	14	+ 21.76	+ 3.03	343.35	8.89	16 09.84		11 44 21.17
	15	+ 21.49	+ 2.91	330.16	8.89	16 10.06		11 44 30.64
	16	+ 21.21	+ 2.79	316.98	8.89	16 10.27		11 44 40.97

SUN, 2019

FOR 0ʰ TERRESTRIAL TIME

Date		Julian Date	Geometric Ecliptic Coords. Mn Equinox & Ecliptic of Date		Apparent R. A.	Apparent Declination	True Geocentric Distance
			Longitude	Latitude			
		245	° ′ ″	″	h m s	° ′ ″	au
Nov.	16	8803.5	233 19 38.52	−0.14	15 23 42.37	−18 35 59.5	0.989 0484
	17	8804.5	234 20 05.08	0.00	15 27 49.69	−18 50 58.4	0.988 8342
	18	8805.5	235 20 33.48	+0.13	15 31 57.87	−19 05 37.3	0.988 6243
	19	8806.5	236 21 03.73	+0.26	15 36 06.90	−19 19 55.9	0.988 4184
	20	8807.5	237 21 35.84	+0.36	15 40 16.77	−19 33 53.7	0.988 2162
	21	8808.5	238 22 09.79	+0.44	15 44 27.47	−19 47 30.3	0.988 0175
	22	8809.5	239 22 45.56	+0.49	15 48 39.01	−20 00 45.5	0.987 8221
	23	8810.5	240 23 23.08	+0.50	15 52 51.36	−20 13 38.8	0.987 6296
	24	8811.5	241 24 02.29	+0.48	15 57 04.52	−20 26 09.8	0.987 4398
	25	8812.5	242 24 43.11	+0.43	16 01 18.47	−20 38 18.3	0.987 2525
	26	8813.5	243 25 25.44	+0.35	16 05 33.20	−20 50 03.8	0.987 0677
	27	8814.5	244 26 09.18	+0.25	16 09 48.68	−21 01 26.0	0.986 8852
	28	8815.5	245 26 54.23	+0.13	16 14 04.90	−21 12 24.5	0.986 7053
	29	8816.5	246 27 40.49	0.00	16 18 21.83	−21 22 59.1	0.986 5281
	30	8817.5	247 28 27.88	−0.13	16 22 39.44	−21 33 09.4	0.986 3537
Dec.	1	8818.5	248 29 16.32	−0.26	16 26 57.72	−21 42 55.1	0.986 1825
	2	8819.5	249 30 05.76	−0.37	16 31 16.63	−21 52 15.8	0.986 0146
	3	8820.5	250 30 56.13	−0.47	16 35 36.16	−22 01 11.4	0.985 8505
	4	8821.5	251 31 47.40	−0.54	16 39 56.29	−22 09 41.4	0.985 6904
	5	8822.5	252 32 39.53	−0.59	16 44 16.99	−22 17 45.7	0.985 5345
	6	8823.5	253 33 32.49	−0.62	16 48 38.23	−22 25 23.9	0.985 3832
	7	8824.5	254 34 26.26	−0.61	16 53 00.00	−22 32 35.9	0.985 2367
	8	8825.5	255 35 20.82	−0.58	16 57 22.27	−22 39 21.5	0.985 0953
	9	8826.5	256 36 16.17	−0.51	17 01 45.02	−22 45 40.4	0.984 9592
	10	8827.5	257 37 12.31	−0.42	17 06 08.21	−22 51 32.4	0.984 8288
	11	8828.5	258 38 09.25	−0.31	17 10 31.83	−22 56 57.3	0.984 7041
	12	8829.5	259 39 07.01	−0.18	17 14 55.85	−23 01 55.1	0.984 5853
	13	8830.5	260 40 05.62	−0.04	17 19 20.25	−23 06 25.5	0.984 4727
	14	8831.5	261 41 05.09	+0.10	17 23 44.99	−23 10 28.5	0.984 3662
	15	8832.5	262 42 05.48	+0.24	17 28 10.04	−23 14 03.8	0.984 2658
	16	8833.5	263 43 06.80	+0.37	17 32 35.38	−23 17 11.4	0.984 1713
	17	8834.5	264 44 09.07	+0.48	17 37 00.98	−23 19 51.2	0.984 0827
	18	8835.5	265 45 12.31	+0.57	17 41 26.81	−23 22 03.0	0.983 9997
	19	8836.5	266 46 16.50	+0.63	17 45 52.84	−23 23 46.8	0.983 9220
	20	8837.5	267 47 21.62	+0.65	17 50 19.03	−23 25 02.4	0.983 8493
	21	8838.5	268 48 27.63	+0.64	17 54 45.35	−23 25 49.9	0.983 7812
	22	8839.5	269 49 34.47	+0.60	17 59 11.78	−23 26 09.2	0.983 7175
	23	8840.5	270 50 42.06	+0.52	18 03 38.27	−23 26 00.2	0.983 6579
	24	8841.5	271 51 50.32	+0.42	18 08 04.78	−23 25 22.9	0.983 6022
	25	8842.5	272 52 59.15	+0.30	18 12 31.29	−23 24 17.5	0.983 5502
	26	8843.5	273 54 08.45	+0.17	18 16 57.74	−23 22 43.8	0.983 5019
	27	8844.5	274 55 18.11	+0.04	18 21 24.09	−23 20 41.9	0.983 4573
	28	8845.5	275 56 28.03	−0.09	18 25 50.31	−23 18 11.9	0.983 4164
	29	8846.5	276 57 38.12	−0.21	18 30 16.36	−23 15 13.8	0.983 3794
	30	8847.5	277 58 48.30	−0.32	18 34 42.20	−23 11 47.7	0.983 3463
	31	8848.5	278 59 58.49	−0.40	18 39 07.80	−23 07 53.8	0.983 3175
	32	8849.5	280 01 08.62	−0.47	18 43 33.11	−23 03 32.0	0.983 2931

FOR 0ʰ TERRESTRIAL TIME

Date	Pos. Angle of Axis P	Heliographic		Horiz. Parallax	Semi-Diameter	Ephemeris Transit
		Latitude B_0	Longitude L_0			
	°	°	°	″	′ ″	h m s
Nov. 16	+ 21.21	+ 2.79	316.98	8.89	16 10.27	11 44 40.97
17	+ 20.93	+ 2.67	303.80	8.89	16 10.48	11 44 52.15
18	+ 20.64	+ 2.56	290.61	8.90	16 10.69	11 45 04.19
19	+ 20.34	+ 2.44	277.43	8.90	16 10.89	11 45 17.07
20	+ 20.04	+ 2.32	264.25	8.90	16 11.09	11 45 30.80
21	+ 19.73	+ 2.19	251.07	8.90	16 11.28	11 45 45.36
22	+ 19.41	+ 2.07	237.89	8.90	16 11.48	11 46 00.75
23	+ 19.08	+ 1.95	224.71	8.90	16 11.66	11 46 16.95
24	+ 18.75	+ 1.83	211.53	8.91	16 11.85	11 46 33.95
25	+ 18.41	+ 1.70	198.35	8.91	16 12.04	11 46 51.74
26	+ 18.06	+ 1.58	185.17	8.91	16 12.22	11 47 10.28
27	+ 17.71	+ 1.45	171.99	8.91	16 12.40	11 47 29.57
28	+ 17.34	+ 1.33	158.81	8.91	16 12.57	11 47 49.58
29	+ 16.98	+ 1.20	145.63	8.91	16 12.75	11 48 10.29
30	+ 16.61	+ 1.08	132.45	8.92	16 12.92	11 48 31.67
Dec. 1	+ 16.23	+ 0.95	119.27	8.92	16 13.09	11 48 53.71
2	+ 15.84	+ 0.82	106.09	8.92	16 13.26	11 49 16.38
3	+ 15.45	+ 0.70	92.91	8.92	16 13.42	11 49 39.66
4	+ 15.05	+ 0.57	79.73	8.92	16 13.58	11 50 03.53
5	+ 14.65	+ 0.44	66.56	8.92	16 13.73	11 50 27.95
6	+ 14.24	+ 0.31	53.38	8.92	16 13.88	11 50 52.91
7	+ 13.83	+ 0.18	40.20	8.93	16 14.02	11 51 18.39
8	+ 13.41	+ 0.06	27.02	8.93	16 14.16	11 51 44.35
9	+ 12.99	− 0.07	13.85	8.93	16 14.30	11 52 10.77
10	+ 12.56	− 0.20	0.67	8.93	16 14.43	11 52 37.63
11	+ 12.13	− 0.33	347.49	8.93	16 14.55	11 53 04.90
12	+ 11.69	− 0.46	334.32	8.93	16 14.67	11 53 32.56
13	+ 11.25	− 0.58	321.14	8.93	16 14.78	11 54 00.57
14	+ 10.81	− 0.71	307.96	8.93	16 14.89	11 54 28.91
15	+ 10.36	− 0.84	294.79	8.93	16 14.99	11 54 57.56
16	+ 9.91	− 0.97	281.61	8.94	16 15.08	11 55 26.48
17	+ 9.45	− 1.09	268.44	8.94	16 15.17	11 55 55.65
18	+ 8.99	− 1.22	255.26	8.94	16 15.25	11 56 25.04
19	+ 8.53	− 1.35	242.09	8.94	16 15.33	11 56 54.61
20	+ 8.06	− 1.47	228.92	8.94	16 15.40	11 57 24.33
21	+ 7.60	− 1.60	215.74	8.94	16 15.47	11 57 54.17
22	+ 7.12	− 1.73	202.57	8.94	16 15.53	11 58 24.08
23	+ 6.65	− 1.85	189.40	8.94	16 15.59	11 58 54.04
24	+ 6.18	− 1.97	176.22	8.94	16 15.64	11 59 24.00
25	+ 5.70	− 2.10	163.05	8.94	16 15.69	11 59 53.93
26	+ 5.22	− 2.22	149.88	8.94	16 15.74	12 00 23.79
27	+ 4.74	− 2.34	136.71	8.94	16 15.79	12 00 53.53
28	+ 4.26	− 2.46	123.54	8.94	16 15.83	12 01 23.11
29	+ 3.78	− 2.58	110.37	8.94	16 15.86	12 01 52.51
30	+ 3.29	− 2.70	97.19	8.94	16 15.90	12 02 21.69
31	+ 2.81	− 2.82	84.02	8.94	16 15.93	12 02 50.60
32	+ 2.32	− 2.94	70.85	8.94	16 15.95	12 03 19.22

SUN, 2019

ICRS GEOCENTRIC RECTANGULAR COORDINATES
FOR 0^h TERRESTRIAL TIME

Date		x	y	z	Date		x	y	z
		au	au	au			au	au	au
Jan.	0	+0.153 5025	−0.891 1391	−0.386 3054	Feb.	15	+0.816 2626	−0.510 0374	−0.221 1051
	1	+0.170 7557	−0.888 4820	−0.385 1537		16	+0.826 0944	−0.496 8542	−0.215 3895
	2	+0.187 9568	−0.885 5474	−0.383 8818		17	+0.835 6728	−0.483 5202	−0.209 6085
	3	+0.205 1004	−0.882 3359	−0.382 4900		18	+0.844 9954	−0.470 0393	−0.203 7639
	4	+0.222 1808	−0.878 8484	−0.380 9788		19	+0.854 0600	−0.456 4158	−0.197 8574
	5	+0.239 1923	−0.875 0859	−0.379 3484		20	+0.862 8643	−0.442 6534	−0.191 8908
	6	+0.256 1292	−0.871 0497	−0.377 5994		21	+0.871 4061	−0.428 7562	−0.185 8658
	7	+0.272 9861	−0.866 7410	−0.375 7323		22	+0.879 6829	−0.414 7279	−0.179 7842
	8	+0.289 7573	−0.862 1614	−0.373 7478		23	+0.887 6926	−0.400 5726	−0.173 6477
	9	+0.306 4375	−0.857 3124	−0.371 6465		24	+0.895 4326	−0.386 2942	−0.167 4580
	10	+0.323 0212	−0.852 1957	−0.369 4290		25	+0.902 9004	−0.371 8968	−0.161 2170
	11	+0.339 5030	−0.846 8134	−0.367 0963		26	+0.910 0939	−0.357 3848	−0.154 9263
	12	+0.355 8778	−0.841 1672	−0.364 6492		27	+0.917 0105	−0.342 7624	−0.148 5880
	13	+0.372 1404	−0.835 2592	−0.362 0884		28	+0.923 6480	−0.328 0340	−0.142 2038
	14	+0.388 2857	−0.829 0917	−0.359 4150	Mar.	1	+0.930 0044	−0.313 2044	−0.135 7758
	15	+0.404 3088	−0.822 6669	−0.356 6298		2	+0.936 0775	−0.298 2780	−0.129 3059
	16	+0.420 2048	−0.815 9871	−0.353 7340		3	+0.941 8654	−0.283 2596	−0.122 7961
	17	+0.435 9690	−0.809 0547	−0.350 7285		4	+0.947 3662	−0.268 1540	−0.116 2485
	18	+0.451 5968	−0.801 8723	−0.347 6144		5	+0.952 5784	−0.252 9660	−0.109 6651
	19	+0.467 0837	−0.794 4422	−0.344 3929		6	+0.957 5004	−0.237 7005	−0.103 0481
	20	+0.482 4254	−0.786 7669	−0.341 0650		7	+0.962 1306	−0.222 3625	−0.096 3995
	21	+0.497 6176	−0.778 8490	−0.337 6319		8	+0.966 4680	−0.206 9569	−0.089 7216
	22	+0.512 6561	−0.770 6906	−0.334 0945		9	+0.970 5112	−0.191 4887	−0.083 0163
	23	+0.527 5368	−0.762 2943	−0.330 4540		10	+0.974 2594	−0.175 9630	−0.076 2860
	24	+0.542 2552	−0.753 6622	−0.326 7115		11	+0.977 7118	−0.160 3848	−0.069 5327
	25	+0.556 8072	−0.744 7966	−0.322 8678		12	+0.980 8676	−0.144 7591	−0.062 7588
	26	+0.571 1882	−0.735 7001	−0.318 9242		13	+0.983 7265	−0.129 0909	−0.055 9662
	27	+0.585 3938	−0.726 3750	−0.314 8817		14	+0.986 2880	−0.113 3852	−0.049 1573
	28	+0.599 4195	−0.716 8240	−0.310 7414		15	+0.988 5519	−0.097 6469	−0.042 3341
	29	+0.613 2607	−0.707 0499	−0.306 5046		16	+0.990 5183	−0.081 8807	−0.035 4988
	30	+0.626 9129	−0.697 0555	−0.302 1724		17	+0.992 1872	−0.066 0916	−0.028 6535
	31	+0.640 3717	−0.686 8440	−0.297 7462		18	+0.993 5588	−0.050 2840	−0.021 8002
Feb.	1	+0.653 6327	−0.676 4185	−0.293 2274		19	+0.994 6332	−0.034 4625	−0.014 9410
	2	+0.666 6914	−0.665 7822	−0.288 6173		20	+0.995 4108	−0.018 6316	−0.008 0777
	3	+0.679 5437	−0.654 9387	−0.283 9173		21	+0.995 8917	−0.002 7954	−0.001 2124
	4	+0.692 1853	−0.643 8916	−0.279 1291		22	+0.996 0761	+0.013 0415	+0.005 6532
	5	+0.704 6123	−0.632 6443	−0.274 2541		23	+0.995 9641	+0.028 8751	+0.012 5171
	6	+0.716 8205	−0.621 2008	−0.269 2941		24	+0.995 5559	+0.044 7008	+0.019 3774
	7	+0.728 8062	−0.609 5649	−0.264 2505		25	+0.994 8515	+0.060 5143	+0.026 2323
	8	+0.740 5657	−0.597 7406	−0.259 1251		26	+0.993 8509	+0.076 3111	+0.033 0798
	9	+0.752 0954	−0.585 7317	−0.253 9196		27	+0.992 5545	+0.092 0866	+0.039 9180
	10	+0.763 3917	−0.573 5425	−0.248 6358		28	+0.990 9625	+0.107 8361	+0.046 7448
	11	+0.774 4514	−0.561 1771	−0.243 2754		29	+0.989 0753	+0.123 5549	+0.053 5582
	12	+0.785 2713	−0.548 6396	−0.237 8403		30	+0.986 8934	+0.139 2383	+0.060 3563
	13	+0.795 8484	−0.535 9343	−0.232 3323		31	+0.984 4174	+0.154 8816	+0.067 1370
	14	+0.806 1797	−0.523 0655	−0.226 7533	Apr.	1	+0.981 6480	+0.170 4798	+0.073 8983
	15	+0.816 2626	−0.510 0374	−0.221 1051		2	+0.978 5862	+0.186 0283	+0.080 6380

ICRS GEOCENTRIC RECTANGULAR COORDINATES
FOR 0ʰ TERRESTRIAL TIME

Date		x	y	z	Date		x	y	z
		au	au	au			au	au	au
Apr.	1	+0.981 6480	+0.170 4798	+0.073 8983	May	17	+0.571 7186	+0.765 1738	+0.331 7032
	2	+0.978 5862	+0.186 0283	+0.080 6380		18	+0.557 7320	+0.774 0434	+0.335 5480
	3	+0.975 2330	+0.201 5221	+0.087 3542		19	+0.543 5869	+0.782 6928	+0.339 2972
	4	+0.971 5894	+0.216 9566	+0.094 0447		20	+0.529 2874	+0.791 1198	+0.342 9498
	5	+0.967 6568	+0.232 3269	+0.100 7075		21	+0.514 8371	+0.799 3223	+0.346 5050
	6	+0.963 4366	+0.247 6281	+0.107 3405		22	+0.500 2400	+0.807 2980	+0.349 9619
	7	+0.958 9303	+0.262 8556	+0.113 9418		23	+0.485 4998	+0.815 0448	+0.353 3194
	8	+0.954 1396	+0.278 0046	+0.120 5091		24	+0.470 6207	+0.822 5604	+0.356 5768
	9	+0.949 0665	+0.293 0705	+0.127 0406		25	+0.455 6065	+0.829 8427	+0.359 7331
	10	+0.943 7129	+0.308 0486	+0.133 5341		26	+0.440 4616	+0.836 8896	+0.362 7874
	11	+0.938 0810	+0.322 9346	+0.139 9878		27	+0.425 1899	+0.843 6990	+0.365 7388
	12	+0.932 1730	+0.337 7239	+0.146 3996		28	+0.409 7959	+0.850 2687	+0.368 5865
	13	+0.925 9914	+0.352 4125	+0.152 7678		29	+0.394 2838	+0.856 5967	+0.371 3295
	14	+0.919 5386	+0.366 9960	+0.159 0905		30	+0.378 6582	+0.862 6812	+0.373 9671
	15	+0.912 8170	+0.381 4707	+0.165 3659		31	+0.362 9235	+0.868 5201	+0.376 4983
	16	+0.905 8293	+0.395 8325	+0.171 5923	June	1	+0.347 0843	+0.874 1116	+0.378 9225
	17	+0.898 5778	+0.410 0777	+0.177 7681		2	+0.331 1453	+0.879 4541	+0.381 2389
	18	+0.891 0651	+0.424 2028	+0.183 8915		3	+0.315 1115	+0.884 5458	+0.383 4467
	19	+0.883 2936	+0.438 2041	+0.189 9612		4	+0.298 9876	+0.889 3851	+0.385 5452
	20	+0.875 2656	+0.452 0780	+0.195 9755		5	+0.282 7786	+0.893 9708	+0.387 5338
	21	+0.866 9835	+0.465 8209	+0.201 9328		6	+0.266 4897	+0.898 3015	+0.389 4119
	22	+0.858 4494	+0.479 4292	+0.207 8316		7	+0.250 1258	+0.902 3763	+0.391 1791
	23	+0.849 6659	+0.492 8991	+0.213 6704		8	+0.233 6921	+0.906 1942	+0.392 8349
	24	+0.840 6352	+0.506 2270	+0.219 4474		9	+0.217 1935	+0.909 7546	+0.394 3790
	25	+0.831 3598	+0.519 4090	+0.225 1612		10	+0.200 6351	+0.913 0568	+0.395 8110
	26	+0.821 8423	+0.532 4413	+0.230 8101		11	+0.184 0216	+0.916 1005	+0.397 1308
	27	+0.812 0854	+0.545 3202	+0.236 3924		12	+0.167 3579	+0.918 8851	+0.398 3381
	28	+0.802 0917	+0.558 0419	+0.241 9067		13	+0.150 6485	+0.921 4105	+0.399 4329
	29	+0.791 8643	+0.570 6026	+0.247 3512		14	+0.133 8982	+0.923 6763	+0.400 4150
	30	+0.781 4060	+0.582 9984	+0.252 7244		15	+0.117 1112	+0.925 6823	+0.401 2843
May	1	+0.770 7200	+0.595 2258	+0.258 0247		16	+0.100 2922	+0.927 4282	+0.402 0407
	2	+0.759 8094	+0.607 2811	+0.263 2504		17	+0.083 4455	+0.928 9137	+0.402 6841
	3	+0.748 6775	+0.619 1604	+0.268 4001		18	+0.066 5754	+0.930 1385	+0.403 2145
	4	+0.737 3278	+0.630 8604	+0.273 4721		19	+0.049 6865	+0.931 1023	+0.403 6316
	5	+0.725 7639	+0.642 3773	+0.278 4650		20	+0.032 7831	+0.931 8048	+0.403 9355
	6	+0.713 9894	+0.653 7078	+0.283 3772		21	+0.015 8698	+0.932 2457	+0.404 1260
	7	+0.702 0082	+0.664 8485	+0.288 2072		22	−0.001 0490	+0.932 4248	+0.404 2031
	8	+0.689 8241	+0.675 7962	+0.292 9537		23	−0.017 9687	+0.932 3418	+0.404 1667
	9	+0.677 4413	+0.686 5477	+0.297 6151		24	−0.034 8847	+0.931 9965	+0.404 0166
	10	+0.664 8637	+0.697 1001	+0.302 1903		25	−0.051 7923	+0.931 3889	+0.403 7530
	11	+0.652 0957	+0.707 4505	+0.306 6780		26	−0.068 6868	+0.930 5188	+0.403 3757
	12	+0.639 1413	+0.717 5964	+0.311 0769		27	−0.085 5634	+0.929 3863	+0.402 8849
	13	+0.626 0048	+0.727 5352	+0.315 3860		28	−0.102 4174	+0.927 9914	+0.402 2804
	14	+0.612 6902	+0.737 2646	+0.319 6041		29	−0.119 2438	+0.926 3343	+0.401 5624
	15	+0.599 2017	+0.746 7823	+0.323 7303		30	−0.136 0377	+0.924 4151	+0.400 7310
	16	+0.585 5432	+0.756 0860	+0.327 7637	July	1	−0.152 7941	+0.922 2342	+0.399 7862
	17	+0.571 7186	+0.765 1738	+0.331 7032		2	−0.169 5079	+0.919 7922	+0.398 7283

SUN, 2019

ICRS GEOCENTRIC RECTANGULAR COORDINATES
FOR 0ʰ TERRESTRIAL TIME

Date		x	y	z	Date		x	y	z
		au	au	au			au	au	au
July	1	−0.152 7941	+0.922 2342	+0.399 7862	Aug.	16	−0.804 5479	+0.564 3805	+0.244 6582
	2	−0.169 5079	+0.919 7922	+0.398 7283		17	−0.814 5989	+0.551 8264	+0.239 2156
	3	−0.186 1741	+0.917 0895	+0.397 5575		18	−0.824 4192	+0.539 1154	+0.233 7051
	4	−0.202 7874	+0.914 1270	+0.396 2740		19	−0.834 0058	+0.526 2508	+0.228 1281
	5	−0.219 3427	+0.910 9057	+0.394 8784		20	−0.843 3559	+0.513 2360	+0.222 4861
	6	−0.235 8351	+0.907 4268	+0.393 3709		21	−0.852 4667	+0.500 0741	+0.216 7806
	7	−0.252 2595	+0.903 6915	+0.391 7523		22	−0.861 3353	+0.486 7688	+0.211 0130
	8	−0.268 6112	+0.899 7014	+0.390 0230		23	−0.869 9589	+0.473 3234	+0.205 1848
	9	−0.284 8855	+0.895 4579	+0.388 1837		24	−0.878 3347	+0.459 7414	+0.199 2975
	10	−0.301 0779	+0.890 9626	+0.386 2350		25	−0.886 4598	+0.446 0264	+0.193 3527
	11	−0.317 1839	+0.886 2172	+0.384 1778		26	−0.894 3314	+0.432 1822	+0.187 3520
	12	−0.333 1992	+0.881 2232	+0.382 0127		27	−0.901 9467	+0.418 2126	+0.181 2969
	13	−0.349 1196	+0.875 9823	+0.379 7403		28	−0.909 3029	+0.404 1215	+0.175 1892
	14	−0.364 9411	+0.870 4961	+0.377 3615		29	−0.916 3973	+0.389 9130	+0.169 0305
	15	−0.380 6593	+0.864 7661	+0.374 8770		30	−0.923 2274	+0.375 5914	+0.162 8227
	16	−0.396 2703	+0.858 7939	+0.372 2874		31	−0.929 7906	+0.361 1610	+0.156 5677
	17	−0.411 7700	+0.852 5812	+0.369 5935	Sept.	1	−0.936 0846	+0.346 6265	+0.150 2673
	18	−0.427 1543	+0.846 1294	+0.366 7961		2	−0.942 1075	+0.331 9923	+0.143 9235
	19	−0.442 4191	+0.839 4403	+0.363 8958		3	−0.947 8574	+0.317 2630	+0.137 5384
	20	−0.457 5603	+0.832 5153	+0.360 8933		4	−0.953 3327	+0.302 4432	+0.131 1138
	21	−0.472 5738	+0.825 3563	+0.357 7894		5	−0.958 5318	+0.287 5374	+0.124 6518
	22	−0.487 4554	+0.817 9648	+0.354 5850		6	−0.963 4535	+0.272 5500	+0.118 1543
	23	−0.502 2010	+0.810 3427	+0.351 2806		7	−0.968 0965	+0.257 4854	+0.111 6232
	24	−0.516 8064	+0.802 4917	+0.347 8773		8	−0.972 4596	+0.242 3478	+0.105 0605
	25	−0.531 2674	+0.794 4138	+0.344 3756		9	−0.976 5416	+0.227 1416	+0.098 4680
	26	−0.545 5797	+0.786 1108	+0.340 7766		10	−0.980 3415	+0.211 8710	+0.091 8475
	27	−0.559 7391	+0.777 5848	+0.337 0811		11	−0.983 8583	+0.196 5403	+0.085 2010
	28	−0.573 7413	+0.768 8380	+0.333 2899		12	−0.987 0909	+0.181 1535	+0.078 5304
	29	−0.587 5820	+0.759 8724	+0.329 4040		13	−0.990 0384	+0.165 7149	+0.071 8373
	30	−0.601 2569	+0.750 6905	+0.325 4245		14	−0.992 6998	+0.150 2287	+0.065 1237
	31	−0.614 7616	+0.741 2948	+0.321 3522		15	−0.995 0742	+0.134 6991	+0.058 3914
Aug.	1	−0.628 0918	+0.731 6879	+0.317 1884		16	−0.997 1607	+0.119 1302	+0.051 6423
	2	−0.641 2432	+0.721 8726	+0.312 9342		17	−0.998 9586	+0.103 5264	+0.044 8781
	3	−0.654 2117	+0.711 8521	+0.308 5909		18	−1.000 4668	+0.087 8917	+0.038 1007
	4	−0.666 9932	+0.701 6294	+0.304 1598		19	−1.001 6846	+0.072 2306	+0.031 3119
	5	−0.679 5840	+0.691 2078	+0.299 6424		20	−1.002 6113	+0.056 5473	+0.024 5137
	6	−0.691 9805	+0.680 5906	+0.295 0400		21	−1.003 2460	+0.040 8461	+0.017 7078
	7	−0.704 1792	+0.669 7811	+0.290 3540		22	−1.003 5881	+0.025 1316	+0.010 8963
	8	−0.716 1767	+0.658 7827	+0.285 5860		23	−1.003 6367	+0.009 4082	+0.004 0809
	9	−0.727 9699	+0.647 5985	+0.280 7373		24	−1.003 3913	−0.006 3196	−0.002 7364
	10	−0.739 5557	+0.636 2320	+0.275 8094		25	−1.002 8513	−0.022 0469	−0.009 5535
	11	−0.750 9311	+0.624 6862	+0.270 8037		26	−1.002 0162	−0.037 7691	−0.016 3684
	12	−0.762 0930	+0.612 9643	+0.265 7217		27	−1.000 8857	−0.053 4811	−0.023 1791
	13	−0.773 0386	+0.601 0697	+0.260 5647		28	−0.999 4595	−0.069 1781	−0.029 9834
	14	−0.783 7648	+0.589 0054	+0.255 3342		29	−0.997 7377	−0.084 8548	−0.036 7791
	15	−0.794 2689	+0.576 7746	+0.250 0316		30	−0.995 7205	−0.100 5063	−0.043 5640
	16	−0.804 5479	+0.564 3805	+0.244 6582	Oct.	1	−0.993 4086	−0.116 1275	−0.050 3359

ICRS GEOCENTRIC RECTANGULAR COORDINATES
FOR 0ʰ TERRESTRIAL TIME

Date		x	y	z	Date		x	y	z
		au	au	au			au	au	au
Oct.	1	−0.993 4086	−0.116 1275	−0.050 3359	Nov.	16	−0.594 5380	−0.725 1980	−0.314 3710
	2	−0.990 8026	−0.131 7133	−0.057 0927		17	−0.580 4248	−0.734 5170	−0.318 4101
	3	−0.987 9033	−0.147 2590	−0.063 8322		18	−0.566 1333	−0.743 6128	−0.322 3524
	4	−0.984 7117	−0.162 7597	−0.070 5524		19	−0.551 6676	−0.752 4822	−0.326 1967
	5	−0.981 2290	−0.178 2108	−0.077 2510		20	−0.537 0317	−0.761 1220	−0.329 9416
	6	−0.977 4562	−0.193 6078	−0.083 9263		21	−0.522 2296	−0.769 5294	−0.333 5858
	7	−0.973 3946	−0.208 9461	−0.090 5761		22	−0.507 2655	−0.777 7010	−0.337 1280
	8	−0.969 0454	−0.224 2212	−0.097 1985		23	−0.492 1440	−0.785 6339	−0.340 5669
	9	−0.964 4099	−0.239 4289	−0.103 7915		24	−0.476 8695	−0.793 3251	−0.343 9012
	10	−0.959 4894	−0.254 5647	−0.110 3533		25	−0.461 4468	−0.800 7717	−0.347 1297
	11	−0.954 2853	−0.269 6243	−0.116 8820		26	−0.445 8808	−0.807 9710	−0.350 2510
	12	−0.948 7990	−0.284 6035	−0.123 3757		27	−0.430 1767	−0.814 9202	−0.353 2641
	13	−0.943 0318	−0.299 4980	−0.129 8326		28	−0.414 3395	−0.821 6171	−0.356 1679
	14	−0.936 9854	−0.314 3037	−0.136 2508		29	−0.398 3744	−0.828 0593	−0.358 9613
	15	−0.930 6611	−0.329 0162	−0.142 6285		30	−0.382 2868	−0.834 2448	−0.361 6435
	16	−0.924 0606	−0.343 6314	−0.148 9638	Dec.	1	−0.366 0817	−0.840 1717	−0.364 2135
	17	−0.917 1852	−0.358 1451	−0.155 2551		2	−0.349 7646	−0.845 8382	−0.366 6706
	18	−0.910 0366	−0.372 5531	−0.161 5003		3	−0.333 3406	−0.851 2426	−0.369 0140
	19	−0.902 6165	−0.386 8510	−0.167 6979		4	−0.316 8148	−0.856 3834	−0.371 2429
	20	−0.894 9263	−0.401 0347	−0.173 8458		5	−0.300 1926	−0.861 2591	−0.373 3569
	21	−0.886 9680	−0.415 0999	−0.179 9424		6	−0.283 4790	−0.865 8684	−0.375 3552
	22	−0.878 7431	−0.429 0420	−0.185 9856		7	−0.266 6793	−0.870 2100	−0.377 2373
	23	−0.870 2536	−0.442 8567	−0.191 9737		8	−0.249 7984	−0.874 2828	−0.379 0027
	24	−0.861 5015	−0.456 5396	−0.197 9047		9	−0.232 8417	−0.878 0856	−0.380 6510
	25	−0.852 4890	−0.470 0859	−0.203 7767		10	−0.215 8140	−0.881 6174	−0.382 1816
	26	−0.843 2182	−0.483 4912	−0.209 5877		11	−0.198 7205	−0.884 8772	−0.383 5943
	27	−0.833 6918	−0.496 7509	−0.215 3358		12	−0.181 5661	−0.887 8642	−0.384 8885
	28	−0.823 9124	−0.509 8603	−0.221 0189		13	−0.164 3558	−0.890 5775	−0.386 0640
	29	−0.813 8832	−0.522 8151	−0.226 6351		14	−0.147 0945	−0.893 0161	−0.387 1205
	30	−0.803 6071	−0.535 6109	−0.232 1826		15	−0.129 7872	−0.895 1792	−0.388 0575
	31	−0.793 0874	−0.548 2435	−0.237 6594		16	−0.112 4388	−0.897 0658	−0.388 8748
Nov.	1	−0.782 3277	−0.560 7089	−0.243 0638		17	−0.095 0543	−0.898 6753	−0.389 5719
	2	−0.771 3313	−0.573 0031	−0.248 3941		18	−0.077 6389	−0.900 0065	−0.390 1487
	3	−0.760 1017	−0.585 1225	−0.253 6485		19	−0.060 1977	−0.901 0587	−0.390 6046
	4	−0.748 6425	−0.597 0633	−0.258 8255		20	−0.042 7361	−0.901 8312	−0.390 9394
	5	−0.736 9572	−0.608 8220	−0.263 9235		21	−0.025 2594	−0.902 3231	−0.391 1528
	6	−0.725 0494	−0.620 3950	−0.268 9409		22	−0.007 7732	−0.902 5339	−0.391 2445
	7	−0.712 9227	−0.631 7790	−0.273 8762		23	+0.009 7168	−0.902 4632	−0.391 2143
	8	−0.700 5808	−0.642 9707	−0.278 7281		24	+0.027 2049	−0.902 1107	−0.391 0620
	9	−0.688 0274	−0.653 9667	−0.283 4950		25	+0.044 6853	−0.901 4762	−0.390 7877
	10	−0.675 2660	−0.664 7639	−0.288 1755		26	+0.062 1521	−0.900 5598	−0.390 3911
	11	−0.662 3004	−0.675 3592	−0.292 7684		27	+0.079 5996	−0.899 3618	−0.389 8726
	12	−0.649 1342	−0.685 7493	−0.297 2722		28	+0.097 0219	−0.897 8825	−0.389 2321
	13	−0.635 7712	−0.695 9313	−0.301 6857		29	+0.114 4134	−0.896 1226	−0.388 4698
	14	−0.622 2150	−0.705 9020	−0.306 0075		30	+0.131 7682	−0.894 0828	−0.387 5862
	15	−0.608 4694	−0.715 6586	−0.310 2363		31	+0.149 0809	−0.891 7639	−0.386 5815
	16	−0.594 5380	−0.725 1980	−0.314 3710		32	+0.166 3458	−0.889 1670	−0.385 4561

CONTENTS OF SECTION D

This symbol indicates that these data or auxiliary material may also be found on *The Astronomical Almanac Online* at **http://asa.usno.navy.mil** and **http://asa.hmnao.com**

NOTE: All the times on this page are expressed in Universal Time (UT1).

PHASES OF THE MOON

Lunation	New Moon				First Quarter				Full Moon				Last Quarter			
		d	h	m		d	h	m		d	h	m		d	h	m
1188	Jan.	6	01	28	Jan.	14	06	46	Jan.	21	05	16	Jan.	27	21	10
1189	Feb.	4	21	04	Feb.	12	22	26	Feb.	19	15	54	Feb.	26	11	28
1190	Mar.	6	16	04	Mar.	14	10	27	Mar.	21	01	43	Mar.	28	04	10
1191	Apr.	5	08	50	Apr.	12	19	06	Apr.	19	11	12	Apr.	26	22	18
1192	May	4	22	46	May	12	01	12	May	18	21	11	May	26	16	34
1193	June	3	10	02	June	10	05	59	June	17	08	31	June	25	09	46
1194	July	2	19	16	July	9	10	55	July	16	21	38	July	25	01	18
1195	Aug.	1	03	12	Aug.	7	17	31	Aug.	15	12	29	Aug.	23	14	56
1196	Aug.	30	10	37	Sept.	6	03	10	Sept.	14	04	33	Sept.	22	02	41
1197	Sept.	28	18	26	Oct.	5	16	47	Oct.	13	21	08	Oct.	21	12	39
1198	Oct.	28	03	38	Nov.	4	10	23	Nov.	12	13	34	Nov.	19	21	11
1199	Nov.	26	15	06	Dec.	4	06	58	Dec.	12	05	12	Dec.	19	04	57
1200	Dec.	26	05	13												

MOON AT PERIGEE

	d	h		d	h		d	h
Jan.	21	20	June	7	23	Oct.	26	11
Feb.	19	09	July	5	05	Nov.	23	08
Mar.	19	20	Aug.	2	07	Dec.	18	20
Apr.	16	22	Aug.	30	16			
May	13	22	Sept.	28	02			

MOON AT APOGEE

	d	h		d	h		d	h
Jan.	9	04	May	26	13	Oct.	10	18
Feb.	5	09	June	23	08	Nov.	7	09
Mar.	4	11	July	21	00	Dec.	5	04
Apr.	1	00	Aug.	17	11			
Apr.	28	18	Sept.	13	14			

MOON, 2019

NOTES AND FORMULAE

Mean elements of the orbit of the Moon

The following expressions for the mean elements of the Moon are based on the fundamental arguments developed by Simon *et al.* (*Astron. & Astrophys.*, **282**, 663, 1994). The angular elements are referred to the mean equinox and ecliptic of date. The time argument (d) is the interval in days from 2019 January 0 at 0^h TT. These expressions are intended for use during 2019 only.

$$d = \text{JD} - 245\ 8483 \cdot 5 = \text{day of year (from B4–B5)} + \text{fraction of day from } 0^h \text{ TT}$$

Mean longitude of the Moon, measured in the ecliptic to the mean ascending node and then along the mean orbit:
$$L' = 202°743\ 524 + 13 \cdot 176\ 396\ 46\,d$$

Mean longitude of the lunar perigee, measured as for L':
$$\Gamma' = 136°326\ 207 + 0 \cdot 111\ 403\ 41\,d$$

Mean longitude of the mean ascending node of the lunar orbit on the ecliptic:
$$\Omega = 117°624\ 932 - 0 \cdot 052\ 953\ 74\,d$$

Mean elongation of the Moon from the Sun:
$$D = L' - L = 283°362\ 870 + 12 \cdot 190\ 749\ 10\,d$$

Mean inclination of the lunar orbit to the ecliptic: $5°156\ 6898$.

Mean elements of the rotation of the Moon

The following expressions give the mean elements of the mean equator of the Moon, referred to the true equator of the Earth, during 2019 to a precision of about $0°001$; the time-argument d is as defined above for the orbital elements.

Inclination of the mean equator of the Moon to the true equator of the Earth:
$$i = 24°1877 - 0 \cdot 001\ 237\,d - 0 \cdot 000\ 000\ 235\,d^2$$

Arc of the mean equator of the Moon from its ascending node on the true equator of the Earth to its ascending node on the ecliptic of date:
$$\Delta = 300°6740 - 0 \cdot 051\ 300\,d - 0 \cdot 000\ 001\ 309\,d^2$$

Arc of the true equator of the Earth from the true equinox of date to the ascending node of the mean equator of the Moon:
$$\Omega' = -3°3369 - 0 \cdot 001\ 795\,d + 0 \cdot 000\ 001\ 443\,d^2$$

The inclination (I) of the mean lunar equator to the ecliptic: $1°\ 32'\ 33''6$.

The ascending node of the mean lunar equator on the ecliptic is at the descending node of the mean lunar orbit on the ecliptic, that is at longitude $\Omega + 180°$.

Lengths of mean months

The lengths of the mean months at 2019·0, as derived from the mean orbital elements are:

		d	d h m s
synodic month	(new moon to new moon)	29·530 589	29 12 44 02·9
tropical month	(equinox to equinox)	27·321 582	27 07 43 04·7
sidereal month	(fixed star to fixed star)	27·321 662	27 07 43 11·6
anomalistic month	(perigee to perigee)	27·554 550	27 13 18 33·1
draconic month	(node to node)	27·212 221	27 05 05 35·9

NOTES AND FORMULAE

Geocentric coordinates

The apparent longitude (λ) and latitude (β) of the Moon given on pages D6–D20 are referred to the true ecliptic and equinox of date: the apparent right ascension (α) and declination (δ) are referred to the true equator and equinox of date. These coordinates are primarily intended for planning purposes. The true distance r in kilometres and the horizonal parallax (π) are also tabulated. The semidiameter s may be formed from

$$\sin s = \frac{R_M}{r} = \frac{R_M}{a_E} \sin \pi = 0.272\,399 \sin \pi$$

where π is the horizontal parallax, $R_M = 1737.4$ km is the mean radius of the Moon, and $a_E = 6378.1366$ km is the equatorial radius of the Earth. The semidiameter is tabulated on pages D7–D21. The distance r_e in Earth radii may be obtained from

$$r_e = \frac{r}{a_E} = r/6378.1366$$

More precise values of right ascension, declination and horizontal parallax for any time may be obtained by using the polynomial coefficients given on *The Astronomical Almanac Online*.

The tabulated values are all referred to the centre of the Earth, and may differ from the topocentric values by up to about 1 degree in angle and 2 per cent in distance.

Time of transit of the Moon

The TT of upper (or lower) transit of the Moon over a local meridian may be obtained by interpolation in the tabulation of the time of upper (or lower) transit over the ephemeris meridian given on pages D6–D20, where the first differences are about 25 hours. The interpolation factor p is given by:

$$p = -\lambda + 1.002\,738\,\Delta T$$

where λ is the *east* longitude and the right-hand side is expressed in days. (Divide longitude in degrees by 360 and ΔT in seconds by 86 400). During 2019 it is expected that ΔT will be about 69 seconds, so that the second term is about $+0.000\,80$ days. In general, second-order differences are sufficient to give times to a few seconds, but higher-order differences must be taken into account if a precision of better than 1 second is required. The UT1 of transit is obtained by subtracting ΔT from the TT of transit, which is obtained by interpolation.

Topocentric coordinates

The topocentric equatorial rectangular coordinates of the Moon (x', y', z'), referred to the true equinox of date, are equal to the geocentric equatorial rectangular coordinates of the Moon *minus* the geocentric equatorial rectangular coordinates of the observer. Hence, the topocentric right ascension (α'), declination (δ') and distance (r') of the Moon may be calculated from the formulae:

$$\begin{aligned}
x' &= r' \cos \delta' \cos \alpha' = r \cos \delta \cos \alpha - \rho \cos \phi' \cos \theta_0 \\
y' &= r' \cos \delta' \sin \alpha' = r \cos \delta \sin \alpha - \rho \cos \phi' \sin \theta_0 \\
z' &= r' \sin \delta' = r \sin \delta - \rho \sin \phi'
\end{aligned}$$

where θ_0 is the local apparent sidereal time (see B11) and ρ and ϕ' are the geocentric distance and latitude of the observer.

Then $\qquad r'^2 = x'^2 + y'^2 + z'^2, \qquad \alpha' = \tan^{-1}(y'/x'), \qquad \delta' = \sin^{-1}(z'/r')$

The topocentric hour angle (h') may be calculated from $h' = \theta_0 - \alpha'$.

Physical ephemeris

See page D4 for notes on the physical ephemeris of the Moon on pages D7–D21.

NOTES AND FORMULAE

Appearance of the Moon

The quantities tabulated in the ephemeris for physical observations of the Moon on odd pages D7–D21 represent the geocentric aspect and illumination of the Moon's disk. The semidiameter of the Moon is also included on these pages. For most purposes it is sufficient to regard the instant of tabulation as 0^h UT1. The fraction illuminated (or phase) is the ratio of the illuminated area to the total area of the lunar disk; it is also the fraction of the diameter illuminated perpendicular to the line of cusps. This quantity indicates the general aspect of the Moon, while the precise times of the four principal phases are given on pages A1 and D1; they are the times when the apparent longitudes of the Moon and Sun differ by $0°$, $90°$, $180°$ and $270°$.

The position angle of the bright limb is measured anticlockwise around the disk from the north point (of the hour circle through the centre of the apparent disk) to the midpoint of the bright limb. Before full moon the morning terminator is visible and the position angle of the northern cusp is $90°$ greater than the position angle of the bright limb; after full moon the evening terminator is visible and the position angle of the northern cusp is $90°$ less than the position angle of the bright limb.

The brightness of the Moon is determined largely by the fraction illuminated, but it also depends on the distance of the Moon, on the nature of the part of the lunar surface that is illuminated, and on other factors. The integrated visual magnitude of the full Moon at mean distance is about -12.7. The crescent Moon is not normally visible to the naked eye when the phase is less than 0.01, but much depends on the conditions of observation.

Selenographic coordinates

The positions of points on the Moon's surface are specified by a system of selenographic coordinates, in which latitude is measured positively to the north from the equator of the pole of rotation, and longitude is measured positively to the east on the selenocentric celestial sphere from the lunar meridian through the mean centre of the apparent disk. Selenographic longitudes are measured positive to the west (towards Mare Crisium) on the apparent disk; this sign convention implies that the longitudes of the Sun and of the terminators are decreasing functions of time, and so for some purposes it is convenient to use colongitude which is $90°$ (or $450°$) minus longitude.

The tabulated values of the Earth's selenographic longitude and latitude specify the sub-terrestrial point on the Moon's surface (that is, the centre of the apparent disk). The position angle of the axis of rotation is measured anticlockwise from the north point, and specifies the orientation of the lunar meridian through the sub-terrestrial point, which is the pole of the great circle that corresponds to the limb of the Moon.

The tabulated values of the Sun's selenographic colongitude and latitude specify the sub-solar point of the Moon's surface (that is at the pole of the great circle that bounds the illuminated hemisphere). The following relations hold approximately:

$$\text{longitude of morning terminator} = 360° - \text{colongitude of Sun}$$
$$\text{longitude of evening terminator} = 180° \text{ (or } 540°) - \text{colongitude of Sun}$$

The altitude (a) of the Sun above the lunar horizon at a point at selenographic longitude and latitude (l, b) may be calculated from:

$$\sin a = \sin b_0 \sin b + \cos b_0 \cos b \sin (c_0 + l)$$

where (c_0, b_0) are the Sun's colongitude and latitude at the time.

NOTES AND FORMULAE

Librations of the Moon

On average the same hemisphere of the Moon is always turned to the Earth but there is a periodic oscillation or libration of the apparent position of the lunar surface that allows about 59 per cent of the surface to be seen from the Earth. The libration is due partly to a physical libration, which is an oscillation of the actual rotational motion about its mean rotation, but mainly to the much larger geocentric optical libration, which results from the non-uniformity of the revolution of the Moon around the centre of the Earth. Both of these effects are taken into account in the computation of the Earth's selenographic longitude (l) and latitude (b) and of the position angle (C) of the axis of rotation. There is a further contribution to the optical libration due to the difference between the viewpoints of the observer on the surface of the Earth and of the hypothetical observer at the centre of the Earth. These topocentric optical librations may be as much as $1°$ and have important effects on the apparent contour of the limb.

When the libration in longitude, that is the selenographic longitude of the Earth, is positive the mean centre of the disk is displaced eastwards on the celestial sphere, exposing to view a region on the west limb. When the libration in latitude, or selenographic latitude of the Earth, is positive the mean centre of the disk is displaced towards the south, and a region on the north limb is exposed to view. In a similar way the selenographic coordinates of the Sun show which regions of the lunar surface are illuminated.

Differential corrections to be applied to the tabular geocentric librations to form the topocentric librations may be computed from the following formulae:

$$\Delta l = -\pi' \sin(Q - C) \sec b$$
$$\Delta b = +\pi' \cos(Q - C)$$
$$\Delta C = +\sin(b + \Delta b)\, \Delta l - \pi' \sin Q \tan \delta$$

where Q is the geocentric parallactic angle of the Moon and π' is the geocentric parallax (diurnal parallax). The latter is obtained from the Moon's horizontal parallax (π), which is tabulated on even pages D6–D20 by using:

$$\pi' = \pi\,(\sin z + 0{\cdot}0084 \sin 2z)$$

where z is the geocentric zenith distance of the Moon. The values of z and Q may be calculated from the geocentric right ascension (α) and declination (δ) of the Moon by using:

$$\sin z \sin Q = \cos \phi \sin h$$
$$\sin z \cos Q = \cos \delta \sin \phi - \sin \delta \cos \phi \cos h$$
$$\cos z = \sin \delta \sin \phi + \cos \delta \cos \phi \cos h$$

where ϕ is the geocentric latitude of the observer and h is the local hour angle of the Moon, given by:

$$h = \text{local apparent sidereal time} - \alpha$$

Second differences must be taken into account in the interpolation of the tabular geocentric librations to the time of observation.

MOON, 2019

FOR 0ʰ TERRESTRIAL TIME

Date 0ʰ TT	Apparent Longitude	Apparent Latitude	R.A.	Dec.	True Distance	Horiz. Parallax	Ephemeris Transit for date Upper	Lower
	° ′ ″	° ′ ″	h m s	° ′ ″	km	′ ″	h	h
Jan. 0	209 13 29	+5 15 53	13 56 10·34	− 6 16 03·0	382 906·734	57 15·94	07·5517	19·9463
1	222 21 35	+5 04 45	14 45 57·96	−10 42 05·3	387 078·002	56 38·91	08·3425	20·7413
2	235 14 11	+4 38 22	15 36 10·17	−14 33 46·6	390 917·518	56 05·53	09·1435	21·5495
3	247 52 52	+3 58 47	16 27 07·14	−17 41 26·6	394 388·394	55 35·91	09·9592	22·3721
4	260 19 08	+3 08 26	17 18 50·39	−19 56 59·8	397 481·398	55 09·95	10·7874	23·2040
5	272 34 27	+2 10 00	18 11 02·40	−21 14 38·7	400 188·560	54 47·55	11·6205	...
6	284 40 17	+1 06 23	19 03 11·11	−21 31 42·2	402 481·995	54 28·82	12·4469	00·0353
7	296 38 13	+0 00 26	19 54 39·00	−20 49 02·5	404 301·098	54 14·11	13·2553	00·8540
8	308 30 08	−1 05 03	20 44 54·03	−19 10 50·8	405 549·619	54 04·09	14·0378	01·6501
9	320 18 17	−2 07 25	21 33 38·05	−16 43 45·2	406 102·461	53 59·67	14·7917	02·4182
10	332 05 23	−3 04 18	22 20 50·41	−13 35 43·2	405 820·777	54 01·92	15·5201	03·1587
11	343 54 43	−3 53 30	23 06 47·07	− 9 55 03·4	404 573·083	54 11·92	16·2310	03·8771
12	355 50 00	−4 33 03	23 51 57·55	− 5 49 53·8	402 259·905	54 30·62	16·9358	04·5834
13	7 55 28	−5 01 08	0 37 01·58	− 1 28 10·9	398 839·484	54 58·67	17·6486	05·2902
14	20 15 31	−5 16 04	1 22 46·37	+ 3 01 55·2	394 352·183	55 36·21	18·3853	06·0129
15	32 54 37	−5 16 18	2 10 04·26	+ 7 31 12·6	388 940·952	56 22·63	19·1631	06·7680
16	45 56 43	−5 00 34	2 59 49·22	+11 48 26·5	382 864·317	57 16·32	19·9982	07·5725
17	59 24 55	−4 28 06	3 52 50·32	+15 39 22·3	376 497·076	58 14·44	20·9027	08·4414
18	73 20 37	−3 39 02	4 49 39·52	+18 46 27·1	370 312·636	59 12·81	21·8784	09·3821
19	87 43 02	−2 34 51	5 50 14·38	+20 50 07·9	364 841·460	60 06·09	22·9106	10·3890
20	102 28 40	−1 18 47	6 53 42·81	+21 32 34·4	360 604·413	60 48·47	23·9677	11·4384
21	117 31 16	+0 04 07	7 58 25·41	+20 43 14·4	358 029·153	61 14·71	...	12·4934
22	132 42 19	+1 27 28	9 02 24·63	+18 23 30·1	357 369·492	61 21·50	01·0113	13·5178
23	147 52 14	+2 44 30	10 04 06·21	+14 47 00·5	358 654·322	61 08·31	02·0107	14·4890
24	162 51 42	+3 49 16	11 02 44·94	+10 15 29·4	361 686·101	60 37·56	02·9526	15·4023
25	177 33 07	+4 37 31	11 58 23·49	+ 5 12 59·3	366 089·817	59 53·79	03·8395	16·2658
26	191 51 22	+5 07 04	12 51 35·73	+ 0 01 34·1	371 393·360	59 02·47	04·6833	17·0939
27	205 44 03	+5 17 35	13 43 08·96	− 5 00 32·0	377 111·966	58 08·75	05·4996	17·9022
28	219 11 14	+5 10 11	14 33 51·17	− 9 38 55·2	382 815·113	57 16·77	06·3034	18·7045
29	232 14 47	+4 46 47	15 24 23·04	−13 42 16·0	388 166·354	56 29·38	07·1067	19·5107
30	244 57 41	+4 09 45	16 15 12·69	−17 01 30·8	392 936·966	55 48·23	07·9170	20·3257
31	257 23 26	+3 21 42	17 06 32·09	−19 29 27·2	396 999·501	55 13·96	08·7365	21·1488
Feb. 1	269 35 39	+2 25 17	17 58 15·79	−21 00 49·5	400 308·469	54 46·57	09·5616	21·9738
2	281 37 44	+1 23 10	18 50 02·97	−21 32 44·9	402 874·457	54 25·63	10·3842	22·7916
3	293 32 40	+0 18 05	19 41 23·67	−21 05 11·3	404 736·693	54 10·61	11·1946	23·5923
4	305 23 07	−0 47 18	20 31 47·69	−19 41 05·0	405 937·974	54 00·99	11·9840	...
5	317 11 21	−1 50 22	21 20 53·18	−17 25 59·3	406 505·015	53 56·46	12·7477	00·3692
6	328 59 26	−2 48 35	22 08 32·04	−14 27 19·4	406 436·471	53 57·01	13·4855	01·1196
7	340 49 22	−3 39 38	22 54 51·26	−10 53 31·4	405 699·944	54 02·89	14·2022	01·8461
8	352 43 13	−4 21 24	23 40 11·31	− 6 53 20·8	404 238·207	54 14·61	14·9063	02·5552
9	4 43 20	−4 52 02	0 25 03·46	− 2 35 31·4	401 983·840	54 32·87	15·6091	03·2570
10	16 52 23	−5 10 00	1 10 07·12	+ 1 51 13·3	398 880·546	54 58·33	16·3241	03·9642
11	29 13 28	−5 14 01	1 56 07·60	+ 6 17 48·3	394 908·769	55 31·51	17·0665	04·6909
12	41 49 57	−5 03 10	2 43 53·66	+10 34 09·4	390 112·703	56 12·47	17·8516	05·4528
13	54 45 24	−4 36 54	3 34 13·47	+14 28 27·3	384 625·116	57 00·59	18·6935	06·2648
14	68 03 08	−3 55 17	4 27 47·30	+17 46 31·6	378 685·440	57 54·25	19·6011	07·1389
15	81 45 47	−2 59 09	5 24 55·44	+20 11 58·4	372 645·181	58 50·57	20·5726	08·0795

EPHEMERIS FOR PHYSICAL OBSERVATIONS
FOR 0ʰ TERRESTRIAL TIME

Julian Date	The Earth's Selenographic		The Sun's Selenographic		Position Angle		Semi-diameter	Frac-tion Illum.
	Long.	Lat.	Colong.	Lat.	Axis	Bright Limb		
245	°	°	°	°	°	°	′ ″	
8483·5	+6·503	−6·798	193·35	+0·44	20·370	112·35	15 35·91	0·331
8484·5	+6·497	−6·561	205·52	+0·42	16·984	110·58	15 25·82	0·236
8485·5	+6·223	−5·994	217·69	+0·39	12·808	108·01	15 16·73	0·155
8486·5	+5·703	−5·142	229·87	+0·37	8·019	104·83	15 08·66	0·089
8487·5	+4·960	−4·057	242·06	+0·35	2·827	101·44	15 01·59	0·041
8488·5	+4·020	−2·800	254·24	+0·32	357·481	99·19	14 55·49	0·011
8489·5	+2·912	−1·430	266·43	+0·30	352·260	142·10	14 50·39	0·000
8490·5	+1·666	−0·010	278·62	+0·28	347·443	258·96	14 46·38	0·008
8491·5	+0·320	+1·400	290·81	+0·26	343·272	257·61	14 43·65	0·034
8492·5	−1·083	+2·743	302·99	+0·24	339·928	254·77	14 42·45	0·076
8493·5	−2·494	+3·969	315·18	+0·22	337·519	252·13	14 43·06	0·133
8494·5	−3·855	+5·030	327·35	+0·20	336·098	250·05	14 45·79	0·204
8495·5	−5·102	+5·883	339·53	+0·18	335·681	248·68	14 50·88	0·285
8496·5	−6·166	+6·489	351·70	+0·15	336·269	248·10	14 58·52	0·376
8497·5	−6·978	+6·812	3·86	+0·13	337·861	248·36	15 08·75	0·473
8498·5	−7·467	+6·816	16·01	+0·10	340·463	249·54	15 21·39	0·574
8499·5	−7·575	+6·476	28·16	+0·07	344·077	251·73	15 36·01	0·675
8500·5	−7·258	+5·776	40·30	+0·04	348·683	254·99	15 51·84	0·771
8501·5	−6·498	+4·717	52·44	+0·01	354·188	259·34	16 07·74	0·858
8502·5	−5·313	+3·334	64·57	−0·03	0·358	264·72	16 22·25	0·929
8503·5	−3·758	+1·696	76·70	−0·06	6·774	271·05	16 33·79	0·978
8504·5	−1·931	−0·088	88·82	−0·10	12·849	282·60	16 40·94	0·999
8505·5	+0·037	−1·881	100·95	−0·14	17·972	99·09	16 42·79	0·991
8506·5	+1·999	−3·538	113·07	−0·18	21·679	104·58	16 39·20	0·952
8507·5	+3·806	−4·930	125·20	−0·22	23·761	108·04	16 30·82	0·887
8508·5	+5·333	−5·967	137·34	−0·25	24·237	110·02	16 18·90	0·802
8509·5	+6·491	−6·601	149·48	−0·29	23·269	110·65	16 04·92	0·703
8510·5	+7·231	−6·823	161·63	−0·32	21·068	110·05	15 50·29	0·596
8511·5	+7·544	−6·659	173·78	−0·35	17·848	108·35	15 36·13	0·489
8512·5	+7·455	−6·149	185·95	−0·38	13·810	105·66	15 23·23	0·385
8513·5	+7·008	−5·346	198·12	−0·41	9·146	102·09	15 12·02	0·289
8514·5	+6·260	−4·307	210·29	−0·43	4·056	97·78	15 02·69	0·203
8515·5	+5·272	−3·088	222·47	−0·46	358·770	92·84	14 55·22	0·131
8516·5	+4·102	−1·748	234·66	−0·48	353·543	87·34	14 49·52	0·073
8517·5	+2·808	−0·345	246·85	−0·50	348·638	81·01	14 45·43	0·031
8518·5	+1·437	+1·064	259·04	−0·52	344·304	71·13	14 42·81	0·007
8519·5	+0·033	+2·422	271·24	−0·54	340·740	306·68	14 41·58	0·000
8520·5	−1·363	+3·674	283·43	−0·56	338·082	262·27	14 41·73	0·012
8521·5	−2·716	+4·772	295·62	−0·58	336·402	256·10	14 43·33	0·041
8522·5	−3·990	+5·669	307·81	−0·60	335·728	253·06	14 46·52	0·086
8523·5	−5·147	+6·325	320·00	−0·62	336·055	251·51	14 51·49	0·147
8524·5	−6·144	+6·707	332·18	−0·64	337·367	251·10	14 58·43	0·222
8525·5	−6·935	+6·787	344·36	−0·66	339·646	251·75	15 07·46	0·309
8526·5	−7·471	+6·545	356·53	−0·68	342·875	253·45	15 18·62	0·405
8527·5	−7·697	+5·970	8·70	−0·70	347·031	256·23	15 31·73	0·508
8528·5	−7·566	+5·064	20·86	−0·73	352·050	260·11	15 46·34	0·614
8529·5	−7·037	+3·846	33·01	−0·75	357·787	265·08	16 01·68	0·718

MOON, 2019

FOR 0ʰ TERRESTRIAL TIME

Date 0ʰ TT	Apparent Longitude	Latitude	Apparent R.A.	Dec.	True Distance	Horiz. Parallax	Ephemeris Transit for date Upper	Lower
	o ′ ″	o ′ ″	h m s	o ′ ″	km	′ ″	h	h
Feb. 15	81 45 47	−2 59 09	5 24 55·44	+20 11 58·4	372 645·181	58 50·57	20·5726	08·0795
16	95 54 34	−1 50 33	6 25 23·57	+21 27 47·6	366 953·644	59 45·33	21·5921	09·0780
17	110 28 36	−0 32 56	7 28 13·87	+21 19 57·7	362 117·709	60 33·22	22·6304	10·1110
18	125 24 14	+0 48 39	8 31 53·71	+19 42 07·6	358 634·336	61 08·51	23·6548	11·1461
19	140 34 51	+2 08 01	9 34 44·32	+16 39 01·9	356 904·680	61 26·29	...	12·1538
20	155 51 15	+3 18 36	10 35 33·27	+12 26 19·6	357 151·286	61 23·75	00·6414	13·1169
21	171 02 58	+4 14 39	11 33 50·61	+ 7 26 49·0	359 366·353	61 01·04	01·5806	14·0331
22	185 59 56	+4 52 14	12 29 44·36	+ 2 05 27·3	363 311·398	60 21·28	02·4757	14·9098
23	200 34 06	+5 09 46	13 23 45·71	− 3 14 41·1	368 568·325	59 29·63	03·3372	15·7593
24	214 40 29	+5 07 44	14 16 34·09	− 8 14 28·8	374 621·647	58 31·94	04·1778	16·5941
25	228 17 24	+4 48 10	15 08 46·36	−12 39 11·3	380 944·196	57 33·65	05·0091	17·4239
26	241 25 58	+4 13 52	16 00 49·89	−16 17 58·2	387 065·229	56 39·03	05·8389	18·2545
27	254 09 24	+3 27 55	16 52 58·42	−19 03 13·3	392 612·220	55 51·00	06·6706	19·0868
28	266 32 03	+2 33 22	17 45 10·80	−20 50 06·4	397 327·595	55 11·23	07·5025	19·9170
Mar. 1	278 38 49	+1 33 03	18 37 12·63	−21 36 22·8	401 066·351	54 40·36	08·3292	20·7382
2	290 34 34	+0 29 37	19 28 41·35	−21 22 21·9	403 781·133	54 18·30	09·1431	21·5430
3	302 23 48	−0 34 25	20 19 13·37	−20 10 51·8	405 500·121	54 04·49	09·9373	22·3255
4	314 10 27	−1 36 35	21 08 31·03	−18 06 51·9	406 301·715	53 58·08	10·7074	23·0832
5	325 57 46	−2 34 29	21 56 27·39	−15 17 04·0	406 289·022	53 58·19	11·4530	23·8176
6	337 48 18	−3 25 50	22 43 07·76	−11 49 20·0	405 566·729	54 03·95	12·1776	...
7	349 44 04	−4 08 25	23 28 48·97	− 7 52 14·6	404 222·770	54 14·74	12·8880	00·5340
8	1 46 32	−4 40 18	0 13 57·22	− 3 34 47·9	402 316·935	54 30·16	13·5935	01·2407
9	13 57 00	−4 59 47	0 59 05·89	+ 0 53 39·6	399 878·072	54 50·11	14·3057	01·9480
10	26 16 39	−5 05 38	1 44 53·43	+ 5 23 21·0	396 910·595	55 14·71	15·0371	02·6682
11	38 46 55	−4 57 04	2 32 01·13	+ 9 43 46·9	393 409·790	55 44·20	15·8008	03·4141
12	51 29 33	−4 33 50	3 21 09·95	+13 43 24·1	389 384·128	56 18·78	16·6090	04·1987
13	64 26 40	−3 56 16	4 12 55·28	+17 09 18·3	384 881·455	56 58·31	17·4706	05·0328
14	77 40 43	−3 05 22	5 07 38·75	+19 47 18·8	380 014·761	57 42·09	18·3877	05·9225
15	91 14 06	−2 02 56	6 05 18·11	+21 22 52·6	374 982·043	58 28·56	19·3525	06·8651
16	105 08 42	−0 51 45	7 05 19·56	+21 43 08·7	370 073·762	59 15·10	20·3462	07·8472
17	119 25 11	+0 24 24	8 06 39·94	+20 40 01·5	365 661·080	59 58·01	21·3444	08·8463
18	134 02 14	+1 40 36	9 08 02·90	+18 13 07·0	362 159·842	60 32·80	22·3247	09·8379
19	148 55 56	+2 51 16	10 08 22·45	+14 31 04·5	359 970·592	60 54·89	23·2740	10·8036
20	163 59 34	+3 50 41	11 07 00·82	+ 9 50 35·2	359 404·129	61 00·65	...	11·7358
21	179 04 11	+4 34 01	12 03 51·98	+ 4 33 33·5	360 611·926	60 48·39	00·1898	12·6368
22	193 59 51	+4 58 06	12 59 13·76	− 0 56 18·2	363 544·481	60 18·96	01·0780	13·5146
23	208 37 28	+5 02 03	13 53 35·59	− 6 16 27·8	367 952·979	59 35·60	01·9480	14·3793
24	222 50 14	+4 47 00	14 47 27·31	−11 07 34·2	373 433·165	58 43·12	02·8094	15·2391
25	236 34 28	+4 15 35	15 41 10·75	−15 14 26·4	379 494·968	57 46·84	03·6688	16·0986
26	249 49 44	+3 31 14	16 34 54·66	−18 26 18·2	385 636·006	56 51·62	04·5283	16·9574
27	262 38 10	+2 37 30	17 28 33·04	−20 36 37·2	391 402·117	56 01·36	05·3853	17·8109
28	275 03 46	+1 37 42	18 21 47·62	−21 42 43·0	396 427·376	55 18·75	06·2332	18·6514
29	287 11 38	+0 34 49	19 14 13·82	−21 45 17·6	400 453·831	54 45·37	07·0643	19·4713
30	299 07 12	−0 28 31	20 05 28·41	−20 47 47·1	403 334·989	54 21·90	07·8718	20·2653
31	310 55 53	−1 29 55	20 55 16·23	−18 55 38·8	405 027·842	54 08·27	08·6519	21·0317
Apr. 1	322 42 37	−2 27 11	21 43 33·90	−16 15 38·3	405 577·306	54 03·87	09·4051	21·7727
2	334 31 45	−3 18 10	22 30 30·31	−12 55 17·8	405 095·866	54 07·72	10·1355	22·4944

EPHEMERIS FOR PHYSICAL OBSERVATIONS
FOR 0ʰ TERRESTRIAL TIME

Julian Date	The Earth's Selenographic		The Sun's Selenographic		Position Angle		Semi-diameter	Frac-tion Illum.
	Long.	Lat.	Colong.	Lat.	Axis	Bright Limb		
245	°	°	°	°	°	°	′ ″	
8529·5	−7·037	+3·846	33·01	−0·75	357·787	265·08	16 01·68	0·718
8530·5	−6·089	+2·360	45·16	−0·78	3·957	271·04	16 16·60	0·815
8531·5	−4·734	+0·682	57·30	−0·81	10·104	277·88	16 29·64	0·897
8532·5	−3·023	−1·079	69·44	−0·84	15·660	286·02	16 39·25	0·958
8533·5	−1·056	−2·790	81·57	−0·88	20·074	301·30	16 44·09	0·993
8534·5	+1·024	−4·310	93·71	−0·91	22·962	77·35	16 43·40	0·997
8535·5	+3·049	−5·514	105·84	−0·94	24·181	101·21	16 37·22	0·972
8536·5	+4·848	−6·318	117·98	−0·97	23·793	105·85	16 26·39	0·918
8537·5	+6·279	−6·687	130·12	−1·00	21·989	107·02	16 12·32	0·843
8538·5	+7·248	−6·633	142·27	−1·03	19·008	106·30	15 56·61	0·753
8539·5	+7·719	−6·199	154·42	−1·05	15·094	104·20	15 40·73	0·653
8540·5	+7·704	−5·447	166·58	−1·07	10·480	101·01	15 25·85	0·550
8541·5	+7·253	−4·445	178·75	−1·09	5·400	96·96	15 12·77	0·449
8542·5	+6·441	−3·259	190·93	−1·12	0·092	92·28	15 01·94	0·352
8543·5	+5·352	−1·949	203·11	−1·13	354·811	87·16	14 53·53	0·262
8544·5	+4·073	−0·574	215·30	−1·15	349·812	81·77	14 47·52	0·183
8545·5	+2·682	+0·811	227·50	−1·17	345·335	76·19	14 43·76	0·116
8546·5	+1·253	+2·156	239·70	−1·18	341·579	70·14	14 42·02	0·063
8547·5	−0·158	+3·407	251·90	−1·20	338·692	62·22	14 42·05	0·026
8548·5	−1·503	+4·516	264·10	−1·21	336·764	42·90	14 43·62	0·005
8549·5	−2·747	+5·434	276·31	−1·22	335·838	295·54	14 46·55	0·002
8550·5	−3·866	+6·119	288·51	−1·24	335·923	263·83	14 50·75	0·018
8551·5	−4·841	+6·535	300·72	−1·25	337·003	257·49	14 56·19	0·052
8552·5	−5·657	+6·654	312·92	−1·26	339·055	255·69	15 02·89	0·104
8553·5	−6·297	+6·460	325·12	−1·27	342·045	256·01	15 10·92	0·172
8554·5	−6·737	+5·947	337·31	−1·28	345·932	257 82	15 20·34	0·255
8555·5	−6·948	+5·123	349·50	−1·29	350·644	260·91	15 31·11	0·350
8556·5	−6·892	+4·011	1·69	−1·30	356·054	265·12	15 43·03	0·454
8557·5	−6·530	+2·651	13·86	−1·31	1·933	270·27	15 55·69	0·563
8558·5	−5·828	+1·103	26·03	−1·33	7·926	276·11	16 08·36	0·672
8559·5	−4·768	−0·551	38·19	−1·34	13·565	282·32	16 20·05	0·775
8560·5	−3·361	−2·205	50·35	−1·36	18·345	288·71	16 29·52	0·866
8561·5	−1·664	−3·737	62·50	−1·38	21·841	295·70	16 35·54	0·936
8562·5	+0·218	−5·023	74·65	−1·40	23·792	306·79	16 37·11	0·982
8563·5	+2·137	−5·959	86·80	−1·41	24·128	10·99	16 33·77	0·998
8564·5	+3·923	−6·476	98·95	−1·43	22·934	92·02	16 25·76	0·986
8565·5	+5·414	−6·554	111·10	−1·45	20·396	100·60	16 13·94	0·946
8566·5	+6·486	−6·219	123·26	−1·46	16·751	101·57	15 59·65	0·883
8567·5	+7·070	−5·528	135·42	−1·47	12·253	99·87	15 44·32	0·804
8568·5	+7·155	−4·557	147·58	−1·48	7·168	96·66	15 29·28	0·714
8569·5	+6·775	−3·384	159·76	−1·49	1·773	92·50	15 15·59	0·617
8570·5	+6·003	−2·081	171·94	−1·50	356·351	87·78	15 03·99	0·518
8571·5	+4·926	−0712	184 13	1 51	351 178	82·82	14 54·90	0·422
8572·5	+3·642	+0·666	196·32	−1·52	346·503	77·88	14 48·51	0·329
8573·5	+2·246	+2·001	208·52	−1·53	342·529	73·11	14 44·79	0·244
8574·5	+0·826	+3·246	220·73	−1·53	339·402	68·57	14 43·59	0·168
8575·5	−0·543	+4·354	232·94	−1·53	337·215	64·08	14 44·64	0·104

MOON, 2019

FOR 0ʰ TERRESTRIAL TIME

Date 0ʰ TT	Apparent Longitude	Latitude	Apparent R.A.	Dec.	True Distance	Horiz. Parallax	Ephemeris Transit for date Upper	Lower
	° ′ ″	° ′ ″	h m s	° ′ ″	km	′ ″	h	h
Apr. 1	322 42 37	− 2 27 11	21 43 33·90	− 16 15 38·3	405 577·306	54 03·87	09·4051	21·7727
2	334 31 45	− 3 18 10	22 30 30·31	− 12 55 17·8	405 095·866	54 07·72	10·1355	22·4944
3	346 26 43	− 4 00 48	23 16 25·00	− 9 02 40·1	403 740·450	54 18·63	10·8505	23·2051
4	358 30 08	− 4 33 06	0 01 45·67	− 4 46 16·1	401 688·378	54 35·28	11·5596	23·9154
5	10 43 39	− 4 53 19	0 47 05·84	− 0 15 13·3	399 114·499	54 56·40	12·2739	...
6	23 08 08	− 5 00 01	1 33 02·70	+ 4 20 29·6	396 172·057	55 20·89	13·0053	00·6367
7	35 43 53	− 4 52 18	2 20 14·83	+ 8 49 48·7	392 980·061	55 47·86	13·7659	01·3812
8	48 30 52	− 4 29 54	3 09 19·06	+ 13 00 24·7	389 619·538	56 16·74	14·5664	02·1606
9	61 29 04	− 3 53 16	4 00 45·47	+ 16 38 45·9	386 139·919	56 47·17	15·4142	02·9841
10	74 38 46	− 3 03 44	4 54 50·26	+ 19 30 35·4	382 574·976	57 18·92	16·3108	03·8567
11	88 00 39	− 2 03 20	5 51 27·68	+ 21 21 56·6	378 965·590	57 51·68	17·2487	04·7754
12	101 35 46	− 0 54 55	6 50 05·05	+ 22 01 04·7	375 384·606	58 24·80	18·2120	05·7285
13	115 25 15	+ 0 17 55	7 49 46·41	+ 21 20 43·7	371 957·575	58 57·10	19·1799	06·6967
14	129 29 47	+ 1 30 57	8 49 26·75	+ 19 20 01·6	368 872·663	59 26·68	20·1333	07·6593
15	143 49 00	+ 2 39 28	9 48 11·44	+ 16 05 13·4	366 373·754	59 51·01	21·0609	08·6006
16	158 20 51	+ 3 38 38	10 45 30·42	+ 11 48 57·2	364 733·578	60 07·16	21·9610	09·5142
17	173 01 07	+ 4 23 56	11 41 21·37	+ 6 48 34·9	364 208·748	60 12·36	22·8390	10·4022
18	187 43 38	+ 4 51 51	12 36 03·58	+ 1 24 17·6	364 985·386	60 04·67	23·7048	11·2728
19	202 20 50	+ 5 00 29	13 30 07·63	− 4 02 43·8	367 129·729	59 43·61	...	12·1363
20	216 45 03	+ 4 49 48	14 24 05·02	− 9 11 58·3	370 559·154	59 10·45	00·5684	13·0019
21	230 49 46	+ 4 21 33	15 18 19·10	− 13 45 05·5	375 043·168	58 27·99	01·4372	13·8746
22	244 30 36	+ 3 38 47	16 12 58·29	− 17 27 12·0	380 233·538	57 40·10	02·3138	14·7541
23	257 45 50	+ 2 45 14	17 07 52·72	− 20 07 49·5	385 713·438	56 50·94	03·1944	15·6336
24	270 36 16	+ 1 44 39	18 02 36·02	− 21 41 24·8	391 051·836	56 04·37	04·0702	16·5028
25	283 04 40	+ 0 40 35	18 56 32·81	− 22 07 12·7	395 851·675	55 23·57	04·9298	17·3501
26	295 15 20	− 0 23 59	19 49 09·28	− 21 28 30·2	399 785·664	54 50·87	05·7628	18·1673
27	307 13 19	− 1 26 24	20 40 02·69	− 19 51 23·1	402 618·388	54 27·71	06·5633	18·9509
28	319 04 04	− 2 24 28	21 29 06·41	− 17 23 27·1	404 216·298	54 14·79	07·3306	19·7030
29	330 52 57	− 3 16 07	22 16 29·91	− 14 12 47·9	404 548·041	54 12·12	08·0690	20·4299
30	342 44 59	− 3 59 30	23 02 35·82	− 10 27 30·9	403 677·274	54 19·14	08·7869	21·1415
May 1	354 44 29	− 4 32 45	23 47 56·13	− 6 15 39·2	401 749·362	54 34·78	09·4951	21·8493
2	6 54 57	− 4 54 11	0 33 08·92	− 1 45 33·8	398 972·802	54 57·57	10·2059	22·5664
3	19 18 47	− 5 02 15	1 18 55·79	+ 2 53 34·4	395 596·140	55 25·72	10·9325	23·3059
4	31 57 17	− 4 55 48	2 05 59·45	+ 7 31 10·5	391 881·679	55 57·25	11·6883	...
5	44 50 34	− 4 34 18	2 55 00·35	+ 11 54 48·8	388 078·392	56 30·15	12·4852	00·0809
6	57 57 55	− 3 58 00	3 46 31·27	+ 15 50 08·7	384 397·663	57 02·62	13·3317	00·9019
7	71 17 55	− 3 08 08	4 40 49·21	+ 19 01 28·0	380 996·241	57 33·17	14·2294	01·7744
8	84 48 59	− 2 06 57	5 37 46·07	+ 21 13 12·0	377 970·316	58 00·82	15·1706	02·6955
9	98 29 40	− 0 57 38	6 36 43·01	+ 22 12 18·2	375 362·569	58 25·01	16·1370	03·6520
10	112 18 52	+ 0 15 55	7 36 35·19	+ 21 51 00·5	373 180·832	58 45·50	17·1052	04·6223
11	126 15 51	+ 1 29 17	8 36 09·24	+ 20 08 42·7	371 423·580	59 02·18	18·0537	05·5829
12	140 20 02	+ 2 37 55	9 34 25·80	+ 17 12 06·1	370 105·125	59 14·80	18·9702	06·5163
13	154 30 34	+ 3 37 24	10 30 54·91	+ 13 13 36·2	369 272·970	59 22·81	19·8531	07·4155
14	168 45 55	+ 4 23 44	11 25 38·11	+ 8 29 11·8	369 011·399	59 25·34	20·7094	08·2839
15	183 03 33	+ 4 53 47	12 19 00·83	+ 3 16 37·8	369 428·812	59 21·31	21·5509	09·1311
16	197 19 45	+ 5 05 35	13 11 41·31	− 2 05 40·8	370 630·798	59 09·76	22·3907	09·9702
17	211 30 00	+ 4 58 33	14 04 20·15	− 7 19 19·1	372 685·475	58 50·19	23·2398	10·8136

EPHEMERIS FOR PHYSICAL OBSERVATIONS
FOR 0ʰ TERRESTRIAL TIME

Julian Date	The Earth's Selenographic Long.	Lat.	The Sun's Selenographic Colong.	Lat.	Position Angle Axis	Bright Limb	Semi-diameter	Fraction Illum.
245	°	°	°	°	°	°	′ ″	
8574·5	+0·826	+3·246	220·73	−1·53	339·402	68·57	14 43·59	0·168
8575·5	−0·543	+4·354	232·94	−1·53	337·215	64·08	14 44·64	0·104
8576·5	−1·802	+5·281	245·16	−1·54	336·020	58·96	14 47·61	0·054
8577·5	−2·906	+5·983	257·37	−1·54	335·837	50·45	14 52·15	0·020
8578·5	−3·832	+6·421	269·60	−1·54	336·662	17·72	14 57·90	0·003
8579·5	−4·568	+6·565	281·82	−1·54	338·482	282·98	15 04·57	0·006
8580·5	−5·116	+6·394	294·04	−1·54	341·268	264·91	15 11·92	0·029
8581·5	−5·483	+5·903	306·26	−1·53	344·976	261·85	15 19·78	0·071
8582·5	−5·674	+5·103	318·48	−1·53	349·528	262·78	15 28·07	0·134
8583·5	−5·690	+4·022	330·69	−1·53	354·790	265·74	15 36·72	0·213
8584·5	−5·518	+2·705	342·90	−1·53	0·539	270·01	15 45·64	0·307
8585·5	−5·138	+1·215	355·10	−1·52	6·444	275·11	15 54·66	0·413
8586·5	−4·526	−0·371	7·29	−1·52	12·082	280·58	16 03·46	0·524
8587·5	−3·661	−1·962	19·48	−1·52	17·003	285·98	16 11·52	0·637
8588·5	−2·541	−3·455	31·66	−1·52	20·811	290·99	16 18·14	0·744
8589·5	−1·193	−4·745	43·84	−1·52	23·237	295·54	16 22·54	0·839
8590·5	+0·315	−5·734	56·01	−1·52	24·157	299·99	16 23·96	0·915
8591·5	+1·877	−6·345	68·18	−1·53	23·578	306·36	16 21·86	0·968
8592·5	+3·361	−6·534	80·34	−1·53	21·607	329·92	16 16·13	0·995
8593·5	+4·626	−6·303	92·51	−1·52	18·415	74·83	16 07·09	0·994
8594·5	+5·556	−5·688	104·68	−1·52	14·218	93·33	15 55·53	0·968
8595·5	+6·071	−4·757	116·85	−1·52	9·268	94·73	15 42·49	0·919
8596·5	+6·143	−3·591	129·02	−1·52	3·852	92·42	15 29·10	0·853
8597·5	+5·786	−2·273	141·20	−1·51	358·285	88·61	15 16·41	0·773
8598·5	+5·053	−0·879	153·39	−1·51	352·885	84·16	15 05·30	0·684
8599·5	+4·020	+0·526	165·58	−1·50	347·941	79·57	14 56·39	0·590
8600·5	+2·779	+1·885	177·78	−1·50	343·681	75·16	14 50·09	0·495
8601·5	+1·424	+3·149	189·99	−1·49	340·266	71·15	14 46·57	0·401
8602·5	+0·050	+4·276	202·20	−1·49	337·790	67·64	14 45·84	0·310
8603·5	−1·259	+5·223	214·42	−1·48	336·300	64·65	14 47·75	0·227
8604·5	−2·431	+5·951	226·64	−1·47	335·814	62·08	14 52·01	0·152
8605·5	−3·408	+6·422	238·87	−1·46	336·336	59·62	14 58·22	0·089
8606·5	−4·155	+6·603	251·11	−1·45	337·860	56·23	15 05·89	0·042
8607·5	−4·656	+6·468	263·34	−1·44	340·377	46·84	15 14·47	0·012
8608·5	−4·915	+6·005	275·58	−1·43	343·859	335·60	15 23·44	0·002
8609·5	−4·952	+5·219	287·82	−1·41	348·247	274·31	15 32·28	0·014
8610·5	−4·794	+4·139	300·05	−1·40	353·421	268·90	15 40·60	0·048
8611·5	−4·468	+2·811	312·29	−1·38	359·160	270·53	15 48·13	0·105
8612·5	−3·995	+1·307	324·52	−1·37	5·127	274·43	15 54·72	0·182
8613·5	−3·387	−0·290	336·74	−1·35	10·886	279·23	16 00·30	0·276
8614·5	−2·648	−1·885	348·96	−1·34	15·980	284·15	16 04·84	0·382
8615·5	−1·780	−3·379	1·17	−1·32	20·016	288·66	16 08·28	0·495
8616·5	−0·790	−4·676	13·38	−1·31	22·736	292·45	16 10·46	0·609
8617·5	+0·300	−5·690	25·58	−1·29	24·027	295·35	16 11·15	0·718
8618·5	+1·445	−6·351	37·77	−1·28	23·887	297·42	16 10·05	0·815
8619·5	+2·577	−6·616	49·96	−1·26	22·395	298·92	16 06·91	0·895
8620·5	+3·610	−6·471	62·14	−1·25	19·676	300·85	16 01·58	0·954

MOON, 2019

FOR 0ʰ TERRESTRIAL TIME

Date 0ʰ TT	Apparent Longitude	Latitude	Apparent R.A.	Dec.	True Distance	Horiz. Parallax	Ephemeris Transit for date Upper	Lower
	° ′ ″	° ′ ″	h m s	° ′ ″	km	′ ″	h	h
May 17	211 30 00	+4 58 33	14 04 20·15	− 7 19 19·1	372 685·475	58 50·19	23·2398	10·8136
18	225 29 23	+4 33 40	14 57 31·19	−12 06 30·5	375 590·654	58 22·88	...	11·6701
19	239 13 30	+3 53 16	15 51 33·46	−16 11 02·2	379 252·427	57 49·05	00·1046	12·5430
20	252 39 02	+3 00 36	16 46 25·16	−19 19 29·5	383 481·424	57 10·79	00·9846	13·4281
21	265 44 15	+1 59 28	17 41 41·92	−21 22 36·9	388 007·458	56 30·77	01·8719	14·3142
22	278 29 12	+0 53 41	18 36 42·06	−22 16 16·6	392 508·171	55 51·89	02·7529	15·1863
23	290 55 32	−0 13 17	19 30 38·57	−22 01 34·5	396 644·530	55 16·93	03·6127	16·0308
24	303 06 19	−1 18 23	20 22 53·10	−20 43 53·3	400 096·269	54 48·31	04·4398	16·8392
25	315 05 36	−2 19 04	21 13 05·66	−18 31 14·7	402 592·441	54 27·92	05·2290	17·6098
26	326 58 05	−3 13 11	22 01 17·32	−15 32 41·5	403 934·774	54 17·06	05·9823	18·3475
27	338 48 48	−3 58 55	22 47 47·34	−11 57 09·6	404 013·384	54 16·43	06·7068	19·0615
28	350 42 51	−4 34 33	23 33 08·12	− 7 53 02·5	402 815·250	54 26·11	07·4135	19·7643
29	2 45 02	−4 58 33	0 18 00·60	− 3 28 20·6	400 425·881	54 45·60	08·1159	20·4700
30	14 59 35	−5 09 28	1 03 10·96	+ 1 08 43·5	397 024·117	55 13·76	08·8286	21·1936
31	27 29 54	−5 06 04	1 49 28·00	+ 5 48 56·8	392 869·466	55 48·80	09·5671	21·9507
June 1	40 18 14	−4 47 29	2 37 40·24	+10 21 13·9	388 281·201	56 28·38	10·3462	22·7552
2	53 25 31	−4 13 31	3 28 30·85	+14 31 58·5	383 609·078	57 09·65	11·1785	23·6170
3	66 51 13	−3 24 53	4 22 29·03	+18 05 01·8	379 197·293	57 49·56	12·0704	...
4	80 33 29	−2 23 30	5 19 37·84	+20 42 50·7	375 345·977	58 25·16	13·0177	00·5379
5	94 29 23	−1 12 29	6 19 23·33	+22 09 07·7	372 277·250	58 54·06	14·0030	01·5072
6	108 35 26	+0 03 54	7 20 34·13	+22 12 37·8	370 113·969	59 14·72	14·9986	02·5014
7	122 47 59	+1 20 45	8 21 39·10	+20 50 26·3	368 877·313	59 26·63	15·9756	03·4909
8	137 03 38	+2 32 56	9 21 17·09	+18 08 52·4	368 504·236	59 30·25	16·9142	04·4504
9	151 19 29	+3 35 39	10 18 40·90	+14 21 30·6	368 879·596	59 26·61	17·8086	05·3668
10	165 33 04	+4 24 56	11 13 43·59	+ 9 45 49·0	369 873·286	59 17·03	18·6642	06·2405
11	179 42 16	+4 57 50	12 06 49·80	+ 4 40 16·0	371 371·870	59 02·67	19·4939	07·0814
12	193 45 08	+5 12 39	12 58 42·19	− 0 37 13·3	373 296·996	58 44·40	20·3130	07·9039
13	207 39 46	+5 08 57	13 50 09·06	− 5 49 44·1	375 607·446	58 22·72	21·1360	08·7232
14	221 24 11	+4 47 31	14 41 54·81	−10 41 18·8	378 286·433	57 57·91	21·9738	09·5526
15	234 56 30	+4 10 14	15 34 31·86	−14 56 59·8	381 319·332	57 30·25	22·8314	10·4001
16	248 15 03	+3 19 53	16 28 13·54	−18 23 20·5	384 668·908	57 00·20	23·7060	11·2671
17	261 18 36	+2 19 51	17 22 49·21	−20 49 29·7	388 255·028	56 28·61	...	12·1465
18	274 06 37	+1 13 48	18 17 44·90	−22 08 33·3	391 944·024	55 56·71	00·5869	13·0249
19	286 39 24	+0 05 19	19 12 11·71	−22 18 35·1	395 549·965	55 26·11	01·4584	13·8857
20	298 58 09	−1 02 15	20 05 20·38	−21 22 39·5	398 847·020	54 58·61	02·3051	14·7155
21	311 04 58	−2 05 58	20 56 35·44	−19 27 46·6	401 589·944	54 36·08	03·1162	15·5070
22	323 02 47	−3 03 24	21 45 43·13	−16 43 09·0	403 538·820	54 20·26	03·8882	16·2605
23	334 55 11	−3 52 30	22 32 51·69	−13 18 33·3	404 484·481	54 12·63	04·6249	16·9827
24	346 46 21	−4 31 35	23 18 26·86	− 9 23 18·5	404 272·036	54 14·34	05·3353	17·6844
25	358 40 47	−4 59 11	0 03 06·55	− 5 05 56·8	402 820·858	54 26·07	06·0318	18·3793
26	10 43 10	−5 14 04	0 47 36·48	− 0 34 30·3	400 140·015	54 47·95	06·7290	19·0830
27	22 58 02	−5 15 05	1 32 47·32	+ 4 02 47·5	396 338·160	55 19·49	07·4432	19·8118
28	35 29 33	−5 01 21	2 19 32·23	+ 8 36 35·2	391 626·395	55 59·43	08·1909	20·5825
29	48 21 06	−4 32 22	3 08 43·40	+12 55 23·2	386 311·914	56 45·65	08·9884	21·4100
30	61 34 54	−3 48 17	4 01 05·17	+16 44 48·5	380 779·695	57 35·14	09·8483	22·3035
July 1	75 11 35	−2 50 12	4 57 02·31	+19 47 38·0	375 460·090	58 24·10	10·7751	23·2614
2	89 09 59	−1 40 31	5 56 24·70	+21 45 28·3	370 782·589	59 08·31	11·7599	...

EPHEMERIS FOR PHYSICAL OBSERVATIONS
FOR 0ʰ TERRESTRIAL TIME

Julian Date	The Earth's Selenographic Long.	Lat.	The Sun's Selenographic Colong.	Lat.	Position Angle Axis	Bright Limb	Semi-diameter	Fraction Illum.
245	°	°	°	°	°	°	′ ″	
8620·5	+3·610	−6·471	62·14	−1·25	19·676	300·85	16 01·58	0·954
8621·5	+4·455	−5·937	74·32	−1·23	15·893	308·27	15 54·14	0·989
8622·5	+5·030	−5·065	86·50	−1·21	11·245	32·97	15 44·93	0·999
8623·5	+5·277	−3·927	98·69	−1·20	5·981	85·27	15 34·51	0·985
8624·5	+5·170	−2·605	110·87	−1·18	0·400	87·75	15 23·61	0·949
8625·5	+4·713	−1·180	123·06	−1·16	354·840	85·21	15 13·01	0·895
8626·5	+3·942	+0·270	135·25	−1·14	349·631	81·38	15 03·49	0·827
8627·5	+2·912	+1·681	147·45	−1·13	345·055	77·31	14 55·70	0·747
8628·5	+1·697	+2·999	159·65	−1·11	341·308	73·49	14 50·14	0·659
8629·5	+0·380	+4·175	171·86	−1·10	338·505	70·18	14 47·19	0·567
8630·5	−0·953	+5·171	184·08	−1·08	336·695	67·49	14 47·01	0·472
8631·5	−2·217	+5·949	196·30	−1·06	335·889	65·49	14 49·65	0·378
8632·5	−3·334	+6·476	208·53	−1·05	336·079	64·19	14 54·96	0·288
8633·5	−4·236	+6·720	220·76	−1·03	337·260	63·57	15 02·63	0·203
8634·5	−4·872	+6·653	233·00	−1·01	339·427	63·55	15 12·17	0·129
8635·5	−5·212	+6·257	245·24	−0·99	342·573	63·79	15 22·95	0·069
8636·5	−5·246	+5·527	257·49	−0·97	346·675	62·89	15 34·20	0·025
8637·5	−4·988	+4·480	269·74	−0·95	351·655	47·87	15 45·06	0·003
8638·5	−4·472	+3·156	281·98	−0·93	357·335	283·72	15 54·76	0·005
8639·5	−3·744	+1·624	294·23	−0·90	3·399	275·17	16 02·63	0·032
8640·5	−2·857	−0·026	306·48	−0·88	9·395	277·77	16 08·26	0·084
8641·5	−1·861	−1·688	318·72	−0·85	14·810	282·06	16 11·50	0·159
8642·5	−0·804	−3·250	330·96	−0·82	19·190	286·38	16 12·49	0·252
8643·5	+0·273	−4·611	343·19	−0·80	22·240	290·04	16 11·50	0·359
8644·5	+1·331	−5·682	355·41	−0·77	23·843	292·75	16 08·89	0·472
8645·5	+2·334	−6·400	7·63	−0·75	24·015	294·38	16 04·98	0·587
8646·5	+3·243	−6·727	19·84	−0·72	22·852	294·93	16 00·00	0·695
8647·5	+4·017	−6·653	32·05	−0·70	20·486	294·46	15 54·10	0·793
8648·5	+4·614	−6·194	44·25	−0·67	17·064	293·11	15 47·34	0·875
8649·5	+4·996	−5·393	56·44	−0·64	12·751	291·24	15 39·80	0·938
8650·5	+5·131	−4·309	68·64	−0·61	7·746	290·14	15 31·62	0·979
8651·5	+4·999	−3·015	80·83	−0·59	2·303	302·44	15 23·02	0·998
8652·5	+4·595	−1·591	93·02	−0·56	356·732	79·10	15 14·33	0·996
8653·5	+3·931	−0·115	105·21	−0·53	351·370	82·67	15 05·99	0·972
8654·5	+3·033	+1·343	117·41	−0·51	346·534	79·82	14 58·50	0·931
8655·5	+1·941	+2·718	129·61	−0·48	342·471	76·26	14 52·37	0·874
8656·5	+0·709	+3·959	141·81	−0·46	339·335	72·94	14 48·06	0·803
8657·5	−0·599	+5·021	154·02	−0·44	337·198	70·19	14 45·98	0·723
8658·5	−1·914	+5·867	166·23	−0·42	336·070	68·14	14 46·45	0·634
8659·5	−3·162	+6·466	178·45	−0·40	335·938	66·86	14 49·64	0·540
8660·5	−4·269	+6·790	190·68	−0·38	336·778	66·39	14 55·60	0·444
8661·5	−5·163	+6·814	202·91	−0·35	338·577	66·77	15 04·19	0·348
8662·5	5·781	+6·519	215·14	−0·33	341·329	68·05	15 15·07	0·256
8663·5	−6·073	+5·895	227·38	−0·31	345·030	70·28	15 27·66	0·171
8664·5	−6·009	+4·945	239·63	−0·29	349·648	73·45	15 41·14	0·099
8665·5	−5·580	+3·693	251·88	−0·26	355·079	77·37	15 54·47	0·043
8666·5	−4·806	+2·192	264·13	−0·24	1·086	80·84	16 06·51	0·009

MOON, 2019

FOR 0ʰ TERRESTRIAL TIME

Date 0ʰ TT	Apparent Longitude	Apparent Latitude	R.A.	Dec.	True Distance	Horiz. Parallax	Ephemeris Transit for date Upper	Lower
	° ′ ″	° ′ ″	h m s	° ′ ″	km	′ ″	h	h
July 1	75 11 35	− 2 50 12	4 57 02·31	+19 47 38·0	375 460·090	58 24·10	10·7751	23·2614
2	89 09 59	− 1 40 31	5 56 24·70	+21 45 28·3	370 782·589	59 08·31	11·7599	...
3	103 27 03	− 0 23 04	6 58 16·49	+22 22 26·0	367 120·746	59 43·70	12·7780	00·2668
4	117 58 00	+0 57 09	8 01 02·85	+21 29 55·1	364 738·973	60 07·11	13·7954	01·2889
5	132 36 55	+2 14 20	9 02 59·11	+19 09 59·0	363 755·517	60 16·86	14·7814	02·2938
6	147 17 27	+3 22 50	10 02 46·54	+15 35 01·5	364 133·676	60 13·10	15·7191	03·2567
7	161 53 38	+4 17 46	10 59 52·12	+11 04 07·5	365 704·697	59 57·58	16·6074	04·1690
8	176 20 26	+4 55 42	11 54 25·69	+ 5 58 34·5	368 214·602	59 33·05	17·4561	05·0358
9	190 34 12	+5 14 51	12 47 04·84	+ 0 38 43·6	371 379·754	59 02·60	18·2806	05·8704
10	204 32 42	+5 14 58	13 38 39·20	− 4 37 19·3	374 935·607	58 29·00	19·0970	06·6889
11	218 14 58	+4 57 02	14 29 58·51	− 9 33 45·8	378 668·461	57 54·40	19·9191	07·5066
12	231 40 56	+4 23 06	15 21 43·90	−13 56 40·5	382 427·127	57 20·25	20·7561	08·3354
13	244 51 11	+3 35 49	16 14 20·82	−17 33 47·4	386 117·020	56 47·37	21·6105	09·1813
14	257 46 38	+2 38 18	17 07 53·45	−20 14 48·0	389 682·321	56 16·20	22·4769	10·0428
15	270 28 25	+1 33 54	18 02 02·41	−21 52 12·6	393 082·769	55 46·99	23·3435	10·9111
16	282 57 41	+0 26 00	18 56 08·87	−22 22 23·4	396 271·172	55 20·05	...	11·7721
17	295 15 47	−0 42 05	19 49 25·40	−21 46 13·4	399 176·398	54 55·89	00·1950	12·6108
18	307 24 09	−1 47 20	20 41 10·12	−20 08 49·9	401 694·781	54 35·22	01·0183	13·4166
19	319 24 33	−2 47 03	21 30 57·82	−17 38 25·4	403 690·943	54 19·03	01·8055	14·1851
20	331 19 06	−3 38 58	22 18 44·36	−14 24 44·5	405 007·329	54 08·43	02·5559	14·9187
21	343 10 21	−4 21 12	23 04 44·93	−10 37 44·5	405 480·552	54 04·64	03·2748	15·6255
22	355 01 21	−4 52 13	23 49 29·40	− 6 26 48·7	404 962·163	54 08·80	03·9723	16·3168
23	6 55 38	−5 10 51	0 33 37·77	− 2 00 36·6	403 341·441	54 21·85	04·6610	17·0067
24	18 57 09	−5 16 08	1 17 56·75	+ 2 32 36·3	400 568·122	54 44·44	05·3558	17·7106
25	31 10 11	−5 07 21	2 03 17·52	+ 7 04 17·8	396 673·153	55 16·69	06·0730	18·4452
26	43 39 02	−4 44 04	2 50 33·30	+11 24 43·7	391 785·388	55 58·07	06·8292	19·2270
27	56 27 49	−4 06 15	3 40 35·14	+15 22 01·0	386 141·481	56 47·16	07·6402	20·0702
28	69 39 59	−3 14 28	4 34 03·74	+18 41 28·5	380 085·134	57 41·45	08·5176	20·9824
29	83 17 45	−2 10 13	5 31 16·01	+21 05 54·8	374 050·953	58 37·30	09·4635	21·9589
30	97 21 32	−0 56 15	6 31 49·46	+22 17 43·5	368 528·581	59 30·01	10·4654	22·9791
31	111 49 25	+0 23 17	7 34 34·95	+22 03 01·9	364 006·059	60 14·37	11·4955	...
Aug. 1	126 36 50	+1 42 55	8 37 50·37	+20 16 38·1	360 898·558	60 45·49	12·5190	00·0102
2	141 36 47	+2 56 30	9 39 54·66	+17 04 54·2	359 477·847	60 59·90	13·5076	01·0189
3	156 40 39	+3 58 05	10 39 41·13	+12 44 34·8	359 823·861	60 56·38	14·4480	01·9840
4	171 39 20	+4 42 57	11 36 50·19	+ 7 38 25·7	361 816·070	60 36·25	15·3420	02·9003
5	186 24 47	+5 08 18	12 31 40·82	+ 2 10 24·9	365 168·343	60 02·86	16·2008	03·7749
6	200 51 01	+5 13 27	13 24 53·82	− 3 17 32·6	369 494·225	59 20·68	17·0393	04·6216
7	214 54 34	+4 59 29	14 17 16·60	− 8 26 54·0	374 380·414	58 34·20	17·8721	05·4556
8	228 34 29	+4 28 45	15 09 32·08	−13 02 29·7	379 448·387	57 47·26	18·7100	06·2899
9	241 51 46	+3 44 15	16 02 10·82	−16 52 05·2	384 393·374	57 02·65	19·5586	07·1329
10	254 48 42	+2 49 17	16 55 25·34	−19 46 03·4	388 999·335	56 22·12	20·4166	07·9868
11	267 28 15	+1 47 11	17 49 07·29	−21 37 33·1	393 134·458	55 46·55	21·2762	08·8469
12	279 53 30	+0 41 11	18 42 49·46	−22 22 58·6	396 733·805	55 16·18	22·1254	09·7029
13	292 07 27	−0 25 39	19 35 53·40	−22 02 28·8	399 775·573	54 50·95	22·9520	10·5422
14	304 12 42	−1 30 24	20 27 40·97	−20 39 57·0	402 256·379	54 30·65	23·7470	11·3538
15	316 11 32	−2 30 26	21 17 45·04	−18 22 21·9	404 169·738	54 15·17	...	12·1315
16	328 05 55	−3 23 24	22 05 55·56	−15 18 41·8	405 490·720	54 04·56	00·5074	12·8752

EPHEMERIS FOR PHYSICAL OBSERVATIONS
FOR 0^h TERRESTRIAL TIME

Julian Date	The Earth's Selenographic Long.	Lat.	The Sun's Selenographic Colong.	Lat.	Position Angle Axis	Bright Limb	Semi-diameter	Fraction Illum.
245	°	°	°	°	°	°	′ ″	
8665·5	− 5·580	+ 3·693	251·88	− 0·26	355·079	77·37	15 54·47	0·043
8666·5	− 4·806	+ 2·192	264·13	− 0·24	1·086	80·84	16 06·51	0·009
8667·5	− 3·734	+ 0·524	276·39	− 0·21	7·261	284·02	16 16·15	0·001
8668·5	− 2·434	− 1·203	288·64	− 0·18	13·064	278·29	16 22·53	0·020
8669·5	− 0·993	− 2·866	300·89	− 0·15	17·947	282·68	16 25·18	0·067
8670·5	+ 0·490	− 4·342	313·14	− 0·12	21·504	286·79	16 24·16	0·139
8671·5	+ 1·921	− 5·526	325·38	− 0·09	23·544	289·90	16 19·93	0·231
8672·5	+ 3·215	− 6·344	337·62	− 0·06	24·066	291·80	16 13·25	0·337
8673·5	+ 4·305	− 6·756	349·85	− 0·03	23·189	292·47	16 04·96	0·449
8674·5	+ 5·144	− 6·757	2·07	0·00	21·077	291·93	15 55·81	0·562
8675·5	+ 5·708	− 6·368	14·29	+ 0·03	17·901	290·25	15 46·38	0·670
8676·5	+ 5·986	− 5·633	26·50	+ 0·06	13·833	287·49	15 37·08	0·767
8677·5	+ 5·986	− 4·611	38·71	+ 0·10	9·058	283·74	15 28·13	0·850
8678·5	+ 5·723	− 3·370	50·91	+ 0·13	3·794	279·12	15 19·64	0·917
8679·5	+ 5·218	− 1·981	63·10	+ 0·16	358·309	273·71	15 11·68	0·964
8680·5	+ 4·496	− 0·518	75·30	+ 0·19	352·917	266·86	15 04·34	0·992
8681·5	+ 3·586	+ 0·949	87·49	+ 0·22	347·933	111·98	14 57·76	1·000
8682·5	+ 2·518	+ 2·354	99·69	+ 0·25	343·632	83·25	14 52·13	0·988
8683·5	+ 1·327	+ 3·640	111·88	+ 0·28	340·209	77·95	14 47·72	0·959
8684·5	+ 0·050	+ 4·757	124·08	+ 0·30	337·768	74·22	14 44·84	0·913
8685·5	− 1·267	+ 5·665	136·28	+ 0·32	336·340	71·52	14 43·80	0·852
8686·5	− 2·575	+ 6·331	148·49	+ 0·35	335·912	69·77	14 44·94	0·779
8687·5	− 3·819	+ 6·729	160·70	+ 0·37	336·451	68·92	14 48·49	0·695
8688·5	− 4·936	+ 6·838	172·91	+ 0·39	337·927	68·99	14 54·64	0·604
8689·5	− 5·863	+ 6·643	185·13	+ 0·40	340·318	70·00	15 03·43	0·507
8690 5	6·531	ǀ 6·134	197·36	+ 0·42	343·616	72·02	15 14·70	0·407
8691·5	− 6·879	+ 5·312	209·59	+ 0·44	347·804	75·11	15 28·07	0·308
8692·5	− 6·854	+ 4·190	221·83	+ 0·46	352·830	79·34	15 42·86	0·214
8693·5	− 6·418	+ 2·800	234·07	+ 0·48	358·549	84·77	15 58·07	0·131
8694·5	− 5·563	+ 1·203	246·31	+ 0·51	4·661	91·48	16 12·42	0·064
8695·5	− 4·314	− 0·512	258·56	+ 0·53	10·696	100·56	16 24·51	0·019
8696·5	− 2·736	− 2·228	270·82	+ 0·56	16·078	147·11	16 32·98	0·000
8697·5	− 0·935	− 3·811	283·07	+ 0·58	20·278	275·65	16 36·91	0·012
8698·5	+ 0·951	− 5·135	295·32	+ 0·61	22·959	284·01	16 35·95	0·053
8699·5	+ 2·772	− 6·096	307·56	+ 0·64	24·020	287·86	16 30·46	0·120
8700·5	+ 4·388	− 6·635	319·80	+ 0·66	23·545	289·59	16 21·37	0·209
8701·5	+ 5·691	− 6·736	332·04	+ 0·69	21·713	289·71	16 09·88	0·311
8702·5	+ 6·611	− 6·425	344·27	+ 0·72	18·737	288·43	15 57·22	0·421
8703·5	+ 7·125	− 5·750	356·49	+ 0·75	14·824	285·94	15 44·44	0·531
8704·5	+ 7·245	− 4·780	8·70	+ 0·78	10·179	282·35	15 32·29	0·636
8705·5	+ 7·009	− 3·586	20·91	+ 0·81	5·023	277·84	15 21·25	0·733
8706·5	+ 6·469	− 2·240	33·11	+ 0·84	359·608	272·55	15 11 56	0·818
8707 5	ǀ 5·681	− 0·811	45·31	+ 0·87	354·220	266·61	15 03·29	0·888
8708·5	+ 4·702	+ 0·633	57·50	+ 0·90	349·160	259·89	14 56·42	0·942
8709·5	+ 3·582	+ 2·030	69·69	+ 0·93	344·702	251·17	14 50·89	0·979
8710·5	+ 2·363	+ 3·325	81·88	+ 0·95	341·058	228·77	14 46·67	0·997
8711·5	+ 1·081	+ 4·466	94·07	+ 0·98	338·361	102·35	14 43·78	0·997

MOON, 2019

FOR 0ʰ TERRESTRIAL TIME

Date 0ʰ TT	Apparent Longitude	Latitude	Apparent R.A.	Dec.	True Distance	Horiz. Parallax	Ephemeris Transit for date Upper	Lower
	° ′ ″	° ′ ″	h m s	° ′ ″	km	′ ″	h	h
Aug. 16	328 05 55	− 3 23 24	22 05 55·56	− 15 18 41·8	405 490·720	54 04·56	00·5074	12·8752
17	339 57 42	− 4 07 15	22 52 20·02	− 11 38 45·3	406 168·598	53 59·15	01·2357	13·5898
18	351 48 41	− 4 40 21	23 37 20·56	− 7 32 20·0	406 128·061	53 59·47	01·9389	14·2843
19	3 40 58	− 5 01 23	0 21 29·95	− 3 08 46·8	405 278·570	54 06·26	02·6276	14·9704
20	15 36 54	− 5 09 28	1 05 28·31	+ 1 23 00·1	403 530·508	54 20·32	03·3144	15·6614
21	27 39 25	− 5 04 01	1 50 00·73	+ 5 54 13·7	400 816·290	54 42·40	04·0134	16·3723
22	39 51 52	− 4 44 50	2 35 55·26	+ 10 15 38·5	397 114·245	55 13·01	04·7399	17·1181
23	52 18 05	− 4 12 00	3 24 00·18	+ 14 16 46·9	392 472·810	55 52·19	05·5088	17·9135
24	65 02 09	− 3 26 06	4 14 58·85	+ 17 45 17·7	387 032·098	56 39·32	06·3335	18·7697
25	78 08 04	− 2 28 17	5 09 20·61	+ 20 26 40·7	381 038·914	57 32·79	07·2221	19·6902
26	91 39 13	− 1 20 32	6 07 08·16	+ 22 05 01·6	374 849·977	58 29·80	08·1725	20·6668
27	105 37 39	− 0 05 52	7 07 46·29	+ 22 25 26·0	368 916·972	59 26·25	09·1697	21·6776
28	120 03 19	+ 1 11 23	8 10 02·17	+ 21 17 54·9	363 747·651	60 16·94	10·1867	22·6933
29	134 53 11	+ 2 25 51	9 12 24·18	+ 18 41 25·2	359 841·557	60 56·20	11·1941	23·6869
30	150 01 00	+ 3 31 28	10 13 32·45	+ 14 45 40·3	357 608·317	61 19·04	12·1703	...
31	165 17 34	+ 4 22 33	11 12 42·09	+ 9 49 39·3	357 288·157	61 22·34	13·1073	00·6437
Sept. 1	180 32 05	+ 4 54 49	12 09 47·57	+ 4 17 41·8	358 900·885	61 05·79	14·0088	01·5619
2	195 33 54	+ 5 06 13	13 05 12·26	− 1 24 51·2	362 243·217	60 31·96	14·8856	02·4495
3	210 14 27	+ 4 57 04	13 59 33·25	− 6 54 50·0	366 935·637	59 45·51	15·7501	03·3186
4	224 28 22	+ 4 29 36	14 53 28·15	− 11 52 55·8	372 500·430	58 51·94	16·6127	04·1811
5	238 13 40	+ 3 47 13	15 47 25·26	− 16 04 07·6	378 444·349	57 56·46	17·4792	05·0453
6	251 31 17	+ 2 53 44	16 41 37·09	− 19 17 33·1	384 324·852	57 03·26	18·3494	05·9141
7	264 24 14	+ 1 52 55	17 35 57·52	− 21 26 15·6	389 790·544	56 15·26	19·2173	06·7842
8	276 56 36	+ 0 48 11	18 30 03·67	− 22 27 07·6	394 596·536	55 34·15	20·0727	07·6472
9	289 12 56	− 0 17 21	19 23 22·80	− 22 20 44·7	398 600·512	55 00·65	20·9051	08·4924
10	301 17 38	− 1 20 58	20 15 22·33	− 21 11 04·9	401 746·307	54 34·80	21·7067	09·3101
11	313 14 38	− 2 20 10	21 05 39·09	− 19 04 46·4	404 040·835	54 16·20	22·4743	10·0948
12	325 07 17	− 3 12 45	21 54 04·59	− 16 10 13·3	405 528·873	54 04·26	23·2099	10·8458
13	336 58 13	− 3 56 42	22 40 45·67	− 12 36 43·5	406 269·114	53 58·34	23·9195	11·5674
14	348 49 33	− 4 30 20	23 26 02·09	− 8 33 50·2	406 314·204	53 57·98	...	12·2673
15	0 42 53	− 4 52 15	0 10 23·09	− 4 11 02·5	405 696·927	54 02·91	00·6123	12·9558
16	12 39 40	− 5 01 27	0 54 24·32	+ 0 22 18·5	404 424·081	54 13·12	01·2994	13·6447
17	24 41 19	− 4 57 22	1 38 45·63	+ 4 56 50·2	402 478·815	54 28·84	01·9933	14·3469
18	36 49 32	− 4 39 51	2 24 09·12	+ 9 22 50·3	399 831·292	54 50·49	02·7071	15·0756
19	49 06 29	− 4 09 15	3 11 16·85	+ 13 29 51·9	396 456·583	55 18·50	03·4540	15·8436
20	61 34 54	− 3 26 20	4 00 47·05	+ 17 06 20·4	392 357·806	55 53·17	04·2458	16·6614
21	74 18 02	− 2 32 24	4 53 07·75	+ 19 59 23·5	387 591·694	56 34·41	05·0910	17·5344
22	87 19 27	− 1 29 19	5 48 27·97	+ 21 55 15·6	382 292·804	57 21·46	05·9912	18·4598
23	100 42 43	− 0 19 38	6 46 29·14	+ 22 40 41·1	376 691·478	58 12·64	06·9384	19·4244
24	114 30 41	+ 0 53 14	7 46 22·85	+ 22 05 21·2	371 119·297	59 05·09	07·9150	20·4072
25	128 44 41	+ 2 04 59	8 47 00·75	+ 20 04 51·6	365 995·046	59 54·73	08·8981	21·3854
26	143 23 38	+ 3 10 31	9 47 15·08	+ 16 42 57·0	361 785·454	60 36·56	09·8674	22·3430
27	158 23 14	+ 4 04 26	10 46 19·32	+ 12 11 56·9	358 940·362	61 05·38	10·8118	23·2739
28	173 35 47	+ 4 41 51	11 43 57·83	+ 6 51 16·8	357 811·967	61 16·94	11·7302	...
29	188 51 02	+ 4 59 21	12 40 22·38	+ 1 04 44·3	358 579·153	61 09·08	12·6296	00·1817
30	203 57 46	+ 4 55 43	13 36 01·03	− 4 42 35·7	361 202·668	60 42·42	13·5200	01·0753
Oct. 1	218 45 55	+ 4 32 10	14 31 25·43	− 10 07 07·4	365 428·527	60 00·30	14·4106	01·9648

EPHEMERIS FOR PHYSICAL OBSERVATIONS
FOR 0^h TERRESTRIAL TIME

Julian Date	The Earth's Selenographic Long.	Lat.	The Sun's Selenographic Colong.	Lat.	Position Angle Axis	Bright Limb	Semi-diameter	Fraction Illum.
	°	°	°	°	°	°	′ ″	
245								
8711·5	+1·081	+4·466	94·07	+0·98	338·361	102·35	14 43·78	0·997
8712·5	−0·230	+5·409	106·26	+1·00	336·665	81·52	14 42·31	0·979
8713·5	−1·541	+6·118	118·45	+1·02	335·972	75·68	14 42·40	0·944
8714·5	−2·821	+6·565	130·64	+1·03	336·253	72·99	14 44·25	0·893
8715·5	−4·033	+6·731	142·84	+1·05	337·467	71·95	14 48·08	0·828
8716·5	−5·135	+6·604	155·03	+1·06	339·578	72·18	14 54·09	0·750
8717·5	−6·077	+6·178	167·24	+1·07	342·559	73·54	15 02·42	0·662
8718·5	−6·799	+5·457	179·45	+1·08	346·386	76·00	15 13·10	0·565
8719·5	−7·238	+4·454	191·66	+1·09	351·016	79·58	15 25·93	0·462
8720·5	−7·329	+3·195	203·88	+1·10	356·354	84·26	15 40·50	0·358
8721·5	−7·013	+1·722	216·10	+1·12	2·194	89·96	15 56·02	0·257
8722·5	−6·252	+0·103	228·33	+1·13	8·181	96·57	16 11·40	0·165
8723·5	−5·037	−1·570	240·57	+1·14	13·818	104·08	16 25·20	0·088
8724·5	−3·410	−3·180	252·81	+1·16	18·556	113·71	16 35·90	0·032
8725·5	−1·466	−4·596	265·05	+1·18	21·944	139·84	16 42·12	0·004
8726·5	+0·645	−5·695	277·29	+1·19	23·728	264·41	16 43·02	0·006
8727·5	+2·742	−6·385	289·53	+1·21	23·870	281·68	16 38·51	0·039
8728·5	+4·637	−6·621	301·77	+1·23	22·497	285·63	16 29·30	0·099
8729·5	+6·177	−6·410	314·00	+1·25	19·819	286·11	16 16·64	0·181
8730·5	+7·261	−5·801	326·23	+1·27	16·075	284·60	16 02·05	0·277
8731·5	+7·852	−4·871	338·45	+1·29	11·508	281·65	15 46·94	0·381
8732·5	+7·963	−3·702	350·66	+1·32	6·369	277·59	15 32·46	0·487
8733·5	+7·648	−2·375	2·87	+1·34	0·930	272·73	15 19·38	0·591
8734·5	+6·981	−0·967	15·07	+1·36	355·481	267·34	15 08·18	0·687
8735·5	+6·042	+0·457	27·26	+1·38	350·321	261·67	14 59·06	0·775
8736·5	+4·912	+1·837	39·45	+1·40	345·718	255·88	14 52·02	0·850
8737·5	+3·662	+3·121	51·63	+1·42	341·887	249·88	14 46·95	0·911
8738·5	+2·350	+4·260	63·81	+1·44	338·967	242·91	14 43·70	0·957
8739·5	+1·023	+5·211	75·99	+1·45	337·030	231·32	14 42·09	0·986
8740·5	−0·285	+5·936	88·16	+1·47	336·093	181·50	14 41·99	0·998
8741·5	−1·548	+6·407	100·34	+1·48	336·136	95·13	14 43·33	0·992
8742·5	−2·748	+6·600	112·51	+1·48	337·123	80·83	14 46·11	0·969
8743·5	−3·865	+6·504	124·69	+1·49	339·014	76·96	14 50·40	0·928
8744·5	−4·878	+6·116	136·87	+1·49	341·770	76·33	14 56·29	0·871
8745·5	−5·754	+5·442	149·05	+1·49	345·353	77·56	15 03·92	0·799
8746·5	−6·453	+4·502	161·24	+1·49	349·712	80·19	15 13·36	0·713
8747·5	−6·921	+3·323	173·43	+1·48	354·757	84·03	15 24·60	0·617
8748·5	−7·098	+1·947	185·62	+1·48	0·320	88·89	15 37·41	0·513
8749·5	−6·920	+0·429	197·83	+1·48	6·121	94·53	15 51·35	0·406
8750·5	−6·333	−1·157	210·03	+1·48	11·757	100·65	16 05·64	0·299
8751·5	−5·306	−2·718	222·25	+1·48	16·750	106·94	16 19·15	0·199
8752·5	−3·849	−4·143	234·47	+1·48	20·643	113·36	16 30·55	0·114
8753·5	2 028	5·314	246·69	+1·48	23·102	120·81	16 38·40	0·049
8754·5	+0·030	−6·126	258·92	+1·49	23·968	136·34	16 41·55	0·011
8755·5	+2·147	−6·502	271·14	+1·49	23·251	236·61	16 39·41	0·003
8756·5	+4·124	−6·417	283·37	+1·50	21·086	276·07	16 32·15	0·025
8757·5	+5·783	−5·898	295·59	+1·51	17·681	280·93	16 20·67	0·074

MOON, 2019

FOR 0ʰ TERRESTRIAL TIME

Date 0ʰ TT	Apparent Longitude	Latitude	Apparent R.A.	Dec.	True Distance	Horiz. Parallax	Ephemeris Transit for date Upper	Lower
	° ′ ″	° ′ ″	h m s	° ′ ″	km	′ ″	h	h
Oct. 1	218 45 55	+4 32 10	14 31 25·43	−10 07 07·4	365 428·527	60 00·30	14·4106	01·9648
2	233 08 13	+3 51 47	15 26 59·58	−14 48 48·5	370 838·030	59 07·78	15·3064	02·8578
3	247 01 02	+2 58 46	16 22 51·63	−18 32 25·5	376 925·150	58 10·48	16·2062	03·7562
4	260 24 07	+1 57 29	17 18 50·04	−21 08 09·5	383 176·238	57 13·53	17·1023	04·6554
5	273 19 57	+0 52 02	18 14 25·85	−22 31 38·8	389 133·387	56 20·96	17·9831	05·5454
6	285 52 41	−0 14 07	19 09 01·10	−22 43 31·9	394 433·847	55 35·52	18·8368	06·4140
7	298 07 22	−1 18 01	20 02 00·45	−21 48 29·9	398 826·676	54 58·78	19·6550	07·2507
8	310 09 12	−2 17 15	20 53 01·00	−19 53 57·9	402 171·885	54 31·34	20·4350	08·0497
9	322 03 08	−3 09 43	21 41 56·80	−17 08 48·0	404 427·871	54 13·09	21·1793	08·8113
10	333 53 31	−3 53 38	22 28 58·18	−13 42 19·6	405 631·816	54 03·43	21·8949	09·5402
11	345 44 00	−4 27 24	23 14 28·20	− 9 43 49·3	405 876·469	54 01·48	22·5915	10·2449
12	357 37 21	−4 49 37	23 58 58·44	− 5 22 23·9	405 285·869	54 06·20	23·2805	10·9362
13	9 35 39	−4 59 14	0 43 05·71	− 0 47 11·2	403 992·258	54 16·60	23·9741	11·6259
14	21 40 14	−4 55 34	1 27 29·65	+ 3 52 22·3	402 116·422	54 31·79	. . .	12·3266
15	33 52 06	−4 38 22	2 12 50·78	+ 8 26 11·0	399 753·744	54 51·13	00·6850	13·0509
16	46 11 59	−4 07 59	2 59 48·16	+12 43 13·1	396 967·999	55 14·23	01·4255	13·8103
17	58 40 49	−3 25 20	3 48 55·73	+16 31 22·5	393 794·197	55 40·94	02·2063	14·6141
18	71 19 51	−2 31 56	4 40 36·58	+19 37 37·4	390 250·630	56 11·28	03·0344	15·4668
19	84 10 49	−1 29 55	5 34 55·68	+21 48 40·6	386 358·742	56 45·24	03·9109	16·3654
20	97 16 00	−0 21 56	6 31 33·70	+22 52 18·7	382 167·889	57 22·59	04·8287	17·2986
21	110 37 54	+0 48 44	7 29 46·63	+22 39 19·9	377 780·504	58 02·57	05·7726	18·2482
22	124 18 54	+1 58 19	8 28 35·40	+21 05 34·6	373 371·908	58 43·70	06·7231	19·1952
23	138 20 32	+3 02 32	9 27 03·17	+18 13 15·9	369 198·065	59 23·54	07·6631	20·1257
24	152 42 44	+3 56 50	10 24 32·16	+14 11 09·2	365 584·738	59 58·76	08·5828	21·0346
25	167 23 06	+4 36 47	11 20 51·73	+ 9 13 42·7	362 893·704	60 25·45	09·4818	21·9255
26	182 16 27	+4 58 43	12 16 16·20	+ 3 39 49·2	361 467·281	60 39·76	10·3671	22·8079
27	197 15 01	+5 00 24	13 11 15·97	− 2 08 41·0	361 560·899	60 38·82	11·2494	23·6930
28	212 09 32	+4 41 40	14 06 26·40	− 7 48 38·1	363 281·746	60 21·58	12·1397	. . .
29	226 50 44	+4 04 27	15 02 16·30	−12 57 26·8	366 553·659	59 49·25	13·0449	00·5903
30	241 11 01	+3 12 26	15 58 57·58	−17 15 12·9	371 120·884	59 05·07	13·9649	01·5034
31	255 05 30	+2 10 10	16 56 18·02	−20 26 47·3	376 588·826	58 13·59	14·8913	02·4282
Nov. 1	268 32 22	+1 02 24	17 53 40·98	−22 23 17·9	382 487·189	57 19·71	15·8087	03·3522
2	281 32 38	−0 06 38	18 50 14·55	−23 02 41·8	388 336·626	56 27·90	16·6999	04·2585
3	294 09 20	−1 13 24	19 45 07·47	−22 28 58·4	393 704·373	55 41·70	17·5517	05·1313
4	306 26 54	−2 15 06	20 37 44·11	−20 50 18·1	398 242·168	55 03·62	18·3581	05·9606
5	318 30 24	−3 09 35	21 27 51·91	−18 16 52·3	401 706·318	54 35·13	19·1207	06·7445
6	330 25 07	−3 55 07	22 15 40·46	−14 59 09·7	403 963·123	54 16·83	19·8470	07·4877
7	342 16 04	−4 30 15	23 01 35·89	−11 07 01·8	404 983·568	54 08·62	20·5479	08·1998
8	354 07 44	−4 53 48	23 46 14·66	− 6 49 32·7	404 830·453	54 09·85	21·2365	08·8929
9	6 03 58	−5 04 43	0 30 18·87	− 2 15 19·9	403 640·142	54 19·44	21·9265	09·5804
10	18 07 42	−5 02 16	1 14 33·16	+ 2 26 50·8	401 600·464	54 35·99	22·6321	10·2765
11	30 21 01	−4 46 03	1 59 42·62	+ 7 07 25·8	398 926·159	54 57·96	23·3668	10·9950
12	42 45 11	−4 16 10	2 46 30·27	+11 35 30·5	395 833·746	55 23·72	. . .	11·7489
13	55 20 43	−3 33 23	3 35 33·19	+15 38 31·0	392 518·456	55 51·80	00·1425	12·5484
14	68 07 42	−2 39 12	4 27 16·09	+19 02 24·6	389 136·494	56 20·93	00·9671	13·3986
15	81 05 59	−1 35 52	5 21 42·95	+21 32 35·1	385 795·988	56 50·21	01·8422	14·2965
16	94 15 31	−0 26 25	6 18 29·86	+22 55 39·5	382 558·944	57 19·07	02·7596	15·2292

EPHEMERIS FOR PHYSICAL OBSERVATIONS
FOR 0ʰ TERRESTRIAL TIME

Julian Date	The Earth's Selenographic Long.	Lat.	The Sun's Selenographic Colong.	Lat.	Position Angle Axis	Bright Limb	Semi-diameter	Fraction Illum.
245	°	°	°	°	°	°	′ ″	
8757·5	+5·783	−5·898	295·59	+1·51	17·681	280·93	16 20·67	0·074
8758·5	+6·995	−5·013	307·81	+1·51	13·283	280·38	16 06·37	0·146
8759·5	+7·697	−3·854	320·02	+1·52	8·169	277·53	15 50·76	0·233
8760·5	+7·887	−2·516	332·23	+1·53	2·645	273·36	15 35·25	0·330
8761·5	+7·611	−1·089	344·43	+1·54	357·039	268·44	15 20·93	0·431
8762·5	+6·946	+0·352	356·63	+1·55	351·680	263·21	15 08·56	0·531
8763·5	+5·982	+1·744	8·81	+1·56	346·858	258·01	14 58·55	0·628
8764·5	+4·811	+3·033	21·00	+1·57	342·797	253·07	14 51·08	0·718
8765·5	+3·520	+4·177	33·17	+1·57	339·639	248·49	14 46·11	0·799
8766·5	+2·182	+5·133	45·34	+1·58	337·458	244·19	14 43·48	0·868
8767·5	+0·859	+5·869	57·51	+1·58	336·272	239·79	14 42·94	0·925
8768·5	−0·405	+6·354	69·67	+1·58	336·070	233·95	14 44·23	0·966
8769·5	−1·580	+6·564	81·83	+1·58	336·823	220·11	14 47·06	0·991
8770·5	−2·649	+6·483	93·99	+1·58	338·497	143·21	14 51·20	0·998
8771·5	−3·600	+6·108	106·15	+1·57	341·056	90·50	14 56·47	0·987
8772·5	−4·427	+5·446	118·30	+1·56	344·461	82·86	15 02·76	0·956
8773·5	−5·118	+4·516	130·46	+1·54	348·656	82·35	15 10·03	0·907
8774·5	−5·654	+3·354	142·63	+1·53	353·546	84·59	15 18·30	0·841
8775·5	−6·004	+2·003	154·79	+1·51	358·966	88·42	15 27·55	0·759
8776·5	−6·127	+0·523	166·96	+1·49	4·654	93·26	15 37·72	0·664
8777·5	−5·974	−1·015	179·14	+1·48	10·247	98·64	15 48·61	0·559
8778·5	−5·498	−2·531	191·32	+1·46	15·321	104·11	15 59·81	0·449
8779·5	−4·666	−3·931	203·51	+1·44	19·462	109·28	16 10·66	0·338
8780·5	−3·473	−5·117	215·71	+1·43	22·348	113·89	16 20·25	0·233
8781·5	−1·957	−5·992	227·91	+1·42	23·785	117·93	16 27·52	0·141
8782·5	−0·210	−6·474	240·11	+1·40	23·713	122·02	16 31·42	0·069
8783·5	+1·632	−6·515	252·32	+1·39	22·181	129·25	16 31·16	0·021
8784·5	+3·401	−6·111	264·53	+1·38	19·317	175·68	16 26·47	0·002
8785·5	+4·933	−5·305	276·74	+1·38	15·309	267·09	16 17·66	0·011
8786·5	+6·098	−4·175	288·95	+1·37	10·397	274·71	16 05·63	0·047
8787·5	+6·814	−2·823	301·16	+1·36	4·882	273·48	15 51·61	0·106
8788·5	+7·057	−1·351	313·36	+1·36	359·121	269·76	15 36·94	0·181
8789·5	+6·850	+0·149	325·55	+1·35	353·493	265·10	15 22·82	0·268
8790·5	+6·251	+1·600	337·74	+1·35	348·348	260·21	15 10·24	0·363
8791·5	+5·340	+2·942	349·92	+1·34	343·955	255·54	14 59·87	0·459
8792·5	+4·207	+4·129	2·10	+1·34	340·482	251·37	14 52·11	0·556
8793·5	+2·940	+5·123	14·27	+1·33	338·004	247·81	14 47·12	0·648
8794·5	+1·623	+5·891	26·43	+1·33	336·537	244·90	14 44·89	0·735
8795·5	+0·330	+6·408	38·59	+1·32	336·060	242·58	14 45·22	0·813
8796·5	−0·880	+6·651	50·74	+1·31	336·543	240·71	14 47·83	0·881
8797·5	−1·962	+6·604	62·89	+1·29	337·956	238·82	14 52·34	0·935
8798·5	−2·888	+6·257	75·04	+1·27	340·272	235·36	14 58·33	0·974
8799·5	−3·641	+5·613	87·18	+1·25	343·465	219·65	15 05·34	0·995
8800·5	−4·219	+4·688	99·32	+1·23	347·492	111·50	15 12·99	0·997
8801·5	−4·621	+3·516	111·46	+1·21	352·273	89·69	15 20·93	0·978
8802·5	−4·848	+2·146	123·60	+1·18	357·650	89·11	15 28·90	0·938
8803·5	−4·899	+0·642	135·75	+1·15	3·360	92·35	15 36·76	0·878

MOON, 2019

FOR 0ʰ TERRESTRIAL TIME

Date 0ʰ TT	Apparent Longitude	Apparent Latitude	R.A.	Dec.	True Distance	Horiz. Parallax	Ephemeris Transit for date Upper	Lower
	° ′ ″	° ′ ″	h m s	° ′ ″	km	′ ″	h	h
Nov. 16	94 15 31	− 0 26 25	6 18 29·86	+22 55 39·5	382 558·944	57 19·07	02·7596	15·2292
17	107 36 27	+0 45 38	7 16 45·06	+23 01 53·7	379 454·532	57 47·21	03·7023	16·1761
18	121 09 13	+1 56 17	8 15 20·74	+21 47 22·8	376 501·367	58 14·40	04·6480	17·1156
19	134 54 23	+3 01 22	9 13 13·62	+19 14 58·5	373 733·858	58 40·28	05·5773	18·0321
20	148 52 14	+3 56 44	10 09 43·77	+15 33 38·6	371 225·926	59 04·07	06·4795	18·9200
21	163 02 23	+4 38 33	11 04 42·49	+10 56 49·6	369 104·900	59 24·44	07·3543	19·7838
22	177 23 12	+5 03 36	11 58 28·93	+ 5 40 50·5	367 549·468	59 39·52	08·2099	20·6345
23	191 51 35	+5 09 40	12 51 40·61	+ 0 03 52·3	366 768·608	59 47·14	09·0594	21·4864
24	206 22 48	+4 55 59	13 45 02·52	− 5 34 33·6	366 963·264	59 45·24	09·9172	22·3532
25	220 50 57	+4 23 28	14 39 16·47	−10 54 06·9	368 278·578	59 32·43	10·7954	23·2442
26	235 09 43	+3 34 41	15 34 50·17	−15 34 39·8	370 759·308	59 08·53	11·6997	...
27	249 13 20	+2 33 32	16 31 46·82	−19 18 02·7	374 321·972	58 34·75	12·6268	00·1610
28	262 57 24	+1 24 38	17 29 38·67	−21 50 25·3	378 752·481	57 53·63	13·5628	01·0949
29	276 19 25	+0 12 40	18 27 30·27	−23 04 27·3	383 729·564	57 08·58	14·4868	02·0277
30	289 18 59	− 0 58 07	19 24 13·91	−23 00 13·9	388 866·290	56 23·28	15·3781	02·9376
Dec. 1	301 57 32	− 2 04 14	20 18 51·06	−21 44 18·5	393 758·365	55 41·24	16·2227	03·8067
2	314 17 59	− 3 02 59	21 10 48·43	−19 27 17·5	398 029·081	55 05·39	17·0165	04·6258
3	326 24 19	− 3 52 25	22 00 02·19	−16 21 09·4	401 364·828	54 37·92	17·7643	05·3956
4	338 21 11	− 4 31 04	22 46 52·84	−12 37 21·6	403 539·168	54 20·25	18·4764	06·1240
5	350 13 29	− 4 57 50	23 31 56·82	− 8 26 01·1	404 426·144	54 13·10	19·1666	06·8233
6	2 06 08	− 5 11 54	0 15 59·46	− 3 56 00·4	404 004·480	54 16·50	19·8502	07·5082
7	14 03 43	− 5 12 35	0 59 50·39	+ 0 44 26·2	402 354·167	54 29·86	20·5431	08·1945
8	26 10 19	− 4 59 29	1 44 20·90	+ 5 26 50·9	399 646·234	54 52·01	21·2612	08·8980
9	38 29 15	− 4 32 27	2 30 21·76	+10 01 36·1	396 125·883	55 21·27	22·0194	09·6344
10	51 02 54	− 3 51 54	3 18 39·71	+14 17 07·8	392 089·010	55 55·47	22·8300	10·4176
11	63 52 35	− 2 58 54	4 09 51·15	+17 59 32·1	387 852·750	56 32·12	23·6989	11·2572
12	76 58 34	− 1 55 24	5 04 12·13	+20 53 03·5	383 722·214	57 08·64	...	12·1543
13	90 20 05	− 0 44 19	6 01 27·04	+22 41 49·4	379 957·646	57 42·61	00·6217	13·0986
14	103 55 31	+0 30 34	7 00 43·11	+23 12 53·5	376 747·990	58 12·12	01·5817	14·0675
15	117 42 44	+1 44 49	8 00 39·58	+22 19 41·5	374 197·130	58 35·92	02·5525	15·0333
16	131 39 21	+2 53 44	8 59 52·33	+20 04 03·5	372 326·903	58 53·59	03·5072	15·9724
17	145 42 56	+3 52 47	9 57 21·07	+16 35 42·7	371 096·661	59 05·30	04·4278	16·8733
18	159 51 12	+4 38 05	10 52 43·67	+12 09 42·6	370 434·249	59 11·64	05·3094	17·7372
19	174 01 58	+5 06 36	11 46 13·99	+ 7 03 34·9	370 269·745	59 13·22	06·1584	18·5748
20	188 13 08	+5 16 32	12 38 30·53	+ 1 35 23·1	370 562·606	59 10·41	06·9885	19·4016
21	202 22 28	+5 07 17	13 30 23·71	− 3 57 01·4	371 314·899	59 03·22	07·8162	20·2341
22	216 27 36	+4 39 37	14 22 44·94	− 9 15 59·9	372 567·231	58 51·31	08·6571	21·0865
23	230 25 56	+3 55 32	15 16 16·64	−14 04 03·0	374 378·650	58 34·22	09·5232	21·9674
24	244 14 45	+2 58 09	16 11 22·08	−18 04 19·3	376 796·096	58 11·67	10·4188	22·8762
25	257 51 27	+1 51 23	17 07 55·93	−21 01 57·8	379 821·934	57 43·85	11·3378	23·8013
26	271 13 49	+0 39 34	18 05 20·21	−22 46 15·3	383 388·652	57 11·62	12·2639	...
27	284 20 18	− 0 32 59	19 02 31·48	−23 12 40·9	387 347·602	56 36·55	13·1746	00·7226
28	297 10 14	− 1 42 22	19 58 19·73	−22 23 44·3	391 474·404	56 00·74	14·0494	01·6175
29	309 44 00	− 2 45 19	20 51 50·33	−20 27 49·0	395 488·975	55 26·62	14·8759	02·4691
30	322 03 05	− 3 39 17	21 42 37·31	−17 36 43·6	399 084·969	54 56·64	15·6521	03·2701
31	334 09 53	− 4 22 28	22 30 44·46	−14 03 06·5	401 962·560	54 33·04	16·3843	04·0231
32	346 07 44	− 4 53 37	23 16 38·29	− 9 58 41·6	403 859·527	54 17·67	17·0841	04·7374

EPHEMERIS FOR PHYSICAL OBSERVATIONS
FOR 0ʰ TERRESTRIAL TIME

Julian Date	The Earth's Selenographic Long.	The Earth's Selenographic Lat.	The Sun's Selenographic Colong.	The Sun's Selenographic Lat.	Position Angle Axis	Position Angle Bright Limb	Semi-diameter	Fraction Illum.
245	°	°	°	°	°	°	′ ″	
8803·5	−4·899	+0·642	135·75	+1·15	3·360	92·35	15 36·76	0·878
8804·5	−4·763	−0·920	147·90	+1·12	9·032	96·94	15 44·42	0·800
8805·5	−4·426	−2·452	160·05	+1·09	14·237	101·93	15 51·83	0·706
8806·5	−3·871	−3·866	172·21	+1·06	18·566	106·69	15 58·88	0·600
8807·5	−3·086	−5·072	184·37	+1·03	21·713	110·80	16 05·36	0·488
8808·5	−2·078	−5·986	196·55	+1·00	23·501	114·01	16 10·91	0·375
8809·5	−0·876	−6·536	208·72	+0·98	23·872	116·22	16 15·01	0·267
8810·5	+0·461	−6·676	220·91	+0·95	22·856	117·45	16 17·09	0·171
8811·5	+1·843	−6·387	233·10	+0·93	20·539	117·98	16 16·57	0·092
8812·5	+3·163	−5·688	245·29	+0·90	17·045	118·81	16 13·08	0·036
8813·5	+4·309	−4·637	257·49	+0·88	12·544	126·93	16 06·57	0·006
8814·5	+5·183	−3·318	269·69	+0·86	7·268	250·59	15 57·37	0·002
8815·5	+5·714	−1·830	281·88	+0·84	1·535	268·55	15 46·17	0·023
8816·5	+5·869	−0·275	294·08	+0·82	355·730	266·90	15 33·90	0·067
8817·5	+5·649	+1·255	306·27	+0·81	350·260	262·86	15 21·57	0·128
8818·5	+5·085	+2·685	318·45	+0·79	345·470	258·43	15 10·12	0·204
8819·5	+4·230	+3·958	330·63	+0·78	341·592	254·30	15 00·35	0·289
8820·5	+3·153	+5·031	342·81	+0·76	338·738	250·77	14 52·87	0·380
8821·5	+1·933	+5·871	354·97	+0·74	336·930	247·99	14 48·06	0·474
8822·5	+0·649	+6·454	7·14	+0·73	336·138	245·99	14 46·11	0·568
8823·5	−0·621	+6·763	19·29	+0·71	336·315	244·78	14 47·03	0·660
8824·5	−1·805	+6·783	31·44	+0·69	337·421	244·36	14 50·67	0·746
8825·5	−2·841	+6·503	43·59	+0·67	339·427	244·72	14 56·71	0·825
8826·5	−3·679	+5·923	55·73	+0·64	342·315	245·81	15 04·68	0·893
8827·5	−4·284	+5·050	67·86	+0·62	346·068	247·37	15 13·99	0·946
8828·5	−4·637	+3·908	79·99	+0·59	350·640	248·21	15 23·97	0·983
8829·5	−4·734	+2·539	92·12	+0·55	355·914	228·70	15 33·92	0·999
8830·5	−4·585	+1·007	104·25	+0·52	1·658	94·47	15 43·17	0·993
8831·5	−4·209	−0·608	116·38	+0·48	7·505	94·73	15 51·21	0·963
8832·5	−3·633	−2·210	128·52	+0·45	12·987	99·04	15 57·69	0·910
8833·5	−2·890	−3·698	140·65	+0·41	17·639	103·74	16 02·50	0·835
8834·5	−2·013	−4·974	152·79	+0·37	21·106	107·91	16 05·69	0·743
8835·5	−1·039	−5·955	164·94	+0·34	23·201	111·14	16 07·42	0·638
8836·5	−0·007	−6·573	177·09	+0·30	23·881	113·25	16 07·85	0·525
8837·5	+1·042	−6·790	189·25	+0·27	23·201	114·16	16 07·09	0·411
8838·5	+2·061	−6·592	201·42	+0·23	21·263	113·86	16 05·13	0·302
8839·5	+3·000	−5·996	213·59	+0·20	18·186	112·37	16 01·88	0·203
8840·5	+3·809	−5·045	225·77	+0·17	14·106	109·74	15 57·23	0·121
8841·5	+4·441	−3·808	237·96	+0·14	9·196	106·13	15 51·09	0·058
8842·5	+4·854	−2·369	250·14	+0·12	3·698	102·03	15 43·51	0·017
8843·5	+5·016	−0·821	262·33	+0·09	357·939	103·38	15 34·73	0·001
8844·5	+4·910	+0·742	274·52	+0·06	352·314	267·16	15 25·18	0·007
8845·5	ǀ4·532	+2·237	286·71	+0·04	347·211	263·05	15 15·43	0·034
8846·5	+3·895	+3·593	298·90	+0·02	342·936	258·52	15 06·13	0·081
8847·5	+3·027	+4·757	311·08	0·00	339·671	254·55	14 57·97	0·142
8848·5	+1·968	+5·688	323·26	−0·02	337·476	251·38	14 51·54	0·216
8849·5	+0·774	+6·359	335·43	−0·04	336·333	249·08	14 47·35	0·299

NOTES AND FORMULAE

Low-precision formulae for geocentric coordinates of the Moon

The following formulae give approximate geocentric coordinates of the Moon. During the period 1900 to 2100 the errors will rarely exceed $0°3$ in ecliptic longitude (λ), $0°2$ in ecliptic latitude (β), $0°003$ in horizontal parallax (π), $0°001$ in semidiameter (SD), $0·2$ Earth radii in distance (r), $0°3$ in right ascension (α) and $0°2$ in declination (δ).

On this page the time argument T is the number of Julian centuries from J2000·0.

$$T = (\text{JD} - 245\ 1545·0)/36\ 525 = (6938·5 + \text{day of year} + (\text{UT1} + \Delta T)/24)/36\ 525$$

where day of year is given on pages B4–B5. The Universal Time (UT1) and $\Delta T = \text{TT} - \text{UT1}$ (see pages K8–K9), are expressed in hours. To the precision quoted ΔT may be ignored.

$$\lambda = 218°32 + 481\ 267°881\ T$$
$$+ 6°29 \sin(135°0 + 477\ 198°87\ T) - 1°27 \sin(259°3 - 413\ 335°36\ T)$$
$$+ 0°66 \sin(235°7 + 890\ 534°22\ T) + 0°21 \sin(269°9 + 954\ 397°74\ T)$$
$$- 0°19 \sin(357°5 + 35\ 999°05\ T) - 0°11 \sin(186°5 + 966\ 404°03\ T)$$
$$\beta = +5°13 \sin(93°3 + 483\ 202°02\ T) + 0°28 \sin(228°2 + 960\ 400°89\ T)$$
$$- 0°28 \sin(318°3 + 6\ 003°15\ T) - 0°17 \sin(217°6 - 407\ 332°21\ T)$$
$$\pi = +0°9508 + 0°0518 \cos(135°0 + 477\ 198°87\ T) + 0°0095 \cos(259°3 - 413\ 335°36\ T)$$
$$+ 0°0078 \cos(235°7 + 890\ 534°22\ T) + 0°0028 \cos(269°9 + 954\ 397°74\ T)$$

$$SD = 0·2724\,\pi \qquad \text{and} \qquad r = 1/\sin\pi$$

Form the geocentric direction cosines (l, m, n) from:

$$l = \cos\beta \cos\lambda \qquad\qquad\qquad = \cos\delta \cos\alpha$$
$$m = +0·9175 \cos\beta \sin\lambda - 0·3978 \sin\beta = \cos\delta \sin\alpha$$
$$n = +0·3978 \cos\beta \sin\lambda + 0·9175 \sin\beta = \sin\delta$$

Then

$$\alpha = \tan^{-1}(m/l) \qquad \text{and} \qquad \delta = \sin^{-1}(n)$$

where the quadrant of α is determined by the signs of l and m, and where α, δ are referred to the mean equator and equinox of date.

Low-precision formulae for topocentric coordinates of the Moon

The following formulae give approximate topocentric values of right ascension (α'), declination (δ'), distance (r'), parallax (π') and semidiameter (SD').

Form the geocentric rectangular coordinates (x, y, z) from:

$$x = rl = r \cos\delta \cos\alpha$$
$$y = rm = r \cos\delta \sin\alpha$$
$$z = rn = r \sin\delta$$

Form the topocentric rectangular coordinates (x', y', z') from:

$$x' = x - \cos\phi' \cos\theta_0$$
$$y' = y - \cos\phi' \sin\theta_0$$
$$z' = z - \sin\phi'$$

where (ϕ', λ') are the observer's geocentric latitude and longitude (east positive). The local sidereal time (see page B8) may be approximated by

$$\theta_0 = 100°46 + 36\ 000°77\ T_U + \lambda' + 15\ \text{UT1}$$

where $\quad T_U = (\text{JD} - 245\ 1545·0)/36\ 525 = (6938·5 + \text{day of year} + \text{UT1}/24)/36\ 525$

Then $\qquad r' = (x'^2 + y'^2 + z'^2)^{1/2} \qquad \alpha' = \tan^{-1}(y'/x') \quad \delta' = \sin^{-1}(z'/r')$
$\qquad\qquad \pi' = \sin^{-1}(1/r') \qquad\qquad\quad SD' = 0·2724\pi'$

CONTENTS OF SECTION E

PLANETS
NOTES AND FORMULAS

Orbital elements

The heliocentric osculating orbital elements for the Earth given on page E8 and the heliocentric coordinates and velocity of the Earth on page E7 actually refer to the Earth-Moon barycenter. The heliocentric coordinates and velocity of the Earth itself are given by:

(Earth's center) = (Earth-Moon barycenter) − (0.000 0312 cos L, 0.000 0286 sin L,
0.000 0124 sin L, − 0.000 00718 sin L, 0.000 00657 cos L, 0.000 00285 cos L)

where $L = 218° + 481 268° T$, with T in Julian centuries from JD 245 1545.0. This estimate is accurate to the fifth decimal place in position and the sixth decimal place in velocity. The units of position are in au and the units of velocity are in au/day. The position and velocity are in the mean equator and equinox coordinate system.

Linear interpolation of the heliocentric osculating orbital elements usually leads to errors of about $1''$ or $2''$ in the resulting geocentric positions of the Sun and planets; the errors may, however, reach about $7''$ for Venus at inferior conjunction and about $3''$ for Mars at opposition.

Heliocentric coordinates

The heliocentric ecliptic coordinates of the Earth may be obtained from the geocentric ecliptic coordinates of the Sun given on pages C6–C20 by adding ± 180° to the longitude, and reversing the sign of the latitude.

Invariable plane of the solar system

Approximate coordinates of the north pole of the invariable plane are:

$$\alpha_0 = 273°8527 \qquad \delta_0 = 66°9911$$

This is the direction of the total angular momentum vector of the solar system (Sun and major planets) with respect to the ICRS coordinate axes.

Semidiameter and horizontal parallax

The apparent angular semidiameter, s, of a planet is given by:

$$s = \text{semidiameter at 1 au} / \text{distance in au}$$

where the distance in au is given in the daily geocentric ephemeris on pages E18–E45. Unless otherwise specified, the semidiameters at unit distance (1 au) are for equatorial radii. They are:

Planet	Semi-diameter	Planet	Semi-diameter	Planet	Semi-diameter
	$''$		$''$		$''$
Mercury	3.36	Jupiter: equatorial	98.57	Uranus: equatorial	35.24
Venus	8.34	Jupiter: polar	92.18	Uranus: polar	34.43
Mars	4.68	Saturn: equatorial	3.10	Neptune: equatorial	34.14
		Saturn: polar	74.96	Neptune: polar	33.56

The difference in transit times of the limb and center of a planet in seconds of time is given approximately by:

$$\text{difference in transit time} = (s \text{ in seconds of arc}) / 15 \cos \delta$$

where the sidereal motion of the planet is ignored.

The equatorial horizontal parallax of a planet is given by $8''.794 143$ divided by its distance in au; formulas for the corrections for diurnal parallax are given on page B85.

NOTES AND FORMULAS

Time of transit of a planet

The transit times that are tabulated on pages E46–E53 are expressed in terrestrial time (TT) and refer to the transits over the ephemeris meridian; for most purposes this may be regarded as giving the universal time (UT) of transit over the Greenwich meridian.

The UT of transit over a local meridian is given by:

$$\text{time of ephemeris transit} - (\lambda/24) \times \text{first difference}$$

with an error that is usually less than 1 second, where λ is the *east* longitude in hours and the first difference is about 24 hours.

Times of rising and setting

Approximate times of the rising and setting of a planet at a place with latitude φ may be obtained from the time of transit by applying the value of the hour angle h of the point on the horizon at the same declination δ as the planet; h is given by:

$$\cos h = -\tan \varphi \tan \delta$$

This ignores the sidereal motion of the planet during the interval between transit and rising or setting and the effects of refraction (~ 2.25 minutes). Similarly, the time at which a planet reaches a zenith distance z may be obtained by determining the corresponding hour angle h:

$$\cos h = -\tan \varphi \tan \delta + \sec \varphi \sec \delta \cos z$$

and applying h to the time of transit.

Ephemeris for physical observations

Explanatory information for data presented in the ephemeris for physical observations (E54–E79) of the planets and the planetary central meridians (E80–E87) is given here. Additional information is given in the Notes and References section, on page L12.

The tabulated surface brightness is the average visual magnitude of an area of one square arcsecond of the illuminated portion of the apparent disk. For a few days around inferior and superior conjunctions, the tabulated surface brightness and magnitude of Mercury and Venus are unknown; surface brightness values are given for phase angles $2°.1 < \phi < 169°.5$ for Mercury and $2°.2 < \phi < 170°.2$ for Venus. For Saturn the magnitude includes the contribution due to the rings, but the surface brightness applies only to the disk of the planet.

The diagram on the next page illustrates many of the quantities tabulated. The primary reference points are the sub-Earth point, e (center of the apparent disk); the sub-solar point, s; and the north pole of the planet, n. Points e and s are on the lines of sight (taking into account light-time and aberration) between the center of a planet and the centers of the Earth and Sun, respectively. An observer on the body's surface at point e or point s would see the apparent center of the Earth or the Sun at the at the planetocentric zenith, respectively.

For points e and s, planetographic longitudes, λ_e and λ_s, and planetographic latitudes, β_e and β_s, are given. Planetographic longitude is reckoned from the prime meridian and increases from $0°$ to $360°$ in the direction opposite rotation. Planetographic latitude is the angle between the planet's equator and the normal to the reference spheroid at the point. Latitudes north of the equator are positive for planets.

For points s and n, apparent distances from the center of the disk, d_s and d_n, and apparent position angles, p_s and p_n, are given. Position angles are measured east from north on the celestial sphere, with north defined by the great circle on the celestial sphere passing through the center of the planet's apparent disk and the true celestial pole of date. Apparent distances are positive in the visible hemisphere and negative on the far side of the planet, so the sign of the distance may change abruptly for points near the limb. Points close to e may appear to be discontinuous in the tables because distance and position angle can vary rapidly and the tabular interval is fixed.

PLANETS
NOTES AND FORMULAS

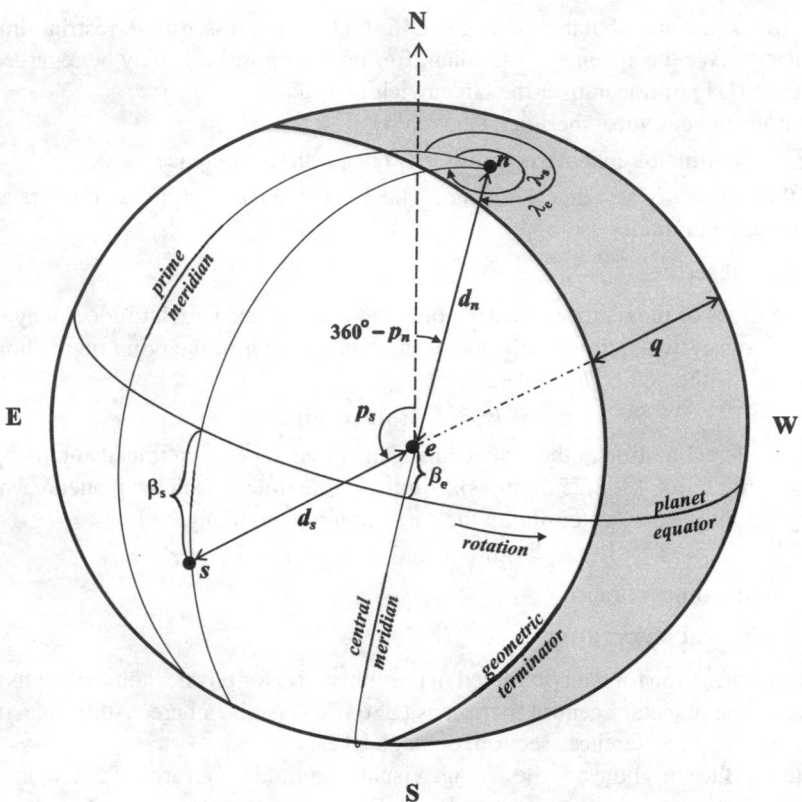

Diagram illustrating many of the physical ephemeris values

The phase is the ratio of the illuminated area of the disk to the total area of the disk, as seen from the Earth. The phase angle, ϕ, is the planetocentric elongation of the Earth from the Sun. The defect of illumination, q, is the length of the unilluminated section of the diameter passing through e and s. The position angle of q can be computed by adding $180°$ to p_s. Phase and q are based on the geometric terminator, defined by the plane crossing through the planet's center of mass, orthogonal to the direction of the Sun. Both the phase and q assume that the change in their values caused by the flattening of the planet is insignificant.

The planetocentric orbital longitude of the Sun, L_s, is measured eastward in the planet's orbital plane from the planet's vernal equinox. Instantaneous orbital and equatorial planes are used in computing L_s. Values of L_s of $0°$, $90°$, $180°$, and $270°$ correspond to the beginning of spring, summer, autumn and winter, for the northern hemisphere of a planet. For small solar system bodies, such as dwarf planets and minor planets, $L_s=0$ corresponds to the beginning of spring in the hemisphere in which the rotation about the pole is counterclockwise.

The angle W of the prime meridian is measured counterclockwise (when viewed from above the planet's north pole) along the planet's equator from the ascending node of the planet's equator on the ICRS equator. For a planet with direct rotation (counterclockwise viewed from the planet's north pole), W increases with time. Values of W and its rate of change are given on page E5.

Longitudes of the planetary central meridians are sub-Earth planetographic longitudes, λ_e, measured from the planet's prime meridian. None are given for Uranus and Neptune since their rotational periods are not well known. Cassini mission data calls into question Saturn's rotation rate.

ROTATION ELEMENTS REFERRED TO THE ICRS
at 2019 JANUARY 0, 0^h TDB

Planet	North Pole		Argument of Prime Meridian		Longitude of Central Meridian	Inclination of Equator to Orbit
	Right Ascension	Declin-ation	at epoch	var./day		
	α_1	δ_1	W_0	$\dot{W}$	λ_e	
	°	°	°	°	°	°
Mercury	281.00	+ 61.41	81.56	+ 6.1385025	9.50	+ 0.04
Venus	272.76	+ 67.16	321.72	− 1.4813688	87.97	+ 2.64
Mars	317.66	+ 52.88	160.65	+ 350.8919823	20.43	+ 25.19
Jupiter I	268.06	+ 64.50	176.25	+ 877.9000000	71.74	+ 3.12
II	268.06	+ 64.50	131.70	+ 870.2700000	27.46	+ 3.12
III	268.06	+ 64.50	58.99	+ 870.5360000	314.74	+ 3.12
Saturn	40.58	+ 83.54	12.39	+ 810.7939024	346.79	+ 26.73
Uranus	257.31	− 15.18	144.51	− 501.1600928	339.86	+ 82.23
Neptune	299.44	+ 42.95	139.82	+ 536.3128492	264.06	+ 28.35

Rotational elements definitions and formulas

α_1, δ_1 right ascension and declination of the north pole of the planet; variations during one year are negligible.

W_0 the angle measured from the planet's equator in the positive sense with respect to the planet's north pole from the ascending node of the planet's equator on the Earth's mean equator of date to the prime meridian of the planet.

$\dot{W}$ the daily rate of change of W_0. Sidereal periods of rotation are given on page E6.

Given:

α, δ: apparent right ascension and declination of planet (pages E18–E45).
s: apparent equatorial diameter (pages E54–E79).
p_n: position angle of north pole (or central meridian or axis) (pages E54–E79).
λ_e: planetographic longitude of sub-Earth point (or central meridian) (pages E54–E77 or E80–E87).
β_e: planetographic latitude of sub-Earth point (pages E54–E79).
$\dot{W}$: from the above table.
f: geometric flattening (from page E6).

To compute the displacements $\Delta\alpha$, $\Delta\delta$ in right ascension and declination, measured from the center of the disk, of a feature at planetographic longitude λ and planetographic latitude ϕ, first compute the planetocentric quantities ϕ', β_e', λ', and λ_e', and the quantity s'. The formulas on the right may be used for planets where the flattening f is small and can be ignored [1]:

$$\tan\phi' = (1 - f)^2 \tan\phi \qquad\qquad \phi' = \phi$$
$$\tan\beta_e' = (1 - f)^2 \tan\beta_e \qquad\qquad \beta_e' = \beta_e$$
$$\lambda' = 360° - \lambda \ \text{ if } \dot{W} \text{ is positive}; \quad \lambda' = \lambda \ \text{ if } \dot{W} \text{ is negative} \qquad \lambda' \quad \text{as at left}$$
$$\lambda_e' = 360° - \lambda_e \ \text{ if } \dot{W} \text{ is positive}; \quad \lambda_e' = \lambda_e \ \text{ if } \dot{W} \text{ is negative} \qquad \lambda_e' \quad \text{as at left}$$
$$s' = \tfrac{1}{2} s (1 - f \sin^2 \phi') \qquad\qquad s' = \tfrac{1}{2} s$$

Then compute the quantities X, Y, and Z:

$$X = s' \cos\phi' \sin(\lambda' - \lambda_e')$$
$$Y = s' (\sin\phi' \cos\beta_e' - \cos\phi' \sin\beta_e' \cos(\lambda' - \lambda_e'))$$
$$Z = s' (\sin\phi' \sin\beta_e' + \cos\phi' \cos\beta_e' \cos(\lambda' - \lambda_e'))$$

Finally,

$$\Delta\alpha \cos\delta = -X \cos p_n + Y \sin p_n$$
$$\Delta\delta = X \sin p_n + Y \cos p_n$$

If Z is positive, the feature is on the near (visible) side of the planet; if Z is negative, it is on the far side. If $|Z| < 0.1 s'$, the feature is on or very near the limb.

---

[1]The flattening is negligible if only one apparent diameter is given, or if the difference between the apparent equatorial and polar diameters is not significant to the precision required.

PLANETS

PHYSICAL AND PHOTOMETRIC DATA

Planet	Mass[1]	Mean Equatorial Radius	Minimum Geocentric Distance[2]	Flattening[3] (geometric)	Coefficients of the Potential		
					J_2	J_3	J_4
	kg	km	au		10^{-3}	10^{-6}	10^{-6}
Mercury	3.3010×10^{23}	2439.7	0.549	0	—	—	—
Venus	4.8673×10^{24}	6051.8	0.265	0	0.027	—	—
Earth	5.9721×10^{24}	6378.14	—	0.003 352 81	1.082 64	-2.54	-1.61
(Moon)	7.3458×10^{22}	1737.4	0.002 38	0	0.202 7	—	—
Mars	6.4169×10^{23}	3396.19	0.373	0.005 886	1.964	36	—
Jupiter	1.8981×10^{27}	71492	3.945	0.064 874	14.75	—	-580
Saturn	5.6831×10^{26}	60268	8.032	0.097 962	16.45	—	-1000
Uranus	8.6809×10^{25}	25559	17.292	0.022 927	12	—	—
Neptune	1.0241×10^{26}	24764	28.814	0.017 081	4	—	—

Planet	Period of Rotation	Mean Density	Maximum Angular Diameter	Geometric Albedo	Visual Magnitude		Color Indices	
					$V(1,0)$	V_0	$B-V$	$U-B$
	d	g/cm³	"					
Mercury	$+$ 58.646 225 2	5.43	12.3	0.106	-0.60	—	0.93	0.41
Venus	$-243.018\ 5$	5.24	63.0	0.65	-4.47	—	0.82	0.50
Earth	$+$ 0.997 269 566	5.513	—	0.367	-3.86	—	—	—
(Moon)	$+$ 27.321 66	3.34	2010.8	0.12	$+0.21$	-12.74	0.92	0.46
Mars	$+$ 1.025 956 76	3.93	25.1	0.150	-1.52	-2.01	1.36	0.58
Jupiter	$+$ 0.413 54 (System III)	1.33	49.9	0.52	-9.40	-2.70	0.83	0.49
Saturn	$+$ 0.444 01	0.69	20.7	0.47	-8.88	$+0.67$	1.04	0.58
Uranus	$-$ 0.718 33	1.27	4.1	0.51	-7.19	$+5.52$	0.56	0.28
Neptune	$+$ 0.671 25	1.64	2.4	0.41	-6.87	$+7.84$	0.41	0.21

NOTES TO TABLE

[1] Values for the masses include the atmospheres but exclude satellites.

[2] The tabulated minimum geocentric distance applies to the interval 1950 to 2050.

[3] The flattening for Mars is calculated by using the average of its north and south polar radii.

HELIOCENTRIC COORDINATES AND VELOCITY COMPONENTS
REFERRED TO THE MEAN EQUATOR AND EQUINOX OF J2000.0

Julian Date (TDB) 245	x	y	z	$\dot{x}$	$\dot{y}$	$\dot{z}$
MERCURY	au	au	au	au/day	au/day	au/day
8480.5	− 0.363 4299	− 0.223 8096	− 0.081 8835	+ 0.009 633 64	− 0.019 381 71	− 0.011 352 18
8560.5	− 0.392 5274	− 0.048 6593	+ 0.014 6963	− 0.003 085 17	− 0.023 820 32	− 0.012 404 80
8640.5	− 0.304 2077	+ 0.137 9599	+ 0.105 2312	− 0.019 402 76	− 0.021 443 31	− 0.009 443 56
8720.5	− 0.090 6074	+ 0.261 6067	+ 0.149 1405	− 0.032 575 14	− 0.007 484 59	− 0.000 621 50
8800.5	+ 0.169 3287	+ 0.236 7985	+ 0.108 9436	− 0.029 195 95	+ 0.013 502 99	+ 0.010 239 60
8880.5	+ 0.334 1619	+ 0.073 2865	+ 0.004 5106	− 0.011 134 42	+ 0.025 089 61	+ 0.014 556 85
8960.5	+ 0.350 1048	− 0.128 6340	− 0.105 0062	+ 0.006 186 83	+ 0.024 004 72	+ 0.012 181 84
VENUS						
8480.5	− 0.494 2639	+ 0.463 0943	+ 0.239 6440	− 0.014 735 29	− 0.013 141 81	− 0.004 980 80
8560.5	− 0.097 3202	+ 0.658 8270	+ 0.290 7820	+ 0.019 908 66	0.002 086 03	0.002 198 32
8640.5	+ 0.631 7404	+ 0.336 4007	+ 0.111 3910	− 0.009 928 43	+ 0.015 796 73	+ 0.007 735 97
8720.5	− 0.667 3501	+ 0.225 6446	+ 0.143 7549	− 0.007 537 89	− 0.017 409 87	− 0.007 356 64
8800.5	+ 0.206 8553	− 0.631 2900	− 0.297 1381	+ 0.019 255 43	+ 0.005 625 34	+ 0.001 312 76
8880.5	+ 0.427 5673	+ 0.540 4975	+ 0.216 1437	− 0.016 362 13	+ 0.010 467 71	+ 0.005 745 25
8960.5	− 0.717 9934	− 0.053 2486	+ 0.021 4706	+ 0.001 012 27	− 0.018 475 73	− 0.008 377 23
EARTH*						
8480.5	− 0.101 5167	+ 0.897 4451	+ 0.389 0419	− 0.017 393 14	− 0.001 688 92	− 0.000 732 09
8560.5	− 0.993 5791	+ 0.050 3031	+ 0.021 8095	− 0.001 228 25	− 0.015 820 50	− 0.006 858 17
8640.5	− 0.266 4991	− 0.898 2754	− 0.389 4005	+ 0.016 320 24	− 0.004 205 45	− 0.001 823 11
8720.5	+ 0.886 4663	− 0.445 9981	− 0.193 3420	+ 0.007 991 70	+ 0.013 780 92	+ 0.005 973 99
8800.5	+ 0.635 7894	+ 0.695 9560	+ 0.301 6942	− 0.013 466 13	+ 0.010 080 21	+ 0.004 369 79
8880.5	− 0.650 2244	+ 0.679 0811	+ 0.294 3825	− 0.013 206 06	− 0.010 477 66	− 0.004 542 01
8960.5	− 0.860 6874	+ 0.475 9828	− 0.206 3353	− 0.008 600 80	− 0.013 578 55	− 0.005 886 30
MARS						
8480.5	+ 1.124 255	+ 0.841 742	+ 0.355 742	− 0.008 294 342	+ 0.010 877 410	+ 0.005 213 046
8560.5	+ 0.208 840	+ 1.398 631	+ 0.635 878	− 0.013 337 406	+ 0.002 664 786	+ 0.001 582 231
8640.5	− 0.825 305	+ 1.273 461	+ 0.606 377	− 0.011 548 068	− 0.005 457 822	− 0.002 191 693
8720.5	− 1.518 207	+ 0.607 225	+ 0.319 492	− 0.005 226 120	− 0.010 562 832	− 0.004 703 856
8800.5	− 1.604 908	− 0.301 548	− 0.095 000	+ 0.003 212 152	− 0.011 365 792	− 0.005 299 891
8880.5	− 1.017 803	− 1.076 426	− 0.466 261	+ 0.011 095 890	− 0.007 138 998	− 0.003 573 921
8960.5	+ 0.052 295	− 1.317 559	− 0.605 740	+ 0.014 513 384	+ 0.001 694 298	+ 0.000 385 480
JUPITER						
8480.5	− 2.161 598	− 4.518 010	− 1.883 922	+ 0.006 818 205	− 0.002 416 798	− 0.001 201 891
8560.5	− 1.603 847	− 4.682 913	− 1.968 183	+ 0.007 111 756	− 0.001 699 859	− 0.000 901 737
8640.5	− 1.026 004	− 4.789 140	− 2.027 781	+ 0.007 319 578	− 0.000 951 206	− 0.000 585 895
8720.5	− 0.435 131	− 4.834 481	− 2.061 599	+ 0.007 436 787	− 0.000 179 138	− 0.000 257 819
8800.5	+ 0.161 351	− 4.817 408	− 2.068 802	+ 0.007 459 100	+ 0.000 607 629	+ 0.000 078 868
8880.5	+ 0.755 700	− 4.737 131	− 2.048 861	+ 0.007 383 011	+ 0.001 399 261	+ 0.000 420 041
8960.5	+ 1.339 955	− 4.593 673	− 2.001 593	+ 0.007 206 491	+ 0.002 185 424	+ 0.000 761 310
SATURN						
8480.5	+ 1.938 883	− 9.094 363	− 3.839 981	+ 0.005 174 644	+ 0.001 058 044	+ 0.000 214 278
8560.5	+ 2.350 925	− 9.001 243	− 3.819 254	+ 0.005 124 771	+ 0.001 269 672	+ 0.000 303 847
8640.5	+ 2.758 582	− 8.891 266	− 3.791 374	+ 0.005 065 008	+ 0.001 479 369	+ 0.000 393 048
8720.5	+ 3.161 069	− 8.764 610	− 3.756 383	+ 0.004 995 572	+ 0.001 686 600	+ 0.000 481 636
8800.5	+ 3.557 619	− 8.621 479	− 3.714 330	+ 0.004 916 559	+ 0.001 891 206	+ 0.000 569 551
8880.5	+ 3.947 463	− 8.462 101	− 3.665 278	+ 0.004 827 949	+ 0.002 092 679	+ 0.000 656 587
8960.5	+ 4.329 847	− 8.286 743	− 3.609 304	+ 0.004 730 124	+ 0.002 290 740	+ 0.000 742 607
URANUS						
8480.5	+17.024 26	+ 9.458 75	+ 3.902 00	− 0.002 048 031	+ 0.002 907 140	+ 0.001 302 114
8560.5	+16.858 38	+ 9.690 20	+ 4.005 70	− 0.002 098 890	+ 0.002 878 886	+ 0.001 290 445
8640.5	+16.688 44	+ 9.919 36	+ 4.108 46	− 0.002 149 550	+ 0.002 850 017	+ 0.001 278 513
8720.5	+16.514 47	+ 10.146 18	+ 4.210 25	− 0.002 199 848	+ 0.002 820 333	+ 0.001 266 213
8800.5	+16.336 48	+ 10.370 60	+ 4.311 05	− 0.002 249 754	+ 0.002 790 004	+ 0.001 253 624
8880.5	+16.154 51	+ 10.592 56	+ 4.410 82	− 0.002 299 368	+ 0.002 758 857	+ 0.001 240 682
8960.5	+15.968 60	+ 10.811 99	+ 4.509 55	− 0.002 348 401	+ 0.002 726 951	+ 0.001 227 394
NEPTUNE						
8480.5	+28.979 30	− 6.677 65	− 3.454 77	+ 0.000 772 863	+ 0.002 835 797	0.001 141 401
8560.5	29.040 12	− 6.450 53	− 3.363 33	+ 0.000 747 628	+ 0.002 842 314	+ 0.001 144 708
8640.5	+29.098 91	− 6.222 89	− 3.271 62	+ 0.000 722 099	+ 0.002 848 757	+ 0.001 148 002
8720.5	+29.155 65	− 5.994 74	− 3.179 65	+ 0.000 696 428	+ 0.002 854 918	+ 0.001 151 175
8800.5	+29.210 34	− 5.766 10	− 3.087 43	+ 0.000 670 633	+ 0.002 860 965	+ 0.001 154 306
8880.5	+29.262 95	− 5.536 99	− 2.994 96	+ 0.000 644 606	+ 0.002 866 719	+ 0.001 157 327
8960.5	+29.313 48	− 5.307 43	− 2.902 26	+ 0.000 618 623	+ 0.002 872 234	+ 0.001 160 243

*Values labeled for the Earth are actually for the Earth-Moon barycenter; shading is given on the 400-day date.

PLANETS, 2019

HELIOCENTRIC OSCULATING ORBITAL ELEMENTS
REFERRED TO THE MEAN EQUINOX AND ECLIPTIC OF J2000.0

Julian Date (TDB) 245	Inclin- ation i	Longitude Asc. Node Ω	Longitude Perihelion ϖ	Semimajor Axis a	Daily Motion n	Eccen- tricity e	Mean Longitude L
MERCURY	°	°	°	au	°		°
8480.5	7.003 89	48.3077	77.4860	0.387 0972	4.092 362	0. 205 6514	194.665 60
8520.5	7.003 88	48.3076	77.4868	0.387 0976	4.092 356	0. 205 6501	358.359 59
8560.5	7.003 88	48.3075	77.4863	0.387 0975	4.092 357	0. 205 6496	162.053 68
8600.5	7.003 86	48.3073	77.4866	0.387 0987	4.092 338	0. 205 6462	325.747 45
8640.5	7.003 86	48.3071	77.4864	0.387 0982	4.092 346	0. 205 6430	129.440 76
8680.5	7.003 83	48.3070	77.4876	0.387 0995	4.092 325	0. 205 6401	293.133 85
8720.5	7.003 82	48.3068	77.4886	0.387 0985	4.092 341	0. 205 6404	96.827 18
8760.5	7.003 83	48.3067	77.4888	0.387 0982	4.092 346	0. 205 6474	260.520 04
8800.5	7.003 82	48.3066	77.4892	0.387 0976	4.092 356	0. 205 6512	64.214 38
8840.5	7.003 81	48.3065	77.4889	0.387 0975	4.092 357	0. 205 6507	227.908 61
8880.5	7.003 80	48.3064	77.4897	0.387 0970	4.092 365	0. 205 6511	31.602 81
8920.5	7.003 79	48.3062	77.4886	0.387 0968	4.092 368	0. 205 6516	195.297 13
VENUS							
8480.5	3.394 62	76.6250	131.470	0.723 3269	1.602 148	0. 006 7353	133.552 89
8520.5	3.394 62	76.6249	131.490	0.723 3245	1.602 156	0. 006 7300	197.639 51
8560.5	3.394 61	76.6249	131.555	0.723 3293	1.602 140	0. 006 7335	261.724 92
8600.5	3.394 61	76.6249	131.551	0.723 3253	1.602 154	0. 006 7399	325.810 62
8640.5	3.394 61	76.6249	131.509	0.723 3280	1.602 145	0. 006 7391	29.896 90
8680.5	3.394 60	76.6249	131.453	0.723 3314	1.602 133	0. 006 7355	93.981 81
8720.5	3.394 60	76.6248	131.428	0.723 3281	1.602 144	0. 006 7302	158.066 96
8760.5	3.394 60	76.6247	131.456	0.723 3294	1.602 140	0. 006 7286	222.152 96
8800.5	3.394 59	76.6247	131.508	0.723 3309	1.602 135	0. 006 7334	286.237 63
8840.5	3.394 59	76.6246	131.533	0.723 3236	1.602 159	0. 006 7438	350.323 30
8880.5	3.394 59	76.6246	131.498	0.723 3258	1.602 152	0. 006 7458	54.409 87
8920.5	3.394 58	76.6246	131.462	0.723 3279	1.602 145	0. 006 7458	118.495 49
EARTH*							
8480.5	0.002 60	176.2	102.9902	1.000 0104	0.985 5951	0. 016 7375	96.158 24
8520.5	0.002 60	176.2	102.9806	0.999 9990	0.985 6119	0. 016 7268	135.582 36
8560.5	0.002 59	176.3	102.9713	0.999 9922	0.985 6220	0. 016 7191	175.007 54
8600.5	0.002 60	176.4	102.9930	0.999 9981	0.985 6132	0. 016 7173	214.432 39
8640.5	0.002 61	176.7	103.0422	1.000 0061	0.985 6014	0. 016 7207	253.855 27
8680.5	0.002 61	176.9	103.0874	0.999 9959	0.985 6165	0. 016 7336	293.277 87
8720.5	0.002 61	176.9	103.1292	0.999 9793	0.985 6411	0. 016 7463	332.702 49
8760.5	0.002 62	176.9	103.1246	0.999 9805	0.985 6392	0. 016 7465	12.128 14
8800.5	0.002 62	176.8	103.0727	0.999 9958	0.985 6167	0. 016 7488	51.552 97
8840.5	0.002 62	176.8	103.0291	1.000 0069	0.985 6003	0. 016 7538	90.976 39
8880.5	0.002 63	176.6	103.0009	1.000 0076	0.985 5992	0. 016 7554	130.399 44
8920.5	0.002 62	176.6	102.9807	1.000 0002	0.985 6102	0. 016 7504	169.823 61

*Values labeled for the Earth are actually for the Earth-Moon barycenter (see note on page E2).

FORMULAS

Mean anomaly, $M = L - \varpi$

Argument of perihelion, measured from node, $\omega = \varpi - \Omega$

True anomaly, $\quad \nu = M + (2e - e^3/4)\sin M + (5e^2/4)\sin 2M + (13e^3/12)\sin 3M + \ldots$ in radians.

Planet-Sun distance, $\quad r = a(1 - e^2)/(1 + e\cos\nu)$

Heliocentric rectangular coordinates, referred to the ecliptic, may be computed from these elements by:

$$x = r\{\cos(\nu + \omega)\cos\Omega - \sin(\nu + \omega)\cos i \sin\Omega\}$$
$$y = r\{\cos(\nu + \omega)\sin\Omega + \sin(\nu + \omega)\cos i \cos\Omega\}$$
$$z = r\sin(\nu + \omega)\sin i$$

HELIOCENTRIC OSCULATING ORBITAL ELEMENTS
REFERRED TO THE MEAN EQUINOX AND ECLIPTIC OF J2000.0

Julian Date (TDB) 245	Inclin- ation i	Longitude Asc. Node Ω	Longitude Perihelion ϖ	Semimajor Axis a	Daily Motion n	Eccen- tricity e	Mean Longitude L
MARS	°	°	°	au	°		°
8480.5	1.848 13	49.5043	336.2043	1.523 7251	0.524 0171	0.093 3728	29.880 26
8520.5	1.848 11	49.5043	336.2026	1.523 7289	0.524 0151	0.093 3841	50.839 60
8560.5	1.848 09	49.5040	336.1993	1.523 7225	0.524 0184	0.093 3996	71.798 51
8600.5	1.848 08	49.5036	336.1975	1.523 7103	0.524 0247	0.093 4189	92.757 40
8640.5	1.848 07	49.5032	336.1971	1.523 6954	0.524 0324	0.093 4356	113.717 09
8680.5	1.848 07	49.5026	336.1948	1.523 6708	0.524 0451	0.093 4539	134.677 96
8720.5	1.848 07	49.5018	336.1919	1.523 6446	0.524 0586	0.093 4723	155.640 22
8760.5	1.848 08	49.5011	336.1894	1.523 6189	0.524 0719	0.093 4917	176.603 70
8800.5	1.848 08	49.5009	336.1891	1.523 6033	0.524 0799	0.093 5047	197.567 52
8840.5	1.848 08	49.5011	336.1837	1.523 6134	0.524 0747	0.093 5045	218.531 30
8880.5	1.848 04	49.5012	336.1691	1.523 6513	0.524 0551	0.093 4945	239.493 91
8920.5	1.848 00	49.5010	336.1416	1.523 7186	0.524 0204	0.093 4824	260.454 28
JUPITER							
8480.5	1.303 70	100.5151	14.1704	5.202 646	0.083 095 26	0.048 8139	250.673 17
8520.5	1.303 70	100.5151	14.1395	5.202 819	0.083 091 11	0.048 7916	253.996 50
8560.5	1.303 70	100.5151	14.1082	5.202 971	0.083 087 46	0.048 7779	257.320 33
8600.5	1.303 67	100.5157	14.0893	5.203 051	0.083 085 56	0.048 7756	260.644 44
8640.5	1.303 65	100.5162	14.0851	5.203 074	0.083 084 98	0.048 7718	263.967 63
8680.5	1.303 64	100.5163	14.0753	5.203 131	0.083 083 63	0.048 7618	267.290 27
8720.5	1.303 65	100.5162	14.0595	5.203 216	0.083 081 60	0.048 7484	270.612 59
8760.5	1.303 66	100.5161	14.0341	5.203 336	0.083 078 72	0.048 7377	273.935 27
8800.5	1.303 65	100.5162	14.0236	5.203 385	0.083 077 54	0.048 7328	277.258 05
8840.5	1.303 64	100.5162	14.0201	5.203 405	0.083 077 07	0.048 7233	280.580 10
8880.5	1.303 61	100.5163	14.0187	5.203 413	0.083 076 87	0.048 7079	283.901 44
8920.5	1.303 61	100.5163	13.9987	5.203 499	0.083 074 82	0.048 6856	287.221 97
SATURN							
8480.5	2.486 41	113.5942	92.9396	9.570 422	0.033 310 26	0.051 7812	281.976 77
8520.5	2.486 38	113.5944	92.8496	9.570 913	0.033 307 70	0.051 7405	283.317 91
8560.5	2.486 34	113.5945	92.7441	9.571 397	0.033 305 17	0.051 7051	284.660 57
8600.5	2.486 28	113.5948	92.6257	9.571 730	0.033 303 43	0.051 6917	286.004 86
8640.5	2.486 24	113.5949	92.5139	9.571 824	0.033 302 94	0.051 7065	287.349 09
8680.5	2.486 22	113.5949	92.4043	9.571 912	0.033 302 48	0.051 7240	288.693 11
8720.5	2.486 24	113.5949	92.2933	9.572 019	0.033 301 92	0.051 7425	290.037 28
8760.5	2.486 25	113.5949	92.1698	9.572 221	0.033 300 87	0.051 7565	291.382 50
8800.5	2.486 24	113.5949	92.0414	9.572 264	0.033 300 64	0.051 7937	292.729 02
8840.5	2.486 24	113.5949	91.9201	9.572 187	0.033 301 05	0.051 8459	294.075 45
8880.5	2.486 23	113.5949	91.8056	9.572 048	0.033 301 77	0.051 9061	295.421 60
8920.5	2.486 25	113.5949	91.6915	9.572 068	0.033 301 66	0.051 9506	296.767 03
URANUS							
8480.5	0.770 96	74.0567	174.5004	19.124 24	0.011 792 55	0.049 1290	34.450 37
8560.5	0.770 82	74.0658	174.5193	19.128 24	0.011 788 86	0.048 8304	35.370 31
8640.5	0.770 78	74.0689	174.4173	19.134 47	0.011 783 10	0.048 4570	36.293 30
8720.5	0.770 67	74.0758	174.2953	19.140 37	0.011 777 65	0.048 1182	37.219 24
8800.5	0.770 55	74.0832	174.1226	19.147 30	0.011 771 25	0.047 7385	38.144 53
8880.5	0.770 53	74.0846	173.8888	19.154 46	0.011 764 66	0.047 3876	39.075 06
8960.5	0.770 44	74.0897	173.7000	19.160 69	0.011 758 92	0.047 0657	40.003 27
NEPTUNE							
8480.5	1.771 22	131.7982	34.367	30.074 42	0.005 979 974	0.006 8199	346.087 59
8560.5	1.771 06	131.7946	30.796	30.090 77	0.005 975 101	0.007 1476	346.558 84
8640.5	1.770 77	131.7881	27.784	30.108 71	0.005 969 764	0.007 5963	347.039 03
8720.5	1.770 60	131.7842	25.548	30.124 59	0.005 965 043	0.008 0244	347.520 90
8800.5	1.770 42	131.7801	23.511	30.142 03	0.005 959 867	0.008 5222	348.005 41
8880.5	1.770 18	131.7745	22.278	30.156 96	0.005 955 440	0.008 9898	348.495 00
8960.5	1.770 02	131.7707	21.058	30.171 53	0.005 951 126	0.009 4339	348.980 35

Shading is given on the 400-day date.

MERCURY, 2019

HELIOCENTRIC POSITIONS FOR 0ʰ BARYCENTRIC DYNAMICAL TIME
MEAN EQUINOX AND ECLIPTIC OF J2000.0

Date		Longitude	Latitude	True Heliocentric Distance	Date		Longitude	Latitude	True Heliocentric Distance
		° ′ ″	° ′ ″	au			° ′ ″	° ′ ″	au
Jan.	0	222 25 54.8	+ 0 43 14.0	0.445 7221	Feb.	15	16 13 01.6	− 3 44 03.1	0.337 5629
	1	225 24 30.7	+ 0 21 21.6	0.448 9366		16	21 32 33.0	− 3 10 00.0	0.332 5948
	2	228 20 39.4	− 0 00 16.2	0.451 8953		17	27 01 05.5	− 2 33 14.4	0.327 9335
	3	231 14 36.6	− 0 21 37.9	0.454 5939		18	32 38 24.6	− 1 54 00.7	0.323 6312
	4	234 06 37.3	− 0 42 41.9	0.457 0283		19	38 24 06.9	− 1 12 38.5	0.319 7399
	5	236 56 56.2	− 1 03 26.9	0.459 1952		20	44 17 39.0	− 0 29 33.5	0.316 3099
	6	239 45 47.2	− 1 23 51.7	0.461 0919		21	50 18 16.9	+ 0 14 43.1	0.313 3883
	7	242 33 24.0	− 1 43 55.3	0.462 7157		22	56 25 06.0	+ 0 59 34.8	0.311 0174
	8	245 19 59.9	− 2 03 36.5	0.464 0649		23	62 37 01.4	+ 1 44 21.2	0.309 2332
	9	248 05 47.8	− 2 22 54.2	0.465 1377		24	68 52 48.7	+ 2 28 18.9	0.308 0636
	10	250 51 00.4	− 2 41 47.5	0.465 9329		25	75 11 05.9	+ 3 10 44.2	0.307 5273
	11	253 35 50.2	− 3 00 15.3	0.466 4497		26	81 30 25.1	+ 3 50 54.3	0.307 6332
	12	256 20 29.5	− 3 18 16.6	0.466 6873		27	87 49 15.7	+ 4 28 10.3	0.308 3796
	13	259 05 10.5	− 3 35 50.2	0.466 6456		28	94 06 06.8	+ 5 01 58.2	0.309 7542
	14	261 50 05.5	− 3 52 54.9	0.466 3247	Mar.	1	100 19 30.6	+ 5 31 51.1	0.311 7351
	15	264 35 26.6	− 4 09 29.4	0.465 7247		2	106 28 05.0	+ 5 57 29.7	0.314 2917
	16	267 21 26.1	− 4 25 32.5	0.464 8466		3	112 30 35.9	+ 6 18 42.4	0.317 3857
	17	270 08 16.5	− 4 41 02.5	0.463 6912		4	118 25 59.5	+ 6 35 25.8	0.320 9730
	18	272 56 10.1	− 4 55 57.7	0.462 2599		5	124 13 22.7	+ 6 47 43.2	0.325 0053
	19	275 45 19.8	− 5 10 16.5	0.460 5544		6	129 52 04.5	+ 6 55 43.6	0.329 4316
	20	278 35 58.6	− 5 23 56.8	0.458 5768		7	135 21 34.9	+ 6 59 40.9	0.334 1998
	21	281 28 19.7	− 5 36 56.4	0.456 3297		8	140 41 34.9	+ 6 59 52.3	0.339 2576
	22	284 22 36.9	− 5 49 12.8	0.453 8161		9	145 51 55.4	+ 6 56 37.0	0.344 5540
	23	287 19 04.2	− 6 00 43.4	0.451 0395		10	150 52 35.8	+ 6 50 15.5	0.350 0400
	24	290 17 56.2	− 6 11 25.2	0.448 0039		11	155 43 42.5	+ 6 41 08.1	0.355 6690
	25	293 19 27.8	− 6 21 15.0	0.444 7141		12	160 25 28.1	+ 6 29 35.1	0.361 3973
	26	296 23 54.8	− 6 30 09.1	0.441 1754		13	164 58 09.5	+ 6 15 55.5	0.367 1843
	27	299 31 33.3	− 6 38 03.7	0.437 3940		14	169 22 07.2	+ 6 00 27.3	0.372 9927
	28	302 42 40.2	− 6 44 54.3	0.433 3769		15	173 37 44.3	+ 5 43 26.8	0.378 7885
	29	305 57 32.8	− 6 50 36.2	0.429 1322		16	177 45 25.3	+ 5 25 09.0	0.384 5407
	30	309 16 29.5	− 6 55 04.3	0.424 6689		17	181 45 35.8	+ 5 05 47.1	0.390 2212
	31	312 39 49.2	− 6 58 12.9	0.419 9972		18	185 38 41.6	+ 4 45 33.1	0.395 8048
Feb.	1	316 07 51.4	− 6 59 55.9	0.415 1289		19	189 25 08.8	+ 4 24 37.3	0.401 2689
	2	319 40 56.5	− 7 00 06.8	0.410 0770		20	193 05 22.7	+ 4 03 09.0	0.406 5934
	3	323 19 25.5	− 6 58 38.3	0.404 8565		21	196 39 48.3	+ 3 41 16.2	0.411 7601
	4	327 03 39.9	− 6 55 23.1	0.399 4839		22	200 08 49.9	+ 3 19 05.7	0.416 7530
	5	330 54 01.9	− 6 50 13.2	0.393 9781		23	203 32 50.8	+ 2 56 43.6	0.421 5580
	6	334 50 53.7	− 6 43 00.3	0.388 3599		24	206 52 13.3	+ 2 34 15.2	0.426 1622
	7	338 54 38.0	− 6 33 35.8	0.382 6529		25	210 07 18.9	+ 2 11 44.7	0.430 5546
	8	343 05 37.2	− 6 21 51.2	0.376 8831		26	213 18 28.2	+ 1 49 16.2	0.434 7253
	9	347 24 13.2	− 6 07 38.0	0.371 0795		27	216 26 00.6	+ 1 26 52.9	0.438 6656
	10	351 50 47.0	− 5 50 48.1	0.365 2742		28	219 30 15.1	+ 1 04 37.7	0.442 3678
	11	356 25 38.4	− 5 31 14.0	0.359 5023		29	222 31 29.3	+ 0 42 33.0	0.445 8251
	12	1 09 04.8	− 5 08 49.8	0.353 8020		30	225 30 00.5	+ 0 20 41.1	0.449 0318
	13	6 01 20.9	− 4 43 30.8	0.348 2152		31	228 26 04.9	− 0 00 56.3	0.451 9826
	14	11 02 37.8	− 4 15 15.0	0.342 7863	Apr.	1	231 19 58.3	− 0 22 17.4	0.454 6730
	15	16 13 01.6	− 3 44 03.1	0.337 5629		2	234 11 55.6	− 0 43 20.8	0.457 0992

HELIOCENTRIC POSITIONS FOR 0ʰ BARYCENTRIC DYNAMICAL TIME
MEAN EQUINOX AND ECLIPTIC OF J2000.0

Date	Longitude	Latitude	True Heliocentric Distance	Date	Longitude	Latitude	True Heliocentric Distance
	° ′ ″	° ′ ″	au		° ′ ″	° ′ ″	au
Apr. 1	231 19 58.3	− 0 22 17.4	0.454 6730	May 17	32 48 58.6	− 1 52 45.6	0.323 5072
2	234 11 55.6	− 0 43 20.8	0.457 0992	18	38 34 55.7	− 1 11 19.8	0.319 6295
3	237 02 11.6	− 1 04 05.3	0.459 2578	19	44 28 41.4	− 0 28 12.1	0.316 2147
4	239 51 00.1	− 1 24 29.5	0.461 1460	20	50 29 31.3	+ 0 16 06.1	0.313 3096
5	242 38 34.9	− 1 44 32.3	0.462 7614	21	56 36 30.5	+ 1 00 58.2	0.310 9564
6	245 25 09.1	− 2 04 12.8	0.464 1020	22	62 48 33.7	+ 1 45 43.7	0.309 1909
7	248 10 55.8	− 2 23 29.8	0.465 1662	23	69 04 26.5	+ 2 29 39.1	0.308 0406
8	250 56 07.5	− 2 42 22.3	0.465 9528	24	75 22 46.5	+ 3 12 00.8	0.307 5241
9	253 40 56.8	− 3 00 49.3	0.466 4609	25	81 42 05.9	+ 3 52 06.1	0.307 6498
10	256 25 35.9	− 3 18 49.7	0.466 6899	26	88 00 53.7	+ 4 29 16.1	0.308 4156
11	259 10 17.2	− 3 36 22.4	0.466 6396	27	94 17 39.4	+ 5 02 57.1	0.309 8092
12	261 55 12.9	− 3 53 26.2	0.466 3100	28	100 30 55.1	+ 5 32 42.4	0.311 8083
13	264 40 35.0	− 4 09 59.8	0.465 7014	29	106 39 18.9	+ 5 58 12.8	0.314 3819
14	267 26 36.0	− 4 26 01.9	0.464 8147	30	112 41 37.3	+ 6 19 17.3	0.317 4916
15	270 13 28.1	− 4 41 30.8	0.463 6507	31	118 36 46.5	+ 6 35 52.4	0.321 0932
16	273 01 23.9	− 4 56 25.0	0.462 2109	June 1	124 23 54.0	+ 6 48 01.6	0.325 1382
17	275 50 36.2	− 5 10 42.6	0.460 4969	2	130 02 19.0	+ 6 55 54.4	0.329 5756
18	278 41 18.0	− 5 24 21.7	0.458 5110	3	135 31 31.8	+ 6 59 44.5	0.334 3533
19	281 33 42.5	− 5 37 19.9	0.456 2557	4	140 51 14.0	+ 6 59 49.2	0.339 4190
20	284 28 03.5	− 5 49 35.0	0.453 7339	5	146 01 16.5	+ 6 56 27.9	0.344 7217
21	287 24 35.1	− 6 01 04.1	0.450 9492	6	151 01 39.0	+ 6 50 01.0	0.350 2126
22	290 23 31.8	− 6 11 44.3	0.447 9057	7	155 52 28.1	+ 6 40 48.9	0.355 8451
23	293 25 08.7	− 6 21 32.4	0.444 6081	8	160 33 56.6	+ 6 29 11.7	0.361 5755
24	296 29 41.4	− 6 30 24.8	0.441 0618	9	165 06 21.5	+ 6 15 28.5	0.367 3635
25	299 37 26.2	− 6 38 17.4	0.437 2731	10	169 30 03.5	+ 5 59 57.3	0.373 1719
26	302 48 39.7	− 6 45 05.9	0.433 2489	11	173 45 25.6	+ 5 42 54.2	0.378 9666
27	306 03 39.7	− 6 50 45.6	0.428 9973	12	177 52 52.4	+ 5 24 34.2	0.384 7167
28	309 22 44.3	− 6 55 11.4	0.424 5274	13	181 52 49.5	+ 5 05 10.6	0.390 3944
29	312 46 12.4	− 6 58 17.4	0.419 8496	14	185 45 42.7	+ 4 44 55.1	0.395 9745
30	316 14 23.7	− 6 59 57.6	0.414 9754	15	189 31 58.0	+ 4 23 58.2	0.401 4345
May 1	319 47 38.6	− 7 00 05.5	0.409 9182	16	193 12 00.9	+ 4 02 29.1	0.406 7542
2	323 26 17.9	− 6 58 33.8	0.404 6928	17	196 46 16.3	+ 3 40 35.6	0.411 9157
3	327 10 43.4	− 6 55 15.2	0.399 3160	18	200 15 08.4	+ 3 18 24.7	0.416 9029
4	331 01 17.0	− 6 50 01.6	0.393 8064	19	203 39 00.5	+ 2 56 02.3	0.421 7017
5	334 58 21.3	− 6 42 44.7	0.388 1853	20	206 58 14.8	+ 2 33 33.7	0.426 2995
6	339 02 18.7	− 6 33 16.0	0.382 4761	21	210 13 13.0	+ 2 11 03.3	0.430 6851
7	343 13 31.6	− 6 21 26.9	0.376 7050	22	213 24 15.4	+ 1 48 34.9	0.434 8488
8	347 32 22.0	− 6 07 08.9	0.370 9010	23	216 31 41.6	+ 1 26 11.8	0.438 7817
9	351 59 10.9	− 5 50 14.0	0.365 0964	24	219 35 50.3	+ 1 03 56.8	0.442 4764
10	356 34 17.9	− 5 30 34.8	0.359 3262	25	222 36 59.4	+ 0 41 52.5	0.445 9261
11	1 18 00.4	− 5 08 05.2	0.353 6291	26	225 35 25.9	+ 0 20 01.0	0.449 1249
12	6 10 32.9	− 4 42 40.7	0.348 0466	27	228 31 26.2	− 0 01 35.9	0.452 0677
13	11 12 06.5	− 4 14 19.4	0.342 6236	28	231 25 15.8	− 0 22 56.5	0.454 7500
14	16 22 47.1	− 3 43 02.2	0.337 4075	29	234 17 10.0	− 0 43 59.4	0.457 1680
15	21 42 35.1	− 3 08 53.9	0.332 4483	30	237 07 23.2	− 1 04 43.2	0.459 3183
16	27 11 23.8	− 2 32 03.5	0.327 7974	July 1	239 56 09.3	− 1 25 06.8	0.461 1981
17	32 48 58.6	− 1 52 45.6	0.323 5072	2	242 43 42.2	− 1 45 09.0	0.462 8051

MERCURY, 2019

HELIOCENTRIC POSITIONS FOR 0ʰ BARYCENTRIC DYNAMICAL TIME
MEAN EQUINOX AND ECLIPTIC OF J2000.0

Date		Longitude	Latitude	True Heliocentric Distance	Date		Longitude	Latitude	True Heliocentric Distance
		° ′ ″	° ′ ″	au			° ′ ″	° ′ ″	au
July	1	239 56 09.3	− 1 25 06.8	0.461 1981	Aug.	16	50 40 36.6	+ 0 17 27.9	0.313 2317
	2	242 43 42.2	− 1 45 09.0	0.462 8051		17	56 47 45.8	+ 1 02 20.4	0.310 8958
	3	245 30 14.8	− 2 04 48.7	0.464 1373		18	62 59 57.0	+ 1 47 04.9	0.309 1484
	4	248 16 00.3	− 2 24 05.0	0.465 1930		19	69 15 55.3	+ 2 30 58.1	0.308 0169
	5	251 01 11.2	− 2 42 56.8	0.465 9711		20	75 34 18.2	+ 3 13 16.2	0.307 5197
	6	253 46 00.1	− 3 01 23.0	0.466 4707		21	81 53 37.7	+ 3 53 16.7	0.307 6647
	7	256 30 39.3	− 3 19 22.6	0.466 6912		22	88 12 23.1	+ 4 30 20.8	0.308 4497
	8	259 15 20.9	− 3 36 54.4	0.466 6323		23	94 29 03.5	+ 5 03 54.9	0.309 8618
	9	262 00 17.3	− 3 53 57.3	0.466 2942		24	100 42 11.5	+ 5 33 32.7	0.311 8786
	10	264 45 40.5	− 4 10 30.0	0.465 6772		25	106 50 25.3	+ 5 58 55.2	0.314 4688
	11	267 31 42.9	− 4 26 31.0	0.464 7820		26	112 52 31.5	+ 6 19 51.4	0.317 5939
	12	270 18 36.9	− 4 41 58.9	0.463 6097		27	118 47 26.8	+ 6 36 18.4	0.321 2095
	13	273 06 35.0	− 4 56 52.0	0.462 1616		28	124 34 19.1	+ 6 48 19.6	0.325 2670
	14	275 55 49.9	− 5 11 08.4	0.460 4394		29	130 12 27.7	+ 6 56 04.7	0.329 7154
	15	278 46 34.6	− 5 24 46.2	0.458 4453		30	135 41 23.6	+ 6 59 47.7	0.334 5024
	16	281 39 02.6	− 5 37 43.2	0.456 1819		31	141 00 48.3	+ 6 59 45.9	0.339 5758
	17	284 33 27.5	− 5 49 56.9	0.453 6521	Sept.	1	146 10 33.3	+ 6 56 18.7	0.344 8849
	18	287 30 03.3	− 6 01 24.5	0.450 8596		2	151 10 38.4	+ 6 49 46.4	0.350 3806
	19	290 29 04.8	− 6 12 03.2	0.447 8084		3	156 01 10.4	+ 6 40 29.5	0.356 0166
	20	293 30 46.8	− 6 21 49.6	0.444 5033		4	160 42 22.3	+ 6 28 48.2	0.361 7492
	21	296 35 25.2	− 6 30 40.2	0.440 9497		5	165 14 31.2	+ 6 15 01.5	0.367 5383
	22	299 43 16.1	− 6 38 30.9	0.437 1538		6	169 37 57.8	+ 5 59 27.2	0.373 3467
	23	302 54 36.3	− 6 45 17.4	0.433 1227		7	173 53 05.2	+ 5 42 21.5	0.379 1405
	24	306 09 43.5	− 6 50 54.9	0.428 8645		8	178 00 18.1	+ 5 23 59.4	0.384 8888
	25	309 28 55.8	− 6 55 18.2	0.424 3883		9	182 00 02.0	+ 5 04 34.0	0.390 5639
	26	312 52 32.3	− 6 58 21.7	0.419 7045		10	185 52 42.9	+ 4 44 17.1	0.396 1407
	27	316 20 52.5	− 6 59 59.2	0.414 8248		11	189 38 46.7	+ 4 23 19.1	0.401 5968
	28	319 54 16.9	− 7 00 04.1	0.409 7624		12	193 18 38.8	+ 4 01 49.1	0.406 9120
	29	323 33 06.4	− 6 58 29.2	0.404 5323		13	196 52 44.1	+ 3 39 54.9	0.412 0684
	30	327 17 42.7	− 6 55 07.2	0.399 1513		14	200 21 26.8	+ 3 17 43.5	0.417 0502
	31	331 08 27.8	− 6 49 49.9	0.393 6382		15	203 45 10.2	+ 2 55 20.9	0.421 8432
Aug.	1	335 05 44.2	− 6 42 29.1	0.388 0142		16	207 04 16.5	+ 2 32 52.2	0.426 4348
	2	339 09 54.4	− 6 32 56.2	0.382 3028		17	210 19 07.3	+ 2 10 21.7	0.430 8139
	3	343 21 20.8	− 6 21 02.7	0.376 5304		18	213 30 02.9	+ 1 47 53.4	0.434 9708
	4	347 40 25.4	− 6 06 40.0	0.370 7261		19	216 37 22.9	+ 1 25 30.5	0.438 8968
	5	352 07 29.0	− 5 49 40.2	0.364 9221		20	219 41 25.9	+ 1 03 15.9	0.442 5843
	6	356 42 51.2	− 5 29 55.8	0.359 1537		21	222 42 29.8	+ 0 41 11.9	0.446 0265
	7	1 26 49.4	− 5 07 20.9	0.353 4595		22	225 40 51.7	+ 0 19 20.8	0.449 2178
	8	6 19 38.1	− 4 41 51.1	0.347 8812		23	228 36 47.7	− 0 02 15.6	0.452 1529
	9	11 21 27.9	− 4 13 24.5	0.342 4639		24	231 30 33.7	− 0 23 35.7	0.454 8273
	10	16 32 25.0	− 3 42 02.0	0.337 2549		25	234 22 24.5	− 0 44 38.0	0.457 2374
	11	21 52 29.3	− 3 07 48.6	0.332 3043		26	237 12 34.8	− 1 05 21.2	0.459 3796
	12	27 21 34.0	− 2 30 53.5	0.327 6636		27	240 01 18.6	− 1 25 44.1	0.461 2514
	13	32 59 24.3	− 1 51 31.4	0.323 3851		28	242 48 49.3	− 1 45 45.7	0.462 8501
	14	38 45 35.9	− 1 10 02.2	0.319 5208		29	245 35 20.3	− 2 05 24.7	0.464 1740
	15	44 39 34.9	− 0 26 51.9	0.316 1207		30	248 21 04.5	− 2 24 40.2	0.465 2215
	16	50 40 36.6	+ 0 17 27.9	0.313 2317	Oct.	1	251 06 14.6	− 2 43 31.2	0.465 9912

MERCURY, 2019

HELIOCENTRIC POSITIONS FOR 0ʰ BARYCENTRIC DYNAMICAL TIME
MEAN EQUINOX AND ECLIPTIC OF J2000.0

Date	Longitude	Latitude	True Heliocentric Distance	Date	Longitude	Latitude	True Heliocentric Distance
	° ′ ″	° ′ ″	au		° ′ ″	° ′ ″	au
Oct. 1	251 06 14.6	− 2 43 31.2	0.465 9912	Nov. 16	75 45 57.1	+ 3 14 32.3	0.307 5096
2	253 51 02.9	− 3 01 56.6	0.466 4825	17	82 05 17.6	+ 3 54 28.0	0.307 6744
3	256 35 41.9	− 3 19 55.3	0.466 6946	18	88 24 01.1	+ 4 31 26.1	0.308 4789
4	259 20 23.7	− 3 37 26.3	0.466 6273	19	94 40 36.9	+ 5 04 53.4	0.309 9100
5	262 05 20.6	− 3 54 28.3	0.466 2808	20	100 53 37.7	+ 5 34 23.6	0.311 9451
6	264 50 44.8	− 4 11 00.0	0.465 6554	21	107 01 41.8	+ 5 59 38.0	0.314 5526
7	267 36 48.5	− 4 27 00.0	0.464 7518	22	113 03 36.2	+ 6 20 26.0	0.317 6936
8	270 23 44.1	− 4 42 26.8	0.463 5711	23	118 58 17.9	+ 6 36 44.6	0.321 3238
9	273 11 44.2	− 4 57 18.8	0.462 1146	24	124 44 55.0	+ 6 48 37.8	0.325 3944
10	276 01 01.6	− 5 11 34.1	0.460 3842	25	130 22 47.4	+ 6 56 15.2	0.329 8542
11	278 51 49.2	− 5 25 10.7	0.458 3819	26	135 51 26.3	+ 6 59 50.9	0.334 6511
12	281 44 20.4	− 5 38 06.3	0.456 1103	27	141 10 33.6	+ 6 59 42.4	0.339 7329
13	284 38 48.9	− 5 50 18.6	0.453 5725	28	146 20 00.9	+ 6 56 09.1	0.345 0488
14	287 35 28.9	− 6 01 44.8	0.450 7720	29	151 19 48.4	+ 6 49 31.4	0.350 5498
15	290 34 34.9	− 6 12 21.9	0.447 7130	30	156 10 03.1	+ 6 40 09.7	0.356 1897
16	293 36 22.0	− 6 22 06.7	0.444 4002	Dec. 1	160 50 58.1	+ 6 28 24.2	0.361 9250
17	296 41 05.8	− 6 30 55.5	0.440 8390	2	165 22 50.6	+ 6 14 33.9	0.367 7155
18	299 49 02.7	− 6 38 44.3	0.437 0357	3	169 46 01.6	+ 5 58 56.5	0.373 5243
19	303 00 29.5	− 6 45 28.7	0.432 9975	4	174 00 54.0	+ 5 41 48.2	0.379 3174
20	306 15 43.7	− 6 51 04.0	0.428 7324	5	178 07 52.7	+ 5 23 23.9	0.385 0641
21	309 35 03.7	− 6 55 25.0	0.424 2495	6	182 07 23.2	+ 5 03 56.7	0.390 7368
22	312 58 48.4	− 6 58 25.9	0.419 5594	7	185 59 51.4	+ 4 43 38.4	0.396 3104
23	316 27 17.5	− 7 00 00.7	0.414 6737	8	189 45 43.3	+ 4 22 39.2	0.401 7626
24	320 00 51.4	− 7 00 02.7	0.409 6058	9	193 25 24.3	+ 4 01 08.3	0.407 0734
25	323 39 51.1	− 6 58 24.7	0.404 3706	10	196 59 19.2	+ 3 39 13.5	0.412 2249
26	327 24 38.2	− 6 54 59.2	0.398 9851	11	200 27 52.3	+ 3 17 01.7	0.417 2012
27	331 15 34.9	− 6 49 38.3	0.393 4680	12	203 51 26.7	+ 2 54 38.8	0.421 9882
28	335 13 03.5	− 6 42 13.6	0.387 8407	13	207 10 24.8	+ 2 32 10.0	0.426 5736
29	339 17 26.7	− 6 32 36.6	0.382 1268	14	210 25 07.9	+ 2 09 39.5	0.430 9461
30	343 29 06.8	− 6 20 38.6	0.376 3527	15	213 35 56.5	+ 1 47 11.4	0.435 0960
31	347 48 25.6	− 6 06 11.3	0.370 5476	16	216 43 10.1	+ 1 24 48.7	0.439 0148
Nov. 1	352 15 44.2	− 5 49 06.5	0.364 7438	17	219 47 07.2	+ 1 02 34.3	0.442 6949
2	356 51 22.0	− 5 29 17.1	0.358 9767	18	222 48 05.8	+ 0 40 30.8	0.446 1295
3	1 35 36.4	− 5 06 36.9	0.353 2851	19	225 46 22.9	+ 0 18 40.1	0.449 3130
4	6 28 41.6	− 4 41 01.7	0.347 7107	20	228 42 14.6	− 0 02 55.8	0.452 2401
5	11 30 48.3	− 4 12 29.6	0.342 2986	21	231 35 56.7	− 0 24 15.4	0.454 9064
6	16 42 02.4	− 3 41 01.8	0.337 0965	22	234 27 44.2	− 0 45 17.1	0.457 3083
7	22 02 23.6	− 3 06 43.2	0.332 1542	23	237 17 51.6	− 1 05 59.7	0.459 4422
8	27 31 45.1	− 2 29 43.4	0.327 5235	24	240 06 32.8	− 1 26 22.0	0.461 3055
9	33 09 51.4	− 1 50 17.0	0.323 2567	25	242 54 01.4	− 1 46 22.8	0.462 8958
10	38 56 18.3	− 1 08 44.2	0.319 4055	26	245 40 30.8	− 2 06 01.1	0.464 2112
11	44 50 31.5	− 0 25 31.3	0.316 0201	27	248 26 13.7	− 2 25 15.9	0.465 2500
12	50 51 45.8	+ 0 18 50.1	0.313 1472	28	251 11 22.8	− 2 44 06.1	0.466 0112
13	56 59 05.9	+ 1 03 43.1	0.310 8286	29	253 56 10.6	− 3 02 30.6	0.466 4937
14	63 11 25.8	+ 1 48 26.7	0.309 0996	30	256 40 49.5	− 3 20 28.5	0.466 6971
15	69 27 30.4	+ 2 32 17.8	0.307 9873	31	259 25 31.6	− 3 37 58.6	0.466 6212
16	75 45 57.1	+ 3 14 32.3	0.307 5096	32	262 10 29.1	− 3 54 59.6	0.466 2660

VENUS, 2019

HELIOCENTRIC POSITIONS FOR 0ʰ BARYCENTRIC DYNAMICAL TIME
MEAN EQUINOX AND ECLIPTIC OF J2000.0

Date	Longitude	Latitude	True Heliocentric Distance	Date	Longitude	Latitude	True Heliocentric Distance
	° ′ ″	° ′ ″	au		° ′ ″	° ′ ″	au
Jan. −1	136 47 07.8	+ 2 56 43.5	0.718 4761	Apr. 1	284 27 56.7	− 1 35 12.5	0.727 6605
1	140 02 10.2	+ 3 02 10.7	0.718 5092	3	287 37 42.7	− 1 45 00.2	0.727 7777
3	143 17 13.0	+ 3 07 02.8	0.718 5576	5	290 47 27.3	− 1 54 28.5	0.727 8811
5	146 32 15.8	+ 3 11 18.8	0.718 6210	7	293 57 10.8	− 2 03 35.8	0.727 9704
7	149 47 17.7	+ 3 14 57.9	0.718 6994	9	297 06 53.9	− 2 12 20.4	0.728 0454
9	153 02 18.2	+ 3 17 59.4	0.718 7924	11	300 16 37.1	− 2 20 40.8	0.728 1058
11	156 17 16.4	+ 3 20 22.7	0.718 8997	13	303 26 20.8	− 2 28 35.4	0.728 1515
13	159 32 11.8	+ 3 22 07.4	0.719 0210	15	306 36 05.5	− 2 36 02.8	0.728 1823
15	162 47 03.5	+ 3 23 13.2	0.719 1558	17	309 45 51.7	− 2 43 01.8	0.728 1981
17	166 01 50.9	+ 3 23 40.0	0.719 3039	19	312 55 39.7	− 2 49 31.0	0.728 1989
19	169 16 33.4	+ 3 23 27.6	0.719 4646	21	316 05 29.9	− 2 55 29.2	0.728 1846
21	172 31 10.2	+ 3 22 36.2	0.719 6374	23	319 15 22.8	− 3 00 55.4	0.728 1553
23	175 45 40.8	+ 3 21 05.9	0.719 8219	25	322 25 18.6	− 3 05 48.6	0.728 1112
25	179 00 04.5	+ 3 18 57.3	0.720 0173	27	325 35 17.6	− 3 10 07.8	0.728 0522
27	182 14 20.7	+ 3 16 10.6	0.720 2231	29	328 45 20.3	− 3 13 52.3	0.727 9786
29	185 28 28.9	+ 3 12 46.6	0.720 4386	May 1	331 55 26.7	− 3 17 01.4	0.727 8907
31	188 42 28.6	+ 3 08 46.0	0.720 6632	3	335 05 37.2	− 3 19 34.5	0.727 7887
Feb. 2	191 56 19.3	+ 3 04 09.6	0.720 8960	5	338 15 52.0	− 3 21 31.0	0.727 6728
4	195 10 00.6	+ 2 58 58.3	0.721 1364	7	341 26 11.3	− 3 22 50.6	0.727 5435
6	198 23 32.1	+ 2 53 13.2	0.721 3836	9	344 36 35.3	− 3 23 33.1	0.727 4011
8	201 36 53.6	+ 2 46 55.6	0.721 6368	11	347 47 04.0	− 3 23 38.1	0.727 2460
10	204 50 04.6	+ 2 40 06.7	0.721 8953	13	350 57 37.8	− 3 23 05.7	0.727 0788
12	208 03 05.1	+ 2 32 47.8	0.722 1581	15	354 08 16.7	− 3 21 55.9	0.726 9000
14	211 15 54.8	+ 2 25 00.4	0.722 4245	17	357 19 00.8	− 3 20 08.9	0.726 7100
16	214 28 33.7	+ 2 16 46.0	0.722 6936	19	0 29 50.2	− 3 17 44.9	0.726 5094
18	217 41 01.6	+ 2 08 06.4	0.722 9646	21	3 40 45.1	− 3 14 44.4	0.726 2990
20	220 53 18.7	+ 1 59 03.0	0.723 2366	23	6 51 45.5	− 3 11 07.8	0.726 0792
22	224 05 25.0	+ 1 49 37.8	0.723 5089	25	10 02 51.6	− 3 06 55.6	0.725 8509
24	227 17 20.5	+ 1 39 52.6	0.723 7804	27	13 14 03.3	− 3 02 08.8	0.725 6146
26	230 29 05.6	+ 1 29 49.1	0.724 0505	29	16 25 20.9	− 2 56 47.9	0.725 3711
28	233 40 40.3	+ 1 19 29.3	0.724 3182	31	19 36 44.3	− 2 50 54.1	0.725 1212
Mar. 2	236 52 04.9	+ 1 08 55.2	0.724 5827	June 2	22 48 13.8	− 2 44 28.2	0.724 8656
4	240 03 19.8	+ 0 58 08.8	0.724 8433	4	25 59 49.2	− 2 37 31.5	0.724 6052
6	243 14 25.3	+ 0 47 12.0	0.725 0990	6	29 11 30.8	− 2 30 05.1	0.724 3406
8	246 25 21.8	+ 0 36 07.0	0.725 3492	8	32 23 18.6	− 2 22 10.4	0.724 0728
10	249 36 09.7	+ 0 24 55.7	0.725 5930	10	35 35 12.7	− 2 13 48.9	0.723 8026
12	252 46 49.5	+ 0 13 40.3	0.725 8297	12	38 47 13.2	− 2 05 01.9	0.723 5309
14	255 57 21.6	+ 0 02 22.8	0.726 0586	14	41 59 20.2	− 1 55 51.2	0.723 2584
16	259 07 46.7	− 0 08 54.7	0.726 2789	16	45 11 33.8	− 1 46 18.3	0.722 9860
18	262 18 05.1	− 0 20 10.2	0.726 4901	18	48 23 54.0	− 1 36 25.1	0.722 7146
20	265 28 17.5	− 0 31 21.6	0.726 6914	20	51 36 21.0	− 1 26 13.3	0.722 4450
22	268 38 24.4	− 0 42 26.8	0.726 8823	22	54 48 54.8	− 1 15 44.8	0.722 1782
24	271 48 26.4	− 0 53 24.0	0.727 0621	24	58 01 35.5	− 1 05 01.6	0.721 9148
26	274 58 24.0	− 1 04 11.0	0.727 2303	26	61 14 23.3	− 0 54 05.7	0.721 6558
28	278 08 17.9	− 1 14 46.1	0.727 3864	28	64 27 18.0	− 0 42 59.1	0.721 4020
30	281 18 08.6	− 1 25 07.2	0.727 5300	30	67 40 19.9	− 0 31 43.9	0.721 1542
Apr. 1	284 27 56.7	− 1 35 12.5	0.727 6605	July 2	70 53 29.0	− 0 20 22.3	0.720 9131

VENUS, 2019

HELIOCENTRIC POSITIONS FOR 0ʰ BARYCENTRIC DYNAMICAL TIME
MEAN EQUINOX AND ECLIPTIC OF J2000.0

Date		Longitude	Latitude	True Heliocentric Distance	Date		Longitude	Latitude	True Heliocentric Distance
		° ′ ″	° ′ ″	au			° ′ ″	° ′ ″	au
July	2	70 53 29.0	− 0 20 22.3	0.720 9131	Oct.	2	219 46 03.2	+ 2 02 15.7	0.723 1493
	4	74 06 45.2	− 0 08 56.3	0.720 6796		4	222 58 13.0	+ 1 52 57.9	0.723 4214
	6	77 20 08.7	+ 0 02 31.8	0.720 4544		6	226 10 12.0	+ 1 43 19.5	0.723 6932
	8	80 33 39.3	+ 0 13 59.8	0.720 2382		8	229 22 00.5	+ 1 33 22.2	0.723 9637
	10	83 47 17.0	+ 0 25 25.6	0.720 0317		10	232 33 38.6	+ 1 23 07.9	0.724 2322
	12	87 01 01.8	+ 0 36 46.9	0.719 8356		12	235 45 06.5	+ 1 12 38.6	0.724 4977
	14	90 14 53.6	+ 0 48 01.6	0.719 6505		14	238 56 24.6	+ 1 01 56.3	0.724 7596
	16	93 28 52.2	+ 0 59 07.4	0.719 4770		16	242 07 33.1	+ 0 51 02.9	0.725 0169
	18	96 42 57.5	+ 1 10 02.3	0.719 3156		18	245 18 32.5	+ 0 40 00.6	0.725 2688
	20	99 57 09.4	+ 1 20 44.0	0.719 1669		20	248 29 23.2	+ 0 28 51.3	0.725 5147
	22	103 11 27.5	+ 1 31 10.5	0.719 0313		22	251 40 05.6	+ 0 17 37.1	0.725 7537
	24	106 25 51.7	+ 1 41 19.8	0.718 9094		24	254 50 40.2	+ 0 06 20.1	0.725 9852
	26	109 40 21.6	+ 1 51 09.8	0.718 8014		26	258 01 07.5	− 0 04 57.6	0.726 2083
	28	112 54 56.9	+ 2 00 38.7	0.718 7078		28	261 11 28.1	− 0 16 14.1	0.726 4225
	30	116 09 37.2	+ 2 09 44.5	0.718 6288		30	264 21 42.4	− 0 27 27.1	0.726 6270
Aug.	1	119 24 22.1	+ 2 18 25.5	0.718 5648	Nov.	1	267 31 51.0	− 0 38 34.7	0.726 8213
	3	122 39 11.1	+ 2 26 39.9	0.718 5158		3	270 41 54.5	− 0 49 35.0	0.727 0047
	5	125 54 03.9	+ 2 34 26.1	0.718 4821		5	273 51 53.5	− 1 00 25.8	0.727 1768
	7	129 08 59.7	+ 2 41 42.7	0.718 4637		7	277 01 48.6	− 1 11 05.2	0.727 3369
	9	132 23 58.2	+ 2 48 28.1	0.718 4608		9	280 11 40.2	− 1 21 31.4	0.727 4847
	11	135 38 58.7	+ 2 54 41.0	0.718 4733		11	283 21 29.1	− 1 31 42.4	0.727 6195
	13	138 54 00.6	+ 3 00 20.3	0.718 5012		13	286 31 15.7	− 1 41 36.5	0.727 7412
	15	142 09 03.2	+ 3 05 24.8	0.718 5445		15	289 41 00.6	− 1 51 11.8	0.727 8492
	17	145 24 05.9	+ 3 09 53.5	0.718 6028		17	292 50 44.4	− 2 00 26.6	0.727 9432
	19	148 39 08.0	+ 3 13 45.5	0.718 6762		19	296 00 27.5	− 2 09 19.3	0.728 0230
	21	151 54 08.9	+ 3 17 00.2	0.718 7643		21	299 10 10.6	− 2 17 48.4	0.728 0883
	23	155 09 07.8	+ 3 19 36.9	0.718 8668		23	302 19 54.0	− 2 25 52.2	0.728 1390
	25	158 24 04.1	+ 3 21 35.2	0.718 9834		25	305 29 38.3	− 2 33 29.3	0.728 1748
	27	161 38 57.0	+ 3 22 54.6	0.719 1137		27	308 39 23.8	− 2 40 38.4	0.728 1957
	29	164 53 45.8	+ 3 23 35.0	0.719 2574		29	311 49 11.1	− 2 47 18.1	0.728 2015
	31	168 08 29.9	+ 3 23 36.3	0.719 4139	Dec.	1	314 59 00.5	− 2 53 27.3	0.728 1924
Sept.	2	171 23 08.6	+ 3 22 58.5	0.719 5827		3	318 08 52.4	− 2 59 04.8	0.728 1682
	4	174 37 41.3	+ 3 21 41.8	0.719 7633		5	321 18 47.1	− 3 04 09.7	0.728 1291
	6	177 52 07.2	+ 3 19 46.5	0.719 9551		7	324 28 45.0	− 3 08 40.9	0.728 0751
	8	181 06 25.9	+ 3 17 13.1	0.720 1575		9	327 38 46.3	− 3 12 37.6	0.728 0066
	10	184 20 36.8	+ 3 14 02.1	0.720 3698		11	330 48 51.4	− 3 15 59.2	0.727 9235
	12	187 34 39.3	+ 3 10 14.2	0.720 5914		13	333 59 00.5	− 3 18 45.0	0.727 8263
	14	190 48 32.9	+ 3 05 50.2	0.720 8215		15	337 09 13.7	− 3 20 54.3	0.727 7151
	16	194 02 17.4	+ 3 00 51.0	0.721 0594		17	340 19 31.4	− 3 22 26.9	0.727 5903
	18	197 15 52.1	+ 2 55 17.6	0.721 3044		19	343 29 53.7	− 3 23 22.4	0.727 4524
	20	200 29 16.8	+ 2 49 11.3	0.721 5556		21	346 40 20.7	− 3 23 40.5	0.727 3016
	22	203 42 31.3	+ 2 42 33.1	0.721 8124		23	349 50 52.7	− 3 23 21.2	0.727 1385
	24	206 55 35.3	+ 2 35 24.6	0.722 0737		25	353 01 29.8	− 3 22 24.5	0.726 9635
	26	210 08 28.5	+ 2 27 47.0	0.722 3390		27	356 12 12.0	− 3 20 50.5	0.726 7772
	28	213 21 10.9	+ 2 19 41.9	0.722 6072		29	359 22 59.6	− 3 18 39.5	0.726 5802
	30	216 33 42.5	+ 2 11 10.9	0.722 8776		31	2 33 52.6	− 3 15 51.7	0.726 3730
Oct.	2	219 46 03.2	+ 2 02 15.7	0.723 1493		33	5 44 51.0	− 3 12 27.6	0.726 1563

MARS, 2019

HELIOCENTRIC POSITIONS FOR 0ʰ BARYCENTRIC DYNAMICAL TIME
MEAN EQUINOX AND ECLIPTIC OF J2000.0

Date	Longitude	Latitude	True Heliocentric Distance	Date	Longitude	Latitude	True Heliocentric Distance
	° ′ ″	° ′ ″	au		° ′ ″	° ′ ″	au
Jan. −3	39 06 14.6	− 0 20 01.5	1.448 8034	July 4	132 54 27.0	+ 1 50 09.0	1.652 1925
1	41 24 13.7	− 0 15 37.8	1.453 5036	8	134 40 52.2	+ 1 50 29.5	1.654 1860
5	43 41 18.9	− 0 11 14.4	1.458 2916	12	136 27 02.8	+ 1 50 43.6	1.656 0292
9	45 57 29.7	− 0 06 51.7	1.463 1593	16	138 12 59.7	+ 1 50 51.4	1.657 7205
13	48 12 45.8	− 0 02 30.0	1.468 0986	20	139 58 44.3	+ 1 50 52.8	1.659 2587
17	50 27 07.2	+ 0 01 50.1	1.473 1012	24	141 44 17.7	+ 1 50 48.0	1.660 6425
21	52 40 33.7	+ 0 06 08.2	1.478 1592	28	143 29 41.1	+ 1 50 36.9	1.661 8710
25	54 53 05.4	+ 0 10 24.1	1.483 2647	Aug. 1	145 14 55.7	+ 1 50 19.6	1.662 9433
29	57 04 42.4	+ 0 14 37.2	1.488 4096	5	147 00 02.7	+ 1 49 56.2	1.663 8584
Feb. 2	59 15 24.8	+ 0 18 47.4	1.493 5863	9	148 45 03.4	+ 1 49 26.6	1.664 6157
6	61 25 13.1	+ 0 22 54.2	1.498 7870	13	150 29 58.8	+ 1 48 50.9	1.665 2147
10	63 34 07.5	+ 0 26 57.3	1.504 0041	17	152 14 50.3	+ 1 48 09.2	1.665 6549
14	65 42 08.6	+ 0 30 56.6	1.509 2304	21	153 59 38.9	+ 1 47 21.5	1.665 9359
18	67 49 16.7	+ 0 34 51.6	1.514 4583	25	155 44 25.9	+ 1 46 27.8	1.666 0576
22	69 55 32.6	+ 0 38 42.2	1.519 6809	29	157 29 12.5	+ 1 45 28.2	1.666 0198
26	72 00 56.9	+ 0 42 28.1	1.524 8912	Sept. 2	159 13 59.8	+ 1 44 22.7	1.665 8226
Mar. 2	74 05 30.1	+ 0 46 09.1	1.530 0822	6	160 58 49.1	+ 1 43 11.3	1.665 4661
6	76 09 13.2	+ 0 49 45.0	1.535 2473	10	162 43 41.5	+ 1 41 54.2	1.664 9506
10	78 12 06.8	+ 0 53 15.6	1.540 3801	14	164 28 38.3	+ 1 40 31.3	1.664 2764
14	80 14 11.9	+ 0 56 40.8	1.545 4742	18	166 13 40.6	+ 1 39 02.7	1.663 4440
18	82 15 29.3	+ 1 00 00.5	1.550 5235	22	167 58 49.7	+ 1 37 28.5	1.662 4541
22	84 15 59.9	+ 1 03 14.4	1.555 5219	26	169 44 06.7	+ 1 35 48.6	1.661 3074
26	86 15 44.7	+ 1 06 22.4	1.560 4637	30	171 29 32.9	+ 1 34 03.2	1.660 0048
30	88 14 44.6	+ 1 09 24.5	1.565 3433	Oct. 4	173 15 09.4	+ 1 32 12.3	1.658 5471
Apr. 3	90 13 00.7	+ 1 12 20.5	1.570 1552	8	175 00 57.4	+ 1 30 16.0	1.656 9356
7	92 10 34.1	+ 1 15 10.3	1.574 8942	12	176 46 58.2	+ 1 28 14.3	1.655 1715
11	94 07 25.7	+ 1 17 54.0	1.579 5551	16	178 33 12.9	+ 1 26 07.3	1.653 2560
15	96 03 36.6	+ 1 20 31.3	1.584 1331	20	180 19 42.8	+ 1 23 55.0	1.651 1907
19	97 59 08.0	+ 1 23 02.2	1.588 6234	24	182 06 29.1	+ 1 21 37.5	1.648 9772
23	99 54 00.9	+ 1 25 26.8	1.593 0214	28	183 53 33.0	+ 1 19 15.0	1.646 6173
27	101 48 16.5	+ 1 27 44.8	1.597 3228	Nov. 1	185 40 55.6	+ 1 16 47.3	1.644 1127
May 1	103 41 56.0	+ 1 29 56.4	1.601 5233	5	187 28 38.3	+ 1 14 14.7	1.641 4656
5	105 35 00.4	+ 1 32 01.4	1.605 6189	9	189 16 42.2	+ 1 11 37.2	1.638 6780
9	107 27 31.0	+ 1 33 59.9	1.609 6057	13	191 05 08.5	+ 1 08 54.8	1.635 7522
13	109 19 28.8	+ 1 35 51.8	1.613 4800	17	192 53 58.4	+ 1 06 07.8	1.632 6907
17	111 10 55.2	+ 1 37 37.1	1.617 2381	21	194 43 13.3	+ 1 03 16.1	1.629 4960
21	113 01 51.2	+ 1 39 15.9	1.620 8768	25	196 32 54.2	+ 1 00 19.8	1.626 1709
25	114 52 18.1	+ 1 40 48.0	1.624 3927	29	198 23 02.4	+ 0 57 19.1	1.622 7181
29	116 42 17.0	+ 1 42 13.6	1.627 7827	Dec. 3	200 13 39.1	+ 0 54 14.1	1.619 1407
June 2	118 31 49.2	+ 1 43 32.6	1.631 0440	7	202 04 45.5	+ 0 51 04.8	1.615 4419
6	120 20 55.8	+ 1 44 45.0	1.634 1737	11	203 56 22.8	+ 0 47 51.5	1.611 6249
10	122 09 38.0	+ 1 45 50.8	1.637 1691	15	205 48 32.3	+ 0 44 34.1	1.607 6934
14	123 57 57.1	+ 1 46 50.1	1.640 0278	19	207 41 15.0	+ 0 41 12.9	1.603 6508
18	125 45 54.2	+ 1 47 42.8	1.642 7474	23	209 34 32.2	+ 0 37 48.0	1.599 5010
22	127 33 30.5	+ 1 48 29.1	1.645 3257	27	211 28 25.1	+ 0 34 19.6	1.595 2480
26	129 20 47.3	+ 1 49 08.9	1.647 7606	31	213 22 54.8	+ 0 30 47.7	1.590 8959
30	131 07 45.7	+ 1 49 42.2	1.650 0501	35	215 18 02.4	+ 0 27 12.6	1.586 4491

HELIOCENTRIC POSITIONS FOR 0ʰ BARYCENTRIC DYNAMICAL TIME
MEAN EQUINOX AND ECLIPTIC OF J2000.0

Date	Longitude	Latitude	True Heliocentric Distance	Date	Longitude	Latitude	True Heliocentric Distance
		JUPITER				SATURN	
	° ′ ″	° ′ ″	au		° ′ ″	° ′ ″	au
Jan. −3	246 10 20.1	+ 0 44 08.0	5.351 082	Jan. −3	281 06 44.2	+ 0 32 15.8	10.060 425
7	246 57 25.7	+ 0 43 14.7	5.348 161	7	281 24 47.1	+ 0 31 29.8	10.060 008
17	247 44 34.5	+ 0 42 20.8	5.345 210	17	281 42 50.0	+ 0 30 43.8	10.059 574
27	248 31 46.4	+ 0 41 26.4	5.342 228	27	282 00 53.1	+ 0 29 57.8	10.059 125
Feb. 6	249 19 01.5	+ 0 40 31.4	5.339 217	Feb. 6	282 18 56.3	+ 0 29 11.7	10.058 659
16	250 06 19.8	+ 0 39 36.0	5.336 177	16	282 36 59.5	+ 0 28 25.6	10.058 178
26	250 53 41.3	+ 0 38 40.0	5.333 109	26	282 55 02.9	∣ 0 27 39.4	10.057 680
Mar. 8	251 41 06.1	+ 0 37 43.5	5.330 013	Mar. 8	283 13 06.4	+ 0 26 53.1	10.057 166
18	252 28 34.2	+ 0 36 46.5	5.326 889	18	283 31 10.0	+ 0 26 06.8	10.056 636
28	253 16 05.7	+ 0 35 49.0	5.323 739	28	283 49 13.7	+ 0 25 20.4	10.056 090
Apr. 7	254 03 40.6	+ 0 34 51.1	5.320 562	Apr. 7	284 07 17.6	+ 0 24 34.1	10.055 527
17	254 51 18.8	+ 0 33 52.6	5.317 360	17	284 25 21.5	+ 0 23 47.6	10.054 949
27	255 39 00.5	+ 0 32 53.7	5.314 132	27	284 43 25.6	+ 0 23 01.1	10.054 354
May 7	256 26 45.7	+ 0 31 54.4	5.310 880	May 7	285 01 29.8	+ 0 22 14.6	10.053 742
17	257 14 34.4	+ 0 30 54.6	5.307 605	17	285 19 34.2	+ 0 21 28.0	10.053 115
27	258 02 26.7	+ 0 29 54.4	5.304 306	27	285 37 38.7	+ 0 20 41.4	10.052 471
June 6	258 50 22.5	+ 0 28 53.7	5.300 985	June 6	285 55 43.3	+ 0 19 54.7	10.051 811
16	259 38 21.9	+ 0 27 52.7	5.297 642	16	286 13 48.1	+ 0 19 08.0	10.051 135
26	260 26 25.0	+ 0 26 51.2	5.294 278	26	286 31 53.0	+ 0 18 21.3	10.050 443
July 6	261 14 31.7	+ 0 25 49.4	5.290 893	July 6	286 49 58.1	+ 0 17 34.5	10.049 735
16	262 02 42.2	+ 0 24 47.1	5.287 488	16	287 08 03.3	+ 0 16 47.7	10.049 010
26	262 50 56.3	+ 0 23 44.5	5.284 064	26	287 26 08.7	+ 0 16 00.9	10.048 270
Aug. 5	263 39 14.2	+ 0 22 41.6	5.280 622	Aug. 5	287 44 14.2	+ 0 15 14.0	10.047 513
15	264 27 35.9	+ 0 21 38.2	5.277 161	15	288 02 19.9	+ 0 14 27.1	10.046 741
25	265 16 01.4	+ 0 20 34.6	5.273 684	25	288 20 25.8	+ 0 13 40.2	10.045 952
Sept. 4	266 04 30.8	+ 0 19 30.6	5.270 190	Sept. 4	288 38 31.8	+ 0 12 53.2	10.045 148
14	266 53 04.0	+ 0 18 26.3	5.266 679	14	288 56 38.1	+ 0 12 06.2	10.044 327
24	267 41 41.1	+ 0 17 21.6	5.263 154	24	289 14 44.5	+ 0 11 19.2	10.043 490
Oct. 4	268 30 22.2	+ 0 16 16.7	5.259 614	Oct. 4	289 32 51.0	+ 0 10 32.1	10.042 637
14	269 19 07.2	+ 0 15 11.5	5.256 060	14	289 50 57.8	+ 0 09 45.1	10.041 768
24	270 07 56.1	+ 0 14 06.0	5.252 493	24	290 09 04.8	+ 0 08 58.0	10.040 883
Nov. 3	270 56 49.0	+ 0 13 00.3	5.248 913	Nov. 3	290 27 11.9	+ 0 08 10.8	10.039 982
13	271 45 45.9	+ 0 11 54.3	5.245 322	13	290 45 19.3	+ 0 07 23.7	10.039 064
23	272 34 46.9	+ 0 10 48.1	5.241 719	23	291 03 26.8	+ 0 06 36.5	10.038 130
Dec. 3	273 23 51.9	+ 0 09 41.7	5.238 106	Dec. 3	291 21 34.6	+ 0 05 49.3	10.037 181
13	274 13 01.0	+ 0 08 35.0	5.234 484	13	291 39 42.5	+ 0 05 02.1	10.036 215
23	275 02 14.1	+ 0 07 28.2	5.230 853	23	291 57 50.7	+ 0 04 14.9	10.035 233
33	275 51 31.4	+ 0 06 21.1	5.227 214	33	292 15 59.1	+ 0 03 27.6	10.034 235
		URANUS				NEPTUNE	
	° ′ ″	° ′ ″	au		° ′ ″	° ′ ″	au
Jan. −3	31 00 10.3	− 0 31 34.8	19.862 51	Jan. −3	345 29 18.0	− 0 58 57.8	29.938 71
Feb. 6	31 26 23.0	− 0 31 19.3	19.857 88	Feb. 6	345 43 46.8	− 0 59 20.1	29.938 07
Mar. 18	31 52 36.6	− 0 31 03.7	19.853 23	Mar. 18	345 58 15.8	− 0 59 42.4	29.937 43
Apr. 27	32 18 51.0	− 0 30 47.9	19.848 54	Apr. 27	346 12 45.0	− 1 00 04.5	29.936 80
June 6	32 45 06.3	− 0 30 32.1	19.843 82	June 6	346 27 14.3	− 1 00 26.7	29.936 17
July 16	33 11 22.5	− 0 30 16.1	19.839 07	July 16	346 41 43.8	− 1 00 48.7	29.935 54
Aug. 25	33 37 39.6	− 0 30 00.0	19.834 28	Aug. 25	346 56 13.4	− 1 01 10.8	29.934 92
Oct. 4	34 03 57.6	− 0 29 43.8	19.829 46	Oct. 4	347 10 43.2	− 1 01 32.7	29.934 29
Nov. 13	34 30 16.5	− 0 29 27.5	19.824 61	Nov. 13	347 25 13.2	− 1 01 54.6	29.933 66
Dec. 23	34 56 36.3	− 0 29 11.0	19.819 72	Dec. 23	347 39 43.3	− 1 02 16.4	29.933 03
Dec. 63	35 22 57.1	− 0 28 54.5	19.814 79	Dec. 63	347 54 13.6	− 1 02 38.1	29.932 40

MERCURY, 2019

GEOCENTRIC COORDINATES FOR 0ʰ TERRESTRIAL TIME

Date	Apparent Right Ascension	Apparent Declination	True Geocentric Distance	Date	Apparent Right Ascension	Apparent Declination	True Geocentric Distance
	h m s	° ′ ″	au		h m s	° ′ ″	au
Jan. 0	17 26 57.119	−22 58 01.51	1.284 0341	Feb. 15	22 40 54.819	− 9 26 50.68	1.229 9170
1	17 33 14.792	−23 10 08.80	1.296 1402	16	22 47 19.235	− 8 38 19.06	1.210 1993
2	17 39 36.133	−23 21 13.63	1.307 6472	17	22 53 36.031	− 7 49 18.48	1.189 3464
3	17 46 00.892	−23 31 13.73	1.318 5648	18	22 59 43.932	− 7 00 01.10	1.167 3751
4	17 52 28.839	−23 40 07.07	1.328 9028	19	23 05 41.510	− 6 10 40.67	1.144 3188
5	17 58 59.763	−23 47 51.73	1.338 6701	20	23 11 27.186	− 5 21 32.59	1.120 2287
6	18 05 33.465	−23 54 25.99	1.347 8753	21	23 16 59.234	− 4 32 53.84	1.095 1767
7	18 12 09.765	−23 59 48.21	1.356 5263	22	23 22 15.800	− 3 45 02.93	1.069 2558
8	18 18 48.491	−24 03 56.88	1.364 6302	23	23 27 14.920	− 2 58 19.71	1.042 5813
9	18 25 29.483	−24 06 50.60	1.372 1936	24	23 31 54.551	− 2 13 05.20	1.015 2902
10	18 32 12.589	−24 08 28.05	1.379 2222	25	23 36 12.608	− 1 29 41.25	0.987 5400
11	18 38 57.666	−24 08 47.98	1.385 7207	26	23 40 07.018	− 0 48 30.26	0.959 5060
12	18 45 44.579	−24 07 49.24	1.391 6932	27	23 43 35.766	− 0 09 54.73	0.931 3784
13	18 52 33.198	−24 05 30.73	1.397 1428	28	23 46 36.961	+ 0 25 43.10	0.903 3581
14	18 59 23.398	−24 01 51.43	1.402 0716	Mar. 1	23 49 08.898	+ 0 58 01.70	0.875 6522
15	19 06 15.063	−23 56 50.35	1.406 4809	2	23 51 10.122	+ 1 26 40.65	0.848 4696
16	19 13 08.076	−23 50 26.58	1.410 3709	3	23 52 39.497	+ 1 51 21.14	0.822 0163
17	19 20 02.330	−23 42 39.25	1.413 7406	4	23 53 36.273	+ 2 11 46.41	0.796 4916
18	19 26 57.717	−23 33 27.54	1.416 5881	5	23 54 00.145	+ 2 27 42.25	0.772 0843
19	19 33 54.135	−23 22 50.70	1.418 9104	6	23 53 51.322	+ 2 38 57.53	0.748 9694
20	19 40 51.484	−23 10 47.98	1.420 7029	7	23 53 10.571	+ 2 45 24.84	0.727 3059
21	19 47 49.667	−22 57 18.71	1.421 9600	8	23 51 59.261	+ 2 47 00.99	0.707 2339
22	19 54 48.588	−22 42 22.25	1.422 6747	9	23 50 19.381	+ 2 43 47.66	0.688 8738
23	20 01 48.157	−22 25 57.97	1.422 8382	10	23 48 13.541	+ 2 35 51.82	0.672 3236
24	20 08 48.284	−22 08 05.32	1.422 4406	11	23 45 44.934	+ 2 23 26.13	0.657 6588
25	20 15 48.882	−21 48 43.78	1.421 4701	12	23 42 57.275	+ 2 06 48.96	0.644 9309
26	20 22 49.865	−21 27 52.90	1.419 9133	13	23 39 54.701	+ 1 46 24.24	0.634 1675
27	20 29 51.145	−21 05 32.29	1.417 7553	14	23 36 41.645	+ 1 22 40.86	0.625 3719
28	20 36 52.631	−20 41 41.65	1.414 9793	15	23 33 22.690	+ 0 56 11.79	0.618 5245
29	20 43 54.230	−20 16 20.75	1.411 5668	16	23 30 02.410	+ 0 27 32.92	0.613 5840
30	20 50 55.840	−19 49 29.46	1.407 4974	17	23 26 45.214	− 0 02 38.36	0.610 4893
31	20 57 57.356	−19 21 07.76	1.402 7490	18	23 23 35.212	− 0 33 44.50	0.609 1625
Feb. 1	21 04 58.661	−18 51 15.79	1.397 2973	19	23 20 36.095	− 1 05 09.22	0.609 5118
2	21 11 59.627	−18 19 53.82	1.391 1165	20	23 17 51.059	− 1 36 18.65	0.611 4346
3	21 19 00.115	−17 47 02.32	1.384 1784	21	23 15 22.756	− 2 06 42.23	0.614 8211
4	21 25 59.964	−17 12 41.94	1.376 4532	22	23 13 13.279	− 2 35 53.28	0.619 5576
5	21 32 58.995	−16 36 53.64	1.367 9092	23	23 11 24.175	− 3 03 29.37	0.625 5290
6	21 39 56.996	−15 59 38.63	1.358 5134	24	23 09 56.482	− 3 29 12.27	0.632 6218
7	21 46 53.725	−15 20 58.53	1.348 2310	25	23 08 50.787	− 3 52 47.81	0.640 7260
8	21 53 48.897	−14 40 55.37	1.337 0266	26	23 08 07.281	− 4 14 05.50	0.649 7366
9	22 00 42.181	−13 59 31.70	1.324 8643	27	23 07 45.831	− 4 32 58.09	0.659 5549
10	22 07 33.184	−13 16 50.66	1.311 7084	28	23 07 46.040	− 4 49 21.11	0.670 0891
11	22 14 21.446	−12 32 56.10	1.297 5242	29	23 08 07.312	− 5 03 12.36	0.681 2548
12	22 21 06.427	−11 47 52.69	1.282 2792	30	23 08 48.903	− 5 14 31.49	0.692 9750
13	22 27 47.494	−11 01 46.01	1.265 9445	31	23 09 49.965	− 5 23 19.63	0.705 1799
14	22 34 23.910	−10 14 42.73	1.248 4961	Apr. 1	23 11 09.587	− 5 29 38.96	0.717 8068
15	22 40 54.819	− 9 26 50.68	1.229 9170	2	23 12 46.824	− 5 33 32.49	0.730 7996

GEOCENTRIC COORDINATES FOR 0ʰ TERRESTRIAL TIME

Date	Apparent Right Ascension	Apparent Declination	True Geocentric Distance	Date	Apparent Right Ascension	Apparent Declination	True Geocentric Distance
	h m s	° ′ ″	au		h m s	° ′ ″	au
Apr. 1	23 11 09.587	− 5 29 38.96	0.717 8068	May 17	3 12 12.361	+17 23 20.60	1.315 3032
2	23 12 46.824	− 5 33 32.49	0.730 7996	18	3 20 40.851	+18 06 48.45	1.319 0421
3	23 14 40.726	− 5 35 03.82	0.744 1083	19	3 29 18.001	+18 49 12.37	1.321 5448
4	23 16 50.353	− 5 34 16.90	0.757 6886	20	3 38 03.229	+19 30 20.25	1.322 7434
5	23 19 14.790	− 5 31 15.93	0.771 5013	21	3 46 55.798	+20 09 59.78	1.322 5809
6	23 21 53.160	− 5 26 05.20	0.785 5122	22	3 55 54.847	+20 47 58.79	1.321 0138
7	23 24 44.631	− 5 18 49.03	0.799 6908	23	4 04 59.295	+21 24 05.14	1.318 0142
8	23 27 48.419	− 5 09 31.75	0.814 0108	24	4 14 07.999	+21 58 07.91	1.313 5723
9	23 31 03.791	− 4 58 17.53	0.828 4490	25	4 23 19.684	+22 29 56.83	1.307 6968
10	23 34 30.069	− 4 45 10.44	0.842 9852	26	4 32 32.991	+22 59 22.93	1.300 4155
11	23 38 06.629	− 4 30 14.46	0.857 6016	27	4 41 46.517	+23 26 18.74	1.291 7742
12	23 41 52.899	− 4 13 33.37	0.872 2827	28	4 50 58.840	+23 50 38.39	1.281 8352
13	23 45 48.359	− 3 55 10.81	0.887 0150	29	5 00 08.557	+24 12 17.77	1.270 6748
14	23 49 52.543	− 3 35 10.28	0.901 7861	30	5 09 14.312	+24 31 14.45	1.258 3805
15	23 54 05.033	− 3 13 35.08	0.916 5854	31	5 18 14.817	+24 47 27.71	1.245 0478
16	23 58 25.460	− 2 50 28.40	0.931 4029	June 1	5 27 08.877	+25 00 58.37	1.230 7771
17	0 02 53.501	− 2 25 53.27	0.946 2293	2	5 35 55.396	+25 11 48.63	1.215 6711
18	0 07 28.877	− 1 59 52.58	0.961 0560	3	5 44 33.387	+25 20 01.95	1.199 8316
19	0 12 11.352	− 1 32 29.13	0.975 8745	4	5 53 01.974	+25 25 42.78	1.183 3579
20	0 17 00.728	− 1 03 45.60	0.990 6763	5	6 01 20.384	+25 28 56.43	1.166 3452
21	0 21 56.843	− 0 33 44.61	1.005 4528	6	6 09 27.950	+25 29 48.85	1.148 8831
22	0 26 59.572	− 0 02 28.69	1.020 1950	7	6 17 24.092	+25 28 26.48	1.131 0551
23	0 32 08.821	+ 0 29 59.65	1.034 8932	8	6 25 08.319	+25 24 56.12	1.112 9381
24	0 37 24.528	+ 1 03 37.94	1.049 5372	9	6 32 40.213	+25 19 24.78	1.094 6023
25	0 42 46.666	+ 1 38 23.77	1.064 1156	10	6 39 59.421	+25 11 59.64	1.076 1115
26	0 48 15.235	+ 2 14 14.69	1.078 6161	11	6 47 05.643	+25 02 47.90	1.057 5231
27	0 53 50.270	+ 2 51 08.26	1.093 0247	12	6 53 58.625	+24 51 56.80	1.038 8884
28	0 59 31.832	+ 3 29 02.02	1.107 3258	13	7 00 38.148	+24 39 33.51	1.020 2535
29	1 05 20.012	+ 4 07 53.45	1.121 5018	14	7 07 04.018	+24 25 45.14	1.001 6595
30	1 11 14.927	+ 4 47 39.94	1.135 5329	15	7 13 16.061	+24 10 38.69	0.983 1431
May 1	1 17 16.720	+ 5 28 18.81	1.149 3965	16	7 19 14.113	+23 54 21.08	0.964 7369
2	1 23 25.560	+ 6 09 47.20	1.163 0674	17	7 24 58.016	+23 36 59.07	0.946 4703
3	1 29 41.637	+ 6 52 02.12	1.176 5168	18	7 30 27.613	+23 18 39.36	0.928 3697
4	1 36 05.162	+ 7 35 00.34	1.189 7126	19	7 35 42.743	+22 59 28.50	0.910 4590
5	1 42 36.362	+ 8 18 38.40	1.202 6187	20	7 40 43.235	+22 39 32.96	0.892 7603
6	1 49 15.478	+ 9 02 52.53	1.215 1945	21	7 45 28.909	+22 18 59.12	0.875 2938
7	1 56 02.762	+ 9 47 38.61	1.227 3950	22	7 49 59.570	+21 57 53.30	0.858 0789
8	2 02 58.468	+10 32 52.09	1.239 1703	23	7 54 15.008	+21 36 21.75	0.841 1338
9	2 10 02.848	+11 18 27.99	1.250 4653	24	7 58 14.994	+21 14 30.71	0.824 4766
10	2 17 16.145	+12 04 20.76	1.261 2197	25	8 01 59.282	+20 52 26.37	0.808 1252
11	2 24 38.583	+12 50 24.29	1.271 3681	26	8 05 27.605	+20 30 14.96	0.792 0975
12	2 32 10.358	+13 36 31.78	1.280 8398	27	8 08 39.682	+20 08 02.68	0.776 4121
13	2 39 51.623	+14 22 35.77	1.289 5597	28	8 11 35.213		19 45 55.80	0.761 0885
14	2 47 42.475	+15 08 28.02	1.297 4486	29	8 14 13.886	+19 24 00.61	0.746 1469
15	2 55 42.942	+15 53 59.54	1.304 4245	30	8 16 35.379	+19 02 23.45	0.731 6091
16	3 03 52.960	+16 39 00.57	1.310 4038	July 1	8 18 39.365	+18 41 10.72	0.717 4984
17	3 12 12.361	+17 23 20.60	1.315 3032	2	8 20 25.520	+18 20 28.88	0.703 8400

MERCURY, 2019

GEOCENTRIC COORDINATES FOR 0ʰ TERRESTRIAL TIME

Date	Apparent Right Ascension	Apparent Declination	True Geocentric Distance	Date	Apparent Right Ascension	Apparent Declination	True Geocentric Distance
	h m s	° ′ ″	au		h m s	° ′ ″	au
July 1	8 18 39.365	+18 41 10.72	0.717 4984	Aug. 16	8 31 35.852	+18 58 20.68	1.050 0025
2	8 20 25.520	+18 20 28.88	0.703 8400	17	8 38 07.618	+18 47 46.05	1.075 8697
3	8 21 53.533	+18 00 24.42	0.690 6611	18	8 44 55.669	+18 34 27.84	1.101 2454
4	8 23 03.114	+17 41 03.89	0.677 9912	19	8 51 58.073	+18 18 23.82	1.125 9813
5	8 23 54.014	+17 22 33.80	0.665 8623	20	8 59 12.819	+17 59 33.71	1.149 9372
6	8 24 26.038	+17 05 00.64	0.654 3091	21	9 06 37.856	+17 37 59.20	1.172 9844
7	8 24 39.069	+16 48 30.83	0.643 3690	22	9 14 11.142	+17 13 43.89	1.195 0090
8	8 24 33.088	+16 33 10.63	0.633 0820	23	9 21 50.680	+16 46 53.24	1.215 9142
9	8 24 08.198	+16 19 06.09	0.623 4908	24	9 29 34.565	+16 17 34.28	1.235 6225
10	8 23 24.651	+16 06 22.95	0.614 6408	25	9 37 21.018	+15 45 55.40	1.254 0760
11	8 22 22.871	+15 55 06.57	0.606 5793	26	9 45 08.413	+15 12 06.05	1.271 2363
12	8 21 03.482	+15 45 21.77	0.599 3558	27	9 52 55.298	+14 36 16.43	1.287 0839
13	8 19 27.333	+15 37 12.75	0.593 0208	28	10 00 40.406	+13 58 37.16	1.301 6157
14	8 17 35.514	+15 30 42.92	0.587 6261	29	10 08 22.658	+13 19 19.05	1.314 8439
15	8 15 29.377	+15 25 54.82	0.583 2234	30	10 16 01.158	+12 38 32.81	1.326 7925
16	8 13 10.545	+15 22 49.99	0.579 8637	31	10 23 35.185	+11 56 28.88	1.337 4959
17	8 10 40.906	+15 21 28.86	0.577 5969	Sept. 1	10 31 04.181	+11 13 17.28	1.346 9957
18	8 08 02.608	+15 21 50.68	0.576 4702	2	10 38 27.729	+10 29 07.50	1.355 3390
19	8 05 18.036	+15 23 53.51	0.576 5277	3	10 45 45.543	+ 9 44 08.43	1.362 5763
20	8 02 29.775	+15 27 34.18	0.577 8093	4	10 52 57.440	+ 8 58 28.29	1.368 7598
21	7 59 40.574	+15 32 48.34	0.580 3502	5	11 00 03.331	+ 8 12 14.69	1.373 9422
22	7 56 53.283	+15 39 30.53	0.584 1797	6	11 07 03.197	+ 7 25 34.62	1.378 1753
23	7 54 10.804	+15 47 34.25	0.589 3209	7	11 13 57.089	+ 6 38 34.47	1.381 5096
24	7 51 36.028	+15 56 52.11	0.595 7903	8	11 20 45.103	+ 5 51 20.01	1.383 9933
25	7 49 11.770	+16 07 15.98	0.603 5976	9	11 27 27.374	+ 5 03 56.47	1.385 6721
26	7 47 00.722	+16 18 37.06	0.612 7454	10	11 34 04.068	+ 4 16 28.61	1.386 5889
27	7 45 05.400	+16 30 46.10	0.623 2294	11	11 40 35.371	+ 3 29 00.71	1.386 7838
28	7 43 28.103	+16 43 33.46	0.635 0386	12	11 47 01.485	+ 2 41 36.65	1.386 2937
29	7 42 10.893	+16 56 49.24	0.648 1555	13	11 53 22.625	+ 1 54 19.94	1.385 1525
30	7 41 15.570	+17 10 23.35	0.662 5562	14	11 59 39.007	+ 1 07 13.76	1.383 3914
31	7 40 43.669	+17 24 05.57	0.678 2110	15	12 05 50.854	+ 0 20 21.00	1.381 0386
Aug. 1	7 40 36.462	+17 37 45.57	0.695 0843	16	12 11 58.384	− 0 26 15.70	1.378 1195
2	7 40 54.966	+17 51 12.93	0.713 1346	17	12 18 01.814	− 1 12 33.95	1.374 6572
3	7 41 39.961	+18 04 17.17	0.732 3148	18	12 24 01.354	− 1 58 31.52	1.370 6721
4	7 42 52.003	+18 16 47.71	0.752 5718	19	12 29 57.209	− 2 44 06.37	1.366 1826
5	7 44 31.443	+18 28 33.88	0.773 8460	20	12 35 49.572	− 3 29 16.62	1.361 2048
6	7 46 38.436	+18 39 24.93	0.796 0710	21	12 41 38.629	− 4 14 00.49	1.355 7528
7	7 49 12.961	+18 49 10.04	0.819 1731	22	12 47 24.551	− 4 58 16.32	1.349 8389
8	7 52 14.823	+18 57 38.34	0.843 0701	23	12 53 07.501	− 5 42 02.51	1.343 4737
9	7 55 43.660	+19 04 38.94	0.867 6714	24	12 58 47.628	− 6 25 17.55	1.336 6661
10	7 59 38.948	+19 10 01.03	0.892 8769	25	13 04 25.064	− 7 07 59.98	1.329 4237
11	8 03 59.998	+19 13 33.97	0.918 5769	26	13 09 59.932	− 7 50 08.37	1.321 7526
12	8 08 45.957	+19 15 07.40	0.944 6519	27	13 15 32.336	− 8 31 41.34	1.313 6578
13	8 13 55.800	+19 14 31.47	0.970 9730	28	13 21 02.369	− 9 12 37.49	1.305 1431
14	8 19 28.335	+19 11 37.02	0.997 4026	29	13 26 30.103	− 9 52 55.47	1.296 2115
15	8 25 22.196	+19 06 15.78	1.023 7958	30	13 31 55.598	−10 32 33.90	1.286 8650
16	8 31 35.852	+18 58 20.68	1.050 0025	Oct. 1	13 37 18.891	−11 11 31.41	1.277 1050

GEOCENTRIC COORDINATES FOR 0ʰ TERRESTRIAL TIME

Date	Apparent Right Ascension	Apparent Declination	True Geocentric Distance	Date	Apparent Right Ascension	Apparent Declination	True Geocentric Distance
	h m s	° ′ ″	au		h m s	° ′ ″	au
Oct. 1	13 37 18.891	−11 11 31.41	1.277 1050	Nov. 16	14 47 03.351	−14 38 50.85	0.715 9465
2	13 42 39.999	−11 49 46.58	1.266 9323	17	14 44 07.757	−14 09 56.15	0.732 5354
3	13 47 58.917	−12 27 17.98	1.256 3468	18	14 41 53.997	−13 46 06.56	0.751 3599
4	13 53 15.617	−13 04 04.12	1.245 3484	19	14 40 23.686	−13 27 40.18	0.772 0954
5	13 58 30.045	−13 40 03.45	1.233 9360	20	14 39 36.894	−13 14 41.18	0.794 4055
6	14 03 42.120	−14 15 14.38	1.222 1087	21	14 39 32.458	−13 07 02.04	0.817 9573
7	14 08 31.732	−14 49 35.26	1.209 8647	22	14 40 08.304	−13 04 26.30	0.842 4330
8	14 13 58.739	−15 23 04.32	1.197 2027	23	14 41 21.760	−13 06 31.32	0.867 5388
9	14 19 02.961	−15 55 39.75	1.184 1207	24	14 43 09.812	−13 12 50.67	0.893 0104
10	14 24 04.181	−16 27 19.58	1.170 6173	25	14 45 29.316	−13 22 56.15	0.918 6154
11	14 29 02.136	−16 58 01.78	1.156 6911	26	14 48 17.151	−13 36 19.31	0.944 1543
12	14 33 56.514	−17 27 44.15	1.142 3411	27	14 51 30.328	−13 52 32.49	0.969 4589
13	14 38 46.950	−17 56 24.34	1.127 5670	28	14 55 06.055	−14 11 09.56	0.994 3903
14	14 43 33.015	−18 23 59.85	1.112 3692	29	14 59 01.776	−14 31 46.32	1.018 8361
15	14 48 14.214	−18 50 27.97	1.096 7495	30	15 03 15.188	−14 54 00.69	1.042 7072
16	14 52 49.974	−19 15 45.78	1.080 7107	Dec. 1	15 07 44.240	−15 17 32.77	1.065 9347
17	14 57 19.641	−19 39 50.10	1.064 2579	2	15 12 27.122	−15 42 04.80	1.088 4670
18	15 01 42.462	−20 02 37.47	1.047 3980	3	15 17 22.247	−16 07 20.98	1.110 2667
19	15 05 57.580	−20 24 04.12	1.030 1410	4	15 22 28.232	−16 33 07.35	1.131 3084
20	15 10 04.024	−20 44 05.89	1.012 5000	5	15 27 43.879	−16 59 11.61	1.151 5763
21	15 14 00.693	−21 02 38.19	0.994 4923	6	15 33 08.150	−17 25 22.95	1.171 0626
22	15 17 46.345	−21 19 35.95	0.976 1401	7	15 38 40.151	−17 51 31.85	1.189 7656
23	15 21 19.589	−21 34 53.55	0.957 4717	8	15 44 19.110	−18 17 29.95	1.207 6883
24	15 24 38.869	−21 48 24.71	0.938 5223	9	15 50 04.366	−18 43 09.88	1.224 8377
25	15 27 42.457	−22 00 02.43	0.919 3356	10	15 55 55.348	−19 08 25.18	1.241 2234
26	15 30 28.448	−22 09 38.92	0.899 9653	11	16 01 51.563	−19 33 10.09	1.256 8569
27	15 32 54.757	−22 17 05.46	0.880 4769	12	16 07 52.590	−19 57 19.55	1.271 7515
28	15 34 59.131	−22 22 12.36	0.860 9499	13	16 13 58.061	−20 20 49.04	1.285 9208
29	15 36 39.167	−22 24 48.86	0.841 4795	14	16 20 07.660	−20 43 34.50	1.299 3793
30	15 37 52.352	−22 24 43.14	0.822 1791	15	16 26 21.109	−21 05 32.32	1.312 1414
31	15 38 36.126	−22 21 42.39	0.803 1830	16	16 32 38.167	−21 26 39.22	1.324 2213
Nov. 1	15 38 47.980	−22 15 33.02	0.784 6477	17	16 38 58.623	−21 46 52.21	1.335 6330
2	15 38 25.587	−22 06 01.03	0.766 7545	18	16 45 22.290	−22 06 08.58	1.346 3899
3	15 37 26.976	−21 52 52.75	0.749 7100	19	16 51 49.001	−22 24 25.85	1.356 5050
4	15 35 50.758	−21 35 55.86	0.733 7461	20	16 58 18.608	−22 41 41.72	1.365 9902
5	15 33 36.379	−21 15 00.92	0.719 1179	21	17 04 50.975	−22 57 54.08	1.374 8572
6	15 30 44.410	−20 50 03.28	0.706 0996	22	17 11 25.976	−23 13 00.96	1.383 1165
7	15 27 16.820	−20 21 05.50	0.694 9770	23	17 18 03.493	−23 27 00.52	1.390 7780
8	15 23 17.202	−19 48 19.80	0.686 0371	24	17 24 43.416	−23 39 51.02	1.397 8507
9	15 18 50.889	−19 12 10.41	0.679 5539	25	17 31 25.635	−23 51 30.85	1.404 3428
10	15 14 04.906	−18 33 14.98	0.675 7723	26	17 38 10.047	−24 01 58.44	1.410 2615
11	15 09 07.717	−17 52 24.67	0.674 8905	27	17 44 56.549	−24 11 12.31	1.415 6132
12	15 04 08.773	−17 10 42.31	0.677 0437	28	17 51 45.041	−24 19 11.06	1.420 4034
13	14 59 17.895	−16 29 18.61	0.682 2910	29	17 58 35.426	−24 25 53.33	1.424 6365
14	14 54 44.586	−15 49 26.92	0.690 6083	30	18 05 27.605	−24 31 17.81	1.428 3162
15	14 50 37.385	−15 12 17.24	0.701 8881	31	18 12 21.483	−24 35 23.27	1.431 4448
16	14 47 03.351	−14 38 50.85	0.715 9465	32	18 19 16.963	−24 38 08.49	1.434 0240

VENUS, 2019

GEOCENTRIC COORDINATES FOR 0ʰ TERRESTRIAL TIME

Date	Apparent Right Ascension	Apparent Declination	True Geocentric Distance	Date	Apparent Right Ascension	Apparent Declination	True Geocentric Distance
	h m s	° ′ ″	au		h m s	° ′ ″	au
Jan. 0	15 24 03.975	−15 04 39.51	0.627 0774	Feb. 15	18 54 40.742	−21 05 10.98	0.971 1570
1	15 27 59.523	−15 18 38.58	0.634 6640	16	18 59 40.004	−21 02 08.59	0.978 3466
2	15 31 57.428	−15 32 36.07	0.642 2553	17	19 04 39.481	−20 58 31.58	0.985 5197
3	15 35 57.638	−15 46 30.70	0.649 8503	18	19 09 39.125	−20 54 19.86	0.992 6761
4	15 40 00.105	−16 00 21.24	0.657 4481	19	19 14 38.884	−20 49 33.40	0.999 8155
5	15 44 04.781	−16 14 06.47	0.665 0477	20	19 19 38.710	−20 44 12.18	1.006 9375
6	15 48 11.620	−16 27 45.20	0.672 6486	21	19 24 38.557	−20 38 16.18	1.014 0416
7	15 52 20.578	−16 41 16.28	0.680 2499	22	19 29 38.377	−20 31 45.44	1.021 1272
8	15 56 31.613	−16 54 38.54	0.687 8509	23	19 34 38.125	−20 24 40.02	1.028 1938
9	16 00 44.685	−17 07 50.89	0.695 4512	24	19 39 37.753	−20 17 00.03	1.035 2407
10	16 04 59.755	−17 20 52.21	0.703 0501	25	19 44 37.214	−20 08 45.59	1.042 2675
11	16 09 16.784	−17 33 41.46	0.710 6471	26	19 49 36.459	−19 59 56.88	1.049 2735
12	16 13 35.738	−17 46 17.57	0.718 2418	27	19 54 35.440	−19 50 34.09	1.056 2584
13	16 17 56.580	−17 58 39.54	0.725 8335	28	19 59 34.112	−19 40 37.43	1.063 2219
14	16 22 19.276	−18 10 46.37	0.733 4219	Mar. 1	20 04 32.427	−19 30 07.16	1.070 1635
15	16 26 43.791	−18 22 37.08	0.741 0066	2	20 09 30.344	−19 19 03.54	1.077 0829
16	16 31 10.094	−18 34 10.73	0.748 5871	3	20 14 27.819	−19 07 26.87	1.083 9800
17	16 35 38.149	−18 45 26.40	0.756 1629	4	20 19 24.814	−18 55 17.46	1.090 8545
18	16 40 07.924	−18 56 23.20	0.763 7336	5	20 24 21.292	−18 42 35.66	1.097 7063
19	16 44 39.385	−19 07 00.23	0.771 2987	6	20 29 17.217	−18 29 21.81	1.104 5352
20	16 49 12.495	−19 17 16.66	0.778 8576	7	20 34 12.557	−18 15 36.31	1.111 3410
21	16 53 47.220	−19 27 11.62	0.786 4098	8	20 39 07.284	−18 01 19.54	1.118 1238
22	16 58 23.519	−19 36 44.30	0.793 9543	9	20 44 01.369	−17 46 31.94	1.124 8835
23	17 03 01.353	−19 45 53.87	0.801 4906	10	20 48 54.789	−17 31 13.94	1.131 6200
24	17 07 40.682	−19 54 39.52	0.809 0176	11	20 53 47.521	−17 15 25.99	1.138 3334
25	17 12 21.463	−20 03 00.48	0.816 5345	12	20 58 39.546	−16 59 08.58	1.145 0238
26	17 17 03.650	−20 10 55.99	0.824 0406	13	21 03 30.848	−16 42 22.20	1.151 6911
27	17 21 47.198	−20 18 25.33	0.831 5349	14	21 08 21.410	−16 25 07.35	1.158 3355
28	17 26 32.056	−20 25 27.79	0.839 0169	15	21 13 11.221	−16 07 24.55	1.164 9570
29	17 31 18.172	−20 32 02.72	0.846 4860	16	21 18 00.269	−15 49 14.34	1.171 5557
30	17 36 05.494	−20 38 09.46	0.853 9415	17	21 22 48.546	−15 30 37.26	1.178 1315
31	17 40 53.965	−20 43 47.40	0.861 3831	18	21 27 36.047	−15 11 33.85	1.184 6845
Feb. 1	17 45 43.531	−20 48 55.95	0.868 8103	19	21 32 22.768	−14 52 04.66	1.191 2145
2	17 50 34.135	−20 53 34.56	0.876 2228	20	21 37 08.709	−14 32 10.24	1.197 7213
3	17 55 25.719	−20 57 42.68	0.883 6202	21	21 41 53.875	−14 11 51.13	1.204 2047
4	18 00 18.228	−21 01 19.82	0.891 0024	22	21 46 38.270	−13 51 07.91	1.210 6642
5	18 05 11.603	−21 04 25.51	0.898 3691	23	21 51 21.900	−13 30 01.13	1.217 0992
6	18 10 05.788	−21 06 59.30	0.905 7200	24	21 56 04.773	−13 08 31.39	1.223 5093
7	18 15 00.726	−21 09 00.78	0.913 0552	25	22 00 46.895	−12 46 39.31	1.229 8939
8	18 19 56.362	−21 10 29.57	0.920 3744	26	22 05 28.272	−12 24 25.49	1.236 2524
9	18 24 52.639	−21 11 25.33	0.927 6776	27	22 10 08.911	−12 01 50.56	1.242 5844
10	18 29 49.504	−21 11 47.75	0.934 9647	28	22 14 48.819	−11 38 55.17	1.248 8893
11	18 34 46.900	−21 11 36.53	0.942 2356	29	22 19 28.005	−11 15 39.96	1.255 1668
12	18 39 44.776	−21 10 51.45	0.949 4903	30	22 24 06.481	−10 52 05.56	1.261 4164
13	18 44 43.076	−21 09 32.28	0.956 7288	31	22 28 44.257	−10 28 12.64	1.267 6377
14	18 49 41.749	−21 07 38.84	0.963 9511	Apr. 1	22 33 21.348	−10 04 01.84	1.273 8305
15	18 54 40.742	−21 05 10.98	0.971 1570	2	22 37 57.770	−9 39 33.81	1.279 9943

GEOCENTRIC COORDINATES FOR 0ʰ TERRESTRIAL TIME

Date	Apparent Right Ascension	Apparent Declination	True Geocentric Distance	Date	Apparent Right Ascension	Apparent Declination	True Geocentric Distance
	h m s	° ′ ″	au		h m s	° ′ ″	au
Apr. 1	22 33 21.348	−10 04 01.84	1.273 8305	May 17	2 01 17.223	+10 39 05.07	1.523 9668
2	22 37 57.770	− 9 39 33.81	1.279 9943	18	2 05 54.991	+11 04 44.38	1.528 5355
3	22 42 33.538	− 9 14 49.23	1.286 1290	19	2 10 33.577	+11 30 09.25	1.533 0631
4	22 47 08.671	− 8 49 48.73	1.292 2343	20	2 15 13.012	+11 55 19.00	1.537 5491
5	22 51 43.190	− 8 24 33.00	1.298 3099	21	2 19 53.323	+12 20 12.93	1.541 9928
6	22 56 17.116	− 7 59 02.69	1.304 3557	22	2 24 34.536	+12 44 50.33	1.546 3938
7	23 00 50.471	− 7 33 18.46	1.310 3716	23	2 29 16.676	+13 09 10.50	1.550 7514
8	23 05 23.279	− 7 07 20.99	1.316 3574	24	2 33 59.765	+13 33 12.73	1.555 0651
9	23 09 55.566	− 6 41 10.94	1.322 3131	25	2 38 43.826	+13 56 56.30	1.559 3342
10	23 14 27.357	− 6 14 48.99	1.328 2386	26	2 43 28.879	+14 20 20.49	1.563 5582
11	23 18 58.678	− 5 48 15.80	1.334 1340	27	2 48 14.943	+14 43 24.59	1.567 7365
12	23 23 29.558	− 5 21 32.07	1.339 9993	28	2 53 02.036	+15 06 07.89	1.571 8686
13	23 28 00.024	− 4 54 38.44	1.345 8345	29	2 57 50.176	+15 28 29.67	1.575 9539
14	23 32 30.107	− 4 27 35.61	1.351 6395	30	3 02 39.376	+15 50 29.22	1.579 9918
15	23 36 59.838	− 4 00 24.21	1.357 4145	31	3 07 29.649	+16 12 05.82	1.583 9819
16	23 41 29.250	− 3 33 04.92	1.363 1592	June 1	3 12 21.007	+16 33 18.78	1.587 9237
17	23 45 58.380	− 3 05 38.37	1.368 8736	2	3 17 13.459	+16 54 07.37	1.591 8168
18	23 50 27.264	− 2 38 05.19	1.374 5574	3	3 22 07.010	+17 14 30.91	1.595 6607
19	23 54 55.940	− 2 10 26.04	1.380 2103	4	3 27 01.664	+17 34 28.69	1.599 4552
20	23 59 24.448	− 1 42 41.53	1.385 8318	5	3 31 57.422	+17 54 00.01	1.603 1999
21	0 03 52.823	− 1 14 52.33	1.391 4215	6	3 36 54.281	+18 13 04.18	1.606 8947
22	0 08 21.103	− 0 46 59.07	1.396 9787	7	3 41 52.238	+18 31 40.50	1.610 5395
23	0 12 49.322	− 0 19 02.42	1.402 5028	8	3 46 51.287	+18 49 48.28	1.614 1342
24	0 17 17.515	+ 0 08 56.95	1.407 9934	9	3 51 51.424	+19 07 26.84	1.617 6789
25	0 21 45.715	+ 0 36 58.36	1.413 4497	10	3 56 52.642	+19 24 35.52	1.621 1736
26	0 26 13.956	+ 1 05 01.15	1.418 8712	11	4 01 54.934	+19 41 13.67	1.624 6182
27	0 30 42.273	+ 1 33 04.63	1.424 2573	12	4 06 58.293	+19 57 20.66	1.628 0128
28	0 35 10.699	+ 2 01 08.13	1.429 6076	13	4 12 02.709	+20 12 55.88	1.631 3574
29	0 39 39.270	+ 2 29 10.96	1.434 9216	14	4 17 08.170	+20 27 58.72	1.634 6518
30	0 44 08.020	+ 2 57 12.45	1.440 1986	15	4 22 14.663	+20 42 28.60	1.637 8959
May 1	0 48 36.983	+ 3 25 11.92	1.445 4384	16	4 27 22.169	+20 56 24.96	1.641 0895
2	0 53 06.195	+ 3 53 08.68	1.450 6404	17	4 32 30.667	+21 09 47.22	1.644 2322
3	0 57 35.691	+ 4 21 02.05	1.455 8042	18	4 37 40.136	+21 22 34.83	1.647 3238
4	1 02 05.506	+ 4 48 51.34	1.460 9295	19	4 42 50.548	+21 34 47.27	1.650 3638
5	1 06 35.673	+ 5 16 35.86	1.466 0160	20	4 48 01.875	+21 46 23.99	1.653 3519
6	1 11 06.228	+ 5 44 14.93	1.471 0634	21	4 53 14.087	+21 57 24.49	1.656 2876
7	1 15 37.203	+ 6 11 47.85	1.476 0714	22	4 58 27.151	+22 07 48.28	1.659 1705
8	1 20 08.631	+ 6 39 13.92	1.481 0399	23	5 03 41.033	+22 17 34.87	1.662 0000
9	1 24 40.544	+ 7 06 32.45	1.485 9688	24	5 08 55.696	+22 26 43.82	1.664 7758
10	1 29 12.974	+ 7 33 42.73	1.490 8580	25	5 14 11.101	+22 35 14.69	1.667 4975
11	1 33 45.952	+ 8 00 44.05	1.495 7075	26	5 19 27.208	+22 43 07.07	1.670 1644
12	1 38 19.512	+ 8 27 35.72	1.500 5172	27	5 24 43.974	+22 50 20.58	1.672 7763
13	1 42 53.687	+ 8 54 17.03	1.505 2871	28	5 30 01.355	+22 56 54.85	1.675 3326
14	1 47 28.510	+ 9 20 47.31	1.510 0172	29	5 35 19.303	+23 02 49.55	1.677 8329
15	1 52 04.017	+ 9 47 05.86	1.514 7073	30	5 40 37.769	+23 08 04.38	1.680 2769
16	1 56 40.243	+10 13 12.00	1.519 3572	July 1	5 45 56.703	+23 12 39.05	1.682 6641
17	2 01 17.223	+10 39 05.07	1.523 9668	2	5 51 16.050	+23 16 33.32	1.684 9942

VENUS, 2019

GEOCENTRIC COORDINATES FOR 0ʰ TERRESTRIAL TIME

Date	Apparent Right Ascension	Apparent Declination	True Geocentric Distance	Date	Apparent Right Ascension	Apparent Declination	True Geocentric Distance
	h m s	° ′ ″	au		h m s	° ′ ″	au
July 1	5 45 56.703	+23 12 39.05	1.682 6641	Aug. 16	9 44 28.274	+14 57 42.80	1.730 6147
2	5 51 16.050	+23 16 33.32	1.684 9942	17	9 49 18.837	+14 33 54.51	1.730 3191
3	5 56 35.753	+23 19 46.96	1.687 2670	18	9 54 08.372	+14 09 42.29	1.729 9693
4	6 01 55.754	+23 22 19.77	1.689 4822	19	9 58 56.894	+13 45 06.83	1.729 5654
5	6 07 15.995	+23 24 11.58	1.691 6399	20	10 03 44.426	+13 20 08.84	1.729 1075
6	6 12 36.416	+23 25 22.22	1.693 7401	21	10 08 30.987	+12 54 49.02	1.728 5956
7	6 17 56.960	+23 25 51.59	1.695 7829	22	10 13 16.601	+12 29 08.07	1.728 0298
8	6 23 17.571	+23 25 39.58	1.697 7684	23	10 18 01.292	+12 03 06.71	1.727 4102
9	6 28 38.195	+23 24 46.15	1.699 6969	24	10 22 45.084	+11 36 45.65	1.726 7368
10	6 33 58.779	+23 23 11.28	1.701 5686	25	10 27 28.004	+11 10 05.62	1.726 0094
11	6 39 19.268	+23 20 54.99	1.703 3836	26	10 32 10.076	+10 43 07.33	1.725 2282
12	6 44 39.609	+23 17 57.32	1.705 1421	27	10 36 51.327	+10 15 51.54	1.724 3929
13	6 49 59.750	+23 14 18.35	1.706 8442	28	10 41 31.784	+ 9 48 18.96	1.723 5037
14	6 55 19.637	+23 09 58.20	1.708 4901	29	10 46 11.472	+ 9 20 30.35	1.722 5604
15	7 00 39.217	+23 04 57.01	1.710 0796	30	10 50 50.419	+ 8 52 26.43	1.721 5631
16	7 05 58.440	+22 59 14.92	1.711 6129	31	10 55 28.655	+ 8 24 07.96	1.720 5118
17	7 11 17.254	+22 52 52.14	1.713 0898	Sept. 1	11 00 06.209	+ 7 55 35.66	1.719 4070
18	7 16 35.609	+22 45 48.87	1.714 5103	2	11 04 43.117	+ 7 26 50.27	1.718 2488
19	7 21 53.458	+22 38 05.34	1.715 8741	3	11 09 19.412	+ 6 57 52.51	1.717 0378
20	7 27 10.755	+22 29 41.83	1.717 1813	4	11 13 55.130	+ 6 28 43.12	1.715 7745
21	7 32 27.454	+22 20 38.61	1.718 4315	5	11 18 30.306	+ 5 59 22.84	1.714 4595
22	7 37 43.514	+22 10 56.00	1.719 6247	6	11 23 04.977	+ 5 29 52.41	1.713 0933
23	7 42 58.893	+22 00 34.34	1.720 7605	7	11 27 39.181	+ 5 00 12.58	1.711 6765
24	7 48 13.552	+21 49 33.99	1.721 8389	8	11 32 12.954	+ 4 30 24.06	1.710 2097
25	7 53 27.454	+21 37 55.34	1.722 8596	9	11 36 46.335	+ 4 00 27.60	1.708 6935
26	7 58 40.562	+21 25 38.81	1.723 8223	10	11 41 19.365	+ 3 30 23.92	1.707 1283
27	8 03 52.843	+21 12 44.83	1.724 7268	11	11 45 52.083	+ 3 00 13.75	1.705 5145
28	8 09 04.264	+20 59 13.86	1.725 5730	12	11 50 24.532	+ 2 29 57.82	1.703 8528
29	8 14 14.793	+20 45 06.40	1.726 3605	13	11 54 56.754	+ 1 59 36.84	1.702 1434
30	8 19 24.399	+20 30 22.94	1.727 0892	14	11 59 28.793	+ 1 29 11.52	1.700 3868
31	8 24 33.053	+20 15 04.03	1.727 7589	15	12 04 00.691	+ 0 58 42.59	1.698 5833
Aug. 1	8 29 40.727	+19 59 10.20	1.728 3695	16	12 08 32.494	+ 0 28 10.76	1.696 7334
2	8 34 47.394	+19 42 42.02	1.728 9211	17	12 13 04.246	− 0 02 23.25	1.694 8372
3	8 39 53.031	+19 25 40.05	1.729 4136	18	12 17 35.992	− 0 32 58.74	1.692 8950
4	8 44 57.619	+19 08 04.88	1.729 8475	19	12 22 07.777	− 1 03 34.99	1.690 9071
5	8 50 01.145	+18 49 57.09	1.730 2230	20	12 26 39.645	− 1 34 11.28	1.688 8737
6	8 55 03.596	+18 31 17.30	1.730 5405	21	12 31 11.641	− 2 04 46.88	1.686 7948
7	9 00 04.964	+18 12 06.15	1.730 8004	22	12 35 43.807	− 2 35 21.07	1.684 6707
8	9 05 05.244	+17 52 24.26	1.731 0032	23	12 40 16.186	− 3 05 53.12	1.682 5013
9	9 10 04.432	+17 32 12.30	1.731 1493	24	12 44 48.821	− 3 36 22.28	1.680 2867
10	9 15 02.525	+17 11 30.92	1.731 2392	25	12 49 21.750	− 4 06 47.81	1.678 0269
11	9 19 59.524	+16 50 20.81	1.731 2731	26	12 53 55.016	− 4 37 08.97	1.675 7219
12	9 24 55.432	+16 28 42.63	1.731 2514	27	12 58 28.657	− 5 07 24.98	1.673 3716
13	9 29 50.253	+16 06 37.05	1.731 1745	28	13 03 02.715	− 5 37 35.10	1.670 9761
14	9 34 43.994	+15 44 04.76	1.731 0426	29	13 07 37.229	− 6 07 38.57	1.668 5355
15	9 39 36.664	+15 21 06.45	1.730 8559	30	13 12 12.241	− 6 37 34.62	1.666 0500
16	9 44 28.274	+14 57 42.80	1.730 6147	Oct. 1	13 16 47.790	− 7 07 22.50	1.663 5199

GEOCENTRIC COORDINATES FOR 0ʰ TERRESTRIAL TIME

Date	Apparent Right Ascension	Apparent Declination	True Geocentric Distance	Date	Apparent Right Ascension	Apparent Declination	True Geocentric Distance
	h m s	° ′ ″	au		h m s	° ′ ″	au
Oct. 1	13 16 47.790	− 7 07 22.50	1.663 5199	Nov. 16	17 05 35.137	−23 47 08.03	1.505 3374
2	13 21 23.913	− 7 37 01.44	1.660 9457	17	17 10 58.532	−23 56 07.83	1.501 0822
3	13 26 00.649	− 8 06 30.67	1.658 3278	18	17 16 22.617	−24 04 25.06	1.496 7963
4	13 30 38.033	− 8 35 49.41	1.655 6667	19	17 21 47.337	−24 11 59.32	1.492 4796
5	13 35 16.102	− 9 04 56.87	1.652 9631	20	17 27 12.637	−24 18 50.23	1.488 1321
6	13 39 54.891	− 9 33 52.28	1.650 2174	21	17 32 38.459	−24 24 57.46	1.483 7537
7	13 44 34.435	−10 02 34.85	1.647 4302	22	17 38 04.743	−24 30 20.70	1.479 3441
8	13 49 14.771	−10 31 03.81	1.644 6020	23	17 43 31.430	−24 34 59.65	1.474 9032
9	13 53 55.933	−10 59 18.38	1.641 7334	24	17 48 58.456	−24 38 54.10	1.470 4308
10	13 58 37.957	−11 27 17.76	1.638 8249	25	17 54 25.756	−24 42 03.82	1.465 9265
11	14 03 20.877	−11 55 01.20	1.635 8769	26	17 59 53.264	−24 44 28.66	1.461 3903
12	14 08 04.727	−12 22 27.89	1.632 8899	27	18 05 20.908	−24 46 08.49	1.456 8221
13	14 12 49.540	−12 49 37.08	1.629 8642	28	18 10 48.617	−24 47 03.21	1.452 2218
14	14 17 35.347	−13 16 27.98	1.626 8004	29	18 16 16.316	−24 47 12.76	1.447 5895
15	14 22 22.181	−13 42 59.81	1.623 6987	30	18 21 43.931	−24 46 37.12	1.442 9252
16	14 27 10.070	−14 09 11.80	1.620 5595	Dec. 1	18 27 11.390	−24 45 16.27	1.438 2292
17	14 31 59.043	−14 35 03.17	1.617 3831	2	18 32 38.620	−24 43 10.27	1.433 5016
18	14 36 49.126	−15 00 33.14	1.614 1698	3	18 38 05.551	−24 40 19.19	1.428 7428
19	14 41 40.342	−15 25 40.92	1.610 9196	4	18 43 32.113	−24 36 43.14	1.423 9528
20	14 46 32.713	−15 50 25.75	1.607 6327	5	18 48 58.237	−24 32 22.27	1.419 1321
21	14 51 26.258	−16 14 46.82	1.604 3093	6	18 54 23.858	−24 27 16.76	1.414 2808
22	14 56 20.995	−16 38 43.34	1.600 9493	7	18 59 48.911	−24 21 26.84	1.409 3992
23	15 01 16.937	−17 02 14.52	1.597 5527	8	19 05 13.332	−24 14 52.76	1.404 4877
24	15 06 14.098	−17 25 19.57	1.594 1194	9	19 10 37.060	−24 07 34.82	1.399 5465
25	15 11 12.488	−17 47 57.69	1.590 6493	10	19 16 00.036	−23 59 33.34	1.394 5759
26	15 16 12.117	−18 10 08.08	1.587 1424	11	19 21 22.203	−23 50 48.68	1.389 5761
27	15 21 12.991	−18 31 49.96	1.583 5985	12	19 26 43.505	−23 41 21.23	1.384 5476
28	15 26 15.113	−18 53 02.56	1.580 0176	13	19 32 03.889	−23 31 11.42	1.379 4905
29	15 31 18.483	−19 13 45.10	1.576 3998	14	19 37 23.304	−23 20 19.69	1.374 4050
30	15 36 23.098	−19 33 56.82	1.572 7452	15	19 42 41.701	−23 08 46.52	1.369 2913
31	15 41 28.948	−19 53 36.95	1.569 0541	16	19 47 59.034	−22 56 32.39	1.364 1494
Nov. 1	15 46 36.025	−20 12 44.74	1.565 3267	17	19 53 15.260	−22 43 37.81	1.358 9794
2	15 51 44.313	−20 31 19.44	1.561 5636	18	19 58 30.340	−22 30 03.31	1.353 7812
3	15 56 53.798	−20 49 20.30	1.557 7649	19	20 03 44.238	−22 15 49.44	1.348 5547
4	16 02 04.462	−21 06 46.61	1.553 9313	20	20 08 56.919	−22 00 56.78	1.343 2995
5	16 07 16.286	−21 23 37.66	1.550 0630	21	20 14 08.354	−21 45 25.91	1.338 0155
6	16 12 29.249	−21 39 52.75	1.546 1605	22	20 19 18.513	−21 29 17.45	1.332 7023
7	16 17 43.327	−21 55 31.21	1.542 2242	23	20 24 27.368	−21 12 32.05	1.327 3597
8	16 22 58.495	−22 10 32.38	1.538 2545	24	20 29 34.894	−20 55 10.38	1.321 9874
9	16 28 14.723	−22 24 55.63	1.534 2517	25	20 34 41.064	−20 37 13.11	1.316 5851
10	16 33 31.982	−22 38 40.34	1.530 2164	26	20 39 45.855	−20 18 40.96	1.311 1526
11	16 38 50.238	−22 51 45.93	1.526 1487	27	20 44 49.244	−19 59 34.64	1.305 6897
12	16 44 09.456	−23 04 11.83	1.522 0491	28	20 49 51.211	−19 39 54.87	1.300 1963
13	16 49 29.597	−23 15 57.49	1.517 9180	29	20 54 51.741	−19 19 42.39	1.294 6725
14	16 54 50.621	−23 27 02.40	1.513 7555	30	20 59 50.820	−18 58 57.94	1.289 1182
15	17 00 12.483	−23 37 26.07	1.509 5619	31	21 04 48.437	−18 37 42.29	1.283 5334
16	17 05 35.137	−23 47 08.03	1.505 3374	32	21 09 44.587	−18 15 56.18	1.277 9183

MARS, 2019

GEOCENTRIC COORDINATES FOR 0ʰ TERRESTRIAL TIME

Date	Apparent Right Ascension	Apparent Declination	True Geocentric Distance	Date	Apparent Right Ascension	Apparent Declination	True Geocentric Distance
	h m s	° ′ ″	au		h m s	° ′ ″	au
Jan. 0	23 57 48.288	− 0 35 16.44	1.252 5952	Feb. 15	1 52 21.357	+12 03 32.14	1.647 3866
1	0 00 13.967	− 0 17 58.99	1.261 0067	16	1 54 55.669	+12 18 26.40	1.655 9730
2	0 02 39.787	− 0 00 41.71	1.269 4336	17	1 57 30.221	+12 33 14.59	1.664 5513
3	0 05 05.751	+ 0 16 35.27	1.277 8752	18	2 00 05.014	+12 47 56.58	1.673 1215
4	0 07 31.860	+ 0 33 51.83	1.286 3308	19	2 02 40.047	+13 02 32.24	1.681 6835
5	0 09 58.116	+ 0 51 07.84	1.294 7998	20	2 05 15.323	+13 17 01.44	1.690 2371
6	0 12 24.520	+ 1 08 23.17	1.303 2813	21	2 07 50.847	+13 31 24.05	1.698 7822
7	0 14 51.072	+ 1 25 37.67	1.311 7747	22	2 10 26.624	+13 45 40.00	1.707 3188
8	0 17 17.771	+ 1 42 51.21	1.320 2794	23	2 13 02.661	+13 59 49.18	1.715 8466
9	0 19 44.619	+ 2 00 03.65	1.328 7946	24	2 15 38.966	+14 13 51.50	1.724 3651
10	0 22 11.615	+ 2 17 14.84	1.337 3197	25	2 18 15.542	+14 27 46.89	1.732 8738
11	0 24 38.761	+ 2 34 24.66	1.345 8541	26	2 20 52.395	+14 41 35.25	1.741 3722
12	0 27 06.057	+ 2 51 32.95	1.354 3973	27	2 23 29.527	+14 55 16.49	1.749 8597
13	0 29 33.504	+ 3 08 39.58	1.362 9486	28	2 26 06.939	+15 08 50.50	1.758 3355
14	0 32 01.103	+ 3 25 44.42	1.371 5076	Mar. 1	2 28 44.635	+15 22 17.18	1.766 7990
15	0 34 28.855	+ 3 42 47.31	1.380 0739	2	2 31 22.614	+15 35 36.43	1.775 2495
16	0 36 56.762	+ 3 59 48.13	1.388 6470	3	2 34 00.877	+15 48 48.14	1.783 6861
17	0 39 24.825	+ 4 16 46.73	1.397 2265	4	2 36 39.425	+16 01 52.20	1.792 1082
18	0 41 53.043	+ 4 33 42.98	1.405 8122	5	2 39 18.258	+16 14 48.50	1.800 5151
19	0 44 21.419	+ 4 50 36.72	1.414 4040	6	2 41 57.376	+16 27 36.93	1.808 9059
20	0 46 49.951	+ 5 07 27.80	1.423 0016	7	2 44 36.780	+16 40 17.38	1.817 2800
21	0 49 18.641	+ 5 24 16.09	1.431 6050	8	2 47 16.469	+16 52 49.75	1.825 6367
22	0 51 47.490	+ 5 41 01.43	1.440 2141	9	2 49 56.443	+17 05 13.93	1.833 9752
23	0 54 16.502	+ 5 57 43.69	1.448 8290	10	2 52 36.702	+17 17 29.82	1.842 2949
24	0 56 45.682	+ 6 14 22.76	1.457 4495	11	2 55 17.244	+17 29 37.31	1.850 5951
25	0 59 15.039	+ 6 30 58.53	1.466 0753	12	2 57 58.068	+17 41 36.30	1.858 8754
26	1 01 44.580	+ 6 47 30.90	1.474 7062	13	3 00 39.171	+17 53 26.68	1.867 1351
27	1 04 14.315	+ 7 03 59.77	1.483 3416	14	3 03 20.551	+18 05 08.35	1.875 3738
28	1 06 44.249	+ 7 20 25.05	1.491 9810	15	3 06 02.204	+18 16 41.21	1.883 5912
29	1 09 14.391	+ 7 36 46.63	1.500 6239	16	3 08 44.124	+18 28 05.15	1.891 7868
30	1 11 44.744	+ 7 53 04.41	1.509 2695	17	3 11 26.308	+18 39 20.06	1.899 9606
31	1 14 15.313	+ 8 09 18.28	1.517 9171	18	3 14 08.751	+18 50 25.81	1.908 1123
Feb. 1	1 16 46.101	+ 8 25 28.10	1.526 5661	19	3 16 51.450	+19 01 22.31	1.916 2418
2	1 19 17.111	+ 8 41 33.78	1.535 2156	20	3 19 34.402	+19 12 09.45	1.924 3491
3	1 21 48.345	+ 8 57 35.17	1.543 8649	21	3 22 17.609	+19 22 47.13	1.932 4342
4	1 24 19.806	+ 9 13 32.16	1.552 5134	22	3 25 01.072	+19 33 15.27	1.940 4970
5	1 26 51.495	+ 9 29 24.62	1.561 1601	23	3 27 44.794	+19 43 33.81	1.948 5373
6	1 29 23.415	+ 9 45 12.42	1.569 8044	24	3 30 28.776	+19 53 42.66	1.956 5547
7	1 31 55.567	+10 00 55.44	1.578 4456	25	3 33 13.018	+20 03 41.78	1.964 5491
8	1 34 27.954	+10 16 33.54	1.587 0830	26	3 35 57.521	+20 13 31.10	1.972 5198
9	1 37 00.576	+10 32 06.61	1.595 7159	27	3 38 42.283	+20 23 10.54	1.980 4663
10	1 39 33.437	+10 47 34.51	1.604 3436	28	3 41 27.300	+20 32 40.03	1.988 3881
11	1 42 06.537	+11 02 57.12	1.612 9657	29	3 44 12.571	+20 41 59.49	1.996 2845
12	1 44 39.878	+11 18 14.31	1.621 5814	30	3 46 58.093	+20 51 08.85	2.004 1548
13	1 47 13.462	+11 33 25.97	1.630 1905	31	3 49 43.861	+21 00 08.03	2.011 9985
14	1 49 47.288	+11 48 31.95	1.638 7923	Apr. 1	3 52 29.874	+21 08 56.95	2.019 8147
15	1 52 21.357	+12 03 32.14	1.647 3866	2	3 55 16.126	+21 17 35.54	2.027 6029

GEOCENTRIC COORDINATES FOR 0ʰ TERRESTRIAL TIME

Date	Apparent Right Ascension	Apparent Declination	True Geocentric Distance	Date	Apparent Right Ascension	Apparent Declination	True Geocentric Distance
	h m s	° ′ ″	au		h m s	° ′ ″	au
Apr. 1	3 52 29.874	+21 08 56.95	2.019 8147	May 17	6 02 27.895	+24 33 35.02	2.341 8249
2	3 55 16.126	+21 17 35.54	2.027 6029	18	6 05 18.256	+24 33 28.57	2.347 8656
3	3 58 02.615	+21 26 03.72	2.035 3623	19	6 08 08.526	+24 33 10.42	2.353 8612
4	4 00 49.337	+21 34 21.42	2.043 0923	20	6 10 58.699	+24 32 40.60	2.359 8114
5	4 03 36.287	+21 42 28.56	2.050 7921	21	6 13 48.769	+24 31 59.15	2.365 7161
6	4 06 23.462	+21 50 25.08	2.058 4611	22	6 16 38.728	+24 31 06.09	2.371 5751
7	4 09 10.856	⏌21 58 10.91	2.066 0986	23	6 19 28.568	⏌24 30 01.47	2.377 3879
8	4 11 58.464	+22 05 45.98	2.073 7040	24	6 22 18.284	+24 28 45.30	2.383 1543
9	4 14 46.279	+22 13 10.24	2.081 2768	25	6 25 07.869	+24 27 17.62	2.388 8736
10	4 17 34.294	+22 20 23.63	2.088 8164	26	6 27 57.315	+24 25 38.46	2.394 5456
11	4 20 22.501	+22 27 26.08	2.096 3223	27	6 30 46.618	+24 23 47.85	2.400 1697
12	4 23 10.890	+22 34 17.52	2.103 7943	28	6 33 35.770	+24 21 45.82	2.405 7453
13	4 25 59.453	+22 40 57.90	2.111 2320	29	6 36 24.767	+24 19 32.41	2.411 2720
14	4 28 48.179	+22 47 27.15	2.118 6353	30	6 39 13.603	+24 17 07.66	2.416 7491
15	4 31 37.060	+22 53 45.20	2.126 0039	31	6 42 02.271	+24 14 31.60	2.422 1762
16	4 34 26.089	+22 59 51.98	2.133 3379	June 1	6 44 50.766	+24 11 44.29	2.427 5526
17	4 37 15.259	+23 05 47.44	2.140 6372	2	6 47 39.082	+24 08 45.78	2.432 8777
18	4 40 04.566	+23 11 31.52	2.147 9019	3	6 50 27.212	+24 05 36.12	2.438 1510
19	4 42 54.007	+23 17 04.19	2.155 1318	4	6 53 15.147	+24 02 15.37	2.443 3719
20	4 45 43.579	+23 22 25.41	2.162 3270	5	6 56 02.878	+23 58 43.58	2.448 5400
21	4 48 33.278	+23 27 35.16	2.169 4873	6	6 58 50.395	+23 55 00.84	2.453 6548
22	4 51 23.099	+23 32 33.42	2.176 6124	7	7 01 37.688	+23 51 07.18	2.458 7161
23	4 54 13.038	+23 37 20.17	2.183 7020	8	7 04 24.747	+23 47 02.66	2.463 7235
24	4 57 03.087	+23 41 55.38	2.190 7557	9	7 07 11.562	+23 42 47.34	2.468 6771
25	4 59 53.241	+23 46 19.03	2.197 7730	10	7 09 58.128	+23 38 21.26	2.473 5768
26	5 02 43.493	+23 50 31.09	2.204 7535	11	7 12 44.437	+23 33 44.48	2.478 4225
27	5 05 33.835	+23 54 31.53	2.211 6965	12	7 15 30.487	+23 28 57.05	2.483 2145
28	5 08 24.261	+23 58 20.32	2.218 6016	13	7 18 16.272	+23 23 59.04	2.487 9528
29	5 11 14.765	+24 01 57.44	2.225 4680	14	7 21 01.792	+23 18 50.52	2.492 6374
30	5 14 05.340	+24 05 22.86	2.232 2952	15	7 23 47.041	+23 13 31.56	2.497 2686
May 1	5 16 55.978	+24 08 36.57	2.239 0825	16	7 26 32.017	+23 08 02.25	2.501 8462
2	5 19 46.674	+24 11 38.54	2.245 8294	17	7 29 16.715	+23 02 22.66	2.506 3703
3	5 22 37.419	+24 14 28.75	2.252 5352	18	7 32 01.133	+22 56 32.87	2.510 8407
4	5 25 28.207	+24 17 07.20	2.259 1993	19	7 34 45.267	+22 50 32.95	2.515 2574
5	5 28 19.030	+24 19 33.87	2.265 8210	20	7 37 29.112	+22 44 22.98	2.519 6201
6	5 31 09.880	+24 21 48.77	2.272 3997	21	7 40 12.667	+22 38 03.03	2.523 9285
7	5 34 00.746	+24 23 51.89	2.278 9349	22	7 42 55.928	+22 31 33.17	2.528 1824
8	5 36 51.618	+24 25 43.23	2.285 4261	23	7 45 38.894	+22 24 53.46	2.532 3813
9	5 39 42.485	+24 27 22.80	2.291 8729	24	7 48 21.563	+22 18 03.99	2.536 5249
10	5 42 33.335	+24 28 50.58	2.298 2750	25	7 51 03.934	+22 11 04.81	2.540 6127
11	5 45 24.154	+24 30 06.58	2.304 6320	26	7 53 46.004	+22 03 56.01	2.544 6443
12	5 48 14.933	+24 31 10.80	2.310 9439	27	7 56 27.775	+21 56 37.66	2.548 6192
13	5 51 05.659	+24 32 03.22	2.317 2106	28	7 59 09.243	+21 49 09.84	2.552 5370
14	5 53 56.326	+24 32 43.85	2.323 4319	29	8 01 50.409	+21 41 32.62	2.556 3971
15	5 56 46.924	+24 33 12.68	2.329 6081	30	8 04 31.270	+21 33 46.10	2.560 1989
16	5 59 37.449	+24 33 29.73	2.335 7391	July 1	8 07 11.824	+21 25 50.36	2.563 9420
17	6 02 27.895	+24 33 35.02	2.341 8249	2	8 09 52.068	+21 17 45.50	2.567 6259

MARS, 2019

GEOCENTRIC COORDINATES FOR 0ʰ TERRESTRIAL TIME

Date	Apparent Right Ascension	Apparent Declination	True Geocentric Distance	Date	Apparent Right Ascension	Apparent Declination	True Geocentric Distance
	h m s	° ′ ″	au		h m s	° ′ ″	au
July 1	8 07 11.824	+21 25 50.36	2.563 9420	Aug. 16	10 04 33.550	+13 01 11.49	2.669 8756
2	8 09 52.068	+21 17 45.50	2.567 6259	17	10 06 59.843	+12 47 45.42	2.670 6863
3	8 12 31.998	+21 09 31.61	2.571 2500	18	10 09 25.903	+12 34 14.53	2.671 4328
4	8 15 11.606	+21 01 08.80	2.574 8139	19	10 11 51.735	+12 20 38.91	2.672 1147
5	8 17 50.889	+20 52 37.14	2.578 3174	20	10 14 17.347	+12 06 58.64	2.672 7321
6	8 20 29.840	+20 43 56.74	2.581 7602	21	10 16 42.746	+11 53 13.79	2.673 2846
7	8 23 08.458	+20 35 07.67	2.585 1422	22	10 19 07.937	+11 39 24.46	2.673 7719
8	8 25 46.739	+20 26 10.01	2.588 4636	23	10 21 32.928	+11 25 30.72	2.674 1937
9	8 28 24.684	+20 17 03.84	2.591 7243	24	10 23 57.724	+11 11 32.66	2.674 5498
10	8 31 02.294	+20 07 49.25	2.594 9245	25	10 26 22.331	+10 57 30.38	2.674 8397
11	8 33 39.569	+19 58 26.33	2.598 0644	26	10 28 46.754	+10 43 23.96	2.675 0631
12	8 36 16.511	+19 48 55.18	2.601 1441	27	10 31 10.995	+10 29 13.52	2.675 2195
13	8 38 53.120	+19 39 15.89	2.604 1638	28	10 33 35.058	+10 14 59.14	2.675 3086
14	8 41 29.396	+19 29 28.56	2.607 1235	29	10 35 58.945	+10 00 40.95	2.675 3299
15	8 44 05.341	+19 19 33.30	2.610 0233	30	10 38 22.657	+ 9 46 19.03	2.675 2833
16	8 46 40.956	+19 09 30.18	2.612 8633	31	10 40 46.198	+ 9 31 53.51	2.675 1685
17	8 49 16.240	+18 59 19.32	2.615 6434	Sept. 1	10 43 09.570	+ 9 17 24.45	2.674 9855
18	8 51 51.197	+18 49 00.79	2.618 3634	2	10 45 32.778	+ 9 02 51.94	2.674 7344
19	8 54 25.827	+18 38 34.68	2.621 0232	3	10 47 55.828	+ 8 48 16.04	2.674 4153
20	8 57 00.133	+18 28 01.07	2.623 6227	4	10 50 18.728	+ 8 33 36.83	2.674 0285
21	8 59 34.118	+18 17 20.06	2.626 1615	5	10 52 41.486	+ 8 18 54.42	2.673 5745
22	9 02 07.786	+18 06 31.72	2.628 6394	6	10 55 04.105	+ 8 04 08.93	2.673 0534
23	9 04 41.140	+17 55 36.13	2.631 0561	7	10 57 26.591	+ 7 49 20.48	2.672 4656
24	9 07 14.183	+17 44 33.38	2.633 4112	8	10 59 48.947	+ 7 34 29.16	2.671 8113
25	9 09 46.919	+17 33 23.55	2.635 7044	9	11 02 11.179	+ 7 19 35.07	2.671 0910
26	9 12 19.352	+17 22 06.74	2.637 9352	10	11 04 33.292	+ 7 04 38.29	2.670 3047
27	9 14 51.486	+17 10 43.03	2.640 1032	11	11 06 55.293	+ 6 49 38.91	2.669 4526
28	9 17 23.322	+16 59 12.52	2.642 2079	12	11 09 17.188	+ 6 34 37.02	2.668 5349
29	9 19 54.864	+16 47 35.30	2.644 2489	13	11 11 38.984	+ 6 19 32.70	2.667 5517
30	9 22 26.112	+16 35 51.48	2.646 2256	14	11 14 00.690	+ 6 04 26.02	2.666 5031
31	9 24 57.066	+16 24 01.16	2.648 1377	15	11 16 22.312	+ 5 49 17.07	2.665 3890
Aug. 1	9 27 27.725	+16 12 04.45	2.649 9848	16	11 18 43.860	+ 5 34 05.92	2.664 2095
2	9 29 58.087	+16 00 01.46	2.651 7664	17	11 21 05.340	+ 5 18 52.65	2.662 9646
3	9 32 28.153	+15 47 52.27	2.653 4824	18	11 23 26.762	+ 5 03 37.34	2.661 6540
4	9 34 57.925	+15 35 36.97	2.655 1329	19	11 25 48.134	+ 4 48 20.07	2.660 2778
5	9 37 27.404	+15 23 15.66	2.656 7177	20	11 28 09.462	+ 4 33 00.91	2.658 8357
6	9 39 56.596	+15 10 48.43	2.658 2371	21	11 30 30.753	+ 4 17 39.96	2.657 3275
7	9 42 25.503	+14 58 15.36	2.659 6913	22	11 32 52.015	+ 4 02 17.30	2.655 7529
8	9 44 54.131	+14 45 36.55	2.661 0805	23	11 35 13.252	+ 3 46 53.02	2.654 1118
9	9 47 22.483	+14 32 52.12	2.662 4049	24	11 37 34.469	+ 3 31 27.23	2.652 4037
10	9 49 50.563	+14 20 02.14	2.663 6647	25	11 39 55.670	+ 3 16 00.02	2.650 6285
11	9 52 18.374	+14 07 06.74	2.664 8602	26	11 42 16.860	+ 3 00 31.50	2.648 7858
12	9 54 45.921	+13 54 05.99	2.665 9915	27	11 44 38.042	+ 2 45 01.76	2.646 8754
13	9 57 13.207	+13 41 00.01	2.667 0586	28	11 46 59.220	+ 2 29 30.90	2.644 8973
14	9 59 40.237	+13 27 48.87	2.668 0617	29	11 49 20.402	+ 2 13 59.02	2.642 8513
15	10 02 07.016	+13 14 32.67	2.669 0007	30	11 51 41.592	+ 1 58 26.21	2.640 7377
16	10 04 33.550	+13 01 11.49	2.669 8756	Oct. 1	11 54 02.798	+ 1 42 52.56	2.638 5566

GEOCENTRIC COORDINATES FOR 0ʰ TERRESTRIAL TIME

Date	Apparent Right Ascension	Apparent Declination	True Geocentric Distance	Date	Apparent Right Ascension	Apparent Declination	True Geocentric Distance
	h m s	° ′ ″	au		h m s	° ′ ″	au
Oct. 1	11 54 02.798	+ 1 42 52.56	2.638 5566	Nov. 16	13 44 24.041	−10 00 32.16	2.469 6446
2	11 56 24.026	+ 1 27 18.16	2.636 3085	17	13 46 53.039	−10 14 56.40	2.464 5667
3	11 58 45.279	+ 1 11 43.12	2.633 9937	18	13 49 22.350	−10 29 16.75	2.459 4335
4	12 01 06.564	+ 0 56 07.55	2.631 6127	19	13 51 51.978	−10 43 33.10	2.454 2451
5	12 03 27.884	+ 0 40 31.54	2.629 1659	20	13 54 21.926	−10 57 45.33	2.449 0013
6	12 05 49.246	+ 0 24 55.20	2.626 6537	21	13 56 52.199	−11 11 53.33	2.443 7022
7	12 08 10.655	+ 0 09 18.63	2.624 0766	22	13 59 22.802	−11 25 56.98	2.438 3479
8	12 10 32.117	− 0 06 18.09	2.621 4349	23	14 01 53.739	−11 39 56.17	2.432 9385
9	12 12 53.640	− 0 21 54.85	2.618 7289	24	14 04 25.015	−11 53 50.77	2.427 4742
10	12 15 15.230	− 0 37 31.57	2.615 9590	25	14 06 56.635	−12 07 40.69	2.421 9553
11	12 17 36.896	− 0 53 08.16	2.613 1254	26	14 09 28.601	−12 21 25.80	2.416 3822
12	12 19 58.645	− 1 08 44.53	2.610 2284	27	14 12 00.915	−12 35 05.98	2.410 7554
13	12 22 20.486	− 1 24 20.62	2.607 2681	28	14 14 33.580	−12 48 41.12	2.405 0755
14	12 24 42.427	− 1 39 56.32	2.604 2448	29	14 17 06.595	−13 02 11.07	2.399 3432
15	12 27 04.477	− 1 55 31.57	2.601 1586	30	14 19 39.963	−13 15 35.72	2.393 5592
16	12 29 26.645	− 2 11 06.28	2.598 0095	Dec. 1	14 22 13.685	−13 28 54.94	2.387 7242
17	12 31 48.939	− 2 26 40.37	2.594 7976	2	14 24 47.765	−13 42 08.59	2.381 8390
18	12 34 11.365	− 2 42 13.75	2.591 5228	3	14 27 22.207	−13 55 16.58	2.375 9042
19	12 36 33.931	− 2 57 46.33	2.588 1851	4	14 29 57.013	−14 08 18.77	2.369 9206
20	12 38 56.642	− 3 13 18.02	2.584 7845	5	14 32 32.190	−14 21 15.06	2.363 8888
21	12 41 19.505	− 3 28 48.71	2.581 3208	6	14 35 07.742	−14 34 05.33	2.357 8095
22	12 43 42.524	− 3 44 18.31	2.577 7938	7	14 37 43.673	−14 46 49.47	2.351 6833
23	12 46 05.704	− 3 59 46.71	2.574 2034	8	14 40 19.990	−14 59 27.39	2.345 5108
24	12 48 29.050	− 4 15 13.80	2.570 5495	9	14 42 56.697	−15 11 58.97	2.339 2926
25	12 50 52.566	− 4 30 39.47	2.566 8320	10	14 45 33.799	−15 24 24.12	2.333 0293
26	12 53 16.258	− 4 46 03.62	2.563 0508	11	14 48 11.301	−15 36 42.74	2.326 7213
27	12 55 40.133	− 5 01 26.15	2.559 2061	12	14 50 49.207	−15 48 54.71	2.320 3691
28	12 58 04.196	− 5 16 46.96	2.555 2980	13	14 53 27.521	−16 00 59.95	2.313 9730
29	13 00 28.453	− 5 32 05.94	2.551 3268	14	14 56 06.244	−16 12 58.33	2.307 5333
30	13 02 52.909	− 5 47 22.99	2.547 2930	15	14 58 45.378	−16 24 49.75	2.301 0504
31	13 05 17.567	− 6 02 38.00	2.543 1971	16	15 01 24.925	−16 36 34.09	2.294 5243
Nov. 1	13 07 42.431	− 6 17 50.84	2.539 0397	17	15 04 04.886	−16 48 11.21	2.287 9552
2	13 10 07.505	− 6 33 01.41	2.534 8213	18	15 06 45.262	−16 59 41.01	2.281 3433
3	13 12 32.794	− 6 48 09.59	2.530 5425	19	15 09 26.055	−17 11 03.36	2.274 6886
4	13 14 58.302	− 7 03 15.27	2.526 2039	20	15 12 07.268	−17 22 18.13	2.267 9915
5	13 17 24.036	− 7 18 18.34	2.521 8061	21	15 14 48.901	−17 33 25.22	2.261 2520
6	13 19 50.002	− 7 33 18.71	2.517 3494	22	15 17 30.956	−17 44 24.50	2.254 4706
7	13 22 16.207	− 7 48 16.26	2.512 8346	23	15 20 13.431	−17 55 15.86	2.247 6476
8	13 24 42.658	− 8 03 10.91	2.508 2619	24	15 22 56.325	−18 05 59.19	2.240 7834
9	13 27 09.363	− 8 18 02.56	2.503 6318	25	15 25 39.635	−18 16 34.36	2.233 8788
10	13 29 36.330	− 8 32 51.11	2.498 9448	26	15 28 23.359	−18 27 01.25	2.226 9344
11	13 32 03.565	− 8 47 36.47	2.494 2013	27	15 31 07.491	−18 37 19.73	2.219 9508
12	13 34 31.078	9 02 18.55	2.489 4014	28	15 33 52.030	−18 47 29.68	2.212 9290
13	13 36 58.875	− 9 16 57.25	2.484 5457	29	15 36 36.972	−18 57 30.98	2.205 8696
14	13 39 26.964	− 9 31 32.49	2.479 6341	30	15 39 22.315	−19 07 23.49	2.198 7736
15	13 41 55.351	− 9 46 04.16	2.474 6671	31	15 42 08.059	−19 17 07.11	2.191 6418
16	13 44 24.041	−10 00 32.16	2.469 6446	32	15 44 54.203	−19 26 41.71	2.184 4749

JUPITER, 2019

GEOCENTRIC COORDINATES FOR 0ʰ TERRESTRIAL TIME

Date		Apparent Right Ascension	Apparent Declination	True Geocentric Distance	Date		Apparent Right Ascension	Apparent Declination	True Geocentric Distance
		h m s	° ′ ″	au			h m s	° ′ ″	au
Jan.	0	16 40 28.516	−21 32 35.18	6.201 4384	Feb.	15	17 16 45.837	−22 26 26.73	5.661 5869
	1	16 41 22.310	−21 34 18.91	6.193 5375		16	17 17 23.749	−22 27 05.24	5.646 6544
	2	16 42 15.926	−21 36 01.09	6.185 4391		17	17 18 01.141	−22 27 42.63	5.631 6304
	3	16 43 09.356	−21 37 41.73	6.177 1444		18	17 18 38.003	−22 28 18.92	5.616 5180
	4	16 44 02.594	−21 39 20.84	6.168 6548		19	17 19 14.327	−22 28 54.13	5.601 3200
	5	16 44 55.629	−21 40 58.41	6.159 9717		20	17 19 50.105	−22 29 28.26	5.586 0394
	6	16 45 48.453	−21 42 34.44	6.151 0967		21	17 20 25.331	−22 30 01.31	5.570 6790
	7	16 46 41.058	−21 44 08.93	6.142 0313		22	17 20 59.998	−22 30 33.29	5.555 2416
	8	16 47 33.435	−21 45 41.87	6.132 7774		23	17 21 34.102	−22 31 04.23	5.539 7300
	9	16 48 25.577	−21 47 13.26	6.123 3368		24	17 22 07.637	−22 31 34.13	5.524 1473
	10	16 49 17.475	−21 48 43.10	6.113 7113		25	17 22 40.594	−22 32 03.05	5.508 4966
	11	16 50 09.124	−21 50 11.38	6.103 9028		26	17 23 12.966	−22 32 30.98	5.492 7810
	12	16 51 00.515	−21 51 38.11	6.093 9133		27	17 23 44.743	−22 32 57.97	5.477 0040
	13	16 51 51.644	−21 53 03.28	6.083 7449		28	17 24 15.916	−22 33 24.03	5.461 1691
	14	16 52 42.504	−21 54 26.89	6.073 3997	Mar.	1	17 24 46.476	−22 33 49.18	5.445 2798
	15	16 53 33.089	−21 55 48.96	6.062 8797		2	17 25 16.413	−22 34 13.43	5.429 3399
	16	16 54 23.394	−21 57 09.50	6.052 1871		3	17 25 45.719	−22 34 36.79	5.413 3530
	17	16 55 13.413	−21 58 28.53	6.041 3241		4	17 26 14.385	−22 34 59.28	5.397 3230
	18	16 56 03.140	−21 59 46.05	6.030 2927		5	17 26 42.402	−22 35 20.91	5.381 2539
	19	16 56 52.567	−22 01 02.09	6.019 0951		6	17 27 09.764	−22 35 41.69	5.365 1495
	20	16 57 41.687	−22 02 16.66	6.007 7333		7	17 27 36.463	−22 36 01.63	5.349 0141
	21	16 58 30.492	−22 03 29.78	5.996 2092		8	17 28 02.493	−22 36 20.73	5.332 8515
	22	16 59 18.971	−22 04 41.44	5.984 5247		9	17 28 27.847	−22 36 39.03	5.316 6660
	23	17 00 07.119	−22 05 51.64	5.972 6817		10	17 28 52.521	−22 36 56.53	5.300 4617
	24	17 00 54.927	−22 07 00.39	5.960 6817		11	17 29 16.509	−22 37 13.25	5.284 2429
	25	17 01 42.390	−22 08 07.67	5.948 5267		12	17 29 39.804	−22 37 29.22	5.268 0137
	26	17 02 29.502	−22 09 13.50	5.936 2183		13	17 30 02.403	−22 37 44.46	5.251 7782
	27	17 03 16.258	−22 10 17.90	5.923 7586		14	17 30 24.299	−22 37 59.00	5.235 5407
	28	17 04 02.650	−22 11 20.87	5.911 1495		15	17 30 45.486	−22 38 12.85	5.219 3053
	29	17 04 48.672	−22 12 22.44	5.898 3933		16	17 31 05.958	−22 38 26.05	5.203 0760
	30	17 05 34.313	−22 13 22.64	5.885 4921		17	17 31 25.707	−22 38 38.62	5.186 8569
	31	17 06 19.566	−22 14 21.46	5.872 4484		18	17 31 44.727	−22 38 50.55	5.170 6519
Feb.	1	17 07 04.422	−22 15 18.93	5.859 2647		19	17 32 03.011	−22 39 01.86	5.154 4647
	2	17 07 48.869	−22 16 15.05	5.845 9435		20	17 32 20.555	−22 39 12.54	5.138 2992
	3	17 08 32.901	−22 17 09.85	5.832 4877		21	17 32 37.355	−22 39 22.61	5.122 1590
	4	17 09 16.506	−22 18 03.31	5.818 8999		22	17 32 53.408	−22 39 32.07	5.106 0479
	5	17 09 59.676	−22 18 55.46	5.805 1830		23	17 33 08.709	−22 39 40.94	5.089 9696
	6	17 10 42.404	−22 19 46.29	5.791 3399		24	17 33 23.256	−22 39 49.24	5.073 9279
	7	17 11 24.681	−22 20 35.82	5.777 3737		25	17 33 37.042	−22 39 56.99	5.057 9268
	8	17 12 06.499	−22 21 24.06	5.763 2875		26	17 33 50.062	−22 40 04.21	5.041 9705
	9	17 12 47.852	−22 22 11.01	5.749 0842		27	17 34 02.308	−22 40 10.92	5.026 0631
	10	17 13 28.733	−22 22 56.69	5.734 7672		28	17 34 13.774	−22 40 17.12	5.010 2090
	11	17 14 09.136	−22 23 41.12	5.720 3395		29	17 34 24.454	−22 40 22.84	4.994 4125
	12	17 14 49.055	−22 24 24.32	5.705 8044		30	17 34 34.342	−22 40 28.06	4.978 6781
	13	17 15 28.482	−22 25 06.30	5.691 1651		31	17 34 43.433	−22 40 32.80	4.963 0104
	14	17 16 07.412	−22 25 47.10	5.676 4249	Apr.	1	17 34 51.723	−22 40 37.06	4.947 4139
	15	17 16 45.837	−22 26 26.73	5.661 5869		2	17 34 59.207	−22 40 40.84	4.931 8933

GEOCENTRIC COORDINATES FOR 0ʰ TERRESTRIAL TIME

Date	Apparent Right Ascension	Apparent Declination	True Geocentric Distance	Date	Apparent Right Ascension	Apparent Declination	True Geocentric Distance
	h m s	° ′ ″	au		h m s	° ′ ″	au
Apr. 1	17 34 51.723	−22 40 37.06	4.947 4139	May 17	17 27 02.944	−22 35 52.90	4.383 9492
2	17 34 59.207	−22 40 40.84	4.931 8933	18	17 26 36.478	−22 35 35.46	4.376 5919
3	17 35 05.883	−22 40 44.14	4.916 4533	19	17 26 09.511	−22 35 17.49	4.369 4979
4	17 35 11.748	−22 40 46.97	4.901 0986	20	17 25 42.060	−22 34 59.00	4.362 6698
5	17 35 16.800	−22 40 49.32	4.885 8340	21	17 25 14.141	−22 34 40.00	4.356 1100
6	17 35 21.040	−22 40 51.20	4.870 6641	22	17 24 45.768	−22 34 20.47	4.349 8212
7	17 35 24.466	−22 40 52.62	4.855 5939	23	17 24 16.958	−22 34 00.42	4.343 8037
8	17 35 27.079	−22 40 53.59	4.840 6279	24	17 23 47.729	−22 33 39.85	4.338 0659
9	17 35 28.878	−22 40 54.13	4.825 7709	25	17 23 18.098	−22 33 18.75	4.332 6043
10	17 35 29.863	−22 40 54.24	4.811 0277	26	17 22 48.085	−22 32 57.11	4.327 4230
11	17 35 30.035	−22 40 53.94	4.796 4027	27	17 22 17.710	−22 32 34.95	4.322 5245
12	17 35 29.393	−22 40 53.24	4.781 9006	28	17 21 46.994	−22 32 12.24	4.317 9106
13	17 35 27.936	−22 40 52.15	4.767 5256	29	17 21 15.958	−22 31 49.01	4.313 5836
14	17 35 25.666	−22 40 50.65	4.753 2822	30	17 20 44.625	−22 31 25.26	4.309 5452
15	17 35 22.582	−22 40 48.76	4.739 1745	31	17 20 13.019	−22 31 00.99	4.305 7974
16	17 35 18.686	−22 40 46.46	4.725 2066	June 1	17 19 41.162	−22 30 36.22	4.302 3416
17	17 35 13.982	−22 40 43.73	4.711 3826	2	17 19 09.079	−22 30 10.98	4.299 1795
18	17 35 08.473	−22 40 40.57	4.697 7063	3	17 18 36.793	−22 29 45.27	4.296 3124
19	17 35 02.164	−22 40 36.99	4.684 1817	4	17 18 04.329	−22 29 19.14	4.293 7415
20	17 34 55.059	−22 40 32.97	4.670 8127	5	17 17 31.708	−22 28 52.61	4.291 4676
21	17 34 47.162	−22 40 28.54	4.657 6034	6	17 16 58.954	−22 28 25.70	4.289 4916
22	17 34 38.476	−22 40 23.70	4.644 5578	7	17 16 26.089	−22 27 58.42	4.287 8138
23	17 34 29.003	−22 40 18.45	4.631 6801	8	17 15 53.136	−22 27 30.80	4.286 4344
24	17 34 18.744	−22 40 12.80	4.618 9746	9	17 15 20.118	−22 27 02.83	4.285 3536
25	17 34 07.703	−22 40 06.73	4.606 4455	10	17 14 47.060	−22 26 34.54	4.284 5710
26	17 33 55.883	−22 40 00.24	4.594 0972	11	17 14 13.986	−22 26 05.94	4.284 0863
27	17 33 43.288	−22 39 53.32	4.581 9341	12	17 13 40.922	−22 25 37.06	4.283 8990
28	17 33 29.924	−22 39 45.95	4.569 9604	13	17 13 07.892	−22 25 07.91	4.284 0086
29	17 33 15.797	−22 39 38.13	4.558 1806	14	17 12 34.919	−22 24 38.53	4.284 4144
30	17 33 00.915	−22 39 29.84	4.546 5990	15	17 12 02.028	−22 24 08.96	4.285 1156
May 1	17 32 45.285	−22 39 21.07	4.535 2200	16	17 11 29.238	−22 23 39.24	4.286 1117
2	17 32 28.917	−22 39 11.81	4.524 0478	17	17 10 56.572	−22 23 09.38	4.287 4017
3	17 32 11.822	−22 39 02.06	4.513 0867	18	17 10 24.049	−22 22 39.44	4.288 9849
4	17 31 54.010	−22 38 51.80	4.502 3409	19	17 09 51.689	−22 22 09.42	4.290 8605
5	17 31 35.493	−22 38 41.05	4.491 8146	20	17 09 19.513	−22 21 39.36	4.293 0274
6	17 31 16.283	−22 38 29.79	4.481 5118	21	17 08 47.540	−22 21 09.28	4.295 4849
7	17 30 56.394	−22 38 18.04	4.471 4364	22	17 08 15.792	−22 20 39.21	4.298 2318
8	17 30 35.836	−22 38 05.80	4.461 5924	23	17 07 44.291	−22 20 09.16	4.301 2670
9	17 30 14.622	−22 37 53.08	4.451 9832	24	17 07 13.057	−22 19 39.18	4.304 5893
10	17 29 52.765	−22 37 39.86	4.442 6125	25	17 06 42.113	−22 19 09.27	4.308 1972
11	17 29 30.277	−22 37 26.16	4.433 4834	26	17 06 11.480	−22 18 39.49	4.312 0895
12	17 29 07.172	−22 37 11.94	4.424 5991	27	17 05 41.181	−22 18 09.87	4.316 2645
13	17 28 43.465	−22 36 57.21	4.415 9627	28	17 05 11.237	−22 17 40.44	4.320 7205
14	17 28 19.171	−22 36 41.95	4.407 5768	29	17 04 41.671	−22 17 11.24	4.325 4557
15	17 27 54.308	−22 36 26.14	4.399 4442	30	17 04 12.502	−22 16 42.33	4.330 4681
16	17 27 28.893	−22 36 09.79	4.391 5675	July 1	17 03 43.752	−22 16 13.75	4.335 7557
17	17 27 02.944	−22 35 52.90	4.383 9492	2	17 03 15.440	−22 15 45.55	4.341 3160

JUPITER, 2019

GEOCENTRIC COORDINATES FOR 0ʰ TERRESTRIAL TIME

Date	Apparent Right Ascension	Apparent Declination	True Geocentric Distance	Date	Apparent Right Ascension	Apparent Declination	True Geocentric Distance
	h m s	° ′ ″	au		h m s	° ′ ″	au
July 1	17 03 43.752	−22 16 13.75	4.335 7557	Aug. 16	16 53 04.399	−22 09 07.97	4.818 2976
2	17 03 15.440	−22 15 45.55	4.341 3160	17	16 53 08.205	−22 09 25.38	4.832 5215
3	17 02 47.583	−22 15 17.78	4.347 1467	18	16 53 12.799	−22 09 43.99	4.846 8373
4	17 02 20.200	−22 14 50.46	4.353 2450	19	16 53 18.178	−22 10 03.78	4.861 2412
5	17 01 53.307	−22 14 23.64	4.359 6079	20	16 53 24.342	−22 10 24.76	4.875 7291
6	17 01 26.920	−22 13 57.35	4.366 2323	21	16 53 31.290	−22 10 46.90	4.890 2972
7	17 01 01.057	−22 13 31.59	4.373 1148	22	16 53 39.022	−22 11 10.21	4.904 9414
8	17 00 35.735	−22 13 06.42	4.380 2521	23	16 53 47.535	−22 11 34.68	4.919 6578
9	17 00 10.971	−22 12 41.84	4.387 6407	24	16 53 56.829	−22 12 00.30	4.934 4425
10	16 59 46.783	−22 12 17.91	4.395 2769	25	16 54 06.901	−22 12 27.07	4.949 2913
11	16 59 23.185	−22 11 54.67	4.403 1573	26	16 54 17.748	−22 12 54.98	4.964 2003
12	16 59 00.191	−22 11 32.15	4.411 2782	27	16 54 29.366	−22 13 24.03	4.979 1652
13	16 58 37.813	−22 11 10.39	4.419 6362	28	16 54 41.751	−22 13 54.19	4.994 1819
14	16 58 16.063	−22 10 49.44	4.428 2277	29	16 54 54.897	−22 14 25.45	5.009 2461
15	16 57 54.950	−22 10 29.32	4.437 0492	30	16 55 08.801	−22 14 57.77	5.024 3532
16	16 57 34.484	−22 10 10.05	4.446 0974	31	16 55 23.458	−22 15 31.12	5.039 4989
17	16 57 14.675	−22 09 51.68	4.455 3685	Sept. 1	16 55 38.866	−22 16 05.47	5.054 6786
18	16 56 55.532	−22 09 34.20	4.464 8594	2	16 55 55.022	−22 16 40.81	5.069 8878
19	16 56 37.064	−22 09 17.65	4.474 5663	3	16 56 11.923	−22 17 17.10	5.085 1222
20	16 56 19.281	−22 09 02.05	4.484 4859	4	16 56 29.565	−22 17 54.34	5.100 3774
21	16 56 02.192	−22 08 47.40	4.494 6146	5	16 56 47.943	−22 18 32.51	5.115 6494
22	16 55 45.807	−22 08 33.74	4.504 9489	6	16 57 07.049	−22 19 11.60	5.130 9341
23	16 55 30.136	−22 08 21.08	4.515 4850	7	16 57 26.876	−22 19 51.58	5.146 2276
24	16 55 15.187	−22 08 09.45	4.526 2194	8	16 57 47.416	−22 20 32.42	5.161 5261
25	16 55 00.971	−22 07 58.87	4.537 1483	9	16 58 08.662	−22 21 14.10	5.176 8261
26	16 54 47.495	−22 07 49.37	4.548 2681	10	16 58 30.607	−22 21 56.58	5.192 1238
27	16 54 34.769	−22 07 40.97	4.559 5747	11	16 58 53.243	−22 22 39.83	5.207 4158
28	16 54 22.799	−22 07 33.71	4.571 0644	12	16 59 16.565	−22 23 23.81	5.222 6985
29	16 54 11.593	−22 07 27.61	4.582 7330	13	16 59 40.567	−22 24 08.49	5.237 9686
30	16 54 01.155	−22 07 22.69	4.594 5766	14	17 00 05.242	−22 24 53.83	5.253 2227
31	16 53 51.490	−22 07 18.99	4.606 5908	15	17 00 30.586	−22 25 39.80	5.268 4574
Aug. 1	16 53 42.603	−22 07 16.50	4.618 7712	16	17 00 56.594	−22 26 26.38	5.283 6695
2	16 53 34.494	−22 07 15.24	4.631 1134	17	17 01 23.261	−22 27 13.53	5.298 8556
3	16 53 27.170	−22 07 15.19	4.643 6126	18	17 01 50.583	−22 28 01.23	5.314 0124
4	16 53 20.633	−22 07 16.37	4.656 2640	19	17 02 18.556	−22 28 49.46	5.329 1368
5	16 53 14.889	−22 07 18.77	4.669 0631	20	17 02 47.172	−22 29 38.19	5.344 2254
6	16 53 09.942	−22 07 22.40	4.682 0050	21	17 03 16.429	−22 30 27.41	5.359 2749
7	16 53 05.794	−22 07 27.27	4.695 0850	22	17 03 46.319	−22 31 17.08	5.374 2820
8	16 53 02.448	−22 07 33.40	4.708 2987	23	17 04 16.836	−22 32 07.19	5.389 2433
9	16 52 59.903	−22 07 40.80	4.721 6415	24	17 04 47.973	−22 32 57.71	5.404 1553
10	16 52 58.159	−22 07 49.46	4.735 1090	25	17 05 19.724	−22 33 48.61	5.419 0147
11	16 52 57.214	−22 07 59.40	4.748 6969	26	17 05 52.080	−22 34 39.85	5.433 8178
12	16 52 57.065	−22 08 10.62	4.762 4011	27	17 06 25.035	−22 35 31.38	5.448 5610
13	16 52 57.712	−22 08 23.09	4.776 2173	28	17 06 58.585	−22 36 23.16	5.463 2407
14	16 52 59.151	−22 08 36.81	4.790 1415	29	17 07 32.724	−22 37 15.15	5.477 8531
15	16 53 01.380	−22 08 51.78	4.804 1696	30	17 08 07.448	−22 38 07.32	5.492 3945
16	16 53 04.399	−22 09 07.97	4.818 2976	Oct. 1	17 08 42.752	−22 38 59.65	5.506 8615

GEOCENTRIC COORDINATES FOR 0ʰ TERRESTRIAL TIME

Date	Apparent Right Ascension	Apparent Declination	True Geocentric Distance	Date	Apparent Right Ascension	Apparent Declination	True Geocentric Distance
	h m s	° ′ ″	au		h m s	° ′ ″	au
Oct. 1	17 08 42.752	−22 38 59.65	5.506 8615	Nov. 16	17 44 11.541	−23 13 16.32	6.045 3989
2	17 09 18.629	−22 39 52.12	5.521 2507	17	17 45 06.316	−23 13 42.97	6.053 4813
3	17 09 55.072	−22 40 44.70	5.535 5587	18	17 46 01.348	−23 14 08.49	6.061 3802
4	17 10 32.072	−22 41 37.36	5.549 7825	19	17 46 56.632	−23 14 32.88	6.069 0940
5	17 11 09.619	−22 42 30.09	5.563 9191	20	17 47 52.160	−23 14 56.09	6.076 6210
6	17 11 47.705	−22 43 22.83	5.577 9655	21	17 48 47.927	−23 15 18.10	6.083 9594
7	17 12 26.320	−22 44 15.55	5.591 9191	22	17 49 43.927	23 15 38.89	6.091 1075
8	17 13 05.458	−22 45 08.22	5.605 7770	23	17 50 40.157	−23 15 58.43	6.098 0635
9	17 13 45.110	−22 46 00.80	5.619 5367	24	17 51 36.611	−23 16 16.71	6.104 8256
10	17 14 25.270	−22 46 53.24	5.633 1956	25	17 52 33.284	−23 16 33.71	6.111 3922
11	17 15 05.931	−22 47 45.50	5.646 7511	26	17 53 30.172	−23 16 49.43	6.117 7617
12	17 15 47.087	−22 48 37.57	5.660 2008	27	17 54 27.266	−23 17 03.86	6.123 9327
13	17 16 28.732	−22 49 29.39	5.673 5422	28	17 55 24.559	−23 17 17.01	6.129 9037
14	17 17 10.862	−22 50 20.94	5.686 7729	29	17 56 22.040	−23 17 28.86	6.135 6737
15	17 17 53.470	−22 51 12.20	5.699 8905	30	17 57 19.701	−23 17 39.40	6.141 2415
16	17 18 36.552	−22 52 03.13	5.712 8926	Dec. 1	17 58 17.535	−23 17 48.62	6.146 6062
17	17 19 20.102	−22 52 53.72	5.725 7767	2	17 59 15.531	−23 17 56.48	6.151 7671
18	17 20 04.115	−22 53 43.95	5.738 5406	3	18 00 13.685	−23 18 02.98	6.156 7232
19	17 20 48.583	−22 54 33.78	5.751 1818	4	18 01 11.989	−23 18 08.09	6.161 4739
20	17 21 33.500	−22 55 23.21	5.763 6978	5	18 02 10.437	−23 18 11.80	6.166 0186
21	17 22 18.859	−22 56 12.20	5.776 0860	6	18 03 09.023	−23 18 14.10	6.170 3566
22	17 23 04.653	−22 57 00.72	5.788 3441	7	18 04 07.743	−23 18 14.98	6.174 4875
23	17 23 50.874	−22 57 48.75	5.800 4693	8	18 05 06.591	−23 18 14.43	6.178 4106
24	17 24 37.516	−22 58 36.23	5.812 4589	9	18 06 05.562	−23 18 12.44	6.182 1255
25	17 25 24.572	−22 59 23.14	5.824 3103	10	18 07 04.652	−23 18 09.01	6.185 6317
26	17 26 12.038	−23 00 09.44	5.836 0208	11	18 08 03.854	−23 18 04.15	6.188 9289
27	17 26 59.909	23 00 55.09	5.847 5874	12	18 09 03.163	−23 17 57.85	6.192 0165
28	17 27 48.181	−23 01 40.06	5.859 0077	13	18 10 02.573	−23 17 50.12	6.194 8942
29	17 28 36.847	−23 02 24.35	5.870 2789	14	18 11 02.076	−23 17 40.96	6.197 5614
30	17 29 25.902	−23 03 07.94	5.881 3986	15	18 12 01.667	−23 17 30.37	6.200 0175
31	17 30 15.335	−23 03 50.80	5.892 3645	16	18 13 01.337	−23 17 18.35	6.202 2620
Nov. 1	17 31 05.140	−23 04 32.92	5.903 1744	17	18 14 01.080	−23 17 04.88	6.204 2942
2	17 31 55.305	−23 05 14.27	5.913 8263	18	18 15 00.890	−23 16 49.94	6.206 1134
3	17 32 45.823	−23 05 54.82	5.924 3183	19	18 16 00.763	−23 16 33.54	6.207 7188
4	17 33 36.684	−23 06 34.54	5.934 6485	20	18 17 00.694	−23 16 15.65	6.209 1098
5	17 34 27.883	−23 07 13.40	5.944 8151	21	18 18 00.678	−23 15 56.27	6.210 2854
6	17 35 19.411	−23 07 51.36	5.954 8164	22	18 19 00.711	−23 15 35.41	6.211 2452
7	17 36 11.262	−23 08 28.40	5.964 6509	23	18 20 00.789	−23 15 13.08	6.211 9884
8	17 37 03.430	−23 09 04.48	5.974 3169	24	18 21 00.904	−23 14 49.28	6.212 5146
9	17 37 55.909	−23 09 39.59	5.983 8128	25	18 22 01.050	−23 14 24.02	6.212 8234
10	17 38 48.695	−23 10 13.69	5.993 1372	26	18 23 01.221	−23 13 57.31	6.212 9145
11	17 39 41.781	−23 10 46.77	6.002 2886	27	18 24 01.422	−23 13 29.08	6.212 7877
12	17 40 35.164	−23 11 18.81	6.011 2654	28	18 25 01.426	−23 12 58.83	6.212 4431
13	17 41 28.837	−23 11 49.80	6.020 0664	29	18 26 01.698	−23 12 28.62	6.211 8809
14	17 42 22.795	−23 12 19.72	6.028 6899	30	18 27 01.873	−23 11 56.20	6.211 1011
15	17 43 17.032	−23 12 48.56	6.037 1346	31	18 28 02.020	−23 11 22.32	6.210 1040
16	17 44 11.541	−23 13 16.32	6.045 3989	32	18 29 02.140	−23 10 46.99	6.208 8901

SATURN, 2019

GEOCENTRIC COORDINATES FOR 0ʰ TERRESTRIAL TIME

Date	Apparent Right Ascension	Apparent Declination	True Geocentric Distance	Date	Apparent Right Ascension	Apparent Declination	True Geocentric Distance
	h m s	° ′ ″	au		h m s	° ′ ″	au
Jan. 0	18 48 47.315	−22 28 32.93	11.042 9126	Feb. 15	19 11 02.161	−21 59 18.42	10.799 7653
1	18 49 17.930	−22 28 01.12	11.043 3259	16	19 11 27.756	−21 58 37.53	10.789 0005
2	18 49 48.542	−22 27 28.39	11.043 4764	17	19 11 53.129	−21 57 56.77	10.778 0361
3	18 50 19.106	−22 26 56.36	11.043 3638	18	19 12 18.276	−21 57 16.14	10.766 8748
4	18 50 49.732	−22 26 23.62	11.042 9880	19	19 12 43.189	−21 56 35.66	10.755 5192
5	18 51 20.339	−22 25 50.34	11.042 3488	20	19 13 07.865	−21 55 55.33	10.743 9721
6	18 51 50.927	−22 25 16.65	11.041 4464	21	19 13 32.299	−21 55 15.15	10.732 2357
7	18 52 21.489	−22 24 42.59	11.040 2809	22	19 13 56.490	−21 54 35.12	10.720 3126
8	18 52 52.021	−22 24 08.16	11.038 8527	23	19 14 20.435	−21 53 55.25	10.708 2053
9	18 53 22.517	−22 23 33.38	11.037 1622	24	19 14 44.133	−21 53 15.56	10.695 9162
10	18 53 52.971	−22 22 58.24	11.035 2100	25	19 15 07.579	−21 52 36.07	10.683 4480
11	18 54 23.379	−22 22 22.75	11.032 9967	26	19 15 30.769	−21 51 56.81	10.670 8034
12	18 54 53.735	−22 21 46.90	11.030 5230	27	19 15 53.699	−21 51 17.80	10.657 9853
13	18 55 24.035	−22 21 10.71	11.027 7897	28	19 16 16.362	−21 50 39.07	10.644 9966
14	18 55 54.276	−22 20 34.18	11.024 7980	Mar. 1	19 16 38.753	−21 50 00.62	10.631 8405
15	18 56 24.453	−22 19 57.32	11.021 5486	2	19 17 00.866	−21 49 22.49	10.618 5201
16	18 56 54.563	−22 19 20.14	11.018 0428	3	19 17 22.697	−21 48 44.68	10.605 0388
17	18 57 24.601	−22 18 42.65	11.014 2816	4	19 17 44.239	−21 48 07.21	10.591 3999
18	18 57 54.564	−22 18 04.87	11.010 2664	5	19 18 05.488	−21 47 30.09	10.577 6070
19	18 58 24.446	−22 17 26.83	11.005 9982	6	19 18 26.439	−21 46 53.33	10.563 6637
20	18 58 54.242	−22 16 48.54	11.001 4785	7	19 18 47.089	−21 46 16.94	10.549 5737
21	18 59 23.944	−22 16 10.02	10.996 7082	8	19 19 07.434	−21 45 40.93	10.535 3407
22	18 59 53.546	−22 15 31.28	10.991 6886	9	19 19 27.471	−21 45 05.31	10.520 9687
23	19 00 23.043	−22 14 52.32	10.986 4206	10	19 19 47.198	−21 44 30.09	10.506 4614
24	19 00 52.429	−22 14 13.14	10.980 9051	11	19 20 06.610	−21 43 55.29	10.491 8229
25	19 01 21.701	−22 13 33.72	10.975 1432	12	19 20 25.706	−21 43 20.93	10.477 0573
26	19 01 50.858	−22 12 54.09	10.969 1357	13	19 20 44.483	−21 42 47.03	10.462 1685
27	19 02 19.895	−22 12 14.25	10.962 8836	14	19 21 02.936	−21 42 13.60	10.447 1607
28	19 02 48.810	−22 11 34.21	10.956 3880	15	19 21 21.063	−21 41 40.68	10.432 0379
29	19 03 17.597	−22 10 53.99	10.949 6501	16	19 21 38.858	−21 41 08.29	10.416 8042
30	19 03 46.252	−22 10 13.63	10.942 6712	17	19 21 56.317	−21 40 36.44	10.401 4636
31	19 04 14.770	−22 09 33.12	10.935 4528	18	19 22 13.436	−21 40 05.15	10.386 0200
Feb. 1	19 04 43.143	−22 08 52.51	10.927 9965	19	19 22 30.209	−21 39 34.43	10.370 4773
2	19 05 11.366	−22 08 11.79	10.920 3038	20	19 22 46.634	−21 39 04.27	10.354 8393
3	19 05 39.432	−22 07 30.98	10.912 3767	21	19 23 02.709	−21 38 34.68	10.339 1095
4	19 06 07.336	−22 06 50.11	10.904 2170	22	19 23 18.434	−21 38 05.65	10.323 2917
5	19 06 35.072	−22 06 09.16	10.895 8269	23	19 23 33.806	−21 37 37.20	10.307 3895
6	19 07 02.634	−22 05 28.17	10.887 2084	24	19 23 48.826	−21 37 09.36	10.291 4066
7	19 07 30.017	−22 04 47.13	10.878 3637	25	19 24 03.489	−21 36 42.13	10.275 3466
8	19 07 57.217	−22 04 06.04	10.869 2953	26	19 24 17.793	−21 36 15.55	10.259 2136
9	19 08 24.229	−22 03 24.93	10.860 0056	27	19 24 31.732	−21 35 49.63	10.243 0114
10	19 08 51.051	−22 02 43.81	10.850 4970	28	19 24 45.304	−21 35 24.39	10.226 7442
11	19 09 17.677	−22 02 02.67	10.840 7723	29	19 24 58.502	−21 34 59.86	10.210 4161
12	19 09 44.105	−22 01 21.54	10.830 8340	30	19 25 11.323	−21 34 36.04	10.194 0315
13	19 10 10.331	−22 00 40.45	10.820 6848	31	19 25 23.763	−21 34 12.93	10.177 5947
14	19 10 36.351	−21 59 59.40	10.810 3277	Apr. 1	19 25 35.819	−21 33 50.56	10.161 1103
15	19 11 02.161	−21 59 18.42	10.799 7653	2	19 25 47.487	−21 33 28.92	10.144 5826

GEOCENTRIC COORDINATES FOR 0ʰ TERRESTRIAL TIME

Date	Apparent Right Ascension	Apparent Declination	True Geocentric Distance	Date	Apparent Right Ascension	Apparent Declination	True Geocentric Distance
	h m s	° ′ ″	au		h m s	° ′ ″	au
Apr. 1	19 25 35.819	−21 33 50.56	10.161 1103	May 17	19 27 32.140	−21 31 44.77	9.431 5561
2	19 25 47.487	−21 33 28.92	10.144 5826	18	19 27 25.122	−21 32 02.45	9.418 0538
3	19 25 58.766	−21 33 08.03	10.128 0163	19	19 27 17.729	−21 32 20.93	9.404 7224
4	19 26 09.652	−21 32 47.88	10.111 4161	20	19 27 09.964	−21 32 40.21	9.391 5657
5	19 26 20.145	−21 32 28.48	10.094 7867	21	19 27 01.827	−21 33 00.29	9.378 5877
6	19 26 30.242	−21 32 09.84	10.078 1329	22	19 26 53.322	−21 33 21.16	9.365 7922
7	19 26 39.944	21 31 51.97	10.061 4594	23	19 26 44.150	21 33 42.81	9.353 1832
8	19 26 49.248	−21 31 34.88	10.044 7713	24	19 26 35.213	−21 34 05.24	9.340 7647
9	19 26 58.154	−21 31 18.58	10.028 0732	25	19 26 25.615	−21 34 28.43	9.328 5407
10	19 27 06.661	−21 31 03.10	10.011 3702	26	19 26 15.659	−21 34 52.35	9.316 5153
11	19 27 14.765	−21 30 48.44	9.994 6670	27	19 26 05.350	−21 35 17.00	9.304 6924
12	19 27 22.465	−21 30 34.63	9.977 9684	28	19 25 54.693	−21 35 42.35	9.293 0761
13	19 27 29.759	−21 30 21.68	9.961 2792	29	19 25 43.692	−21 36 08.38	9.281 6704
14	19 27 36.642	−21 30 09.59	9.944 6040	30	19 25 32.354	−21 36 35.07	9.270 4792
15	19 27 43.114	−21 29 58.36	9.927 9474	31	19 25 20.684	−21 37 02.42	9.259 5064
16	19 27 49.173	−21 29 48.00	9.911 3138	June 1	19 25 08.690	−21 37 30.39	9.248 7561
17	19 27 54.819	−21 29 38.49	9.894 7076	2	19 24 56.378	−21 37 58.98	9.238 2319
18	19 28 00.052	−21 29 29.83	9.878 1330	3	19 24 43.755	−21 38 28.18	9.227 9378
19	19 28 04.875	−21 29 22.02	9.861 5943	4	19 24 30.826	−21 38 57.99	9.217 8775
20	19 28 09.288	−21 29 15.06	9.845 0957	5	19 24 17.597	−21 39 28.39	9.208 0544
21	19 28 13.291	−21 29 08.96	9.828 6413	6	19 24 04.074	−21 39 59.38	9.198 4721
22	19 28 16.884	−21 29 03.74	9.812 2355	7	19 23 50.261	−21 40 30.94	9.189 1337
23	19 28 20.066	−21 28 59.41	9.795 8827	8	19 23 36.164	−21 41 03.05	9.180 0424
24	19 28 22.833	−21 28 55.99	9.779 5873	9	19 23 21.789	−21 41 35.68	9.171 2011
25	19 28 25.184	−21 28 53.48	9.763 3538	10	19 23 07.145	−21 42 08.81	9.162 6123
26	19 28 27.118	−21 28 51.89	9.747 1869	11	19 22 52.238	−21 42 42.40	9.154 2787
27	19 28 28.632	−21 28 51.21	9.731 0913	12	19 22 37.080	−21 43 16.42	9.146 2026
28	19 28 29.726	−21 28 51.44	9.715 0717	13	19 22 21.678	−21 43 50.86	9.138 3863
29	19 28 30.400	−21 28 52.58	9.699 1329	14	19 22 06.043	−21 44 25.69	9.130 8321
30	19 28 30.653	−21 28 54.62	9.683 2797	15	19 21 50.181	−21 45 00.92	9.123 5420
May 1	19 28 30.487	−21 28 57.56	9.667 5170	16	19 21 34.101	−21 45 36.52	9.116 5183
2	19 28 29.902	−21 29 01.39	9.651 8496	17	19 21 17.809	−21 46 12.48	9.109 7630
3	19 28 28.901	−21 29 06.11	9.636 2825	18	19 21 01.311	−21 46 48.80	9.103 2782
4	19 28 27.485	−21 29 11.71	9.620 8206	19	19 20 44.613	−21 47 25.46	9.097 0660
5	19 28 25.657	−21 29 18.19	9.605 4688	20	19 20 27.723	−21 48 02.44	9.091 1286
6	19 28 23.418	−21 29 25.56	9.590 2321	21	19 20 10.646	−21 48 39.72	9.085 4680
7	19 28 20.771	−21 29 33.81	9.575 1154	22	19 19 53.390	−21 49 17.27	9.080 0861
8	19 28 17.717	−21 29 42.96	9.560 1234	23	19 19 35.963	−21 49 55.07	9.074 9852
9	19 28 14.256	−21 29 53.01	9.545 2610	24	19 19 18.374	−21 50 33.09	9.070 1670
10	19 28 10.390	−21 30 03.95	9.530 5327	25	19 19 00.632	−21 51 11.31	9.065 6334
11	19 28 06.120	−21 30 15.79	9.515 9432	26	19 18 42.747	−21 51 49.70	9.061 3864
12	19 28 01.446	−21 30 28.51	9.501 4968	27	19 18 24.727	−21 52 28.24	9.057 4277
13	19 27 56.371	−21 30 42.10	9.487 1978	28	19 18 06.584	−21 53 06.91	9.053 7589
14	19 27 50.899	−21 30 56.54	9.473 0502	29	19 17 48.327	−21 53 45.68	9.050 3817
15	19 27 45.033	−21 31 11.80	9.459 0581	30	19 17 29.968	−21 54 24.56	9.047 2975
16	19 27 38.778	−21 31 27.88	9.445 2255	July 1	19 17 11.514	−21 55 03.52	9.044 5079
17	19 27 32.140	−21 31 44.77	9.431 5561	2	19 16 52.976	−21 55 42.55	9.042 0139

SATURN, 2019

GEOCENTRIC COORDINATES FOR 0ʰ TERRESTRIAL TIME

Date	Apparent Right Ascension	Apparent Declination	True Geocentric Distance	Date	Apparent Right Ascension	Apparent Declination	True Geocentric Distance
	h m s	° ′ ″	au		h m s	° ′ ″	au
July 1	19 17 11.514	−21 55 03.52	9.044 5079	Aug. 16	19 04 01.853	−22 21 38.22	9.230 2075
2	19 16 52.976	−21 55 42.55	9.042 0139	17	19 03 49.281	−22 22 03.69	9.240 5322
3	19 16 34.362	−21 56 21.65	9.039 8168	18	19 03 37.021	−22 22 28.61	9.251 0836
4	19 16 15.680	−21 57 00.80	9.037 9173	19	19 03 25.082	−22 22 52.97	9.261 8586
5	19 15 56.938	−21 57 39.98	9.036 3162	20	19 03 13.469	−22 23 16.78	9.272 8538
6	19 15 38.145	−21 58 19.16	9.035 0138	21	19 03 02.190	−22 23 40.02	9.284 0660
7	19 15 19.311	−21 58 58.32	9.034 0104	22	19 02 51.250	−22 24 02.69	9.295 4918
8	19 15 00.446	−21 59 37.41	9.033 3059	23	19 02 40.656	−22 24 24.78	9.307 1277
9	19 14 41.564	−22 00 16.42	9.032 9002	24	19 02 30.414	−22 24 46.31	9.318 9704
10	19 14 22.675	−22 00 55.32	9.032 7930	25	19 02 20.529	−22 25 07.27	9.331 0162
11	19 14 03.790	−22 01 34.09	9.032 9838	26	19 02 11.006	−22 25 27.67	9.343 2616
12	19 13 44.920	−22 02 12.72	9.033 4722	27	19 02 01.848	−22 25 47.52	9.355 7026
13	19 13 26.075	−22 02 51.22	9.034 2578	28	19 01 53.059	−22 26 06.81	9.368 3355
14	19 13 07.262	−22 03 29.56	9.035 3398	29	19 01 44.642	−22 26 25.54	9.381 1562
15	19 12 48.490	−22 04 07.75	9.036 7179	30	19 01 36.599	−22 26 43.70	9.394 1604
16	19 12 29.767	−22 04 45.76	9.038 3914	31	19 01 28.936	−22 27 01.27	9.407 3436
17	19 12 11.100	−22 05 23.59	9.040 3596	Sept. 1	19 01 21.657	−22 27 18.23	9.420 7014
18	19 11 52.497	−22 06 01.21	9.042 6219	2	19 01 14.769	−22 27 34.57	9.434 2289
19	19 11 33.967	−22 06 38.61	9.045 1776	3	19 01 08.277	−22 27 50.28	9.447 9215
20	19 11 15.518	−22 07 15.77	9.048 0260	4	19 01 02.187	−22 28 05.38	9.461 7744
21	19 10 57.160	−22 07 52.66	9.051 1663	5	19 00 56.501	−22 28 19.88	9.475 7828
22	19 10 38.902	−22 08 29.27	9.054 5976	6	19 00 51.221	−22 28 33.77	9.489 9422
23	19 10 20.754	−22 09 05.57	9.058 3190	7	19 00 46.349	−22 28 47.06	9.504 2478
24	19 10 02.726	−22 09 41.55	9.062 3295	8	19 00 41.884	−22 28 59.77	9.518 6952
25	19 09 44.829	−22 10 17.20	9.066 6280	9	19 00 37.828	−22 29 11.88	9.533 2798
26	19 09 27.072	−22 10 52.50	9.071 2133	10	19 00 34.182	−22 29 23.40	9.547 9973
27	19 09 09.465	−22 11 27.45	9.076 0843	11	19 00 30.945	−22 29 34.32	9.562 8430
28	19 08 52.019	−22 12 02.03	9.081 2394	12	19 00 28.120	−22 29 44.64	9.577 8128
29	19 08 34.741	−22 12 36.25	9.086 6773	13	19 00 25.707	−22 29 54.34	9.592 9021
30	19 08 17.641	−22 13 10.11	9.092 3963	14	19 00 23.709	−22 30 03.42	9.608 1067
31	19 08 00.726	−22 13 43.60	9.098 3946	15	19 00 22.126	−22 30 11.87	9.623 4221
Aug. 1	19 07 44.003	−22 14 16.71	9.104 6701	16	19 00 20.962	−22 30 19.69	9.638 8442
2	19 07 27.478	−22 14 49.42	9.111 2207	17	19 00 20.217	−22 30 26.87	9.654 3685
3	19 07 11.160	−22 15 21.72	9.118 0438	18	19 00 19.895	−22 30 33.42	9.669 9907
4	19 06 55.059	−22 15 53.57	9.125 1369	19	19 00 19.997	−22 30 39.33	9.685 7065
5	19 06 39.184	−22 16 24.96	9.132 4970	20	19 00 20.524	−22 30 44.61	9.701 5114
6	19 06 23.546	−22 16 55.87	9.140 1211	21	19 00 21.477	−22 30 49.26	9.717 4012
7	19 06 08.155	−22 17 26.30	9.148 0063	22	19 00 22.857	−22 30 53.30	9.733 3713
8	19 05 53.018	−22 17 56.24	9.156 1494	23	19 00 24.662	−22 30 56.72	9.749 4171
9	19 05 38.144	−22 18 25.70	9.164 5473	24	19 00 26.893	−22 30 59.53	9.765 5343
10	19 05 23.539	−22 18 54.68	9.173 1970	25	19 00 29.548	−22 31 01.74	9.781 7179
11	19 05 09.208	−22 19 23.17	9.182 0953	26	19 00 32.625	−22 31 03.33	9.797 9633
12	19 04 55.157	−22 19 51.18	9.191 2391	27	19 00 36.124	−22 31 04.28	9.814 2655
13	19 04 41.390	−22 20 18.70	9.200 6254	28	19 00 40.045	−22 31 04.60	9.830 6194
14	19 04 27.914	−22 20 45.72	9.210 2509	29	19 00 44.391	−22 31 04.25	9.847 0200
15	19 04 14.733	−22 21 12.23	9.220 1127	30	19 00 49.162	−22 31 03.23	9.863 4620
16	19 04 01.853	−22 21 38.22	9.230 2075	Oct. 1	19 00 54.361	−22 31 01.55	9.879 9401

GEOCENTRIC COORDINATES FOR 0ʰ TERRESTRIAL TIME

Date	Apparent Right Ascension	Apparent Declination	True Geocentric Distance	Date	Apparent Right Ascension	Apparent Declination	True Geocentric Distance
	h m s	° ′ ″	au		h m s	° ′ ″	au
Oct. 1	19 00 54.361	−22 31 01.55	9.879 9401	Nov. 16	19 11 52.433	−22 17 48.69	10.598 9722
2	19 00 59.986	−22 30 59.21	9.896 4494	17	19 12 14.658	−22 17 15.44	10.612 1850
3	19 01 06.037	−22 30 56.23	9.912 9847	18	19 12 37.157	−22 16 41.53	10.625 2358
4	19 01 12.510	−22 30 52.61	9.929 5411	19	19 12 59.923	−22 16 06.94	10.638 1216
5	19 01 19.402	−22 30 48.36	9.946 1137	20	19 13 22.953	−22 15 31.68	10.650 8390
6	19 01 26.710	−22 30 43.48	9.962 6979	21	19 13 46.242	−22 14 55.74	10.663 3844
7	19 01 34.431	22 30 37.97	9.979 2890	22	19 14 09.786	22 14 19.09	10.675 7516
8	19 01 42.560	−22 30 31.82	9.995 8824	23	19 14 33.584	−22 13 41.74	10.687 9460
9	19 01 51.097	−22 30 25.03	10.012 4737	24	19 14 57.631	−22 13 03.68	10.699 9552
10	19 02 00.038	−22 30 17.58	10.029 0584	25	19 15 21.927	−22 12 24.92	10.711 7787
11	19 02 09.382	−22 30 09.48	10.045 6321	26	19 15 46.467	−22 11 45.46	10.723 4132
12	19 02 19.126	−22 30 00.72	10.062 1905	27	19 16 11.245	−22 11 05.31	10.734 8555
13	19 02 29.270	−22 29 51.28	10.078 7293	28	19 16 36.257	−22 10 24.50	10.746 1025
14	19 02 39.812	−22 29 41.17	10.095 2443	29	19 17 01.495	−22 09 43.03	10.757 1512
15	19 02 50.750	−22 29 30.38	10.111 7313	30	19 17 26.951	−22 09 00.91	10.767 9988
16	19 03 02.084	−22 29 18.92	10.128 1861	Dec. 1	19 17 52.620	−22 08 18.14	10.778 6427
17	19 03 13.811	−22 29 06.79	10.144 6045	2	19 18 18.496	−22 07 34.71	10.789 0803
18	19 03 25.930	−22 28 53.99	10.160 9824	3	19 18 44.572	−22 06 50.63	10.799 3092
19	19 03 38.437	−22 28 40.53	10.177 3155	4	19 19 10.844	−22 06 05.89	10.809 3271
20	19 03 51.329	−22 28 26.42	10.193 5996	5	19 19 37.307	−22 05 20.49	10.819 1318
21	19 04 04.602	−22 28 11.65	10.209 8306	6	19 20 03.957	−22 04 34.43	10.828 7211
22	19 04 18.253	−22 27 56.24	10.226 0040	7	19 20 30.790	−22 03 47.71	10.838 0929
23	19 04 32.277	−22 27 40.18	10.242 1155	8	19 20 57.802	−22 03 00.32	10.847 2454
24	19 04 46.670	−22 27 23.45	10.258 1607	9	19 21 24.990	−22 02 12.28	10.856 1765
25	19 05 01.431	−22 27 06.04	10.274 1350	10	19 21 52.349	−22 01 23.59	10.864 8845
26	19 05 16.556	−22 26 47.93	10.290 0338	11	19 22 19.875	−22 00 34.26	10.873 3674
27	19 05 32.046	−22 26 29.13	10.305 8525	12	19 22 47.564	−21 59 44.30	10.881 6236
28	19 05 47.899	−22 26 09.61	10.321 5865	13	19 23 15.410	−21 58 53.73	10.889 6514
29	19 06 04.113	−22 25 49.40	10.337 2310	14	19 23 43.407	−21 58 02.56	10.897 4489
30	19 06 20.685	−22 25 28.49	10.352 7817	15	19 24 11.549	−21 57 10.80	10.905 0145
31	19 06 37.610	−22 25 06.90	10.368 2342	16	19 24 39.831	−21 56 18.46	10.912 3462
Nov. 1	19 06 54.883	−22 24 44.65	10.383 5841	17	19 25 08.245	−21 55 25.52	10.919 4424
2	19 07 12.498	−22 24 21.72	10.398 8274	18	19 25 36.788	−21 54 32.00	10.926 3010
3	19 07 30.449	−22 23 58.13	10.413 9601	19	19 26 05.456	−21 53 37.88	10.932 9201
4	19 07 48.730	−22 23 33.87	10.428 9783	20	19 26 34.245	−21 52 43.15	10.939 2979
5	19 08 07.337	−22 23 08.93	10.443 8783	21	19 27 03.152	−21 51 47.82	10.945 4323
6	19 08 26.265	−22 22 43.31	10.458 6564	22	19 27 32.175	−21 50 51.90	10.951 3216
7	19 08 45.510	−22 22 16.99	10.473 3090	23	19 28 01.309	−21 49 55.40	10.956 9638
8	19 09 05.069	−22 21 49.98	10.487 8325	24	19 28 30.550	−21 48 58.33	10.962 3574
9	19 09 24.939	−22 21 22.27	10.502 2235	25	19 28 59.892	−21 48 00.71	10.967 5006
10	19 09 45.115	−22 20 53.86	10.516 4786	26	19 29 29.329	−21 47 02.56	10.972 3921
11	19 10 05.595	−22 20 24.74	10.530 5945	27	19 29 58.852	−21 46 03.90	10.977 0306
12	19 10 26.376	−22 19 54.92	10.544 5680	28	19 30 28.455	−21 45 04.73	10.981 4148
13	19 10 47.454	−22 19 24.39	10.558 3956	29	19 30 58.131	−21 44 05.06	10.985 5439
14	19 11 08.826	−22 18 53.17	10.572 0744	30	19 31 27.874	−21 43 04.89	10.989 4170
15	19 11 30.487	−22 18 21.27	10.585 6010	31	19 31 57.680	−21 42 04.23	10.993 0332
16	19 11 52.433	−22 17 48.69	10.598 9722	32	19 32 27.542	−21 41 03.08	10.996 3919

URANUS, 2019

GEOCENTRIC COORDINATES FOR 0ʰ TERRESTRIAL TIME

Date	Apparent Right Ascension	Apparent Declination	True Geocentric Distance	Date	Apparent Right Ascension	Apparent Declination	True Geocentric Distance
	h m s	° ′ ″	au		h m s	° ′ ″	au
Jan. 0	1 47 09.307	+10 29 00.13	19.514 240	Feb. 15	1 49 31.270	+10 43 50.21	20.281 757
1	1 47 07.993	+10 28 54.90	19.530 506	16	1 49 38.693	+10 44 33.42	20.297 039
2	1 47 06.878	+10 28 50.79	19.546 868	17	1 49 46.278	+10 45 17.50	20.312 186
3	1 47 05.962	+10 28 47.80	19.563 323	18	1 49 54.022	+10 46 02.45	20.327 193
4	1 47 05.246	+10 28 45.95	19.579 864	19	1 50 01.920	+10 46 48.23	20.342 057
5	1 47 04.729	+10 28 45.22	19.596 486	20	1 50 09.970	+10 47 34.82	20.356 774
6	1 47 04.411	+10 28 45.61	19.613 183	21	1 50 18.170	+10 48 22.20	20.371 340
7	1 47 04.292	+10 28 47.13	19.629 950	22	1 50 26.522	+10 49 10.38	20.385 753
8	1 47 04.371	+10 28 49.77	19.646 781	23	1 50 35.026	+10 49 59.34	20.400 007
9	1 47 04.648	+10 28 53.53	19.663 671	24	1 50 43.680	+10 50 49.09	20.414 100
10	1 47 05.123	+10 28 58.40	19.680 613	25	1 50 52.485	+10 51 39.62	20.428 028
11	1 47 05.796	+10 29 04.37	19.697 603	26	1 51 01.438	+10 52 30.94	20.441 787
12	1 47 06.668	+10 29 11.46	19.714 634	27	1 51 10.536	+10 53 23.02	20.455 372
13	1 47 07.740	+10 29 19.66	19.731 701	28	1 51 19.777	+10 54 15.86	20.468 780
14	1 47 09.011	+10 29 28.97	19.748 799	Mar. 1	1 51 29.159	+10 55 09.43	20.482 008
15	1 47 10.483	+10 29 39.40	19.765 922	2	1 51 38.676	+10 56 03.73	20.495 051
16	1 47 12.157	+10 29 50.95	19.783 065	3	1 51 48.328	+10 56 58.73	20.507 906
17	1 47 14.031	+10 30 03.63	19.800 223	4	1 51 58.111	+10 57 54.41	20.520 568
18	1 47 16.107	+10 30 17.43	19.817 390	5	1 52 08.022	+10 58 50.75	20.533 036
19	1 47 18.383	+10 30 32.35	19.834 561	6	1 52 18.059	+10 59 47.74	20.545 304
20	1 47 20.856	+10 30 48.39	19.851 731	7	1 52 28.221	+11 00 45.37	20.557 369
21	1 47 23.524	+10 31 05.53	19.868 896	8	1 52 38.505	+11 01 43.62	20.569 229
22	1 47 26.384	+10 31 23.75	19.886 051	9	1 52 48.911	+11 02 42.47	20.580 880
23	1 47 29.435	+10 31 43.03	19.903 191	10	1 52 59.435	+11 03 41.93	20.592 318
24	1 47 32.675	+10 32 03.35	19.920 311	11	1 53 10.078	+11 04 41.97	20.603 542
25	1 47 36.106	+10 32 24.73	19.937 406	12	1 53 20.836	+11 05 42.60	20.614 547
26	1 47 39.729	+10 32 47.15	19.954 472	13	1 53 31.708	+11 06 43.80	20.625 332
27	1 47 43.545	+10 33 10.63	19.971 504	14	1 53 42.690	+11 07 45.56	20.635 894
28	1 47 47.555	+10 33 35.18	19.988 496	15	1 53 53.780	+11 08 47.86	20.646 230
29	1 47 51.758	+10 34 00.79	20.005 444	16	1 54 04.974	+11 09 50.68	20.656 338
30	1 47 56.154	+10 34 27.45	20.022 341	17	1 54 16.266	+11 10 54.00	20.666 216
31	1 48 00.740	+10 34 55.18	20.039 184	18	1 54 27.654	+11 11 57.80	20.675 862
Feb. 1	1 48 05.515	+10 35 23.95	20.055 967	19	1 54 39.133	+11 13 02.04	20.685 274
2	1 48 10.477	+10 35 53.75	20.072 684	20	1 54 50.702	+11 14 06.71	20.694 451
3	1 48 15.624	+10 36 24.58	20.089 330	21	1 55 02.358	+11 15 11.78	20.703 390
4	1 48 20.954	+10 36 56.42	20.105 901	22	1 55 14.102	+11 16 17.26	20.712 090
5	1 48 26.465	+10 37 29.25	20.122 390	23	1 55 25.934	+11 17 23.14	20.720 548
6	1 48 32.155	+10 38 03.06	20.138 794	24	1 55 37.851	+11 18 29.42	20.728 763
7	1 48 38.024	+10 38 37.85	20.155 107	25	1 55 49.854	+11 19 36.09	20.736 733
8	1 48 44.069	+10 39 13.60	20.171 323	26	1 56 01.938	+11 20 43.14	20.744 455
9	1 48 50.291	+10 39 50.30	20.187 439	27	1 56 14.100	+11 21 50.57	20.751 929
10	1 48 56.688	+10 40 27.95	20.203 450	28	1 56 26.337	+11 22 58.34	20.759 151
11	1 49 03.260	+10 41 06.54	20.219 350	29	1 56 38.645	+11 24 06.44	20.766 119
12	1 49 10.006	+10 41 46.07	20.235 135	30	1 56 51.021	+11 25 14.85	20.772 833
13	1 49 16.924	+10 42 26.53	20.250 800	31	1 57 03.462	+11 26 23.55	20.779 289
14	1 49 24.012	+10 43 07.91	20.266 343	Apr. 1	1 57 15.964	+11 27 32.52	20.785 487
15	1 49 31.270	+10 43 50.21	20.281 757	2	1 57 28.525	+11 28 41.75	20.791 424

GEOCENTRIC COORDINATES FOR 0ʰ TERRESTRIAL TIME

Date	Apparent Right Ascension	Apparent Declination	True Geocentric Distance	Date	Apparent Right Ascension	Apparent Declination	True Geocentric Distance
	h m s	° ′ ″	au		h m s	° ′ ″	au
Apr. 1	1 57 15.964	+11 27 32.52	20.785 487	May 17	2 07 13.891	+12 21 09.89	20.780 426
2	1 57 28.525	+11 28 41.75	20.791 424	18	2 07 26.401	+12 22 15.52	20.774 096
3	1 57 41.144	+11 29 51.21	20.797 100	19	2 07 38.854	+12 23 20.77	20.767 518
4	1 57 53.817	+11 31 00.89	20.802 512	20	2 07 51.246	+12 24 25.64	20.760 695
5	1 58 06.543	+11 32 10.79	20.807 659	21	2 08 03.574	+12 25 30.12	20.753 628
6	1 58 19.319	+11 33 20.88	20.812 541	22	2 08 15.834	+12 26 34.18	20.746 318
7	1 58 32.145	+11 34 31.16	20.817 133	23	2 08 28.023	+12 27 37.81	20.738 767
8	1 58 45.019	+11 35 41.62	20.821 501	24	2 08 40.139	+12 28 41.00	20.730 977
9	1 58 57.937	+11 36 52.24	20.825 578	25	2 08 52.176	+12 29 43.72	20.722 949
10	1 59 10.896	+11 38 03.03	20.829 385	26	2 09 04.135	+12 30 45.97	20.714 685
11	1 59 23.894	+11 39 13.96	20.832 922	27	2 09 16.011	+12 31 47.72	20.706 186
12	1 59 36.927	+11 40 25.01	20.836 188	28	2 09 27.803	+12 32 48.97	20.697 456
13	1 59 49.989	+11 41 36.17	20.839 184	29	2 09 39.510	+12 33 49.69	20.688 496
14	2 00 03.077	+11 42 47.40	20.841 908	30	2 09 51.129	+12 34 49.90	20.679 307
15	2 00 16.187	+11 43 58.68	20.844 361	31	2 10 02.660	+12 35 49.57	20.669 892
16	2 00 29.316	+11 45 09.98	20.846 543	June 1	2 10 14.101	+12 36 48.71	20.660 254
17	2 00 42.463	+11 46 21.30	20.848 455	2	2 10 25.450	+12 37 47.31	20.650 395
18	2 00 55.626	+11 47 32.62	20.850 095	3	2 10 36.705	+12 38 45.36	20.640 316
19	2 01 08.807	+11 48 43.93	20.851 464	4	2 10 47.863	+12 39 42.85	20.630 022
20	2 01 22.003	+11 49 55.24	20.852 562	5	2 10 58.921	+12 40 39.78	20.619 515
21	2 01 35.216	+11 51 06.52	20.853 389	6	2 11 09.874	+12 41 36.13	20.608 797
22	2 01 48.448	+11 52 17.72	20.853 945	7	2 11 20.718	+12 42 31.87	20.597 872
23	2 02 01.662	+11 53 28.17	20.854 230	8	2 11 31.450	+12 43 26.98	20.586 743
24	2 02 14.857	+11 54 39.94	20.854 243	9	2 11 42.067	+12 44 21.44	20.575 413
25	2 02 28.095	+11 55 51.27	20.853 984	10	2 11 52.567	+12 45 15.24	20.563 885
26	2 02 41.328	+11 57 02.38	20.853 454	11	2 12 02.949	+12 46 08.36	20.552 164
27	2 02 54.552	+11 58 13.37	20.852 653	12	2 12 13.213	+12 47 00.81	20.540 251
28	2 03 07.767	+11 59 24.23	20.851 579	13	2 12 23.360	+12 47 52.58	20.528 150
29	2 03 20.969	+12 00 34.94	20.850 235	14	2 12 33.388	+12 48 43.69	20.515 865
30	2 03 34.157	+12 01 45.50	20.848 619	15	2 12 43.295	+12 49 34.11	20.503 398
May 1	2 03 47.329	+12 02 55.89	20.846 732	16	2 12 53.081	+12 50 23.87	20.490 752
2	2 04 00.482	+12 04 06.10	20.844 575	17	2 13 02.742	+12 51 12.94	20.477 931
3	2 04 13.615	+12 05 16.12	20.842 148	18	2 13 12.275	+12 52 01.32	20.464 936
4	2 04 26.726	+12 06 25.95	20.839 452	19	2 13 21.678	+12 52 48.98	20.451 772
5	2 04 39.814	+12 07 35.57	20.836 487	20	2 13 30.946	+12 53 35.93	20.438 442
6	2 04 52.876	+12 08 44.97	20.833 255	21	2 13 40.078	+12 54 22.14	20.424 947
7	2 05 05.909	+12 09 54.16	20.829 756	22	2 13 49.072	+12 55 07.60	20.411 292
8	2 05 18.911	+12 11 03.11	20.825 992	23	2 13 57.924	+12 55 52.29	20.397 479
9	2 05 31.876	+12 12 11.80	20.821 964	24	2 14 06.635	+12 56 36.22	20.383 512
10	2 05 44.802	+12 13 20.23	20.817 673	25	2 14 15.203	+12 57 19.36	20.369 394
11	2 05 57.683	+12 14 28.36	20.813 121	26	2 14 23.625	+12 58 01.72	20.355 129
12	2 06 10.516	+12 15 36.18	20.808 310	27	2 14 31.903	+12 58 43.28	20.340 719
13	2 06 23.298	+12 16 43.65	20.803 241	28	2 14 40.034	+12 59 24.06	20.326 168
14	2 06 36.028	+12 17 50.76	20.797 917	29	2 14 48.017	+13 00 04.04	20.311 480
15	2 06 48.703	+12 18 57.51	20.792 338	30	2 14 55.852	+13 00 43.22	20.296 659
16	2 07 01.324	+12 20 03.89	20.786 507	July 1	2 15 03.536	+13 01 21.60	20.281 709
17	2 07 13.891	+12 21 09.89	20.780 426	2	2 15 11.066	+13 01 59.18	20.266 633

URANUS, 2019

GEOCENTRIC COORDINATES FOR 0ʰ TERRESTRIAL TIME

Date	Apparent Right Ascension	Apparent Declination	True Geocentric Distance	Date	Apparent Right Ascension	Apparent Declination	True Geocentric Distance
	h m s	° ′ ″	au		h m s	° ′ ″	au
July 1	2 15 03.536	+13 01 21.60	20.281 709	Aug. 16	2 17 48.094	+13 14 28.58	19.527 946
2	2 15 11.066	+13 01 59.18	20.266 633	17	2 17 47.272	+13 14 23.30	19.511 808
3	2 15 18.439	+13 02 35.94	20.251 435	18	2 17 46.260	+13 14 17.04	19.495 754
4	2 15 25.652	+13 03 11.87	20.236 121	19	2 17 45.057	+13 14 09.83	19.479 788
5	2 15 32.701	+13 03 46.94	20.220 693	20	2 17 43.665	+13 14 01.65	19.463 915
6	2 15 39.582	+13 04 21.13	20.205 158	21	2 17 42.087	+13 13 52.52	19.448 140
7	2 15 46.296	+13 04 54.44	20.189 518	22	2 17 40.322	+13 13 42.45	19.432 467
8	2 15 52.841	+13 05 26.85	20.173 779	23	2 17 38.372	+13 13 31.45	19.416 901
9	2 15 59.219	+13 05 58.37	20.157 945	24	2 17 36.238	+13 13 19.52	19.401 446
10	2 16 05.429	+13 06 28.99	20.142 020	25	2 17 33.921	+13 13 06.68	19.386 108
11	2 16 11.472	+13 06 58.73	20.126 009	26	2 17 31.420	+13 12 52.93	19.370 890
12	2 16 17.348	+13 07 27.58	20.109 915	27	2 17 28.735	+13 12 38.26	19.355 798
13	2 16 23.055	+13 07 55.56	20.093 743	28	2 17 25.866	+13 12 22.68	19.340 837
14	2 16 28.592	+13 08 22.66	20.077 497	29	2 17 22.810	+13 12 06.18	19.326 011
15	2 16 33.956	+13 08 48.87	20.061 180	30	2 17 19.569	+13 11 48.75	19.311 327
16	2 16 39.146	+13 09 14.18	20.044 797	31	2 17 16.144	+13 11 30.38	19.296 788
17	2 16 44.158	+13 09 38.58	20.028 352	Sept. 1	2 17 12.537	+13 11 11.09	19.282 399
18	2 16 48.991	+13 10 02.07	20.011 849	2	2 17 08.752	+13 10 50.88	19.268 167
19	2 16 53.644	+13 10 24.63	19.995 292	3	2 17 04.794	+13 10 29.78	19.254 094
20	2 16 58.115	+13 10 46.26	19.978 685	4	2 17 00.665	+13 10 07.82	19.240 186
21	2 17 02.404	+13 11 06.94	19.962 032	5	2 16 56.368	+13 09 45.00	19.226 447
22	2 17 06.511	+13 11 26.68	19.945 337	6	2 16 51.903	+13 09 21.35	19.212 881
23	2 17 10.434	+13 11 45.47	19.928 604	7	2 16 47.271	+13 08 56.87	19.199 492
24	2 17 14.174	+13 12 03.31	19.911 839	8	2 16 42.474	+13 08 31.56	19.186 284
25	2 17 17.730	+13 12 20.20	19.895 044	9	2 16 37.512	+13 08 05.43	19.173 261
26	2 17 21.104	+13 12 36.15	19.878 226	10	2 16 32.387	+13 07 38.49	19.160 427
27	2 17 24.293	+13 12 51.16	19.861 387	11	2 16 27.099	+13 07 10.74	19.147 786
28	2 17 27.299	+13 13 05.23	19.844 533	12	2 16 21.651	+13 06 42.19	19.135 341
29	2 17 30.118	+13 13 18.36	19.827 669	13	2 16 16.044	+13 06 12.83	19.123 097
30	2 17 32.750	+13 13 30.54	19.810 799	14	2 16 10.282	+13 05 42.69	19.111 056
31	2 17 35.193	+13 13 41.78	19.793 928	15	2 16 04.367	+13 05 11.78	19.099 223
Aug. 1	2 17 37.442	+13 13 52.04	19.777 061	16	2 15 58.302	+13 04 40.10	19.087 602
2	2 17 39.496	+13 14 01.33	19.760 204	17	2 15 52.091	+13 04 07.67	19.076 195
3	2 17 41.355	+13 14 09.62	19.743 361	18	2 15 45.736	+13 03 34.51	19.065 008
4	2 17 43.018	+13 14 16.90	19.726 538	19	2 15 39.241	+13 03 00.64	19.054 042
5	2 17 44.488	+13 14 23.19	19.709 740	20	2 15 32.608	+13 02 26.08	19.043 303
6	2 17 45.766	+13 14 28.48	19.692 972	21	2 15 25.840	+13 01 50.83	19.032 793
7	2 17 46.854	+13 14 32.81	19.676 238	22	2 15 18.938	+13 01 14.93	19.022 517
8	2 17 47.753	+13 14 36.16	19.659 543	23	2 15 11.904	+13 00 38.37	19.012 478
9	2 17 48.464	+13 14 38.56	19.642 893	24	2 15 04.740	+13 00 01.16	19.002 680
10	2 17 48.985	+13 14 40.01	19.626 291	25	2 14 57.446	+12 59 23.31	18.993 126
11	2 17 49.316	+13 14 40.50	19.609 741	26	2 14 50.024	+12 58 44.81	18.983 821
12	2 17 49.456	+13 14 40.05	19.593 250	27	2 14 42.476	+12 58 05.68	18.974 767
13	2 17 49.404	+13 14 38.63	19.576 820	28	2 14 34.806	+12 57 25.93	18.965 970
14	2 17 49.160	+13 14 36.25	19.560 456	29	2 14 27.020	+12 56 45.56	18.957 431
15	2 17 48.723	+13 14 32.90	19.544 163	30	2 14 19.124	+12 56 04.62	18.949 155
16	2 17 48.094	+13 14 28.58	19.527 946	Oct. 1	2 14 11.121	+12 55 23.12	18.941 144

GEOCENTRIC COORDINATES FOR 0ʰ TERRESTRIAL TIME

Date	Apparent Right Ascension	Apparent Declination	True Geocentric Distance	Date	Apparent Right Ascension	Apparent Declination	True Geocentric Distance
	h m s	° ′ ″	au		h m s	° ′ ″	au
Oct. 1	2 14 11.121	+12 55 23.12	18.941 144	Nov. 16	2 07 11.073	+12 19 14.14	18.889 017
2	2 14 03.018	+12 54 41.11	18.933 401	17	2 07 02.312	+12 18 29.10	18.894 975
3	2 13 54.817	+12 53 58.60	18.925 929	18	2 06 53.628	+12 17 44.49	18.901 223
4	2 13 46.521	+12 53 15.62	18.918 731	19	2 06 45.024	+12 17 00.31	18.907 759
5	2 13 38.132	+12 52 32.18	18.911 808	20	2 06 36.503	+12 16 16.59	18.914 583
6	2 13 29.653	+12 51 48.28	18.905 163	21	2 06 28.069	+12 15 33.32	18.921 692
7	2 13 21.085	+12 51 03.95	18.898 797	22	2 06 19.726	12 14 50.53	18.929 084
8	2 13 12.432	+12 50 19.20	18.892 714	23	2 06 11.481	+12 14 08.25	18.936 757
9	2 13 03.698	+12 49 34.03	18.886 915	24	2 06 03.338	+12 13 26.50	18.944 710
10	2 12 54.885	+12 48 48.47	18.881 401	25	2 05 55.304	+12 12 45.32	18.952 938
11	2 12 45.999	+12 48 02.53	18.876 174	26	2 05 47.382	+12 12 04.74	18.961 441
12	2 12 37.042	+12 47 16.23	18.871 237	27	2 05 39.577	+12 11 24.79	18.970 214
13	2 12 28.021	+12 46 29.59	18.866 591	28	2 05 31.891	+12 10 45.48	18.979 255
14	2 12 18.939	+12 45 42.63	18.862 237	29	2 05 24.326	+12 10 06.84	18.988 560
15	2 12 09.802	+12 44 55.39	18.858 177	30	2 05 16.884	+12 09 28.86	18.998 126
16	2 12 00.612	+12 44 07.87	18.854 413	Dec. 1	2 05 09.567	+12 08 51.57	19.007 949
17	2 11 51.376	+12 43 20.12	18.850 946	2	2 05 02.378	+12 08 14.97	19.018 027
18	2 11 42.095	+12 42 32.15	18.847 778	3	2 04 55.319	+12 07 39.07	19.028 354
19	2 11 32.774	+12 41 43.98	18.844 909	4	2 04 48.395	+12 07 03.90	19.038 927
20	2 11 23.416	+12 40 55.63	18.842 342	5	2 04 41.607	+12 06 29.45	19.049 743
21	2 11 14.022	+12 40 07.12	18.840 078	6	2 04 34.961	+12 05 55.76	19.060 798
22	2 11 04.596	+12 39 18.46	18.838 118	7	2 04 28.460	+12 05 22.85	19.072 087
23	2 10 55.140	+12 38 29.65	18.836 463	8	2 04 22.107	+12 04 50.72	19.083 607
24	2 10 45.657	+12 37 40.71	18.835 115	9	2 04 15.905	+12 04 19.40	19.095 355
25	2 10 36.152	+12 36 51.66	18.834 075	10	2 04 09.859	+12 03 48.91	19.107 325
26	2 10 26.630	+12 36 02.51	18.833 343	11	2 04 03.971	+12 03 19.28	19.119 514
27	2 10 17.098	+12 35 13.29	18.832 921	12	2 03 58.243	+12 02 50.51	19.131 919
28	2 10 07.563	+12 34 24.04	18.832 809	13	2 03 52.676	+12 02 22.62	19.144 534
29	2 09 58.029	+12 33 34.80	18.833 007	14	2 03 47.271	+12 01 55.61	19.157 357
30	2 09 48.503	+12 32 45.59	18.833 516	15	2 03 42.030	+12 01 29.50	19.170 383
31	2 09 38.987	+12 31 56.45	18.834 335	16	2 03 36.952	+12 01 04.28	19.183 608
Nov. 1	2 09 29.484	+12 31 07.39	18.835 464	17	2 03 32.039	+12 00 39.95	19.197 029
2	2 09 19.998	+12 30 18.44	18.836 903	18	2 03 27.293	+12 00 16.52	19.210 641
3	2 09 10.530	+12 29 29.60	18.838 650	19	2 03 22.718	+11 59 54.00	19.224 441
4	2 09 01.085	+12 28 40.89	18.840 706	20	2 03 18.316	+11 59 32.40	19.238 423
5	2 08 51.667	+12 27 52.33	18.843 069	21	2 03 14.092	+11 59 11.74	19.252 584
6	2 08 42.278	+12 27 03.94	18.845 738	22	2 03 10.050	+11 58 52.04	19.266 918
7	2 08 32.925	+12 26 15.73	18.848 712	23	2 03 06.192	+11 58 33.34	19.281 422
8	2 08 23.610	+12 25 27.72	18.851 990	24	2 03 02.521	+11 58 15.63	19.296 090
9	2 08 14.340	+12 24 39.95	18.855 572	25	2 02 59.038	+11 57 58.95	19.310 918
10	2 08 05.119	+12 23 52.43	18.859 455	26	2 02 55.743	+11 57 43.29	19.325 899
11	2 07 55.952	+12 23 05.20	18.863 639	27	2 02 52.637	+11 57 28.66	19.341 030
12	2 07 46.843	+12 22 18.27	18.868 122	28	2 02 49.719	+11 57 15.05	19.356 304
13	2 07 37.798	+12 21 31.67	18.872 903	29	2 02 46.990	+11 57 02.47	19.371 716
14	2 07 28.819	+12 20 45.44	18.877 980	30	2 02 44.451	+11 56 50.91	19.387 261
15	2 07 19.909	+12 19 59.59	18.883 352	31	2 02 42.103	+11 56 40.39	19.402 934
16	2 07 11.073	+12 19 14.14	18.889 017	32	2 02 39.948	+11 56 30.90	19.418 729

NEPTUNE, 2019

GEOCENTRIC COORDINATES FOR 0^h TERRESTRIAL TIME

Date	Apparent Right Ascension	Apparent Declination	True Geocentric Distance	Date	Apparent Right Ascension	Apparent Declination	True Geocentric Distance
	h m s	° ′ ″	au		h m s	° ′ ″	au
Jan. 0	23 02 46.215	− 7 09 57.94	30.343 710	Feb. 15	23 07 46.687	− 6 38 05.63	30.867 429
1	23 02 50.696	− 7 09 28.71	30.359 360	16	23 07 54.777	− 6 37 14.83	30.873 207
2	23 02 55.292	− 7 08 58.79	30.374 880	17	23 08 02.905	− 6 36 23.83	30.878 709
3	23 03 00.000	− 7 08 28.18	30.390 264	18	23 08 11.066	− 6 35 32.65	30.883 935
4	23 03 04.820	− 7 07 56.89	30.405 508	19	23 08 19.257	− 6 34 41.31	30.888 885
5	23 03 09.750	− 7 07 24.95	30.420 606	20	23 08 27.475	− 6 33 49.82	30.893 557
6	23 03 14.788	− 7 06 52.35	30.435 555	21	23 08 35.719	− 6 32 58.19	30.897 950
7	23 03 19.930	− 7 06 19.12	30.450 349	22	23 08 43.988	− 6 32 06.42	30.902 064
8	23 03 25.176	− 7 05 45.27	30.464 984	23	23 08 52.284	− 6 31 14.51	30.905 897
9	23 03 30.523	− 7 05 10.81	30.479 456	24	23 09 00.606	− 6 30 22.45	30.909 448
10	23 03 35.970	− 7 04 35.74	30.493 759	25	23 09 08.953	− 6 29 30.25	30.912 717
11	23 03 41.515	− 7 04 00.08	30.507 891	26	23 09 17.323	− 6 28 37.94	30.915 701
12	23 03 47.158	− 7 03 23.83	30.521 846	27	23 09 25.714	− 6 27 45.52	30.918 400
13	23 03 52.897	− 7 02 46.98	30.535 620	28	23 09 34.123	− 6 26 53.02	30.920 813
14	23 03 58.732	− 7 02 09.56	30.549 211	Mar. 1	23 09 42.548	− 6 26 00.45	30.922 940
15	23 04 04.662	− 7 01 31.55	30.562 613	2	23 09 50.985	− 6 25 07.83	30.924 779
16	23 04 10.687	− 7 00 52.97	30.575 824	3	23 09 59.433	− 6 24 15.18	30.926 330
17	23 04 16.805	− 7 00 13.82	30.588 839	4	23 10 07.888	− 6 23 22.52	30.927 593
18	23 04 23.017	− 6 59 34.11	30.601 656	5	23 10 16.350	− 6 22 29.87	30.928 567
19	23 04 29.320	− 6 58 53.86	30.614 271	6	23 10 24.817	− 6 21 37.31	30.929 253
20	23 04 35.710	− 6 58 13.09	30.626 682	7	23 10 33.272	− 6 20 44.98	30.929 649
21	23 04 42.185	− 6 57 31.81	30.638 884	8	23 10 41.711	− 6 19 52.24	30.929 757
22	23 04 48.740	− 6 56 50.06	30.650 875	9	23 10 50.169	− 6 18 59.50	30.929 577
23	23 04 55.373	− 6 56 07.85	30.662 652	10	23 10 58.627	− 6 18 06.88	30.929 108
24	23 05 02.083	− 6 55 25.18	30.674 212	11	23 11 07.080	− 6 17 14.34	30.928 351
25	23 05 08.869	− 6 54 42.05	30.685 551	12	23 11 15.528	− 6 16 21.87	30.927 308
26	23 05 15.731	− 6 53 58.46	30.696 667	13	23 11 23.970	− 6 15 29.47	30.925 978
27	23 05 22.669	− 6 53 14.41	30.707 556	14	23 11 32.402	− 6 14 37.15	30.924 363
28	23 05 29.684	− 6 52 29.90	30.718 215	15	23 11 40.823	− 6 13 44.94	30.922 463
29	23 05 36.774	− 6 51 44.94	30.728 640	16	23 11 49.230	− 6 12 52.84	30.920 281
30	23 05 43.937	− 6 50 59.55	30.738 829	17	23 11 57.619	− 6 12 00.89	30.917 816
31	23 05 51.172	− 6 50 13.73	30.748 778	18	23 12 05.986	− 6 11 09.10	30.915 071
Feb. 1	23 05 58.475	− 6 49 27.52	30.758 484	19	23 12 14.330	− 6 10 17.49	30.912 046
2	23 06 05.845	− 6 48 40.91	30.767 944	20	23 12 22.648	− 6 09 26.07	30.908 744
3	23 06 13.278	− 6 47 53.94	30.777 155	21	23 12 30.939	− 6 08 34.83	30.905 164
4	23 06 20.772	− 6 47 06.62	30.786 115	22	23 12 39.203	− 6 07 43.79	30.901 309
5	23 06 28.323	− 6 46 18.95	30.794 821	23	23 12 47.441	− 6 06 52.93	30.897 179
6	23 06 35.932	− 6 45 30.96	30.803 271	24	23 12 55.653	− 6 06 02.25	30.892 776
7	23 06 43.594	− 6 44 42.65	30.811 462	25	23 13 03.837	− 6 05 11.78	30.888 100
8	23 06 51.309	− 6 43 54.02	30.819 391	26	23 13 11.991	− 6 04 21.52	30.883 152
9	23 06 59.075	− 6 43 05.10	30.827 058	27	23 13 20.113	− 6 03 31.50	30.877 934
10	23 07 06.892	− 6 42 15.88	30.834 459	28	23 13 28.199	− 6 02 41.72	30.872 447
11	23 07 14.757	− 6 41 26.37	30.841 593	29	23 13 36.248	− 6 01 52.22	30.866 693
12	23 07 22.671	− 6 40 36.58	30.848 459	30	23 13 44.255	− 6 01 02.99	30.860 672
13	23 07 30.632	− 6 39 46.52	30.855 054	31	23 13 52.220	− 6 00 14.07	30.854 387
14	23 07 38.638	− 6 38 56.20	30.861 378	Apr. 1	23 14 00.139	− 5 59 25.46	30.847 839
15	23 07 46.687	− 6 38 05.63	30.867 429	2	23 14 08.011	− 5 58 37.17	30.841 031

GEOCENTRIC COORDINATES FOR 0^h TERRESTRIAL TIME

Date	Apparent Right Ascension	Apparent Declination	True Geocentric Distance	Date	Apparent Right Ascension	Apparent Declination	True Geocentric Distance
	h m s	° ′ ″	au		h m s	° ′ ″	au
Apr. 1	23 14 00.139	− 5 59 25.46	30.847 839	May 17	23 18 50.013	− 5 30 23.94	30.309 667
2	23 14 08.011	− 5 58 37.17	30.841 031	18	23 18 54.186	− 5 30 00.02	30.294 077
3	23 14 15.834	− 5 57 49.22	30.833 963	19	23 18 58.255	− 5 29 36.77	30.278 383
4	23 14 23.607	− 5 57 01.60	30.826 638	20	23 19 02.218	− 5 29 14.21	30.262 591
5	23 14 31.329	− 5 56 14.32	30.819 058	21	23 19 06.073	− 5 28 52.35	30.246 703
6	23 14 38.999	− 5 55 27.39	30.811 226	22	23 19 09.819	− 5 28 31.21	30.230 725
7	23 14 46.616	− 5 54 40.82	30.803 144	23	23 19 13.454	− 5 28 10.78	30.214 660
8	23 14 54.179	− 5 53 54.60	30.794 815	24	23 19 16.976	− 5 27 51.09	30.198 512
9	23 15 01.687	− 5 53 08.76	30.786 240	25	23 19 20.383	− 5 27 32.14	30.182 285
10	23 15 09.139	− 5 52 23.30	30.777 424	26	23 19 23.675	− 5 27 13.93	30.165 984
11	23 15 16.532	− 5 51 38.23	30.768 369	27	23 19 26.852	− 5 26 56.47	30.149 614
12	23 15 23.863	− 5 50 53.58	30.759 078	28	23 19 29.911	− 5 26 39.76	30.133 178
13	23 15 31.130	− 5 50 09.37	30.749 554	29	23 19 32.855	− 5 26 23.80	30.116 681
14	23 15 38.329	− 5 49 25.61	30.739 800	30	23 19 35.682	− 5 26 08.57	30.100 128
15	23 15 45.458	− 5 48 42.33	30.729 820	31	23 19 38.393	− 5 25 54.09	30.083 523
16	23 15 52.516	− 5 47 59.51	30.719 616	June 1	23 19 40.988	− 5 25 40.35	30.066 871
17	23 15 59.500	− 5 47 17.18	30.709 192	2	23 19 43.468	− 5 25 27.35	30.050 178
18	23 16 06.412	− 5 46 35.33	30.698 550	3	23 19 45.833	− 5 25 15.08	30.033 447
19	23 16 13.251	− 5 45 53.96	30.687 693	4	23 19 48.082	− 5 25 03.57	30.016 683
20	23 16 20.018	− 5 45 13.06	30.676 625	5	23 19 50.214	− 5 24 52.80	29.999 893
21	23 16 26.713	− 5 44 32.63	30.665 347	6	23 19 52.226	− 5 24 42.81	29.983 081
22	23 16 33.335	− 5 43 52.70	30.653 864	7	23 19 54.118	− 5 24 33.60	29.966 252
23	23 16 39.881	− 5 43 13.26	30.642 177	8	23 19 55.886	− 5 24 25.17	29.949 411
24	23 16 46.349	− 5 42 34.35	30.630 290	9	23 19 57.530	− 5 24 17.54	29.932 563
25	23 16 52.737	− 5 41 55.97	30.618 205	10	23 19 59.051	− 5 24 10.69	29.915 713
26	23 16 59.042	− 5 41 18.15	30.605 927	11	23 20 00.449	− 5 24 04.63	29.898 865
27	23 17 05.261	− 5 40 40.88	30.593 457	12	23 20 01.727	− 5 23 59.33	29.882 025
28	23 17 11.394	− 5 40 04.19	30.580 799	13	23 20 02.884	− 5 23 54.80	29.865 197
29	23 17 17.438	− 5 39 28.08	30.567 957	14	23 20 03.924	− 5 23 51.01	29.848 385
30	23 17 23.392	− 5 38 52.56	30.554 933	15	23 20 04.846	− 5 23 47.97	29.831 594
May 1	23 17 29.256	− 5 38 17.63	30.541 733	16	23 20 05.650	− 5 23 45.67	29.814 829
2	23 17 35.028	− 5 37 43.30	30.528 358	17	23 20 06.337	− 5 23 44.14	29.798 092
3	23 17 40.709	− 5 37 09.56	30.514 814	18	23 20 06.904	− 5 23 43.36	29.781 390
4	23 17 46.297	− 5 36 36.42	30.501 103	19	23 20 07.351	− 5 23 43.34	29.764 725
5	23 17 51.793	− 5 36 03.88	30.487 230	20	23 20 07.677	− 5 23 44.10	29.748 103
6	23 17 57.196	− 5 35 31.95	30.473 200	21	23 20 07.881	− 5 23 45.64	29.731 528
7	23 18 02.505	− 5 35 00.63	30.459 015	22	23 20 07.963	− 5 23 47.95	29.715 004
8	23 18 07.719	− 5 34 29.94	30.444 681	23	23 20 07.922	− 5 23 51.03	29.698 537
9	23 18 12.835	− 5 33 59.89	30.430 202	24	23 20 07.760	− 5 23 54.88	29.682 129
10	23 18 17.850	− 5 33 30.50	30.415 582	25	23 20 07.476	− 5 23 59.49	29.665 787
11	23 18 22.763	− 5 33 01.78	30.400 826	26	23 20 07.072	− 5 24 04.86	29.649 515
12	23 18 27.571	− 5 32 33.75	30.385 937	27	23 20 06.550	− 5 24 10.97	29.633 317
13	23 18 32.272	− 5 32 06.41	30.370 921	28	23 20 05.909	− 5 24 17.82	29.617 199
14	23 18 36.866	− 5 31 39.77	30.355 782	29	23 20 05.151	− 5 24 25.40	29.601 164
15	23 18 41.354	− 5 31 13.81	30.340 524	30	23 20 04.278	− 5 24 33.70	29.585 218
16	23 18 45.736	− 5 30 48.54	30.325 151	July 1	23 20 03.290	− 5 24 42.73	29.569 366
17	23 18 50.013	− 5 30 23.94	30.309 667	2	23 20 02.187	− 5 24 52.48	29.553 613

NEPTUNE, 2019

GEOCENTRIC COORDINATES FOR 0ʰ TERRESTRIAL TIME

Date	Apparent Right Ascension	Apparent Declination	True Geocentric Distance	Date	Apparent Right Ascension	Apparent Declination	True Geocentric Distance
	h m s	° ′ ″	au		h m s	° ′ ″	au
July 1	23 20 03.290	− 5 24 42.73	29.569 366	Aug. 16	23 17 25.843	− 5 43 07.64	29.015 042
2	23 20 02.187	− 5 24 52.48	29.553 613	17	23 17 20.477	− 5 43 43.27	29.008 169
3	23 20 00.967	− 5 25 02.97	29.537 963	18	23 17 15.054	− 5 44 19.21	29.001 562
4	23 19 59.631	− 5 25 14.19	29.522 422	19	23 17 09.576	− 5 44 55.46	28.995 224
5	23 19 58.176	− 5 25 26.15	29.506 995	20	23 17 04.046	− 5 45 31.99	28.989 158
6	23 19 56.602	− 5 25 38.86	29.491 686	21	23 16 58.467	− 5 46 08.79	28.983 365
7	23 19 54.910	− 5 25 52.31	29.476 499	22	23 16 52.842	− 5 46 45.83	28.977 847
8	23 19 53.102	− 5 26 06.47	29.461 440	23	23 16 47.173	− 5 47 23.11	28.972 607
9	23 19 51.180	− 5 26 21.35	29.446 513	24	23 16 41.462	− 5 48 00.60	28.967 647
10	23 19 49.147	− 5 26 36.90	29.431 722	25	23 16 35.713	− 5 48 38.29	28.962 968
11	23 19 47.005	− 5 26 53.13	29.417 071	26	23 16 29.927	− 5 49 16.18	28.958 573
12	23 19 44.757	− 5 27 10.02	29.402 564	27	23 16 24.104	− 5 49 54.26	28.954 463
13	23 19 42.402	− 5 27 27.57	29.388 205	28	23 16 18.246	− 5 50 32.52	28.950 641
14	23 19 39.942	− 5 27 45.77	29.373 998	29	23 16 12.352	− 5 51 10.97	28.947 109
15	23 19 37.376	− 5 28 04.63	29.359 947	30	23 16 06.424	− 5 51 49.59	28.943 867
16	23 19 34.705	− 5 28 24.14	29.346 055	31	23 16 00.464	− 5 52 28.37	28.940 918
17	23 19 31.928	− 5 28 44.30	29.332 327	Sept. 1	23 15 54.475	− 5 53 07.28	28.938 262
18	23 19 29.046	− 5 29 05.12	29.318 765	2	23 15 48.463	− 5 53 46.28	28.935 901
19	23 19 26.059	− 5 29 26.58	29.305 375	3	23 15 42.432	− 5 54 25.36	28.933 835
20	23 19 22.967	− 5 29 48.69	29.292 159	4	23 15 36.384	− 5 55 04.49	28.932 065
21	23 19 19.773	− 5 30 11.42	29.279 121	5	23 15 30.325	− 5 55 43.65	28.930 591
22	23 19 16.477	− 5 30 34.76	29.266 267	6	23 15 24.254	− 5 56 22.83	28.929 413
23	23 19 13.081	− 5 30 58.71	29.253 598	7	23 15 18.175	− 5 57 02.03	28.928 533
24	23 19 09.588	− 5 31 23.25	29.241 119	8	23 15 12.087	− 5 57 41.23	28.927 949
25	23 19 06.000	− 5 31 48.37	29.228 835	9	23 15 05.993	− 5 58 20.44	28.927 662
26	23 19 02.318	− 5 32 14.05	29.216 748	10	23 14 59.893	− 5 58 59.63	28.927 673
27	23 18 58.545	− 5 32 40.28	29.204 864	11	23 14 53.789	− 5 59 38.80	28.927 980
28	23 18 54.682	− 5 33 07.04	29.193 185	12	23 14 47.684	− 6 00 17.94	28.928 584
29	23 18 50.731	− 5 33 34.35	29.181 715	13	23 14 41.579	− 6 00 57.02	28.929 485
30	23 18 46.692	− 5 34 02.18	29.170 459	14	23 14 35.478	− 6 01 36.04	28.930 683
31	23 18 42.565	− 5 34 30.55	29.159 421	15	23 14 29.382	− 6 02 14.97	28.932 177
Aug. 1	23 18 38.350	− 5 34 59.45	29.148 604	16	23 14 23.295	− 6 02 53.78	28.933 967
2	23 18 34.047	− 5 35 28.88	29.138 012	17	23 14 17.221	− 6 03 32.47	28.936 054
3	23 18 29.656	− 5 35 58.83	29.127 648	18	23 14 11.162	− 6 04 11.01	28.938 436
4	23 18 25.180	− 5 36 29.29	29.117 517	19	23 14 05.121	− 6 04 49.38	28.941 114
5	23 18 20.622	− 5 37 00.23	29.107 620	20	23 13 59.101	− 6 05 27.58	28.944 087
6	23 18 15.987	− 5 37 31.63	29.097 962	21	23 13 53.105	− 6 06 05.57	28.947 354
7	23 18 11.278	− 5 38 03.45	29.088 544	22	23 13 47.134	− 6 06 43.37	28.950 916
8	23 18 06.497	− 5 38 35.69	29.079 371	23	23 13 41.190	− 6 07 20.95	28.954 772
9	23 18 01.646	− 5 39 08.34	29.070 443	24	23 13 35.273	− 6 07 58.31	28.958 920
10	23 17 56.728	− 5 39 41.38	29.061 764	25	23 13 29.386	− 6 08 35.45	28.963 362
11	23 17 51.743	− 5 40 14.82	29.053 336	26	23 13 23.528	− 6 09 12.36	28.968 094
12	23 17 46.692	− 5 40 48.64	29.045 161	27	23 13 17.702	− 6 09 49.03	28.973 118
13	23 17 41.575	− 5 41 22.84	29.037 242	28	23 13 11.910	− 6 10 25.43	28.978 430
14	23 17 36.394	− 5 41 57.42	29.029 581	29	23 13 06.156	− 6 11 01.54	28.984 031
15	23 17 31.149	− 5 42 32.35	29.022 180	30	23 13 00.446	− 6 11 37.32	28.989 918
16	23 17 25.843	− 5 43 07.64	29.015 042	Oct. 1	23 12 54.783	− 6 12 12.76	28.996 089

GEOCENTRIC COORDINATES FOR 0ʰ TERRESTRIAL TIME

Date	Apparent Right Ascension	Apparent Declination	True Geocentric Distance	Date	Apparent Right Ascension	Apparent Declination	True Geocentric Distance
	h m s	° ′ ″	au		h m s	° ′ ″	au
Oct. 1	23 12 54.783	− 6 12 12.76	28.996 089	Nov. 16	23 09 57.598	− 6 29 59.36	29.539 015
2	23 12 49.171	− 6 12 47.83	29.002 543	17	23 09 56.174	− 6 30 06.68	29.555 086
3	23 12 43.611	− 6 13 22.52	29.009 277	18	23 09 54.870	− 6 30 13.23	29.571 270
4	23 12 38.107	− 6 13 56.83	29.016 288	19	23 09 53.687	− 6 30 19.01	29.587 561
5	23 12 32.657	− 6 14 30.75	29.023 574	20	23 09 52.624	− 6 30 24.03	29.603 955
6	23 12 27.264	− 6 15 04.28	29.031 134	21	23 09 51.683	− 6 30 28.27	29.620 448
7	23 12 21.928	6 15 37.41	29.038 964	22	23 09 50.863	6 30 31.73	29.637 033
8	23 12 16.651	− 6 16 10.14	29.047 061	23	23 09 50.169	− 6 30 34.40	29.653 706
9	23 12 11.435	− 6 16 42.44	29.055 424	24	23 09 49.601	− 6 30 36.25	29.670 462
10	23 12 06.281	− 6 17 14.30	29.064 050	25	23 09 49.163	− 6 30 37.27	29.687 295
11	23 12 01.191	− 6 17 45.71	29.072 935	26	23 09 48.856	− 6 30 37.47	29.704 200
12	23 11 56.169	− 6 18 16.66	29.082 078	27	23 09 48.680	− 6 30 36.83	29.721 171
13	23 11 51.216	− 6 18 47.13	29.091 476	28	23 09 48.635	− 6 30 35.37	29.738 202
14	23 11 46.336	− 6 19 17.09	29.101 126	29	23 09 48.720	− 6 30 33.10	29.755 288
15	23 11 41.532	− 6 19 46.54	29.111 025	30	23 09 48.933	− 6 30 30.01	29.772 423
16	23 11 36.805	− 6 20 15.45	29.121 170	Dec. 1	23 09 49.273	− 6 30 26.13	29.789 602
17	23 11 32.159	− 6 20 43.82	29.131 559	2	23 09 49.741	− 6 30 21.46	29.806 819
18	23 11 27.596	− 6 21 11.63	29.142 190	3	23 09 50.334	− 6 30 15.98	29.824 068
19	23 11 23.116	− 6 21 38.88	29.153 058	4	23 09 51.055	− 6 30 09.71	29.841 344
20	23 11 18.722	− 6 22 05.56	29.164 161	5	23 09 51.902	− 6 30 02.64	29.858 642
21	23 11 14.413	− 6 22 31.68	29.175 497	6	23 09 52.877	− 6 29 54.76	29.875 957
22	23 11 10.190	− 6 22 57.22	29.187 062	7	23 09 53.980	− 6 29 46.07	29.893 283
23	23 11 06.054	− 6 23 22.19	29.198 852	8	23 09 55.212	− 6 29 36.56	29.910 614
24	23 11 02.005	− 6 23 46.58	29.210 866	9	23 09 56.574	− 6 29 26.24	29.927 947
25	23 10 58.046	− 6 24 10.37	29.223 098	10	23 09 58.066	− 6 29 15.10	29.945 275
26	23 10 54.179	− 6 24 33.55	29.235 546	11	23 09 59.688	− 6 29 03.15	29.962 594
27	23 10 50.408	− 6 24 56.08	29.248 205	12	23 10 01.440	− 6 28 50.38	29.979 899
28	23 10 46.737	− 6 25 17.95	29.261 073	13	23 10 03.322	− 6 28 36.81	29.997 185
29	23 10 43.168	− 6 25 39.15	29.274 143	14	23 10 05.331	− 6 28 22.44	30.014 447
30	23 10 39.705	− 6 25 59.65	29.287 413	15	23 10 07.466	− 6 28 07.30	30.031 679
31	23 10 36.348	− 6 26 19.46	29.300 876	16	23 10 09.724	− 6 27 51.39	30.048 878
Nov. 1	23 10 33.097	− 6 26 38.58	29.314 530	17	23 10 12.105	− 6 27 34.72	30.066 039
2	23 10 29.953	− 6 26 57.01	29.328 369	18	23 10 14.608	− 6 27 17.30	30.083 155
3	23 10 26.915	− 6 27 14.76	29.342 389	19	23 10 17.233	− 6 26 59.11	30.100 223
4	23 10 23.983	− 6 27 31.81	29.356 585	20	23 10 19.980	− 6 26 40.15	30.117 237
5	23 10 21.159	− 6 27 48.17	29.370 953	21	23 10 22.852	− 6 26 20.42	30.134 192
6	23 10 18.443	− 6 28 03.81	29.385 488	22	23 10 25.850	− 6 25 59.90	30.151 082
7	23 10 15.837	− 6 28 18.75	29.400 185	23	23 10 28.973	− 6 25 38.59	30.167 902
8	23 10 13.342	− 6 28 32.96	29.415 040	24	23 10 32.222	− 6 25 16.51	30.184 647
9	23 10 10.961	− 6 28 46.43	29.430 048	25	23 10 35.596	− 6 24 53.67	30.201 311
10	23 10 08.694	− 6 28 59.16	29.445 205	26	23 10 39.092	− 6 24 30.06	30.217 889
11	23 10 06.544	− 6 29 11.13	29.460 506	27	23 10 42.708	− 6 24 05.72	30.234 375
12	23 10 04.513	− 6 29 22.33	29.475 946	28	23 10 46.442	− 6 23 40.66	30.250 764
13	23 10 02.602	− 6 29 32.76	29.491 522	29	23 10 50.293	− 6 23 14.88	30.267 052
14	23 10 00.812	− 6 29 42.41	29.507 229	30	23 10 54.258	− 6 22 48.40	30.283 232
15	23 09 59.144	− 6 29 51.27	29.523 061	31	23 10 58.336	− 6 22 21.21	30.299 301
16	23 09 57.598	− 6 29 59.36	29.539 015	32	23 11 02.527	− 6 21 53.33	30.315 253

Date	Mercury	Venus	Mars	Jupiter	Saturn	Uranus	Neptune
	h m s	h m s	h m s	h m s	h m s	h m s	h m s
Jan. 0	10 50 31	8 46 34	17 19 14	10 01 43	12 09 34	19 06 31	16 22 39
1	10 52 54	8 46 34	17 17 43	9 58 41	12 06 08	19 02 34	16 18 47
2	10 55 21	8 46 36	17 16 12	9 55 38	12 02 43	18 58 37	16 14 56
3	10 57 51	8 46 41	17 14 42	9 52 35	11 59 18	18 54 40	16 11 05
4	11 00 24	8 46 48	17 13 12	9 49 32	11 55 52	18 50 44	16 07 14
5	11 03 00	8 46 56	17 11 42	9 46 29	11 52 27	18 46 48	16 03 23
6	11 05 39	8 47 08	17 10 12	9 43 26	11 49 01	18 42 51	15 59 32
7	11 08 20	8 47 21	17 08 42	9 40 22	11 45 36	18 38 56	15 55 41
8	11 11 03	8 47 36	17 07 12	9 37 18	11 42 10	18 35 00	15 51 51
9	11 13 49	8 47 53	17 05 43	9 34 14	11 38 44	18 31 04	15 48 00
10	11 16 37	8 48 12	17 04 13	9 31 10	11 35 19	18 27 09	15 44 10
11	11 19 27	8 48 34	17 02 44	9 28 05	11 31 53	18 23 14	15 40 20
12	11 22 18	8 48 57	17 01 15	9 25 00	11 28 27	18 19 19	15 36 29
13	11 25 11	8 49 22	16 59 46	9 21 55	11 25 02	18 15 24	15 32 39
14	11 28 06	8 49 49	16 58 17	9 18 50	11 21 36	18 11 30	15 28 49
15	11 31 02	8 50 17	16 56 49	9 15 44	11 18 10	18 07 36	15 24 59
16	11 34 00	8 50 48	16 55 20	9 12 38	11 14 44	18 03 42	15 21 09
17	11 36 58	8 51 20	16 53 52	9 09 32	11 11 18	17 59 48	15 17 20
18	11 39 58	8 51 54	16 52 24	9 06 25	11 07 52	17 55 54	15 13 30
19	11 42 59	8 52 29	16 50 56	9 03 18	11 04 25	17 52 00	15 09 40
20	11 46 00	8 53 06	16 49 28	9 00 11	11 00 59	17 48 07	15 05 51
21	11 49 03	8 53 45	16 48 00	8 57 04	10 57 33	17 44 14	15 02 01
22	11 52 06	8 54 25	16 46 33	8 53 56	10 54 06	17 40 21	14 58 12
23	11 55 09	8 55 07	16 45 06	8 50 48	10 50 40	17 36 28	14 54 23
24	11 58 14	8 55 51	16 43 38	8 47 39	10 47 13	17 32 36	14 50 34
25	12 01 18	8 56 35	16 42 11	8 44 30	10 43 46	17 28 43	14 46 44
26	12 04 23	8 57 21	16 40 45	8 41 21	10 40 19	17 24 51	14 42 55
27	12 07 28	8 58 09	16 39 18	8 38 12	10 36 52	17 20 59	14 39 06
28	12 10 34	8 58 58	16 37 52	8 35 02	10 33 25	17 17 08	14 35 18
29	12 13 39	8 59 48	16 36 26	8 31 52	10 29 57	17 13 16	14 31 29
30	12 16 45	9 00 39	16 35 00	8 28 41	10 26 30	17 09 25	14 27 40
31	12 19 50	9 01 31	16 33 34	8 25 30	10 23 02	17 05 33	14 23 51
Feb. 1	12 22 55	9 02 25	16 32 08	8 22 19	10 19 35	17 01 42	14 20 03
2	12 26 00	9 03 19	16 30 43	8 19 07	10 16 07	16 57 51	14 16 14
3	12 29 04	9 04 15	16 29 18	8 15 55	10 12 39	16 54 01	14 12 26
4	12 32 07	9 05 11	16 27 53	8 12 42	10 09 10	16 50 10	14 08 37
5	12 35 09	9 06 08	16 26 28	8 09 29	10 05 42	16 46 20	14 04 49
6	12 38 10	9 07 06	16 25 04	8 06 15	10 02 14	16 42 30	14 01 01
7	12 41 10	9 08 05	16 23 40	8 03 01	9 58 45	16 38 40	13 57 12
8	12 44 08	9 09 04	16 22 16	7 59 47	9 55 16	16 34 50	13 53 24
9	12 47 04	9 10 04	16 20 52	7 56 32	9 51 47	16 31 01	13 49 36
10	12 49 58	9 11 05	16 19 29	7 53 16	9 48 17	16 27 11	13 45 48
11	12 52 48	9 12 06	16 18 06	7 50 01	9 44 48	16 23 22	13 42 00
12	12 55 35	9 13 07	16 16 43	7 46 44	9 41 18	16 19 33	13 38 12
13	12 58 17	9 14 09	16 15 20	7 43 27	9 37 48	16 15 44	13 34 24
14	13 00 54	9 15 12	16 13 57	7 40 10	9 34 18	16 11 55	13 30 36
15	13 03 26	9 16 14	16 12 35	7 36 52	9 30 48	16 08 07	13 26 48

Date	Mercury	Venus	Mars	Jupiter	Saturn	Uranus	Neptune
	h m s	h m s	h m s	h m s	h m s	h m s	h m s
Feb. 15	13 03 26	9 16 14	16 12 35	7 36 52	9 30 48	16 08 07	13 26 48
16	13 05 50	9 17 17	16 11 13	7 33 34	9 27 17	16 04 18	13 23 00
17	13 08 05	9 18 20	16 09 51	7 30 15	9 23 47	16 00 30	13 19 12
18	13 10 11	9 19 23	16 08 30	7 26 56	9 20 16	15 56 42	13 15 25
19	13 12 06	9 20 27	16 07 09	7 23 36	9 16 44	15 52 54	13 11 37
20	13 13 48	9 21 30	16 05 48	7 20 15	9 13 13	15 49 06	13 07 49
21	13 15 15	9 22 33	16 04 27	7 16 54	9 09 41	15 45 18	13 04 01
22	13 16 26	9 23 37	16 03 06	7 13 33	9 06 09	15 41 31	13 00 14
23	13 17 18	9 24 40	16 01 46	7 10 10	9 02 37	15 37 44	12 56 26
24	13 17 50	9 25 43	16 00 26	7 06 48	8 59 05	15 33 56	12 52 39
25	13 17 58	9 26 46	15 59 06	7 03 24	8 55 32	15 30 09	12 48 51
26	13 17 42	9 27 48	15 57 47	7 00 01	8 51 59	15 26 22	12 45 03
27	13 16 59	9 28 51	15 56 28	6 56 36	8 48 26	15 22 36	12 41 16
28	13 15 48	9 29 53	15 55 09	6 53 11	8 44 52	15 18 49	12 37 28
Mar. 1	13 14 07	9 30 54	15 53 50	6 49 45	8 41 19	15 15 02	12 33 41
2	13 11 54	9 31 56	15 52 32	6 46 19	8 37 45	15 11 16	12 29 53
3	13 09 10	9 32 56	15 51 14	6 42 52	8 34 10	15 07 30	12 26 06
4	13 05 52	9 33 57	15 49 56	6 39 25	8 30 36	15 03 44	12 22 18
5	13 02 02	9 34 56	15 48 39	6 35 56	8 27 01	14 59 58	12 18 31
6	12 57 40	9 35 56	15 47 21	6 32 27	8 23 26	14 56 12	12 14 43
7	12 52 47	9 36 54	15 46 05	6 28 58	8 19 50	14 52 26	12 10 56
8	12 47 25	9 37 52	15 44 48	6 25 28	8 16 15	14 48 41	12 07 08
9	12 41 36	9 38 50	15 43 32	6 21 57	8 12 39	14 44 55	12 03 21
10	12 35 23	9 39 46	15 42 16	6 18 25	8 09 02	14 41 10	11 59 33
11	12 28 49	9 40 42	15 41 00	6 14 53	8 05 25	14 37 25	11 55 46
12	12 21 58	9 41 37	15 39 44	6 11 20	8 01 48	14 33 39	11 51 58
13	12 14 55	9 42 32	15 38 29	6 07 47	7 58 11	14 29 54	11 48 11
14	12 07 44	9 43 26	15 37 14	6 04 12	7 54 33	14 26 10	11 44 23
15	12 00 30	9 44 18	15 36 00	6 00 37	7 50 55	14 22 25	11 40 36
16	11 53 16	9 45 11	15 34 45	5 57 02	7 47 17	14 18 40	11 36 48
17	11 46 08	9 46 02	15 33 31	5 53 25	7 43 38	14 14 55	11 33 01
18	11 39 08	9 46 53	15 32 17	5 49 48	7 39 59	14 11 11	11 29 13
19	11 32 21	9 47 43	15 31 03	5 46 10	7 36 20	14 07 26	11 25 25
20	11 25 49	9 48 32	15 29 50	5 42 31	7 32 40	14 03 42	11 21 38
21	11 19 34	9 49 20	15 28 37	5 38 52	7 29 00	13 59 58	11 17 50
22	11 13 39	9 50 08	15 27 24	5 35 12	7 25 20	13 56 14	11 14 02
23	11 08 05	9 50 54	15 26 12	5 31 31	7 21 39	13 52 30	11 10 15
24	11 02 52	9 51 41	15 24 59	5 27 50	7 17 58	13 48 46	11 06 27
25	10 58 00	9 52 26	15 23 47	5 24 07	7 14 17	13 45 02	11 02 39
26	10 53 31	9 53 10	15 22 35	5 20 24	7 10 35	13 41 18	10 58 51
27	10 49 24	9 53 54	15 21 24	5 16 40	7 06 53	13 37 34	10 55 03
28	10 45 38	9 54 37	15 20 12	5 12 55	7 03 10	13 33 50	10 51 16
29	10 42 12	9 55 20	15 19 01	5 09 10	6 59 28	13 30 07	10 47 28
30	10 39 06	9 56 01	15 17 51	5 05 24	6 55 44	13 26 23	10 43 40
31	10 36 19	9 56 42	15 16 40	5 01 37	6 52 01	13 22 40	10 39 52
Apr. 1	10 33 51	9 57 22	15 15 30	4 57 49	6 48 17	13 18 56	10 36 04
2	10 31 39	9 58 02	15 14 20	4 54 00	6 44 32	13 15 13	10 32 16

Date	Mercury	Venus	Mars	Jupiter	Saturn	Uranus	Neptune
	h m s	h m s	h m s	h m s	h m s	h m s	h m s
Apr. 1	10 33 51	9 57 22	15 15 30	4 57 49	6 48 17	13 18 56	10 36 04
2	10 31 39	9 58 02	15 14 20	4 54 00	6 44 32	13 15 13	10 32 16
3	10 29 43	9 58 41	15 13 10	4 50 11	6 40 47	13 11 29	10 28 27
4	10 28 03	9 59 19	15 12 00	4 46 21	6 37 02	13 07 46	10 24 39
5	10 26 37	9 59 57	15 10 51	4 42 30	6 33 17	13 04 03	10 20 51
6	10 25 25	10 00 34	15 09 41	4 38 38	6 29 31	13 00 20	10 17 03
7	10 24 25	10 01 11	15 08 33	4 34 45	6 25 44	12 56 37	10 13 14
8	10 23 38	10 01 47	15 07 24	4 30 52	6 21 58	12 52 54	10 09 26
9	10 23 01	10 02 22	15 06 15	4 26 57	6 18 10	12 49 11	10 05 37
10	10 22 36	10 02 57	15 05 07	4 23 02	6 14 23	12 45 28	10 01 49
11	10 22 20	10 03 32	15 03 59	4 19 06	6 10 35	12 41 45	9 58 00
12	10 22 14	10 04 06	15 02 51	4 15 10	6 06 47	12 38 02	9 54 12
13	10 22 16	10 04 40	15 01 43	4 11 12	6 02 58	12 34 19	9 50 23
14	10 22 28	10 05 13	15 00 35	4 07 14	5 59 09	12 30 36	9 46 34
15	10 22 47	10 05 46	14 59 28	4 03 15	5 55 19	12 26 53	9 42 45
16	10 23 14	10 06 19	14 58 20	3 59 15	5 51 29	12 23 10	9 38 56
17	10 23 49	10 06 52	14 57 13	3 55 14	5 47 39	12 19 27	9 35 07
18	10 24 31	10 07 24	14 56 06	3 51 13	5 43 48	12 15 45	9 31 18
19	10 25 20	10 07 56	14 54 59	3 47 10	5 39 57	12 12 02	9 27 29
20	10 26 16	10 08 28	14 53 52	3 43 07	5 36 05	12 08 19	9 23 40
21	10 27 18	10 09 00	14 52 45	3 39 03	5 32 13	12 04 36	9 19 51
22	10 28 27	10 09 31	14 51 39	3 34 59	5 28 21	12 00 54	9 16 01
23	10 29 43	10 10 03	14 50 32	3 30 53	5 24 28	11 57 11	9 12 12
24	10 31 05	10 10 35	14 49 26	3 26 47	5 20 34	11 53 28	9 08 22
25	10 32 34	10 11 06	14 48 20	3 22 40	5 16 41	11 49 45	9 04 33
26	10 34 08	10 11 38	14 47 13	3 18 32	5 12 47	11 46 02	9 00 43
27	10 35 50	10 12 10	14 46 07	3 14 24	5 08 52	11 42 20	8 56 53
28	10 37 38	10 12 42	14 45 01	3 10 14	5 04 57	11 38 37	8 53 04
29	10 39 33	10 13 14	14 43 55	3 06 04	5 01 02	11 34 54	8 49 14
30	10 41 34	10 13 46	14 42 49	3 01 54	4 57 06	11 31 11	8 45 24
May 1	10 43 43	10 14 19	14 41 44	2 57 42	4 53 10	11 27 29	8 41 34
2	10 45 59	10 14 52	14 40 38	2 53 30	4 49 14	11 23 46	8 37 43
3	10 48 22	10 15 25	14 39 32	2 49 17	4 45 17	11 20 03	8 33 53
4	10 50 52	10 15 58	14 38 26	2 45 03	4 41 19	11 16 20	8 30 03
5	10 53 31	10 16 32	14 37 21	2 40 49	4 37 21	11 12 37	8 26 12
6	10 56 17	10 17 06	14 36 15	2 36 34	4 33 23	11 08 54	8 22 22
7	10 59 12	10 17 41	14 35 09	2 32 18	4 29 25	11 05 11	8 18 31
8	11 02 16	10 18 16	14 34 04	2 28 01	4 25 26	11 01 28	8 14 40
9	11 05 28	10 18 51	14 32 58	2 23 44	4 21 26	10 57 45	8 10 49
10	11 08 50	10 19 27	14 31 52	2 19 27	4 17 26	10 54 02	8 06 58
11	11 12 20	10 20 04	14 30 47	2 15 08	4 13 26	10 50 19	8 03 07
12	11 16 00	10 20 41	14 29 41	2 10 49	4 09 25	10 46 36	7 59 16
13	11 19 50	10 21 19	14 28 35	2 06 30	4 05 24	10 42 53	7 55 25
14	11 23 50	10 21 58	14 27 29	2 02 10	4 01 23	10 39 09	7 51 34
15	11 27 59	10 22 37	14 26 23	1 57 49	3 57 21	10 35 26	7 47 42
16	11 32 18	10 23 17	14 25 17	1 53 28	3 53 19	10 31 43	7 43 50
17	11 36 46	10 23 58	14 24 11	1 49 06	3 49 16	10 27 59	7 39 59

Date	Mercury	Venus	Mars	Jupiter	Saturn	Uranus	Neptune
	h m s	h m s	h m s	h m s	h m s	h m s	h m s
May 17	11 36 46	10 23 58	14 24 11	1 49 06	3 49 16	10 27 59	7 39 59
18	11 41 23	10 24 40	14 23 05	1 44 44	3 45 13	10 24 16	7 36 07
19	11 46 08	10 25 22	14 21 59	1 40 21	3 41 10	10 20 32	7 32 15
20	11 51 02	10 26 05	14 20 52	1 35 58	3 37 06	10 16 49	7 28 23
21	11 56 02	10 26 49	14 19 46	1 31 34	3 33 02	10 13 05	7 24 31
22	12 01 09	10 27 35	14 18 39	1 27 10	3 28 58	10 09 21	7 20 39
23	12 06 20	10 28 21	14 17 32	1 22 45	3 24 53	10 05 37	7 16 46
24	12 11 35	10 29 07	14 16 26	1 18 20	3 20 48	10 01 53	7 12 54
25	12 16 52	10 29 55	14 15 19	1 13 55	3 16 43	9 58 09	7 09 01
26	12 22 10	10 30 44	14 14 11	1 09 29	3 12 37	9 54 25	7 05 09
27	12 27 28	10 31 34	14 13 04	1 05 03	3 08 30	9 50 41	7 01 16
28	12 32 44	10 32 25	14 11 57	1 00 37	3 04 24	9 46 57	6 57 23
29	12 37 56	10 33 18	14 10 49	0 56 10	3 00 17	9 43 13	6 53 30
30	12 43 04	10 34 11	14 09 41	0 51 43	2 56 10	9 39 28	6 49 37
31	12 48 06	10 35 05	14 08 33	0 47 15	2 52 02	9 35 44	6 45 44
June 1	12 53 00	10 36 00	14 07 25	0 42 48	2 47 54	9 31 59	6 41 50
2	12 57 47	10 36 57	14 06 17	0 38 20	2 43 46	9 28 15	6 37 57
3	13 02 24	10 37 54	14 05 09	0 33 52	2 39 38	9 24 30	6 34 03
4	13 06 51	10 38 53	14 04 00	0 29 24	2 35 29	9 20 45	6 30 10
5	13 11 08	10 39 53	14 02 51	0 24 55	2 31 20	9 17 00	6 26 16
6	13 15 14	10 40 53	14 01 42	0 20 27	2 27 10	9 13 15	6 22 22
7	13 19 07	10 41 55	14 00 32	0 15 58	2 23 01	9 09 30	6 18 28
8	13 22 49	10 42 58	13 59 23	0 11 30	2 18 51	9 05 45	6 14 34
9	13 26 17	10 44 02	13 58 13	0 07 01	2 14 40	9 01 59	6 10 39
10	13 29 33	10 45 08	13 57 03	0 02 32	2 10 30	8 58 14	6 06 45
11	13 32 36	10 46 14	13 55 53	23 53 35	2 06 19	8 54 28	6 02 50
12	13 35 25	10 47 21	13 54 42	23 49 06	2 02 08	8 50 42	5 58 56
13	13 38 01	10 48 30	13 53 31	23 44 37	1 57 57	8 46 56	5 55 01
14	13 40 22	10 49 39	13 52 20	23 40 09	1 53 46	8 43 10	5 51 06
15	13 42 30	10 50 49	13 51 09	23 35 40	1 49 34	8 39 24	5 47 11
16	13 44 24	10 52 01	13 49 57	23 31 12	1 45 22	8 35 38	5 43 16
17	13 46 03	10 53 13	13 48 45	23 26 43	1 41 10	8 31 52	5 39 20
18	13 47 28	10 54 27	13 47 33	23 22 15	1 36 57	8 28 05	5 35 25
19	13 48 38	10 55 41	13 46 20	23 17 47	1 32 45	8 24 19	5 31 30
20	13 49 33	10 56 56	13 45 07	23 13 20	1 28 32	8 20 32	5 27 34
21	13 50 14	10 58 12	13 43 54	23 08 52	1 24 19	8 16 45	5 23 38
22	13 50 39	10 59 29	13 42 41	23 04 25	1 20 06	8 12 58	5 19 42
23	13 50 49	11 00 47	13 41 27	22 59 58	1 15 53	8 09 11	5 15 46
24	13 50 44	11 02 06	13 40 13	22 55 31	1 11 40	8 05 24	5 11 50
25	13 50 22	11 03 25	13 38 59	22 51 05	1 07 26	8 01 36	5 07 54
26	13 49 45	11 04 45	13 37 44	22 46 39	1 03 12	7 57 49	5 03 58
27	13 48 51	11 06 05	13 36 29	22 42 13	0 58 58	7 54 01	5 00 01
28	13 47 40	11 07 27	13 35 14	22 37 48	0 54 45	7 50 13	4 56 05
29	13 46 13	11 08 48	13 33 59	22 33 23	0 50 30	7 46 25	4 52 08
30	13 44 28	11 10 11	13 32 43	22 28 58	0 46 16	7 42 37	4 48 11
July 1	13 42 25	11 11 33	13 31 27	22 24 34	0 42 02	7 38 49	4 44 14
2	13 40 05	11 12 56	13 30 10	22 20 11	0 37 48	7 35 00	4 40 17

Second transit: Jupiter, June 10^{d}23^{h}58^{m}03^s.

Date	Mercury	Venus	Mars	Jupiter	Saturn	Uranus	Neptune
	h m s	h m s	h m s	h m s	h m s	h m s	h m s
July 1	13 42 25	11 11 33	13 31 27	22 24 34	0 42 02	7 38 49	4 44 14
2	13 40 05	11 12 56	13 30 10	22 20 11	0 37 48	7 35 00	4 40 17
3	13 37 26	11 14 20	13 28 54	22 15 48	0 33 33	7 31 11	4 36 20
4	13 34 29	11 15 43	13 27 37	22 11 25	0 29 19	7 27 23	4 32 23
5	13 31 13	11 17 07	13 26 19	22 07 03	0 25 04	7 23 34	4 28 25
6	13 27 38	11 18 31	13 25 01	22 02 41	0 20 50	7 19 45	4 24 28
7	13 23 45	11 19 55	13 23 43	21 58 20	0 16 35	7 15 55	4 20 30
8	13 19 32	11 21 19	13 22 25	21 53 59	0 12 20	7 12 06	4 16 33
9	13 15 01	11 22 44	13 21 06	21 49 39	0 08 06	7 08 16	4 12 35
10	13 10 12	11 24 08	13 19 47	21 45 20	0 03 51	7 04 26	4 08 37
11	13 05 05	11 25 32	13 18 28	21 41 01	23 55 22	7 00 36	4 04 39
12	12 59 41	11 26 55	13 17 08	21 36 43	23 51 07	6 56 46	4 00 41
13	12 54 01	11 28 19	13 15 48	21 32 25	23 46 52	6 52 56	3 56 42
14	12 48 06	11 29 42	13 14 28	21 28 08	23 42 38	6 49 06	3 52 44
15	12 41 58	11 31 05	13 13 07	21 23 52	23 38 23	6 45 15	3 48 46
16	12 35 39	11 32 28	13 11 46	21 19 36	23 34 09	6 41 24	3 44 47
17	12 29 09	11 33 50	13 10 25	21 15 21	23 29 54	6 37 33	3 40 48
18	12 22 33	11 35 11	13 09 03	21 11 07	23 25 40	6 33 42	3 36 49
19	12 15 51	11 36 32	13 07 41	21 06 53	23 21 26	6 29 51	3 32 51
20	12 09 08	11 37 53	13 06 18	21 02 40	23 17 12	6 25 59	3 28 52
21	12 02 24	11 39 13	13 04 56	20 58 28	23 12 57	6 22 08	3 24 52
22	11 55 44	11 40 32	13 03 33	20 54 16	23 08 44	6 18 16	3 20 53
23	11 49 11	11 41 51	13 02 10	20 50 05	23 04 30	6 14 24	3 16 54
24	11 42 46	11 43 09	13 00 46	20 45 55	23 00 16	6 10 31	3 12 55
25	11 36 33	11 44 26	12 59 22	20 41 46	22 56 02	6 06 39	3 08 55
26	11 30 34	11 45 42	12 57 58	20 37 37	22 51 49	6 02 46	3 04 55
27	11 24 52	11 46 57	12 56 33	20 33 29	22 47 36	5 58 54	3 00 56
28	11 19 28	11 48 12	12 55 09	20 29 22	22 43 23	5 55 01	2 56 56
29	11 14 26	11 49 25	12 53 43	20 25 16	22 39 10	5 51 07	2 52 56
30	11 09 46	11 50 38	12 52 18	20 21 10	22 34 57	5 47 14	2 48 56
31	11 05 29	11 51 50	12 50 52	20 17 05	22 30 44	5 43 21	2 44 56
Aug. 1	11 01 38	11 53 00	12 49 26	20 13 01	22 26 32	5 39 27	2 40 56
2	10 58 12	11 54 10	12 48 00	20 08 58	22 22 20	5 35 33	2 36 56
3	10 55 13	11 55 19	12 46 34	20 04 55	22 18 08	5 31 39	2 32 56
4	10 52 41	11 56 26	12 45 07	20 00 54	22 13 56	5 27 45	2 28 55
5	10 50 37	11 57 33	12 43 40	19 56 53	22 09 45	5 23 50	2 24 55
6	10 49 00	11 58 38	12 42 12	19 52 52	22 05 34	5 19 55	2 20 54
7	10 47 50	11 59 42	12 40 44	19 48 53	22 01 23	5 16 01	2 16 54
8	10 47 08	12 00 46	12 39 16	19 44 54	21 57 12	5 12 05	2 12 53
9	10 46 52	12 01 48	12 37 48	19 40 57	21 53 01	5 08 10	2 08 52
10	10 47 03	12 02 49	12 36 20	19 37 00	21 48 51	5 04 15	2 04 51
11	10 47 38	12 03 49	12 34 51	19 33 03	21 44 41	5 00 19	2 00 51
12	10 48 39	12 04 47	12 33 22	19 29 08	21 40 32	4 56 23	1 56 50
13	10 50 02	12 05 45	12 31 53	19 25 13	21 36 22	4 52 27	1 52 49
14	10 51 48	12 06 42	12 30 23	19 21 20	21 32 13	4 48 31	1 48 48
15	10 53 55	12 07 38	12 28 53	19 17 27	21 28 04	4 44 35	1 44 46
16	10 56 21	12 08 32	12 27 23	19 13 34	21 23 56	4 40 38	1 40 45

Second transit: Saturn, July $10^d23^h59^m36^s$.

Date	Mercury	Venus	Mars	Jupiter	Saturn	Uranus	Neptune
	h m s	h m s	h m s	h m s	h m s	h m s	h m s
Aug. 16	10 56 21	12 08 32	12 27 23	19 13 34	21 23 56	4 40 38	1 40 45
17	10 59 04	12 09 26	12 25 53	19 09 43	21 19 48	4 36 41	1 36 44
18	11 02 03	12 10 18	12 24 22	19 05 52	21 15 40	4 32 44	1 32 43
19	11 05 15	12 11 10	12 22 52	19 02 02	21 11 33	4 28 47	1 28 41
20	11 08 39	12 12 00	12 21 21	18 58 13	21 07 25	4 24 50	1 24 40
21	11 12 12	12 12 50	12 19 49	18 54 25	21 03 19	4 20 53	1 20 39
22	11 15 52	12 13 38	12 18 18	18 50 37	20 59 12	4 16 55	1 16 37
23	11 19 38	12 14 26	12 16 47	18 46 50	20 55 06	4 12 57	1 12 35
24	11 23 27	12 15 13	12 15 15	18 43 04	20 51 00	4 08 59	1 08 34
25	11 27 19	12 15 59	12 13 43	18 39 19	20 46 55	4 05 01	1 04 32
26	11 31 10	12 16 44	12 12 11	18 35 34	20 42 50	4 01 02	1 00 31
27	11 35 00	12 17 28	12 10 38	18 31 50	20 38 45	3 57 04	0 56 29
28	11 38 48	12 18 12	12 09 06	18 28 07	20 34 41	3 53 05	0 52 27
29	11 42 33	12 18 54	12 07 33	18 24 25	20 30 37	3 49 06	0 48 25
30	11 46 13	12 19 37	12 06 00	18 20 44	20 26 33	3 45 07	0 44 24
31	11 49 49	12 20 18	12 04 27	18 17 03	20 22 30	3 41 07	0 40 22
Sept. 1	11 53 19	12 20 59	12 02 54	18 13 23	20 18 27	3 37 08	0 36 20
2	11 56 44	12 21 39	12 01 21	18 09 44	20 14 25	3 33 08	0 32 18
3	12 00 02	12 22 18	11 59 47	18 06 05	20 10 23	3 29 08	0 28 16
4	12 03 15	12 22 57	11 58 14	18 02 27	20 06 21	3 25 08	0 24 14
5	12 06 22	12 23 35	11 56 40	17 58 50	20 02 20	3 21 08	0 20 12
6	12 09 23	12 24 13	11 55 06	17 55 14	19 58 19	3 17 08	0 16 10
7	12 12 17	12 24 51	11 53 32	17 51 38	19 54 19	3 13 07	0 12 08
8	12 15 06	12 25 28	11 51 58	17 48 03	19 50 19	3 09 06	0 08 06
9	12 17 49	12 26 04	11 50 24	17 44 29	19 46 19	3 05 06	0 04 04
10	12 20 27	12 26 41	11 48 49	17 40 55	19 42 20	3 01 04	0 00 02
11	12 22 59	12 27 17	11 47 15	17 37 23	19 38 21	2 57 03	23 51 58
12	12 25 26	12 27 52	11 45 40	17 33 50	19 34 23	2 53 02	23 47 56
13	12 27 49	12 28 28	11 44 05	17 30 19	19 30 25	2 49 00	23 43 54
14	12 30 06	12 29 04	11 42 31	17 26 48	19 26 27	2 44 59	23 39 53
15	12 32 20	12 29 39	11 40 56	17 23 18	19 22 30	2 40 57	23 35 51
16	12 34 29	12 30 14	11 39 21	17 19 48	19 18 33	2 36 55	23 31 49
17	12 36 34	12 30 49	11 37 46	17 16 19	19 14 37	2 32 53	23 27 47
18	12 38 35	12 31 24	11 36 11	17 12 51	19 10 41	2 28 51	23 23 45
19	12 40 32	12 32 00	11 34 36	17 09 23	19 06 46	2 24 48	23 19 43
20	12 42 27	12 32 35	11 33 01	17 05 56	19 02 51	2 20 46	23 15 41
21	12 44 18	12 33 11	11 31 25	17 02 30	18 58 56	2 16 43	23 11 39
22	12 46 05	12 33 46	11 29 50	16 59 04	18 55 02	2 12 40	23 07 37
23	12 47 50	12 34 22	11 28 15	16 55 39	18 51 08	2 08 37	23 03 36
24	12 49 33	12 34 59	11 26 40	16 52 15	18 47 15	2 04 34	22 59 34
25	12 51 12	12 35 35	11 25 05	16 48 51	18 43 22	2 00 31	22 55 32
26	12 52 49	12 36 12	11 23 29	16 45 28	18 39 29	1 56 28	22 51 30
27	12 54 24	12 36 49	11 21 54	16 42 05	18 35 37	1 52 25	22 47 29
28	12 55 56	12 37 27	11 20 19	16 38 43	18 31 45	1 48 21	22 43 27
29	12 57 26	12 38 05	11 18 43	16 35 21	18 27 54	1 44 17	22 39 25
30	12 58 54	12 38 44	11 17 08	16 32 00	18 24 03	1 40 14	22 35 24
Oct. 1	13 00 20	12 39 24	11 15 33	16 28 40	18 20 13	1 36 10	22 31 22

Second transit: Neptune, Sept. $10^d23^h56^m00^s$.

Date	Mercury	Venus	Mars	Jupiter	Saturn	Uranus	Neptune
	h m s	h m s	h m s	h m s	h m s	h m s	h m s
Oct. 1	13 00 20	12 39 24	11 15 33	16 28 40	18 20 13	1 36 10	22 31 22
2	13 01 43	12 40 03	11 13 58	16 25 20	18 16 23	1 32 06	22 27 21
3	13 03 05	12 40 44	11 12 23	16 22 01	18 12 33	1 28 02	22 23 20
4	13 04 24	12 41 25	11 10 47	16 18 42	18 08 44	1 23 58	22 19 18
5	13 05 40	12 42 07	11 09 12	16 15 24	18 04 55	1 19 53	22 15 17
6	13 06 55	12 42 50	11 07 37	16 12 06	18 01 07	1 15 49	22 11 16
7	13 08 06	12 43 33	11 06 02	16 08 49	17 57 19	1 11 44	22 07 15
8	13 09 15	12 44 17	11 04 27	16 05 32	17 53 32	1 07 40	22 03 14
9	13 10 21	12 45 02	11 02 52	16 02 16	17 49 44	1 03 35	21 59 12
10	13 11 24	12 45 48	11 01 18	15 59 01	17 45 58	0 59 31	21 55 12
11	13 12 24	12 46 35	10 59 43	15 55 46	17 42 11	0 55 26	21 51 11
12	13 13 20	12 47 23	10 58 08	15 52 31	17 38 26	0 51 21	21 47 10
13	13 14 11	12 48 12	10 56 34	15 49 17	17 34 40	0 47 16	21 43 09
14	13 14 58	12 49 02	10 54 59	15 46 03	17 30 55	0 43 11	21 39 08
15	13 15 40	12 49 53	10 53 25	15 42 50	17 27 10	0 39 06	21 35 08
16	13 16 16	12 50 45	10 51 51	15 39 37	17 23 26	0 35 01	21 31 07
17	13 16 45	12 51 38	10 50 17	15 36 25	17 19 42	0 30 56	21 27 07
18	13 17 07	12 52 32	10 48 43	15 33 13	17 15 58	0 26 51	21 23 06
19	13 17 21	12 53 27	10 47 09	15 30 02	17 12 15	0 22 46	21 19 06
20	13 17 26	12 54 24	10 45 35	15 26 51	17 08 32	0 18 41	21 15 06
21	13 17 20	12 55 21	10 44 02	15 23 40	17 04 50	0 14 35	21 11 06
22	13 17 02	12 56 20	10 42 28	15 20 30	17 01 08	0 10 30	21 07 06
23	13 16 32	12 57 20	10 40 55	15 17 21	16 57 26	0 06 25	21 03 06
24	13 15 46	12 58 22	10 39 22	15 14 11	16 53 45	0 02 19	20 59 06
25	13 14 43	12 59 24	10 37 49	15 11 03	16 50 04	23 54 09	20 55 06
26	13 13 22	13 00 28	10 36 16	15 07 54	16 46 23	23 50 03	20 51 06
27	13 11 40	13 01 33	10 34 44	15 04 46	16 42 43	23 45 58	20 47 07
28	13 09 35	13 02 39	10 33 12	15 01 38	16 39 03	23 41 53	20 43 07
29	13 07 05	13 03 47	10 31 39	14 58 31	16 35 23	23 37 47	20 39 08
30	13 04 06	13 04 56	10 30 08	14 55 24	16 31 44	23 33 42	20 35 09
31	13 00 37	13 06 06	10 28 36	14 52 18	16 28 05	23 29 36	20 31 10
Nov. 1	12 56 34	13 07 17	10 27 04	14 49 12	16 24 27	23 25 31	20 27 11
2	12 51 57	13 08 29	10 25 33	14 46 06	16 20 49	23 21 26	20 23 12
3	12 46 43	13 09 43	10 24 02	14 43 01	16 17 11	23 17 20	20 19 13
4	12 40 52	13 10 58	10 22 31	14 39 55	16 13 33	23 13 15	20 15 14
5	12 34 22	13 12 14	10 21 00	14 36 51	16 09 56	23 09 10	20 11 15
6	12 27 17	13 13 31	10 19 30	14 33 46	16 06 19	23 05 05	20 07 17
7	12 19 38	13 14 49	10 18 00	14 30 42	16 02 43	23 01 00	20 03 19
8	12 11 31	13 16 08	10 16 30	14 27 38	15 59 07	22 56 54	19 59 20
9	12 03 00	13 17 29	10 15 00	14 24 35	15 55 31	22 52 49	19 55 22
10	11 54 14	13 18 50	10 13 31	14 21 32	15 51 55	22 48 44	19 51 24
11	11 45 21	13 20 12	10 12 02	14 18 29	15 48 20	22 44 39	19 47 26
12	11 36 32	13 21 36	10 10 33	14 15 26	15 44 45	22 40 34	19 43 28
13	11 27 55	13 23 00	10 09 05	14 12 24	15 41 10	22 36 30	19 39 30
14	11 19 39	13 24 25	10 07 36	14 09 22	15 37 35	22 32 25	19 35 33
15	11 11 53	13 25 51	10 06 08	14 06 20	15 34 01	22 28 20	19 31 35
16	11 04 42	13 27 17	10 04 41	14 03 18	15 30 27	22 24 15	19 27 38

Second transit: Uranus, Oct. 24^{d}23^{h}58^{m}14^s.

Date	Mercury	Venus	Mars	Jupiter	Saturn	Uranus	Neptune
	h m s	h m s	h m s	h m s	h m s	h m s	h m s
Nov. 16	11 04 42	13 27 17	10 04 41	14 03 18	15 30 27	22 24 15	19 27 38
17	10 58 10	13 28 44	10 03 13	14 00 17	15 26 54	22 20 11	19 23 41
18	10 52 21	13 30 12	10 01 46	13 57 16	15 23 20	22 16 06	19 19 44
19	10 47 15	13 31 41	10 00 20	13 54 15	15 19 47	22 12 02	19 15 47
20	10 42 51	13 33 10	9 58 53	13 51 15	15 16 14	22 07 58	19 11 50
21	10 39 09	13 34 40	9 57 27	13 48 15	15 12 42	22 03 54	19 07 53
22	10 36 06	13 36 10	9 56 01	13 45 15	15 09 10	21 59 49	19 03 56
23	10 33 39	13 37 40	9 54 36	13 42 15	15 05 37	21 55 45	19 00 00
24	10 31 45	13 39 11	9 53 11	13 39 15	15 02 06	21 51 42	18 56 04
25	10 30 20	13 40 42	9 51 46	13 36 16	14 58 34	21 47 38	18 52 07
26	10 29 23	13 42 13	9 50 22	13 33 17	14 55 03	21 43 34	18 48 11
27	10 28 50	13 43 44	9 48 58	13 30 18	14 51 32	21 39 30	18 44 15
28	10 28 38	13 45 16	9 47 34	13 27 19	14 48 01	21 35 27	18 40 19
29	10 28 45	13 46 47	9 46 11	13 24 20	14 44 30	21 31 24	18 36 24
30	10 29 09	13 48 18	9 44 48	13 21 22	14 41 00	21 27 20	18 32 28
Dec. 1	10 29 48	13 49 49	9 43 25	13 18 24	14 37 29	21 23 17	18 28 33
2	10 30 40	13 51 19	9 42 03	13 15 25	14 33 59	21 19 14	18 24 37
3	10 31 43	13 52 50	9 40 41	13 12 28	14 30 29	21 15 12	18 20 42
4	10 32 57	13 54 19	9 39 20	13 09 30	14 27 00	21 11 09	18 16 47
5	10 34 20	13 55 49	9 37 58	13 06 32	14 23 30	21 07 06	18 12 52
6	10 35 52	13 57 18	9 36 38	13 03 35	14 20 01	21 03 04	18 08 57
7	10 37 30	13 58 46	9 35 17	13 00 37	14 16 32	20 59 02	18 05 02
8	10 39 16	14 00 13	9 33 57	12 57 40	14 13 03	20 55 00	18 01 08
9	10 41 07	14 01 40	9 32 38	12 54 43	14 09 34	20 50 58	17 57 13
10	10 43 04	14 03 06	9 31 18	12 51 46	14 06 06	20 46 56	17 53 19
11	10 45 06	14 04 32	9 30 00	12 48 49	14 02 37	20 42 54	17 49 25
12	10 47 13	14 05 56	9 28 41	12 45 52	13 59 09	20 38 53	17 45 31
13	10 49 24	14 07 19	9 27 23	12 42 55	13 55 41	20 34 52	17 41 37
14	10 51 39	14 08 41	9 26 06	12 39 58	13 52 13	20 30 50	17 37 43
15	10 53 58	14 10 03	9 24 48	12 37 02	13 48 45	20 26 49	17 33 49
16	10 56 20	14 11 23	9 23 32	12 34 05	13 45 17	20 22 49	17 29 56
17	10 58 46	14 12 42	9 22 15	12 31 09	13 41 50	20 18 48	17 26 02
18	11 01 14	14 14 00	9 20 59	12 28 13	13 38 22	20 14 47	17 22 09
19	11 03 46	14 15 17	9 19 44	12 25 16	13 34 55	20 10 47	17 18 16
20	11 06 21	14 16 32	9 18 29	12 22 20	13 31 28	20 06 47	17 14 23
21	11 08 58	14 17 46	9 17 14	12 19 24	13 28 01	20 02 47	17 10 30
22	11 11 38	14 18 59	9 16 00	12 16 28	13 24 34	19 58 47	17 06 37
23	11 14 21	14 20 11	9 14 46	12 13 32	13 21 07	19 54 48	17 02 44
24	11 17 05	14 21 21	9 13 32	12 10 36	13 17 40	19 50 48	16 58 51
25	11 19 52	14 22 30	9 12 19	12 07 40	13 14 13	19 46 49	16 54 59
26	11 22 41	14 23 37	9 11 07	12 04 44	13 10 47	19 42 50	16 51 07
27	11 25 33	14 24 43	9 09 55	12 01 48	13 07 20	19 38 51	16 47 14
28	11 28 26	14 25 48	9 08 43	11 58 51	13 03 54	19 34 52	16 43 22
29	11 31 21	14 26 51	9 07 31	11 55 55	13 00 27	19 30 54	16 39 30
30	11 34 18	14 27 53	9 06 20	11 52 59	12 57 01	19 26 56	16 35 38
31	11 37 16	14 28 53	9 05 10	11 50 03	12 53 35	19 22 58	16 31 47
32	11 40 16	14 29 52	9 03 59	11 47 07	12 50 09	19 19 00	16 27 55

MERCURY, 2019

EPHEMERIS FOR PHYSICAL OBSERVATIONS
FOR 0ʰ TERRESTRIAL TIME

Date		Light-time	Magnitude	Surface Brightness	Diameter	Phase	Phase Angle	Defect of Illumination
		m		mag./arcsec^2	"		°	"
Jan.	−1	10.57	− 0.4	+ 2.8	5.29	0.876	41.3	0.66
	1	10.78	− 0.4	+ 2.8	5.19	0.893	38.2	0.56
	3	10.97	− 0.4	+ 2.7	5.10	0.908	35.3	0.47
	5	11.13	− 0.4	+ 2.7	5.03	0.921	32.6	0.40
	7	11.28	− 0.5	+ 2.7	4.96	0.933	30.0	0.33
	9	11.41	− 0.5	+ 2.6	4.90	0.943	27.5	0.28
	11	11.52	− 0.6	+ 2.6	4.86	0.953	25.1	0.23
	13	11.62	− 0.6	+ 2.5	4.82	0.961	22.8	0.19
	15	11.70	− 0.7	+ 2.4	4.78	0.968	20.4	0.15
	17	11.76	− 0.8	+ 2.3	4.76	0.975	18.1	0.12
	19	11.80	− 0.8	+ 2.3	4.74	0.981	15.8	0.09
	21	11.83	− 0.9	+ 2.1	4.73	0.986	13.5	0.07
	23	11.83	− 1.1	+ 2.0	4.73	0.991	11.2	0.04
	25	11.82	− 1.2	+ 1.9	4.73	0.994	8.8	0.03
	27	11.79	− 1.3	+ 1.8	4.75	0.997	6.7	0.02
	29	11.74	− 1.4	+ 1.7	4.77	0.998	5.1	0.01
	31	11.67	− 1.5	+ 1.6	4.80	0.998	5.1	0.01
Feb.	2	11.57	− 1.5	+ 1.7	4.84	0.996	7.0	0.02
	4	11.45	− 1.4	+ 1.7	4.89	0.992	10.1	0.04
	6	11.30	− 1.4	+ 1.8	4.95	0.985	13.9	0.07
	8	11.12	− 1.3	+ 1.9	5.03	0.975	18.3	0.13
	10	10.91	− 1.3	+ 2.0	5.13	0.960	23.2	0.21
	12	10.67	− 1.2	+ 2.1	5.25	0.938	28.8	0.32
	14	10.38	− 1.2	+ 2.1	5.39	0.910	34.9	0.49
	16	10.07	− 1.1	+ 2.2	5.56	0.873	41.8	0.71
	18	9.71	− 1.1	+ 2.3	5.76	0.825	49.4	1.01
	20	9.32	− 1.0	+ 2.3	6.00	0.767	57.8	1.40
	22	8.89	− 0.9	+ 2.4	6.29	0.697	66.8	1.90
	24	8.45	− 0.8	+ 2.5	6.63	0.618	76.4	2.53
	26	7.98	− 0.6	+ 2.6	7.01	0.530	86.5	3.29
	28	7.51	− 0.4	+ 2.8	7.45	0.439	97.0	4.18
Mar.	2	7.06	0.0	+ 3.1	7.93	0.347	107.8	5.17
	4	6.63	+ 0.5	+ 3.4	8.45	0.260	118.7	6.25
	6	6.23	+ 1.2	+ 3.8	8.98	0.182	129.6	7.35
	8	5.88	+ 2.0	+ 4.3	9.51	0.115	140.4	8.42
	10	5.59	+ 3.0	+ 4.8	10.01	0.063	150.9	9.37
	12	5.36	+ 4.2	+ 5.1	10.43	0.028	160.9	10.14
	14	5.20	+ 5.3	+ 5.1	10.76	0.009	168.9	10.66
	16	5.10	—	—	10.96	0.008	170.0	10.88
	18	5.07	+ 4.6	+ 5.3	11.04	0.020	163.5	10.82
	20	5.08	+ 3.7	+ 5.3	11.00	0.045	155.4	10.51
	22	5.15	+ 2.9	+ 5.0	10.86	0.079	147.4	10.00
	24	5.26	+ 2.2	+ 4.8	10.64	0.118	139.8	9.38
	26	5.40	+ 1.7	+ 4.6	10.36	0.160	132.8	8.69
	28	5.57	+ 1.4	+ 4.4	10.04	0.204	126.3	8.00
	30	5.76	+ 1.1	+ 4.2	9.71	0.247	120.4	7.31
Apr.	1	5.97	+ 0.8	+ 4.1	9.37	0.288	115.0	6.67

EPHEMERIS FOR PHYSICAL OBSERVATIONS
FOR 0ʰ TERRESTRIAL TIME

Date		Sub-Earth Point		Sub-Solar Point			North Pole	
		Long.	Lat.	Long.	Dist.	P.A.	Dist.	P.A.
		°	°	°	″	°	″	°
Jan.	−1	4.82	− 4.15	45.96	+1.75	95.11	−2.64	9.84
	1	14.18	− 4.19	52.20	+1.61	93.08	−2.59	8.40
	3	23.49	− 4.24	58.59	+1.48	90.94	−2.54	6.92
	5	32.77	− 4.28	65.12	+1.35	88.71	−2.51	5.39
	7	42.03	− 4.32	71.75	+1.24	86.35	−2.47	3.83
	9	51.25	− 4.37	78.45	+1.13	83.86	−2.44	2.24
	11	60.44	− 4.41	85.19	+1.03	81.22	−2.42	0.63
	13	69.60	− 4.46	91.96	+0.93	78.37	−2.40	359.00
	15	78.74	− 4.50	98.71	+0.84	75.26	−2.38	357.36
	17	87.84	− 4.55	105.43	+0.74	71.77	−2.37	355.72
	19	96.91	− 4.59	112.09	+0.65	67.74	−2.36	354.08
	21	105.95	− 4.64	118.66	+0.55	62.84	−2.36	352.45
	23	114.95	− 4.69	125.10	+0.46	56.46	−2.36	350.83
	25	123.91	− 4.74	131.40	+0.36	47.28	−2.36	349.24
	27	132.83	− 4.79	137.51	+0.28	32.29	−2.36	347.68
	29	141.71	− 4.84	143.39	+0.21	5.47	−2.37	346.15
	31	150.55	− 4.90	149.02	+0.21	327.20	−2.39	344.67
Feb.	2	159.34	− 4.96	154.33	+0.30	297.69	−2.41	343.23
	4	168.08	− 5.03	159.28	+0.43	281.24	−2.43	341.86
	6	176.79	− 5.11	163.83	+0.60	271.58	−2.47	340.54
	8	185.47	− 5.19	167.91	+0.79	265.19	−2.51	339.30
	10	194.12	− 5.29	171.47	+1.01	260.55	−2.55	338.14
	12	202.76	− 5.40	174.46	+1.26	256.95	−2.61	337.07
	14	211.41	− 5.53	176.84	+1.54	254.03	−2.68	336.09
	16	220.11	− 5.68	178.59	+1.85	251.58	−2.77	335.21
	18	228.89	− 5.85	179.71	+2.19	249.47	−2.87	334.43
	20	237.81	− 6.05	180.26	+2.54	247.62	−2.99	333.77
	22	246.95	− 6.29	180.32	+2.89	245.95	−3.13	333.22
	24	256.37	− 6.56	180.06	+3.22	244.39	−3.29	332.77
	26	266.16	− 6.87	179.66	+3.50	242.87	−3.48	332.43
	28	276.41	− 7.21	179.32	−3.69	241.31	−3.69	332.17
Mar.	2	287.20	− 7.57	179.25	−3.77	239.59	−3.93	332.00
	4	298.58	− 7.95	179.62	−3.71	237.56	−4.18	331.90
	6	310.59	− 8.32	180.54	−3.46	234.97	−4.44	331.86
	8	323.22	− 8.66	182.07	−3.03	231.35	−4.70	331.89
	10	336.42	− 8.94	184.23	−2.43	225.63	−4.94	331.99
	12	350.11	− 9.13	187.02	−1.71	214.67	−5.15	332.15
	14	4.14	− 9.20	190.39	−1.04	186.87	−5.31	332.39
	16	18.34	− 9.16	194.30	−0.95	128.70	−5.41	332.67
	18	32.55	− 8.98	198.70	−1.56	95.28	−5.45	332.97
	20	46.59	− 8.70	203.52	−2.29	82.80	−5.44	333.27
	22	60.37	− 8.33	208.71	−2.93	76.75	−5.37	333.53
	24	73.78	− 7.90	214.23	−3.43	73.19	−5.27	333.74
	26	86.80	− 7.43	220.03	−3.80	70.80	−5.13	333.87
	28	99.42	− 6.94	226.07	−4.04	69.06	−4.98	333.92
	30	111.64	− 6.45	232.30	−4.19	67.71	−4.82	333.89
Apr.	1	123.50	− 5.97	238.70	−4.25	66.60	−4.66	333.79

MERCURY, 2019

EPHEMERIS FOR PHYSICAL OBSERVATIONS
FOR 0ʰ TERRESTRIAL TIME

Date		Light-time	Magnitude	Surface Brightness	Diameter	Phase	Phase Angle	Defect of Illumination
		m		mag./arcsec^2	$''$		°	$''$
Apr.	1	5.97	+0.8	+4.1	9.37	0.288	115.0	6.67
	3	6.19	+0.7	+4.0	9.04	0.328	110.1	6.08
	5	6.42	+0.5	+3.9	8.72	0.366	105.5	5.53
	7	6.65	+0.4	+3.8	8.41	0.402	101.3	5.03
	9	6.89	+0.3	+3.7	8.12	0.436	97.4	4.58
	11	7.13	+0.3	+3.7	7.85	0.468	93.6	4.17
	13	7.38	+0.2	+3.6	7.59	0.499	90.1	3.80
	15	7.62	+0.2	+3.5	7.34	0.529	86.7	3.46
	17	7.87	+0.1	+3.5	7.11	0.557	83.4	3.15
	19	8.12	+0.1	+3.4	6.89	0.585	80.2	2.86
	21	8.36	0.0	+3.3	6.69	0.613	77.0	2.59
	23	8.61	−0.1	+3.3	6.50	0.640	73.7	2.34
	25	8.85	−0.1	+3.2	6.32	0.667	70.4	2.10
	27	9.09	−0.2	+3.1	6.16	0.695	67.0	1.88
	29	9.33	−0.3	+3.0	6.00	0.723	63.5	1.66
May	1	9.56	−0.4	+2.9	5.85	0.751	59.8	1.45
	3	9.78	−0.5	+2.8	5.72	0.781	55.9	1.25
	5	10.00	−0.6	+2.7	5.59	0.810	51.6	1.06
	7	10.21	−0.7	+2.5	5.48	0.841	47.0	0.87
	9	10.40	−0.8	+2.4	5.38	0.871	42.1	0.69
	11	10.57	−1.0	+2.2	5.29	0.901	36.7	0.52
	13	10.72	−1.2	+2.0	5.22	0.930	30.7	0.37
	15	10.85	−1.4	+1.8	5.16	0.956	24.3	0.23
	17	10.94	−1.7	+1.5	5.12	0.977	17.4	0.12
	19	10.99	−2.0	+1.2	5.09	0.992	10.0	0.04
	21	11.00	−2.4	+0.9	5.09	1.000	2.3	0.00
	23	10.96	−2.3	+1.0	5.10	0.997	6.2	0.01
	25	10.88	−2.0	+1.3	5.14	0.984	14.4	0.08
	27	10.74	−1.7	+1.6	5.21	0.961	22.7	0.20
	29	10.57	−1.4	+1.8	5.29	0.930	30.7	0.37
	31	10.36	−1.2	+2.1	5.40	0.891	38.5	0.59
June	2	10.11	−1.0	+2.2	5.53	0.848	45.8	0.84
	4	9.84	−0.9	+2.4	5.68	0.803	52.7	1.12
	6	9.56	−0.7	+2.6	5.86	0.757	59.1	1.42
	8	9.26	−0.6	+2.7	6.04	0.711	65.0	1.75
	10	8.95	−0.4	+2.8	6.25	0.666	70.6	2.09
	12	8.64	−0.3	+3.0	6.47	0.623	75.8	2.44
	14	8.33	−0.2	+3.1	6.72	0.581	80.6	2.81
	16	8.02	−0.1	+3.2	6.97	0.541	85.3	3.20
	18	7.72	+0.1	+3.4	7.25	0.502	89.7	3.61
	20	7.43	+0.2	+3.5	7.53	0.465	94.0	4.03
	22	7.14	+0.3	+3.6	7.84	0.428	98.3	4.48
	24	6.86	+0.4	+3.7	8.16	0.392	102.4	4.96
	26	6.59	+0.6	+3.8	8.49	0.357	106.7	5.46
	28	6.33	+0.7	+4.0	8.84	0.321	110.9	6.00
	30	6.09	+0.9	+4.1	9.19	0.286	115.3	6.56
July	2	5.85	+1.1	+4.3	9.56	0.251	119.8	7.16

EPHEMERIS FOR PHYSICAL OBSERVATIONS
FOR 0ʰ TERRESTRIAL TIME

Date		Sub-Earth Point		Sub-Solar Point			North Pole	
		Long.	Lat.	Long.	Dist.	P.A.	Dist.	P.A.
		°	°	°	″	°	″	°
Apr.	1	123.50	− 5.97	238.70	−4.25	66.60	−4.66	333.79
	3	135.03	− 5.50	245.23	−4.25	65.67	−4.50	333.63
	5	146.25	− 5.05	251.86	−4.20	64.85	−4.34	333.42
	7	157.21	− 4.62	258.56	−4.13	64.13	−4.19	333.18
	9	167.92	− 4.21	265.31	−4.03	63.49	−4.05	332.92
	11	178.42	− 3.82	272.07	−3.91	62.92	−3.91	332.65
	13	188.71	− 3.45	278.82	−3.79	62.42	−3.79	332.38
	15	198.83	− 3.11	285.54	+3.66	61.98	−3.67	332.13
	17	208.79	− 2.78	292.20	+3.53	61.62	−3.55	331.90
	19	218.59	− 2.46	298.76	+3.40	61.32	−3.44	331.71
	21	228.26	− 2.17	305.21	+3.26	61.09	−3.34	331.56
	23	237.78	− 1.88	311.50	+3.12	60.95	−3.25	331.46
	25	247.18	− 1.61	317.61	+2.98	60.89	−3.16	331.42
	27	256.45	− 1.36	323.49	+2.83	60.92	−3.08	331.45
	29	265.59	− 1.11	329.10	+2.69	61.04	−3.00	331.56
May	1	274.61	− 0.88	334.41	+2.53	61.28	−2.93	331.75
	3	283.51	− 0.66	339.36	+2.37	61.63	−2.86	332.04
	5	292.28	− 0.44	343.89	+2.19	62.12	−2.80	332.44
	7	300.93	− 0.24	347.97	+2.01	62.75	−2.74	332.94
	9	309.45	− 0.04	351.52	+1.80	63.56	−2.69	333.57
	11	317.85	+ 0.15	354.50	+1.58	64.57	+2.65	334.34
	13	326.13	+ 0.33	356.87	+1.33	65.84	+2.61	335.25
	15	334.29	+ 0.52	358.61	+1.06	67.47	+2.58	336.32
	17	342.35	+ 0.69	359.72	+0.76	69.75	+2.56	337.55
	19	350.32	+ 0.87	0.26	+0.44	73.83	+2.55	338.93
	21	358.24	+ 1.05	0.32	+0.10	96.84	+2.54	340.48
	23	6.12	+ 1.23	0.05	+0.28	240.95	+2.55	342.17
	25	14.01	+ 1.42	359.65	+0.64	248.57	+2.57	343.99
	27	21.95	+ 1.62	359.32	+1.00	252.11	+2.60	345.90
	29	29.96	+ 1.82	359.25	+1.35	254.88	+2.65	347.88
	31	38.08	+ 2.04	359.63	+1.68	257.39	+2.70	349.90
June	2	46.34	+ 2.27	0.55	+1.98	259.76	+2.76	351.92
	4	54.75	+ 2.52	2.09	+2.26	262.03	+2.84	353.91
	6	63.32	+ 2.78	4.27	+2.51	264.22	+2.92	355.85
	8	72.07	+ 3.06	7.07	+2.74	266.32	+3.02	357.72
	10	80.99	+ 3.36	10.45	+2.95	268.33	+3.12	359.49
	12	90.10	+ 3.68	14.36	+3.14	270.25	+3.23	1.17
	14	99.38	+ 4.01	18.76	+3.31	272.08	+3.35	2.73
	16	108.85	+ 4.37	23.59	+3.47	273.83	+3.48	4.18
	18	118.51	+ 4.74	28.79	+3.62	275.50	+3.61	5.52
	20	128.36	+ 5.14	34.31	−3.76	277.09	+3.75	6.73
	22	138.41	+ 5.56	40.12	−3.88	278.62	+3.90	7.81
	24	148.68	+ 5.99	46.16	−3.98	280.10	+4.06	8.78
	26	159.16	+ 6.45	52.40	−4.07	281.54	+4.22	9.61
	28	169.89	+ 6.93	58.80	−4.13	282.97	+4.39	10.32
	30	180.86	+ 7.43	65.33	−4.16	284.41	+4.56	10.90
July	2	192.10	+ 7.94	71.96	−4.15	285.91	+4.73	11.35

MERCURY, 2019

EPHEMERIS FOR PHYSICAL OBSERVATIONS
FOR 0ʰ TERRESTRIAL TIME

Date		Light-time	Magnitude	Surface Brightness	Diameter	Phase	Phase Angle	Defect of Illumination
		m		mag./arcsec^2	"		°	"
July	2	5.85	+1.1	+4.3	9.56	0.251	119.8	7.16
	4	5.64	+1.4	+4.4	9.92	0.217	124.5	7.77
	6	5.44	+1.6	+4.6	10.28	0.182	129.5	8.41
	8	5.27	+2.0	+4.8	10.63	0.149	134.6	9.05
	10	5.11	+2.4	+5.0	10.94	0.117	140.1	9.67
	12	4.99	+2.9	+5.2	11.22	0.087	145.7	10.25
	14	4.89	+3.4	+5.4	11.45	0.060	151.6	10.76
	16	4.82	+4.0	+5.6	11.60	0.038	157.5	11.16
	18	4.79	+4.7	+5.6	11.67	0.022	163.1	11.42
	20	4.81	+5.3	+5.5	11.64	0.012	167.4	11.50
	22	4.86	+5.4	+5.5	11.52	0.010	168.2	11.40
	24	4.95	+4.9	+5.5	11.29	0.017	164.8	11.10
	26	5.10	+4.2	+5.4	10.98	0.033	159.0	10.62
	28	5.28	+3.4	+5.2	10.60	0.058	152.2	9.98
	30	5.51	+2.7	+4.8	10.16	0.091	144.9	9.23
Aug.	1	5.78	+2.0	+4.5	9.68	0.132	137.4	8.40
	3	6.09	+1.4	+4.1	9.19	0.181	129.7	7.53
	5	6.43	+0.9	+3.8	8.70	0.237	121.8	6.64
	7	6.81	+0.5	+3.5	8.21	0.299	113.7	5.76
	9	7.21	+0.1	+3.2	7.76	0.367	105.4	4.91
	11	7.64	−0.2	+3.0	7.33	0.440	96.9	4.10
	13	8.07	−0.4	+2.8	6.93	0.516	88.2	3.35
	15	8.51	−0.7	+2.6	6.57	0.594	79.2	2.67
	17	8.95	−0.8	+2.4	6.25	0.671	70.0	2.06
	19	9.36	−1.0	+2.3	5.98	0.743	60.9	1.53
	21	9.75	−1.1	+2.2	5.74	0.809	51.8	1.09
	23	10.11	−1.2	+2.1	5.53	0.866	43.0	0.74
	25	10.43	−1.4	+1.9	5.37	0.912	34.6	0.47
	27	10.70	−1.5	+1.8	5.23	0.946	26.8	0.28
	29	10.93	−1.6	+1.6	5.12	0.971	19.6	0.15
	31	11.12	−1.7	+1.5	5.03	0.987	13.1	0.07
Sept.	2	11.27	−1.9	+1.4	4.96	0.995	7.7	0.02
	4	11.38	−1.9	+1.3	4.92	0.998	4.8	0.01
	6	11.46	−1.7	+1.4	4.88	0.997	6.6	0.02
	8	11.51	−1.5	+1.7	4.86	0.992	10.3	0.04
	10	11.53	−1.3	+1.9	4.85	0.985	14.1	0.07
	12	11.53	−1.1	+2.0	4.85	0.976	17.8	0.12
	14	11.51	−0.9	+2.2	4.86	0.966	21.2	0.16
	16	11.46	−0.8	+2.3	4.88	0.955	24.4	0.22
	18	11.40	−0.7	+2.5	4.91	0.944	27.5	0.28
	20	11.32	−0.6	+2.6	4.94	0.932	30.3	0.34
	22	11.23	−0.5	+2.7	4.98	0.919	33.1	0.40
	24	11.12	−0.4	+2.8	5.03	0.906	35.7	0.47
	26	10.99	−0.3	+2.8	5.09	0.892	38.3	0.55
	28	10.86	−0.3	+2.9	5.15	0.878	40.9	0.63
	30	10.70	−0.2	+2.9	5.23	0.863	43.5	0.72
Oct.	2	10.54	−0.2	+3.0	5.31	0.847	46.0	0.81

EPHEMERIS FOR PHYSICAL OBSERVATIONS
FOR 0ʰ TERRESTRIAL TIME

Date		Sub-Earth Point		Sub-Solar Point			North Pole	
		Long.	Lat.	Long.	Dist.	P.A.	Dist.	P.A.
		°	°	°	″	°	″	°
July	2	192.10	+ 7.94	71.96	−4.15	285.91	+4.73	11.35
	4	203.63	+ 8.46	78.67	−4.09	287.50	+4.91	11.66
	6	215.45	+ 8.98	85.41	−3.97	289.27	+5.08	11.83
	8	227.59	+ 9.49	92.18	−3.78	291.32	+5.24	11.86
	10	240.05	+ 9.98	98.93	−3.51	293.84	+5.39	11.75
	12	252.81	+10.44	105.65	−3.16	297.13	+5.52	11.50
	14	265.87	+10.85	112.31	−2.72	301.79	+5.62	11.12
	16	279.19	+11.17	118.87	−2.22	309.00	+5.69	10.63
	18	292.70	+11.41	125.31	−1.70	321.45	+5.72	10.05
	20	306.34	+11.54	131.60	−1.27	344.62	+5.70	9.41
	22	320.01	+11.56	137.71	−1.17	20.14	+5.64	8.75
	24	333.61	+11.46	143.58	−1.48	49.88	+5.53	8.13
	26	347.05	+11.25	149.19	−1.97	66.46	+5.38	7.58
	28	0.24	+10.95	154.49	−2.47	75.72	+5.20	7.15
	30	13.11	+10.57	159.44	−2.92	81.53	+4.99	6.88
Aug.	1	25.60	+10.14	163.97	−3.28	85.63	+4.76	6.79
	3	37.67	+ 9.67	168.03	−3.54	88.82	+4.53	6.91
	5	49.32	+ 9.18	171.57	−3.69	91.51	+4.29	7.24
	7	60.52	+ 8.70	174.55	−3.76	93.94	+4.06	7.78
	9	71.30	+ 8.22	176.91	−3.74	96.25	+3.84	8.53
	11	81.65	+ 7.77	178.64	−3.64	98.53	+3.63	9.47
	13	91.60	+ 7.35	179.74	+3.46	100.83	+3.44	10.60
	15	101.18	+ 6.95	180.27	+3.23	103.20	+3.26	11.87
	17	110.42	+ 6.60	180.32	+2.94	105.66	+3.11	13.27
	19	119.37	+ 6.28	180.05	+2.61	108.23	+2.97	14.74
	21	128.09	+ 6.00	179.64	+2.25	110.96	+2.85	16.25
	23	136.62	+ 5.75	179.31	+1.89	113.91	+2.75	17.76
	25	145.03	+ 5.53	179.26	+1.52	117.23	+2.67	19.23
	27	153.36	+ 5.34	179.64	+1.18	121.22	+2.60	20.62
	29	161.66	+ 5.18	180.57	+0.86	126.58	+2.55	21.92
	31	169.97	+ 5.03	182.12	+0.57	135.13	+2.51	23.11
Sept.	2	178.31	+ 4.90	184.31	+0.33	153.11	+2.47	24.17
	4	186.69	+ 4.78	187.11	+0.20	200.10	+2.45	25.11
	6	195.14	+ 4.68	190.50	+0.28	250.95	+2.43	25.93
	8	203.66	+ 4.58	194.42	+0.43	270.58	+2.42	26.63
	10	212.26	+ 4.49	198.83	+0.59	279.12	+2.42	27.22
	12	220.93	+ 4.40	203.66	+0.74	283.86	+2.42	27.69
	14	229.67	+ 4.31	208.86	+0.88	286.88	+2.42	28.07
	16	238.49	+ 4.23	214.39	+1.01	288.97	+2.43	28.34
	18	247.37	+ 4.15	220.20	+1.13	290.49	+2.45	28.53
	20	256.33	+ 4.07	226.24	+1.25	291.63	+2.46	28.62
	22	265.35	+ 3.99	232.48	+1.36	292.48	+2.49	28.64
	24	274.44	+ 3.90	238.89	+1.47	293.11	+2.51	28.57
	26	283.59	+ 3.82	245.42	+1.58	293.57	+2.54	28.44
	28	292.81	+ 3.73	252.05	+1.69	293.88	+2.57	28.23
	30	302.08	+ 3.64	258.76	+1.80	294.07	+2.61	27.96
Oct.	2	311.42	+ 3.55	265.51	+1.91	294.15	+2.65	27.62

MERCURY, 2019

EPHEMERIS FOR PHYSICAL OBSERVATIONS
FOR 0ʰ TERRESTRIAL TIME

Date		Light-time	Magnitude	Surface Brightness	Diameter	Phase	Phase Angle	Defect of Illumination
		m		mag./arcsec^2	"		°	"
Oct.	2	10.54	− 0.2	+ 3.0	5.31	0.847	46.0	0.81
	4	10.36	− 0.2	+ 3.0	5.40	0.830	48.7	0.92
	6	10.17	− 0.1	+ 3.1	5.50	0.812	51.4	1.03
	8	9.96	− 0.1	+ 3.1	5.62	0.793	54.2	1.17
	10	9.74	− 0.1	+ 3.1	5.75	0.771	57.1	1.31
	12	9.50	− 0.1	+ 3.1	5.89	0.748	60.3	1.48
	14	9.25	− 0.1	+ 3.2	6.05	0.722	63.6	1.68
	16	8.99	− 0.1	+ 3.2	6.22	0.693	67.2	1.91
	18	8.71	− 0.1	+ 3.2	6.42	0.661	71.2	2.18
	20	8.42	− 0.1	+ 3.2	6.64	0.625	75.5	2.49
	22	8.12	− 0.1	+ 3.2	6.89	0.584	80.3	2.86
	24	7.81	− 0.1	+ 3.2	7.17	0.538	85.6	3.31
	26	7.49	0.0	+ 3.3	7.47	0.487	91.5	3.84
	28	7.16	+ 0.1	+ 3.3	7.81	0.428	98.2	4.47
	30	6.84	+ 0.2	+ 3.4	8.18	0.364	105.8	5.21
Nov.	1	6.53	+ 0.5	+ 3.6	8.57	0.293	114.4	6.06
	3	6.24	+ 1.0	+ 3.8	8.97	0.219	124.1	7.00
	5	5.98	+ 1.6	+ 4.1	9.35	0.146	135.1	7.99
	7	5.78	+ 2.6	+ 4.5	9.68	0.079	147.4	8.92
	9	5.65	+ 4.1	+ 4.9	9.90	0.028	160.9	9.63
	11	5.61	—	—	9.97	0.002	175.3	9.95
	13	5.67	—	—	9.86	0.008	169.8	9.78
	15	5.84	+ 3.3	+ 4.6	9.59	0.047	154.8	9.13
	17	6.09	+ 1.9	+ 4.1	9.19	0.115	140.3	8.13
	19	6.42	+ 0.9	+ 3.6	8.71	0.202	126.6	6.95
	21	6.80	+ 0.3	+ 3.3	8.23	0.297	113.9	5.78
	23	7.21	− 0.1	+ 3.0	7.76	0.392	102.4	4.71
	25	7.64	− 0.4	+ 2.9	7.33	0.482	92.1	3.80
	27	8.06	− 0.5	+ 2.8	6.94	0.561	82.9	3.04
	29	8.47	− 0.6	+ 2.8	6.60	0.631	74.8	2.44
Dec.	1	8.86	− 0.6	+ 2.7	6.31	0.691	67.6	1.95
	3	9.23	− 0.6	+ 2.7	6.06	0.741	61.2	1.57
	5	9.58	− 0.6	+ 2.7	5.84	0.783	55.5	1.27
	7	9.89	− 0.6	+ 2.7	5.66	0.819	50.4	1.02
	9	10.19	− 0.6	+ 2.7	5.49	0.849	45.8	0.83
	11	10.45	− 0.6	+ 2.7	5.35	0.874	41.6	0.68
	13	10.69	− 0.6	+ 2.7	5.23	0.895	37.9	0.55
	15	10.91	− 0.6	+ 2.6	5.13	0.913	34.4	0.45
	17	11.11	− 0.6	+ 2.6	5.04	0.928	31.2	0.36
	19	11.28	− 0.6	+ 2.6	4.96	0.940	28.3	0.30
	21	11.43	− 0.6	+ 2.5	4.89	0.951	25.5	0.24
	23	11.57	− 0.7	+ 2.5	4.84	0.961	22.9	0.19
	25	11.68	− 0.7	+ 2.4	4.79	0.969	20.4	0.15
	27	11.77	− 0.8	+ 2.3	4.75	0.976	18.0	0.12
	29	11.85	− 0.8	+ 2.3	4.72	0.982	15.6	0.09
	31	11.90	− 0.9	+ 2.2	4.70	0.986	13.4	0.06
	33	11.94	− 1.0	+ 2.1	4.68	0.991	11.1	0.04

EPHEMERIS FOR PHYSICAL OBSERVATIONS
FOR 0ʰ TERRESTRIAL TIME

Date		Sub-Earth Point		Sub-Solar Point			North Pole	
		Long.	Lat.	Long.	Dist.	P.A.	Dist.	P.A.
		°	°	°	″	°	″	°
Oct.	2	311.42	+ 3.55	265.51	+1.91	294.15	+2.65	27.62
	4	320.83	+ 3.46	272.27	+2.03	294.13	+2.70	27.22
	6	330.30	+ 3.37	279.02	+2.15	294.04	+2.75	26.77
	8	339.85	+ 3.27	285.74	+2.28	293.87	+2.80	26.28
	10	349.47	+ 3.17	292.40	+2.41	293.64	+2.87	25.73
	12	359.18	+ 3.06	298.96	+2.56	293.36	+2.94	25.15
	14	8.98	+ 2.95	305.40	+2.71	293.04	+3.02	24.54
	16	18.90	+ 2.84	311.69	+2.87	292.68	+3.11	23.91
	18	28.95	+ 2.72	317.79	+3.04	292.31	+3.21	23.27
	20	39.15	+ 2.59	323.66	+3.22	291.94	+3.32	22.64
	22	49.54	+ 2.45	329.27	+3.40	291.58	+3.44	22.03
	24	60.15	+ 2.31	334.57	+3.57	291.26	+3.58	21.47
	26	71.04	+ 2.15	339.51	−3.74	291.01	+3.73	20.98
	28	82.27	+ 1.97	344.03	−3.87	290.85	+3.90	20.59
	30	93.91	+ 1.78	348.09	−3.94	290.82	+4.09	20.34
Nov.	1	106.04	+ 1.56	351.63	−3.90	290.94	+4.28	20.25
	3	118.75	+ 1.32	354.59	−3.71	291.24	+4.49	20.37
	5	132.08	+ 1.04	356.94	−3.30	291.73	+4.68	20.70
	7	146.06	+ 0.73	358.66	−2.61	292.37	+4.84	21.24
	9	160.61	+ 0.39	359.75	−1.62	293.06	+4.95	21.93
	11	175.52	+ 0.04	0.27	−0.41	293.25	+4.98	22.69
	13	190.51	− 0.32	0.32	−0.87	115.10	−4.93	23.42
	15	205.21	− 0.65	0.04	−2.04	115.37	−4.79	24.04
	17	219.35	− 0.96	359.64	−2.93	115.58	−4.59	24.47
	19	232.74	− 1.22	359.31	−3.50	115.58	−4.36	24.72
	21	245.35	− 1.45	359.26	−3.76	115.38	−4.11	24.77
	23	257.23	− 1.64	359.65	−3.79	114.98	−3.88	24.66
	25	268.47	− 1.81	0.59	−3.66	114.43	−3.66	24.39
	27	279.21	− 1.96	2.15	+3.44	113.71	−3.47	23.99
	29	289.56	− 2.09	4.35	+3.19	112.86	−3.30	23.46
Dec.	1	299.60	− 2.22	7.16	+2.92	111.87	−3.15	22.81
	3	309.41	− 2.33	10.56	+2.65	110.75	−3.03	22.06
	5	319.06	− 2.45	14.49	+2.41	109.51	−2.92	21.22
	7	328.59	− 2.55	18.90	+2.18	108.14	−2.82	20.28
	9	338.02	− 2.66	23.74	+1.97	106.65	−2.74	19.25
	11	347.39	− 2.76	28.95	+1.78	105.03	−2.67	18.15
	13	356.71	− 2.87	34.48	+1.61	103.28	−2.61	16.97
	15	5.99	− 2.97	40.29	+1.45	101.39	−2.56	15.72
	17	15.25	− 3.06	46.34	+1.31	99.36	−2.52	14.41
	19	24.48	− 3.16	52.58	+1.17	97.16	−2.48	13.04
	21	33.70	− 3.26	58.99	+1.05	94.78	−2.44	11.61
	23	42.89	− 3.35	65.52	+0.94	92.18	−2.41	10.13
	25	52.08	− 3.45	72.15	+0.83	89.31	−2.39	8.61
	27	61.24	− 3.54	78.86	+0.73	86.09	−2.37	7.04
	29	70.40	− 3.64	85.60	+0.64	82.39	−2.36	5.44
	31	79.53	− 3.73	92.37	+0.54	77.97	−2.35	3.81
	33	88.65	− 3.83	99.12	+0.45	72.44	−2.34	2.15

VENUS, 2019

EPHEMERIS FOR PHYSICAL OBSERVATIONS
FOR 0ʰ TERRESTRIAL TIME

Date		Light-time	Magnitude	Surface Brightness	Diameter	Phase	Phase Angle	Defect of Illumination
		m		mag./arcsec^2	"		°	"
Jan.	−3	5.03	−4.7	+1.4	27.62	0.451	95.7	15.17
	1	5.28	−4.6	+1.4	26.30	0.474	93.0	13.84
	5	5.53	−4.6	+1.4	25.10	0.496	90.5	12.66
	9	5.78	−4.5	+1.4	24.00	0.517	88.1	11.60
	13	6.04	−4.5	+1.4	22.99	0.537	85.8	10.66
	17	6.29	−4.5	+1.4	22.07	0.556	83.6	9.80
	21	6.54	−4.4	+1.4	21.22	0.574	81.5	9.04
	25	6.79	−4.4	+1.3	20.44	0.592	79.4	8.34
	29	7.04	−4.3	+1.3	19.72	0.609	77.4	7.71
Feb.	2	7.29	−4.3	+1.3	19.05	0.625	75.5	7.14
	6	7.53	−4.3	+1.3	18.43	0.641	73.6	6.62
	10	7.77	−4.2	+1.3	17.85	0.656	71.8	6.14
	14	8.02	−4.2	+1.3	17.31	0.671	70.0	5.70
	18	8.25	−4.2	+1.3	16.81	0.685	68.3	5.29
	22	8.49	−4.2	+1.3	16.34	0.699	66.6	4.92
	26	8.73	−4.1	+1.3	15.91	0.712	64.9	4.58
Mar.	2	8.96	−4.1	+1.2	15.50	0.725	63.2	4.26
	6	9.19	−4.1	+1.2	15.11	0.738	61.6	3.96
	10	9.41	−4.0	+1.2	14.75	0.750	60.0	3.69
	14	9.63	−4.0	+1.2	14.41	0.762	58.4	3.43
	18	9.85	−4.0	+1.2	14.09	0.773	56.9	3.19
	22	10.07	−4.0	+1.2	13.79	0.785	55.3	2.97
	26	10.28	−4.0	+1.2	13.50	0.795	53.8	2.76
	30	10.49	−3.9	+1.2	13.23	0.806	52.3	2.57
Apr.	3	10.70	−3.9	+1.2	12.98	0.816	50.8	2.38
	7	10.90	−3.9	+1.1	12.74	0.826	49.3	2.21
	11	11.09	−3.9	+1.1	12.51	0.836	47.8	2.05
	15	11.29	−3.9	+1.1	12.30	0.846	46.3	1.90
	19	11.48	−3.9	+1.1	12.09	0.855	44.8	1.75
	23	11.66	−3.9	+1.1	11.90	0.864	43.3	1.62
	27	11.84	−3.9	+1.1	11.72	0.873	41.8	1.49
May	1	12.02	−3.8	+1.1	11.55	0.881	40.3	1.37
	5	12.19	−3.8	+1.1	11.38	0.889	38.9	1.26
	9	12.36	−3.8	+1.0	11.23	0.897	37.4	1.15
	13	12.52	−3.8	+1.0	11.09	0.905	35.9	1.05
	17	12.67	−3.8	+1.0	10.95	0.913	34.4	0.96
	21	12.82	−3.8	+1.0	10.82	0.920	32.9	0.87
	25	12.97	−3.8	+1.0	10.70	0.927	31.4	0.78
	29	13.11	−3.8	+1.0	10.59	0.934	29.9	0.70
June	2	13.24	−3.8	+1.0	10.48	0.940	28.4	0.63
	6	13.36	−3.8	+0.9	10.39	0.946	26.8	0.56
	10	13.48	−3.8	+0.9	10.29	0.952	25.3	0.49
	14	13.59	−3.8	+0.9	10.21	0.958	23.8	0.43
	18	13.70	−3.8	+0.9	10.13	0.963	22.3	0.38
	22	13.80	−3.8	+0.9	10.06	0.968	20.7	0.33
	26	13.89	−3.8	+0.9	9.99	0.972	19.2	0.28
	30	13.97	−3.9	+0.8	9.93	0.977	17.6	0.23

EPHEMERIS FOR PHYSICAL OBSERVATIONS
FOR 0ʰ TERRESTRIAL TIME

Date		L_s	Sub-Earth Point		Sub-Solar Point				North Pole	
			Long.	Lat.	Long.	Lat.	Dist.	P.A.	Dist.	P.A.
		°	°	°	°	°	″	°	″	°
Jan.	−3	255.84	80.65	− 2.22	344.87	− 2.56	− 13.74	108.62	− 13.80	15.83
	1	262.33	90.42	− 2.30	357.30	− 2.61	− 13.13	107.43	− 13.14	14.69
	5	268.83	100.33	− 2.35	9.72	− 2.64	− 12.55	106.09	− 12.54	13.43
	9	275.32	110.35	− 2.35	22.14	− 2.63	+ 11.99	104.62	− 11.99	12.07
	13	281.80	120.46	− 2.33	34.56	− 2.58	+ 11.47	103.02	− 11.49	10.60
	17	288.29	130.66	− 2.28	46.98	− 2.51	+ 10.97	101.30	− 11.03	9.03
	21	294.76	140.93	− 2.20	59.38	− 2.40	+ 10.49	99.47	10.60	7.38
	25	301.23	151.27	− 2.10	71.78	− 2.26	+ 10.05	97.54	− 10.21	5.64
	29	307.70	161.66	− 1.99	84.18	− 2.09	+ 9.62	95.53	− 9.85	3.84
Feb.	2	314.15	172.11	− 1.86	96.56	− 1.89	+ 9.22	93.46	− 9.52	1.98
	6	320.60	182.60	− 1.72	108.93	− 1.67	+ 8.84	91.33	− 9.21	0.09
	10	327.04	193.12	− 1.57	121.29	− 1.44	+ 8.48	89.17	− 8.92	358.18
	14	333.47	203.68	− 1.41	133.64	− 1.18	+ 8.14	87.00	− 8.65	356.26
	18	339.89	214.27	− 1.25	145.98	− 0.91	+ 7.81	84.84	− 8.40	354.36
	22	346.30	224.88	− 1.09	158.31	− 0.63	+ 7.50	82.71	− 8.17	352.50
	26	352.70	235.51	− 0.93	170.63	− 0.34	+ 7.20	80.62	− 7.95	350.68
Mar.	2	359.09	246.17	− 0.77	182.94	− 0.04	+ 6.92	78.60	− 7.75	348.94
	6	5.47	256.84	− 0.62	195.24	+ 0.25	+ 6.65	76.66	− 7.55	347.28
	10	11.84	267.53	− 0.47	207.53	+ 0.54	+ 6.39	74.82	− 7.37	345.72
	14	18.21	278.23	− 0.33	219.81	+ 0.82	+ 6.14	73.09	− 7.20	344.26
	18	24.56	288.95	− 0.20	232.09	+ 1.10	+ 5.90	71.49	− 7.04	342.93
	22	30.91	299.67	− 0.07	244.36	+ 1.35	+ 5.67	70.03	− 6.89	341.72
	26	37.25	310.40	+ 0.04	256.63	+ 1.60	+ 5.45	68.70	+ 6.75	340.65
	30	43.59	321.14	+ 0.14	268.89	+ 1.82	+ 5.23	67.53	+ 6.62	339.72
Apr.	3	49.92	331.88	+ 0.22	281.15	+ 2.02	+ 5.03	66.51	+ 6.49	338.93
	7	56.25	342.64	+ 0.30	293.40	+ 2.19	+ 4.83	65.65	+ 6.37	338.28
	11	62.58	353.39	+ 0.36	305.66	+ 2.34	+ 4.63	64.95	+ 6.25	337.78
	15	68.90	4.15	+ 0.41	317.91	+ 2.46	+ 4.44	64.42	+ 6.15	337.43
	19	75.22	14.92	+ 0.45	330.16	+ 2.55	+ 4.26	64.05	+ 6.05	337.22
	23	81.55	25.68	+ 0.47	342.42	+ 2.61	+ 4.08	63.86	+ 5.95	337.17
	27	87.87	36.45	+ 0.48	354.67	+ 2.64	+ 3.91	63.83	+ 5.86	337.25
May	1	94.20	47.23	+ 0.48	6.93	+ 2.63	+ 3.74	63.98	+ 5.77	337.49
	5	100.53	58.00	+ 0.46	19.19	+ 2.59	+ 3.57	64.31	+ 5.69	337.87
	9	106.86	68.78	+ 0.44	31.46	+ 2.53	+ 3.41	64.80	+ 5.62	338.40
	13	113.20	79.56	+ 0.40	43.73	+ 2.43	+ 3.25	65.48	+ 5.54	339.07
	17	119.55	90.34	+ 0.35	56.00	+ 2.30	+ 3.09	66.33	+ 5.48	339.88
	21	125.90	101.13	+ 0.30	68.28	+ 2.14	+ 2.94	67.36	+ 5.41	340.83
	25	132.26	111.91	+ 0.24	80.57	+ 1.95	+ 2.79	68.56	+ 5.35	341.93
	29	138.63	122.70	+ 0.17	92.86	+ 1.74	+ 2.64	69.95	+ 5.29	343.16
June	2	145.00	133.49	+ 0.09	105.16	+ 1.51	+ 2.49	71.51	+ 5.24	344.52
	6	151.39	144.29	+ 0.01	117.47	+ 1.26	+ 2.35	73.24	+ 5.19	346.01
	10	157.78	155.09	− 0.07	129.79	+ 1.00	+ 2.20	75.14	− 5.15	347.62
	14	164.19	165.89	− 0.15	142.11	+ 0.72	+ 2.06	77.21	− 5.10	349.34
	18	170.60	176.69	− 0.24	154.45	+ 0.43	+ 1.92	79.44	− 5.07	351.16
	22	177.03	187.50	− 0.32	166.79	+ 0.14	+ 1.78	81.83	− 5.03	353.06
	26	183.46	198.32	− 0.40	179.14	− 0.16	+ 1.64	84.36	− 5.00	355.03
	30	189.90	209.13	− 0.48	191.50	− 0.45	+ 1.50	87.05	− 4.97	357.06

VENUS, 2019

EPHEMERIS FOR PHYSICAL OBSERVATIONS
FOR 0h TERRESTRIAL TIME

Date		Light-time	Magnitude	Surface Brightness	Diameter	Phase	Phase Angle	Defect of Illumination
		m		mag./arcsec²	"		°	"
July	4	14.05	−3.9	+0.8	9.88	0.980	16.1	0.19
	8	14.12	−3.9	+0.8	9.83	0.984	14.5	0.16
	12	14.18	−3.9	+0.8	9.79	0.987	13.0	0.13
	16	14.23	−3.9	+0.8	9.75	0.990	11.4	0.10
	20	14.28	−3.9	+0.8	9.72	0.993	9.9	0.07
	24	14.32	−3.9	+0.7	9.69	0.995	8.4	0.05
	28	14.35	−3.9	+0.7	9.67	0.996	6.8	0.03
Aug.	1	14.37	−3.9	+0.7	9.66	0.998	5.3	0.02
	5	14.39	−4.0	+0.7	9.65	0.999	3.9	0.01
	9	14.40	−4.0	+0.7	9.64	0.999	2.6	0.01
	13	14.40	—	—	9.64	1.000	1.8	0.00
	17	14.39	—	—	9.64	1.000	2.1	0.00
	21	14.38	−4.0	+0.7	9.65	0.999	3.2	0.01
	25	14.35	−4.0	+0.7	9.67	0.998	4.6	0.02
	29	14.33	−3.9	+0.7	9.69	0.997	6.0	0.03
Sept.	2	14.29	−3.9	+0.7	9.71	0.996	7.5	0.04
	6	14.25	−3.9	+0.8	9.74	0.994	9.0	0.06
	10	14.20	−3.9	+0.8	9.78	0.992	10.4	0.08
	14	14.14	−3.9	+0.8	9.81	0.989	11.9	0.11
	18	14.08	−3.9	+0.8	9.86	0.986	13.4	0.13
	22	14.01	−3.9	+0.8	9.91	0.983	14.8	0.16
	26	13.94	−3.9	+0.8	9.96	0.980	16.2	0.20
	30	13.86	−3.9	+0.8	10.02	0.976	17.7	0.24
Oct.	4	13.77	−3.9	+0.9	10.08	0.972	19.1	0.28
	8	13.68	−3.9	+0.9	10.15	0.968	20.5	0.32
	12	13.58	−3.9	+0.9	10.22	0.964	21.9	0.37
	16	13.48	−3.8	+0.9	10.30	0.959	23.3	0.42
	20	13.37	−3.8	+0.9	10.38	0.954	24.7	0.48
	24	13.26	−3.8	+0.9	10.47	0.949	26.1	0.53
	28	13.14	−3.8	+1.0	10.56	0.944	27.5	0.60
Nov.	1	13.02	−3.8	+1.0	10.66	0.938	28.8	0.66
	5	12.89	−3.8	+1.0	10.77	0.932	30.2	0.73
	9	12.76	−3.8	+1.0	10.88	0.926	31.6	0.80
	13	12.62	−3.8	+1.0	10.99	0.920	32.9	0.88
	17	12.48	−3.9	+1.0	11.12	0.913	34.3	0.97
	21	12.34	−3.9	+1.0	11.25	0.906	35.7	1.05
	25	12.19	−3.9	+1.0	11.38	0.899	37.0	1.15
	29	12.04	−3.9	+1.1	11.53	0.892	38.4	1.25
Dec.	3	11.88	−3.9	+1.1	11.68	0.884	39.7	1.35
	7	11.72	−3.9	+1.1	11.84	0.877	41.1	1.46
	11	11.56	−3.9	+1.1	12.01	0.869	42.5	1.58
	15	11.39	−3.9	+1.1	12.19	0.860	43.9	1.70
	19	11.22	−3.9	+1.1	12.37	0.852	45.3	1.84
	23	11.04	−3.9	+1.1	12.57	0.843	46.7	1.98
	27	10.86	−3.9	+1.1	12.78	0.834	48.2	2.13
	31	10.68	−4.0	+1.1	13.00	0.824	49.6	2.29
	35	10.49	−4.0	+1.2	13.23	0.814	51.1	2.46

EPHEMERIS FOR PHYSICAL OBSERVATIONS
FOR 0ʰ TERRESTRIAL TIME

Date		L_s	Sub-Earth Point		Sub-Solar Point				North Pole	
			Long.	Lat.	Long.	Lat.	Dist.	P.A.	Dist.	P.A.
		°	°	°	°	°	″	°	″	°
July	4	196.35	219.96	− 0.55	203.87	− 0.74	+ 1.37	89.88	− 4.94	359.12
	8	202.81	230.78	− 0.62	216.25	− 1.02	+ 1.23	92.86	− 4.91	1.19
	12	209.28	241.61	− 0.68	228.64	− 1.29	+ 1.10	96.03	− 4.89	3.25
	16	215.75	252.45	− 0.74	241.04	− 1.54	+ 0.97	99.41	− 4.87	5.29
	20	222.23	263.29	− 0.79	253.44	− 1.77	+ 0.83	103.10	− 4.86	7.27
	24	228.72	274.13	− 0.82	265.85	− 1.98	+ 0.70	107.26	− 4.85	9.19
	28	235.21	284.98	− 0.85	278.27	− 2.17	‖ 0.58	112.22	4.84	11.02
Aug.	1	241.70	295.84	− 0.86	290.69	− 2.32	+ 0.45	118.66	− 4.83	12.75
	5	248.20	306.69	− 0.87	303.11	− 2.45	+ 0.33	128.27	− 4.82	14.37
	9	254.69	317.56	− 0.86	315.54	− 2.54	+ 0.22	145.81	− 4.82	15.86
	13	261.19	328.42	− 0.84	327.97	− 2.61	+ 0.15	182.82	− 4.82	17.22
	17	267.68	339.29	− 0.81	340.39	− 2.64	+ 0.18	229.48	− 4.82	18.44
	21	274.17	350.16	− 0.76	352.82	− 2.63	+ 0.27	254.30	− 4.83	19.51
	25	280.66	1.04	− 0.70	5.24	− 2.59	+ 0.39	266.16	− 4.83	20.44
	29	287.14	11.92	− 0.64	17.65	− 2.52	+ 0.51	272.94	− 4.84	21.21
Sept.	2	293.62	22.80	− 0.56	30.06	− 2.42	+ 0.63	277.37	− 4.86	21.84
	6	300.09	33.69	− 0.46	42.46	− 2.28	+ 0.76	280.52	− 4.87	22.31
	10	306.56	44.58	− 0.36	54.86	− 2.12	+ 0.88	282.85	− 4.89	22.63
	14	313.02	55.46	− 0.25	67.24	− 1.93	+ 1.01	284.61	− 4.91	22.80
	18	319.47	66.35	− 0.13	79.62	− 1.71	+ 1.14	285.94	− 4.93	22.82
	22	325.91	77.25	− 0.01	91.98	− 1.48	+ 1.27	286.92	− 4.95	22.69
	26	332.34	88.14	+ 0.13	104.33	− 1.22	+ 1.39	287.59	+ 4.98	22.41
	30	338.76	99.04	+ 0.27	116.67	− 0.96	+ 1.52	288.00	+ 5.01	21.98
Oct.	4	345.17	109.93	+ 0.41	129.01	− 0.68	+ 1.65	288.16	+ 5.04	21.40
	8	351.57	120.83	+ 0.55	141.33	− 0.39	+ 1.78	288.09	+ 5.07	20.67
	12	357.96	131.73	+ 0.70	153.64	− 0.09	+ 1.91	287.80	+ 5.11	19.79
	16	4.35	142.63	+ 0.84	165.94	+ 0.20	+ 2.04	287.31	+ 5.15	18.76
	20	10.72	153.52	+ 0.99	178.24	+ 0.49	+ 2.17	286.62	+ 5.19	17.59
	24	17.09	164.42	+ 1.13	190.52	+ 0.77	+ 2.30	285.73	+ 5.23	16.27
	28	23.45	175.32	+ 1.26	202.80	+ 1.05	+ 2.44	284.66	+ 5.28	14.81
Nov.	1	29.80	186.22	+ 1.39	215.07	+ 1.31	+ 2.57	283.42	+ 5.33	13.22
	5	36.14	197.12	+ 1.50	227.34	+ 1.56	+ 2.71	282.02	+ 5.38	11.51
	9	42.48	208.02	+ 1.61	239.60	+ 1.78	+ 2.85	280.47	+ 5.44	9.69
	13	48.81	218.91	+ 1.71	251.86	+ 1.99	+ 2.99	278.78	+ 5.49	7.77
	17	55.14	229.81	+ 1.79	264.12	+ 2.16	+ 3.13	276.98	+ 5.56	5.77
	21	61.47	240.70	+ 1.86	276.37	+ 2.32	+ 3.28	275.09	+ 5.62	3.71
	25	67.79	251.59	+ 1.92	288.62	+ 2.44	+ 3.43	273.12	+ 5.69	1.61
	29	74.12	262.48	+ 1.96	300.88	+ 2.54	+ 3.58	271.10	+ 5.76	359.49
Dec.	3	80.44	273.36	+ 1.98	313.13	+ 2.60	+ 3.73	269.07	+ 5.84	357.38
	7	86.76	284.24	+ 1.98	325.39	+ 2.63	+ 3.89	267.03	+ 5.92	355.29
	11	93.09	295.11	+ 1.96	337.65	+ 2.63	+ 4.06	265.02	+ 6.00	353.26
	15	99.42	305.98	+ 1.93	349.91	+ 2.60	+ 4.23	263.05	+ 6.09	351.30
	19	105.75	316.84	+ 1.87	2.18	+ 2.54	+ 4.40	261.16	+ 6.18	349.43
	23	112.09	327.69	+ 1.79	14.45	+ 2.44	+ 4.58	259.34	+ 6.28	347.67
	27	118.44	338.54	+ 1.69	26.72	+ 2.32	+ 4.76	257.63	+ 6.39	346.03
	31	124.79	349.37	+ 1.57	39.00	+ 2.17	+ 4.95	256.02	+ 6.50	344.52
	35	131.15	0.19	+ 1.43	51.29	+ 1.99	+ 5.15	254.54	+ 6.62	343.14

MARS, 2019

EPHEMERIS FOR PHYSICAL OBSERVATIONS
FOR 0ʰ TERRESTRIAL TIME

Date		Light-time	Magnitude	Surface Brightness	Diameter		Phase	Phase Angle	Defect of Illumination
					Eq.	Polar			
		m		mag./arcsec^2	"	"		°	"
Jan.	−3	10.21	+0.4	+4.4	7.63	7.59	0.871	42.1	0.98
	1	10.49	+0.5	+4.4	7.43	7.39	0.873	41.7	0.94
	5	10.77	+0.5	+4.4	7.23	7.20	0.876	41.3	0.90
	9	11.05	+0.6	+4.4	7.05	7.01	0.878	40.9	0.86
	13	11.34	+0.6	+4.4	6.87	6.84	0.881	40.4	0.82
	17	11.62	+0.7	+4.4	6.70	6.67	0.883	40.0	0.78
	21	11.91	+0.7	+4.4	6.54	6.51	0.886	39.5	0.75
	25	12.19	+0.8	+4.4	6.39	6.36	0.889	39.0	0.71
	29	12.48	+0.8	+4.4	6.24	6.21	0.891	38.5	0.68
Feb.	2	12.77	+0.9	+4.4	6.10	6.07	0.894	37.9	0.64
	6	13.06	+0.9	+4.4	5.97	5.94	0.897	37.4	0.61
	10	13.34	+1.0	+4.4	5.84	5.81	0.900	36.8	0.58
	14	13.63	+1.0	+4.4	5.71	5.69	0.903	36.3	0.55
	18	13.92	+1.1	+4.4	5.60	5.57	0.906	35.7	0.53
	22	14.20	+1.1	+4.4	5.49	5.46	0.909	35.1	0.50
	26	14.48	+1.2	+4.4	5.38	5.35	0.912	34.5	0.47
Mar.	2	14.76	+1.2	+4.4	5.28	5.25	0.915	33.9	0.45
	6	15.04	+1.2	+4.4	5.18	5.15	0.918	33.2	0.42
	10	15.32	+1.3	+4.4	5.08	5.06	0.921	32.6	0.40
	14	15.60	+1.3	+4.4	4.99	4.97	0.924	32.0	0.38
	18	15.87	+1.3	+4.4	4.91	4.88	0.927	31.3	0.36
	22	16.14	+1.4	+4.4	4.83	4.80	0.930	30.7	0.34
	26	16.41	+1.4	+4.4	4.75	4.72	0.933	30.0	0.32
	30	16.67	+1.4	+4.4	4.67	4.65	0.936	29.3	0.30
Apr.	3	16.93	+1.5	+4.4	4.60	4.57	0.939	28.7	0.28
	7	17.18	+1.5	+4.4	4.53	4.51	0.942	28.0	0.26
	11	17.44	+1.5	+4.4	4.47	4.44	0.944	27.3	0.25
	15	17.68	+1.5	+4.4	4.40	4.38	0.947	26.6	0.23
	19	17.92	+1.6	+4.4	4.35	4.32	0.950	25.9	0.22
	23	18.16	+1.6	+4.4	4.29	4.26	0.952	25.2	0.20
	27	18.39	+1.6	+4.4	4.23	4.21	0.955	24.5	0.19
May	1	18.62	+1.6	+4.4	4.18	4.16	0.958	23.8	0.18
	5	18.84	+1.7	+4.4	4.13	4.11	0.960	23.1	0.16
	9	19.06	+1.7	+4.4	4.09	4.06	0.963	22.3	0.15
	13	19.27	+1.7	+4.4	4.04	4.02	0.965	21.6	0.14
	17	19.48	+1.7	+4.4	4.00	3.98	0.967	20.9	0.13
	21	19.68	+1.7	+4.4	3.96	3.94	0.969	20.1	0.12
	25	19.87	+1.7	+4.4	3.92	3.90	0.972	19.4	0.11
	29	20.05	+1.7	+4.4	3.88	3.86	0.974	18.7	0.10
June	2	20.23	+1.8	+4.4	3.85	3.83	0.976	17.9	0.09
	6	20.41	+1.8	+4.4	3.82	3.79	0.978	17.2	0.09
	10	20.57	+1.8	+4.4	3.79	3.76	0.980	16.4	0.08
	14	20.73	+1.8	+4.4	3.76	3.74	0.981	15.7	0.07
	18	20.88	+1.8	+4.4	3.73	3.71	0.983	14.9	0.06
	22	21.03	+1.8	+4.4	3.70	3.68	0.985	14.2	0.06
	26	21.16	+1.8	+4.4	3.68	3.66	0.986	13.4	0.05
	30	21.29	+1.8	+4.3	3.66	3.64	0.988	12.7	0.04

MARS, 2019

EPHEMERIS FOR PHYSICAL OBSERVATIONS
FOR 0ʰ TERRESTRIAL TIME

Date		L_s	Sub-Earth Point		Sub-Solar Point				North Pole	
			Long.	Lat.	Long.	Lat.	Dist.	P.A.	Dist.	P.A.
		°	°	°	°	°	″	°	″	°
Jan.	−3	314.08	50.05	− 26.52	5.32	− 18.01	+ 2.56	246.65	−3.40	334.52
	1	316.38	10.56	− 26.49	326.53	− 17.27	+ 2.47	246.62	−3.31	333.16
	5	318.66	331.06	− 26.38	287.78	− 16.51	+ 2.39	246.63	−3.23	331.85
	9	320.93	291.56	− 26.21	249.06	− 15.74	+ 2.31	246.69	−3.15	330.59
	13	323.19	252.07	− 25.98	210.36	− 14.95	+ 2.23	246.78	−3.08	329.40
	17	325.43	212.58	− 25.67	171.70	− 14.14	+ 2.15	246.92	−3.01	328.27
	21	327.66	173.11	− 25.30	133.07	− 13.32	+ 2.08	247.10	−2.95	327.21
	25	329.87	133.66	− 24.87	94.46	− 12.48	+ 2.01	247.33	−2.89	326.23
	29	332.06	94.23	− 24.38	55.89	− 11.64	+ 1.94	247.60	−2.83	325.33
Feb.	2	334.24	54.83	− 23.83	17.34	− 10.79	+ 1.87	247.91	−2.78	324.51
	6	336.40	15.45	− 23.23	338.81	− 9.93	+ 1.81	248.26	−2.73	323.78
	10	338.55	336.10	− 22.57	300.31	− 9.06	+ 1.75	248.66	−2.68	323.14
	14	340.69	296.78	− 21.86	261.84	− 8.19	+ 1.69	249.11	−2.64	322.58
	18	342.81	257.49	− 21.10	223.38	− 7.32	+ 1.63	249.59	−2.60	322.12
	22	344.91	218.24	− 20.30	184.95	− 6.44	+ 1.58	250.12	−2.56	321.76
	26	347.00	179.02	− 19.45	146.53	− 5.56	+ 1.52	250.69	−2.52	321.48
Mar.	2	349.08	139.83	− 18.56	108.14	− 4.68	+ 1.47	251.30	−2.49	321.30
	6	351.14	100.68	− 17.64	69.76	− 3.80	+ 1.42	251.95	−2.45	321.22
	10	353.19	61.56	− 16.68	31.40	− 2.93	+ 1.37	252.64	−2.42	321.23
	14	355.23	22.47	− 15.69	353.06	− 2.06	+ 1.32	253.37	−2.39	321.33
	18	357.25	343.41	− 14.67	314.73	− 1.19	+ 1.28	254.14	−2.36	321.52
	22	359.26	304.38	− 13.63	276.41	− 0.32	+ 1.23	254.94	−2.33	321.80
	26	1.25	265.38	− 12.56	238.11	+ 0.54	+ 1.19	255.78	−2.30	322.17
	30	3.24	226.41	− 11.48	199.82	+ 1.39	+ 1.14	256.65	−2.28	322.63
Apr.	3	5.21	187.46	− 10.37	161.54	+ 2.24	+ 1.10	257.54	−2.25	323.16
	7	7.17	148.53	− 9.25	123.27	+ 3.08	+ 1.06	258.47	−2.22	323.78
	11	9.12	109.62	− 8.11	85.01	+ 3.91	+ 1.02	259.42	−2.20	324.48
	15	11.05	70.74	− 6.96	46.75	+ 4.73	+ 0.99	260.39	−2.17	325.26
	19	12.98	31.87	− 5.81	8.50	+ 5.55	+ 0.95	261.39	−2.15	326.10
	23	14.89	353.02	− 4.65	330.26	+ 6.35	+ 0.91	262.39	−2.12	327.02
	27	16.80	314.18	− 3.48	292.03	+ 7.15	+ 0.88	263.42	−2.10	327.99
May	1	18.69	275.36	− 2.31	253.80	+ 7.93	+ 0.84	264.45	−2.08	329.03
	5	20.57	236.54	− 1.14	215.57	+ 8.70	+ 0.81	265.49	−2.05	330.13
	9	22.45	197.73	+ 0.03	177.35	+ 9.46	+ 0.78	266.54	+2.03	331.29
	13	24.31	158.92	+ 1.19	139.13	+ 10.21	+ 0.74	267.58	+2.01	332.49
	17	26.17	120.12	+ 2.35	100.91	+ 10.95	+ 0.71	268.62	+1.99	333.74
	21	28.02	81.32	+ 3.51	62.69	+ 11.67	+ 0.68	269.66	+1.96	335.04
	25	29.86	42.52	+ 4.65	24.47	+ 12.38	+ 0.65	270.68	+1.94	336.38
	29	31.69	3.72	+ 5.78	346.25	+ 13.07	+ 0.62	271.69	+1.92	337.75
June	2	33.52	324.92	+ 6.90	308.03	+ 13.75	+ 0.59	272.68	+1.90	339.16
	6	35.33	286.10	+ 8.01	269.81	+ 14.41	+ 0.56	273.65	+1.88	340.60
	10	37.15	247.28	+ 9.10	231.59	+ 15.06	+ 0.54	274.59	+1.86	342.07
	14	38.95	208.45	+ 10.17	193.37	+ 15.70	+ 0.51	275.50	+1.84	343.56
	18	40.75	169.61	+ 11.23	155.14	+ 16.31	+ 0.48	276.38	+1.82	345.07
	22	42.54	130.76	+ 12.26	116.91	+ 16.91	+ 0.45	277.22	+1.80	346.61
	26	44.33	91.89	+ 13.26	78.68	+ 17.50	+ 0.43	278.01	+1.78	348.16
	30	46.11	53.00	+ 14.25	40.44	+ 18.06	+ 0.40	278.77	+1.76	349.73

MARS, 2019
EPHEMERIS FOR PHYSICAL OBSERVATIONS
FOR 0ʰ TERRESTRIAL TIME

Date		Light-time	Magnitude	Surface Brightness	Diameter		Phase	Phase Angle	Defect of Illumination
					Eq.	Polar			
		m		mag./arcsec^2	"	"		°	"
July	4	21.41	+1.8	+4.3	3.64	3.62	0.989	11.9	0.04
	8	21.53	+1.8	+4.3	3.62	3.60	0.991	11.1	0.03
	12	21.63	+1.8	+4.3	3.60	3.58	0.992	10.4	0.03
	16	21.73	+1.8	+4.3	3.58	3.57	0.993	9.6	0.02
	20	21.82	+1.8	+4.3	3.57	3.55	0.994	8.8	0.02
	24	21.90	+1.8	+4.3	3.56	3.54	0.995	8.0	0.02
	28	21.97	+1.8	+4.3	3.54	3.53	0.996	7.3	0.01
Aug.	1	22.04	+1.8	+4.3	3.53	3.52	0.997	6.5	0.01
	5	22.10	+1.8	+4.3	3.53	3.51	0.998	5.7	0.01
	9	22.14	+1.8	+4.3	3.52	3.50	0.998	4.9	0.01
	13	22.18	+1.8	+4.2	3.51	3.49	0.999	4.1	0.00
	17	22.21	+1.8	+4.2	3.51	3.49	0.999	3.4	0.00
	21	22.23	+1.8	+4.2	3.50	3.49	0.999	2.6	0.00
	25	22.25	+1.8	+4.2	3.50	3.48	1.000	1.8	0.00
	29	22.25	+1.7	+4.2	3.50	3.48	1.000	1.1	0.00
Sept.	2	22.25	+1.7	+4.2	3.50	3.48	1.000	0.7	0.00
	6	22.23	+1.7	+4.2	3.50	3.49	1.000	1.0	0.00
	10	22.21	+1.7	+4.2	3.51	3.49	1.000	1.6	0.00
	14	22.18	+1.8	+4.2	3.51	3.50	1.000	2.4	0.00
	18	22.14	+1.8	+4.2	3.52	3.50	0.999	3.2	0.00
	22	22.09	+1.8	+4.2	3.53	3.51	0.999	4.0	0.00
	26	22.03	+1.8	+4.2	3.54	3.52	0.998	4.8	0.01
	30	21.96	+1.8	+4.3	3.55	3.53	0.998	5.6	0.01
Oct.	4	21.89	+1.8	+4.3	3.56	3.54	0.997	6.4	0.01
	8	21.80	+1.8	+4.3	3.57	3.56	0.996	7.2	0.01
	12	21.71	+1.8	+4.3	3.59	3.57	0.995	8.0	0.02
	16	21.61	+1.8	+4.3	3.60	3.59	0.994	8.8	0.02
	20	21.50	+1.8	+4.3	3.62	3.61	0.993	9.6	0.03
	24	21.38	+1.8	+4.3	3.64	3.63	0.992	10.4	0.03
	28	21.25	+1.8	+4.3	3.67	3.65	0.990	11.3	0.04
Nov.	1	21.12	+1.8	+4.3	3.69	3.67	0.989	12.1	0.04
	5	20.97	+1.8	+4.3	3.71	3.70	0.987	12.9	0.05
	9	20.82	+1.8	+4.3	3.74	3.72	0.986	13.7	0.05
	13	20.66	+1.8	+4.4	3.77	3.75	0.984	14.5	0.06
	17	20.50	+1.7	+4.4	3.80	3.78	0.982	15.3	0.07
	21	20.32	+1.7	+4.4	3.83	3.81	0.980	16.1	0.08
	25	20.14	+1.7	+4.4	3.87	3.85	0.978	16.9	0.08
	29	19.95	+1.7	+4.4	3.90	3.88	0.976	17.7	0.09
Dec.	3	19.76	+1.7	+4.4	3.94	3.92	0.974	18.5	0.10
	7	19.56	+1.7	+4.4	3.98	3.96	0.972	19.3	0.11
	11	19.35	+1.7	+4.4	4.03	4.00	0.969	20.1	0.12
	15	19.14	+1.7	+4.4	4.07	4.05	0.967	20.9	0.13
	19	18.92	+1.6	+4.4	4.12	4.09	0.965	21.7	0.15
	23	18.69	+1.6	+4.4	4.17	4.14	0.962	22.5	0.16
	27	18.46	+1.6	+4.4	4.22	4.20	0.959	23.3	0.17
	31	18.23	+1.6	+4.4	4.27	4.25	0.957	24.1	0.19
	35	17.99	+1.6	+4.4	4.33	4.31	0.954	24.8	0.20

EPHEMERIS FOR PHYSICAL OBSERVATIONS
FOR 0^h TERRESTRIAL TIME

Date		L_S	Sub-Earth Point		Sub-Solar Point				North Pole	
			Long.	Lat.	Long.	Lat.	Dist.	P.A.	Dist.	P.A.
		°	°	°	°	°	″	°	″	°
July	4	47.89	14.10	+ 15.20	2.19	+ 18.61	+ 0.37	279.46	+1.75	351.31
	8	49.66	335.18	+ 16.13	323.95	+ 19.14	+ 0.35	280.10	+1.73	352.91
	12	51.43	296.24	+ 17.02	285.70	+ 19.65	+ 0.32	280.68	+1.71	354.51
	16	53.19	257.28	+ 17.89	247.44	+ 20.14	+ 0.30	281.17	+1.70	356.12
	20	54.96	218.30	+ 18.72	209.18	+ 20.62	+ 0.27	281.58	+1.68	357.74
	24	56.71	179.30	+ 19.51	170.91	+ 21.07	+ 0.25	281.89	+1.67	359.36
	28	58.47	140.28	+ 20.26	132.63	+ 21.50	+ 0.22	282.06	+1.66	0.98
Aug.	1	60.22	101.23	+ 20.98	94.35	+ 21.92	+ 0.20	282.08	+1.64	2.61
	5	61.97	62.16	+ 21.66	56.07	+ 22.31	+ 0.17	281.88	+1.63	4.23
	9	63.72	23.07	+ 22.29	17.78	+ 22.68	+ 0.15	281.39	+1.62	5.86
	13	65.47	343.95	+ 22.87	339.48	+ 23.03	+ 0.13	280.45	+1.61	7.47
	17	67.22	304.82	+ 23.41	301.18	+ 23.35	+ 0.10	278.78	+1.60	9.08
	21	68.96	265.66	+ 23.91	262.87	+ 23.66	+ 0.08	275.77	+1.60	10.68
	25	70.71	226.49	+ 24.35	224.55	+ 23.94	+ 0.06	269.78	+1.59	12.27
	29	72.45	187.30	+ 24.74	186.23	+ 24.20	+ 0.03	255.14	+1.58	13.84
Sept.	2	74.20	148.09	+ 25.08	147.91	+ 24.43	+ 0.02	210.04	+1.58	15.39
	6	75.95	108.87	+ 25.37	109.57	+ 24.65	+ 0.03	154.82	+1.58	16.93
	10	77.69	69.63	+ 25.60	71.24	+ 24.83	+ 0.05	135.63	+1.58	18.44
	14	79.44	30.39	+ 25.78	32.90	+ 25.00	+ 0.07	128.16	+1.58	19.92
	18	81.19	351.13	+ 25.90	354.55	+ 25.14	+ 0.10	124.37	+1.58	21.37
	22	82.94	311.87	+ 25.96	316.21	+ 25.25	+ 0.12	122.09	+1.58	22.79
	26	84.70	272.61	+ 25.97	277.86	+ 25.34	+ 0.15	120.57	+1.58	24.17
	30	86.46	233.34	+ 25.92	239.50	+ 25.40	+ 0.17	119.47	+1.59	25.50
Oct.	4	88.22	194.08	+ 25.82	201.14	+ 25.44	+ 0.20	118.61	+1.60	26.80
	8	89.98	154.82	+ 25.65	162.78	+ 25.46	+ 0.22	117.89	+1.60	28.04
	12	91.75	115.57	+ 25.43	124.42	+ 25.44	+ 0.25	117.28	+1.61	29.23
	16	93.52	76.32	+ 25.16	86.06	+ 25.40	+ 0.28	116.71	+1.63	30.36
	20	95.29	37.09	+ 24.83	47.69	+ 25.34	+ 0.30	116.18	+1.64	31.43
	24	97.07	357.87	+ 24.44	9.33	+ 25.25	+ 0.33	115.66	+1.65	32.44
	28	98.85	318.67	+ 24.00	330.97	+ 25.13	+ 0.36	115.14	+1.67	33.38
Nov.	1	100.64	279.48	+ 23.51	292.60	+ 24.99	+ 0.39	114.61	+1.68	34.25
	5	102.44	240.31	+ 22.97	254.24	+ 24.82	+ 0.41	114.07	+1.70	35.04
	9	104.24	201.16	+ 22.37	215.87	+ 24.62	+ 0.44	113.51	+1.72	35.76
	13	106.05	162.03	+ 21.73	177.51	+ 24.40	+ 0.47	112.93	+1.74	36.40
	17	107.86	122.92	+ 21.04	139.15	+ 24.15	+ 0.50	112.32	+1.77	36.96
	21	109.68	83.83	+ 20.31	100.80	+ 23.88	+ 0.53	111.68	+1.79	37.44
	25	111.51	44.77	+ 19.53	62.44	+ 23.58	+ 0.56	111.01	+1.81	37.84
	29	113.35	5.73	+ 18.71	24.09	+ 23.25	+ 0.59	110.30	+1.84	38.14
Dec.	3	115.19	326.70	+ 17.85	345.74	+ 22.90	+ 0.63	109.57	+1.87	38.36
	7	117.04	287.70	+ 16.96	307.39	+ 22.52	+ 0.66	108.80	+1.90	38.50
	11	118.91	248.73	+ 16.03	269.05	+ 22.12	+ 0.69	107.99	+1.92	38.54
	15	120.78	209.77	+ 15.06	230.71	+ 21.69	+ 0.73	107.15	+1.96	38.50
	19	122.66	170.83	+ 14.07	192.38	+ 21.23	+ 0.76	106.27	+1.99	38.36
	23	124.54	131.91	+ 13.04	154.04	+ 20.75	+ 0.80	105.36	+2.02	38.14
	27	126.44	93.00	+ 11.99	115.72	+ 20.25	+ 0.83	104.41	+2.05	37.83
	31	128.35	54.11	+ 10.92	77.39	+ 19.72	+ 0.87	103.43	+2.09	37.43
	35	130.27	15.24	+ 9.82	39.07	+ 19.16	+ 0.91	102.42	+2.12	36.94

JUPITER, 2019

EPHEMERIS FOR PHYSICAL OBSERVATIONS
FOR 0ʰ TERRESTRIAL TIME

Date		Light-time	Magnitude	Surface Brightness	Diameter		Phase Angle	Defect of Illumination
					Eq.	Polar		
		m		mag./arcsec²	″	″	°	″
Jan.	−3	51.76	− 1.8	+ 5.4	31.68	29.63	4.5	0.05
	1	51.51	− 1.8	+ 5.4	31.83	29.77	5.0	0.06
	5	51.23	− 1.8	+ 5.4	32.00	29.93	5.5	0.07
	9	50.93	− 1.8	+ 5.4	32.20	30.11	6.1	0.09
	13	50.60	− 1.8	+ 5.4	32.41	30.31	6.5	0.11
	17	50.24	− 1.8	+ 5.4	32.63	30.52	7.0	0.12
	21	49.87	− 1.8	+ 5.4	32.88	· 30.75	7.5	0.14
	25	49.47	− 1.8	+ 5.4	33.14	31.00	7.9	0.16
	29	49.06	− 1.9	+ 5.4	33.42	31.26	8.3	0.17
Feb.	2	48.62	− 1.9	+ 5.4	33.72	31.54	8.7	0.19
	6	48.16	− 1.9	+ 5.4	34.04	31.84	9.0	0.21
	10	47.69	− 1.9	+ 5.4	34.38	32.15	9.4	0.23
	14	47.21	− 1.9	+ 5.4	34.73	32.48	9.7	0.25
	18	46.71	− 2.0	+ 5.4	35.10	32.83	9.9	0.26
	22	46.20	− 2.0	+ 5.4	35.49	33.19	10.2	0.28
	26	45.68	− 2.0	+ 5.4	35.89	33.57	10.4	0.29
Mar.	2	45.15	− 2.0	+ 5.4	36.31	33.96	10.5	0.31
	6	44.62	− 2.1	+ 5.4	36.75	34.37	10.6	0.32
	10	44.08	− 2.1	+ 5.4	37.19	34.79	10.7	0.32
	14	43.54	− 2.1	+ 5.4	37.66	35.22	10.8	0.33
	18	43.00	− 2.1	+ 5.4	38.13	35.66	10.7	0.33
	22	42.47	− 2.2	+ 5.4	38.61	36.11	10.7	0.34
	26	41.93	− 2.2	+ 5.4	39.10	36.57	10.6	0.33
	30	41.41	− 2.2	+ 5.4	39.60	37.04	10.4	0.33
Apr.	3	40.89	− 2.3	+ 5.4	40.10	37.50	10.3	0.32
	7	40.38	− 2.3	+ 5.4	40.60	37.97	10.0	0.31
	11	39.89	− 2.3	+ 5.4	41.10	38.44	9.7	0.29
	15	39.41	− 2.3	+ 5.4	41.60	38.91	9.4	0.28
	19	38.96	− 2.4	+ 5.4	42.09	39.36	9.0	0.26
	23	38.52	− 2.4	+ 5.4	42.56	39.81	8.5	0.24
	27	38.11	− 2.4	+ 5.4	43.03	40.24	8.0	0.21
May	1	37.72	− 2.5	+ 5.4	43.47	40.66	7.5	0.19
	5	37.36	− 2.5	+ 5.4	43.89	41.05	6.9	0.16
	9	37.03	− 2.5	+ 5.4	44.28	41.42	6.3	0.13
	13	36.73	− 2.5	+ 5.4	44.64	41.75	5.6	0.11
	17	36.46	− 2.5	+ 5.4	44.97	42.06	4.9	0.08
	21	36.23	− 2.6	+ 5.4	45.26	42.33	4.2	0.06
	25	36.03	− 2.6	+ 5.4	45.50	42.56	3.4	0.04
	29	35.87	− 2.6	+ 5.4	45.70	42.75	2.6	0.02
June	2	35.76	− 2.6	+ 5.4	45.86	42.89	1.8	0.01
	6	35.67	− 2.6	+ 5.4	45.96	42.99	1.0	0.00
	10	35.63	− 2.6	+ 5.4	46.01	43.03	0.2	0.00
	14	35.63	− 2.6	+ 5.4	46.01	43.04	0.7	0.00
	18	35.67	− 2.6	+ 5.4	45.97	42.99	1.5	0.01
	22	35.75	− 2.6	+ 5.4	45.87	42.90	2.3	0.02
	26	35.86	− 2.6	+ 5.4	45.72	42.76	3.1	0.03
	30	36.02	− 2.6	+ 5.4	45.53	42.58	3.9	0.05

EPHEMERIS FOR PHYSICAL OBSERVATIONS
FOR 0ʰ TERRESTRIAL TIME

Date		L_s	Sub-Earth Point		Sub-Solar Point				North Pole	
			Long.	Lat.	Long.	Lat.	Dist.	P.A.	Dist.	P.A.
		°	°	°	°	°	″	°	″	°
Jan.	−3	288.94	223.65	−3.25	228.15	−3.37	+1.24	99.37	−14.79	7.92
	1	289.25	105.10	−3.25	110.13	−3.37	+1.39	98.85	−14.86	7.55
	5	289.56	346.58	−3.24	352.13	−3.36	+1.55	98.37	−14.95	7.18
	9	289.88	228.09	−3.24	234.15	−3.35	+1.70	97.91	−15.04	6.81
	13	290.19	109.63	−3.23	116.18	−3.35	+1.85	97.48	−15.13	6.45
	17	290.51	351.20	−3.23	358.22	−3.34	+1.99	97.07	−15.24	6.10
	21	290.82	232.80	−3.22	240.27	−3.33	+2.13	96.68	−15.35	5.76
	25	291.14	114.44	−3.22	122.34	−3.32	+2.27	96.30	−15.48	5.42
	29	291.45	356.11	−3.21	4.42	−3.32	+2.41	95.94	−15.61	5.09
Feb.	2	291.77	237.82	−3.21	246.52	−3.31	+2.54	95.59	−15.75	4.77
	6	292.08	119.57	−3.20	128.62	−3.30	+2.67	95.25	−15.90	4.46
	10	292.40	1.35	−3.20	10.73	−3.30	+2.80	94.93	−16.05	4.17
	14	292.71	243.18	−3.19	252.85	−3.29	+2.91	94.63	−16.22	3.89
	18	293.03	125.04	−3.19	134.98	−3.28	+3.03	94.34	−16.39	3.62
	22	293.34	6.95	−3.18	17.12	−3.27	+3.13	94.06	−16.57	3.37
	26	293.66	248.89	−3.18	259.26	−3.27	+3.23	93.81	−16.76	3.13
Mar.	2	293.98	130.88	−3.17	141.41	−3.26	+3.31	93.56	−16.96	2.91
	6	294.29	12.91	−3.17	23.56	−3.25	+3.39	93.34	−17.16	2.71
	10	294.61	254.98	−3.17	265.71	−3.24	+3.46	93.13	−17.37	2.52
	14	294.93	137.10	−3.17	147.86	−3.23	+3.51	92.94	−17.59	2.36
	18	295.24	19.26	−3.16	30.02	−3.22	+3.55	92.76	−17.81	2.21
	22	295.56	261.46	−3.16	272.17	−3.22	+3.58	92.61	−18.03	2.09
	26	295.88	143.71	−3.16	154.32	−3.21	+3.59	92.47	−18.26	1.99
	30	296.19	26.00	−3.16	36.46	−3.20	+3.59	92.36	−18.49	1.91
Apr.	3	296.51	268.34	−3.16	278.60	−3.19	+3.57	92.26	−18.73	1.85
	7	296.83	150.71	−3.16	160.73	−3.18	+3.53	92.18	−18.96	1.82
	11	297.14	33.13	−3.16	42.86	−3.17	+3.47	92.12	−19.20	1.81
	15	297.46	275.60	−3.16	284.97	−3.16	+3.38	92.07	−19.43	1.82
	19	297.78	158.09	−3.16	167.07	−3.15	+3.28	92.04	−19.66	1.86
	23	298.10	40.63	−3.16	49.16	−3.14	+3.15	92.03	−19.88	1.92
	27	298.42	283.20	−3.16	291.24	−3.14	+3.00	92.03	−20.09	2.00
May	1	298.73	165.80	−3.16	173.30	−3.13	+2.83	92.04	−20.30	2.11
	5	299.05	48.43	−3.16	55.34	−3.12	+2.64	92.05	−20.50	2.23
	9	299.37	291.09	−3.17	297.37	−3.11	+2.42	92.06	−20.68	2.38
	13	299.69	173.77	−3.17	179.37	−3.10	+2.18	92.06	−20.85	2.54
	17	300.01	56.46	−3.17	61.36	−3.09	+1.92	92.03	−21.00	2.72
	21	300.33	299.16	−3.17	303.32	−3.08	+1.64	91.95	−21.14	2.91
	25	300.65	181.87	−3.16	185.27	−3.07	+1.35	91.76	−21.25	3.12
	29	300.97	64.58	−3.16	67.19	−3.06	+1.04	91.36	−21.34	3.34
June	2	301.29	307.29	−3.16	309.08	−3.05	+0.72	90.43	−21.42	3.56
	6	301.61	189.99	−3.16	190.96	−3.04	+0.39	87.61	−21.46	3.80
	10	301.93	72.66	−3.15	72.80	−3.03	+0.07	55.81	−21.49	4.03
	14	302.25	315.32	−3.15	314.63	−3.01	+0.28	283.75	−21.49	4.27
	18	302.57	197.95	−3.14	196.43	−3.00	+0.61	278.96	−21.47	4.50
	22	302.89	80.54	−3.13	78.21	−2.99	+0.93	277.67	−21.42	4.72
	26	303.21	323.10	−3.12	319.96	−2.98	+1.25	277.15	−21.35	4.94
	30	303.53	205.61	−3.12	201.69	−2.97	+1.55	276.91	−21.26	5.15

JUPITER, 2019

EPHEMERIS FOR PHYSICAL OBSERVATIONS
FOR 0ʰ TERRESTRIAL TIME

Date		Light-time	Magnitude	Surface Brightness	Diameter		Phase Angle	Defect of Illumination
					Eq.	Polar		
		m		mag./arcsec^2	"	"	°	"
July	4	36.21	−2.6	+5.4	45.29	42.36	4.7	0.08
	8	36.43	−2.5	+5.4	45.01	42.09	5.4	0.10
	12	36.69	−2.5	+5.4	44.69	41.80	6.1	0.13
	16	36.98	−2.5	+5.4	44.34	41.47	6.7	0.15
	20	37.30	−2.5	+5.4	43.96	41.12	7.3	0.18
	24	37.64	−2.5	+5.4	43.56	40.74	7.9	0.21
	28	38.02	−2.4	+5.4	43.13	40.34	8.4	0.23
Aug.	1	38.41	−2.4	+5.4	42.68	39.92	8.9	0.26
	5	38.83	−2.4	+5.4	42.22	39.49	9.3	0.28
	9	39.27	−2.4	+5.4	41.75	39.05	9.7	0.30
	13	39.72	−2.3	+5.4	41.28	38.60	10.1	0.32
	17	40.19	−2.3	+5.4	40.80	38.15	10.3	0.33
	21	40.67	−2.3	+5.4	40.31	37.70	10.6	0.34
	25	41.16	−2.3	+5.4	39.83	37.25	10.8	0.35
	29	41.66	−2.2	+5.4	39.36	36.81	10.9	0.35
Sept.	2	42.17	−2.2	+5.4	38.89	36.37	11.0	0.36
	6	42.67	−2.2	+5.4	38.42	35.93	11.0	0.35
	10	43.18	−2.2	+5.4	37.97	35.51	11.0	0.35
	14	43.69	−2.1	+5.4	37.53	35.10	11.0	0.34
	18	44.20	−2.1	+5.4	37.10	34.70	10.9	0.33
	22	44.70	−2.1	+5.4	36.68	34.31	10.8	0.32
	26	45.19	−2.1	+5.4	36.28	33.93	10.6	0.31
	30	45.68	−2.0	+5.4	35.89	33.57	10.4	0.29
Oct.	4	46.16	−2.0	+5.4	35.52	33.22	10.2	0.28
	8	46.62	−2.0	+5.4	35.17	32.89	9.9	0.26
	12	47.07	−2.0	+5.4	34.83	32.57	9.6	0.24
	16	47.51	−2.0	+5.4	34.51	32.27	9.3	0.23
	20	47.94	−1.9	+5.4	34.20	31.99	8.9	0.21
	24	48.34	−1.9	+5.4	33.92	31.72	8.5	0.19
	28	48.73	−1.9	+5.4	33.65	31.47	8.1	0.17
Nov.	1	49.10	−1.9	+5.4	33.40	31.23	7.7	0.15
	5	49.44	−1.9	+5.4	33.16	31.01	7.2	0.13
	9	49.77	−1.9	+5.4	32.95	30.81	6.8	0.12
	13	50.07	−1.9	+5.4	32.75	30.63	6.3	0.10
	17	50.35	−1.9	+5.4	32.57	30.46	5.8	0.08
	21	50.60	−1.9	+5.4	32.40	30.31	5.3	0.07
	25	50.83	−1.8	+5.4	32.26	30.17	4.7	0.05
	29	51.03	−1.8	+5.4	32.13	30.05	4.2	0.04
Dec.	3	51.20	−1.8	+5.4	32.02	29.95	3.6	0.03
	7	51.35	−1.8	+5.3	31.93	29.86	3.0	0.02
	11	51.47	−1.8	+5.3	31.85	29.79	2.5	0.01
	15	51.56	−1.8	+5.3	31.80	29.74	1.9	0.01
	19	51.63	−1.8	+5.3	31.76	29.70	1.3	0.00
	23	51.66	−1.8	+5.3	31.74	29.68	0.7	0.00
	27	51.67	−1.8	+5.3	31.73	29.68	0.1	0.00
	31	51.65	−1.8	+5.3	31.75	29.69	0.5	0.00
	35	51.60	−1.8	+5.3	31.78	29.72	1.1	0.00

EPHEMERIS FOR PHYSICAL OBSERVATIONS
FOR 0ʰ TERRESTRIAL TIME

Date		L_s	Sub-Earth Point		Sub-Solar Point				North Pole	
			Long.	Lat.	Long.	Lat.	Dist.	P.A.	Dist.	P.A.
		°	°	°	°	°	″	°	″	°
July	4	303.85	88.07	−3.11	83.40	−2.96	+1.84	276.80	−21.15	5.35
	8	304.17	330.48	−3.10	325.09	−2.95	+2.12	276.76	−21.02	5.54
	12	304.49	212.84	−3.08	206.75	−2.94	+2.37	276.76	−20.87	5.70
	16	304.81	95.14	−3.07	88.40	−2.93	+2.60	276.78	−20.71	5.85
	20	305.13	337.39	−3.06	330.03	−2.92	+2.81	276.80	−20.53	5.99
	24	305.45	219.57	−3.05	211.64	−2.90	+3.00	276.82	−20.34	6.10
	28	305.78	101.69	−3.03	93.24	−2.89	+3.17	276.83	−20.14	6.19
Aug.	1	306.10	343.75	−3.02	334.82	−2.88	+3.31	276.83	−19.94	6.26
	5	306.42	225.75	−3.00	216.39	−2.87	+3.43	276.83	−19.72	6.31
	9	306.74	107.68	−2.99	97.95	−2.86	+3.53	276.80	−19.50	6.33
	13	307.06	349.56	−2.98	339.49	−2.84	+3.60	276.77	−19.28	6.34
	17	307.39	231.38	−2.96	221.03	−2.83	+3.66	276.72	−19.05	6.32
	21	307.71	113.14	−2.95	102.56	−2.82	+3.70	276.65	−18.83	6.28
	25	308.03	354.85	−2.93	344.09	−2.81	+3.72	276.56	−18.61	6.22
	29	308.36	236.50	−2.92	225.61	−2.80	+3.72	276.46	−18.38	6.13
Sept.	2	308.68	118.11	−2.90	107.12	−2.78	+3.70	276.34	−18.16	6.03
	6	309.00	359.66	−2.89	348.64	−2.77	+3.67	276.20	−17.95	5.90
	10	309.33	241.17	−2.87	230.15	−2.76	+3.63	276.05	−17.74	5.75
	14	309.65	122.64	−2.86	111.66	−2.74	+3.57	275.87	−17.53	5.59
	18	309.98	4.07	−2.84	353.18	−2.73	+3.50	275.69	−17.33	5.40
	22	310.30	245.46	−2.83	234.69	−2.72	+3.43	275.48	−17.14	5.20
	26	310.62	126.82	−2.81	116.21	−2.71	+3.34	275.27	−16.95	4.98
	30	310.95	8.15	−2.80	357.74	−2.69	+3.24	275.03	−16.77	4.74
Oct.	4	311.27	249.44	−2.78	239.27	−2.68	+3.14	274.78	−16.59	4.48
	8	311.60	130.71	−2.77	120.80	−2.67	+3.02	274.52	−16.43	4.21
	12	311.92	11.96	−2.75	2.35	−2.65	+2.90	274.24	−16.27	3.92
	16	312.25	253.19	−2.74	243.90	−2.64	+2.78	273.96	−16.12	3.62
	20	312.57	134.39	−2.72	125.47	−2.63	+2.65	273.65	−15.98	3.31
	24	312.90	15.58	−2.70	7.04	−2.61	+2.52	273.34	−15.85	2.98
	28	313.22	256.76	−2.69	248.62	−2.60	+2.38	273.01	−15.72	2.64
Nov.	1	313.55	137.92	−2.67	130.22	−2.58	+2.24	272.68	−15.60	2.29
	5	313.88	19.08	−2.65	11.83	−2.57	+2.09	272.33	−15.49	1.92
	9	314.20	260.23	−2.63	253.45	−2.56	+1.94	271.97	−15.39	1.55
	13	314.53	141.37	−2.61	135.09	−2.54	+1.79	271.60	−15.30	1.17
	17	314.86	22.52	−2.59	16.73	−2.53	+1.64	271.22	−15.22	0.78
	21	315.18	263.66	−2.57	258.40	−2.51	+1.48	270.83	−15.14	0.38
	25	315.51	144.80	−2.55	140.08	−2.50	+1.33	270.43	−15.07	359.97
	29	315.84	25.95	−2.53	21.77	−2.48	+1.17	270.02	−15.01	359.56
Dec.	3	316.17	267.10	−2.51	263.48	−2.47	+1.01	269.60	−14.96	359.15
	7	316.49	148.26	−2.48	145.21	−2.45	+0.85	269.15	−14.92	358.73
	11	316.82	29.43	−2.46	26.95	−2.44	+0.69	268.68	−14.88	358.31
	15	317.15	270.60	−2.44	268.71	−2.42	+0.52	268.15	−14.86	357.88
	19	317.48	151.79	−2.41	150.49	−2.41	+0.36	267.51	−14.84	357.45
	23	317.80	33.00	−2.39	32.29	−2.39	+0.20	266.45	14.83	357.02
	27	318.13	274.21	−2.36	274.10	−2.38	+0.03	258.80	−14.83	356.59
	31	318.46	155.45	−2.33	155.93	−2.36	+0.13	89.27	−14.83	356.17
	35	318.79	36.70	−2.31	37.77	−2.35	+0.30	87.67	−14.85	355.74

SATURN, 2019

EPHEMERIS FOR PHYSICAL OBSERVATIONS
FOR 0ʰ TERRESTRIAL TIME

Date		Light-time	Magnitude	Surface Brightness	Diameter		Phase Angle	Defect of Illumination
					Eq.	Polar		
		m		mag./arcsec^2	$''$	$''$	$°$	$''$
Jan.	−3	91.82	+0.5	+ 6.9	15.05	13.86	0.5	0.00
	1	91.84	+0.5	+ 6.9	15.05	13.86	0.1	0.00
	5	91.84	+0.5	+ 6.9	15.05	13.86	0.2	0.00
	9	91.79	+0.5	+ 6.9	15.06	13.86	0.6	0.00
	13	91.72	+0.5	+ 6.9	15.07	13.87	0.9	0.00
	17	91.60	+0.5	+ 6.9	15.09	13.89	1.3	0.00
	21	91.46	+0.5	+ 6.9	15.11	13.91	1.6	0.00
	25	91.28	+0.5	+ 6.9	15.14	13.93	2.0	0.00
	29	91.07	+0.6	+ʾ6.9	15.18	13.96	2.3	0.01
Feb.	2	90.82	+0.6	+ 6.9	15.22	14.00	2.6	0.01
	6	90.55	+0.6	+ 6.9	15.27	14.04	2.9	0.01
	10	90.24	+0.6	+ 6.9	15.32	14.09	3.2	0.01
	14	89.91	+0.6	+ 6.9	15.37	14.14	3.5	0.01
	18	89.55	+0.6	+ 6.9	15.44	14.19	3.8	0.02
	22	89.16	+0.6	+ 6.9	15.50	14.25	4.1	0.02
	26	88.75	+0.6	+ 6.9	15.57	14.32	4.3	0.02
Mar.	2	88.31	+0.6	+ 6.9	15.65	14.39	4.5	0.02
	6	87.86	+0.6	+ 6.9	15.73	14.46	4.7	0.03
	10	87.38	+0.6	+ 6.9	15.82	14.54	4.9	0.03
	14	86.89	+0.6	+ 6.9	15.91	14.62	5.1	0.03
	18	86.38	+0.6	+ 6.9	16.00	14.70	5.3	0.03
	22	85.86	+0.6	+ 6.9	16.10	14.79	5.4	0.04
	26	85.32	+0.6	+ 6.9	16.20	14.88	5.5	0.04
	30	84.78	+0.6	+ 6.9	16.30	14.97	5.6	0.04
Apr.	3	84.23	+0.6	+ 6.9	16.41	15.07	5.7	0.04
	7	83.68	+0.6	+ 6.9	16.52	15.17	5.7	0.04
	11	83.12	+0.5	+ 6.9	16.63	15.27	5.7	0.04
	15	82.57	+0.5	+ 6.9	16.74	15.37	5.7	0.04
	19	82.02	+0.5	+ 6.9	16.85	15.48	5.7	0.04
	23	81.47	+0.5	+ 6.9	16.97	15.58	5.6	0.04
	27	80.93	+0.5	+ 6.9	17.08	15.68	5.5	0.04
May	1	80.40	+0.5	+ 6.9	17.19	15.79	5.4	0.04
	5	79.89	+0.4	+ 6.9	17.30	15.89	5.3	0.04
	9	79.39	+0.4	+ 6.9	17.41	15.99	5.1	0.03
	13	78.90	+0.4	+ 6.9	17.52	16.09	4.9	0.03
	17	78.44	+0.4	+ 6.9	17.62	16.18	4.7	0.03
	21	78.00	+0.3	+ 6.9	17.72	16.27	4.5	0.03
	25	77.58	+0.3	+ 6.9	17.82	16.36	4.2	0.02
	29	77.19	+0.3	+ 6.9	17.91	16.45	3.9	0.02
June	2	76.83	+0.3	+ 6.9	17.99	16.53	3.6	0.02
	6	76.50	+0.2	+ 6.9	18.07	16.60	3.3	0.01
	10	76.20	+0.2	+ 6.9	18.14	16.66	2.9	0.01
	14	75.94	+0.2	+ 6.9	18.20	16.72	2.6	0.01
	18	75.71	+0.2	+ 6.9	18.26	16.78	2.2	0.01
	22	75.52	+0.1	+ 6.9	18.30	16.82	1.8	0.00
	26	75.36	+0.1	+ 6.9	18.34	16.86	1.4	0.00
	30	75.24	+0.1	+ 6.9	18.37	16.89	1.0	0.00

EPHEMERIS FOR PHYSICAL OBSERVATIONS
FOR 0ʰ TERRESTRIAL TIME

Date		L_s	Sub-Earth Point		Sub-Solar Point				North Pole	
			Long.	Lat.	Long.	Lat.	Dist.	P.A.	Dist.	P.A.
		°	°	°	°	°	″	°	″	°
Jan.	−3	107.50	74.81	+30.42	74.31	+30.27	+0.06	259.49	+6.13	6.15
	1	107.62	77.45	+30.33	77.34	+30.25	+0.02	242.54	+6.13	6.18
	5	107.75	80.12	+30.23	80.39	+30.23	+0.03	96.02	+6.13	6.20
	9	107.87	82.81	+30.13	83.46	+30.21	+0.08	89.20	+6.14	6.23
	13	107.99	85.52	+30.03	86.54	+30.19	+0.12	87.30	+6.15	6.25
	17	108.11	88.25	+29.93	89.65	+30.17	+0.17	86.32	+6.16	6.28
	21	108.23	91.01	+29.82	92.78	+30.15	+0.21	85.67	+6.18	6.30
	25	108.35	93.79	+29.72	95.92	+30.13	+0.25	85.19	+6.19	6.32
	29	108.47	96.60	+29.61	99.09	+30.10	+0.30	84.79	+6.21	6.34
Feb.	2	108.59	99.44	+29.51	102.27	+30.08	+0.34	84.45	+6.23	6.36
	6	108.71	102.31	+29.40	105.47	+30.06	+0.38	84.15	+6.26	6.38
	10	108.83	105.20	+29.30	108.68	+30.04	+0.42	83.88	+6.28	6.40
	14	108.95	108.13	+29.19	111.92	+30.02	+0.46	83.63	+6.31	6.42
	18	109.07	111.08	+29.09	115.16	+30.00	+0.50	83.39	+6.34	6.43
	22	109.19	114.07	+29.00	118.43	+29.97	+0.54	83.18	+6.37	6.45
	26	109.31	117.09	+28.90	121.70	+29.95	+0.57	82.98	+6.41	6.46
Mar.	2	109.43	120.13	+28.81	124.99	+29.93	+0.61	82.79	+6.44	6.48
	6	109.55	123.21	+28.72	128.29	+29.91	+0.64	82.61	+6.48	6.49
	10	109.67	126.32	+28.63	131.60	+29.88	+0.67	82.44	+6.52	6.50
	14	109.79	129.46	+28.55	134.93	+29.86	+0.69	82.29	+6.56	6.51
	18	109.91	132.63	+28.48	138.26	+29.84	+0.72	82.14	+6.60	6.52
	22	110.03	135.83	+28.41	141.60	+29.82	+0.74	82.01	+6.65	6.53
	26	110.16	139.06	+28.34	144.94	+29.79	+0.76	81.89	+6.69	6.54
	30	110.28	142.32	+28.29	148.29	+29.77	+0.78	81.77	+6.74	6.54
Apr.	3	110.40	145.61	+28.23	151.64	+29.75	+0.79	81.67	+6.78	6.55
	7	110.52	148.92	+28.19	155.00	+29.72	+0.80	81.58	+6.83	6.56
	11	110.64	152.27	+28.15	158.36	+29.70	+0.81	81.50	+6.88	6.56
	15	110.76	155.64	+28.12	161.72	+29.68	+0.82	81.43	+6.92	6.56
	19	110.88	159.03	+28.10	165.07	+29.65	+0.82	81.37	+6.97	6.57
	23	111.00	162.46	+28.08	168.42	+29.63	+0.81	81.32	+7.02	6.57
	27	111.12	165.90	+28.08	171.77	+29.60	+0.81	81.28	+7.07	6.57
May	1	111.24	169.36	+28.08	175.11	+29.58	+0.79	81.24	+7.11	6.57
	5	111.36	172.85	+28.09	178.45	+29.55	+0.78	81.22	+7.16	6.57
	9	111.48	176.35	+28.10	181.78	+29.53	+0.76	81.21	+7.20	6.57
	13	111.60	179.88	+28.13	185.09	+29.50	+0.74	81.20	+7.25	6.57
	17	111.72	183.41	+28.16	188.40	+29.48	+0.71	81.21	+7.29	6.56
	21	111.84	186.96	+28.20	191.69	+29.45	+0.68	81.21	+7.33	6.56
	25	111.96	190.52	+28.25	194.97	+29.43	+0.64	81.23	+7.36	6.55
	29	112.08	194.09	+28.30	198.24	+29.40	+0.60	81.24	+7.40	6.55
June	2	112.21	197.66	+28.36	201.49	+29.38	+0.55	81.26	+7.43	6.54
	6	112.33	201.24	+28.42	204.72	+29.35	+0.51	81.28	+7.46	6.54
	10	112.45	204.82	+28.49	207.93	+29.33	+0.46	81.28	+7.48	6.53
	14	112.57	208.39	+28.56	211.12	+29.30	+0.40	81.28	+7.51	6.52
	18	112.69	211.97	+28.64	214.30	+29.28	+0.34	81.24	+7.52	6.51
	22	112.81	215.53	+28.72	217.45	+29.25	+0.28	81.16	+7.54	6.50
	26	112.93	219.09	+28.80	220.59	+29.22	+0.22	80.97	+7.55	6.50
	30	113.05	222.63	+28.89	223.70	+29.20	+0.16	80.55	+7.56	6.48

SATURN, 2019
EPHEMERIS FOR PHYSICAL OBSERVATIONS
FOR 0ʰ TERRESTRIAL TIME

Date		Light-time	Magnitude	Surface Brightness	Diameter		Phase Angle	Defect of Illumination
					Eq.	Polar		
		m		mag./arcsec^2	"	"	°	"
July	4	75.17	+0.1	+6.9	18.39	16.90	0.6	0.00
	8	75.13	+0.1	+6.9	18.40	16.92	0.2	0.00
	12	75.13	+0.1	+6.9	18.40	16.92	0.2	0.00
	16	75.17	+0.1	+6.9	18.39	16.91	0.6	0.00
	20	75.25	+0.1	+6.9	18.37	16.89	1.1	0.00
	24	75.37	+0.1	+6.9	18.34	16.87	1.5	0.00
	28	75.53	+0.1	+6.9	18.30	16.83	1.9	0.00
Aug.	1	75.72	+0.2	+6.9	18.25	16.79	2.2	0.01
	5	75.95	+0.2	+6.9	18.20	16.74	2.6	0.01
	9	76.22	+0.2	+6.9	18.13	16.69	3.0	0.01
	13	76.52	+0.2	+6.9	18.06	16.62	3.3	0.02
	17	76.85	+0.2	+6.9	17.99	16.55	3.6	0.02
	21	77.21	+0.3	+6.9	17.90	16.48	3.9	0.02
	25	77.60	+0.3	+6.9	17.81	16.39	4.2	0.02
	29	78.02	+0.3	+6.9	17.72	16.31	4.5	0.03
Sept.	2	78.46	+0.3	+6.9	17.62	16.22	4.7	0.03
	6	78.93	+0.4	+6.9	17.51	16.12	4.9	0.03
	10	79.41	+0.4	+6.9	17.41	16.02	5.1	0.03
	14	79.91	+0.4	+6.9	17.30	15.92	5.3	0.04
	18	80.42	+0.4	+6.9	17.19	15.82	5.4	0.04
	22	80.95	+0.4	+6.9	17.07	15.72	5.5	0.04
	26	81.49	+0.5	+6.9	16.96	15.62	5.6	0.04
	30	82.03	+0.5	+6.9	16.85	15.51	5.7	0.04
Oct.	4	82.58	+0.5	+6.9	16.74	15.41	5.7	0.04
	8	83.13	+0.5	+6.9	16.63	15.31	5.7	0.04
	12	83.68	+0.5	+6.9	16.52	15.20	5.7	0.04
	16	84.23	+0.5	+6.9	16.41	15.10	5.6	0.04
	20	84.78	+0.5	+6.9	16.30	15.01	5.6	0.04
	24	85.31	+0.5	+6.9	16.20	14.91	5.5	0.04
	28	85.84	+0.6	+6.9	16.10	14.82	5.4	0.04
Nov.	1	86.36	+0.6	+6.9	16.01	14.73	5.2	0.03
	5	86.86	+0.6	+6.9	15.91	14.64	5.1	0.03
	9	87.34	+0.6	+6.9	15.82	14.56	4.9	0.03
	13	87.81	+0.6	+6.9	15.74	14.48	4.7	0.03
	17	88.26	+0.6	+6.9	15.66	14.41	4.5	0.02
	21	88.68	+0.6	+6.9	15.59	14.34	4.2	0.02
	25	89.09	+0.6	+6.9	15.52	14.27	4.0	0.02
	29	89.46	+0.6	+6.9	15.45	14.21	3.7	0.02
Dec.	3	89.82	+0.6	+6.9	15.39	14.15	3.4	0.01
	7	90.14	+0.6	+6.9	15.33	14.10	3.2	0.01
	11	90.43	+0.6	+6.9	15.28	14.05	2.8	0.01
	15	90.69	+0.6	+6.9	15.24	14.01	2.5	0.01
	19	90.93	+0.6	+6.9	15.20	13.97	2.2	0.01
	23	91.13	+0.6	+6.9	15.17	13.94	1.9	0.00
	27	91.29	+0.6	+6.9	15.14	13.91	1.5	0.00
	31	91.43	+0.5	+6.9	15.12	13.88	1.2	0.00
	35	91.53	+0.5	+6.9	15.10	13.87	0.9	0.00

SATURN, 2019

EPHEMERIS FOR PHYSICAL OBSERVATIONS
FOR 0ʰ TERRESTRIAL TIME

Date		L_s	Sub-Earth Point		Sub-Solar Point				North Pole	
			Long.	Lat.	Long.	Lat.	Dist.	P.A.	Dist.	P.A.
		°	°	°	°	°	″	°	″	°
July	4	113.17	226.16	+28.97	226.79	+29.17	+ 0.09	79.41	+ 7.56	6.47
	8	113.29	229.67	+29.06	229.85	+29.14	+ 0.03	72.70	+ 7.56	6.46
	12	113.41	233.15	+29.14	232.90	+29.12	+ 0.04	270.59	+ 7.56	6.45
	16	113.53	236.62	+29.23	235.92	+29.09	+ 0.10	265.64	+ 7.55	6.44
	20	113.65	240.06	+29.31	238.92	+29.06	+ 0.17	264.64	+ 7.54	6.43
	24	113.77	243.47	+29.39	241.90	+29.04	+ 0.23	264.26	+ 7.52	6.42
	28	113.89	246.85	+29.47	244.86	+29.01	+ 0.29	264.09	+ 7.50	6.41
Aug.	1	114.02	250.20	+29.55	247.79	+28.98	+ 0.35	264.02	+ 7.48	6.40
	5	114.14	253.51	+29.62	250.71	+28.95	+ 0.41	264.00	+ 7.45	6.38
	9	114.26	256.79	+29.69	253.61	+28.93	+ 0.46	264.00	+ 7.42	6.37
	13	114.38	260.03	+29.75	256.48	+28.90	+ 0.51	264.01	+ 7.39	6.36
	17	114.50	263.24	+29.81	259.34	+28.87	+ 0.56	264.04	+ 7.35	6.36
	21	114.62	266.41	+29.86	262.18	+28.84	+ 0.60	264.06	+ 7.32	6.35
	25	114.74	269.54	+29.90	265.01	+28.82	+ 0.64	264.09	+ 7.28	6.34
	29	114.86	272.63	+29.95	267.82	+28.79	+ 0.68	264.11	+ 7.23	6.33
Sept.	2	114.98	275.68	+29.98	270.62	+28.76	+ 0.71	264.13	+ 7.19	6.33
	6	115.10	278.69	+30.01	273.40	+28.73	+ 0.74	264.14	+ 7.15	6.33
	10	115.22	281.66	+30.04	276.18	+28.70	+ 0.76	264.15	+ 7.10	6.32
	14	115.34	284.60	+30.05	278.94	+28.67	+ 0.78	264.14	+ 7.06	6.32
	18	115.46	287.50	+30.06	281.70	+28.64	+ 0.80	264.13	+ 7.01	6.32
	22	115.59	290.37	+30.07	284.45	+28.61	+ 0.81	264.11	+ 6.97	6.32
	26	115.71	293.20	+30.07	287.19	+28.59	+ 0.81	264.08	+ 6.92	6.32
	30	115.83	296.00	+30.06	289.93	+28.56	+ 0.82	264.04	+ 6.88	6.33
Oct.	4	115.95	298.77	+30.04	292.67	+28.53	+ 0.82	263.99	+ 6.83	6.33
	8	116.07	301.50	+30.02	295.41	+28.50	+ 0.81	263.93	+ 6.79	6.34
	12	116.19	304.22	+30.00	298.14	+28.47	+ 0.80	263.86	+ 6.74	6.34
	16	116.31	306.90	+29.96	300.88	+28.44	+ 0.79	263.78	+ 6.70	6.35
	20	116.43	309.57	+29.92	303.62	+28.41	+ 0.78	263.69	+ 6.66	6.36
	24	116.55	312.21	+29.88	306.37	+28.38	+ 0.76	263.59	+ 6.62	6.37
	28	116.67	314.83	+29.82	309.12	+28.35	+ 0.74	263.48	+ 6.58	6.38
Nov.	1	116.79	317.44	+29.77	311.87	+28.32	+ 0.72	263.37	+ 6.54	6.39
	5	116.92	320.03	+29.70	314.64	+28.29	+ 0.69	263.25	+ 6.51	6.41
	9	117.04	322.61	+29.63	317.41	+28.26	+ 0.66	263.12	+ 6.48	6.42
	13	117.16	325.17	+29.55	320.19	+28.23	+ 0.63	262.98	+ 6.45	6.43
	17	117.28	327.73	+29.47	322.99	+28.19	+ 0.60	262.83	+ 6.42	6.45
	21	117.40	330.29	+29.38	325.80	+28.16	+ 0.57	262.68	+ 6.39	6.46
	25	117.52	332.84	+29.29	328.62	+28.13	+ 0.53	262.52	+ 6.37	6.48
	29	117.64	335.39	+29.19	331.45	+28.10	+ 0.49	262.36	+ 6.34	6.49
Dec.	3	117.76	337.94	+29.09	334.30	+28.07	+ 0.45	262.19	+ 6.32	6.51
	7	117.88	340.49	+28.98	337.17	+28.04	+ 0.41	262.01	+ 6.31	6.52
	11	118.00	343.05	+28.86	340.05	+28.01	+ 0.37	261.83	+ 6.29	6.54
	15	118.12	345.62	+28.74	342.95	+27.98	+ 0.33	261.64	+ 6.28	6.55
	19	118.25	348.19	+28.62	345.87	+27.94	+ 0.29	261.45	+ 6.27	6.56
	23	118.37	350.77	+28.49	348.80	+27.91	+ 0.24	261.25	+ 6.26	6.58
	27	118.49	353.37	+28.36	351.75	+27.88	+ 0.20	261.04	+ 6.25	6.59
	31	118.61	355.98	+28.22	354.73	+27.85	+ 0.16	260.82	+ 6.25	6.61
	35	118.73	358.61	+28.09	357.72	+27.81	+ 0.11	260.56	+ 6.25	6.62

URANUS, 2019

EPHEMERIS FOR PHYSICAL OBSERVATIONS
FOR 0ʰ TERRESTRIAL TIME

Date		Light-time	Magnitude	Equatorial Diameter	Phase Angle	L_s	Sub-Earth Lat.	North Pole	
								Dist.	P.A.
		m		″	°	°	°	″	°
Jan.	−3	161.89	+ 5.8	3.62	2.6	43.46	+ 41.70	+ 1.35	258.90
	5	162.98	+ 5.8	3.60	2.7	43.54	+ 41.66	+ 1.34	258.89
	13	164.10	+ 5.8	3.57	2.8	43.63	+ 41.67	+ 1.33	258.90
	21	165.24	+ 5.8	3.55	2.8	43.72	+ 41.74	+ 1.32	258.93
	29	166.38	+ 5.8	3.52	2.8	43.81	+ 41.86	+ 1.31	258.97
Feb.	6	167.49	+ 5.8	3.50	2.7	43.89	+ 42.04	+ 1.30	259.03
	14	168.55	+ 5.8	3.48	2.6	43.98	+ 42.26	+ 1.28	259.11
	22	169.54	+ 5.9	3.46	2.4	44.07	+ 42.53	+ 1.27	259.20
Mar.	2	170.45	+ 5.9	3.44	2.2	44.16	+ 42.85	+ 1.26	259.31
	10	171.26	+ 5.9	3.42	1.9	44.24	+ 43.20	+ 1.25	259.43
	18	171.96	+ 5.9	3.41	1.6	44.33	+ 43.58	+ 1.23	259.56
	26	172.53	+ 5.9	3.40	1.3	44.42	+ 43.98	+ 1.22	259.71
Apr.	3	172.96	+ 5.9	3.39	0.9	44.51	+ 44.41	+ 1.21	259.86
	11	173.26	+ 5.9	3.38	0.6	44.59	+ 44.85	+ 1.20	260.02
	19	173.42	+ 5.9	3.38	0.2	44.68	+ 45.30	+ 1.19	260.19
	27	173.43	+ 5.9	3.38	0.2	44.77	+ 45.75	+ 1.18	260.36
May	5	173.29	+ 5.9	3.38	0.6	44.86	+ 46.20	+ 1.17	260.54
	13	173.02	+ 5.9	3.39	0.9	44.94	+ 46.64	+ 1.16	260.71
	21	172.60	+ 5.9	3.40	1.3	45.03	+ 47.07	+ 1.16	260.88
	29	172.06	+ 5.9	3.41	1.6	45.12	+ 47.47	+ 1.15	261.04
June	6	171.40	+ 5.9	3.42	1.9	45.21	+ 47.85	+ 1.15	261.20
	14	170.63	+ 5.9	3.44	2.2	45.29	+ 48.20	+ 1.15	261.35
	22	169.76	+ 5.9	3.45	2.4	45.38	+ 48.52	+ 1.15	261.48
	30	168.80	+ 5.8	3.47	2.6	45.47	+ 48.80	+ 1.15	261.60
July	8	167.78	+ 5.8	3.49	2.8	45.56	+ 49.04	+ 1.15	261.70
	16	166.71	+ 5.8	3.52	2.9	45.64	+ 49.23	+ 1.15	261.79
	24	165.60	+ 5.8	3.54	2.9	45.73	+ 49.38	+ 1.16	261.85
Aug.	1	164.48	+ 5.8	3.56	2.9	45.82	+ 49.48	+ 1.16	261.89
	9	163.36	+ 5.8	3.59	2.9	45.91	+ 49.52	+ 1.17	261.91
	17	162.27	+ 5.8	3.61	2.8	45.99	+ 49.52	+ 1.18	261.90
	25	161.23	+ 5.7	3.64	2.7	46.08	+ 49.46	+ 1.19	261.87
Sept.	2	160.25	+ 5.7	3.66	2.5	46.17	+ 49.36	+ 1.19	261.82
	10	159.35	+ 5.7	3.68	2.2	46.26	+ 49.20	+ 1.21	261.75
	18	158.56	+ 5.7	3.70	1.9	46.34	+ 49.01	+ 1.22	261.67
	26	157.88	+ 5.7	3.71	1.6	46.43	+ 48.77	+ 1.23	261.56
Oct.	4	157.34	+ 5.7	3.73	1.2	46.52	+ 48.50	+ 1.24	261.45
	12	156.95	+ 5.7	3.73	0.8	46.61	+ 48.21	+ 1.25	261.32
	20	156.71	+ 5.7	3.74	0.4	46.70	+ 47.90	+ 1.26	261.19
	28	156.63	+ 5.7	3.74	0.0	46.78	+ 47.58	+ 1.26	261.06
Nov.	5	156.71	+ 5.7	3.74	0.4	46.87	+ 47.26	+ 1.27	260.93
	13	156.96	+ 5.7	3.73	0.8	46.96	+ 46.95	+ 1.28	260.80
	21	157.37	+ 5.7	3.72	1.2	47.05	+ 46.65	+ 1.28	260.69
	29	157.92	+ 5.7	3.71	1.5	47.13	+ 46.38	+ 1.28	260.58
Dec.	7	158.62	+ 5.7	3.70	1.9	47.22	+ 46.14	+ 1.28	260.50
	15	159.44	+ 5.7	3.68	2.2	47.31	+ 45.94	+ 1.28	260.42
	23	160.36	+ 5.7	3.66	2.4	47.40	+ 45.79	+ 1.27	260.37
	31	161.37	+ 5.7	3.63	2.6	47.49	+ 45.69	+ 1.27	260.33
	39	162.45	+ 5.8	3.61	2.7	47.57	+ 45.64	+ 1.26	260.32

EPHEMERIS FOR PHYSICAL OBSERVATIONS
FOR 0ʰ TERRESTRIAL TIME

Date		Light-time	Magnitude	Equatorial Diameter	Phase Angle	L_s	Sub-Earth Lat.	North Pole	
								Dist.	P.A.
		m		"	°	°	°	"	°
Jan.	−3	251.96	+7.9	2.25	1.7	299.83	−25.49	−1.01	324.59
	5	253.00	+7.9	2.24	1.6	299.88	−25.46	−1.00	324.50
	13	253.96	+7.9	2.24	1.5	299.93	−25.41	−1.00	324.39
	21	254.82	+7.9	2.23	1.3	299.97	−25.37	−1.00	324.26
	29	255.56	+7.9	2.22	1.1	300.02	−25.31	−0.99	324.13
Feb	6	256.18	+8.0	2.22	0.9	300.07	−25.25	−0.99	323.98
	14	256.67	+8.0	2.21	0.7	300.12	−25.18	−0.99	323.82
	22	257.00	+8.0	2.21	0.4	300.17	−25.11	−0.99	323.66
Mar.	2	257.19	+8.0	2.21	0.2	300.21	−25.04	−0.99	323.50
	10	257.23	+8.0	2.21	0.1	300.26	−24.97	−0.99	323.34
	18	257.11	+8.0	2.21	0.3	300.31	−24.89	−0.99	323.17
	26	256.85	+8.0	2.21	0.6	300.36	−24.82	−0.99	323.02
Apr.	3	256.44	+8.0	2.21	0.8	300.41	−24.74	−0.99	322.87
	11	255.89	+8.0	2.22	1.1	300.45	−24.67	−1.00	322.72
	19	255.22	+7.9	2.23	1.3	300.50	−24.60	−1.00	322.59
	27	254.44	+7.9	2.23	1.4	300.55	−24.54	−1.00	322.47
May	5	253.55	+7.9	2.24	1.6	300.60	−24.48	−1.01	322.36
	13	252.59	+7.9	2.25	1.7	300.65	−24.43	−1.01	322.27
	21	251.55	+7.9	2.26	1.8	300.69	−24.39	−1.02	322.20
	29	250.47	+7.9	2.27	1.9	300.74	−24.35	−1.02	322.14
June	6	249.36	+7.9	2.28	1.9	300.79	−24.32	−1.03	322.09
	14	248.24	+7.9	2.29	1.9	300.84	−24.30	−1.03	322.07
	22	247.13	+7.9	2.30	1.9	300.89	−24.29	−1.04	322.06
	30	246.05	+7.9	2.31	1.8	300.93	−24.29	−1.04	322.07
July	8	245.02	+7.9	2.32	1.7	300.98	−24.30	−1.04	322.10
	16	244.06	+7.8	2.33	1.6	301.03	−24.32	−1.05	322.14
	24	243.19	+7.8	2.34	1.4	301.08	−24.34	−1.05	322.20
Aug.	1	242.42	+7.8	2.34	1.2	301.13	−24.38	−1.05	322.28
	9	241.77	+7.8	2.35	1.0	301.17	−24.42	−1.06	322.36
	17	241.25	+7.8	2.35	0.8	301.22	−24.46	−1.06	322.46
	25	240.88	+7.8	2.36	0.5	301.27	−24.51	−1.06	322.56
Sept.	2	240.65	+7.8	2.36	0.3	301.32	−24.56	−1.06	322.68
	10	240.58	+7.8	2.36	0.0	301.37	−24.62	−1.06	322.79
	18	240.67	+7.8	2.36	0.3	301.42	−24.67	−1.06	322.91
	26	240.92	+7.8	2.36	0.5	301.46	−24.72	−1.06	323.02
Oct.	4	241.32	+7.8	2.35	0.8	301.51	−24.78	−1.06	323.13
	12	241.87	+7.8	2.35	1.0	301.56	−24.82	−1.05	323.23
	20	242.55	+7.8	2.34	1.2	301.61	−24.87	−1.05	323.32
	28	243.36	+7.8	2.33	1.4	301.66	−24.90	−1.05	323.40
Nov.	5	244.27	+7.9	2.33	1.6	301.70	−24.93	−1.04	323.46
	13	245.27	+7.9	2.32	1.7	301.75	−24.96	−1.04	323.50
	21	246.35	+7.9	2.31	1.8	301.80	−24.97	−1.03	323.53
	29	247.47	+7.9	2.30	1.9	301.85	−24.98	−1.03	323.54
Dec.	7	248.62	+7.9	2.28	1.9	301.90	−24.98	−1.02	323.52
	15	249.77	+7.9	2.27	1.9	301.94	−24.96	−1.02	323.49
	23	250.90	+7.9	2.26	1.8	301.99	−24.94	−1.01	323.44
	31	251.99	+7.9	2.25	1.7	302.04	−24.92	−1.01	323.36
	39	253.02	+7.9	2.24	1.6	302.09	−24.88	−1.01	323.27

PLANETARY CENTRAL MERIDIANS, 2019

FOR 0ʰ TERRESTRIAL TIME

Date		Mars	Jupiter			Saturn
			System I	System II	System III	
		°	°	°	°	°
Jan.	0	20.43	71.74	27.46	314.74	346.79
	1	10.56	229.47	177.55	105.10	77.45
	2	0.68	27.20	327.66	255.47	168.12
	3	350.81	184.93	117.76	45.84	258.78
	4	340.93	342.67	267.86	196.21	349.45
	5	331.06	140.40	57.97	346.58	80.12
	6	321.18	298.14	208.08	136.95	170.79
	7	311.31	95.88	358.19	287.33	261.46
	8	301.43	253.62	148.30	77.71	352.13
	9	291.56	51.37	298.41	228.09	82.81
	10	281.69	209.11	88.53	18.47	173.48
	11	271.81	6.86	238.65	168.85	264.16
	12	261.94	164.61	28.77	319.24	354.84
	13	252.07	322.36	178.89	109.63	85.52
	14	242.19	120.12	329.01	260.02	176.20
	15	232.32	277.88	119.14	50.41	266.88
	16	222.45	75.63	269.27	200.80	357.56
	17	212.58	233.39	59.40	351.20	88.25
	18	202.71	31.16	209.53	141.60	178.94
	19	192.84	188.92	359.66	292.00	269.63
	20	182.98	346.69	149.80	82.40	0.32
	21	173.11	144.46	299.94	232.80	91.01
	22	163.25	302.23	90.08	23.21	181.70
	23	153.38	100.00	240.22	173.62	272.40
	24	143.52	257.78	30.36	324.03	3.09
	25	133.66	55.55	180.51	114.44	93.79
	26	123.80	213.33	330.66	264.86	184.49
	27	113.94	11.11	120.81	55.27	275.20
	28	104.09	168.90	270.96	205.69	5.90
	29	94.23	326.68	61.12	356.11	96.60
	30	84.38	124.47	211.28	146.54	187.31
	31	74.53	282.26	1.44	296.96	278.02
Feb.	1	64.67	80.06	151.60	87.39	8.73
	2	54.83	237.85	301.76	237.82	99.44
	3	44.98	35.65	91.93	28.26	190.16
	4	35.13	193.45	242.10	178.69	280.87
	5	25.29	351.25	32.27	329.13	11.59
	6	15.45	149.06	182.45	119.57	102.31
	7	5.61	306.86	332.62	270.01	193.03
	8	355.77	104.67	122.80	60.46	283.75
	9	345.93	262.48	272.98	210.90	14.48
	10	336.10	60.30	63.17	1.35	105.20
	11	326.26	218.12	213.35	151.81	195.93
	12	316.43	15.93	3.54	302.26	286.66
	13	306.60	173.76	153.73	92.72	17.40
	14	296.78	331.58	303.93	243.18	108.13
	15	286.95	129.41	94.12	33.64	198.87

FOR 0ʰ TERRESTRIAL TIME

Date		Mars	Jupiter			Saturn
			System I	System II	System III	
		°	°	°	°	°
Feb.	15	286.95	129.41	94.12	33.64	198.87
	16	277.13	287.24	244.32	184.10	289.60
	17	267.31	85.07	34.52	334.57	20.34
	18	257.49	242.90	184.73	125.04	111.08
	19	247.68	40.74	334.93	275.51	201.83
	20	237.86	198.58	125.14	65.99	292.57
	21	228.05	356.42	275.35	216.47	23.32
	22	218.24	154.26	65.56	6.95	114.07
	23	208.43	312.11	215.78	157.43	204.82
	24	198.62	109.96	6.00	307.91	295.57
	25	188.82	267.81	156.22	98.40	26.33
	26	179.02	65.67	306.45	248.89	117.09
	27	169.22	223.53	96.67	39.38	207.84
	28	159.42	21.39	246.90	189.88	298.61
Mar.	1	149.63	179.25	37.13	340.38	29.37
	2	139.83	337.11	187.37	130.88	120.13
	3	130.04	134.98	337.61	281.38	210.90
	4	120.25	292.85	127.85	71.89	301.67
	5	110.46	90.73	278.09	222.39	32.44
	6	100.68	248.60	68.33	12.91	123.21
	7	90.90	46.48	218.58	163.42	213.98
	8	81.11	204.36	8.83	313.94	304.76
	9	71.33	2.25	159.09	104.46	35.54
	10	61.56	160.13	309.34	254.98	126.32
	11	51.78	318.02	99.60	45.50	217.10
	12	42.01	115.92	249.86	196.03	307.88
	13	32.24	273.81	40.13	346.56	38.67
	14	22.47	71.71	190.39	137.10	129.46
	15	12.70	229.61	340.66	287.63	220.25
	16	2.93	27.51	130.94	78.17	311.04
	17	353.17	185.42	281.21	228.71	41.83
	18	343.41	343.33	71.49	19.26	132.63
	19	333.65	141.24	221.77	169.80	223.43
	20	323.89	299.15	12.06	320.35	314.22
	21	314.13	97.07	162.34	110.91	45.03
	22	304.38	254.99	312.63	261.46	135.83
	23	294.63	52.91	102.92	52.02	226.63
	24	284.88	210.84	253.22	202.58	317.44
	25	275.13	8.77	43.52	353.14	48.25
	26	265.38	166.70	193.82	143.71	139.06
	27	255.63	324.63	344.12	294.28	229.87
	28	245.89	122.57	134.42	84.85	320.68
	29	236.15	280.51	284.73	235.42	51.50
	30	226.41	78.45	75.04	26.00	142.32
	31	216.67	236.39	225.36	176.58	233.14
Apr.	1	206.93	34.34	15.67	327.16	323.96
	2	197.19	192.29	165.99	117.75	54.78

FOR 0ʰ TERRESTRIAL TIME

Date		Mars	Jupiter			Saturn
			System I	System II	System III	
		°	°	°	°	°
Apr.	1	206.93	34.34	15.67	327.16	323.96
	2	197.19	192.29	165.99	117.75	54.78
	3	187.46	350.24	316.31	268.34	145.61
	4	177.72	148.20	106.64	58.93	236.43
	5	167.99	306.16	256.97	209.52	327.26
	6	158.26	104.12	47.30	0.12	58.09
	7	148.53	262.08	197.63	150.71	148.92
	8	138.80	60.05	347.96	301.32	239.76
	9	129.08	218.01	138.30	91.92	330.59
	10	119.35	15.99	288.64	242.53	61.43
	11	109.62	173.96	78.98	33.13	152.27
	12	99.90	331.93	229.33	183.75	243.11
	13	90.18	129.91	19.68	334.36	333.95
	14	80.46	287.89	170.03	124.98	64.79
	15	70.74	85.88	320.38	275.60	155.64
	16	61.02	243.86	110.74	66.22	246.49
	17	51.30	41.85	261.09	216.84	337.33
	18	41.59	199.84	51.45	7.47	68.18
	19	31.87	357.84	201.82	158.09	159.03
	20	22.16	155.83	352.18	308.72	249.89
	21	12.44	313.83	142.55	99.36	340.74
	22	2.73	111.83	292.92	249.99	71.60
	23	353.02	269.83	83.29	40.63	162.46
	24	343.31	67.83	233.66	191.27	253.31
	25	333.60	225.84	24.04	341.91	344.17
	26	323.89	23.85	174.41	132.55	75.04
	27	314.18	181.86	324.79	283.20	165.90
	28	304.48	339.87	115.18	73.85	256.76
	29	294.77	137.88	265.56	224.50	347.63
	30	285.06	295.90	55.95	15.15	78.50
May	1	275.36	93.92	206.33	165.80	169.36
	2	265.65	251.94	356.72	316.46	260.23
	3	255.95	49.96	147.11	107.12	351.10
	4	246.24	207.98	297.51	257.77	81.98
	5	236.54	6.01	87.90	48.43	172.85
	6	226.84	164.03	238.30	199.10	263.72
	7	217.13	322.06	28.69	349.76	354.60
	8	207.43	120.09	179.09	140.42	85.48
	9	197.73	278.12	329.49	291.09	176.35
	10	188.03	76.15	119.89	81.76	267.23
	11	178.33	234.19	270.30	232.43	358.11
	12	168.62	32.22	60.70	23.10	88.99
	13	158.92	190.26	211.10	173.77	179.88
	14	149.22	348.29	1.51	324.44	270.76
	15	139.52	146.33	151.92	115.11	1.64
	16	129.82	304.37	302.32	265.79	92.53
	17	120.12	102.41	92.73	56.46	183.41

FOR 0ʰ TERRESTRIAL TIME

Date		Mars	Jupiter			Saturn
			System I	System II	System III	
		°	°	°	°	°
May	17	120.12	102.41	92.73	56.46	183.41
	18	110.42	260.44	243.14	207.13	274.30
	19	100.72	58.48	33.55	357.81	5.18
	20	91.02	216.53	183.96	148.49	96.07
	21	81.32	14.57	334.37	299.16	186.96
	22	71.62	172.61	124.78	89.84	277.85
	23	61.92	330.65	275.20	240.52	8.74
	24	52.22	128.69	65.61	31.20	99.63
	25	42.52	286.73	216.02	181.87	190.52
	26	32.82	84.78	6.43	332.55	281.41
	27	23.12	242.82	156.84	123.23	12.30
	28	13.42	40.86	307.25	273.91	103.19
	29	3.72	198.90	97.67	64.58	194.09
	30	354.02	356.94	248.08	215.26	284.98
	31	344.32	154.98	38.49	5.94	15.87
June	1	334.62	313.02	188.90	156.61	106.77
	2	324.92	111.06	339.31	307.29	197.66
	3	315.21	269.10	129.72	97.97	288.56
	4	305.51	67.14	280.13	248.64	19.45
	5	295.81	225.18	70.53	39.31	110.34
	6	286.10	23.22	220.94	189.99	201.24
	7	276.40	181.25	11.34	340.66	292.13
	8	266.69	339.29	161.75	131.33	23.03
	9	256.99	137.32	312.15	282.00	113.92
	10	247.28	295.35	102.55	72.66	204.82
	11	237.57	93.38	252.95	223.33	295.71
	12	227.87	251.41	43.35	14.00	26.61
	13	218.16	49.44	193.75	164.66	117.50
	14	208.45	207.46	344.15	315.32	208.39
	15	198.74	5.48	134.54	105.98	299.29
	16	189.03	163.51	284.93	256.64	30.18
	17	179.32	321.53	75.32	47.29	121.07
	18	169.61	119.54	225.71	197.95	211.97
	19	159.90	277.56	16.09	348.60	302.86
	20	150.19	75.57	166.48	139.25	33.75
	21	140.47	233.58	316.86	289.90	124.64
	22	130.76	31.59	107.24	80.54	215.53
	23	121.04	189.60	257.61	231.18	306.42
	24	111.32	347.60	47.99	21.82	37.31
	25	101.61	145.61	198.36	172.46	128.20
	26	91.89	303.60	348.73	323.10	219.09
	27	82.17	101.60	139.10	113.73	309.97
	28	72.45	259.59	289.46	264.36	40.86
	29	62.73	57.58	79.82	54.98	131.75
	30	53.00	215.57	230.18	205.61	222.63
July	1	43.28	13.56	20.53	356.23	313.51
	2	33.55	171.54	170.88	146.85	44.40

PLANETARY CENTRAL MERIDIANS, 2019

FOR 0ʰ TERRESTRIAL TIME

Date		Mars	Jupiter			Saturn
			System I	System II	System III	
		°	°	°	°	°
July	1	43.28	13.56	20.53	356.23	313.51
	2	33.55	171.54	170.88	146.85	44.40
	3	23.83	329.52	321.23	297.46	135.28
	4	14.10	127.49	111.58	88.07	226.16
	5	4.37	285.46	261.92	238.68	317.04
	6	354.64	83.43	52.26	29.28	47.91
	7	344.91	241.40	202.59	179.89	138.79
	8	335.18	39.36	352.93	330.48	229.67
	9	325.45	197.32	143.25	121.08	320.54
	10	315.71	355.27	293.58	271.67	51.41
	11	305.98	153.22	83.90	62.26	142.28
	12	296.24	311.17	234.22	212.84	233.15
	13	286.50	109.11	24.53	3.42	324.02
	14	276.76	267.06	174.85	154.00	54.89
	15	267.02	64.99	325.15	304.57	145.75
	16	257.28	222.93	115.46	95.14	236.62
	17	247.54	20.86	265.76	245.71	327.48
	18	237.79	178.78	56.05	36.27	58.34
	19	228.05	336.70	206.35	186.83	149.20
	20	218.30	134.62	356.64	337.39	240.06
	21	208.55	292.54	146.92	127.94	330.91
	22	198.80	90.45	297.20	278.48	61.77
	23	189.05	248.36	87.48	69.03	152.62
	24	179.30	46.26	237.75	219.57	243.47
	25	169.55	204.16	28.02	10.10	334.32
	26	159.79	2.05	178.29	160.64	65.16
	27	150.03	159.95	328.55	311.16	156.01
	28	140.28	317.83	118.81	101.69	246.85
	29	130.52	115.72	269.06	252.21	337.69
	30	120.75	273.60	59.32	42.73	68.53
	31	110.99	71.47	209.56	193.24	159.36
Aug.	1	101.23	229.35	359.81	343.75	250.20
	2	91.46	27.22	150.04	134.25	341.03
	3	81.70	185.08	300.28	284.75	71.86
	4	71.93	342.94	90.51	75.25	162.69
	5	62.16	140.80	240.74	225.75	253.51
	6	52.39	298.65	30.96	16.24	344.33
	7	42.61	96.50	181.18	166.72	75.16
	8	32.84	254.35	331.40	317.20	165.97
	9	23.07	52.19	121.61	107.68	256.79
	10	13.29	210.03	271.82	258.16	347.60
	11	3.51	7.86	62.03	48.63	78.42
	12	353.73	165.69	212.23	199.10	169.23
	13	343.95	323.52	2.43	349.56	260.03
	14	334.17	121.34	152.62	140.02	350.84
	15	324.39	279.16	302.81	290.48	81.64
	16	314.60	76.98	93.00	80.93	172.44

Date		Mars	Jupiter			Saturn
			System I	System II	System III	
		°	°	°	°	°
Aug.	16	314.60	76.98	93.00	80.93	172.44
	17	304.82	234.79	243.18	231.38	263.24
	18	295.03	32.60	33.36	21.82	354.03
	19	285.24	190.41	183.54	172.27	84.83
	20	275.45	348.21	333.71	322.70	175.62
	21	265.66	146.01	123.88	113.14	266.41
	22	255.87	303.80	274.04	263.57	357.19
	23	246.08	101.60	64.21	54.00	87.98
	24	236.29	259.38	214.37	204.43	178.76
	25	226.49	57.17	4.52	354.85	269.54
	26	216.69	214.95	154.68	145.27	0.31
	27	206.90	12.73	304.82	295.68	91.09
	28	197.10	170.51	94.97	86.09	181.86
	29	187.30	328.28	245.11	236.50	272.63
	30	177.50	126.05	35.25	26.91	3.39
	31	167.70	283.81	185.39	177.31	94.16
Sept.	1	157.89	81.58	335.52	327.71	184.92
	2	148.09	239.34	125.65	118.11	275.68
	3	138.28	37.09	275.78	268.50	6.43
	4	128.48	194.85	65.91	58.89	97.19
	5	118.67	352.60	216.03	209.28	187.94
	6	108.87	150.35	6.15	359.66	278.69
	7	99.06	308.09	156.26	150.05	9.44
	8	89.25	105.83	306.38	300.42	100.18
	9	79.44	263.57	96.49	90.80	190.92
	10	69.63	61.31	246.59	241.17	281.66
	11	59.82	219.04	36.70	31.55	12.40
	12	50.01	16.78	186.80	181.91	103.14
	13	40.20	174.51	336.90	332.28	193.87
	14	30.39	332.23	127.00	122.64	284.60
	15	20.57	129.96	277.09	273.00	15.33
	16	10.76	287.68	67.19	63.36	106.06
	17	0.95	85.40	217.28	213.72	196.78
	18	351.13	243.11	7.36	4.07	287.50
	19	341.32	40.83	157.45	154.42	18.22
	20	331.50	198.54	307.53	304.77	108.94
	21	321.69	356.25	97.61	95.12	199.65
	22	311.87	153.96	247.69	245.46	290.37
	23	302.06	311.67	37.77	35.81	21.08
	24	292.24	109.37	187.84	186.15	111.79
	25	282.42	267.07	337.92	336.49	202.49
	26	272.61	64.77	127.99	126.82	293.20
	27	262.79	222.47	278.05	277.16	23.90
	28	252.97	20.16	68.12	67.49	114.60
	29	243.16	177.86	218.18	217.82	205.30
	30	233.34	335.55	8.25	8.15	296.00
Oct.	1	223.53	133.24	158.31	158.47	26.69

PLANETARY CENTRAL MERIDIANS, 2019
FOR 0^h TERRESTRIAL TIME

Date		Mars	Jupiter			Saturn
			System I	System II	System III	
		°	°	°	°	°
Oct.	1	223.53	133.24	158.31	158.47	26.69
	2	213.71	290.93	308.37	308.80	117.39
	3	203.89	88.61	98.42	99.12	208.08
	4	194.08	246.30	248.48	249.44	298.77
	5	184.26	43.98	38.53	39.76	29.45
	6	174.45	201.66	188.59	190.08	120.14
	7	164.63	359.34	338.64	340.40	210.82
	8	154.82	157.02	128.69	130.71	301.50
	9	145.01	314.70	278.73	281.03	32.18
	10	135.19	112.38	68.78	71.34	122.86
	11	125.38	270.05	218.82	221.65	213.54
	12	115.57	67.72	8.87	11.96	304.22
	13	105.76	225.39	158.91	162.27	34.89
	14	95.94	23.07	308.95	312.58	125.56
	15	86.13	180.73	98.99	102.88	216.23
	16	76.32	338.40	249.03	253.19	306.90
	17	66.52	136.07	39.07	43.49	37.57
	18	56.71	293.73	189.10	193.79	128.24
	19	46.90	91.40	339.14	344.09	218.90
	20	37.09	249.06	129.17	134.39	309.57
	21	27.29	46.73	279.21	284.69	40.23
	22	17.48	204.39	69.24	74.99	130.89
	23	7.68	2.05	219.27	225.29	221.55
	24	357.87	159.71	9.30	15.58	312.21
	25	348.07	317.37	159.33	165.88	42.86
	26	338.27	115.02	309.36	316.17	133.52
	27	328.47	272.68	99.38	106.47	224.18
	28	318.67	70.34	249.41	256.76	314.83
	29	308.87	227.99	39.44	47.05	45.48
	30	299.07	25.65	189.46	197.34	136.13
	31	289.27	183.30	339.49	347.63	226.79
Nov.	1	279.48	340.96	129.51	137.92	317.44
	2	269.68	138.61	279.54	288.21	48.08
	3	259.89	296.26	69.56	78.50	138.73
	4	250.10	93.92	219.58	228.79	229.38
	5	240.31	251.57	9.60	19.08	320.03
	6	230.52	49.22	159.63	169.37	50.67
	7	220.73	206.87	309.65	319.66	141.32
	8	210.94	4.52	99.67	109.94	231.96
	9	201.16	162.17	249.69	260.23	322.61
	10	191.37	319.82	39.71	50.52	53.25
	11	181.59	117.47	189.73	200.80	143.89
	12	171.81	275.12	339.75	351.09	234.53
	13	162.03	72.77	129.77	141.37	325.17
	14	152.25	230.42	279.79	291.66	55.81
	15	142.47	28.07	69.81	81.95	146.45
	16	132.70	185.72	219.83	232.23	237.09

FOR 0ʰ TERRESTRIAL TIME

Date		Mars	Jupiter			Saturn
			System I	System II	System III	
		°	°	°	°	°
Nov.	16	132.70	185.72	219.83	232.23	237.09
	17	122.92	343.37	9.85	22.52	327.73
	18	113.15	141.02	159.87	172.80	58.37
	19	103.38	298.67	309.89	323.09	149.01
	20	93.60	96.31	99.91	113.37	239.65
	21	83.83	253.96	249.93	263.66	330.29
	22	74.07	51.61	39.95	53.94	60.93
	23	64.30	209.26	189.97	204.23	151.56
	24	54.53	6.91	339.99	354.52	242.20
	25	44.77	164.56	130.01	144.80	332.84
	26	35.01	322.21	280.03	295.09	63.48
	27	25.24	119.86	70.05	85.37	154.11
	28	15.48	277.51	220.07	235.66	244.75
	29	5.73	75.16	10.09	25.95	335.39
	30	355.97	232.81	160.11	176.23	66.03
Dec.	1	346.21	30.47	310.13	326.52	156.66
	2	336.46	188.12	100.15	116.81	247.30
	3	326.70	345.77	250.18	267.10	337.94
	4	316.95	143.42	40.20	57.39	68.58
	5	307.20	301.08	190.22	207.68	159.22
	6	297.45	98.73	340.25	357.97	249.85
	7	287.70	256.38	130.27	148.26	340.49
	8	277.96	54.04	280.30	298.55	71.13
	9	268.21	211.69	70.32	88.84	161.77
	10	258.47	9.35	220.35	239.13	252.41
	11	248.73	167.01	10.37	29.43	343.05
	12	238.99	324.66	160.40	179.72	73.69
	13	229.25	122.32	310.43	330.01	164.33
	14	219.51	279.98	100.46	120.31	254.97
	15	209.77	77.64	250.49	270.60	345.62
	16	200.03	235.30	40.52	60.90	76.26
	17	190.30	32.96	190.55	211.20	166.90
	18	180.56	190.62	340.58	1.49	257.55
	19	170.83	348.29	130.61	151.79	348.19
	20	161.10	145.95	280.65	302.09	78.84
	21	151.37	303.61	70.68	92.39	169.48
	22	141.64	101.28	220.72	242.69	260.13
	23	131.91	258.94	10.75	33.00	350.77
	24	122.18	56.61	160.79	183.30	81.42
	25	112.45	214.28	310.83	333.60	172.07
	26	102.73	11.95	100.87	123.91	262.72
	27	93.00	169.62	250.91	274.21	353.37
	28	83.28	327.29	40.95	64.52	84.02
	29	73.55	124.96	190.99	214.83	174.67
	30	63.83	282.64	341.03	5.14	265.33
	31	54.11	80.31	131.08	155.45	355.98
	32	44.39	237.99	281.12	305.76	86.64

CONTENTS OF SECTION F

The satellite ephemerides were calculated using $\Delta T = 69.0$ seconds.

SATELLITES: ORBITAL DATA

Satellite		Orbital Period (R = Retrograde)	Max. Elong. at Mean Opposition	Semimajor Axis	Orbital Eccentricity	Inclination of Orbit to Planet's Equator	Motion of Node on Fixed Plane[2]
		d	° ′ ″	×10³ km		°	°/yr
Earth							
	Moon	27.321 661		384.400	0.054 900 489	18.2–28.6	19.34[7]
Mars							
I	Phobos[1]	0.318 910 11	25	9.376	0.015 1	1.075	158.8
II	Deimos[1]	1.262 440 8	1 02	23.458	0.000 2	1.788	6.260
Jupiter							
I	Io[1]	1.769 137 761	2 18	421.80	0.004 1	0.036	48.6
II	Europa[1]	3.551 181 055	3 40	671.10	0.009 4	0.466	12.0
III	Ganymede[1]	7.154 553 25	5 51	1 070.40	0.001 3	0.177	2.63
IV	Callisto[1]	16.689 017 0	10 18	1 882.70	0.007 4	0.192	0.643
V	Amalthea[1]	0.498 179 08	59	181.40	0.003 2	0.380	914.6
VI	Himalia	250.56	1 22 14	11 460.20	0.159	28.61	524.4
VII	Elara	259.64	1 24 14	11 740.30	0.211	27.94	506.1
VIII	Pasiphae	743.61 R	2 49 33	23 629.10	0.406	151.41	185.6
IX	Sinope	758.89 R	2 10 20	23 942.00	0.255	158.19	181.4
X	Lysithea	259.20	1 03 58	11 717.00	0.116	27.66	506.9
XI	Carme	734.17 R	2 47 55	23 400.50	0.255	164.99	187.1
XII	Ananke	629.80 R	2 32 30	21 253.70	0.233	148.69	215.2
XIII	Leda	240.93	1 20 07	11 164.40	0.162	27.88	545.4
XIV	Thebe[1]	0.675	1 13	221.90	0.017 6	1.080	
XV	Adrastea[1]	0.298	42	129.00	0.001 8	0.054	
XVI	Metis[1]	0.295	42	128.00	0.001 2	0.019	
XVII	Callirrhoe	758.82 R	2 52 55	24 098.9	0.280	147.08[9]	
XVIII	Themisto	130.02	53 51	7 503.9	0.243	42.98[9]	
XIX	Megaclite	752.88 R	2 50 52	23 813.9	0.416	152.78[9]	
XX	Taygete	732.41 R	2 47 38	23 362.9	0.252	165.25[9]	
XXI	Chaldene	723.73 R	2 46 20	23 180.6	0.250	165.16[9]	
XXII	Harpalyke	623.32 R	2 31 27	21 106.1	0.230	148.76[9]	
XXIII	Kalyke	742.04 R	2 49 05	23 564.6	0.247	165.12[9]	
XXIV	Iocaste	631.60 R	2 32 38	21 272.0	0.215	149.41[9]	
XXV	Erinome	728.49 R	2 47 05	23 285.9	0.266	164.91[9]	
XXVI	Isonoe	726.26 R	2 46 42	23 231.2	0.247	165.25[9]	
XXVII	Praxidike	625.39 R	2 31 45	21 147.7	0.227	148.88[9]	
XXVIII	Autonoe	761.01 R	2 52 29	24 037.2	0.315	152.37[9]	
XXIX	Thyone	627.19 R	2 32 06	21 197.2	0.231	148.59[9]	
XXX	Hermippe	633.91 R	2 32 49	21 297.1	0.210	150.74[9]	
XXXI	Aitne	730.12 R	2 47 18	23 316.7	0.263	165.05[9]	
XXXII	Eurydome	717.31 R	2 46 05	23 146.2	0.275	150.27[9]	
XXXIII	Euanthe	620.45 R	2 30 58	21 039.0	0.232	148.92[9]	
XXXVI	Sponde	748.32 R	2 50 42	23 790.1	0.311	151.00[9]	
XXXVII	Kale	729.61 R	2 47 14	23 305.8	0.260	164.94[9]	
XXXIX	Hegemone	739.82 R	2 49 09	23 574.7	0.344	154.16[9]	
XLI	Aoede	761.40 R	2 52 01	23 974.1	0.432	158.27[9]	
XLIII	Arche	731.90 R	2 47 34	23 352.0	0.249	165.01[9]	
XLV	Helike	626.33 R	2 31 09	21 065.5	0.150	154.84[9]	
XLVI	Carpo	456.28	2 02 23	17 056.6	0.432	51.62[9]	
XLVII	Eukelade	730.33 R	2 47 21	23 322.7	0.262	165.26[9]	
LIII	Dia	278.21	1 28 14	12 297.50	0.232	28.63[9]	
Saturn							
I	Mimas[1]	0.942 421 959	30	185.539	0.019 6	1.574	365.0
II	Enceladus[1]	1.370 218 093	38	238.042	0.000 0	0.003	156.2[8]
III	Tethys[1]	1.887 802 537	48	294.672	0.000 1	1.091	72.25
IV	Dione[1]	2.736 915 571	1 01	377.415	0.002 2	0.028	30.85[8]
V	Rhea[1]	4.517 502 73	1 25	527.068	0.000 2	0.333	10.16
VI	Titan[1]	15.945 448 4	3 17	1 221.865	0.028 8	0.306	0.521 3[8]
VII	Hyperion[1]	21.276 658 2	4 02	1 500.933	0.023 2	0.615	
VIII	Iapetus[1]	79.331 122	9 35	3 560.854	0.029 3	8.298	
IX	Phoebe[1]	548.02 R	34 51	12 947.918	0.163 4	175.243[9]	

[1] Mean orbital data given with respect to the local Laplace plane.
[2] Rate of decrease (or increase) in the longitude of the ascending node.
[3] S = Synchronous, rotation period same as orbital period. C = Chaotic.
[4] V(Sun) = −26.75
[5] V(1, 0) is the visual magnitude of the satellite reduced to a distance of 1 au from both the Sun and Earth and with phase angle of zero.
[6] V_0 is the mean opposition magnitude of the satellite.

Satellite		Mass Ratio (sat./planet)	Radius	Sid. Rot. Per.[3]	Geom. Alb. (V)[4]	V(1,0)[5]	V_0[6]	B − V	U − B
			km	d					
Earth									
	Moon	0.012 300 037 1	1737.4	S	0.12	+ 0.21	−12.74	0.92	0.46
Mars									
I	Phobos	1.661×10^{-8}	13.0 × 11.4 × 9.1	S	0.07	+11.8	+11.4	0.6	
II	Deimos	2.300×10^{-9}	7.8 × 6.0 × 5.1	S	0.07	+12.89	+12.5	0.65	0.18
Jupiter									
I	Io	4.705×10^{-5}	1829×1819×1816	S	0.63	− 1.68	+ 5.0	1.17	1.30
II	Europa	2.528×10^{-5}	1563×1560×1560	S	0.67	− 1.41	+ 5.3	0.87	0.52
III	Ganymede	7.805×10^{-5}	2631.2	S	0.43	− 2.09	+ 4.6	0.83	0.50
IV	Callisto	5.667×10^{-5}	2410.3	S	0.17	− 1.05	+ 5.7	0.86	0.55
V	Amalthea	1.09×10^{-9}	125 × 73 × 64	S	0.09	+ 6.3	+14.1	1.50	
VI	Himalia	3.6×10^{-9}	85	0.40	0.04	+ 8.1	+14.6	0.67	0.30
VII	Elara	4.58×10^{-10}	40		0.04 :	+10.0	+16.3	0.69	0.28
VIII	Pasiphae	1.58×10^{-10}	18 :		0.04 :	+ 9.9	+17.0	0.74	0.34
IX	Sinope	3.95×10^{-11}	14 :	0.548	0.04 :	+11.6	+18.1	0.84	
X	Lysithea	3.32×10^{-11}	12 :	0.533	0.04 :	+11.1	+18.3	0.72	
XI	Carme	6.95×10^{-11}	15 :	0.433	0.04 :	+10.9	+17.6	0.76	
XII	Ananke	1.58×10^{-11}	10 :	0.35	0.04 :	+11.9	+18.8	0.90	
XIII	Leda	5.76×10^{-12}	5 :		0.04 :	+13.5	+19.0	0.7	
XIV	Thebe	7.89×10^{-10}	58 × 49 × 42	S	0.05	+ 9.0	+16.0	1.3	
XV	Adrastea	3.95×10^{-12}	10 × 8 × 7	S	0.1 :	+12.4	+18.7		
XVI	Metis	6.31×10^{-11}	30 × 20 × 17	S	0.06	+10.8	+17.5		
XVII	Callirrhoe	4.58×10^{-13}	4.3 :		0.04 :	+13.9	+20.7	0.72	
XVIII	Themisto	3.63×10^{-13}	4.0 :		0.04 :	+12.9	+20.3	0.83	
XIX	Megaclite	1.11×10^{-13}	2.7 :		0.04 :	+15.1	+22.1	0.94	
XX	Taygete	8.68×10^{-14}	2.5 :		0.04 :	+15.6	+22.9	0.56	
XXI	Chaldene	3.95×10^{-14}	1.9 :		0.04 :	+15.7	+22.5		
XXII	Harpalyke	6.31×10^{-14}	2.2 :		0.04 :	+15.2	+22.2		
XXIII	Kalyke	1.03×10^{-13}	2.6 :		0.04 :	+15.3	+21.8	0.94	
XXIV	Iocaste	1.03×10^{-13}	2.6 :		0.04 :	+15.3	+22.5	0.63	
XXV	Erinome	2.73×10^{-14}	1.6 :		0.04 :	+16.0	+22.8		
XXVI	Isonoe	3.95×10^{-14}	1.9 :		0.04 :	+15.9	+22.5		
XXVII	Praxidike	2.29×10^{-13}	3.4 :		0.04 :	+15.2	+22.5	0.77	
XXVIII	Autonoe	4.74×10^{-14}	2.0 :		0.04 :	+15.4	+22.0		
XXIX	Thyone	4.74×10^{-14}	2.0 :		0.04 :	+15.7	+22.3		
XXX	Hermippe	4.74×10^{-14}	2.0 :		0.04 :	+15.5	+22.1		
XXXI	Aitne	2.37×10^{-14}	1.5 :		0.04 :	+16.1	+22.7		
XXXII	Eurydome	2.37×10^{-14}	1.5 :		0.04 :	+16.1	+22.7		
XXXIII	Euanthe	2.37×10^{-14}	1.5 :		0.04 :	+16.2	+22.8		
XXXVI	Sponde	7.89×10^{-15}	1.0 :		0.04 :	+16.4	+23.0		
XXXVII	Kale	7.89×10^{-15}	1.0 :		0.04 :	+16.4	+23.0		
XXXIX	Hegemone	2.37×10^{-14}	1.5 :		0.04 :	+15.9	+22.8		
XLI	Aoede	4.74×10^{-14}	2.0 :		0.04 :	+15.8	+22.5		
XLIII	Arche	2.37×10^{-14}	1.5 :		0.04 :	+16.4	+22.8		
XLV	Helike	4.74×10^{-14}	2.0 :		0.04 :	+16.0	+22.6		
XLVI	Carpo	2.37×10^{-14}	1.5 :		0.04 :	+15.6	+23.0		
XLVII	Eukelade	4.74×10^{-14}	2.0 :		0.04 :	+15.0	+22.6		
LIII	Dia	7.89×10^{-15}	1.0 :		0.04 :	+16.1	+22.4		
Saturn									
I	Mimas	6.60×10^{-8}	207.8 × 196.7 × 190.6	S	0.6	+ 3.3	+12.8		
II	Enceladus	1.90×10^{-7}	256.6 × 251.4 × 248.3	S	1.0	+ 2.2	+11.8	0.70	0.28
III	Tethys	1.09×10^{-6}	538.4 × 528.3 × 526.3	S	0.8	+ 0.7	+10.3	0.73	0.30
IV	Dione	1.93×10^{-6}	563.4 × 561.3 × 559.6	S	0.6	+ 0.88	+10.4	0.71	0.31
V	Rhea	4.06×10^{-6}	765.0 × 763.1 × 762.4	S	0.6	+ 0.16	+ 9.7	0.78	0.38
VI	Titan	2.367×10^{-4}	2574.73	S	0.2	− 1.20	+ 8.4	1.28	0.75
VII	Hyperion	9.83×10^{-9}	180.1 × 133.0 × 102.7	C	0.25	+ 4.6	+14.4	0.78	0.33
VIII	Iapetus	3.177×10^{-6}	745.7 × 745.7 × 712.1	S	0.2[10]	+ 1.6	+11.0	0.72	0.30
IX	Phoebe	1.458×10^{-8}	109.4 × 108.5 × 101.8	0.4	0.081	+ 6.63	+16.7	0.63	0.34

[7] Motion on the ecliptic plane.

[8] Rate of increase in the longitude of the apse.

[9] Measured from the ecliptic plane.

[10] Bright side, 0.5; faint side, 0.05.

: Quantity is uncertain.

SATELLITES: ORBITAL DATA

Satellite		Orbital Period (R = Retrograde)	Max. Elong. at Mean Opposition	Semimajor Axis	Orbital Eccentricity	Inclination of Orbit to Planet's Equator	Motion of Node on Fixed Plane[2]
		d	° ′ ″	×10³ km		°	°/yr
Saturn							
X	Janus	0.695	24	151.45	0.009 8	0.165	
XI	Epimetheus	0.695	24	151.45	0.016 1	0.353	
XII	Helene	2.737	1 01	377.44	0.000	0.213	
XIII	Telesto	1.888	48	294.720	0.0002	1.180	
XIV	Calypso	1.888	48	294.721	0.0005	1.500	
XV	Atlas	0.602	22	137.774	0.001 1	0.003	
XVI	Prometheus	0.613	23	139.429	0.002 2	0.007	
XVII	Pandora	0.629	23	141.810	0.004 2	0.050	
XVIII	Pan[1]	0.575	22	133.585	0.000 0	0.000	
XIX	Ymir	1315.13 R	1 02 14	23 128	0.333 8	173.497	
XX	Paaliaq	686.95	40 55	15 204	0.332 5	46.228	
XXI	Tarvos	926.35	49 06	18 243	0.538 2	33.725	
XXII	Ijiraq	451.42	30 42	11 408	0.271 7	47.485	
XXIV	Kiviuq	449.22	30 38	11 384	0.332 5	46.764	
XXVI	Albiorix	783.46	44 07	16 393	0.479 7	34.060	
XXIX	Siarnaq	895.51	48 56	18 182	0.280 2	45.809	
Uranus							
I	Ariel	2.520 379 052	14	190.9	0.001 2	0.041	6.8
II	Umbriel	4.144 176 46	20	266.0	0.003 9	0.128	3.6
III	Titania	8.705 866 93	33	436.3	0.001 1	0.079	2.0
IV	Oberon	13.463 234 2	44	583.5	0.001 4	0.068	1.4
V	Miranda	1.413 479 408	10	129.9	0.001 3	4.338	19.8
VII	Ophelia	0.376 400 393	4	53.8	0.009 9	0.104	417.9
VIII	Bianca	0.434 578 986	4	59.2	0.000 9	0.193	298.7
IX	Cressida	0.463 569 601	5	61.8	0.000 4	0.006	256.9
X	Desdemona	0.473 649 597	5	62.7	0.000 1	0.113	244.3
XI	Juliet	0.493 065 489	5	64.4	0.000 7	0.065	222.5
XII	Portia	0.513 195 920	5	66.1	0.000 1	0.059	202.6
XIII	Rosalind	0.558 459 529	5	69.9	0.000 1	0.279	166.4
XIV	Belinda	0.623 527 470	6	75.3	0.000 1	0.031	128.8
XV	Puck	0.761 832 871	7	86.0	0.000 1	0.319	80.91
XVI	Caliban	579.73 R	9 08	7 231.100	0.181 2	141.53[9]	
XVII	Sycorax	1288.38 R	15 24	12 179.400	0.521 9	159.42[9]	
Neptune							
I	Triton[1]	5.876 854 07 R	17	354.759	0.000 0	156.865	0.523 2
II	Nereid[1]	360.13	4 22	5 513.818	0.750 7	7.090	0.039
V	Despina[1]	0.334 66	2	52.526	0.000 2	0.068	466.0
VI	Galatea[1]	0.428 74	3	61.953	0.000 1	0.034	261.3
VII	Larissa[1]	0.554 65	3	73.548	0.001 4	0.205	143.5
VIII	Proteus[1]	1.122	6	117.646	0.000 5	0.075	28.80
Pluto							
I	Charon	6.387 2	1	19.596	0.000 05	0.00	

[1] Mean orbital data given with respect to the local Laplace plane.
[2] Rate of decrease (or increase) in the longitude of the ascending node.
[3] S = Synchronous, rotation period same as orbital period. C = Chaotic.
[4] V(Sun) = −26.75
[5] $V(1, 0)$ is the visual magnitude of the satellite reduced to a distance of 1 au from both the Sun and Earth and with phase angle of zero.
[6] V_0 is the mean opposition magnitude of the satellite.

A Note on the Satellite Diagrams

The satellite orbit diagrams have been designed to assist observers in locating many of the shorter period (< 21 days) satellites of the planets. Each diagram depicts a planet and the apparent orbits of its satellites at 0 hours UT on that planet's opposition date, unless no opposition date occurs during the year. In that case, the diagram depicts the planet and orbits at 0 hours UT on January 1 or December 31 depending on which date provides the better view. The diagrams are inverted to reproduce what an observer would normally see through a telescope. Two arrows or text in the diagram indicate the apparent motion of the satellite(s); for most satellites in the solar system, the orbital motion is counterclockwise when viewed from the northern side of the orbital plane. In the case of Jupiter, Saturn, and Uranus, the diagram may have an expanded scale in one direction to better clarify the relative positions of the orbits.

Satellite		Mass Ratio (sat./planet)	Radius	Sid. Rot. Per.[3]	Geom. Alb. (V)[4]	$V(1,0)$[5]	V_0[6]	$B-V$	$U-B$
			km	d					
Saturn									
X	Janus	3.330×10^{-9}	$101.5 \times 92.5 \times 76.3$	S	0.71	$+ 4$:	$+14.4$		
XI	Epimetheus	9.254×10^{-10}	$64.9 \times 57.0 \times 53.1$	S	0.73	$+ 5.4$:	$+15.6$		
XII	Helene	2.004×10^{-11}	$21.7 \times 19.1 \times 13.0$		1.67	$+ 8.4$:	$+18.4$		
XIII	Telesto	7.118×10^{-12}	$16.3 \times 11.8 \times 10.0$		1.0	$+ 8.9$:	$+18.5$		
XIV	Calypso	4.482×10^{-12}	$15.1 \times 11.5 \times 7.0$		0.7	$+ 9.1$:	$+18.7$		
XV	Atlas	1.160×10^{-11}	$20.4 \times 17.7 \times 9.4$		0.4	$+ 8.4$:	$+19.0$		
XVI	Prometheus	2.831×10^{-10}	$67.8 \times 39.7 \times 29.7$	S	0.6	$+ 6.4$:	$+15.8$		
XVII	Pandora	2.436×10^{-10}	$52.0 \times 40.5 \times 32.0$	S	0.5	$+ 6.4$:	$+16.4$		
XVIII	Pan	8.700×10^{-12}	$17.2 \times 15.7 \times 10.4$		0.5 :		$+19.4$		
XIX	Ymir	8.700×10^{-12}	10 :		0.08 :	$+12.4$	$+21.9$	0.80	
XX	Paaliaq	1.450×10^{-11}	13 :		0.08 :	$+11.8$	$+21.2$	0.86	
XXI	Tarvos	4.746×10^{-12}	7 :		0.08 :	$+12.6$	$+23.0$	0.78	
XXII	Ijiraq	2.109×10^{-12}	6 :		0.08 :	$+13.6$	$+22.6$	1.05	
XXIV	Kiviuq	5.800×10^{-12}	8 :		0.08 :	$+12.7$	$+22.6$	0.92	
XXVI	Albiorix	3.691×10^{-11}	16 :		0.08 :		$+20.5$	0.80	
XXIX	Siarnaq	6.855×10^{-11}	21 :		0.08 :	$+10.7$	$+20.1$	0.87	
Uranus									
I	Ariel	1.49×10^{-5}	$581.1 \times 577.9 \times 577.7$	S	0.39	$+ 1.7$	$+13.2$	0.65	
II	Umbriel	1.41×10^{-5}	584.7	S	0.21	$+ 2.6$	$+14.0$	0.68	
III	Titania	3.94×10^{-5}	788.9	S	0.27	$+ 1.3$	$+13.0$	0.70	0.28
IV	Oberon	3.32×10^{-5}	761.4	S	0.23	$+ 1.5$	$+13.2$	0.68	0.20
V	Miranda	7.59×10^{-7}	$240.4 \times 234.2 \times 232.9$	S	0.32	$+ 3.8$	$+15.3$		
VII	Ophelia	6.21×10^{-10}	21.4 :		0.07 :	$+11.1$	$+22.8$		
VIII	Bianca	1.07×10^{-9}	27 :		0.065 :	$+10.3$	$+22.0$		
IX	Cressida	3.95×10^{-9}	41 :		0.069 :	$+ 9.5$	$+21.1$		
X	Desdemona	2.05×10^{-9}	35 :		0.084 :	$+ 9.8$	$+21.5$		
XI	Juliet	6.42×10^{-9}	53 :		0.075 :	$+ 8.8$	$+20.6$		
XII	Portia	1.94×10^{-8}	70 :		0.069 :	$+ 8.3$	$+19.9$		
XIII	Rosalind	2.93×10^{-9}	36 :		0.072 :	$+ 9.8$	$+21.3$		
XIV	Belinda	4.11×10^{-9}	45 :		0.067 :	$+ 9.4$	$+21.0$		
XV	Puck	3.33×10^{-8}	81 :		0.104 :	$+ 7.5$	$+19.2$		
XVI	Caliban	3.45×10^{-9}	36 :		0.04 :	$+ 9.7$	$+22.4$		
XVII	Sycorax	3.11×10^{-8}	75 :		0.04 :	$+ 8.2$	$+20.8$		
Neptune									
I	Triton	2.089×10^{-4}	1353	S	0.719	$- 1.2$	$+13.0$	0.72	0.29
II	Nereid	3.01×10^{-7}	170		0.155	$+ 4.0$	$+19.7$	0.65	
V	Despina	2.05×10^{-8}	74		0.090	$+ 7.9$	$+22.0$		
VI	Galatea	3.66×10^{-8}	79		0.079	$+ 7.6$:	$+21.9$		
VII	Larissa	4.83×10^{-8}	96		0.091	$+ 7.3$	$+21.5$		
VIII	Proteus	4.916×10^{-7}	$218 \times 208 \times 201$	S	0.096	$+ 5.6$	$+19.8$		
Pluto									
I	Charon	0.1175	606	S	0.372	$+ 0.9$	$+17.3$	0.71	

[7] Motion on the ecliptic plane.
[8] Rate of increase in the longitude of the apse.
[9] Measured from the ecliptic plane.
[10] Bright side, 0.5; faint side, 0.05.
: Quantity is uncertain.

A Note on Selection Criteria for the Satellite Data Tables

Due to the recent proliferation of known satellites associated with the gas giant planets, a set of selection criteria has been established under which satellites will be included in the data tables presented on pages F2–F5. These criteria are the following: The value of the visual magnitude of the satellite must not be greater than 23.0 and the satellite must be sanctioned by the IAU with a roman numeral and a name designation. Satellites that have yet to receive IAU approval shall be designated as "works in progress" and shall be included at a later time should such approval be granted, provided their visual magnitudes are not dimmer than 23.0. A more complete version of this table, including satellites with visual magnitude values larger than 23.0, is to be found at *The Astronomical Almanac Online* (**http://asa.usno.navy.mil** and **http://asa.hmnao.com**).

SATELLITES OF MARS, 2019

APPARENT ORBITS OF THE SATELLITES AT 0ʰ UNIVERSAL TIME ON DECEMBER 31

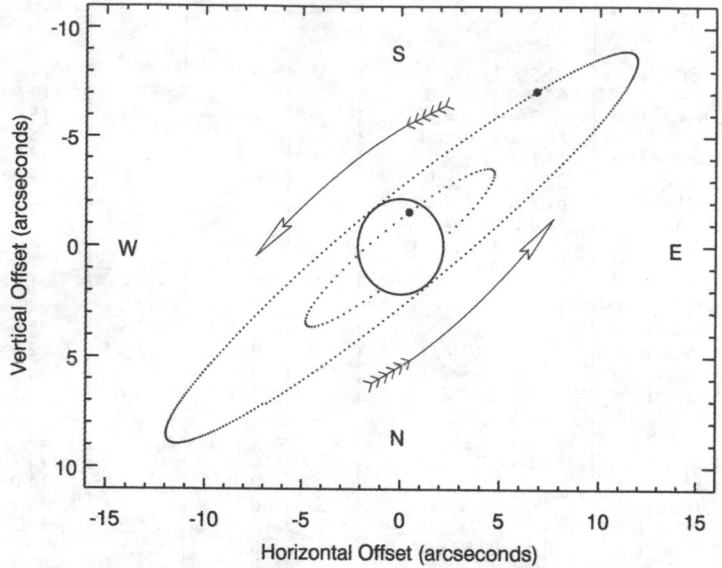

Name	Mean Sidereal Period
	d
I Phobos	0.318 910 11
II Deimos	1.262 440 8

II Deimos

UNIVERSAL TIME OF GREATEST EASTERN ELONGATION

Jan.	Feb.	Mar.	Apr.	May	June	July	Aug.	Sept.	Oct.	Nov.	Dec.
d h	d h	d h	d h	d h	d h	d h	d h	d h	d h	d h	d h
−1 03.4	1 01.2	2 03.8	1 12.6	1 21.3	1 06.0	1 14.8	2 05.9	1 14.8	1 23.8	1 08.7	1 17.6
0 09.7	2 07.6	3 10.1	2 19.0	3 03.7	2 12.4	2 21.1	3 12.3	2 21.2	3 06.2	2 15.1	2 23.9
1 16.1	3 13.9	4 16.5	4 01.3	4 10.1	3 18.8	4 03.5	4 18.7	4 03.6	4 12.5	3 21.5	4 06.3
2 22.5	4 20.3	5 22.9	5 07.7	5 16.4	5 01.1	5 09.9	6 01.1	5 10.0	5 18.9	5 03.8	5 12.7
4 04.9	6 02.7	7 05.3	6 14.1	6 22.8	6 07.5	6 16.2	7 07.4	6 16.3	7 01.3	6 10.2	6 19.0
5 11.3	7 09.1	8 11.6	7 20.4	8 05.1	7 13.8	7 22.6	8 13.8	7 22.7	8 07.7	7 16.6	8 01.4
6 17.6	8 15.4	9 18.0	9 02.8	9 11.5	8 20.2	9 05.0	9 20.2	9 05.1	9 14.0	8 22.9	9 07.8
8 00.0	9 21.8	11 00.4	10 09.1	10 17.9	10 02.6	10 11.3	11 02.5	10 11.5	10 20.4	10 05.3	10 14.1
9 06.4	11 04.2	12 06.7	11 15.5	12 00.2	11 08.9	11 17.7	12 08.9	11 17.8	12 02.8	11 11.7	11 20.5
10 12.8	12 10.6	13 13.1	12 21.9	13 06.6	12 15.3	13 00.1	13 15.3	13 00.2	13 09.1	12 18.0	13 02.9
11 19.2	13 16.9	14 19.5	14 04.2	14 13.0	13 21.7	14 06.4	14 21.6	14 06.6	14 15.5	14 00.4	14 09.2
13 01.5	14 23.3	16 01.8	15 10.6	15 19.3	15 04.0	15 12.8	16 04.0	15 12.9	15 21.9	15 06.8	15 15.6
14 07.9	16 05.7	17 08.2	16 17.0	17 01.7	16 10.4	16 19.2	17 10.4	16 19.3	17 04.3	16 13.1	16 22.0
15 14.3	17 12.1	18 14.6	17 23.3	18 08.0	17 16.8	18 01.5	18 16.8	18 01.7	18 10.6	17 19.5	18 04.3
16 20.7	18 18.4	19 20.9	19 05.7	19 14.4	18 23.1	19 07.9	19 23.1	19 08.1	19 17.0	19 01.9	19 10.7
18 03.0	20 00.8	21 03.3	20 12.1	20 20.8	20 05.5	20 14.3	21 05.5	20 14.4	20 23.4	20 08.3	20 17.1
19 09.4	21 07.2	22 09.7	21 18.4	22 03.1	21 11.8	21 20.6	22 11.9	21 20.8	22 05.7	21 14.6	21 23.4
20 15.8	22 13.5	23 16.0	23 00.8	23 09.5	22 18.2	23 03.0	23 18.2	23 03.2	23 12.1	22 21.0	23 05.8
21 22.2	23 19.9	24 22.4	24 07.1	24 15.9	24 00.6	24 09.4	25 00.6	24 09.6	24 18.5	24 03.4	24 12.1
23 04.6	25 02.3	26 04.8	25 13.5	25 22.2	25 06.9	25 15.7	26 07.0	25 15.9	26 00.9	25 09.7	25 18.5
24 10.9	26 08.7	27 11.1	26 19.9	27 04.6	26 13.3	26 22.1	27 13.4	26 22.3	27 07.2	26 16.1	27 00.9
25 17.3	27 15.0	28 17.5	28 02.2	28 10.9	27 19.7	28 04.5	28 19.7	28 04.7	28 13.6	27 22.5	28 07.2
26 23.7	28 21.4	29 23.9	29 08.6	29 17.3	29 02.0	29 10.8	30 02.1	29 11.0	29 20.0	29 04.8	29 13.6
28 06.1		31 06.2	30 15.0	30 23.7	30 08.4	30 17.2	31 08.5	30 17.4	31 02.3	30 11.2	30 20.0
29 12.4						31 23.6					32 02.3
30 18.8											

SATELLITES OF MARS, 2019

I Phobos

UNIVERSAL TIME OF EVERY THIRD GREATEST EASTERN ELONGATION

Jan.	Feb.	Mar.	Apr.	May	June	July	Aug.	Sept.	Oct.	Nov.	Dec.
d h	d h	d h	d h	d h	d h	d h	d h	d h	d h	d h	d h
−1 21.2	1 10.5	1 04.8	1 19.0	1 11.2	1 02.4	1 17.6	1 08.8	1 00.0	1 15.2	1 06.4	1 21.6
0 20.2	2 09.5	2 03.8	2 18.0	2 10.2	2 01.4	2 16.6	2 07.8	1 23.0	2 14.2	2 05.4	2 20.6
1 19.2	3 08.5	3 02.8	3 17.0	3 09.2	3 00.4	3 15.5	3 06.7	2 21.9	3 13.2	3 04.4	3 19.5
2 18.2	4 07.4	4 01.8	4 15.9	4 08.2	3 23.3	4 14.5	4 05.7	3 20.9	4 12.1	4 03.3	4 18.5
3 17.2	5 06.4	5 00.7	5 14.9	5 07.1	4 22.3	5 13.5	5 04.7	4 19.9	5 11.1	5 02.3	5 17.5
4 16.1	6 05.4	5 23.7	6 13.9	6 06.1	5 21.3	6 12.5	6 03.7	5 18.9	6 10.1	6 01.3	6 16.5
5 15.1	7 04.4	6 22.7	7 12.9	7 05.1	6 20.3	7 11.4	7 02.6	6 17.8	7 09.1	7 00.3	7 15.4
6 14.1	8 03.3	7 21.7	8 11.8	8 04.1	7 19.2	8 10.4	8 01.6	7 16.8	8 08.0	7 23.2	8 14.4
7 13.1	9 02.3	8 20.6	9 10.8	9 03.0	8 18.2	9 09.4	9 00.6	8 15.8	9 07.0	8 22.2	9 13.4
8 12.1	10 01.3	9 19.6	10 09.8	10 02.0	9 17.2	10 08.4	9 23.6	9 14.8	10 06.0	9 21.2	10 12.4
9 11.0	11 00.3	10 18.6	11 08.8	11 01.0	10 16.1	11 07.3	10 22.5	10 13.7	11 05.0	10 20.2	11 11.3
10 10.0	11 23.2	11 17.6	12 07.7	11 23.9	11 15.1	12 06.3	11 21.5	11 12.7	12 03.9	11 19.1	12 10.3
11 09.0	12 22.2	12 16.5	13 06.7	12 22.9	12 14.1	13 05.3	12 20.5	12 11.7	13 02.9	12 18.1	13 09.3
12 08.0	13 21.2	13 15.5	14 05.7	13 21.9	13 13.1	14 04.3	13 19.5	13 10.7	14 01.9	13 17.1	14 08.3
13 06.9	14 20.2	14 14.5	15 04.7	14 20.9	14 12.0	15 03.2	14 18.4	14 09.6	15 00.9	14 16.1	15 07.2
14 05.9	15 19.2	15 13.5	16 03.6	15 19.8	15 11.0	16 02.2	15 17.4	15 08.6	15 23.8	15 15.0	16 06.2
15 04.9	16 18.1	16 12.4	17 02.6	16 18.8	16 10.0	17 01.2	16 16.4	16 07.6	16 22.8	16 14.0	17 05.2
16 03.9	17 17.1	17 11.4	18 01.6	17 17.8	17 09.0	18 00.2	17 15.4	17 06.6	17 21.8	17 13.0	18 04.2
17 02.9	18 16.1	18 10.4	19 00.6	18 16.8	18 07.9	18 23.1	18 14.3	18 05.6	18 20.8	18 12.0	19 03.1
18 01.8	19 15.1	19 09.4	19 23.5	19 15.7	19 06.9	19 22.1	19 13.3	19 04.5	19 19.7	19 10.9	20 02.1
19 00.8	20 14.0	20 08.3	20 22.5	20 14.7	20 05.9	20 21.1	20 12.3	20 03.5	20 18.7	20 09.9	21 01.1
19 23.8	21 13.0	21 07.3	21 21.5	21 13.7	21 04.9	21 20.1	21 11.3	21 02.5	21 17.7	21 08.9	22 00.1
20 22.8	22 12.0	22 06.3	22 20.5	22 12.7	22 03.8	22 19.0	22 10.2	22 01.5	22 16.7	22 07.9	22 23.0
21 21.7	23 11.0	23 05.3	23 19.4	23 11.6	23 02.8	23 18.0	23 09.2	23 00.4	23 15.6	23 06.8	23 22.0
22 20.7	24 09.9	24 04.2	24 18.4	24 10.6	24 01.8	24 17.0	24 08.2	23 23.4	24 14.6	24 05.8	24 21.0
23 19.7	25 08.9	25 03.2	25 17.4	25 09.6	25 00.8	25 16.0	25 07.2	24 22.4	25 13.6	25 04.8	25 19.9
24 18.7	26 07.9	26 02.2	26 16.4	26 08.6	25 23.7	26 14.9	26 06.1	25 21.4	26 12.6	26 03.8	26 18.9
25 17.7	27 06.9	27 01.2	27 15.3	27 07.5	26 22.7	27 13.9	27 05.1	26 20.3	27 11.5	27 02.7	27 17.9
26 16.6	28 05.9	28 00.1	28 14.3	28 06.5	27 21.7	28 12.9	28 04.1	27 19.3	28 10.5	28 01.7	28 16.9
27 15.6		28 23.1	29 13.3	29 05.5	28 20.7	29 11.9	29 03.1	28 18.3	29 09.5	29 00.7	29 15.8
28 14.6		29 22.1	30 12.3	30 04.5	29 19.6	30 10.8	30 02.0	29 17.3	30 08.5	29 23.7	30 14.8
29 13.6		30 21.1		31 03.4	30 18.6	31 09.8	31 01.0	30 16.2	31 07.4	30 22.6	31 13.8
30 12.5		31 20.0									32 12.8
31 11.5											

SATELLITES OF JUPITER, 2019

APPARENT ORBITS OF SATELLITES I-IV AT 0ʰ UNIVERSAL TIME
ON THE DATE OF OPPOSITION, JUNE 10

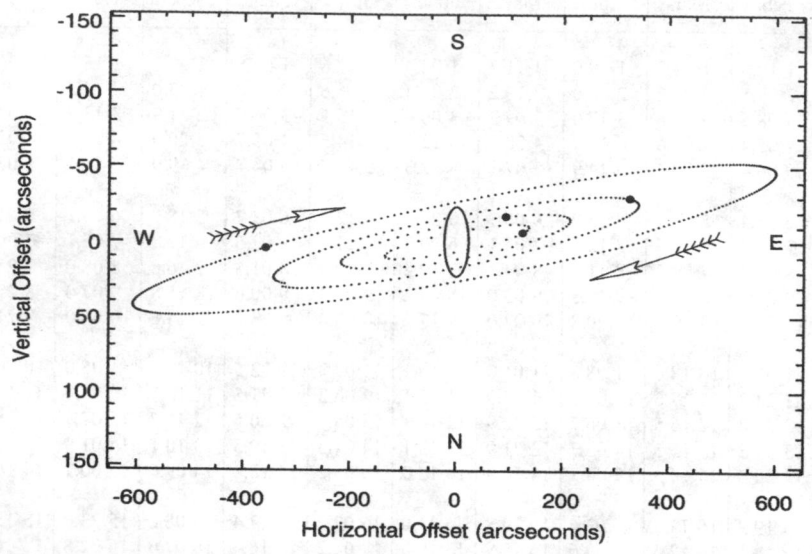

Orbits elongated in ratio of 2.8 to 1 in the North-South direction.

Name	Mean Sidereal Period		Name	Mean Sidereal Period
	d h m s	d		d
V Amalthea	0 11 57 22.673 =	0.498 179 08	XIII Leda	240.93
I Io	1 18 27 33.503 =	1.769 137 761	X Lysithea	259.20
II Europa	3 13 13 42.043 =	3.551 181 055	XII Ananke	629.80 R
III Ganymede	7 03 42 33.401 =	7.154 553 25	XI Carme	734.17 R
IV Callisto	16 16 32 11.069 =	16.689 017 0	VIII Pasiphae	743.61 R
VI Himalia		250.56	IX Sinope	758.89 R
VII Elara		259.64		

V Amalthea

UNIVERSAL TIME OF EVERY TWENTIETH GREATEST EASTERN ELONGATION

	d h		d h		d h		d h		d h
Jan.	−2 01.8	Mar.	18 19.1	June	6 11.9	Aug.	25 04.8	Nov.	12 22.3
	8 01.0		28 18.2		16 11.0	Sept.	4 04.0		22 21.5
	18 00.2	Apr.	7 17.3		26 10.0		14 03.1	Dec.	2 20.7
	27 23.4		17 16.4	July	6 09.1		24 02.3		12 19.9
Feb.	6 22.5		27 15.5		16 08.2	Oct.	4 01.5		22 19.1
	16 21.7	May	7 14.6		26 07.4		14 00.7		32 18.3
	26 20.8		17 13.7	Aug.	5 06.5		23 23.9		
Mar.	8 20.0		27 12.8		15 05.6	Nov.	2 23.1		

MULTIPLES OF THE MEAN SYNODIC PERIOD

	d	h		d	h		d	h		d	h
1	0	12.0	6	2	23.7	11	5	11.5	16	7	23.3
2	0	23.9	7	3	11.7	12	5	23.5	17	8	11.3
3	1	11.9	8	3	23.7	13	6	11.4	18	8	23.2
4	1	23.8	9	4	11.6	14	6	23.4	19	9	11.2
5	2	11.8	10	4	23.6	15	7	11.4	20	9	23.2

DIFFERENTIAL COORDINATES FOR 0ʰ UNIVERSAL TIME

Date	VI Himalia		VII Elara		Date	VI Himalia		VII Elara	
	$\Delta\alpha$	$\Delta\delta$	$\Delta\alpha$	$\Delta\delta$		$\Delta\alpha$	$\Delta\delta$	$\Delta\alpha$	$\Delta\delta$
	m s	′	m s	′		m s	′	m s	′
Jan. −3	+ 2 23	− 25.4	− 2 23	+ 17.7	July 4	− 0 26	− 17.5	+ 1 44	− 25.6
1	+ 2 26	− 24.4	− 2 28	+ 19.2	8	− 0 05	− 19.9	+ 1 24	− 23.3
5	+ 2 28	− 23.1	− 2 33	+ 20.6	12	+ 0 15	− 22.3	+ 1 05	− 20.8
9	+ 2 28	− 21.6	− 2 38	+ 21.9	16	+ 0 35	− 24.4	+ 0 45	− 18.2
13	+ 2 28	− 19.9	− 2 42	+ 23.1	20	+ 0 54	− 26.3	+ 0 25	− 15.4
17	+ 2 26	− 17.9	− 2 46	+ 24.2	24	+ 1 12	− 28.0	+ 0 06	− 12.5
21	+ 2 22	− 15.7	− 2 50	+ 25.2	28	+ 1 29	− 29.5	− 0 13	− 9.6
25	+ 2 16	− 13.2	− 2 53	+ 26.1	Aug. 1	+ 1 44	− 30.7	− 0 31	− 6.7
29	+ 2 09	− 10.6	− 2 55	+ 26.8	5	+ 1 59	− 31.6	− 0 48	− 3.8
Feb. 2	+ 2 00	− 7.8	− 2 56	+ 27.3	9	+ 2 12	− 32.3	− 1 04	− 0.9
6	+ 1 49	− 4.8	− 2 57	+ 27.7	13	+ 2 23	− 32.7	− 1 19	+ 1.9
10	+ 1 37	− 1.8	− 2 56	+ 27.9	17	+ 2 33	− 32.8	− 1 33	+ 4.5
14	+ 1 22	+ 1.3	− 2 55	+ 27.9	21	+ 2 42	− 32.6	− 1 46	+ 7.2
18	+ 1 06	+ 4.4	− 2 53	+ 27.7	25	+ 2 49	− 32.1	− 1 58	+ 9.6
22	+ 0 48	+ 7.5	− 2 49	+ 27.3	29	+ 2 55	− 31.3	− 2 09	+ 11.9
26	+ 0 28	+ 10.5	− 2 44	+ 26.6	Sept. 2	+ 2 59	− 30.3	− 2 18	+ 14.2
Mar. 2	+ 0 08	+ 13.3	− 2 37	+ 25.7	6	+ 3 01	− 29.0	− 2 27	+ 16.2
6	− 0 13	+ 16.0	− 2 29	+ 24.6	10	+ 3 02	− 27.4	− 2 35	+ 18.1
10	− 0 35	+ 18.4	− 2 19	+ 23.1	14	+ 3 01	− 25.6	− 2 41	+ 19.8
14	− 0 57	+ 20.6	− 2 07	+ 21.4	18	+ 2 58	− 23.5	− 2 47	+ 21.3
18	− 1 18	+ 22.5	− 1 53	+ 19.4	22	+ 2 54	− 21.2	− 2 52	+ 22.7
22	− 1 40	+ 24.1	− 1 37	+ 17.1	26	+ 2 48	− 18.7	− 2 56	+ 23.9
26	− 2 00	+ 25.4	− 1 20	+ 14.5	30	+ 2 41	− 16.0	− 2 59	+ 24.9
30	− 2 20	+ 26.3	− 1 00	+ 11.7	Oct. 4	+ 2 32	− 13.2	− 3 01	+ 25.7
Apr. 3	− 2 38	+ 26.9	− 0 39	+ 8.6	8	+ 2 21	− 10.3	− 3 02	+ 26.4
7	− 2 55	+ 27.2	− 0 17	+ 5.3	12	+ 2 09	− 7.3	− 3 03	+ 26.8
11	− 3 10	+ 27.2	+ 0 06	+ 1.8	16	+ 1 55	− 4.3	− 3 03	+ 27.1
15	− 3 23	+ 26.9	+ 0 30	− 1.8	20	+ 1 40	− 1.3	− 3 02	+ 27.2
19	− 3 34	26.3	+ 0 55	− 5.4	24	+ 1 24	+ 1.7	− 3 01	+ 27.1
23	− 3 43	+ 25.4	+ 1 18	− 9.0	28	+ 1 07	+ 4.5	− 2 58	+ 26.9
27	− 3 50	+ 24.2	+ 1 41	− 12.6	Nov. 1	+ 0 50	+ 7.2	− 2 55	+ 26.4
May 1	− 3 54	+ 22.9	+ 2 03	− 16.0	5	+ 0 31	+ 9.7	− 2 51	+ 25.8
5	− 3 56	+ 21.2	+ 2 23	− 19.3	9	+ 0 13	+ 11.9	− 2 46	+ 25.0
9	− 3 55	+ 19.4	+ 2 41	− 22.3	13	− 0 06	+ 13.9	− 2 40	+ 24.0
13	− 3 52	+ 17.4	+ 2 55	− 25.0	17	− 0 25	+ 15.6	− 2 34	+ 22.8
17	− 3 46	+ 15.1	+ 3 07	− 27.4	21	− 0 43	+ 16.9	− 2 26	+ 21.5
21	− 3 38	+ 12.8	+ 3 16	− 29.4	25	− 1 01	+ 18.0	− 2 18	+ 19.9
25	− 3 28	+ 10.2	+ 3 22	− 31.0	29	− 1 17	+ 18.7	− 2 08	+ 18.2
29	− 3 16	+ 7.6	+ 3 24	− 32.2	Dec. 3	− 1 33	+ 19.1	− 1 57	+ 16.3
June 2	− 3 02	+ 4.9	+ 3 23	− 33.0	7	− 1 48	+ 19.2	− 1 46	+ 14.3
6	− 2 46	+ 2.1	+ 3 19	− 33.5	11	− 2 02	+ 19.0	− 1 33	+ 12.1
10	− 2 28	− 0.8	+ 3 12	− 33.4	15	− 2 15	+ 18.6	− 1 19	+ 9.8
14	− 2 10	− 3.7	+ 3 02	− 33.0	19	− 2 26	+ 17.9	− 1 05	+ 7.4
18	− 1 50	− 6.5	+ 2 50	− 32.2	23	− 2 36	+ 16.9	− 0 49	+ 5.0
22	− 1 29	− 9.4	+ 2 36	− 31.0	27	− 2 45	+ 15.8	− 0 32	+ 2.5
26	− 1 08	− 12.2	+ 2 20	− 29.5	31	− 2 53	+ 14.4	− 0 15	0.0
30	− 0 47	− 14.9	+ 2 02	− 27.7	35	− 2 59	+ 12.9	+ 0 02	− 2.4

Differential coordinates are given in the sense "satellite minus planet."

SATELLITES OF JUPITER, 2019
DIFFERENTIAL COORDINATES FOR 0ʰ UNIVERSAL TIME

Date		VIII Pasiphae		IX Sinope		X Lysithea	
		$\Delta\alpha$	$\Delta\delta$	$\Delta\alpha$	$\Delta\delta$	$\Delta\alpha$	$\Delta\delta$
		m s	′	m s	′	m s	′
Jan.	−3	+ 2 22	− 14.8	− 6 04	− 27.5	+ 1 56	− 21.6
	7	+ 3 14	− 13.1	− 5 36	− 30.3	+ 2 23	− 19.1
	17	+ 4 04	− 10.9	− 5 05	− 32.9	+ 2 47	− 15.6
	27	+ 4 54	− 8.2	− 4 32	− 35.3	+ 3 05	− 11.3
Feb.	6	+ 5 41	− 5.1	− 3 57	− 37.4	+ 3 17	− 6.2
	16	+ 6 27	− 1.7	− 3 21	− 39.2	+ 3 21	− 0.6
	26	+ 7 11	+ 2.0	− 2 42	− 40.7	+ 3 13	+ 5.2
Mar.	8	+ 7 53	+ 5.9	− 2 03	− 41.8	+ 2 52	+ 10.9
	18	+ 8 34	+ 9.9	− 1 23	− 42.6	+ 2 16	+ 15.8
	28	+ 9 14	+ 13.9	− 0 43	− 42.9	+ 1 26	+ 19.4
Apr.	7	+ 9 52	+ 17.8	− 0 03	− 42.9	+ 0 24	+ 21.4
	17	+ 10 28	+ 21.6	+ 0 36	− 42.4	− 0 46	+ 21.2
	27	+ 11 01	+ 25.1	+ 1 14	− 41.5	− 1 55	+ 19.1
May	7	+ 11 32	+ 28.2	+ 1 51	− 40.1	− 2 58	+ 15.2
	17	+ 11 59	+ 30.8	+ 2 26	− 38.3	− 3 47	+ 10.0
	27	+ 12 21	+ 33.0	+ 2 58	− 36.0	− 4 18	+ 4.1
June	6	+ 12 38	+ 34.7	+ 3 29	− 33.2	− 4 29	− 2.2
	16	+ 12 48	+ 36.0	+ 3 57	− 30.0	− 4 21	− 8.3
	26	+ 12 51	+ 36.9	+ 4 23	− 26.5	− 3 55	− 14.0
July	6	+ 12 48	+ 37.5	+ 4 46	− 22.7	− 3 15	− 19.0
	16	+ 12 40	+ 38.1	+ 5 06	− 18.7	− 2 27	− 23.1
	26	+ 12 26	+ 38.6	+ 5 23	− 14.5	− 1 34	− 26.1
Aug.	5	+ 12 09	+ 39.2	+ 5 35	− 10.2	− 0 41	− 27.9
	15	+ 11 48	+ 39.9	+ 5 43	− 6.0	+ 0 10	− 28.5
	25	+ 11 24	+ 40.7	+ 5 45	− 1.7	+ 0 57	− 27.8
Sept.	4	+ 10 59	+ 41.7	+ 5 41	+ 2.5	+ 1 39	− 25.9
	14	+ 10 32	+ 42.8	+ 5 31	+ 6.7	+ 2 14	− 23.0
	24	+ 10 04	+ 44.0	+ 5 14	+ 10.5	+ 2 42	− 19.1
Oct.	4	+ 9 35	+ 45.4	+ 4 50	+ 14.2	+ 3 03	− 14.5
	14	+ 9 04	+ 46.8	+ 4 20	+ 17.4	+ 3 15	− 9.3
	24	+ 8 33	+ 48.2	+ 3 44	+ 20.2	+ 3 19	− 3.9
Nov.	3	+ 8 00	+ 49.7	+ 3 03	+ 22.5	+ 3 14	+ 1.7
	13	+ 7 26	+ 51.1	+ 2 18	+ 24.1	+ 2 59	+ 6.9
	23	+ 6 51	+ 52.4	+ 1 30	+ 25.2	+ 2 36	+ 11.4
Dec.	3	+ 6 16	+ 53.5	+ 0 40	+ 25.6	+ 2 04	+ 14.8
	13	+ 5 39	+ 54.5	− 0 11	+ 25.3	+ 1 24	+ 16.8
	23	+ 5 01	+ 55.3	− 1 02	+ 24.4	+ 0 39	+ 16.9
	33	+ 4 22	+ 55.9	− 1 53	+ 22.9	− 0 09	+ 15.2

Differential coordinates are given in the sense "satellite minus planet."

DIFFERENTIAL COORDINATES FOR 0ʰ UNIVERSAL TIME

Date		XI Carme $\Delta\alpha$	XI Carme $\Delta\delta$	XII Ananke $\Delta\alpha$	XII Ananke $\Delta\delta$	XIII Leda $\Delta\alpha$	XIII Leda $\Delta\delta$
		m s	′	m s	′	m s	′
Jan.	−3	+ 3 27	− 1.5	+ 1 54	+ 19.8	+ 2 10	+ 16.7
	7	+ 4 08	− 4.1	+ 2 31	+ 22.0	+ 2 37	+ 16.0
	17	+ 4 46	− 6.5	+ 3 06	+ 24.2	+ 3 00	+ 14.6
	27	+ 5 21	− 8.6	+ 3 35	+ 26.5	+ 3 19	+ 12.5
Feb.	6	+ 5 52	− 10.6	+ 4 00	+ 28.6	+ 3 32	+ 9.8
	16	+ 6 20	− 12.6	+ 4 20	+ 30.5	+ 3 40	+ 6.5
	26	+ 6 44	− 14.6	+ 4 33	+ 32.0	+ 3 40	+ 2.5
Mar.	8	+ 7 05	− 16.6	+ 4 40	+ 32.9	+ 3 31	− 2.1
	18	+ 7 22	− 18.8	+ 4 40	+ 33.0	+ 3 10	− 7.0
	28	+ 7 35	− 21.1	+ 4 34	+ 32.4	+ 2 37	− 12.0
Apr.	7	+ 7 46	− 23.7	+ 4 21	+ 30.8	+ 1 49	− 16.6
	17	+ 7 53	− 26.5	+ 4 02	+ 28.1	+ 0 48	− 20.2
	27	+ 7 57	− 29.4	+ 3 37	+ 24.6	− 0 22	− 22.1
May	7	+ 7 58	− 32.5	+ 3 08	+ 20.1	− 1 34	− 21.6
	17	+ 7 55	− 35.4	+ 2 35	+ 15.0	− 2 38	− 18.4
	27	+ 7 48	− 38.2	+ 1 59	+ 9.3	− 3 23	− 12.8
June	6	+ 7 37	− 40.7	+ 1 21	+ 3.5	− 3 42	− 5.5
	16	+ 7 22	− 42.7	+ 0 41	− 2.4	− 3 33	+ 2.3
	26	+ 7 02	− 44.1	0 00	− 7.9	− 2 59	+ 9.7
July	6	+ 6 39	− 44.8	− 0 41	− 13.0	− 2 08	+ 15.8
	16	+ 6 11	− 44.8	− 1 22	− 17.5	− 1 07	+ 20.3
	26	+ 5 41	− 44.1	− 2 01	− 21.4	− 0 05	+ 22.9
Aug.	5	+ 5 08	− 42.9	− 2 39	− 24.8	+ 0 54	+ 24.0
	15	+ 4 33	− 41.1	− 3 14	− 27.5	+ 1 46	+ 23.7
	25	+ 3 56	− 39.0	− 3 46	− 29.9	+ 2 28	+ 22.4
Sept.	4	+ 3 18	− 36.7	− 4 16	− 31.9	+ 3 00	+ 20.1
	14	+ 2 39	− 34.2	− 4 42	− 33.8	+ 3 23	+ 17.3
	24	+ 1 59	− 31.7	− 5 05	− 35.5	+ 3 37	+ 13.9
Oct.	4	+ 1 19	− 29.3	− 5 24	− 37.0	+ 3 42	+ 10.3
	14	+ 0 39	− 27.0	− 5 39	− 38.6	+ 3 40	+ 6.4
	24	− 0 02	− 25.0	− 5 51	− 40.2	+ 3 31	+ 2.5
Nov.	3	− 0 42	− 23.1	− 5 58	− 41.7	+ 3 15	− 1.5
	13	− 1 22	− 21.6	− 6 01	− 43.3	+ 2 52	− 5.3
	23	− 2 01	− 20.4	− 6 00	− 44.8	+ 2 23	− 9.0
Dec.	3	− 2 39	− 19.5	− 5 55	− 46.2	+ 1 47	− 12.2
	13	− 3 17	− 18.9	− 5 46	− 47.5	+ 1 07	− 14.7
	23	− 3 52	− 18.6	− 5 33	− 48.6	+ 0 22	− 16.2
	33	− 4 27	− 18.5	− 5 16	− 49.5	− 0 25	− 16.6

Differential coordinates are given in the sense "satellite minus planet."

SATELLITES OF JUPITER, 2019

TERRESTRIAL TIME OF SUPERIOR GEOCENTRIC CONJUNCTION

I Io

	d	h m		d	h m		d	h m		d	h m
Jan.	−1	11 20	Mar.	25	10 38	June	18	07 53	Sept.	11	05 46
	1	05 50		27	05 06		20	02 20		13	00 15
	3	00 20		28	23 34		21	20 46		14	18 44
	4	18 50		30	18 02		23	15 12		16	13 13
	6	13 20	Apr.	1	12 29		25	09 38		18	07 42
	8	07 50		3	06 57		27	04 04		20	02 12
	10	02 20		5	01 24		28	22 30		21	20 41
	11	20 50		6	19 52		30	16 56		23	15 10
	13	15 20		8	14 19	July	2	11 22		25	09 40
	15	09 50		10	08 46		4	05 49		27	04 09
	17	04 19		12	03 14		6	00 15		28	22 38
	18	22 49		13	21 41		7	18 42		30	17 08
	20	17 19		15	16 08		9	13 08	Oct.	2	11 38
	22	11 49		17	10 35		11	07 34		4	06 07
	24	06 18		19	05 02		13	02 01		6	00 37
	26	00 48		20	23 29		14	20 28		7	19 07
	27	19 17		22	17 56		16	14 54		9	13 36
	29	13 47		24	12 23		18	09 21		11	08 06
	31	08 16		26	06 49		20	03 48		13	02 36
Feb.	2	02 46		28	01 16		21	22 15		14	21 06
	3	21 15		29	19 43		23	16 42		16	15 36
	5	15 45	May	1	14 09		25	11 09		18	10 06
	7	10 14		3	08 36		27	05 36		20	04 36
	9	04 43		5	03 02		29	00 03		21	23 06
	10	23 12		6	21 29		30	18 30		23	17 36
	12	17 42		8	15 55	Aug.	1	12 58		25	12 06
	14	12 11		10	10 21		3	07 25		27	06 36
	16	06 40		12	04 48		5	01 53		29	01 06
	18	01 09		13	23 14		6	20 20		30	19 37
	19	19 38		15	17 40		8	14 48	Nov.	1	14 07
	21	14 07		17	12 06		10	09 15		3	08 37
	23	08 36		19	06 32		12	03 43		5	03 07
	25	03 05		21	00 58		13	22 11		6	21 38
	26	21 33		22	19 24		15	16 39		8	16 08
	28	16 02		24	13 50		17	11 07		10	10 38
Mar.	2	10 31		26	08 16		19	05 35		12	05 09
	4	04 59		28	02 42		21	00 03		13	23 39
	5	23 28		29	21 08		22	18 31		15	18 09
	7	17 56		31	15 34		24	13 00		17	12 40
	9	12 25	June	2	10 00		26	07 28		19	07 10
	11	06 53		4	04 26		28	01 56		21	01 41
	13	01 22		5	22 52		29	20 25		22	20 11
	14	19 50		7	17 18		31	14 53		24	14 42
	16	14 18		9	11 44	Sept.	2	09 22		26	09 12
	18	08 46		11	06 10		4	03 51		28	03 42
	20	03 14		13	00 36		5	22 19		29	22 13
	21	21 42		14	19 02		7	16 48	Dec.	1	16 43
	23	16 10		16	13 28		9	11 17		..	.. ..

".. .. .." indicates Jupiter too close to the Sun for observations between December 2 and December 31.

TERRESTRIAL TIME OF SUPERIOR GEOCENTRIC CONJUNCTION

II Europa

	d	h m		d	h m		d	h m		d	h m
Jan.	0	22 01	Mar.	27	06 30	June	20	10 41	Sept.	13	15 47
	4	11 25		30	19 45		23	23 49		17	05 05
	8	00 49	Apr.	3	09 01		27	12 57		20	18 25
	11	14 13		6	22 16	July	1	02 05		24	07 44
	15	03 37		10	11 30		4	15 14		27	21 04
	18	17 01		14	00 43		8	04 23	Oct.	1	10 25
	22	06 25		17	13 57		11	17 33		4	23 45
	25	19 47		21	03 09		15	06 42		8	13 06
	29	09 11		24	16 21		18	19 53		12	02 27
Feb.	1	22 33		28	05 32		22	09 03		15	15 49
	5	11 56	May	1	18 44		25	22 15		19	05 11
	9	01 18		5	07 54		29	11 26		22	18 33
	12	14 40		8	21 04	Aug.	2	00 39		26	07 56
	16	04 01		12	10 13		5	13 51		29	21 18
	19	17 23		15	23 23		9	03 05	Nov.	2	10 41
	23	06 43		19	12 31		12	16 19		6	00 04
	26	20 04		23	01 40		16	05 33		9	13 27
Mar.	2	09 23		26	14 48		19	18 48		13	02 51
	5	22 43		30	03 56		23	08 04		16	16 15
	9	12 02	June	2	17 03		26	21 20		20	05 38
	13	01 21		6	06 11		30	10 36		23	19 02
	16	14 39		9	19 18	Sept.	2	23 53		27	08 26
	20	03 56		13	08 26		6	13 10		30	21 50
	23	17 13		16	21 33		10	02 28	..	..	.. ..

III Ganymede

	d	h m		d	h m		d	h m		d	h m
Jan.	−6	21 40	Mar.	29	04 12	June	30	00 58	Oct.	1	01 53
	2	02 06	Apr.	5	07 58	July	7	04 19		8	06 06
	9	06 30		12	11 41		14	07 43		15	10 22
	16	10 53		19	15 19		21	11 11		22	14 40
	23	15 15		26	18 53		28	14 44		29	19 01
	30	19 33	May	3	22 24	Aug.	4	18 20	Nov.	5	23 24
Feb.	6	23 49		11	01 49		11	22 02		13	03 50
	14	04 02		18	05 11		19	01 48		20	08 17
	21	08 13		25	08 30		26	05 38		27	12 44
	28	12 20	June	1	11 48	Sept.	2	09 33	..	..	.. ..
Mar.	7	16 24		8	15 05		9	13 31			
	14	20 25		15	18 21		16	17 35			
	22	00 20		22	21 39		23	21 42			

IV Callisto

	d	h m		d	h m		d	h m		d	h m
Jan.	−5	10 41	Apr.	6	05 04	July	14	22 31	Oct.	23	08 45
	12	07 07		22	21 20		31	14 00	Nov.	9	04 54
	29	03 11	May	9	12 41	Aug.	17	06 25		26	01 25
Feb.	14	22 45		26	03 20	Sept.	2	23 47	..	..	.. ..
Mar.	3	17 41	June	11	17 33		19	18 03			
	20	11 49		28	07 48	Oct.	6	13 04			

"·· ·· ··" indicates Jupiter too close to the Sun for observations between December 2 and December 31.

SATELLITES OF JUPITER, 2019

UNIVERSAL TIME OF GEOCENTRIC PHENOMENA

JANUARY

d	h m				d	h m				d	h m				d	h m			
0	06 48	I	Sh	I	8	06 02	I	Ec	D	16	08 04	I	Tr	E	24	00 45	II	Sh	E
	07 22	I	Tr	I		08 55	I	Oc	R		08 33	III	Ec	R		02 35	II	Tr	E
	08 58	I	Sh	E	9	02 35	III	Ec	D		09 48	III	Oc	D		04 17	I	Ec	D
	09 33	I	Tr	E		03 10	I	Sh	I		11 56	III	Oc	R		07 23	I	Oc	R
	19 37	II	Ec	D		03 53	I	Tr	I		19 51	II	Sh	I	25	01 26	I	Sh	I
	23 11	II	Oc	R		04 35	III	Ec	R		21 28	II	Tr	I		02 21	I	Tr	I
1	04 08	I	Ec	D		05 21	I	Sh	E		22 11	II	Sh	E		03 37	I	Sh	E
	06 55	I	Oc	R		05 25	III	Oc	D		23 50	II	Tr	E		04 32	I	Tr	E
	22 37	III	Ec	D		06 04	I	Tr	E	17	02 23	I	Ec	D		16 40	II	Ec	D
2	00 36	III	Ec	R		07 33	III	Oc	R		05 24	I	Oc	R		20 59	II	Oc	R
	01 01	III	Oc	D		17 17	II	Sh	I		23 32	I	Sh	I		22 45	I	Ec	D
	01 16	I	Sh	I		18 42	II	Tr	I	18	00 22	I	Tr	I	26	01 52	I	Oc	R
	01 52	I	Tr	I		19 37	II	Sh	E		01 43	I	Sh	E		19 54	I	Sh	I
	03 09	III	Oc	R		21 05	II	Tr	E		02 33	I	Tr	E		20 51	I	Tr	I
	03 27	I	Sh	E	10	00 30	I	Ec	D		14 05	II	Ec	D		22 05	I	Sh	E
	04 04	I	Tr	E		03 25	I	Oc	R		18 12	II	Oc	R		23 02	I	Tr	E
	14 43	II	Sh	I		21 38	I	Sh	I		20 52	I	Ec	D	27	00 14	III	Sh	I
	15 56	II	Tr	I		22 22	I	Tr	I		23 54	I	Oc	R		02 15	III	Sh	E
	17 03	II	Sh	E		23 49	I	Sh	E	19	18 01	I	Sh	I		04 03	III	Tr	I
	18 18	II	Tr	E	11	00 34	I	Tr	E		18 52	I	Tr	I		06 11	III	Tr	E
	22 36	I	Ec	D		11 30	II	Ec	D		20 11	I	Sh	E		11 42	II	Sh	I
3	01 25	I	Oc	R		15 24	II	Oc	R		20 17	III	Sh	I		13 34	II	Tr	I
	19 45	I	Sh	I		18 58	I	Ec	D		21 03	I	Tr	E		14 02	II	Sh	E
	20 22	I	Tr	I		21 54	I	Oc	R		22 17	III	Sh	E		15 57	II	Tr	E
	21 55	I	Sh	E	12	16 07	I	Sh	I		23 44	III	Tr	I		17 13	I	Ec	D
	22 34	I	Tr	E		16 19	III	Sh	I	20	01 51	III	Tr	E		20 22	I	Oc	R
4	08 54	II	Ec	D		16 52	I	Tr	I		09 08	II	Sh	I	28	14 23	I	Sh	I
	12 35	II	Oc	R		18 17	I	Sh	E		10 50	II	Tr	I		15 21	I	Tr	I
	17 05	I	Ec	D		18 18	III	Sh	E		11 28	II	Sh	E		16 33	I	Sh	E
	19 55	I	Oc	R		19 04	I	Tr	E		13 13	II	Tr	E		17 32	I	Tr	E
5	12 22	III	Sh	I		19 22	III	Tr	I		15 20	I	Ec	D	29	05 58	II	Ec	D
	14 13	I	Sh	I		21 29	III	Tr	E		18 23	I	Oc	R		10 22	II	Oc	R
	14 20	III	Sh	E	13	06 34	II	Sh	I	21	12 29	I	Sh	I		11 41	I	Ec	D
	14 52	I	Tr	I		08 05	II	Tr	I		13 22	I	Tr	I		14 51	I	Oc	R
	14 59	III	Tr	I		08 54	II	Sh	E		14 40	I	Sh	E	30	08 51	I	Sh	I
	16 24	I	Sh	E		10 28	II	Tr	E		15 33	I	Tr	E		09 50	I	Tr	I
	17 04	I	Tr	E		13 27	I	Ec	D	22	03 23	II	Ec	D		11 02	I	Sh	E
	17 06	III	Tr	E		16 24	I	Oc	R		07 36	II	Oc	R		12 02	I	Tr	E
6	04 00	II	Sh	I	14	10 35	I	Sh	I		09 48	I	Ec	D		14 28	III	Ec	D
	05 19	II	Tr	I		11 22	I	Tr	I		12 53	I	Oc	R		16 31	III	Ec	R
	06 20	II	Sh	E		12 46	I	Sh	E	23	06 58	I	Sh	I		18 27	III	Oc	D
	07 42	II	Tr	E		13 34	I	Tr	E		07 52	I	Tr	I		20 37	III	Oc	R
	11 33	I	Ec	D	15	00 48	II	Ec	D		09 08	I	Sh	E	31	00 58	II	Sh	I
	14 25	I	Oc	R		04 48	II	Oc	R		10 03	I	Tr	E		02 56	II	Tr	I
7	08 41	I	Sh	I		07 55	I	Ec	D		10 31	III	Ec	D		03 19	II	Sh	E
	09 22	I	Tr	I		10 54	I	Oc	R		12 33	III	Ec	R		05 18	II	Tr	E
	10 52	I	Sh	E	16	05 04	I	Sh	I		14 09	III	Oc	D		06 10	I	Ec	D
	11 34	I	Tr	E		05 52	I	Tr	I		16 18	III	Oc	R		09 21	I	Oc	R
	22 12	II	Ec	D		06 32	III	Ec	D		22 25	II	Sh	I					
8	02 00	II	Oc	R		07 14	I	Sh	E	24	00 12	II	Tr	I					

I. Jan. 15	II. Jan. 15	III. Jan. 16	IV. Jan.
$x_1 = -1.6,\ y_1 = -0.3$	$x_1 = -1.9,\ y_1 = -0.5$	$x_1 = -2.4,\ y_1 = -0.8$ $x_2 = -1.3,\ y_2 = -0.8$	no eclipse

NOTE.—I denotes ingress; E, egress; D, disappearance; R, reappearance; Ec, eclipse; Oc, occultation; Tr, transit of the satellite; Sh, transit of the shadow.

CONFIGURATIONS OF SATELLITES I-IV FOR JANUARY

UNIVERSAL TIME

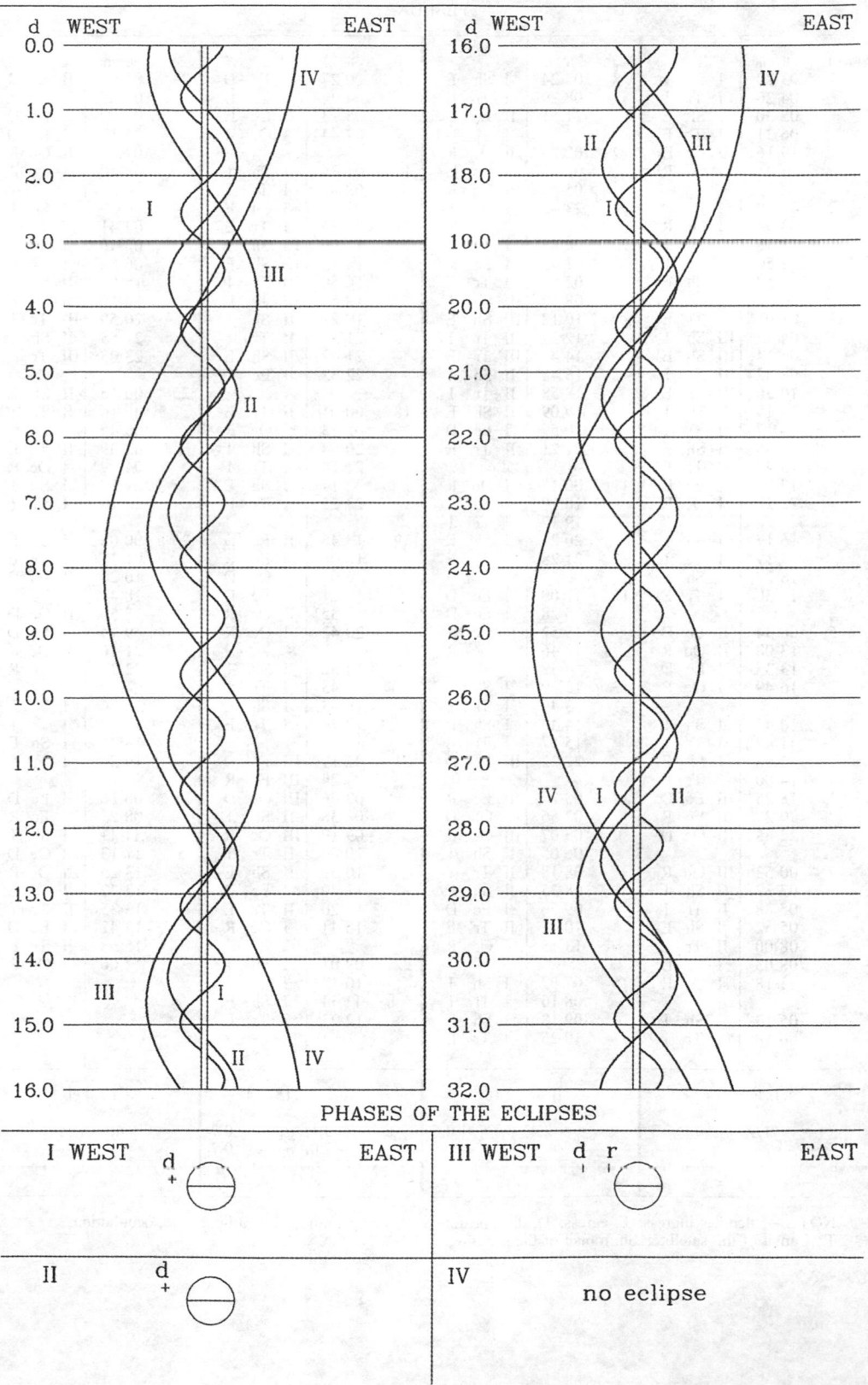

PHASES OF THE ECLIPSES

SATELLITES OF JUPITER, 2019

UNIVERSAL TIME OF GEOCENTRIC PHENOMENA

FEBRUARY

d	h m			
1	03 20	I	Sh	I
	04 20	I	Tr	I
	05 30	I	Sh	E
	06 31	I	Tr	E
	19 16	II	Ec	D
	23 45	II	Oc	R
2	00 38	I	Ec	D
	03 50	I	Oc	R
	21 48	I	Sh	I
	22 50	I	Tr	I
	23 59	I	Sh	E
3	01 01	I	Tr	E
	04 12	III	Sh	I
	06 14	III	Sh	E
	08 22	III	Tr	I
	10 30	III	Tr	E
	14 15	II	Sh	I
	16 17	II	Tr	I
	16 35	II	Sh	E
	18 40	II	Tr	E
	19 06	I	Ec	D
	22 20	I	Oc	R
4	16 17	I	Sh	I
	17 19	I	Tr	I
	18 27	I	Sh	E
	19 30	I	Tr	E
5	08 34	II	Ec	D
	13 08	II	Oc	R
	13 35	I	Ec	D
	16 49	I	Oc	R
6	10 45	I	Sh	I
	11 49	I	Tr	I
	12 56	I	Sh	E
	14 00	I	Tr	E
	18 25	III	Ec	D
	20 29	III	Ec	R
	22 43	III	Oc	D
7	00 53	III	Oc	R
	03 32	II	Sh	I
	05 38	II	Tr	I
	05 52	II	Sh	E
	08 00	II	Tr	E
	08 03	I	Ec	D
	11 18	I	Oc	R
8	05 13	I	Sh	I
	06 18	I	Tr	I

d	h m			
8	07 24	I	Sh	E
	08 29	I	Tr	E
	21 51	II	Ec	D
9	02 29	II	Oc	R
	02 31	I	Ec	D
	05 48	I	Oc	R
	23 42	I	Sh	I
10	00 48	I	Tr	I
	01 52	I	Sh	E
	02 59	I	Tr	E
	08 10	III	Sh	I
	10 12	III	Sh	E
	12 37	III	Tr	I
	14 45	III	Tr	E
	16 48	II	Sh	I
	18 58	II	Tr	I .
	19 09	II	Sh	E
	20 59	I	Ec	D
	21 21	II	Tr	E
11	00 17	I	Oc	R
	18 10	I	Sh	I
	19 17	I	Tr	I
	20 21	I	Sh	E
	21 28	I	Tr	E
12	11 09	II	Ec	D
	15 28	I	Ec	D
	15 52	II	Oc	R
	18 46	I	Oc	R
13	12 39	I	Sh	I
	13 46	I	Tr	I
	14 49	I	Sh	E
	15 57	I	Tr	E
	22 22	III	Ec	D
14	00 27	III	Ec	R
	02 56	III	Oc	D
	05 07	III	Oc	R
	06 05	II	Sh	I
	08 18	II	Tr	I
	08 25	II	Sh	E
	09 56	I	Ec	D
	10 41	II	Tr	E
	13 15	I	Oc	R
15	07 07	I	Sh	I
	08 16	I	Tr	I
	09 18	I	Sh	E
	10 26	I	Tr	E

d	h m			
16	00 27	II	Ec	D
	04 24	I	Ec	D
	05 13	II	Oc	R
	07 44	I	Oc	R
17	01 36	I	Sh	I
	02 45	I	Tr	I
	03 46	I	Sh	E
	04 56	I	Tr	E
	12 09	III	Sh	I
	14 12	III	Sh	E
	16 50	III	Tr	I
	18 59	III	Tr	E
	19 22	II	Sh	I
	21 38	II	Tr	I
	21 42	II	Sh	E
	22 52	I	Ec	D
18	00 01	I	Tr	E
	02 13	I	Oc	R
	20 04	I	Sh	I
	21 14	I	Tr	I
	22 14	I	Sh	E
	23 25	I	Tr	E
19	13 45	II	Ec	D
	16 08	II	Ec	R
	16 09	II	Oc	D
	17 21	I	Ec	D
	18 35	II	Oc	R
	20 42	I	Oc	R
20	14 32	I	Sh	I
	15 43	I	Tr	I
	16 43	I	Sh	E
	17 54	I	Tr	E
21	02 19	III	Ec	D
	04 24	III	Ec	R
	07 06	III	Oc	D
	08 38	II	Sh	I
	09 17	III	Oc	R
	10 57	II	Tr	I
	10 59	II	Sh	E
	11 49	I	Ec	D
	13 20	II	Tr	E
	15 11	I	Oc	R
22	09 01	I	Sh	I
	10 12	I	Tr	I
	11 11	I	Sh	E
	12 23	I	Tr	E

d	h m			
23	03 02	II	Ec	D
	05 25	II	Ec	R
	05 29	II	Oc	D
	06 17	I	Ec	D
	07 55	II	Oc	R
	09 40	I	Oc	R
24	03 29	I	Sh	I
	04 41	I	Tr	I
	05 40	I	Sh	E
	06 52	I	Tr	E
	16 06	III	Sh	I
	18 10	III	Sh	E
	20 59	III	Tr	I
	21 55	II	Sh	I
	23 08	III	Tr	E
25	00 15	II	Sh	E
	00 16	II	Tr	I
	00 45	I	Ec	D
	02 39	II	Tr	E
	04 09	I	Oc	R
	21 57	I	Sh	I
	23 10	I	Tr	I
26	00 08	I	Sh	E
	01 21	I	Tr	E
	16 20	II	Ec	D
	18 44	II	Ec	R
	18 50	II	Oc	D
	19 14	I	Ec	D
	21 16	II	Oc	R
	22 38	I	Oc	R
27	16 26	I	Sh	I
	17 39	I	Tr	I
	18 36	I	Sh	E
	19 50	I	Tr	E
28	06 16	III	Ec	D
	08 23	III	Ec	R
	11 11	II	Sh	I
	11 13	III	Oc	D
	13 25	III	Oc	R
	13 32	II	Sh	E
	13 35	II	Tr	I
	13 42	I	Ec	D
	15 58	II	Tr	E
	17 06	I	Oc	R

I. Feb. 14	II. Feb. 16	III. Feb. 13, 14	IV. Feb.
$x_1 = -1.9,\ y_1 = -0.3$	$x_1 = -2.4,\ y_1 = -0.5$	$x_1 = -3.1,\ y_1 = -0.7$ $x_2 = -2.0,\ y_2 = -0.7$	no eclipse

NOTE.—I denotes ingress; E, egress; D, disappearance; R, reappearance; Ec, eclipse; Oc, occultation; Tr, transit of the satellite; Sh, transit of the shadow.

CONFIGURATIONS OF SATELLITES I-IV FOR FEBRUARY

UNIVERSAL TIME

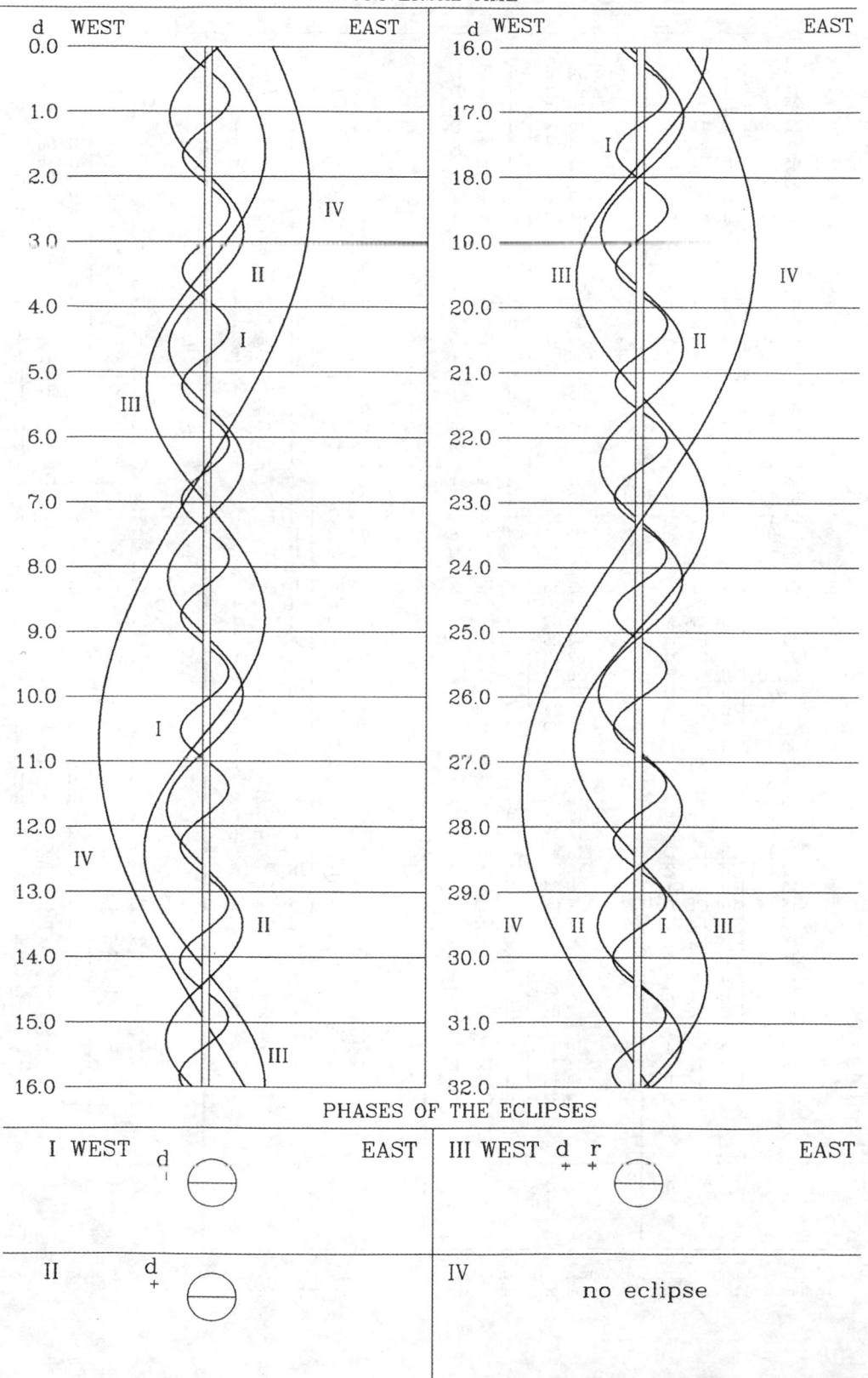

PHASES OF THE ECLIPSES

I WEST	d	EAST	III WEST	d	r	EAST

| II | d | | IV | no eclipse | | |

SATELLITES OF JUPITER, 2019

UNIVERSAL TIME OF GEOCENTRIC PHENOMENA

MARCH

d	h m				d	h m				d	h m				d	h m			
1	10 54	I	Sh	I	9	08 14	II	Ec	D	16	15 22	I	Oc	R	24	12 18	I	Tr	I
	12 08	I	Tr	I		10 03	I	Ec	D		15 51	II	Oc	R		13 14	I	Sh	E
	13 05	I	Sh	E		10 37	II	Ec	R	17	09 10	I	Sh	I		14 29	I	Tr	E
	14 19	I	Tr	E		10 48	II	Oc	D		10 25	I	Tr	I	25	07 56	III	Sh	I
2	05 38	II	Ec	D		13 14	II	Oc	R		11 20	I	Sh	E		08 06	II	Sh	I
	08 01	II	Ec	R		13 29	I	Oc	R		12 36	I	Tr	E		08 17	I	Ec	D
	08 09	II	Oc	D	10	07 16	I	Sh	I	18	03 58	III	Sh	I		10 04	III	Sh	E
	08 10	I	Ec	D		08 32	I	Tr	I		05 33	II	Sh	I		10 27	II	Sh	E
	10 35	II	Oc	R		09 27	I	Sh	E		06 05	III	Sh	E		10 32	II	Tr	I
	11 35	I	Oc	R		10 42	I	Tr	E		06 24	I	Ec	D		11 43	I	Oc	R
3	05 23	I	Sh	I	11	00 01	III	Sh	I		07 54	II	Sh	E		12 55	II	Tr	E
	06 37	I	Tr	I		02 07	III	Sh	E		08 01	II	Tr	I		12 59	III	Tr	I
	07 33	I	Sh	E		03 00	II	Sh	I		09 04	III	Tr	I		15 09	III	Tr	E
	08 48	I	Tr	E		04 31	I	Ec	D		09 51	I	Oc	R	26	05 32	I	Sh	I
	20 04	III	Sh	I		05 06	III	Tr	I		10 24	II	Tr	E		06 46	I	Tr	I
	22 08	III	Sh	E		05 21	II	Sh	E		11 14	III	Tr	E		07 42	I	Sh	E
4	00 27	II	Sh	I		05 28	II	Tr	I	19	03 38	I	Sh	I		08 57	I	Tr	E
	01 05	III	Tr	I		07 16	III	Tr	E		04 54	I	Tr	I	27	02 43	II	Ec	D
	02 38	I	Ec	D		07 51	II	Tr	E		05 49	I	Sh	E		02 45	I	Ec	D
	02 48	II	Sh	E		07 58	I	Oc	R		07 04	I	Tr	E		05 08	II	Ec	R
	02 53	II	Tr	I	12	01 45	I	Sh	I	20	00 08	II	Ec	D		05 16	II	Oc	D
	03 14	III	Tr	E		03 00	I	Tr	I		00 52	I	Ec	D		06 10	I	Oc	R
	05 16	II	Tr	E		03 55	I	Sh	E		02 32	II	Ec	R		07 42	II	Oc	R
	06 04	I	Oc	R		05 11	I	Tr	E		02 42	II	Oc	D	28	00 00	I	Sh	I
	23 51	I	Sh	I		21 32	II	Ec	D		04 19	I	Oc	R		01 14	I	Tr	I
5	01 06	I	Tr	I		22 59	I	Ec	D		05 09	II	Oc	R		02 11	I	Sh	E
	02 02	I	Sh	E		23 56	II	Ec	R		22 07	I	Sh	I		03 25	I	Tr	E
	03 16	I	Tr	E	13	00 07	II	Oc	D		23 22	I	Tr	I		21 13	I	Ec	D
	18 56	II	Ec	D		02 26	I	Oc	R	21	00 17	I	Sh	E		21 22	II	Sh	I
	21 07	I	Ec	D		02 33	II	Oc	R		01 33	I	Tr	E		22 05	III	Ec	D
	21 20	II	Ec	R		20 13	I	Sh	I		18 08	III	Ec	D		23 44	II	Sh	E
	21 29	II	Oc	D		21 29	I	Tr	I		18 49	II	Sh	I		23 46	II	Tr	I
	23 55	II	Oc	R		22 24	I	Sh	E		19 21	I	Ec	D	29	00 16	III	Ec	R
6	00 32	I	Oc	R		23 39	I	Tr	E		20 18	III	Ec	R		00 38	I	Oc	R
	18 20	I	Sh	I	14	14 11	III	Ec	D		21 11	II	Sh	E		02 10	II	Tr	E
	19 34	I	Tr	I		16 17	II	Sh	I		21 17	II	Tr	I		03 04	III	Oc	D
	20 30	I	Sh	E		16 20	III	Ec	R		22 47	I	Oc	R		05 17	III	Oc	R
	21 45	I	Tr	E		17 28	I	Ec	D		23 13	III	Oc	D		18 28	I	Sh	I
7	10 13	III	Ec	D		18 38	II	Sh	E		23 40	II	Tr	E		19 42	I	Tr	I
	12 21	III	Ec	R		18 45	II	Tr	I	22	01 25	III	Oc	R		20 39	I	Sh	E
	13 44	II	Sh	I		19 18	III	Oc	D		16 35	I	Sh	I		21 53	I	Tr	E
	15 17	III	Oc	D		20 54	I	Oc	R		17 50	I	Tr	I	30	15 42	I	Ec	D
	15 35	I	Ec	D		21 08	II	Tr	E		18 46	I	Sh	E		16 01	II	Ec	D
	16 05	II	Sh	E		21 30	III	Oc	R		20 01	I	Tr	E		18 26	II	Ec	R
	16 11	II	Tr	I	15	14 41	I	Sh	I	23	13 25	II	Ec	D		18 31	II	Oc	D
	17 29	III	Oc	R		15 57	I	Tr	I		13 49	I	Ec	D		19 06	I	Oc	R
	18 34	II	Tr	E		16 52	I	Sh	E		15 50	II	Ec	R		20 58	II	Oc	R
	19 01	I	Oc	R		18 08	I	Tr	E		15 59	II	Oc	D	31	12 57	I	Sh	I
8	12 48	I	Sh	I	16	10 49	II	Ec	D		17 15	I	Oc	R		14 10	I	Tr	I
	14 03	I	Tr	I		11 56	I	Ec	D		18 25	II	Oc	R		15 08	I	Sh	E
	14 58	I	Sh	E		13 14	II	Ec	R	24	11 03	I	Sh	I		16 21	I	Tr	E
	16 14	I	Tr	E		13 24	II	Oc	D										

I. Mar. 14	II. Mar. 16	III. Mar. 14	IV. Mar.
$x_1 = -2.0,\ y_1 = -0.3$	$x_1 = -2.6,\ y_1 = -0.5$ $x_2 = -1.0,\ y_2 = -0.5$	$x_1 = -3.4,\ y_1 = -0.7$ $x_2 = -2.2,\ y_2 = -0.7$	no eclipse

NOTE.—I denotes ingress; E, egress; D, disappearance; R, reappearance; Ec, eclipse; Oc, occultation; Tr, transit of the satellite; Sh, transit of the shadow.

CONFIGURATIONS OF SATELLITES I-IV FOR MARCH

UNIVERSAL TIME

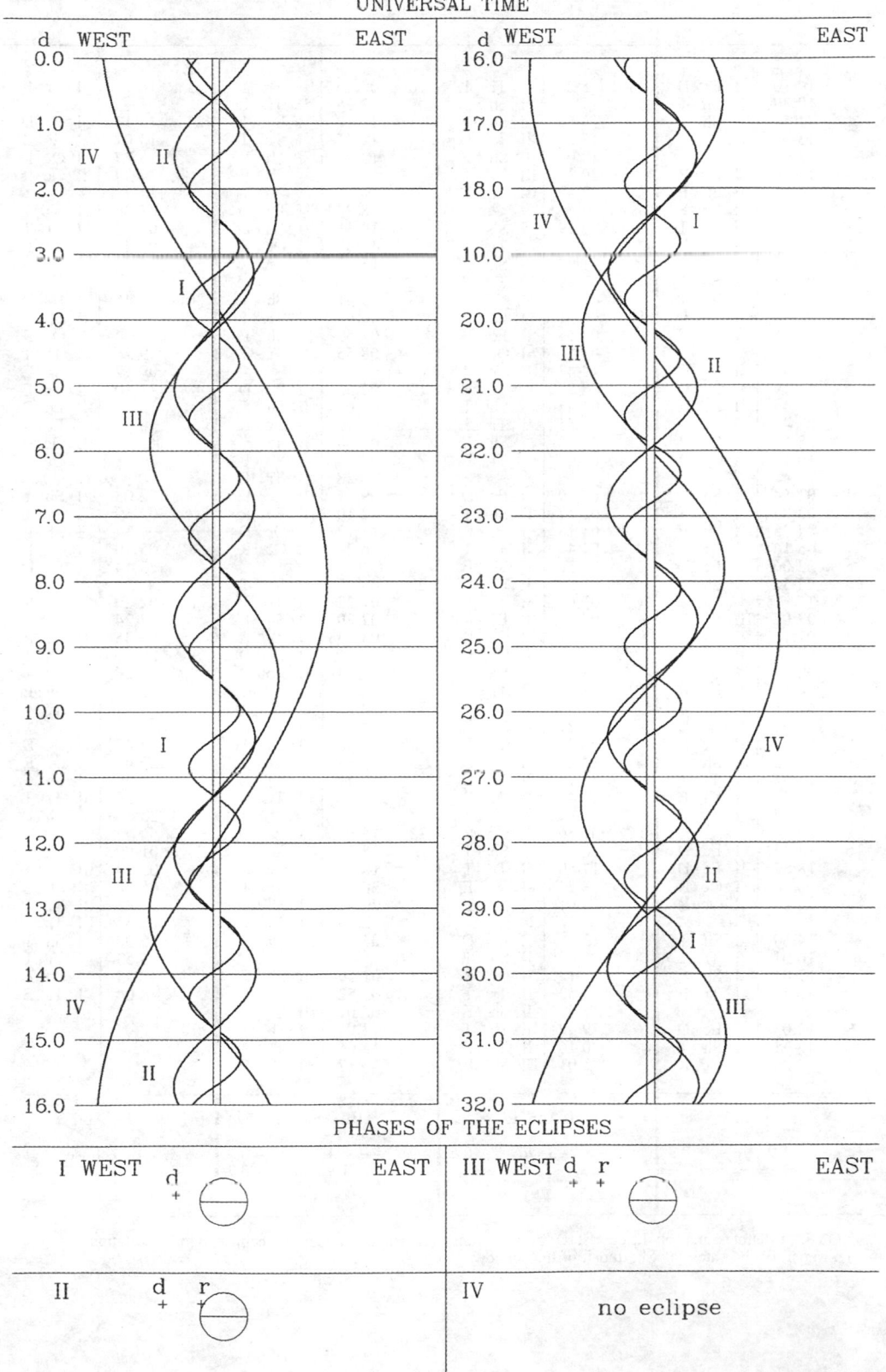

PHASES OF THE ECLIPSES

UNIVERSAL TIME OF GEOCENTRIC PHENOMENA

APRIL

d	h m			d	h m			d	h m			d	h m		
1	10 10	I	Ec D	8	15 28	II	Tr I	16	00 16	III	Tr I	23	16 17	I	Tr E
	10 38	II	Sh I		15 34	II	Sh E		02 25	III	Tr E	24	10 17	I	Ec D
	11 54	III	Sh I		15 52	III	Sh I		11 12	I	Sh I		13 07	II	Ec D
	13 01	II	Sh E		17 51	II	Tr E		12 17	I	Tr I		13 27	I	Oc R
	13 01	II	Tr I		18 02	III	Sh E		13 23	I	Sh E		17 34	II	Oc R
	13 34	I	Oc R		20 35	III	Tr I		14 28	I	Tr E	25	07 34	I	Sh I
	14 03	III	Sh E		22 45	III	Tr E	17	08 24	I	Ec D		08 32	I	Tr I
	15 24	II	Tr E	9	09 19	I	Sh I		10 31	II	Ec D		09 46	I	Sh E
	16 49	III	Tr I		10 28	I	Tr I		11 39	I	Oc R		10 44	I	Tr E
	18 59	III	Tr E		11 30	I	Sh E		15 09	II	Oc R	26	04 45	I	Ec D
2	07 25	I	Sh I		12 39	I	Tr E	18	05 41	I	Sh I		07 33	II	Sh I
	08 38	I	Tr I	10	06 31	I	Ec D		06 44	I	Tr I		07 54	I	Oc R
	09 36	I	Sh E		07 55	II	Ec D		07 52	I	Sh E		09 26	II	Tr I
	10 48	I	Tr E		09 51	I	Oc R		08 55	I	Tr E		09 57	II	Sh E
3	04 38	I	Ec D		12 42	II	Oc R	19	02 52	I	Ec D		11 50	II	Tr E
	05 19	II	Ec D	11	03 47	I	Sh I		05 00	II	Sh I		13 54	III	Ec D
	07 44	II	Ec R		04 55	I	Tr I		06 06	I	Oc R		16 09	III	Ec R
	07 47	II	Oc D		05 58	I	Sh E		07 04	II	Tr I		17 46	III	Oc D
	08 01	I	Oc R		07 06	I	Tr E		07 24	II	Sh E		19 58	III	Oc R
	10 13	II	Oc R	12	00 59	I	Ec D		09 28	II	Tr E	27	02 03	I	Sh I
4	01 54	I	Sh I		02 27	II	Sh I		09 57	III	Ec D		02 59	I	Tr I
	03 05	I	Tr I		04 18	I	Oc R		12 10	III	Ec R		04 14	I	Sh E
	04 05	I	Sh E		04 40	II	Tr I		14 12	III	Oc D		05 10	I	Tr E
	05 16	I	Tr E		04 50	II	Sh E		16 24	III	Oc R		23 14	I	Ec D
	23 06	I	Ec D		05 59	III	Ec D	20	00 09	I	Sh I	28	02 20	I	Oc R
	23 55	II	Sh I		07 04	II	Tr E		01 12	I	Tr I		02 24	II	Ec D
5	02 02	III	Ec D		08 12	III	Ec R		02 20	I	Sh E		06 45	II	Oc R
	02 14	II	Tr I		10 34	III	Oc D		03 23	I	Tr E		20 31	I	Sh I
	02 17	II	Sh E		12 46	III	Oc R		21 21	I	Ec D		21 26	I	Tr I
	02 29	I	Oc R		22 16	I	Sh I		23 48	II	Ec D		22 43	I	Sh E
	04 14	III	Ec R		23 23	I	Tr I	21	00 33	I	Oc R		23 37	I	Tr E
	04 38	II	Tr E	13	00 27	I	Sh E		04 21	II	Oc R	29	17 42	I	Ec D
	06 51	III	Oc D		01 34	I	Tr E		18 38	I	Sh I		20 47	I	Oc R
	09 03	III	Oc R		19 28	I	Ec D		19 39	I	Tr I		20 50	II	Sh I
	20 22	I	Sh I		21 13	II	Ec D		20 49	I	Sh E		22 36	II	Tr I
	21 33	I	Tr I		22 45	I	Oc R		21 50	I	Tr E		23 14	II	Sh E
	22 33	I	Sh E	14	01 56	II	Oc R	22	15 49	I	Ec D	30	01 00	II	Tr E
	23 44	I	Tr E		16 44	I	Sh I		18 17	II	Sh I		03 44	III	Sh I
6	17 35	I	Ec D		17 50	I	Tr I		19 00	I	Oc R		05 58	III	Sh E
	18 37	II	Ec D		18 55	I	Sh E		20 15	II	Tr I		07 23	III	Tr I
	20 56	I	Oc R		20 01	I	Tr E		20 40	II	Sh E		09 33	III	Tr E
	23 28	II	Oc R	15	13 56	I	Ec D		22 39	II	Tr E		15 00	I	Sh I
7	14 50	I	Sh I		15 44	II	Sh I		23 47	III	Sh I		15 53	I	Tr I
	16 01	I	Tr I		17 12	I	Oc R	23	01 59	III	Sh E		17 11	I	Sh E
	17 01	I	Sh E		17 52	II	Tr I		03 52	III	Tr I		18 04	I	Tr E
	18 11	I	Tr E		18 07	II	Sh E		06 01	III	Tr E				
8	12 03	I	Ec D		19 49	III	Sh I		13 06	I	Sh I				
	13 11	II	Sh I		20 16	II	Tr E		14 06	I	Tr I				
	15 24	I	Oc R		22 01	III	Sh E		15 17	I	Sh E				

I. Apr. 15	II. Apr. 17	III. Apr. 12	IV. Apr.
$x_1 = -1.9,\ y_1 = -0.3$	$x_1 = -2.3,\ y_1 = -0.5$	$x_1 = -3.1,\ y_1 = -0.7$ $x_2 = -1.9,\ y_2 = -0.7$	no eclipse

NOTE.—I denotes ingress; E, egress; D, disappearance; R, reappearance; Ec, eclipse; Oc, occultation; Tr, transit of the satellite; Sh, transit of the shadow.

CONFIGURATIONS OF SATELLITES I-IV FOR APRIL

UNIVERSAL TIME

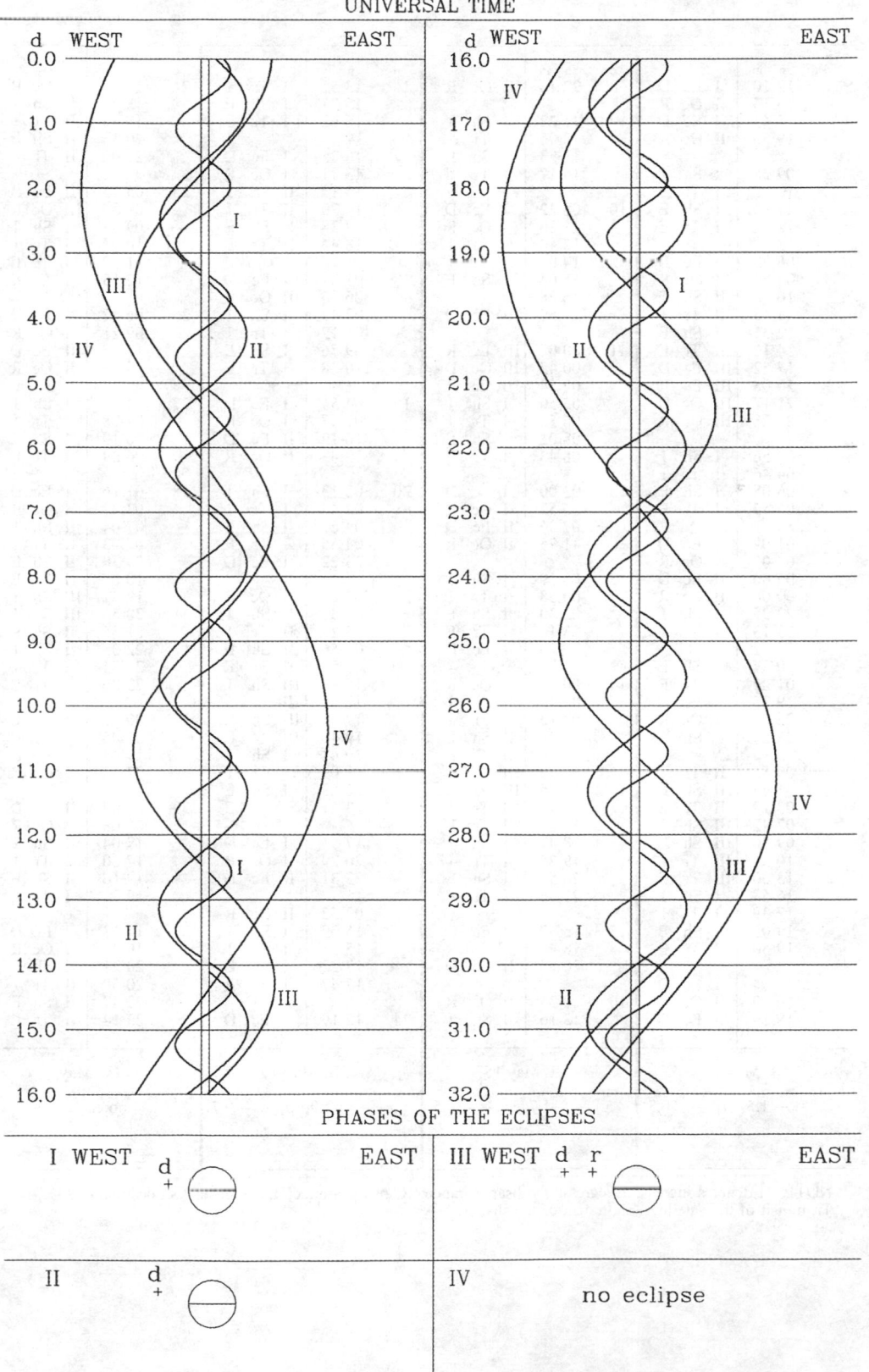

PHASES OF THE ECLIPSES

I WEST   d
+   EAST

III WEST   d   r
+   +   EAST

II   d
+

IV   no eclipse

UNIVERSAL TIME OF GEOCENTRIC PHENOMENA

MAY

d	h m				d	h m				d	h m				d	h m			
1	12 10	I	Ec	D	8	22 16	II	Oc	R	16	13 51	I	Tr	I	24	14 55	I	Oc	R
	15 14	I	Oc	R							15 27	I	Sh	E		17 47	II	Sh	I
	15 43	II	Ec	D	9	11 22	I	Sh	I		16 02	I	Tr	E		18 35	II	Tr	I
	19 56	II	Oc	R		12 06	I	Tr	I							20 13	II	Sh	E
						13 33	I	Sh	E	17	10 25	I	Ec	D		21 00	II	Tr	E
2	09 28	I	Sh	I		14 17	I	Tr	E		13 11	I	Oc	R					
	10 19	I	Tr	I							15 13	II	Sh	I	25	05 45	III	Ec	D
	11 40	I	Sh	E	10	08 32	I	Ec	D		16 20	II	Tr	I		09 35	III	Oc	R
	12 31	I	Tr	E		11 26	I	Oc	R		17 38	II	Sh	E		09 38	I	Sh	I
						12 40	II	Sh	I		18 44	II	Tr	E		10 02	I	Tr	I
3	06 39	I	Ec	D		14 04	II	Tr	I							11 50	I	Sh	E
	09 40	I	Oc	R		15 04	II	Sh	E	18	01 47	III	Ec	D		12 13	I	Tr	E
	10 06	II	Sh	I		16 28	II	Tr	E		06 16	III	Oc	R					
	11 45	II	Tr	I		21 50	III	Ec	D		07 44	I	Sh	I	26	06 47	I	Ec	D
	12 31	II	Sh	E							08 17	I	Tr	I		09 21	I	Oc	R
	14 10	II	Tr	E	11	00 07	III	Ec	R		09 56	I	Sh	E		12 48	II	Ec	D
	17 52	III	Ec	D		00 42	III	Oc	D		10 28	I	Tr	E		15 59	II	Oc	R
	20 08	III	Ec	R		02 54	III	Oc	R										
	21 17	III	Oc	D		05 50	I	Sh	I	19	04 54	I	Ec	D	27	04 07	I	Sh	I
	23 28	III	Oc	R		06 32	I	Tr	I		07 37	I	Oc	R		04 28	I	Tr	I
						08 02	I	Sh	E		10 12	II	Ec	D		06 19	I	Sh	E
4	03 56	I	Sh	I		08 43	I	Tr	E		13 43	II	Oc	R		06 39	I	Tr	E
	04 46	I	Tr	I															
	06 08	I	Sh	E	12	03 00	I	Ec	D	20	02 13	I	Sh	I	28	01 16	I	Ec	D
	06 57	I	Tr	E		05 52	I	Oc	R		02 43	I	Tr	I		03 47	I	Oc	R
						07 36	II	Ec	D		04 25	I	Sh	E		07 04	II	Sh	I
5	01 07	I	Ec	D		11 25	II	Oc	R		04 55	I	Tr	E		07 43	II	Tr	I
	04 07	I	Oc	R							23 22	I	Ec	D		09 30	II	Sh	E
	05 00	II	Ec	D	13	00 19	I	Sh	I							10 07	II	Tr	E
	09 06	II	Oc	R		00 58	I	Tr	I	21	02 03	I	Oc	R		19 37	III	Sh	I
	22 25	I	Sh	I		02 30	I	Sh	E		04 30	II	Sh	I		20 56	III	Tr	I
	23 13	I	Tr	I		03 10	I	Tr	E		05 28	II	Tr	I		21 55	III	Sh	E
						21 29	I	Ec	D		06 56	II	Sh	E		22 35	I	Sh	I
6	00 37	I	Sh	E							07 52	II	Tr	E		22 54	I	Tr	I
	01 24	I	Tr	E	14	00 18	I	Oc	R		15 38	III	Sh	I		23 06	III	Tr	E
	19 35	I	Ec	D		01 56	II	Sh	I		17 36	III	Tr	I					
	22 33	I	Oc	R		03 12	II	Tr	I		17 55	III	Sh	E	29	00 47	I	Sh	E
	23 23	II	Sh	I		04 21	II	Sh	E		19 46	III	Tr	E		01 05	I	Tr	E
						05 36	II	Tr	E		20 41	I	Sh	I		19 44	I	Ec	D
7	00 55	II	Tr	I		11 40	III	Sh	I		21 09	I	Tr	I		22 13	I	Oc	R
	01 47	II	Sh	E		13 56	III	Sh	E		22 53	I	Sh	E					
	03 19	II	Tr	E		14 15	III	Tr	I		23 21	I	Tr	E	30	02 07	II	Ec	D
	07 42	III	Sh	I		16 25	III	Tr	E							05 08	II	Oc	R
	09 56	III	Sh	E		18 47	I	Sh	I	22	17 51	I	Ec	D		17 04	I	Sh	I
	10 51	III	Tr	I		19 25	I	Tr	I		20 29	I	Oc	R		17 20	I	Tr	I
	13 00	III	Tr	E		20 59	I	Sh	E		23 31	II	Ec	D		19 16	I	Sh	E
	16 53	I	Sh	I		21 36	I	Tr	E							19 31	I	Tr	E
	17 39	I	Tr	I						23	02 52	II	Oc	R					
	19 05	I	Sh	E	15	15 57	I	Ec	D		15 09	I	Sh	I	31	14 13	I	Ec	D
	19 50	I	Tr	E		18 44	I	Oc	R		15 35	I	Tr	I		16 39	I	Oc	R
						20 55	II	Ec	D		17 22	I	Sh	E		20 21	II	Sh	I
8	14 04	I	Ec	D							17 47	I	Tr	E		20 50	II	Tr	I
	16 59	I	Oc	R	16	00 35	II	Oc	R							22 47	II	Sh	E
	18 19	II	Ec	D		13 16	I	Sh	I	24	12 19	I	Ec	D		23 14	II	Tr	E

I. May 15	II. May 15	III. May 18	IV. May
$x_1 = -1.5$, $y_1 = -0.3$	$x_1 = -1.7$, $y_1 = -0.5$	$x_1 = -1.9$, $y_1 = -0.7$	no eclipse

NOTE.—I denotes ingress; E, egress; D, disappearance; R, reappearance; Ec, eclipse; Oc, occultation; Tr, transit of the satellite; Sh, transit of the shadow.

CONFIGURATIONS OF SATELLITES I-IV FOR MAY

UNIVERSAL TIME

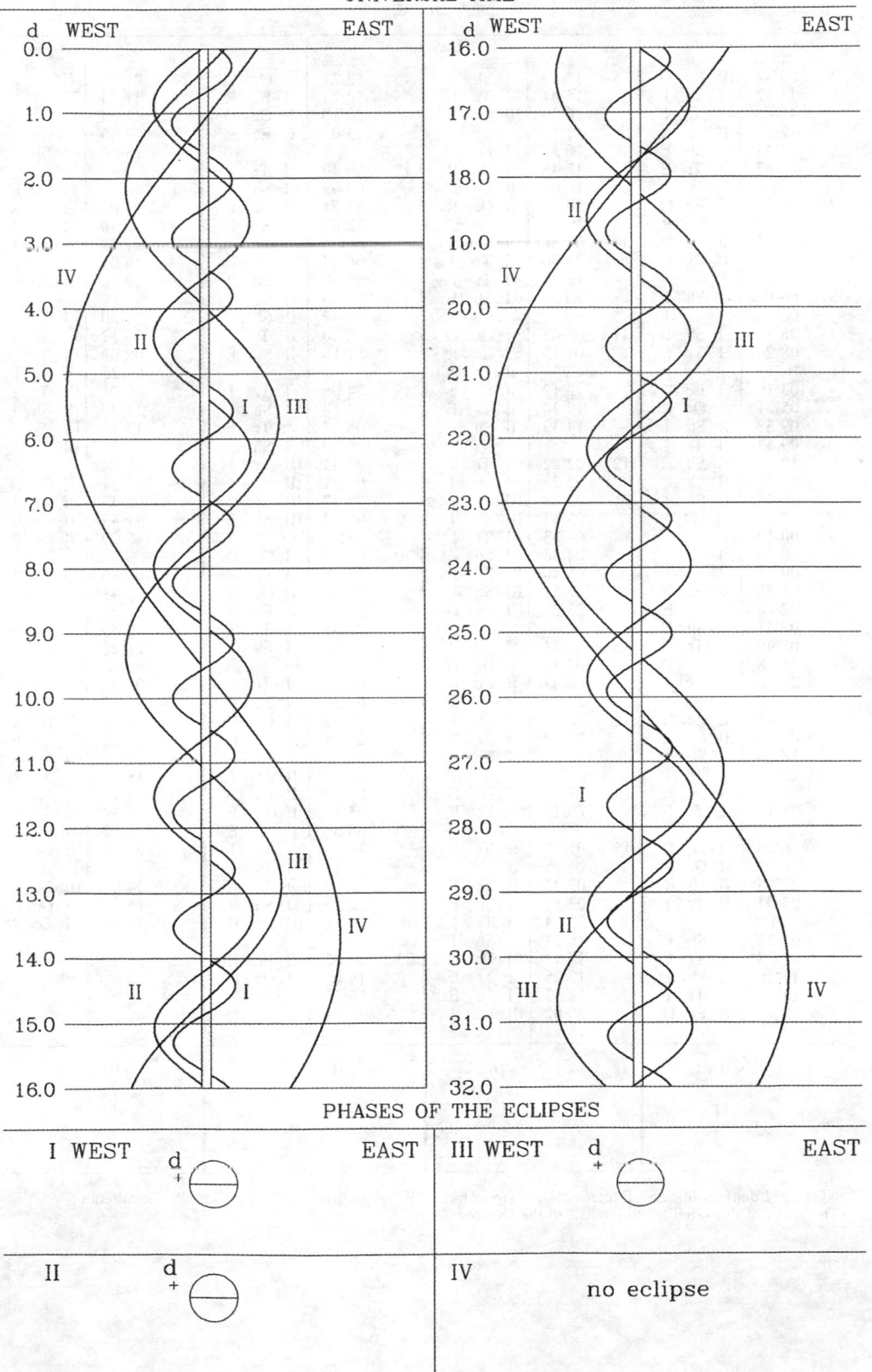

PHASES OF THE ECLIPSES

SATELLITES OF JUPITER, 2019

UNIVERSAL TIME OF GEOCENTRIC PHENOMENA

JUNE

d	h m			d	h m			d	h m			d	h m		
1	09 42	III	Ec D	8	15 39	I	Sh E	16	12 21	I	Oc D	24	01 42	II	Ec R
	11 32	I	Sh I		15 41	I	Tr E		14 41	I	Ec R		11 24	I	Tr I
	11 46	I	Tr I		16 10	III	Oc R		20 19	II	Oc D		11 44	I	Sh I
	12 53	III	Oc R	9	10 35	I	Ec D		23 05	II	Ec R		13 36	I	Tr E
	13 44	I	Sh E		12 48	I	Oc R	17	09 40	I	Tr I		13 56	I	Sh E
	13 57	I	Tr E		18 01	II	Ec D		09 49	I	Sh I	25	08 31	I	Oc D
2	08 41	I	Ec D		20 30	II	Oc R		11 51	I	Tr E		11 04	I	Ec R
	11 05	I	Oc R	10	07 55	I	Sh I		12 02	I	Sh E		16 40	II	Tr I
	15 25	II	Ec D		07 56	I	Tr I	18	06 47	I	Oc D		17 22	II	Sh I
	18 15	II	Oc R		10 07	I	Tr E		09 10	I	Ec R		19 05	II	Tr E
3	06 01	·I	Sh I		10 07	I	Sh E		14 25	II	Tr I		19 50	II	Sh E
	06 12	I	Tr I	11	05 03	I	Oc D		14 47	II	Sh I	26	05 50	I	Tr I
	08 13	I	Sh E		07 15	I	Ec R		16 50	II	Tr E		06 12	I	Sh I
	08 23	I	Tr E		12 11	II	Tr I		17 15	II	Sh E		08 02	I	Tr E
4	03 10	I	Ec D		12 12	II	Sh I	19	04 06	I	Tr I		08 25	I	Sh E
	05 31	I	Oc R		14 35	II	Tr E		04 18	I	Sh I		10 01	III	Tr I
	09 38	II	Sh I		14 39	II	Sh E		06 17	I	Tr E		11 29	III	Sh I
	09 57	II	Tr I	12	02 22	I	Tr I		06 30	I	Sh E		12 15	III	Tr E
	12 05	II	Sh E		02 23	I	Sh I		06 44	III	Tr I		13 53	III	Sh E
	12 21	II	Tr E		03 28	III	Tr I		07 31	III	Sh I	27	02 57	I	Oc D
	23 35	III	Sh I		03 33	III	Sh I		08 57	III	Tr E		05 33	I	Ec R
5	00 12	III	Tr I		04 33	I	Tr E		09 53	III	Sh E		11 43	II	Oc D
	00 29	I	Sh I		04 36	I	Sh E	20	01 13	I	Oc D		15 00	II	Ec R
	00 38	I	Tr I		05 40	III	Tr E		03 38	I	Ec R	28	00 16	I	Tr I
	01 55	III	Sh E		05 54	III	Sh E		09 27	II	Oc D		00 41	I	Sh I
	02 23	III	Tr E		23 29	I	Oc D		12 24	II	Ec R		02 28	I	Tr E
	02 41	I	Sh E	13	01 44	I	Ec R		22 32	I	Tr I		02 53	I	Sh E
	02 49	I	Tr E		07 12	II	Oc D		22 47	I	Sh I		21 23	I	Oc D
	21 38	I	Ec D		09 47	II	Ec R	21	00 43	I	Tr E	29	00 01	I	Ec R
	23 56	I	Oc R		20 48	I	Tr I		00 59	I	Sh E		05 47	II	Tr I
6	04 43	II	Ec D		20 52	I	Sh I		19 39	I	Oc D		06 39	II	Sh I
	07 23	II	Oc R		22 59	I	Tr E		22 07	I	Ec R		08 13	II	Tr E
	18 58	I	Sh I		23 04	I	Sh E	22	03 32	II	Tr I		09 08	II	Sh E
	19 04	I	Tr I	14	17 55	I	Oc D		04 04	II	Sh I		18 43	I	Tr I
	21 10	I	Sh E		20 13	I	Ec R		05 57	II	Tr E		19 10	I	Sh I
	21 15	I	Tr E	15	01 18	II	Tr I		06 32	II	Sh E		20 54	I	Tr E
7	16 06	I	Ec D		01 29	II	Sh I		16 58	I	Tr I		21 22	I	Sh E
	18 22	I	Oc R		03 43	II	Tr E		17 15	I	Sh I		23 49	III	Oc D
	22 55	II	Sh I		03 57	II	Sh E		19 09	I	Tr E	30	04 02	III	Ec R
	23 04	II	Tr I		15 14	I	Tr I		19 27	I	Sh E		15 49	I	Oc D
8	01 22	II	Sh E		15 21	I	Sh I		20 31	III	Oc D		18 30	I	Ec R
	01 28	II	Tr E		17 13	III	Oc D	23	00 02	III	Ec R				
	13 26	I	Sh I		17 25	I	Tr E		14 05	I	Oc D				
	13 30	I	Tr I		17 33	I	Sh E		16 35	I	Ec R				
	13 41	III	Ec D		20 02	III	Ec R		22 35	II	Oc D				

I. June 16	II. June 16	III. June 15	IV. June
$x_2 = + 1.1$, $y_2 = - 0.3$	$x_2 = + 1.1$, $y_2 = - 0.5$	$x_2 = + 0.9$, $y_2 = - 0.7$	no eclipse

NOTE.—I denotes ingress; E, egress; D, disappearance; R, reappearance; Ec, eclipse; Oc, occultation; Tr, transit of the satellite; Sh, transit of the shadow.

CONFIGURATIONS OF SATELLITES I-IV FOR JUNE

UNIVERSAL TIME

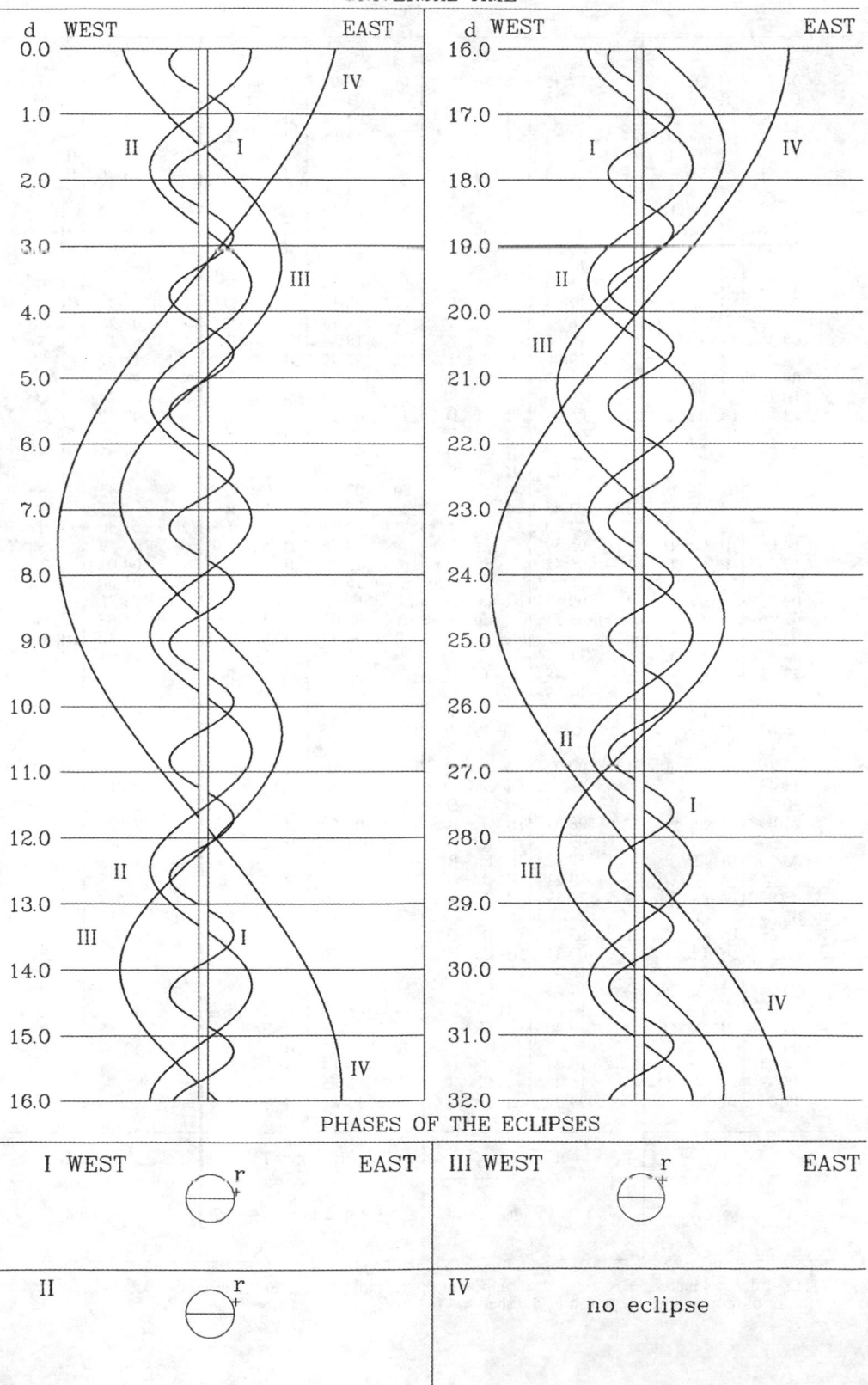

PHASES OF THE ECLIPSES

I WEST		EAST	III WEST		EAST

| II | | | IV | no eclipse |

SATELLITES OF JUPITER, 2019

UNIVERSAL TIME OF GEOCENTRIC PHENOMENA

JULY

d	h m				d	h m				d	h m				d	h m			
1	00 51	II	Oc	D	8	17 45	I	Sh	E	17	01 09	II	Sh	I	24	15 07	I	Tr	E
	04 18	II	Ec	R							01 58	II	Tr	E		16 03	I	Sh	E
	13 09	I	Tr	I	9	12 01	I	Oc	D		03 38	II	Sh	E		23 39	III	Tr	I
	13 38	I	Sh	I		14 53	I	Ec	R		11 08	I	Tr	I	25	01 58	III	Tr	E
	15 20	I	Tr	E		21 13	II	Tr	I		11 56	I	Sh	I		03 26	III	Sh	I
	15 51	I	Sh	E		22 33	II	Sh	I		13 19	I	Tr	E		05 53	III	Sh	E
2	10 15	I	Oc	D		23 39	II	Tr	E		14 08	I	Sh	E		10 02	I	Oc	D
	12 58	I	Ec	R	10	01 02	II	Sh	E		20 10	III	Tr	I		13 12	I	Ec	R
	18 56	II	Tr	I		09 21	I	Tr	I		22 27	III	Tr	E		21 00	II	Oc	D
	19 57	II	Sh	I		10 02	I	Sh	I		23 27	III	Sh	I	26	01 25	II	Ec	R
	21 21	II	Tr	E		11 32	I	Tr	E	18	01 53	III	Sh	E		07 23	I	Tr	I
	22 26	II	Sh	E		12 14	I	Sh	E		08 14	I	Oc	D		08 20	I	Sh	I
3	07 35	I	Tr	I		16 43	III	Tr	I		11 17	I	Ec	R		09 34	I	Tr	E
	08 07	I	Sh	I		19 00	III	Tr	E		18 38	II	Oc	D		10 32	I	Sh	E
	09 47	I	Tr	E		19 28	III	Sh	I		22 49	II	Ec	R	27	04 29	I	Oc	D
	10 19	I	Sh	E		21 53	III	Sh	E	19	05 35	I	Tr	I		07 40	I	Ec	R
	13 21	III	Tr	I	11	06 27	I	Oc	D		06 25	I	Sh	I		15 05	II	Tr	I
	15 29	III	Sh	I		09 22	I	Ec	R		07 46	I	Tr	E		17 03	II	Sh	I
	15 36	III	Tr	E		16 18	II	Oc	D		08 37	I	Sh	E		17 31	II	Tr	E
	17 53	III	Sh	E		20 13	II	Ec	R	20	02 41	I	Oc	D		19 32	II	Sh	E
4	04 42	I	Oc	D	12	03 48	I	Tr	I		05 45	I	Ec	R	28	01 50	I	Tr	I
	07 27	I	Ec	R		04 30	I	Sh	I		12 43	II	Tr	I		02 49	I	Sh	I
	14 00	II	Oc	D		05 59	I	Tr	E		14 26	II	Sh	I		04 01	I	Tr	E
	17 36	II	Ec	R		06 42	I	Sh	E		15 09	II	Tr	E		05 00	I	Sh	E
5	02 02	I	Tr	I	13	00 54	I	Oc	D		16 56	II	Sh	E		13 32	III	Oc	D
	02 36	I	Sh	I		03 51	I	Ec	R	21	00 01	I	Tr	I		15 53	III	Oc	R
	04 13	I	Tr	E		10 22	II	Tr	I		00 54	I	Sh	I		17 32	III	Ec	D
	04 48	I	Sh	E		11 51	II	Sh	I		02 13	I	Tr	E		20 01	III	Ec	R
	23 08	I	Oc	D		12 48	II	Tr	E		03 06	I	Sh	E		22 56	I	Oc	D
6	01 56	I	Ec	R		14 19	II	Sh	E		10 00	III	Oc	D	29	02 09	I	Ec	R
	08 04	II	Tr	I		22 14	I	Tr	I		12 20	III	Oc	R		10 11	II	Oc	D
	09 15	II	Sh	I		22 59	I	Sh	I		13 33	III	Ec	D		14 43	II	Ec	R
	10 30	II	Tr	E	14	00 26	I	Tr	E		16 01	III	Ec	R		20 17	I	Tr	I
	11 43	II	Sh	E		01 11	I	Sh	E		21 08	I	Oc	D		21 17	I	Sh	I
	20 28	I	Tr	I		06 33	III	Oc	D	22	00 14	I	Ec	R		22 28	I	Tr	E
	21 04	I	Sh	I		08 51	III	Oc	R		07 49	II	Oc	D		23 29	I	Sh	E
	22 39	I	Tr	E		09 34	III	Ec	D		12 07	II	Ec	R	30	17 23	I	Oc	D
	23 16	I	Sh	E		12 01	III	Ec	R		18 28	I	Tr	I		20 38	I	Ec	R
7	03 09	III	Oc	D		19 21	I	Oc	D		19 23	I	Sh	I	31	04 17	II	Tr	I
	05 27	III	Oc	R		22 19	I	Ec	R		20 40	I	Tr	E		06 21	II	Sh	I
	05 35	III	Ec	D	15	05 28	II	Oc	D		21 34	I	Sh	E		06 44	II	Tr	E
	08 01	III	Ec	R		09 31	II	Ec	R	23	15 35	I	Oc	D		08 51	II	Sh	E
	17 34	I	Oc	D		16 41	I	Tr	I		18 43	I	Ec	R		14 44	I	Tr	I
	20 25	I	Ec	R		17 28	I	Sh	I	24	01 54	II	Tr	I		15 46	I	Sh	I
8	03 09	II	Oc	D		18 52	I	Tr	E		03 45	II	Sh	I		16 55	I	Tr	E
	06 54	II	Ec	R		19 40	I	Sh	E		04 20	II	Tr	E		17 58	I	Sh	E
	14 54	I	Tr	I	16	13 47	I	Oc	D		06 14	II	Sh	E					
	15 33	I	Sh	I		16 48	I	Ec	R		12 55	I	Tr	I					
	17 06	I	Tr	E		23 32	II	Tr	I		13 51	I	Sh	I					

I. July 16	II. July 15	III. July 14	IV. July
$x_2 = + 1.7,\ y_2 = - 0.3$	$x_2 = + 1.9,\ y_2 = - 0.5$	$x_1 = + 1.0,\ y_1 = - 0.7$ $x_2 = + 2.4,\ y_2 = - 0.7$	no eclipse

NOTE.—I denotes ingress; E, egress; D, disappearance; R, reappearance; Ec, eclipse; Oc, occultation; Tr, transit of the satellite; Sh, transit of the shadow.

CONFIGURATIONS OF SATELLITES I-IV FOR JULY

UNIVERSAL TIME

PHASES OF THE ECLIPSES

I WEST		EAST	III WEST		d	r	EAST
		r +					

| II | | | IV | | | | |
| | | r + | | no eclipse | | | |

SATELLITES OF JUPITER, 2019

UNIVERSAL TIME OF GEOCENTRIC PHENOMENA

AUGUST

d	h m				d	h m				d	h m				d	h m			
1	03 13	III	Tr	I	9	01 50	II	Oc	D	17	09 59	I	Oc	D	25	03 26	II	Tr	E
	05 33	III	Tr	E		06 37	II	Ec	R		13 26	I	Ec	R		03 30	II	Sh	I
	07 25	III	Sh	I		11 02	I	Tr	I		22 26	II	Tr	I		06 01	II	Sh	E
	09 53	III	Sh	E		12 10	I	Sh	I							09 14	I	Tr	I
	11 50	I	Oc	D		13 13	I	Tr	E	18	00 53	II	Sh	I		10 28	I	Sh	I
	15 07	I	Ec	R		14 21	I	Sh	E		00 54	II	Tr	E		11 25	I	Tr	E
	23 24	II	Oc	D							03 23	II	Sh	E		12 40	I	Sh	E
					10	08 08	I	Oc	D		07 21	I	Tr	I					
2	04 01	II	Ec	R		11 31	I	Ec	R		08 33	I	Sh	I	26	04 23	III	Oc	D
	09 12	I	Tr	I		19 57	II	Tr	I		09 32	I	Tr	E		06 20	I	Oc	D
	10 15	I	Sh	I		22 16	II	Sh	I		10 45	I	Sh	E		06 51	III	Oc	R
	11 23	I	Tr	E		22 24	II	Tr	E							09 30	III	Ec	D
	12 26	I	Sh	E						19	00 34	III	Oc	D		09 50	I	Ec	R
					11	00 46	II	Sh	E		03 00	III	Oc	R		12 04	III	Ec	R
3	06 18	I	Oc	D		05 29	I	Tr	I		04 28	I	Oc	D		20 04	II	Oc	D
	09 36	I	Ec	R		06 38	I	Sh	I		05 31	III	Ec	D		22 33	II	Oc	R
	17 30	II	Tr	I		07 41	I	Tr	E		07 55	I	Ec	R		22 35	II	Ec	D
	19 39	II	Sh	I		08 50	I	Sh	E		08 04	III	Ec	R					
	19 56	II	Tr	E		20 49	III	Oc	D		17 33	II	Oc	D	27	01 07	II	Ec	R
	22 09	II	Sh	E		23 14	III	Oc	R		22 31	II	Ec	R		03 42	I	Tr	I
																04 57	I	Sh	I
4	03 39	I	Tr	I	12	01 31	III	Ec	D	20	01 49	I	Tr	I		05 53	I	Tr	E
	04 44	I	Sh	I		02 36	I	Oc	D		03 02	I	Sh	I		07 09	I	Sh	E
	05 50	I	Tr	E		04 03	III	Ec	R		04 00	I	Tr	E					
	06 55	I	Sh	E		06 00	I	Ec	R		05 14	I	Sh	E	28	00 49	I	Oc	D
	17 08	III	Oc	D		15 03	II	Oc	D		22 56	I	Oc	D		04 19	I	Ec	R
	19 31	III	Oc	R		19 55	II	Ec	R							14 15	II	Tr	I
	21 31	III	Ec	D		23 57	I	Tr	I	21	02 24	I	Ec	R		16 43	II	Tr	E
										11 42	II	Tr	I		16 49	II	Sh	I
5	00 02	III	Ec	R	13	01 07	I	Sh	I		14 10	II	Tr	E		19 20	II	Sh	E
	00 45	I	Oc	D		02 08	I	Tr	E		14 11	II	Sh	I		22 10	I	Tr	I
	04 04	I	Ec	R		03 19	I	Sh	E		16 42	II	Sh	E		23 26	I	Sh	I
	12 36	II	Oc	D		21 04	I	Oc	D		20 17	I	Tr	I					
	17 19	II	Ec	R							21 31	I	Sh	I	29	00 21	I	Tr	E
	22 07	I	Tr	I	14	00 28	I	Ec	R		22 28	I	Tr	E		01 37	I	Sh	E
	23 12	I	Sh	I		09 11	II	Tr	I		23 42	I	Sh	E		18 13	III	Tr	I
						11 34	II	Sh	I							19 17	I	Oc	D
6	00 18	I	Tr	E		11 39	II	Tr	E	22	14 21	III	Tr	I		20 39	III	Tr	E
	01 24	I	Sh	E		14 05	II	Sh	E		16 46	III	Tr	E		22 48	I	Ec	R
	19 13	I	Oc	D		18 25	I	Tr	I		17 24	I	Oc	D		23 22	III	Sh	I
	22 33	I	Ec	R		19 36	I	Sh	I		19 23	III	Sh	I					
						20 36	I	Tr	E		20 53	I	Ec	R	30	01 54	III	Sh	E
7	06 43	II	Tr	I		21 47	I	Sh	E		21 54	III	Sh	E		09 20	II	Oc	D
	08 58	II	Sh	I												11 50	II	Oc	R
	09 10	II	Tr	E	15	10 33	III	Tr	I	23	06 48	II	Oc	D		11 53	II	Ec	D
	11 28	II	Sh	E		12 57	III	Tr	E		09 17	II	Oc	R		14 25	II	Ec	R
	16 34	I	Tr	I		15 23	III	Sh	I		09 17	II	Ec	D		16 39	I	Tr	I
	17 41	I	Sh	I		15 32	I	Oc	D		11 49	II	Ec	R		17 55	I	Sh	I
	18 45	I	Tr	E		17 53	III	Sh	E		14 45	I	Tr	I		18 50	I	Tr	E
	19 53	I	Sh	E		18 57	I	Ec	R		16 00	I	Sh	I		20 06	I	Sh	E
										16 56	I	Tr	E					
8	06 51	III	Tr	I	16	04 18	II	Oc	D		18 11	I	Sh	E	31	13 46	I	Oc	D
	09 13	III	Tr	E		09 13	II	Ec	R							17 17	I	Ec	R
	11 24	III	Sh	I		12 53	I	Tr	I	24	11 52	I	Oc	D					
	13 40	I	Oc	D		14 05	I	Sh	I		15 21	I	Ec	R					
	13 53	III	Sh	E		15 04	I	Tr	E										
	17 02	I	Ec	R		16 16	I	Sh	E	25	00 58	II	Tr	I					

I. Aug. 15	II. Aug. 16	III. Aug. 12	IV. Aug.
		$x_1 = +1.9, \; y_1 = -0.7$	
$x_2 = +2.0, \; y_2 = -0.3$	$x_2 = +2.5, \; y_2 = -0.5$	$x_2 = +3.3, \; y_2 = -0.7$	no eclipse

NOTE.—I denotes ingress; E, egress; D, disappearance; R, reappearance; Ec, eclipse; Oc, occultation; Tr, transit of the satellite; Sh, transit of the shadow.

CONFIGURATIONS OF SATELLITES I-IV FOR AUGUST

UNIVERSAL TIME

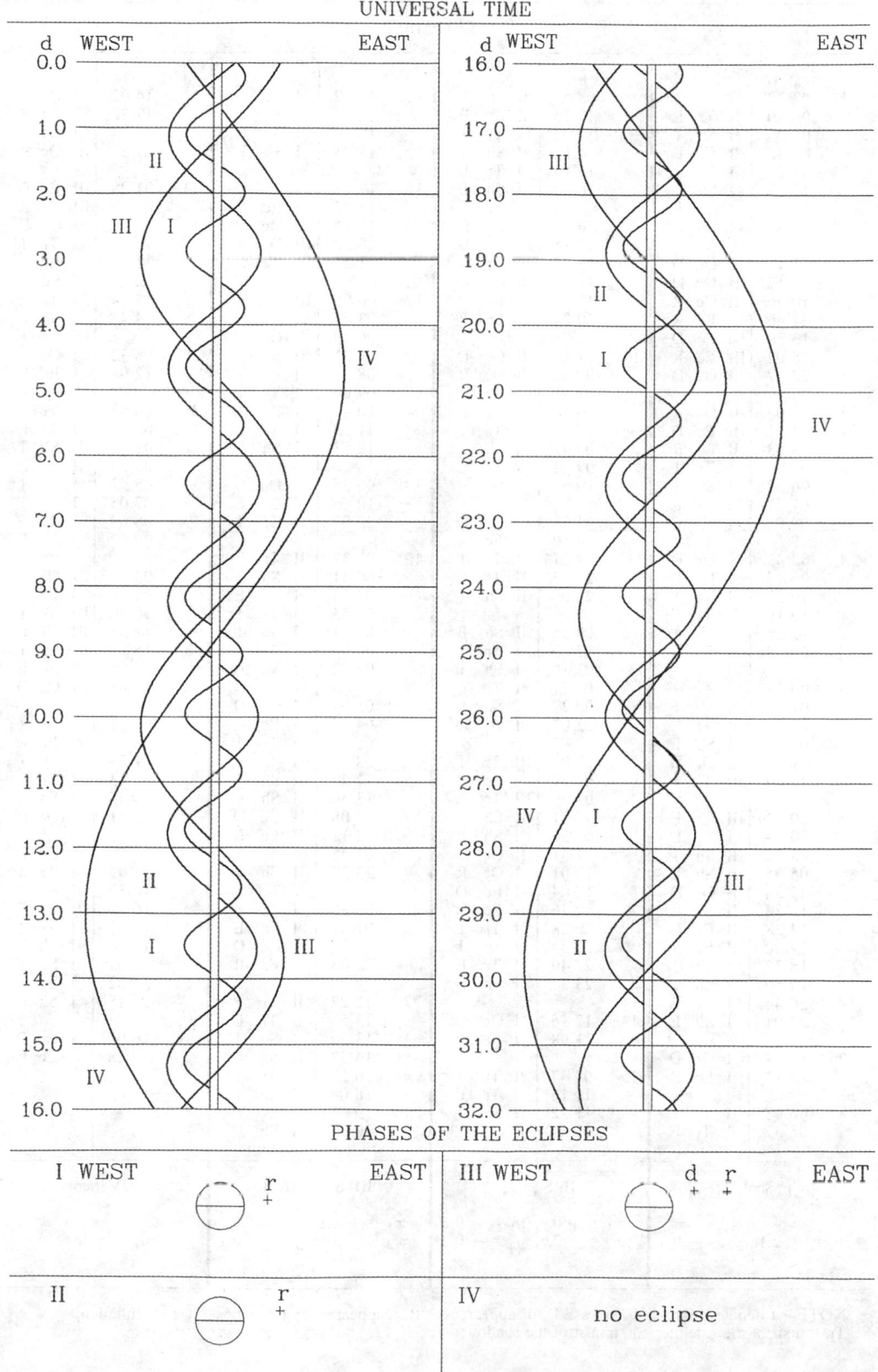

PHASES OF THE ECLIPSES

I WEST		EAST	III WEST		EAST
	r +			d + r +	
II	r +		IV	no eclipse	

SATELLITES OF JUPITER, 2019

UNIVERSAL TIME OF GEOCENTRIC PHENOMENA

SEPTEMBER

d	h m			d	h m			d	h m			d	h m		
1	03 32	II	Tr I	8	08 44	II	Sh I	15	14 57	I	Tr I	23	14 02	I	Oc D
	06 00	II	Tr E		11 16	II	Sh E		16 13	I	Sh I		17 32	I	Ec R
	06 07	II	Sh I		13 02	I	Tr I		17 09	I	Tr E		20 23	III	Oc D
	08 38	II	Sh E		14 18	I	Sh I		18 25	I	Sh E		22 57	III	Oc R
	11 07	I	Tr I		15 13	I	Tr E	16	12 05	I	Oc D	24	01 28	III	Ec D
	12 23	I	Sh I		16 30	I	Sh E		15 37	I	Ec R		04 06	III	Ec R
	13 18	I	Tr E	9	10 09	I	Oc D		16 17	III	Oc D		06 28	II	Oc D
	14 35	I	Sh E		12 15	III	Oc D		18 50	III	Oc R		11 23	I	Tr I
2	08 14	I	Oc D		13 41	I	Ec R		21 28	III	Ec D		11 29	II	Ec R
	08 17	III	Oc D		14 46	III	Oc R	17	00 06	III	Ec R		12 37	I	Sh I
	10 46	III	Oc R		17 28	III	Ec D		03 49	II	Oc D		13 34	I	Tr E
	11 46	I	Ec R		20 04	III	Ec R		06 19	II	Oc R		14 48	I	Sh E
	13 29	III	Ec D	10	01 12	II	Oc D		06 21	II	Ec D	25	08 32	I	Oc D
	16 04	III	Ec R		03 42	II	Oc R		08 54	II	Ec R		12 01	I	Ec R
	22 37	II	Oc D		03 46	II	Ec D		09 26	I	Tr I	26	00 48	II	Tr I
3	01 07	II	Oc R		06 18	II	Ec R		10 42	I	Sh I		03 19	II	Tr E
	01 11	II	Ec D		07 31	I	Tr I		11 38	I	Tr E		03 19	II	Sh I
	03 43	II	Ec R		08 47	I	Sh I		12 53	I	Sh E		05 52	II	Sh E
	05 36	I	Tr I		09 42	I	Tr E	18	06 35	I	Oc D		05 52	I	Tr I
	06 52	I	Sh I		10 58	I	Sh E		10 06	I	Ec R		07 05	I	Sh I
	07 47	I	Tr E	11	04 38	I	Oc D		22 07	II	Tr I		08 04	I	Tr E
	09 03	I	Sh E		08 10	I	Ec R	19	00 37	II	Tr E		09 17	I	Sh E
4	02 43	I	Oc D		19 27	II	Tr I		00 41	II	Sh I	27	03 01	I	Oc D
	06 15	I	Ec R		21 57	II	Tr E		03 14	II	Sh E		06 30	I	Ec R
	16 50	II	Tr I		22 03	II	Sh I		03 55	I	Tr I		10 20	III	Tr I
	19 19	II	Tr E	12	00 35	II	Sh E		05 11	I	Sh I		12 53	III	Tr E
	19 26	II	Sh I		02 00	I	Tr I		06 07	I	Tr E		15 19	III	Sh I
	21 58	II	Sh E		03 16	I	Sh I		07 22	I	Sh E		17 56	III	Sh E
5	00 04	I	Tr I		04 11	I	Tr E	20	01 04	I	Oc D		19 48	II	Oc D
	01 21	I	Sh I		05 27	I	Sh E		04 35	I	Ec R	28	00 21	I	Tr I
	02 16	I	Tr E		23 07	I	Oc D		06 13	III	Tr I		00 47	II	Ec R
	03 32	I	Sh E	13	02 09	III	Tr I		08 44	III	Tr E		01 34	I	Sh I
	21 12	I	Oc D		02 39	I	Ec R		11 20	III	Sh I		02 33	I	Tr E
	22 09	III	Tr I		04 39	III	Tr E		13 56	III	Sh E		03 46	I	Sh E
6	00 37	III	Tr E		07 21	III	Sh I		17 08	II	Oc D		21 31	I	Oc D
	00 44	I	Ec R		09 56	III	Sh E		22 12	II	Ec R	29	00 59	I	Ec R
	03 22	III	Sh I		14 31	II	Oc D		22 25	I	Tr I		14 09	II	Tr I
	05 55	III	Sh E		17 01	II	Oc R		23 39	I	Sh I		16 37	II	Sh I
	11 54	II	Oc D		17 04	II	Ec D	21	00 36	I	Tr E		16 40	II	Tr E
	14 24	II	Oc R		19 36	II	Ec R		01 51	I	Sh E		18 51	I	Tr I
	14 28	II	Ec D		20 28	I	Tr I		19 33	I	Oc D		19 10	II	Sh E
	17 00	II	Ec R		21 44	I	Sh I		23 03	I	Ec R		20 03	I	Sh I
	18 33	I	Tr I		22 40	I	Tr E	22	11 27	II	Tr I		21 02	I	Tr E
	19 50	I	Sh I		23 56	I	Sh E		13 57	II	Tr E		22 15	I	Sh E
	20 44	I	Tr E	14	17 36	I	Oc D		13 59	II	Sh I	30	16 00	I	Oc D
	22 01	I	Sh E		21 08	I	Ec R		16 32	II	Sh E		19 28	I	Ec R
7	15 41	I	Oc D	15	08 47	II	Tr I		16 54	I	Tr I				
	19 12	I	Ec R		11 16	II	Tr E		18 08	I	Sh I				
8	06 08	II	Tr I		11 22	II	Sh I		19 05	I	Tr E				
	08 37	II	Tr E		13 54	II	Sh E		20 20	I	Sh E				

I. Sept. 16	II. Sept. 13	III. Sept. 16, 17	IV. Sept.
$x_2 = + 2.1,\ y_2 = - 0.3$	$x_1 = + 0.9,\ y_1 = - 0.5$ $x_2 = + 2.6,\ y_2 = - 0.4$	$x_1 = + 2.1,\ y_1 = - 0.7$ $x_2 = + 3.5,\ y_2 = - 0.7$	no eclipse

NOTE.—I denotes ingress; E, egress; D, disappearance; R, reappearance; Ec, eclipse; Oc, occultation; Tr, transit of the satellite; Sh, transit of the shadow.

CONFIGURATIONS OF SATELLITES I-IV FOR SEPTEMBER

UNIVERSAL TIME

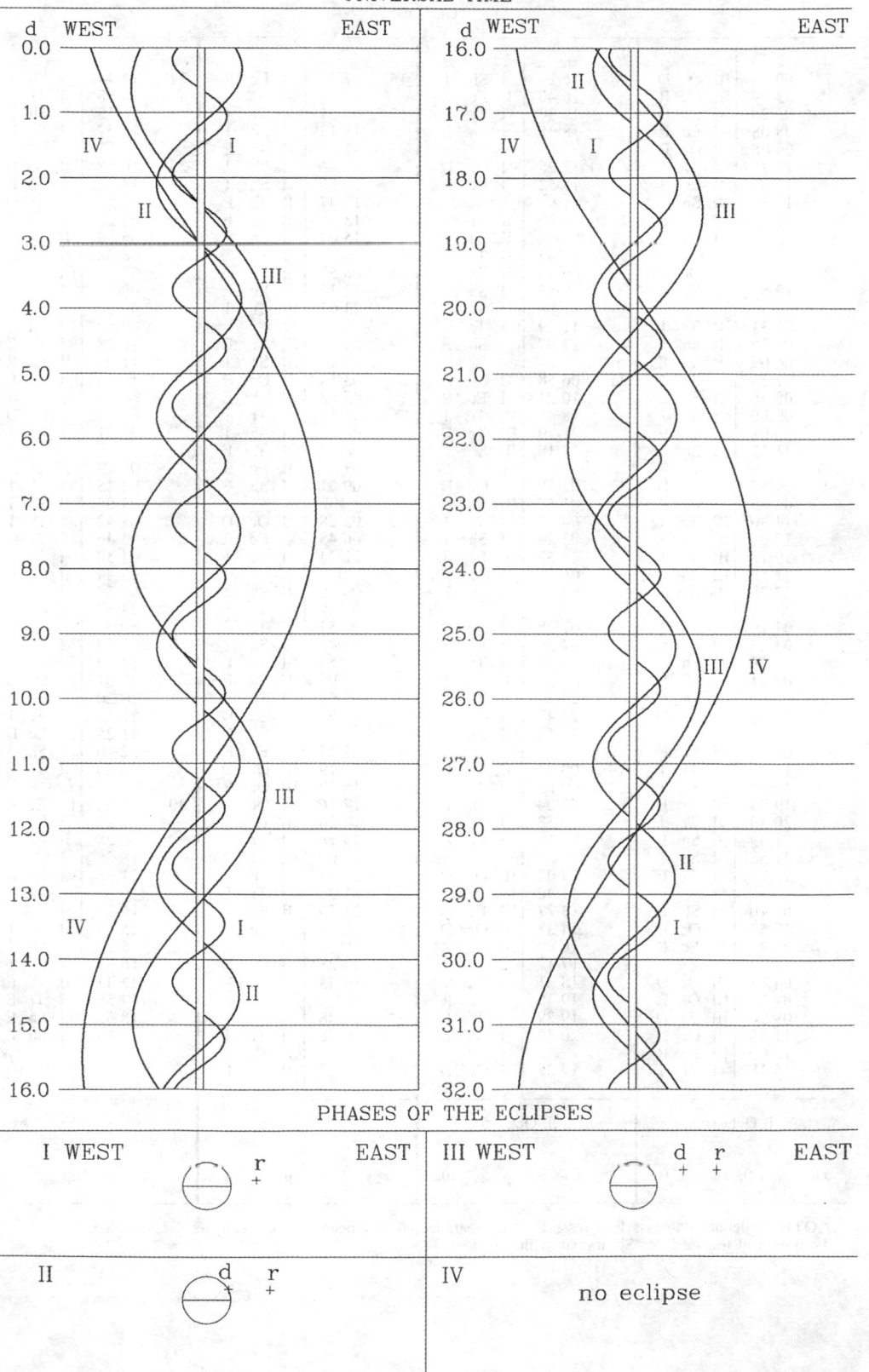

PHASES OF THE ECLIPSES

SATELLITES OF JUPITER, 2019

UNIVERSAL TIME OF GEOCENTRIC PHENOMENA

OCTOBER

d	h m				d	h m				d	h m				d	h m			
1	00 34	III	Oc	D	8	16 26	I	Sh	I	16	17 48	I	Ec	R	24	14 44	I	Sh	I
	03 09	III	Oc	R		16 40	II	Ec	R							15 58	I	Tr	E
	05 28	III	Ec	D		17 30	I	Tr	E	17	09 01	II	Tr	I		16 25	II	Sh	E
	08 08	III	Ec	R		18 38	I	Sh	E		11 12	II	Sh	I		16 57	I	Sh	E
	09 08	II	Oc	D	9	12 28	I	Oc	D		11 34	II	Tr	E	25	10 58	I	Oc	D
	13 20	I	Tr	I		15 52	I	Ec	R		11 46	I	Tr	I		14 12	I	Ec	R
	14 05	II	Ec	R	10	06 15	II	Tr	I		12 50	I	Sh	I	26	03 20	III	Tr	I
	14 32	I	Sh	I		08 34	II	Sh	I		13 47	II	Sh	E		05 59	III	Tr	E
	15 32	I	Tr	E		08 47	II	Tr	E		13 58	I	Tr	E		06 38	II	Oc	D
	16 43	I	Sh	E		09 48	I	Tr	I		15 02	I	Sh	E		07 17	III	Sh	I
2	10 30	I	Oc	D		10 55	I	Sh	I	18	08 58	I	Oc	D		08 16	I	Tr	I
	13 57	I	Ec	R		11 08	II	Sh	E		12 17	I	Ec	R		09 13	I	Sh	I
3	03 31	II	Tr	I		11 59	I	Tr	E		23 01	III	Tr	I		09 59	III	Sh	E
	05 56	II	Sh	I		13 07	I	Sh	E	19	01 38	III	Tr	E		10 28	I	Tr	E
	06 02	II	Tr	E	11	06 58	I	Oc	D		03 17	III	Sh	I		11 08	II	Ec	R
	07 50	I	Tr	I		10 21	I	Ec	R		03 54	II	Oc	D		11 26	I	Sh	E
	08 30	II	Sh	E		18 45	III	Tr	I		05 58	III	Sh	E	27	05 28	I	Oc	D
	09 00	I	Sh	I		21 20	III	Tr	E		06 16	I	Tr	I		08 41	I	Ec	R
	10 01	I	Tr	E		23 18	III	Sh	I		07 18	I	Sh	I	28	01 12	II	Tr	I
	11 12	I	Sh	E	12	01 10	II	Oc	D		08 28	I	Tr	E		02 45	I	Tr	I
4	04 59	I	Oc	D		01 57	III	Sh	E		08 33	II	Ec	R		03 08	II	Sh	I
	08 26	I	Ec	R		04 17	I	Tr	I		09 31	I	Sh	E		03 42	I	Sh	I
	14 30	III	Tr	I		05 24	I	Sh	I	20	03 28	I	Oc	D		03 46	II	Tr	E
	17 05	III	Tr	E		05 57	II	Ec	R		06 45	I	Ec	R		04 58	I	Tr	E
	19 18	III	Sh	I		06 29	I	Tr	E		22 24	II	Tr	I		05 44	II	Sh	E
	21 56	III	Sh	E		07 36	I	Sh	E	21	00 30	II	Sh	I		05 54	I	Sh	E
	22 28	II	Oc	D	13	01 28	I	Oc	D		00 46	I	Tr	I		23 58	I	Oc	D
5	02 19	I	Tr	I		04 50	I	Ec	R		00 57	II	Tr	E	29	03 10	I	Ec	R
	03 22	II	Ec	R		19 38	II	Tr	I		01 47	I	Sh	I		17 39	III	Oc	D
	03 29	I	Sh	I		21 52	II	Sh	I		02 58	I	Tr	E		20 01	II	Oc	D
	04 31	I	Tr	E		22 10	II	Tr	E		03 05	II	Sh	E		20 20	III	Oc	R
	05 41	I	Sh	E		22 47	I	Tr	I		03 59	I	Sh	E		21 15	I	Tr	I
	23 29	I	Oc	D		23 52	I	Sh	I		21 58	I	Oc	D		21 25	III	Ec	D
6	02 54	I	Ec	R	14	00 27	II	Sh	E	22	01 14	I	Ec	R		22 10	I	Sh	I
	16 52	II	Tr	I		00 59	I	Tr	E		13 19	III	Oc	D		23 28	I	Tr	E
	19 15	II	Sh	I		02 04	I	Sh	E		15 59	III	Oc	R	30	00 10	III	Ec	R
	19 24	II	Tr	E		19 58	I	Oc	D		17 16	II	Oc	D		00 23	I	Sh	E
	20 49	I	Tr	I		23 19	I	Ec	R		17 26	III	Ec	D		00 25	II	Ec	R
	21 49	II	Sh	E	15	09 02	III	Oc	D		19 16	I	Tr	I		18 28	I	Oc	D
	21 58	I	Sh	I		11 40	III	Oc	R		20 09	III	Ec	R		21 38	I	Ec	R
	23 00	I	Tr	E		13 27	III	Ec	D		20 16	I	Sh	I	31	14 37	II	Tr	I
7	00 10	I	Sh	E		14 32	III	Oc	D		21 28	I	Tr	E		15 45	I	Tr	I
	17 59	I	Oc	D		16 09	III	Ec	R		21 50	II	Ec	R		16 27	II	Sh	I
	21 23	I	Ec	R		17 17	I	Tr	I		22 28	I	Sh	E		16 39	I	Sh	I
8	04 46	III	Oc	D		18 21	I	Sh	I	23	16 28	I	Oc	D		17 11	II	Tr	E
	07 23	III	Oc	R		19 15	II	Ec	R		19 43	I	Ec	R		17 58	I	Tr	E
	09 28	III	Ec	D		19 29	I	Tr	E	24	11 48	II	Tr	I		18 52	I	Sh	E
	11 49	II	Oc	D		20 33	I	Sh	E		13 46	I	Tr	I		19 03	II	Sh	E
	12 09	III	Ec	R	16	14 28	I	Oc	D		13 50	II	Sh	I					
	15 18	I	Tr	I							14 22	II	Tr	E					

I. Oct. 16	II. Oct. 15	III. Oct. 15	IV. Oct.
$x_2 = +1.9,\ y_2 = -0.2$	$x_2 = +2.4,\ y_2 = -0.4$	$x_1 = +1.7,\ y_1 = -0.7$ $x_2 = +3.2,\ y_2 = -0.6$	no eclipse

NOTE.—I denotes ingress; E, egress; D, disappearance; R, reappearance; Ec, eclipse; Oc, occultation; Tr, transit of the satellite; Sh, transit of the shadow.

CONFIGURATIONS OF SATELLITES I-IV FOR OCTOBER

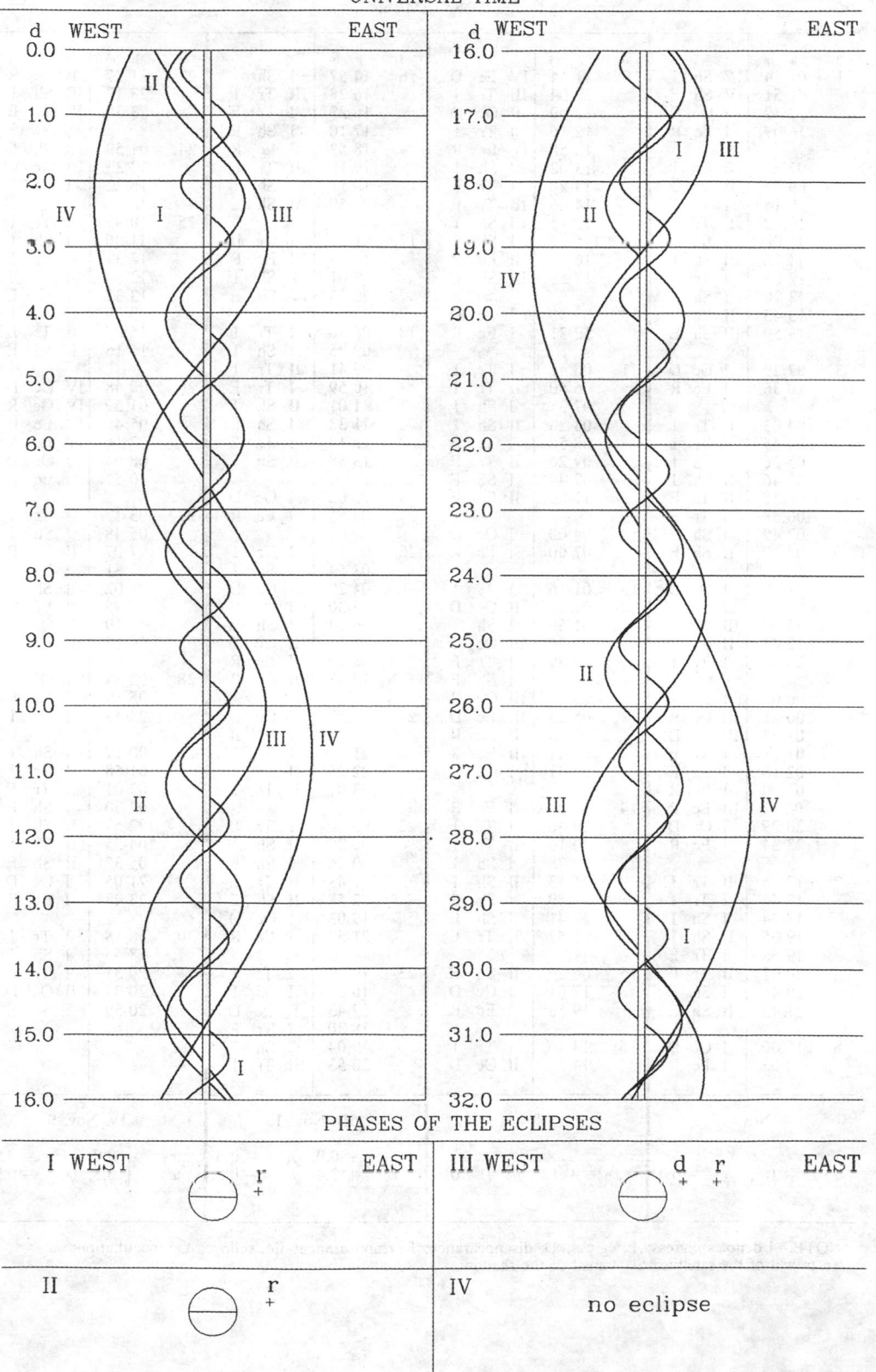

UNIVERSAL TIME

PHASES OF THE ECLIPSES

SATELLITES OF JUPITER, 2019

UNIVERSAL TIME OF GEOCENTRIC PHENOMENA

NOVEMBER

d	h m				d	h m				d	h m				d	h m			
1	01 14	IV	Sh	I	9	11 54	IV	Ec	D	16	14 57	I	Sh	I	23	21 27	II	Ec	R
	01 51	IV	Sh	E		12 04	III	Tr	I		16 28	III	Tr	I		23 12	III	Sh	I
	12 59	I	Oc	D		12 09	II	Oc	D		16 29	I	Tr	E		23 39	III	Tr	E
	16 07	I	Ec	R		12 16	I	Tr	I		17 10	I	Sh	E	24	01 59	III	Sh	E
						12 58	IV	Ec	R		18 53	II	Ec	R		13 33	I	Oc	D
2	07 41	III	Tr	I		13 02	I	Sh	I		19 12	III	Tr	E		16 22	I	Ec	R
	09 23	II	Oc	D		14 28	I	Tr	E		19 13	III	Sh	I					
	10 15	I	Tr	I		14 46	III	Tr	E		21 59	III	Sh	E	25	10 47	I	Tr	I
	10 22	III	Tr	E		15 15	III	Sh	I	17	11 31	I	Oc	D		11 20	I	Sh	I
	11 08	I	Sh	I		15 15	I	Sh	E		14 27	I	Ec	R		12 32	II	Tr	I
	11 16	III	Sh	I		16 18	II	Ec	R		19 01	IV	Sh	I		13 00	I	Tr	E
	12 28	I	Tr	E		17 59	III	Sh	E		20 15	IV	Sh	E		13 33	I	Sh	E
	13 20	I	Sh	E	10	09 30	I	Oc	D	18	08 46	I	Tr	I		13 38	II	Sh	I
	13 43	II	Ec	R		12 31	I	Ec	R		09 25	I	Sh	I		15 09	II	Tr	E
	13 59	III	Sh	E	11	06 46	I	Tr	I		09 41	II	Tr	I		16 16	II	Sh	E
3	07 29	I	Oc	D		06 50	II	Tr	I		10 59	I	Tr	E	26	00 48	IV	Oc	D
	10 36	I	Ec	R		07 31	I	Sh	I		11 01	II	Sh	I		01 59	IV	Oc	R
4	04 01	II	Tr	I		08 23	II	Sh	I		11 38	I	Sh	E		05 45	IV	Ec	D
	04 45	I	Tr	I		08 58	I	Tr	E		12 17	II	Tr	E		07 16	IV	Ec	R
	05 36	I	Sh	I		09 26	II	Tr	E		13 38	II	Sh	E		08 04	I	Oc	D
	05 46	II	Sh	I		09 44	I	Sh	E	19	06 02	I	Oc	D		10 51	I	Ec	R
	06 35	II	Tr	E		11 00	II	Sh	E		08 55	I	Ec	R	27	05 17	I	Tr	I
	06 58	I	Tr	E	12	04 00	I	Oc	D	20	03 17	I	Tr	I		05 48	I	Sh	I
	07 49	I	Sh	E		07 00	I	Ec	R		03 54	I	Sh	I		07 07	II	Oc	D
	08 22	II	Sh	E	13	01 16	I	Tr	I		04 20	II	Oc	D		07 31	I	Tr	E
5	01 59	I	Oc	D		01 33	II	Oc	D		05 30	I	Tr	E		08 02	I	Sh	E
	05 05	I	Ec	R		01 59	I	Sh	I		06 07	I	Sh	E		10 45	II	Ec	R
	22 02	III	Oc	D		02 26	III	Oc	D		06 53	III	Oc	D		11 19	III	Oc	D
	22 46	II	Oc	D		03 29	I	Tr	E		08 10	II	Ec	R		16 13	III	Ec	R
	23 15	I	Tr	I		04 12	I	Sh	E		12 13	III	Ec	R	28	02 34	I	Oc	D
6	00 05	I	Sh	I		05 10	III	Oc	R	21	00 32	I	Oc	D		05 19	I	Ec	R
	00 45	III	Oc	R		05 25	III	Ec	D		03 24	I	Ec	R		23 48	I	Tr	I
	01 25	III	Ec	D		05 35	II	Ec	R		21 47	I	Tr	I	29	00 17	I	Sh	I
	01 28	I	Tr	E		08 11	III	Ec	R		22 23	I	Sh	I		01 58	II	Tr	I
	02 18	I	Sh	E		22 31	I	Oc	D		23 07	II	Tr	I		02 01	I	Tr	E
	03 00	II	Ec	R	14	01 29	I	Ec	R	22	00 00	I	Tr	E		02 30	I	Sh	E
	04 11	III	Ec	R		19 46	I	Tr	I		00 20	II	Sh	I		02 57	II	Sh	I
	20 29	I	Oc	D		20 16	II	Tr	I		00 36	I	Sh	E		04 35	II	Tr	E
	23 34	I	Ec	R		20 28	I	Sh	I		01 43	II	Tr	E		05 35	II	Sh	E
7	17 26	II	Tr	I		21 43	II	Sh	I		02 58	II	Sh	E		21 05	I	Oc	D
	17 46	I	Tr	I		21 59	I	Tr	E		19 03	I	Oc	D		23 48	I	Ec	R
	18 34	I	Sh	I		22 41	I	Sh	E		21 53	I	Ec	R	30	18 18	I	Tr	I
	19 05	II	Sh	I		22 52	II	Tr	E	23	16 17	I	Tr	I		18 45	I	Sh	I
	19 58	I	Tr	E	15	00 20	II	Sh	E		16 51	I	Sh	I		20 31	I	Tr	E
	20 01	II	Tr	E		17 01	I	Oc	D		17 43	II	Oc	D		20 31	II	Oc	D
	20 46	I	Sh	E		19 58	I	Ec	R		18 30	I	Tr	E		20 59	I	Sh	E
	21 42	II	Sh	E	16	14 16	I	Tr	I		19 04	I	Sh	E					
8	15 00	I	Oc	D		14 56	II	Oc	D		20 53	III	Tr	I					
	18 03	I	Ec	R															

I. Nov. 15

$x_2 = + 1.6$, $y_2 = -0.2$

II. Nov. 16

$x_2 = + 1.8$, $y_2 = -0.4$

III. Nov. 13

$x_1 = + 0.9$, $y_1 = -0.6$
$x_2 = + 2.4$, $y_2 = -0.6$

IV. Nov. 9

$x_1 = + 2.9$, $y_1 = -0.9$
$x_2 = + 3.3$, $y_2 = -0.9$

NOTE.—I denotes ingress; E, egress; D, disappearance; R, reappearance; Ec, eclipse; Oc, occultation; Tr, transit of the satellite; Sh, transit of the shadow.

CONFIGURATIONS OF SATELLITES I-IV FOR NOVEMBER

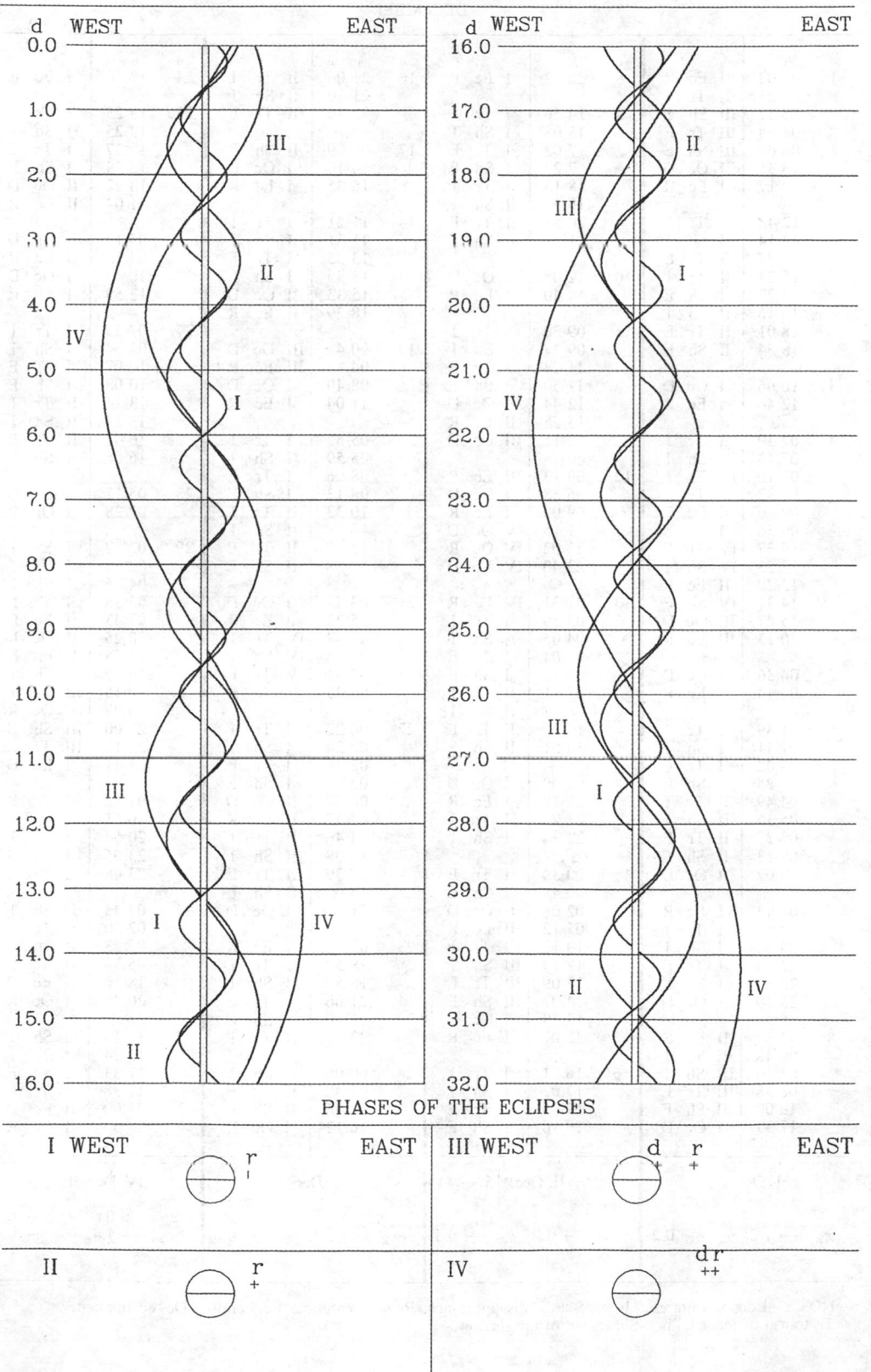

UNIVERSAL TIME

PHASES OF THE ECLIPSES

UNIVERSAL TIME OF GEOCENTRIC PHENOMENA

DECEMBER

d	h m	Satellite	Phenomenon
1	00 02	II	Ec R
	01 21	III	Tr I
	03 11	III	Sh I
	04 08	III	Tr E
	06 00	III	Sh E
	15 35	I	Oc D
	18 17	I	Ec R
2	12 48	I	Tr I
	13 14	I	Sh I
	15 02	I	Tr E
	15 23	II	Tr I
	15 27	I	Sh E
	16 16	II	Sh I
	18 01	II	Tr E
	18 54	II	Sh E
3	10 06	I	Oc D
	12 46	I	Ec R
4	07 19	I	Tr I
	07 43	I	Sh I
	09 10	IV	Tr I
	09 32	I	Tr E
	09 56	II	Oc D
	09 56	I	Sh E
	10 37	IV	Tr E
	12 53	IV	Sh I
	13 20	II	Ec R
	14 31	IV	Sh E
	15 47	III	Oc D
	20 13	III	Ec R
5	04 36	I	Oc D
	07 14	I	Ec R
6	01 49	I	Tr I
	02 11	I	Sh I
	04 02	I	Tr E
	04 25	I	Sh E
	04 49	II	Tr I
	05 35	II	Sh I
	07 27	II	Tr E
	08 13	II	Sh E
	23 07	I	Oc D
7	01 43	I	Ec R
	20 19	I	Tr I
	20 40	I	Sh I
	22 33	I	Tr E
	22 53	I	Sh E
	23 20	II	Oc D
8	02 37	II	Ec R
	05 48	III	Tr I
	07 10	III	Sh I
	08 38	III	Tr E
	10 00	III	Sh E
	17 37	I	Oc D

d	h m	Satellite	Phenomenon
8	20 12	I	Ec R
9	14 50	I	Tr I
	15 08	I	Sh I
	17 03	I	Tr E
	17 22	I	Sh E
	18 15	II	Tr I
	18 53	II	Sh I
	20 53	II	Tr E
	21 31	II	Sh E
10	12 08	I	Oc D
	14 40	I	Ec R
11	09 20	I	Tr I
	09 37	I	Sh I
	11 34	I	Tr E
	11 50	I	Sh E
	12 44	II	Oc D
	15 55	II	Ec R
	20 15	III	Oc D
12	00 13	III	Ec R
	06 38	I	Oc D
	09 09	I	Ec R
	21 15	IV	Oc D
	23 02	IV	Oc R
	23 40	IV	Ec D
13	01 31	IV	Ec R
	03 50	I	Tr I
	04 05	I	Sh I
	06 04	I	Tr E
	06 19	I	Sh E
	07 41	II	Tr I
	08 12	II	Sh I
	10 20	II	Tr E
	10 51	II	Sh E
14	01 09	I	Oc D
	03 38	I	Ec R
	22 21	I	Tr I
	22 34	I	Sh I
15	00 34	I	Tr E
	00 48	I	Sh E
	02 08	II	Oc D
	05 12	II	Ec R
	10 17	III	Tr I
	11 10	III	Sh I
	13 09	III	Tr E
	14 01	III	Sh E
	19 39	I	Oc D
	22 07	I	Ec R
16	16 51	I	Tr I
	17 02	I	Sh I
	19 05	I	Tr E
	19 16	I	Sh E

d	h m	Satellite	Phenomenon
16	21 06	II	Tr I
	21 30	II	Sh I
	23 46	II	Tr E
17	00 09	II	Sh E
	14 10	I	Oc D
	16 35	I	Ec R
18	11 21	I	Tr I
	11 31	I	Sh I
	13 35	I	Tr E
	13 45	I	Sh E
	15 33	II	Oc D
	18 29	II	Ec R
19	00 43	III	Oc D
	04 12	III	Ec R
	08 40	I	Oc D
	11 04	I	Ec R
20	05 52	I	Tr I
	05 59	I	Sh I
	08 06	I	Tr E
	08 13	I	Sh E
	10 33	II	Tr I
	10 48	II	Sh I
	13 12	II	Tr E
	13 28	II	Sh E
21	03 11	I	Oc D
	05 33	I	Ec R
	05 42	IV	Tr I
	06 48	IV	Sh I
	07 41	IV	Tr E
	08 45	IV	Sh E
22	00 22	I	Tr I
	00 28	I	Sh I
	02 36	I	Tr E
	02 42	I	Sh E
	04 57	II	Oc D
	07 47	II	Ec R
	14 46	III	Tr I
	15 08	III	Sh I
	17 39	III	Tr E
	18 00	III	Sh E
	21 41	I	Oc D
23	00 01	I	Ec R
	18 52	I	Tr I
	18 57	I	Sh I
	21 06	I	Tr E
	21 10	I	Sh E
	23 58	II	Tr I
24	00 06	II	Sh I
	02 38	II	Tr E
	02 46	II	Sh E
	16 12	I	Oc D

d	h m	Satellite	Phenomenon
24	18 30	I	Ec R
25	13 23	I	Tr I
	13 25	I	Sh I
	15 37	I	Tr E
	15 39	I	Sh E
	18 22	II	Oc D
	21 04	II	Ec R
26	05 13	III	Oc D
	08 13	III	Ec R
	10 42	I	Oc D
	12 59	I	Ec R
27	07 53	I	Tr I
	07 54	I	Sh I
	10 07	I	Tr E
	10 08	I	Sh E
	13 24	II	Tr I
	13 25	II	Sh I
	16 05	II	Tr E
	16 05	II	Sh E
28	05 12	I	Ec D
	07 28	I	Oc R
29	02 22	I	Sh I
	02 23	I	Tr I
	04 36	I	Sh E
	04 38	I	Tr E
	07 43	II	Ec D
	10 25	II	Oc R
	17 35	IV	Ec D
	19 07	III	Sh I
	19 15	III	Tr I
	20 07	IV	Oc R
	22 00	III	Sh E
	22 10	III	Tr E
	23 41	I	Ec D
30	01 58	I	Oc R
	20 51	I	Sh I
	20 54	I	Tr I
	23 05	I	Sh E
	23 08	I	Tr E
31	02 43	II	Sh I
	02 50	II	Tr I
	05 23	II	Sh E
	05 30	II	Tr E
	18 10	I	Ec D
	20 29	I	Oc R
32	15 19	I	Sh I
	15 24	I	Tr I
	17 33	I	Sh E
	17 38	I	Tr E
	21 00	II	Ec D
	23 50	II	Oc R

I. Dec. 15	II. Dec. 15	III. Dec. 12	IV. Dec. 12, 13
			$x_1 = +0.6,\ y_1 = -0.9$
$x_2 = +1.2,\ y_2 = -0.2$	$x_2 = +1.2,\ y_2 = -0.4$	$x_2 = +1.4,\ y_2 = -0.6$	$x_2 = +1.4,\ y_2 = -0.9$

NOTE.—I denotes ingress; E, egress; D, disappearance; R, reappearance; Ec, eclipse; Oc, occultation; Tr, transit of the satellite; Sh, transit of the shadow.

CONFIGURATIONS OF SATELLITES I-IV FOR DECEMBER

UNIVERSAL TIME

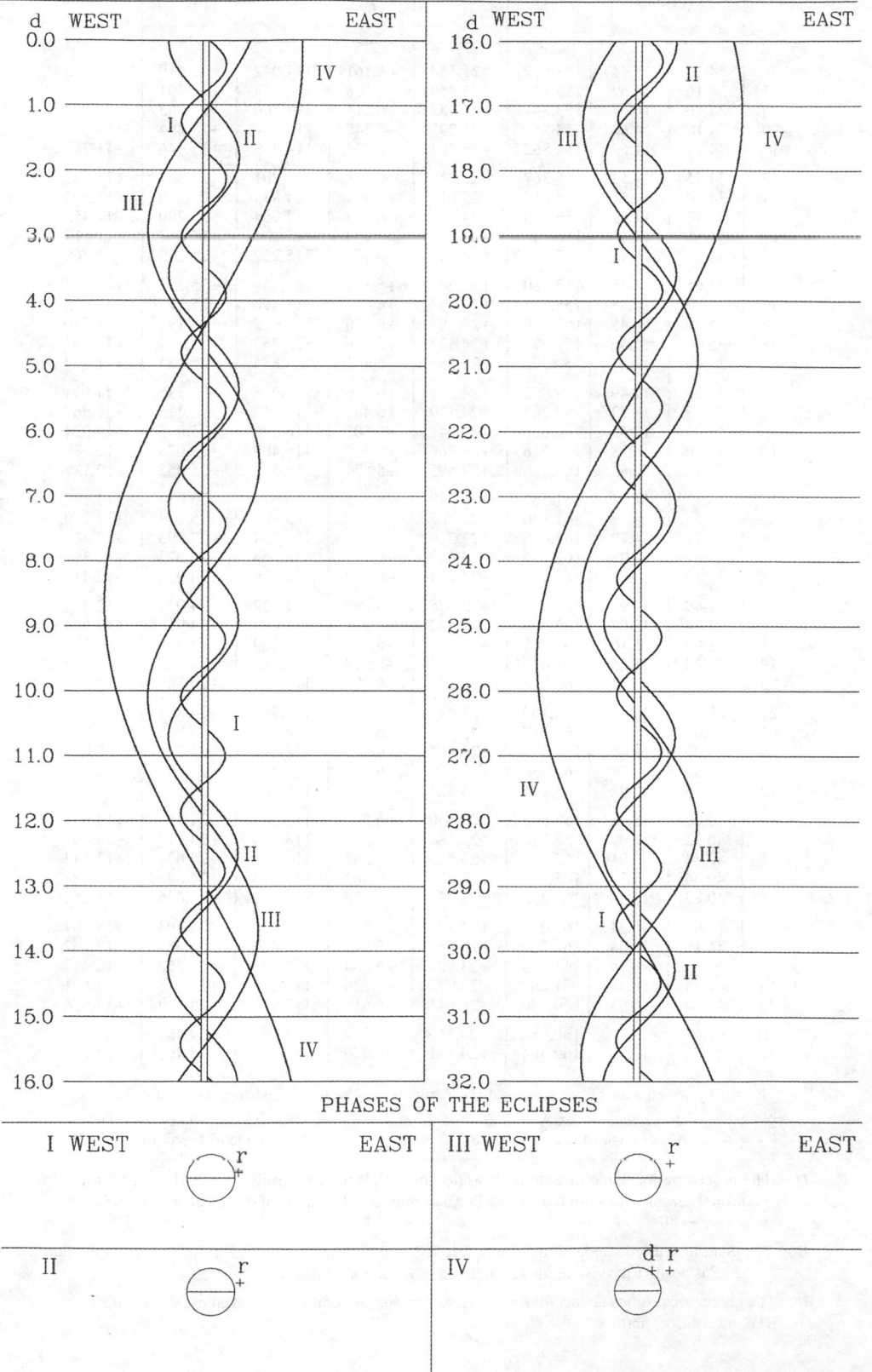

PHASES OF THE ECLIPSES

RINGS OF SATURN, 2019

FOR 0^h UNIVERSAL TIME

Date		Axes of outer edge of A ring		U	B	P	U'	B'	P'
		Major	Minor						
		$''$	$''$	°	°	°	°	°	°
Jan.	−3	34.17	14.74	152.812	+25.554	+6.161	114.042	+25.419	+11.052
	1	34.16	14.69	153.327	+25.469	+6.188	114.174	+25.401	+11.110
	5	34.16	14.64	153.841	+25.382	+6.214	114.306	+25.383	+11.168
	9	34.18	14.60	154.353	+25.293	+6.240	114.438	+25.364	+11.225
	13	34.21	14.57	154.862	+25.203	+6.264	114.569	+25.346	+11.283
	17	34.25	14.53	155.367	+25.111	+6.288	114.701	+25.327	+11.340
	21	34.30	14.51	155.866	+25.019	+6.311	114.833	+25.309	+11.397
	25	34.37	14.49	156.358	+24.925	+6.333	114.964	+25.290	+11.455
	29	34.45	14.47	156.842	+24.832	+6.354	115.096	+25.271	+11.512
Feb.	2	34.54	14.46	157.317	+24.738	+6.375	115.227	+25.252	+11.569
	6	34.65	14.45	157.780	+24.645	+6.394	115.359	+25.233	+11.626
	10	34.77	14.45	158.232	+24.553	+6.412	115.490	+25.213	+11.683
	14	34.90	14.45	158.670	+24.462	+6.430	115.622	+25.194	+11.740
	18	35.04	14.46	159.094	+24.373	+6.446	115.753	+25.174	+11.797
	22	35.19	14.47	159.502	+24.286	+6.461	115.884	+25.155	+11.854
	26	35.35	14.49	159.893	+24.201	+6.476	116.016	+25.135	+11.911
Mar.	2	35.53	14.52	160.267	+24.119	+6.489	116.147	+25.115	+11.967
	6	35.71	14.55	160.621	+24.041	+6.502	116.278	+25.095	+12.024
	10	35.90	14.58	160.956	+23.966	+6.513	116.409	+25.075	+12.080
	14	36.11	14.63	161.269	+23.895	+6.524	116.541	+25.055	+12.137
	18	36.32	14.67	161.561	+23.828	+6.533	116.672	+25.034	+12.193
	22	36.54	14.73	161.830	+23.767	+6.542	116.803	+25.014	+12.250
	26	36.77	14.79	162.075	+23.710	+6.549	116.934	+24.993	+12.306
	30	37.01	14.85	162.296	+23.659	+6.556	117.065	+24.973	+12.362
Apr.	3	37.25	14.92	162.492	+23.614	+6.562	117.196	+24.952	+12.418
	7	37.49	14.99	162.662	+23.575	+6.567	117.327	+24.931	+12.474
	11	37.74	15.08	162.805	+23.542	+6.572	117.458	+24.910	+12.530
	15	38.00	15.16	162.922	+23.515	+6.575	117.589	+24.889	+12.586
	19	38.25	15.25	163.012	+23.496	+6.578	117.719	+24.868	+12.642
	23	38.51	15.34	163.074	+23.483	+6.580	117.850	+24.846	+12.698
	27	38.77	15.44	163.109	+23.477	+6.581	117.981	+24.825	+12.754
May	1	39.02	15.55	163.117	+23.478	+6.581	118.112	+24.803	+12.809
	5	39.27	15.65	163.097	+23.485	+6.581	118.242	+24.781	+12.865
	9	39.52	15.76	163.050	+23.500	+6.579	118.373	+24.759	+12.920
	13	39.76	15.87	162.976	+23.522	+6.577	118.503	+24.738	+12.976
	17	40.00	15.98	162.876	+23.550	+6.574	118.634	+24.715	+13.031
	21	40.22	16.09	162.750	+23.584	+6.571	118.764	+24.693	+13.086
	25	40.44	16.21	162.601	+23.625	+6.567	118.895	+24.671	+13.142
	29	40.64	16.32	162.428	+23.671	+6.562	119.025	+24.649	+13.197
June	2	40.83	16.43	162.232	+23.722	+6.556	119.156	+24.626	+13.252
	6	41.01	16.54	162.016	+23.779	+6.549	119.286	+24.603	+13.307
	10	41.17	16.64	161.780	+23.840	+6.542	119.416	+24.581	+13.362
	14	41.31	16.74	161.528	+23.904	+6.534	119.547	+24.558	+13.417
	18	41.44	16.84	161.260	+23.972	+6.526	119.677	+24.535	+13.471
	22	41.54	16.93	160.978	+24.043	+6.516	119.807	+24.512	+13.526
	26	41.63	17.01	160.686	+24.116	+6.507	119.937	+24.489	+13.581
	30	41.70	17.09	160.384	+24.191	+6.496	120.067	+24.465	+13.635

Factor by which axes of outer edge of the A ring are to be multiplied to obtain axes of:

Inner edge of the A ring 0.8944	Inner edge of the B ring 0.6724
Outer edge of the B ring 0.8591	Inner edge of the C ring 0.5458

U = The geocentric longitude of Saturn, measured in the plane of the rings eastward from its ascending node on the mean equator of the Earth. The Saturnicentric longitude of the Earth, measured in the same way, is $U+180°$.

B = The Saturnicentric latitude of the Earth, referred to the plane of the rings, positive toward the north. When B is positive the visible surface of the rings is the northern surface.

P = The geocentric position angle of the northern semiminor axis of the apparent ellipse of the rings, measured eastward from north.

FOR 0ʰ UNIVERSAL TIME

Date		Axes of outer edge of A ring		U	B	P	U'	B'	P'
		Major	Minor						
		"	"	°	°	°	°	°	°
July	4	41.74	17.15	160.076	+24.267	+6.486	120.197	+24.442	+13.690
	8	41.76	17.21	159.764	+24.343	+6.475	120.327	+24.418	+13.744
	12	41.76	17.26	159.451	+24.419	+6.463	120.457	+24.395	+13.798
	16	41.74	17.30	159.138	+24.493	+6.452	120.587	+24.371	+13.853
	20	41.69	17.33	158.830	+24.567	+6.440	120.717	+24.347	+13.907
	24	41.63	17.35	158.527	+24.639	+6.429	120.847	+24.323	+13.961
	28	41.54	17.36	158.233	+24.708	+6.418	120.977	+24.299	+14.015
Aug.	1	41.43	17.36	157.950	+24.775	+6.406	121.106	+24.275	+14.069
	5	41.31	17.35	157.680	+24.838	+6.396	121.236	+24.250	+14.123
	9	41.16	17.33	157.426	+24.897	+6.385	121.366	+24.226	+14.176
	13	41.00	17.30	157.190	+24.953	+6.376	121.495	+24.201	+14.230
	17	40.82	17.26	156.973	+25.004	+6.367	121.625	+24.177	+14.284
	21	40.63	17.20	156.777	+25.051	+6.359	121.755	+24.152	+14.337
	25	40.43	17.14	156.603	+25.093	+6.351	121.884	+24.127	+14.390
	29	40.21	17.08	156.453	+25.130	+6.345	122.013	+24.102	+14.444
Sept.	2	39.99	17.00	156.329	+25.161	+6.340	122.143	+24.077	+14.497
	6	39.75	16.92	156.231	+25.188	+6.336	122.272	+24.052	+14.550
	10	39.51	16.83	156.160	+25.209	+6.333	122.402	+24.026	+14.603
	14	39.26	16.73	156.116	+25.224	+6.331	122.531	+24.001	+14.656
	18	39.01	16.63	156.101	+25.234	+6.331	122.660	+23.975	+14.709
	22	38.76	16.53	156.114	+25.238	+6.332	122.789	+23.950	+14.762
	26	38.50	16.42	156.155	+25.237	+6.334	122.918	+23.924	+14.815
	30	38.25	16.30	156.224	+25.230	+6.337	123.048	+23.898	+14.868
Oct.	4	37.99	16.19	156.322	+25.217	+6.342	123.177	+23.872	+14.920
	8	37.74	16.07	156.448	+25.199	+6.348	123.306	+23.846	+14.973
	12	37.49	15.95	156.601	+25.175	+6.355	123.435	+23.820	+15.025
	16	37.25	15.83	156.781	+25.145	+6.363	123.564	+23.794	+15.078
	20	37.01	15.70	156.987	+25.109	+6.372	123.692	+23.767	+15.130
	24	36.77	15.58	157.218	+25.068	+6.382	123.821	+23.741	+15.182
	28	36.55	15.46	157.474	+25.022	+6.393	123.950	+23.714	+15.234
Nov.	1	36.33	15.34	157.753	+24.969	+6.404	124.079	+23.687	+15.287
	5	36.12	15.21	158.055	+24.912	+6.417	124.208	+23.660	+15.339
	9	35.92	15.09	158.378	+24.849	+6.430	124.336	+23.633	+15.390
	13	35.73	14.98	158.722	+24.781	+6.444	124.465	+23.606	+15.442
	17	35.55	14.86	159.085	+24.708	+6.458	124.593	+23.579	+15.494
	21	35.38	14.74	159.466	+24.629	+6.472	124.722	+23.552	+15.546
	25	35.22	14.63	159.863	+24.546	+6.487	124.851	+23.525	+15.597
	29	35.07	14.52	160.276	+24.458	+6.502	124.979	+23.497	+15.649
Dec.	3	34.93	14.41	160.704	+24.365	+6.517	125.107	+23.469	+15.700
	7	34.81	14.31	161.144	+24.268	+6.532	125.236	+23.442	+15.751
	11	34.69	14.20	161.596	+24.167	+6.547	125.364	+23.414	+15.802
	15	34.59	14.10	162.058	+24.062	+6.562	125.492	+23.386	+15.854
	19	34.50	14.01	162.529	+23.952	+6.576	125.621	+23.358	+15.905
	23	34.43	13.92	163.007	+23.840	+6.590	125.749	+23.330	+15.956
	27	34.37	13.83	163.492	+23.724	+6.604	125.877	+23.302	+16.006
	31	34.32	13.74	163.982	+23.605	+6.618	126.005	+23.273	+16.057
	35	34.28	13.66	164.475	+23.483	+6.631	126.133	+23.245	+16.108

Factor by which axes of outer edge of the A ring are to be multiplied to obtain axes of:

Inner edge of the A ring 0.8944   Inner edge of the B ring 0.6724
Outer edge of the B ring 0.8591   Inner edge of the C ring 0.5458

U' = The heliocentric longitude of Saturn, measured in the plane of the rings eastward from its ascending node on the ecliptic. The Saturnicentric longitude of the Sun, measured in the same way is $U' + 180°$.

B' = The Saturnicentric latitude of the Sun, referred to the plane of the rings, positive toward the north. When B' is positive the northern surface of the rings is illuminated.

P' = The heliocentric position angle of the northern semiminor axis of the rings on the heliocentric celestial sphere, measured eastward from the great circle that passes through Saturn and the poles of the ecliptic.

APPARENT ORBITS OF SATELLITES I–VII AT 0ʰ UNIVERSAL TIME ON THE DATE OF OPPOSITION, JULY 9

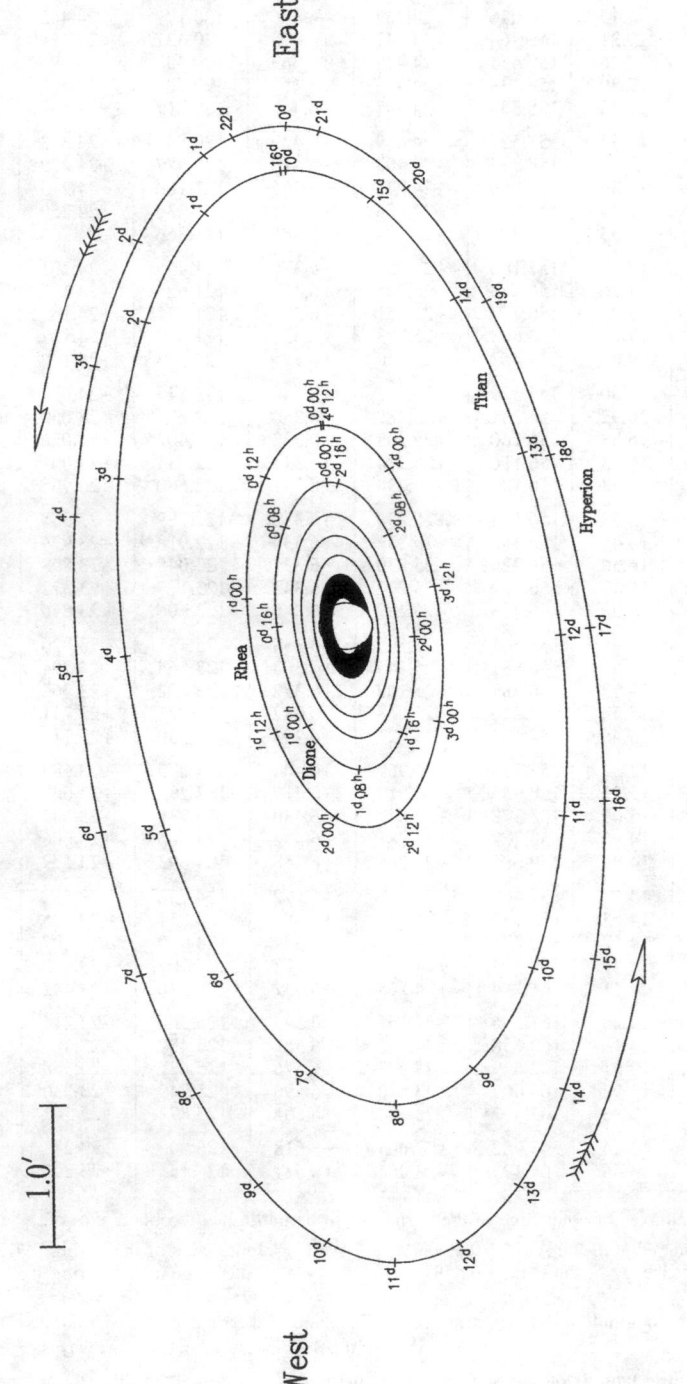

Orbits elongated in ratio of 1.3 to 1 in the North-South direction.

Name		Mean Sidereal Period		Name		Mean Sidereal Period
		d				d
I	Mimas	0.9424		VI	Titan	15.9454
II	Enceladus	1.3702		VII	Hyperion	21.2767
III	Tethys	1.8878		VIII	Iapetus	79.3311
IV	Dione	2.7369		IX	Phoebe	548.02 R
V	Rhea	4.5175				

UNIVERSAL TIME OF GREATEST EASTERN ELONGATION

I Mimas

Jan.	Feb.	Mar.	Apr.	May	June	July	Aug.	Sept.	Oct.	Nov.	Dec.
d h	d h	d h	d h	d h	d h	d h	d h	d h	d h	d h	d h
−1 01.1	1 07.0	1 07.8	1 10.3	1 14.0	1 16.3	1 19.9	1 22.1	1 01.8	1 05.6	1 08.2	1 12.2
−1 23.7	1 23.6	2 06.4	2 08.9	2 12.6	2 14.9	2 18.5	2 20.7	2 00.4	2 04.2	2 06.8	2 10.9
0 22.3	2 22.3	3 05.0	3 07.5	3 11.2	3 13.5	3 17.1	3 19.3	2 23.0	3 02.8	3 05.4	3 09.5
1 21.0	3 20.9	4 03.6	4 06.1	4 09.9	4 12.1	4 15.7	4 17.9	3 21.6	4 01.5	4 04.1	4 08.1
2 19.6	4 19.5	5 02.3	5 04.7	5 08.5	5 10.7	5 14.3	5 16.5	4 20.2	5 00.1	5 02.7	5 06.8
3 18.2	5 18.2	6 00.9	6 03.4	6 07.1	6 09.3	6 12.9	6 15.1	5 18.9	5 22.7	6 01.3	6 05.4
4 16.8	6 16.8	6 23.5	7 02.0	7 05.7	7 07.9	7 11.5	7 13.8	6 17.5	6 21.3	6 23.9	7 04.0
5 15.5	7 15.4	7 22.1	8 00.6	8 04.3	8 06.6	8 10.1	8 12.4	7 16.1	7 20.0	7 22.6	8 02.6
6 14.1	8 14.0	8 20.7	8 23.2	9 02.9	9 05.2	9 08.8	9 11.0	8 14.7	8 18.6	8 21.2	9 01.3
7 12.7	9 12.7	9 19.4	9 21.8	10 01.6	10 03.8	10 07.4	10 09.6	9 13.3	9 17.2	9 19.8	9 23.9
8 11.4	10 11.3	10 18.0	10 20.4	11 00.2	11 02.4	11 06.0	11 08.2	10 12.0	10 15.8	10 18.5	10 22.5
9 10.0	11 09.9	11 16.6	11 19.1	11 22.8	12 01.0	12 04.6	12 06.8	11 10.6	11 14.5	11 17.1	11 21.1
10 08.6	12 08.5	12 15.2	12 17.7	12 21.4	12 23.6	13 03.2	13 05.4	12 09.2	12 13.1	12 15.7	12 19.8
11 07.2	13 07.2	13 13.9	13 16.3	13 20.0	13 22.2	14 01.8	14 04.1	13 07.8	13 11.7	13 14.3	13 18.4
12 05.9	14 05.8	14 12.5	14 14.9	14 18.6	14 20.8	15 00.4	15 02.7	14 06.4	14 10.3	14 13.0	14 17.0
13 04.5	15 04.4	15 11.1	15 13.5	15 17.2	15 19.5	15 23.0	16 01.3	15 05.0	15 08.9	15 11.6	15 15.7
14 03.1	16 03.0	16 09.7	16 12.2	16 15.9	16 18.1	16 21.7	16 23.9	16 03.7	16 07.6	16 10.2	16 14.3
15 01.7	17 01.7	17 08.3	17 10.8	17 14.5	17 16.7	17 20.3	17 22.5	17 02.3	17 06.2	17 08.8	17 12.9
16 00.4	18 00.3	18 07.0	18 09.4	18 13.1	18 15.3	18 18.9	18 21.1	18 00.9	18 04.8	18 07.5	18 11.5
16 23.0	18 22.9	19 05.6	19 08.0	19 11.7	19 13.9	19 17.5	19 19.8	18 23.5	19 03.4	19 06.1	19 10.2
17 21.6	19 21.5	20 04.2	20 06.6	20 10.3	20 12.5	20 16.1	20 18.4	19 22.1	20 02.1	20 04.7	20 08.8
18 20.3	20 20.1	21 02.8	21 05.2	21 08.9	21 11.1	21 14.7	21 17.0	20 20.8	21 00.7	21 03.3	21 07.4
19 18.9	21 18.8	22 01.4	22 03.9	22 07.5	22 09.7	22 13.3	22 15.6	21 19.4	21 23.3	22 02.0	22 06.1
20 17.5	22 17.4	23 00.1	23 02.5	23 06.1	23 08.4	23 11.9	23 14.2	22 18.0	22 21.9	23 00.6	23 04.7
21 16.1	23 16.0	23 22.7	24 01.1	24 04.8	24 07.0	24 10.6	24 12.8	23 16.6	23 20.6	23 23.2	24 03.3
22 14.8	24 14.6	24 21.3	24 23.7	25 03.4	25 05.6	25 09.2	25 11.4	24 15.3	24 19.2	24 21.9	25 01.9
23 13.4	25 13.3	25 19.9	25 22.3	26 02.0	26 04.2	26 07.8	26 10.1	25 13.9	25 17.8	25 20.5	26 00.6
24 12.0	26 11.9	26 18.5	26 20.9	27 00.6	27 02.8	27 06.4	27 08.7	26 12.5	26 16.4	26 19.1	26 23.2
25 10.6	27 10.5	27 17.2	27 19.6	27 23.2	28 01.4	28 05.0	28 07.3	27 11.1	27 15.1	27 17.7	27 21.8
26 09.3	28 09.1	28 15.8	28 18.2	28 21.8	29 00.0	29 03.6	29 05.9	28 09.7	28 13.7	28 16.4	28 20.5
27 07.9		29 14.4	29 16.8	29 20.4	29 22.6	30 02.2	30 04.5	29 08.4	29 12.3	29 15.0	29 19.1
28 06.5		30 13.0	30 15.4	30 19.0	30 21.2	31 00.8	31 03.2	30 07.0	30 10.9	30 13.6	30 17.7
29 05.1		31 11.6		31 17.7		31 23.5			31 09.6		31 16.3
30 03.8											32 15.0
31 02.4											

II Enceladus

Jan.	Feb.	Mar.	Apr.	May	June	July	Aug.	Sept.	Oct.	Nov.	Dec.
d h	d h	d h	d h	d h	d h	d h	d h	d h	d h	d h	d h
−1 05.1	1 02.7	1 21.6	1 01.2	1 04.6	1 16.8	1 20.1	2 08.2	1 11.6	1 15.1	2 03.7	2 07.5
0 14.0	2 11.6	3 06.4	2 10.0	2 13.5	3 01.7	3 05.0	3 17.1	2 20.5	3 00.0	3 12.6	3 16.4
1 22.9	3 20.5	4 15.3	3 18.9	3 22.4	4 10.6	4 13.8	5 02.0	4 05.4	4 08.9	4 21.5	5 01.3
3 07.8	5 05.4	6 00.2	5 03.8	5 07.3	5 19.5	5 22.7	6 10.9	5 14.3	5 17.8	6 06.4	6 10.2
4 16.7	6 14.3	7 09.1	6 12.7	6 16.1	7 04.3	7 07.6	7 19.7	6 23.1	7 02.7	7 15.3	7 19.1
6 01.6	7 23.2	8 18.0	7 21.6	8 01.0	8 13.2	8 16.5	9 04.6	8 08.0	8 11.6	9 00.2	9 04.0
7 10.5	9 08.1	10 02.9	9 06.5	9 09.9	9 22.1	10 01.3	10 13.5	9 16.9	9 20.5	10 09.1	10 12.9
8 19.4	10 17.0	11 11.8	10 15.4	10 18.8	11 07.0	11 10.2	11 22.4	11 01.8	11 05.4	11 18.0	11 21.8
10 04.3	12 01.9	12 20.7	12 00.2	12 03.7	12 15.8	12 19.1	13 07.3	12 10.7	12 14.3	13 02.9	13 06.7
11 13.2	13 10.8	14 05.6	13 09.1	13 12.5	14 00.7	14 04.0	14 16.1	13 19.6	13 23.2	14 11.8	14 15.6
12 22.1	14 19.7	15 14.5	14 18.0	14 21.4	15 09.6	15 12.8	16 01.0	15 04.5	15 08.1	15 20.7	16 00.5
14 07.0	16 04.6	16 23.4	16 02.9	16 06.3	16 18.5	16 21.7	17 09.9	16 13.4	16 17.0	17 05.6	17 09.4
15 15.9	17 13.5	18 08.3	17 11.8	17 15.2	18 03.3	18 06.6	18 18.8	17 22.2	18 01.8	18 14.5	18 18.3
17 00.8	18 22.4	19 17.2	18 20.7	19 00.1	19 12.2	19 15.5	20 03.7	19 07.1	19 10.7	19 23.4	20 03.2
18 09.7	20 07.3	21 02.0	20 05.6	20 08.9	21 01.1	21 00.3	21 12.5	20 16.0	20 19.6	21 08.3	21 12.1
19 18.6	21 16.2	22 10.9	21 14.4	21 17.8	22 06.0	22 09.2	22 21.4	22 00.9	22 04.5	22 17.2	22 21.0
21 03.5	23 01.1	23 19.8	22 23.3	23 02.7	23 14.8	23 18.1	24 06.3	23 09.8	23 13.4	24 02.1	24 05.9
22 12.4	24 10.0	25 04.7	24 08.2	24 11.6	24 23.7	25 03.0	25 15.2	24 18.7	24 22.3	25 11.0	25 14.8
23 21.3	25 18.9	26 13.6	25 17.1	25 20.5	26 08.6	26 11.9	27 00.1	26 03.6	26 07.2	26 19.9	26 23.7
25 06.2	27 03.8	27 22.5	27 02.0	27 05.3	27 17.5	27 20.7	28 09.0	27 12.5	27 16.1	28 04.8	28 08.6
26 15.1	28 12.7	29 07.4	28 10.9	28 14.2	29 02.3	29 05.6	29 17.8	28 21.4	29 01.0	29 13.7	29 17.5
28 00.0		30 16.3	29 19.7	29 23.1	30 11.2	30 14.5	31 02.7	30 06.2	30 09.9	30 22.6	31 02.4
29 08.9				31 08.0		31 23.4			31 18.8		32 11.3
30 17.8											

SATELLITES OF SATURN, 2019

UNIVERSAL TIME OF GREATEST EASTERN ELONGATION

III Tethys

Jan.	Feb.	Mar.	Apr.	May	June	July	Aug.	Sept.	Oct.	Nov.	Dec.
d h	d h	d h	d h	d h	d h	d h	d h	d h	d h	d h	d h
−1 12.5	2 12.6	2 20.5	2 01.6	2 06.5	1 11.3	1 15.9	2 17.8	1 22.6	2 03.6	1 08.7	1 14.0
1 09.9	4 09.9	4 17.8	3 22.9	4 03.8	3 08.6	3 13.2	4 15.1	3 19.9	4 00.9	3 06.1	3 11.4
3 07.2	6 07.2	6 15.1	5 20.2	6 01.1	5 05.9	5 10.5	6 12.4	5 17.2	5 22.2	5 03.4	5 08.7
5 04.5	8 04.6	8 12.5	7 17.5	7 22.4	7 03.2	7 07.8	8 09.7	7 14.5	7 19.5	7 00.7	7 06.1
7 01.9	10 01.9	10 09.8	9 14.9	9 19.7	9 00.4	9 05.1	10 07.0	9 11.8	9 16.8	8 22.1	9 03.4
8 23.2	11 23.2	12 07.1	11 12.2	11 17.0	10 21.7	11 02.4	12 04.3	11 09.1	11 14.2	10 19.4	11 00.7
10 20.5	13 20.5	14 04.4	13 09.5	13 14.3	12 19.0	12 23.6	14 01.6	13 06.4	13 11.5	12 16.7	12 22.1
12 17.9	15 17.9	16 01.8	15 06.8	15 11.6	14 16.3	14 20.9	15 22.9	15 03.7	15 08.8	14 14.0	14 19.4
14 15.2	17 15.2	17 23.1	17 04.1	17 08.9	16 13.6	16 18.2	17 20.2	17 01.1	17 06.1	16 11.4	16 16.7
16 12.6	19 12.5	19 20.4	19 01.4	19 06.2	18 10.9	18 15.5	19 17.5	18 22.4	19 03.5	18 08.7	18 14.1
18 09.9	21 09.9	21 17.7	20 22.7	21 03.5	20 08.2	20 12.8	21 14.8	20 19.7	21 00.8	20 06.0	20 11.4
20 07.2	23 07.2	23 15.0	22 20.0	23 00.8	22 05.5	22 10.1	23 12.1	22 17.0	22 22.1	22 03.4	22 08.7
22 04.6	25 04.5	25 12.3	24 17.3	24 22.1	24 02.8	24 07.4	25 09.4	24 14.3	24 19.4	24 00.7	24 06.1
24 01.9	27 01.8	27 09.7	26 14.6	26 19.4	26 00.0	26 04.7	27 06.7	26 11.6	26 16.8	25 22.0	26 03.4
25 23.2	28 23.2	29 07.0	28 11.9	28 16.7	27 21.3	28 02.0	29 04.0	28 08.9	28 14.1	27 19.4	28 00.8
27 20.6		31 04.3	30 09.2	30 14.0	29 18.6	29 23.3	31 01.3	30 06.3	30 11.4	29 16.7	29 22.1
29 17.9						31 20.5					31 19.4
31 15.2											

IV Dione

Jan.	Feb.	Mar.	Apr.	May	June	July	Aug.	Sept.	Oct.	Nov.	Dec.
d h	d h	d h	d h	d h	d h	d h	d h	d h	d h	d h	d h
−3 09.9	2 00.6	1 10.0	3 06.6	3 09.2	2 11.5	2 13.6	1 15.8	3 11.7	3 14.4	2 17.3	2 20.4
0 03.7	4 18.4	4 03.7	6 00.3	6 02.8	5 05.1	5 07.3	4 09.4	6 05.4	6 08.1	5 11.0	5 14.1
2 21.4	7 12.1	6 21.4	8 18.0	8 20.5	7 22.8	8 00.9	7 03.1	8 23.1	9 01.8	8 04.7	8 07.9
5 15.2	10 05.9	9 15.2	11 11.7	11 14.2	10 16.4	10 18.6	9 20.7	11 16.8	11 19.5	10 22.4	11 01.6
8 08.9	12 23.6	12 08.9	14 05.4	14 07.8	13 10.1	13 12.2	12 14.4	14 10.5	14 13.2	13 16.2	13 19.4
11 02.7	15 17.3	15 02.6	16 23.0	17 01.5	16 03.7	16 05.9	15 08.0	17 04.2	17 06.9	16 09.9	16 13.1
13 20.4	18 11.1	17 20.3	19 16.7	19 19.2	18 21.4	18 23.5	18 01.7	19 21.9	20 00.6	19 03.7	19 06.8
16 14.2	21 04.8	20 14.0	22 10.4	22 12.8	21 15.0	21 17.1	20 19.4	22 15.5	22 18.3	21 21.4	22 00.6
19 07.9	23 22.5	23 07.7	25 04.1	25 06.5	24 08.7	24 10.8	23 13.0	25 09.2	25 12.1	24 15.1	24 18.3
22 01.7	26 16.3	26 01.4	27 21.8	28 00.2	27 02.3	27 04.4	26 06.7	28 02.9	28 05.8	27 08.9	27 12.1
24 19.4		28 19.2	30 15.5	30 17.8	29 20.0	29 22.1	29 00.4	30 20.6	30 23.5	30 02.6	30 05.8
27 13.1		31 12.9					31 18.1				32 23.6
30 06.9											

V Rhea

Jan.	Feb.	Mar.	Apr.	May	June	July	Aug.	Sept.	Oct.	Nov.	Dec.
d h	d h	d h	d h	d h	d h	d h	d h	d h	d h	d h	d h
−2 07.9	3 12.6	2 16.0	3 07.5	4 22.6	1 00.8	2 15.1	3 05.3	3 19.8	5 10.8	1 13.8	3 05.7
2 20.5	8 01.2	7 04.5	7 20.0	9 11.0	5 13.1	7 03.4	7 17.6	8 08.2	9 23.3	6 02.4	7 18.3
7 09.1	12 13.8	11 17.0	12 08.4	13 23.3	10 01.5	11 15.7	12 05.9	12 20.6	14 11.8	10 14.9	12 06.9
11 21.7	17 02.3	16 05.6	16 20.9	18 11.7	14 13.8	16 04.0	16 18.3	17 09.0	19 00.3	15 03.5	16 19.5
16 10.3	21 14.9	20 18.1	21 09.3	23 00.1	19 02.1	20 16.3	21 06.7	21 21.5	23 12.8	19 16.0	21 08.1
20 22.9	26 03.4	25 06.6	25 21.7	27 12.4	23 14.4	25 04.6	25 19.0	26 09.9	28 01.3	24 04.6	25 20.7
25 11.5		29 19.0	30 10.2		28 02.7	29 16.9	30 07.4	30 22.4		28 17.2	30 09.2
30 00.1											34 21.8
											39 10.4

UNIVERSAL TIME OF CONJUNCTIONS AND ELONGATIONS

VI Titan

Eastern Elongation		Inferior Conjunction		Western Elongation		Superior Conjunction	
	d h		d h		d h		d h
Jan.	−8 06.8	Jan.	−4 04.3	Jan.	0 08.5	Jan.	4 11.4
	8 07.7		12 05.2		16 09.5		20 12.2
	24 08.5		28 06.1	Feb.	1 10.3	Feb.	5 12.8
Feb.	9 09.2	Feb.	13 06.8		17 11.0		21 13.2
	25 09.6	Mar.	1 07.2	Mar.	5 11.4	Mar.	9 13.3
Mar.	13 09.8		17 07.3		21 11.4		25 13.1
	29 09.5	Apr.	2 07.0	Apr.	6 11.0	Apr.	10 12.5
Apr.	14 08.9		18 06.2		22 10.1		26 11.5
	30 07.7	May	4 05.0	May	8 08.8	May	12 10.0
May	16 06.1		20 03.3		24 06.9		28 08.1
June	1 04.1	June	5 01.2	June	9 04.6	June	13 05.9
	17 01.7		20 22.7		25 02.0		29 03.5
July	2 23.1	July	6 20.1	July	10 23.3	July	15 00.9
	18 20.4		22 17.4		26 20.6		30 22.4
Aug.	3 17.9	Aug.	7 14.9	Aug.	11 18.1	Aug.	15 20.2
	19 15.5		23 12.7		27 15.9		31 18.2
Sept.	4 13.6	Sept.	8 10.9	Sept.	12 14.2	Sept.	16 16.7
	20 12.2		24 09.6		28 12.9	Oct.	2 15.6
Oct.	6 11.2	Oct.	10 08.8	Oct.	14 12.2		18 15.0
	22 10.7		26 08.4		30 12.0	Nov.	3 14.8
Nov.	7 10.6	Nov.	11 08.5	Nov.	15 12.2		19 14.9
	23 10.9		27 08.9	Dec.	1 12.7	Dec.	5 15.3
Dec.	9 11.4	Dec.	13 09.6		17 13.4		21 15.9
	25 12.2		29 10.4		33 14.3		37 16.6
	41 13.0		45 11.3				

VII Hyperion

Eastern Elongation		Inferior Conjunction		Western Elongation		Superior Conjunction	
	d h		d h		d h		d h
						Jan.	−10 05.1
Jan.	−6 14.5	Jan.	−1 02.2	Jan.	5 10.0		11 14.1
	15 23.4		20 11.2		26 19.2	Feb.	1 22.2
Feb.	6 07.8	Feb.	10 20.3	Feb.	17 04.6		23 06.0
	27 15.5	Mar.	4 04.8	Mar.	10 14.3	Mar.	16 15.4
Mar.	21 00.6		25 13.8		31 23.0	Apr.	6 23.2
Apr.	11 08.6	Apr.	15 22.1	Apr.	22 07.1		28 06.2
May	2 15.4	May	7 05.4	May	13 15.0	May	19 14.6
	23 23.1		28 12.5	June	3 21.6	June	9 21.4
June	14 06.0	June	18 19.2		25 03.7	July	1 03.6
July	5 11.8	July	10 01.2	July	16 10.2		22 11.3
	26 19.0		31 07.8	Aug.	6 16.6	Aug.	12 18.8
Aug.	17 02.6	Aug.	21 15.7		28 00.0	Sept.	3 02.3
Sept.	7 10.1	Sept.	11 23.9	Sept.	18 09.0		24 11.9
	28 19.5	Oct.	3 09.3	Oct.	9 18.8	Oct.	15 22.0
Oct.	20 06.2		24 20.8		31 05.8	Nov.	6 07.6
Nov.	10 16.3	Nov.	15 08.2	Nov.	21 17.8		27 18.7
Dec.	2 03.5	Dec.	6 20.0	Dec.	13 06.0	Dec.	19 06.1
	23 15.6		28 09.2		34 18.1		40 15.5
	45 01.8						

VIII Iapetus

Eastern Elongation		Inferior Conjunction		Western Elongation		Superior Conjunction	
	d h		d h		d h		d h
Jan.	−3 09.0	Jan.	17 00.0	Feb.	7 05.0	Feb.	28 01.0
Mar.	19 16.3	Apr.	7 19.4	Apr.	28 18.0	May	18 21.7
June	6 23.5	June	25 17.2	July	15 22.2	Aug.	5 04.9
Aug.	23 22.3	Sept.	12 03.3	Oct.	2 09.8	Oct.	23 11.2
Nov.	11 15.3	Dec.	1 09.1	Dec.	22 08.0	Dec.	43 11.4

SATELLITES OF SATURN, 2019

DIFFERENTIAL COORDINATES OF VII HYPERION FOR 0ʰ UNIVERSAL TIME

Date		$\Delta\alpha$	$\Delta\delta$	Date		$\Delta\alpha$	$\Delta\delta$	Date		$\Delta\alpha$	$\Delta\delta$
		s	′			s	′			s	′
Jan.	−1	0	− 1.3	May	1	+ 12	+ 0.3	Sept.	2	− 4	+ 1.5
	1	− 7	− 1.0		3	+ 13	− 0.6		4	+ 5	+ 1.1
	3	− 13	− 0.5		5	+ 8	− 1.2		6	+ 12	+ 0.3
	5	− 15	+ 0.2		7	0	− 1.4		8	+ 13	− 0.7
	7	− 13	+ 0.8		9	− 8	− 1.2		10	+ 8	− 1.4
	9	− 9	+ 1.2		11	− 14	− 0.6		12	− 1	− 1.5
	11	− 1	+ 1.3		13	− 17	+ 0.1		14	− 9	− 1.2
	13	+ 6	+ 0.9		15	− 16	+ 0.8		16	− 15	− 0.6
	15	+ 11	+ 0.1		17	− 10	+ 1.3		18	− 17	+ 0.2
	17	+ 11	− 0.7		19	− 2	+ 1.4		20	− 15	+ 0.9
	19	+ 5	− 1.2		21	+ 8	+ 0.9		22	− 10	+ 1.4
	21	− 3	− 1.2		23	+ 13	0.0		24	− 1	+ 1.4
	23	− 9	− 0.9		25	+ 12	− 0.9		26	+ 8	+ 0.9
	25	− 14	− 0.3		27	+ 6	− 1.4		28	+ 13	0.0
	27	− 15	+ 0.4		29	− 3	− 1.4		30	+ 12	− 0.9
	29	− 12	+ 1.0		31	− 11	− 1.0	Oct.	2	+ 5	− 1.4
	31	− 6	+ 1.3	June	2	− 16	− 0.4		4	− 3	− 1.4
Feb.	2	+ 1	+ 1.2		4	− 18	+ 0.4		6	− 10	− 1.0
	4	+ 9	+ 0.6		6	− 15	+ 1.1		8	− 15	− 0.3
	6	+ 12	− 0.2		8	− 8	+ 1.4		10	− 16	+ 0.4
	8	+ 9	− 1.0		10	+ 2	+ 1.3		12	− 14	+ 1.0
	10	+ 3	− 1.3		12	+ 11	+ 0.6		14	− 7	+ 1.4
	12	− 5	− 1.2		14	+ 14	− 0.3		16	+ 2	+ 1.2
	14	− 11	− 0.7		16	+ 11	− 1.2		18	+ 10	+ 0.6
	16	− 15	− 0.1		18	+ 3	− 1.5		20	+ 13	− 0.3
	18	− 15	+ 0.6		20	− 6	− 1.4		22	+ 10	− 1.1
	20	− 11	+ 1.1		22	− 13	− 0.8		24	+ 3	− 1.4
	22	− 4	+ 1.3		24	− 18	− 0.1		26	− 5	− 1.3
	24	+ 4	+ 1.0		26	− 17	+ 0.7		28	− 12	− 0.8
	26	+ 10	+ 0.3		28	− 13	+ 1.3		30	− 15	− 0.1
	28	+ 12	− 0.5		30	− 5	+ 1.5	Nov.	1	− 15	+ 0.6
Mar.	2	+ 8	− 1.1	July	2	+ 5	+ 1.2		3	− 12	+ 1.1
	4	0	− 1.3		4	+ 13	+ 0.3		5	− 5	+ 1.3
	6	− 7	− 1.1		6	+ 14	− 0.7		7	+ 4	+ 1.1
	8	− 13	− 0.5		8	+ 8	− 1.4		9	+ 11	+ 0.3
	10	− 15	+ 0.1		10	0	− 1.6		11	+ 12	− 0.5
	12	− 14	+ 0.8		12	− 9	− 1.2		13	+ 8	− 1.2
	14	− 9	+ 1.2		14	− 16	− 0.6		15	+ 1	− 1.4
	16	− 2	+ 1.3		16	− 18	+ 0.2		17	− 7	− 1.1
	18	+ 7	+ 0.8		18	− 16	+ 0.9		19	− 12	− 0.6
	20	+ 12	0.0		20	− 10	+ 1.4		21	− 15	0.0
	22	+ 11	− 0.8		22	− 1	+ 1.5		23	− 14	+ 0.7
	24	+ 6	− 1.3		24	+ 9	+ 0.9		25	− 10	+ 1.1
	26	− 2	− 1.3		26	+ 14	− 0.1		27	− 2	+ 1.2
	28	− 10	− 0.9		28	+ 12	− 1.0		29	+ 6	+ 0.9
	30	− 15	− 0.3		30	+ 5	− 1.5	Dec.	1	+ 11	+ 0.1
Apr.	1	− 16	+ 0.4	Aug.	1	− 4	− 1.5		3	+ 11	− 0.7
	3	− 14	+ 1.0		3	− 12	− 1.0		5	+ 6	− 1.2
	5	− 7	+ 1.3		5	− 17	− 0.3		7	− 1	− 1.3
	7	+ 1	+ 1.2		7	− 18	+ 0.5		9	− 8	− 1.0
	9	+ 9	+ 0.6		9	− 15	+ 1.2		11	− 13	− 0.5
	11	+ 13	− 0.3		11	− 7	+ 1.5		13	− 15	+ 0.2
	13	+ 10	− 1.0		13	+ 2	+ 1.3		15	− 13	+ 0.8
	15	+ 3	− 1.4		15	+ 11	+ 0.6		17	− 8	+ 1.2
	17	− 5	− 1.2		17	+ 14	− 0.4		19	0	+ 1.1
	19	− 12	− 0.8		19	+ 10	− 1.2		21	+ 8	+ 0.6
	21	− 16	− 0.1		21	+ 2	− 1.6		23	+ 12	− 0.2
	23	− 16	+ 0.6		23	− 7	− 1.4		25	+ 10	− 0.9
	25	− 12	+ 1.1		25	− 14	− 0.8		27	+ 4	− 1.3
	27	− 5	+ 1.3		27	− 17	− 0.1		29	− 3	− 1.2
	29	+ 4	+ 1.1		29	− 17	+ 0.7		31	− 9	− 0.9
May	1	+ 12	+ 0.3		31	− 12	+ 1.3		33	− 14	− 0.3

Differential coordinates are given in the sense "satellite minus planet."

DIFFERENTIAL COORDINATES OF VIII IAPETUS FOR 0ʰ UNIVERSAL TIME

Date		$\Delta\alpha$	$\Delta\delta$	Date		$\Delta\alpha$	$\Delta\delta$	Date		$\Delta\alpha$	$\Delta\delta$
		s	′			s	′			s	′
Jan.	−1	+ 30	− 1.3	May	1	− 36	+ 1.2	Sept.	2	+ 26	− 1.8
	1	+ 29	− 1.4		3	− 35	+ 1.3		4	+ 21	− 1.9
	3	+ 27	− 1.5		5	− 32	+ 1.4		6	+ 16	− 1.8
	5	+ 25	− 1.6		7	− 29	+ 1.5		8	+ 11	− 1.7
	7	+ 21	− 1.6		9	− 25	+ 1.5		10	+ 5	− 1.6
	9	+ 17	− 1.6		11	− 21	+ 1.5		12	− 1	− 1.4
	11	+ 13	− 1.6		13	− 16	+ 1.5		14	− 7	− 1.2
	13	+ 9	− 1.5		15	− 11	+ 1.4		16	− 12	− 1.0
	15	+ 4	− 1.4		17	− 5	+ 1.3		18	− 17	− 0.7
	17	− 1	− 1.2		19	+ 1	+ 1.2		20	− 22	− 0.4
	19	− 6	− 1.0		21	+ 7	+ 1.0		22	− 26	− 0.2
	21	− 11	− 0.8		23	+ 13	+ 0.8		24	− 30	+ 0.1
	23	− 15	− 0.6		25	+ 18	+ 0.5		26	− 33	+ 0.4
	25	− 19	− 0.4		27	+ 23	+ 0.3		28	− 35	+ 0.7
	27	− 23	− 0.1		29	+ 28	0.0		30	− 36	+ 0.9
	29	− 26	+ 0.1		31	+ 31	− 0.2	Oct.	2	− 36	+ 1.2
	31	− 29	+ 0.3	June	2	+ 34	− 0.5		4	− 36	+ 1.3
Feb.	2	− 31	+ 0.6		4	+ 36	− 0.7		6	− 35	+ 1.5
	4	− 32	+ 0.8		6	+ 37	− 1.0		8	− 33	+ 1.6
	6	− 33	+ 1.0		8	+ 37	− 1.2		10	− 30	+ 1.7
	8	− 33	+ 1.1		10	+ 36	− 1.3		12	− 27	+ 1.8
	10	− 32	+ 1.3		12	+ 33	− 1.5		14	− 23	+ 1.8
	12	− 31	+ 1.4		14	+ 30	− 1.6		16	− 18	+ 1.8
	14	− 28	+ 1.5		16	+ 26	− 1.6		18	− 13	+ 1.7
	16	− 26	+ 1.5		18	+ 22	− 1.7		20	− 8	+ 1.6
	18	− 22	+ 1.5		20	+ 16	− 1.6		22	− 3	+ 1.4
	20	− 18	+ 1.5		22	+ 10	− 1.6		24	+ 3	+ 1.2
	22	− 14	+ 1.5		24	+ 4	− 1.4		26	+ 8	+ 1.0
	24	− 9	+ 1.4		26	− 2	− 1.3		28	+ 13	+ 0.8
	26	− 4	+ 1.3		28	− 8	− 1.1		30	+ 17	+ 0.5
	28	+ 1	+ 1.1		30	− 14	− 0.9	Nov.	1	+ 22	+ 0.3
Mar.	2	+ 6	+ 0.9	July	2	− 20	− 0.6		3	+ 25	0.0
	4	+ 11	+ 0.7		4	− 25	− 0.4		5	+ 28	− 0.2
	6	+ 16	+ 0.5		6	− 29	− 0.1		7	+ 30	− 0.5
	8	+ 20	+ 0.3		8	− 33	+ 0.2		9	+ 32	− 0.7
	10	+ 24	+ 0.1		10	− 36	+ 0.5		11	+ 32	− 0.9
	12	+ 27	− 0.2		12	− 38	+ 0.7		13	+ 32	− 1.1
	14	+ 30	− 0.4		14	− 40	+ 1.0		15	+ 31	− 1.3
	16	+ 32	− 0.6		16	− 40	+ 1.2		17	+ 29	− 1.4
	18	+ 33	− 0.8		18	− 39	+ 1.4		19	+ 26	− 1.5
	20	+ 33	− 1.0		20	− 38	+ 1.6		21	+ 23	− 1.5
	22	+ 32	− 1.1		22	− 35	+ 1.7		23	+ 19	− 1.5
	24	+ 30	− 1.3		24	− 32	+ 1.8		25	+ 15	− 1.5
	26	+ 28	− 1.4		26	− 28	+ 1.9		27	+ 10	− 1.4
	28	+ 25	− 1.4		28	− 23	+ 1.9		29	+ 5	− 1.3
	30	+ 21	− 1.4		30	− 17	+ 1.8	Dec.	1	0	− 1.2
Apr.	1	+ 17	− 1.4	Aug.	1	− 12	+ 1.7		3	− 5	− 1.0
	3	+ 12	− 1.4		3	− 6	+ 1.6		5	− 10	− 0.8
	5	+ 7	− 1.3		5	0	+ 1.4		7	− 14	− 0.6
	7	+ 1	− 1.2		7	+ 7	+ 1.2		9	− 19	− 0.4
	9	− 4	− 1.0		9	+ 13	+ 1.0		11	− 23	− 0.2
	11	− 9	− 0.8		11	+ 18	+ 0.7		13	− 26	0.0
	13	− 15	− 0.7		13	+ 23	+ 0.4		15	− 29	+ 0.2
	15	− 20	− 0.4		15	+ 28	+ 0.1		17	− 31	+ 0.4
	17	− 24	− 0.2		17	+ 31	− 0.2		19	− 32	+ 0.6
	19	− 28	0.0		19	+ 34	− 0.5		21	− 33	+ 0.8
	21	− 31	+ 0.2		21	+ 36	− 0.8		23	− 33	+ 0.9
	23	− 34	+ 0.5		23	+ 37	− 1.1		25	− 32	+ 1.1
	25	− 36	+ 0.7		25	+ 36	− 1.3		27	− 31	+ 1.2
	27	− 37	+ 0.9		27	+ 35	− 1.5		29	− 29	+ 1.2
	29	− 37	+ 1.0		29	+ 33	− 1.7		31	− 26	+ 1.3
May	1	− 36	+ 1.2		31	+ 30	− 1.8		33	− 23	+ 1.3

Differential coordinates are given in the sense "satellite minus planet."

SATELLITES OF SATURN, 2019

DIFFERENTIAL COORDINATES OF IX PHOEBE FOR 0ʰ UNIVERSAL TIME

Date		$\Delta\alpha$	$\Delta\delta$	Date		$\Delta\alpha$	$\Delta\delta$	Date		$\Delta\alpha$	$\Delta\delta$
		m s	′			m s	′			m s	′
Jan.	−1	+ 1 59	− 1.2	May	1	− 0 22	− 1.2	Sept.	2	− 2 06	+ 0.9
	1	+ 1 59	− 1.1		3	− 0 25	− 1.2		4	− 2 06	+ 0.9
	3	+ 1 58	− 1.1		5	− 0 29	− 1.3		6	− 2 05	+ 1.0
	5	+ 1 58	− 1.1		7	− 0 32	− 1.3		8	− 2 04	+ 1.0
	7	+ 1 57	− 1.0		9	− 0 36	− 1.3		10	− 2 03	+ 1.0
	9	+ 1 57	− 1.0		11	− 0 39	− 1.3		12	− 2 01	+ 1.0
	11	+ 1 56	− 1.0		13	− 0 42	− 1.3		14	− 2 00	+ 1.0
	13	+ 1 55	− 0.9		15	− 0 46	− 1.3		16	− 1 59	+ 1.0
	15	+ 1 54	− 0.9		17	− 0 49	− 1.3		18	− 1 58	+ 1.0
	17	+ 1 53	− 0.9		19	− 0 52	− 1.3		20	− 1 56	+ 1.0
	19	+ 1 52	− 0.8		21	− 0 56	− 1.3		22	− 1 55	+ 1.1
	21	+ 1 51	− 0.8		23	− 0 59	− 1.3		24	− 1 53	+ 1.1
	23	+ 1 50	− 0.8		25	− 1 02	− 1.3		26	− 1 52	+ 1.1
	25	+ 1 48	− 0.7		27	− 1 05	− 1.3		28	− 1 50	+ 1.1
	27	+ 1 47	− 0.7		29	− 1 08	− 1.2		30	− 1 48	+ 1.1
	29	+ 1 46	− 0.7		31	− 1 11	− 1.2	Oct.	2	− 1 46	+ 1.0
	31	+ 1 44	− 0.7	June	2	− 1 14	− 1.2		4	− 1 45	+ 1.0
Feb.	2	+ 1 42	− 0.7		4	− 1 17	− 1.2		6	− 1 43	+ 1.0
	4	+ 1 41	− 0.6		6	− 1 20	− 1.2		8	− 1 41	+ 1.0
	6	+ 1 39	− 0.6		8	− 1 23	− 1.1		10	− 1 39	+ 1.0
	8	+ 1 37	− 0.6		10	− 1 25	− 1.1		12	− 1 37	+ 1.0
	10	+ 1 35	− 0.6		12	− 1 28	− 1.1		14	− 1 35	+ 1.0
	12	+ 1 34	− 0.6		14	− 1 31	− 1.0		16	− 1 33	+ 1.0
	14	+ 1 32	− 0.6		16	− 1 33	− 1.0		18	− 1 30	+ 1.0
	16	+ 1 30	− 0.6		18	− 1 36	− 0.9		20	− 1 28	+ 1.0
	18	+ 1 27	− 0.6		20	− 1 38	− 0.9		22	− 1 26	+ 1.0
	20	+ 1 25	− 0.6		22	− 1 40	− 0.9		24	− 1 24	+ 0.9
	22	+ 1 23	− 0.6		24	− 1 43	− 0.8		26	− 1 21	+ 0.9
	24	+ 1 21	− 0.6		26	− 1 45	− 0.8		28	− 1 19	+ 0.9
	26	+ 1 18	− 0.6		28	− 1 47	− 0.7		30	− 1 16	+ 0.9
	28	+ 1 16	− 0.6		30	− 1 49	− 0.7	Nov.	1	− 1 14	+ 0.9
Mar.	2	+ 1 13	− 0.6	July	2	− 1 51	− 0.6		3	− 1 11	+ 0.9
	4	+ 1 11	− 0.6		4	− 1 53	− 0.5		5	− 1 09	+ 0.9
	6	+ 1 08	− 0.6		6	− 1 54	− 0.5		7	− 1 06	+ 0.9
	8	+ 1 05	− 0.6		8	− 1 56	− 0.4		9	− 1 04	+ 0.9
	10	+ 1 03	− 0.6		10	− 1 58	− 0.4		11	− 1 01	+ 0.9
	12	+ 1 00	− 0.6		12	− 1 59	− 0.3		13	− 0 59	+ 0.9
	14	+ 0 57	− 0.6		14	− 2 00	− 0.3		15	− 0 56	+ 0.9
	16	+ 0 54	− 0.7		16	− 2 02	− 0.2		17	− 0 53	+ 0.8
	18	+ 0 51	− 0.7		18	− 2 03	− 0.1		19	− 0 50	+ 0.8
	20	+ 0 48	− 0.7		20	− 2 04	− 0.1		21	− 0 48	+ 0.8
	22	+ 0 45	− 0.7		22	− 2 05	0.0		23	− 0 45	+ 0.8
	24	+ 0 42	− 0.8		24	− 2 06	0.0		25	− 0 42	+ 0.8
	26	+ 0 39	− 0.8		26	− 2 07	+ 0.1		27	− 0 39	+ 0.9
	28	+ 0 36	− 0.8		28	− 2 08	+ 0.2		29	− 0 37	+ 0.9
	30	+ 0 32	− 0.8		30	− 2 08	+ 0.2	Dec.	1	− 0 34	+ 0.9
Apr.	1	+ 0 29	− 0.9	Aug.	1	− 2 09	+ 0.3		3	− 0 31	+ 0.9
	3	+ 0 26	− 0.9		3	− 2 09	+ 0.3		5	− 0 28	+ 0.9
	5	+ 0 23	− 0.9		5	− 2 10	+ 0.4		7	− 0 25	+ 0.9
	7	+ 0 19	− 0.9		7	− 2 10	+ 0.4		9	− 0 23	+ 0.9
	9	+ 0 16	− 1.0		9	− 2 10	+ 0.5		11	− 0 20	+ 0.9
	11	+ 0 12	− 1.0		11	− 2 11	+ 0.5		13	− 0 17	+ 0.9
	13	+ 0 09	− 1.0		13	− 2 11	+ 0.6		15	− 0 14	+ 1.0
	15	+ 0 06	− 1.0		15	− 2 11	+ 0.6		17	− 0 11	+ 1.0
	17	+ 0 02	− 1.1		17	− 2 10	+ 0.7		19	− 0 08	+ 1.0
	19	− 0 01	− 1.1		19	− 2 10	+ 0.7		21	− 0 05	+ 1.0
	21	− 0 05	− 1.1		21	− 2 10	+ 0.7		23	− 0 02	+ 1.1
	23	− 0 08	− 1.1		23	− 2 10	+ 0.8		25	0 00	+ 1.1
	25	− 0 12	− 1.2		25	− 2 09	+ 0.8		27	+ 0 03	+ 1.1
	27	− 0 15	− 1.2		27	− 2 09	+ 0.8		29	+ 0 06	+ 1.2
	29	− 0 19	− 1.2		29	− 2 08	+ 0.9		31	+ 0 09	+ 1.2
May	1	− 0 22	− 1.2		31	− 2 07	+ 0.9		33	+ 0 12	+ 1.2

Differential coordinates are given in the sense "satellite minus planet."

APPARENT ORBITS OF SATELLITES I-V AT 0ʰ UNIVERSAL TIME ON THE DATE OF OPPOSITION, OCTOBER 28

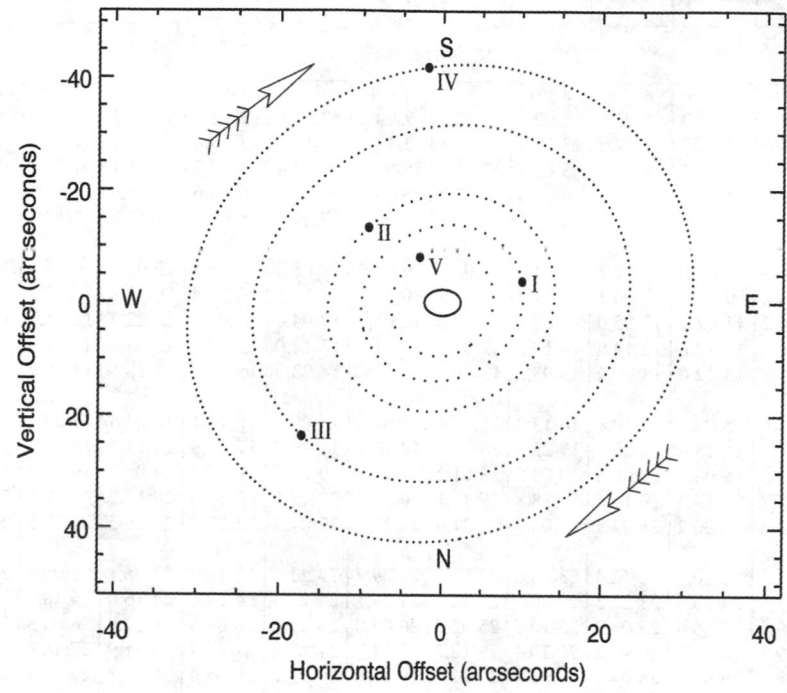

Orbits elongated in ratio of 1.7 to 1 in the East-West direction.

	Name	Mean Sidereal Period
		d
V	Miranda	1.413 479 408
I	Ariel	2.520 379 052
II	Umbriel	4.144 176 46
III	Titania	8.705 866 93
IV	Oberon	13.463 234 2

RINGS OF URANUS

Ring	Semimajor Axis	Width	Eccentricity	Inclination	Optical Depth
	km	km		°	
6	41837	1.5	0.00101	0.062	~ 0.3
5	42234	~ 2	0.00190	0.054	~ 0.5
4	42571	~ 2	0.001065	0.032	~ 0.3
α	44718	4 − 10	0.00076	0.015	~ 0.4
β	45661	5 − 11	0.00044	0.005	~ 0.3
η	47176	1.6	—	—	≤ 0.4
γ	47627	1 − 4	0.00109	0.000	≥ 0.3
δ	48300	3 − 7	0.00004	0.001	~ 0.5
λ	50024	~ 2	0.	0.	~ 0.1
ε	51149	20 − 96	0.00794	0.000	0.5 − 2.3

UNIVERSAL TIME OF GREATEST NORTHERN ELONGATION

Jan.	Feb.	Mar.	Apr.	May	June	July	Aug.	Sept.	Oct.	Nov.	Dec.

V Miranda

d h	d h	d h	d h	d h	d h	d h	d h	d h	d h	d h	d h
−2 00.5	2 08.7	1 05.3	1 07.6	2 09.8	1 02.2	2 04.4	2 06.6	2 08.9	2 01.2	2 03.6	1 20.0
−1 10.5	3 18.6	2 15.2	2 17.5	3 19.8	2 12.1	3 14.3	3 16.5	3 18.8	3 11.1	3 13.5	3 05.9
0 20.4	5 04.5	4 01.1	4 03.4	5 05.7	3 22.0	5 00.2	5 02.4	5 04.7	4 21.1	4 23.4	4 15.9
2 06.3	6 14.5	5 11.0	5 13.3	6 15.6	5 07.9	6 10.1	6 12.4	6 14.6	6 07.0	6 09.3	6 01.8
3 16.2	8 00.4	6 21.0	6 23.3	8 01.5	6 17.8	7 20.1	7 22.3	8 00.5	7 16.9	7 19.3	7 11.7
5 02.2	9 10.3	8 06.9	8 09.2	9 11.4	8 03.8	9 06.0	9 08.2	9 10.5	9 02.8	9 05.2	8 21.6
6 12.1	10 20.2	9 16.8	9 19.1	10 21.4	9 13.7	10 15.9	10 18.1	10 20.4	10 12.8	10 15.1	10 07.6
7 22.0	12 06.2	11 02.7	11 05.0	12 07.3	10 23.6	12 01.8	12 04.0	12 06.3	11 22.7	12 01.0	11 17.5
9 07.9	13 16.1	12 12.6	12 14.9	13 17.2	12 09.5	13 11.7	13 14.0	13 16.2	13 08.6	13 11.0	13 03.4
10 17.9	15 02.0	13 22.6	14 00.9	15 03.1	13 19.4	14 21.7	14 23.9	15 02.2	14 18.5	14 20.9	14 13.3
12 03.8	16 11.9	15 08.5	15 10.8	16 13.0	15 05.4	16 07.6	16 09.8	16 12.1	16 04.5	16 06.8	15 23.3
13 13.7	17 21.9	16 18.4	16 20.7	17 23.0	16 15.3	17 17.5	17 19.7	17 22.0	17 14.4	17 16.7	17 09.2
14 23.6	19 07.8	18 04.3	18 06.6	19 08.9	18 01.2	19 03.4	19 05.6	19 07.9	19 00.3	19 02.7	18 19.1
16 09.6	20 17.7	19 14.3	19 16.6	20 18.8	19 11.1	20 13.3	20 15.6	20 17.8	20 10.2	20 12.6	20 05.0
17 19.5	22 03.6	21 00.2	21 02.5	22 04.7	20 21.0	21 23.3	22 01.5	22 03.8	21 20.2	21 22.5	21 15.0
19 05.4	23 13.6	22 10.1	22 12.4	23 14.6	22 07.0	23 09.2	23 11.4	23 13.7	23 06.1	23 08.4	23 00.9
20 15.3	24 23.5	23 20.0	23 22.3	25 00.6	23 16.9	24 19.1	24 21.3	24 23.6	24 16.0	24 18.4	24 10.8
22 01.3	26 09.4	25 06.0	25 08.2	26 10.5	25 02.8	26 05.0	26 07.2	26 09.5	26 01.9	26 04.3	25 20.7
23 11.2	27 19.3	26 15.9	26 18.2	27 20.4	26 12.7	27 14.9	27 17.2	27 19.4	27 11.9	27 14.2	27 06.7
24 21.1		28 01.8	28 04.1	29 06.3	27 22.6	29 00.8	29 03.1	29 05.4	28 21.8	29 00.1	28 16.6
26 07.0		29 11.7	29 14.0	30 16.2	29 08.5	30 10.8	30 13.0	30 15.3	30 07.7	30 10.1	30 02.5
27 17.0		30 21.6	30 23.9		30 18.5	31 20.7	31 22.9		31 17.6		31 12.5
29 02.9											32 22.4
30 12.8											34 08.3
31 22.8											

I Ariel

d h	d h	d h	d h	d h	d h	d h	d h	d h	d h	d h	d h
−1 10.0	1 04.4	3 10.3	2 16.2	2 22.0	2 03.7	2 09.5	1 15.3	3 09.6	1 02.9	2 21.3	3 03.3
1 22.5	3 16.9	5 22.8	5 04.7	5 10.5	4 16.2	4 22.0	4 03.8	5 22.1	3 15.4	5 09.8	5 15.8
4 11.0	6 05.4	8 11.3	7 17.1	7 22.9	7 04.7	7 10.5	6 16.2	8 10.5	6 03.9	7 22.3	8 04.3
6 23.5	8 17.9	10 23.8	10 05.6	10 11.4	9 17.2	9 22.9	9 04.7	10 23.0	8 16.4	10 10.8	10 16.8
9 12.0	11 06.4	13 12.3	12 18.1	12 23.9	12 05.7	12 11.4	11 17.2	13 11.5	11 04.9	12 23.3	13 05.3
12 00.5	13 18.9	16 00.8	15 06.6	15 12.4	14 18.1	14 23.9	14 05.7	16 00.0	13 17.4	15 11.8	15 17.8
14 13.0	16 07.4	18 13.3	17 19.1	18 00.9	17 06.6	17 12.4	16 18.2	18 12.5	16 05.9	18 00.3	18 06.3
17 01.5	18 19.9	21 01.7	20 07.6	20 13.3	19 19.1	20 00.9	19 06.7	21 01.0	18 18.4	20 12.8	20 18.8
19 14.0	21 08.4	23 14.2	22 20.0	23 01.8	22 07.6	22 13.4	21 19.1	23 13.5	21 06.9	23 01.3	23 07.2
22 02.5	23 20.9	26 02.7	25 08.5	25 14.3	24 20.1	25 01.8	24 07.6	26 02.0	23 19.4	25 13.8	25 19.7
24 15.0	26 09.3	28 15.2	27 21.0	28 02.8	27 08.5	27 14.3	26 20.1	28 14.5	26 07.9	28 02.3	28 08.2
27 03.4	28 21.8	31 03.7	30 09.5	30 15.3	29 21.0	30 02.8	29 08.6		28 20.4	30 14.8	30 20.7
29 15.9							31 21.1		31 08.9		33 09.2

UNIVERSAL TIME OF GREATEST NORTHERN ELONGATION

Jan.	Feb.	Mar.	Apr.	May	June	July	Aug.	Sept.	Oct.	Nov.	Dec.

II Umbriel

d h	d h	d h	d h	d h	d h	d h	d h	d h	d h	d h	d h
−3 02.3	3 09.5	4 09.7	2 09.9	1 10.0	3 13.5	2 13.6	4 17.2	2 17.4	1 17.6	3 21.3	2 21.6
1 05.7	7 12.9	8 13.1	6 13.3	5 13.4	7 17.0	6 17.1	8 20.6	6 20.8	5 21.1	8 00.8	7 01.1
5 09.2	11 16.4	12 16.6	10 16.8	9 16.9	11 20.4	10 20.5	13 00.1	11 00.3	10 00.5	12 04.3	11 04.6
9 12.7	15 19.9	16 20.1	14 20.2	13 20.3	15 23.9	15 00.0	17 03.5	15 03.7	14 04.0	16 07.8	15 08.1
13 16.1	19 23.3	20 23.5	18 23.7	17 23.8	20 03.3	19 03.4	21 07.0	19 07.2	18 07.5	20 11.2	19 11.5
17 19.6	24 02.8	25 03.0	23 03.1	22 03.2	24 06.7	23 06.9	25 10.5	23 10.7	22 10.9	24 14.7	23 15.0
21 23.1	28 06.2	29 06.4	27 06.6	26 06.6	28 10.2	27 10.3	29 13.9	27 14.1	26 14.4	28 18.2	27 18.5
26 02.5				30 10.1		31 13.7			30 17.9		31 22.0
30 06.0											36 01.4

III Titania

d h	d h	d h	d h	d h	d h	d h	d h	d h	d h	d h	d h
−5 12.7	8 01.5	6 04.2	1 06.9	6 02.4	1 05.0	6 00.6	1 03.3	4 22.9	1 01.8	4 21.7	1 00.7
4 05.7	16 18.4	14 21.1	9 23.8	14 19.2	9 21.9	14 17.4	9 20.2	13 15.9	9 18.8	13 14.7	9 17.7
12 22.6	25 11.3	23 14.0	18 16.6	23 12.1	18 14.8	23 10.3	18 13.1	22 08.9	18 11.8	22 07.7	18 10.6
21 15.6			27 09.5		27 07.6		27 06.0		27 04.7		27 03.6
30 08.5											35 20.6

IV Oberon

d h	d h	d h	d h	d h	d h	d h	d h	d h	d h	d h	d h
−2 18.6	8 04.0	7 02.1	3 00.1	13 09.1	9 07.0	6 04.9	2 03.0	11 12.4	8 10.7	4 09.1	1 07.4
12 05.8	21 15.0	20 13.1	16 11.1	26 20.0	22 18.0	19 16.0	15 14.1	24 23.5	21 21.9	17 20.3	14 18.7
25 16.9			29 22.1				29 01.2				28 05.8
											41 17.0

SATELLITES OF NEPTUNE, 2019

APPARENT ORBIT OF I TRITON AT 0ʰ UNIVERSAL TIME
ON THE DATE OF OPPOSITION, SEPTEMBER 10

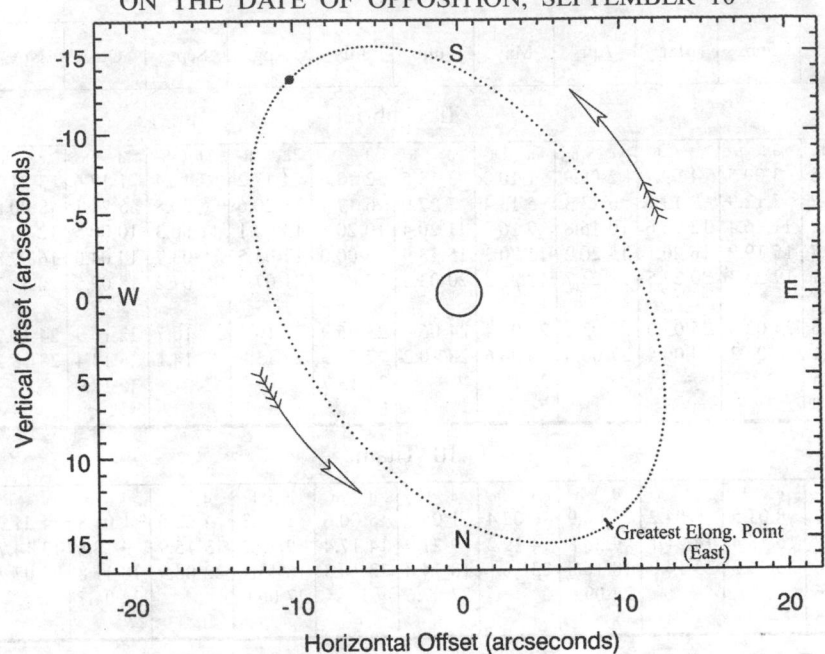

NAME		MEAN SIDEREAL PERIOD
		d
I	Triton	5.876 854 07 R
II	Nereid	360.13

DIFFERENTIAL COORDINATES OF II NEREID FOR 0ʰ UNIVERSAL TIME

Date		$\Delta\alpha\cos\delta$	$\Delta\delta$	Date		$\Delta\alpha\cos\delta$	$\Delta\delta$	Date		$\Delta\alpha\cos\delta$	$\Delta\delta$
		′ ″	′ ″			′ ″	′ ″			′ ″	′ ″
Jan.	−3	+2 56.7	+1 20.6	May	7	+4 22.0	+2 26.1	Sept.	14	+6 39.7	+3 24.0
	7	+2 16.6	+1 00.2		17	+4 47.1	+2 38.6		24	+6 31.6	+3 18.5
	17	+1 31.5	+0 37.6		27	+5 09.6	+2 49.8	Oct.	4	+6 20.4	+3 11.5
	27	+0 40.4	+0 12.6	June	6	+5 29.9	+2 59.6		14	+6 06.4	+3 03.1
Feb.	6	−0 16.1	−0 13.9		16	+5 47.9	+3 08.2		24	+5 49.4	+2 53.2
	16	−0 54.5	−0 28.1		26	+6 03.7	+3 15.4	Nov.	3	+5 29.4	+2 42.0
	26	−0 18.6	−0 04.0	July	6	+6 17.1	+3 21.4		13	+5 06.6	+2 29.4
Mar.	8	+0 36.9	+0 27.3		16	+6 28.3	+3 26.0		23	+4 40.7	+2 15.4
	18	+1 26.9	+0 54.6		26	+6 36.9	+3 29.3	Dec.	3	+4 11.8	+1 59.9
	28	+2 10.7	+1 18.0	Aug.	5	+6 43.0	+3 31.2		13	+3 39.5	+1 42.9
Apr.	7	+2 49.2	+1 38.3		15	+6 46.5	+3 31.6		23	+3 03.5	+1 24.2
	17	+3 23.5	+1 56.1		25	+6 47.1	+3 30.6		33	+2 23.1	+1 03.5
	27	+3 54.3	+2 12.0	Sept.	4	+6 44.8	+3 28.1		43	+1 37.5	+0 40.4

I Triton

UNIVERSAL TIME OF GREATEST EASTERN ELONGATION

Jan.	Feb.	Mar.	Apr.	May	June	July	Aug.	Sept.	Oct.	Nov.	Dec.
d h	d h	d h	d h	d h	d h	d h	d h	d h	d h	d h	d h
−3 06.8	1 12.7	2 21.6	1 06.3	6 12.1	4 21.1	4 06.3	2 15.6	1 01.1	6 07.7	4 17.2	4 02.5
3 03.8	7 09.7	8 18.5	7 03.3	12 09.1	10 18.1	10 03.3	8 12.7	6 22.2	12 04.8	10 14.3	9 23.6
9 00.8	13 06.7	14 15.5	13 00.3	18 06.1	16 15.2	16 00.4	14 09.8	12 19.3	18 01.9	16 11.4	15 20.6
14 21.8	19 03.6	20 12.4	18 21.2	24 03.1	22 12.2	21 21.4	20 06.9	18 16.4	23 23.0	22 08.4	21 17.7
20 18.8	25 00.6	26 09.4	24 18.2	30 00.1	28 09.2	27 18.5	26 04.0	24 13.5	29 20.1	28 05.5	27 14.7
26 15.8			30 15.2					30 10.6			33 11.7

SATELLITE OF PLUTO, 2019

APPARENT ORBIT OF I CHARON AT 0ʰ UNIVERSAL TIME ON THE DATE OF OPPOSITION, JULY 14

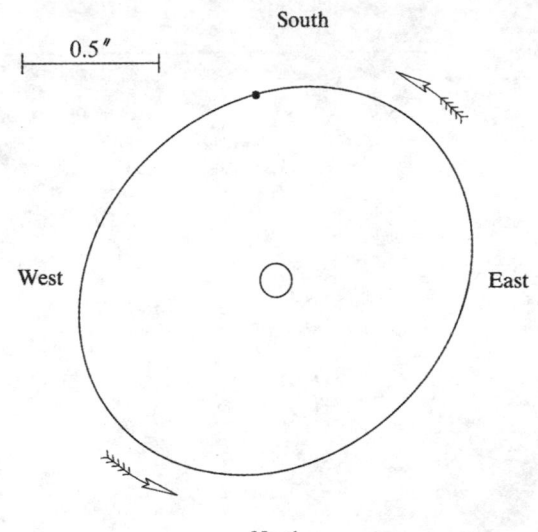

NAME	MEAN SIDEREAL PERIOD d
I Charon	6.387 2

I Charon

UNIVERSAL TIME OF GREATEST NORTHERN ELONGATION

Jan.	Feb.	Mar.	Apr.	May	June	July	Aug.	Sept.	Oct.	Nov.	Dec.
d h	d h	d h	d h	d h	d h	d h	d h	d h	d h	d h	d h
−1 22.5	7 05.6	4 18.4	5 16.4	1 05.5	2 04.0	4 02.8	5 01.6	6 00.4	1 13.7	2 12.1	4 10.3
6 07.7	13 14.8	11 03.6	12 01.7	7 14.8	8 13.4	10 12.1	11 11.0	12 09.7	7 23.0	8 21.4	10 19.5
12 16.9	20 00.0	17 12.8	18 10.9	14 00.1	14 22.7	16 21.5	17 20.3	18 19.1	14 08.3	15 06.6	17 04.7
19 02.1	26 09.2	23 22.0	24 20.2	20 09.4	21 08.1	23 06.9	24 05.7	25 04.4	20 17.6	21 15.8	23 13.9
25 11.2		30 07.2		26 18.7	27 17.4	29 16.2	30 15.0		27 02.8	28 01.1	29 23.1
31 20.4											36 08.3

CONTENTS OF SECTION G

This symbol indicates that these data or auxiliary material may also be found on *The Astronomical Almanac Online* at **http://asa.usno.navy.mil** and **http://asa.hmnao.com**

Introduction

At the XXVI General Assembly (2006) the IAU defined a new classification scheme for the solar system. This scheme includes definitions for planets, dwarf planets and small solar system bodies (i.e. asteroids, trans-Neptunian objects, comets, and other small bodies). The 2006 IAU resolution B5 (2) classifies a dwarf planet as follows: A "dwarf planet" is a celestial body that (a) is in orbit around the Sun, (b) has sufficient mass for its self gravity to overcome rigid body forces so that it assumes a hydrostatic equilibrium shape, (c) has not cleared the neighbourhood around its orbit, and (d) is not a satellite. Resolution B6 confirmed the re-classification of Pluto as a dwarf planet.

This section includes tabulated data on selected dwarf planets, minor planets, and comets. Solar system bodies classified as planets are tabulated in Section E. See Section L for details about the selection of dwarf and minor planets, the sources of the various data and about the star catalogues used to plot the charts.

Notes on dwarf planets

The current selection of dwarf planets is (1) Ceres, (134340) Pluto and (136199) Eris. Prior to the 2013 edition Pluto was included in Section E—Planets and Ceres was classified as a minor planet. Eris (discovered in 2005) is another prominent member of the dwarf planet group. When these selected dwarf planets are at opposition between 2019 January 1 and January 31 of the following year more data are provided. Not only is the opposition date and time (nearest hour UT) given but also when the object is stationary in right ascension. Two star charts, one showing the path of the dwarf planet during the year and the other, a more detailed 60-day view on either side of opposition, are provided in order to help with identification. A daily astrometric ephemeris (see page B29) is also tabulated around opposition, which covers the interval when the dwarf planet is within 45° of opposition. Independent of the opposition date the osculating elements and heliocentric coordinates are tabulated for three dates during the year.

A physical ephemeris is tabulated at a ten day interval for those dwarf planets for which reliable data are available; currently (1) Ceres and (134340) Pluto. Information on the use of a physical ephemeris for the planets is given in Section E (see page E3) and can be applied to a dwarf planet ephemeris with the exception that a positive pole, defined as the pole around which the object rotates in a counterclockwise direction, replaces the notion of a north pole.

All dwarf planets acknowledged by the IAU (at the time of production) are listed with their basic physical properties. Please note that for Makemake no reliable mass estimate is available as this dwarf planet has no known satellite. The topic of dwarf planets in our solar system and small solar system bodies is the subject of ongoing research and new discoveries are being made. This section makes no attempt to provide a complete or definitive list.

Notes on bright minor planets

Pages G12–G26 contain various data on a selection of 92 of the largest and/or brightest minor planets. The first of these tabulate their heliocentric osculating orbital elements for epoch 2019 November 13·0 TT (JD 245 8800·5), with respect to the ecliptic and equinox J2000·0.

The next opposition dates of all the objects are listed in chronological order together with the visual magnitude and apparent declination. A sub-set (printed in bold) of the 14 larger minor planets, consisting of (2) Pallas, (3) Juno, (4) Vesta, (6) Hebe, (7) Iris, (8) Flora, (9) Metis, (10) Hygiea, (15) Eunomia, (16) Psyche, (52) Europa, (65) Cybele, (511) Davida and (704) Interamnia are candidates for a daily ephemeris.

A daily geocentric astrometric ephemeris is tabulated for those of the 14 larger minor planets that have an opposition date occurring between 2019 January 1 and 2020 January 31. The daily ephemeris of each object is centred about the opposition date, which is repeated at the bottom of the first column and at the top of the second column. The highlighted dates indicate when the object is stationary in right ascension. It is very occasionally possible for a stationary date to be outside the period tabulated.

Linear interpolation is sufficient for the magnitude and ephemeris transit, but for the right ascension and declination second differences are significant. The tabulations are similar to those for the dwarf planets, and the use of the data is similar to that for the planets.

Notes on comets

The table of osculating elements (see last page of this section) is for use in the generation of ephemerides by numerical integration. Typically, an ephemeris may be computed from these unperturbed elements to provide positions accurate to one to two arcminutes within a year of the epoch (Osc. epoch). The innate inaccuracy of some of these elements can be more of a problem and are discussed further in that part of Section L that deals with section G.

PHYSICAL PROPERTIES OF DWARF PLANETS

Number	Name	Equat. Radius km	Mass kg $\times 10^{20}$	Minimum Geocentric Distance au	Sidereal Period of Rotation d	Maximum Angular Diameter $''$	Geometric Albedo	Year of Discovery
(1)	Ceres	479·7	9·39	1·5833	0·3781	0·840	0·073	1801
(134340)	Pluto	1195	130·41	28·6031	6·3872	0·110	0·30	1930
(136108)	Haumea	1000	42	33·5620	0·1631	0·092	0·73	2004
(136199)	Eris	1200	166·95	37·5984	1·0800	0·088	0·86	2005
(136472)	Makemake	850	—	37·0193	7·7710	0·053	0·78	2005

OSCULATING ELEMENTS FOR ECLIPTIC AND EQUINOX J2000·0

Name	Magnitude Parameters H	G	Mean Diameter km	Julian Date	Inclination i °	Long. of Asc. Node Ω °	Argument of Perihelion ω °	Semi-major Axis a au	Daily Motion n °/d	Eccentricity e	Mean Anomaly M °
Ceres	3·34	0·12	952	2458600·5	10·594	80·305	73·598	2·769	0·2138	0·076	77·3721119
				2458700·5	10·594	80·306	73·785	2·769	0·2138	0·076	98·5356584
				2458800·5	10·592	80·304	73·838	2·769	0·2138	0·076	119·8237934
Pluto	−0·76	0·12	2390	2458600·5	17·103	110·297	114·734	39·773	0·0039	0·252	41·8310006
				2458700·5	17·101	110·297	114·830	39·782	0·0039	0·252	42·1662397
				2458800·5	17·099	110·297	114·924	39·788	0·0039	0·252	42·5067285
Eris	−1·10	0·15	2400	2458600·5	44·144	35·905	151·723	67·707	0·0017	0·439	205·3363704
				2458700·5	44·121	35·915	151·720	67·736	0·0017	0·438	205·4700508
				2458800·5	44·094	35·927	151·713	67·766	0·0017	0·438	205·6105827

USEFUL FORMULAE

Mean Longitude: $L = M + \varpi$

Longitude of perihelion: $\varpi = \omega + \Omega$

True anomaly in radians: $v = M + (2e − e^3/4)\sin M + (5e^2/4)\sin 2M + (13e^3/12)\sin 3M + \cdots$

Planet-Sun distance: $r = a(1 − e^2)/(1 + e \cos v)$

Heliocentric rectangular coordinates, referred to the ecliptic, may be computed from the elements using:

$$x = r\{\cos(v + \omega) \cos \Omega − \sin(v + \omega) \cos i \sin \Omega\}$$
$$y = r\{\cos(v + \omega) \sin \Omega + \sin(v + \omega) \cos i \cos \Omega\}$$
$$z = r \sin(v + \omega) \sin i$$

HELIOCENTRIC COORDINATES AND VELOCITY COMPONENTS REFERRED TO THE MEAN EQUATOR AND EQUINOX OF J2000·0

Name	Julian Date	x au	y au	z au	$\dot{x}$ au/d	$\dot{y}$ au/d	$\dot{z}$ au/d
Ceres	2458600·5	−1·3565671	−2·2466340	−0·7828850	0·0084651	−0·0046970	−0·0039392
	2458700·5	−0·4355068	−2·5502404	−1·1136792	0·0097260	−0·0013523	−0·0026190
	2458800·5	0·5443517	−2·5199585	−1·2990103	0·0096632	0·0019113	−0·0010672
Pluto	2458600·5	12·2315786	−28·8294725	−12·6824290	0·0030043	0·0007973	0·0006542
	2458700·5	12·5315449	−28·7485899	−12·7473397	0·0029949	0·0008203	−0·0006440
	2458800·5	12·8305611	−28·6654112	−12·8112343	0·0029853	0·0008432	−0·0006338
Eris	2458600·5	86·2784214	42·1030228	−3·2936449	−0·0003923	0·0004485	0·0011991
	2458700·5	86·2390525	42·1478537	−3·1737045	−0·0003951	0·0004481	0·0011997
	2458800·5	86·1994029	42·1926427	−3·0537116	−0·0003980	0·0004477	0·0012002

CERES AT OPPOSITION

Date	UT	Mag.
2019 May 28	23^h	+ 7.0

Stationary in right ascension on 2019 April 8 and July 19.

The following diagrams are provided for observers wishing to find the position of Ceres in relation to the stars. The first chart shows the path of the dwarf planet during 2019. The second chart provides a detailed view of the path over 60 days either side of opposition. The V-magnitude scale used is given on each chart.

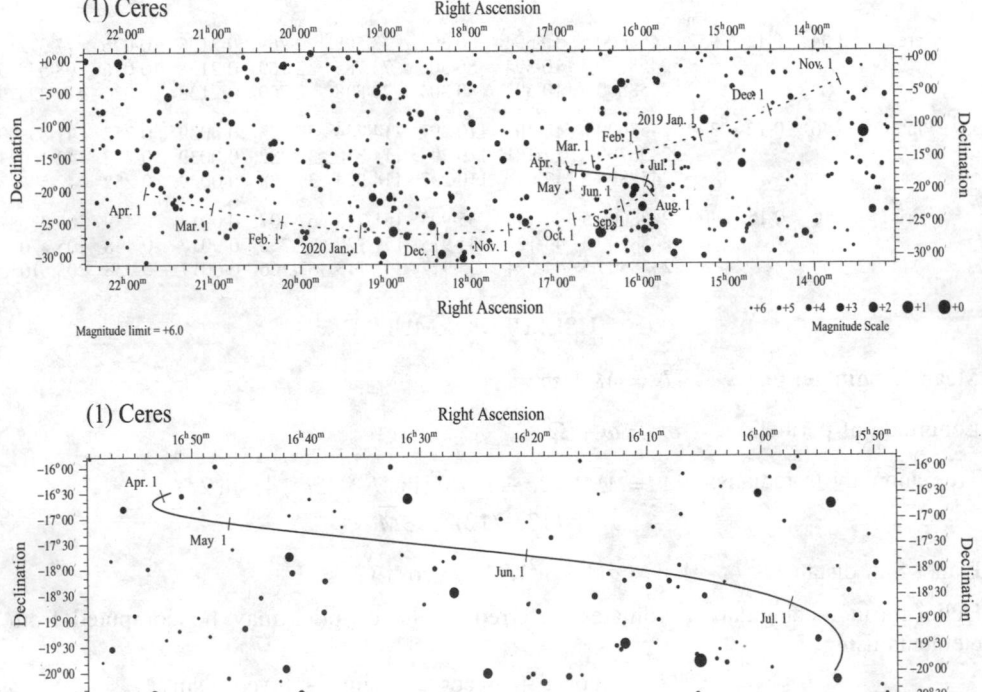

The charts are also available for download from *The Astronomical Almanac Online*.

CERES, 2019

GEOCENTRIC POSITIONS FOR 0ʰ TERRESTRIAL TIME

Date	Astrometric R.A.	Astrometric Dec.	Vis. Mag.	Ephemeris Transit	Date	Astrometric R.A.	Astrometric Dec.	Vis. Mag.	Ephemeris Transit
	h m s	° ′ ″		h m		h m s	° ′ ″		h m
2019 Mar. 30	16 52 10·3	− 16 29 56	8·2	4 24·2	2019 May 28	16 24 28·4	− 17 38 22	7·0	0 04·6
31	16 52 25·3	− 16 31 07	8·2	4 20·5	29	16 23 30·5	− 17 39 46	7·0	23 54·8
Apr. 1	16 52 38·8	− 16 32 18	8·2	4 16·8	30	16 22 32·7	− 17 41 12	7·0	23 49·9
2	16 52 50·7	− 16 33 28	8·1	4 13·1	31	16 21 34·9	− 17 42 38	7·0	23 45·0
3	16 53 00·9	− 16 34 37	8·1	4 09·3	June 1	16 20 37·2	− 17 44 06	7·0	23 40·2
4	16 53 09·6	− 16 35 45	8·1	4 05·5	2	16 19 39·7	− 17 45 35	7·0	23 35·3
5	16 53 16·7	− 16 36 52	8·1	4 01·7	3	16 18 42·4	− 17 47 05	7·1	23 30·4
6	16 53 22·2	− 16 37 59	8·1	3 57·9	4	16 17 45·5	− 17 48 36	7·1	23 25·5
7	16 53 26·0	− 16 39 05	8·0	3 54·0	5	16 16 49·0	− 17 50 09	7·1	23 20·7
8	16 53 28·3	− 16 40 11	8·0	3 50·1	6	16 15 52·9	− 17 51 43	7·1	23 15·8
9	16 53 28·8	− 16 41 16	8·0	3 46·2	7	16 14 57·3	− 17 53 18	7·2	23 11·0
10	16 53 27·8	− 16 42 21	8·0	3 42·2	8	16 14 02·3	− 17 54 56	7·2	23 06·1
11	16 53 25·1	− 16 43 26	8·0	3 38·2	9	16 13 07·9	− 17 56 34	7·2	23 01·3
12	16 53 20·8	− 16 44 30	8·0	3 34·2	10	16 12 14·2	− 17 58 15	7·3	22 56·5
13	16 53 14·8	− 16 45 34	7·9	3 30·2	11	16 11 21·3	− 17 59 57	7·3	22 51·7
14	16 53 07·1	− 16 46 38	7·9	3 26·1	12	16 10 29·1	− 18 01 41	7·3	22 46·9
15	16 52 57·9	− 16 47 42	7·9	3 22·0	13	16 09 37·8	− 18 03 27	7·3	22 42·2
16	16 52 47·0	− 16 48 46	7·9	3 17·9	14	16 08 47·4	− 18 05 14	7·4	22 37·4
17	16 52 34·4	− 16 49 50	7·9	3 13·8	15	16 07 57·9	− 18 07 04	7·4	22 32·7
18	16 52 20·2	− 16 50 54	7·8	3 09·6	16	16 07 09·4	− 18 08 56	7·4	22 28·0
19	16 52 04·4	− 16 51 58	7·8	3 05·4	17	16 06 21·9	− 18 10 49	7·4	22 23·3
20	16 51 47·0	− 16 53 02	7·8	3 01·2	18	16 05 35·5	− 18 12 45	7·5	22 18·6
21	16 51 27·9	− 16 54 06	7·8	2 56·9	19	16 04 50·2	− 18 14 43	7·5	22 13·9
22	16 51 07·3	− 16 55 10	7·8	2 52·7	20	16 04 06·0	− 18 16 43	7·5	22 09·3
23	16 50 45·0	− 16 56 14	7·8	2 48·4	21	16 03 23·0	− 18 18 45	7·5	22 04·6
24	16 50 21·1	− 16 57 19	7·7	2 44·0	22	16 02 41·2	− 18 20 50	7·6	22 00·0
25	16 49 55·7	− 16 58 24	7·7	2 39·7	23	16 02 00·6	− 18 22 56	7·6	21 55·4
26	16 49 28·6	− 16 59 29	7·7	2 35·3	24	16 01 21·3	− 18 25 06	7·6	21 50·9
27	16 49 00·0	− 17 00 34	7·7	2 30·9	25	16 00 43·4	− 18 27 17	7·6	21 46·3
28	16 48 29·9	− 17 01 40	7·6	2 26·5	26	16 00 06·7	− 18 29 31	7·6	21 41·8
29	16 47 58·3	− 17 02 46	7·6	2 22·0	27	15 59 31·5	− 18 31 48	7·7	21 37·3
30	16 47 25·1	− 17 03 52	7·6	2 17·5	28	15 58 57·6	− 18 34 07	7·7	21 32·9
May 1	16 46 50·5	− 17 04 59	7·6	2 13·0	29	15 58 25·1	− 18 36 28	7·7	21 28·4
2	16 46 14·5	− 17 06 06	7·6	2 08·5	30	15 57 54·0	− 18 38 53	7·7	21 24·0
3	16 45 37·0	− 17 07 13	7·5	2 03·9	July 1	15 57 24·4	− 18 41 19	7·8	21 19·6
4	16 44 58·2	− 17 08 21	7·5	1 59·3	2	15 56 56·3	− 18 43 49	7·8	21 15·2
5	16 44 18·0	− 17 09 29	7·5	1 54·7	3	15 56 29·7	− 18 46 21	7·8	21 10·9
6	16 43 36·4	− 17 10 38	7·5	1 50·1	4	15 56 04·6	− 18 48 56	7·8	21 06·5
7	16 42 53·7	− 17 11 47	7·5	1 45·5	5	15 55 41·0	− 18 51 34	7·9	21 02·2
8	16 42 09·7	− 17 12 56	7·4	1 40·8	6	15 55 19·0	− 18 54 15	7·9	20 58·0
9	16 41 24·5	− 17 14 06	7·4	1 36·1	7	15 54 58·5	− 18 56 58	7·9	20 53·7
10	16 40 38·1	− 17 15 17	7·4	1 31·4	8	15 54 39·5	− 18 59 44	7·9	20 49·5
11	16 39 50·7	− 17 16 28	7·4	1 26·7	9	15 54 22·1	− 19 02 33	7·9	20 45·3
12	16 39 02·3	− 17 17 40	7·3	1 22·0	10	15 54 06·3	− 19 05 25	8·0	20 41·1
13	16 38 12·8	− 17 18 52	7·3	1 17·2	11	15 53 52·1	− 19 08 20	8·0	20 37·0
14	16 37 22·4	− 17 20 05	7·3	1 12·5	12	15 53 39·4	− 19 11 17	8·0	20 32·8
15	16 36 31·1	− 17 21 19	7·3	1 07·7	13	15 53 28·2	− 19 14 17	8·0	20 28·8
16	16 35 39·0	− 17 22 33	7·3	1 02·9	14	15 53 18·6	− 19 17 20	8·0	20 24·7
17	16 34 46·1	− 17 23 48	7·2	0 58·1	15	15 53 10·6	− 19 20 25	8·1	20 20·6
18	16 33 52·5	− 17 25 04	7·2	0 53·3	16	15 53 04·1	− 19 23 34	8·1	20 16·6
19	16 32 58·2	− 17 26 20	7·2	0 48·4	17	15 52 59·2	− 19 26 45	8·1	20 12·6
20	16 32 03·2	− 17 27 37	7·2	0 43·6	18	15 52 55·8	− 19 29 58	8·1	20 08·7
21	16 31 07·7	− 17 28 55	7·1	0 38·7	19	15 52 53·9	− 19 33 14	8·1	20 04·7
22	16 30 11·7	− 17 30 14	7·1	0 33·9	20	15 52 53·6	− 19 36 33	8·2	20 00·8
23	16 29 15·3	− 17 31 33	7·1	0 29·0	21	15 52 54·8	− 19 39 54	8·2	19 56·9
24	16 28 18·4	− 17 32 53	7·1	0 24·1	22	15 52 57·5	− 19 43 18	8·2	19 53·0
25	16 27 21·2	− 17 34 14	7·0	0 19·3	23	15 53 01·7	− 19 46 44	8·2	19 49·2
26	16 26 23·8	− 17 35 36	7·0	0 14·4	24	15 53 07·4	− 19 50 13	8·2	19 45·4
27	16 25 26·2	− 17 36 58	7·0	0 09·5	25	15 53 14·6	− 19 53 44	8·3	19 41·6
May 28	16 24 28·4	− 17 38 22	7·0	0 04·6	July 26	15 53 23·3	− 19 57 17	8·3	19 37·8

Second transit for Ceres 2019 May 28ᵈ 23ʰ 59ᵐ7

PLUTO AT OPPOSITION

Date	UT	Mag.
2019 July 14	15^h	+ 14.5

Stationary in right ascension on 2019 April 25 and October 2.

The following diagrams are provided for observers wishing to find the position of Pluto in relation to the stars. The first chart shows the path of the dwarf planet during 2019. The second chart provides a detailed view of the path over 60 days either side of opposition. The V-magnitude scale used is given on each chart.

Pluto is in Sagittarius, towards the Galactic Centre. The field of view is therefore crowded with background stars.

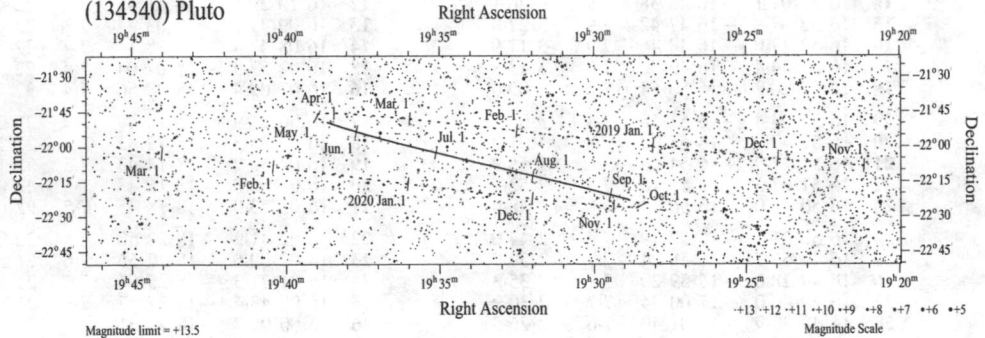

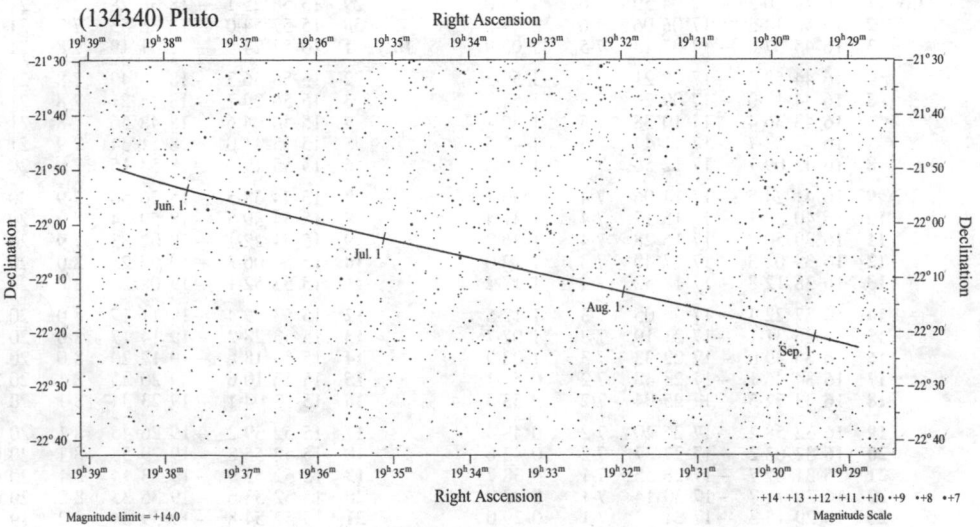

The charts are also available for download from *The Astronomical Almanac Online*.

GEOCENTRIC POSITIONS FOR 0^h TERRESTRIAL TIME

Date	Astrometric R.A. (h m s)	Dec. (° ′ ″)	Vis. Mag.	Ephemeris Transit (h m)	Date	Astrometric R.A. (h m s)	Dec. (° ′ ″)	Vis. Mag.	Ephemeris Transit (h m)
2019 May 16	19 38 35.1	−21 49 53	14.7	4 05.4	2019 July 14	19 33 47.8	−22 06 49	14.5	0 08.7
17	19 38 32.6	−21 50 05	14.7	4 01.4	15	19 33 41.6	−22 07 09	14.5	0 04.6
18	19 38 29.9	−21 50 17	14.7	3 57.4	16	19 33 35.4	−22 07 28	14.5	0 00.6
19	19 38 27.2	−21 50 30	14.7	3 53.4	17	19 33 29.3	−22 07 48	14.5	23 52.5
20	19 38 24.3	−21 50 43	14.7	3 49.5	18	19 33 23.1	−22 08 07	14.5	23 48.5
21	19 38 21.3	−21 50 56	14.7	3 45.5	19	19 33 17.0	−22 08 27	14.5	23 44.4
22	19 38 18.3	−21 51 10	14.7	3 41.5	20	19 33 10.8	−22 08 46	14.5	23 40.4
23	19 38 15.1	−21 51 23	14.7	3 37.5	21	19 33 04.7	−22 09 05	14.5	23 36.4
24	19 38 11.8	−21 51 37	14.7	3 33.5	22	19 32 58.6	−22 09 24	14.5	23 32.4
25	19 38 08.4	−21 51 51	14.7	3 29.5	23	19 32 52.5	−22 09 44	14.5	23 28.3
26	19 38 04.9	−21 52 06	14.7	3 25.6	24	19 32 46.4	−22 10 03	14.5	23 24.3
27	19 38 01.3	−21 52 20	14.7	3 21.6	25	19 32 40.4	−22 10 22	14.5	23 20.3
28	19 37 57.7	−21 52 35	14.7	3 17.6	26	19 32 34.3	−22 10 41	14.6	23 16.2
29	19 37 53.9	−21 52 50	14.7	3 13.6	27	19 32 28.3	−22 10 59	14.6	23 12.2
30	19 37 50.0	−21 53 05	14.7	3 09.6	28	19 32 22.4	−22 11 18	14.6	23 08.2
31	19 37 46.1	−21 53 21	14.7	3 05.6	29	19 32 16.4	−22 11 37	14.6	23 04.1
June 1	19 37 42.0	−21 53 36	14.7	3 01.6	30	19 32 10.5	−22 11 55	14.6	23 00.1
2	19 37 37.9	−21 53 52	14.7	2 57.6	31	19 32 04.6	−22 12 14	14.6	22 56.1
3	19 37 33.6	−21 54 08	14.7	2 53.6	Aug. 1	19 31 58.7	−22 12 32	14.6	22 52.0
4	19 37 29.3	−21 54 24	14.6	2 49.6	2	19 31 52.9	−22 12 50	14.6	22 48.0
5	19 37 24.9	−21 54 41	14.6	2 45.6	3	19 31 47.2	−22 13 08	14.6	22 44.0
6	19 37 20.4	−21 54 57	14.6	2 41.6	4	19 31 41.4	−22 13 26	14.6	22 40.0
7	19 37 15.9	−21 55 14	14.6	2 37.6	5	19 31 35.8	−22 13 44	14.6	22 35.9
8	19 37 11.2	−21 55 31	14.6	2 33.6	6	19 31 30.1	−22 14 02	14.6	22 31.9
9	19 37 06.5	−21 55 48	14.6	2 29.5	7	19 31 24.6	−22 14 19	14.6	22 27.9
10	19 37 01.7	−21 56 05	14.6	2 25.5	8	19 31 19.0	−22 14 37	14.6	22 23.9
11	19 36 56.8	−21 56 23	14.6	2 21.5	9	19 31 13.6	−22 14 54	14.6	22 19.8
12	19 36 51.9	−21 56 40	14.6	2 17.5	10	19 31 08.1	−22 15 11	14.6	22 15.8
13	19 36 46.9	−21 56 58	14.6	2 13.5	11	19 31 02.8	−22 15 28	14.6	22 11.8
14	19 36 41.8	−21 57 16	14.6	2 09.5	12	19 30 57.5	−22 15 45	14.6	22 07.8
15	19 36 36.7	−21 57 34	14.6	2 05.5	13	19 30 52.2	−22 16 02	14.6	22 03.8
16	19 36 31.4	−21 57 52	14.6	2 01.4	14	19 30 47.1	−22 16 18	14.6	21 59.8
17	19 36 26.2	−21 58 10	14.6	1 57.4	15	19 30 42.0	−22 16 35	14.6	21 55.7
18	19 36 20.8	−21 58 28	14.6	1 53.4	16	19 30 36.9	−22 16 51	14.6	21 51.7
19	19 36 15.5	−21 58 47	14.6	1 49.4	17	19 30 32.0	−22 17 07	14.6	21 47.7
20	19 36 10.0	−21 59 05	14.6	1 45.4	18	19 30 27.1	−22 17 23	14.6	21 43.7
21	19 36 04.5	−21 59 24	14.6	1 41.3	19	19 30 22.2	−22 17 38	14.6	21 39.7
22	19 35 59.0	−21 59 43	14.6	1 37.3	20	19 30 17.5	−22 17 54	14.6	21 35.7
23	19 35 53.4	−22 00 02	14.6	1 33.3	21	19 30 12.8	−22 18 09	14.6	21 31.7
24	19 35 47.7	−22 00 21	14.6	1 29.3	22	19 30 08.2	−22 18 24	14.6	21 27.7
25	19 35 42.0	−22 00 40	14.6	1 25.2	23	19 30 03.7	−22 18 39	14.7	21 23.7
26	19 35 36.3	−22 00 59	14.6	1 21.2	24	19 29 59.3	−22 18 53	14.7	21 19.7
27	19 35 30.5	−22 01 18	14.6	1 17.2	25	19 29 55.0	−22 19 08	14.7	21 15.7
28	19 35 24.6	−22 01 37	14.6	1 13.2	26	19 29 50.7	−22 19 22	14.7	21 11.7
29	19 35 18.8	−22 01 56	14.6	1 09.1	27	19 29 46.5	−22 19 36	14.7	21 07.7
30	19 35 12.9	−22 02 16	14.6	1 05.1	28	19 29 42.4	−22 19 50	14.7	21 03.7
July 1	19 35 06.9	−22 02 35	14.6	1 01.1	29	19 29 38.4	−22 20 03	14.7	20 59.7
2	19 35 01.0	−22 02 55	14.6	0 57.0	30	19 29 34.5	−22 20 17	14.7	20 55.7
3	19 34 55.0	−22 03 14	14.5	0 53.0	31	19 29 30.7	−22 20 30	14.7	20 51.7
4	19 34 48.9	−22 03 34	14.5	0 49.0	Sept. 1	19 29 27.0	−22 20 43	14.7	20 47.7
5	19 34 42.9	−22 03 53	14.5	0 44.9	2	19 29 23.4	−22 20 56	14.7	20 43.7
6	19 34 36.8	−22 04 13	14.5	0 40.9	3	19 29 19.9	−22 21 08	14.7	20 39.7
7	19 34 30.7	−22 04 32	14.5	0 36.9	4	19 29 16.5	−22 21 20	14.7	20 35.7
8	19 34 24.6	−22 04 52	14.5	0 32.9	5	19 29 13.2	−22 21 32	14.7	20 31.7
9	19 34 18.5	−22 05 11	14.5	0 28.8	6	19 29 10.0	−22 21 44	14.7	20 27.7
10	19 34 12.4	−22 05 31	14.5	0 24.8	7	19 29 06.9	−22 21 56	14.7	20 23.8
11	19 34 06.2	−22 05 51	14.5	0 20.8	8	19 29 03.9	−22 22 07	14.7	20 19.8
12	19 34 00.1	−22 06 10	14.5	0 16.7	9	19 29 01.0	−22 22 18	14.7	20 15.8
13	19 33 53.9	−22 06 30	14.5	0 12.7	10	19 28 58.3	−22 22 29	14.7	20 11.8
July 14	19 33 47.8	−22 06 49	14.5	0 08.7	Sept. 11	19 28 55.6	−22 22 39	14.7	20 07.9

Second transit for Pluto 2019 July 16^d 23^h 56^{m}5

ERIS AT OPPOSITION

Date	UT	Mag.
2019 Oct. 17	11^h	+ 18.7

Stationary in right ascension on 2019 January 16 and July 24.

The following diagrams are provided for observers wishing to find the position of Eris in relation to the stars. The first chart shows the path of the dwarf planet during 2019. The second chart provides a detailed view of the path over 60 days either side of opposition. The V-magnitude scale used is given on each chart.

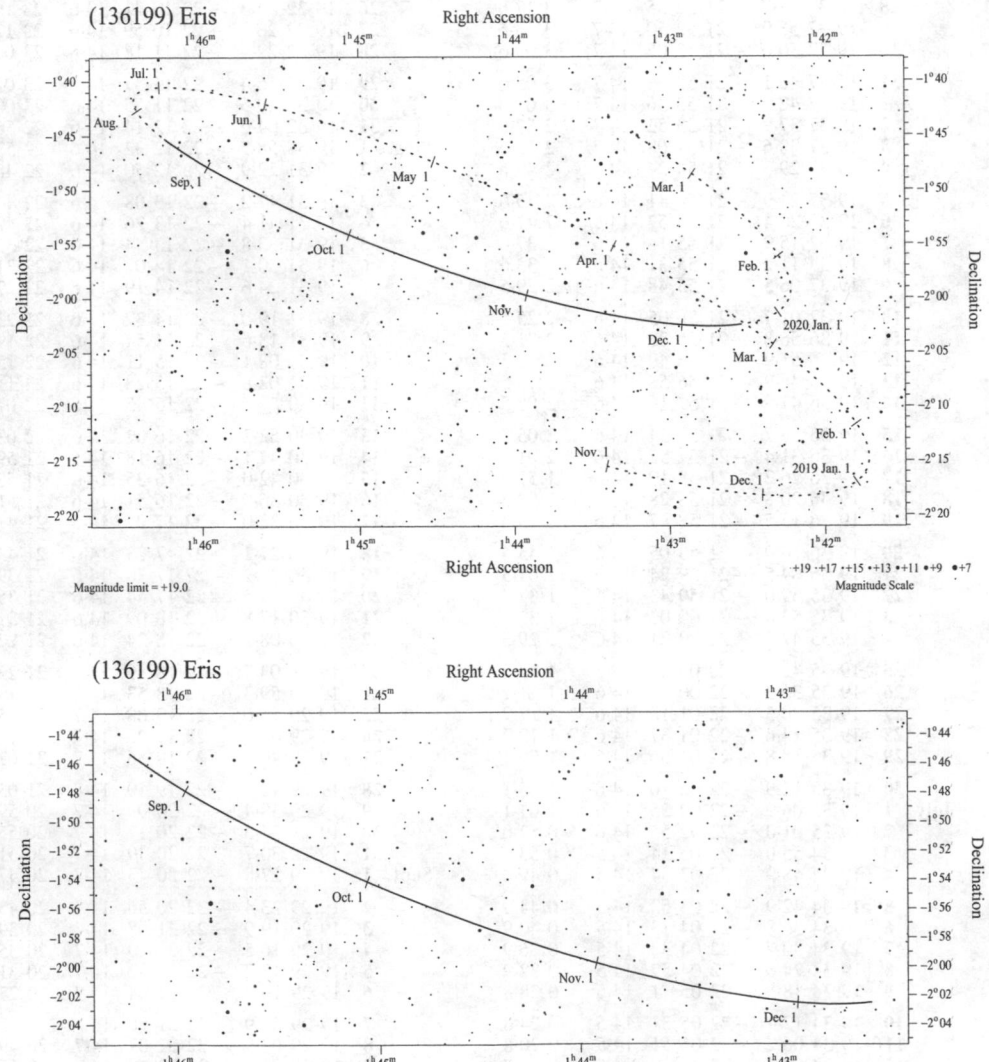

The charts are also available for download from *The Astronomical Almanac Online*.

GEOCENTRIC POSITIONS FOR 0ʰ TERRESTRIAL TIME

Date	Astrometric R.A.	Dec.	Vis. Mag.	Ephemeris Transit	Date	Astrometric R.A.	Dec.	Vis. Mag.	Ephemeris Transit
	h m s	° ′ ″		h m		h m s	° ′ ″		h m
2019 Aug. 19	1 46 13·1	− 1 45 27	18·8	3 58·3	2019 Oct. 17	1 44 28·9	− 1 57 17	18·7	0 04·6
20	1 46 12·1	− 1 45 38	18·8	3 54·4	18	1 44 26·6	− 1 57 28	18·7	0 00·7
21	1 46 11·1	− 1 45 48	18·8	3 50·4	19	1 44 24·4	− 1 57 39	18·7	23 52·7
22	1 46 10·0	− 1 45 59	18·8	3 46·5	20	1 44 22·1	− 1 57 49	18·7	23 48·8
23	1 46 08·9	− 1 46 10	18·8	3 42·5	21	1 44 19·9	− 1 58 00	18·7	23 44·8
24	1 46 07·8	− 1 46 21	18·8	3 38·6	22	1 44 17·6	− 1 58 10	18·7	23 40·8
25	1 46 06·6	− 1 46 32	18·8	3 34·6	23	1 44 15·4	− 1 58 20	18·7	23 36·9
26	1 46 05·4	− 1 46 43	18·8	3 30·7	24	1 44 13·1	− 1 58 31	18·7	23 32·9
27	1 46 04·2	− 1 46 55	18·8	3 26·7	25	1 44 10·9	− 1 58 41	18·7	23 28·9
28	1 46 02·9	− 1 47 06	18·8	3 22·8	26	1 44 08·6	− 1 58 50	18·7	23 25·0
29	1 46 01·6	− 1 47 18	18·8	3 18·8	27	1 44 06·4	− 1 59 00	18·7	23 21·0
30	1 46 00·3	− 1 47 30	18·8	3 14·9	28	1 44 04·1	− 1 59 10	18·8	23 17·0
31	1 45 58·9	− 1 47 41	18·8	3 10·9	29	1 44 01·9	− 1 59 19	18·8	23 13·1
Sept. 1	1 45 57·6	− 1 47 53	18·8	3 07·0	30	1 43 59·7	− 1 59 28	18·8	23 09·1
2	1 45 56·1	− 1 48 05	18·8	3 03·0	31	1 43 57·4	− 1 59 37	18·8	23 05·1
3	1 45 54·7	− 1 48 17	18·8	2 59·1	Nov. 1	1 43 55·2	− 1 59 46	18·8	23 01·1
4	1 45 53·2	− 1 48 29	18·8	2 55·1	2	1 43 53·0	− 1 59 55	18·8	22 57·2
5	1 45 51·7	− 1 48 41	18·8	2 51·1	3	1 43 50·8	− 2 00 03	18·8	22 53·2
6	1 45 50·2	− 1 48 54	18·8	2 47·2	4	1 43 48·6	− 2 00 11	18·8	22 49·2
7	1 45 48·6	− 1 49 06	18·8	2 43·2	5	1 43 46·4	− 2 00 19	18·8	22 45·3
8	1 45 47·0	− 1 49 18	18·8	2 39·3	6	1 43 44·2	− 2 00 27	18·8	22 41·3
9	1 45 45·4	− 1 49 31	18·8	2 35·3	7	1 43 42·1	− 2 00 35	18·8	22 37·3
10	1 45 43·7	− 1 49 43	18·8	2 31·4	8	1 43 39·9	− 2 00 42	18·8	22 33·4
11	1 45 42·1	− 1 49 56	18·8	2 27·4	9	1 43 37·8	− 2 00 49	18·8	22 29·4
12	1 45 40·4	− 1 50 08	18·8	2 23·4	10	1 43 35·6	− 2 00 57	18·8	22 25·4
13	1 45 38·6	− 1 50 21	18·8	2 19·5	11	1 43 33·5	− 2 01 03	18·8	22 21·5
14	1 45 36·9	− 1 50 33	18·8	2 15·5	12	1 43 31·4	− 2 01 10	18·8	22 17·5
15	1 45 35·1	− 1 50 46	18·8	2 11·6	13	1 43 29·4	− 2 01 16	18·8	22 13·5
16	1 45 33·3	− 1 50 59	18·8	2 07·6	14	1 43 27·3	− 2 01 23	18·8	22 09·6
17	1 45 31·5	− 1 51 11	18·8	2 03·6	15	1 43 25·2	− 2 01 28	18·8	22 05·6
18	1 45 29·6	− 1 51 24	18·8	1 59·7	16	1 43 23·2	− 2 01 34	18·8	22 01·6
19	1 45 27·8	− 1 51 37	18·8	1 55·7	17	1 43 21·2	− 2 01 40	18·8	21 57·7
20	1 45 25·9	− 1 51 49	18·8	1 51·7	18	1 43 19·2	− 2 01 45	18·8	21 53·7
21	1 45 24·0	− 1 52 02	18·8	1 47·8	19	1 43 17·2	− 2 01 50	18·8	21 49·7
22	1 45 22·1	− 1 52 15	18·8	1 43·8	20	1 43 15·2	− 2 01 55	18·8	21 45·8
23	1 45 20·1	− 1 52 27	18·8	1 39·9	21	1 43 13·3	− 2 01 59	18·8	21 41·8
24	1 45 18·1	− 1 52 40	18·8	1 35·9	22	1 43 11·4	− 2 02 04	18·8	21 37·9
25	1 45 16·1	− 1 52 53	18·8	1 31·9	23	1 43 09·5	− 2 02 08	18·8	21 33·9
26	1 45 14·1	− 1 53 05	18·8	1 28·0	24	1 43 07·6	− 2 02 12	18·8	21 29·9
27	1 45 12·1	− 1 53 18	18·8	1 24·0	25	1 43 05·7	− 2 02 15	18·8	21 26·0
28	1 45 10·1	− 1 53 30	18·8	1 20·0	26	1 43 03·9	− 2 02 19	18·8	21 22·0
29	1 45 08·0	− 1 53 43	18·8	1 16·1	27	1 43 02·1	− 2 02 22	18·8	21 18·0
30	1 45 05·9	− 1 53 55	18·8	1 12·1	28	1 43 00·3	− 2 02 24	18·8	21 14·1
Oct. 1	1 45 03·8	− 1 54 08	18·8	1 08·1	29	1 42 58·6	− 2 02 27	18·8	21 10·1
2	1 45 01·7	− 1 54 20	18·8	1 04·2	30	1 42 56·8	− 2 02 29	18·8	21 06·2
3	1 44 59·6	− 1 54 33	18·8	1 00·2	Dec. 1	1 42 55·1	− 2 02 31	18·8	21 02·2
4	1 44 57·5	− 1 54 45	18·8	0 56·2	2	1 42 53·5	− 2 02 33	18·8	20 58·2
5	1 44 55·3	− 1 54 57	18·8	0 52·3	3	1 42 51·8	− 2 02 35	18·8	20 54·3
6	1 44 53·2	− 1 55 09	18·8	0 48·3	4	1 42 50·2	− 2 02 36	18·8	20 50·3
7	1 44 51·0	− 1 55 21	18·8	0 44·3	5	1 42 48·6	− 2 02 37	18·8	20 46·4
8	1 44 48·8	− 1 55 33	18·7	0 40·4	6	1 42 47·0	− 2 02 38	18·8	20 42·4
9	1 44 46·6	− 1 55 45	18·7	0 36·4	7	1 42 45·5	− 2 02 38	18·8	20 38·5
10	1 44 44·4	− 1 55 57	18·7	0 32·4	8	1 42 44·0	− 2 02 38	18·8	20 34·5
11	1 44 42·2	− 1 56 09	18·7	0 28·5	9	1 42 42·5	− 2 02 38	18·8	20 30·5
12	1 44 40·0	− 1 56 20	18·7	0 24·5	10	1 42 41·1	− 2 02 38	18·8	20 26·6
13	1 44 37·8	− 1 56 32	18·7	0 20·5	11	1 42 39·7	− 2 02 37	18·8	20 22·6
14	1 44 35·6	− 1 56 43	18·7	0 16·6	12	1 42 38·3	− 2 02 36	18·8	20 18·7
15	1 44 33·3	− 1 56 54	18·7	0 12·6	13	1 42 37·0	− 2 02 35	18·8	20 14·7
16	1 44 31·1	− 1 57 06	18·7	0 08·6	14	1 42 35·7	− 2 02 34	18·8	20 10·8
Oct. 17	1 44 28·9	− 1 57 17	18·7	0 04·6	Dec. 15	1 42 34·4	− 2 02 32	18·8	20 06·8

Second transit for Eris 2019 October 18ᵈ 23ʰ 56ᵐ7

CERES, 2019

EPHEMERIS FOR PHYSICAL OBSERVATIONS
FOR 0^h TERRESTRIAL TIME

Date		Light Time	Visual Magnitude	Phase Angle	L_s	Sub-Earth Point Longitude	Sub-Earth Point Latitude	Positive Pole P.A.
		m		°	°	°	°	°
Jan.	−13	27·49	8·9	14·1	207·17	144·25	−3·36	28·13
	−3	26·77	8·9	15·8	209·51	302·34	−4·24	27·17
	7	25·98	8·9	17·3	211·83	100·63	−5·11	26·12
	17	25·10	8·9	18·6	214·15	259·15	−5·95	25·00
Jan.	27	24·17	8·8	19·8	216·44	57·92	−6·74	23·86
Feb.	6	23·18	8·8	20·7	218·73	216·99	−7·48	22·73
	16	22·15	8·7	21·3	221·01	16·38	−8·14	21·64
	26	21·10	8·6	21·6	223·27	176·13	−8·70	20·64
Mar.	8	20·04	8·5	21·4	225·52	336·29	−9·15	19·78
	18	19·00	8·4	20·9	227·76	136·91	−9·46	19·09
	28	18·00	8·2	19·8	229·98	298·03	−9·61	18·63
Apr.	7	17·06	8·0	18·1	232·19	99·69	−9·56	18·43
	17	16·23	7·9	15·8	234·39	261·91	−9·29	18·51
	27	15·54	7·7	12·8	236·58	64·67	−8·79	18·87
May	7	15·01	7·5	9·3	238·75	227·87	−8·03	19·49
	17	14·68	7·2	5·4	240·92	31·39	−7·06	20·30
	27	14·57	7·0	1·7	243·07	195·00	−5·92	21·20
June	6	14·68	7·1	3·7	245·20	358·49	−4·69	22·10
	16	15·03	7·4	7·6	247·33	161·60	−3·47	22·88
	26	15·58	7·6	11·2	249·44	324·17	−2·35	23·50
July	6	16·31	7·9	14·3	251·54	126·10	−1·39	23·91
	16	17·18	8·1	16·8	253·63	287·33	−0·63	24·10
	26	18·18	8·3	18·6	255·71	87·91	−0·08	24·07
Aug.	5	19·26	8·4	19·9	257·77	247·88	+0·28	23·83
	15	20·40	8·6	20·6	259·83	47·31	+0·44	23·39
	25	21·56	8·7	20·9	261·87	206·28	+0·45	22·75
Sept.	4	22·74	8·9	20·7	263·90	4·87	+0·31	21·92
	14	23·91	9·0	20·2	265·93	163·14	+0·06	20·90
	24	25·06	9·0	19·5	267·94	321·15	−0·30	19·71
Oct.	4	26·16	9·1	18·4	269·94	118·94	−0·73	18·34
	14	27·20	9·1	17·1	271·93	276·58	−1·22	16·80
	24	28·18	9·2	15·7	273·91	74·08	−1·75	15·11
Nov.	3	29·08	9·2	14·1	275·89	231·50	−2·31	13·28
	13	29·89	9·2	12·4	277·85	28·85	−2·88	11·32
	23	30·60	9·2	10·5	279·81	186·16	−3·45	9·26
Dec.	3	31·20	9·1	8·6	281·75	343·46	−4·01	7·10
	13	31·69	9·1	6·7	283·69	140·77	−4·54	4·88
	23	32·07	9·0	4·7	285·62	298·12	−5·04	2·62
	33	32·32	8·9	2·8	287·54	95·50	−5·49	0·34
Dec.	43	32·45	8·8	1·5	289·46	252·96	−5·88	358·05

EPHEMERIS FOR PHYSICAL OBSERVATIONS
FOR 0^h TERRESTRIAL TIME

Date		Light Time	Visual Magnitude	Phase Angle	L_s	Sub-Earth Point Longitude	Latitude	Positive Pole P.A.
		m		°	°	°	°	°
Jan.	−13	287·74	14·7	0·7	251·04	264·01	+54·81	219·06
	−3	288·27	14·7	0·4	251·09	108·02	+55·04	218·60
	7	288·56	14·6	0·1	251·14	312·05	+55·27	218·13
	17	288·60	14·6	0·2	251·19	156·10	+55·51	217·64
Jan.	27	288·40	14·7	0·4	251·25	0·16	+55·74	217·16
Feb.	6	287·97	14·7	0·7	251·30	204·22	+55·96	216·68
	16	287·32	14·7	1·0	251·35	48·26	+56·16	216·23
	26	286·46	14·7	1·2	251·40	252·29	+56·35	215·82
Mar.	8	285·44	14·8	1·4	251·46	96·28	+56·51	215·45
	18	284·27	14·8	1·5	251·51	300·23	+56·64	215·14
	28	283·00	14·8	1·6	251·56	144·13	+56·73	214·89
Apr.	7	281·67	14·8	1·7	251·61	347·98	+56·80	214·70
	17	280·30	14·7	1·7	251·67	191·76	+56·83	214·59
	27	278·96	14·7	1·7	251·72	35·47	+56·83	214·55
May	7	277·66	14·7	1·6	251·77	239·13	+56·79	214·58
	17	276·46	14·7	1·4	251·82	82·71	+56·72	214·69
	27	275·40	14·7	1·3	251·88	286·24	+56·62	214·85
June	6	274·49	14·6	1·1	251·93	129·71	+56·50	215·07
	16	273·78	14·6	0·8	251·98	333·14	+56·35	215·34
	26	273·28	14·6	0·5	252·03	176·52	+56·18	215·64
July	6	273·01	14·5	0·3	252·09	19·88	+56·00	215·96
	16	272·98	14·5	0·0	252·14	223·23	+55·82	216·29
	26	273·20	14·6	0·3	252·19	66·56	+55·64	216·62
Aug.	5	273·65	14·6	0·6	252·24	269·90	+55·46	216·93
	15	274·33	14·6	0·9	252·30	113·26	+55·30	217·21
	25	275·21	14·7	1·1	252·35	316·65	+55·15	217·46
Sept.	4	276·28	14·7	1·3	252·40	160·06	+55·03	217·65
	14	277·51	14·7	1·5	252·45	3·52	+54·94	217·79
	24	278·86	14·7	1·6	252·51	207·03	+54·88	217·88
Oct.	4	280·29	14·7	1·7	252·56	50·59	+54·86	217·89
	14	281·76	14·8	1·7	252·61	254·20	+54·87	217·84
	24	283·23	14·8	1·6	252·66	97·88	+54·92	217·72
Nov.	3	284·67	14·8	1·6	252·72	301·62	+55·00	217·53
	13	286·02	14·8	1·5	252·77	145·41	+55·11	217·27
	23	287·26	14·8	1·3	252·82	349·26	+55·26	216·96
Dec.	3	288·34	14·8	1·1	252·87	193·17	+55·43	216·59
	13	289·23	14·7	0·9	252·92	37·13	+55·62	216·17
	23	289·92	14·7	0·6	252·98	241·13	+55·83	215·72
	33	290·37	14·7	0·3	253·03	85·16	+56·05	215·23
Dec.	43	290·59	14·6	0·1	253·08	289·22	+56·27	214·73

BRIGHT MINOR PLANETS, 2019

HELIOCENTRIC OSCULATING ELEMENTS
FOR EPOCH 2019 NOVEMBER 13·0 TT, ECLIPTIC AND EQUINOX J2000·0

No.	Name	Magnitude Parameters H	Magnitude Parameters G	Mean Diameter	Inclination i	Long. of Asc. Node Ω	Argument of Perihelion ω	Semi-major Axis a	Daily Motion n	Eccentricity e	Mean Anomaly M
				km	°	°	°	au	°/d		°
(2)	Pallas	4·13	0·11	524	34·831	173·065	310·115	2·7730	0·21344	0·2302	102·349
(3)	Juno	5·33	0·32	274	12·990	169·850	248·103	2·6687	0·22608	0·2569	80·170
(4)	Vesta	3·20	0·32	512	7·142	103·809	150·819	2·3618	0·27154	0·0886	150·088
(5)	Astraea	6·85	0·15	120	5·367	141·572	358·660	2·5744	0·23861	0·1910	330·112
(6)	Hebe	5·71	0·24	190	14·739	138·641	239·767	2·4248	0·26103	0·2031	138·437
(7)	Iris	5·51	0·15	211	5·524	259·563	145·259	2·3860	0·26742	0·2308	193·932
(8)	Flora	6·49	0·28	138	5·888	110·877	285·329	2·2023	0·30158	0·1560	255·136
(9)	Metis	6·28	0·17	209	5·577	68·910	6·373	2·3860	0·26743	0·1232	330·402
(10)	Hygiea	5·43	0·15	444	3·832	283·199	312·379	3·1421	0·17696	0·1123	187·510
(11)	Parthenope	6·55	0·15	153	4·631	125·528	195·379	2·4534	0·25647	0·1002	330·379
(12)	Victoria	7·24	0·22	113	8·373	235·406	69·661	2·3341	0·27639	0·2203	188·582
(13)	Egeria	6·74	0·15	208	16·536	43·220	80·496	2·5758	0·23842	0·0853	235·235
(14)	Irene	6·30	0·15	180	9·122	86·123	97·838	2·5860	0·23701	0·1664	212·369
(15)	Eunomia	5·28	0·23	320	11·754	292·936	98·582	2·6434	0·22933	0·1861	329·170
(16)	Psyche	5·90	0·20	239	3·097	150·041	228·987	2·9227	0·19725	0·1335	327·628
(17)	Thetis	7·76	0·15	90	5·591	125·545	136·132	2·4712	0·25371	0·1333	354·203
(18)	Melpomene	6·51	0·25	138	10·131	150·366	228·055	2·2958	0·28334	0·2175	323·807
(19)	Fortuna	7·13	0·10	225	1·573	211·120	182·074	2·4438	0·25799	0·1574	248·922
(20)	Massalia	6·50	0·25	145	0·709	206·084	257·050	2·4106	0·26334	0·1420	170·060
(21)	Lutetia	7·35	0·11	98	3·064	80·866	249·954	2·4349	0·25940	0·1633	36·148
(22)	Kalliope	6·45	0·21	181	13·706	66·032	356·732	2·9128	0·19826	0·0979	235·475
(23)	Thalia	6·95	0·15	108	10·114	66·845	60·627	2·6253	0·23171	0·2349	22·164
(24)	Themis	7·08	0·19	175	0·752	35·920	106·952	3·1355	0·17752	0·1245	30·719
(25)	Phocaea	7·83	0·15	75	21·605	214·124	90·287	2·3998	0·26512	0·2548	225·868
(26)	Proserpina	7·40	0·15	95	3·563	45·780	193·526	2·6548	0·22785	0·0900	151·225
(27)	Euterpe	7·00	0·15	118	1·584	94·787	356·419	2·3466	0·27419	0·1732	30·175
(28)	Bellona	7·09	0·15	121	9·429	144·290	344·041	2·7762	0·21307	0·1518	316·126
(29)	Amphitrite	5·85	0·20	212	6·082	356·341	63·312	2·5545	0·24141	0·0728	332·582
(30)	Urania	7·57	0·15	100	2·096	307·467	87·385	2·3654	0·27092	0·1276	83·312
(31)	Euphrosyne	6·74	0·15	256	26·295	31·115	61·550	3·1565	0·17575	0·2205	122·268
(32)	Pomona	7·56	0·15	81	5·522	220·417	339·403	2·5886	0·23664	0·0813	79·356
(37)	Fides	7·29	0·24	108	3·071	7·263	62·818	2·6424	0·22946	0·1757	27·457
(39)	Laetitia	6·00	0·15	150	10·370	156·950	209·261	2·7686	0·21395	0·1114	344·217
(40)	Harmonia	7·00	0·15	108	4·257	94·189	269·615	2·2669	0·28877	0·0471	165·388
(41)	Daphne	7·12	0·10	187	15·790	178·081	45·920	2·7609	0·21484	0·2752	177·301
(42)	Isis	7·53	0·15	100	8·515	84·197	237·309	2·4415	0·25835	0·2230	255·089
(43)	Ariadne	7·93	0·11	66	3·471	264·810	16·305	2·2034	0·30134	0·1684	198·167
(44)	Nysa	7·03	0·46	71	3·707	131·521	343·585	2·4248	0·26103	0·1478	134·688
(45)	Eugenia	7·46	0·07	215	6·605	147·600	87·891	2·7196	0·21976	0·0842	82·587
(48)	Doris	6·90	0·15	222	6·548	183·553	252·914	3·1095	0·17975	0·0724	105·469
(51)	Nemausa	7·35	0·08	158	9·979	175·966	2·338	2·3650	0·27098	0·0677	150·486
(52)	Europa	6·31	0·18	302	7·478	128·604	343·463	3·0936	0·18114	0·1104	273·544
(54)	Alexandra	7·66	0·15	166	11·798	313·251	344·995	2·7106	0·22086	0·1973	62·511
(60)	Echo	8·21	0·27	60	3·601	191·547	271·236	2·3919	0·26643	0·1848	261·664
(63)	Ausonia	7·55	0·25	103	5·776	337·725	296·003	2·3955	0·26584	0·1269	192·660
(64)	Angelina	7·67	0·48	56	1·310	309·113	178·896	2·6815	0·22446	0·1255	83·524
(65)	Cybele	6·62	0·01	230	3·564	155·617	102·753	3·4251	0·15548	0·1120	291·980

HELIOCENTRIC OSCULATING ELEMENTS
FOR EPOCH 2019 NOVEMBER 13·0 TT, ECLIPTIC AND EQUINOX J2000·0

No.	Name	Magnitude Parameters H	G	Mean Dia-meter	Inclin-ation i	Long. of Asc. Node Ω	Argument of Peri-helion ω	Semi-major Axis a	Daily Motion n	Eccen-tricity e	Mean Anomaly M
				km	°	°	°	au	°/d		°
(67)	Asia	8·28	0·15	58	6·029	202·430	106·917	2·4221	0·26146	0·1854	330·938
(68)	Leto	6·78	0·05	123	7·963	44·111	304·371	2·7840	0·21218	0·1857	304·142
(69)	Hesperia	7·05	0·19	138	8·591	184·991	289·140	2·9771	0·19188	0·1703	339·496
(71)	Niobe	7·30	0·40	83	23·265	316·004	267·029	2·7560	0·21542	0·1733	307·071
(79)	Eurynome	7·96	0·25	66	4·612	206·542	201·421	2·4453	0·25775	0·1900	280·018
(80)	Sappho	7·98	0·15	79	8·676	218·691	139·632	2·2955	0·28339	0·2002	153·958
(85)	Io	7·61	0·15	164	11·962	203·113	123·005	2·6519	0·22823	0·1946	266·371
(87)	Sylvia	6·94	0·15	261	10·877	73·044	263·574	3·4825	0·15166	0·0932	123·116
(88)	Thisbe	7·04	0·14	232	5·214	276·460	36·299	2·7697	0·21382	0·1617	91·829
(89)	Julia	6·60	0·15	151	16·131	311·552	45·354	2·5496	0·24210	0·1849	185·895
(92)	Undina	6·61	0·15	126	9·932	101·580	239·114	3·1852	0·17338	0·1047	214·385
(94)	Aurora	7·57	0·15	204	7·970	2·572	60·384	3·1573	0·17568	0·0941	344·093
(97)	Klotho	7·63	0·15	83	11·777	159·621	268·687	2·6690	0·22604	0·2573	356·228
(103)	Hera	7·66	0·15	91	5·418	136·083	188·563	2·7017	0·22195	0·0792	39·431
(107)	Camilla	7·08	0·08	223	10·000	172·588	306·510	3·4913	0·15109	0·0653	356·790
(115)	Thyra	7·51	0·12	80	11·594	308·794	97·112	2·3794	0·26853	0·1931	70·468
(121)	Hermione	7·31	0·15	209	7·595	73·128	297·538	3·4561	0·15340	0·1309	249·993
(128)	Nemesis	7·49	0·15	188	6·245	76·240	303·677	2·7495	0·21619	0·1275	115·293
(129)	Antigone	7·07	0·33	138	12·266	135·678	111·259	2·8687	0·20285	0·2121	340·491
(135)	Hertha	8·23	0·15	79	2·304	343·576	340·142	2·4280	0·26051	0·2069	30·206
(185)	Eunike	7·62	0·15	158	23·235	153·816	223·671	2·7383	0·21751	0·1288	228·952
(192)	Nausikaa	7·13	0·03	95	6·798	343·104	30·684	2·4034	0·26452	0·2452	51·093
(194)	Prokne	7·68	0·15	169	18·507	159·281	163·008	2·6163	0·23290	0·2383	322·218
(196)	Philomela	6·54	0·15	136	7·263	72·324	200·575	3·1141	0·17935	0·0158	126·870
(216)	Kleopatra	7·30	0·29	118	13·114	215·350	180·017	2·7932	0·21113	0·2510	112·960
(230)	Athamantis	7·35	0·27	109	9·451	239·853	140·110	2·3824	0·26802	0·0617	76·826
(270)	Anahita	8·75	0·15	51	2·368	254·350	80·678	2·1979	0·30248	0·1506	221·948
(287)	Nephthys	8·30	0·22	68	10·035	142·326	118·892	2·3526	0·27314	0·0232	95·602
(324)	Bamberga	6·82	0·09	228	11·103	327·852	44·254	2·6810	0·22452	0·3408	134·783
(346)	Hermentaria	7·13	0·15	107	8·752	91·941	292·024	2·7964	0·21077	0·1020	81·679
(349)	Dembowska	5·93	0·37	140	8·246	32·341	345·679	2·9224	0·19729	0·0916	184·059
(354)	Eleonora	6·44	0·37	155	18·401	140·353	5·558	2·7981	0·21058	0·1139	16·342
(372)	Palma	7·50	0·15	189	23·824	327·345	115·609	3·1507	0·17623	0·2587	127·277
(387)	Aquitania	7·41	0·15	101	18·114	128·222	157·288	2·7415	0·21713	0·2351	144·624
(389)	Industria	7·88	0·15	79	8·122	282·284	264·874	2·6085	0·23395	0·0671	269·821
(409)	Aspasia	7·62	0·29	162	11·268	242·154	353·300	2·5760	0·23839	0·0724	186·907
(423)	Diotima	7·24	0·15	209	11·244	69·375	198·775	3·0668	0·18351	0·0358	98·870
(433)	Eros	11·16	0·46	16	10·830	304·299	178·864	1·4582	0·55970	0·2228	159·138
(451)	Patientia	6·65	0·19	225	15·239	89·242	336·604	3·0600	0·18413	0·0749	140·613
(471)	Papagena	6·73	0·37	134	15·017	83·812	315·415	2·8908	0·20053	0·2285	285·762
(511)	Davida	6·22	0·16	326	15·939	107·595	337·403	3·1651	0·17503	0·1882	9·040
(532)	Herculina	5·81	0·26	207	16·315	107·532	76·342	2·7727	0·21348	0·1754	26·886
(654)	Zelinda	8·52	0·15	127	18·126	278·443	213·903	2·2969	0·28314	0·2310	31·796
(702)	Alauda	7·25	0·15	195	20·602	289·744	351·312	3·1928	0·17276	0·0172	88·005
(704)	Interamnia	5·94	−0·02	329	17·310	280·286	94·917	3·0573	0·18437	0·1548	137·530

BRIGHT MINOR PLANETS, 2019
NEXT OPPOSITION

Name	Date	Mag.	Dec.
(216) Kleopatra	2019 Jan. 10	10·6	+01 25
(24) Themis	2019 Jan. 14	10·7	+22 30
(704) Interamnia	**2019 Jan. 14**	**10·3**	**+15 02**
(270) Anahita	2019 Jan. 18	11·7	+17 48
(324) Bamberga	2019 Jan. 21	10·4	+28 00
(89) Julia	2019 Jan. 30	10·2	+17 59
(65) Cybele	**2019 Feb. 4**	**11·6**	**+14 31**
(532) Herculina	2019 Feb. 6	8·9	+28 47
(48) Doris	2019 Feb. 8	11·1	+08 26
(42) Isis	2019 Feb. 13	11·8	+23 41
(129) Antigone	2019 Feb. 17	10·8	+15 54
(92) Undina	2019 Feb. 19	11·7	+20 54
(349) Dembowska	2019 Feb. 27	10·3	+17 19
(64) Angelina	2019 Mar. 2	10·4	+06 00
(85) Io	2019 Mar. 8	12·1	−04 35
(451) Patientia	2019 Mar. 10	11·3	+24 16
(17) Thetis	2019 Mar. 22	10·7	+06 42
(7) Iris	**2019 Apr. 5**	**9·4**	**−13 08**
(185) Eunike	2019 Apr. 6	12·3	+15 17
(372) Palma	2019 Apr. 8	12·6	−31 19
(2) Pallas	**2019 Apr. 10**	**7·9**	**+18 05**
(31) Euphrosyne	2019 Apr. 13	11·3	−04 02
(67) Asia	2019 Apr. 13	11·1	−09 02
(194) Prokne	2019 Apr. 18	11·7	+09 49
(44) Nysa	2019 Apr. 24	9·9	−07 01
(121) Hermione	2019 May 3	12·7	−10 42
(19) Fortuna	2019 May 9	10·7	−16 41
(8) Flora	**2019 May 11**	**9·7**	**−09 47**
(11) Parthenope	2019 May 14	9·5	−11 17
(68) Leto	2019 May 14	10·6	−20 39
(20) Massalia	2019 May 20	9·7	−19 23
(32) Pomona	2019 May 27	10·5	−17 18
(22) Kalliope	2019 June 15	10·9	−29 26
(471) Papagena	2019 June 25	11·0	−27 00
(79) Eurynome	2019 June 26	11·5	−16 31
(18) Melpomene	2019 July 2	9·2	−08 55
(45) Eugenia	2019 July 26	10·8	−15 03
(51) Nemausa	2019 July 30	10·6	−06 02
(16) Psyche	**2019 Aug. 7**	**9·3**	**−15 13**
(15) Eunomia	**2019 Aug. 13**	**8·2**	**−05 54**
(39) Laetitia	2019 Aug. 17	9·1	−09 45
(60) Echo	2019 Aug. 19	11·6	−08 57
(13) Egeria	2019 Aug. 30	10·8	−30 49
(287) Nephthys	2019 Sept. 2	11·0	−12 45
(135) Hertha	2019 Sept. 6	9·5	−06 34
(103) Hera	2019 Sept. 20	10·8	−06 38

Name	Date	Mag.	Dec.
(702) Alauda	2019 Sept. 25	12·1	+26 22
(423) Diotima	2019 Sept. 26	11·7	−12 47
(21) Lutetia	2019 Sept. 28	9·4	−03 22
(52) Europa	**2019 Sept. 28**	**10·8**	**−06 21**
(54) Alexandra	2019 Oct. 6	11·0	+20 48
(29) Amphitrite	2019 Oct. 13	8·7	+11 36
(14) Irene	2019 Oct. 17	10·5	−02 12
(26) Proserpina	2019 Oct. 25	11·1	+10 48
(9) Metis	**2019 Oct. 25**	**8·6**	**+06 21**
(196) Philomela	2019 Nov. 2	10·9	+09 18
(41) Daphne	2019 Nov. 3	12·3	+00 47
(94) Aurora	2019 Nov. 4	11·5	+22 44
(4) Vesta	**2019 Nov. 12**	**6·5**	**+08 30**
(10) Hygiea	**2019 Nov. 26**	**10·3**	**+24 16**
(409) Aspasia	2019 Nov. 27	11·1	+20 24
(88) Thisbe	2019 Nov. 28	10·9	+25 19
(97) Klotho	2019 Dec. 2	9·9	−00 51
(28) Bellona	2019 Dec. 10	10·4	+08 44
(387) Aquitania	2019 Dec. 22	12·3	+07 11
(69) Hesperia	2019 Dec. 30	10·4	+09 06
(389) Industria	2020 Jan. 2	11·0	+23 13
(192) Nausikaa	2020 Jan. 9	10·0	+31 42
(511) Davida	**2020 Jan. 15**	**9·6**	**+24 13**
(87) Sylvia	2020 Jan. 17	12·3	+30 49
(63) Ausonia	2020 Jan. 18	11·0	+26 18
(5) Astraea	2020 Jan. 21	8·9	+16 26
(230) Athamantis	2020 Jan. 23	10·4	+05 43
(107) Camilla	2020 Jan. 30	11·8	+08 20
(43) Ariadne	2020 Feb. 2	11·0	+12 56
(37) Fides	2020 Feb. 2	10·1	+20 50
(346) Hermentaria	2020 Feb. 3	11·1	+25 06
(12) Victoria	2020 Feb. 18	11·1	−00 17
(30) Urania	2020 Feb. 29	10·6	+05 55
(115) Thyra	2020 Mar. 7	10·9	−05 53
(128) Nemesis	2020 Mar. 9	11·8	+12 50
(27) Euterpe	2020 Mar. 14	9·4	+04 43
(25) Phocaea	2020 Mar. 20	11·6	−18 18
(71) Niobe	2020 Mar. 27	10·4	−31 21
(80) Sappho	2020 Mar. 27	11·7	−09 30
(3) Juno	2020 Apr. 2	9·5	+01 49
(6) Hebe	2020 Apr. 4	9·9	+11 15
(354) Eleonora	2020 Apr. 13	10·1	+15 13
(40) Harmonia	2020 Apr. 23	9·8	−06 39
(23) Thalia	2020 Apr. 24	10·0	−04 12
(654) Zelinda	2020 May 28	11·7	−37 52

Daily ephemerides of minor planets printed in **bold** are given in this section

GEOCENTRIC POSITIONS FOR 0ʰ TERRESTRIAL TIME

Date	Astrometric R.A. (h m s)	Dec. (° ′ ″)	Vis. Mag.	Ephemeris Transit (h m)
2019 Feb. 10	14 03 54.9	− 0 13 27	8.5	4 45.1
11	14 04 31.9	+ 0 00 45	8.5	4 41.8
12	14 05 07.4	+ 0 15 13	8.5	4 38.4
13	14 05 41.4	+ 0 29 58	8.5	4 35.1
14	14 06 13.9	+ 0 45 00	8.4	4 31.7
15	14 06 44.8	+ 1 00 18	8.4	4 28.2
16	14 07 14.2	+ 1 15 53	8.4	4 24.8
17	14 07 42.0	+ 1 31 44	8.4	4 21.3
18	14 08 08.2	+ 1 47 51	8.4	4 17.8
19	14 08 32.8	+ 2 04 13	8.4	4 14.3
20	14 08 55.9	+ 2 20 52	8.4	4 10.7
21	14 09 17.3	+ 2 37 45	8.3	4 07.1
22	14 09 37.0	+ 2 54 54	8.3	4 03.5
23	14 09 55.2	+ 3 12 17	8.3	3 59.9
24	14 10 11.6	+ 3 29 55	8.3	3 56.2
25	14 10 26.4	+ 3 47 48	8.3	3 52.5
26	14 10 39.5	+ 4 05 54	8.3	3 48.8
27	14 10 50.9	+ 4 24 14	8.2	3 45.1
28	14 11 00.5	+ 4 42 47	8.2	3 41.3
Mar. 1	14 11 08.5	+ 5 01 32	8.2	3 37.5
2	14 11 14.7	+ 5 20 30	8.2	3 33.6
3	14 11 19.3	+ 5 39 39	8.2	3 29.8
4	14 11 22.1	+ 5 59 00	8.2	3 25.9
Mar. 5	14 11 23.1	+ 6 18 31	8.1	3 22.0
6	14 11 22.5	+ 6 38 12	8.1	3 18.0
7	14 11 20.1	+ 6 58 03	8.1	3 14.1
8	14 11 16.1	+ 7 18 02	8.1	3 10.1
9	14 11 10.3	+ 7 38 10	8.1	3 06.0
10	14 11 02.8	+ 7 58 24	8.1	3 02.0
11	14 10 53.7	+ 8 18 45	8.1	2 57.9
12	14 10 42.8	+ 8 39 12	8.0	2 53.8
13	14 10 30.4	+ 8 59 44	8.0	2 49.6
14	14 10 16.3	+ 9 20 20	8.0	2 45.4
15	14 10 00.6	+ 9 41 00	8.0	2 41.2
16	14 09 43.3	+10 01 42	8.0	2 37.0
17	14 09 24.4	+10 22 26	8.0	2 32.8
18	14 09 04.0	+10 43 10	8.0	2 28.5
19	14 08 42.1	+11 03 55	8.0	2 24.2
20	14 08 18.7	+11 24 39	7.9	2 19.9
21	14 07 53.8	+11 45 20	7.9	2 15.5
22	14 07 27.5	+12 05 59	7.9	2 11.2
23	14 06 59.8	+12 26 35	7.9	2 06.8
24	14 06 30.7	+12 47 06	7.9	2 02.4
25	14 06 00.3	+13 07 31	7.9	1 57.9
26	14 05 28.6	+13 27 51	7.9	1 53.5
27	14 04 55.6	+13 48 02	7.9	1 49.0
28	14 04 21.4	+14 08 06	7.9	1 44.5
29	14 03 46.0	+14 28 00	7.9	1 40.0
30	14 03 09.5	+14 47 45	7.9	1 35.4
31	14 02 31.9	+15 07 18	7.9	1 30.9
Apr. 1	14 01 53.3	+15 26 39	7.9	1 26.3
2	14 01 13.7	+15 45 47	7.9	1 21.7
3	14 00 33.2	+16 04 42	7.9	1 17.1
4	13 59 51.8	+16 23 21	7.9	1 12.5
5	13 59 09.7	+16 41 46	7.9	1 07.8
6	13 58 26.8	+16 59 54	7.9	1 03.2
7	13 57 43.2	+17 17 44	7.9	0 58.5
8	13 56 59.0	+17 35 17	7.9	0 53.9
9	13 56 14.2	+17 52 32	7.9	0 49.2
Apr. 10	13 55 29.0	+18 09 26	7.9	0 44.5
2019 Apr. 10	13 55 29.0	+18 09 26	7.9	0 44.5
11	13 54 43.3	+18 26 01	7.9	0 39.8
12	13 53 57.3	+18 42 16	7.9	0 35.1
13	13 53 11.0	+18 58 09	7.9	0 30.4
14	13 52 24.5	+19 13 40	7.9	0 25.7
15	13 51 37.8	+19 28 50	7.9	0 21.0
16	13 50 51.0	+19 43 36	8.0	0 16.3
17	13 50 04.2	+19 58 00	8.0	0 11.6
18	13 49 17.4	+20 12 00	8.0	0 06.9
19	13 48 30.7	+20 25 37	8.0	0 02.2
20	13 47 44.1	+20 38 49	8.0	23 52.8
21	13 46 57.8	+20 51 37	8.0	23 48.1
22	13 46 11.7	+21 04 01	8.1	23 43.4
23	13 45 25.9	+21 16 00	8.1	23 38.7
24	13 44 40.5	+21 27 35	8.1	23 34.1
25	13 43 55.6	+21 38 44	8.1	23 29.4
26	13 43 11.1	+21 49 28	8.1	23 24.7
27	13 42 27.1	+21 59 47	8.2	23 20.1
28	13 41 43.8	+22 09 41	8.2	23 15.4
29	13 41 01.1	+22 19 09	8.2	23 10.8
30	13 40 19.1	+22 28 12	8.2	23 06.2
May 1	13 39 37.9	+22 36 51	8.2	23 01.6
2	13 38 57.5	+22 45 04	8.3	22 57.0
3	13 38 17.9	+22 52 52	8.3	22 52.4
4	13 37 39.2	+23 00 15	8.3	22 47.9
5	13 37 01.5	+23 07 13	8.3	22 43.3
6	13 36 24.8	+23 13 47	8.3	22 38.8
7	13 35 49.0	+23 19 57	8.4	22 34.3
8	13 35 14.4	+23 25 43	8.4	22 29.8
9	13 34 40.8	+23 31 05	8.4	22 25.3
10	13 34 08.4	+23 36 04	8.4	22 20.9
11	13 33 37.1	+23 40 39	8.5	22 16.5
12	13 33 07.0	+23 44 52	8.5	22 12.0
13	13 32 38.2	+23 48 42	8.5	22 07.6
14	13 32 10.5	+23 52 10	8.5	22 03.3
15	13 31 44.1	+23 55 17	8.5	21 58.9
16	13 31 19.0	+23 58 02	8.6	21 54.6
17	13 30 55.2	+24 00 26	8.6	21 50.3
18	13 30 32.7	+24 02 30	8.6	21 46.0
19	13 30 11.5	+24 04 14	8.6	21 41.7
20	13 29 51.6	+24 05 38	8.6	21 37.5
21	13 29 33.0	+24 06 42	8.7	21 33.3
22	13 29 15.8	+24 07 28	8.7	21 29.1
23	13 29 00.0	+24 07 55	8.7	21 24.9
24	13 28 45.5	+24 08 04	8.7	21 20.8
25	13 28 32.3	+24 07 55	8.7	21 16.6
26	13 28 20.5	+24 07 28	8.8	21 12.5
27	13 28 10.1	+24 06 44	8.8	21 08.4
28	13 28 01.1	+24 05 44	8.8	21 04.4
29	13 27 53.4	+24 04 27	8.8	21 00.3
30	13 27 47.1	+24 02 55	8.8	20 56.3
31	13 27 42.2	+24 01 06	8.9	20 52.3
June 1	13 27 38.7	+23 59 03	8.9	20 48.4
2	13 27 36.5	+23 56 45	8.9	20 44.4
June 3	13 27 35.7	+23 54 12	8.9	20 40.5
4	13 27 36.3	+23 51 25	8.9	20 36.6
5	13 27 38.2	+23 48 25	9.0	20 32.7
6	13 27 41.5	+23 45 11	9.0	20 28.8
7	13 27 46.1	+23 41 44	9.0	20 25.0
June 8	13 27 52.1	+23 38 05	9.0	20 21.2

Second transit for Pallas 2019 April 19ᵈ 23ʰ 57ᵐ5

VESTA, 2019
GEOCENTRIC POSITIONS FOR 0ʰ TERRESTRIAL TIME

Date	Astrometric R.A. (h m s)	Dec. (° ′ ″)	Vis. Mag.	Ephemeris Transit (h m)	Date	Astrometric R.A. (h m s)	Dec. (° ′ ″)	Vis. Mag.	Ephemeris Transit (h m)
2019 Sept. 14	3 46 56·6	+11 05 05	7·5	4 16·6	2019 Nov. 12	3 18 31·1	+ 8 26 26	6·5	23 51·3
15	3 47 14·6	+11 03 47	7·5	4 13·0	13	3 17 28·7	+ 8 24 07	6·5	23 46·3
16	3 47 31·0	+11 02 25	7·5	4 09·3	14	3 16 26·3	+ 8 21 53	6·5	23 41·4
17	3 47 45·7	+11 00 57	7·4	4 05·6	15	3 15 24·0	+ 8 19 45	6·5	23 36·4
18	3 47 58·8	+10 59 25	7·4	4 01·9	16	3 14 21·9	+ 8 17 43	6·5	23 31·4
19	3 48 10·3	+10 57 48	7·4	3 58·2	17	3 13 19·9	+ 8 15 48	6·5	23 26·5
20	3 48 20·1	+10 56 06	7·4	3 54·4	18	3 12 18·3	+ 8 13 59	6·5	23 21·5
21	3 48 28·3	+10 54 19	7·4	3 50·6	19	3 11 17·0	+ 8 12 16	6·5	23 16·6
22	3 48 34·7	+10 52 28	7·4	3 46·8	20	3 10 16·1	+ 8 10 40	6·6	23 11·7
23	3 48 39·4	+10 50 32	7·3	3 42·9	21	3 09 15·8	+ 8 09 12	6·6	23 06·8
24	3 48 42·4	+10 48 31	7·3	3 39·0	22	3 08 16·0	+ 8 07 50	6·6	23 01·8
Sept. 25	3 48 43·7	+10 46 26	7·3	3 35·1	23	3 07 16·9	+ 8 06 37	6·6	22 56·9
26	3 48 43·2	+10 44 16	7·3	3 31·2	24	3 06 18·4	+ 8 05 30	6·6	22 52·1
27	3 48 40·9	+10 42 02	7·3	3 27·2	25	3 05 20·8	+ 8 04 32	6·7	22 47·2
28	3 48 36·8	+10 39 44	7·2	3 23·2	26	3 04 24·0	+ 8 03 41	6·7	22 42·3
29	3 48 31·0	+10 37 22	7·2	3 19·2	27	3 03 28·1	+ 8 02 59	6·7	22 37·5
30	3 48 23·3	+10 34 55	7·2	3 15·1	28	3 02 33·3	+ 8 02 25	6·7	22 32·7
Oct. 1	3 48 13·9	+10 32 25	7·2	3 11·0	29	3 01 39·4	+ 8 01 59	6·7	22 27·8
2	3 48 02·7	+10 29 51	7·2	3 06·9	30	3 00 46·7	+ 8 01 41	6·8	22 23·1
3	3 47 49·6	+10 27 14	7·2	3 02·7	Dec. 1	2 59 55·1	+ 8 01 32	6·8	22 18·3
4	3 47 34·8	+10 24 33	7·1	2 58·6	2	2 59 04·7	+ 8 01 32	6·8	22 13·5
5	3 47 18·3	+10 21 48	7·1	2 54·3	3	2 58 15·6	+ 8 01 40	6·8	22 08·8
6	3 46 59·9	+10 19 01	7·1	2 50·1	4	2 57 27·7	+ 8 01 58	6·8	22 04·1
7	3 46 39·7	+10 16 10	7·1	2 45·8	5	2 56 41·2	+ 8 02 23	6·9	21 59·4
8	3 46 17·8	+10 13 17	7·1	2 41·5	6	2 55 56·1	+ 8 02 58	6·9	21 54·8
9	3 45 54·2	+10 10 20	7·0	2 37·2	7	2 55 12·4	+ 8 03 42	6·9	21 50·1
10	3 45 28·8	+10 07 21	7·0	2 32·9	8	2 54 30·2	+ 8 04 34	6·9	21 45·5
11	3 45 01·7	+10 04 20	7·0	2 28·5	9	2 53 49·4	+ 8 05 35	7·0	21 40·9
12	3 44 32·8	+10 01 16	7·0	2 24·1	10	2 53 10·2	+ 8 06 45	7·0	21 36·4
13	3 44 02·3	+ 9 58 10	7·0	2 19·6	11	2 52 32·5	+ 8 08 04	7·0	21 31·9
14	3 43 30·0	+ 9 55 02	7·0	2 15·2	12	2 51 56·4	+ 8 09 31	7·0	21 27·3
15	3 42 56·1	+ 9 51 53	6·9	2 10·7	13	2 51 21·8	+ 8 11 07	7·0	21 22·9
16	3 42 20·6	+ 9 48 42	6·9	2 06·1	14	2 50 48·9	+ 8 12 51	7·1	21 18·4
17	3 41 43·5	+ 9 45 29	6·9	2 01·6	15	2 50 17·6	+ 8 14 44	7·1	21 14·0
18	3 41 04·7	+ 9 42 15	6·9	1 57·0	16	2 49 47·9	+ 8 16 46	7·1	21 09·6
19	3 40 24·4	+ 9 39 00	6·9	1 52·4	17	2 49 19·9	+ 8 18 56	7·1	21 05·2
20	3 39 42·6	+ 9 35 45	6·8	1 47·8	18	2 48 53·5	+ 8 21 14	7·1	21 00·9
21	3 38 59·2	+ 9 32 28	6·8	1 43·1	19	2 48 28·9	+ 8 23 41	7·2	20 56·6
22	3 38 14·4	+ 9 29 11	6·8	1 38·5	20	2 48 05·9	+ 8 26 16	7·2	20 52·3
23	3 37 28·2	+ 9 25 55	6·8	1 33·8	21	2 47 44·6	+ 8 28 58	7·2	20 48·0
24	3 36 40·6	+ 9 22 38	6·8	1 29·0	22	2 47 25·1	+ 8 31 49	7·2	20 43·8
25	3 35 51·7	+ 9 19 21	6·7	1 24·3	23	2 47 07·2	+ 8 34 48	7·2	20 39·6
26	3 35 01·5	+ 9 16 05	6·7	1 19·5	24	2 46 51·1	+ 8 37 55	7·3	20 35·4
27	3 34 10·0	+ 9 12 50	6·7	1 14·7	25	2 46 36·7	+ 8 41 10	7·3	20 31·3
28	3 33 17·4	+ 9 09 36	6·7	1 09·9	26	2 46 24·1	+ 8 44 32	7·3	20 27·1
29	3 32 23·6	+ 9 06 23	6·7	1 05·1	27	2 46 13·1	+ 8 48 02	7·3	20 23·0
30	3 31 28·8	+ 9 03 12	6·6	1 00·3	28	2 46 04·0	+ 8 51 39	7·3	20 19·0
31	3 30 33·0	+ 9 00 03	6·6	0 55·4	29	2 45 56·5	+ 8 55 23	7·4	20 15·0
Nov. 1	3 29 36·3	+ 8 56 56	6·6	0 50·5	30	2 45 50·7	+ 8 59 15	7·4	20 11·0
2	3 28 38·7	+ 8 53 52	6·6	0 45·7	31	2 45 46·7	+ 9 03 14	7·4	20 07·0
3	3 27 40·4	+ 8 50 50	6·6	0 40·8	2020 Jan. 1	2 45 44·4	+ 9 07 19	7·4	20 03·0
4	3 26 41·3	+ 8 47 52	6·6	0 35·8	2	2 45 43·8	+ 9 11 32	7·4	19 59·1
5	3 25 41·5	+ 8 44 57	6·5	0 30·9	3	2 45 44·8	+ 9 15 51	7·5	19 55·2
6	3 24 41·2	+ 8 42 05	6·5	0 26·0	4	2 45 47·5	+ 9 20 17	7·5	19 51·4
7	3 23 40·4	+ 8 39 17	6·5	0 21·0	5	2 45 51·9	+ 9 24 48	7·5	19 47·5
8	3 22 39·1	+ 8 36 34	6·5	0 16·1	6	2 45 57·9	+ 9 29 26	7·5	19 43·7
9	3 21 37·5	+ 8 33 55	6·5	0 11·1	7	2 46 05·6	+ 9 34 11	7·5	19 39·9
10	3 20 35·5	+ 8 31 20	6·5	0 06·2	8	2 46 14·8	+ 9 39 00	7·5	19 36·2
11	3 19 33·4	+ 8 28 50	6·5	0 01·2	9	2 46 25·7	+ 9 43 56	7·6	19 32·4
Nov. 12	3 18 31·1	+ 8 26 26	6·5	23 51·3	Jan. 10	2 46 38·1	+ 9 48 57	7·6	19 28·7

Second transit for Vesta 2019 November 11ᵈ 23ʰ 56ᵐ3

GEOCENTRIC POSITIONS FOR 0ʰ TERRESTRIAL TIME

Date	Astrometric R.A. h m s	Dec. ° ′ ″	Vis. Mag.	Ephemeris Transit h m	Date	Astrometric R.A. h m s	Dec. ° ′ ″	Vis. Mag.	Ephemeris Transit h m
2019 Feb. 5	13 15 37·4	−15 10 55	10·4	4 16·5	**2019 Apr. 5**	12 43 32·1	−13 04 17	9·4	23 47·7
6	13 15 44·3	−15 13 43	10·4	4 12·7	**6**	12 42 36·2	−12 57 37	9·4	23 42·8
7	13 15 49·8	−15 16 23	10·4	4 08·9	**7**	12 41 40·6	−12 50 53	9·4	23 38·0
8	13 15 53·7	−15 18 54	10·3	4 05·0	**8**	12 40 45·3	−12 44 05	9·4	23 33·1
9	13 15 56·1	−15 21 15	10·3	4 01·1	**9**	12 39 50·5	−12 37 14	9·4	23 28·3
Feb. 10	13 15 57·0	−15 23 27	10·3	3 57·2	**10**	12 38 56·0	−12 30 20	9·4	23 23·5
11	13 15 56·3	−15 25 30	10·3	3 53·2	**11**	12 38 02·1	−12 23 25	9·4	23 18·7
12	13 15 54·1	−15 27 23	10·3	3 49·3	**12**	12 37 08·8	−12 16 27	9·5	23 13·9
13	13 15 50·3	−15 29 06	10·3	3 45·3	**13**	12 36 16·0	−12 09 29	9·5	23 09·1
14	13 15 45·0	−15 30 39	10·3	3 41·2	**14**	12 35 24·0	−12 02 29	9·5	23 04·3
15	13 15 38·1	−15 32 02	10·2	3 37·2	**15**	12 34 32·6	−11 55 29	9·5	22 59·5
16	13 15 29·6	−15 33 15	10·2	3 33·1	**16**	12 33 42·1	−11 48 30	9·6	22 54·8
17	13 15 19·6	−15 34 19	10·2	3 29·0	**17**	12 32 52·3	−11 41 30	9·6	22 50·0
18	13 15 08·0	−15 35 11	10·2	3 24·9	**18**	12 32 03·4	−11 34 32	9·6	22 45·3
19	13 14 54·9	−15 35 54	10·2	3 20·7	**19**	12 31 15·5	−11 27 35	9·6	22 40·6
20	13 14 40·2	−15 36 26	10·2	3 16·6	**20**	12 30 28·4	−11 20 40	9·6	22 35·9
21	13 14 24·0	−15 36 47	10·1	3 12·4	**21**	12 29 42·4	−11 13 47	9·7	22 31·2
22	13 14 06·2	−15 36 58	10·1	3 08·1	**22**	12 28 57·3	−11 06 56	9·7	22 26·5
23	13 13 46·8	−15 36 58	10·1	3 03·9	**23**	12 28 13·3	−11 00 09	9·7	22 21·9
24	13 13 25·9	−15 36 48	10·1	2 59·6	**24**	12 27 30·4	−10 53 24	9·7	22 17·3
25	13 13 03·5	−15 36 26	10·1	2 55·3	**25**	12 26 48·6	−10 46 43	9·8	22 12·7
26	13 12 39·6	−15 35 53	10·0	2 51·0	**26**	12 26 08·0	−10 40 06	9·8	22 08·1
27	13 12 14·1	−15 35 09	10·0	2 46·6	**27**	12 25 28·6	−10 33 34	9·8	22 03·5
28	13 11 47·1	−15 34 14	10·0	2 42·2	**28**	12 24 50·4	−10 27 06	9·8	21 59·0
Mar. 1	13 11 18·6	−15 33 08	10·0	2 37·8	**29**	12 24 13·4	−10 20 43	9·9	21 54·4
2	13 10 48·6	−15 31 50	10·0	2 33·4	**30**	12 23 37·7	−10 14 25	9·9	21 49·9
3	13 10 17·2	−15 30 21	10·0	2 28·9	**May 1**	12 23 03·3	−10 08 13	9·9	21 45·4
4	13 09 44·4	−15 28 41	9·9	2 24·4	**2**	12 22 30·2	−10 02 07	9·9	21 41·0
5	13 09 10·1	−15 26 49	9·9	2 19·9	**3**	12 21 58·4	− 9 56 08	10·0	21 36·5
6	13 08 34·5	−15 24 46	9·9	2 15·4	**4**	12 21 28·0	− 9 50 14	10·0	21 32·1
7	13 07 57·5	−15 22 31	9·9	2 10·9	**5**	12 20 59·0	− 9 44 28	10·0	21 27·7
8	13 07 19·2	−15 20 05	9·9	2 06·3	**6**	12 20 31·3	− 9 38 48	10·0	21 23·4
9	13 06 39·6	−15 17 27	9·8	2 01·7	**7**	12 20 05·1	− 9 33 16	10·0	21 19·0
10	13 05 58·8	−15 14 39	9·8	1 57·1	**8**	12 19 40·2	− 9 27 51	10·1	21 14·7
11	13 05 16·7	−15 11 39	9·8	1 52·5	**9**	12 19 16·8	− 9 22 33	10·1	21 10·4
12	13 04 33·5	−15 08 28	9·8	1 47·8	**10**	12 18 54·9	− 9 17 24	10·1	21 06·1
13	13 03 49·2	−15 05 06	9·8	1 43·2	**11**	12 18 34·3	− 9 12 23	10·1	21 01·9
14	13 03 03·8	−15 01 33	9·7	1 38·5	**12**	12 18 15·2	− 9 07 30	10·2	20 57·6
15	13 02 17·3	−14 57 49	9·7	1 33·8	**13**	12 17 57·6	− 9 02 45	10·2	20 53·4
16	13 01 29·8	−14 53 54	9·7	1 29·0	**14**	12 17 41·4	− 8 58 08	10·2	20 49·3
17	13 00 41·4	−14 49 50	9·7	1 24·3	**15**	12 17 26·6	− 8 53 41	10·2	20 45·1
18	12 59 52·1	−14 45 35	9·7	1 19·6	**16**	12 17 13·2	− 8 49 22	10·2	20 41·0
19	12 59 02·0	−14 41 09	9·6	1 14·8	**17**	12 17 01·3	− 8 45 11	10·3	20 36·9
20	12 58 11·0	−14 36 34	9·6	1 10·0	**18**	12 16 50·8	− 8 41 10	10·3	20 32·8
21	12 57 19·3	−14 31 50	9·6	1 05·2	**19**	12 16 41·7	− 8 37 17	10·3	20 28·7
22	12 56 26·9	−14 26 55	9·6	1 00·4	**20**	12 16 34·1	− 8 33 34	10·3	20 24·7
23	12 55 33·9	−14 21 52	9·6	0 55·6	**21**	12 16 27·8	− 8 29 59	10·3	20 20·7
24	12 54 40·3	−14 16 39	9·5	0 50·8	**22**	12 16 23·0	− 8 26 33	10·4	20 16·7
25	12 53 46·1	−14 11 18	9·5	0 46·0	**23**	12 16 19·5	− 8 23 17	10·4	20 12·7
26	12 52 51·5	−14 05 49	9·5	0 41·1	**24**	12 16 17·4	− 8 20 09	10·4	20 08·7
27	12 51 56·4	−14 00 11	9·5	0 36·3	**May 25**	12 16 16·7	− 8 17 10	10·4	20 04·8
28	12 51 01·0	−13 54 25	9·5	0 31·4	**26**	12 16 17·3	− 8 14 21	10·4	20 00·9
29	12 50 05·3	−13 48 32	9·4	0 26·6	**27**	12 16 19·3	− 8 11 41	10·5	19 57·0
30	12 49 09·3	−13 42 31	9·4	0 21·7	**28**	12 16 22·7	− 8 09 10	10·5	19 53·2
31	12 48 13·2	−13 36 24	9·4	0 16·9	**29**	12 16 27·4	− 8 06 47	10·5	19 49·3
Apr. 1	12 47 16·9	−13 30 10	9·4	0 12·0	**30**	12 16 33·4	− 8 04 35	10·5	19 45·5
2	12 46 20·6	−13 23 50	9·4	0 07·1	**31**	12 16 40·8	− 8 02 31	10·5	19 41·7
3	12 45 24·3	−13 17 24	9·4	0 02·3	**June 1**	12 16 49·4	− 8 00 36	10·5	19 38·0
4	12 44 28·1	−13 10 53	9·4	23 52·5	**2**	12 16 59·4	− 7 58 50	10·6	19 34·2
Apr. 5	12 43 32·1	−13 04 17	9·4	23 47·7	**June 3**	12 17 10·6	− 7 57 13	10·6	19 30·5

Second transit for Iris 2019 April 3ᵈ 23ʰ 57ᵐ4

FLORA, 2019
GEOCENTRIC POSITIONS FOR 0ʰ TERRESTRIAL TIME

Date	Astrometric R.A. (h m s)	Astrometric Dec. (° ′ ″)	Vis. Mag.	Ephemeris Transit (h m)	Date	Astrometric R.A. (h m s)	Astrometric Dec. (° ′ ″)	Vis. Mag.	Ephemeris Transit (h m)
2019 Mar. 13	15 50 45·8	−12 41 23	10·9	4 29·8	2019 May 11	15 23 02·6	− 9 46 21	9·7	0 10·1
14	15 51 04·7	−12 40 07	10·9	4 26·2	12	15 21 59·1	− 9 43 13	9·7	0 05·1
15	15 51 22·0	−12 38 46	10·8	4 22·5	13	15 20 55·5	− 9 40 10	9·7	0 00·1
16	15 51 37·8	−12 37 19	10·8	4 18·8	14	15 19 51·8	− 9 37 11	9·7	23 50·2
17	15 51 51·8	−12 35 47	10·8	4 15·1	15	15 18 48·2	− 9 34 17	9·7	23 45·2
18	15 52 04·3	−12 34 10	10·8	4 11·4	16	15 17 44·7	− 9 31 28	9·7	23 40·2
19	15 52 15·1	−12 32 28	10·8	4 07·7	17	15 16 41·4	− 9 28 44	9·7	23 35·2
20	15 52 24·3	−12 30 41	10·8	4 03·9	18	15 15 38·3	− 9 26 07	9·8	23 30·2
21	15 52 31·8	−12 28 49	10·7	4 00·1	19	15 14 35·5	− 9 23 35	9·8	23 25·3
22	15 52 37·6	−12 26 53	10·7	3 56·2	20	15 13 33·1	− 9 21 08	9·8	23 20·3
23	15 52 41·7	−12 24 51	10·7	3 52·4	21	15 12 31·1	− 9 18 49	9·8	23 15·4
Mar. 24	15 52 44·0	−12 22 45	10·7	3 48·5	22	15 11 29·7	− 9 16 35	9·8	23 10·4
25	15 52 44·7	−12 20 33	10·7	3 44·5	23	15 10 28·8	− 9 14 28	9·8	23 05·5
26	15 52 43·6	−12 18 18	10·6	3 40·6	24	15 09 28·5	− 9 12 28	9·9	23 00·6
27	15 52 40·7	−12 15 57	10·6	3 36·6	25	15 08 29·0	− 9 10 35	9·9	22 55·7
28	15 52 36·1	−12 13 32	10·6	3 32·6	26	15 07 30·2	− 9 08 50	9·9	22 50·8
29	15 52 29·7	−12 11 03	10·6	3 28·5	27	15 06 32·3	− 9 07 11	9·9	22 45·9
30	15 52 21·5	−12 08 29	10·6	3 24·5	28	15 05 35·3	− 9 05 40	9·9	22 41·0
31	15 52 11·5	−12 05 51	10·5	3 20·4	29	15 04 39·2	− 9 04 17	10·0	22 36·2
Apr. 1	15 51 59·7	−12 03 08	10·5	3 16·2	30	15 03 44·1	− 9 03 01	10·0	22 31·4
2	15 51 46·1	−12 00 22	10·5	3 12·1	31	15 02 50·0	− 9 01 54	10·0	22 26·6
3	15 51 30·7	−11 57 31	10·5	3 07·9	June 1	15 01 57·1	− 9 00 54	10·0	22 21·8
4	15 51 13·5	−11 54 36	10·5	3 03·7	2	15 01 05·3	− 9 00 03	10·0	22 17·0
5	15 50 54·6	−11 51 38	10·4	2 59·4	3	15 00 14·8	− 8 59 20	10·1	22 12·2
6	15 50 33·8	−11 48 36	10·4	2 55·1	4	14 59 25·5	− 8 58 45	10·1	22 07·5
7	15 50 11·3	−11 45 31	10·4	2 50·8	5	14 58 37·5	− 8 58 19	10·1	22 02·8
8	15 49 47·0	−11 42 22	10·4	2 46·5	6	14 57 50·9	− 8 58 01	10·1	21 58·1
9	15 49 20·9	−11 39 09	10·3	2 42·1	7	14 57 05·7	− 8 57 52	10·1	21 53·5
10	15 48 53·1	−11 35 54	10·3	2 37·7	8	14 56 21·9	− 8 57 52	10·2	21 48·8
11	15 48 23·6	−11 32 36	10·3	2 33·3	9	14 55 39·5	− 8 58 01	10·2	21 44·2
12	15 47 52·4	−11 29 15	10·3	2 28·8	10	14 54 58·7	− 8 58 18	10·2	21 39·6
13	15 47 19·5	−11 25 51	10·3	2 24·4	11	14 54 19·3	− 8 58 43	10·2	21 35·1
14	15 46 44·9	−11 22 25	10·2	2 19·9	12	14 53 41·6	− 8 59 18	10·2	21 30·5
15	15 46 08·7	−11 18 56	10·2	2 15·3	13	14 53 05·3	− 9 00 01	10·3	21 26·0
16	15 45 30·9	−11 15 26	10·2	2 10·8	14	14 52 30·7	− 9 00 53	10·3	21 21·5
17	15 44 51·6	−11 11 53	10·2	2 06·2	15	14 51 57·6	− 9 01 53	10·3	21 17·1
18	15 44 10·7	−11 08 19	10·2	2 01·6	16	14 51 26·2	− 9 03 02	10·3	21 12·7
19	15 43 28·2	−11 04 43	10·1	1 56·9	17	14 50 56·4	− 9 04 20	10·3	21 08·3
20	15 42 44·3	−11 01 06	10·1	1 52·3	18	14 50 28·2	− 9 05 46	10·3	21 03·9
21	15 41 59·0	−10 57 28	10·1	1 47·6	19	14 50 01·7	− 9 07 20	10·4	20 59·5
22	15 41 12·2	−10 53 48	10·1	1 42·9	20	14 49 36·8	− 9 09 03	10·4	20 55·2
23	15 40 24·1	−10 50 08	10·0	1 38·1	21	14 49 13·6	− 9 10 54	10·4	20 50·9
24	15 39 34·6	−10 46 27	10·0	1 33·4	22	14 48 52·1	− 9 12 53	10·4	20 46·7
25	15 38 43·8	−10 42 46	10·0	1 28·6	23	14 48 32·2	− 9 15 00	10·4	20 42·4
26	15 37 51·8	−10 39 05	10·0	1 23·8	24	14 48 14·0	− 9 17 15	10·5	20 38·2
27	15 36 58·7	−10 35 23	10·0	1 19·0	25	14 47 57·5	− 9 19 38	10·5	20 34·0
28	15 36 04·3	−10 31 43	9·9	1 14·2	26	14 47 42·7	− 9 22 10	10·5	20 29·9
29	15 35 08·9	−10 28 02	9·9	1 09·3	27	14 47 29·6	− 9 24 48	10·5	20 25·8
30	15 34 12·5	−10 24 23	9·9	1 04·5	28	14 47 18·2	− 9 27 35	10·5	20 21·7
May 1	15 33 15·0	−10 20 44	9·9	0 59·6	29	14 47 08·4	− 9 30 29	10·6	20 17·6
2	15 32 16·7	−10 17 07	9·9	0 54·7	30	14 47 00·4	− 9 33 31	10·6	20 13·5
3	15 31 17·6	−10 13 32	9·8	0 49·8	July 1	14 46 54·0	− 9 36 40	10·6	20 09·5
4	15 30 17·7	−10 09 59	9·8	0 44·8	2	14 46 49·3	− 9 39 56	10·6	20 05·5
5	15 29 17·0	−10 06 27	9·8	0 39·9	3	14 46 46·3	− 9 43 20	10·6	20 01·6
6	15 28 15·8	−10 02 58	9·8	0 34·9	July 4	14 46 44·9	− 9 46 51	10·6	19 57·7
7	15 27 13·9	− 9 59 32	9·8	0 30·0	5	14 46 45·3	− 9 50 29	10·7	19 53·8
8	15 26 11·6	− 9 56 09	9·7	0 25·0	6	14 46 47·2	− 9 54 13	10·7	19 49·9
9	15 25 08·9	− 9 52 50	9·7	0 20·1	7	14 46 50·8	− 9 58 04	10·7	19 46·0
10	15 24 05·9	− 9 49 34	9·7	0 15·1	8	14 46 56·1	−10 02 02	10·7	19 42·2
May 11	15 23 02·6	− 9 46 21	9·7	0 10·1	July 9	14 47 02·9	−10 06 07	10·7	19 38·4

Second transit for Flora 2019 May 13ᵈ 23ʰ 55ᵐ1

GEOCENTRIC POSITIONS FOR 0ʰ TERRESTRIAL TIME

Date	Astrometric R.A.	Astrometric Dec.	Vis. Mag.	Ephemeris Transit	Date	Astrometric R.A.	Astrometric Dec.	Vis. Mag.	Ephemeris Transit
	h m s	° ′ ″		h m		h m s	° ′ ″		h m
2019 Aug. 27	2 27 48·8	+ 7 46 13	10·1	4 08·5	2019 Oct. 25	2 08 16·8	+ 6 17 48	8·6	23 52·0
28	2 28 19·5	+ 7 47 33	10·1	4 05·1	26	2 07 16·0	+ 6 15 13	8·6	23 47·1
29	2 28 48·7	+ 7 48 44	10·1	4 01·6	27	2 06 15·1	+ 6 12 43	8·6	23 42·1
30	2 29 16·2	+ 7 49 49	10·1	3 58·1	28	2 05 14·1	+ 6 10 17	8·6	23 37·2
31	2 29 42·2	+ 7 50 46	10·0	3 54·6	29	2 04 13·0	+ 6 07 57	8·6	23 32·3
Sept. 1	2 30 06·5	+ 7 51 37	10·0	3 51·1	30	2 03 12·1	+ 6 05 42	8·6	23 27·3
2	2 30 29·1	+ 7 52 19	10·0	3 47·5	31	2 02 11·5	+ 6 03 33	8·6	23 22·4
3	2 30 50·0	+ 7 52 55	10·0	3 44·0	Nov. 1	2 01 11·1	+ 6 01 30	8·7	23 17·5
4	2 31 09·3	+ 7 53 24	9·9	3 40·3	2	2 00 11·1	+ 5 59 34	8·7	23 12·5
5	2 31 26·8	+ 7 53 45	9·9	3 36·7	3	1 59 11·6	+ 5 57 45	8·7	23 07·6
6	2 31 42·6	+ 7 53 59	9·9	3 33·0	4	1 58 12·7	+ 5 56 03	8·7	23 02·7
7	2 31 56·6	+ 7 54 07	9·9	3 29·3	5	1 57 14·5	+ 5 54 29	8·8	22 57·9
8	2 32 08·8	+ 7 54 07	9·8	3 25·6	6	1 56 17·0	+ 5 53 03	8·8	22 53·0
9	2 32 19·2	+ 7 54 00	9·8	3 21·8	7	1 55 20·3	+ 5 51 45	8·8	22 48·1
10	2 32 27·8	+ 7 53 46	9·8	3 18·0	8	1 54 24·6	+ 5 50 36	8·8	22 43·3
11	2 32 34·6	+ 7 53 25	9·8	3 14·2	9	1 53 29·8	+ 5 49 36	8·9	22 38·5
12	2 32 39·5	+ 7 52 58	9·7	3 10·3	10	1 52 36·2	+ 5 48 44	8·9	22 33·7
13	2 32 42·6	+ 7 52 24	9·7	3 06·5	11	1 51 43·6	+ 5 48 02	8·9	22 28·9
Sept. 14	2 32 43·7	+ 7 51 42	9·7	3 02·5	12	1 50 52·3	+ 5 47 29	8·9	22 24·1
15	2 32 43·0	+ 7 50 55	9·7	2 58·6	13	1 50 02·3	+ 5 47 06	9·0	22 19·4
16	2 32 40·4	+ 7 50 00	9·6	2 54·6	14	1 49 13·5	+ 5 46 53	9·0	22 14·7
17	2 32 35·9	+ 7 48 59	9·6	2 50·6	15	1 48 26·2	+ 5 46 50	9·0	22 10·0
18	2 32 29·4	+ 7 47 52	9·6	2 46·6	16	1 47 40·3	+ 5 46 56	9·0	22 05·3
19	2 32 21·0	+ 7 46 38	9·6	2 42·5	17	1 46 56·0	+ 5 47 13	9·1	22 00·6
20	2 32 10·6	+ 7 45 18	9·5	2 38·4	18	1 46 13·2	+ 5 47 41	9·1	21 56·0
21	2 31 58·3	+ 7 43 51	9·5	2 34·2	19	1 45 32·0	+ 5 48 19	9·1	21 51·4
22	2 31 44·0	+ 7 42 19	9·5	2 30·1	20	1 44 52·4	+ 5 49 07	9·1	21 46·9
23	2 31 27·7	+ 7 40 40	9·5	2 25·9	21	1 44 14·6	+ 5 50 07	9·2	21 42·3
24	2 31 09·5	+ 7 38 55	9·4	2 21·6	22	1 43 38·5	+ 5 51 16	9·2	21 37·8
25	2 30 49·4	+ 7 37 05	9·4	2 17·4	23	1 43 04·2	+ 5 52 37	9·2	21 33·4
26	2 30 27·3	+ 7 35 09	9·4	2 13·1	24	1 42 31·7	+ 5 54 09	9·2	21 28·9
27	2 30 03·2	+ 7 33 08	9·3	2 08·7	25	1 42 01·1	+ 5 55 51	9·3	21 24·5
28	2 29 37·3	+ 7 31 02	9·3	2 04·4	26	1 41 32·4	+ 5 57 45	9·3	21 20·1
29	2 29 09·4	+ 7 28 50	9·3	2 00·0	27	1 41 05·6	+ 5 59 49	9·3	21 15·8
30	2 28 39·7	+ 7 26 34	9·3	1 55·5	28	1 40 40·8	+ 6 02 05	9·3	21 11·5
Oct. 1	2 28 08·1	+ 7 24 13	9·2	1 51·1	29	1 40 18·0	+ 6 04 31	9·4	21 07·2
2	2 27 34·7	+ 7 21 48	9·2	1 46·6	30	1 39 57·1	+ 6 07 09	9·4	21 02·9
3	2 26 59·5	+ 7 19 18	9·2	1 42·1	Dec. 1	1 39 38·2	+ 6 09 57	9·4	20 58·7
4	2 26 22·6	+ 7 16 45	9·2	1 37·5	2	1 39 21·4	+ 6 12 56	9·4	20 54·6
5	2 25 44·0	+ 7 14 09	9·1	1 33·0	3	1 39 06·6	+ 6 16 06	9·5	20 50·4
6	2 25 03·7	+ 7 11 29	9·1	1 28·4	4	1 38 53·8	+ 6 19 27	9·5	20 46·3
7	2 24 21·8	+ 7 08 46	9·1	1 23·7	5	1 38 43·0	+ 6 22 58	9·5	20 42·2
8	2 23 38·3	+ 7 06 01	9·0	1 19·1	6	1 38 34·3	+ 6 26 40	9·5	20 38·2
9	2 22 53·3	+ 7 03 13	9·0	1 14·4	7	1 38 27·6	+ 6 30 32	9·5	20 34·1
10	2 22 06·8	+ 7 00 24	9·0	1 09·7	8	1 38 22·9	+ 6 34 34	9·6	20 30·2
11	2 21 18·9	+ 6 57 33	9·0	1 05·0	Dec. 9	1 38 20·2	+ 6 38 46	9·6	20 26·2
12	2 20 29·7	+ 6 54 40	8·9	1 00·2	10	1 38 19·5	+ 6 43 08	9·6	20 22·3
13	2 19 39·1	+ 6 51 46	8·9	0 55·5	11	1 38 20·9	+ 6 47 40	9·6	20 18·4
14	2 18 47·3	+ 6 48 52	8·9	0 50·7	12	1 38 24·2	+ 6 52 21	9·7	20 14·6
15	2 17 54·4	+ 6 45 57	8·8	0 45·9	13	1 38 29·5	+ 6 57 12	9·7	20 10·8
16	2 17 00·3	+ 6 43 02	8·8	0 41·0	14	1 38 36·7	+ 7 02 13	9·7	20 07·0
17	2 16 05·3	+ 6 40 07	8·8	0 36·2	15	1 38 45·9	+ 7 07 22	9·7	20 03·2
18	2 15 09·2	+ 6 37 14	8·7	0 31·3	16	1 38 57·1	+ 7 12 40	9·7	19 59·5
19	2 14 12·3	+ 6 34 21	8·7	0 26·4	17	1 39 10·1	+ 7 18 08	9·8	19 55·8
20	2 13 14·6	+ 6 31 29	8·7	0 21·6	18	1 39 25·1	+ 7 23 43	9·8	19 52·2
21	2 12 16·1	+ 6 28 40	8·7	0 16·7	19	1 39 41·9	+ 7 29 28	9·8	19 48·5
22	2 11 17·0	+ 6 25 53	8·6	0 11·7	20	1 40 00·7	+ 7 35 21	9·8	19 44·9
23	2 10 17·4	+ 6 23 08	8·6	0 06·8	21	1 40 21·2	+ 7 41 22	9·8	19 41·4
24	2 09 17·3	+ 6 20 26	8·6	0 01·9	22	1 40 43·7	+ 7 47 31	9·9	19 37·8
Oct. 25	2 08 16·8	+ 6 17 48	8·6	23 52·0	Dec. 23	1 41 07·9	+ 7 53 48	9·9	19 34·3

Second transit for Metis 2019 October 24ᵈ 23ʰ 57ᵐ0

HYGIEA, 2019
GEOCENTRIC POSITIONS FOR 0ʰ TERRESTRIAL TIME

Date	R.A. (h m s)	Dec. (° ′ ″)	Vis. Mag.	Ephemeris Transit (h m)
2019 Sept. 28	4 32 46.3	+25 19 30	11.3	4 07.4
29	4 32 51.0	+25 20 07	11.3	4 03.5
30	4 32 54.4	+25 20 41	11.3	3 59.6
Oct. 1	4 32 56.5	+25 21 13	11.3	3 55.7
Oct. 2	4 32 57.3	+25 21 41	11.3	3 51.8
3	4 32 56.8	+25 22 06	11.3	3 47.9
4	4 32 55.0	+25 22 28	11.3	3 43.9
5	4 32 51.9	+25 22 48	11.2	3 39.9
6	4 32 47.5	+25 23 04	11.2	3 35.9
7	4 32 41.7	+25 23 16	11.2	3 31.9
8	4 32 34.6	+25 23 26	11.2	3 27.8
9	4 32 26.2	+25 23 33	11.2	3 23.8
10	4 32 16.4	+25 23 36	11.2	3 19.7
11	4 32 05.3	+25 23 36	11.2	3 15.6
12	4 31 52.9	+25 23 32	11.1	3 11.4
13	4 31 39.2	+25 23 26	11.1	3 07.3
14	4 31 24.2	+25 23 15	11.1	3 03.1
15	4 31 07.8	+25 23 02	11.1	2 58.9
16	4 30 50.1	+25 22 44	11.1	2 54.6
17	4 30 31.1	+25 22 23	11.1	2 50.4
18	4 30 10.9	+25 21 59	11.0	2 46.1
19	4 29 49.3	+25 21 31	11.0	2 41.8
20	4 29 26.4	+25 20 59	11.0	2 37.5
21	4 29 02.2	+25 20 23	11.0	2 33.2
22	4 28 36.8	+25 19 43	11.0	2 28.8
23	4 28 10.1	+25 19 00	11.0	2 24.4
24	4 27 42.2	+25 18 12	10.9	2 20.0
25	4 27 13.0	+25 17 20	10.9	2 15.6
26	4 26 42.7	+25 16 25	10.9	2 11.2
27	4 26 11.1	+25 15 25	10.9	2 06.7
28	4 25 38.4	+25 14 21	10.9	2 02.3
29	4 25 04.5	+25 13 13	10.9	1 57.8
30	4 24 29.5	+25 12 01	10.8	1 53.3
31	4 23 53.5	+25 10 45	10.8	1 48.7
Nov. 1	4 23 16.3	+25 09 25	10.8	1 44.2
2	4 22 38.2	+25 08 00	10.8	1 39.6
3	4 21 59.0	+25 06 31	10.8	1 35.0
4	4 21 18.9	+25 04 58	10.7	1 30.4
5	4 20 37.8	+25 03 21	10.7	1 25.8
6	4 19 55.8	+25 01 39	10.7	1 21.2
7	4 19 13.0	+24 59 54	10.7	1 16.5
8	4 18 29.4	+24 58 04	10.7	1 11.9
9	4 17 44.9	+24 56 10	10.6	1 07.2
10	4 16 59.8	+24 54 12	10.6	1 02.5
11	4 16 13.9	+24 52 10	10.6	0 57.8
12	4 15 27.3	+24 50 04	10.6	0 53.1
13	4 14 40.1	+24 47 54	10.6	0 48.4
14	4 13 52.3	+24 45 40	10.5	0 43.7
15	4 13 04.0	+24 43 23	10.5	0 39.0
16	4 12 15.2	+24 41 01	10.5	0 34.2
17	4 11 25.9	+24 38 36	10.5	0 29.5
18	4 10 36.2	+24 36 07	10.5	0 24.7
19	4 09 46.1	+24 33 35	10.4	0 20.0
20	4 08 55.7	+24 30 59	10.4	0 15.2
21	4 08 05.0	+24 28 19	10.4	0 10.4
22	4 07 14.2	+24 25 37	10.4	0 05.7
23	4 06 23.1	+24 22 51	10.3	0 00.9
24	4 05 31.9	+24 20 02	10.3	23 51.3
25	4 04 40.7	+24 17 10	10.3	23 46.5
Nov. 26	4 03 49.4	+24 14 16	10.3	23 41.8
2019 Nov. 26	4 03 49.4	+24 14 16	10.3	23 41.8
27	4 02 58.2	+24 11 19	10.3	23 37.0
28	4 02 07.1	+24 08 20	10.3	23 32.2
29	4 01 16.1	+24 05 18	10.3	23 27.4
30	4 00 25.3	+24 02 14	10.3	23 22.6
Dec. 1	3 59 34.7	+23 59 09	10.4	23 17.9
2	3 58 44.5	+23 56 01	10.4	23 13.1
3	3 57 54.6	+23 52 53	10.4	23 08.4
4	3 57 05.1	+23 49 42	10.4	23 03.6
5	3 56 16.0	+23 46 31	10.5	22 58.9
6	3 55 27.4	+23 43 19	10.5	22 54.2
7	3 54 39.3	+23 40 05	10.5	22 49.4
8	3 53 51.9	+23 36 52	10.5	22 44.7
9	3 53 05.0	+23 33 38	10.5	22 40.0
10	3 52 18.8	+23 30 23	10.6	22 35.3
11	3 51 33.3	+23 27 09	10.6	22 30.7
12	3 50 48.5	+23 23 55	10.6	22 26.0
13	3 50 04.5	+23 20 41	10.6	22 21.4
14	3 49 21.3	+23 17 27	10.6	22 16.7
15	3 48 38.9	+23 14 15	10.7	22 12.1
16	3 47 57.4	+23 11 03	10.7	22 07.5
17	3 47 16.9	+23 07 53	10.7	22 02.9
18	3 46 37.2	+23 04 43	10.7	21 58.3
19	3 45 58.6	+23 01 35	10.7	21 53.8
20	3 45 20.9	+22 58 29	10.8	21 49.2
21	3 44 44.3	+22 55 25	10.8	21 44.7
22	3 44 08.7	+22 52 22	10.8	21 40.2
23	3 43 34.3	+22 49 22	10.8	21 35.7
24	3 43 00.9	+22 46 24	10.8	21 31.2
25	3 42 28.7	+22 43 28	10.8	21 26.8
26	3 41 57.7	+22 40 36	10.9	21 22.4
27	3 41 27.8	+22 37 46	10.9	21 18.0
28	3 40 59.1	+22 34 59	10.9	21 13.6
29	3 40 31.7	+22 32 15	10.9	21 09.2
30	3 40 05.5	+22 29 34	10.9	21 04.9
31	3 39 40.6	+22 26 57	11.0	21 00.5
2020 Jan. 1	3 39 16.9	+22 24 24	11.0	20 56.2
2	3 38 54.5	+22 21 54	11.0	20 51.9
3	3 38 33.5	+22 19 27	11.0	20 47.7
4	3 38 13.7	+22 17 05	11.0	20 43.4
5	3 37 55.2	+22 14 47	11.0	20 39.2
6	3 37 38.0	+22 12 32	11.1	20 35.0
7	3 37 22.1	+22 10 22	11.1	20 30.8
8	3 37 07.6	+22 08 16	11.1	20 26.7
9	3 36 54.3	+22 06 14	11.1	20 22.5
10	3 36 42.4	+22 04 16	11.1	20 18.4
11	3 36 31.8	+22 02 23	11.1	20 14.3
12	3 36 22.6	+22 00 34	11.2	20 10.3
13	3 36 14.6	+21 58 50	11.2	20 06.2
14	3 36 08.0	+21 57 09	11.2	20 02.2
15	3 36 02.6	+21 55 34	11.2	19 58.2
16	3 35 58.6	+21 54 03	11.2	19 54.2
17	3 35 55.9	+21 52 36	11.2	19 50.3
Jan. 18	3 35 54.5	+21 51 14	11.2	19 46.3
19	3 35 54.4	+21 49 57	11.3	19 42.4
20	3 35 55.7	+21 48 44	11.3	19 38.5
21	3 35 58.2	+21 47 36	11.3	19 34.6
22	3 36 02.0	+21 46 32	11.3	19 30.8
23	3 36 07.1	+21 45 33	11.3	19 27.0
Jan. 24	3 36 13.5	+21 44 39	11.3	19 23.2

Second transit for Hygiea 2019 November 23ᵈ 23ʰ 56ᵐ1

GEOCENTRIC POSITIONS FOR 0ʰ TERRESTRIAL TIME

Date	Astrometric R.A.	Dec.	Vis. Mag.	Ephemeris Transit	Date	Astrometric R.A.	Dec.	Vis. Mag.	Ephemeris Transit
	h m s	° ′ ″		h m		h m s	° ′ ″		h m
2019 June 15	21 47 32·0	− 9 50 34	9·6	4 16·0	2019 Aug. 13	21 17 58·8	− 5 59 14	8·2	23 49·5
16	21 47 44·9	− 9 43 56	9·6	4 12·2	14	21 16 58·3	− 5 58 30	8·2	23 44·6
17	21 47 56·3	− 9 37 22	9·6	4 08·5	15	21 15 57·9	− 5 57 52	8·2	23 39·7
18	21 48 06·2	− 9 30 52	9·5	4 04·7	16	21 14 57·7	− 5 57 18	8·3	23 34·8
19	21 48 14·6	− 9 24 26	9·5	4 00·9	17	21 13 57·6	− 5 56 50	8·3	23 29·8
20	21 48 21·5	− 9 18 04	9·5	3 57·1	18	21 12 57·8	− 5 56 27	8·3	23 24·9
21	21 48 26·9	− 9 11 46	9·5	3 53·2	19	21 11 58·4	− 5 56 08	8·3	23 20·0
22	21 48 30·8	− 9 05 33	9·4	3 49·4	20	21 10 59·3	− 5 55 54	8·3	23 15·1
June 23	21 48 33·1	− 8 59 25	9·4	3 45·5	21	21 10 00·8	− 5 55 44	8·3	23 10·2
24	21 48 33·8	− 8 53 21	9·4	3 41·5	22	21 09 02·8	− 5 55 39	8·3	23 05·3
25	21 48 32·9	− 8 47 22	9·4	3 37·6	23	21 08 05·5	− 5 55 37	8·3	23 00·5
26	21 48 30·5	− 8 41 27	9·4	3 33·6	24	21 07 08·8	− 5 55 40	8·4	22 55·6
27	21 48 26·4	− 8 35 38	9·3	3 29·6	25	21 06 13·0	− 5 55 45	8·4	22 50·8
28	21 48 20·7	− 8 29 54	9·3	3 25·6	26	21 05 17·9	− 5 55 55	8·4	22 45·9
29	21 48 13·4	− 8 24 15	9·3	3 21·5	27	21 04 23·8	− 5 56 07	8·4	22 41·1
30	21 48 04·5	− 8 18 42	9·3	3 17·5	28	21 03 30·7	− 5 56 22	8·4	22 36·3
July 1	21 47 53·9	− 8 13 14	9·2	3 13·3	29	21 02 38·6	− 5 56 40	8·4	22 31·5
2	21 47 41·7	− 8 07 51	9·2	3 09·2	30	21 01 47·7	− 5 57 01	8·5	22 26·8
3	21 47 27·8	− 8 02 34	9·2	3 05·0	31	21 00 57·9	− 5 57 24	8·5	22 22·0
4	21 47 12·3	− 7 57 23	9·2	3 00·8	Sept. 1	21 00 09·4	− 5 57 48	8·5	22 17·3
5	21 46 55·2	− 7 52 18	9·1	2 56·6	2	20 59 22·1	− 5 58 15	8·5	22 12·6
6	21 46 36·4	− 7 47 18	9·1	2 52·4	3	20 58 36·3	− 5 58 43	8·5	22 08·0
7	21 46 16·0	− 7 42 25	9·1	2 48·1	4	20 57 51·8	− 5 59 13	8·6	22 03·3
8	21 45 53·9	− 7 37 38	9·1	2 43·8	5	20 57 08·8	− 5 59 43	8·6	21 58·7
9	21 45 30·3	− 7 32 57	9·0	2 39·5	6	20 56 27·2	− 6 00 14	8·6	21 54·1
10	21 45 05·0	− 7 28 22	9·0	2 35·1	7	20 55 47·3	− 6 00 46	8·6	21 49·5
11	21 44 38·2	− 7 23 53	9·0	2 30·7	8	20 55 08·9	− 6 01 18	8·6	21 45·0
12	21 44 09·7	− 7 19 31	9·0	2 26·3	9	20 54 32·1	− 6 01 51	8·6	21 40·5
13	21 43 39·7	− 7 15 15	8·9	2 21·9	10	20 53 56·9	− 6 02 23	8·7	21 36·0
14	21 43 08·2	− 7 11 06	8·9	2 17·5	11	20 53 23·5	− 6 02 55	8·7	21 31·5
15	21 42 35·1	− 7 07 03	8·9	2 13·0	12	20 52 51·7	− 6 03 27	8·7	21 27·1
16	21 42 00·5	− 7 03 07	8·9	2 08·5	13	20 52 21·7	− 6 03 58	8·7	21 22·7
17	21 41 24·4	− 6 59 18	8·8	2 03·9	14	20 51 53·4	− 6 04 28	8·7	21 18·3
18	21 40 46·8	− 6 55 35	8·8	1 59·4	15	20 51 26·9	− 6 04 57	8·8	21 14·0
19	21 40 07·7	− 6 51 59	8·8	1 54·8	16	20 51 02·1	− 6 05 25	8·8	21 09·7
20	21 39 27·2	− 6 48 30	8·8	1 50·2	17	20 50 39·2	− 6 05 51	8·8	21 05·4
21	21 38 45·4	− 6 45 08	8·7	1 45·6	18	20 50 18·1	− 6 06 16	8·8	21 01·1
22	21 38 02·1	− 6 41 53	8·7	1 40·9	19	20 49 58·9	− 6 06 39	8·8	20 56·9
23	21 37 17·5	− 6 38 44	8·7	1 36·2	20	20 49 41·5	− 6 07 01	8·9	20 52·7
24	21 36 31·6	− 6 35 43	8·7	1 31·5	21	20 49 25·9	− 6 07 20	8·9	20 48·5
25	21 35 44·5	− 6 32 49	8·6	1 26·8	22	20 49 12·2	− 6 07 37	8·9	20 44·4
26	21 34 56·1	− 6 30 02	8·6	1 22·1	23	20 49 00·4	− 6 07 51	8·9	20 40·3
27	21 34 06·5	− 6 27 21	8·6	1 17·3	24	20 48 50·5	− 6 08 04	8·9	20 36·2
28	21 33 15·8	− 6 24 48	8·6	1 12·6	25	20 48 42·5	− 6 08 13	8·9	20 32·2
29	21 32 24·0	− 6 22 22	8·5	1 07·8	26	20 48 36·4	− 6 08 19	9·0	20 28·2
30	21 31 31·2	− 6 20 03	8·5	1 03·0	27	20 48 32·1	− 6 08 23	9·0	20 24·2
31	21 30 37·4	− 6 17 51	8·5	0 58·2	Sept. 28	20 48 29·8	− 6 08 23	9·0	20 20·3
Aug. 1	21 29 42·6	− 6 15 46	8·5	0 53·3	29	20 48 29·4	− 6 08 20	9·0	20 16·4
2	21 28 47·1	− 6 13 48	8·4	0 48·5	30	20 48 30·8	− 6 08 13	9·0	20 12·5
3	21 27 50·7	− 6 11 56	8·4	0 43·6	Oct. 1	20 48 34·2	− 6 08 02	9·0	20 08·6
4	21 26 53·6	− 6 10 12	8·4	0 38·7	2	20 48 39·4	− 6 07 48	9·1	20 04·8
5	21 25 55·9	− 6 08 33	8·4	0 33·8	3	20 48 46·5	− 6 07 30	9·1	20 01·0
6	21 24 57·5	− 6 07 02	8·3	0 28·9	4	20 48 55·5	− 6 07 08	9·1	19 57·3
7	21 23 58·7	− 6 05 37	8·3	0 24·0	5	20 49 06·3	− 6 06 41	9·1	19 53·5
8	21 22 59·4	− 6 04 18	8·3	0 19·1	6	20 49 18·9	− 6 06 10	9·1	19 49·8
9	21 21 59·7	− 6 03 05	8·3	0 14·2	7	20 49 33·4	− 6 05 35	9·1	19 46·2
10	21 20 59·8	− 6 01 59	8·3	0 09·3	8	20 49 49·6	− 6 04 55	9·2	19 42·5
11	21 19 59·6	− 6 00 58	8·3	0 04·3	9	20 50 07·7	− 6 04 10	9·2	19 38·9
12	21 18 59·2	− 6 00 03	8·2	23 54·5	10	20 50 27·4	− 6 03 21	9·2	19 35·3
Aug. 13	21 17 58·8	− 5 59 14	8·2	23 49·5	Oct. 11	20 50 49·0	− 6 02 27	9·2	19 31·8

Second transit for Eunomia 2019 August 11ᵈ 23ʰ 59ᵐ4

PSYCHE, 2019
GEOCENTRIC POSITIONS FOR 0ʰ TERRESTRIAL TIME

Date	Astrometric R.A. (h m s)	Dec. (° ′ ″)	Vis. Mag.	Ephemeris Transit (h m)
2019 June 9	21 26 38·7	−13 01 28	10·7	4 18·7
10	21 26 53·7	−13 00 26	10·7	4 15·0
11	21 27 07·4	−12 59 30	10·7	4 11·3
12	21 27 19·7	−12 58 41	10·7	4 07·6
13	21 27 30·8	−12 58 00	10·6	4 03·9
14	21 27 40·5	−12 57 25	10·6	4 00·1
15	21 27 48·8	−12 56 57	10·6	3 56·3
16	21 27 55·8	−12 56 37	10·6	3 52·5
17	21 28 01·5	−12 56 23	10·6	3 48·6
18	21 28 05·8	−12 56 17	10·5	3 44·8
19	21 28 08·7	−12 56 19	10·5	3 40·9
June 20	21 28 10·2	−12 56 28	10·5	3 37·0
21	21 28 10·4	−12 56 44	10·5	3 33·0
22	21 28 09·1	−12 57 08	10·5	3 29·1
23	21 28 06·4	−12 57 39	10·4	3 25·1
24	21 28 02·4	−12 58 18	10·4	3 21·1
25	21 27 56·9	−12 59 05	10·4	3 17·1
26	21 27 50·0	−12 59 59	10·4	3 13·0
27	21 27 41·7	−13 01 01	10·4	3 09·0
28	21 27 32·0	−13 02 11	10·3	3 04·9
29	21 27 20·8	−13 03 29	10·3	3 00·7
30	21 27 08·3	−13 04 54	10·3	2 56·6
July 1	21 26 54·3	−13 06 27	10·3	2 52·4
2	21 26 38·9	−13 08 08	10·2	2 48·2
3	21 26 22·1	−13 09 56	10·2	2 44·0
4	21 26 04·0	−13 11 52	10·2	2 39·8
5	21 25 44·4	−13 13 55	10·2	2 35·5
6	21 25 23·5	−13 16 06	10·2	2 31·3
7	21 25 01·3	−13 18 25	10·1	2 27·0
8	21 24 37·7	−13 20 50	10·1	2 22·6
9	21 24 12·8	−13 23 23	10·1	2 18·3
10	21 23 46·6	−13 26 03	10·1	2 13·9
11	21 23 19·2	−13 28 50	10·0	2 09·5
12	21 22 50·5	−13 31 44	10·0	2 05·1
13	21 22 20·6	−13 34 44	10·0	2 00·7
14	21 21 49·5	−13 37 51	10·0	1 56·2
15	21 21 17·2	−13 41 05	10·0	1 51·8
16	21 20 43·8	−13 44 24	9·9	1 47·3
17	21 20 09·2	−13 47 50	9·9	1 42·8
18	21 19 33·5	−13 51 22	9·9	1 38·3
19	21 18 56·8	−13 54 59	9·9	1 33·7
20	21 18 19·0	−13 58 42	9·8	1 29·2
21	21 17 40·3	−14 02 30	9·8	1 24·6
22	21 17 00·6	−14 06 24	9·8	1 20·0
23	21 16 19·9	−14 10 22	9·8	1 15·4
24	21 15 38·4	−14 14 25	9·7	1 10·8
25	21 14 56·0	−14 18 33	9·7	1 06·1
26	21 14 12·8	−14 22 45	9·7	1 01·5
27	21 13 28·8	−14 27 00	9·7	0 56·8
28	21 12 44·2	−14 31 20	9·6	0 52·2
29	21 11 58·9	−14 35 43	9·6	0 47·5
30	21 11 13·0	−14 40 09	9·6	0 42·8
31	21 10 26·5	−14 44 38	9·5	0 38·1
Aug. 1	21 09 39·5	−14 49 09	9·5	0 33·4
2	21 08 52·1	−14 53 43	9·5	0 28·7
3	21 08 04·3	−14 58 19	9·5	0 23·9
4	21 07 16·2	−15 02 56	9·4	0 19·2
5	21 06 27·8	−15 07 35	9·4	0 14·5
6	21 05 39·3	−15 12 15	9·3	0 09·7
Aug. 7	21 04 50·5	−15 16 56	9·3	0 05·0

Date	Astrometric R.A. (h m s)	Dec. (° ′ ″)	Vis. Mag.	Ephemeris Transit (h m)
2019 Aug. 7	21 04 50·5	−15 16 56	9·3	0 05·0
8	21 04 01·8	−15 21 37	9·3	0 00·3
9	21 03 13·0	−15 26 18	9·4	23 50·8
10	21 02 24·2	−15 30 59	9·4	23 46·1
11	21 01 35·5	−15 35 40	9·4	23 41·3
12	21 00 47·0	−15 40 19	9·5	23 36·6
13	20 59 58·7	−15 44 58	9·5	23 31·9
14	20 59 10·7	−15 49 36	9·5	23 27·1
15	20 58 23·0	−15 54 12	9·5	23 22·4
16	20 57 35·7	−15 58 47	9·6	23 17·7
17	20 56 48·8	−16 03 19	9·6	23 13·0
18	20 56 02·5	−16 07 49	9·6	23 08·3
19	20 55 16·6	−16 12 16	9·6	23 03·6
20	20 54 31·4	−16 16 41	9·6	22 59·0
21	20 53 46·9	−16 21 02	9·7	22 54·3
22	20 53 03·0	−16 25 21	9·7	22 49·7
23	20 52 19·9	−16 29 36	9·7	22 45·0
24	20 51 37·6	−16 33 47	9·7	22 40·4
25	20 50 56·2	−16 37 54	9·8	22 35·8
26	20 50 15·7	−16 41 57	9·8	22 31·2
27	20 49 36·2	−16 45 56	9·8	22 26·7
28	20 48 57·7	−16 49 50	9·8	22 22·1
29	20 48 20·3	−16 53 40	9·8	22 17·6
30	20 47 43·9	−16 57 25	9·9	22 13·1
31	20 47 08·7	−17 01 05	9·9	22 08·6
Sept. 1	20 46 34·8	−17 04 39	9·9	22 04·1
2	20 46 02·0	−17 08 09	9·9	21 59·6
3	20 45 30·5	−17 11 33	9·9	21 55·2
4	20 45 00·4	−17 14 51	9·9	21 50·8
5	20 44 31·5	−17 18 04	10·0	21 46·4
6	20 44 04·1	−17 21 10	10·0	21 42·0
7	20 43 38·0	−17 24 11	10·0	21 37·7
8	20 43 13·4	−17 27 06	10·0	21 33·4
9	20 42 50·2	−17 29 55	10·0	21 29·1
10	20 42 28·4	−17 32 38	10·1	21 24·8
11	20 42 08·2	−17 35 14	10·1	21 20·6
12	20 41 49·4	−17 37 45	10·1	21 16·3
13	20 41 32·1	−17 40 09	10·1	21 12·1
14	20 41 16·4	−17 42 27	10·1	21 08·0
15	20 41 02·2	−17 44 38	10·2	21 03·8
16	20 40 49·5	−17 46 43	10·2	20 59·7
17	20 40 38·4	−17 48 41	10·2	20 55·6
18	20 40 28·9	−17 50 33	10·2	20 51·6
19	20 40 20·9	−17 52 19	10·2	20 47·5
20	20 40 14·5	−17 53 57	10·2	20 43·5
21	20 40 09·7	−17 55 30	10·3	20 39·5
22	20 40 06·5	−17 56 56	10·3	20 35·5
Sept. 23	20 40 04·9	−17 58 15	10·3	20 31·6
24	20 40 04·7	−17 59 28	10·3	20 27·7
25	20 40 06·4	−18 00 34	10·3	20 23·8
26	20 40 09·5	−18 01 33	10·3	20 20·0
27	20 40 14·2	−18 02 26	10·4	20 16·1
28	20 40 20·6	−18 03 12	10·4	20 12·3
29	20 40 28·5	−18 03 52	10·4	20 08·5
30	20 40 38·0	−18 04 25	10·4	20 04·8
Oct. 1	20 40 49·1	−18 04 51	10·4	20 01·1
2	20 41 01·8	−18 05 11	10·4	19 57·4
3	20 41 16·0	−18 05 24	10·5	19 53·7
4	20 41 31·7	−18 05 30	10·5	19 50·0
Oct. 5	20 41 49·1	−18 05 30	10·5	19 46·4

Second transit for Psyche 2019 August 8ᵈ 23ʰ 55ᵐ5

GEOCENTRIC POSITIONS FOR 0^h TERRESTRIAL TIME

Date	Astrometric R.A. (h m s)	Dec. (° ′ ″)	Vis. Mag.	Ephemeris Transit (h m)	Date	Astrometric R.A. (h m s)	Dec. (° ′ ″)	Vis. Mag.	Ephemeris Transit (h m)
2019 July 31	0 51 30.2	− 1 37 29	11.8	4 18.5	2019 Sept. 28	0 32 17.8	− 6 24 44	10.8	0 07.4
Aug. 1	0 51 42.3	− 1 39 27	11.8	4 14.8	29	0 31 34.6	− 6 30 36	10.8	0 02.7
2	0 51 53.2	− 1 41 32	11.8	4 11.0	30	0 30 51.2	− 6 36 25	10.8	23 53.4
3	0 52 03.1	− 1 43 46	11.8	4 07.3	Oct. 1	0 30 07.8	− 6 42 08	10.8	23 48.8
4	0 52 11.8	− 1 46 07	11.7	4 03.5	2	0 29 24.3	− 6 47 47	10.8	23 44.1
5	0 52 19.4	− 1 48 36	11.7	3 59.7	3	0 28 40.8	− 6 53 21	10.8	23 39.5
6	0 52 25.9	− 1 51 13	11.7	3 55.8	4	0 27 57.4	− 6 58 49	10.8	23 34.8
7	0 52 31.2	− 1 53 58	11.7	3 52.0	5	0 27 14.1	− 7 04 12	10.8	23 30.2
8	0 52 35.3	− 1 56 50	11.7	3 48.1	6	0 26 31.0	− 7 09 28	10.8	23 25.5
9	0 52 38.3	− 1 59 50	11.7	3 44.2	7	0 25 48.0	− 7 14 38	10.9	23 20.9
10	0 52 40.2	− 2 02 57	11.6	3 40.3	8	0 25 05.3	− 7 19 41	10.9	23 16.2
Aug. 11	0 52 40.8	− 2 06 12	11.6	3 36.4	9	0 24 22.9	− 7 24 38	10.9	23 11.6
12	0 52 40.3	− 2 09 34	11.6	3 32.5	10	0 23 40.7	− 7 29 27	10.9	23 07.0
13	0 52 38.6	− 2 13 04	11.6	3 28.5	11	0 22 59.0	− 7 34 09	10.9	23 02.4
14	0 52 35.8	− 2 16 42	11.6	3 24.5	12	0 22 17.7	− 7 38 43	10.9	22 57.8
15	0 52 31.7	− 2 20 26	11.6	3 20.5	13	0 21 36.8	− 7 43 09	11.0	22 53.2
16	0 52 26.5	− 2 24 18	11.5	3 16.5	14	0 20 56.4	− 7 47 28	11.0	22 48.6
17	0 52 20.1	− 2 28 17	11.5	3 12.5	15	0 20 16.6	− 7 51 38	11.0	22 44.0
18	0 52 12.5	− 2 32 23	11.5	3 08.4	16	0 19 37.3	− 7 55 39	11.0	22 39.4
19	0 52 03.7	− 2 36 37	11.5	3 04.3	17	0 18 58.7	− 7 59 32	11.0	22 34.9
20	0 51 53.8	− 2 40 57	11.5	3 00.2	18	0 18 20.7	− 8 03 16	11.0	22 30.3
21	0 51 42.6	− 2 45 24	11.4	2 56.1	19	0 17 43.4	− 8 06 51	11.1	22 25.8
22	0 51 30.3	− 2 49 57	11.4	2 52.0	20	0 17 06.8	− 8 10 17	11.1	22 21.2
23	0 51 16.7	− 2 54 37	11.4	2 47.8	21	0 16 30.9	− 8 13 34	11.1	22 16.7
24	0 51 02.0	− 2 59 24	11.4	2 43.6	22	0 15 55.9	− 8 16 41	11.1	22 12.2
25	0 50 46.1	− 3 04 17	11.4	2 39.4	23	0 15 21.7	− 8 19 39	11.1	22 07.7
26	0 50 29.1	− 3 09 16	11.4	2 35.2	24	0 14 48.3	− 8 22 27	11.1	22 03.3
27	0 50 10.9	− 3 14 21	11.3	2 31.0	25	0 14 15.8	− 8 25 05	11.2	21 58.8
28	0 49 51.5	− 3 19 32	11.3	2 26.7	26	0 13 44.3	− 8 27 34	11.2	21 54.4
29	0 49 31.0	− 3 24 48	11.3	2 22.4	27	0 13 13.7	− 8 29 52	11.2	21 49.9
30	0 49 09.4	− 3 30 10	11.3	2 18.2	28	0 12 44.1	− 8 32 01	11.2	21 45.5
31	0 48 46.7	− 3 35 37	11.3	2 13.8	29	0 12 15.5	− 8 33 59	11.2	21 41.1
Sept. 1	0 48 22.8	− 3 41 09	11.2	2 09.5	30	0 11 48.0	− 8 35 47	11.2	21 36.8
2	0 47 57.9	− 3 46 46	11.2	2 05.2	31	0 11 21.5	− 8 37 25	11.3	21 32.4
3	0 47 32.0	− 3 52 27	11.2	2 00.8	Nov. 1	0 10 56.1	− 8 38 52	11.3	21 28.1
4	0 47 05.0	− 3 58 12	11.2	1 56.4	2	0 10 31.8	− 8 40 10	11.3	21 23.8
5	0 46 37.0	− 4 04 02	11.2	1 52.0	3	0 10 08.6	− 8 41 17	11.3	21 19.5
6	0 46 08.0	− 4 09 55	11.1	1 47.6	4	0 09 46.6	− 8 42 14	11.3	21 15.2
7	0 45 38.0	− 4 15 51	11.1	1 43.2	5	0 09 25.8	− 8 43 00	11.3	21 10.9
8	0 45 07.1	− 4 21 50	11.1	1 38.7	6	0 09 06.1	− 8 43 37	11.4	21 06.7
9	0 44 35.3	− 4 27 53	11.1	1 34.3	7	0 08 47.6	− 8 44 03	11.4	21 02.5
10	0 44 02.6	− 4 33 58	11.1	1 29.8	8	0 08 30.3	− 8 44 19	11.4	20 58.3
11	0 43 29.0	− 4 40 05	11.0	1 25.3	9	0 08 14.2	− 8 44 25	11.4	20 54.1
12	0 42 54.6	− 4 46 14	11.0	1 20.8	10	0 07 59.3	− 8 44 21	11.4	20 49.9
13	0 42 19.4	− 4 52 25	11.0	1 16.3	11	0 07 45.6	− 8 44 08	11.4	20 45.8
14	0 41 43.4	− 4 58 37	11.0	1 11.8	12	0 07 33.2	− 8 43 44	11.5	20 41.7
15	0 41 06.7	− 5 04 50	11.0	1 07.2	13	0 07 22.0	− 8 43 10	11.5	20 37.6
16	0 40 29.2	− 5 11 04	10.9	1 02.7	14	0 07 12.0	− 8 42 27	11.5	20 33.5
17	0 39 51.1	− 5 17 18	10.9	0 58.1	15	0 07 03.3	− 8 41 34	11.5	20 29.4
18	0 39 12.4	− 5 23 33	10.9	0 53.5	16	0 06 55.8	− 8 40 32	11.5	20 25.4
19	0 38 33.0	− 5 29 47	10.9	0 49.0	17	0 06 49.5	− 8 39 20	11.5	20 21.4
20	0 37 53.0	− 5 36 00	10.9	0 44.4	18	0 06 44.5	− 8 37 59	11.5	20 17.4
21	0 37 12.6	− 5 42 12	10.9	0 39.8	19	0 06 40.8	− 8 36 28	11.6	20 13.4
22	0 36 31.6	− 5 48 24	10.8	0 35.2	20	0 06 38.3	− 8 34 48	11.6	20 09.4
23	0 35 50.2	− 5 54 33	10.8	0 30.5	Nov. 21	0 06 37.1	− 8 32 59	11.6	20 05.5
24	0 35 08.4	− 6 00 41	10.8	0 25.9	22	0 06 37.1	− 8 31 01	11.6	20 01.6
25	0 34 26.2	− 6 06 46	10.8	0 21.3	23	0 06 38.4	− 8 28 54	11.6	19 57.7
26	0 33 43.6	− 6 12 49	10.8	0 16.6	24	0 06 40.9	− 8 26 38	11.6	19 53.8
27	0 33 00.8	− 6 18 48	10.8	0 12.0	25	0 06 44.6	− 8 24 13	11.6	19 50.0
Sept. 28	0 32 17.8	− 6 24 44	10.8	0 07.4	Nov. 26	0 06 49.7	− 8 21 40	11.7	19 46.1

Second transit for Europa 2019 September 29^d 23^h 58^m1

CYBELE, 2019
GEOCENTRIC POSITIONS FOR 0^h TERRESTRIAL TIME

Date	Astrometric		Vis. Mag.	Ephemeris Transit	Date	Astrometric		Vis. Mag.	Ephemeris Transit
	R.A.	Dec.				R.A.	Dec.		
	h m s	° ′ ″		h m		h m s	° ′ ″		h m
2018 Dec. 7	9 33 08·2	+12 27 19	12·9	4 30·6	2019 Feb. 4	9 09 56·5	+14 32 45	11·6	0 15·5
8	9 33 14·5	+12 26 48	12·9	4 26·7	5	9 09 12·2	+14 36 43	11·6	0 10·8
9	9 33 19·7	+12 26 22	12·9	4 22·9	6	9 08 27·9	+14 40 42	11·6	0 06·1
10	9 33 23·8	+12 26 02	12·8	4 19·0	7	9 07 43·6	+14 44 40	11·7	0 01·5
11	9 33 26·7	+12 25 48	12·8	4 15·1	8	9 06 59·3	+14 48 38	11·7	23 52·2
12	9 33 28·6	+12 25 40	12·8	4 11·2	9	9 06 15·1	+14 52 36	11·7	23 47·5
Dec. 13	9 33 29·3	+12 25 38	12·8	4 07·3	10	9 05 31·1	+14 56 33	11·7	23 42·8
14	9 33 28·9	+12 25 42	12·8	4 03·4	11	9 04 47·2	+15 00 30	11·8	23 38·2
15	9 33 27·4	+12 25 51	12·8	3 59·4	12	9 04 03·6	+15 04 25	11·8	23 33·5
16	9 33 24·7	+12 26 07	12·8	3 55·4	13	9 03 20·2	+15 08 19	11·8	23 28·9
17	9 33 20·9	+12 26 29	12·7	3 51·4	14	9 02 37·2	+15 12 13	11·9	23 24·2
18	9 33 15·9	+12 26 57	12·7	3 47·4	15	9 01 54·5	+15 16 04	11·9	23 19·6
19	9 33 09·9	+12 27 31	12·7	3 43·4	16	9 01 12·2	+15 19 54	11·9	23 15·0
20	9 33 02·6	+12 28 10	12·7	3 39·3	17	9 00 30·3	+15 23 42	11·9	23 10·4
21	9 32 54·3	+12 28 56	12·7	3 35·3	18	8 59 48·9	+15 27 28	11·9	23 05·8
22	9 32 44·8	+12 29 49	12·6	3 31·2	19	8 59 08·0	+15 31 12	12·0	23 01·2
23	9 32 34·2	+12 30 47	12·6	3 27·1	20	8 58 27·6	+15 34 53	12·0	22 56·6
24	9 32 22·4	+12 31 51	12·6	3 22·9	21	8 57 47·8	+15 38 32	12·0	22 52·0
25	9 32 09·5	+12 33 01	12·6	3 18·8	22	8 57 08·6	+15 42 08	12·0	22 47·4
26	9 31 55·5	+12 34 18	12·6	3 14·6	23	8 56 30·1	+15 45 41	12·1	22 42·9
27	9 31 40·3	+12 35 40	12·6	3 10·4	24	8 55 52·2	+15 49 12	12·1	22 38·3
28	9 31 24·0	+12 37 09	12·5	3 06·2	25	8 55 15·1	+15 52 39	12·1	22 33·8
29	9 31 06·6	+12 38 43	12·5	3 02·0	26	8 54 38·6	+15 56 03	12·1	22 29·3
30	9 30 48·1	+12 40 23	12·5	2 57·8	27	8 54 03·0	+15 59 24	12·1	22 24·7
31	9 30 28·5	+12 42 10	12·5	2 53·5	28	8 53 28·1	+16 02 41	12·2	22 20·2
2019 Jan. 1	9 30 07·8	+12 44 02	12·5	2 49·2	Mar. 1	8 52 54·1	+16 05 55	12·2	22 15·8
2	9 29 46·0	+12 46 00	12·4	2 44·9	2	8 52 21·0	+16 09 05	12·2	22 11·3
3	9 29 23·1	+12 48 04	12·4	2 40·6	3	8 51 48·7	+16 12 12	12·2	22 06·8
4	9 28 59·2	+12 50 13	12·4	2 36·3	4	8 51 17·4	+16 15 14	12·2	22 02·4
5	9 28 34·2	+12 52 29	12·4	2 31·9	5	8 50 47·0	+16 18 12	12·3	21 58·0
6	9 28 08·1	+12 54 49	12·4	2 27·6	6	8 50 17·6	+16 21 07	12·3	21 53·6
7	9 27 41·1	+12 57 15	12·3	2 23·2	7	8 49 49·2	+16 23 57	12·3	21 49·2
8	9 27 13·1	+12 59 47	12·3	2 18·8	8	8 49 21·8	+16 26 43	12·3	21 44·8
9	9 26 44·1	+13 02 24	12·3	2 14·4	9	8 48 55·5	+16 29 24	12·3	21 40·5
10	9 26 14·1	+13 05 05	12·3	2 10·0	10	8 48 30·2	+16 32 02	12·3	21 36·1
11	9 25 43·2	+13 07 52	12·3	2 05·5	11	8 48 06·0	+16 34 34	12·4	21 31·8
12	9 25 11·4	+13 10 44	12·2	2 01·1	12	8 47 42·9	+16 37 03	12·4	21 27·5
13	9 24 38·7	+13 13 40	12·2	1 56·6	13	8 47 20·9	+16 39 26	12·4	21 23·3
14	9 24 05·2	+13 16 41	12·2	1 52·1	14	8 47 00·0	+16 41 45	12·4	21 19·0
15	9 23 30·8	+13 19 47	12·2	1 47·6	15	8 46 40·3	+16 44 00	12·4	21 14·7
16	9 22 55·6	+13 22 56	12·1	1 43·1	16	8 46 21·7	+16 46 09	12·5	21 10·5
17	9 22 19·7	+13 26 10	12·1	1 38·6	17	8 46 04·3	+16 48 14	12·5	21 06·3
18	9 21 43·0	+13 29 28	12·1	1 34·0	18	8 45 48·0	+16 50 14	12·5	21 02·1
19	9 21 05·6	+13 32 49	12·1	1 29·5	19	8 45 32·9	+16 52 10	12·5	20 58·0
20	9 20 27·5	+13 36 15	12·0	1 24·9	20	8 45 19·0	+16 54 00	12·5	20 53·8
21	9 19 48·7	+13 39 43	12·0	1 20·3	21	8 45 06·2	+16 55 46	12·5	20 49·7
22	9 19 09·3	+13 43 15	12·0	1 15·7	22	8 44 54·7	+16 57 27	12·6	20 45·6
23	9 18 29·4	+13 46 50	12·0	1 11·1	23	8 44 44·3	+16 59 03	12·6	20 41·5
24	9 17 48·8	+13 50 29	11·9	1 06·5	24	8 44 35·1	+17 00 34	12·6	20 37·4
25	9 17 07·8	+13 54 09	11·9	1 01·9	25	8 44 27·1	+17 02 01	12·6	20 33·4
26	9 16 26·2	+13 57 53	11·9	0 57·3	26	8 44 20·3	+17 03 22	12·6	20 29·4
27	9 15 44·2	+14 01 38	11·9	0 52·7	27	8 44 14·7	+17 04 39	12·6	20 25·4
28	9 15 01·8	+14 05 26	11·8	0 48·1	28	8 44 10·2	+17 05 50	12·6	20 21·4
29	9 14 19·0	+14 09 16	11·8	0 43·4	29	8 44 07·0	+17 06 57	12·7	20 17·4
30	9 13 35·8	+14 13 08	11·8	0 38·8	30	8 44 05·0	+17 07 59	12·7	20 13·5
31	9 12 52·4	+14 17 01	11·7	0 34·1	Mar. 31	8 44 04·2	+17 08 56	12·7	20 09·5
Feb. 1	9 12 08·7	+14 20 56	11·7	0 29·5	Apr. 1	8 44 04·6	+17 09 48	12·7	20 05·6
2	9 11 24·8	+14 24 51	11·7	0 24·8	2	8 44 06·1	+17 10 36	12·7	20 01·7
3	9 10 40·7	+14 28 48	11·6	0 20·1	3	8 44 08·9	+17 11 18	12·7	19 57·9
Feb. 4	9 09 56·5	+14 32 45	11·6	0 15·5	Apr. 4	8 44 12·8	+17 11 56	12·7	19 54·0

Second transit for Cybele 2019 February 7^d 23^h 56^{m}8

GEOCENTRIC POSITIONS FOR 0ʰ TERRESTRIAL TIME

Date		Astrometric		Vis. Mag.	Ephemeris Transit	Date		Astrometric		Vis. Mag.	Ephemeris Transit
		R.A.	Dec.					R.A.	Dec.		
		h m s	° ′ ″		h m			h m s	° ′ ″		h m
2019 Nov. 17		8 07 26·0	+17 18 21	10·8	4 24·9	2020 Jan. 15		7 47 22·2	+24 13 10	9·6	0 12·9
18		8 07 50·7	+17 21 36	10·8	4 21·3	16		7 46 28·8	+24 21 59	9·6	0 08·1
19		8 08 13·7	+17 25 00	10·8	4 17·8	17		7 45 35·5	+24 30 45	9·6	0 03·2
20		8 08 35·3	+17 28 32	10·8	4 14·2	18		7 44 42·1	+24 39 26	9·6	23 53·6
21		8 08 55·2	+17 32 13	10·7	4 10·6	19		7 43 48·9	+24 48 02	9·6	23 48·8
22		8 09 13·6	+17 36 02	10·7	4 07·0	20		7 42 55·8	+24 56 34	9·7	23 44·0
23		8 09 30·4	+17 40 00	10·7	4 03·3	21		7 42 03·0	+25 05 00	9·7	23 39·2
24		8 09 45·6	+17 44 07	10·7	3 59·6	22		7 41 10·5	+25 13 20	9·7	23 34·4
25		8 09 59·1	+17 48 22	10·7	3 55·9	23		7 40 18·4	+25 21 34	9·8	23 29·6
26		8 10 11·0	+17 52 47	10·7	3 52·2	24		7 39 26·9	+25 29 42	9·8	23 24·8
27		8 10 21·3	+17 57 21	10·6	3 48·4	25		7 38 35·8	+25 37 43	9·8	23 20·1
28		8 10 29·9	+18 02 04	10·6	3 44·6	26		7 37 45·4	+25 45 37	9·9	23 15·3
29		8 10 36·8	+18 06 57	10·6	3 40·8	27		7 36 55·7	+25 53 24	9·9	23 10·6
30		8 10 42·0	+18 11 58	10·6	3 36·9	28		7 36 06·8	+26 01 03	9·9	23 05·9
Dec. 1		8 10 45·6	+18 17 09	10·6	3 33·1	29		7 35 18·7	+26 08 35	9·9	23 01·1
Dec. 2		8 10 47·5	+18 22 29	10·5	3 29·2	30		7 34 31·6	+26 15 59	10·0	22 56·5
3		8 10 47·6	+18 27 59	10·5	3 25·2	31		7 33 45·4	+26 23 15	10·0	22 51·8
4		8 10 46·1	+18 33 38	10·5	3 21·3	Feb. 1		7 33 00·2	+26 30 23	10·0	22 47·1
5		8 10 42·9	+18 39 26	10·5	3 17·3	2		7 32 16·2	+26 37 22	10·0	22 42·5
6		8 10 38·0	+18 45 24	10·5	3 13·3	3		7 31 33·3	+26 44 13	10·1	22 37·8
7		8 10 31·4	+18 51 30	10·4	3 09·2	4		7 30 51·6	+26 50 55	10·1	22 33·2
8		8 10 23·1	+18 57 46	10·4	3 05·2	5		7 30 11·1	+26 57 29	10·1	22 28·7
9		8 10 13·1	+19 04 11	10·4	3 01·1	6		7 29 32·0	+27 03 54	10·1	22 24·1
10		8 10 01·4	+19 10 45	10·4	2 56·9	7		7 28 54·2	+27 10 10	10·2	22 19·6
11		8 09 48·0	+19 17 27	10·4	2 52·8	8		7 28 17·7	+27 16 18	10·2	22 15·1
12		8 09 33·0	+19 24 19	10·3	2 48·6	9		7 27 42·7	+27 22 16	10·2	22 10·6
13		8 09 16·2	+19 31 19	10·3	2 44·4	10		7 27 09·2	+27 28 06	10·2	22 06·1
14		8 08 57·8	+19 38 27	10·3	2 40·1	11		7 26 37·2	+27 33 47	10·3	22 01·7
15		8 08 37·8	+19 45 44	10·3	2 35·9	12		7 26 06·7	+27 39 19	10·3	21 57·3
16		8 08 16·1	+19 53 09	10·3	2 31·6	13		7 25 37·7	+27 44 42	10·3	21 52·9
17		8 07 52·8	+20 00 42	10·2	2 27·3	14		7 25 10·3	+27 49 56	10·3	21 48·5
18		8 07 27·8	+20 08 23	10·2	2 22·9	15		7 24 44·6	+27 55 02	10·4	21 44·2
19		8 07 01·3	+20 16 11	10·2	2 18·5	16		7 24 20·5	+27 59 58	10·4	21 39·9
20		8 06 33·2	+20 24 06	10·2	2 14·1	17		7 23 58·0	+28 04 46	10·4	21 35·6
21		8 06 03·5	+20 32 08	10·1	2 09·7	18		7 23 37·3	+28 09 25	10·4	21 31·3
22		8 05 32·3	+20 40 17	10·1	2 05·3	19		7 23 18·2	+28 13 56	10·5	21 27·1
23		8 04 59·6	+20 48 33	10·1	2 00·8	20		7 23 00·9	+28 18 18	10·5	21 22·9
24		8 04 25·4	+20 56 54	10·1	1 56·3	21		7 22 45·3	+28 22 31	10·5	21 18·8
25		8 03 49·8	+21 05 22	10·1	1 51·8	22		7 22 31·5	+28 26 36	10·5	21 14·6
26		8 03 12·8	+21 13 54	10·0	1 47·2	23		7 22 19·4	+28 30 33	10·6	21 10·5
27		8 02 34·5	+21 22 32	10·0	1 42·7	24		7 22 09·1	+28 34 21	10·6	21 06·4
28		8 01 54·8	+21 31 15	10·0	1 38·1	25		7 22 00·7	+28 38 01	10·6	21 02·4
29		8 01 13·9	+21 40 01	10·0	1 33·5	26		7 21 54·0	+28 41 33	10·6	20 58·4
30		8 00 31·8	+21 48 52	9·9	1 28·8	27		7 21 49·1	+28 44 57	10·6	20 54·4
31		7 59 48·6	+21 57 46	9·9	1 24·2	28		7 21 45·9	+28 48 14	10·7	20 50·4
2020 Jan. 1		7 59 04·2	+22 06 43	9·9	1 19·5	Feb. 29		7 21 44·6	+28 51 22	10·7	20 46·5
2		7 58 18·8	+22 15 42	9·9	1 14·8	Mar. 1		7 21 45·1	+28 54 23	10·7	20 42·6
3		7 57 32·4	+22 24 44	9·8	1 10·1	2		7 21 47·3	+28 57 16	10·7	20 38·7
4		7 56 45·1	+22 33 47	9·8	1 05·4	3		7 21 51·4	+29 00 02	10·8	20 34·9
5		7 55 57·0	+22 42 52	9·8	1 00·7	4		7 21 57·1	+29 02 40	10·8	20 31·1
6		7 55 08·0	+22 51 57	9·8	0 56·0	5		7 22 04·7	+29 05 11	10·8	20 27·3
7		7 54 18·3	+23 01 03	9·7	0 51·2	6		7 22 14·0	+29 07 35	10·8	20 23·6
8		7 53 27·9	+23 10 09	9·7	0 46·4	7		7 22 25·0	+29 09 52	10·8	20 19·8
9		7 52 37·0	+23 19 14	9·7	0 41·7	8		7 22 37·7	+29 12 02	10·9	20 16·1
10		7 51 45·5	+23 28 19	9·7	0 36·9	9		7 22 52·1	+29 14 04	10·9	20 12·5
11		7 50 53·5	+23 37 21	9·6	0 32·1	10		7 23 08·2	+29 16 01	10·9	20 08·8
12		7 50 01·1	+23 46 22	9·6	0 27·3	11		7 23 25·9	+29 17 50	10·9	20 05·2
13		7 49 08·3	+23 55 21	9·6	0 22·5	12		7 23 45·3	+29 19 33	10·9	20 01·6
14		7 48 15·4	+24 04 17	9·6	0 17·7	13		7 24 06·3	+29 21 09	11·0	19 58·1
Jan. 15		7 47 22·2	+24 13 10	9·6	0 12·9	Mar. 14		7 24 28·9	+29 22 38	11·0	19 54·5

Second transit for Davida 2020 January 17ᵈ 23ʰ 58ᵐ4

INTERAMNIA, 2019
GEOCENTRIC POSITIONS FOR 0^h TERRESTRIAL TIME

Date	Astrometric R.A. (h m s)	Dec. (° ′ ″)	Vis. Mag.	Ephemeris Transit (h m)	Date	Astrometric R.A. (h m s)	Dec. (° ′ ″)	Vis. Mag.	Ephemeris Transit (h m)
2018 Nov. 16	8 13 34.5	+18 40 55	11.4	4 33.9	2019 Jan. 14	7 40 33.5	+15 06 55	10.3	0 08.9
17	8 13 40.7	+18 35 55	11.4	4 30.0	15	7 39 35.1	+15 04 43	10.3	0 04.0
18	8 13 45.4	+18 30 58	11.4	4 26.2	16	7 38 36.8	+15 02 32	10.3	23 54.2
19	8 13 48.6	+18 26 03	11.4	4 22.3	17	7 37 38.7	+15 00 24	10.3	23 49.4
Nov. 20	8 13 50.3	+18 21 10	11.4	4 18.4	18	7 36 41.0	+14 58 19	10.3	23 44.5
21	8 13 50.5	+18 16 20	11.3	4 14.4	19	7 35 43.5	+14 56 15	10.3	23 39.6
22	8 13 49.1	+18 11 33	11.3	4 10.5	20	7 34 46.4	+14 54 14	10.3	23 34.7
23	8 13 46.2	+18 06 48	11.3	4 06.5	21	7 33 49.8	+14 52 15	10.4	23 29.9
24	8 13 41.8	+18 02 05	11.3	4 02.5	22	7 32 53.7	+14 50 19	10.4	23 25.0
25	8 13 35.9	+17 57 26	11.3	3 58.5	23	7 31 58.2	+14 48 25	10.4	23 20.2
26	8 13 28.4	+17 52 49	11.3	3 54.4	24	7 31 03.2	+14 46 32	10.5	23 15.3
27	8 13 19.3	+17 48 15	11.2	3 50.3	25	7 30 08.9	+14 44 42	10.5	23 10.5
28	8 13 08.7	+17 43 43	11.2	3 46.2	26	7 29 15.3	+14 42 54	10.5	23 05.7
29	8 12 56.5	+17 39 14	11.2	3 42.1	27	7 28 22.4	+14 41 09	10.5	23 00.9
30	8 12 42.8	+17 34 48	11.2	3 37.9	28	7 27 30.4	+14 39 25	10.6	22 56.1
Dec. 1	8 12 27.5	+17 30 26	11.2	3 33.7	29	7 26 39.2	+14 37 43	10.6	22 51.4
2	8 12 10.7	+17 26 05	11.2	3 29.5	30	7 25 48.8	+14 36 04	10.6	22 46.6
3	8 11 52.3	+17 21 48	11.1	3 25.2	31	7 24 59.5	+14 34 26	10.7	22 41.9
4	8 11 32.3	+17 17 34	11.1	3 21.0	Feb. 1	7 24 11.1	+14 32 50	10.7	22 37.2
5	8 11 10.8	+17 13 23	11.1	3 16.7	2	7 23 23.7	+14 31 16	10.7	22 32.5
6	8 10 47.8	+17 09 15	11.1	3 12.4	3	7 22 37.4	+14 29 44	10.7	22 27.8
7	8 10 23.2	+17 05 10	11.1	3 08.0	4	7 21 52.2	+14 28 14	10.8	22 23.1
8	8 09 57.1	+17 01 08	11.0	3 03.7	5	7 21 08.2	+14 26 45	10.8	22 18.5
9	8 09 29.6	+16 57 09	11.0	2 59.3	6	7 20 25.3	+14 25 19	10.8	22 13.9
10	8 09 00.5	+16 53 13	11.0	2 54.9	7	7 19 43.7	+14 23 53	10.8	22 09.2
11	8 08 30.0	+16 49 20	11.0	2 50.4	8	7 19 03.2	+14 22 30	10.9	22 04.7
12	8 07 58.1	+16 45 31	11.0	2 46.0	9	7 18 24.1	+14 21 08	10.9	22 00.1
13	8 07 24.7	+16 41 44	10.9	2 41.5	10	7 17 46.3	+14 19 48	10.9	21 55.6
14	8 06 49.9	+16 38 01	10.9	2 37.0	11	7 17 09.7	+14 18 29	11.0	21 51.0
15	8 06 13.8	+16 34 20	10.9	2 32.4	12	7 16 34.6	+14 17 12	11.0	21 46.6
16	8 05 36.3	+16 30 43	10.9	2 27.9	13	7 16 00.8	+14 15 56	11.0	21 42.1
17	8 04 57.5	+16 27 09	10.9	2 23.3	14	7 15 28.3	+14 14 41	11.0	21 37.6
18	8 04 17.4	+16 23 37	10.8	2 18.7	15	7 14 57.3	+14 13 28	11.0	21 33.2
19	8 03 36.1	+16 20 09	10.8	2 14.1	16	7 14 27.7	+14 12 16	11.1	21 28.8
20	8 02 53.5	+16 16 44	10.8	2 09.4	17	7 13 59.5	+14 11 05	11.1	21 24.4
21	8 02 09.7	+16 13 22	10.8	2 04.8	18	7 13 32.7	+14 09 55	11.1	21 20.1
22	8 01 24.8	+16 10 03	10.7	2 00.1	19	7 13 07.4	+14 08 47	11.1	21 15.7
23	8 00 38.8	+16 06 47	10.7	1 55.4	20	7 12 43.5	+14 07 39	11.2	21 11.4
24	7 59 51.6	+16 03 34	10.7	1 50.7	21	7 12 21.1	+14 06 32	11.2	21 07.2
25	7 59 03.4	+16 00 24	10.7	1 46.0	22	7 12 00.1	+14 05 26	11.2	21 02.9
26	7 58 14.2	+15 57 16	10.7	1 41.2	23	7 11 40.6	+14 04 21	11.2	20 58.7
27	7 57 24.1	+15 54 12	10.6	1 36.4	24	7 11 22.6	+14 03 17	11.3	20 54.5
28	7 56 33.0	+15 51 11	10.6	1 31.7	25	7 11 06.0	+14 02 14	11.3	20 50.3
29	7 55 41.0	+15 48 12	10.6	1 26.9	26	7 10 50.8	+14 01 11	11.3	20 46.1
30	7 54 48.2	+15 45 17	10.6	1 22.1	27	7 10 37.2	+14 00 09	11.3	20 42.0
31	7 53 54.6	+15 42 24	10.5	1 17.2	28	7 10 25.0	+13 59 07	11.3	20 37.9
2019 Jan. 1	7 53 00.3	+15 39 35	10.5	1 12.4	Mar. 1	7 10 14.2	+13 58 06	11.4	20 33.8
2	7 52 05.3	+15 36 48	10.5	1 07.6	2	7 10 05.0	+13 57 06	11.4	20 29.7
3	7 51 09.7	+15 34 04	10.5	1 02.7	3	7 09 57.2	+13 56 05	11.4	20 25.7
4	7 50 13.5	+15 31 22	10.4	0 57.9	4	7 09 50.8	+13 55 05	11.4	20 21.6
5	7 49 16.8	+15 28 44	10.4	0 53.0	5	7 09 45.9	+13 54 06	11.5	20 17.6
6	7 48 19.6	+15 26 08	10.4	0 48.1	6	7 09 42.5	+13 53 06	11.5	20 13.7
7	7 47 22.1	+15 23 35	10.4	0 43.2	Mar. 7	7 09 40.4	+13 52 06	11.5	20 09.7
8	7 46 24.2	+15 21 04	10.3	0 38.3	8	7 09 39.9	+13 51 07	11.5	20 05.8
9	7 45 26.1	+15 18 36	10.3	0 33.4	9	7 09 40.7	+13 50 07	11.5	20 01.9
10	7 44 27.7	+15 16 11	10.3	0 28.5	10	7 09 42.9	+13 49 08	11.5	19 58.0
11	7 43 29.2	+15 13 48	10.3	0 23.6	11	7 09 46.6	+13 48 08	11.6	19 54.2
12	7 42 30.7	+15 11 28	10.3	0 18.7	12	7 09 51.6	+13 47 08	11.6	19 50.4
13	7 41 32.1	+15 09 10	10.3	0 13.8	13	7 09 58.0	+13 46 07	11.6	19 46.5
Jan. 14	7 40 33.5	+15 06 55	10.3	0 08.9	Mar. 14	7 10 05.8	+13 45 06	11.6	19 42.8

Second transit for Interamnia 2019 January 15^d 23^h 59^{m}1

OSCULATING ELEMENTS FOR ECLIPTIC AND EQUINOX OF J2000·0

Designation/Name	Perihelion Time T	Perihelion Distance q	Eccentricity e	Period P	Arg. of Perihelion ω	Long. of Asc. Node Ω	Inclination i	Osc. Epoch
		au		years	°	°	°	
239P/LINEAR	Jan. 10·157 75	1·649 4755	0·631 0552	9·45	220·378 02	255·908 29	11·305 59	Dec. 28
P/2007 V1 (Larson)	Jan. 12·174 75	2·676 7489	0·462 3736	11·11	51·610 43	7·934 97	10·758 17	Dec. 28
171P/Spahr	Jan. 13·714 73	1·772 3281	0·501 9905	6·71	347·149 82	101·695 97	21·933 08	Dec. 28
131P/Mueller	Jan. 24·222 94	2·417 5028	0·343 3120	7·06	179·076 27	214·192 12	7·353 78	Feb. 6
223P/Skiff	Jan. 27·271 06	2·430 8726	0·415 3776	8·48	37·824 95	346·792 74	27·014 08	Feb. 6
123P/West-Hartley	Feb. 5·109 97	2·126 8772	0·448 6459	7·58	103·009 82	46·499 48	15·359 57	Feb. 6
P/1996 R2 (Lagerkvist)	Feb. 11·454 56	2·590 2777	0·313 4621	7·33	333·287 01	40·050 84	2·600 90	Feb. 6
149P/Mueller	Feb. 16·984 42	2·633 5338	0·389 8720	8·97	43·794 16	145·234 07	29·770 96	Feb. 6
P/2012 O1 (McNaught)	Mar. 2·519 19	1·435 2493	0·594 3241	6·65	238·177 98	91·989 21	7·431 87	Mar. 18
29P/ Schwassmann-Wachmann	Mar. 7·750 22	5·766 8179	0·043 0322	14·79	47·773 93	312·394 71	9·368 31	Mar. 18
69P/Taylor	Mar. 18·356 93	2·283 5000	0·413 2442	7·68	343·574 29	104·830 00	22·032 36	Mar. 18
78P/Gehrels	Apr. 2·696 55	2·013 8254	0·461 5660	7·23	192·684 11	210·548 07	6·248 76	Mar. 18
232P/Hill	Apr. 6·601 45	2·984 5167	0·334 7424	9·50	53·551 40	56·030 20	14·630 55	Mar. 18
P/2011 W2 (Rinner)	Apr. 9·520 00	2·313 4908	0·392 4799	7·43	221·204 19	231·959 02	13·757 92	Apr. 27
P/2014 C1 (TOTAS)	Apr. 13·263 61	1·684 4929	0·446 4330	5·31	24·148 52	167·848 80	2·680 82	Apr. 27
138P/Shoemaker-Levy	May 2·761 76	1·702 8026	0·530 1117	6·90	95·614 40	309·331 24	10·089 62	Apr. 27
186P/Garradd	May 4·944 04	4·389 4695	0·123 7682	11·21	283·798 16	327·068 67	28·409 61	Apr. 27
P/2012 O2 (McNaught)	May 6·031 82	1·691 7077	0·532 8608	6·89	183·345 63	120·682 64	24·485 57	Apr. 27
222P/LINEAR	June 5·050 80	0·828 3601	0·714 2507	4·94	346·217 53	5·812 10	5·094 19	June 6
209P/LINEAR	June 12·806 59	0·967 5040	0·673 2785	5·10	152·500 48	62·771 40	21·258 58	June 6
231P/LINEAR-NEAT	June 14·270 96	3·022 4896	0·247 5868	8·05	42·753 91	133·029 59	12·334 12	June 6
P/2000 R2 (LINEAR)	June 17·300 53	1·623 3897	0·531 3630	6·45	176·463 09	160·310 20	11·683 52	June 6
261P/Larson	June 18·650 15	2·013 4022	0·422 7371	6·51	67·107 42	291·167 05	6·076 03	June 6
P/1999 RO28 (LONEOS)	June 26·020 28	1·124 4647	0·671 8128	6·34	231·281 01	137·884 69	7·565 01	July 16
31P/ Schwassmann-Wachmann	July 6·151 93	3·425 3851	0·192 9045	8·74	18·354 35	114·112 36	4·547 12	July 16
P/2007 T4 (Gibbs)	July 23·650 91	2·005 0246	0·618 0854	12·03	42·423 95	37·058 86	23·858 77	July 16
200P/Larsen	July 28·491 15	3·297 2265	0·331 7312	10·96	133·977 19	234·802 09	12·105 67	July 16
P/2006 F4 (Spacewatch)	Aug. 2·502 76	2·333 7463	0·338 0985	6·62	31·187 20	184·030 51	12·387 62	July 16
264P/Larsen	Aug. 4·999 45	2·438 4747	0·373 7580	7·68	346·640 17	220·902 83	25·150 32	July 16
168P/Hergenrother	Aug. 5·142 96	1·358 9108	0·620 4862	6·78	14·990 48	355·471 62	21·611 74	Aug. 25
163P/NEAT	Aug. 5·243 80	2·066 6401	0·451 9960	7·32	349·700 11	102·091 58	12·707 85	Aug. 25
P/2012 K3 (Gibbs)	Aug. 17·443 07	2·089 1011	0·423 7103	6·90	172·113 85	125·809 88	13·194 05	Aug. 25
322P/SOHO	Aug. 31·536 78	0·050 8314	0·979 7401	3·97	56·750 15	351·638 14	11·474 54	Aug. 25
260P/McNaught	Sept. 9·959 36	1·416 7218	0·608 7766	6·89	18·389 23	349·355 53	15·052 24	Aug. 25
P/2008 Y1 (Boattini)	Sept. 10·651 57	1·267 8133	0·736 2036	10·54	162·807 49	259·336 48	8·918 60	Aug. 25
P/2010 U2 (Hill)	Sept. 15·289 96	2·567 6511	0·401 0647	8·88	44·337 86	357·079 97	16·826 44	Oct. 4
P/2000 S4 (LINEAR-Spacewatch)	Sept. 23·118 12	2·265 3930	0·681 3288	18·95	173·086 50	173·799 07	28·377 62	Oct. 4
P/2005 GF8 (LONEOS)	Sept. 30·622 17	2·830 8969	0·517 2063	14·20	285·401 79	314·888 02	1·192 32	Oct. 4
175P/Hergenrother	Sept. 30·805 89	1·946 3191	0·432 0919	6·34	56·196 16	123·533 31	6·077 33	Oct. 4
P/2014 U2 (Kowalski)	Oct. 11·396 93	1·116 3609	0·615 3210	4·94	37·643 20	354·235 34	7·281 23	Oct. 4
P/2009 SK280 (Spacewatch-Hill)	Oct. 23·968 38	4·208 7510	0·119 8047	10·46	327·962 16	36·418 50	16·798 81	Oct. 4
P/2006 S1 (Christensen)	Oct. 25·503 34	1·419 1983	0·599 3855	6·67	133·624 68	207·887 46	12·323 68	Nov. 13
76P/ West-Kohoutek-Ikemura	Oct. 26·143 91	1·604 7999	0·538 2074	6·48	0·022 49	84·125 11	30·456 96	Nov. 13
68P/Klemola	Nov. 9·037 70	1·793 8506	0·637 5240	11·01	153·058 34	175·082 30	11·110 85	Nov. 13
P/2003 F2 (NEAT)	Nov. 12·462 21	2·969 8474	0·541 9870	16·51	191·866 92	359·090 23	11·604 35	Nov. 13
155P/Shoemaker	Nov. 15·197 25	1·801 8477	0·726 5912	16·92	14·666 62	97·197 90	6·395 92	Nov. 13
215P/NEAT	Nov. 18·020 42	3·604 7513	0·167 4890	9·01	262·024 02	56·692 09	10·581 26	Nov. 13
294P/LINEAR	Nov. 29·723 36	1·300 5085	0·594 1717	5·74	235·530 95	312·598 55	18·214 99	Nov. 13
P/2013 T2 (Schwartz)	Nov. 30·328 52	1·740 4270	0·500 9871	6·51	345·446 95	0·823 85	9·456 08	Nov. 13
160P/LINEAR	Dec. 2·337 27	1·787 3758	0·526 1016	7·32	12·648 51	333·368 61	15·615 27	Nov. 13
P/2006 H1 (McNaught)	Dec. 7·459 67	2·422 6573	0·580 4323	13·88	309·278 00	359·894 44	12·804 10	Dec. 23
289P/Blanpain	Dec. 20·967 28	0·958 8871	0·685 2869	5·32	9·843 04	68·924 00	5·897 54	Dec. 23
P/2006 R1 (Siding Spring)	Dec. 23·243 93	1·663 2770	0·704 2054	13·33	249·295 47	218·835 64	160·068 65	Dec. 23

Up-to-date elements of the comets currently observable may be found at the web site of the IAU Minor Planet Center (see page x for web address).

CONTENTS OF SECTION H

Except for the tables of ICRF radio sources, radio flux calibrators, quasars, pulsars, gamma ray sources and X-ray sources, positions tabulated in Section H are referred to the mean equator and equinox of J2019.5 = 2019 July 2.875 = JD 245 8667.375. The positions of the ICRF radio sources provide a practical realization of the ICRS. The positions of radio flux calibrators, quasars, pulsars, gamma ray sources and X-ray sources are referred to the equator and equinox of J2000.0 = JD 245 1545.0.

When present, notes associated with a table are found on the table's last page.

WWW This symbol indicates that these data or auxiliary material may also be found on *The Astronomical Almanac Online* at **http://asa.usno.navy.mil** and **http://asa.hmnao.com**

Designation			BS=HR No.	Right Ascension	Declination	Notes	V	B–V	V–I	Spectral Type
				h m s	° ′ ″					
28	ω	Psc	9072	00 00 18.8	+06 58 17	b	4.03	+0.42	+0.49	F3 V
	ε	Tuc	9076	00 00 55.0	−65 28 07		4.49	−0.08	−0.04	B9 IV
	θ	Oct	9084	00 02 34.3	−76 57 29		4.78	+1.25	+1.26	K2 III
30 YY		Psc	9089	00 02 57.6	−05 54 21		4.37	+1.63	+2.35	M3 III
2		Cet	9098	00 04 44.2	−17 13 39		4.55	−0.05	−0.03	B9 IV
33 BC		Psc	3	00 06 20.0	−05 35 55	b	4.61	+1.03	+1.04	K0 III–IV
21	α	And	15	00 09 24.0	+29 11 53	dbn01	2.07	−0.04	−0.10	B9p Hg Mn
11	β	Cas	21	00 10 13.8	+59 15 26	svdb	2.28	+0.38	+0.40	F2 III
	ε	Phe	25	00 10 23.7	−45 38 24		3.88	+1.01	+1.00	K0 III
22		And	27	00 11 20.5	+46 10 51		5.01	+0.41	+0.55	F0 II
	κ²	Scl	34	00 12 33.7	−27 41 28	d	5.41	+1.35	+1.31	K5 III
	θ	Scl	35	00 12 43.3	−35 01 27		5.24	+0.46	+0.53	F3/5 V
88	γ	Peg	39	00 14 14.5	+15 17 31	svdb	2.83	−0.19	−0.22	B2 IV
89	χ	Peg	45	00 15 36.9	+20 18 54	as	4.79	+1.57	+1.93	M2⁺ III
7 AE		Cet	48	00 15 37.8	−18 49 30		4.44	+1.64	+1.96	M1 III
25	σ	And	68	00 19 21.1	+36 53 35	b	4.51	+0.05	+0.06	A2 Va
8	ι	Cet	74	00 20 25.3	−08 42 58	d	3.56	+1.21	+1.13	K1 IIIb
	ζ	Tuc	77	00 21 04.5	−64 45 37		4.23	+0.58	+0.65	F9 V
41		Psc	80	00 21 36.2	+08 17 54		5.38	+1.34	+1.28	K3⁻ III Ca 1 CN 0.5
27	ρ	And	82	00 22 09.2	+38 04 35		5.16	+0.44	+0.51	F6 IV
	R	And	90	00 25 04.1	+38 41 05	svd	10.71	+2.08	+2.63	S5/4.5e
	β	Hyi	98	00 26 45.0	−77 08 41		2.82	+0.62	+0.68	G1 IV
	κ	Phe	100	00 27 09.5	−43 34 19		3.93	+0.18	+0.20	A5 Vn
	α	Phe	99	00 27 14.7	−42 12 00	bn02	2.40	+1.08	+1.11	K0 IIIb
			118	00 31 21.0	−23 40 48	b	5.17	+0.13	+0.14	A5 Vn
	λ¹	Phe	125	00 32 21.1	−48 41 45	db	4.76	+0.02	+0.01	A1 Va
	β¹	Tuc	126	00 32 25.8	−62 51 04	db	4.36	−0.06	−0.02	B9 V
15	κ	Cas	130	00 34 07.4	+63 02 21	sb	4.17	+0.13	+0.17	B0.7 Ia
29	π	And	154	00 37 55.7	+33 49 35	db	4.34	−0.12	−0.08	B5 V
17	ζ	Cas	153	00 38 04.1	+54 00 14		3.69	−0.20	−0.23	B2 IV
			157	00 38 24.2	+35 30 24	s	5.45	+0.89	+0.82	G2 Ib–II
30	ε	And	163	00 39 35.5	+29 25 02		4.34	+0.87	+0.92	G6 III Fe−3 CH 1
31	δ	And	165	00 40 22.5	+30 58 03	sdb	3.27	+1.27	+1.23	K3 III
18	α	Cas	168	00 41 37.6	+56 38 38	dn03	2.24	+1.17	+1.13	K0⁻ IIIa
	μ	Phe	180	00 42 14.6	−45 58 42		4.59	+0.95	+0.95	G8 III
	η	Phe	191	00 44 13.4	−57 21 23	d	4.36	+0.02	+0.02	A0.5 IV
16	β	Cet	188	00 44 34.0	−17 52 48	n04	2.04	+1.02	+1.00	G9 III CH−1 CN 0.5 Ca 1
22	o	Cas	193	00 45 49.3	+48 23 27	db	4.48	−0.07	0.00	B5 III
34	ζ	And	215	00 48 22.6	+24 22 23	vdb	4.08	+1.10	+1.06	K0 III
	λ	Hyi	236	00 49 15.6	−74 49 03		5.09	+1.35	+1.34	K5 III
63	δ	Psc	224	00 49 41.8	+07 41 27	d	4.44	+1.50	+1.58	K4.5 IIIb
64		Psc	225	00 50 00.4	+17 02 44	db	5.07	+0.50	+0.57	F7 V
24	η	Cas	219	00 50 17.8	+57 55 05	sdb	3.46	+0.59	+0.66	F9 V
35	ν	And	226	00 50 53.8	+41 11 05	b	4.53	−0.14	−0.14	B5 V
19	φ²	Cet	235	00 51 06.2	−10 32 23		5.17	+0.51	+0.59	F8 V
			233	00 51 55.7	+64 21 12	cdb	5.35	+0.53	+0.60	G0 III–IV + B9.5 V
20		Cet	248	00 54 00.3	−01 02 19		4.78	+1.55	+1.66	M0⁻ IIIa
	λ²	Tuc	270	00 55 43.7	−69 25 19		5.45	+1.10	+1.05	K2 III
37	μ	And	269	00 57 50.6	+38 36 17	d	3.86	+0.13	+0.14	A5 IV–V
27	γ	Cas	264	00 57 54.1	+60 49 19	db	2.15	−0.05	−0.02	B0 IVnpe (shell)

Designation	BS=HR No.	Right Ascension	Declination	Notes	V	B–V	V–I	Spectral Type
		h m s	° ′ ″					
38 η And	271	00 58 15.1	+23 31 21	db	4.40	+0.94	+0.94	G8⁻ IIIb
68 Psc	274	00 58 53.8	+29 05 50		5.44	+1.08	+0.99	gG6
α Scl	280	00 59 32.6	−29 15 09	sb	4.30	−0.15	−0.12	B4 Vp
σ Scl	293	01 03 22.2	−31 26 51		5.50	+0.08	+0.10	A2 V
71 ε Psc	294	01 03 57.5	+07 59 41		4.27	+0.95	+0.98	G9 III Fe−2
β Phe	322	01 06 57.0	−46 36 51	d	3.32	+0.89	+0.90	G8 III
ι Tuc	332	01 08 04.7	−61 40 17		5.36	+0.88	+0.80	G5 III
υ Phe	331	01 08 41.1	−41 22 59	dm	5.21	+0.16	+0.19	A3 IV/V
ζ Phe	338	01 09 12.0	−55 08 31	vdbm	3.94	−0.12	−0.08	B7 V
31 η Cet	334	01 09 34.3	−10 04 46	d	3.46	+1.16	+1.11	K2⁻ III CN 0.5
30 μ Cas	321	01 09 35.1	+55 00 55	db	5.17	+0.70	+0.83	G5 Vb
42 φ And	335	01 10 38.6	+47 20 43	dm	4.26	+0.01	−0.02	B7 III
43 β And	337	01 10 49.8	+35 43 24	ad	2.07	+1.58	+1.74	M0⁺ IIIa
	285	01 11 48.4	+86 21 38		4.24	+1.21	+1.16	K2 III
33 θ Cas	343	01 12 18.2	+55 15 11	db	4.34	+0.17	+0.19	A7m
84 χ Psc	351	01 12 30.3	+21 08 16		4.66	+1.02	+0.99	G8.5 III
83 τ Psc	352	01 12 44.4	+30 11 34	b	4.51	+1.09	+1.05	K0.5 IIIb
86 ζ Psc	361	01 14 45.1	+07 40 41	db	5.21	+0.32	+0.37	F0 Vn
89 Psc	378	01 18 48.4	+03 43 00	b	5.13	+0.07	+0.11	A3 V
90 υ Psc	383	01 20 32.6	+27 21 58	b	4.74	+0.03	+0.10	A2 IV
34 φ Cas	382	01 21 19.4	+58 20 01	sdb	4.95	+0.68	+0.93	F0 Ia
46 ξ And	390	01 23 29.9	+45 37 49	b	4.87	+1.08	+1.04	K0⁻ IIIb
45 θ Cet	402	01 24 59.9	−08 04 59	d	3.60	+1.07	+1.05	K0 IIIb
37 δ Cas	403	01 27 06.5	+60 20 09	sdb	2.66	+0.16	+0.19	A5 IV
36 Cas	399	01 27 20.3	+68 13 52	d	4.72	+1.05	+1.01	K0 III CN 0.5
94 Psc	414	01 27 45.1	+19 20 27		5.50	+1.11	+1.04	gK1
48 ω And	417	01 28 49.9	+45 30 24	d	4.83	+0.42	+0.49	F5 V
γ Phe	429	01 29 12.6	−43 13 08	vb	3.41	+1.54	+1.73	M0⁻ IIIa
48 Cet	433	01 30 32.2	−21 31 45	d	5.11	+0.03	+0.04	A1 Va
δ Phe	440	01 32 03.7	−48 58 19		3.93	+0.97	+1.00	G9 III
99 η Psc	437	01 32 31.8	+15 26 45	dm	3.62	+0.97	+0.94	G7 IIIa
50 υ And	458	01 37 57.0	+41 30 08	db	4.10	+0.54	+0.58	F8 V
α Eri	472	01 38 26.3	−57 08 18	n05	0.45	−0.16	−0.17	B3 Vnp (shell)
51 And	464	01 39 12.0	+48 43 35		3.59	+1.28	+1.23	K3⁻ III
40 Cas	456	01 40 06.8	+73 08 19	d	5.28	+0.97	+0.96	G7 III
106 ν Psc	489	01 42 26.9	+05 35 08		4.45	+1.35	+1.37	K3 IIIb
π Scl	497	01 43 01.3	−32 13 46		5.25	+1.04	+1.04	K1 II/III
	500	01 43 42.7	−03 35 34		4.98	+1.38	+1.26	K3 II−III
φ Per	496	01 44 53.7	+50 47 10	b	4.01	−0.10	−0.08	B2 Vep
52 τ Cet	509	01 44 58.5	−15 50 07	d	3.49	+0.73	+0.82	G8 V
110 o Psc	510	01 46 25.6	+09 15 18	s	4.26	+0.94	+0.93	G8 III
ε Scl	514	01 46 33.5	−24 57 21	dm	5.29	+0.40	+0.46	F0 V
	513	01 46 58.0	−05 38 11	s	5.37	+1.52	+1.55	K4 III
53 χ Cet	531	01 50 32.6	−10 35 26	d	4.66	+0.33	+0.38	F2 IV−V
55 ζ Cet	539	01 52 25.4	−10 14 22	db	3.74	+1.14	+1.07	K0 III
2 α Tri	544	01 54 11.9	+29 40 23	dvb	3.42	+0.49	+0.55	F6 IV
Phe	555	01 54 25.5	−46 12 28	b	4.39	+1.60	+2.49	M4 III
111 ξ Psc	549	01 54 34.0	+03 16 59	b	4.61	+0.93	+0.93	G9 IIIb Fe−0.5
φ Phe	558	01 55 10.5	−42 24 07	b	5.12	−0.06	−0.04	Ap Hg
η² Hyi	570	01 55 25.9	−67 33 06		4.68	+0.93	+0.95	G8.5 III

Designation	BS=HR No.	Right Ascension	Declination	Notes	V	B–V	V–I	Spectral Type
		h m s	° ′ ″					
6 β Ari	553	01 55 43.3	+20 54 09	db	2.64	+0.17	+0.18	A4 V
45 ε Cas	542	01 55 49.2	+63 45 55		3.35	−0.15	−0.12	B3 IV:p (shell)
χ Eri	566	01 56 42.9	−51 30 45	d	3.69	+0.84	+0.90	G8 III–IV CN−0.5 Hδ 0.5
α Hyi	591	01 59 23.0	−61 28 32		2.86	+0.29	+0.34	F0n III–IV
59 υ Cet	585	02 00 55.4	−20 59 03		3.99	+1.55	+1.79	M0 IIIb
113 α Psc	596	02 03 03.5	+02 51 26	vdbm	3.82	+0.02	+0.05	A0p Si Sr
4 Per	590	02 03 36.8	+54 34 51	b	4.99	−0.07	−0.02	B8 III
57 γ¹ And	603	02 05 06.3	+42 25 21	dbm	2.10	+1.37	+1.37	K3⁻ IIb
50 Cas	580	02 05 08.4	+72 30 52	b	3.95	0.00	+0.03	A1 Va
ν For	612	02 05 21.9	−29 12 14	v	4.68	−0.16	−0.12	B9.5p Si
13 α Ari	617	02 08 16.6	+23 33 14	abn06	2.01	+1.15	+1.13	K2 IIIab
4 β Tri	622	02 10 42.6	+35 04 43	db	3.00	+0.14	+0.17	A5 IV
μ For	652	02 13 46.0	−30 37 59		5.27	−0.01	+0.01	A0 Va⁺nn
65 ξ¹ Cet	649	02 14 02.2	+08 56 14	db	4.36	+0.88	+0.90	G7 II–III Fe−1
	645	02 14 54.9	+51 09 19	db	5.31	+0.93	+0.93	G8 III CN 1 CH 0.5 Fe−1
	641	02 15 05.2	+58 39 04	s	6.43	+0.55	+0.79	A3 Iab
φ Eri	674	02 17 12.3	−51 25 21	d	3.56	−0.12	−0.11	B8 V
67 Cet	666	02 17 57.5	−06 19 59		5.51	+0.96	+0.93	G8.5 III
9 γ Tri	664	02 18 28.8	+33 56 11		4.03	+0.02	−0.02	A0 IV–Vn
68 o Cet	681	02 20 20.0	−02 53 24	vd	6.47	+0.97	+5.71	M5.5−9e III + pec
62 And	670	02 20 32.9	+47 28 08		5.31	+0.01	+0.03	A1 V
δ Hyi	705	02 22 06.1	−68 34 16		4.08	+0.03	+0.04	A1 Va
κ Hyi	715	02 23 00.2	−73 33 27		5.99	+1.09	+1.01	K1 III
κ For	695	02 23 26.1	−23 43 42		5.19	+0.61	+0.68	G0 Va
λ Hor	714	02 25 26.7	−60 13 31		5.36	+0.40	+0.46	F2 IV–V
72 ρ Cet	708	02 26 53.6	−12 12 12		4.88	−0.03	−0.01	A0 III–IVn
κ Eri	721	02 27 42.0	−47 37 01	b	4.24	−0.14	−0.11	B5 IV
73 ξ² Cet	718	02 29 11.9	+08 32 47	b	4.30	−0.05	−0.06	A0 III⁻
12 Tri	717	02 29 18.9	+29 45 19		5.29	+0.31	+0.36	F0 III
ι Cas	707	02 30 42.0	+67 29 20	vdm	4.46	+0.15	+0.17	A5p Sr
μ Hyi	776	02 31 18.6	−79 01 26		5.27	+0.98	+0.98	G8 III
76 σ Cet	740	02 33 00.7	−15 09 36		4.74	+0.45	+0.55	F4 IV
14 Tri	736	02 33 18.0	+36 13 58		5.15	+1.47	+1.49	K5 III
78 ν Cet	754	02 36 54.0	+05 40 39	db	4.87	+0.88	+0.89	G8 III
	753	02 37 09.2	+06 58 44	sdb	5.79	+0.92	+1.06	K3⁻ V
ε Hyi	806	02 39 53.8	−68 11 01		4.12	−0.06	−0.07	B9 V
32 ν Ari	773	02 39 55.7	+22 02 41	b	5.45	+0.17	+0.18	A7 V
	743	02 39 55.9	+72 54 06		5.17	+0.90	+0.90	G8 III
82 δ Cet	779	02 40 29.0	+00 24 42	vb	4.08	−0.21	−0.22	B2 IV
ζ Hor	802	02 41 16.0	−54 28 01	b	5.21	+0.41	+0.48	F4 IV
ι Eri	794	02 41 26.2	−39 46 22		4.11	+1.01	+1.05	K0.5 IIIb Fe−0.5
86 γ Cet	804	02 44 18.8	+03 19 01	dm	3.47	+0.09	+0.10	A2 Va
35 Ari	801	02 44 36.1	+27 47 20	b	4.65	−0.12	−0.12	B3 V
89 π Cet	811	02 45 03.1	−13 46 37	b	4.24	−0.12	−0.11	B7 V
14 Per	800	02 45 21.9	+44 22 43		5.43	+0.90	+0.93	G0 Ib Ca 1
13 θ Per	799	02 45 32.6	+49 18 35	d	4.10	+0.51	+0.59	F7 V
87 μ Cet	813	02 46 00.0	+10 11 44	db	4.27	+0.31	+0.37	F0m F2 V⁺
1 τ¹ Eri	818	02 46 00.8	−18 29 27	b	4.47	+0.48	+0.54	F5 V
β For	841	02 49 54.4	−32 19 29	d	4.45	+0.98	+1.00	G8.5 III Fe−0.5
41 Ari	838	02 51 08.2	+27 20 23	db	3.61	−0.10	−0.08	B8 Vn

Designation			BS=HR No.	Right Ascension	Declination	Notes	V	B–V	V–I	Spectral Type
				h m s	° ′ ″					
16		Per	840	02 51 49.4	+38 23 52	d	4.22	+0.34	+0.41	F1 V+
2	τ^2	Eri	850	02 51 55.4	−20 55 28	d	4.76	+0.91	+0.91	K0 III
15	η	Per	834	02 52 08.0	+55 58 30	db	3.77	+1.69	+1.64	K3− Ib−IIa
43	σ	Ari	847	02 52 34.4	+15 09 41		5.52	−0.10	−0.08	B7 V
	R	Hor	868	02 54 31.7	−49 48 39	v	7.22	+1.04	+1.01	gM6.5e:
18	τ	Per	854	02 55 39.2	+52 50 27	cdb	3.93	+0.76	+0.80	G5 III + A4 V
1	α	UMi	424	02 56 24.3	+89 20 46	vdbn58	1.97	+0.64	+0.70	F5−8 Ib
3	η	Eri	874	02 57 22.9	−08 49 18		3.89	+1.09	+1.08	K1 IIIb
			875	02 57 36.2	−03 38 05	b	5.16	+0.08	+0.10	A3 Vn
	θ^1	Eri	897	02 59 00.0	−40 13 38	dbmn07	2.88	+0.13	+0.17	A5 IV
24		Per	882	03 00 16.6	+35 15 36		4.94	+1.24	+1.19	K2 III
91	λ	Cet	896	03 00 45.8	+08 59 02		4.71	−0.11	−0.09	B6 III
	θ	Hyi	939	03 02 18.7	−71 49 35	d	5.51	−0.13	−0.11	B9 IVp
11	τ^3	Eri	919	03 03 15.1	−23 32 56		4.08	+0.16	+0.18	A4 V
92	α	Cet	911	03 03 18.1	+04 09 54	n08	2.54	+1.63	+1.97	M1.5 IIIa
	μ	Hor	934	03 04 04.5	−59 39 46		5.12	+0.35	+0.41	F0 IV−V
23	γ	Per	915	03 06 13.3	+53 34 53	cdb	2.91	+0.72	+0.77	G5 III + A2 V
25	ρ	Per	921	03 06 26.0	+38 54 52	v	3.32	+1.53	+2.76	M4 II
			881	03 08 49.7	+79 29 34	dbm	5.49	+1.57	+2.02	M2 IIIab
26	β	Per	936	03 09 26.7	+41 01 46	cvdb	2.09	0.00	+0.02	B8 V + F:
	ι	Per	937	03 10 29.1	+49 41 10	d	4.05	+0.60	+0.65	G0 V
27	κ	Per	941	03 10 49.2	+44 55 48	db	3.79	+0.98	+0.94	K0 III
57	δ	Ari	951	03 12 44.9	+19 47 57		4.35	+1.03	+0.96	K0 III
	α	For	963	03 12 54.3	−28 54 43	dm	3.80	+0.54	+0.63	F6 V
	TW	Hor	977	03 13 02.9	−57 14 57	s	5.71	+2.42	+2.47	C6:,2.5 Ba2 Y4
94		Cet	962	03 13 46.3	−01 07 27	d	5.07	+0.58	+0.63	G0 IV
58	ζ	Ari	972	03 16 01.6	+21 06 56		4.87	−0.01	+0.02	A0.5 Va+
13	ζ	Eri	984	03 16 46.9	−08 44 54	b	4.80	+0.23	+0.28	A5m:
29		Per	987	03 20 01.7	+50 17 31	sb	5.16	−0.07	−0.05	B3 V
16	τ^4	Eri	1003	03 20 23.1	−21 41 16	d	3.70	+1.61	+2.42	M3+ IIIa Ca−1
96	κ	Cet	996	03 20 23.2	+03 26 26	dasv	4.84	+0.68	+0.73	G5 V
			1008	03 20 42.4	−42 59 46		4.26	+0.71	+0.79	G8 V
			999	03 21 31.5	+29 07 04		4.47	+1.56	+1.61	K3 IIIa Ba 0.5
61	τ	Ari	1005	03 22 21.4	+21 12 58	dvm	5.27	−0.07	−0.04	B5 IV
			961	03 22 52.7	+77 48 13	d	5.44	+0.21	+0.23	A5 III:
33	α	Per	1017	03 25 43.5	+49 55 44	dasn09	1.79	+0.48	+0.63	F5 Ib
1	o	Tau	1030	03 25 51.9	+09 05 47	b	3.61	+0.89	+0.90	G6 IIIa Fe−1
			1009	03 26 23.4	+64 39 13		5.13	+2.04	+2.23	M0 II
			1029	03 27 21.0	+49 11 17	sv	6.09	−0.07	−0.05	B7 V
2	ξ	Tau	1038	03 28 13.7	+09 47 58	dbm	3.73	−0.08	−0.07	B9 Vn
	κ	Ret	1083	03 29 43.4	−62 52 09	d	4.71	+0.41	+0.49	F5 IV−V
			1035	03 30 39.8	+60 00 23	vdm	4.21	+0.42	+0.58	B9 Ia
			1040	03 31 29.1	+58 56 40	asb	4.55	+0.49	+0.79	A0 Ia
17		Eri	1070	03 31 35.2	−05 00 34		4.74	−0.09	−0.07	B9 Vs
5		Tau	1066	03 31 57.1	+13 00 08	b	4.14	+1.11	+1.01	K0− II−III Fe−0.5
35	σ	Per	1052	03 31 57.5	+48 03 39		4.36	+1.37	+1.42	K3 III
18	ϵ	Eri	1084	03 33 31.1	−09 23 36	das	3.72	+0.88	+0.94	K2 V
19	τ^5	Eri	1088	03 34 39.0	−21 34 07	b	4.26	−0.11	−0.09	B8 V
20 EG		Eri	1100	03 37 10.8	−17 24 13	dvm	5.24	−0.12	−0.10	B9p Si
			1106	03 37 47.7	−40 12 41		4.57	+1.02	+1.07	K1 III

Designation		BS=HR No.	Right Ascension	Declination	Notes	V	B–V	V–I	Spectral Type
			h m s	o ′ ″					
10	Tau	1101	03 37 52.2	+00 27 44		4.29	+0.58	+0.66	F9 IV−V
37	Per	1087	03 37 53.1	+48 15 21		4.32	−0.06	+0.07	B5 Ve
δ	For	1134	03 43 01.5	−31 52 37	b	4.99	−0.16	−0.15	B5 IV
BD	Cam	1105	03 43 52.0	+63 16 41	b	5.06	+1.65	+2.40	S3.5/2
23 δ	Eri	1136	03 44 11.0	−09 41 55		3.52	+0.92	+0.94	K0⁺ IV
39 δ	Per	1122	03 44 19.3	+47 50 53	dbm	3.01	−0.13	−0.07	B5 III
β	Ret	1175	03 44 27.0	−64 44 45	db	3.84	+1.13	+1.11	K2 III
24	Eri	1146	03 45 30.0	−01 06 10	b	5.24	−0.09	−0.07	B7 V
38 o	Per	1131	03 45 32.8	+32 20 55	vdbm	3.84	+0.02	+0.12	B1 III
17	Tau	1142	03 46 02.3	+24 10 24	b	3.72	−0.11	−0.09	B6 III
19	Tau	1145	03 46 22.4	+24 31 37	db	4.30	−0.11	−0.08	B6 IV
41 ν	Per	1135	03 46 31.5	+42 38 19	d	3.77	+0.43	+0.52	F5 II
29	Tau	1153	03 46 42.7	+06 06 35	db	5.34	−0.10	−0.08	B3 V
γ	Hyi	1208	03 46 57.5	−74 10 44		3.26	+1.59	+1.94	M2 III
20	Tau	1149	03 46 59.5	+24 25 38	sb	3.87	−0.06	−0.02	B7 IIIp
26 π	Eri	1162	03 47 03.9	−12 02 30		4.43	+1.60	+1.89	M2⁻ IIIab
23 v971	Tau	1156	03 47 29.3	+24 00 28		4.14	−0.05	+0.02	B6 IV
27 τ⁶	Eri	1173	03 47 41.3	−23 11 35		4.22	+0.43	+0.51	F3 III
25 η	Tau	1165	03 48 38.9	+24 09 50	d	2.85	−0.09	−0.01	B7 IIIn
		1195	03 50 11.1	−36 08 32		4.17	+0.93	+0.92	G7 IIIa
27	Tau	1178	03 50 19.5	+24 06 42	db	3.62	−0.07	−0.03	B8 III
BE	Cam	1155	03 51 19.6	+65 35 03		4.39	+1.87	+2.58	M2⁺ IIab
γ	Cam	1148	03 52 26.9	+71 23 23	d	4.59	+0.06	+0.13	A1 IIIn
44 ζ	Per	1203	03 55 21.8	+31 56 24	sdb	2.84	+0.27	+0.18	B1 Ib
34 γ	Eri	1231	03 58 56.4	−13 27 15	d	2.97	+1.59	+1.78	M0.5 IIIb Ca−1
δ	Ret	1247	03 59 03.5	−61 20 44		4.56	+1.59	+1.85	M1 III
45 ε	Per	1220	03 59 10.1	+40 03 54	sdb	2.90	−0.20	−0.19	B0.5 IV
46 ξ	Per	1228	04 00 14.1	+35 50 44	b	3.98	+0.02	+0.16	O7.5 IIIf
35 λ	Tau	1239	04 01 45.8	+12 32 39	vb	3.41	−0.10	−0.08	B3 V
35	Eri	1244	04 02 31.4	−01 29 47		5.28	−0.13	−0.12	B5 V
38 ν	Tau	1251	04 04 11.7	+06 02 31		3.91	+0.03	+0.03	A1 Va
37	Tau	1256	04 05 51.1	+22 08 01	d	4.36	+1.06	+1.02	K0 III
47 λ	Per	1261	04 08 02.7	+50 24 08		4.25	−0.01	+0.08	A0 IIIn
		1279	04 08 48.4	+15 12 49	sdbm	6.02	+0.40	+0.46	F3 V
48 MX	Per	1273	04 10 05.1	+47 45 46		3.96	−0.03	+0.08	B3 Ve
43	Tau	1283	04 10 18.3	+19 39 33		5.51	+1.08	+1.05	K1 III
		1270	04 11 07.5	+59 57 29	s	6.29	+1.11	+1.16	G8 IIa
44 IM	Tau	1287	04 12 01.3	+26 31 49	v	5.39	+0.35	+0.41	F2 IV−V
38 o¹	Eri	1298	04 12 49.1	−06 47 17		4.04	+0.33	+0.38	F1 IV
α	Hor	1326	04 14 38.9	−42 14 50		3.85	+1.09	+1.09	K2 III
α	Ret	1336	04 14 40.8	−62 25 31	db	3.33	+0.92	+0.91	G8 II−III
40 o²	Eri	1325	04 16 10.2	−07 37 25	d	4.43	+0.82	+0.89	K0.5 V
51 μ	Per	1303	04 16 20.2	+48 27 25	db	4.12	+0.94	+0.93	G0 Ib
γ	Dor	1338	04 16 32.3	−51 26 17	v	4.26	+0.31	+0.37	F1 V⁺
49 μ	Tau	1320	04 16 35.7	+08 56 23	b	4.27	−0.05	−0.02	B3 IV
ε	Ret	1355	04 16 49.4	−59 15 21	d	4.44	+1.08	+1.05	K2 IV
48	Tau	1319	04 16 52.9	+15 26 53	sd	6.31	+0.40	+0.46	F3 V
41	Eri	1347	04 18 38.0	−33 45 06	db	3.55	−0.11	−0.09	B9p Mn
54 γ	Tau	1346	04 20 54.3	+15 40 24	db	3.65	+0.98	+0.95	G9.5 IIIab CN 0.5
57 v483	Tau	1351	04 21 03.7	+14 04 51	sdb	5.58	+0.28	+0.33	F0 IV

Designation		BS=HR No.	Right Ascension	Declination	Notes	V	B–V	V–I	Spectral Type
			h m s	° ′ ″					
		1367	04 21 30.1	−20 35 39		5.38	−0.03	−0.01	A1 V
54	Per	1343	04 21 40.9	+34 36 44	d	4.93	+0.95	+0.94	G8 III Fe 0.5
η	Ret	1395	04 22 06.3	−63 20 26		5.24	+0.96	+0.91	G8 III
		1327	04 22 31.4	+65 11 08	s	5.26	+0.82	+0.83	G5 IIb
61 δ	Tau	1373	04 24 03.7	+17 35 12	db	3.77	+0.98	+0.93	G9.5 III CN 0.5
63	Tau	1376	04 24 32.4	+16 49 17	csb	5.64	+0.31	+0.34	F0m
42 ξ	Eri	1383	04 24 39.2	−03 42 06	b	5.17	+0.07	+0.10	A2 V
43	Eri	1393	04 24 46.2	−33 58 21		3.97	+1.47	+1.53	K3.5⁻ IIIb
65 κ¹	Tau	1387	04 26 32.1	+22 20 13	db	4.21	+0.14	+0.16	A5 IV–V
68 v776	Tau	1389	04 26 37.2	+17 58 16	dbm	4.30	+0.05	+0.08	A2 IV–Vs
71 v777	Tau	1394	04 27 27.6	+15 39 40	db	4.48	+0.26	+0.33	F0n IV–V
69 υ	Tau	1392	04 27 28.7	+22 51 22	db	4.28	+0.26	+0.32	A9 IV⁻n
77 θ¹	Tau	1411	04 29 41.5	+16 00 14	db	3.84	+0.95	+1.02	G9 III Fe−0.5
74 ε	Tau	1409	04 29 45.5	+19 13 20	d	3.53	+1.01	+1.04	G9.5 III CN 0.5
78 θ²	Tau	1412	04 29 46.7	+15 54 45	sdb	3.40	+0.18	+0.21	A7 III
δ	Cae	1443	04 31 26.0	−44 54 46		5.07	−0.19	−0.20	B2 IV–V
50 υ¹	Eri	1453	04 34 16.5	−29 43 41		4.49	+0.97	+1.00	K0⁺ III Fe−0.5
α	Dor	1465	04 34 25.2	−55 00 19	vdm	3.30	−0.08	−0.08	A0p Si
86 ρ	Tau	1444	04 34 57.5	+14 53 02	b	4.65	+0.26	+0.28	A9 V
52 υ²	Eri	1464	04 36 18.6	−30 31 25		3.81	+0.96	+0.93	G8.5 IIIa
88	Tau	1458	04 36 43.7	+10 11 58	dbm	4.25	+0.18	+0.21	A5m
R	Dor	1492	04 36 59.4	−62 02 21	vsd	5.59	+1.50	+4.70	M8e III:
87 α	Tau	1457	04 37 02.5	+16 32 49	sdbn10	0.87	+1.54	+1.67	K5⁺ III
48 ν	Eri	1463	04 37 17.7	−03 18 50	vdb	3.93	−0.21	−0.20	B2 III
58	Per	1454	04 38 02.8	+41 18 11	cb	4.25	+1.17	+1.13	K0 II–III + B9 V
53	Eri	1481	04 39 04.5	−14 16 02	dbm	3.86	+1.08	+1.09	K1.5 IIIb
90	Tau	1473	04 39 15.0	+12 32 54	db	4.27	+0.12	+0.15	A5 IV–V
α	Cae	1502	04 41 11.5	−41 49 39	d	4.44	+0.34	+0.40	F1 V
54 DM	Eri	1496	04 41 17.8	−19 38 07	d	4.32	+1.60	+2.27	M3 II–III
β	Cae	1503	04 42 44.9	−37 06 26		5.04	+0.39	+0.46	F2 V
94 τ	Tau	1497	04 43 25.1	+22 59 34	dbm	4.27	−0.11	−0.10	B3 V
57 μ	Eri	1520	04 46 28.7	−03 13 13	b	4.01	−0.15	−0.13	B4 IV
4	Cam	1511	04 49 38.2	+56 47 22	dm	5.29	+0.25	+0.22	Am
1 π³	Ori	1543	04 50 54.0	+06 59 38	adb	3.19	+0.48	+0.53	F6 V
		1533	04 51 13.6	+37 31 15		4.89	+1.45	+1.51	K3.5 III
2 π²	Ori	1544	04 51 40.6	+08 55 56	b	4.35	+0.01	+0.04	A0.5 IVn
3 π⁴	Ori	1552	04 52 14.8	+05 38 13	sb	3.68	−0.16	−0.16	B2 III
97 v480	Tau	1547	04 52 31.0	+18 52 17	d	5.08	+0.21	+0.26	A9 V⁺
4 o¹	Ori	1556	04 53 38.3	+14 16 54	cv	4.71	+1.77	+2.63	S3.5/1⁻
61 ω	Eri	1560	04 53 51.2	−05 25 17	b	4.36	+0.26	+0.33	A9 IV
η	Men	1629	04 54 38.5	−74 54 22		5.47	+1.52	+1.53	K4 III
8 π⁵	Ori	1567	04 55 16.1	+02 28 16	vb	3.71	−0.18	−0.18	B2 III
9 α	Cam	1542	04 56 00.1	+66 22 23		4.26	−0.01	+0.09	O9.5 Ia
9 o²	Ori	1580	04 57 28.2	+13 32 37	d	4.06	+1.16	+1.16	K2⁻ III Fe−1
3 ι	Aur	1577	04 58 16.0	+33 11 43	a	2.69	+1.49	+1.46	K3 II
7	Cam	1568	04 58 51.4	+53 46 52	dbm	4.43	−0.02	+0.06	A0m A1 III
10 π⁶	Ori	1601	04 59 33.6	+01 44 33		4.47	+1.37	+1.32	K2⁻ II
7 ε	Aur	1605	05 03 22.3	+43 51 01	vdb	3.03	+0.54	+0.61	A9 Ia
8 ζ	Aur	1612	05 03 50.7	+41 06 09	cdvb	3.69	+1.15	+1.12	K5 II + B5 V
102 ι	Tau	1620	05 04 15.8	+21 36 58		4.62	+0.16	+0.19	A7 IV

Designation			BS=HR No.	Right Ascension	Declination	Notes	V	B–V	V–I	Spectral Type
				h m s	° ′ ″					
10	β	Cam	1603	05 05 09.6	+60 28 06	d	4.03	+0.92	+0.89	G1 Ib–IIa
	η²	Pic	1663	05 05 28.4	−49 33 08		5.05	+1.48	+1.59	K5 III
11 v1032		Ori	1638	05 05 41.1	+15 25 47	v	4.65	−0.06	+0.02	A0p Si
	ζ	Dor	1674	05 05 50.9	−57 26 48		4.71	+0.53	+0.60	F7 V
2	ε	Lep	1654	05 06 17.2	−22 20 46		3.19	+1.46	+1.50	K4 III
10	η	Aur	1641	05 07 53.1	+41 15 32	a	3.18	−0.15	−0.17	B3 V
67	β	Eri	1666	05 08 48.6	−05 03 45	d	2.78	+0.16	+0.16	A3 IVn
69	λ	Eri	1679	05 10 04.8	−08 43 50		4.25	−0.19	−0.16	B2 IVn
16		Ori	1672	05 10 24.1	+09 51 11	db	5.43	+0.25	+0.24	A9m
3	ι	Lep	1696	05 13 12.5	−11 50 50	d	4.45	−0.10	−0.08	B9 V:
	θ	Dor	1744	05 13 44.8	−67 09 48		4.81	+1.27	+1.22	K2.5 IIIa
5	μ	Lep	1702	05 13 48.5	−16 11 01	s	3.29	−0.11	−0.09	B9p Hg Mn
4	κ	Lep	1705	05 14 08.0	−12 55 10	dm	4.36	−0.09	−0.07	B7 V
17	ρ	Ori	1698	05 14 18.7	+02 52 59	dbm	4.46	+1.17	+1.12	K1 III CN 0.5
11	μ	Aur	1689	05 14 46.0	+38 30 21		4.82	+0.19	+0.23	A7m
19	β	Ori	1713	05 15 28.6	−08 10 50	vdasbn11	0.18	−0.03	+0.03	B8 Ia
13	α	Aur	1708	05 18 08.0	+46 00 57	cdbn12	0.08	+0.80	+0.83	G6 III + G2 III
	o	Col	1743	05 18 11.3	−34 52 38		4.81	+0.99	+1.00	K0/1 III/IV
20	τ	Ori	1735	05 18 33.3	−06 49 29	sdb	3.59	−0.12	−0.10	B5 III
	ζ	Pic	1767	05 19 50.9	−50 35 09		5.44	+0.52	+0.59	F7 III–IV
6	λ	Lep	1756	05 20 28.5	−13 09 29		4.29	−0.24	−0.26	B0.5 IV
15	λ	Aur	1729	05 20 30.9	+40 06 52	d	4.69	+0.63	+0.70	G1.5 IV–V Fe−1
22		Ori	1765	05 22 45.5	−00 21 53	b	4.72	−0.17	−0.17	B2 IV–V
29		Ori	1784	05 24 53.2	−07 47 29		4.13	+0.94	+0.97	G8 III Fe−0.5
28	η	Ori	1788	05 25 27.5	−02 22 50	cdvbm	3.35	−0.24	−0.16	B1 IV + B
			1686	05 25 48.4	+79 14 56	d	5.08	+0.51	+0.58	F7 Vs
24	γ	Ori	1790	05 26 10.7	+06 21 57	dbn13	1.64	−0.22	−0.22	B2 III
112	β	Tau	1791	05 27 31.6	+28 37 20	sdn14	1.65	−0.13	−0.09	B7 III
115		Tau	1808	05 28 18.4	+17 58 38	d	5.40	−0.09	−0.07	B5 V
9	β	Lep	1829	05 29 04.9	−20 44 42	d	2.81	+0.81	+0.86	G5 II
			1856	05 30 41.7	−47 03 52	d	5.46	+0.62	+0.68	G3 IV
	γ	Men	1953	05 31 07.5	−76 19 33	d	5.18	+1.13	+1.11	K2 III
32		Ori	1839	05 31 49.7	+05 57 41	dm	4.20	−0.14	−0.14	B5 V
	ε	Col	1862	05 31 54.3	−35 27 26		3.86	+1.13	+1.09	K1 II/III
17		Cam	1802	05 32 01.0	+63 04 51		5.43	+1.70	+2.11	M1 IIIa
34	δ	Ori	1852	05 33 00.2	−00 17 10	dvbm	2.25	−0.18	−0.21	O9.5 II
119	CE	Tau	1845	05 33 21.4	+18 36 25		4.32	+2.06	+2.54	M2 Iab–Ib
11	α	Lep	1865	05 33 35.5	−17 48 35	das	2.58	+0.21	+0.32	F0 Ib
	β	Dor	1922	05 33 47.8	−62 28 38	v	3.76	+0.64	+0.69	F7−G2 Ib
25	χ	Aur	1843	05 33 59.9	+32 12 17	b	4.71	+0.28	+0.51	B5 Iab
37	φ¹	Ori	1876	05 35 53.5	+09 30 04	db	4.39	−0.16	−0.13	B0.5 IV–V
39	λ	Ori	1879	05 36 12.8	+09 56 44	dm	3.39	−0.16	−0.13	O8 IIIf
	v1046	Ori	1890	05 36 19.8	−04 28 58	sdvbm	6.57	−0.14	−0.14	B2 Vh
			1891	05 36 20.3	−04 24 46	dsm	6.24	−0.15	−0.14	B2.5 V
44	ι	Ori	1899	05 36 23.3	−05 53 55	dsb	2.75	−0.21	−0.22	O9 III
46	ε	Ori	1903	05 37 12.2	−01 11 27	dasbn15	1.69	−0.18	−0.16	B0 Ia
40	φ²	Ori	1907	05 37 58.7	+09 17 59	s	4.09	+0.95	+1.02	K0 IIIb Fe−2
123	ζ	Tau	1910	05 38 48.7	+21 09 10	sb	2.97	−0.15	−0.15	B2 IIIpe (shell)
48	σ	Ori	1931	05 39 43.6	−02 35 25	dbm	3.77	−0.19	−0.25	O9.5 V
	α	Col	1956	05 40 21.4	−34 03 53	d	2.65	−0.12	−0.07	B7 IV

Designation			BS=HR No.	Right Ascension	Declination	Notes	V	B–V	V–I	Spectral Type
				h m s	° ′ ″					
50	ζ	Ori	1948	05 41 44.6	−01 56 01	dbm	1.74	−0.20	−0.18	O9.5 Ib
	δ	Dor	2015	05 44 48.6	−65 43 42		4.34	+0.22	+0.27	A7 V⁺n
13	γ	Lep	1983	05 45 16.6	−22 26 36	d	3.59	+0.48	+0.57	F7 V
27	o	Aur	1971	05 47 24.8	+49 49 57		5.46	+0.03	+0.07	A0p Cr
	β	Pic	2020	05 47 44.9	−51 03 37		3.85	+0.17	+0.18	A6 V
14	ζ	Lep	1998	05 47 50.4	−14 48 58	b	3.55	+0.10	+0.11	A2 Van
130		Tau	1990	05 48 34.5	+17 44 05		5.47	+0.30	+0.34	F0 III
53	κ	Ori	2004	05 48 40.9	−09 39 51		2.07	−0.17	−0.14	B0.5 Ia
	γ	Pic	2042	05 50 11.0	−56 09 44		4.50	+1.08	+1.06	K1 III
			2049	05 51 19.7	−52 06 18		5.16	+0.96	+0.97	G8 III
	β	Col	2040	05 51 38.9	−35 45 43		3.12	+1.15	+1.10	K1.5 III
15	δ	Lep	2035	05 52 09.6	−20 52 43		3.76	+0.98	+1.05	K0 III Fe−1.5 CH 0.5
32	ν	Aur	2012	05 52 50.6	+39 09 08	d	3.97	+1.13	+1.07	K0 III CN 0.5
136		Tau	2034	05 54 33.2	+27 36 54	b	4.56	−0.01	0.00	A0 IV
54	χ¹	Ori	2047	05 55 32.3	+20 16 41	b	4.39	+0.59	+0.66	G0⁻ V Ca 0.5
58	α	Ori	2061	05 56 13.7	+07 24 33	vadbn16	0.45	+1.50	+2.32	M1−M2 Ia−Iab
30	ξ	Aur	2029	05 56 28.9	+55 42 33		4.96	+0.05	+0.09	A1 Va
16	η	Lep	2085	05 57 17.6	−14 09 56		3.71	+0.34	+0.39	F1 V
	γ	Col	2106	05 58 13.7	−35 16 56	d	4.36	−0.17	−0.16	B2.5 IV
	η	Col	2120	05 59 44.7	−42 48 54		3.96	+1.15	+1.06	G8/K1 II
60		Ori	2103	05 59 49.8	+00 33 12	db	5.21	+0.01	+0.03	A1 Vs
34	β	Aur	2088	06 00 57.6	+44 56 50	vdb	1.90	+0.08	+0.05	A1 IV
37	θ	Aur	2095	06 01 03.1	+37 12 43	vdb	2.65	−0.08	−0.06	A0p Si
33	δ	Aur	2077	06 01 08.0	+54 17 02	d	3.72	+1.01	+0.99	K0⁻ III
35	π	Aur	2091	06 01 23.0	+45 56 11		4.30	+1.70	+2.51	M3 II
61	μ	Ori	2124	06 03 27.4	+09 38 44	dbm	4.12	+0.17	+0.19	A5m:
62	χ²	Ori	2135	06 05 04.7	+20 08 11	asv	4.64	+0.24	+0.41	B2 Ia
1		Gem	2134	06 05 18.4	+23 15 38	dbm	4.16	+0.84	+0.88	G5 III−IV
17	SS	Lep	2148	06 05 51.4	−16 29 13	sb	4.92	+0.20	+0.21	Ap (shell)
	ν	Dor	2221	06 08 36.8	−68 50 51		5.06	−0.07	−0.08	B8 V
67	ν	Ori	2159	06 08 41.2	+14 45 52	db	4.42	−0.16	−0.17	B3 IV
	α	Men	2261	06 09 39.5	−74 45 32		5.08	+0.71	+0.75	G5 V
			2180	06 09 47.1	−22 25 56		5.49	−0.01	+0.01	A0 V
	δ	Pic	2212	06 10 40.7	−54 58 25	vb	4.72	−0.23	−0.24	B0.5 IV
70	ξ	Ori	2199	06 13 02.9	+14 12 10	db	4.45	−0.18	−0.16	B3 IV
36		Cam	2165	06 14 48.7	+65 42 42	b	5.36	+1.34	+1.30	K2 II−III
5	γ	Mon	2227	06 15 48.4	−06 16 56	d	3.99	+1.32	+1.27	K1 III Ba 0.5
7	η	Gem	2216	06 16 03.3	+22 29 58	vdbm	3.31	+1.60	+2.70	M2.5 III
44	κ	Aur	2219	06 16 37.2	+29 29 21		4.32	+1.02	+1.04	G9 IIIb
	κ	Col	2256	06 17 14.8	−35 08 53		4.37	+0.98	+0.94	K0.5 IIIa
74		Ori	2241	06 17 32.3	+12 15 54	d	5.04	+0.43	+0.50	F4 IV
7		Mon	2273	06 20 39.2	−07 49 57	db	5.27	−0.18	−0.18	B2.5 V
			2209	06 20 59.5	+69 18 35	b	4.76	+0.03	+0.05	A0 IV⁺nn
1	ζ	CMa	2282	06 21 03.7	−30 04 23	db	3.02	−0.16	−0.20	B2.5 V
2 UZ		Lyn	2238	06 21 20.5	+59 00 05		4.44	+0.03	+0.05	A1 Va
	δ	Col	2296	06 22 49.6	−33 26 50	b	3.85	+0.86	+0.88	G7 II
2	β	CMa	2294	06 23 33.5	−17 58 01	svdb	1.98	−0.24	−0.24	B1 II−III
13	μ	Gem	2286	06 24 08.4	+22 30 07	sd	2.87	+1.62	+2.30	M3 IIIab
	α	Car	2326	06 24 23.1	−52 42 25	n17	−0.62	+0.16	+0.23	A9 II
8		Mon	2298	06 24 48.1	+04 34 53	db	4.39	+0.22	+0.25	A6 IV

Designation			BS=HR No.	Right Ascension	Declination	Notes	V	B−V	V−I	Spectral Type
				h m s	° ′ ″					
			2305	06 25 04.9	−11 32 31		5.21	+1.23	+1.18	K3 III
46	1	Aur	2289	06 26 23.9	+49 16 33	b	4.92	+1.91	+1.94	K5−M0 Iab−Ib
	λ	CMa	2361	06 28 53.6	−32 35 36		4.47	−0.17	−0.16	B4 V
10		Mon	2344	06 28 55.4	−04 46 32	d	5.06	−0.18	−0.18	B2 V
18	ν	Gem	2343	06 30 07.2	+20 11 53	db	4.13	−0.12	−0.10	B6 III
4	ξ¹	CMa	2387	06 32 40.1	−23 26 01	vdb	4.34	−0.25	−0.24	B1 III
			2392	06 33 41.7	−11 10 55	dsb	6.30	+1.10	+0.95	G9.5 III: Ba 3
13		Mon	2385	06 33 57.5	+07 19 02		4.47	+0.02	+0.09	A0 Ib−II
			2395	06 34 37.3	−01 14 11		5.09	−0.13	−0.12	B5 Vn
			2435	06 35 24.4	−52 59 32		4.35	−0.02	+0.06	A0 II
5	ξ²	CMa	2414	06 35 52.5	−22 58 53		4.54	−0.04	−0.01	A0 III
7	ν²	CMa	2429	06 37 32.1	−19 16 26		3.95	+1.04	+1.02	K1.5 III−IV Fe 1
	ν	Pup	2451	06 38 21.5	−43 12 50	b	3.17	−0.10	−0.07	B8 IIIn
8	ν³	CMa	2443	06 38 44.9	−18 15 20	dm	4.42	+1.14	+1.12	K0.5 III
24	γ	Gem	2421	06 38 50.2	+16 22 51	db	1.93	0.00	+0.04	A1 IVs
15	S	Mon	2456	06 42 03.1	+09 52 34	dasbm	4.66	−0.23	−0.22	O7 Vf
30		Gem	2478	06 45 05.3	+13 12 24	d	4.49	+1.17	+1.11	K0.5 III CN 0.5
27	ε	Gem	2473	06 45 07.9	+25 06 36	dasb	3.06	+1.38	+1.22	G8 Ib
			2513	06 45 53.1	−52 13 21	s	6.56	+1.08	+1.03	G5 Iab
9	α	CMa	2491	06 46 00.1	−16 44 41	odbn18	−1.44	+0.01	−0.02	A0m A1 Va
31	ξ	Gem	2484	06 46 23.0	+12 52 23		3.35	+0.44	+0.48	F5 IV
			2518	06 48 01.5	−37 57 08	d	5.27	−0.08	−0.06	B8/9 V
56	5	Aur	2483	06 48 08.6	+43 33 22	d	5.24	+0.58	+0.65	G0 V
	α	Pic	2550	06 48 23.4	−61 57 46		3.24	+0.23	+0.28	A6 Vn
18		Mon	2506	06 48 52.7	+02 23 22	b	4.48	+1.10	+1.06	K0+ IIIa
57	6	Aur	2487	06 49 08.6	+48 46 00		5.22	+1.13	+1.09	K0 III
			2401	06 49 31.6	+79 32 20	b	5.44	+0.53	+0.60	F8 V
	v415	Car	2554	06 50 16.7	−53 38 45	b	4.41	+0.90	+0.92	G4 II
	τ	Pup	2553	06 50 25.2	−50 38 19	b	2.94	+1.21	+1.14	K1 III
13	κ	CMa	2538	06 50 34.2	−32 31 55		3.50	−0.12	−0.10	B1.5 IVne
	ι	Vol	2602	06 51 13.3	−70 59 15		5.41	−0.11	−0.09	B7 IV
	v592	Mon	2534	06 51 38.7	−08 03 54	sv	6.31	+0.01	+0.03	A2p Sr Cr Eu
34	θ	Gem	2540	06 54 04.4	+33 56 09	db	3.60	+0.10	+0.14	A3 III−IV
16	o¹	CMa	2580	06 54 56.5	−24 12 35	s	3.89	+1.74	+1.58	K2 Iab
	NP	Pup	2591	06 55 03.5	−42 23 28	s	6.32	+2.29	+2.34	C5,2.5
14	θ	CMa	2574	06 55 05.8	−12 03 52		4.08	+1.42	+1.49	K4 III
43		Cam	2511	06 55 47.7	+68 51 46		5.11	−0.11	−0.10	B7 III
20	ι	CMa	2596	06 57 00.4	−17 04 51		4.36	−0.06	+0.01	B3 II
15		Lyn	2560	06 58 57.6	+58 23 41	d	4.35	+0.85	+0.85	G5 III−IV
21	ε	CMa	2618	06 59 23.6	−28 59 59	dn19	1.50	−0.21	−0.20	B2 II
22	σ	CMa	2646	07 02 29.8	−27 57 50	d	3.49	+1.73	+1.82	K7 Ib
			2527	07 02 52.9	+76 56 55	b	4.55	+1.37	+1.35	K4 III
42	ω	Gem	2630	07 03 36.0	+24 11 09	s	5.20	+0.95	+0.83	G5 IIa
24	o²	CMa	2653	07 03 50.4	−23 51 47	vasb	3.02	−0.08	−0.03	B3 Ia
23	γ	CMa	2657	07 04 38.4	−15 39 48		4.11	−0.11	−0.09	B8 II
			2666	07 04 39.9	−42 22 01	dbm	5.20	+0.20	+0.15	A9m
	v386	Car	2683	07 04 40.1	−56 46 47	v	5.14	−0.03	−0.01	Ap Si
43	ζ	Gem	2650	07 05 15.9	+20 32 24	vdb	4.01	+0.90	+0.90	F9 Ib (var)
	γ²	Vol	2736	07 08 34.6	−70 31 49	d	3.78	+1.01	+0.94	G9 III
25	δ	CMa	2693	07 09 11.1	−26 25 31	dasb	1.83	+0.67	+0.67	F8 Ia

Designation			BS=HR No.	Right Ascension	Declination	Notes	V	B–V	V–I	Spectral Type
				h m s	° ′ ″					
20		Mon	2701	07 11 11.8	−04 16 08	d	4.91	+1.02	+1.03	K0 III
46	τ	Gem	2697	07 12 22.7	+30 12 41	d	4.41	+1.26	+1.25	K2 III
22	δ	Mon	2714	07 12 51.6	−00 31 35	d	4.15	−0.01	+0.02	A1 III$^+$
63		Aur	2696	07 12 59.6	+39 17 13	b	4.91	+1.45	+1.48	K3.5 III
	QW	Pup	2740	07 13 07.0	−46 47 34		4.49	+0.32	+0.40	F0 IVs
48		Gem	2706	07 13 37.4	+24 05 40	s	5.85	+0.40	+0.46	F5 III−IV
	L$_2$	Pup	2748	07 14 08.1	−44 40 20	vd	4.42	+1.33	+3.46	M5 IIIe
51 BQ		Gem	2717	07 14 29.4	+16 07 28	dm	5.07	+1.65	+1.63	M4 IIIab
27 EW		CMa	2745	07 15 02.9	−26 23 14	dbm	4.42	−0.17	−0.12	B3 IIIep
28	ω	CMa	2749	07 15 36.1	−26 48 27		4.01	−0.15	−0.08	B2 IV−Ve
	δ	Vol	2803	07 16 49.0	−67 59 34		3.97	+0.76	+0.78	F9 Ib
	π	Pup	2773	07 17 49.9	−37 08 00	dm	2.71	+1.62	+1.65	K3 Ib
54	λ	Gem	2763	07 19 12.8	+16 30 13	db	3.58	+0.11	+0.12	A4 IV
30	τ	CMa	2782	07 19 31.0	−24 59 28	vdbm	4.37	−0.13	−0.10	O9 II
55	δ	Gem	2777	07 21 17.2	+21 56 41	db	3.50	+0.37	+0.44	F0 V$^+$
31	η	CMa	2827	07 24 52.0	−29 20 32	das	2.45	−0.08	+0.01	B5 Ia
66		Aur	2805	07 25 29.3	+40 37 59	b	5.23	+1.25	+1.14	K1 IIIa Fe−1
60	ι	Gem	2821	07 26 56.1	+27 45 28		3.78	+1.02	+1.01	G9 IIIb
3	β	CMi	2845	07 28 12.5	+08 14 55	db	2.89	−0.10	−0.07	B8 V
4	γ	CMi	2854	07 29 13.5	+08 53 05	db	4.33	+1.43	+1.48	K3 III Fe−1
	σ	Pup	2878	07 29 51.0	−43 20 30	vdb	3.25	+1.51	+1.54	K5 III
62	ρ	Gem	2852	07 30 21.8	+31 44 39	db	4.16	+0.32	+0.40	F0 V$^+$
6		CMi	2864	07 30 52.9	+11 57 53		4.55	+1.28	+1.21	K1 III
			2906	07 34 53.3	−22 20 21		4.44	+0.52	+0.60	F6 IV
66	α^1	Gem	2891	07 35 50.2	+31 50 36	odbm	1.58	+0.03	+0.05	A1m A2 Va
66	α^2	Gem	2890	07 35 50.5	+31 50 39	odbm	1.58	+0.03	+0.05	A2m A5 V:
			2934	07 36 08.7	−52 34 41	b	4.93	+1.37	+1.39	K3 III
69	υ	Gem	2905	07 37 07.3	+26 51 03	d	4.06	+1.54	+1.66	M0 III−IIIb
			2937	07 38 05.4	−35 00 48	dm	4.53	−0.08	−0.08	B8 V
25		Mon	2927	07 38 14.9	−04 09 21	d	5.14	+0.44	+0.51	F6 III
10	α	CMi	2943	07 40 19.4	+05 10 24	osdbn20	0.40	+0.43	+0.49	F5 IV−V
	ζ	Vol	3024	07 41 34.2	−72 39 09	d	3.93	+1.03	+1.02	G9 III
	R	Pup	2974	07 41 38.0	−31 42 27	s	6.60	+1.07	+1.21	G2 0−Ia
26	α	Mon	2970	07 42 10.7	−09 35 52		3.94	+1.02	+1.01	G9 III Fe−1
75	σ	Gem	2973	07 44 31.7	+28 50 05	db	4.23	+1.12	+1.12	K1 III
3		Pup	2996	07 44 35.5	−29 00 09	b	3.94	+0.16	+0.34	A2 Ib
24		Lyn	2946	07 44 38.8	+58 39 45	d	4.93	+0.10	+0.17	A2 IVn
77	κ	Gem	2985	07 45 37.4	+24 20 59	ad	3.57	+0.93	+0.90	G8 III
			3017	07 45 57.0	−38 01 01		3.62	+1.71	+1.82	K5 IIa
78	β	Gem	2990	07 46 30.4	+27 58 39	adn21	1.16	+0.99	+0.97	K0 IIIb
4		Pup	3015	07 46 50.8	−14 36 45		5.03	+0.34	+0.40	F2 V
81		Gem	3003	07 47 15.1	+18 27 40	b	4.89	+1.43	+1.54	K4 III
11		CMi	3008	07 47 20.5	+10 43 10	b	5.25	+0.02	+0.04	A0.5 IV$^-$nn
			2999	07 47 57.1	+37 28 07		5.15	+1.59	+2.03	M2$^+$ IIIb
			3037	07 48 06.9	−46 39 28	b	5.22	−0.15	−0.15	B1.5 IV
80	π	Gem	3013	07 48 45.6	+33 21 58	d	5.14	+1.64	+1.83	M1$^+$ IIIa
	o	Pup	3034	07 48 53.8	−25 59 12	d	4.40	0.07	0.13	B1 IV:nnc
	OV	Cep	2609	07 48 54.7	+86 58 19		5.05	+1.60	+1.91	M2$^-$ IIIab
			3055	07 49 50.0	−46 25 23	dm	4.10	−0.16	−0.17	B0 III
7	ξ	Pup	3045	07 50 06.9	−24 54 35	db	3.34	+1.22	+1.08	G6 Iab−Ib

Designation			BS=HR No.	Right Ascension	Declination	Notes	V	B–V	V–I	Spectral Type
				h m s	o ′ ″					
13	ζ	CMi	3059	07 52 42.6	+01 42 57		5.12	−0.12	−0.09	B8 II
			3080	07 52 53.3	−40 37 37	cb	3.71	+1.01	+1.04	K1/2 II + A
	QZ	Pup	3084	07 53 20.1	−38 54 51	vb	4.49	−0.19	−0.18	B2.5 V
			3090	07 53 52.5	−48 09 16		4.22	−0.13	−0.11	B0.5 Ib
83	φ	Gem	3067	07 54 41.3	+26 42 50	b	4.97	+0.10	+0.14	A3 IV–V
26		Lyn	3066	07 56 07.5	+47 30 44		5.47	+1.46	+1.47	K3 III
	χ	Car	3117	07 57 16.4	−53 02 07		3.46	−0.18	−0.17	B3p Si
11		Pup	3102	07 57 41.9	−22 56 00		4.20	+0.72	+0.75	F8 II
			3113	07 58 26.8	−30 23 17		4.76	+0.15	+0.24	A6 II
	V	Pup	3129	07 58 48.1	−49 17 55	cvdb	4.47	−0.18	−0.14	B1 Vp + B2:
			3153	07 59 57.4	−60 38 28	s	5.19	+1.76	+2.12	M1.5 II
27		Mon	3122	08 00 42.6	−03 44 02		4.93	+1.21	+1.22	K2 III
			3131	08 00 44.5	−18 27 14		4.61	+0.09	+0.11	A2 IVn
			3075	08 02 29.5	+73 51 46		5.37	+1.42	+1.41	K3 III
			3145	08 03 16.8	+02 16 47	d	4.39	+1.25	+1.27	K2 IIIb Fe−0.5
	ζ	Pup	3165	08 04 16.2	−40 03 32	s	2.21	−0.27	−0.22	O5 Iafn
	χ	Gem	3149	08 04 42.8	+27 44 17	db	4.94	+1.13	+1.09	K1 III
	ε	Vol	3223	08 07 59.1	−68 40 28	dbm	4.35	−0.11	−0.10	B6 IV
15	ρ	Pup	3185	08 08 22.5	−24 21 42	vdb	2.83	+0.46	+0.42	F5 (Ib–II)p
29	ζ	Mon	3188	08 09 34.4	−03 02 30	d	4.36	+0.97	+0.92	G2 Ib
16		Pup	3192	08 09 53.9	−19 18 11	b	4.40	−0.16	−0.14	B5 IV
27		Lyn	3173	08 09 54.9	+51 26 55	d	4.78	+0.05	+0.10	A1 Va
	γ²	Vel	3207	08 10 08.0	−47 23 41	cdb	1.75	−0.15	−0.14	WC8 + O9I:
	NS	Pup	3225	08 12 03.3	−39 40 39	b	4.44	+1.59	+1.62	K4.5 Ib
20		Pup	3229	08 14 13.8	−15 50 53		4.99	+1.07	+1.02	G5 IIa
			3182	08 14 43.8	+68 24 51		5.34	+1.04	+0.96	G7 II
			3243	08 14 44.5	−40 24 30	db	4.42	+1.17	+1.15	K1 II/III
17	β	Cnc	3249	08 17 34.3	+09 07 27	d	3.53	+1.48	+1.47	K4 III Ba 0.5
	α	Cha	3318	08 17 59.6	−76 58 51		4.05	+0.41	+0.49	F4 IV
			3270	08 19 17.1	−36 43 14		4.44	+0.22	+0.25	A7 IV
	θ	Cha	3340	08 20 01.4	−77 32 48	d	4.34	+1.16	+1.10	K2 III CN 0.5
18	χ	Cnc	3262	08 21 14.7	+27 09 11		5.13	+0.49	+0.56	F6 V
			3282	08 22 09.1	−33 07 02		4.83	+1.42	+1.35	K2.5 II–III
	ε	Car	3307	08 22 54.7	−59 34 22	dcmn22	1.86	+1.20	+1.16	K3: III + B2: V
31		Lyn	3275	08 24 09.8	+43 07 26		4.25	+1.55	+1.61	K4.5 III
			3315	08 25 54.3	−24 06 38	db	5.32	+1.48	+1.49	K4.5 III CN 1
	β	Vol	3347	08 25 56.6	−66 12 08		3.77	+1.13	+1.10	K2 III
			3314	08 26 38.1	−03 58 16		3.91	−0.01	−0.02	A0 Va
1	o	UMa	3323	08 31 52.2	+60 39 04	sd	3.35	+0.86	+0.87	G5 III
33	η	Cnc	3366	08 33 50.0	+20 22 25		5.33	+1.25	+1.11	K3 III
			3426	08 38 19.8	−43 03 29		4.11	+0.11	+0.20	A6 II
4	δ	Hya	3410	08 38 41.2	+05 38 05	db	4.14	0.00	+0.02	A1 IVnn
5	σ	Hya	3418	08 39 46.5	+03 16 19		4.45	+1.22	+1.12	K1 III
	η	Cha	3502	08 40 37.0	−79 02 00		5.46	−0.10	−0.08	B8 V
	o	Vel	3447	08 40 51.1	−52 59 30	vb	3.60	−0.17	−0.16	B3 IV
	β	Pyx	3438	08 40 52.0	−35 22 42	db	3.97	+0.94	+0.91	G4 III
6		Hya	3431	08 40 56.9	−12 32 43		4.98	+1.42	+1.40	K4 III
	v343	Car	3457	08 41 02.8	−59 49 52	db	4.31	−0.12	−0.08	B1.5 III
			3445	08 41 16.4	−46 43 08	d	3.77	+0.67	+0.92	F0 Ia
34		Lyn	3422	08 42 21.5	+45 45 51		5.35	+0.99	+0.97	G8 IV

Designation			BS=HR No.	Right Ascension	Declination	Notes	V	B–V	V–I	Spectral Type
				h m s	° ′ ″					
7	η	Hya	3454	08 44 14.6	+03 19 39	b	4.30	−0.19	−0.20	B4 V
	α	Pyx	3468	08 44 22.6	−33 15 27		3.68	−0.18	−0.17	B1.5 III
43	γ	Cnc	3449	08 44 24.7	+21 23 50	db	4.66	+0.01	+0.03	A1 Va
			3477	08 45 05.8	−42 43 14	d	4.05	+0.87	+0.89	G6 II–III
	δ	Vel	3485	08 45 14.5	−54 46 51	dm	1.93	+0.04	+0.05	A1 Va
47	δ	Cnc	3461	08 45 47.4	+18 04 53	d	3.94	+1.08	+1.01	K0 IIIb
			3487	08 46 41.4	−46 06 49		3.87	+0.02	+0.09	A1 II
	v344	Car	3498	08 47 12.8	−56 50 31		4.50	−0.17	−0.16	B3 Vne
12		Hya	3484	08 47 17.8	−13 37 12	db	4.32	+0.90	+0.91	G8 III Fe−1
11	ε	Hya	3482	08 47 48.3	+06 20 46	cdbm	3.38	+0.69	+0.78	G5: III + A:
48	ι	Cnc	3475	08 47 52.4	+28 41 14	d	4.03	+1.01	+0.96	G8 II–III
13	ρ	Hya	3492	08 49 27.9	+05 45 53	db	4.35	−0.04	−0.03	A0 Vn
14	KX	Hya	3500	08 50 20.5	−03 30 59		5.30	−0.08	−0.06	B9p Hg Mn
	γ	Pyx	3518	08 51 21.6	−27 46 59		4.02	+1.27	+1.24	K2.5 III
	ζ	Oct	3678	08 53 28.7	−85 44 17		5.43	+0.31	+0.35	F0 III
			3571	08 55 29.2	−60 43 10	d	3.84	−0.10	−0.08	B7 II–III
16	ζ	Hya	3547	08 56 25.4	+05 52 13		3.11	+0.98	+0.96	G9 IIIa
	v376	Car	3582	08 57 27.0	−59 18 18	d	4.93	−0.18	−0.21	B2 IV−V
65	α	Cnc	3572	08 59 33.1	+11 46 52	db	4.26	+0.14	+0.14	A5m
9	ι	UMa	3569	09 00 32.0	+47 57 50	db	3.12	+0.22	+0.25	A7 IVn
64	σ³	Cnc	3575	09 00 44.2	+32 20 30	d	5.23	+0.91	+0.91	G8 III
			3591	09 00 49.2	−41 19 49	cb	4.45	+0.65	+0.75	G8/K1 III + A
			3579	09 01 53.9	+41 42 15	odbm	3.96	+0.46	+0.53	F7 V
	α	Vol	3615	09 02 45.0	−66 28 27	b	4.00	+0.15	+0.15	A5m
8	ρ	UMa	3576	09 04 16.6	+67 33 07		4.74	+1.54	+2.15	M3 IIIb Ca 1
			3614	09 04 49.7	−47 10 34		3.75	+1.17	+1.11	K2 III
12	κ	UMa	3594	09 04 56.9	+47 04 41	dm	3.57	+0.01	+0.03	A0 IIIn
			3643	09 05 11.1	−72 40 52		4.47	+0.61	+0.67	F8 II
			3612	09 07 45.8	+38 22 23		4.56	+1.04	+0.97	G7 Ib−II
	λ	Vel	3634	09 08 42.9	−43 30 43	dn23	2.23	+1.67	+1.69	K4.5 Ib
76	κ	Cnc	3623	09 08 48.1	+10 35 19	db	5.23	−0.09	−0.07	B8p Hg Mn
15		UMa	3619	09 10 14.2	+51 31 28		4.46	+0.29	+0.30	F0m
77	ξ	Cnc	3627	09 10 28.6	+21 57 56	db	5.16	+0.97	+0.90	G9 IIIa Fe−0.5 CH−1
	v357	Car	3659	09 11 28.9	−59 02 50	b	3.43	−0.19	−0.17	B2 IV−V
			3663	09 11 43.2	−62 23 51		3.96	−0.18	−0.18	B3 III
	β	Car	3685	09 13 24.4	−69 47 52	n24	1.67	+0.07	+0.02	A1 III
36		Lyn	3652	09 15 04.3	+43 08 10		5.30	−0.13	−0.12	B8p Mn
22	θ	Hya	3665	09 15 22.6	+02 13 52	db	3.89	−0.06	−0.07	B9.5 IV (C II)
			3696	09 16 45.1	−57 37 25		4.34	+1.60	+1.83	M0.5 III Ba 0.3
	ι	Car	3699	09 17 36.7	−59 21 27		2.21	+0.19	+0.28	A7 Ib
38		Lyn	3690	09 20 03.1	+36 43 08	dbm	3.82	+0.07	+0.12	A2 IV⁻
40	α	Lyn	3705	09 22 14.3	+34 18 32		3.14	+1.55	+1.65	K7 IIIab
	θ	Pyx	3718	09 22 21.4	−26 02 57		4.71	+1.63	+1.91	M0.5 III
	κ	Vel	3734	09 22 43.1	−55 05 40	b	2.47	−0.14	−0.17	B2 IV−V
1	κ	Leo	3731	09 25 47.2	+26 05 50	d	4.47	+1.22	+1.20	K2 III
30	α	Hya	3748	09 28 32.7	−08 44 38	dn25	1.99	+1.44	+1.39	K3 II–III
	ε	Ant	3765	09 30 03.1	−36 02 14	b	4.51	+1.41	+1.37	K3 III
		Vel	3786	09 31 28.2	−40 33 11	dm	3.60	+0.37	+0.43	F0 V⁺
			3821	09 31 44.3	−73 10 03		5.46	+1.56	+1.57	K4 III
			3803	09 31 48.9	−57 07 15		3.16	+1.54	+1.59	K5 III

Designation		BS=HR No.	Right Ascension	Declination	Notes	V	B–V	V–I	Spectral Type
			h m s	o ′ ″					
	R Car	3816	09 32 44.0	−62 52 32	vd	7.43	+0.91	+0.91	gM5e
4	λ Leo	3773	09 32 49.8	+22 52 52		4.32	+1.54	+1.63	K4.5 IIIb
5	ξ Leo	3782	09 32 59.7	+11 12 45		4.99	+1.05	+0.89	G9.5 III
23	UMa	3757	09 33 02.7	+62 58 31	d	3.65	+0.36	+0.41	F0 IV
		3808	09 34 06.4	−21 12 10		5.02	+1.02	+0.94	K0 III
25	θ UMa	3775	09 34 09.0	+51 35 14	db	3.17	+0.48	+0.56	F6 IV
		3825	09 35 00.6	−59 19 02		4.08	−0.01	+0.01	B5 II
10	SU LMi	3800	09 35 24.7	+36 18 36		4.54	+0.91	+0.91	G7.5 III Fe−0.5
26	UMa	3799	09 36 08.9	+51 57 49		4.47	+0.03	+0.08	A1 Va
24	DK UMa	3771	09 36 10.3	+69 44 35		4.54	+0.78	+0.83	G5 III–IV
		3836	09 37 31.5	−49 26 35	d	4.34	+0.17	+0.18	A5 IV–V
		3834	09 39 28.2	+04 33 37		4.68	+1.31	+1.35	K3 III
		3751	09 39 43.5	+81 14 16		4.28	+1.49	+1.46	K3 IIIa
35	ι Hya	3845	09 40 51.1	−01 13 56		3.90	+1.31	+1.29	K2.5 III
38	κ Hya	3849	09 41 14.5	−14 25 18		5.07	−0.15	−0.15	B5 V
14	o Leo	3852	09 42 11.4	+09 48 10	cdb	3.52	+0.52	+0.59	F5 II + A5?
16	Leo	3866	09 44 47.5	+13 55 54	d	5.36	+1.61	+1.94	M24⁺ IIIab
	θ Ant	3871	09 45 04.3	−27 51 34	cdm	4.78	+0.52	+0.61	F7 II–III + A8 V
	l Car	3884	09 45 47.0	−62 35 54	v	3.69	+1.01	+1.03	F9–G5 Ib
17	ε Leo	3873	09 46 57.3	+23 41 01		2.97	+0.81	+0.81	G1 II
	υ Car	3890	09 47 35.3	−65 09 46	dm	2.92	+0.27	+0.42	A6 II
	R Leo	3882	09 48 36.3	+11 20 15	v	10.35	+1.50	+9.03	gM7e
		3881	09 49 50.3	+45 55 45		5.08	+0.62	+0.68	G0.5 Va
29	ν UMa	3888	09 52 21.6	+58 56 45	vd	3.78	+0.29	+0.39	F0 IV
39	υ¹ Hya	3903	09 52 25.0	−14 56 20		4.11	+0.92	+0.92	G8.5 IIIa
24	μ Leo	3905	09 53 52.1	+25 54 51	s	3.88	+1.22	+1.13	K2 III CN 1 Ca 1
		3923	09 55 47.5	−19 06 09	b	4.94	+1.56	+1.75	K5 III
	φ Vel	3940	09 57 33.0	−54 39 40	d	3.52	−0.07	−0.04	B5 Ib
19	LMi	3928	09 58 52.3	+40 57 43	b	5.11	+0.48	+0.55	F5 V
	η Ant	3947	09 59 42.6	−35 59 06	d	5.23	+0.30	+0.34	F1 III–IV
29	π Leo	3950	10 01 14.6	+07 57 00		4.68	+1.59	+1.96	M2⁻ IIIab
20	LMi	3951	10 02 07.8	+31 49 37		5.37	+0.68	+0.74	G3 Va Hδ 1
40	υ² Hya	3970	10 06 04.5	−13 09 35	b	4.60	−0.09	−0.07	B8 V
30	η Leo	3975	10 08 23.6	+16 40 01	asd	3.48	−0.03	+0.06	A0 Ib
21	LMi	3974	10 08 34.4	+35 08 56		4.49	+0.19	+0.19	A7 V
15	α Sex	3981	10 08 56.1	−00 28 03		4.48	−0.03	−0.01	A0 III
31	Leo	3980	10 08 56.3	+09 54 04	d	4.39	+1.45	+1.51	K3.5 IIIb Fe−1:
32	α Leo	3982	10 09 24.5	+11 52 16	dbn26	1.36	−0.09	−0.10	B7 Vn
41	λ Hya	3994	10 11 32.4	−12 27 04	db	3.61	+1.01	+0.96	K0 III CN 0.5
	ω Car	4037	10 14 11.9	−70 08 06		3.29	−0.07	−0.03	B8 IIIn
		4023	10 15 33.4	−42 13 09	b	3.85	+0.05	+0.03	A2 Va
	v337 Car	4050	10 17 44.2	−61 25 48	d	3.39	+1.54	+1.45	K2.5 II
36	ζ Leo	4031	10 17 46.3	+23 19 10	dasb	3.43	+0.31	+0.39	F0 III
33	λ UMa	4033	10 18 15.9	+42 48 58	s	3.45	+0.03	+0.05	A1 IV
22	ε Sex	4042	10 18 36.0	−08 10 01		5.25	+0.34	+0.39	F1 IV⁻
	AG Ant	4049	10 19 01.3	−29 05 24		5.52	+0.28	+0.31	A0p Ib–II
41	γ¹ Leo	4057	10 21 02.7	+19 44 32	dbm	2.01	+1.13	+1.17	K1⁻ IIIb Fe−0.5
		4080	10 23 09.9	−41 44 55		4.82	+1.10	+1.06	K1 III
34	μ UMa	4069	10 23 29.0	+41 24 03	b	3.06	+1.60	+1.77	M0 III
		4086	10 24 20.7	−38 06 33		5.34	+0.25	+0.28	A8 V

Designation			BS=HR No.	Right Ascension	Declination	Notes	V	B−V	V−I	Spectral Type
				h m s	° ′ ″					
			4102	10 24 46.7	−74 07 52	b	3.99	+0.37	+0.43	F2 V
			4072	10 25 30.9	+65 28 01	b	4.94	−0.05	−0.02	A0p Hg
42	μ	Hya	4094	10 27 02.1	−16 56 11		3.83	+1.46	+1.47	K4⁺ III
	α	Ant	4104	10 28 02.8	−31 10 03	b	4.28	+1.43	+1.47	K4.5 III
			4114	10 28 35.9	−58 50 22		3.81	+0.32	+0.41	F0 Ib
31	β	LMi	4100	10 29 00.3	+36 36 24	dbm	4.20	+0.91	+0.89	G9 IIIab
29	δ	Sex	4116	10 30 28.1	−02 50 22		5.19	−0.05	−0.03	B9.5 V
36		UMa	4112	10 31 51.7	+55 52 47	d	4.82	+0.54	+0.58	F8 V
	PP	Car	4140	10 32 43.3	−61 47 10		3.30	−0.09	+0.02	B4 Vne
46		Leo	4127	10 33 14.1	+14 02 12		5.43	+1.70	+1.91	M1 IIIb
			4084	10 33 17.9	+82 27 29		5.25	+0.40	+0.46	F4 V
			4143	10 33 46.4	−47 06 15	dm	5.02	+1.05	+1.11	K1/2 III
47	ρ	Leo	4133	10 33 50.2	+09 12 20	vdb	3.84	−0.15	−0.13	B1 Iab
44		Hya	4145	10 34 56.6	−23 50 46	d	5.08	+1.60	+1.59	K5 III
	γ	Cha	4174	10 35 41.1	−78 42 32		4.11	+1.58	+1.71	M0 III
			4159	10 36 20.5	−57 39 32	b	4.45	+1.60	+1.62	K5 II
37		UMa	4141	10 36 24.2	+56 58 54		5.16	+0.35	+0.39	F1 V
			4126	10 36 41.8	+75 36 42		4.86	+0.96	+0.94	G8 III
			4167	10 38 07.6	−48 19 38	dbm	3.84	+0.30	+0.35	F0m
37		LMi	4166	10 39 48.8	+31 52 28		4.68	+0.82	+0.82	G2.5 IIa
			4180	10 40 05.2	−55 42 19	d	4.29	+1.03	+0.96	G2 II
	θ	Car	4199	10 43 39.4	−64 29 49	b	2.74	−0.22	−0.24	B0.5 Vp
			4181	10 44 26.2	+68 58 25		5.01	+1.41	+1.38	K3 III
41		LMi	4192	10 44 28.4	+23 05 09		5.08	+0.04	+0.06	A2 IV
			4191	10 44 41.2	+46 06 03	db	5.18	+0.32	+0.38	F5 III
	δ²	Cha	4234	10 45 56.7	−80 38 35		4.45	−0.19	−0.19	B2.5 IV
42		LMi	4203	10 46 56.7	+30 34 45	db	5.36	−0.05	−0.03	A1 Vn
51		Leo	4208	10 47 27.4	+18 47 18		5.50	+1.13	+1.08	gK3
	μ	Vel	4216	10 47 36.7	−49 31 25	cdbm	2.69	+0.90	+0.91	G5 III + F8: V
53		Leo	4227	10 50 16.8	+10 26 30	b	5.32	+0.04	+0.05	A2 V
	ν	Hya	4232	10 50 35.3	−16 17 46		3.11	+1.23	+1.22	K1.5 IIIb Hδ−0.5
			4257	10 54 17.5	−58 57 25	db	3.78	+0.95	+0.96	K0 IIIb
46		LMi	4247	10 54 23.8	+34 06 33		3.79	+1.04	+1.07	K0⁺ III−IV
54		Leo	4259	10 56 39.9	+24 38 43	cdm	4.30	+0.02	+0.07	A1 IIIn + A1 IVn
	ι	Ant	4273	10 57 37.8	−37 14 35		4.60	+1.01	+0.99	K0 III
47		UMa	4277	11 00 33.1	+40 19 33		5.03	+0.62	+0.69	G1⁻ V Fe−0.5
7	α	Crt	4287	11 00 43.6	−18 24 11		4.08	+1.08	+1.06	K0⁺ III
			4293	11 01 03.2	−42 19 51		4.37	+0.12	+0.13	A3 IV
58		Leo	4291	11 01 34.0	+03 30 45	d	4.84	+1.14	+1.13	K0.5 III Fe−0.5
48	β	UMa	4295	11 03 00.4	+56 16 39	b	2.34	+0.03	+0.02	A0m A1 IV−V
60		Leo	4300	11 03 22.1	+20 04 30		4.42	+0.05	+0.03	A0.5m A3 V
50	α	UMa	4301	11 04 54.9	+61 38 44	mn27	1.81	+1.06	+1.03	K0⁻ IIIa
63	χ	Leo	4310	11 06 01.3	+07 13 49	d	4.62	+0.33	+0.39	F1 IV
	χ¹	Hya	4314	11 06 16.4	−27 23 57	d	4.92	+0.37	+0.43	F3 IV
	v382	Car	4337	11 09 25.8	−59 04 51	cb	3.93	+1.23	+1.19	G4 0−Ia
52		UMa	4335	11 10 45.2	+44 23 32		3.00	+1.14	+1.09	K1 III
11	β	Crt	4343	11 12 37.2	22 55 57	b	4.46	+0.03	+0.04	A2 IV
			4350	11 13 26.7	−49 12 26	b	5.37	+0.18	+0.19	A3 IV/V
68	δ	Leo	4357	11 15 08.6	+20 25 00	d	2.56	+0.13	+0.12	A4 IV
70	θ	Leo	4359	11 15 15.7	+15 19 22		3.33	0.00	+0.01	A2 IV (Kvar)

Designation			BS=HR No.	Right Ascension	Declination	Notes	V	B–V	V–I	Spectral Type
				h m s	° ′ ″					
74	φ	Leo	4368	11 17 39.2	−03 45 30	d	4.45	+0.21	+0.25	A7 V⁺n
	SV	Crt	4369	11 17 57.5	−07 14 29	sdb	6.11	+0.21	+0.23	A8p Sr Cr
54	ν	UMa	4377	11 19 31.7	+32 59 15	db	3.49	+1.40	+1.37	K3⁻ III
55		UMa	4380	11 20 11.4	+38 04 42	db	4.76	+0.11	+0.11	A1 Va
12	δ	Crt	4382	11 20 19.0	−14 53 04	b	3.56	+1.11	+1.12	G9 IIIb CH 0.2
	π	Cen	4390	11 21 54.2	−54 35 53	dm	3.90	−0.16	−0.16	B5 Vn
77	σ	Leo	4386	11 22 08.5	+05 55 20	b	4.05	−0.06	−0.06	A0 III⁺
78	ι	Leo	4399	11 24 56.3	+10 25 19	dbm	4.00	+0.42	+0.47	F2 IV
15	γ	Crt	4405	11 25 51.5	−17 47 29	d	4.06	+0.22	+0.24	A7 V
84	τ	Leo	4418	11 28 56.4	+02 44 55	d	4.95	+1.00	+0.95	G7.5 IIIa
1	λ	Dra	4434	11 32 32.4	+69 13 24		3.82	+1.61	+1.79	M0 III Ca−1
	ξ	Hya	4450	11 33 57.9	−31 57 56	d	3.54	+0.95	+0.92	G7 III
	λ	Cen	4467	11 36 41.4	−63 07 40	d	3.11	−0.04	−0.01	B9.5 IIn
			4466	11 36 52.7	−47 45 00		5.26	+0.26	+0.29	A7m
21	θ	Crt	4468	11 37 40.3	−09 54 37	b	4.70	−0.07	−0.06	B9.5 Vn
91	υ	Leo	4471	11 37 56.9	−00 55 54		4.30	+0.98	+0.98	G8⁺ IIIb
	o	Hya	4494	11 41 11.2	−34 51 10		4.70	−0.07	−0.05	B9 V
61		UMa	4496	11 42 04.4	+34 05 29	das	5.31	+0.72	+0.78	G8 V
3		Dra	4504	11 43 32.7	+66 38 13		5.32	+1.27	+1.23	K3 III
	v810	Cen	4511	11 44 27.6	−62 35 52	s	5.00	+0.78	+0.87	G0 0−Ia Fe 1
27	ζ	Crt	4514	11 45 45.2	−18 27 33	dm	4.71	+0.96	+0.94	G8 IIIa
	λ	Mus	4520	11 46 32.4	−66 50 13	d	3.63	+0.16	+0.17	A7 IV
3	ν	Vir	4517	11 46 51.7	+06 25 12		4.04	+1.50	+1.79	M1 III
63	χ	UMa	4518	11 47 04.4	+47 40 16		3.69	+1.18	+1.15	K0.5 IIIb
			4522	11 47 28.0	−61 17 13	d	4.11	+0.90	+0.88	G3 II
93	DQ	Leo	4527	11 48 59.4	+20 06 38	cdb	4.50	+0.55	+0.69	G4 III−IV + A7 V
	II	Hya	4532	11 49 44.4	−26 51 30		5.10	+1.59	+2.84	M4⁺ III
94	β	Leo	4534	11 50 03.2	+14 27 47	dn28	2.14	+0.09	+0.10	A3 Va
			4537	11 50 38.7	−63 53 49		4.30	−0.15	−0.09	B3 V
5	β	Vir	4540	11 51 42.7	+01 39 17	d	3.59	+0.52	+0.61	F9 V
			4546	11 52 07.6	−45 16 55		4.47	+1.28	+1.24	K3 III
	β	Hya	4552	11 53 53.9	−34 01 00	vdm	4.29	−0.10	−0.07	Ap Si
64	γ	UMa	4554	11 54 50.9	+53 35 11	ab	2.41	+0.04	+0.06	A0 Van
95		Leo	4564	11 56 40.6	+15 32 18	db	5.53	+0.12	+0.13	A3 V
30	η	Crt	4567	11 57 00.7	−17 15 34		5.17	−0.02	0.00	A0 Va
8	π	Vir	4589	12 01 52.3	+06 30 20	b	4.65	+0.12	+0.14	A5 IV
	θ¹	Cru	4599	12 04 01.8	−63 25 17	db	4.32	+0.28	+0.36	A8m
			4600	12 04 40.5	−42 32 35		5.15	+0.42	+0.50	F6 V
9	o	Vir	4608	12 06 12.1	+08 37 29	s	4.12	+0.97	+0.96	G8 IIIa CN−1 Ba 1 CH 1
	η	Cru	4616	12 07 54.7	−64 43 21	db	4.14	+0.35	+0.41	F2 V⁺
			4618	12 09 06.3	−50 46 11	v	4.46	−0.16	−0.16	B2 IIIne
	δ	Cen	4621	12 09 22.6	−50 49 51	d	2.58	−0.13	−0.12	B2 IVne
1	α	Crv	4623	12 09 25.4	−24 50 15		4.02	+0.33	+0.40	F0 IV−V
2	ε	Crv	4630	12 11 07.8	−22 43 41		3.02	+1.33	+1.23	K2.5 IIIa
	ρ	Cen	4638	12 12 40.8	−52 28 37		3.97	−0.16	−0.17	B3 V
			4646	12 13 05.5	+77 30 29	vb	5.14	+0.36	+0.42	F2m
	δ	Cru	4656	12 16 11.5	−58 51 26		2.79	−0.19	−0.25	B2 IV
69	δ	UMa	4660	12 16 23.0	+56 55 28	d	3.32	+0.08	+0.03	A2 Van
4	γ	Crv	4662	12 16 48.7	−17 39 00	bn29	2.58	−0.11	−0.10	B8p Hg Mn
	ε	Mus	4671	12 18 38.5	−68 04 09	b	4.06	+1.60	+2.82	M5 III

Designation			BS=HR No.	Right Ascension	Declination	Notes	V	B–V	V–I	Spectral Type
				h m s	° ′ ″					
	ζ	Cru	4679	12 19 30.5	−64 06 41	d	4.06	−0.17	−0.18	B2.5 V
	β	Cha	4674	12 19 32.0	−79 25 13		4.24	−0.12	−0.11	B5 Vn
3		CVn	4690	12 20 46.0	+48 52 34		5.28	+1.62	+1.90	M1$^+$ IIIab
15	η	Vir	4689	12 20 54.3	−00 46 30	db	3.89	+0.03	+0.03	A1 IV$^+$
16		Vir	4695	12 21 20.4	+03 12 15	d	4.97	+1.17	+1.19	K0.5 IIIb Fe−0.5
	ε	Cru	4700	12 22 25.5	−60 30 31		3.59	+1.39	+1.39	K3 III
12		Com	4707	12 23 29.0	+25 44 17	cdb	4.78	+0.52	+0.61	G5 III + A5
6		CVn	4728	12 26 48.4	+38 54 38		5.01	+0.96	+0.94	G9 III
	α^1	Cru	4730	12 27 41.8	−63 12 25	cdbmn30	0.77	−0.24	−0.26	B0.5 IV
15	γ	Com	4737	12 27 54.4	+28 09 37		4.35	+1.13	+1.04	K1 III Fe 0.5
	σ	Cen	4743	12 29 06.2	−50 20 18		3.91	−0.19	−0.20	B2 V
			4748	12 29 25.0	−39 08 56		5.45	−0.07	−0.05	B8/9 V
74		UMa	4760	12 30 51.5	+58 17 55		5.37	+0.21	+0.17	δ Del
7	δ	Crv	4757	12 30 52.6	−16 37 26	d	2.94	−0.01	−0.04	B9.5 IV$^-$n
	γ	Cru	4763	12 32 15.6	−57 13 20	dn31	1.59	+1.60	+2.37	M3.5 III
8	η	Crv	4775	12 33 04.7	−16 18 14	b	4.30	+0.39	+0.44	F2 V
	γ	Mus	4773	12 33 39.4	−72 14 26		3.84	−0.16	−0.14	B5 V
5	κ	Dra	4787	12 34 18.3	+69 40 51	vb	3.85	−0.12	−0.02	B6 IIIpe
			4783	12 34 36.4	+33 08 24		5.42	+1.01	+0.96	K0 III CN−1
8	β	CVn	4785	12 34 39.9	+41 15 06	adsb	4.24	+0.59	+0.67	G0 V
9	β	Crv	4786	12 35 24.9	−23 30 16		2.65	+0.89	+0.88	G5 IIb
23		Com	4789	12 35 49.3	+22 31 20	dbm	4.80	+0.01	+0.03	A0m A1 IV
24		Com	4792	12 36 06.4	+18 16 12	d	5.03	+1.15	+1.12	K2 III
	α	Mus	4798	12 38 22.1	−69 14 34	d	2.69	−0.18	−0.23	B2 IV–V
	τ	Cen	4802	12 38 46.7	−48 38 54		3.85	+0.05	+0.06	A1 IVnn
26	χ	Vir	4813	12 40 15.3	−08 06 09	d	4.66	+1.24	+1.15	K2 III CN 1.5
	γ	Cen	4819	12 42 36.1	−49 04 00	dbm	2.20	−0.02	−0.01	A1 IV
29	γ^1	Vir	4825	12 42 38.9	−01 33 23	ocdbm	2.74	+0.36	+0.43	F1 V
29	γ^2	Vir	4826	12 42 38.9	−01 33 20	ocdm	2.74	+0.36	+0.43	F0m F2 V
30	ρ	Vir	4828	12 42 52.3	+10 07 42	b	4.88	+0.08	+0.08	A0 Va (λ Boo)
			4839	12 45 03.2	−28 25 50		5.46	+1.35	+1.31	K3 III
	Y	CVn	4846	12 46 02.6	+45 20 02		5.42	+2.99	+3.07	C5,5
32 FM		Vir	4847	12 46 36.2	+07 34 01	b	5.22	+0.32	+0.34	F2m
	β	Mus	4844	12 47 29.8	−68 12 52	cdm	3.04	−0.18	−0.19	B2 V + B2.5 V
	β	Cru	4853	12 48 52.4	−59 47 42	vdb	1.25	−0.24	−0.27	B0.5 III
			4874	12 51 45.0	−34 06 19	d	4.90	−0.03	−0.01	A0 IV
31		Com	4883	12 52 38.8	+27 26 06	s	4.93	+0.68	+0.70	G0 IIIp
			4888	12 54 13.7	−49 02 57	b	4.33	+1.34	+1.33	K3/4 III
			4889	12 54 31.4	−40 17 04		4.25	+0.22	+0.27	A7 V
77	ε	UMa	4905	12 54 52.9	+55 51 15	dvbn32	1.76	−0.02	−0.04	A0p Cr
40		Vir	4902	12 55 22.1	−09 38 40		4.77	+1.59	+2.18	M3$^-$ III Ca−1
	μ^1	Cru	4898	12 55 45.2	−57 17 00	d	4.03	−0.18	−0.26	B2 IV–V
8		Dra	4916	12 56 14.8	+65 19 59	v	5.23	+0.30	+0.35	F0 IV–V
43	δ	Vir	4910	12 56 35.2	+03 17 31	d	3.39	+1.57	+2.24	M3$^+$ III
12	α^2	CVn	4915	12 56 56.2	+38 12 48	vd	2.89	−0.12	−0.13	A0p Si Eu
	ι	Oct	4870	12 57 14.7	−85 13 43	dm	5.45	+0.99	+0.97	K0 III
78		UMa	4931	13 01 33.6	+56 15 42	asdm	4.93	+0.37	+0.45	F2 V
47	ε	Vir	4932	13 03 08.8	+10 51 17	asd	2.85	+0.93	+0.83	G8 IIIab
	δ	Mus	4923	13 03 38.6	−71 39 12	b	3.61	+1.19	+1.17	K2 III
14		CVn	4943	13 06 39.0	+35 41 42		5.20	−0.06	−0.04	B9 V

Designation		BS=HR No.	Right Ascension	Declination	Notes	V	B–V	V–I	Spectral Type
			h m s	° ′ ″					
	ξ^2 Cen	4942	13 08 03.5	−50 00 37	db	4.27	−0.18	−0.18	B1.5 V
51	θ Vir	4963	13 10 57.7	−05 38 34	dbm	4.38	−0.01	+0.01	A1 IV
43	β Com	4983	13 12 46.9	+27 46 47	db	4.23	+0.57	+0.67	F9.5 V
	η Mus	4993	13 16 35.7	−67 59 50	vdb	4.79	−0.08	−0.09	B7 V
		5006	13 17 58.5	−31 36 32		5.10	+0.96	+0.95	K0 III
20 AO	CVn	5017	13 18 24.9	+40 28 13	sv	4.72	+0.31	+0.31	F2 III (str. met.)
60	σ Vir	5015	13 18 35.4	+05 22 03		4.78	+1.64	+1.97	M1 III
61	Vir	5019	13 19 25.7	−18 25 09	d	4.74	+0.71	+0.75	G6.5 V
46	γ Hya	5020	13 19 59.2	−23 16 26	d	2.99	+0.92	+0.90	G8 IIIa
	ι Cen	5028	13 21 42.0	−36 48 53		2.75	+0.07	+0.02	A2 Va
		5035	13 23 54.5	−61 05 24	d	4.52	−0.14	−0.13	B3 V
79	ζ UMa	5054	13 24 42.5	+54 49 26	db	2.23	+0.06	+0.07	A1 Va$^+$ (Si)
80	UMa	5062	13 26 00.2	+54 53 12	b	3.99	+0.17	+0.19	A5 Vn
67	α Vir	5056	13 26 13.4	−11 15 45	vdbn33	0.98	−0.24	−0.25	B1 V
68	Vir	5064	13 27 45.2	−12 48 31		5.27	+1.48	+1.60	M0 III
		5085	13 29 09.9	+59 50 44	d	5.40	−0.01	+0.01	A1 Vn
70	Vir	5072	13 29 23.1	+13 40 31	d	4.97	+0.71	+0.77	G4 V
		5089	13 32 10.9	−39 30 26	dbm	3.90	+1.19	+1.10	G8 III
78 CW	Vir	5105	13 35 07.3	+03 33 34	vb	4.92	+0.03	+0.03	A1p Cr Eu
BH	CVn	5110	13 35 39.9	+37 04 59	b	4.91	+0.40	+0.55	F1 V$^+$
79	ζ Vir	5107	13 35 41.3	−00 41 42		3.38	+0.11	+0.12	A2 IV$^-$
		5139	13 37 39.3	+71 08 36		5.50	+1.22	+1.18	gK2
	ϵ Cen	5132	13 41 08.1	−53 33 53	d	2.29	−0.17	−0.23	B1 III
v744	Cen	5134	13 41 12.8	−50 02 53	s	5.74	+1.50	+3.33	M6 III
82	Vir	5150	13 42 38.3	−08 48 03		5.03	+1.62	+2.04	M1.5 III
1	Cen	5168	13 46 48.1	−33 08 30	b	4.23	+0.39	+0.44	F2 V$^+$
4	τ Boo	5185	13 48 11.4	+17 21 38	d	4.50	+0.51	+0.51	F7 V
85	η UMa	5191	13 48 18.4	+49 12 59	abn34	1.85	−0.10	−0.08	B3 V
v766	Cen	5171	13 48 33.6	−62 41 11	sdm	6.40	+	+	K0 0−Ia
5	υ Boo	5200	13 50 25.1	+15 42 07		4.05	+1.52	+1.60	K5.5 III
2 v806	Cen	5192	13 50 34.9	−34 32 51		4.19	+1.52	+3.00	M4.5 III
	ν Cen	5190	13 50 40.9	−41 47 03	vb	3.41	−0.23	−0.24	B2 IV
	μ Cen	5193	13 50 48.0	−42 34 12	sdb	3.47	−0.17	−0.21	B2 IV−Vpne (shell)
89	Vir	5196	13 50 56.1	−18 13 50		4.96	+1.06	+1.09	K0.5 III
10 CU	Dra	5226	13 52 00.1	+64 37 38	d	4.58	+1.57	+2.35	M3.5 III
8	η Boo	5235	13 55 36.8	+18 18 02	asdb	2.68	+0.58	+0.65	G0 IV
	ζ Cen	5231	13 56 46.0	−47 23 01	b	2.55	−0.18	−0.18	B2.5 IV
		5241	13 59 04.8	−63 46 53		4.71	+1.08	+1.05	K1.5 III
	ϕ Cen	5248	13 59 27.9	−42 11 42		3.83	−0.22	−0.23	B2 IV
47	Hya	5250	13 59 37.1	−25 04 00	b	5.20	−0.09	−0.07	B8 V
	υ^1 Cen	5249	13 59 53.5	−44 53 52		3.87	−0.21	−0.22	B2 IV−V
93	τ Vir	5264	14 02 38.4	+01 27 03	db	4.23	+0.12	+0.14	A3 IV
	υ^2 Cen	5260	14 02 57.0	−45 41 49	b	4.34	+0.60	+0.65	F6 II
		5270	14 03 29.3	+09 35 33	s	6.18	+0.85	+0.87	G8: II: Fe−5
11	α Dra	5291	14 04 55.1	+64 16 59	sb	3.67	−0.05	−0.08	A0 III
	β Cen	5267	14 05 13.0	−60 27 58	dbmn35	0.61	−0.23	−0.25	B1 III
	χ Cen	5285	14 07 14.7	−41 16 20		4.36	−0.20	−0.21	B2 V
	θ Aps	5261	14 07 17.7	−76 53 22	vs	5.69	+1.24	+4.10	M6.5 III:
49	π Hya	5287	14 07 29.2	−26 46 32		3.25	+1.09	+1.10	K2$^-$ III Fe−0.5
5	θ Cen	5288	14 07 50.2	−36 27 54	dn36	2.06	+1.01	+1.01	K0$^-$ IIIb

Designation			BS=HR No.	Right Ascension	Declination	Notes	V	B–V	V–I.	Spectral Type
				h m s	° ′ ″					
	BY	Boo	5299	14 08 42.5	+43 45 44		5.13	+1.49	+2.74	M4.5 III
4		UMi	5321	14 08 48.1	+77 27 21	db	4.80	+1.37	+1.34	K3⁻ IIIb Fe−0.5
12		Boo	5304	14 11 17.3	+25 00 00	db	4.82	+0.54	+0.57	F8 IV
98	κ	Vir	5315	14 13 56.3	−10 21 49		4.18	+1.32	+1.35	K2.5 III Fe−0.5
16	α	Boo	5340	14 16 33.1	+19 04 54	dmn37	−0.05	+1.24	+1.22	K1.5 III Fe−0.5
21	ι	Boo	5350	14 16 51.3	+51 16 40	db	4.75	+0.24	+0.19	A7 IV
99	ι	Vir	5338	14 17 02.3	−06 05 34		4.07	+0.51	+0.59	F7 III−IV
19	λ	Boo	5351	14 17 07.4	+45 59 58		4.18	+0.09	+0.04	A0 Va (λ Boo)
			5361	14 18 49.3	+35 25 13	b	4.80	+1.06	+1.00	K0 III
100	λ	Vir	5359	14 20 10.1	−13 27 36	b	4.52	+0.13	+0.11	A5m:
18		Boo	5365	14 20 12.9	+12 54 54	d	5.41	+0.39	+0.41	F3 V
	ι	Lup	5354	14 20 39.7	−46 08 49		3.55	−0.18	−0.18	B2.5 IVn
			5358	14 21 42.1	−56 28 31		4.30	+0.08	+0.21	B6 Ib
		Cen	5367	14 21 45.0	−37 58 26	d	4.05	−0.03	−0.02	A0 III
	v761	Cen	5378	14 24 14.8	−39 35 59	v	4.41	−0.19	−0.20	B7 IIIp (var)
			5392	14 25 09.7	+05 43 57	b	5.10	+0.12	+0.14	A5 V
23	θ	Boo	5404	14 25 51.6	+51 45 40	d	4.04	+0.50	+0.59	F7 V
			5390	14 25 55.7	−24 53 38		5.34	+0.96	+0.95	K0 III
22		Boo	5405	14 27 21.8	+19 08 24		5.40	+0.23	+0.21	F0m
	τ¹	Lup	5395	14 27 23.9	−45 18 31	vd	4.56	−0.15	−0.14	B2 IV
	τ²	Lup	5396	14 27 26.6	−45 27 59	cdbm	4.33	+0.43	+0.58	F4 IV + A7:
5		UMi	5430	14 27 30.4	+75 36 33	d	4.25	+1.43	+1.42	K4⁻ III
105	φ	Vir	5409	14 29 12.5	−02 18 52	sdbm	4.81	+0.69	+0.73	G2 IV
52		Hya	5407	14 29 19.3	−29 34 42	d	4.97	−0.07	−0.05	B8 IV
	δ	Oct	5339	14 30 16.8	−83 45 16		4.31	+1.30	+1.30	K2 III
25	ρ	Boo	5429	14 32 40.2	+30 17 12	ad	3.57	+1.30	+1.22	K3 III
27	γ	Boo	5435	14 32 51.8	+38 13 25	d	3.04	+0.19	+0.17	A7 IV⁺
	σ	Lup	5425	14 33 56.6	−50 32 33		4.44	−0.18	−0.18	B2 III
28	σ	Boo	5447	14 35 31.8	+29 39 40	d	4.47	+0.36	+0.41	F2 V
	η	Cen	5440	14 36 45.2	−42 14 32	v	2.33	−0.16	−0.17	B1.5 IVpne (shell)
	ρ	Lup	5453	14 39 12.6	−49 30 34		4.05	−0.15	−0.16	B5 V
33		Boo	5468	14 39 33.8	+44 19 16	b	5.39	+0.03	+0.05	A1 V
	α²	Cen	5460	14 40 56.2	−60 54 52	odn38	1.35	+0.90	+0.88	K1 V
	α¹	Cen	5459	14 40 56.4	−60 54 57	odbn38	−0.01	+0.71	+0.69	G2 V
30	ζ	Boo	5478	14 42 04.8	+13 38 44	odbm	3.78	+0.04	+0.06	A2 Va
			5471	14 43 10.7	−37 52 34		4.01	−0.16	−0.18	B3 V
	α	Lup	5469	14 43 14.2	−47 28 14	vdb	2.30	−0.15	−0.21	B1.5 III
107	μ	Vir	5487	14 44 05.4	−05 44 31	b	3.87	+0.39	+0.47	F2 V
	α	Cir	5463	14 44 06.3	−65 03 31	db	3.18	+0.26	+0.26	A7p Sr Eu
34	W	Boo	5490	14 44 16.8	+26 26 45	v	4.80	+1.67	+2.13	M3⁻ III
			5485	14 44 51.4	−35 15 23		4.06	+1.36	+1.35	K3 IIIb
36	ε	Boo	5506	14 45 50.3	+26 59 34	dm	2.35	+0.97	+0.95	K0⁻ II−III
109		Vir	5511	14 47 14.2	+01 48 42		3.73	−0.01	+0.01	A0 IVnn
			5495	14 48 23.8	−52 27 53	d	5.22	+0.98	+0.96	G8 III
56		Hya	5516	14 48 53.4	−26 10 05		5.23	+0.94	+0.93	G8/K0 III
	α	Aps	5470	14 50 22.5	−79 07 31		3.83	+1.43	+1.42	K3 III CN 0.5
7	β	UMi	5563	14 50 40.1	+74 04 33	dn40	2.07	+1.47	+1.46	K4⁻ III
58		Hya	5526	14 51 26.3	−28 02 26		4.42	+1.37	+1.43	K2.5 IIIb Fe−1:
8	α¹	Lib	5530	14 51 46.0	−16 04 38		5.15	+0.40	+0.48	F3 V
			5552	14 51 56.3	+59 12 55		5.48	+1.37	+1.34	K4 III

Designation	BS=HR No.	Right Ascension	Declination	Notes	V	B–V	V–I	Spectral Type
		h m s	° ′ ″					
9 α^2 Lib	5531	14 51 57.6	−16 07 18	dbn39	2.75	+0.15	+0.16	A3 III–IV
o Lup	5528	14 52 55.2	−43 39 17	dbm	4.32	−0.15	−0.14	B5 IV
	5558	14 56 56.9	−33 56 02	db	5.32	+0.05	+0.06	A0 V
15 ξ^2 Lib	5564	14 57 49.8	−11 29 14		5.48	+1.49	+1.51	gK4
RR UMi	5589	14 57 54.0	+65 51 18	b	4.63	+1.59	+2.85	M4.5 III
16 Lib	5570	14 58 12.2	−04 25 29		4.47	+0.32	+0.38	F0 IV⁻
β Lup	5571	14 59 49.0	−43 12 40		2.68	−0.18	−0.23	B2 IV
κ Cen	5576	15 00 26.3	−42 10 52	dm	3.13	−0.21	−0.21	B2 V
19 δ Lib	5586	15 02 01.0	−08 35 43	vdb	4.91	0.00	+0.07	B9.5 V
42 β Boo	5602	15 02 40.8	+40 18 52		3.49	+0.96	+0.89	G8 IIIa Fe−0.5
110 Vir	5601	15 03 53.3	+02 00 57		4.39	+1.03	+1.04	K0⁺ IIIb Fe−0.5
20 σ Lib	5603	15 05 13.0	−25 21 27		3.25	+1.67	+2.23	M2.5 III
43 Boo	5616	15 05 16.9	+26 52 21		4.52	+1.24	+1.23	K2 III
	5635	15 06 50.2	+54 28 55		5.24	+0.96	+0.95	G8 III Fe−1
45 Boo	5634	15 08 09.5	+24 47 39	d	4.93	+0.43	+0.51	F5 V
λ Lup	5626	15 10 09.9	−45 21 13	dbm	4.07	−0.16	−0.18	B3 V
κ^1 Lup	5646	15 13 18.0	−48 48 38	d	3.88	−0.03	−0.02	B9.5 IVnn
24 ι Lib	5652	15 13 20.2	−19 51 51	db	4.54	−0.07	−0.06	B9p Si
ζ Lup	5649	15 13 41.8	−52 10 19	d	3.41	+0.92	+0.91	G8 III
	5691	15 14 52.2	+67 16 23		5.15	+0.55	+0.62	F8 V
1 Lup	5660	15 15 49.3	−31 35 26		4.91	+0.37	+0.48	F0 Ib−II
3 Ser	5675	15 16 09.6	+04 52 05	dm	5.32	+1.09	+1.05	gK0
49 δ Boo	5681	15 16 17.4	+33 14 35	db	3.46	+0.96	+0.96	G8 III Fe−1
27 β Lib	5685	15 18 03.5	−09 27 13	b	2.61	−0.07	−0.08	B8 IIIn
2 Lup	5686	15 19 01.3	−30 13 09		4.35	+1.10	+1.03	K0⁻ IIIa CH−1
β Cir	5670	15 19 03.4	−58 52 20		4.07	+0.09	+0.08	A3 Vb
μ Lup	5683	15 19 54.0	−47 56 44	dm	4.27	−0.09	−0.07	B8 V
13 γ UMi	5735	15 20 42.7	+71 45 53		3.00	+0.06	+0.12	A3 III
γ TrA	5671	15 20 45.5	−68 44 58		2.87	+0.01	+0.04	A1 III
δ Lup	5695	15 22 39.5	−40 43 00		3.22	−0.23	−0.23	B1.5 IVn
ϕ^1 Lup	5705	15 23 03.0	−36 19 51	d	3.57	+1.53	+1.59	K4 III
ϵ Lup	5708	15 24 00.8	−44 45 30	dbm	3.37	−0.19	−0.20	B2 IV–V
ϕ^2 Lup	5712	15 24 24.5	−36 55 37		4.54	−0.16	−0.16	B4 V
γ Cir	5704	15 24 56.8	−59 23 21	cdm	4.48	+0.17	+0.18	B5 IV
51 μ^1 Boo	5733	15 25 13.7	+37 18 35	db	4.31	+0.31	+0.35	F0 IV
12 ι Dra	5744	15 25 22.0	+58 53 54	d	3.29	+1.17	+1.07	K2 III
9 τ^1 Ser	5739	15 26 41.7	+15 21 38		5.16	+1.65	+1.84	M1 IIIa
3 β CrB	5747	15 28 38.0	+29 02 22	vdb	3.66	+0.32	+0.37	F0p Cr Eu
52 ν^1 Boo	5763	15 31 37.8	+40 46 03		5.04	+1.59	+1.71	K4.5 IIIb Ba 0.5
κ^1 Aps	5730	15 33 40.8	−73 27 17	d	5.40	−0.15	−0.14	B1pne
4 θ CrB	5778	15 33 43.0	+31 17 39	dm	4.14	−0.13	−0.12	B6 Vnn
37 Lib	5777	15 35 14.8	−10 07 48		4.61	+1.00	+1.02	K1 III–IV
5 α CrB	5793	15 35 30.8	+26 39 00	bn41	2.22	+0.03	+0.05	A0 IV
13 δ Ser	5789	15 35 44.1	+10 28 29	cdm	3.80	+0.27	+0.30	F0 III–IV + F0 IIIb
γ Lup	5776	15 36 26.8	−41 13 51	dvbm	2.80	−0.22	−0.22	B2 IVn
38 γ Lib	5787	15 36 37.2	−14 51 12	d	3.91	+1.01	+1.02	G8.5 III
	5784	15 37 32.7	−44 27 38		5.44	+1.50	+1.49	K4/5 III
39 υ Lib	5794	15 38 12.7	−28 11 54	d	3.60	+1.36	+1.36	K3.5 III
ϵ TrA	5771	15 38 31.6	−66 22 50	d	4.11	+1.16	+1.12	K1/2 III
54 ϕ Boo	5823	15 38 31.7	+40 17 27		5.25	+0.89	+0.89	G7 III–IV Fe−2

Designation		BS=HR No.	Right Ascension	Declination	Notes	V	B–V	V–I	Spectral Type
			h m s	° ′ ″					
	ω Lup	5797	15 39 22.5	−42 37 47	db	4.34	+1.41	+1.42	K4.5 III
40	τ Lib	5812	15 39 51.5	−29 50 26	b	3.66	−0.18	−0.18	B2.5 V
		5798	15 40 17.0	−52 26 07	d	5.43	+0.01	+0.03	B9 V
43	κ Lib	5838	15 43 04.4	−19 44 26	db	4.75	+1.57	+1.74	M0⁻ IIIb
16	ζ UMi	5903	15 43 24.1	+77 44 01		4.29	+0.04	+0.05	A2 III−IVn
8	γ CrB	5849	15 43 33.7	+26 14 06	dm	3.81	+0.02	+0.04	A0 IV comp.?
24	α Ser	5854	15 45 13.8	+06 21 56	d	2.63	+1.17	+1.09	K2 IIIb CN 1
		5886	15 46 58.1	+62 32 23		5.19	+0.06	+0.07	A2 IV
28	β Ser	5867	15 47 05.3	+15 21 43	d	3.65	+0.07	+0.09	A2 IV
27	λ Ser	5868	15 47 23.5	+07 17 35	b	4.42	+0.60	+0.66	G0⁻ V
35	κ Ser	5879	15 49 37.1	+18 04 57		4.09	+1.62	+1.73	M0.5 IIIab
10	δ CrB	5889	15 50 24.8	+26 00 35	s	4.59	+0.79	+0.82	G5 III−IV Fe−1
32	μ Ser	5881	15 50 38.4	−03 29 19	db	3.54	−0.04	−0.03	A0 III
37	ε Ser	5892	15 51 47.4	+04 25 13		3.71	+0.15	+0.13	A5m
11	κ CrB	5901	15 51 58.1	+35 35 52	sd	4.79	+1.00	+0.97	K1 IVa
5	χ Lup	5883	15 52 12.2	−33 41 06	b	3.97	−0.05	−0.05	B9p Hg
1	χ Her	5914	15 53 21.0	+42 23 52		4.60	+0.56	+0.63	F8 V Fe−2 Hδ−1
45	λ Lib	5902	15 54 28.2	−20 13 26	b	5.04	−0.01	−0.03	B2.5 V
46	θ Lib	5908	15 54 56.3	−16 47 06		4.13	+1.00	+1.02	G9 IIIb
	β TrA	5897	15 56 52.7	−63 29 20	d	2.83	+0.32	+0.36	F0 IV
41	γ Ser	5933	15 57 21.3	+15 35 57	d	3.85	+0.48	+0.54	F6 V
5	ρ Sco	5928	15 58 05.6	−29 16 10	db	3.87	−0.20	−0.18	B2 IV−V
CL	Dra	5960	15 58 15.3	+54 41 43	b	4.96	+0.27	+0.29	F0 IV
13	ε CrB	5947	15 58 23.7	+26 49 21	sd	4.14	+1.23	+1.17	K2 IIIab
48 FX	Lib	5941	15 59 17.1	−14 20 03	b	4.95	−0.08	−0.06	B5 IIIpe (shell)
6	π Sco	5944	16 00 02.1	−26 10 07	cvdb	2.89	−0.18	−0.18	B1 V + B2 V
T	CrB	5958	16 00 19.2	+25 51 57	vdb	10.08	+1.34	+2.06	gM3: + Bep
		5943	16 00 50.3	−41 47 55		4.99	+0.99	+0.97	K0 II/III
	η Lup	5948	16 01 25.2	−38 27 03	d	3.42	−0.21	−0.23	B2.5 IVn
49	Lib	5954	16 01 25.4	−16 35 22	db	5.47	+0.52	+0.52	F8 V
7	δ Sco	5953	16 01 29.4	−22 40 33	dbm	2.29	−0.12	−0.09	B0.3 IV
13	θ Dra	5986	16 02 15.4	+58 30 49	b	4.01	+0.53	+0.55	F8 IV−V
8	β¹ Sco	5984	16 06 34.4	−19 51 27	db	2.56	−0.07	−0.04	B0.5 V
8	β² Sco	5985	16 06 34.7	−19 51 13	sd	4.90	−0.02	0.00	B2 V
	δ Nor	5980	16 07 52.6	−45 13 27		4.73	+0.23	+0.20	A7m
	θ Lup	5987	16 07 52.7	−36 51 13		4.22	−0.18	−0.19	B2.5 Vn
9	ω¹ Sco	5993	16 07 57.1	−20 43 14	s	3.93	−0.05	+0.01	B1 V
10	ω² Sco	5997	16 08 33.1	−20 55 12		4.31	+0.83	+0.85	G4 II−III
7	κ Her	6008	16 08 57.4	+16 59 46	d	5.00	+0.93	+0.93	G5 III
11	φ Her	6023	16 09 23.1	+44 53 05	vb	4.23	−0.05	−0.02	B9p Hg Mn
16	τ CrB	6018	16 09 41.1	+36 26 33	db	4.73	+1.02	+1.00	K1⁻ III−IV
19	UMi	6079	16 10 17.7	+75 49 40		5.48	−0.09	−0.07	B8 V
14	ν Sco	6027	16 13 07.9	−19 30 36	dbm	4.00	+0.08	+0.14	B2 IVp
	κ Nor	6024	16 15 01.6	−54 40 44	d	4.95	+1.02	+0.99	G8 III
1	δ Oph	6056	16 15 22.2	−03 44 35	d	2.73	+1.58	+1.82	M0.5 III
21	η UMi	6116	16 16 57.4	+75 42 35	d	4.95	+0.39	+0.46	F5 V
	δ TrA	6030	16 17 13.7	−63 44 00	d	3.86	+1.11	+1.03	G2 Ib−IIa
2	ε Oph	6075	16 19 21.3	−04 44 19	d	3.23	+0.97	+0.96	G9.5 IIIb Fe−0.5
22	τ Her	6092	16 20 19.7	+46 16 04	vd	3.91	−0.15	−0.19	B5 IV
		6077	16 20 47.0	−30 57 09	db	5.53	+0.47	+0.54	F6 III

Designation	BS=HR No.	Right Ascension	Declination	Notes	V	B–V	V–I	Spectral Type
		h m s	° ′ ″					
γ^2 Nor	6072	16 21 18.4	−50 12 05	d	4.01	+1.08	+1.03	K1$^+$ III
20 σ Sco	6084	16 22 22.6	−25 38 17	vdbm	2.90	+0.30	+0.31	B1 III
20 γ Her	6095	16 22 46.9	+19 06 31	db	3.74	+0.30	+0.34	A9 IIIbn
50 σ Ser	6093	16 23 03.7	+00 59 04		4.82	+0.34	+0.39	F1 IV–V
δ^1 Aps	6020	16 23 19.5	−78 44 28	d	4.68	+1.68	+2.67	M4 IIIa
14 η Dra	6132	16 24 15.6	+61 28 14	db	2.73	+0.91	+0.84	G8$^-$ IIIab
4 Oph	6104	16 25 14.8	−20 04 53		4.48	+1.00	+0.99	K0$^-$ II–III
24 ω Her	6117	16 26 19.0	+13 59 23	vd	4.57	0.00	+0.02	B9p Cr
15 Dra	6161	16 27 57.2	+68 43 33		4.94	−0.05	+0.02	B9.5 III
7 χ Oph	6118	16 28 09.4	−18 29 56	b	4.22	+0.22	+0.24	B1.5 Ve
ϵ Nor	6115	16 28 37.2	−47 35 50	db	4.46	−0.07	−0.04	B4 V
ζ TrA	6098	16 30 35.3	−70 07 32	b	4.90	+0.56	+0.64	F9 V
21 α Sco	6134	16 30 36.4	−26 28 25	vdbn42	1.06	+1.87	+2.90	M1.5 Iab–Ib
27 β Her	6148	16 31 03.5	+21 26 54	db	2.78	+0.95	+0.94	G7 IIIa Fe−0.5
10 λ Oph	6149	16 31 53.9	+01 56 33	dbm	3.82	+0.02	+0.03	A1 IV
8 ϕ Oph	6147	16 32 15.5	−16 39 13	d	4.29	+0.92	+0.89	G8$^+$ IIIa
	6143	16 32 39.6	−34 44 42		4.24	−0.17	−0.17	B2 III–IV
9 ω Oph	6153	16 33 17.7	−21 30 24		4.45	+0.13	+0.12	Ap Sr Cr
35 σ Her	6168	16 34 44.0	+42 23 52	db	4.20	−0.01	+0.02	A0 IIIn
γ Aps	6102	16 36 30.2	−78 56 13	b	3.86	+0.92	+0.92	G8/K0 III
23 τ Sco	6165	16 37 06.0	−28 15 17	s	2.82	−0.21	−0.24	B0 V
	6166	16 37 39.7	−35 17 37	b	4.18	+1.54	+1.72	K7 III
13 ζ Oph	6175	16 38 14.1	−10 36 18		2.54	+0.04	+0.10	O9.5 Vn
42 Her	6200	16 39 16.7	+48 53 27	d	4.86	+1.56	+2.03	M3$^-$ IIIab
40 ζ Her	6212	16 42 01.3	+31 34 06	dbm	2.81	+0.65	+0.70	G0 IV
	6196	16 42 42.2	−17 46 42		4.91	+1.10	+1.13	G7.5 II–III CN 1 Ba 0.5
44 η Her	6220	16 43 33.9	+38 53 10	d	3.48	+0.92	+0.89	G7 III Fe−1
22 ϵ UMi	6322	16 44 02.4	+82 00 09	vdb	4.21	+0.90	+0.91	G5 III
	6237	16 45 40.2	+56 44 51	db	4.84	+0.38	+0.44	F2 V$^+$
β Aps	6163	16 45 54.5	−77 33 16	d	4.23	+1.06	+1.04	K0 III
α TrA	6217	16 50 44.8	−69 03 38	n43	1.91	+1.45	+1.45	K2 IIb–IIIa
20 Oph	6243	16 50 54.9	−10 48 57	b	4.64	+0.48	+0.55	F7 III
26 ϵ Sco	6241	16 51 25.8	−34 19 37		2.29	+1.14	+1.10	K2 III
η Ara	6229	16 51 28.7	−59 04 26	d	3.77	+1.56	+1.67	K5 III
51 Her	6270	16 52 33.8	+24 37 29		5.03	+1.25	+1.11	K0.5 IIIa Ca 0.5
μ^1 Sco	6247	16 53 11.7	−38 04 44	vb	3.00	−0.20	−0.20	B1.5 IVn
μ^2 Sco	6252	16 53 39.6	−38 02 56		3.56	−0.21	−0.21	B2 IV
53 Her	6279	16 53 42.5	+31 40 14	d	5.34	+0.32	+0.37	F2 V
25 ι Oph	6281	16 54 55.9	+10 08 04	b	4.39	−0.09	−0.13	B8 V
ζ^2 Sco	6271	16 55 57.6	−42 23 34		3.62	+1.39	+1.37	K3.5 IIIb
27 κ Oph	6299	16 58 35.5	+09 20 46	as	3.19	+1.16	+1.10	K2 III
ζ Ara	6285	17 00 14.4	−56 01 07		3.12	+1.55	+1.60	K4 III
58 ϵ Her	6324	17 01 02.2	+30 53 56	db	3.92	−0.02	−0.04	A0 IV$^+$
ϵ^1 Ara	6295	17 01 08.6	−53 11 18		4.06	+1.45	+1.42	K4 IIIab
30 Oph	6318	17 02 05.4	−04 15 02	d	4.82	+1.48	+1.49	K4 III
59 Her	6332	17 02 19.6	+33 32 28		5.27	+0.03	+0.04	A3 IV–Vs
60 Her	6355	17 06 17.0	+12 42 55	d	4.89	+0.13	+0.11	A4 IV
22 ζ Dra	6396	17 08 50.8	+65 41 27	d	3.17	−0.12	−0.14	B6 III
35 η Oph	6378	17 11 29.9	−15 44 51	dbmn44	2.43	+0.06	+0.06	A2 Va$^+$ (Sr)
η Sco	6380	17 13 33.2	−43 15 46		3.32	+0.44	+0.47	F2 V:p (Cr)

Designation			BS=HR No.	Right Ascension	Declination	Notes	V	B−V	V−I	Spectral Type
				h m s	° ′ ″					
64	α^1	Her	6406	17 15 32.3	+14 22 10	vsdm	2.78	+1.16	+1.13	M5 Ib−II
67	π	Her	6418	17 15 43.6	+36 47 17		3.16	+1.44	+1.31	K3 II
65	δ	Her	6410	17 15 50.0	+24 49 03	db	3.12	+0.08	+0.06	A1 Vann
	v656	Her	6452	17 21 10.5	+18 02 18		5.01	+1.65	+1.90	M1$^+$ IIIab
72		Her	6458	17 21 23.4	+32 26 37	d	5.38	+0.62	+0.70	G0 V
53	ν	Ser	6446	17 21 55.5	−12 51 54	d	4.32	+0.04	+0.07	A1.5 IV
40	ξ	Oph	6445	17 22 10.6	−21 07 56	d	4.39	+0.39	+0.47	F2 V
42	θ	Oph	6453	17 23 12.5	−25 01 02	dvb	3.27	−0.19	−0.21	B2 IV
	ι	Aps	6411	17 24 17.0	−70 08 26	dm	5.39	−0.04	−0.02	B8/9 Vn
23	δ	UMi	6789	17 26 01.3	+86 34 20		4.35	+0.02	+0.04	A1 Van
	β	Ara	6461	17 26 55.5	−55 32 46		2.84	+1.48	+1.50	K3 Ib−IIa
	γ	Ara	6462	17 27 02.4	−56 23 38	d	3.31	−0.15	−0.12	B1 Ib
49	σ	Oph	6498	17 27 29.0	+04 07 29	s	4.34	+1.48	+1.44	K2 II
44		Oph	6486	17 27 33.8	−24 11 30		4.16	+0.28	+0.30	A9m:
			6493	17 27 40.0	−05 06 08	b	4.53	+0.39	+0.46	F2 V
45		Oph	6492	17 28 36.1	−29 52 58		4.28	+0.40	+0.45	δ Del
23	β	Dra	6536	17 30 52.5	+52 17 15	sd	2.79	+0.95	+0.93	G2 Ib−IIa
76	λ	Her	6526	17 31 31.6	+26 05 50		4.41	+1.43	+1.39	K3.5 III
27		Dra	6566	17 31 53.4	+68 07 21	db	5.07	+1.08	+1.04	G9 IIIb
34	υ	Sco	6508	17 32 05.5	−37 18 34	b	2.70	−0.18	−0.23	B2 IV
24	ν^1	Dra	6554	17 32 33.7	+55 10 17	b	4.89	+0.25	+0.28	A7m
25	ν^2	Dra	6555	17 32 39.1	+55 09 37	db	4.86	+0.28	+0.30	A7m
	δ	Ara	6500	17 32 51.8	−60 41 51	d	3.60	−0.10	−0.10	B8 Vn
	α	Ara	6510	17 33 21.1	−49 53 22	db	2.84	−0.14	−0.15	B2 Vne
35	λ	Sco	6527	17 34 56.1	−37 06 58	vdbn45	1.62	−0.23	−0.24	B1.5 IV
55	α	Oph	6556	17 35 50.4	+12 32 50	bn46	2.08	+0.16	+0.17	A5 Vnn
28	ω	Dra	6596	17 36 50.4	+68 44 56	db	4.77	+0.43	+0.49	F4 V
			6546	17 37 53.5	−38 38 49		4.26	+1.08	+1.09	G8/K0 III/IV
55	ξ	Ser	6561	17 38 42.3	−15 24 33	db	3.54	+0.26	+0.29	F0 IIIb
	θ	Sco	6553	17 38 43.3	−43 00 30	m	1.86	+0.41	+0.48	F1 III
85	ι	Her	6588	17 40 01.0	+45 59 48	svdb	3.82	−0.18	−0.21	B3 IV
31		Dra	6636	17 41 35.8	+72 08 20	d	4.57	+0.43	+0.50	F5 V
56	o	Ser	6581	17 42 30.7	−12 53 03	b	4.24	+0.09	+0.10	A2 Va
	κ	Sco	6580	17 43 50.3	−39 02 17	vb	2.39	−0.17	−0.22	B1.5 III
84		Her	6608	17 44 09.6	+24 19 14	s	5.73	+0.68	+0.74	G2 IIIb
60	β	Oph	6603	17 44 26.2	+04 33 38		2.76	+1.17	+1.10	K2 III CN 0.5
58		Oph	6595	17 44 36.0	−21 41 28		4.86	+0.47	+0.54	F7 V:
	μ	Ara	6585	17 45 41.7	−51 50 32		5.12	+0.69	+0.71	G5 V
86	μ	Her	6623	17 47 13.4	+27 42 37	asd	3.42	+0.75	+0.71	G5 IV
	η	Pav	6582	17 47 39.0	−64 43 50		3.61	+1.16	+1.09	K1 IIIa CN 1
35		Dra	6701	17 48 34.8	+76 57 32		5.02	+0.52	+0.59	F7 IV
3	X	Sgr	6616	17 48 47.3	−27 50 11	v	4.53	+0.60	+0.76	F3 II
62	γ	Oph	6629	17 48 52.3	+02 42 05	b	3.75	+0.04	+0.05	A0 Van
	ι^1	Sco	6615	17 48 57.0	−40 07 57	sdb	2.99	+0.51	+0.64	F2 Ia
			6630	17 51 11.2	−37 02 51	d	3.19	+1.19	+1.15	K2 III
32	ξ	Dra	6688	17 53 52.0	+56 52 12	d	3.73	+1.18	+1.11	K2 III
89	v441	Her	6685	17 56 12.4	+26 02 53	svb	5.47	+0.34	+0.41	F2 Ibp
91	θ	Her	6695	17 56 55.3	+37 14 56		3.86	+1.35	+1.17	K1 IIa CN 2
33	γ	Dra	6705	17 57 03.6	+51 29 14	asdn47	2.24	+1.52	+1.54	K5 III
92	ξ	Her	6703	17 58 31.4	+29 14 49	v	3.70	+0.94	+0.89	G8.5 III

Designation	BS=HR No.	Right Ascension	Declination	Notes	V	B–V	V–I	Spectral Type
		h m s	° ′ ″					
94　ν　Her	6707	17 59 15.0	+30 11 20	dm	4.41	+0.38	+0.51	F2m
64　ν　Oph	6698	18 00 06.0	−09 46 28		3.32	+0.99	+0.95	G9 IIIa
93　　Her	6713	18 00 55.5	+16 45 04		4.67	+1.25	+1.12	K0.5 IIb
67　　Oph	6714	18 01 37.3	+02 55 55	sd	3.93	+0.03	+0.10	B5 Ib
68　　Oph	6723	18 02 44.6	+01 18 22	dbm	4.42	+0.05	+0.06	A0.5 Van
W　Sgr	6742	18 06 16.0	−29 34 39	vdb	4.66	+0.77	+0.81	G0 Ib/II
70　　Oph	6752	·18 06 26.3	+02 29 52	dvbm	4.03	+0.86	+0.96	K0− V
10　γ　Sgr	6746	18 07 03.7	−30 25 19	b	2.98	+0.98	+0.99	K0+ III
	6791	18 08 04.0	+43 27 55	sb	5.00	+0.91	+0.91	G8 III CN−1 CH−3
θ　Ara	6743	18 08 08.9	−50 05 17		3.65	−0.10	−0.06	B2 Ib
72　　Oph	6771	18 08 16.5	+09 34 05	db	3.71	+0.16	+0.18	A5 IV–V
103　o　Her	6779	18 08 18.2	+28 45 59	db	3.84	−0.02	−0.02	A0 II–III
102　　Her	6787	18 09 35.6	+20 49 08	d	4.37	−0.16	−0.19	B2 IV
π　Pav	6745	18 10 27.4	−63 39 55	b	4.33	+0.23	+0.23	A7p Sr
ε　Tel	6783	18 12 40.6	−45 56 56	d	4.52	+1.01	+0.95	K0 III
36　　Dra	6850	18 14 00.6	+64 24 15	d	4.99	+0.44	+0.51	F5 V
13　μ　Sgr	6812	18 14 55.8	−21 03 07	db	3.84	+0.20	+0.21	B9 Ia
	6819	18 18 46.0	−56 00 54	b	5.36	−0.05	−0.01	B3 IIIpe
η　Sgr	6832	18 18 56.8	−36 45 14	d	3.10	+1.58	+2.24	M3.5 IIIab
43　φ　Dra	6920	18 20 28.5	+71 20 52	vdbm	4.22	−0.09	−0.11	A0p Si
1　κ　Lyr	6872	18 20 32.7	+36 04 28		4.33	+1.16	+1.10	K2− IIIab CN 0.5
44　χ　Dra	6927	18 20 42.2	+72 44 27	db	3.55	+0.49	+0.62	F7 V
74　　Oph	6866	18 21 50.5	+03 23 14	d	4.85	+0.91	+0.90	G8 III
19　δ　Sgr	6859	18 22 14.5	−29 49 05	d	2.72	+1.38	+1.35	K2.5 IIIa CN 0.5
58　η　Ser	6869	18 22 19.2	−02 53 32	d	3.23	+0.94	+0.96	K0 III–IV
109　　Her	6895	18 24 31.8	+21 46 47	sd	3.85	+1.17	+1.13	K2 IIIab
ξ　Pav	6855	18 25 01.3	−61 28 57	db	4.35	+1.46	+1.50	K4 III
20　ε　Sgr	6879	18 25 27.9	−34 22 25	dn48	1.79	−0.03	+0.01	A0 II−n (shell)
α　Tel	6897	18 28 25.1	−45 57 20		3.49	−0.18	−0.18	B3 IV
22　λ　Sgr	6913	18 29 10.4	−25 24 33		2.82	+1.03	+1.04	K1 IIIb
γ　Sct	6930	18 30 18.5	−14 33 06		4.67	+0.08	+0.10	A2 III−
ζ　Tel	6905	18 30 19.9	−49 03 28		4.10	+1.00	+1.02	G8/K0 III
60　　Ser	6935	18 30 41.9	−01 58 16	b	5.38	+0.96	+0.95	K0 III
θ　Cra	6951	18 34 53.7	−42 17 47		4.62	+0.99	+0.95	G8 III
α　Sct	6973	18 36 16.1	−08 13 44		3.85	+1.32	+1.28	K3 III
	6985	18 37 23.7	+09 08 21	b	5.38	+0.39	+0.45	F5 IIIs
3　α　Lyr	7001	18 37 36.0	+38 48 10	asdn49	0.03	0.00	−0.01	A0 Va
δ　Sct	7020	18 43 20.5	−09 01 57	vdb	4.70	+0.36	+0.40	F2 III (str. met.)
ε　Sct	7032	18 44 35.0	−08 15 16	d	4.88	+1.11	+1.07	G8 IIb
ζ　Pav	6982	18 45 18.2	−71 24 29	d	4.01	+1.13	+1.14	K0 III
6 ζ¹ Lyr	7056	18 45 26.7	+37 37 35	db	4.34	+0.19	+0.18	A5m
50　　Dra	7124	18 45 43.8	+75 27 22	b	5.37	+0.05	+0.06	A1 Vn
110　　Her	7061	.18 46 30.1	+20 33 58	d	4.19	+0.48	+0.55	F6 V
	7064	18 46 51.7	+26 41 03		4.83	+1.20	+1.16	K2 III
27　φ　Sgr	7039	18 46 52.4	−26 58 08	b	3.17	−0.11	−0.10	B8 III
111　　Her	7069	18 47 53.0	+18 12 16	db	4.34	+0.15	+0.16	A3 Va+
β　Sct	7063	18 48 12.5	−04 43 32	b	4.22	+1.09	+1.09	G4 IIa
R　Sct	7066	18 48 31.4	−05 40 58	vs	5.38	+1.28	+1.42	K0 Ib:p Ca−1
η¹　CrA	7062	18 50 14.8	−43 39 25		5.46	+0.13	+0.15	A2 Vn
10　β　Lyr	7106	18 50 48.0	+33 23 11	cvdb	3.52	0.00	+0.02	B7 Vpe (shell)

Designation	BS=HR No.	Right Ascension	Declination	Notes	V	B–V	V–I	Spectral Type
		h m s	o ′ ″					
47 o Dra	7125	18 51 29.3	+59 24 45	dvb	4.63	+1.19	+1.20	G9 III Fe−0.5
λ Pav	7074	18 54 01.0	−62 09 46	d	4.22	−0.15	−0.14	B2 II−III
52 υ Dra	7180	18 54 09.2	+71 19 22	b	4.82	+1.15	+1.10	K0 III CN 0.5
12 δ^2 Lyr	7139	18 55 11.2	+36 55 28	d	4.22	+1.58	+2.60	M4 II
13 R Lyr	7157	18 55 55.7	+43 58 21	vsb	4.08	+1.40	+3.14	M5 III (var)
34 σ Sgr	7121	18 56 28.4	−26 16 15	dn50	2.05	−0.13	−0.13	B3 IV
63 θ^1 Ser	7141	18 57 11.3	+04 13 49	d	4.62	+0.16	+0.20	A5 V
37 ξ^2 Sgr	7150	18 58 53.5	−21 04 46		3.52	+1.15	+1.09	K1 III
κ Pav	7107	18 58 57.0	−67 12 22	v	4.40	+0.53	+0.59	F5 I−II
14 γ Lyr	7178	18 59 40.4	+32 43 02	d	3.25	−0.05	−0.03	B9 II
λ Tel	7134	19 00 01.1	−52 54 39	b	4.85	−0.05	−0.03	A0 III$^+$
13 ϵ Aql	7176	19 00 30.5	+15 05 46	db	4.02	+1.08	+1.00	K1$^-$ III CN 0.5
12 Aql	7193	19 02 43.3	−05 42 37		4.02	+1.08	+1.08	K1 III
38 ζ Sgr	7194	19 03 51.0	−29 51 02	dbm	2.60	+0.06	+0.06	A2 IV−V
χ Oct	6721	19 05 44.3	−87 34 42		5.29	+1.30	+1.26	K3 III
39 o Sgr	7217	19 05 51.0	−21 42 41	d	3.76	+1.01	+0.98	G9 IIIb
17 ζ Aql	7235	19 06 18.4	+13 53 37	db	2.99	+0.01	−0.01	A0 Vann
16 λ Aql	7236	19 07 17.0	−04 51 07		3.43	−0.10	−0.09	A0 IVp (wk 4481)
18 ι Lyr	7262	19 07 59.9	+36 07 54	d	5.25	−0.11	−0.09	B6 IV
40 τ Sgr	7234	19 08 09.4	−27 38 25	b	3.32	+1.17	+1.15	K1.5 IIIb
α CrA	7254	19 10 47.8	−37 52 20		4.11	+0.04	+0.03	A2 IVn
41 π Sgr	7264	19 10 55.3	−20 59 28	d	2.88	+0.38	+0.44	F2 II−III
β CrA	7259	19 11 22.1	−39 18 29		4.10	+1.16	+1.11	K0 II
57 δ Dra	7310	19 12 33.3	+67 41 45	d	3.07	+0.99	+0.94	G9 III
20 Aql	7279	19 13 44.1	−07 54 20		5.35	+0.09	+0.11	B3 V
20 η Lyr	7298	19 14 25.3	+39 10 50	db	4.43	−0.15	−0.19	B2.5 IV
60 τ Dra	7352	19 15 09.9	+73 23 28	b	4.45	+1.26	+1.15	K2$^+$ IIIb CN 1
21 θ Lyr	7314	19 17 02.7	+38 10 10	d	4.35	+1.26	+1.13	K0 II
1 κ Cyg	7328	19 17 33.2	+53 24 18	b	3.80	+0.95	+0.85	G9 III
25 ω^1 Aql	7315	19 18 43.9	+11 37 55		5.28	+0.20	+0.21	F0 IV
43 Sgr	7304	19 18 46.5	−18 55 00		4.88	+1.01	+0.99	G8 II−III
44 ρ^1 Sgr	7340	19 22 48.1	−17 48 32		3.92	+0.23	+0.25	F0 III−IV
46 υ Sgr	7342	19 22 50.6	−15 55 01	b	4.52	+0.08	+0.34	Apep
β^1 Sgr	7337	19 24 02.1	−44 25 14	d	3.96	−0.09	−0.07	B8 V
β^2 Sgr	7343	19 24 37.4	−44 45 40		4.27	+0.35	+0.42	F0 IV
α Sgr	7348	19 25 14.0	−40 34 39	b	3.96	−0.11	−0.10	B8 V
31 Aql	7373	19 25 54.0	+11 59 15	d	5.17	+0.76	+0.75	G7 IV Hδ 1
30 δ Aql	7377	19 26 28.9	+03 09 18	db	3.36	+0.32	+0.38	F2 IV−V
6 α Vul	7405	19 29 31.0	+24 42 20	d	4.44	+1.50	+1.68	M0.5 IIIb
10 ι^2 Cyg	7420	19 30 11.8	+51 46 19		3.76	+0.15	+0.18	A4 V
6 β Cyg	7417	19 31 30.5	+28 00 06	cdm	3.05	+1.09	+1.05	K3 II + B9.5 V
36 Aql	7414	19 31 41.0	−02 44 49		5.03	+1.77	+2.29	M1 IIIab
61 σ Dra	7462	19 32 19.1	+69 41 40	asd	4.67	+0.79	+0.85	K0 V
8 Cyg	7426	19 32 29.8	+34 29 44		4.74	−0.15	−0.12	B3 IV
38 μ Aql	7429	19 35 02.5	+07 25 18	d	4.45	+1.18	+1.14	K3$^-$ IIIb Fe 0.5
ι Tel	7424	19 36 39.4	−48 03 19		4.88	+1.10	+1.06	K0 III
13 θ Cyg	7469	19 36 57.9	+50 16 01	d	4.49	+0.40	+0.44	F4 V
41 ι Aql	7447	19 37 43.8	−01 14 31	d	4.36	−0.08	−0.06	B5 III
52 Sgr	7440	19 37 53.5	−24 50 21	d	4.59	−0.08	−0.06	B8/9 V
39 κ Aql	7446	19 37 56.3	−06 58 58		4.93	−0.05	+0.03	B0.5 IIIn

Designation			BS=HR No.	Right Ascension	Declination	Notes	V	B−V	V−I	Spectral Type
				h m s	° ′ ″					
5	α	Sge	7479	19 40 58.1	+18 03 36	d	4.39	+0.78	+0.77	G1 II
			7495	19 41 26.3	+45 34 19	sd	5.06	+0.43	+0.49	F5 II−III
54		Sgr	7476	19 41 50.3	−16 14 50	d	5.30	+1.11	+1.14	K2 III
6	β	Sge	7488	19 41 55.5	+17 31 21		4.39	+1.04	+0.96	G8 IIIa CN 0.5
16		Cyg	7503	19 42 20.0	+50 34 15	sd	5.99	+0.64	+0.61	G1.5 Vb
16		Cyg	7504	19 42 23.1	+50 33 48	s	6.25	+0.66	+0.61	G3 V
55		Sgr	7489	19 43 38.0	−16 04 37	b	5.06	+0.32	+0.37	F0 IVn:
10		Vul	7506	19 44 31.6	+25 49 11		5.50	+0.94	+0.93	G8 III
15		Cyg	7517	19 44 58.8	+37 24 09		4.89	+0.95	+0.94	G8 III
18	δ	Cyg	7528	19 45 35.0	+45 10 45	dbm	2.86	0.00	−0.02	B9.5 III
50	γ	Aql	7525	19 47 11.2	+10 39 43	d	2.72	+1.51	+1.44	K3 II
56		Sgr	7515	19 47 29.9	−19 42 46		4.87	+1.06	+1.03	K0+ III
63	ε	Dra	7582	19 48 05.8	+70 19 03	dbm	3.84	+0.89	+0.88	G7 IIIb Fe−1
7	δ	Sge	7536	19 48 15.4	+18 35 01	cdbm	3.68	+1.31	+1.27	M2 II + A0 V
	ν	Tel	7510	19 49 36.2	−56 18 49		5.33	+0.20	+0.21	A9 Vn
	χ	Cyg	7564	19 51 18.9	+32 57 52	vd	7.91	+2.10	+6.13	S6+/1e
53	α	Aql	7557	19 51 44.1	+08 55 16	dvn51	0.76	+0.22	+0.27	A7 Vnn
51		Aql	7553	19 51 51.1	−10 42 46	d	5.38	+0.40	+0.47	F0 V
			7589	19 52 34.3	+47 04 42	s	5.60	−0.08	0.00	O9.5 Iab
	v3961	Sgr	7552	19 53 09.8	−39 49 24	svb	5.32	−0.05	−0.02	A0p Si Cr Eu
9		Sge	7574	19 53 14.0	+18 43 23	sb	6.24	−0.03	−0.01	O8 If
55	η	Aql	7570	19 53 27.9	+01 03 25	vb	3.87	+0.63	+0.73	F6−G1 Ib
	v1291	Aql	7575	19 54 20.0	−03 03 46	s	5.63	+0.23	+0.26	A5p Sr Cr Eu
60	β	Aql	7602	19 56 16.2	+06 27 24	ad	3.71	+0.86	+0.89	G8 IV
	ι	Sgr	7581	19 56 36.1	−41 48 55		4.12	+1.06	+1.09	G8 III
21	η	Cyg	7615	19 57 02.3	+35 08 10	d	3.89	+1.02	+0.98	K0 III
61		Sgr	7614	19 59 03.3	−15 26 18		5.01	+0.06	+0.05	A3 Va
12	γ	Sge	7635	19 59 37.5	+19 32 46	s	3.51	+1.57	+1.65	M0− III
	θ¹	Sgr	7623	20 01 00.1	−35 13 19	db	4.37	−0.15	−0.15	B2.5 IV
15	NT	Vul	7653	20 01 54.3	+27 48 31	b	4.66	+0.18	+0.19	A7m
	ε	Pav	7590	20 02 48.8	−72 51 22		3.97	−0.03	−0.04	A0 Va
62	v3872	Sgr	7650	20 03 51.2	−27 39 15		4.43	+1.64	+2.50	M4.5 III
1	κ	Cep	7750	20 08 11.9	+77 46 09	dm	4.38	−0.05	−0.06	B9 III
	ξ	Tel	7673	20 08 52.2	−52 49 23	b	4.93	+1.59	+1.83	M1 IIab
28	v1624	Cyg	7708	20 10 09.1	+36 53 53	b	4.93	−0.14	−0.13	B2.5 V
	δ	Pav	7665	20 10 37.2	−66 07 48		3.55	+0.75	+0.76	G6/8 IV
65	θ	Aql	7710	20 12 18.6	−00 45 45	db	3.24	−0.07	−0.06	B9.5 III+
33		Cyg	7740	20 13 51.0	+56 37 41	b	4.28	+0.11	+0.14	A3 IVn
31	o¹	Cyg	7735	20 14 14.8	+46 48 04	cvdb	3.80	+1.27	+1.15	K2 II + B4 V
67	ρ	Aql	7724	20 15 10.8	+15 15 29	b	4.94	+0.07	+0.09	A1 Va
32	o²	Cyg	7751	20 16 04.5	+47 46 29	cvdb	3.96	+1.45	+1.45	K3 II + B9: V
24		Vul	7753	20 17 37.2	+24 43 56		5.30	+0.95	+0.94	G8 III
34	P	Cyg	7763	20 18 30.4	+38 05 40	vs	4.77	+0.38	+0.44	B1pe
5	α¹	Cap	7747	20 18 43.6	−12 26 48	dbm	4.30	+0.93	+1.05	G3 Ib
6	α²	Cap	7754	20 19 08.1	−12 28 59	db	3.58	+0.88	+0.92	G9 III
9	β	Cap	7776	20 22 06.3	−14 43 06	cdb	3.05	+0.79	+0.90	K0 II: + A5n: V:
37	γ	Cyg	7796	20 22 55.7	+40 19 12	asd	2.23	+0.67	+0.65	F8 Ib
			7794	20 24 08.6	+05 24 23		5.30	+0.98	+0.96	G8 III−IV
39		Cyg	7806	20 24 38.4	+32 15 15	s	4.43	+1.33	+1.31	K2.5 III Fe−0.5
	α	Pav	7790	20 27 10.7	−56 40 15	dbn52	1.94	−0.12	−0.10	B2.5 V

Designation			BS=HR No.	Right Ascension	Declination	Notes	V	B–V	V–I	Spectral Type
				h m s	° ′ ″					
2	θ	Cep	7850	20 29 54.3	+63 03 36	b	4.21	+0.20	+0.20	A7m
41		Cyg	7834	20 30 11.6	+30 26 04		4.01	+0.40	+0.46	F5 II
69		Aql	7831	20 30 40.1	−02 49 10		4.91	+1.16	+1.12	K2 III
73	AF	Dra	7879	20 31 13.7	+75 01 16	b	5.18	+0.10	+0.11	A0p Sr Cr Eu
2	ε	Del	7852	20 34 08.7	+11 22 14		4.03	−0.12	−0.10	B6 III
6	β	Del	7882	20 38 27.8	+14 39 50	dbm	3.64	+0.43	+0.50	F5 IV
	α	Ind	7869	20 38 55.8	−47 13 19	d	3.11	+1.00	+0.98	K0 III CN−1
71		Aql	7884	20 39 20.6	−01 02 09	db	4.31	+0.95	+0.91	G7.5 IIIa
29		Vul	7891	20 39 23.6	+21 16 14		4.81	−0.03	−0.01	A0 Va (shell)
7	κ	Del	7896	20 40 04.6	+10 09 21	d	5.07	+0.70	+0.75	G2 IV
9	α	Del	7906	20 40 32.6	+15 58 55	dbm	3.77	−0.06	−0.01	B9 IV
15	υ	Cap	7900	20 41 09.4	−18 04 08		5.15	+1.65	+2.02	M1 III
49		Cyg	7921	20 41 49.9	+32 22 39	sdbm	5.53	+0.87	+0.88	G8 IIb
50	α	Cyg	7924	20 42 05.8	+45 21 03	asdbn53	1.25	+0.09	+0.16	A2 Ia
11	δ	Del	7928	20 44 22.2	+15 08 44	vb	4.43	+0.30	+0.34	F0m
	η	Ind	7920	20 45 27.6	−51 50 59		4.51	+0.28	+0.30	A9 IV
3	η	Cep	7957	20 45 41.0	+61 54 54	d	3.41	+0.91	+0.94	K0 IV
			7955	20 45 50.1	+57 39 01	db	4.52	+0.54	+0.58	F8 IV−V
52		Cyg	7942	20 46 28.1	+30 47 30	d	4.22	+1.05	+1.01	K0 IIIa
	β	Pav	7913	20 46 41.5	−66 07 53		3.42	+0.16	+0.20	A6 IV⁻
53	ε	Cyg	7949	20 47 00.1	+34 02 39	adb	2.48	+1.02	+1.00	K0 III
16		Cap	7936	20 47 14.8	−25 11 58		4.13	+0.43	+0.49	F4 V
12	γ²	Del	7948	20 47 33.8	+16 11 44	dm	4.27	+1.04	+1.03	K1 IV
54	λ	Cyg	7963	20 48 10.2	+36 33 48	dbm	4.53	−0.08	−0.12	B6 IV
2	ε	Aqr	7950	20 48 43.8	−09 25 24		3.78	0.00	−0.01	A1 III⁻
3	EN	Aqr	7951	20 48 45.9	−04 57 19		4.43	+1.64	+2.21	M3 III
55	v1661	Cyg	7977	20 49 36.2	+46 11 14	sd	4.81	+0.57	+0.59	B2.5 Ia
	ι	Mic	7943	20 49 48.0	−43 54 58	d	5.11	+0.36	+0.42	F1 IV
18	ω	Cap	7980	20 52 58.9	−26 50 42		4.12	+1.63	+1.76	M0 III Ba 0.5
6	μ	Aqr	7990	20 53 42.2	−08 54 33	db	4.73	+0.33	+0.36	F2m
32		Vul	8008	20 55 23.6	+28 07 58		5.03	+1.48	+1.50	K4 III
	β	Ind	7986	20 56 19.2	−58 22 45	d	3.67	+1.25	+1.11	K1 II
			8023	20 57 16.1	+45 00 02	sb	5.96	+0.02	+0.04	O6 V
58	ν	Cyg	8028	20 57 54.1	+41 14 35	dbm	3.94	+0.03	+0.01	A0.5 IIIn
33		Vul	8032	20 59 08.7	+22 24 08		5.30	+1.42	+1.40	K3.5 III
59	v832	Cyg	8047	21 00 29.4	+47 35 52	dbm	4.74	−0.08	−0.06	B1.5 Vnne
20	AO	Cap	8033	21 00 42.4	−18 57 31	sv	6.26	−0.11	−0.09	B9psi
	γ	Mic	8039	21 02 28.9	−32 10 49	d	4.67	+0.89	+0.90	G8 III
	ζ	Mic	8048	21 04 12.3	−38 33 15		5.32	+0.42	+0.49	F3 V
62	ξ	Cyg	8079	21 05 38.5	+44 00 23	sb	3.72	+1.61	+1.63	K4.5 Ib−II
	α	Oct	8021	21 07 00.7	−76 56 49	cvb	5.13	+0.49	+0.66	G2 III + A7 III
23	θ	Cap	8075	21 07 02.4	−17 09 15	b	4.08	−0.01	0.00	A1 Va⁺
61	v1803	Cyg	8085	21 07 46.5	+38 50 47	asd	5.20	+1.07	+1.13	K5 V
61		Cyg	8086	21 07 47.8	+38 50 18	sd	6.05	+1.31	+1.27	K7 V
24		Cap	8080	21 08 15.9	−24 55 36	d	4.49	+1.60	+1.81	M1⁻ III
13	ν	Aqr	8093	21 10 39.3	−11 17 30		4.50	+0.93	+0.92	G8⁺ III
5	γ	Equ	8097	21 11 17.4	+10 12 40	dm	4.70	+0.26	+0.26	F0p Sr Eu
64	ζ	Cyg	8115	21 13 46.1	+30 18 28	sdb	3.21	+0.99	+0.97	G8⁺ III−IIIa Ba 0.5
			8110	21 14 26.5	−27 32 19		5.41	+1.43	+1.41	K5 III
	ο	Pav	8092	21 15 08.2	−70 02 42	b	5.06	+1.58	+2.03	M1/2 III

Designation			BS=HR No.	Right Ascension	Declination	Notes	V	B–V	V–I	Spectral Type
				h m s	° ′ ″					
7	δ	Equ	8123	21 15 25.8	+10 05 13	dbm	4.47	+0.53	+0.57	F8 V
65	τ	Cyg	8130	21 15 34.3	+38 07 45	dbm	3.74	+0.39	+0.46	F2 V
8	α	Equ	8131	21 16 47.9	+05 19 46	cdb	3.92	+0.55	+0.62	G2 II–III + A4 V
67	σ	Cyg	8143	21 18 11.0	+39 28 38	b	4.22	+0.10	+0.25	B9 Iab
66	υ	Cyg	8146	21 18 43.3	+34 58 46	db	4.41	−0.10	−0.09	B2 Ve
5	α	Cep	8162	21 19 02.6	+62 40 07	d	2.45	+0.26	+0.26	A7 V⁺n
	ε	Mic	8135	21 19 06.9	−32 05 24		4.71	+0.07	+0.09	A1m A2 Va⁺
	θ	Ind	8140	21 21 14.7	−53 21 59	dm	4.39	+0.19	+0.21	A5 IV–V
	θ¹	Mic	8151	21 22 00.1	−40 43 33	dvm	4.80	+0.03	+0.07	Ap Cr Eu
1		Peg	8173	21 22 59.3	+19 53 20	db	4.08	+1.11	+1.05	K1 III
32	ι	Cap	8167	21 23 19.8	−16 45 02		4.28	+0.89	+0.89	G7 III Fe−1.5
	σ	Oct	7228	21 24 47.9	−88 52 27	vn59	5.45	+0.28	+0.32	F0 III
18		Aqr	8187	21 25 15.3	−12 47 37	d	5.48	+0.30	+0.34	F0 V⁺
69		Cyg	8209	21 26 34.9	+36 45 08	sd	5.93	+0.03	−0.12	B0 Ib
34	ζ	Cap	8204	21 27 46.6	−22 19 33	db	3.77	+1.00	+0.88	G4 Ib: Ba 2
	γ	Pav	8181	21 28 01.9	−65 16 36		4.21	+0.49	+0.61	F6 Vp
8	β	Cep	8238	21 28 54.3	+70 38 48	vdb	3.23	−0.20	−0.25	B1 III
36		Cap	8213	21 29 49.9	−21 43 17		4.50	+0.89	+0.89	G7 IIIb Fe−1
71		Cyg	8228	21 30 10.2	+46 37 38		5.22	+0.97	+0.95	K0⁻ III
2		Peg	8225	21 30 50.0	+23 43 30	d	4.52	+1.62	+1.82	M1⁺ III
22	β	Aqr	8232	21 32 35.0	−05 29 04	asd	2.90	+0.83	+0.82	G0 Ib
73	ρ	Cyg	8252	21 34 43.0	+45 40 43		3.98	+0.89	+0.94	G8 III Fe−0.5
74		Cyg	8266	21 37 44.0	+40 30 06		5.04	+0.20	+0.22	A5 V
9 v337		Cep	8279	21 38 26.6	+62 10 13	as	4.76	+0.25	+0.38	B2 Ib
5		Peg	8267	21 38 40.2	+19 24 26		5.46	+0.32	+0.37	F0 V⁺
23	ξ	Aqr	8264	21 38 47.3	−07 45 57	db	4.68	+0.18	+0.19	A5 Vn
75		Cyg	8284	21 40 57.1	+43 21 47	sd	5.09	+1.60	+1.92	M1 IIIab
40	γ	Cap	8278	21 41 10.1	−16 34 24	b	3.69	+0.32	+0.32	A7m:
11		Cep	8317	21 42 12.0	+71 24 05		4.55	+1.11	+1.07	K0.5 III
	ν	Oct	8254	21 43 34.5	−77 18 06	b	3.73	+1.01	+0.98	K0 III
	μ	Cep	8316	21 44 06.3	+58 52 12	vasd	4.23	+2.24	+3.57	M2⁻ Ia
8	ε	Peg	8308	21 45 08.6	+09 57 55	sdn54	2.38	+1.52	+1.42	K2 Ib–II
9		Peg	8313	21 45 26.1	+17 26 25	as	4.34	+1.16	+1.05	G5 Ib
10	κ	Peg	8315	21 45 31.8	+25 44 07	dbm	4.14	+0.43	+0.48	F5 IV
10	ν	Cep	8334	21 46 00.7	+61 12 40		4.25	+0.47	+0.73	A2 Ia
9	ι	PsA	8305	21 46 06.2	−32 56 09	db	4.35	−0.05	−0.05	A0 IV
81	π²	Cyg	8335	21 47 31.0	+49 24 01	dbm	4.23	−0.12	−0.13	B2.5 III
49	δ	Cap	8322	21 48 06.9	−16 02 17	vdb	2.85	+0.18	+0.35	F2m
14		Peg	8343	21 50 42.5	+30 15 57	b	5.07	+0.01	+0.03	A1 Vs
	ο	Ind	8333	21 52 24.2	−69 32 15		5.52	+1.38	+1.35	K2/3 III
16		Peg	8356	21 53 57.1	+26 01 03	b	5.09	−0.16	−0.15	B3 V
51	μ	Cap	8351	21 54 21.4	−13 27 33		5.08	+0.38	+0.43	F2 V
	γ	Gru	8353	21 55 06.2	−37 16 20		3.00	−0.08	−0.10	B8 IV–Vs
13		Cep	8371	21 55 32.6	+56 42 15	s	5.74	+0.66	+1.00	B8 Ib
	δ	Ind	8368	21 59 13.9	−54 53 56	dm	4.40	+0.30	+0.35	F0 III–IVn
17	ξ	Cep	8417	22 04 21.4	+64 43 24	dbm	4.26	+0.38	+0.44	A7m:
	ε	Ind	8387	22 04 50.3	−56 42 17		4.69	+1.06	+1.15	K4/5 V
20		Cep	8426	22 05 36.1	+62 52 52		5.27	+1.41	+1.39	K4 III
19		Cep	8428	22 05 44.9	+62 22 30	sd	5.07	+0.24	+0.15	O9.5 Ib
34	α	Aqr	8414	22 06 47.1	−00 13 28	sd	2.95	+0.97	+0.92	G2 Ib

Designation		BS=HR No.	Right Ascension	Declination	Notes	V	B–V	V–I	Spectral Type
			h m s	° ′ ″					
λ	Gru	8411	22 07 17.0	−39 26 55		4.47	+1.35	+1.31	K3 III
33 ι	Aqr	8418	22 07 29.3	−13 46 28	b	4.29	−0.08	−0.06	B9 IV–V
24 ι	Peg	8430	22 07 55.2	+25 26 28	db	3.77	+0.44	+0.51	F5 V
α	Gru	8425	22 09 27.2	−46 51 57	dn55	1.73	−0.07	−0.05	B7 Vn
14 μ	PsA	8431	22 09 31.0	−32 53 33		4.50	+0.05	+0.06	A1 IVnn
24	Cep	8468	22 10 10.6	+72 26 15		4.79	+0.92	+0.91	G7 II–III
29 π	Peg	8454	22 10 51.3	+33 16 28		4.28	+0.47	+0.52	F3 III
26 θ	Peg	8450	22 11 11.0	+06 17 40	b	3.52	+0.09	+0.09	A2m A1 IV–V
		8546	22 11 15.9	+86 12 18	b	5.27	−0.03	−0.01	B9.5 Vn
21 ζ	Cep	8465	22 11 32.0	+58 17 52	h	3.39	+1.56	+1.58	K1.5 Ib
22 λ	Cep	8469	22 12 10.4	+59 30 40	s	5.05	+0.19	+0.21	O6 If
		8485	22 14 43.1	+39 48 44	dbm	4.50	+1.39	+1.36	K2.5 III
16 λ	PsA	8478	22 15 24.8	−27 40 10		5.45	−0.12	−0.11	B8 III
23 ε	Cep	8494	22 15 45.6	+57 08 29	db	4.18	+0.28	+0.33	A9 IV
1	Lac	8498	22 16 49.3	+37 50 47		4.14	+1.45	+1.33	K3⁻ II–III
43 θ	Aqr	8499	22 17 51.7	−07 41 08		4.17	+0.98	+0.95	G9 III
α	Tuc	8502	22 19 49.3	−60 09 42	b	2.87	+1.39	+1.37	K3 III
ε	Oct	8481	22 22 06.5	−80 20 29		5.09	+1.28	+3.21	M6 III
31 IN	Peg	8520	22 22 28.7	+12 18 14		4.82	−0.13	−0.16	B2 IV–V
47	Aqr	8516	22 22 39.8	−21 30 00		5.12	+1.06	+1.02	K0 III
48 γ	Aqr	8518	22 22 39.8	−01 17 19	db	3.86	−0.06	−0.06	B9.5 III–IV
3 β	Lac	8538	22 24 19.9	+52 19 38	d	4.42	+1.02	+1.03	G9 IIIb Ca 1
52 π	Aqr	8539	22 26 16.3	+01 28 37		4.80	−0.17	−0.18	B1 Ve
δ	Tuc	8540	22 28 41.9	−64 51 59	dm	4.51	−0.03	−0.01	B9.5 IVn
ν	Gru	8552	22 29 47.4	−39 01 57	d	5.47	+0.96	+1.01	G8 III
55 ζ²	Aqr	8559	22 29 50.1	+00 04 49	cdm	3.65	+0.41	+0.50	F2.5 IV–V
27 δ	Cep	8571	22 29 53.9	+58 30 56	vdb	4.07	+0.78	+0.81	F5–G2 Ib
29 ρ²	Cep	8591	22 30 02.3	+78 55 28	b	5.45	+0.09	+0.11	A3 V
5	Lac	8572	22 30 20.8	+47 48 26	cdb	4.34	+1.68	+1.90	M0 II + B8 V
δ¹	Gru	8556	22 30 25.6	−43 23 43	d	3.97	+1.02	+0.98	G6/8 III
δ²	Gru	8560	22 30 54.9	−43 38 56	d	4.12	+1.57	+2.49	M4.5 IIIa
6	Lac	8579	22 31 20.0	+43 13 26	b	4.52	−0.09	−0.09	B2 IV
57 σ	Aqr	8573	22 31 40.6	−10 34 39	dbm	4.82	−0.05	−0.04	A0 IV
7 α	Lac	8585	22 32 05.9	+50 22 59	d	3.76	+0.03	+0.05	A1 Va
17 β	PsA	8576	22 32 36.5	−32 14 44	d	4.29	+0.01	+0.03	A1 Va
59 υ	Aqr	8592	22 35 45.5	−20 36 28		5.21	+0.45	+0.49	F5 V
31	Cep	8615	22 36 15.0	+73 44 41		5.08	+0.40	+0.46	F3 III–IV
62 η	Aqr	8597	22 36 21.5	−00 00 59		4.04	−0.08	−0.07	B9 IV–V:n
63 κ	Aqr	8610	22 38 45.9	−04 07 37	d	5.04	+1.14	+1.10	K1.5 IIIb CN 0.5
30	Cep	8627	22 39 20.8	+63 41 10	b	5.19	+0.08	+0.10	A3 IV
10	Lac	8622	22 40 08.4	+39 09 08	ad	4.89	−0.21	−0.23	O9 V
		8626	22 40 27.4	+37 41 41	sd	6.03	+0.85	+0.87	G3 Ib–II: CN−1 CH 2 Fe−1
11	Lac	8632	22 41 22.4	+44 22 43		4.50	+1.32	+1.25	K2.5 III
18 ε	PsA	8628	22 41 43.8	−26 56 29		4.18	−0.11	−0.07	B8 Ve
42 ζ	Peg	8634	22 42 26.1	+10 56 01	d	3.41	−0.09	−0.06	B8.5 III
β	Gru	8636	22 43 49.4	−46 46 55		2.07	+1.61	+2.60	M4.5 III
44 η	Peg	8650	22 43 55.1	+30 19 25	cdb	2.93	+0.85	+0.87	G8 II + F0 V
13	Lac	8656	22 44 57.9	+41 55 19	d	5.11	+0.96	+0.95	K0 III
47 λ	Peg	8667	22 47 28.4	+23 40 07		3.97	+1.07	+0.99	G8 IIIa CN 0.5
46 ξ	Peg	8665	22 47 40.1	+12 16 24	d	4.20	+0.50	+0.60	F6 V

Designation			BS=HR No.	Right Ascension	Declination	Notes	V	B–V	V–I	Spectral Type
				h m s	° ′ ″					
	β	Oct	8630	22 47 56.5	−81 16 43	b	4.13	+0.21	+0.24	A7 III–IV
68		Aqr	8670	22 48 35.8	−19 30 40		5.24	+0.94	+0.93	G8 III
	ε	Gru	8675	22 49 43.4	−51 12 50		3.49	+0.08	+0.10	A2 Va
32	ι	Cep	8694	22 50 22.8	+66 18 12	s	3.50	+1.05	+1.06	K0⁻ III
71	τ	Aqr	8679	22 50 37.3	−13 29 21	d	4.05	+1.57	+1.72	M0 III
48	μ	Peg	8684	22 50 56.8	+24 42 18	s	3.51	+0.93	+0.89	G8⁺ III
			8685	22 52 08.4	−39 03 11		5.43	+1.44	+1.44	K3 III
22	γ	PsA	8695	22 53 36.3	−32 46 18	dm	4.46	−0.04	−0.01	A0m A1 III–IV
73	λ	Aqr	8698	22 53 37.9	−07 28 32		3.73	+1.63	+2.07	M2.5 III Fe−0.5
			8748	22 54 11.1	+84 27 02		4.70	+1.42	+1.38	K4 III
76	δ	Aqr	8709	22 55 41.0	−15 43 00		3.27	+0.07	+0.08	A3 IV–V
23	δ	PsA	8720	22 57 01.4	−32 26 06	d	4.20	+0.95	+0.96	G8 III
			8726	22 57 17.6	+49 50 17	s	4.99	+1.78	+1.87	K5 Ib
24	α	PsA	8728	22 58 43.4	−29 31 07	an56	1.17	+0.15	+0.16	A3 Va
			8732	22 59 39.8	−35 25 09	s	6.15	+0.58	+0.62	F8 III–IV
	v509	Cas	8752	23 00 54.8	+57 03 01	s	5.10	+1.01	+0.99	G4v 0
	ζ	Gru	8747	23 02 01.3	−52 38 57	b	4.11	+0.96	+1.01	G8/K0 III
1	o	And	8762	23 02 49.4	+42 25 52	dbm	3.62	−0.10	−0.05	B6pe (shell)
	π	PsA	8767	23 04 34.3	−34 38 37	b	5.12	+0.31	+0.37	F0 V:
53	β	Peg	8775	23 04 43.3	+28 11 20	d	2.44	+1.66	+2.31	M2.5 II–III
4	β	Psc	8773	23 04 52.2	+03 55 31		4.48	−0.12	−0.09	B6 Ve
54	α	Peg	8781	23 05 44.0	+15 18 38	bn57	2.49	0.00	0.00	A0 III–IV
86		Aqr	8789	23 07 43.5	−23 38 15	dm	4.48	+0.89	+0.92	G6 IIIb
	θ	Gru	8787	23 07 58.2	−43 24 53	dm	4.28	+0.42	+0.44	F5 (II–III)m
55		Peg	8795	23 07 59.2	+09 30 54		4.54	+1.56	+1.79	M1 IIIab
33	π	Cep	8819	23 08 31.4	+75 29 35	dbm	4.41	+0.80	+0.84	G2 III
88		Aqr	8812	23 10 29.0	−21 03 59		3.68	+1.20	+1.16	K1.5 III
	ι	Gru	8820	23 11 27.3	−45 08 27	b	3.88	+1.00	+0.95	K1 III
59		Peg	8826	23 12 43.3	+08 49 35		5.15	+0.14	+0.15	A3 Van
90	φ	Aqr	8834	23 15 19.9	−05 56 37		4.22	+1.55	+1.89	M1.5 III
91	¹	Aqr	8841	23 16 54.7	−08 58 52	d	4.24	+1.11	+1.06	K1⁻ III Fe−0.5
6	γ	Psc	8852	23 18 10.6	+03 23 21	s	3.70	+0.92	+0.97	G9 III: Fe−2
	γ	Tuc	8848	23 18 33.3	−58 07 43		3.99	+0.41	+0.50	F2 V
93	²	Aqr	8858	23 18 55.0	−09 04 33		4.41	−0.14	−0.14	B5 Vn
	γ	Scl	8863	23 19 52.4	−32 25 32		4.41	+1.11	+1.08	K1 III
95	³	Aqr	8865	23 19 58.5	−09 30 14	d	4.99	−0.02	0.00	A0 Va
62	τ	Peg	8880	23 21 36.3	+23 50 50	v	4.58	+0.18	+0.23	A5 V
98		Aqr	8892	23 23 59.5	−19 59 38		3.96	+1.08	+1.10	K1 III
4		Cas	8904	23 25 42.8	+62 23 24	d	4.96	+1.68	+1.94	M2⁻ IIIab
68	υ	Peg	8905	23 26 21.3	+23 30 42	s	4.42	+0.62	+0.67	F8 III
99		Aqr	8906	23 27 04.1	−20 32 06		4.38	+1.46	+1.52	K4.5 III
8	κ	Psc	8911	23 27 55.9	+01 21 45	d	4.95	+0.04	+0.01	A0p Cr Sr
10	θ	Psc	8916	23 28 57.5	+06 29 11		4.27	+1.06	+1.03	K0.5 III
70		Peg	8923	23 30 08.6	+12 52 06		4.54	+0.94	+0.93	G8 IIIa
	τ	Oct	8862	23 30 21.9	−87 22 28		5.50	+1.28	+1.24	K2 III
			8924	23 30 32.5	−04 25 35	s	6.26	+1.12	+1.04	K3⁻ IIIb Fe 2
	β	Scl	8937	23 34 00.7	−37 42 37		4.38	−0.10	−0.09	B9.5p Hg Mn
			8952	23 35 50.6	+71 45 00	s	5.86	+1.68	+1.71	G9 Ib
	ι	Phe	8949	23 36 07.1	−42 30 25	d	4.69	+0.08	+0.10	Ap Sr
16	λ	And	8961	23 38 31.5	+46 33 50	vdb	3.81	+0.98	+0.96	G8 III–IV

Designation			BS=HR No.	Right Ascension	Declination	Notes	V	B–V	V–I	Spectral Type
				h m s	° ′ ″					
			8959	23 38 53.6	−45 23 04	b	4.74	+0.08	+0.08	A1/2 V
17	ι	And	8965	23 39 05.9	+43 22 34	b	4.29	−0.08	−0.06	B8 V
35	γ	Cep	8974	23 40 10.0	+77 44 28	as	3.21	+1.03	+0.99	K1 III–IV CN 1
17	ι	Psc	8969	23 40 57.3	+05 43 55	d	4.13	+0.51	+0.59	F7 V
19	κ	And	8976	23 41 22.5	+44 26 31	d	4.15	−0.07	−0.06	B8 IVn
	μ	Scl	8975	23 41 39.3	−31 57 55		5.30	+0.97	+0.95	K0 III
18	λ	Psc	8984	23 43 02.5	+01 53 15	b	4.49	+0.20	+0.22	A6 IV⁻
105	ω²	Aqr	8988	23 43 43.9	−14 26 13	db	4.49	−0.03	−0.04	B9.5 IV
106		Aqr	8998	23 45 12.7	−18 10 07		5.24	−0.08	−0.06	B9 Vn
20		And	9003	23 47 00.4	+46 31 43	dm	4.97	+1.09	+1.05	G3 Ib–II
			9013	23 48 51.5	+67 54 55	b	5.05	+0.01	+0.03	A1 Vn
20		Psc	9012	23 48 56.7	−02 39 11	d	5.49	+0.94	+0.96	gG8
	δ	Scl	9016	23 49 56.3	−28 01 21	d	4.59	0.00	−0.01	A0 Va⁺n
81	φ	Peg	9036	23 53 29.0	+19 13 43		5.06	+1.59	+2.09	M3⁻ IIIb
82 HT		Peg	9039	23 53 36.9	+11 03 21		5.30	+0.19	+0.20	A4 Vn
7	ρ	Cas	9045	23 55 22.1	+57 36 28		4.51	+1.19	+1.15	G2 0 (var)
84		Peg	9064	23 58 45.3	+25 14 59	d	4.63	+1.58	+2.21	M3 III
27		Psc	9067	23 59 40.3	−03 26 52	db	4.88	+0.93	+0.92	G9 III
	π	Phe	9069	23 59 56.0	−52 38 13		5.13	+1.12	+1.08	K0 III

Notes to Table

a   anchor point for the MK system

b   spectroscopic binary

c   composite or combined spectrum

d   double star given in Washington Double Star Catalog

m   magnitude and color refer to combined light of two or more stars

n   navigational star followed by its star number in *The Nautical Almanac*

o   orbital position generated using FK5 center-of-mass position and proper motion

s   MK standard star

v   variable star

 A searchable version of this table appears on *The Astronomical Almanac Online*.

 This symbol indicates that these data or auxiliary material may also be found on *The Astronomical Almanac Online* **http://asa.usno.navy.mil** and **http://asa.hmnao.com**

BS=HR No.	WDS No.	Right Ascension	Declination	Discoverer Designation	Epoch[1]	P.A.	Separation	V of primary[2]	Δm_V
		h m s	° ′ ″			°	″		
126	00315−6257	00 32 25.8	−62 51 04	LCL 119 AC	2009	168	27.1	4.28	0.23
154	00369+3343	00 37 55.7	+33 49 35	H 5 17 AB	2016	173	36.2	4.36	2.72
361	01137+0735	01 14 45.1	+07 40 41	STF 100 AB	2016	63	22.9	5.22	0.93
382	01201+5814	01 21 19.4	+58 20 01	H 3 23 AC	2014	235	132.8	5.07	1.97
531	01496−1041	01 50 32.6	−10 35 26	ENG 8	2012	250	192.9	4.69	2.12
596	02020+0246	02 03 03.5	+02 51 26	STF 202 AB	2019.5	260	1.8	4.10	1.07
603	02039+4220	02 05 06.3	+42 25 21	STF 205 A,BC	2015	63	9.8	2.31	2.71
681	02193−0259	02 20 20.0	−02 53 24	H 6 1 AC	2019.5	68	123.9	6.65	2.94
897	02583−4018	02 59 00.0	−40 13 38	PZ 2	2013	91	8.6	3.20	0.92
1279	04077+1510	04 08 48.4	+15 12 49	STF 495	2015	224	3.8	6.11	2.66
1387	04254+2218	04 26 32.1	+22 20 13	STF 541 AB	2011	174	344.5	4.22	1.07
1412	04287+1552	04 29 46.7	+15 54 45	STFA 10	2015	347	338.0	3.41	0.53
1497	04422+2257	04 43 25.1	+22 59 34	S 455 AB	2015	214	62.8	4.24	2.78
1856	05302−4705	05 30 41.7	−47 03 52	DUN 21 AD	2009	272	198.3	5.52	1.16
1879	05351+0956	05 36 12.8	+09 56 44	STF 738 AB	2015	44	4.5	3.51	1.94
1931	05387−0236	05 39 43.6	−02 35 25	STF 762 AB,D	2016	85	12.9	3.73	2.83
1931	05387−0236	05 39 43.6	−02 35 25	STF 762 AB,E	2016	62	41.5	3.73	2.61
1983	05445−2227	05 45 16.6	−22 26 36	H 6 40 AB	2012	350	95.0	3.64	2.64
2298	06238+0436	06 24 48.1	+04 34 53	STF 900 AB	2016	28	12.0	4.42	2.22
2736	07087−7030	07 08 34.6	−70 31 49	DUN 42	2002	296	14.4	3.86	1.57
2891	07346+3153	07 35 50.2	+31 50 36	STF1110 AB	2019.5	52	5.3	1.93	1.04
3223	08079−6837	08 07 59.1	−68 40 28	RMK 7	2010	23	6.0	4.38	2.93
3207	08095−4720	08 10 08.0	−47 23 41	DUN 65 AB	2009	221	40.3	1.79	2.35
3315	08252−2403	08 25 54.3	−24 06 38	S 568	2010	90	42.7	5.48	2.95
3475	08467+2846	08 47 52.4	+28 41 14	STF1268	2015	308	30.1	4.13	1.86
3582	08570−5914	08 57 27.0	−59 18 18	DUN 74	2010	76	40.1	4.87	1.71
3890	09471−6504	09 47 35.3	−65 09 46	RMK 11	2010	126	5.0	3.02	2.98
4031	10167+2325	10 17 46.3	+23 19 10	STFA 18	2012	338	334.8	3.46	2.57
4057	10200+1950	10 21 02.7	+19 44 32	STF1424 AB	2019.5	127	4.7	2.37	1.30
4180	10393−5536	10 40 05.2	−55 42 19	DUN 95 AB	2000	105	51.7	4.38	1.68
4191	10435+4612	10 44 41.2	+46 06 03	SMA 75 AB	2012	88	288.4	5.21	2.14
4203	10459+3041	10 46 56.7	+30 34 45	S 612 AB	2015	174	196.2	5.34	2.44
4203	10459+3041	10 46 56.7	+30 34 45	ARN 3 AC	2012	94	424.6	5.34	2.97
4257	10535−5851	10 54 17.5	−58 57 25	DUN 102 AB	2000	204	159.4	3.88	2.35
4259	10556+2445	10 56 39.9	+24 38 43	STF1487	2016	113	6.5	4.48	1.82
4369	11170−0708	11 17 57.5	−07 14 29	BU 600 AC	2019.5	99	52.9	6.15	2.07
4418	11279+0251	11 28 56.4	+02 44 55	STFA 19 AB	2019.5	182	88.7	5.05	2.42
4621	12084−5043	12 09 22.6	−50 49 51	JC 2 AB	1999	325	269.1	2.51	1.91
4730	12266−6306	12 27 41.8	−63 12 25	DUN 252 AB	2016	112	3.9	1.25	0.30
4792	12351+1823	12 36 06.4	+18 16 12	STF1657	2016	272	20.4	5.11	1.22
4898	12546−5711	12 55 45.2	−57 17 00	DUN 126 AB	2016	17	34.9	3.94	1.01
4915	12560+3819	12 56 56.2	+38 12 48	STF1692	2015	227	19.3	2.85	2.67
4993	13152−6754	13 16 35.7	−67 59 50	DUN 131 AC	2002	332	58.4	4.76	2.48
5035	13226−6059	13 23 54.5	−61 05 24	DUN 133 AB,C	2010	345	60.6	4.51	1.66
5054	13239+5456	13 24 42.5	+54 49 26	STF1744 AB	2015	153	14.4	2.23	1.65
5054	13239+5456	13 24 42.5	+54 49 26	STF1744 AC	2013	70	706.9	2.23	1.78
5085	13288+5956	13 29 09.9	+59 50 44	S 649 CA	2014	111	182.2	5.46	2.73
5171	13472−6235	13 48 33.6	−62 41 11	COO 157 AB	1998	318	9.3	7.19	2.71
5350	14162+5122	14 16 51.3	+51 16 40	STFA 26 AB	2015	32	39.1	4.76	2.63
5460	14396−6050	14 40 56.2	−60 54 52	RHD 1 AB	2019.5	342	5.2	−0.01*	1.34

BS=HR No.	WDS No.	Right Ascension	Declination	Discoverer Designation	Epoch[1]	P.A.	Separation	V of primary[2]	Δm_V
		h m s	° ′ ″			°	″		
5459	14396−6050	14 40 56.4	−60 54 57	RHD 1 BA	2019.5	162	5.2	1.33*	1.34
5506	14450+2704	14 45 50.3	+26 59 34	STF1877 AB	2015	343	2.9	2.58	2.23
5531	14509−1603	14 51 57.6	−16 07 18	SHJ 186 AB	2012	314	231.1	2.74	2.45
5646	15119−4844	15 13 18.0	−48 48 38	DUN 177	2010	143	26.5	3.83	1.69
5683	15185−4753	15 19 54.0	−47 56 44	DUN 180 AC	2016	129	22.9	4.99	1.35
5733	15245+3723	15 25 13.7	+37 18 35	STFA 28 AB	2015	171	107.7	4.33	2.76
5789	15348+1032	15 35 44.1	+10 28 29	STF1954 AB	2019.5	172	4.0	4.17	0.99
5984	16054−1948	16 06 34.4	−19 51 27	H 3 7 AC	2016	19	14.0	2.59	1.93
5985	16054−1948	16 06 34.7	−19 51 13	H 3 7 CA	2016	199	14.0	4.52	1.93
6008	16081+1703	16 08 57.4	+16 59 46	STF2010 AB	2019.5	14	27.0	5.10	1.11
6027	16120−1928	16 13 07.9	−19 30 36	H 5 6 AC	2016	338	41.6	4.21	2.39
6077	16195−3054	16 20 47.0	−30 57 09	BSO 12	2010	319	23.8	5.55	1.33
6020	16203−7842	16 23 19.5	−78 44 28	BSO 22 AB	2010	10	103.0	4.90	0.51
6115	16272−4733	16 28 37.2	−47 35 50	HJ 4853	2013	334	22.8	4.51	1.61
6406	17146+1423	17 15 32.3	+14 22 10	STF2140 AB	2019.5	103	4.6	3.48	1.92
6555	17322+5511	17 32 39.1	+55 09 37	STFA 35	2015	312	62.1	4.87	0.03
6636	17419+7209	17 41 35.8	+72 08 20	STF2241 AB	2019.5	17	29.6	4.60	0.99
6752	18055+0230	18 06 26.3	+02 29 52	STF2272 AB	2019.5	122	6.6	4.22	1.95
7056	18448+3736	18 45 26.7	+37 37 35	STFA 38 AD	2016	150	43.9	4.34	1.28
7141	18562+0412	18 57 11.3	+04 13 49	STF2417 AB	2016	104	22.6	4.59	0.34
7405	19287+2440	19 29 31.0	+24 42 20	STFA 42	2019.5	28	427.9	4.61	1.32
7417	19307+2758	19 31 30.5	+28 00 06	STFA 43 AB	2016	54	34.7	3.19	1.49
7476	19407−1618	19 41 50.3	−16 14 50	HJ 599 AC	2016	42	45.6	5.42	2.23
7503	19418+5032	19 42 20.0	+50 34 15	STFA 46 AB	2019.5	133	39.8	6.00	0.23
7582	19482+7016	19 48 05.8	+70 19 03	STF2603	2012	21	3.2	4.01	2.86
7735	20136+4644	20 14 14.8	+46 48 04	STFA 50 AD	2015	321	337.1	3.93	0.90
7754	20181−1233	20 19 08.1	−12 28 59	STFA 51 AE	2012	290	381.2	3.67	0.67
7776	20210−1447	20 22 06.3	−14 43 06	STFA 52 AB	2012	267	205.4	3.15	2.93
7948	20467+1607	20 47 33.8	+16 11 44	STF2727	2019.5	265	8.9	4.36	0.67
8085	21069+3845	21 07 46.5	+38 50 47	STF2758 AB	2019.5	153	31.8	5.20	0.85
8086	21069+3845	21 07 47.8	+38 50 18	STF2758 BA	2019.5	333	31.8	6.05	0.85
8097	21103+1008	21 11 17.4	+10 12 40	STFA 54 AD	2011	152	335.8	4.70	1.36
8140	21199−5327	21 21 14.7	−53 21 59	HJ 5258	2019.5	269	7.4	4.50	2.43
8417	22038+6438	22 04 21.4	+64 43 24	STF2863 AB	2019.5	273	8.4	4.45	1.95
8559	22288−0001	22 29 50.1	+00 04 49	STF2909	2019.5	156	2.3	4.34	0.15
8571	22292+5825	22 29 53.9	+58 30 56	STFA 58 AC	2016	192	40.9	4.21	1.90
8576	22315−3221	22 32 36.5	−32 14 44	PZ 7	2009	172	30.6	4.28	2.84

Notes to Table

[1]   Epoch represents the date of position angle and separation data. Data for Epoch 2019.5 are calculated; data for all other epochs represent the most recent measurement. In the latter cases, the system configuration at 2019.5 is not expected to be significantly different.

[2]   Visual magnitudes are Tycho V except where indicated by *; in those cases, the magnitudes are Hipparcos V. Primary is not necessarily the brighter object, but is the object used as the origin of the measurements for the pair.

Name	Right Ascension	Declination	V	B–V	U–B	V–R	R–I	V–I
	h m s	° ′ ″						
TPhe I	00 31 00.9	−46 21 43	14.820	+0.764	+0.338	+0.422	+0.395	+0.817
TPhe A	00 31 05.9	−46 25 02	14.651	+0.793	+0.380	+0.435	+0.405	+0.841
TPhe H	00 31 06.0	−46 20 57	14.942	+0.740	+0.225	+0.425	+0.425	+0.851
TPhe B	00 31 12.6	−46 21 31	12.334	+0.405	+0.156	+0.262	+0.271	+0.535
TPhe C	00 31 13.2	−46 25 55	14.376	−0.298	−1.217	−0.148	−0.211	−0.360
TPhe D	00 31 14.6	−46 24 53	13.118	+1.551	+1.871	+0.849	+0.810	+1.663
TPhe E	00 31 16.2	−46 18 08	11.631	+0.443	−0.103	+0.276	+0.283	+0.564
TPhe J	00 31 19.3	−46 17 28	13.434	+1.465	+1.229	+0.980	+1.063	+2.043
TPhe F	00 31 46.2	−46 26 57	12.475	+0.853	+0.534	+0.492	+0.437	+0.929
TPhe K	00 31 52.5	−46 16 59	12.935	+0.806	+0.402	+0.473	+0.429	+0.909
TPhe G	00 32 00.5	−46 16 24	10.447	+1.545	+1.910	+0.934	+1.086	+2.025
PG0029+024	00 32 42.4	+02 44 11	15.268	+0.362	−0.184	+0.251	+0.337	+0.593
HD 2892	00 33 12.2	+01 17 44	9.360	+1.322	+1.414	+0.692	+0.628	+1.321
BD −15 115	00 39 19.1	−14 53 29	10.885	−0.199	−0.838	−0.095	−0.110	−0.204
PG0039+049	00 43 06.5	+05 15 47	12.877	−0.019	−0.871	+0.067	+0.097	+0.164
BD −11 162	00 53 13.9	−10 33 26	11.184	−0.082	−1.115	+0.051	+0.092	+0.145
SA 92 309	00 54 14.1	+00 52 22	13.842	+0.513	−0.024	+0.326	+0.325	+0.652
SA 92 312	00 54 16.6	+00 54 49	10.598	+1.636	+1.992	+0.898	+0.906	+1.806
SA 92 322	00 54 47.0	+00 53 55	12.676	+0.528	−0.002	+0.302	+0.305	+0.608
SA 92 245	00 55 16.2	+00 46 15	13.818	+1.418	+1.189	+0.929	+0.907	+1.836
SA 92 248	00 55 30.8	+00 46 37	15.346	+1.128	+1.289	+0.690	+0.553	+1.245
SA 92 249	00 55 33.6	+00 47 25	14.325	+0.699	+0.240	+0.399	+0.370	+0.770
SA 92 250	00 55 37.2	+00 45 17	13.178	+0.814	+0.480	+0.446	+0.394	+0.840
SA 92 330	00 55 43.4	+00 49 45	15.073	+0.568	−0.115	+0.331	+0.334	+0.666
SA 92 252	00 55 47.3	+00 45 44	14.932	+0.517	−0.140	+0.326	+0.332	+0.666
SA 92 253	00 55 51.4	+00 46 39	14.085	+1.131	+0.955	+0.719	+0.616	+1.337
SA 92 335	00 55 58.3	+00 50 20	12.523	+0.672	+0.208	+0.380	+0.338	+0.719
SA 92 339	00 56 03.3	+00 50 30	15.579	+0.449	−0.177	+0.306	+0.339	+0.645
SA 92 342	00 56 09.9	+00 49 32	11.615	+0.435	−0.037	+0.265	+0.271	+0.537
SA 92 188	00 56 10.5	+00 29 28	14.751	+1.050	+0.751	+0.679	+0.573	+1.254
SA 92 409	00 56 11.7	+01 02 14	10.627	+1.138	+1.136	+0.734	+0.625	+1.361
SA 92 410	00 56 14.3	+01 08 10	14.984	+0.398	−0.134	+0.239	+0.242	+0.484
SA 92 412	00 56 15.8	+01 08 13	15.036	+0.457	−0.152	+0.285	+0.304	+0.589
SA 92 259	00 56 21.7	+00 46 50	14.997	+0.642	+0.108	+0.370	+0.452	+0.821
SA 92 345	00 56 23.8	+00 57 26	15.216	+0.745	+0.121	+0.465	+0.476	+0.941
SA 92 347	00 56 26.1	+00 57 08	15.752	+0.543	−0.097	+0.339	+0.318	+0.658
SA 92 348	00 56 29.5	+00 50 52	12.109	+0.598	+0.056	+0.345	+0.341	+0.688
SA 92 417	00 56 32.3	+00 59 26	15.922	+0.477	−0.185	+0.351	+0.305	+0.657
SA 92 260	00 56 33.0	+00 44 42	15.071	+1.162	+1.115	+0.719	+0.608	+1.328
SA 92 263	00 56 39.4	+00 42 39	11.782	+1.046	+0.844	+0.562	+0.521	+1.083
SA 92 497	00 56 54.5	+01 18 01	13.642	+0.729	+0.257	+0.404	+0.378	+0.783
SA 92 498	00 56 56.6	+01 17 00	14.408	+1.010	+0.794	+0.648	+0.531	+1.181
SA 92 500	00 56 58.1	+01 16 44	15.841	+1.003	+0.211	+0.738	+0.599	+1.338
SA 92 425	00 56 58.2	+00 59 17	13.941	+1.191	+1.173	+0.755	+0.627	+1.384
SA 92 426	00 56 59.7	+00 59 13	14.466	+0.729	+0.184	+0.412	+0.396	+0.809
SA 92 501	00 57 00.2	+01 17 10	12.958	+0.610	+0.068	+0.345	+0.331	+0.677
SA 92 355	00 57 05.8	+00 57 05	14.965	+1.164	+1.201	+0.759	+0.645	+1.406
SA 92 427	00 57 06.7	+01 06 40	14.953	+0.809	+0.352	+0.462	+2.922	+3.275
SA 92 502	00 57 08.2	+01 10 44	11.812	+0.486	−0.095	+0.284	+0.292	+0.576
SA 92 430	00 57 15.3	+00 59 37	14.440	+0.567	−0.040	+0.338	+0.338	+0.676

Name	Right Ascension	Declination	V	B–V	U–B	V–R	R–I	V–I
	h m s	° ′ ″						
SA 92 276	00 57 26.6	+00 48 09	12.036	+0.629	+0.067	+0.368	+0.357	+0.726
SA 92 282	00 57 46.9	+00 44 48	12.969	+0.318	−0.038	+0.201	+0.221	+0.422
SA 92 507	00 57 50.9	+01 12 19	11.332	+0.932	+0.688	+0.507	+0.461	+0.969
SA 92 508	00 57 51.3	+01 15 52	11.679	+0.529	−0.047	+0.318	+0.320	+0.639
SA 92 364	00 57 52.3	+00 50 10	11.673	+0.607	−0.037	+0.356	+0.357	+0.714
SA 92 433	00 57 53.8	+01 07 00	11.667	+0.655	+0.110	+0.367	+0.348	+0.716
SA 92 288	00 58 17.0	+00 43 07	11.631	+0.858	+0.472	+0.491	+0.441	+0.932
Feige 11	01 05 22.2	+04 19 52	12.065	−0.239	−0.988	−0.118	−0.142	−0.259
Feige 11A	01 05 28.5	+04 18 11	14.475	+0.841	+0.454	+0.479	+0.426	+0.907
Feige 11B	01 05 28.9	+04 17 40	13.784	+0.747	+0.234	+0.437	+0.412	+0.849
Feige 16	01 55 33.1	−06 40 17	12.405	−0.008	+0.013	−0.007	+0.002	−0.004
SA 93 407	01 55 37.4	+00 59 30	11.971	+0.852	+0.564	+0.487	+0.421	+0.908
SA 93 317	01 55 37.8	+00 48 43	11.546	+0.488	−0.053	+0.293	+0.299	+0.592
SA 93 333	01 56 05.4	+00 51 25	12.009	+0.833	+0.436	+0.469	+0.422	+0.892
SA 93 424	01 56 26.6	+01 02 24	11.619	+1.083	+0.929	+0.553	+0.501	+1.056
G3–33	02 01 14.5	+13 08 10	12.298	+1.802	+1.306	+1.355	+1.752	+3.103
PG0220+132B	02 24 37.5	+13 33 20	14.216	+0.937	+0.319	+0.562	+0.496	+1.058
PG0220+132	02 24 42.1	+13 32 51	14.760	−0.132	−0.922	−0.050	−0.120	−0.170
PG0220+132A	02 24 43.6	+13 32 46	15.771	+0.783	−0.339	+0.514	+0.481	+0.995
Feige 22	02 31 18.2	+05 20 59	12.798	−0.052	−0.809	−0.103	−0.105	−0.206
PG0231+051E	02 34 30.4	+05 24 54	13.809	+0.677	+0.207	+0.383	+0.369	+0.752
PG0231+051D	02 34 35.6	+05 24 36	14.031	+1.077	+1.026	+0.671	+0.584	+1.252
PG0231+051A	02 34 41.5	+05 22 45	12.768	+0.711	+0.271	+0.405	+0.388	+0.794
PG0231+051	02 34 42.9	+05 23 49	16.096	−0.320	−1.214	−0.144	−0.373	−0.502
PG0231+051B	02 34 47.0	+05 22 39	14.732	+1.437	+1.279	+0.951	+0.991	+1.933
PG0231+051C	02 34 49.6	+05 25 31	13.707	+0.678	+0.078	+0.396	+0.385	+0.783
Feige 24	02 36 08.7	+03 49 01	12.412	−0.203	−1.182	+0.087	+0.361	+0.444
Feige 24A	02 36 17.7	+03 48 21	13.822	+0.525	+0.034	+0.314	+0.319	+0.635
Feige 24B	02 36 19.4	+03 47 44	13.546	+0.668	+0.188	+0.382	+0.367	+0.749
Feige 24C	02 36 27.3	+03 46 54	11.761	+1.133	+1.007	+0.598	+0.535	+1.127
SA 94 171	02 54 38.9	+00 22 02	12.659	+0.817	+0.304	+0.480	+0.483	+0.964
SA 94 296	02 56 20.1	+00 32 53	12.255	+0.750	+0.235	+0.415	+0.387	+0.803
SA 94 394	02 57 14.4	+00 39 52	12.273	+0.545	−0.047	+0.344	+0.330	+0.676
SA 94 401	02 57 31.0	+00 44 47	14.293	+0.638	+0.098	+0.389	+0.369	+0.759
SA 94 242	02 58 21.3	+00 23 18	11.725	+0.303	+0.110	+0.176	+0.184	+0.362
BD −2 524	02 58 39.0	−01 55 10	10.304	−0.111	−0.621	−0.048	−0.060	−0.108
SA 94 251	02 58 47.1	+00 20 41	11.204	+1.219	+1.281	+0.659	+0.586	+1.245
SA 94 702	02 59 13.7	+01 15 32	11.597	+1.416	+1.617	+0.757	+0.675	+1.431
GD 50	03 49 49.9	−00 55 04	14.063	−0.276	−1.191	−0.147	−0.180	−0.325
SA 95 15	03 53 40.3	−00 01 58	11.302	+0.712	+0.157	+0.424	+0.385	+0.809
SA 95 16	03 53 40.5	−00 01 41	14.313	+1.306	+1.322	+0.796	+0.676	+1.472
SA 95 301	03 53 41.3	+00 34 47	11.216	+1.293	+1.298	+0.692	+0.620	+1.311
SA 95 302	03 53 42.4	+00 34 42	11.694	+0.825	+0.447	+0.471	+0.420	+0.891
SA 95 96	03 53 54.2	+00 03 44	10.010	+0.147	+0.077	+0.079	+0.095	+0.174
SA 95 97	03 53 57.5	+00 03 05	14.818	+0.906	+0.380	+0.522	+0.546	+1.068
SA 95 98	03 54 00.2	+00 06 12	14.448	+1.181	+1.092	+0.723	+0.620	+1.342
SA 95 100	03 54 00.8	+00 03 41	15.633	+0.791	+0.051	+0.538	+0.421	+0.961
SA 95 101	03 54 04.1	+00 06 13	12.677	+0.778	+0.263	+0.436	+0.426	+0.863
SA 95 102	03 54 07.6	+00 04 35	15.622	+1.001	+0.162	+0.448	+0.618	+1.065
SA 95 252	03 54 10.8	+00 30 47	15.394	+1.452	+1.178	+0.816	+0.747	+1.566

Name	Right Ascension	Declination	V	B–V	U–B	V–R	R–I	V–I
	h m s	° ′ ″						
SA 95 190	03 54 13.3	+00 19 47	12.627	+0.287	+0.236	+0.195	+0.220	+0.415
SA 95 193	03 54 20.7	+00 19 59	14.338	+1.211	+1.239	+0.748	+0.616	+1.366
SA 95 105	03 54 21.3	+00 03 05	13.574	+0.976	+0.627	+0.550	+0.536	+1.088
SA 95 106	03 54 25.2	+00 04 47	15.137	+1.251	+0.369	+0.394	+0.508	+0.903
SA 95 107	03 54 25.6	+00 05 45	16.275	+1.324	+1.115	+0.947	+0.962	+1.907
SA 95 112	03 54 40.1	+00 02 12	15.502	+0.662	+0.077	+0.605	+0.620	+1.227
SA 95 41	03 54 41.2	+00 00 51	14.060	+0.903	+0.297	+0.589	+0.585	+1.176
SA 95 42	03 54 43.6	−00 01 12	15.606	−0.215	−1.111	−0.119	−0.180	−0.300
SA 95 317	03 54 44.4	+00 33 14	13.449	+1.320	+1.120	+0.768	+0.708	+1.476
SA 95 263	03 54 47.2	+00 30 04	12.679	+1.500	+1.559	+0.801	+0.711	+1.513
SA 95 115	03 54 47.8	+00 02 36	14.680	+0.836	+0.096	+0.577	+0.579	+1.157
SA 95 43	03 54 48.6	+00 00 22	10.803	+0.510	−0.016	+0.308	+0.316	+0.624
SA 95 271	03 55 16.4	+00 22 15	13.669	+1.287	+0.916	+0.734	+0.717	+1.453
SA 95 328	03 55 19.7	+00 39 55	13.525	+1.532	+1.298	+0.908	+0.868	+1.776
SA 95 329	03 55 24.1	+00 40 29	14.617	+1.184	+1.093	+0.766	+0.642	+1.410
SA 95 330	03 55 30.9	+00 32 28	12.174	+1.999	+2.233	+1.166	+1.100	+2.268
SA 95 275	03 55 44.4	+00 30 43	13.479	+1.763	+1.740	+1.011	+0.931	+1.944
SA 95 276	03 55 46.1	+00 29 16	14.118	+1.225	+1.218	+0.748	+0.646	+1.395
SA 95 60	03 55 49.5	−00 03 42	13.429	+0.776	+0.197	+0.464	+0.449	+0.914
SA 95 218	03 55 50.0	+00 13 31	12.095	+0.708	+0.208	+0.397	+0.370	+0.767
SA 95 132	03 55 51.7	+00 08 43	12.067	+0.445	+0.311	+0.263	+0.287	+0.546
SA 95 62	03 56 00.4	+00 00 28	13.538	+1.355	+1.181	+0.742	+0.685	+1.428
SA 95 137	03 56 03.7	+00 06 47	14.440	+1.457	+1.136	+0.893	+0.845	+1.737
SA 95 139	03 56 04.4	+00 06 28	12.196	+0.923	+0.677	+0.562	+0.476	+1.039
SA 95 66	03 56 06.4	−00 06 10	12.892	+0.715	+0.167	+0.426	+0.438	+0.864
SA 95 227	03 56 08.9	+00 17 56	15.779	+0.771	+0.034	+0.515	+0.552	+1.067
SA 95 142	03 56 09.4	+00 04 42	12.927	+0.588	+0.097	+0.371	+0.375	+0.745
SA 95 74	03 56 31.1	−00 05 52	11.531	+1.126	+0.686	+0.600	+0.567	+1.165
SA 95 231	03 56 38.9	+00 14 04	14.216	+0.452	+0.297	+0.270	+0.290	+0.560
SA 95 284	03 56 41.7	+00 29 59	13.669	+1.398	+1.073	+0.818	+0.766	+1.586
SA 95 285	03 56 44.3	+00 28 31	15.561	+0.937	+0.703	+0.607	+0.602	+1.210
SA 95 149	03 56 44.5	+00 10 23	10.938	+1.593	+1.564	+0.874	+0.811	+1.685
SA 95 236	03 57 13.4	+00 12 08	11.487	+0.737	+0.168	+0.419	+0.412	+0.831
SA 96 21	04 52 15.6	−00 12 56	12.182	+0.490	−0.004	+0.299	+0.297	+0.598
SA 96 36	04 52 42.3	−00 08 16	10.589	+0.247	+0.118	+0.133	+0.137	+0.271
SA 96 737	04 53 35.5	+00 24 22	11.719	+1.338	+1.146	+0.735	+0.696	+1.432
SA 96 409	04 53 58.6	+00 10 56	13.778	+0.543	+0.042	+0.340	+0.340	+0.682
SA 96 83	04 53 58.7	−00 12 49	11.719	+0.181	+0.205	+0.092	+0.096	+0.189
SA 96 235	04 54 18.8	−00 03 10	11.138	+1.077	+0.890	+0.557	+0.509	+1.066
G97−42	05 29 04.2	+09 39 17	12.443	+1.639	+1.259	+1.171	+1.485	+2.655
G102−22	05 43 17.6	+12 29 20	11.509	+1.621	+1.134	+1.211	+1.590	+2.800
GD 71C	05 53 20.1	+15 52 57	12.325	+1.159	+0.849	+0.655	+0.628	+1.274
GD 71E	05 53 27.9	+15 52 20	13.634	+0.824	+0.428	+0.472	+0.423	+0.892
GD 71B	05 53 28.9	+15 52 53	12.599	+0.680	+0.166	+0.404	+0.399	+0.800
GD 71D	05 53 32.2	+15 55 10	12.898	+0.570	+0.097	+0.359	+0.363	+0.719
GD 71	05 53 35.1	+15 53 22	13.033	−0.248	−1.110	−0.138	−0.166	−0.304
GD 71A	05 53 40.9	+15 52 11	12.643	+1.176	+0.897	+0.651	+0.621	+1.265
SA 97 249	05 58 07.6	+00 01 16	11.735	+0.647	+0.101	+0.369	+0.354	+0.725
SA 97 345	05 58 33.3	+00 21 20	11.605	+1.652	+1.706	+0.929	+0.843	+1.772
SA 97 351	05 58 37.4	+00 13 47	9.779	+0.201	+0.092	+0.124	+0.140	+0.264

Name	Right Ascension	Declination	V	B–V	U–B	V–R	R–I	V–I
	h m s	o ′ ″						
SA 97 75	05 58 55.0	−00 09 26	11.483	+1.872	+2.100	+1.047	+0.952	+1.999
SA 97 284	05 59 25.0	+00 05 15	10.787	+1.364	+1.089	+0.774	+0.726	+1.500
SA 97 224	05 59 44.0	−00 05 09	14.085	+0.910	+0.341	+0.553	+0.547	+1.102
SA 98 961	06 52 26.8	−00 17 04	13.089	+1.283	+1.003	+0.701	+0.662	+1.362
SA 98 966	06 52 28.1	−00 17 53	14.001	+0.469	+0.357	+0.283	+0.331	+0.613
SA 98 557	06 52 29.3	−00 26 34	14.780	+1.397	+1.072	+0.755	+0.741	+1.494
SA 98 556	06 52 29.3	−00 26 19	14.137	+0.338	+0.126	+0.196	+0.243	+0.437
SA 98 562	06 52 30.5	−00 20 27	12.185	+0.522	−0.002	+0.305	+0.303	+0.607
SA 98 563	06 52 31.3	−00 27 53	14.162	+0.416	−0.190	+0.294	+0.317	+0.610
SA 98 978	06 52 33.6	−00 13 00	10.574	+0.609	+0.094	+0.348	+0.321	+0.669
SA 98 L1	06 52 38.8	−00 28 04	15.672	+1.243	+0.776	+0.730	+0.712	+1.445
SA 98 580	06 52 39.5	−00 28 10	14.728	+0.367	+0.303	+0.241	+0.305	+0.547
SA 98 581	06 52 39.7	−00 27 10	14.556	+0.238	+0.161	+0.118	+0.244	+0.361
SA 98 L2	06 52 40.3	−00 23 27	15.859	+1.340	+1.497	+0.754	+0.572	+1.327
SA 98 L3	06 52 42.1	−00 17 24	14.614	+1.936	+1.837	+1.091	+1.047	+2.142
SA 98 L4	06 52 42.1	−00 17 50	16.332	+1.344	+1.086	+0.936	+0.785	+1.726
SA 98 590	06 52 42.8	−00 23 47	14.642	+1.352	+0.853	+0.753	+0.747	+1.500
SA 98 1002	06 52 42.9	−00 17 21	14.568	+0.574	−0.027	+0.354	+0.379	+0.733
SA 98 614	06 52 48.4	−00 22 01	15.674	+1.063	+0.399	+0.834	+0.645	+1.480
SA 98 618	06 52 49.4	−00 22 44	12.723	+2.192	+2.144	+1.254	+1.151	+2.407
SA 98 624	06 52 51.6	−00 21 45	13.811	+0.791	+0.394	+0.417	+0.404	+0.822
SA 98 626	06 52 52.2	−00 22 12	14.758	+1.406	+1.067	+0.806	+0.816	+1.624
SA 98 627	06 52 52.8	−00 23 30	14.900	+0.689	+0.078	+0.428	+0.387	+0.817
SA 98 634	06 52 55.5	−00 22 24	14.608	+0.647	+0.123	+0.382	+0.372	+0.757
SA 98 642	06 52 58.8	−00 23 00	15.290	+0.571	+0.318	+0.302	+0.393	+0.697
SA 98 185	06 53 01.6	−00 28 50	10.537	+0.202	+0.114	+0.110	+0.122	+0.231
SA 98 646	06 53 02.1	−00 22 45	15.839	+1.060	+1.426	+0.583	+0.504	+1.090
SA 98 193	06 53 03.1	−00 28 47	10.026	+1.176	+1.152	+0.614	+0.536	+1.151
SA 98 650	06 53 04.3	−00 21 07	12.271	+0.157	+0.110	+0.080	+0.086	+0.166
SA 98 652	06 53 04.6	−00 23 25	14.817	+0.611	+0.126	+0.276	+0.339	+0.618
SA 98 653	06 53 04.8	−00 19 47	9.538	−0.003	−0.102	+0.010	+0.009	+0.017
SA 98 666	06 53 09.7	−00 25 01	12.732	+0.164	−0.004	+0.091	+0.108	+0.200
SA 98 670	06 53 11.3	−00 20 46	11.930	+1.357	+1.325	+0.727	+0.654	+1.381
SA 98 671	06 53 11.7	−00 19 55	13.385	+0.968	+0.719	+0.575	+0.494	+1.071
SA 98 675	06 53 13.1	−00 21 09	13.398	+1.909	+1.936	+1.082	+1.002	+2.085
SA 98 676	06 53 13.5	−00 20 49	13.068	+1.146	+0.666	+0.683	+0.673	+1.352
SA 98 L5	06 53 15.5	−00 21 14	17.800	+1.900	−0.100	+3.100	+2.600	+5.800
SA 98 682	06 53 16.3	−00 21 10	13.749	+0.632	+0.098	+0.366	+0.352	+0.717
SA 98 685	06 53 18.3	−00 21 49	11.954	+0.463	+0.096	+0.290	+0.280	+0.570
SA 98 688	06 53 18.7	−00 25 02	12.754	+0.293	+0.245	+0.158	+0.180	+0.337
SA 98 1082	06 53 20.0	−00 15 43	15.010	+0.835	−0.001	+0.485	+0.619	+1.102
SA 98 1087	06 53 20.9	−00 17 20	14.439	+1.595	+1.284	+0.928	+0.882	+1.812
SA 98 1102	06 53 27.8	−00 15 13	12.113	+0.314	+0.089	+0.193	+0.195	+0.388
SA 98 1112	06 53 34.8	−00 16 56	13.975	+0.814	+0.286	+0.443	+0.431	+0.874
SA 98 1119	06 53 36.6	−00 16 01	11.878	+0.551	+0.069	+0.312	+0.299	+0.611
SA 98 724	06 53 37.0	−00 20 50	11.118	+1.104	+0.904	+0.575	+0.527	+1.103
SA 98 1122	06 53 37.4	−00 18 34	14.090	+0.595	−0.297	+0.376	+0.442	+0.816
SA 98 1124	06 53 37.9	−00 18 03	13.707	+0.315	+0.258	+0.173	+0.201	+0.373
SA 98 733	06 53 39.9	−00 18 45	12.238	+1.285	+1.087	+0.698	+0.650	+1.347
RL 149G	07 25 11.7	−00 34 19	12.829	+0.541	+0.033	+0.322	+0.322	+0.645

Name	Right Ascension	Declination	V	B–V	U–B	V–R	R–I	V–I
	h m s	o ′ ″						
RL 149A	07 25 12.9	−00 35 14	14.495	+0.298	+0.118	+0.196	+0.196	+0.391
RL 149F	07 25 13.8	−00 34 00	13.471	+1.115	+1.025	+0.594	+0.538	+1.132
RL 149	07 25 14.1	−00 35 25	13.866	−0.129	−0.779	−0.040	−0.068	−0.108
RL 149D	07 25 15.1	−00 35 09	11.480	−0.037	−0.287	+0.021	+0.008	+0.029
RL 149C	07 25 17.0	−00 34 47	14.425	+0.195	+0.141	+0.093	+0.127	+0.222
RL 149B	07 25 17.3	−00 35 28	12.642	+0.662	+0.151	+0.374	+0.354	+0.728
RL 149E	07 25 18.1	−00 33 40	13.718	+0.522	−0.007	+0.321	+0.314	+0.637
RL 152F	07 30 52.8	−02 07 22	14.564	+0.635	+0.069	+0.382	+0.315	+0.689
RL 152E	07 30 53.3	−02 08 01	12.362	+0.042	−0.086	+0.030	+0.034	+0.065
RL 152	07 30 57.6	−02 09 08	13.017	−0.187	−1.081	−0.059	−0.088	−0.147
RL 152B	07 30 58.3	−02 08 28	15.019	+0.500	+0.022	+0.290	+0.309	+0.600
RL 152A	07 30 59.5	−02 08 53	14.341	+0.543	−0.085	+0.325	+0.329	+0.654
RL 152C	07 31 01.7	−02 08 10	12.222	+0.573	−0.013	+0.342	+0.340	+0.683
RL 152D	07 31 05.2	−02 07 08	11.076	+0.875	+0.491	+0.473	+0.449	+0.921
SA 99 6	07 54 33.0	−00 52 44	11.055	+1.252	+1.289	+0.650	+0.577	+1.227
SA 99 367	07 55 11.6	−00 28 43	11.152	+1.005	+0.832	+0.531	+0.477	+1.007
SA 99 408	07 56 12.8	−00 28 42	9.807	+0.402	+0.038	+0.253	+0.247	+0.500
SA 99 438	07 56 54.1	−00 19 59	9.397	−0.156	−0.729	−0.060	−0.081	−0.142
SA 99 447	07 57 06.5	−00 23 53	9.419	−0.068	−0.220	−0.031	−0.041	−0.073
SA 100 241	08 53 33.8	−00 44 17	10.140	+0.157	+0.106	+0.078	+0.085	+0.162
SA 100 162	08 54 14.1	−00 47 59	9.150	+1.276	+1.495	+0.649	+0.552	+1.202
SA 100 267	08 54 16.9	−00 45 58	13.027	+0.485	−0.062	+0.307	+0.302	+0.608
SA 100 269	08 54 18.2	−00 45 39	12.350	+0.547	−0.040	+0.335	+0.331	+0.666
SA 100 280	08 54 35.2	−00 41 10	11.799	+0.493	−0.001	+0.295	+0.291	+0.588
SA 100 394	08 54 54.3	−00 36 52	11.384	+1.317	+1.457	+0.705	+0.636	+1.341
PG0918+029D	09 22 22.7	+02 42 27	12.272	+1.044	+0.821	+0.575	+0.535	+1.108
PG0918+029	09 22 28.9	+02 41 00	13.327	−0.271	−1.081	−0.129	−0.159	−0.288
PG0918+029B	09 22 33.7	+02 42 57	13.963	+0.765	+0.366	+0.417	+0.370	+0.787
PG0918+029A	09 22 35.9	+02 41 18	14.490	+0.536	−0.032	+0.325	+0.336	+0.661
PG0918+029C	09 22 43.0	+02 41 35	13.537	+0.631	+0.087	+0.367	+0.357	+0.722
BD −12 2918	09 32 16.5	−13 34 30	10.067	+1.501	+1.166	+1.067	+1.318	+2.385
PG0942−029D	09 46 07.8	−03 11 20	13.683	+0.576	+0.064	+0.341	+0.329	+0.668
PG0942−029A	09 46 09.0	−03 15 40	14.738	+0.888	+0.552	+0.563	+0.474	+1.035
PG0942−029B	09 46 10.7	−03 12 24	14.105	+0.573	+0.014	+0.353	+0.341	+0.693
PG0942−029	09 46 11.0	−03 14 47	14.012	−0.298	−1.177	−0.132	−0.165	−0.296
PG0942−029C	09 46 13.5	−03 12 06	14.950	+0.803	+0.338	+0.488	+0.395	+0.884
SA 101 315	09 55 51.1	−00 33 06	11.249	+1.153	+1.056	+0.612	+0.559	+1.172
SA 101 316	09 55 51.9	−00 24 09	11.552	+0.493	+0.032	+0.293	+0.291	+0.584
SA 101 L1	09 56 29.0	−00 27 17	16.501	+0.757	−0.104	+0.421	+0.527	+0.947
SA 101 320	09 56 32.8	−00 28 08	13.823	+1.052	+0.690	+0.581	+0.561	+1.141
SA 101 L2	09 56 34.6	−00 24 25	15.770	+0.602	+0.082	+0.321	+0.304	+0.625
SA 101 404	09 56 40.6	−00 23 57	13.459	+0.996	+0.697	+0.530	+0.500	+1.029
SA 101 324	09 56 56.5	−00 28 50	9.737	+1.161	+1.145	+0.591	+0.519	+1.109
SA 101 408	09 57 07.9	−00 18 17	14.785	+1.200	+1.347	+0.718	+0.603	+1.321
SA 101 262	09 57 07.9	−00 35 26	14.295	+0.784	+0.297	+0.440	+0.387	+0.827
SA 101 326	09 57 07.9	−00 32 47	14.923	+0.729	+0.227	+0.406	+0.375	+0.780
SA 101 327	09 57 08.7	−00 31 30	13.441	+1.155	+1.139	+0.717	+0.574	+1.290
SA 101 410	09 57 09.0	−00 19 38	13.646	+0.546	−0.063	+0.298	+0.326	+0.623
SA 101 413	09 57 13.9	−00 17 30	12.583	+0.983	+0.716	+0.529	+0.497	+1.025
SA 101 268	09 57 16.9	−00 37 32	14.380	+1.531	+1.381	+1.040	+1.200	+2.237

Name	Right Ascension	Declination	V	B–V	U–B	V–R	R–I	V–I
	h m s	o ′ ″						
SA 101 330	09 57 20.4	−00 32 58	13.723	+0.577	−0.026	+0.346	+0.338	+0.684
SA 101 415	09 57 23.0	−00 22 29	15.259	+0.577	−0.008	+0.346	+0.350	+0.695
SA 101 270	09 57 26.8	−00 41 20	13.711	+0.554	+0.055	+0.332	+0.306	+0.637
SA 101 278	09 57 54.3	−00 35 14	15.494	+1.041	+0.737	+0.596	+0.548	+1.144
SA 101 L3	09 57 54.8	−00 36 02	15.953	+0.637	−0.033	+0.396	+0.395	+0.792
SA 101 281	09 58 04.9	−00 37 20	11.576	+0.812	+0.415	+0.453	+0.412	+0.864
SA 101 L4	09 58 07.6	−00 37 01	16.264	+0.793	+0.362	+0.578	+0.062	+0.644
SA 101 L5	09 58 10.0	−00 36 17	15.928	+0.622	+0.115	+0.414	+0.305	+0.720
SA 101 421	09 58 16.0	−00 22 55	13.180	+0.507	−0.031	+0.327	+0.296	+0.623
SA 101 338	09 58 17.6	−00 26 37	13.788	+0.634	+0.024	+0.350	+0.340	+0.691
SA 101 339	09 58 18.2	−00 30 38	14.449	+0.850	+0.501	+0.458	+0.398	+0.857
SA 101 424	09 58 20.1	−00 22 02	15.058	+0.764	+0.273	+0.429	+0.425	+0.855
SA 101 427	09 58 26.3	−00 22 54	14.964	+0.805	+0.321	+0.484	+0.369	+0.854
SA 101 341	09 58 29.7	−00 27 31	14.342	+0.575	+0.059	+0.332	+0.309	+0.641
SA 101 342	09 58 31.1	−00 27 28	15.556	+0.529	−0.065	+0.339	+0.419	+0.758
SA 101 343	09 58 31.1	−00 28 32	15.504	+0.606	+0.094	+0.396	+0.338	+0.734
SA 101 429	09 58 31.6	−00 23 51	13.496	+0.980	+0.782	+0.617	+0.526	+1.143
SA 101 431	09 58 37.2	−00 23 30	13.684	+1.246	+1.144	+0.808	+0.708	+1.517
SA 101 L6	09 58 39.4	−00 23 31	16.497	+0.711	+0.183	+0.445	+0.583	+1.024
SA 101 207	09 58 52.3	−00 53 13	12.421	+0.513	−0.080	+0.320	+0.323	+0.645
SA 101 363	09 59 18.6	−00 31 14	9.874	+0.260	+0.132	+0.146	+0.151	+0.297
GD 108A	10 01 37.8	−07 39 05	13.881	+0.789	+0.316	+0.458	+0.449	+0.909
GD 108B	10 01 40.9	−07 36 48	15.056	+0.839	+0.364	+0.463	+0.466	+0.924
GD 108	10 01 45.4	−07 39 11	13.563	−0.214	−0.943	−0.099	−0.118	−0.218
GD 108C	10 01 53.5	−07 36 09	13.819	+0.786	+0.345	+0.435	+0.393	+0.825
GD 108D	10 01 54.1	−07 40 32	14.235	+0.641	+0.078	+0.372	+0.357	+0.731
BD +1 2447	10 29 54.9	+00 44 13	9.650	+1.501	+1.238	+1.033	+1.225	+2.261
G162−66	10 34 40.3	−11 47 43	13.012	−0.165	−0.997	−0.126	−0.141	−0.266
G44−27	10 37 01.1	+05 01 10	12.636	+1.586	+1.088	+1.185	+1.526	+2.714
PG1034+001	10 38 03.6	−00 14 24	13.228	−0.365	−1.274	−0.155	−0.203	−0.359
G163−6	10 43 54.2	+02 41 11	14.706	+1.550	+1.228	+1.090	+1.384	+2.478
PG1047+003	10 51 02.8	−00 06 51	13.474	−0.290	−1.121	−0.132	−0.162	−0.295
PG1047+003A	10 51 05.6	−00 07 24	13.512	+0.688	+0.168	+0.422	+0.418	+0.840
PG1047+003B	10 51 07.8	−00 08 17	14.751	+0.679	+0.172	+0.391	+0.371	+0.764
PG1047+003C	10 51 13.6	−00 06 45	12.453	+0.607	−0.019	+0.378	+0.358	+0.737
G44−40	10 51 51.8	+06 42 00	11.675	+1.644	+1.213	+1.216	+1.568	+2.786
SA 102 620	10 56 03.8	−00 54 34	10.074	+1.080	+1.025	+0.645	+0.524	+1.169
G45−20	10 57 24.7	+06 53 44	13.507	+2.034	+1.165	+1.823	+2.174	+4.000
SA 102 1081	10 58 04.0	−00 19 30	9.903	+0.664	+0.258	+0.366	+0.332	+0.697
G163−27	10 58 33.1	−07 37 38	14.338	+0.288	−0.548	+0.206	+0.210	+0.417
G163−51E	11 08 21.7	−05 22 35	14.466	+0.611	+0.095	+0.381	+0.344	+0.725
G163−51B	11 08 32.2	−05 18 58	11.292	+0.623	+0.119	+0.355	+0.336	+0.692
G163−51C	11 08 33.2	−05 20 41	12.672	+0.431	−0.009	+0.267	+0.272	+0.540
G163−51D	11 08 34.3	−05 21 22	13.862	+0.844	+0.202	+0.478	+0.466	+0.945
G163−51A	11 08 36.6	−05 18 44	12.504	+0.666	+0.060	+0.382	+0.371	+0.753
G163−50	11 08 59.3	−05 15 56	13.057	+0.036	−0.696	−0.084	−0.072	−0.158
G163−51	11 09 05.9	−05 20 17	12.559	+1.499	+1.195	+1.080	+1.355	+2.434
BD +5 2468	11 16 31.2	+04 51 00	9.352	−0.114	−0.543	−0.035	−0.052	−0.089
HD 100340	11 33 50.2	+05 10 08	10.115	−0.234	−0.975	−0.104	−0.135	−0.238
BD +5 2529	11 42 50.0	+05 01 48	9.585	+1.233	+1.194	+0.783	+0.667	+1.452

Name	Right Ascension	Declination	V	B–V	U–B	V–R	R–I	V–I
	h m s	° ′ ″						
G10−50	11 48 45.1	+00 41 22	11.153	+1.752	+1.318	+1.294	+1.673	+2.969
SA 103 302	11 57 05.9	−00 54 25	9.859	+0.370	−0.057	+0.230	+0.236	+0.465
SA 103 626	11 57 46.1	−00 29 46	11.836	+0.413	−0.057	+0.262	+0.274	+0.535
SA 103 526	11 57 54.1	−00 36 44	10.890	+1.090	+0.936	+0.560	+0.501	+1.056
G12−43	12 34 14.4	+08 54 54	12.467	+1.846	+1.085	+1.530	+1.944	+3.479
SA 104 306	12 42 03.6	−00 43 39	9.370	+1.592	+1.666	+0.832	+0.762	+1.591
SA 104 423	12 42 36.0	−00 37 35	15.602	+0.630	+0.050	+0.262	+0.559	+0.818
SA 104 428	12 42 41.3	−00 32 50	12.630	+0.985	+0.748	+0.534	+0.497	+1.032
SA 104 L1	12 42 49.4	−00 27 25	14.608	+0.630	+0.064	+0.374	+0.364	+0.739
SA 104 430	12 42 50.3	−00 32 17	13.858	+0.652	+0.131	+0.364	+0.363	+0.727
SA 104 325	12 43 02.2	−00 48 00	15.581	+0.694	+0.051	+0.345	+0.307	+0.652
SA 104 330	12 43 11.4	−00 47 06	15.296	+0.594	−0.028	+0.369	+0.371	+0.739
SA 104 440	12 43 14.2	−00 31 10	15.114	+0.440	−0.227	+0.289	+0.317	+0.605
SA 104 237	12 43 16.9	−00 57 43	15.395	+1.088	+0.918	+0.647	+0.628	+1.274
SA 104 L2	12 43 19.6	−00 40 48	16.048	+0.650	−0.172	+0.344	+0.323	+0.667
SA 104 443	12 43 19.8	−00 31 45	15.372	+1.331	+1.280	+0.817	+0.778	+1.595
SA 104 444	12 43 20.0	−00 38 52	13.477	+0.512	−0.070	+0.313	+0.331	+0.643
SA 104 334	12 43 20.4	−00 46 52	13.484	+0.518	−0.067	+0.323	+0.331	+0.653
SA 104 335	12 43 20.9	−00 39 32	11.665	+0.622	+0.145	+0.357	+0.334	+0.691
SA 104 239	12 43 22.9	−00 53 00	13.936	+1.356	+1.291	+0.868	+0.805	+1.675
SA 104 336	12 43 24.7	−00 46 22	14.404	+0.830	+0.495	+0.461	+0.403	+0.865
SA 104 338	12 43 30.1	−00 44 56	16.059	+0.591	−0.082	+0.348	+0.372	+0.719
SA 104 339	12 43 33.3	−00 48 04	15.459	+0.832	+0.709	+0.476	+0.374	+0.849
SA 104 244	12 43 34.2	−00 52 11	16.011	+0.590	−0.152	+0.338	+0.489	+0.825
SA 104 455	12 43 52.1	−00 30 41	15.105	+0.581	−0.024	+0.360	+0.357	+0.716
SA 104 456	12 43 53.5	−00 38 24	12.362	+0.622	+0.135	+0.357	+0.337	+0.694
SA 104 457	12 43 54.2	−00 35 13	16.048	+0.753	+0.522	+0.484	+0.490	+0.974
SA 104 460	12 44 02.7	−00 34 42	12.895	+1.281	+1.246	+0.813	+0.695	+1.511
SA 104 461	12 44 06.0	−00 38 42	9.705	+0.476	−0.035	+0.288	+0.289	+0.579
SA 104 350	12 44 14.2	−00 39 44	13.634	+0.673	+0.165	+0.383	+0.353	+0.736
SA 104 470	12 44 22.3	−00 36 16	14.310	+0.732	+0.101	+0.295	+0.356	+0.649
SA 104 364	12 44 46.0	−00 40 55	15.799	+0.601	−0.131	+0.314	+0.397	+0.712
SA 104 366	12 44 53.1	−00 41 08	12.908	+0.870	+0.424	+0.517	+0.464	+0.982
SA 104 479	12 44 55.3	−00 39 13	16.087	+1.271	+0.673	+0.657	+0.607	+1.264
SA 104 367	12 44 58.5	−00 39 57	15.844	+0.639	−0.126	+0.382	+0.296	+0.679
SA 104 484	12 45 20.5	−00 37 18	14.406	+1.024	+0.732	+0.514	+0.486	+1.000
SA 104 485	12 45 23.8	−00 36 40	15.017	+0.838	+0.493	+0.478	+0.488	+0.967
SA 104 490	12 45 33.5	−00 32 15	12.572	+0.535	+0.048	+0.318	+0.312	+0.630
SA 104 598	12 46 16.6	−00 23 05	11.478	+1.108	+1.051	+0.667	+0.545	+1.214
PG1323−086	13 26 40.9	−08 55 23	13.481	−0.140	−0.681	−0.048	−0.078	−0.127
PG1323−086A	13 26 51.2	−08 56 27	13.591	+0.393	−0.019	+0.252	+0.252	+0.506
PG1323−086C	13 26 51.7	−08 54 43	14.003	+0.707	+0.245	+0.395	+0.363	+0.759
PG1323−086B	13 26 52.1	−08 56 59	13.406	+0.761	+0.265	+0.426	+0.407	+0.833
PG1323−086D	13 27 06.7	−08 56 40	12.080	+0.587	+0.005	+0.346	+0.335	+0.684
G14−55	13 29 21.7	−02 27 48	11.336	+1.491	+1.157	+1.078	+1.388	+2.462
SA 105 505	13 36 24.9	−00 29 14	10.270	+1.422	+1.218	+0.910	+0.861	+1.771
SA 105 437	13 38 16.8	−00 43 52	12.535	+0.248	+0.067	+0.136	+0.143	+0.279
SA 105 815	13 41 02.2	−00 08 14	11.451	+0.381	−0.247	+0.267	+0.292	+0.559
BD +2 2711	13 43 18.7	+01 24 27	10.369	−0.163	−0.699	−0.072	−0.095	−0.168
UCAC2 32376437	13 43 22.9	+01 24 34	10.584	+0.499	+0.005	+0.304	+0.301	+0.606

Name	Right Ascension	Declination	V	B–V	U–B	V–R	R–I	V–I
	h m s	o ′ ″						
HD 121968	13 59 51.8	−03 00 31	10.256	−0.185	−0.915	−0.074	−0.100	−0.173
PG1407−013B	14 11 24.5	−01 32 45	12.471	+0.970	+0.665	+0.537	+0.505	+1.037
PG1407−013	14 11 26.2	−01 35 45	13.758	−0.259	−1.133	−0.119	−0.151	−0.272
PG1407−013C	14 11 28.3	−01 30 32	12.462	+0.805	+0.298	+0.464	+0.448	+0.914
PG1407−013A	14 11 29.9	−01 34 39	14.661	+1.151	+1.049	+0.617	+0.569	+1.178
PG1407−013D	14 11 34.4	−01 32 42	14.872	+0.891	+0.420	+0.496	+0.472	+0.967
PG1407−013E	14 11 36.0	−01 32 00	15.182	+0.883	+0.600	+0.496	+0.417	+0.915
SA 106 1024	14 41 07.0	−00 03 14	11.599	+0.332	+0.085	+0.196	+0.195	+0.390
SA 106 700	14 41 51.0	−00 28 35	9.786	+1.364	+1.580	+0.730	+0.643	+1.374
SA 106 575	14 42 38.6	−00 30 59	9.341	+1.306	+1.485	+0.676	+0.587	+1.268
SA 106 485	14 45 14.2	−00 42 01	9.477	+0.378	−0.052	+0.233	+0.236	+0.468
PG1514+034	15 18 13.1	+03 06 14	13.997	−0.009	−0.955	+0.087	+0.126	+0.212
PG1525−071	15 29 14.2	−07 20 32	15.046	−0.211	−1.177	−0.068	+0.012	−0.151
PG1525−071D	15 29 14.6	−07 20 39	16.300	+0.393	+0.224	+0.405	+0.343	+0.756
PG1525−071A	15 29 16.0	−07 20 01	13.506	+0.773	+0.282	+0.437	+0.421	+0.862
PG1525−071B	15 29 17.0	−07 20 13	16.392	+0.729	+0.141	+0.450	+0.387	+0.906
PG1525−071C	15 29 19.1	−07 18 30	13.519	+1.116	+1.073	+0.593	+0.509	+1.096
PG1528+062B	15 31 37.3	+05 57 17	11.989	+0.593	+0.005	+0.364	+0.344	+0.711
PG1528+062A	15 31 46.9	+05 57 28	15.553	+0.830	+0.356	+0.433	+0.389	+0.824
PG1528+062	15 31 47.7	+05 57 00	14.767	−0.252	−1.091	−0.111	−0.182	−0.296
PG1528+062C	15 31 53.4	+05 56 14	13.477	+0.644	+0.074	+0.357	+0.340	+0.699
PG1530+057A	15 34 08.2	+05 29 50	13.711	+0.829	+0.414	+0.473	+0.412	+0.886
PG1530+057	15 34 08.6	+05 28 34	14.211	+0.151	−0.789	+0.162	+0.036	+0.199
PG1530+057B	15 34 15.4	+05 29 53	12.842	+0.745	+0.325	+0.423	+0.376	+0.799
SA 107 544	15 37 48.2	−00 18 54	9.036	+0.399	+0.156	+0.232	+0.227	+0.458
SA 107 970	15 38 25.7	+00 14 47	10.939	+1.596	+1.750	+1.142	+1.435	+2.574
SA 107 568	15 38 52.8	−00 21 04	13.054	+1.149	+0.862	+0.625	+0.595	+1.217
SA 107 1006	15 39 33.3	+00 10 33	11.713	+0.766	+0.278	+0.442	+0.420	+0.863
SA 107 347	15 39 35.9	−00 39 44	9.446	+1.294	+1.302	+0.712	+0.652	+1.365
SA 107 720	15 39 36.9	−00 06 11	13.121	+0.599	+0.088	+0.374	+0.355	+0.731
SA 107 456	15 39 42.8	−00 23 32	12.919	+0.921	+0.589	+0.537	+0.478	+1.015
SA 107 351	15 39 45.9	−00 35 52	12.342	+0.562	−0.005	+0.351	+0.358	+0.708
SA 107 457	15 39 46.9	−00 24 00	14.910	+0.792	+0.350	+0.494	+0.469	+0.964
SA 107 458	15 39 50.3	−00 28 11	11.676	+1.214	+1.189	+0.667	+0.602	+1.274
SA 107 592	15 39 50.5	−00 20 54	11.847	+1.318	+1.380	+0.709	+0.647	+1.357
SA 107 459	15 39 50.9	−00 26 19	12.284	+0.900	+0.427	+0.525	+0.517	+1.045
SA 107 212	15 39 56.3	−00 49 17	13.383	+0.683	+0.135	+0.404	+0.411	+0.818
SA 107 215	15 39 57.9	−00 46 52	16.046	+0.115	−0.082	−0.032	−0.475	−0.511
SA 107 213	15 39 57.9	−00 48 00	14.262	+0.802	+0.261	+0.531	+0.509	+1.038
SA 107 357	15 40 05.7	−00 42 57	14.418	+0.675	+0.025	+0.416	+0.421	+0.840
SA 107 359	15 40 09.2	−00 39 25	12.797	+0.580	−0.124	+0.379	+0.381	+0.759
SA 107 599	15 40 09.5	−00 18 13	14.675	+0.698	+0.243	+0.433	+0.438	+0.869
SA 107 600	15 40 10.1	−00 19 36	14.884	+0.503	+0.049	+0.339	+0.361	+0.700
SA 107 601	15 40 13.9	−00 17 13	14.646	+1.412	+1.265	+0.923	+0.835	+1.761
SA 107 602	15 40 18.9	−00 19 15	12.116	+0.991	+0.585	+0.545	+0.531	+1.074
SA 107 611	15 40 35.1	−00 16 19	14.329	+0.890	+0.455	+0.520	+0.447	+0.968
SA 107 612	15 40 35.5	−00 18 51	14.256	+0.896	+0.296	+0.551	+0.530	+1.081
SA 107 614	15 40 41.2	−00 16 55	13.926	+0.622	+0.033	+0.361	+0.370	+0.732
SA 107 626	15 41 05.5	−00 21 12	13.468	+1.000	+0.728	+0.600	+0.527	+1.126
SA 107 627	15 41 07.5	−00 21 06	13.349	+0.779	+0.226	+0.465	+0.454	+0.918

Name	Right Ascension	Declination	V	B–V	U–B	V–R	R–I	V–I
	h m s	° ′ ″						
SA 107 484	15 41 16.9	−00 24 58	11.311	+1.240	+1.298	+0.664	+0.577	+1.240
SA 107 636	15 41 40.6	−00 18 36	14.873	+0.751	+0.121	+0.432	+0.465	+0.896
SA 107 639	15 41 44.8	−00 20 53	14.197	+0.640	−0.026	+0.399	+0.404	+0.803
SA 107 640	15 41 49.2	−00 20 30	15.050	+0.755	+0.092	+0.511	+0.506	+1.017
G153−41	16 19 01.6	−15 38 43	13.425	−0.210	−1.129	−0.133	−0.158	−0.289
G138−25	16 26 07.4	+15 37 54	13.513	+1.419	+1.265	+0.883	+0.796	+1.685
BD −12 4523	16 31 23.3	−12 42 37	10.072	+1.566	+1.195	+1.155	+1.499	+2.651
HD 149382	16 35 25.0	−04 03 14	8.943	−0.282	−1.143	−0.127	−0.135	−0.262
PG1633+099	16 36 19.8	+09 45 29	14.396	−0.191	−0.990	−0.085	−0.114	−0.208
SA 108 1332	16 36 21.4	−00 06 25	9.208	+0.380	+0.083	+0.225	+0.225	+0.449
PG1633+099A	16 36 21.8	+09 45 33	15.259	+0.871	+0.305	+0.506	+0.506	+1.011
PG1633+099G	16 36 28.1	+09 48 10	13.749	+0.693	+0.079	+0.412	+0.389	+0.804
PG1633+099B	16 36 29.1	+09 44 01	12.968	+1.081	+1.017	+0.589	+0.503	+1.090
PG1633+099F	16 36 32.5	+09 47 20	13.768	+0.878	+0.254	+0.523	+0.522	+1.035
PG1633+099C	16 36 33.1	+09 43 56	13.224	+1.144	+1.146	+0.612	+0.524	+1.133
PG1633+099D	16 36 35.9	+09 44 22	13.689	+0.535	−0.021	+0.324	+0.323	+0.649
PG1633+099E	16 36 40.8	+09 47 05	13.113	+0.841	+0.337	+0.484	+0.471	+0.953
SA 108 719	16 37 11.2	−00 27 48	12.690	+1.031	+0.648	+0.553	+0.533	+1.087
SA 108 1848	16 37 58.4	+00 03 38	11.738	+0.559	+0.073	+0.331	+0.325	+0.657
SA 108 475	16 38 00.8	−00 36 57	11.307	+1.380	+1.463	+0.743	+0.664	+1.408
SA 108 1863	16 38 12.4	+00 00 13	12.244	+0.803	+0.378	+0.446	+0.398	+0.844
SA 108 1491	16 38 13.9	−00 05 00	9.059	+0.964	+0.616	+0.522	+0.498	+1.020
SA 108 551	16 38 48.0	−00 35 21	10.702	+0.180	+0.182	+0.100	+0.109	+0.209
SA 108 1918	16 38 50.1	−00 02 53	11.384	+1.432	+1.839	+0.773	+0.661	+1.434
SA 108 981	16 40 16.8	−00 27 21	12.071	+0.494	+0.237	+0.310	+0.312	+0.622
PG1647+056	16 51 16.0	+05 30 59	14.773	−0.173	−1.064	−0.058	−0.022	−0.082
Wolf 629	16 56 27.8	−08 21 27	11.759	+1.676	+1.256	+1.185	+1.525	+2.715
PG1657+078E	17 00 23.8	+07 42 20	14.486	+0.787	+0.284	+0.436	+0.413	+0.851
PG1657+078D	17 00 24.4	+07 41 18	16.156	+0.986	+0.599	+0.635	+0.592	+1.227
PG1657+078B	17 00 28.5	+07 40 26	14.724	+0.697	+0.039	+0.417	+0.420	+0.838
PG1657+078	17 00 28.8	+07 41 50	15.019	−0.142	−0.958	−0.079	−0.058	−0.128
PG1657+078A	17 00 29.8	+07 40 39	14.032	+1.068	+0.735	+0.569	+0.538	+1.105
PG1657+078C	17 00 31.8	+07 40 45	15.225	+0.837	+0.382	+0.504	+0.442	+0.965
BD −4 4226	17 06 14.8	−05 07 33	10.071	+1.415	+1.085	+0.970	+1.141	+2.113
SA 109 71	17 45 06.9	−00 25 24	11.490	+0.326	+0.154	+0.187	+0.223	+0.409
SA 109 381	17 45 12.4	−00 20 59	11.731	+0.704	+0.222	+0.427	+0.435	+0.862
SA 109 949	17 45 13.6	−00 02 54	12.828	+0.806	+0.363	+0.500	+0.517	+1.020
SA 109 956	17 45 14.5	−00 02 34	14.639	+1.283	+0.858	+0.779	+0.743	+1.525
SA 109 954	17 45 15.8	−00 02 42	12.436	+1.296	+0.956	+0.764	+0.731	+1.496
SA 109 199	17 46 02.8	−00 29 53	10.990	+1.739	+1.967	+1.006	+0.900	+1.904
SA 109 231	17 46 20.1	−00 26 16	9.333	+1.465	+1.591	+0.787	+0.705	+1.494
SA 109 537	17 46 42.6	−00 21 59	10.353	+0.609	+0.226	+0.376	+0.393	+0.769
G21−15	18 28 10.9	+04 04 28	13.889	+0.092	−0.598	−0.039	−0.030	−0.069
SA 110 229	18 41 45.6	+00 03 00	13.649	+1.910	+1.391	+1.198	+1.155	+2.356
SA 110 230	18 41 51.5	+00 03 33	14.281	+1.084	+0.728	+0.624	+0.596	+1.218
SA 110 232	18 41 52.3	+00 03 04	12.516	+0.729	+0.147	+0.439	+0.450	+0.889
SA 110 233	18 41 52.7	+00 02 01	12.771	+1.281	+0.812	+0.773	+0.818	+1.593
SA 110 239	18 42 19.8	+00 01 24	13.858	+0.899	+0.584	+0.541	+0.517	+1.060
SA 110 339	18 42 26.3	+00 09 36	13.607	+0.988	+0.776	+0.563	+0.468	+1.036
SA 110 340	18 42 28.3	+00 16 34	10.025	+0.308	+0.124	+0.171	+0.183	+0.354

Name	Right Ascension	Declination	V	B–V	U–B	V–R	R–I	V–I
	h m s	° ′ ″						
SA 110 477	18 42 43.0	+00 27 54	13.988	+1.345	+0.715	+0.850	+0.857	+1.707
SA 110 246	18 42 50.6	+00 06 13	12.706	+0.586	−0.129	+0.381	+0.410	+0.790
SA 110 346	18 42 55.1	+00 11 10	14.757	+0.999	+0.752	+0.697	+0.646	+1.345
SA 110 349	18 43 13.3	+00 11 28	15.095	+1.088	+0.668	+0.503	−0.059	+0.477
SA 110 355	18 43 18.8	+00 09 37	11.944	+1.023	+0.504	+0.652	+0.727	+1.378
SA 110 358	18 43 35.3	+00 16 15	14.430	+1.039	+0.418	+0.603	+0.543	+1.150
SA 110 360	18 43 40.4	+00 10 24	14.618	+1.197	+0.539	+0.715	+0.717	+1.432
SA 110 361	18 43 44.9	+00 09 18	12.425	+0.632	+0.035	+0.361	+0.348	+0.709
SA 110 362	18 43 48.2	+00 07 41	15.693	+1.333	+3.919	+0.918	+0.885	+1.803
SA 110 266	18 43 48.7	+00 06 20	12.018	+0.889	+0.411	+0.538	+0.577	+1.111
SA 110 L1	18 43 50.1	+00 08 26	16.252	+1.752	+2.953	+1.066	+0.992	+2.058
SA 110 364	18 43 52.7	+00 09 08	13.615	+1.133	+1.095	+0.697	+0.585	+1.281
SA 110 157	18 43 56.5	−00 07 45	13.491	+2.123	+1.679	+1.257	+1.139	+2.395
SA 110 365	18 43 57.3	+00 08 37	13.470	+2.261	+1.895	+1.360	+1.270	+2.631
SA 110 496	18 43 59.0	+00 32 23	13.004	+1.040	+0.737	+0.607	+0.681	+1.287
SA 110 273	18 43 59.5	+00 03 38	14.686	+2.527	+1.000	+1.509	+1.345	+2.856
SA 110 497	18 44 02.2	+00 32 10	14.196	+1.052	+0.380	+0.606	+0.597	+1.203
SA 110 280	18 44 07.0	−00 02 28	12.996	+2.151	+2.133	+1.235	+1.148	+2.384
SA 110 499	18 44 07.4	+00 29 15	11.737	+0.987	+0.639	+0.600	+0.674	+1.273
SA 110 502	18 44 09.9	+00 28 56	12.330	+2.326	+2.326	+1.373	+1.250	+2.625
SA 110 503	18 44 11.4	+00 30 57	11.773	+0.671	+0.506	+0.373	+0.436	+0.808
SA 110 504	18 44 11.5	+00 31 18	14.022	+1.248	+1.323	+0.797	+0.683	+1.482
SA 110 506	18 44 18.7	+00 31 41	11.312	+0.568	+0.059	+0.335	+0.312	+0.652
SA 110 507	18 44 18.9	+00 30 40	12.440	+1.141	+0.830	+0.633	+0.579	+1.206
SA 110 290	18 44 22.1	−00 00 01	11.898	+0.708	+0.196	+0.418	+0.418	+0.836
SA 110 441	18 44 33.4	+00 20 55	11.122	+0.556	+0.108	+0.325	+0.335	+0.660
SA 110 311	18 44 47.5	+00 00 55	15.505	+1.796	+1.179	+1.010	+0.864	+1.874
SA 110 312	18 44 48.9	+00 01 21	16.093	+1.319	−0.788	+1.137	+1.154	+2.293
SA 110 450	18 44 51.3	+00 24 13	11.583	+0.946	+0.683	+0.549	+0.626	+1.175
SA 110 315	18 44 52.0	+00 02 04	13.637	+2.069	+2.256	+1.206	+1.133	+2.338
SA 110 316	18 44 52.3	+00 02 19	14.821	+1.731	+4.355	+0.858	+0.910	+1.769
SA 110 319	18 44 55.3	+00 03 16	11.861	+1.309	+1.076	+0.742	+0.700	+1.443
SA 111 773	19 38 15.7	+00 13 40	8.965	+0.209	−0.209	+0.121	+0.145	+0.265
SA 111 775	19 38 16.2	+00 14 47	10.748	+1.741	+2.017	+0.965	+0.897	+1.863
SA 111 1925	19 38 28.4	+00 27 45	12.387	+0.396	+0.264	+0.226	+0.256	+0.483
SA 111 1965	19 38 41.3	+00 29 33	11.419	+1.710	+1.865	+0.951	+0.877	+1.830
SA 111 1969	19 38 43.1	+00 28 31	10.382	+1.959	+2.306	+1.177	+1.222	+2.400
SA 111 2039	19 39 04.3	+00 34 55	12.395	+1.369	+1.237	+0.739	+0.689	+1.430
SA 111 2088	19 39 21.0	+00 33 44	13.193	+1.610	+1.678	+0.888	+0.818	+1.708
SA 111 2093	19 39 23.2	+00 34 09	12.538	+0.637	+0.283	+0.370	+0.397	+0.766
SA 112 595	20 42 18.3	+00 20 41	11.352	+1.601	+1.991	+0.898	+0.903	+1.801
SA 112 704	20 43 01.9	+00 23 23	11.452	+1.536	+1.742	+0.822	+0.746	+1.570
SA 112 223	20 43 14.5	+00 13 14	11.424	+0.454	+0.016	+0.273	+0.274	+0.547
SA 112 250	20 43 26.3	+00 11 57	12.095	+0.532	−0.025	+0.317	+0.323	+0.639
SA 112 275	20 43 35.3	+00 11 35	9.905	+1.210	+1.294	+0.648	+0.569	+1.217
SA 112 805	20 43 46.6	+00 20 24	12.086	+0.151	+0.158	+0.064	+0.075	+0.139
SA 112 822	20 43 54.8	+00 19 17	11.548	+1.030	+0.883	+0.558	+0.502	+1.060
Mark A4	20 44 57.2	−10 40 48	14.767	+0.795	+0.176	+0.471	+0.475	+0.952
Mark A2	20 44 58.7	−10 41 14	14.540	+0.666	+0.096	+0.379	+0.371	+0.751
Mark A1	20 45 02.1	−10 42 55	15.911	+0.609	−0.014	+0.367	+0.373	+0.740

Name	Right Ascension	Declination	V	B–V	U–B	V–R	R–I	V–I
	h m s	° ′ ″						
Mark A	20 45 03.0	−10 43 25	13.256	−0.246	−1.159	−0.114	−0.124	−0.238
Mark A3	20 45 07.5	−10 41 21	14.818	+0.938	+0.651	+0.587	+0.510	+1.098
Wolf 918	21 10 22.5	−13 14 00	10.869	+1.493	+1.139	+0.978	+1.083	+2.064
G26−7A	21 32 09.5	−09 41 24	13.047	+0.725	+0.279	+0.405	+0.371	+0.776
G26−7	21 32 22.9	−09 42 16	12.006	+1.664	+1.231	+1.298	+1.669	+2.968
G26−7C	21 32 26.1	−09 45 35	12.468	+0.624	+0.093	+0.354	+0.340	+0.695
G26−7B	21 32 29.1	−09 42 12	13.454	+0.562	+0.027	+0.323	+0.327	+0.652
SA 113 440	21 41 34.2	+00 47 08	11.796	+0.637	+0.167	+0.363	+0.350	+0.715
SA 113 221	21 41 36.4	+00 26 24	12.071	+1.031	+0.874	+0.550	+0.490	+1.041
SA 113 L1	21 41 47.2	+00 33 57	15.530	+1.343	+1.180	+0.867	+0.723	+1.594
SA 113 337	21 41 49.3	+00 33 19	14.225	+0.519	−0.025	+0.351	+0.331	+0.682
SA 113 339	21 41 55.5	+00 33 20	12.250	+0.568	−0.034	+0.340	+0.347	+0.687
SA 113 233	21 41 59.1	+00 27 24	12.398	+0.549	+0.096	+0.338	+0.322	+0.661
SA 113 342	21 41 59.7	+00 32 58	10.878	+1.015	+0.696	+0.537	+0.513	+1.050
SA 113 239	21 42 06.7	+00 27 56	13.038	+0.516	+0.051	+0.318	+0.327	+0.647
SA 113 241	21 42 09.0	+00 31 09	14.352	+1.344	+1.452	+0.897	+0.797	+1.683
SA 113 245	21 42 13.2	+00 27 14	15.665	+0.628	+0.112	+0.396	+0.318	+0.716
SA 113 459	21 42 14.7	+00 48 26	12.125	+0.535	−0.018	+0.307	+0.313	+0.623
SA 113 250	21 42 24.4	+00 26 03	13.160	+0.505	−0.003	+0.309	+0.316	+0.626
SA 113 466	21 42 27.2	+00 45 38	10.003	+0.453	+0.003	+0.279	+0.283	+0.564
SA 113 259	21 42 44.7	+00 23 02	11.744	+1.199	+1.220	+0.621	+0.544	+1.167
SA 113 260	21 42 47.9	+00 29 15	12.406	+0.514	+0.069	+0.308	+0.298	+0.606
SA 113 475	21 42 51.1	+00 44 43	10.304	+1.058	+0.841	+0.568	+0.528	+1.097
SA 113 263	21 42 52.7	+00 31 00	15.481	+0.280	+0.074	+0.194	+0.207	+0.401
SA 113 366	21 42 53.4	+00 34 45	13.537	+1.096	+0.896	+0.623	+0.588	+1.211
SA 113 265	21 42 53.6	+00 23 27	14.934	+0.639	+0.101	+0.411	+0.395	+0.807
SA 113 268	21 42 57.0	+00 25 18	15.281	+0.589	−0.018	+0.379	+0.407	+0.786
SA 113 34	21 42 58.7	+00 06 29	15.173	+0.484	−0.054	+0.306	+0.346	+0.652
SA 113 372	21 43 01.9	+00 34 02	13.681	+0.670	+0.080	+0.395	+0.370	+0.766
SA 113 149	21 43 05.4	+00 14 48	13.469	+0.621	+0.043	+0.379	+0.386	+0.765
SA 113 153	21 43 08.7	+00 20 27	14.476	+0.745	+0.285	+0.462	+0.441	+0.902
SA 113 272	21 43 20.2	+00 26 21	13.904	+0.633	+0.067	+0.370	+0.340	+0.710
SA 113 156	21 43 21.6	+00 17 33	11.224	+0.526	−0.057	+0.303	+0.314	+0.618
SA 113 158	21 43 21.6	+00 19 32	13.116	+0.723	+0.247	+0.407	+0.374	+0.782
SA 113 491	21 43 24.3	+00 49 17	14.373	+0.764	+0.306	+0.434	+0.420	+0.854
SA 113 492	21 43 27.6	+00 43 45	12.174	+0.553	+0.005	+0.342	+0.341	+0.684
SA 113 493	21 43 28.4	+00 43 35	11.767	+0.786	+0.392	+0.430	+0.393	+0.824
SA 113 495	21 43 29.5	+00 43 31	12.437	+0.947	+0.530	+0.512	+0.497	+1.010
SA 113 163	21 43 35.3	+00 22 08	14.540	+0.658	+0.106	+0.380	+0.355	+0.735
SA 113 165	21 43 37.9	+00 20 56	15.639	+0.601	+0.003	+0.354	+0.392	+0.746
SA 113 281	21 43 38.6	+00 24 20	15.247	+0.529	−0.026	+0.347	+0.359	+0.706
SA 113 167	21 43 40.8	+00 21 32	14.841	+0.597	−0.034	+0.351	+0.376	+0.728
SA 113 177	21 43 56.4	+00 20 07	13.560	+0.789	+0.318	+0.456	+0.436	+0.890
SA 113 182	21 44 08.2	+00 20 14	14.370	+0.659	+0.065	+0.402	+0.422	+0.824
SA 113 187	21 44 20.5	+00 22 18	15.080	+1.063	+0.969	+0.638	+0.535	+1.174
SA 113 189	21 44 27.3	+00 22 44	15.421	+1.118	+0.958	+0.713	+0.605	+1.319
SA 113 307	21 44 30.3	+00 23 28	14.214	+1.128	+0.911	+0.630	+0.614	+1.245
SA 113 191	21 44 33.4	+00 21 18	12.337	+0.799	+0.223	+0.471	+0.466	+0.937
SA 113 195	21 44 40.7	+00 22 46	13.692	+0.730	+0.201	+0.418	+0.413	+0.832
G93−48D	21 53 09.5	+02 26 57	13.664	+0.636	+0.120	+0.368	+0.362	+0.724

Name	Right Ascension	Declination	V	B–V	U–B	V–R	R–I	V–I
	h m s	° ′ ″						
G93–48C	21 53 13.4	+02 27 24	12.664	+1.320	+1.260	+0.852	+0.759	+1.610
G93–48A	21 53 16.9	+02 28 46	12.856	+0.715	+0.278	+0.403	+0.365	+0.772
G93–48B	21 53 17.7	+02 28 42	12.416	+0.719	+0.194	+0.405	+0.383	+0.791
G93–48	21 53 24.8	+02 28 46	12.743	−0.011	−0.790	−0.096	−0.099	−0.195
PG2213–006F	22 17 12.9	−00 12 04	12.644	+0.678	+0.171	+0.395	+0.384	+0.781
PG2213–006C	22 17 17.7	−00 16 23	15.108	+0.726	+0.175	+0.425	+0.432	+0.853
PG2213–006E	22 17 21.3	−00 11 48	13.776	+0.661	+0.087	+0.397	+0.373	+0.778
PG2213–006B	22 17 21.8	−00 15 57	12.710	+0.753	+0.291	+0.427	+0.404	+0.831
PG2213–006D	22 17 22.6	−00 11 50	13.987	+0.787	+0.128	+0.486	+0.479	+0.967
PG2213–006A	22 17 23.3	−00 15 35	14.180	+0.665	+0.094	+0.407	+0.408	+0.817
PG2213–006	22 17 28.4	−00 15 22	14.137	−0.214	−1.176	−0.072	−0.132	−0.211
G156–31	22 39 39.1	−15 11 08	12.361	+1.993	+1.408	+1.648	+2.042	+3.684
SA 114 531	22 41 36.5	+00 58 03	12.095	+0.733	+0.175	+0.421	+0.404	+0.824
SA 114 637	22 41 42.4	+01 09 19	12.070	+0.801	+0.307	+0.456	+0.415	+0.872
SA 114 446	22 42 03.7	+00 52 09	12.064	+0.737	+0.237	+0.397	+0.369	+0.769
SA 114 654	22 42 26.0	+01 16 19	11.833	+0.656	+0.178	+0.368	+0.341	+0.711
SA 114 656	22 42 34.8	+01 17 18	12.644	+0.965	+0.698	+0.547	+0.506	+1.051
SA 114 548	22 42 36.6	+01 05 14	11.599	+1.362	+1.568	+0.738	+0.651	+1.387
SA 114 750	22 42 44.5	+01 18 44	11.916	−0.037	−0.367	+0.027	−0.016	+0.010
SA 114 755	22 43 07.3	+01 22 57	10.909	+0.570	−0.063	+0.313	+0.310	+0.622
SA 114 670	22 43 09.1	+01 16 25	11.101	+1.206	+1.223	+0.645	+0.561	+1.208
SA 114 176	22 44 10.1	+00 27 25	9.239	+1.485	+1.853	+0.800	+0.717	+1.521
HD 216135	22 51 30.0	−13 12 31	10.111	−0.119	−0.618	−0.052	−0.065	−0.119
G156–57	22 54 19.8	−14 09 48	10.192	+1.557	+1.179	+1.179	+1.543	+2.730
GD 246A	23 13 16.4	+10 52 35	12.962	+0.463	−0.047	+0.288	+0.296	+0.584
GD 246	23 13 20.8	+10 53 27	13.090	−0.318	−1.194	−0.148	−0.181	−0.328
GD 246B	23 13 27.9	+10 53 34	14.368	+0.919	+0.693	+0.512	+0.431	+0.944
GD 246C	23 13 29.9	+10 55 37	13.637	+0.879	+0.540	+0.484	+0.448	+0.933
Feige 108	23 17 12.5	−01 44 12	12.973	−0.237	−1.050	−0.106	−0.140	−0.245
PG2317+046	23 20 55.0	+04 58 59	12.876	−0.246	−1.137	−0.074	−0.035	−0.118
PG2331+055	23 34 44.1	+05 53 08	15.182	−0.066	−0.487	−0.012	−0.031	−0.044
PG2331+055A	23 34 49.0	+05 53 21	13.051	+0.741	+0.257	+0.419	+0.401	+0.821
PG2331+055B	23 34 50.8	+05 51 37	14.744	+0.819	+0.429	+0.481	+0.454	+0.935
PG2336+004B	23 39 38.2	+00 49 16	12.429	+0.517	−0.048	+0.313	+0.317	+0.627
PG2336+004A	23 39 42.7	+00 48 58	11.274	+0.686	+0.129	+0.394	+0.382	+0.769
PG2336+004	23 39 43.5	+00 49 28	15.885	−0.160	−0.781	−0.056	−0.048	−0.109
SA 115 554	23 42 30.8	+01 32 55	11.812	+1.005	+0.548	+0.586	+0.538	+1.127
SA 115 486	23 42 32.9	+01 23 14	12.482	+0.493	−0.049	+0.298	+0.308	+0.607
SA 115 412	23 43 00.9	+01 15 31	12.209	+0.573	−0.040	+0.327	+0.335	+0.665
SA 115 268	23 43 30.6	+00 58 41	12.494	+0.634	+0.077	+0.366	+0.348	+0.714
SA 115 420	23 43 36.4	+01 12 28	11.160	+0.467	−0.019	+0.288	+0.293	+0.581
SA 115 271	23 43 41.8	+00 51 43	9.693	+0.612	+0.109	+0.354	+0.349	+0.702
SA 115 516	23 45 15.3	+01 20 42	10.431	+1.028	+0.760	+0.564	+0.534	+1.099
BD +1 4774	23 50 13.7	+02 30 16	8.993	+1.434	+1.105	+0.964	+1.081	+2.047
PG2349+002	23 52 53.2	+00 34 48	13.277	−0.191	−0.921	−0.103	−0.116	−0.219

WWW A searchable version of this table appears on *The Astronomical Almanac Online*.
The table of bright Johnson *UBVRI* standards listed in editions prior to 2003 is available online as well.

WWW This symbol indicates that these data or auxiliary material may also be found on *The Astronomical Almanac Online* **http://asa.usno.navy.mil** and **http://asa.hmnao.com**

Name	BS=HR No.	Right Ascension	Declination	V	Spectral Type	Note[1]
		h m s	° ′ ″			
HD 224926	9087	00 02 49.42	−02 55 08.4	5.12	B7III	
G 158−100		00 34 53.78	−12 01 36.4	14.89	dG−K	
HD 3360	153	00 38 04.12	+54 00 14.3	3.66	B2IV	
CD−34 241		00 42 43.68	−33 32 44.8	11.23	F	
BPM 16274		00 50 56.57	−52 01 53.3	14.20	DA2	Model
LTT 1020		01 55 44.17	−27 22 57.9	11.52	G	
HD 15318	718	02 29 11.91	+08 32 47.3	4.28	B9III	
EGGR 21 1		03 10 42.09	−68 31 42.2	11.38	DA	
LTT 1788		03 49 05.12	−39 05 09.6	13.16	F	
GD 50		03 49 49.93	−00 55 04.5	14.06	DA2	
SA 95−42		03 54 43.59	−00 01 11.7	15.61	DA	
HZ 4		03 56 26.03	+09 50 39.7	14.52	DA4	
LB 227		04 10 36.13	+17 10 54.5	15.34	DA4	
HZ 2		04 13 48.46	+11 54 42.9	13.86	DA3	
HD 30739	1544	04 51 40.59	+08 55 55.6	4.36	A1V	
G 191−B2B		05 07 04.02	+52 51 20.9	11.78	DA1	
HD 38666	1996	05 46 43.42	−32 18 00.4	5.17	O9V	Model
GD 71		05 53 35.10	+15 53 21.7	13.03	DA1	
LTT 2415		05 57 11.28	−27 51 29.9	12.21		
HILT 600		06 46 14.28	+02 06 57.2	10.44	B1	
HD 49798		06 48 39.77	−44 20 20.2	8.30	O6	Model
HD 60753		07 33 58.17	−50 37 38.6	6.70	B3IV	Model
G 193−74		07 54 56.81	+52 26 20.0	15.70	DA0	
BD+75 325		08 13 10.67	+74 54 25.2	9.54	O5p	
LTT 3218		08 42 17.77	−33 00 20.4	11.86	DA	
HD 74280	3454	08 44 14.57	+03 19 39.1	4.30	B3V	
AGK+81°266		09 24 11.94	+81 38 24.3	11.92	sdO	
GD 108		10 01 45.44	−07 39 10.4	13.56	sdB	
LTT 3864		10 33 06.18	−35 43 44.7	12.17	F	
Feige 34		10 40 45.03	+43 00 01.5	11.18	DO	
HD 93521		10 49 29.58	+37 28 01.0	7.04	O9Vp	
HD 100889	4468	11 37 40.34	−09 54 36.9	4.70	B9.5V	
LTT 4364		11 46 47.72	−64 56 53.8	11.50	C2	
HD 103287	4554	11 54 50.92	+53 35 10.6	2.44	A0V	Model
Feige 56		12 07 47.01	+11 33 41.9	11.06	B5p	
HZ 21		12 14 55.03	+32 50 02.4	14.68	DO2	
Feige 66		12 38 21.49	+24 57 33.9	10.50	sdO	
LTT 4816		12 39 54.93	−49 54 15.2	13.79	DA	
Feige 67		12 42 50.24	+17 24 54.9	11.81	sdO	
GD 153		12 57 59.64	+21 55 30.6	13.35	DA1	
G 60−54		13 01 08.06	+03 22 07.3	15.81	DC	
HD 114330	4963	13 10 57.68	−05 38 33.5	4.38	A1IV	
HZ 43		13 17 16.82	+28 59 44.3	12.91	DA1	
HZ 44		13 24 28.31	+36 01 54.8	11.66	sdO	
GRW+70°5824		13 39 18.50	+70 11 12.3	12.77	DA3	

Name	BS=HR No.	Right Ascension	Declination	V	Spectral Type	Note[1]
		h m s	° ′ ″			
HD 120315	5191	13 48 18.44	+49 12 59.2	1.86	B3V	Model
CD−32 9927		14 12 55.55	−33 08 41.6	10.42	A0	
HD 129956	5501	14 46 29.92	+00 38 09.4	5.68	B9.5V	
LTT 6248		15 40 10.91	−28 39 25.0	11.80	A	
BD+33 2642		15 52 45.51	+32 53 27.8	10.81	B2IV	
EGGR 274		16 24 53.39	−39 16 24.8	11.03	DA	
G 138−31		16 28 49.50	+09 09 35.2	16.14	DC	
HD 172167	7001	18 37 35.97	+38 48 10.2	0.00	A0V	
LTT 7379		18 37 50.69	−44 17 37.0	10.23	G0	
HD 188350	7596	19 55 44.70	+00 19 33.2	5.62	A0III	
LTT 7987		20 12 09.02	−30 09 39.3	12.23	DA	
G 24−9		20 14 53.20	+06 46 17.8	15.72	DC	
HD 198001	7950	20 48 43.78	−09 25 23.7	3.78	A1V	
LDS 749B		21 33 16.66	+00 20 28.2	14.67	DB4	
BD+28 4211		21 52 03.29	+28 57 20.3	10.51	Op	
G 93−48		21 53 24.79	+02 28 45.9	12.74	DA3	
BD+25 4655		22 00 35.40	+26 31 35.1	9.76	O	
NGC 7293		22 30 42.34	−20 44 12.6	13.51	V.Hot	
HD 214923	8634	22 42 26.11	+10 56 01.0	3.40	B8V	
LTT 9239		22 53 43.91	−20 29 24.6	12.07	F	
LTT 9491		23 20 37.05	−16 59 03.3	14.11	DC	
Feige 110		23 20 58.75	−05 03 31.3	11.82	DOp	
GD 248		23 27 05.40	+16 06 44.0	15.09	DC	

Notes to Table

[1]   Model data for the optical range; only suitable as a standard in the ultraviolet range.

HIP No.	HD No.	Right Ascension	Declination	V	v_r	σv_r	Spectral Type
		h m s	° ′ ″		km/s	km/s	
699	400	00 09 41.5	+36 44 06	6.21	− 15.116	0.0119	F8IV
1499	1461	00 19 42.1	−07 56 44	6.47	− 10.086	0.0224	G0V
1541	1497	00 20 13.3	+13 41 04	8.19	− 7.367	0.0165	F8
1813	1832	00 24 01.6	+22 28 54	7.57	− 30.502	0.0085	F8
2712	3079	00 35 34.8	+48 01 23	7.38	− 12.296	0.0199	F8
2832	3268	00 36 55.6	+13 18 48	6.32	− 23.372	0.0153	F7V
3206	3765	00 41 53.8	+40 17 25	7.36	− 63.113	0.0160	K2V
4393	5372	00 57 26.1	+52 35 47	7.53	+ 0.649	0.0096	G5
5176	6512	01 07 14.6	+13 21 24	8.15	+ 10.366	0.0155	G0
5578	7134	01 12 30.2	−12 44 25	7.48	− 16.612	0.0208	G1V
6285	8004	01 21 49.6	+55 03 49	7.21	− 8.198	0.0136	G0
6405	8262	01 23 21.7	+18 47 03	6.96	+ 5.658	0.0183	G3V
6653	8648	01 26 20.4	+01 33 42	7.38	+ 1.051	0.0243	G5
7090	9224	01 32 25.5	+29 30 45	7.32	+ 14.991	0.0131	G0V
7576	10008	01 38 34.4	−06 39 44	7.66	+ 11.706	0.0074	G5
7734	10086	01 40 47.8	+45 58 30	6.60	+ 2.185	0.0193	G5IV
8798	11505	01 54 05.6	−01 14 00	7.43	− 16.438	0.0140	G0
10505	13825	02 16 31.6	+24 21 37	6.80	− 2.179	0.0160	G8IV
10681	13829	02 18 57.7	+65 21 05	7.61	− 11.846	0.0140	F8
11949	15830	02 35 26.4	+42 52 08	7.59	+ 16.846	0.0274	G0
13291	17674	02 52 14.8	+30 21 58	7.56	+ 10.568	0.0205	G0V
14150	18803	03 03 35.7	+26 41 03	6.62	+ 9.933	0.0113	G8V
14614	19518	03 09 49.6	+15 24 26	7.85	− 27.180	0.0209	G8V
15323	20367	03 18 51.8	+31 11 50	6.40	+ 6.482	0.0225	G0
17147	22879	03 41 21.7	−03 09 22	6.68	+120.400	0.0121	F9V
20917	28343	04 30 09.7	+21 57 55	8.30	− 35.406	0.0194	K7V
21553	232979	04 39 13.9	+52 55 44	8.62	+ 34.066	0.0177	K8V
22576	30708	04 52 47.4	+35 50 46	6.78	− 55.686	0.0117	G5
23311	32147	05 01 47.2	−05 42 53	6.22	+ 21.671	0.0079	K3V
24681	34445	05 18 44.2	+07 22 20	7.31	− 78.906	0.0271	G0
25973	36066	05 34 14.2	+57 13 57	6.44	+ 33.264	0.0160	F8V
26973	38459	05 43 57.8	−47 48 51	8.52	+ 26.600	0.0147	K0V
29432	42618	06 13 03.9	+06 46 33	6.85	− 53.440	0.0139	G4V
29525	42807	06 14 17.4	+10 37 08	6.43	+ 6.100	0.0293	G8V
30067	43947	06 20 47.6	+16 00 13	6.61	+ 40.579	0.0121	F8V
30862	45391	06 30 04.6	+36 27 54	7.15	− 5.289	0.0197	G0
32874	49736	06 52 12.7	+25 44 06	6.98	+ 6.734	0.0138	F8
35265	56124	07 18 25.4	+33 03 18	6.93	+ 22.605	0.0155	G0
37722	62346	07 45 22.5	+20 09 11	7.35	− 9.256	0.0185	G5
38784	62613	07 59 25.4	+80 12 46	6.55	− 7.752	0.0087	G8V
39157	65583	08 01 44.4	+29 10 10	6.97	+ 14.886	0.0235	G8V
39330	66653	08 03 03.2	−46 23 26	7.52	+ 23.176	0.0133	G5V
40093	67827	08 12 38.9	+38 40 18	6.61	+ 25.943	0.0167	G0
41484	71148	08 28 58.0	+45 35 08	6.32	− 32.300	0.0191	G5V
42403	73344	08 39 54.2	+23 36 56	6.89	+ 6.253	0.0255	F8
43297	75302	08 50 13.5	+03 24 43	7.45	+ 10.248	0.0207	G0
43737	75933	08 55 46.0	+40 03 26	7.62	− 35.533	0.0117	G5
44097	76780	09 00 02.7	+21 05 22	7.63	+ 31.022	0.0141	G5
45869	80536	09 22 18.4	+25 04 44	7.26	− 37.923	0.0099	G0
48331	85512	09 51 54.7	−43 35 50	7.67	− 9.510	0.0025	K5V

HIP No.	HD No.	Right Ascension	Declination	V	v_r	σv_r	Spectral Type
		h m s	o , ''		km/s	km/s	
50139	88725	10 15 09.2	+03 03 07	7.75	− 21.976	0.0039	G1V
50316	88986	10 17 34.1	+28 35 03	6.46	+ 29.061	0.0082	G0V
51700	91347	10 35 02.0	+49 05 09	7.50	− 25.065	0.0164	F8
54196	96094	11 06 17.7	+25 05 46	7.60	+ 0.490	0.0130	G0
57083	101690	11 43 07.2	+04 38 21	7.28	+ 21.526	0.0163	G0
59589	106210	12 14 12.8	+10 42 36	7.57	− 24.447	0.0157	G3V
61044	108942	12 31 37.0	+50 51 57	7.91	− 10.903	0.0092	G5
65530	117043	13 26 39.7	+63 09 42	6.50	− 30.934	0.0134	G6V
66974	119550	13 44 32.3	+14 16 05	6.92	+ 5.597	0.0044	G2V
67246	120066	13 47 55.1	+06 15 11	6.33	− 30.506	0.0103	G0V
69357	124106	14 12 49.0	−12 42 13	7.93	+ 3.373	0.0191	K1V
70252	126323	14 23 01.5	+60 52 38	7.40	− 2.909	0.0207	G0
70520	126512	14 26 24.5	+20 29 59	7.27	− 48.580	0.0160	F9V
71181	128165	14 34 07.0	+52 49 30	7.24	+ 11.392	0.0143	K3V
71679	129499	14 40 01.4	+66 15 48	7.38	− 11.449	0.0156	G5
72604	131042	14 51 32.9	+22 49 39	7.50	− 26.864	0.0109	G5
73623	133826	15 03 17.7	+65 42 07	7.33	− 2.712	0.0136	G0
73941	134044	15 07 21.0	+36 22 55	6.35	− 5.810	0.0125	F8V
76906	140233	15 43 10.0	+07 45 45	7.33	− 0.883	0.0292	G0
78424	145742	15 59 20.2	+80 34 25	7.57	− 21.711	0.0192	K0
78775	144579	16 05 37.2	+39 06 17	6.66	− 59.381	0.0171	G8V
79862	147044	16 18 49.6	+34 26 09	7.50	− 14.502	0.0092	G0
81813	151541	16 42 36.4	+68 04 07	7.56	+ 9.529	0.0190	K1V
83389	154345	17 03 09.5	+47 03 35	6.76	− 46.847	0.0222	G8V
83827	155060	17 08 39.6	+32 04 52	7.21	− 10.499	0.0098	F8
83863	154931	17 09 19.3	+04 23 58	7.25	− 18.598	0.0210	G0
85810	159222	17 32 43.0	+34 15 30	6.52	− 51.558	0.0176	G5V
87382	162826	17 51 52.1	+40 04 07	6.55	+ 1.880	0.0218	F8V
88194	164595	18 01 23.9	+29 34 24	7.07	+ 2.074	0.0155	G2V
89474	168009	18 16 06.1	+45 12 58	6.30	− 64.567	0.0092	G2V
90864	171067	18 33 04.3	+13 45 09	7.20	− 46.197	0.0100	G8V
91949	173701	18 45 10.3	+43 51 16	7.54	− 45.551	0.0193	K0
93373	175607	19 03 02.7	−66 09 57	8.60	− 91.911	0.0023	G8V
94981	181655	19 20 20.2	+37 22 00	6.29	+ 2.076	0.0267	G8V
98792	190404	20 04 45.1	+23 23 30	7.28	− 2.444	0.0263	K1V
99241	191649	20 09 16.2	+50 38 41	7.40	− 9.009	0.0205	G0
100963	195034	20 29 03.3	+22 11 36	7.09	− 0.864	0.0177	G5
102610	198089	20 48 33.4	+13 03 33	7.43	− 33.377	0.0217	F8
103692	200078	21 01 38.1	+17 31 31	8.05	− 60.171	0.0098	G5
106707	205702	21 37 51.6	+05 54 09	7.62	− 13.482	0.0198	F8
109439	210460	22 11 14.8	+19 42 44	6.18	+ 20.492	0.0215	G0V
109527	210667	22 12 03.2	+36 21 06	7.23	− 19.393	0.0295	K0
111274	213575	22 33 35.5	−06 21 58	6.94	− 21.460	0.0132	G0
111748	214557	22 39 02.1	+45 55 43	7.06	− 38.471	0.0201	F8
113829	217813	23 04 02.3	+21 01 25	6.65	+ 2.084	0.0180	G5V
114028	218133	23 06 30.1	+14 33 28	7.10	− 48.719	0.0210	G0
115697	220773	23 27 26.9	+08 45 00	7.10	− 37.700	0.0094	G0
116085	221354	23 32 19.6	+59 16 26	6.76	− 25.014	0.0189	K2V
116421	221830	23 36 28.0	+31 07 35	6.86	−112.260	0.0195	F9V
116542	222033	23 38 05.4	+30 47 11	7.21	− 13.040	0.0206	G0V

Name	HD No.	R.A.	Dec.	Type	Magnitude Min.	Max.		Epoch 2400000+	Period	Spectral Type
		h m s	° ′ ″						d	
WW Cet		00 12 24.5	−11 22 13	UGz	10.4	15.8	v		31.2:	pec(UG) + M2.5V
S Scl	1115	00 16 21.2	−31 56 13	M	5.5	13.6	v	42345	367	M3e−M9e(Tc)
T Cet	1760	00 22 45.4	−19 57 00	SRc	4.96	6.90	V	54286.0	159.3	M5−6SIIe
R And	1967	00 25 04.1	+38 41 05	M	5.8	15.2	v	53820.0	409.2	S3,5e−S8,8e(M7e)
TV Psc	2411	00 29 04.1	+18 00 03	SR	4.65	5.42	V	31387	49.1	M3III
EG And	4174	00 45 41.6	+40 47 09	Z And+E	6.97	7.8	V	50683.20	482.57	M2IIIep
U Cep	5679	01 04 08.7	+81 58 48	EA	6.75	9.24	V	51492.323	2.493	B7Ve + G8III−IV
RX And		01 05 41.9	+41 24 12	UGz	10.3	14.8	V		14:	pec(UG)
ζ Phe	6882	01 09 12.0	−55 08 31	EA	3.91	4.42	V	41957.6058	1.670	B6V + B9V
WX Hyi		02 10 23.1	−63 13 10	UGsu	9.6	14.85	V		13.7:	pec(UG)
KK Per	13136	02 11 37.1	+56 39 01	Lc	7.49	7.99	V			M1.0Iab−M3.5Iab
o Cet	14386	02 20 20.0	−02 53 24	M	2	10.1	v	44839	331.96	M5e−M9e
VW Ari	15165	02 27 48.6	+10 39 08	δ Sct	6.64	6.76	V		0.161	F0IV
U Cet	15971	02 34 39.9	−13 03 49	M	6.7	13.8	v	42137	234.76	M2e−M6e
R Tri	16210	02 38 13.6	+34 20 53	M	5.4	12.6	v	45215	266.9	M4IIIe−M8e
RZ Cas	17138	02 50 43.0	+69 42 52	EA	6.18	7.72	V	43200.3063	1.195	A2.8V
R Hor	18242	02 54 31.7	−49 48 39	M	4.7	14.3	v	41494	407.6	M5e−M8eII−III
ρ Per	19058	03 06 26.0	+38 54 52	SRb	3.3	4.0	V		50:	M4IIb−IIIa
β Per	19356	03 09 26.7	+41 01 46	EA	2.09	3.30	V	56181.84	2.867	B8V+G8III
λ Tau	25204	04 01 45.8	+12 32 39	EA	3.37	3.91	V	47185.265	3.953	B3V + A4IV
VW Hyi		04 09 03.5	−71 14 40	UGsu	8.4	14.4	v		27.3:	pec(UG)
R Dor	29712	04 36 59.4	−62 02 21	SRb	4.78	6.32	V	55335	172	M7−M8IIIe
HU Tau	29365	04 39 25.0	+20 43 20	EA	5.85	6.68	V	42412.456	2.056	B8V
R Cae	29844	04 41 10.7	−38 11 55	M	6.7	14.6	v	40645	390.95	M6e
R Pic	30551	04 46 40.9	−49 12 41	SR	6.35	10.1	V	54410	168	M1IIe−M4IIe
R Lep	31996	05 00 29.7	−14 46 42	M	5.5	11.7	v	54344	445	C7,6e(N6e)
ε Aur	31964	05 03 22.3	+43 51 01	EA	2.92	3.83	V	35629	9892	A8Ia−F2epIa + BV
RX Lep	33664	05 12 17.5	−11 49 34	SRb	5.12	6.65	V	48562.0	79.54	M6III
AR Aur	34364	05 19 36.0	+33 47 11	EA	6.15	6.82	V	49706.3615	4.135	Ap(Hg−Mn) + B9V
TZ Men	39780	05 26 31.4	−84 46 12	EA	6.19	6.87	V	39190.34	8.569	A1III + B9V:
β Dor	37350	05 33 47.8	−62 28 38	δ Cep	3.41	4.08	V	40905.3	9.843	F4−G4Ia−II
SU Tau	247925	05 50 13.8	+19 04 14	RCB	9.1	18.0	V	54862.0	44.68	G0−1Iep(C1,0HD)
α Ori	39801	05 56 13.7	+07 24 33	SRc	0.0	1.3	v		2335	M1−M2Ia−Ibe
U Ori	39816	05 56 58.7	+20 10 37	M	4.8	13.0	v	54520	377	M6e−M9.5e
SS Aur		06 14 51.0	+47 44 01	UGss	10.3	16.8	V		55.5:	M3−5Ve
η Gem	42995	06 16 03.3	+22 29 58	SRa+EA	3.15	3.9	V	37725	232.9	M3IIIab
T Mon	44990	06 26 16.2	+07 04 25	δ Cep	5.58	6.62	V	43784.615	27.025	F7Iab−K1Iab +...
RT Aur	45412	06 29 49.3	+30 28 45	δ Cep	5.00	5.82	V	42361.155	3.728	F4Ib−G1Ib
WW Aur	46052	06 33 43.5	+32 26 21	EA	5.79	6.54	V	41399.305	2.525	A3m: + A3m:
IR Gem		06 48 53.2	+28 03 22	UGsu	11.2	18.7:	V		75:	pec(UG)
ζ Gem	52973	07 05 15.9	+20 32 24	δ Cep	3.62	4.18	V	43805.927	10.151	F7Ib−G3Ib
L₂ Pup	56096	07 14 08.1	−44 40 20	SRb	2.6	8.0	V		140.6	M5IIIe−M6IIIe
R CMa	57167	07 20 21.2	−16 25 59	EA	5.7	6.34	V	50015.6841	1.136	F1V
U Mon	59693	07 31 43.3	−09 49 08	RVb	5.45	7.67	V	38496	91.32	F8eVIb−K0pIb(M2)
U Gem	64511	07 56 14.4	+21 56 55	UGss+E	8.2	14.9	v		105.2:	pec(UG) + M4.5V
V Pup	65818	07 58 48.1	−49 17 55	EB	4.35	4.92	V	45367.6063	1.454	B1Vp + B3:
AR Pup		08 03 45.0	−36 39 08	RVb	8.85	10.15	V	54900.0	76.32	F0I−II−F8I−II
AI Vel	69213	08 14 43.8	−44 38 09	δ Sct	6.15	6.76	V		0.116	A2p−F2pIV/V
Z Cam		08 27 21.9	+73 02 46	UGz	10.0	14.5	v		22:	pec(UG) + K7V
SW UMa		08 38 09.8	+53 24 31	UGsu	9.7	16.5	V		460:	pec(UG)

Name		HD No.	R.A.	Dec.	Type	Magnitude			Epoch 2400000+	Period	Spectral Type
						Min.	Max.				
			h m s	° ′ ″						d	
AK	Hya	73844	08 40 47.3	−17 22 25	SRb	6.33	6.91	V		75	M4III
VZ	Cnc	73857	08 41 55.5	+09 45 14	δ Sct	7.18	7.91	V	50071.282	0.178	A7III−F2III
BZ	UMa		08 55 14.1	+57 44 11	UGsu	10.5	17.5	v		97:	pec(UG)
CU	Vel		08 59 16.5	−41 52 28	UGsu	10.5	17.0	V		164.7:	M5V
TY	Pyx	77137	09 00 32.9	−27 53 36	EA/RS	6.85	7.5	V	43187.2304	3.199	G5 + G5
CV	Vel	77464	09 01 14.8	−51 37 57	EA	6.69	7.19	V	42048.6689	6.889	B2.5V + B2.5V
SY	Cnc		09 02 09.1	+17 49 18	UGz	10.5	14.1	V		27:	pec(UG) + G
T	Pyx		09 05 30.0	−32 27 30	Nr	6.2	15.5	V	51651.6526	7000:	pec(NOVA)
WY	Vel	81137	09 22 37.4	−52 38 53	Z And	7.50	9.1	V			−M5epIb:+B2III:
IW	Car	82085	09 27 20.7	−63 42 56	RVb	7.77	9.10	V	53866.0	143.6	F7/8+A3/5Ib/II:
R	Car	82901	09 32 44.0	−62 52 32	M	3.9	10.5	v	54597	307.0	M4e−M8e
S	Ant	82610	09 33 09.7	−28 42 52	EW	6.27	6.83	V	52627.7968	0.648	F3V
W	UMa	83950	09 45 06.9	+55 51 44	EW	7.75	8.48	V	51276.3967	0.334	F8Vp + F8Vp
R	Leo	84748	09 48 36.3	+11 20 15	M	4.4	11.3	v	44164	309.95	M6e−M8IIIe−...
CH	UMa		10 08 30.2	+67 27 03	UG	10.7	15.3	v		204:	pec(UG) + K4−M0V
S	Car	88366	10 09 59.3	−61 38 41	M	4.5	9.9	v	42112	149.49	K5e−M6e
η	Car	93308	10 45 49.2	−59 47 14	S Dor	−0.8	7.9	v			pec(E)
VY	UMa	92839	10 46 23.9	+67 18 31	SRb	5.73	6.32	V	49838.0	120.4	C6,3(N0)
U	Car	95109	10 58 36.2	−59 50 13	δ Cep	5.74	6.96	V	53075.3	38.829	F6−G7Iab
VW	UMa	94902	11 00 20.4	+69 53 03	SRb	6.69	7.71	V	52764	615	M4−M5III
QZ	Vir		11 39 26.8	+03 15 37	UGsu	9.6	16.2	v			pec(UG)
BC	UMa		11 53 16.7	+49 08 12	UGwz	10.9	19.37	V			
RU	Cen	105578	12 10 24.9	−45 32 05	RVa	8.48	9.93	V	52718	64.727	A7Ib−G2pe
S	Mus	106111	12 13 51.2	−70 15 37	δ Cep	5.89	6.49	V	40299.42	9.660	F6Ib−G0
RY	UMa	107397	12 21 22.9	+61 12 05	SRa	6.49	7.94	V		310	M2−M3IIIe
SS	Vir	108105	12 26 14.3	+00 39 43	SRa	6.0	9.6	v	54296	361	C6,3e(Ne)
BO	Mus	109372	12 36 04.2	−67 51 51	SRb	5.3	6.56	V	52028	132.4	M6II−III
R	Vir	109914	12 39 29.3	+06 52 54	M	6.1	12.1	v	45872	145.63	M3.5IIIe−M8.5e
R	Mus	110311	12 43 17.9	−69 30 51	δ Cep	5.93	6.73	V	26496.288	7.510	F7Ib−G2
UW	Cen		12 44 24.1	−54 38 05	RCB	9.1	17.8	V	54573	71.4	K
TX	CVn		12 45 38.2	+36 39 27	Z And+EL	9.34	10.28	V		199.75	B1−B9Veq +...
SW	Vir	114961	13 15 04.7	−02 54 35	SRb	6.2	8.0	V	54883	146	M7III
FH	Vir	115322	13 17 22.9	+06 24 07	SRb	6.92	7.4	V	40740	70:	M6III
V	CVn	115898	13 20 18.6	+45 25 30	SRa	6.52	8.56	V	43929	191.89	M4e−M6eIIIa:
R	Hya	117287	13 30 47.0	−23 22 53	M	3.5	10.9	v	52863	380	M6e−M9eS(TC)
BV	Cen		13 32 34.0	−55 04 34	UGss	10.7	13.6	v	40264.78		pec(UG)
T	Cen	119090	13 42 53.0	−33 41 43	RVa	5.56	8.44	V	53530	181.4	K0:e−M4II:e
V412	Cen	121518	13 58 48.4	−57 48 20	SRc	7.0	7.6	V	53541	89.44	M3Iab/b−M7
θ	Aps	122250	14 07 17.7	−76 53 22	SRb	4.65	6.20	V	53846	111.0	M7III
Z	Aps		14 08 35.8	−71 27 48	RVa	10.7	12.7	v		37.89	
R	Cen	124601	14 17 59.7	−60 00 12	M	5.3	11.8	v	53079	502	M4e−M8IIe
δ	Lib	132742	15 02 01.0	−08 35 43	EA	4.91	5.9	V	48788.426	2.327	A0IV−V
i	Boo	133640	15 04 25.9	+47 34 44	EW	5.8	6.4	V	50945.4898	0.268	G2V + G2V
S	Aps		15 11 24.0	−72 08 09	RCB	9.54	17.0	V	53149	66.03	C(R3)
GG	Lup	135876	15 20 13.5	−40 51 30	EB	5.49	6.0	B	52501.301	1.85	B7V
ι⁴	Ser	139216	15 37 22.5	+15 02 17	SRb	5.89	7.07	V	54192	86.7	M5IIb−IIIa
R	CrB	141527	15 49 22.7	+28 05 53	RCB	5.71	15.2	V			C0,0(F8pcp)
R	Ser	141850	15 51 35.7	+15 04 32	M	5.16	14.4	V	45521	356.41	M5IIIe−M9e
T	CrB	143454	16 00 19.2	+25 51 57	Nr+EL	2.0	10.8	v	47919	227.6	M3III + pec(NOVA)
AG	Dra		16 01 48.1	+66 44 57	Z And	7.9	10.3	v	50775.34	548.65	K3IIIep

Name	HD No.	R.A.	Dec.	Type	Magnitude Min.	Max.		Epoch 2400000+	Period	Spectral Type
		h m s	° ′ ″						d	
AT Dra	147232	16 17 35.1	+59 42 29	SRb	5.18	5.54	V	49856	35.57	M4IIIa
U Sco		16 23 38.4	−17 55 23	Nr+E	7.5	19.3	V	47717.6145		pec(E)
g Her	148783	16 29 17.0	+41 50 23	SRb	4.3	5.5	v		89.2	M6III
α Sco	148478	16 30 36.4	−26 28 25	SRc	0.75	1.21	V	55056	2180	M1.5Iab−Ib
R Ara	149730	16 41 22.4	−57 01 53	EA	6.17	7.32	V	47386.12	4.425	B9Vp
AH Her		16 44 58.3	+25 12 56	UGz	10.9	14.7	v		19.8:	pec(UG)+ K7V
V1010Oph	151676	16 50 34.6	−15 42 02	EB	6.1	7.00	V	50963.757	0.661	A5V
ζ¹ Sco	152236	16 55 22.5	−42 23 33	S Dor:	4.66	4.86	V			B1Iape
RS Sco	152476	16 57 03.0	−45 07 59	M	5.96	13.0	V	53637	319	M5e−M9
V861 Sco	152667	16 57 57.6	−40 51 10	EB	6.07	6.4	V	43704.21	7.848	B0.5Iae
α¹ Her	156014	17 15 32.3	+14 22 10	SRb	2.73	3.60	V	50960	125.6	M3−M5Ib/III
U Oph	156247	17 17 31.1	+01 11 25	EA	5.84	6.56	V	52066.758	1.677	B5V + B5V
u Her	156633	17 18 02.8	+33 04 49	EA	4.69	5.37	V	48852.367	2.051	B1.5Vp + B5III
RY Ara		17 22 36.4	−51 08 19	RVa:	8.71	11.51	V	30220	145:	G5−K0
BM Sco	160371	17 42 14.9	−32 13 24	L	5.25	6.46	V			K2.5Ib
V703 Sco	160589	17 43 33.3	−32 31 52	δ Sct	7.58	8.04	V	42979.3923	0.115	A9−G0
X Sgr	161592	17 48 47.3	−27 50 11	δ Cep	4.2	4.9	V	40741.7	7.013	F5−G2II
RS Oph	162214	17 51 16.2	−06 42 44	Nr+Lb	4.3	12.5	v	51848	453.6	OB + K4−M4III
V539 Ara	161783	17 52 03.7	−53 37 00	EA+SPB	5.71	6.24	V	48753.44	3.169	B2V + B3V
OP Her	163990	17 57 22.1	+45 20 57	SRb	5.85	6.73	V	41196	120.5	M5IIb−IIIa(S)
W Sgr	164975	18 06 16.0	−29 34 39	δ Cep	4.29	5.14	V	43374.77	7.595	F4−G2Ib
VX Sgr	165674	18 09 14.7	−22 13 12	SRc	6.52	14.0	V	36493	732	M4eIa−M10eIa
RS Sgr	167647	18 18 53.8	−34 05 55	EA	6.01	6.97	V	20586.387	2.416	B3IV−V + A
RS Tel		18 20 18.6	−46 32 20	RCB	9.6	<16.5	v	51980	48.6	C(R4)
Y Sgr	168608	18 22 31.8	−18 50 59	δ Cep	5.25	6.24	V	40762.38	5.773	F5−G0Ib−II
AC Her	170756	18 31 05.8	+21 52 53	RVa	6.85	9.0	V	53831.8	75.29	F2pIb−K4e(C0.0)
T Lyr		18 33 00.6	+37 00 51	Lb	7.5	9.2	V			C6,5(R6)
XY Lyr	172380	18 38 45.1	+39 41 11	SRc	5.6	6.6	V		120	M4−5Ib−II
X Oph	172171	18 39 17.1	+08 51 09	M	5.9	8.6	v	53477	338	M5e−M9e
R Sct	173819	18 48 31.4	−05 40 58	RVa	4.2	8.6	v	44872	146.5	G0Iae−K2p(M3)Ibe
V CrA	173539	18 48 52.3	−38 08 11	RCB	9.4	17.9	V			C(R0)
β Lyr	174638	18 50 48.0	+33 23 11	EB	3.30	4.35	V	55434.8702	12.941	B8II−IIIep
FN Sgr		18 55 03.4	−18 58 08	Z And+EA	10.8	14.0	V	50270	568.3	M5III+WD
R Lyr	175865	18 55 55.7	+43 58 21	SRb	3.81	4.44	V		46:	M5III
κ Pav	174694	18 58 57.0	−67 12 22	CW	3.91	4.78	V	40140.167	9.083	F5−G5I−II
FF Aql	176155	18 59 06.8	+17 23 18	δ Cep	5.18	5.68	V	41576.428	4.471	F5Ia−F8Ia
MT Tel	176387	19 03 38.5	−46 37 28	RRc	8.70	9.25	V	54602.797	0.317	A0W
R Aql	177940	19 07 18.6	+08 15 39	M	5.5	12.0	v	43458	270.5	M5e−M9e
RY Sgr	180093	19 17 49.0	−33 29 11	RCB	5.8	14.0	v	54305	37.67	G0Iaep(C1,0)
RS Vul	180939	19 18 29.8	+22 28 39	EA	6.79	7.83	V	32808.257	4.478	B4V + A2IV
U Sge	181182	19 19 39.6	+19 38 50	EA	6.45	9.28	V	17130.4114	3.381	B8V + G2III−IV
UX Dra	183556	19 20 53.1	+76 35 50	SRb:	5.94	7.1	V		175	C7,3(N0)
BF Cyg		19 24 39.6	+29 42 50	Z And	9.1	13.5	V		755	Bep + M5III
CH Cyg	182917	19 25 03.8	+50 16 50	Z And+SR	5.6	10.1	v			M7IIIab + Be
RR Lyr	182989	19 26 05.2	+42 49 23	RRab	7.06	8.12	V	55751.4711	0.567	A5.0−F7.0
CI Cyg		19 50 55.2	+35 44 04	Z And+E	9.0	12.3	V	41838.8	852.98	Bep + M5III
χ Cyg	187796	19 51 18.9	+32 57 52	M	3.3	14.2	v	42140	408.05	S6,2e−S10,4e(MSe)
η Aql	187929	19 53 27.9	+01 03 25	δ Cep	3.48	4.39	V	36084.656	7.177	F6Ib−G4Ib
V449 Cyg	188344	19 54 05.5	+34 00 07	Lb	7.2	7.77	V			M1−M5
V505 Sgr	187949	19 54 12.3	−14 33 07	EA	6.46	7.51	V	50999.3118	1.183	A2V + F6:

Name	HD No.	R.A.	Dec.	Type	Magnitude Min.	Magnitude Max.		Epoch 2400000+	Period	Spectral Type
		h m s	° ′ ″						d	
S Sge	188727	19 56 54.4	+16 41 15	δ Cep	5.24	6.04	V	42678.792	8.382	F6Ib–G5Ib
RR Sgr	188378	19 57 09.1	−29 08 14	M	5.4	14.0	v	40809	336.33	M4e–M9e
RR Tel		20 05 51.2	−55 40 10	Nc	6.5	16.5	p			pec
WZ Sge		20 08 28.6	+17 45 44	UGwz+E +ZZ	7	15.53	B		11900:	DAep(UG)
P Cyg	193237	20 18 30.4	+38 05 40	S Dor	3	6	v			B1Iapeq
V Sge		20 21 05.8	+21 09 54	CBSS+E	8.6	13.9	v	37889.9154	0.514	pec(CONT + e)
EU Del	196610	20 38 48.1	+18 20 17	SRb	5.41	6.72	V	53145	58.63	M6III
AE Aqr		20 41 09.5	−00 48 03	DQ+EL	10.18	12.12	V		0.412	WD+K3Ve
X Cyg	197572	20 44 10.0	+35 39 32	δ Cep	5.85	6.91	V	43830.387	16.386	F7Ib–G8Ib
T Vul	198726	20 52 17.9	+28 19 28	δ Cep	5.41	6.09	V	41705.121	4.433	F5Ib–G0Ib
T Cep	202012	21 09 46.8	+68 34 14	M	5.2	11.3	v	44177	388.14	M5.5e–M8.8e
VY Aqr		21 13 12.0	−08 44 46	UGsu	10.0	17.52	V	17796		pec(UG)
W Cyg	205730	21 36 47.1	+45 27 45	SRb	5.10	6.83	V	48945	131.7	M4e–M6e(TC:)III
EE Peg	206155	21 40 59.5	+09 16 26	EA	6.93	7.51	V	45563.8916	2.628	A3mV + F5
V460 Cyg	206570	21 42 50.5	+35 35 59	SRb	5.57	6.5	V		180:	C6,4(N1)
SS Cyg	206697	21 43 29.0	+43 40 34	UGss	7.7	12.4	v			K5V + pec(UG)
μ Cep	206936	21 44 06.3	+58 52 12	SRc	3.43	5.1	V	49518	835	M2eIa
RS Gru	206379	21 44 20.3	−48 05 59	δ Sct	7.94	8.48	V	54734.729	0.147	A6–A9IV–F0
AG Peg	207757	21 51 58.8	+12 43 03	Z And+EL	6.0	9.4	v	31667.5	816.5	WN6	M3III
VV Cep	208816	21 57 12.2	+63 43 08	EA+SRc	4.8	5.36	V	43360	7430	M2epIa−...
AR Lac	210334	22 09 28.2	+45 50 19	EA/RS	6.08	6.77	V	49292.3444	1.983	G2IV–V + K0IV
RU Peg		22 15 00.0	+12 48 06	UGss+ZZ:	9.5	13.0	v		74.3:	pec(UG) + K0/5V
π¹ Gru	212087	22 23 55.2	−45 50 56	SRb	5.31	7.1	V	54229	195.5	S5
δ Cep	213306	22 29 53.9	+58 30 56	δ Cep	3.49	4.36	V	36075.445	5.366	F5Ib–G1Ib
ER Aqr	218074	23 06 28.1	−22 22 53	Lb	7.14	7.81	V			M3III
Z And	221650	23 34 36.5	+48 55 34	Z And	7.7	11.3	V			M2III + B1eq
R Aqr	222800	23 44 50.0	−15 10 35	M+Z And	5.2	12.4	v	53650	387	M5e–M8.5e + pec
TX Psc	223075	23 47 23.3	+03 35 42	Lb	4.79	5.2	V			C7,2(N0)(Tc)
SX Phe	223065	23 47 34.6	−41 28 41	SX Phe(B)	6.76	7.53	V	38636.617	0.055	A5–F4

Notes to Table

CBSS	close binary supersoft x-ray source	RS	RS Canum Venaticorum type
CW	cepheid, W Vir type (period > 8 days)	RV	RV Tauri type
δ Cep	cepheid, classical type	RVa	RV Tauri type (constant mean brightness)
δ Sct	δ Scuti type	RVb	RV Tauri type (varying mean brightness)
DQ	DQ Herculis type	S Dor	S Doradus variable
E	eclipsing	SR	semi-regular, long period variable
EA	eclipsing, Algol type	SRa	semi-regular, late spectral class, strong periodicities
EB	eclipsing, β Lyrae type	SRb	semi-regular, late spectral class, weak periodicities
EL	rotating ellipsoidal close binary	SRc	semi-regular supergiant of late spectral class
EW	eclipsing, W Ursae Maj type	SPB	slowly pulsating B star
Lb	slow irregular variable	SRd	semi-regular giant or supergiant, spectrum F, G, or K
Lc	irregular supergiant (late spectral type)	SX Phe	SX Phoenicis variable
M	Mira type long period variable	UG	U Gem type dwarf nova
Nc	very slow nova	UGss	U Gem type dwarf nova (SS Cygni subtype)
NL	nova-like variable	UGsu	U Gem type dwarf nova (SU Ursae Majoris subtype)
Nr	recurrent nova	UGwz	U Gem type dwarf nova(WZ Sagittae subtype)
RCB	R Coronae Borealis variable	UGz	U Gem type dwarf nova (Z Camelopardalis subtype)
RRab	RR Lyrae variable (asymmetric light curves)	Z And	Z And type symbiotic star
RRc	RR Lyrae variable (symmetric sinusoidal light curves)	ZZ	ZZ Ceti variable
p	photographic magnitude	V	photoelectric magnitude, visual filter
v	visual magnitude	B	photoelectric magnitude, blue filter
:	uncertainty in period or spectral type	<	fainter than the magnitude indicated
...	full spectral type given in Section L		

HD No.	Star Name	R.A.	Dec.	V	B–V	[Fe/H]	Exoplanet	Period[1]	e[2]	Epoch[3]p 2440000+
		h m s	° ′ ″					d		
142		00 07 19.4	−48 58 01	5.70	+0.52	+0.0998	HD 142 b	350.3	0.26	11963
1237		00 17 05.3	−79 44 36	6.59	+0.75	+0.1200	HD 1237 b	133.71001	0.511	11545.86
1461		00 19 42.1	−07 56 44	6.60	+0.67	+0.1800	HD 1461 b	5.7727	0.14	10366.519
1605		00 21 33.0	+31 05 00	7.52	+0.96	+0.2100	HD 1605 b	577.9	0.078	13443.3
1605		00 21 33.0	+31 05 00	7.52	+0.96	+0.2100	HD 1605 c	2111	0.098	14758.3
2952		00 34 15.9	+55 00 08	5.93	+1.04	0.0000	HD 2952 b	311.6	0.129	10112
3651		00 40 22.9	+21 21 19	5.88	+0.85	+0.1645	HD 3651 b	62.218	0.596	13932.6
4308		00 45 28.5	−65 32 50	6.55	+0.66	−0.3100	HD 4308 b	15.56	0.0	13314.7
4732		00 50 11.5	−24 01 51	5.90	+0.95	+0.0100	HD 4732 b	360.2	0.13	14967
4732		00 50 11.5	−24 01 51	5.90	+0.95	+0.0100	HD 4732 c	2732.0	0.23	16093
5388		00 56 04.9	−47 18 06	6.84	+0.50	−0.2700	HD 5388 b	777.0	0.4	14570
5608		00 59 18.7	+34 03 20	6.00	+0.99	+0.1200	HD 5608 b	792.6	0.19	12327
6434		01 05 33.8	−39 23 13	7.72	+0.61	−0.5200	HD 6434 b	21.997999	0.17	11490.8
7449		01 15 28.3	−04 56 43	7.50	+0.58	−0.1100	HD 7449 b	1275.0	0.82	15298
7924		01 23 38.0	+76 48 42	7.19	+0.83	−0.1500	HD 7924 b	5.39792	0.058	15584.698
7924		01 23 38.0	+76 48 42	7.19	+0.83	−0.1500	HD 7924 c	15.299	0.098	15583.619
7924		01 23 38.0	+76 48 42	7.19	+0.83	−0.1500	HD 7924 d	24.451	0.21	15573.511
8535		01 24 29.1	−41 10 08	7.72	+0.55	+0.0600	HD 8535 b	1313.0	0.15	14537
8574		01 26 18.0	+28 40 01	7.12	+0.58	−0.0089	HD 8574 b	227.0	0.297	13981
9826	υ And	01 37 57.0	+41 30 08	4.10	+0.54	+0.1530	υ And b	4.6171363	0.013	14425.017
9826	υ And	01 37 57.0	+41 30 08	4.10	+0.54	+0.1530	υ And c	241.33335	0.223848	14265.567
9826	υ And	01 37 57.0	+41 30 08	4.10	+0.54	+0.1530	υ And d	1278.1218	0.267395	13937.728
10180		01 38 34.4	−60 24 46	7.33	+0.63	+0.0800	HD 10180 c	5.75962	0.077	14001.496
10180		01 38 34.4	−60 24 46	7.33	+0.63	+0.0800	HD 10180 d	16.3567	0.143	14005.380
10180		01 38 34.4	−60 24 46	7.33	+0.63	+0.0800	HD 10180 e	49.747	0.065	14008.788
10180		01 38 34.4	−60 24 46	7.33	+0.63	+0.0800	HD 10180 f	122.72	0.133	14027.553
10180		01 38 34.4	−60 24 46	7.33	+0.63	+0.0800	HD 10180 g	602.0	0.0	14042.585
10180		01 38 34.4	−60 24 46	7.33	+0.63	+0.0800	HD 10180 h	2248.0	0.151	13619.174
10647		01 43 14.3	−53 38 37	5.52	+0.55	−0.0776	HD 10647 b	1003.0	0.16	10960
10697		01 43 14.3	−53 38 37	6.27	+0.72	+0.1940	HD 10697 b	1075.2	0.099	11480
11506		01 53 46.2	−19 24 43	7.51	+0.61	+0.3100	HD 11506 b	1405.0	0.3	13603
11506		01 53 46.2	−19 24 43	7.51	+0.61	+0.3100	HD 11506 c	223.6	0.24	14127
11977		01 55 25.9	−67 33 06	4.70	+0.93	−0.1600	HD 11977 b	711.0	0.4	11420
11964		01 58 06.8	−10 08 57	6.42	+0.82	+0.1400	HD 11964 b	1944.5898	0.041	14170.722
11964		01 58 06.8	−10 08 57	6.42	+0.82	+0.1400	HD 11964 c	37.910254	0.301733	14366.648
12661		02 05 40.5	+25 30 22	7.43	+0.71	+0.3623	HD 12661 b	262.70861	0.376834	14152.755
12661		02 05 40.5	+25 30 22	7.43	+0.71	+0.3623	HD 12661 c	1707.8812	0.0312556	16153.417
12929	α Ari	02 08 16.6	+23 33 14	2.00	+1.16	−0.1600	α Ari b	380.0	0.25	11213.52
13189		02 10 49.0	+32 24 29	7.56	+1.48	−0.3900	HD 13189 b	471.6	0.27	12327.9
13445	GJ 86	02 11 13.0	−50 43 44	6.12	+0.81	−0.2679	GJ 86 b	15.76491	0.0416	11903.36
13931		02 18 01.6	+43 51 42	7.61	+0.64	+0.0300	HD 13931 b	4218.0	0.02	14494
13908		02 19 47.4	+65 41 00	7.51	+0.53	+0.0100	HD 13908 b	19.382	0.046	15750.93
13908		02 19 47.4	+65 41 00	7.51	+0.53	+0.0100	HD 13908 c	931.0	0.12	16165
15779	75 Cet	02 33 09.2	−00 56 59	5.36	+1.01	+0.0200	75 Cet b	691.9	0.117	12213
16141		02 36 18.7	−03 28 43	6.83	+0.67	+0.1703	HD 16141 b	75.523	0.252	10338
16417		02 37 47.2	−34 29 44	5.78	+0.67	+0.0700	HD 16417 b	17.24	0.2	10099.74
16232	30 Ari B	02 38 05.5	+24 43 55	7.09	+0.51	+0.1500	30 Ari B b	335.1	0.289	14538
16175		02 38 16.8	+42 08 47	7.29	+0.63	+0.3900	HD 16175 b	990.0	0.6	13810
16400	81 Cet	02 38 40.8	−03 18 46	5.65	+1.02	−0.0700	81 Cet b	952.7	0.206	12486
17051	ι Hor	02 43 13.3	−50 43 01	5.40	+0.56	+0.1113	ι Hor b	302.8	0.14	11227

HD No.	Star Name	R.A.	Dec.	V	B−V	[Fe/H]	Exoplanet	Period[1]	e[2]	Epoch[3] P 2440000+
		h m s	° ′ ″					d		
17092		02 47 42.6	+49 44 02	7.74	+1.26	+0.1800	HD 17092 b	359.89999	0.166	12969.5
19994		03 13 46.3	−01 07 27	5.07	+0.58	+0.1865	HD 19994 b	466.2	0.266	13757
20794		03 20 42.4	−42 59 46	4.26	+0.71	−0.4000	HD 20794 b	18.315	0.0	14774.806
20794		03 20 42.4	−42 59 46	4.26	+0.71	−0.4000	HD 20794 c	40.114	0.0	14766.756
20794		03 20 42.4	−42 59 46	4.26	+0.71	−0.4000	HD 20794 d	90.309	0.0	14779.34
20782		03 20 53.1	−28 47 05	7.36	+0.63	−0.0510	HD 20782 b	591.9	0.97	11083.8
22049	ε Eri	03 33 51.1	−09 23 36	3.72	+0.88	−0.0309	ε Eri b	2500.0	0.25	8940
23079		03 40 14.4	−52 51 15	7.12	+0.58	−0.1497	HD 23079 b	730.6	0.102	10492
23596		03 49 19.2	+40 35 23	7.25	+0.63	+0.2179	HD 23596 b	1561.0	0.266	13162
24040		03 51 30.0	+17 31 59	7.50	+0.65	+0.2063	HD 24040 b	3668.0	0.04	14308
27442	ε Ret	04 16 49.4	−59 15 21	4.44	+1.08	+0.3300	ε Ret b	428.1	0.06	10836
28254		04 25 21.5	−50 34 45	7.71	+0.77	+0.3600	HD 28254 b	1116.0	0.81	14049
28305	ε Tau	04 29 45.5	+19 13 20	3.53	+1.01	+0.1700	ε Tau b	594.90002	0.151	12879
30562		04 49 34.3	−05 38 32	5.77	+0.63	+0.2600	HD 30562 b	1157.0	0.76	10131.5
31253		04 55 49.2	+12 22 56	7.13	+0.58	+0.1600	HD 31253 b	466.0	0.3	10660
32518		05 11 45.5	+69 39 44	6.44	+1.11	−0.1500	HD 32518 b	157.54	0.01	12950.29
33636		05 12 48.6	+04 25 31	7.00	+0.59	−0.1256	HD 33636 b	2127.7	0.4805	11205.8
34445		05 18 44.2	+07 22 20	7.31	+0.62	+0.1400	HD 34445 b	1049.0	0.27	13781
33564		05 25 48.4	+79 14 56	5.08	+0.51	−0.1200	HD 33564 b	388.0	0.34	12603
39091	π Men	05 35 38.1	−80 27 08	5.65	+0.60	+0.0483	HD 39091 b	2151.0	0.6405	7820
38283		05 36 34.0	−73 41 20	6.70	+0.56	−0.1200	HD 38283 b	363.2	0.41	10802.6
37124		05 38 12.2	+20 44 21	7.68	+0.67	−0.4416	HD 37124 b	154.378	0.054	10305
37124		05 38 12.2	+20 44 21	7.68	+0.67	−0.4416	HD 37124 c	885.5	0.125	9534
37124		05 38 12.2	+20 44 21	7.68	+0.67	−0.4416	HD 37124 d	1862.0	0.16	8558
38529		05 47 35.3	+01 10 25	5.95	+0.77	+0.4000	HD 38529 b	14.310195	0.243663	14384.815
38529		05 47 35.3	+01 10 25	5.95	+0.77	+0.4000	HD 38529 c	2146.0503	0.355094	12255.921
39060	β Pic	05 47 44.9	−51 03 37	3.86	+0.17		β Pic b	7154.0	0.021	13795.5
40307		05 54 18.9	−60 01 16	7.17	+0.92	−0.3100	HD 40307 b	4.3115	0.0	14562.77
40307		05 54 18.9	−60 01 16	7.17	+0.92	−0.3100	HD 40307 c	9.62	0.0	14551.53
40307		05 54 18.9	−60 01 16	7.17	+0.92	−0.3100	HD 40307 d	20.46	0.0	14532.42
40979		06 05 55.5	+44 15 26	6.74	+0.57	+0.1683	HD 40979 b	264.15	0.252	13919
44219		06 21 09.5	−10 44 06	7.69	+0.69	+0.0300	HD 44219 b	472.3	0.61	14585.6
45410	6 Lyn	06 32 28.5	+58 08 45	5.86	+0.93	−0.1300	6 Lyn b	874.774	0.059	14024.5
47186		06 36 55.3	−27 38 27	7.60	+0.71	+0.2300	HD 47186 b	4.0845	0.038	14566.95
47186		06 36 55.3	−27 38 27	7.60	+0.71	+0.2300	HD 47186 c	1353.6	0.249	12010
47205		06 37 32.1	−19 16 26	3.95	+1.06	+0.2100	7 CMa b	763.0	0.14	15520
50499		06 52 44.8	−33 56 23	7.21	+0.61	+0.3352	HD 50499 b	2457.8717	0.253675	11220.052
50554		06 55 54.1	+24 13 09	6.84	+0.58	−0.0658	HD 50554 b	1224.0	0.444	10646
52265		07 01 15.5	−05 23 43	6.29	+0.57	+0.1933	HD 52265 b	119.29	0.325	10833.7
60532		07 34 53.3	−22 20 21	4.45	+0.52	−0.2600	HD 60532 b	201.3	0.28	13987
60532		07 34 53.3	−22 20 21	4.45	+0.52	−0.2600	HD 60532 c	604.0	0.02	13732
62509	Pollux	07 46 30.4	+27 58 39	1.15	+1.00	+0.0900	β Gem b	589.64001	0.02	7739.02
69267	β Cnc	08 17 34.3	+09 07 27	3.52		−0.2900	β Cnc b	605.2	0.08	13229.8
69830		08 19 19.5	−12 41 58	5.95	+0.79	−0.0604	HD 69830 b	8.6669998	0.1	13496.8
69830		08 19 19.5	−12 41 58	5.95	+0.79	−0.0604	HD 69830 c	31.559999	0.13	13469.6
69830		08 19 19.5	−12 41 58	5.95	+0.79	−0.0604	HD 69830 d	197.0	0.07	13358
70642		08 22 10.1	−39 46 02	7.17	+0.69	+0.1642	HD 70642 b	2068.0	0.034	11350
71369	o UMa	08 31 52.3	+60 39 05	3.36	+0.83	−0.0900	o UMa b	1630.0	0.13	13400
72659		08 35 02.4	−01 38 12	7.46	+0.61	−0.0045	HD 72659 b	3658.0	0.22	15351
73108	4 UMa	08 41 53.9	+64 15 29	5.79	+1.20	−0.2500	4 UMa b	269.29999	0.432	12987.394

HD No.	Star Name	R.A.	Dec.	V	B–V	[Fe/H]	Exoplanet	Period[1]	e[2]	Epoch[3]$_P$ 2440000+
		h m s	° ′ ″					d		
74156		08 43 26.7	+04 30 22	7.61	+0.59	+0.1308	HD 74156 b	51.638	0.63	10793.3
74156		08 43 26.7	+04 30 22	7.61	+0.59	+0.1308	HD 74156 c	2520.0	0.38	8416
75289		08 48 23.0	−41 48 38	6.35	+0.58	+0.2166	HD 75289 b	3.509267	0.034	10830.34
75732	55 Cnc	08 53 45.3	+28 15 18	5.96	+0.87	+0.3145	55 Cnc b	14.651	0.004	13035
75732	55 Cnc	08 53 45.3	+28 15 18	5.96	+0.87	+0.3145	55 Cnc c	44.38	0.07	13083
75732	55 Cnc	08 53 45.3	+28 15 18	5.96	+0.87	+0.3145	55 Cnc d	4909.0	0.02	13490
75732	55 Cnc	08 53 45.3	+28 15 18	5.96	+0.87	+0.3145	55 Cnc e	0.736546	0.0	15568.011
75732	55 Cnc	08 53 45.3	+28 15 18	5.96	+0.87	+0.3145	55 Cnc f	261.2	0.32	10080.911
81040		09 24 52.9	+20 16 49	7.72	+0.68	−0.1600	HD 81040 b	1001.7	0.526	12504
81688		09 29 56.2	+45 30 54	5.40	+0.99	−0.3590	HD 81688 b	184.02	0.0	12335.4
82943		09 35 47.4	−12 13 05	6.54	+0.62	+0.2654	HD 82943 b	442.4	0.203	11597.7
82943		09 35 47.4	−12 13 05	6.54	+0.62	+0.2654	HD 82943 c	219.3	0.425	11851
85512		09 51 54.7	−43 35 50	7.67	+1.16	−0.3300	HD 85512 b	58.43	0.11	15250.015
85503	μ Leo	09 53 52.3	+25 54 52	3.88		+0.3600	μ Leo b	357.8	0.09	12921
86264		09 57 54.0	−15 59 20	7.42	+0.46	+0.2560	HD 86264 b	1475.0	0.7	15172
87883		10 09 51.2	+34 08 45	7.57	+0.96	+0.0700	HD 87883 b	2754.0	0.53	11139
89307		10 19 23.4	+12 31 22	7.02	+0.59	−0.1592	HD 89307 b	2166.0	0.2	12346.4
89484	γ Leo A	10 21 02.8	+19 44 30	2.12	+1.08	−0.4100	γ Leo A b	428.5	0.144	11236
89744		10 23 19.7	+41 07 47	5.73	+0.53	+0.2200	HD 89744 b	256.78	0.673	11505.5
90043	24 Sex	10 24 28.2	−01 00 06	6.61	+0.92	−0.0100	24 Sex b	455.2	0.184	14758
90043	24 Sex	10 24 28.2	−01 00 06	6.61	+0.92	−0.0100	24 Sex c	910.0	0.412	14941
90156		10 24 49.2	−29 44 39	6.92	+0.66	−0.2400	HD 90156 b	49.77	0.31	14775.1
92788		10 43 48.1	−02 17 15	7.31	+0.69	+0.3179	HD 92788 b	325.81	0.334	10759.2
95128	47 UMa	11 00 33.1	+40 19 33	5.03	+0.62	+0.0431	47 UMa b	1078.0	0.032	11917
95128	47 UMa	11 00 33.1	+40 19 33	5.03	+0.62	+0.0431	47 UMa c	2391.0	0.098	12441
96127		11 06 51.8	+44 11 45	7.43	+1.50	−0.2400	HD 96127 b	647.3	0.3	13969.4
97658		11 15 35.4	+25 36 15	7.70	+0.84	−0.3000	HD 97658 b	9.4909	0.064	16361.805
99492	83 Leo B	11 27 45.5	+02 54 00	7.58	+1.00	+0.3623	HD 99492 b	17.0431	0.254	10468.7
100655		11 36 04.7	+20 20 01	6.45	+1.01	−0.0200	HD 100655 b	157.57	0.085	13072.4
102117		11 45 47.5	−58 48 45	7.47	+0.72	+0.2952	HD 102117 b	20.8133	0.121	10942.2
102365		11 47 27.1	−40 36 24	4.89	+0.68	−0.2600	HD 102365 b	122.1	0.34	10129
103774		11 57 55.6	−12 12 59	7.12	+0.49	+0.2800	HD 103774 b	5.8881	0.09	15675.4
104985		12 06 13.1	+76 47 48	5.78	+1.03	−0.3500	HD 104985 b	199.505	0.09	11927.5
106252		12 14 29.2	+09 55 54	7.41	+0.64	−0.0763	HD 106252 b	1531.0	0.482	13397.5
106270		12 14 37.4	−09 37 19	7.73	+0.74	+0.0600	HD 106270 b	2890.0	0.402	14830
107383	11 Com	12 21 42.1	+17 41 07	4.78	+0.99	−0.3400	11 Com b	326.03	0.231	12899.6
108147		12 26 51.8	−64 07 49	6.99	+0.54	+0.0868	HD 108147 b	10.8985	0.53	10828.86
111232		12 50 06.0	−68 31 50	7.59	+0.70	−0.3600	HD 111232 b	1143.0	0.2	11230
113337		13 02 32.6	+63 30 21	6.00	+0.43	+0.0700	HD 113337 b	324.0	0.46	16074.5
114613		13 13 09.1	−37 54 22	4.85	+0.70	+0.1900	HD 114613 b	3827.0	0.25	15550.3
114762		13 13 16.7	+17 24 50	7.30	+0.53	−0.6531	HD 114762 b	83.9151	0.3354	9889.106
114783		13 13 44.0	−02 22 05	7.56	+0.93	+0.1165	HD 114783 b	493.7	0.144	13806
114729		13 13 49.0	−31 58 41	6.68	+0.59	−0.2617	HD 114729 b	1114.0	0.167	10520
115617	61 Vir	13 19 25.7	−18 25 09	4.87	+0.71	+0.0500	61 Vir b	4.215	0.12	13367.222
115617	61 Vir	13 19 25.7	−18 25 09	4.87	+0.71	+0.0500	61 Vir c	38.021	0.14	13350.472
115617	61 Vir	13 19 25.7	−18 25 09	4.87	+0.71	+0.0500	61 Vir d	123.01	0.35	13350.031
117176	70 Vir	13 29 23.1	+13 40 31	4.97	+0.71	−0.0123	70 Vir b	116.6884	0.4007	7239.82
117207		13 30 27.9	−35 40 18	7.26	+0.72	+0.2661	HD 117207 b	2597.0	0.144	10630
117618		13 33 36.7	−47 22 18	7.17	+0.60	+0.0027	HD 117618 b	25.827	0.42	10832.2
120084		13 42 45.8	+77 58 00	5.91	+1.00	+0.0900	HD 120084 b	2082.0	0.66	10774

HD No.	Star Name	R.A.	Dec.	V	B−V	[Fe/H]	Exoplanet	Period[1]	e[2]	Epoch[3]$_P$ 2440000+
		h m s	° ′ ″					d		
120136	τ Boo	13 48 11.4	+17 21 38	4.50	+0.51	+0.2336	τ Boo b	3.312433	0.023	15652.108
121056	HIP 67851	13 55 00.6	−35 24 36	6.17	+1.01	0.0000	HIP 67851 b	88.8	0.09	15296.6
121504		13 58 35.7	−56 08 06	7.54	+0.59	+0.1600	HD 121504 b	63.330002	0.03	11450
128311		14 36 58.0	+09 39 39	7.48	+0.97	+0.2048	HD 128311 b	454.2	0.345	13835
128311		14 36 58.0	+09 39 39	7.48	+0.97	+0.2048	HD 128311 c	923.8	0.23	16987
128621	α Cen B	14 41 09.5	−60 55 21	1.33	+0.88	+0.3000	α Cen B b	3.2357	0.0	15280.17
131873	β UMi	14 50 40.3	+74 04 32	2.08		−0.2700	β UMi b	522.3	0.19	13175.3
134987		15 14 37.3	−25 22 54	6.47	+0.69	+0.2792	HD 134987 b	258.18	0.233	10071
134987		15 14 37.3	−25 22 54	6.47	+0.69	+0.2792	HD 134987 c	5000.0	0.12	11100
136726	11 UMi	15 17 05.9	+71 45 11	5.02	+1.39	+0.0400	11 UMi b	516.22	0.08	12861.04
136118		15 19 55.8	−01 39 44	6.93	+0.55	−0.0502	HD 136118 b	1187.3	0.338	12999.5
136512	o CrB	15 20 57.2	+29 32 48	5.52	+1.01	−0.2900	o CrB b	187.83	0.191	12211
137759	ι Dra	15 25 22.0	+58 53 54	3.29	+1.17	−0.1600	ι Dra b	511.098	0.7124	12014.59
139357		15 35 47.3	+53 51 29	5.98	+1.19	−0.1300	HD 139357 b	1125.7	0.1	12466.7
141680	ω Ser	15 51 16.7	+02 08 19	5.23	+1.01	−0.2400	ω Ser b	277.02	0.106	10022
142091	κ CrB	15 51 58.1	+35 35 52	4.79	+1.00	+0.1300	κ CrB b	1300.0	0.125	13899
141937		15 53 25.0	−18 29 35	7.25	+0.63	+0.1286	HD 141937 b	653.21997	0.41	11847.38
142245		15 53 50.1	+15 22 25	7.63	+1.04	+0.2300	HD 142245 b	1299.0	0.0	14760
143107	ε CrB	15 58 23.9	+26 49 23	4.13	+1.23	−0.2200	ε CrB b	417.9	0.11	11235.3
142415		15 59 19.7	−60 15 21	7.33	+0.62	+0.0880	HD 142415 b	386.29999	0.5	11519
143761	ρ CrB	16 01 47.5	+33 14 44	5.39	+0.61	−0.1990	ρ CrB b	39.8449	0.057	10563.2
145457		16 10 52.2	+26 41 35	6.57	+1.04	−0.1400	HD 145457 b	176.3	0.112	13518
145675	14 Her	16 11 02.3	+43 45 58	6.61	+0.88	+0.4599	14 Her b	1773.4	0.369	11372.7
142022		16 15 01.7	−84 16 51	7.70	+0.79	+0.1900	HD 142022 b	1928.0	0.53	10941
147513		16 25 20.8	−39 14 13	5.37	+0.63	+0.0892	HD 147513 b	528.40002	0.26	11123
148427		16 29 33.8	−13 26 30	6.89	+0.93	+0.0300	HD 148427 b	331.5	0.16	13991
148156		16 29 42.5	−46 21 34	7.69	+0.56	+0.2900	HD 148156 b	1027.0	0.52	14707
154345		17 03 09.5	+47 03 35	6.76	+0.73	−0.1049	HD 154345 b	3341.5588	0.044	12831.223
153950		17 05 54.9	−43 20 10	7.39	+0.57	−0.0100	HD 153950 b	499.4	0.34	14502
155358		17 10 17.5	+33 19 52	7.28	+0.55	−0.6800	HD 155358 b	194.3	0.17	11224.8
155358		17 10 17.5	+33 19 52	7.28	+0.55	−0.6800	HD 155358 c	391.9	0.16	15345.4
154857		17 12 54.7	−56 42 13	7.24	+0.65	−0.2200	HD 154857 b	408.6	0.46	13572.5
154857		17 12 54.7	−56 42 13	7.24	+0.65	−0.2200	HD 154857 c	3452.0	0.06	15219
156411		17 21 20.4	−48 34 08	6.67	+0.61	−0.1100	HD 156411 b	842.2	0.22	14356
156846		17 21 43.1	−19 21 10	6.50	+0.58	+0.2200	HD 156846 b	359.51001	0.8472	13998.09
158038		17 26 32.2	+27 17 13	7.64	+1.04	+0.2800	HD 158038 b	521.0	0.291	15491
159868		17 40 23.4	−43 09 22	7.24	+0.72	−0.0800	HD 159868 b	1178.4	0.01	13435
159868		17 40 23.4	−43 09 22	7.24	+0.72	−0.0800	HD 159868 c	352.3	0.15	13239
160691	μ Ara	17 45 41.7	−51 50 32	5.12	+0.69	+0.2929	μ Ara b	643.25	0.128	12365.6
160691	μ Ara	17 45 41.7	−51 50 32	5.12	+0.69	+0.2929	μ Ara c	4205.8	0.0985	12955.2
160691	μ Ara	17 45 41.7	−51 50 32	5.12	+0.69	+0.2929	μ Ara d	9.6386	0.172	12991.1
160691	μ Ara	17 45 41.7	−51 50 32	5.12	+0.69	+0.2929	μ Ara e	310.54999	0.0666	12708.7
164922		18 03 18.5	+26 18 40	7.01	+0.80	+0.1701	HD 164922 b	1155.0	0.05	11100
167042		18 10 55.6	+54 17 35	5.97	+0.94	+0.0300	HD 167042 b	420.77	0.089	14230.1
168443		18 21 08.2	−09 35 14	6.92	+0.72	+0.0400	HD 168443 b	58.11247	0.52883	15626.199
168443		18 21 08.2	−09 35 14	6.92	+0.72	+0.0400	HD 168443 c	1749.83	0.2113	15599.9
170693	42 Dra	18 26 02.5	+65 34 32	4.83	+1.19	−0.4600	42 Dra b	479.1	0.38	12757.4
169830		18 29 04.3	−29 48 12	5.90	+0.52	+0.1530	HD 169830 b	225.62	0.31	11923
169830		18 29 04.3	−29 48 12	5.90	+0.52	+0.1530	HD 169830 c	2102.0	0.33	12516
	Kepler-439	18 43 47.6	+44 03 16	5.46		+0.0200	Kepler-439 b	178.1396	0.0	15399.399

HD No.	Star Name	R.A.	Dec.	V	B−V	[Fe/H]	Exoplanet	Period[1]	e[2]	Epoch[3]$_P$ 2440000+
		h m s	° ′ ″					d		
173416		18 44 17.1	+36 34 39	6.06	+1.04	−0.2200	HD 173416 b	323.6	0.21	13465.8
	Kepler-442	19 02 07.4	+39 18 32	7.73		−0.3700	Kepler-442 b	112.3053	0.0	15849.558
177830		19 06 08.5	+25 57 04	7.18	+1.09	+0.3000	HD 177830 b	410.1	0.096	10254
	Kepler-443	19 14 57.1	+50 00 12	6.83		−0.0100	Kepler-443 b	177.6693	0.0	15630.246
180314		19 15 34.9	+31 53 44	6.61	+1.00	+0.2000	HD 180314 b	396.03	0.257	13565.9
179949		19 16 44.4	−24 08 40	6.25	+0.55	+0.1369	HD 179949 b	3.092514	0.022	11002.36
181342		19 22 14.9	−23 34 54	7.55	+1.02	+0.1500	HD 181342 b	663.0	0.177	14881
185269		19 37 58.8	+28 32 39	6.67	+0.61	−0.0250	HD 185269 b	6.8378503	0.295952	13154.089
186427	16 Cyg B	19 42 23.1	+50 33 48	6.25	+0.66	+0.0375	16 Cyg B b	798.5	0.681	6549.1
186641	HIP 97233	19 46 41.5	−00 38 54	7.34	+1.00	+0.2900	HIP 97233 b	1058.8	0.61	15856.3
	Kepler-437	19 50 01.0	+44 04 37	7.20		0.0000	Kepler-437 b	66.65062	0.0	15670.688
187085		19 50 51.8	−37 43 51	7.22	+0.57	+0.0882	HD 187085 b	986.0	0.47	10912
188310	ξ Aql	19 55 11.6	+08 30 47	4.71	+1.02	−0.2700	ξ Aql b	136.75	0.0	13001.7
189733		20 01 34.2	+22 45 51	7.67	+0.93	−0.0300	HD 189733 b	2.21857567	0.0	14279.437
190228		20 03 48.8	+28 21 44	7.30	+0.79	−0.1803	HD 190228 b	1136.1	0.531	13522
190360		20 04 25.5	+29 57 00	5.73	+0.75	+0.2128	HD 190360 b	2915.0369	0.313105	13541.662
190360		20 04 25.5	+29 57 00	5.73	+0.75	+0.2128	HD 190360 c	17.111027	0.23747	14389.63
	Kepler-436	20 07 31.2	+44 28 09	6.98		+0.0100	Kepler-436 b	64.00205	0.0	14967.043
192310		20 16 30.2	−26 58 24	5.73	+0.88	−0.0400	HD 192310 b	74.72	0.13	15116.198
192310		20 16 30.2	−26 58 24	5.73	+0.88	−0.0400	HD 192310 c	525.8	0.32	15311.915
192699		20 17 04.2	+04 38 29	6.44	+0.87	−0.2000	HD 192699 b	345.53	0.129	14036.6
195019		20 29 12.0	+18 50 05	6.87	+0.66	+0.0680	HD 195019 b	18.20132	0.0138	11015.5
196050		20 39 26.8	−60 33 56	7.50	+0.67	+0.2291	HD 196050 b	1378.0	0.228	10843
197037		20 40 14.7	+42 19 02	6.87	+0.45	−0.2000	HD 197037 b	1035.7	0.22	11353.1
196885		20 40 47.9	+11 19 12	6.39	+0.51	+0.2200	HD 196885 b	1333.0	0.48	12554
199665	18 Del	20 59 22.3	+10 54 56	5.51	+0.93	0.0000	18 Del b	993.3	0.08	11672
200964		21 07 38.7	+03 52 57	6.64	+0.88	−0.2000	HD 200964 b	613.8	0.04	14900
200964		21 07 38.7	+03 52 57	6.64	+0.88	−0.2000	HD 200964 c	825.0	0.181	15000
203949		21 27 35.6	−37 44 39	5.64		+0.3100	HD 203949 b	184.2	0.02	15262.4
208527		21 57 18.7	+21 19 59	6.48	+1.70	−0.0900	HD 208527 b	875.5	0.08	10745.3
208487		21 58 30.2	−37 40 15	7.47	+0.57	+0.0223	HD 208487 b	130.08	0.24	10999
209458		22 04 06.4	+18 58 45	7.65	+0.59	0.0000	HD 209458 b	3.52474859	0.0	12826.629
210277		22 10 31.5	−07 27 17	6.54	+0.77	+0.2143	HD 210277 b	442.19	0.476	10104.3
210702		22 12 47.9	+16 08 14	5.93	+0.95	+0.0400	HD 210702 b	354.29	0.036	14142.6
213240		22 32 11.5	−49 20 01	6.81	+0.60	+0.1387	HD 213240 b	882.7	0.421	11499
216435	τ Gru	22 54 46.7	−48 29 41	6.03	+0.62	+0.2439	τ Gru b	1311.0	0.07	10870
216437		22 55 59.2	−69 58 09	6.04	+0.66	+0.2250	HD 216437 b	1353.0	0.319	10605
217014	51 Peg	22 58 25.6	+20 52 26	5.45	+0.67	+0.1999	51 Peg b	4.230785	0.013	10001.51
217107		22 59 15.8	−02 17 27	6.17	+0.74	+0.3893	HD 217107 b	7.1268163	0.126686	14395.787
217107		22 59 15.8	−02 17 27	6.17	+0.74	+0.3893	HD 217107 c	4270.0	0.517222	11106.321
220074		23 21 06.0	+62 04 37	6.49	+1.68	−0.2500	HD 220074 b	672.1	0.14	11158.2
220773		23 27 26.9	+08 45 00	7.06	+0.66	+0.0900	HD 220773 b	3724.7	0.51	13866.4
221345	14 And	23 32 15.2	+39 20 37	5.22	+1.03	−0.2400	14 And b	185.84	0.0	12861.4
222155		23 38 57.8	+49 06 14	7.12	+0.64	−0.1100	HD 222155 b	3999.0	0.16	16319
222404	γ Cep	23 40 10.0	+77 44 28	3.21	+1.03	+0.1300	γ Cep b	905.574	0.12	13121.925
222582		23 42 51.5	−05 52 41	7.68	+0.65	−0.0285	HD 222582 b	572.38	0.725	10706.7

Notes to Table

[1] Period of exoplanet in days.
[2] Eccentricity of exoplanet orbit.
[3] Julian date of periastron.

IAU Designation	Name	RA	Dec.	Appt. Diam.	Dist.	Log (age)	Mag. Mem.[1]	$E_{(B-V)}$	Metallicity	Trumpler Class
		h m s	° ′ ″	′	pc	yr				
C0001−302	Blanco 1	00 05 07	−29 43 29	70.0	269	7.796	8	0.010	+0.04	IV 3 m
C0022+610	NGC 103	00 26 21	+61 25 52	4.0	3026	8.126	11	0.406		II 1 m
C0027+599	NGC 129	00 31 06	+60 19 33	19.0	1625	7.886	11	0.548		III 2 m
C0029+628	King 14	00 33 10	+63 15 47	8.0	2960	7.9	10	0.34		III 1 p
C0030+630	NGC 146	00 34 06	+63 26 30	5.5	3470	7.11		0.55		II 2 p
C0036+608	NGC 189	00 40 43	+61 12 07	5.0	752	7.00		0.42		III 1 p
C0040+615	NGC 225	00 44 48	+61 52 54	12.0	657	8.114		0.274		III 1 pn
C0039+850	NGC 188	00 49 35	+85 21 40	17.0	2047	9.632	10	0.082	−0.03	I 2 r
C0048+579	King 2	00 52 09	+58 17 21	5.0	5750	9.78	17	0.31	−0.42	II 2 m
	IC 1590	00 53 58	+56 44 02	4.0	2940	6.54		0.32		
C0112+598	NGC 433	01 16 26	+60 13 46	2.0	2323	7.50	9	0.86		III 2 p
C0112+585	NGC 436	01 17 12	+58 54 51	5.0	3014	7.926	10	0.460		I 2 m
C0115+580	NGC 457	01 20 49	+58 23 19	20.0	2429	7.324	6	0.472		II 3 r
C0126+630	NGC 559	01 30 52	+63 24 15	9.1	2430	8.35	9	0.82		I 1 m
C0129+604	NGC 581	01 34 41	+60 44 58	5.0	2194	7.336	9	0.382		II 2 m
C0132+610	Trumpler 1	01 37 01	+61 22 57	3.0	2469	7.30	10	0.68		II 2 p
C0139+637	NGC 637	01 44 27	+64 08 15	3.0	2500	7.0	8	0.64		I 2 m
C0140+616	NGC 654	01 45 22	+61 58 57	5.0	2410	7.0	10	0.82		II 2 r
C0140+604	NGC 659	01 45 45	+60 46 14	5.0	1938	7.548	10	0.652		I 2 m
C0144+717	Collinder 463	01 47 21	+71 54 25	57.0	702	8.373		0.259		III 2 m
C0142+610	NGC 663	01 47 30	+61 19 55	14.0	2420	7.4	9	0.80		II 3 r
C0149+615	IC 166	01 53 53	+61 55 44	7.0	4800	9.0	17	0.80	−0.178	II 1 r
C0154+374	NGC 752	01 58 51	+37 52 46	75.0	457	9.050	8	0.034	+0.01	II 2 r
C0155+552	NGC 744	01 59 52	+55 34 03	5.0	1207	8.248	10	0.384		III 1 p
C0211+590	Stock 2	02 16 08	+59 34 30	60.0	303	8.23		0.38	−0.14	I 2 m
C0215+569	NGC 869	02 20 23	+57 13 02	18.0	2079	7.069	7	0.575	−0.3	I 3 r
C0218+568	NGC 884	02 23 47	+57 12 50	18.2	2940	7.1	7	0.56	−0.3	I 3 r
C0225+604	Markarian 6	02 31 08	+60 47 34	6.0	698	7.214	8	0.606		III 1 P
C0228+612	IC 1805	02 34 12	+61 32 06	20.0	2344	6.48	9	0.87		II 3 mn
C0233+557	Trumpler 2	02 38 17	+55 59 56	17.0	725	7.95		0.40		II 2 p
C0238+425	NGC 1039	02 43 21	+42 50 38	35.0	499	8.249	9	0.070	+0.07	II 3 r
C0238+613	NGC 1027	02 44 15	+61 42 57	6.2	1030	8.4	9	0.41		II 3 mn
C0247+602	IC 1848	02 52 43	+60 30 46	18.0	2200	6.70		0.660		I 3 pn
C0302+441	NGC 1193	03 07 15	+44 27 28	3.0	4571	9.7	14	0.19	−0.293	I 2 m
	NGC 1252	03 11 18	−57 41 37	8.0	790	9.45		0.00		
C0311+470	NGC 1245	03 16 03	+47 18 29	40.0	2818	9.03	12	0.24	−0.04	II 2 r
C0318+484	Melotte 20	03 25 43	+49 55 46	300.0	185	7.854	3	0.090	+0.04	III 3 m
C0328+371	NGC 1342	03 32 54	+37 26 31	15.0	665	8.655	8	0.319	−0.16	III 2 m
C0341+321	IC 348	03 45 48	+32 13 25	8.0	385	7.641		0.929		
C0344+239	Melotte 22	03 48 10	+24 10 33	120.0	133	8.131	3	0.030	−0.03	I 3 rn
C0400+524	NGC 1496	04 06 02	+52 42 50	4.0	1230	8.80	12	0.45		III 2 p
C0403+622	NGC 1502	04 09 34	+62 22 56	8.0	1000	7.00	7	0.70		I 3 m
C0406+493	NGC 1513	04 11 24	+49 33 53	10.0	1320	8.11	11	0.67		II 1 m
C0411+511	NGC 1528	04 16 52	+51 15 45	16.0	1090	8.6	10	0.26		II 2 m
C0417+448	Berkeley 11	04 22 00	+44 57 43	5.0	2200	8.041	15	0.95	+0.01	II 2 m
C0417+501	NGC 1545	04 22 25	+50 17 55	18.0	711	8.448	9	0.303	−0.13	IV 2 p
C0424+157	Melotte 25	04 28 01	+15 54 34	330.0	45	8.896	4	0.010	+0.13	
C0443+189	NGC 1647	04 47 04	+19 08 57	40.0	540	8.158	9	0.370		II 2 r
C0445+108	NGC 1662	04 49 32	+10 58 11	20.0	437	8.625	9	0.304	−0.095	II 3 m
C0447+436	NGC 1664	04 52 30	+43 42 24	9.0	1199	8.465	10	0.254		

IAU Designation	Name	RA	Dec.	Appt. Diam.	Dist.	Log (age)	Mag. Mem.[1]	$E_{(B-V)}$	Metallicity	Trumpler Class
		h m s	° ′ ″	′	pc	yr				
C0504+369	NGC 1778	05 09 23	+37 02 51	8.0	1469	8.155		0.336		III 2 p
C0509+166	NGC 1817	05 13 23	+16 42 44	16.0	1972	8.612	9	0.334	−0.16	IV 2 r
C0518−685	NGC 1901	05 18 06	−68 25 49	10.0	460	8.78		0.03	−0.018	III 3 m
C0519+333	NGC 1893	05 24 01	+33 25 44	25.0	6000	6.48		0.45		II 3 rn
C0520+295	Berkeley 19	05 25 21	+29 37 00	4.0	7870	9.40	15	0.32	−0.50	II 1 m
C0524+352	NGC 1907	05 29 23	+35 20 23	7.0	1800	8.5	11	0.52		I 1 mn
C0524+343	Stock 8	05 29 25	+34 26 17	12.0	2005	6.30		0.40		
C0525+358	NGC 1912	05 29 59	+35 51 46	20.0	1400	8.5	8	0.25	−0.38	II 2 r
C0532+099	Collinder 69	05 36 11	+09 56 41	70.0	400	6.70		0.12		
C0532−059	NGC 1980	05 36 21	−05 54 13	20.0	550	6.67		0.05		III 3 mn
C0532+341	NGC 1960	05 37 36	+34 09 03	10.0	1330	7.4	9	0.22		I 3 r
C0536−026	Sigma Orionis	05 39 41	−02 35 25	10.0	399	7.11		0.05		III 1 p
C0535+379	Stock 10	05 40 20	+37 56 35	25.0	380	7.90		0.07		IV 2 p
C0546+336	King 8	05 50 41	+33 38 17	4.0	6403	8.618	15	0.580	−0.460	II 2 m
C0548+217	Berkeley 21	05 52 52	+21 47 13	5.0	5000	9.34	6	0.76	−0.835	I 2
C0549+325	NGC 2099	05 53 35	+32 33 24	14.0	1383	8.540	11	0.302	+0.089	I 2 r
C0600+104	NGC 2141	06 04 00	+10 26 42	10.0	4033	9.231	15	0.250	−0.18	I 2 r
C0601+240	IC 2157	06 06 02	+24 03 12	5.0	2040	7.800	12	0.548		II 1 p
C0604+241	NGC 2158	06 08 37	+24 05 34	5.0	5071	9.023	15	0.360	−0.28	
C0605+139	NGC 2169	06 09 30	+13 57 39	5.0	1052	7.067		0.199		III 3 m
C0605+243	NGC 2168	06 10 06	+24 19 44	40.0	912	8.25	8	0.20	−0.160	III 3 r
C0606+203	NGC 2175	06 10 49	+20 28 55	22.0	1627	6.953	8	0.598		III 3 rn
C0609+054	NGC 2186	06 13 10	+05 26 51	8.1	2700	8.3	12	0.27		II 2 m
C0611+128	NGC 2194	06 14 51	+12 48 00	9.0	3781	8.515	13	0.383	−0.08	II 2 r
C0613−186	NGC 2204	06 16 24	−18 40 21	10.0	2629	8.896	13	0.085	−0.23	II 2 r
C0618−072	NGC 2215	06 21 46	−07 17 36	7.0	1293	8.369	11	0.300		II 2 m
C0624−047	NGC 2232	06 28 13	−04 46 17	53.0	359	7.727		0.030	+0.32	III 2 p
C0627−312	NGC 2243	06 30 18	−31 17 51	5.0	4458	9.032		0.051	−0.42	I 2 r
C0629+049	NGC 2244	06 32 57	+04 55 35	29.0	1660	6.28	7	0.47		II 3 rn
C0632+084	NGC 2251	06 35 42	+08 21 00	10.0	1329	8.427		0.186	−0.10	III 2 m
C0634+094	Trumpler 5	06 37 46	+09 24 57	15.4	2400	9.70	17	0.60	−0.30	III 1 rn
C0635+020	Collinder 110	06 39 25	+01 59 54	18.0	1950	9.15		0.50		
C0638+099	NGC 2264	06 42 02	+09 52 32	39.0	667	6.954	5	0.051	−0.15	III 3 mn
C0640+270	NGC 2266	06 44 32	+26 56 57	5.0	3000	8.80	11	0.20	−0.38	II 2 m
C0644−206	NGC 2287	06 46 51	−20 46 43	39.0	710	8.4	8	0.01	−0.23	I 3 r
C0645+411	NGC 2281	06 49 39	+41 03 19	25.0	558	8.554	8	0.063	+0.13	I 3 m
C0649+005	NGC 2301	06 52 45	+00 26 08	14.0	870	8.2	8	0.03	+0.060	I 3 r
C0649−070	NGC 2302	06 52 52	−07 06 29	5.0	1500	7.08	12	0.23		III 2 m
C0649+030	Berkeley 28	06 53 13	+02 54 31	3.0	2557	7.846	15	0.761		I 1 p
C0655+065	Berkeley 32	06 59 09	+06 24 21	6.0	3078	9.70	14	0.15	−0.29	II 2 r
C0700−082	NGC 2323	07 03 38	−08 24 46	14.0	950	8.0	9	0.20		II 3 r
C0701+011	NGC 2324	07 05 07	+01 00 53	10.6	3800	8.65	12	0.25	−0.17	II 2 r
C0704−100	NGC 2335	07 07 45	−10 03 35	6.0	1417	8.210	10	0.393	−0.18	III 2 mn
C0705−105	NGC 2343	07 09 01	−10 38 55	5.0	1056	7.104	8	0.118	−0.30	II 2 pn
C0706−130	NGC 2345	07 09 12	−13 13 31	12.0	2251	7.853	9	0.616		II 3 r
C0712−256	NGC 2354	07 14 58	−25 43 29	18.0	4085	8.126		0.307	−0.30	III 2 r
C0712−102	NGC 2353	07 15 25	−10 18 06	18.0	1170	8.10	9	0.10		III 3 p
C0712−310	Collinder 132	07 16 05	−30 43 07	80.0	472	7.080		0.037		III 3 p
C0715−367	Collinder 135	07 17 59	−36 51 10	50.0	316	7.407		0.032	−0.219	
C0714+138	NGC 2355	07 18 05	+13 42 50	7.0	1949	8.90	13	0.22	−0.08	II 2 m

IAU Designation	Name	RA	Dec.	Appt. Diam.	Dist.	Log (age)	Mag. Mem.[1]	$E_{(B-V)}$	Metal-licity	Trumpler Class
		h m s	° ′ ″	′	pc	yr				
C0715−155	NGC 2360	07 18 36	−15 40 41	13.0	1887	8.749		0.111	−0.03	I 3 r
C0716−248	NGC 2362	07 19 30	−24 59 30	5.0	1480	6.70	8	0.10		I 3 r
C0717−130	Haffner 6	07 21 00	−13 10 15	6.0	3054	8.826	16	0.450		IV 2 rn
C0721−131	NGC 2374	07 24 50	−13 18 09	12.0	1468	8.463		0.090		IV 2 p
C0722−321	Collinder 140	07 25 12	−31 53 21	60.0	405	7.548		0.030	−0.10	III 3 m
C0722−261	Ruprecht 18	07 25 27	−26 15 22	7.0	1056	7.648		0.700	−0.010	
C0722−209	NGC 2384	07 26 01	−21 03 41	5.0	3070	7.15		0.31		IV 3 p
C0724−476	Melotte 66	07 26 56	−47 42 24	14.0	4313	9.445		0.143	−0.33	II 1 r
C0731−153	NGC 2414	07 34 05	−15 29 47	5.0	3455	6.976		0.508		I 3 m
C0734−205	NGC 2421	07 37 04	−20 39 22	6.0	2200	7.90	11	0.42		I 2 r
C0734−143	NGC 2422	07 37 29	−14 31 41	25.0	490	7.861	5	0.070	+0.11	I 3 m
C0734−137	NGC 2423	07 38 00	−13 54 59	12.0	766	8.867		0.097	+0.14	II 2 m
C0735−119	Melotte 71	07 38 25	−12 06 42	7.0	3154	8.371		0.113	−0.32	II 2 r
C0735+216	NGC 2420	07 39 32	+21 31 40	5.0	2480	9.3	11	0.04	−0.38	I 1 r
C0738−334	Bochum 15	07 40 50	−33 34 46	3.0	2806	6.742		0.576		IV 2 pn
C0738−315	NGC 2439	07 41 30	−31 44 23	9.0	1300	7.00	9	0.37		II 3 r
C0739−147	NGC 2437	07 42 40	−14 51 25	20.0	1510	8.4	10	0.10	+0.059	II 2 r
C0742−237	NGC 2447	07 45 20	−23 54 17	10.0	1037	8.588	9	0.046	−0.10	I 3 r
C0744−044	Berkeley 39	07 47 40	−04 38 56	7.0	4780	9.90	16	0.12	−0.20	II 2 r
C0745−271	NGC 2453	07 48 23	−27 14 39	4.0	2150	7.187		0.446		I 3 m
C0746−261	Ruprecht 36	07 49 11	−26 20 59	5.0	1681	7.606	12	0.166		IV 1 m
C0750−384	NGC 2477	07 52 52	−38 34 52	15.0	1341	8.85	12	0.31	+0.07	I 2 r
C0752−241	NGC 2482	07 56 02	−24 18 39	10.0	1343	8.604		0.093	−0.07	IV 1 m
C0754−299	NGC 2489	07 57 02	−30 06 58	6.0	3957	7.264	11	0.374	+0.080	I 2 m
C0757−607	NGC 2516	07 58 23	−60 48 25	30.0	409	8.052	7	0.101	+0.060	I 3 r
C0757−284	Ruprecht 44	07 59 39	−28 38 14	10.0	4730	6.941	12	0.619		IV 2 m
C0757−106	NGC 2506	08 00 57	−10 49 28	12.0	3750	9.00	11	0.10	−0.20	I 2 r
C0803−280	NGC 2527	08 05 46	−28 12 11	10.0	601	8.649		0.038	−0.10	II 2 m
C0805−297	NGC 2533	08 07 51	−29 56 26	5.0	1700	8.84		0.14		II 2 r
C0809−491	NGC 2547	08 10 43	−49 16 25	25.0	361	7.585	7	0.186	−0.160	I 3 rn
C0808−126	NGC 2539	08 11 32	−12 52 38	9.0	1363	8.570	9	0.082	+0.13	III 2 m
C0810−374	NGC 2546	08 12 58	−37 39 16	70.0	919	7.874	7	0.134	+0.120	III 2 m
C0811−056	NGC 2548	08 14 41	−05 48 36	30.0	770	8.6	8	0.03	+0.080	I 3 r
C0816−304	NGC 2567	08 19 19	−30 42 07	7.0	1677	8.469	11	0.128	0.00	II 2 m
C0816−295	NGC 2571	08 19 44	−29 48 43	8.0	1342	7.488		0.137	+0.05	II 3 m
C0835−394	Pismis 5	08 38 21	−39 39 08	12.0	869	7.197		0.421		
C0837−460	NGC 2645	08 39 42	−46 18 10	3.0	1668	7.283	9	0.380		II 3 p
C0838−528	IC 2391	08 41 05	−53 06 12	60.0	175	7.661	4	0.008	−0.01	II 3 m
	Mamajek 1	08 41 23	−79 05 51	40.0	97	6.9		0.00		
C0837+201	NGC 2632	08 41 31	+19 35 47	70.0	187	8.863	6	0.009	+0.27	II 3 m
C0839−461	Pismis 8	08 42 15	−46 20 14	3.0	1312	7.427	10	0.706		II 2 p
C0839−480	IC 2395	08 43 08	−48 11 03	18.6	800	6.80		0.09	0.00	II 3 m
C0840−469	NGC 2660	08 43 17	−47 16 15	3.5	2826	9.033	13	0.313	+0.04	I 1 r
C0843−486	NGC 2670	08 46 08	−48 52 19	7.0	1188	7.690	13	0.430		III 2 m
C0843−527	NGC 2669	08 46 56	−53 01 14	20.0	1046	7.927		0.180		III 3 m
C0846−423	Trumpler 10	08 48 36	−42 31 22	29.0	424	7.542		0.034	−0.13	II 3 m
C0847+120	NGC 2682	08 52 22	+11 43 34	25.0	808	9.45	9	0.03	+0.03	II 3 r
C0914−364	NGC 2818	09 16 48	−36 42 25	9.0	1855	8.626		0.121	−0.17	III 1 m
	NGC 2866	09 22 46	−51 11 02	2.0	2600	8.30		0.66		
C0922−515	Ruprecht 76	09 24 52	−51 45 04	5.0	1262	7.734	13	0.376		IV 2 p

IAU Designation	Name	RA	Dec.	Appt. Diam.	Dist.	Log (age)	Mag. Mem.[1]	E$_{(B-V)}$	Metallicity	Trumpler Class
		h m s	° ′ ″	′	pc	yr				
C0925−549	Ruprecht 77	09 27 41	−55 12 07	5.0	4129	7.501	14	0.622		II 1 m
C0926−567	IC 2488	09 28 13	−57 05 08	18.0	1134	8.113	10	0.231	+0.10	II 3 r
C0927−534	Ruprecht 78	09 29 48	−53 47 09	3.0	1641	7.987	15	0.350		II 2 m
C0939−536	Ruprecht 79	09 41 39	−53 56 21	5.0	1979	7.093	11	0.717		III 2 p
C1001−598	NGC 3114	10 03 14	−60 12 53	35.0	911	8.093	9	0.069	+0.02	
C1019−514	NGC 3228	10 22 08	−51 49 37	5.0	544	7.932		0.028	+0.03	
C1022−575	Westerlund 2	10 24 45	−57 51 57	2.0	2850	6.30		1.65		IV 1 pn
C1025−573	IC 2581	10 28 13	−57 43 00	5.0	2446	7.142		0.415	−0.34	II 2 pn
C1028−595	Collinder 223	10 32 59	−60 07 15	18.0	2820	8.0		0.25	−0.217	II 2 m
C1033−579	NGC 3293	10 36 36	−58 19 53	6.0	2327	7.014	8	0.263		
C1035−583	NGC 3324	10 38 05	−58 44 36	12.0	2317	6.754		0.438	−0.474	
C1036−538	NGC 3330	10 39 33	−54 13 31	4.0	894	8.229		0.050		III 2 m
C1040−588	Bochum 10	10 42 57	−59 14 09	20.0	2027	6.857		0.306		II 3 mn
C1041−641	IC 2602	10 43 40	−64 30 09	100.0	161	7.507	3	0.024	0.00	I 3 r
C1041−593	Trumpler 14	10 44 42	−59 39 10	8.4	2900	6.00		0.36		
C1041−597	Collinder 228	10 44 45	−60 11 22	14.0	2201	6.830		0.342		
C1042−591	Trumpler 15	10 45 29	−59 28 10	14.0	1853	6.926		0.434		III 2 pn
C1043−594	Trumpler 16	10 45 56	−59 49 10	12.0	2900	6.00		0.36		
C1045−598	Bochum 11	10 48 01	−60 11 11	21.0	2412	6.764		0.576		IV 3 pn
C1054−589	Trumpler 17	10 57 12	−59 18 16	5.0	2189	7.706		0.605		
C1055−614	Bochum 12	10 58 11	−61 49 17	10.0	2218	7.61		0.24		III 3 p
C1057−600	NGC 3496	11 00 24	−60 26 29	8.0	990	8.471		0.469		II 1 r
	Sher 1	11 01 52	−60 20 18	1.0	5875	6.713		1.374		
C1059−595	Pismis 17	11 01 55	−59 55 18	6.0	3504	7.023	9	0.471	−0.145	
C1104−584	NGC 3532	11 06 29	−58 51 32	50.0	492	8.477	8	0.028	+0.02	II 3 r
C1108−599	NGC 3572	11 11 13	−60 21 16	5.0	1995	6.891	7	0.389		II 3 mn
C1108−601	Hogg 10	11 11 32	−60 30 22	3.0	1776	6.784		0.460		
C1109−604	Trumpler 18	11 12 18	−60 46 22	5.0	1358	7.194		0.315		II 3 m
C1109−600	Collinder 240	11 12 30	−60 24 57	32.0	1577	7.160		0.310		III 2 mn
C1110−605	NGC 3590	11 13 50	−60 53 41	3.0	1651	7.231		0.449		I 2 p
C1110−586	Stock 13	11 13 56	−58 59 23	5.0	1577	7.222	10	0.218		I 3 pn
C1112−609	NGC 3603	11 15 58	−61 21 59	4.0	6900	6.00		1.338		II 3 mn
C1115−624	IC 2714	11 18 18	−62 50 24	14.0	1238	8.542	10	0.341	+0.01	II 2 r
C1117−632	Melotte 105	11 20 33	−63 35 25	5.0	1715	8.55		0.83	+0.08	I 2 r
C1123−429	NGC 3680	11 26 34	−43 21 02	5.0	938	9.077	10	0.066	−0.19	I 2 m
C1133−613	NGC 3766	11 37 09	−61 42 59	9.3	2218	7.32	8	0.20		I 3 r
C1134−627	IC 2944	11 39 15	−63 28 51	65.0	1794	6.818		0.320		III 3 mn
C1141−622	Stock 14	11 44 45	−62 37 30	6.0	2399	7.30	10	0.21		III 3 p
C1148−554	NGC 3960	11 51 31	−55 46 54	5.0	1850	9.1		0.29	+0.02	I 2 m
C1154−623	Ruprecht 97	11 58 28	−62 49 31	5.0	1357	8.343	12	0.229	−0.03	IV 1 p
C1204−609	NGC 4103	12 07 41	−61 21 31	6.0	1632	7.393	10	0.294		I 2 m
C1221−616	NGC 4349	12 25 13	−61 58 46	5.0	2176	8.315	11	0.384	−0.12	II 2 m
C1222+263	Melotte 111	12 26 05	+25 59 32	120.0	96	8.652	5	0.013	+0.07	III 3 r
C1226−604	Harvard 5	12 28 22	−60 53 12	5.0	1184	8.032		0.160	+0.07	
C1225−598	NGC 4439	12 29 33	−60 12 46	4.0	1785	7.909		0.348		
C1239−627	NGC 4609	12 43 27	−63 06 06	13.0	1320	7.7	10	0.37	+0.05	II 2 m
C1250−600	NGC 4755	12 54 50	−60 28 02	10.0	1976	7.216	7	0.388		
C1315−623	Stock 16	13 20 46	−62 44 07	3.0	1810	6.90	10	0.52		III 3 pn
C1317−646	Ruprecht 107	13 21 05	−65 03 07	3.0	1442	7.478	12	0.458		III 2 p
C1324−587	NGC 5138	13 28 32	−59 08 02	7.0	1986	7.986		0.262	+0.120	II 2 m

IAU Designation	Name	RA	Dec.	Appt. Diam.	Dist.	Log (age)	Mag. Mem.[1]	$E_{(B-V)}$	Metallicity	Trumpler Class
		h m s	° ′ ″	′	pc	yr				
C1326−609	Hogg 16	13 30 36	−61 18 01	6.0	1585	7.047		0.411		II 2 p
C1327−606	NGC 5168	13 32 24	−61 02 24	4.0	1777	8.001		0.431		I 2 m
C1328−625	Trumpler 21	13 33 34	−62 53 59	5.0	1263	7.696		0.197		I 2 p
C1343−626	NGC 5281	13 47 58	−63 00 49	7.0	1108	7.146	10	0.225		I 3 m
C1350−616	NGC 5316	13 55 20	−61 57 49	14.0	1215	8.202	11	0.267	−0.02	II 2 r
C1356−619	Lynga 1	14 01 27	−62 14 38	3.0	1900	8.00		0.45	+0.040	II 2 p
C1404−480	NGC 5460	14 08 43	−48 26 07	35.0	700	8.2	9	0.092	−0.06	I 3 m
C1420−611	Lynga 2	14 26 03	−61 25 05	13.0	900	7.95		0.22		II 3 m
C1424−594	NGC 5606	14 29 14	−59 43 06	3.0	1805	7.075		0.474		I 3 p
C1426−605	NGC 5617	14 31 12	−60 47 52	10.0	2000	7.90	10	0.48	+0.31	I 3 r
C1427−609	Trumpler 22	14 32 31	−61 15 08	10.0	1516	7.950	12	0.521		III 2 m
C1431−563	NGC 5662	14 37 02	−56 42 09	29.0	666	7.968	10	0.311	−0.03	II 3 r
C1440+697	Collinder 285	14 41 21	+69 29 02	1400.0	25	8.30	2	0.00		
C1445−543	NGC 5749	14 50 18	−54 34 43	10.0	1031	7.728		0.376		II 2 m
C1501−541	NGC 5822	15 05 47	−54 28 18	35.0	933	8.95	10	0.103	+0.05	II 2 r
C1502−554	NGC 5823	15 06 58	−55 40 41	12.0	1192	8.900	13	0.090		II 2 r
C1511−588	Pismis 20	15 16 56	−59 08 16	4.0	3272	6.864		1.28		
C1559−603	NGC 6025	16 04 57	−60 29 03	14.0	756	7.889	7	0.159	+0.19	II 3 r
C1601−517	Lynga 6	16 06 21	−51 59 07	5.0	1600	7.430		1.250		
C1603−539	NGC 6031	16 09 07	−54 03 57	3.0	1823	8.069		0.371	+0.02	I 3 p
C1609−540	NGC 6067	16 14 43	−54 16 00	14.0	1417	8.076	10	0.380	+0.138	I 3 r
C1614−577	NGC 6087	16 20 28	−57 58 52	14.0	891	7.976	8	0.175	−0.01	II 2 m
C1622−405	NGC 6124	16 26 40	−40 41 48	39.0	512	8.147	9	0.750		I 3 r
C1623−261	Collinder 302	16 27 20	−26 17 35	500.0						III 3 p
C1624−490	NGC 6134	16 29 14	−49 11 38	6.0	1260	8.95	11	0.35	+0.15	
C1632−455	NGC 6178	16 37 12	−45 40 55	5.0	1014	7.248		0.219		III 3 p
C1637−486	NGC 6193	16 42 48	−48 47 58	14.0	1155	6.775		0.475		
C1642−469	NGC 6204	16 47 36	−47 03 03	5.0	1200	7.90		0.46	−1.053	I 3 m
C1645−537	NGC 6208	16 51 02	−53 45 39	18.0	939	9.069		0.210	−0.03	III 2 r
C1650−417	NGC 6231	16 55 32	−41 51 20	14.0	1243	6.843	6	0.439		
C1652−394	NGC 6242	16 56 54	−39 29 29	9.0	1131	7.608		0.377		
C1653−405	Trumpler 24	16 58 22	−40 41 45	60.0	1138	6.919		0.418		
C1654−447	NGC 6249	16 59 06	−44 50 26	5.0	981	7.386		0.443		II 2 m
C1654−457	NGC 6250	16 59 22	−45 57 55	10.0	865	7.415		0.350		II 3 r
C1657−446	NGC 6259	17 02 10	−44 40 57	14.0	1031	8.336	11	0.498	+0.020	II 2 r
C1714−355	Bochum 13	17 18 42	−35 34 11	14.0	1077	6.823		0.854		III 3 m
C1714−429	NGC 6322	17 19 49	−42 57 09	5.0	996	7.058		0.590		I 3 m
C1720−499	IC 4651	17 26 20	−49 56 59	10.0	888	9.057	10	0.116	+0.15	II 2 r
C1731−325	NGC 6383	17 36 05	−32 34 42	20.0	985	6.962		0.298		II 3 mn
C1732−334	Trumpler 27	17 37 37	−33 31 39	6.0	1211	7.063		1.194	−0.193	III 3 m
C1733−324	Trumpler 28	17 38 16	−32 29 38	5.0	1343	7.290		0.733	+0.326	III 2 mn
C1734−362	Ruprecht 127	17 39 10	−36 18 37	5.0	1466	7.351	11	0.990		II 2 p
C1736−321	NGC 6405	17 41 36	−32 15 45	20.0	487	7.974	7	0.144	+0.06	II 3 r
C1741−323	NGC 6416	17 45 35	−32 22 08	14.0	741	8.087		0.251	−0.613	III 2 m
C1743+057	IC 4665	17 47 15	+05 42 37	70.0	352	7.634	6	0.174	−0.03	III 2 m
C1747−302	NGC 6451	17 51 56	−30 12 51	7.0	2080	8.134	12	0.672	−0.34	I 2 rn
C1750−348	NGC 6475	17 55 09	−34 47 45	80.0	301	8.475	7	0.103	+0.14	I 3 r
C1753−190	NGC 6494	17 58 13	−18 59 10	29.0	628	8.477	10	0.356	+0.04	II 2 r
C1758−237	Bochum 14	18 03 11	−23 40 56	2.0	578	6.996		1.508		III 1 pn
C1800−279	NGC 6520	18 04 38	−27 53 11	2.0	1900	8.18	9	0.42		I 2 rn

IAU Designation	Name	RA	Dec.	Appt. Diam.	Dist.	Log (age)	Mag. Mem.[1]	E(B−V)	Metal-licity	Trumpler Class
		h m s	° ′ ″	′	pc	yr				
C1801−225	NGC 6531	18 05 24	−22 29 16	14.0	1205	7.070	8	0.281		I 3 r
C1801−243	NGC 6530	18 05 43	−24 21 21	14.0	1330	6.867	6	0.333		
C1804−233	NGC 6546	18 08 33	−23 17 34	14.0	938	7.849		0.491	−0.334	II 1 r
C1815−122	NGC 6604	18 19 09	−12 13 58	5.0	1696	6.810		0.970		I 3 mn
C1816−138	NGC 6611	18 19 54	−13 47 51	6.0	1800	6.11	11	0.80		
C1817−171	NGC 6613	18 21 06	−17 05 31	5.0	1296	7.223		0.450		II 3 pn
C1825+065	NGC 6633	18 28 12	+06 31 17	20.0	376	8.629	8	0.182	+0.06	III 2 m
C1828−192	IC 4725	18 32 56	−19 06 05	29.0	620	7.965	8	0.476	+0.17	I 3 m
C1830−104	NGC 6649	18 34 32	−10 23 14	5.0	1369	7.566	13	1.201		I 3 m
C1834−082	NGC 6664	18 37 40	−07 47 45	12.0	1164	7.162	9	0.709		III 2 m
C1836+054	IC 4756	18 39 58	+05 28 07	39.0	484	8.699	8	0.192	−0.01	II 3 r
C1840−041	Trumpler 35	18 43 56	−04 06 46	5.0	1206	7.862		1.218		I 2 m
C1842−094	NGC 6694	18 46 22	−09 21 42	7.0	1600	7.931	11	0.589		II 3 m
C1848−052	NGC 6704	18 51 47	−05 10 51	5.0	2974	7.863	12	0.717		I 2 m
C1848−063	NGC 6705	18 52 08	−06 14 45	32.0	1877	8.4	11	0.428	+0.23	
C1850−204	Collinder 394	18 53 25	−20 10 43	22.0	690	7.803		0.235		
C1851+368	Stephenson 1	18 54 11	+36 56 31	20.0	390	7.731		0.040		IV 3 p
C1851−199	NGC 6716	18 55 43	−19 52 33	10.0	789	7.961		0.220	−0.31	IV 1 p
C1905+041	NGC 6755	19 08 47	+04 17 55	14.0	1421	7.719	11	0.826		II 2 r
C1906+046	NGC 6756	19 09 40	+04 44 14	4.0	1507	7.79	13	1.18	+0.10	I 1 m
C1919+377	NGC 6791	19 21 34	+37 48 33	10.0	5035	9.92	15	0.160	+0.42	I 2 r
C1936+464	NGC 6811	19 37 52	+46 25 59	14.0	1215	8.799	11	0.160	−0.02	III 1 r
C1939+400	NGC 6819	19 41 56	+40 14 37	13.0	2511	9.38	11	0.12	+0.09	
C1941+231	NGC 6823	19 43 59	+23 20 51	6.0	3176	6.5		0.854		I 3 mn
C1948+229	NGC 6830	19 51 49	+23 09 03	5.0	1639	7.572	10	0.501	+0.24	II 2 p
C1950+292	NGC 6834	19 52 59	+29 27 34	5.0	2067	7.883	11	0.708		II 2 m
C1950+182	Harvard 20	19 53 58	+18 23 06	7.0	1540	7.476		0.247		IV 2 p
C2002+438	NGC 6866	20 04 33	+44 12 52	14.0	1470	8.8	10	0.10		II 2 r
C2002+290	Roslund 4	20 05 41	+29 16 23	5.0	2000	6.6		0.91		II 3 mn
C2004+356	NGC 6871	20 06 43	+35 50 01	29.0	1574	6.958		0.443		II 2 pn
C2007+353	Biurakan 2	20 09 56	+35 32 29	20.0	1106	7.011	16	0.360		III 2 p
C2008+410	IC 1311	20 10 59	+41 16 31	5.0	6026	9.20		0.28	−0.30	I 1 r
C2009+263	NGC 6885	20 12 50	+26 32 15	20.0	597	9.16	6	0.08		III 2 m
C2014+374	IC 4996	20 17 14	+37 42 59	2.2	2398	6.87	8	0.71		II 3 pn
C2018+385	Berkeley 86	20 21 07	+38 45 45	6.0	1112	7.116	13	0.898		IV 2 mn
C2019+372	Berkeley 87	20 22 26	+37 25 47	10.0	633	7.152	13	1.369		III 2 m
C2021+406	NGC 6910	20 23 54	+40 50 31	10.0	1139	7.127		0.971		I 3 mn
C2022+383	NGC 6913	20 24 40	+38 34 20	10.0	1148	7.111	9	0.744		II 3 mn
C2030+604	NGC 6939	20 31 53	+60 43 42	10.0	1800	9.20		0.33	0.00	II 1 r
C2032+281	NGC 6940	20 35 15	+28 21 04	25.0	770	8.858	11	0.214	+0.013	III 2 r
C2054+444	NGC 6996	20 57 11	+44 42 32	14.0	760	8.54		0.52		III 2 m
C2109+454	NGC 7039	21 11 30	+45 41 49	14.0	951	7.820		0.131		IV 2 m
C2121+461	NGC 7062	21 24 10	+46 27 45	5.0	1480	8.465		0.452	+0.08	II 2 m
C2122+478	NGC 7067	21 25 05	+48 05 40	6.0	3600	8.00		0.75		II 1 p
C2122+362	NGC 7063	21 25 09	+36 34 16	9.0	689	7.977		0.091		III 1 p
C2127+468	NGC 7082	21 30 00	+47 12 46	25.0	1442	8.233		0.237	−0.01	
C2130+482	NGC 7092	21 32 30	+48 31 12	29.0	326	8.445	7	0.013	+0.01	III 2 m
C2137+572	Trumpler 37	21 39 42	+57 35 20	89.0	835	7.054		0.470		IV 3 m
C2144+655	NGC 7142	21 45 37	+65 51 55	12.0	2300	9.48	11	0.35	+0.08	I 2 r
C2151+470	IC 5146	21 54 09	+47 21 33	20.0	852	6.00		0.593		III 2 pn

IAU Designation	Name	RA	Dec.	Appt. Diam.	Dist.	Log (age)	Mag. Mem.[1]	$E_{(B-V)}$	Metal-licity	Trumpler Class
		h m s	o ′ ″	′	pc	yr				
C2152+623	NGC 7160	21 54 14	+62 41 45	5.0	789	7.278		0.375	+0.16	I 3 p
C2203+462	NGC 7209	22 05 54	+46 34 43	14.0	1168	8.617	9	0.168	−0.12	III 1 m
C2208+551	NGC 7226	22 11 09	+55 29 41	2.0	2616	8.436		0.536		I 2 m
C2210+570	NGC 7235	22 13 07	+57 22 01	5.0	3330	6.90		0.90		II 3 m
C2213+496	NGC 7243	22 15 54	+49 59 45	29.0	808	8.058	8	0.220	+0.06	II 2 m
C2213+540	NGC 7245	22 15 55	+54 26 27	7.0	3467	8.65		0.45		II 2 m
C2218+578	NGC 7261	22 20 49	+58 13 36	7.0	2830	8.20		0.88		II 3 m
C2227+551	Berkeley 96	22 30 35	+55 29 48	3.0	3180	7.60	13	0.54		I 2 p
C2245+578	NGC 7380	22 48 08	+58 14 05	20.0	2222	7.077	10	0.602		III 2 mn
C2306+602	King 19	23 09 08	+60 37 21	5.0	1967	8.557	12	0.547		III 2 p
C2309+603	NGC 7510	23 11 53	+60 40 34	6.0	3480	7.35	10	0.90		II 3 rn
C2313+602	Markarian 50	23 16 09	+60 34 23	2.0	2114	7.095		0.810		III 1 pn
C2322+613	NGC 7654	23 25 41	+61 42 02	15.0	1400	8.2	11	0.57		II 2 r
C2345+683	King 11	23 48 45	+68 44 30	5.0	2892	9.048	17	1.270	−0.27	I 2 m
C2350+616	King 12	23 54 00	+62 03 16	5.0	2490	7.85	10	0.51		II 1 p
C2354+611	NGC 7788	23 57 37	+61 30 33	4.0	2750	8.20		0.49		I 2 p
C2354+564	NGC 7789	23 58 24	+56 49 01	25.0	1795	9.15	10	0.28	+0.02	II 2 r
C2355+609	NGC 7790	23 59 24	+61 19 01	5.0	2944	7.749	10	0.531		II 2 m

Notes to Table

[1] The Mag. Mem. column gives the visual magnitude of the brightest cluster member.

Alternate Names for Some Clusters

C0001−302	ζ Scl Cluster	C0838−528	o Vel Cluster
C0129+604	M103	C0847+120	M67
C0215+569	h Per	C1041−641	θ Car Cluster
C0218+568	χ Per	C1043−594	η Car Cluster
C0238+425	M34	C1239−627	Coal-Sack Cluster
C0344+239	M45	C1250−600	Jewel Box Cluster
C0525+358	M38	C1440+697	Ursa Major Moving Group
C0532+341	M36	C1736−321	M6
C0549+325	M37	C1750−348	M7
C0605+243	M35	C1753−190	M23
C0629+049	Rosette Cluster	C1801−225	M21
C0638+099	S Mon Cluster	C1816−138	M16
C0644−206	M41	C1817−171	M18
C0700−082	M50	C1828−192	M25
C0716−248	τ CMa Cluster	C1842−094	M26
C0734−143	M47	C1848−063	M11
C0739−147	M46	C2022+383	M29
C0742−237	M93	C2130+482	M39
C0811−056	M48	C2322+613	M52
C0837+201	M44		

Name	RA	Dec.	V_t	$B-V$	$E_{(B-V)}$	$(m-M)_V$	[Fe/H]	v_r	c^1	r_h^2	Alternate Name
	h m s	° ′ ″						km/s		′	
NGC 104	00 24 57.0	−71 58 24	3.95	0.88	0.04	13.37	−0.72	− 18.0	2.07	3.17	47 Tuc
NGC 288	00 53 42.2	−26 28 37	8.09	0.65	0.03	14.84	−1.32	− 45.4	0.99	2.23	
NGC 362	01 03 53.7	−70 44 40	6.40	0.77	0.05	14.83	−1.26	+223.5	1.76c:	0.82	
Whiting 1	02 03 56.2	−03 09 35	15.03		0.03	17.49	−0.70	−130.6	0.55	0.22	
NGC 1261	03 12 48.3	−55 08 38	8.29	0.72	0.01	16.09	−1.27	+ 68.2	1.16	0.68	
Pal 1	.03 36 14.5	+79 38 43	13.18	0.96	0.15	15.70	−0.65	− 82.8	2.57	0.46	
AM 1	03 55 36.1	−49 33 33	15.72	0.72	0.00	20.45	−1.70	+116.0	1.36	0.41	E 1
Eridanus	04 25 35.2	−21 08 36	14.70	0.79	0.02	19.83	−1.43	− 23.6	1.10	0.46	
Pal 2	04 47 21.0	+31 24 56	13.04	2.08	1.24	21.01	−1.42	−133.0	1.53	0.50	
NGC 1851	05 14 45.2	−40 01 30	7.14	0.76	0.02	15.47	−1.18	+320.5	1.86	0.51	
NGC 1904	05 24 59.2	−24 30 29	7.73	0.65	0.01	15.59	−1.60	+205.8	1.70c:	0.65	M 79
NGC 2298	06 49 40.9	−36 01 43	9.29	0.75	0.14	15.60	−1.92	+148.9	1.38	0.98	
NGC 2419	07 39 27.4	+38 50 13	10.41	0.66	0.08	19.83	−2.15	− 20.2	1.37	0.89	
Ko 2	07 59 28.1	+26 12 04	17.60		0.08	17.95			0.50	0.21	
Pyxis	09 08 44.3	−37 18 03	12.90		0.21	18.63	−1.20	+ 34.3	0.00	0.00	
NGC 2808	09 12 25.9	−64 56 39	6.20	0.92	0.22	15.59	−1.14	+101.6	1.56	0.80	
E 3	09 20 42.8	−77 21 55	11.35		0.30	15.47	−0.83		0.75	2.10	
Pal 3	10 06 31.9	−00 01 25	14.26		0.04	19.95	−1.63	+ 83.4	0.99	0.65	
NGC 3201	10 18 25.0	−46 30 38	6.75	0.96	0.24	14.20	−1.59	+494.0	1.29	3.10	
Pal 4	11 30 18.7	+28 51 57	14.20		0.01	20.21	−1.41	+ 74.5	0.93	0.51	
Ko 1	12 00 18.5	+12 09 05	17.10		0.01	18.45			0.50	0.26	
NGC 4147	12 11 05.9	+18 26 03	10.32	0.59	0.02	16.49	−1.80	+183.2	1.83	0.48	
NGC 4372	12 26 55.0	−72 46 01	7.24	1.10	0.39	15.03	−2.17	+ 72.3	1.30	3.91	
Rup 106	12 39 45.7	−51 15 26	10.90		0.20	17.25	−1.68	− 44.0	0.70	1.05	
NGC 4590	12 40 30.1	−26 51 03	7.84	0.63	0.05	15.21	−2.23	− 94.7	1.41	1.51	M 68
NGC 4833	13 00 53.4	−70 58 53	6.91	0.93	0.32	15.08	−1.85	+200.2	1.25	2.41	
NGC 5024	13 13 52.5	+18 03 54	7.61	0.64	0.02	16.32	−2.10	− 62.9	1.72	1.31	M 53
NGC 5053	13 17 24.2	+17 35 52	9.47	0.65	0.01	16.23	−2.27	+ 44.0	0.74	2.61	
NGC 5139	13 27 57.8	−47 34 49	3.68	0.78	0.12	13.94	−1.53	+232.1	1.31	5.00	ω Cen
NGC 5272	13 43 05.5	+28 16 46	6.19	0.69	0.01	15.07	−1.50	−147.6	1.89	2.31	M 3
NGC 5286	13 47 41.5	−51 28 16	7.34	0.88	0.24	16.08	−1.69	+ 57.4	1.41	0.73	
AM 4	13 57 28.2	−27 15 44	15.88		0.05	17.69	−1.30		0.70	0.43	
NGC 5466	14 06 19.8	+28 26 31	9.04	0.67	0.00	16.02	−1.98	+110.7	1.04	2.30	
NGC 5634	14 30 38.8	−06 03 45	9.47	0.67	0.05	17.16	−1.88	− 45.1	2.07	0.86	
NGC 5694	14 40 44.5	−26 37 19	10.17	0.69	0.09	18.00	−1.98	−140.3	1.89	0.40	
IC 4499	15 03 34.9	−82 17 23	9.76	0.91	0.23	17.08	−1.53	+ 31.5	1.21	1.71	
NGC 5824	15 05 10.8	−33 08 36	9.09	0.75	0.13	17.94	−1.91	− 27.5	1.98	0.45	
Pal 5	15 17 05.2	−00 10 57	11.75		0.03	16.92	−1.41	− 58.7	0.52	2.73	
NGC 5897	15 18 32.1	−21 04 51	8.53	0.74	0.09	15.76	−1.90	+101.5	0.86	2.06	
NGC 5904	15 19 32.5	+02 00 39	5.65	0.72	0.03	14.46	−1.29	+ 53.2	1.73	1.77	M 5
NGC 5927	15 29 25.7	−50 44 23	8.01	1.31	0.45	15.82	−0.49	−107.5	1.60	1.10	
NGC 5946	15 36 54.2	−50 43 24	9.61	1.29	0.54	16.79	−1.29	+128.4	2.50c	0.89	
BH 176	15 40 32.9	−50 06 54	14.00		0.54	18.06	0.00		0.85	0.90	
NGC 5986	15 47 19.9	−37 50 46	7.52	0.90	0.28	15.96	−1.59	+ 88.9	1.23	0.98	
Pal 14	16 11 54.4	+14 54 30	14.74		0.04	19.54	−1.62	+ 72.3	0.80	1.22	AvdB
Lynga 7	16 12 37.1	−55 22 02	10.18		0.73	16.78	−1.01	+ 8.0	0.95	1.20	BH184
NGC 6093	16 18 12.3	−23 01 23	7.33	0.84	0.18	15.56	−1.75	+ 8.1	1.68	0.61	M 80
NGC 6121	16 24 47.1	−26 34 11	5.63	1.03	0.35	12.82	−1.16	+ 70.7	1.65	4.33	M 4
NGC 6101	16 28 02.7	−72 14 42	9.16	0.68	0.05	16.10	−1.98	+361.4	0.80	1.05	
NGC 6144	16 28 25.5	−26 03 58	9.01	0.96	0.36	15.86	−1.76	+193.8	1.55	1.63	

Name	RA	Dec.	V_t	$B-V$	$E_{(B-V)}$	$(m-M)_V$	[Fe/H]	v_r	c^1	r_h^2	Alternate Name
	h m s	° ′ ″						km/s		′	
NGC 6139	16 28 59.6	−38 53 28	8.99	1.40	0.75	17.35	−1.65	+ 6.7	1.86	0.85	
Terzan 3	16 29 57.0	−35 23 43	12.00		0.73	16.82	−0.74	−136.3	0.70	1.25	
NGC 6171	16 33 37.4	−13 05 38	7.93	1.10	0.33	15.05	−1.02	− 34.1	1.53	1.73	M 107
1636-283	16 40 38.6	−28 26 09	12.00		0.46	16.02	−1.50		1.00	0.50	ESO452−SC11
NGC 6205	16 42 23.0	+36 25 25	5.78	0.68	0.02	14.33	−1.53	−244.2	1.53	1.69	M 13
NGC 6229	16 47 31.6	+47 29 38	9.39	0.70	0.01	17.45	−1.47	−154.2	1.50	0.36	
NGC 6218	16 48 14.9	−01 58 56	6.70	0.83	0.19	14.01	−1.37	− 41.4	1.34	1.77	M 12
FSR 1735	16 53 37.4	−47 05 22	12.90		1.42	19.35			0.56	0.34	
NGC 6235	16 54 35.5	−22 12 30	9.97	1.05	0.31	16.26	−1.28	+ 87.3	1.53	1.00	
NGC 6254	16 58 10.8	−04 07 46	6.60	0.90	0.28	14.08	−1.56	+ 75.2	1.38	1.95	M 10
Pal 15	17 00 51.2	−00 34 01	14.00		0.40	19.51	−2.07	+ 68.9	0.60	1.10	
NGC 6256	17 00 51.6	−37 08 58	11.29	1.69	1.09	18.44	−1.02	−101.4	2.50c	0.86	
NGC 6266	17 02 27.4	−30 08 28	6.45	1.19	0.47	15.63	−1.18	− 70.1	1.71c:	0.92	M 62
NGC 6273	17 03 50.2	−26 17 41	6.77	1.03	0.38	15.90	−1.74	+135.0	1.53	1.32	M 19
NGC 6284	17 05 40.1	−24 47 26	8.83	0.99	0.28	16.79	−1.26	+ 27.5	2.50c	0.66	
NGC 6287	17 06 19.7	−22 44 02	9.35	1.20	0.60	16.72	−2.10	−288.7	1.38	0.74	
NGC 6293	17 11 22.9	−26 36 19	8.22	0.96	0.36	16.00	−1.99	−146.2	2.50c	0.89	
NGC 6304	17 15 46.6	−29 28 59	8.22	1.31	0.54	15.52	−0.45	−107.3	1.80	1.42	
NGC 6341	17 17 43.3	+43 06 57	6.44	0.63	0.02	14.65	−2.31	−120.0	1.68	1.02	M 92
NGC 6316	17 17 51.0	−28 09 37	8.43	1.39	0.54	16.77	−0.45	+ 71.4	1.65	0.65	
NGC 6325	17 19 10.5	−23 47 08	10.33	1.66	0.91	17.29	−1.25	+ 29.8	2.50c	0.63	
NGC 6333	17 20 19.8	−18 32 06	7.72	0.97	0.38	15.67	−1.77	+229.1	1.25	0.96	M 9
NGC 6342	17 22 19.1	−19 36 20	9.66	1.26	0.46	16.08	−0.55	+115.7	2.50c	0.73	
NGC 6356	17 24 43.1	−17 49 48	8.25	1.13	0.28	16.76	−0.40	+ 27.0	1.59	0.81	
NGC 6355	17 25 11.2	−26 22 12	9.14	1.48	0.77	17.21	−1.37	−176.9	2.50c	0.88	
NGC 6352	17 26 58.1	−48 26 17	7.96	1.06	0.22	14.43	−0.64	−137.0	1.10	2.05	
IC 1257	17 28 11.7	−07 06 30	13.10	1.38	0.73	19.25	−1.70	−140.2	1.55	1.40	
NGC 6366	17 28 46.5	−05 05 41	9.20	1.44	0.71	14.94	−0.59	−122.2	0.74	2.92	
Terzan 2	17 28 48.4	−30 49 02	14.29		1.87	20.17	−0.69	+109.0	2.50c	1.52	HP 3
Terzan 4	17 31 54.9	−31 36 33	16.00		2.00	20.48	−1.41	− 50.0	0.90	1.85	HP 4
HP 1	17 32 20.1	−29 59 42	11.59		1.12	18.05	−1.00	+ 45.8	2.50c	3.10	BH 229
NGC 6362	17 33 56.0	−67 03 40	7.73	0.85	0.09	14.68	−0.99	− 13.1	1.09	2.05	
Liller 1	17 34 41.5	−33 24 05	16.77		3.07	24.09	−0.33	+ 52.0	2.30		
NGC 6380	17 35 49.0	−39 04 51	11.31	2.01	1.17	18.81	−0.75	− 3.6	1.55c:	0.74	Ton 1
Terzan 1	17 37 03.0	−30 28 51	15.90		1.99	20.31	−1.03	+114.0	2.50c	3.82	HP 2
Ton 2	17 37 31.1	−38 33 51	12.24		1.24	18.41	−0.70	−184.4	1.30	1.30	Pismis 26
NGC 6388	17 37 42.9	−44 44 47	6.72	1.17	0.37	16.13	−0.55	+ 80.1	1.75	0.52	
NGC 6402	17 38 37.5	−03 15 23	7.59	1.25	0.60	16.69	−1.28	− 66.1	0.99	1.30	M 14
NGC 6401	17 39 48.1	−23 55 10	9.45	1.58	0.72	17.35	−1.02	− 65.0	1.69	1.91	
NGC 6397	17 42 17.3	−53 40 59	5.73	0.73	0.18	12.37	−2.02	+ 18.8	2.50c	2.90	
Pal 6	17 44 55.0	−26 13 48	11.55	2.83	1.46	18.34	−0.91	+181.0	1.10	1.20	
NGC 6426	17 45 53.1	+03 09 48	11.01	1.02	0.36	17.68	−2.15	−162.0	1.70	0.92	
Djorg 1	17 48 45.2	−33 04 16	13.60		1.58	20.58	−1.51	−362.4	1.50	1.59	
Terzan 5	17 49 16.8	−24 47 04	13.85	2.77	2.28	21.27	−0.23	− 93.0	1.62	0.72	Terzan 11
NGC 6440	17 50 02.3	−20 21 55	9.20	1.97	1.07	17.95	−0.36	− 76.6	1.62	0.48	
NGC 6441	17 51 32.6	−37 03 21	7.15	1.27	0.47	16.78	−0.46	+ 16.5	1.74	0.57	
Terzan 6	17 52 02.1	−31 16 46	13.85		2.35	21.44	−0.56	+126.0	2.50c	0.44	HP 5
NGC 6453	17 52 09.6	−34 36 11	10.08	1.31	0.64	17.30	−1.50	− 83.7	2.50c	0.44	
UKS 1	17 55 38.8	−24 08 51	17.29		3.14	24.20	−0.64	+ 57.0	2.10		
NGC 6496	18 00 29.0	−44 15 58	8.54	0.98	0.15	15.74	−0.46	−112.7	0.70	1.02	

Name	RA	Dec.	V_t	$B-V$	$E_{(B-V)}$	$(m-M)_V$	[Fe/H]	v_r	c^1	r_h^2	Alternate Name
	h m s	° ′ ″						km/s		′	
Terzan 9	18 02 51.9	−26 50 19	16.00		1.76	19.71	−1.05	+ 59.0	2.50c	0.78	
NGC 6517	18 02 54.6	−08 57 28	10.23	1.75	1.08	18.48	−1.23	− 39.6	1.82	0.50	
Djorg 2	18 03 02.8	−27 49 29	9.90		0.94	16.90	−0.65		1.50	1.05	ESO456−SC38
NGC 6522	18 04 49.0	−30 01 55	8.27	1.21	0.48	15.92	−1.34	− 21.1	2.50c	1.00	
Terzan 10	18 04 49.1	−26 04 14	14.90		2.40	21.25	−1.00		0.75	1.55	
NGC 6535	18 04 50.6	−00 17 44	10.47	0.94	0.34	15.22	−1.79	−215.1	1.33	0.85	
NGC 6539	18 05 53.0	−07 35 00	9.33	1.83	1.02	17.62	−0.63	+ 31.0	1.74	1.70	
NGC 6528	18 06 04.6	−30 03 13	9.60	1.53	0.54	16.17	−0.11	+206.6	1.50	0.38	
NGC 6540	18 07 22.3	−27 45 43	9.30		0.66	15.65	−1.35	− 17.7	2.50		Djorg 3
NGC 6544	18 08 32.6	−24 59 37	7.77	1.46	0.76	14.71	−1.40	− 27.3	1.63c:	1.21	
NGC 6541	18 09 27.2	−43 42 39	6.30	0.76	0.14	14.82	−1.81	−158.7	1.86c:	1.06	
2MS-GC01	18 09 31.1	−19 49 32	27.74		6.80	33.85			0.85	1.65	2MASS−GC01
NGC 6553	18 10 30.2	−25 54 14	8.06	1.73	0.63	15.83	−0.18	− 3.2	1.16	1.03	
ESO-SC06	18 10 33.3	−46 25 06	12.00		0.07	16.87	−1.80		0.90	1.05	ESO280−SC06
2MS-GC02	18 10 46.3	−20 46 27	24.60		5.16	29.46	−1.08	−238.0	0.95	0.55	2MASS−GC02
NGC 6558	18 11 33.7	−31 45 31	9.26	1.11	0.44	15.70	−1.32	−197.2	2.50c	2.15	
IC 1276	18 11 47.5	−07 12 08	10.34	1.76	1.08	17.01	−0.75	+155.7	1.33	2.38	Pal 7
Terzan 12	18 13 26.7	−22 44 09	15.63		2.06	19.77	−0.50	+ 94.1	0.57	0.75	
NGC 6569	18 14 54.9	−31 49 12	8.55	1.34	0.53	16.83	−0.76	− 28.1	1.31	0.80	
BH 261	18 15 20.8	−28 37 41	11.00		0.36	15.19	−1.30		1.00	0.55	AL 3
GLIMPSE02	18 19 38.4	−16 58 06			7.85	38.05	−0.33		1.33	1.75	
NGC 6584	18 20 11.0	−52 12 24	8.27	0.76	0.10	15.96	−1.50	+222.9	1.47	0.73	
NGC 6624	18 24 55.6	−30 20 58	7.87	1.11	0.28	15.36	−0.44	+ 53.9	2.50c	0.82	
NGC 6626	18 25 44.8	−24 51 28	6.79	1.08	0.40	14.95	−1.32	+ 17.0	1.67	1.97	M 28
NGC 6638	18 32 08.4	−25 28 57	9.02	1.15	0.41	16.14	−0.95	+ 18.1	1.33	0.51	
NGC 6637	18 32 39.4	−32 19 59	7.64	1.01	0.18	15.28	−0.64	+ 39.9	1.38	0.84	M 69
NGC 6642	18 33 05.3	−23 27 35	9.13	1.11	0.40	15.79	−1.26	− 57.2	1.99c:	0.73	
NGC 6652	18 37 02.3	−32 58 25	8.62	0.94	0.09	15.28	−0.81	−111.7	1.80	0.48	
NGC 6656	18 37 35.3	−23 53 14	5.10	0.98	0.34	13.60	−1.70	−146.3	1.38	3.36	M 22
Pal 8	18 42 39.1	−19 48 22	11.02	1.22	0.32	16.53	−0.37	− 43.0	1.53	0.58	
NGC 6681	18 44 28.8	−32 16 17	7.87	0.72	0.07	14.99	−1.62	+220.3	2.50c	0.71	M 70
GLIMPSE01	18 49 50.3	−01 28 27	22.24		4.85	28.15			1.37	0.65	
NGC 6712	18 54 08.1	−08 40 51	8.10	1.17	0.45	15.60	−1.02	−107.6	1.05	1.33	
NGC 6717	18 56 16.5	−22 40 31	9.28	1.00	0.22	14.94	−1.26	+ 22.8	2.07	0.68	Pal 9
NGC 6715	18 56 18.1	−30 27 13	7.60	0.85	0.15	17.58	−1.49	+141.3	2.04	0.82	M 54
NGC 6723	19 00 51.8	−36 36 15	7.01	0.75	0.05	14.84	−1.10	− 94.5	1.11c:	1.53	
NGC 6749	19 06 14.4	+01 55 54	12.44	2.14	1.50	19.14	−1.60	− 61.7	0.79	1.10	
NGC 6760	19 12 11.5	+01 03 50	8.88	1.66	0.77	16.72	−0.40	− 27.5	1.65	1.27	
NGC 6752	19 12 34.9	−59 57 04	5.40	0.66	0.04	13.13	−1.54	− 26.7	2.50c	1.91	
NGC 6779	19 17 21.1	+30 13 09	8.27	0.86	0.26	15.68	−1.98	−135.6	1.38	1.10	M 56
Pal 10	19 18 53.8	+18 36 29	13.22		1.66	19.01	−0.10	− 31.7	0.58	0.99	
Terzan 7	19 19 00.8	−34 37 17	12.00		0.07	17.01	−0.32	+166.0	0.93	0.77	
Arp 2	19 29 58.2	−30 18 52	12.30	0.86	0.10	17.59	−1.75	+115.0	0.88	1.77	
NGC 6809	19 41 13.8	−30 55 07	6.32	0.72	0.08	13.89	−1.94	+174.7	0.93	2.83	M 55
Terzan 8	19 43 00.2	−33 57 09	12.40		0.12	17.47	−2.16	+130.0	0.60	0.95	
Pal 11	19 46 17.6	−07 57 32	9.80	1.27	0.35	16.72	−0.40	− 68.0	0.57	1.46	
NGC 6838	19 54 38.6	+18 49 52	8.19	1.09	0.25	13.80	−0.78	− 22.8	1.15	1.67	M 71
NGC 6864	20 07 13.5	−21 51 51	8.52	0.87	0.16	17.09	−1.29	−189.3	1.80	0.46	M 75
NGC 6934	20 35 08.6	+07 28 20	8.83	0.77	0.10	16.28	−1.47	−411.4	1.53	0.69	
NGC 6981	20 54 31.9	−12 27 45	9.27	0.72	0.05	16.31	−1.42	−345.0	1.21	0.93	M 72

Name	RA	Dec.	V_t	$B-V$	$E_{(B-V)}$	$(m-M)_V$	[Fe/H]	v_r	c^1	r_h^2	Alternate Name
	h m s	° ′ ″						km/s		′	
NGC 7006	21 02 23.9	+16 15 53	10.56	0.75	0.05	18.23	−1.52	−384.1	1.41	0.44	
NGC 7078	21 30 54.8	+12 15 12	6.20	0.68	0.10	15.39	−2.37	−107.0	2.29c	1.00	M 15
NGC 7089	21 34 27.2	−00 44 10	6.47	0.66	0.06	15.50	−1.65	− 5.3	1.59	1.06	M 2
NGC 7099	21 41 28.4	−23 05 26	7.19	0.60	0.03	14.64	−2.27	−184.2	2.50c	1.03	M 30
Pal 12	21 47 44.3	−21 09 42	11.99	1.07	0.02	16.46	−0.85	+ 27.8	2.98	1.72	
Pal 13	23 07 43.0	+12 52 40	13.47	0.76	0.05	17.23	−1.88	+ 25.2	0.66	0.36	
NGC 7492	23 09 28.2	−15 30 20	11.29	0.42	0.00	17.10	−1.78	−177.5	0.72	1.15	

Notes to Table

[1]   central concentration index: c = core collapsed; c: = possibly core collapsed

[2]   half-light radius

Name	Right Ascension	Declination	Type	L	Log (D$_{25}$)	Log (R$_{25}$)	P.A.	B_T^w	$B-V$	$U-B$	v_r
	h m s	° ′ ″					°				km/s
WLM	00 02 57	−15 20.6	IB(s)m	9.0	2.06	0.46	4	11.03	0.44	−0.21	− 118
NGC 0045	00 15 02.9	−23 04 22	SA(s)dm	7.3	1.93	0.16	142	11.32	0.71	−0.05	+ 468
NGC 0055	00 15 53	−39 05.4	SB(s)m: sp	5.6	2.51	0.76	108	8.42	0.55	+0.12	+ 124
NGC 0134	00 31 19.7	−33 08 12	SAB(s)bc	3.7	1.93	0.62	50	11.23	0.84	+0.23	+1579
NGC 0147	00 34 16.4	+48 36 58	dE5 pec		2.12	0.23	25	10.47	0.95		− 160
NGC 0185	00 40 02.7	+48 26 38	dE3 pec		2.07	0.07	35	10.10	0.92	+0.39	− 251
NGC 0205	00 41 26.1	+41 47 32	dE5 pec		2.34	0.30	170	8.92	0.85	+0.22	− 239
NGC 0221	00 43 46.0	+40 58 18	cE2		1.94	0.13	170	9.03	0.95	+0.48	− 205
NGC 0224	00 43 48.56	+41 22 32.1	SA(s)b	2.2	3.28	0.49	35	4.36	0.92	+0.50	− 298
NGC 0247	00 48 06.3	−20 39 14	SAB(s)d	6.8	2.33	0.49	174	9.67	0.56	−0.09	+ 159
NGC 0253	00 48 30.56	−25 10 55.2	SAB(s)c	3.3	2.44	0.61	52	8.04	0.85	+0.38	+ 250
SMC	00 53 19	−72 41.7	SB(s)m pec	7.0	3.50	0.23	45	2.70	0.45	−0.20	+ 175
NGC 0300	00 55 48.7	−37 34 44	SA(s)d	6.2	2.34	0.15	111	8.72	0.59	+0.11	+ 141
Sculptor	01 01 04	−33 36.2	dSph		2.06:	0.17	99	9.5:	0.7		+ 107
IC 1613	01 05 48	+02 13.5	IB(s)m	9.5	2.21	0.05	50	9.88	0.67		− 230
NGC 0488	01 22 47.6	+05 21 31	SA(r)b	1.1	1.72	0.13	15	11.15	0.87	+0.35	+2267
NGC 0598	01 34 57.04	+30 45 34.5	SA(s)cd	4.3	2.85	0.23	23	6.27	0.55	−0.10	− 179
NGC 0613	01 35 12.25	−29 19 09.1	SB(rs)bc	3.0	1.74	0.12	120	10.73	0.68	+0.06	+1478
NGC 0628	01 37 44.8	+15 52 57	SA(s)c	1.1	2.02	0.04	25	9.95	0.56		+ 655
NGC 0672	01 49 00.3	+27 31 46	SB(s)cd	5.4	1.86	0.45	65	11.47	0.58	−0.10	+ 420
NGC 0772	02 00 24.1	+19 06 07	SA(s)b	1.2	1.86	0.23	130	11.09	0.78	+0.26	+2457
NGC 0891	02 23 47.1	+42 26 14	SA(s)b? sp	4.5	2.13	0.73	22	10.81	0.88	+0.27	+ 528
NGC 0908	02 23 58.6	−21 08 45	SA(s)c	1.5	1.78	0.36	75	10.83	0.65	0.00	+1499
NGC 0925	02 28 27.3	+33 39 56	SAB(s)d	4.3	2.02	0.25	102	10.69	0.57		+ 553
Fornax	02 40 47	−34 22.0	dSph		2.26:	0.18	82	8.4:	0.62	+0.04	+ 53
NGC 1023	02 41 37.6	+39 08 45	SB(rs)0⁻		1.94	0.47	87	10.35	1.00	+0.56	+ 632
NGC 1055	02 42 45.3	+00 31 33	SBb: sp	3.9	1.88	0.45	105	11.40	0.81	+0.19	+ 995
NGC 1068	02 43 40.69	+00 04 08.3	(R)SA(rs)b	2.3	1.85	0.07	70	9.61	0.74	+0.09	+1135
NGC 1097	02 47 08.85	−30 11 37.2	SB(s)b	2.2	1.97	0.17	130	10.23	0.75	+0.23	+1274
NGC 1187	03 03 29.7	−22 47 29	SB(r)c	2.1	1.74	0.13	130	11.34	0.56	−0.05	+1397
NGC 1232	03 10 38.2	−20 30 21	SAB(rs)c	2.0	1.87	0.06	108	10.52	0.63	0.00	+1683
NGC 1291	03 18 01.2	−41 02 14	(R)SB(s)0/a		1.99	0.08		9.39	0.93	+0.46	+ 836
NGC 1313	03 18 30.3	−66 25 41	SB(s)d	7.0	1.96	0.12		9.2	0.49	−0.24	+ 456
NGC 1300	03 20 34.0	−19 20 29	SB(rs)bc	1.1	1.79	0.18	106	11.11	0.68	+0.11	+1568
NGC 1316	03 23 26.38	−37 08 21.8	SAB(s)0⁰ pec		2.08	0.15	50	9.42	0.89	+0.39	+1793
NGC 1344	03 29 07.3	−31 00 05	E5		1.78	0.24	165	11.27	0.88	+0.44	+1169
NGC 1350	03 31 54.3	−33 33 46	(R′)SB(r)ab	3.0	1.72	0.27	0	11.16	0.87	+0.34	+1883
NGC 1365	03 34 21.1	−36 04 33	SB(s)b	1.3	2.05	0.26	32	10.32	0.69	+0.16	+1663
NGC 1399	03 39 13.9	−35 23 17	E1 pec		1.84	0.03		10.55	0.96	+0.50	+1447
NGC 1395	03 39 20.6	−22 57 53	E2		1.77	0.12		10.55	0.96	+0.58	+1699
NGC 1398	03 39 41.5	−26 16 31	(R′)SB(r)ab	1.1	1.85	0.12	100	10.57	0.90	+0.43	+1407
NGC 1433	03 42 38.3	−47 09 38	(R′)SB(r)ab	2.7	1.81	0.04		10.70	0.79	+0.21	+1067
NGC 1425	03 42 59.1	−29 49 55	SA(s)b	3.2	1.76	0.35	129	11.29	0.68	+0.11	+1508
NGC 1448	03 45 10.5	−44 35 04	SAcd: sp	4.4	1.88	0.65	41	11.40	0.72	+0.01	+1165
IC 342	03 48 42.7	+68 09 20	SAB(rs)cd	2.0	2.33	0.01		9.10			+ 32

Name	Right Ascension	Declination	Type	L	Log (D_{25})	Log (R_{25})	P.A.	B_T^w	$B-V$	$U-B$	v_r
	h m s	° ′ ″					°				km/s
NGC 1512	04 04 32.7	−43 17 47	SB(r)a	1.1	1.95	0.20	90	11.13	0.81	+0.17	+ 889
IC 356	04 09 49.5	+69 51 47	SA(s)ab pec		1.72	0.13	90	11.39	1.32	+0.76	+ 888
NGC 1532	04 12 49.3	−32 49 30	SB(s)b pec sp	1.9	2.10	0.58	33	10.65	0.80	+0.15	+1187
NGC 1566	04 20 26.8	−54 53 32	SAB(s)bc	1.7	1.92	0.10	60	10.33	0.60	−0.04	+1492
NGC 1672	04 46 01.3	−59 12 47	SB(s)b	3.1	1.82	0.08	170	10.28	0.60	+0.01	+1339
NGC 1792	05 05 54.6	−37 57 18	SA(rs)bc	4.0	1.72	0.30	137	10.87	0.68	+0.08	+1224
NGC 1808	05 08 22.81	−37 29 18.4	(R)SAB(s)a		1.81	0.22	133	10.76	0.82	+0.29	+1006
LMC	05 23.4	−69 44	SB(s)m	5.8	3.81	0.07	170	0.91	0.51	0.00	+ 313
NGC 2146	06 21 43.9	+78 20 50	SB(s)ab pec	3.4	1.78	0.25	56	11.38	0.79	+0.29	+ 890
Carina	06 42 05	−50 59.2	dSph		2.25:	0.17	65	11.5:	0.7:		+ 223
NGC 2280	06 45 35.7	−27 39 36	SA(s)cd	2.2	1.80	0.31	163	10.9	0.60	+0.15	+1906
NGC 2336	07 30 22.8	+80 08 13	SAB(r)bc	1.1	1.85	0.26	178	11.05	0.62	+0.06	+2200
NGC 2366	07 30 58.6	+69 10 32	IB(s)m	8.7	1.91	0.39	25	11.43	0.58		+ 99
NGC 2442	07 36 20.0	−69 34 30	SAB(s)bc pec	2.5	1.74	0.05		11.24	0.82	+0.23	+1448
NGC 2403	07 38 42.7	+65 33 23	SAB(s)cd	5.4	2.34	0.25	127	8.93	0.47		+ 130
Holmberg II	08 21 07	+70 39.2	Im	8.0	1.90	0.10	15	11.10	0.44		+ 157
NGC 2613	08 34 14.1	−23 02 27	SA(s)b	3.0	1.86	0.61	113	11.16	0.91	+0.38	+1677
NGC 2683	08 53 53.9	+33 20 48	SA(rs)b	4.0	1.97	0.63	44	10.64	0.89	+0.27	+ 405
NGC 2768	09 13 07.6	+59 57 24	E6:		1.91	0.28	95	10.84	0.97	+0.46	+1335
NGC 2784	09 13 11.6	−24 15 11	SA(s)0⁰:		1.74	0.39	73	11.30	1.14	+0.72	+ 691
NGC 2835	09 18 45.9	−22 26 15	SB(rs)c	1.8	1.82	0.18	8	11.01	0.49	−0.12	+ 887
NGC 2841	09 23 22.98	+50 53 33.4	SA(r)b:	0.5	1.91	0.36	147	10.09	0.87	+0.34	+ 637
NGC 2903	09 33 16.2	+21 24 51	SAB(rs)bc	2.3	2.10	0.32	17	9.68	0.67	+0.06	+ 556
NGC 2997	09 46 29.9	−31 16 53	SAB(rs)c	1.6	1.95	0.12	110	10.06	0.7	+0.3	+1087
NGC 2976	09 48 50.1	+67 49 31	SAc pec	6.8	1.77	0.34	143	10.82	0.66	0.00	+ 3
NGC 3031	09 57 08.036	+68 58 19.78	SA(s)ab	2.2	2.43	0.28	157	7.89	0.95	+0.48	− 36
NGC 3034	09 57 28.4	+69 35 11	I0		2.05	0.42	65	9.30	0.89	+0.31	+ 216
NGC 3109	10 04 05.9	−26 15 11	SB(s)m	8.2	2.28	0.71	93	10.39			+ 404
NGC 3077	10 04 51.4	+68 38 20	I0 pec		1.73	0.08	45	10.61	0.76	+0.14	+ 13
NGC 3115	10 06 12.3	−07 48 50	S0⁻		1.86	0.47	43	9.87	0.97	+0.54	+ 661
Leo I	10 09 30.1	+12 12 41	dSph		1.82:	0.10	79	10.7	0.6	+0.1:	+ 285
Sextans	10 14.0	−01 43	dSph		2.52:	0.91	56	11.0:			+ 224
NGC 3184	10 19 26.7	+41 19 34	SAB(rs)cd	3.5	1.87	0.03	135	10.36	0.58	−0.03	+ 591
NGC 3198	10 21 06.1	+45 27 05	SB(rs)c	2.6	1.93	0.41	35	10.87	0.54	−0.04	+ 663
NGC 3227	10 24 34.36	+19 45 57.2	SAB(s)a pec	3.5	1.73	0.17	155	11.1	0.82	+0.27	+1156
IC 2574	10 29 46.7	+68 18 43	SAB(s)m	8.0	2.12	0.39	50	10.80	0.44		+ 46
NGC 3319	10 40 17.4	+41 35 05	SB(rs)cd	3.8	1.79	0.26	37	11.48	0.41		+ 746
NGC 3344	10 44 35.0	+24 49 10	(R)SAB(r)bc	1.9	1.85	0.04		10.45	0.59	−0.07	+ 585
NGC 3351	10 44 59.4	+11 36 03	SB(r)b	3.3	1.87	0.17	13	10.53	0.80	+0.18	+ 777
NGC 3368	10 47 47.36	+11 43 00.8	SAB(rs)ab	3.4	1.88	0.16	5	10.11	0.86	+0.31	+ 897
NGC 3359	10 47 52.8	+63 07 16	SB(rs)c	3.0	1.86	0.22	170	11.03	0.46	−0.20	+1012
NGC 3377	10 48 44.3	+13 52 56	E5−6		1.72	0.24	35	11.24	0.86	+0.31	+ 692
NGC 3379	10 48 51.3	+12 28 42	E1		1.73	0.05		10.24	0.96	+0.53	+ 889
NGC 3384	10 49 18.6	+12 31 33	SB(s)0⁻:		1.74	0.34	53	10.85	0.93	+0.44	+ 735
NGC 3486	11 01 27.5	+28 52 12	SAB(r)c	2.6	1.85	0.13	80	11.05	0.52	−0.16	+ 681

Name	Right Ascension	Declination	Type	L	Log (D$_{25}$)	Log (R$_{25}$)	P.A.	B_T^w	$B-V$	$U-B$	v_r
	h m s	° ′ ″					°				km/s
NGC 3521	11 06 48.53	−00 08 29.2	SAB(rs)bc	3.6	2.04	0.33	163	9.83	0.81	+0.23	+ 804
NGC 3556	11 12 38.8	+55 34 06	SB(s)cd	5.7	1.94	0.59	80	10.69	0.66	+0.07	+ 694
NGC 3621	11 19 13.4	−32 55 14	SA(s)d	5.8	2.09	0.24	159	10.28	0.62	−0.08	+ 725
NGC 3623	11 19 56.9	+12 59 07	SAB(rs)a	3.3	1.99	0.53	174	10.25	0.92	+0.45	+ 806
NGC 3627	11 21 15.98	+12 53 04.3	SAB(s)b	3.0	1.96	0.34	173	9.65	0.73	+0.20	+ 726
NGC 3628	11 21 18.0	+13 28 55	Sb pec sp	4.5	2.17	0.70	104	10.28	0.80		+ 846
NGC 3631	11 22 08.7	+53 03 45	SA(s)c	1.8	1.70	0.02		11.01	0.58		+1157
NGC 3675	11 27 12.0	+43 28 41	SA(s)b	3.3	1.77	0.28	178	11.00			+ 766
NGC 3726	11 34 24.2	+46 55 17	SAB(r)c	2.2	1.79	0.16	10	10.91	0.49		+ 849
NGC 3923	11 52 01.2	−28 54 53	E4−5		1.77	0.18	50	10.8	1.00	+0.61	+1668
NGC 3938	11 53 50.1	+44 00 44	SA(s)c	1.1	1.73	0.04		10.90	0.52	−0.10	+ 808
NGC 3953	11 54 49.7	+52 13 05	SB(r)bc	1.8	1.84	0.30	13	10.84	0.77	+0.20	+1053
NGC 3992	11 58 36.3	+53 15 58	SB(rs)bc	1.1	1.88	0.21	68	10.60	0.77	+0.20	+1048
NGC 4038	12 02 53.0	−18 58 38	SB(s)m pec	4.2	1.72	0.23	80	10.91	0.65	−0.19	+1626
NGC 4039	12 02 53.7	−18 59 41	SB(s)m pec	5.3	1.72	0.29	171	11.10			+1655
NGC 4051	12 04 09.17	+44 25 22.0	SAB(rs)bc	3.3	1.72	0.13	135	10.83	0.65	−0.04	+ 720
NGC 4088	12 06 33.3	+50 25 51	SAB(rs)bc	3.9	1.76	0.41	43	11.15	0.59	−0.05	+ 758
NGC 4096	12 07 00.3	+47 22 10	SAB(rs)c	4.2	1.82	0.57	20	11.48	0.63	+0.01	+ 564
NGC 4125	12 09 03.9	+65 03 56	E6 pec		1.76	0.26	95	10.65	0.93	+0.49	+1356
NGC 4151	12 11 31.51	+39 17 50.5	(R′)SAB(rs)ab:		1.80	0.15	50	11.28	0.73	−0.17	+ 992
NGC 4192	12 14 47.8	+14 47 32	SAB(s)ab	2.9	1.99	0.55	155	10.95	0.81	+0.30	− 141
NGC 4214	12 16 38.0	+36 13 06	IAB(s)m	5.8	1.93	0.11		10.24	0.46	−0.31	+ 291
NGC 4216	12 16 53.9	+13 02 28	SAB(s)b:	3.0	1.91	0.66	19	10.99	0.98	+0.52	+ 129
NGC 4236	12 17 39	+69 21.0	SB(s)dm	7.6	2.34	0.48	162	10.05	0.42		0
NGC 4242	12 18 28.0	+45 30 39	SAB(s)dm	6.2	1.70	0.12	25	11.37	0.54		+ 517
NGC 4244	12 18 28.1	+37 41 57	SA(s)cd: sp	7.0	2.22	0.94	48	10.88	0.50		+ 242
NGC 4254	12 19 49.0	+14 18 31	SA(s)c	1.5	1.73	0.06		10.44	0.57	+0.01	+2407
NGC 4258	12 19 55.09	+47 11 44.8	SAB(s)bc	3.5	2.27	0.41	150	9.10	0.69		+ 449
NGC 4274	12 20 49.26	+29 30 23.3	(R)SB(r)ab	4.0	1.83	0.43	102	11.34	0.93	+0.44	+ 929
NGC 4293	12 22 11.96	+18 16 28.5	(R)SB(s)0/a		1.75	0.34	72	11.26	0.90		+ 943
NGC 4303	12 22 54.67	+04 21 56.2	SAB(rs)bc	2.0	1.81	0.05		10.18	0.53	−0.11	+1569
NGC 4321	12 23 54.1	+15 42 51	SAB(s)bc	1.1	1.87	0.07	30	10.05	0.70	−0.01	+1585
NGC 4365	12 25 27.9	+07 12 36	E3		1.84	0.14	40	10.52	0.96	+0.50	+1227
NGC 4374	12 26 03.045	+12 46 44.78	E1		1.81	0.06	135	10.09	0.98	+0.53	+ 951
NGC 4382	12 26 23.1	+18 05 00	SA(s)0$^+$ pec		1.85	0.11		10.00	0.89	+0.42	+ 722
NGC 4395	12 26 46.9	+33 26 21	SA(s)m:	7.3	2.12	0.08	147	10.64	0.46		+ 319
NGC 4406	12 27 11.04	+12 50 18.2	E3		1.95	0.19	130	9.83	0.93	+0.49	− 248
NGC 4429	12 28 25.9	+10 59 59	SA(r)0$^+$		1.75	0.34	99	11.02	0.98	+0.55	+1137
NGC 4438	12 28 44.80	+12 54 04.5	SA(s)0/a pec:		1.93	0.43	27	11.02	0.85	+0.35	+ 64
NGC 4449	12 29 07.9	+43 59 09	IBm	6.7	1.79	0.15	45	9.99	0.41	−0.35	+ 202
NGC 4450	12 29 28.54	+16 58 38.4	SA(s)ab	1.5	1.72	0.13	175	10.90	0.82		+1956
NGC 4472	12 30 46.23	+07 53 34.0	E2		2.01	0.09	155	9.37	0.96	+0.55	+ 912
NGC 4490	12 31 33.0	+41 32 08	SB(s)d pec	5.4	1.80	0.31	125	10.22	0.43	−0.19	+ 578
NGC 4486	12 31 48.609	+12 17 00.90	E+0−1 pec		1.92	0.10		9.59	0.96	+0.57	+1282
NGC 4501	12 32 58.17	+14 18 46.6	SA(rs)b	2.4	1.84	0.27	140	10.36	0.73	+0.24	+2279

Name	Right Ascension	Declination	Type	L	Log (D_{25})	Log (R_{25})	P.A.	B_T^w	$B-V$	$U-B$	v_r
	h m s	° ′ ″					°				km/s
NGC 4517	12 33 45.6	+00 00 26	SA(s)cd: sp	5.6	2.02	0.83	83	11.10	0.71		+1121
NGC 4526	12 35 02.44	+07 35 31.2	SAB(s)0⁰:		1.86	0.48	113	10.66	0.96	+0.53	+ 460
NGC 4527	12 35 08.23	+02 32 48.0	SAB(s)bc	3.3	1.79	0.47	67	11.38	0.86	+0.21	+1733
NGC 4535	12 35 19.69	+08 05 25.7	SAB(s)c	1.6	1.85	0.15	0	10.59	0.63	−0.01	+1957
NGC 4536	12 35 26.9	+02 04 50	SAB(rs)bc	2.0	1.88	0.37	130	11.16	0.61	−0.02	+1804
NGC 4548	12 36 25.3	+14 23 21	SB(rs)b	2.3	1.73	0.10	150	10.96	0.81	+0.29	+ 486
NGC 4552	12 36 39.0	+12 26 56	E0−1		1.71	0.04		10.73	0.98	+0.56	+ 311
NGC 4559	12 36 55.5	+27 51 10	SAB(rs)cd	4.3	2.03	0.39	150	10.46	0.45		+ 814
NGC 4565	12 37 18.73	+25 52 49.8	SA(s)b? sp	1.0	2.20	0.87	136	10.42	0.84		+1225
NGC 4569	12 37 48.77	+13 03 21.0	SAB(rs)ab	2.4	1.98	0.34	23	10.26	0.72	+0.30	− 236
NGC 4579	12 38 42.59	+11 42 40.3	SAB(rs)b	3.1	1.77	0.10	95	10.48	0.82	+0.32	+1521
NGC 4605	12 40 50.8	+61 30 08	SB(s)c pec	5.7	1.76	0.42	125	10.89	0.56	−0.08	+ 143
NGC 4594	12 41 00.339	−11 43 47.68	SA(s)a		1.94	0.39	89	8.98	0.98	+0.53	+1089
NGC 4621	12 43 01.3	+11 32 25	E5		1.73	0.16	165	10.57	0.94	+0.48	+ 430
NGC 4631	12 43 04.9	+32 26 05	SB(s)d	5.0	2.19	0.76	86	9.75	0.56		+ 608
NGC 4636	12 43 49.5	+02 34 52	E0−1		1.78	0.11	150	10.43	0.94	+0.44	+1017
NGC 4649	12 44 38.9	+11 26 45	E2		1.87	0.09	105	9.81	0.97	+0.60	+1114
NGC 4656	12 44 55.3	+32 03 56	SB(s)m pec	7.0	2.18	0.71	33	10.96	0.44		+ 640
NGC 4697	12 49 36.3	−05 54 24	E6		1.86	0.19	70	10.14	0.91	+0.39	+1236
NGC 4725	12 51 23.8	+25 23 43	SAB(r)ab pec	2.4	2.03	0.15	35	10.11	0.72	+0.34	+1205
NGC 4736	12 51 47.97	+41 00 52.0	(R)SA(r)ab	3.0	2.05	0.09	105	8.99	0.75	+0.16	+ 308
NGC 4753	12 53 22.2	−01 18 18	I0		1.78	0.33	80	10.85	0.90	+0.41	+1237
NGC 4762	12 53 54.8	+11 07 30	SB(r)0⁰? sp		1.94	0.72	32	11.12	0.86	+0.40	+ 979
NGC 4826	12 57 41.0	+21 34 40	(R)SA(rs)ab	3.5	2.00	0.27	115	9.36	0.84	+0.32	+ 411
NGC 4945	13 06 36.1	−49 34 21	SB(s)cd: sp	6.7	2.30	0.72	43	9.3			+ 560
NGC 4976	13 09 46.6	−49 36 34	E4 pec:		1.75	0.28	161	11.04	1.01	+0.44	+1453
NGC 5005	13 11 50.19	+36 57 20.7	SAB(rs)bc	3.3	1.76	0.32	65	10.61	0.80	+0.31	+ 948
NGC 5033	13 14 21.33	+36 29 27.4	SA(s)c	2.2	2.03	0.33	170	10.75	0.55		+ 877
NGC 5055	13 16 41.6	+41 55 37	SA(rs)bc	3.9	2.10	0.24	105	9.31	0.72		+ 504
NGC 5068	13 19 58.1	−21 08 28	SAB(rs)cd	4.7	1.86	0.06	110	10.7	0.67		+ 671
NGC 5102	13 23 04.4	−36 43 55	SA0⁻		1.94	0.49	48	10.35	0.72	+0.23	+ 468
NGC 5128	13 26 36.507	−43 07 12.38	E1/S0 + S pec		2.41	0.11	35	7.84	1.00		+ 559
NGC 5194	13 30 41.90	+47 05 41.8	SA(s)bc pec	1.8	2.05	0.21	163	8.96	0.60	−0.06	+ 463
NGC 5195	13 30 48.7	+47 09 57	I0 pec		1.76	0.10	79	10.45	0.90	+0.31	+ 484
NGC 5236	13 38 06.6	−29 57 49	SAB(s)c	2.8	2.11	0.05		8.20	0.66	+0.03	+ 514
NGC 5248	13 38 30.32	+08 47 12.3	SAB(rs)bc	1.8	1.79	0.14	110	10.97	0.65	+0.05	+1153
NGC 5247	13 39 06.53	−17 58 57.4	SA(s)bc	1.8	1.75	0.06	20	10.5	0.54	−0.11	+1357
NGC 5253	13 41 02.76	−31 44 18.3	Pec		1.70	0.41	45	10.87	0.43	−0.24	+ 404
NGC 5322	13 49 54.33	+60 05 38.8	E3−4		1.77	0.18	95	11.14	0.91	+0.47	+1915
NGC 5364	13 57 10.9	+04 55 12	SA(rs)bc pec	1.1	1.83	0.19	30	11.17	0.64	+0.07	+1241
NGC 5457	14 03 53.8	+54 15 20	SAB(rs)cd	1.1	2.46	0.03		8.31	0.45		+ 240
NGC 5585	14 20 25.3	+56 38 25	SAB(s)d	7.6	1.76	0.19	30	11.20	0.46	−0.22	+ 304
NGC 5566	14 21 18.9	+03 50 43	SB(r)ab	3.6	1.82	0.48	35	11.46	0.91	+0.45	+1505
NGC 5746	14 45 55.3	+01 52 24	SAB(rs)b? sp	4.5	1.87	0.75	170	11.29	0.97	+0.42	+1722
Ursa Minor	15 09 14	+67 09.2	dSph		2.50:	0.35	53	11.5:	0.9:		− 250

Name	Right Ascension	Declination	Type	L	Log (D$_{25}$)	Log (R$_{25}$)	P.A.	B_T^w	B–V	U–B	v_r
	h m s	° ′ ″					°				km/s
NGC 5907	15 16 24.1	+56 15 28	SA(s)c: sp	3.0	2.10	0.96	155	11.12	0.78	+0.15	+ 666
NGC 6384	17 33 21.1	+07 02 51	SAB(r)bc	1.1	1.79	0.18	30	11.14	0.72	+0.23	+1667
NGC 6503	17 49 14.3	+70 08 22	SA(s)cd	5.2	1.85	0.47	123	10.91	0.68	+0.03	+ 43
Sgr Dw Sph	18 56.4	−30 28	dSph		4.26:	0.42	104	4.3:	0.7:		+ 140
NGC 6744	19 11 36.6	−63 49 27	SAB(r)bc	3.3	2.30	0.19	15	9.14			+ 838
NGC 6822	19 46 03	−14 45.4	IB(s)m	8.5	2.19	0.06	5	9.0	0.79	+0.04:	− 54
NGC 6946	20 35 16.85	+60 13 19.0	SAB(rs)cd	2.3	2.06	0.07		9.61	0.80		+ 50
NGC 7090	21 37 49.9	−54 28 07	SBc? sp		1.87	0.77	127	11.33	0.61	−0.02	+ 854
IC 5152	22 03 57.4	−51 12 04	IA(s)m	8.4	1.72	0.21	100	11.06			+ 120
IC 5201	22 22 08.6	−45 56 13	SB(rs)cd	5.1	1.93	0.34	33	11.3			+ 914
NGC 7331	22 37 57.73	+34 31 02.5	SA(s)b	2.2	2.02	0.45	171	10.35	0.87	+0.30	+ 821
NGC 7410	22 56 06.8	−39 33 26	SB(s)a		1.72	0.51	45	11.24	0.93	+0.45	+1751
IC 1459	22 58 15.71	−36 21 27.6	E3−4		1.72	0.14	40	10.97	0.98	+0.51	+1691
IC 5267	22 58 20.1	−43 17 30	SA(rs)0/a		1.72	0.13	140	11.43	0.89	+0.37	+1713
NGC 7424	22 58 24.4	−40 57 57	SAB(rs)cd	4.0	1.98	0.07		10.96	0.48	−0.15	+ 941
NGC 7582	23 19 27.9	−42 15 50	(R′)SB(s)ab		1.70	0.38	157	11.37	0.75	+0.25	+1573
IC 5332	23 35 29.4	−35 59 36	SA(s)d	3.9	1.89	0.10		11.09			+ 706
NGC 7793	23 58 49.9	−32 28 57	SA(s)d	6.9	1.97	0.17	98	9.63	0.54	−0.09	+ 228

Notes to Table

:   Indicates uncertainity or larger than normal standard deviation.

Alternate Names for Some Galaxies

Leo I	Regulus Dwarf
LMC	Large Magellanic Cloud
NGC 224	Andromeda Galaxy, M31
NGC 598	Triangulum Galaxy, M33
NGC 1068	M77, 3C 71
NGC 1316	Fornax A
NGC 3034	M82, 3C 231
NGC 4038/9	The Antennae
NGC 4374	M84, 3C 272.1
NGC 4486	Virgo A, M87, 3C 274
NGC 4594	Sombrero Galaxy, M104
NGC 4826	Black Eye Galaxy, M64
NGC 5055	Sunflower Galaxy, M63
NGC 5128	Centaurus A
NGC 5194	Whirlpool Galaxy, M51
NGC 5457	Pinwheel Galaxy, M101/2
NGC 6822	Barnard's Galaxy
Sgr Dw Sph	Sagittarius Dwarf Spheroidal Galaxy
SMC	Small Magellanic Cloud, NGC 292
WLM	Wolf-Lundmark-Melotte Galaxy

IERS Designation	Right Ascension	Declination	Type	z	Flux 8.4 GHz	2.3 GHz	α^1	V	Notes
	h m s	° ′ ″			Jy	Jy			
0002−478	00 04 35.6555 0384	−47 36 19.6037 899	A	0.880				19.0	
0007+106	00 10 31.0059 0186	+10 58 29.5043 827	G	0.089	0.38	0.18	+0.50	15.0	S1.2, var.
0008−264	00 11 01.2467 3846	−26 12 33.3770 171	Q	1.096	0.44	0.30	+0.50	19.0	
0010+405	00 13 31.1302 0334	+40 51 37.1441 040	G	0.255	0.56	0.48	−0.62	18.0	S1.9
0013−005	00 16 11.0885 5479	−00 15 12.4453 413	Q	1.576	0.35	0.88	−0.24	20.0	
0016+731	00 19 45.7864 1940	+73 27 30.0174 396	Q	1.781	0.77	1.56	+0.07	19.0	
0019+058	00 22 32.4412 0914	+06 08 04.2690 807	L	0.640	0.17	0.25	+0.03	18.8	
0035+413	00 38 24.8435 9231	+41 37 06.0003 032	Q	1.353	0.35	0.65	+0.20	19.9	
0048−097	00 50 41.3173 8756	−09 29 05.2102 688	L	0.634	1.24	0.84	+0.20	16.0	HP, var.
0048−427	00 51 09.5018 2012	−42 26 33.2932 480	Q	1.749	0.39	0.05		18.8	
0059+581	01 02 45.7623 8248	+58 24 11.1366 009	A	0.644	1.68	1.38		19.2	
0104−408	01 06 45.1079 6851	−40 34 19.9602 291	Q	0.584	3.34	1.16		19.0	
0107−610	01 09 15.4752 0598	−60 49 48.4599 686	G					19.0	
0109+224	01 12 05.8247 1754	+22 44 38.7863 909	L	0.265	0.67	0.42	+0.12	15.2	HP
0110+495	01 13 27.0068 0344	+49 48 24.0431 742	G	0.389	0.60	0.53	−0.14	18.4	S1.2
0116−219	01 18 57.2621 6666	−21 41 30.1399 986	Q	1.161	0.50	0.59	+0.09	19.0	
0119+115	01 21 41.5950 4339	+11 49 50.4131 012	Q	0.570	0.18	0.10	+0.33*	19.0	HP
0131−522	01 33 05.7625 5607	−52 00 03.9457 209	G	0.020				20.3	S1
0133+476	01 36 58.5948 0585	+47 51 29.1000 445	Q	0.859	2.00	1.86	+0.19	18.0	HP
0134+311	01 37 08.7336 2970	+31 22 35.8553 611	V	1.716	0.34	0.59	+0.03	20.7	red
0138−097	01 41 25.8321 5547	−09 28 43.6741 894	L	0.733	0.53	0.62	−0.12	17.5	HP
0151+474	01 54 56.2898 8783	+47 43 26.5395 732	Q	1.026	0.61	0.38	+0.50	19.0	red
0159+723	02 03 33.3849 6841	+72 32 53.6672 938	L	0.390	0.22	0.22	+0.09	19.2	
0202+319	02 05 04.9253 6007	+32 12 30.0954 538	Q	1.466	0.89	0.49	+0.07	17.9	
0215+015	02 17 48.9547 5182	+01 44 49.6990 704	Q	1.715	1.06	0.69		16.1	HP
0221+067	02 24 28.4281 9659	+06 59 23.3415 393	G	0.511	0.41	0.32	+0.04	20.0	HP
0230−790	02 29 34.9465 9358	−78 47 45.6017 972	Q	1.070				18.9	
0229+131	02 31 45.8940 5431	+13 22 54.7162 668	Q	2.059	1.04	1.34	+0.06	17.7	
0234−301	02 36 31.1694 2057	−29 53 55.5402 759	Q	2.103	0.48	0.20		18.0	
0235−618	02 36 53.2457 4589	−61 36 15.1834 250	A	0.465				18.5	
0234+285	02 37 52.4056 7732	+28 48 08.9900 231	Q	1.213	1.18	1.90	+0.13	18.5	HP
0237−027	02 39 45.4722 6775	−02 34 40.9144 020	Q	1.116	0.51	0.37	+0.49	19.4	
0300+470	03 03 35.2422 2254	+47 16 16.2754 406	L		0.78	1.22		16.6	
0302−623	03 03 50.6313 4799	−62 11 25.5498 711	A	1.351				17.9	red
0302+625	03 06 42.6595 4796	+62 43 02.0241 642	R		0.25	0.38		19.5	red
0306+102	03 09 03.6235 0016	+10 29 16.3409 599	Q	0.863	0.57	0.62	+0.44	21.2	
0308−611	03 09 56.0991 5397	−60 58 39.0561 502	A	1.480				18.5	
0307+380	03 10 49.8799 2951	+38 14 53.8378 720	Q	0.816	0.66	0.48	+0.36	19.7	
0309+411	03 13 01.9621 2305	+41 20 01.1835 585	G	0.134	0.44	0.29	+0.33	16.7	S1
0322+222	03 25 36.8143 5154	+22 24 00.3655 873	Q	2.060	1.69	0.99	−0.01	18.9	
0332−403	03 34 13.6545 1358	−40 08 25.3978 415	L	1.445	2.15	0.57	−0.04	18.5	HP
0334−546	03 35 53.9248 4162	−54 30 25.1146 727	A					20.0	
0342+147	03 45 06.4165 4424	+14 53 49.5582 021	A	1.556	0.28	0.44	+0.42	20.0	red
0346−279	03 48 38.1445 7723	−27 49 13.5655 526	Q	0.991	1.21	1.11		19.4	
0358+210	04 01 45.1660 7260	+21 10 28.5870 359	A	0.834	0.41	0.61		20.3	red
0402−362	04 03 53.7498 9835	−36 05 01.9131 085	Q	1.423	1.50	1.15	+0.43	17.2	
0403−132	04 05 34.0033 8957	−13 08 13.6907 083	Q	0.571	0.72	0.38	−0.37	17.1	HP
0405−385	04 06 59.0353 3560	−38 26 28.0423 567	Q	1.285	1.26	1.00	+0.19	18.0	
0414−189	04 16 36.5444 5140	−18 51 08.3400 284	Q	1.536	0.77	1.12	−0.09	18.0	
0420−014	04 23 15.8007 2776	−01 20 33.0654 034	Q	0.916	2.67	2.68	−0.08	17.4	HP
0422+004	04 24 46.8420 6092	+00 36 06.3293 676	L	0.310	0.41	0.43	−0.33	16.5	HP, var.
0426+273	04 29 52.9607 6804	+27 24 37.8762 939	V		0.40	0.49	−0.42	19.6	red

IERS Designation	Right Ascension	Declination	Type	z	Flux 8.4 GHz	Flux 2.3 GHz	α^1	V	Notes
	h m s	° ′ ″			Jy	Jy			
0430+289	04 33 37.8298 5993	+29 05 55.4770 346	L	0.970	0.42	0.48	+0.02	17.8	
0437−454	04 39 00.8546 6883	−45 22 22.5628 657	V	2.017	1.00			20.6	
0440+345	04 43 31.6352 0255	+34 41 06.6640 222	R		0.58	0.98			
0446+112	04 49 07.6711 0088	+11 21 28.5964 577	L?	2.153	0.55	0.76	+0.38	20.0	
0454−810	04 50 05.4402 0132	−81 01 02.2313 228	G	0.444			+0.29*	19.2	S1.5
0454−234	04 57 03.1792 2863	−23 24 52.0201 418	Q	1.003	1.62	1.43	−0.07	18.5	HP
0458−020	05 01 12.8098 8366	−01 59 14.2562 534	Q	2.286	1.47	1.84	−0.09	18.5	HP
0458+138	05 01 45.2708 2031	+13 56 07.2204 176	R		0.38	0.60	+0.16	22.2	red
0506−612	05 06 43.9887 2791	−61 09 40.9937 940	Q	1.093				16.9	
0454+844	05 08 42.3634 5199	+84 32 04.5440 155	L	1.340	0.23	0.33	+0.24	18.3	HP
0506+101	05 09 27.4570 6864	+10 11 44.6000 396	A	0.621	0.54	0.41	−0.30	17.8	
0507+179	05 10 02.3691 2982	+18 00 41.5816 534	G	0.416	0.65	0.75	0.00	19.0	
0516−621	05 16 44.9261 6793	−62 07 05.3892 036	A	1.300				17.9	
0515+208	05 18 03.8245 0329	+20 54 52.4974 899	A	2.579	0.32	0.43		20.4	red
0522−611	05 22 34.4254 7880	−61 07 57.1335 242	Q	1.400			−0.18	18.1	
0524−460	05 25 31.4001 5013	−45 57 54.6848 636	Q	1.479			+0.14*	17.3	
0524−485	05 26 16.6713 1064	−48 30 36.7915 470	V	1.300	0.10	0.10		20.0	
0524+034	05 27 32.7054 4796	+03 31 31.5166 429	L	0.509	0.39	0.46		20.0	
0529+483	05 33 15.8657 8266	+48 22 52.8076 620	Q	1.162	0.53	0.64		19.9	
0534−611	05 34 35.7724 8961	−61 06 07.0730 607	A	1.997				19.5	
0534−340	05 36 28.4323 7520	−34 01 11.4684 150		0.682	0.33	0.49		18.3	
0537−441	05 38 50.3615 5219	−44 05 08.9389 165	Q	0.894	4.79	4.03		16.5	HP
0536+145	05 39 42.3659 9103	+14 33 45.5616 993	A	2.690	0.47	0.54		18.4	red
0537−286	05 39 54.2814 7645	−28 39 55.9478 122	Q	3.104	0.53	0.65	+0.24	19.1	
0544+273	05 47 34.1489 2109	+27 21 56.8425 667	R		0.51	0.36			
0549−575	05 50 09.5801 8296	−57 32 24.3965 304	A	2.001				19.5	
0552+398	05 55 30.8056 1150	+39 48 49.1649 664	Q	2.365	5.28	3.99		18.0	
0556+238	05 59 32.0331 3165	+23 53 53.9267 683	R		0.49	0.64			
0600+177	06 03 09.1302 6176	+17 42 16.8105 604	A	1.738	0.42	0.58		19.2	red
0642+449	06 46 32.0259 9463	+44 51 16.5901 237	Q	3.396	3.86	1.07	+0.88	18.5	var.
0646−306	06 48 14.0964 7071	−30 44 19.6596 827	Q	1.153	0.95	0.90	+0.06	20.4	
0648−165	06 50 24.5818 5521	−16 37 39.7251 917	R		0.95	1.37		20.4	red
0656+082	06 59 17.9960 3428	+08 13 30.9533 022	V	2.780	0.51	0.68		16.1	red
0657+172	07 00 01.5255 3646	+17 09 21.7014 901	V		0.83	0.75		21.0	blue
0707+476	07 10 46.1048 7679	+47 32 11.1427 167	Q	1.292	0.49	0.88	−0.28	18.2	
0716+714	07 21 53.4484 6336	+71 20 36.3634 253	L	0.300	0.41	0.26	−0.13	13.7	HP
0722+145	07 25 16.8077 6128	+14 25 13.7466 902	A	1.038	0.45	0.93	+0.03	17.8	
0718+792	07 26 11.7352 4096	+79 11 31.0162 085	R		0.62	0.77	+0.19	23.1	red
0727−115	07 30 19.1124 7420	−11 41 12.6005 110	Q	1.591	2.02	2.90		20.3	
0736+017	07 39 18.0338 9693	+01 37 04.6178 588	Q	0.189	1.20	2.00	−0.09	16.5	HP, var.
0738+491	07 42 02.7489 4651	+49 00 15.6089 340	A	2.318	0.45	0.47	+0.11	21.8	
0743−006	07 45 54.0823 2111	−00 44 17.5398 546	Q	0.994	1.53	1.24	+0.67	17.1	
0743+259	07 46 25.8741 7871	+25 49 02.1347 553	Q	2.987	0.15	0.49		19.7	
0745+241	07 48 36.1092 7469	+24 00 24.1100 315	G	0.410	0.54	0.74	+0.25	18.9	HP
0748+126	07 50 52.0457 3519	+12 31 04.8281 766	Q	0.889	1.80	1.35	+0.15	17.3	
0759+183	08 02 48.0319 6182	+18 09 49.2493 958	A	1.586	0.47	0.57	+0.12	20.7	
0800+618	08 05 18.1795 6846	+61 44 23.7002 968	A	3.033	1.00	1.07	−0.08	19.6	red
0805+046	08 07 57.5385 7015	+04 32 34.5310 021	Q	2.877	0.20	0.34	−0.38	18.2	
0804+499	08 08 39.6662 8353	+49 50 36.5304 035	Q	1.435	0.81	1.08	−0.14	19.2	HP
0805+410	08 08 56.6520 3923	+40 52 44.8888 616	Q	1.420	0.93	0.77	+0.38	19.4	
0808+019	08 11 26.7073 1189	+01 46 52.2202 616	L	1.148	0.58	0.57	+0.43	18.0	
0812+367	08 15 25.9448 5739	+36 35 15.1488 917	Q	1.027	0.75	0.75	−0.08	18.8	

IERS Designation	Right Ascension	Declination	Type	z	Flux 8.4 GHz	Flux 2.3 GHz	α^1	V	Notes
	h m s	° ′ ″			Jy	Jy			
0814+425	08 18 15.9996 0470	+42 22 45.4149 140	L	0.530	1.05	1.08	−0.04	18.2	HP, z?
0823+033	08 25 50.3383 5429	+03 09 24.5200 730	L	0.506	1.13	1.45	+0.14	17.2	HP
0827+243	08 30 52.0861 9070	+24 10 59.8204 032	Q	0.941	0.85	0.89	+0.03	16.8	
0834−201	08 36 39.2152 5294	−20 16 59.5040 953	Q	2.752	3.40	2.46		19.4	
0851+202	08 54 48.8749 2702	+20 06 30.6408 861	L	0.306	1.31	1.24	+0.11*	15.1	HP
0854−108	08 56 41.8041 4812	−11 05 14.4301 901	R		1.10	0.63	+0.04	17.3	
0912+029	09 14 37.9134 3166	+02 45 59.2469 393	G	0.427	0.48	0.58		19.7	S1
0920−397	09 22 46.4182 6064	−39 59 35.0683 561	Q	0.591	1.39	1.19		18.0	
0920+390	09 23 14.4529 3105	+38 49 39.9101 375	V		0.37	0.36	−0.01	21.7	
0925−203	09 27 51.8243 1596	−20 34 51.2324 031	Q	0.347	0.45	0.31	−0.20	16.4	S1.0
0949+354	09 52 32.0261 6656	+35 12 52.4030 592	Q	1.876	0.34	0.29	−0.04	19.8	
0955+476	09 58 19.6716 3931	+47 25 07.8424 347	Q	1.882	1.89	1.30	+0.20	18.6	
0955+326	09 58 20.9496 3113	+32 24 02.2095 353	Q	0.531	0.68	0.43	−0.33	15.2	S1.8, var.
0954+658	09 58 47.2451 0127	+65 33 54.8180 587	L	0.368	0.56	0.67	+0.29	16.8	HP
1004−500	10 06 14.0093 1618	−50 18 13.4706 757	R					20.8	blue
1012+232	10 14 47.0654 5658	+23 01 16.5708 649	Q	0.566	0.77	0.69	−0.05	17.8	S1.5
1013+054	10 16 03.1364 6769	+05 13 02.3414 482	Q	1.713	0.52	0.54	−0.18	19.8	
1014+615	10 17 25.8875 7718	+61 16 27.4966 664	Q	2.801	0.50	0.58	+0.19	18.4	
1015+359	10 18 10.9880 9086	+35 42 39.4408 279	Q	1.230	0.63	0.61	0.00	18.1	
1022−665	10 23 43.5331 9996	−66 46 48.7177 526	R					17.9	blue
1022+194	10 24 44.8095 9508	+19 12 20.4156 249	Q	0.828	0.47	0.39	−0.05	17.8	
1030+415	10 33 03.7078 6817	+41 16 06.2329 177	Q	1.119	0.37	0.19	−0.14	19.6	HP
1030+074	10 33 34.0242 9130	+07 11 26.1477 035	A	1.535	0.19	0.20	+0.18	20.3	
1034−374	10 36 53.4396 0199	−37 44 15.0656 721	Q	1.821	0.50	0.22	+0.29	19.5	HP
1034−293	10 37 16.0797 3476	−29 34 02.8133 345	Q	0.312	1.49	1.21	+0.14	16.5	HP
1038+528	10 41 46.7816 3764	+52 33 28.2313 168	Q	0.678	0.53	0.44	−0.10	16.8	
1039+811	10 44 23.0625 4789	+80 54 39.4430 277	Q	1.260	0.76	0.71	+0.10	17.2	
1042+071	10 44 55.9112 4593	+06 55 38.2626 553	Q	0.690	0.24	0.35	−0.25	19.4	
1045−188	10 48 06.6206 0701	−19 09 35.7266 240	Q	0.595	1.19	0.85	−0.11	18.5	S1.8
1049+215	10 51 48.7890 7490	+21 19 52.3138 145	Q	1.300	0.91	1.27	−0.06	18.5	var.
1053+815	10 58 11.5353 7962	+81 14 32.6751 819	Q	0.706	0.78	0.54	+0.47	20.0	
1055+018	10 58 29.6052 0747	+01 33 58.8237 691	Q	0.890	3.75			17.7	HP
1101−536	11 03 52.2216 7171	−53 57 00.6966 293	A					17.9	
1101+384	11 04 27.3139 4136	+38 12 31.7990 644	L	0.030	0.32	0.36	−0.11	13.1	HP
1111+149	11 13 58.6950 8359	+14 42 26.9525 965	Q	0.867	0.23	0.55		17.6	var.
1123+264	11 25 53.7119 2285	+26 10 19.9786 840	Q	2.352	0.76	1.17	+0.04	18.4	
1124−186	11 27 04.3924 4958	−18 57 17.4416 582	Q	1.050	1.51	0.97	+0.53	19.2	red
1128+385	11 30 53.2826 1193	+38 15 18.5469 933	Q	1.740	1.15	0.80	+0.14	18.8	
1130+009	11 33 20.0557 9171	+00 40 52.8372 903	Q	1.640	0.22	0.29	−0.09	18.9	red
1133−032	11 36 24.5769 3290	−03 30 29.4964 694	Q	1.648	0.53	0.36		19.5	
1143−696	11 45 53.6241 7065	−69 54 01.7977 922	A	0.244				16.7	
1144+402	11 46 58.2979 1629	+39 58 34.3045 026	Q	1.090	0.73	0.48	+0.30	18.1	
1144−379	11 47 01.3707 0177	−38 12 11.0234 199	Q	1.048	2.72	1.08	+0.22	16.2	HP
1145−071	11 47 51.5540 2876	−07 24 41.1410 887	Q	1.342	0.53	0.78	+0.08	18.5	
1147+245	11 50 19.2121 7405	+24 17 53.8353 207	L	0.200	0.50	0.52	−0.05	15.7	HP, var.
1149−084	11 52 17.2095 1537	−08 41 03.3138 824	Q	2.370	1.05	0.97		18.5	
1156−663	11 59 18.3054 4873	−66 35 39.4272 186	R						
1156+295	11 59 31.8339 0975	+29 14 43.8268 741	Q	0.725	1.28	1.52	−0.29	14.4	HP
1213−172	12 15 46.7517 6110	−17 31 45.4029 502	G		1.62	1.23	−0.16	21.4	
1215+303	12 17 52.0819 6139	+30 07 00.6359 190	L	0.130	0.25	0.28	−0.30	14.7	HP, var.
1219+044	12 22 22.5496 2080	+04 13 15.7761 797	Q	0.966	0.67	0.54	+0.12	18.0	
1221+809	12 23 40.4937 3854	+80 40 04.3404 390	L	0.473	0.47	0.36	−0.28	19.0	

IERS Designation	Right Ascension	Declination	Type	z	Flux 8.4 GHz	2.3 GHz	α^1	V	Notes
	h m s	° ′ ″			Jy	Jy			
1226+373	12 28 47.4236 7744	+37 06 12.0958 631	Q	1.517	0.25	0.46	+0.44	18.3	
1236+077	12 39 24.5883 2517	+07 30 17.1892 686	G	1.365	0.70	0.70	+0.11	20.1	
1240+381	12 42 51.3690 7635	+37 51 00.0252 447	Q	1.318	0.51	0.68	+0.05	18.5	
1243−072	12 46 04.2321 0358	−07 30 46.5745 473	Q	1.286	0.78	0.69		20.1	
1244−255	12 46 46.8020 3492	−25 47 49.2887 900	Q	0.633	1.52	0.73	+0.25	17.4	HP
1252+119	12 54 38.2556 1161	+11 41 05.8951 798	Q	0.874	0.40	0.70	−0.14	16.6	
1251−713	12 54 59.9214 4870	−71 38 18.4366 697	A					20.6	blue
1300+580	13 02 52.4652 7568	+57 48 37.6093 180	V	1.088	0.28	0.25	+0.54	19.8	
1308+328	13 10 59.4027 2936	+32 33 34.4496 333	Q	1.635	0.45	0.49	+0.26	16.8	
1313−333	13 16 07.9859 3995	−33 38 59.1725 057	Q	1.210	0.87	0.77	−0.07	20.0	
1324+224	13 27 00.8613 1377	+22 10 50.1629 729	Q	1.400	1.79	1.98	+0.07	18.9	
1325−558	13 29 01.1449 2878	−56 08 02.6657 428	R						
1334−127	13 37 39.7827 7768	−12 57 24.6932 620	Q	0.539	4.88	3.21	+0.34	18.5	HP, var.
1342+662	13 43 45.9595 7134	+66 02 25.7451 011	Q	0.766	0.23	0.26	+0.55	19.7	
1342+663	13 44 08.6796 6687	+66 06 11.6438 846	Q	1.351	0.51		−0.16	18.6	
1349−439	13 52 56.5349 4294	−44 12 40.3875 227	L	0.050	0.06	0.06		15.7	HP
1351−018	13 54 06.8953 2213	−02 06 03.1904 447	Q	3.707	0.77	0.80		19.9	
1354−152	13 57 11.2449 7976	−15 27 28.7867 232	Q	1.890	1.34	0.69		19.0	
1357+769	13 57 55.3715 3147	+76 43 21.0510 512	A	1.585	0.80	0.68	+0.05	19.0	
1406−076	14 08 56.4812 0036	−07 52 26.6664 200	Q	1.494	0.73	0.63		18.4	
1418+546	14 19 46.5974 0212	+54 23 14.7871 875	L	0.153	0.50	0.60	+0.57	15.6	HP
1417+385	14 19 46.6137 6070	+38 21 48.4750 925	Q	1.830	0.59	0.50		19.7	
1420−679	14 24 55.5573 9563	−68 07 58.0945 205	A						
1423+146	14 25 49.0180 1632	+14 24 56.9019 040	Q	0.780	0.35	0.45	+0.09	18.0	
1424−418	14 27 56.2975 6536	−42 06 19.4375 991	Q	1.522	1.33	1.49	+0.28*	17.7	HP
1432+200	14 34 39.7933 5525	+19 52 00.7358 213	A	1.382	0.40	0.50		19.8	
1443−162	14 45 53.3762 8643	−16 29 01.6189 137	A		0.28	0.45		20.1	red
1448−648	14 52 39.6792 4989	−65 02 03.4333 591	G						
1451−400	14 54 32.9123 5921	−40 12 32.5142 375	Q	1.810	0.33	0.70		18.5	
1456+044	14 58 59.3562 1201	+04 16 13.8206 019	G	0.391	0.53	0.44	−0.33	18.6	
1459+480	15 00 48.6542 2191	+47 51 15.5381 838	A	1.059	0.61	0.40	+0.24	20.2	
1502+106	15 04 24.9797 8142	+10 29 39.1986 151	Q	1.838	1.00	1.50	−0.03	17.8	HP
1502+036	15 05 06.4771 5917	+03 26 30.8126 616	G	0.408	0.98	0.83	+0.41	18.7	
1504+377	15 06 09.5299 6778	+37 30 51.1325 044	G	0.671	0.86	0.66	−0.01	21.2	S2
1508+572	15 10 02.9223 6464	+57 02 43.3759 071	Q	4.309	0.38	0.22	−0.18	20.2	
1510−089	15 12 50.5329 2491	−09 05 59.8295 878	Q	0.360	1.23	2.20		16.9	HP, var.
1511−100	15 13 44.8934 1390	−10 12 00.2644 930	Q	1.513	0.82	0.80	+0.03	18.5	
1514+197	15 16 56.7961 6342	+19 32 12.9920 178	L	1.070	0.48	0.60	+0.14	18.7	
1520+437	15 21 49.6138 7985	+43 36 39.2681 562	Q	2.175	0.50	0.38	+0.48	18.9	
1519−273	15 22 37.6759 8872	−27 30 10.7854 174	L	1.294	1.68	1.34	+0.17	18.2	HP
1546+027	15 49 29.4368 4301	+02 37 01.1634 197	Q	0.414	1.23	1.25	+0.05	17.8	HP
1548+056	15 50 35.2692 4162	+05 27 10.4484 262	Q	1.422	2.10	2.35	−0.21	18.7	HP
1555+001	15 57 51.4339 7128	−00 01 50.4137 075	Q	1.770	0.96	0.78		19.7	
1554−643	15 58 50.2843 6339	−64 32 29.6374 071	G	0.080				14.6	red
1557+032	15 59 30.9726 1545	+03 04 48.2568 829	Q	3.891	0.35	0.35		19.8	
1604−333	16 07 34.7623 4480	−33 31 08.9133 114	V		0.17	0.26		20.5	blue
1606+106	16 08 46.2031 8554	+10 29 07.7758 300	Q	1.226	1.20	1.69	+0.12	18.0	
1611−710	16 16 30.6415 5980	−71 08 31.4545 422	A	2.271				20.7	red
1614+051	16 16 37.5568 1502	+04 59 32.7367 495	Q	3.215	0.55	0.67	+0.39	19.2	
1617+229	16 19 14.8246 1057	+22 47 47.8510 784	A	1.987	0.68	0.57		20.0	red
1619−680	16 24 18.4370 0573	−68 09 12.4965 314	Q	1.360				17.2	
1622−253	16 25 46.8916 4010	−25 27 38.3267 989	Q	0.786	2.24	2.18	−0.04	20.6	

IERS Designation	Right Ascension	Declination	Type	z	Flux 8.4 GHz	Flux 2.3 GHz	α^1	V	Notes
	h m s	° ′ ″			Jy	Jy			
1624−617	16 28 54.6898 2354	−61 52 36.3978 862	R	2.578					
1637+574	16 38 13.4562 9705	+57 20 23.9790 727	Q	0.751	0.91	1.28	+0.05	16.6	S1.2
1638+398	16 40 29.6327 7180	+39 46 46.0285 033	Q	1.660	0.86	0.98	+0.28	16.5	HP, var.
1639+230	16 41 25.2275 6501	+22 57 04.0327 611	Q	2.063	0.42	0.37	+0.12	19.3	
1642+690	16 42 07.8485 0549	+68 56 39.7564 973	Q	0.751	1.10	1.48	−0.22	19.2	HP
1633−810	16 42 57.3456 5318	−81 08 35.0701 687	A					18.0	
1657−261	17 00 53.1540 6129	−26 10 51.7253 457	R		0.45	0.23		16.5	blue
1657−562	17 01 44.8581 1384	−56 21 55.9019 532	R						
1659−621	17 03 36.5412 4564	−62 12 40.0081 704	V	1.755				18.7	blue
1705+018	17 07 34.4152 7100	+01 48 45.6992 837	Q	2.568	0.51	0.76		18.5	
1706−174	17 09 34.3453 9327	−17 28 53.3649 724	R		0.33	0.52		17.5	
1717+178	17 19 13.0484 8160	+17 45 06.4373 011	L	0.137	0.54	0.68	+0.03	19.1	HP
1726+455	17 27 27.6508 0470	+45 30 39.7313 444	Q	0.717	1.02	1.14	+0.21	19.0	S1.2
1730−130	17 33 02.7057 8476	−13 04 49.5481 484	Q	0.902	8.31	4.67	−0.08	18.5	
1725−795	17 33 40.7002 7819	−79 35 55.7166 934	A	0.876				18.2	red
1732+389	17 34 20.5785 3662	+38 57 51.4430 746	Q	0.970	1.12	1.25	+0.19	19.0	HP
1738+499	17 39 27.3904 9252	+49 55 03.3684 410	Q	1.545	0.35	0.43		19.0	
1738+476	17 39 57.1290 7360	+47 37 58.3615 566	L	0.950	0.60	1.01	+0.04	19.5	
1741−038	17 43 58.8561 3396	−03 50 04.6166 450	Q	1.054	3.59	2.18	+0.78	18.5	HP
1743+173	17 45 35.2081 7083	+17 20 01.4236 878	Q	1.702	0.70	1.20	−0.14	19.0	
1745+624	17 46 14.0341 3721	+62 26 54.7383 903	Q	3.889	0.48	0.35	−0.29	19.5	
1749+096	17 51 32.8185 7318	+09 39 00.7284 829	Q	0.322	4.30	1.59	+0.64	17.3	HP, var.
1751+288	17 53 42.4736 4429	+28 48 04.9388 841	V	1.115	0.33	0.41		19.6	blue
1754+155	17 56 53.1021 3624	+15 35 20.8265 328	V		0.45	0.31		17.2	red
1758+388	18 00 24.7653 6125	+38 48 30.6975 330	Q	2.092	1.07	0.42	+0.72	17.8	
1803+784	18 00 45.6839 1641	+78 28 04.0184 502	Q	0.680	2.07	2.23	+0.13	16.4	HP
1800+440	18 01 32.3148 2108	+44 04 21.9003 219	Q	0.663	0.95	0.37	−0.20	17.0	
1758−651	18 03 23.4966 6700	−65 07 36.7612 094	V	1.199				16.6	red
1806−458	18 09 57.8717 5020	−45 52 41.0139 197	G	0.070				15.7	
1815−553	18 19 45.3995 1849	−55 21 20.7453 785	A	1.629				16.0	
1823+689	18 23 32.8539 0304	+68 57 52.6125 919	R		0.20	0.35	−0.04	19.0	red
1823+568	18 24 07.0683 7771	+56 51 01.4908 371	Q	0.664	0.98	0.95	−0.11	18.4	HP
1824−582	18 29 12.4023 7320	−58 13 55.1616 899	R	1.531				19.3	blue
1831−711	18 37 28.7149 3799	−71 08 43.5545 891	Q	1.356			+0.14	17.5	
1842+681	18 42 33.6416 8915	+68 09 25.2277 840	Q	0.472	0.80	0.65	+0.02	17.9	
1846+322	18 48 22.0885 8135	+32 19 02.6037 429	A	0.798	0.52	0.55		19.4	blue
1849+670	18 49 16.0722 8978	+67 05 41.6802 978	Q	0.657	0.85	0.67	−0.06	18.6	S1.2
1908−201	19 11 09.6528 9198	−20 06 55.1089 891	Q	1.119	1.78	1.84	+0.06	18.4	blue
1920−211	19 23 32.1898 1466	−21 04 33.3330 547	Q	0.874	2.60	2.30	−0.09	17.5	
1921−293	19 24 51.0559 5514	−29 14 30.1210 524	Q	0.353	12.03	13.93	+0.05	18.2	HP, var.
1925−610	19 30 06.1600 9446	−60 56 09.1841 517	A	3.254				19.9	red
1929+226	19 31 24.9167 8444	+22 43 31.2586 209	R		0.60	0.59			
1933−400	19 37 16.2173 5166	−39 58 01.5529 907	Q	0.965	0.96		−0.10	19.0	
1936−155	19 39 26.6577 4750	−15 25 43.0584 183	Q	1.657	0.75	0.67	+0.53	19.4	HP
1935−692	19 40 25.5282 0104	−69 07 56.9714 945	Q	3.154				18.8	
1954+513	19 55 42.7382 6837	+51 31 48.5461 210	Q	1.220	1.29	1.21		18.5	
1954−388	19 57 59.8192 7470	−38 45 06.3557 585	Q	0.630	3.15	2.45	+0.35	17.1	HP
1958−179	20 00 57.0904 4485	−17 48 57.6725 440	Q	0.650	1.06	0.70	+0.75	17.5	HP
2000+472	20 02 10.4182 5568	+47 25 28.7737 223	V	2.266	1.12	1.07		19.6	red
2002−375	20 05 55.0709 0025	−37 23 41.4778 536	R		0.32	0.45	+0.41	21.6	red
2008−159	20 11 15.7109 3257	−15 46 40.2536 652	Q	1.180	1.10	0.93	+0.59	17.2	
2029+121	20 31 54.9942 7114	+12 19 41.3403 129	Q	1.215	0.82	1.00	+0.74*	18.5	

IERS Designation	Right Ascension	Declination	Type	z	Flux 8.4 GHz	Flux 2.3 GHz	α^1	V	Notes
	h m s	° ′ ″			Jy	Jy			
2052−474	20 56 16.3598 1874	−47 14 47.6276 461	Q	1.489	0.10	0.10		19.1	
2059+034	21 01 38.8341 6420	+03 41 31.3209 577	Q	1.013	0.94	0.87		17.8	
2106+143	21 08 41.0321 5158	+14 30 27.0123 177	A	2.017	0.39	0.46	−0.06	20.0	
2106−413	21 09 33.1885 9195	−41 10 20.6053 191	Q	1.058	1.59	1.50		21.0	
2113+293	21 15 29.4134 5556	+29 33 38.3669 657	Q	1.514	0.66	0.48	+0.62*	19.5	
2123−463	21 26 30.7042 6484	−46 05 47.8920 231	Q	1.670	0.10	0.10		18.0	
2126−158	21 29 12.1758 9777	−15 38 41.0413 097	Q	3.268	0.84	1.06	+0.38	17.0	
2131−021	21 34 10.3095 9643	−01 53 17.2387 909	Q	1.285	1.26	1.54	+0.01	18.8	HP, z?
2136+141	21 39 01.3092 6937	+14 23 35.9922 096	Q	2.427	2.84	1.50	+0.38	18.5	
2142−758	21 47 12.7306 2415	−75 36 13.2248 179	Q	1.139				17.3	
2150+173	21 52 24.8193 9953	+17 34 37.7950 583	L	0.871	0.55	0.50	−0.06	17.9	HP
2204−540	22 07 43.7333 0411	−53 46 33.8197 226	Q	1.206				18.0	
2209+236	22 12 05.9663 1138	+23 55 40.5438 272	Q	1.125	0.93	0.82	+0.13	18.3	
2220−351	22 23 05.9305 7815	−34 55 47.1774 281	G	0.298	0.32	0.27	−0.51	17.5	S1
2223−052	22 25 47.2592 9302	−04 57 01.3907 581	Q	1.404	2.37	1.67	−0.31	18.4	HP
2227−088	22 29 40.0843 4003	−08 32 54.4353 948	Q	1.560	2.76	1.25	+0.13	17.4	HP
2229+695	22 30 36.4697 0494	+69 46 28.0768 954	G	1.413	0.24	0.52	+0.24	19.6	
2232−488	22 35 13.2365 7712	−48 35 58.7945 006	Q	0.506	0.10	0.10	−0.15	17.2	
2236−572	22 39 12.0759 2367	−57 01 00.8393 966	V	0.569				21.0	red
2244−372	22 47 03.9173 2284	−36 57 46.3039 624	Q	2.252	0.62	0.57	−0.33	19.0	
2245−328	22 48 38.6857 3771	−32 35 52.1879 540	Q	2.268	0.35	0.34	−0.12	18.7	
2250+190	22 53 07.3691 7339	+19 42 34.6287 472	Q	0.284	0.32	0.34	+0.17	16.8	S1
2254+074	22 57 17.3031 2249	+07 43 12.3024 770	L	0.190	0.51	0.36		16.5	HP, var.
2255−282	22 58 05.9628 8481	−27 58 21.2567 425	Q	0.926	3.83	1.38	+0.57	16.8	S1
2300−683	23 03 43.5646 2053	−68 07 37.4429 706	Q	0.516				16.4	S1.5
2318+049	23 20 44.8565 9790	+05 13 49.9525 567	Q	0.622	0.65	0.70		19.0	
2326−477	23 29 17.7043 5026	−47 30 19.1148 404	Q	1.304	0.10	0.10		16.8	
2333−415	23 36 33.9850 9655	−41 15 21.9839 279	A	1.406	0.10	0.10	−0.05	20.0	
2344−514	23 47 19.8640 9462	−51 10 36.0654 829	A	1.750				20.1	red
2351−154	23 54 30.1951 8762	−15 13 11.2130 207	Q	2.668	0.58	0.98		18.6	
2353−686	23 56 00.6814 0587	−68 20 03.4717 084	A	1.716				17.0	
2355−534	23 57 53.2660 8808	−53 11 13.6893 562	Q	1.006				17.8	
2355−106	23 58 10.8824 0761	−10 20 08.6113 211	Q	1.636	0.55	0.61	−0.07	18.9	
2356+385	23 59 33.1807 9739	+38 50 42.3182 943	Q	2.704	0.51	0.37	−0.29	18.0	
2357−318	23 59 35.4915 4293	−31 33 43.8242 510	Q	0.990	0.76	0.54		17.6	

Notes to Table

1	Spectral index from Healey *et al.* 2007; otherwise * indicates from Stickel *et al.* 1989, 1994
A	Active galactic nuclei or quasar
blue	Magnitude given in V is for B filter
G	Galaxy
HP	High optical polarization (> 3%)
L	BL Lac object
L?	BL Lac candidate
Q	Quasar
R	Radio source
red	Magnitude given in V is for R filter
S1	Seyfert 1 spectrum
S1.0 - S1.9	Intermediate Seyfert galaxies
V	Optical source
var.	Variable in optical
z?	Questionable redshift

Name	Right Ascension	Declination	S_{400}	S_{750}	S_{1400}	S_{1665}	S_{2700}	S_{5000}	S_{8000}
	h m s	° ′ ″	Jy	Jy	Jy	Jy	Jy	Jy	Jy
3C 48[e,h]	01 37 41.299	+33 09 35.13	42.3	26.7	16.30	14.12	9.33	5.33	3.39
3C 123	04 37 04.4	+29 40 15	119.2	77.7	48.70	42.40	28.50	16.5	10.60
3C 147[e,g,h]	05 42 36.138	+49 51 07.23	48.2	33.9	22.42	19.43	12.96	7.66	5.10
3C 161[h]	06 27 10.0	−05 53 07	40.5	28.4	18.64	16.38	11.13	6.42	4.03
3C 218	09 18 06.0	−12 05 45	134.6	76.0	43.10	36.80	23.70	13.5	8.81
3C 227	09 47 46.4	+07 25 12	20.3	12.1	7.21	6.25	4.19	2.52	1.71
3C 249.1	11 04 11.5	+76 59 01	6.1	4.0	2.48	2.14	1.40	0.77	0.47
3C 274[e,f]	12 30 49.423	+12 23 28.04	625.0	365.0	214.00	184.00	122.00	71.9	48.10
3C 286[e,h]	13 31 08.288	+30 30 32.96	23.8	19.2	14.71	13.55	10.55	7.34	5.39
3C 295[h]	14 11 20.7	+52 12 09	55.7	36.8	22.40	19.24	12.19	6.35	3.66
3C 348	16 51 08.3	+04 59 26	168.1	86.8	45.00	37.50	22.60	11.8	7.19
3C 353	17 20 29.5	−00 58 52	131.1	88.2	57.30	50.50	35.00	21.2	14.20
DR 21	20 39 01.2	+42 19 45							21.60
NGC 7027[d,h]	21 07 01.6	+42 14 10			1.43	1.93	3.69	5.43	5.90

Name	S_{10700}	S_{15000}	S_{22235}	S_{32000}	S_{43200}	Spec.	Type	Angular Size (at 1.4 GHz)
	Jy	Jy	Jy	Jy	Jy			″
3C 48[e,h]	2.54	1.80	1.18	0.80	0.57	C−	QSS	<1
3C 123	7.94	5.63	3.71			C−	GAL	20
3C 147[e,g,h]	3.95	2.92	2.05	1.47	1.12	C−	QSS	<1
3C 161[h]	2.97	2.04	1.29	0.82	0.56	C−	GAL	<3
3C 218	6.77					S	GAL	core 25, halo 220
3C 227	1.34	1.02	0.73			S	GAL	180
3C 249.1	0.34	0.23				S	QSS	15
3C 274[e,f]	37.50	28.10				S	GAL	halo 400[a]
3C 286[e,h]	4.38	3.40	2.49	1.83	1.40	C−	QSS	<5
3C 295[h]	2.54	1.63	0.94	0.55	0.35	C−	GAL	4
3C 348	5.30					S	GAL	115[b]
3C 353	10.90					C−	GAL	150
DR 21	20.80	20.00	19.00			Th	HII	20[c]
NGC 7027[d,h]	5.93	5.84	5.65	5.43	5.23	Th	PN	10

Notes to Table

a	Halo has steep spectral index, so for $\lambda \leq 6$ cm, more than 90% of the flux is in the core. The slope of the spectrum is positive above 20 GHz.
b	Angular distance between the two components
c	Angular size at 2 cm, but consists of 5 smaller components
d	All data are calculated from a fit to the thermal spectrum. Mean epoch is 1995.5.
e	Suitable for calibration of interferometers and synthesis telescopes.
f	Virgo A
g	Indications of time variability above 5 GHz.
h	Suitable for polarization calibrator; see following page.
GAL	Galaxy
HII	HII region
PN	Planetary Nebula
QSS	Quasar
C−	Concave parabola has been fitted to spectrum data.
S	Straight line has been fitted to spectrum data.
Th	Thermal spectrum

Name	1.40 GHz		1.66 GHz		2.65 GHz		4.85 GHz		8.35 GHz		10.45 GHz		14.60 GHz		32.00 GHz	
	m	χ	m	χ	m	χ	m	χ	m	χ	m	χ	m	χ	m	χ
	%	°	%	°	%	°	%	°	%	°	%	°	%	°	%	°
3C 48	0.6	147.6	0.7	178.7	1.6	70.5	4.2	106.6	5.4	114.4	5.9	115.9	5.9	114.0	8.0	106.1
3C 147	<0.3		<0.3		<0.3		<0.3		0.9	151.3	1.1	14.7	2.7	57.7		
3C 161	5.8	30.3	9.8	125.9	10.2	175.6	4.8	122.5	2.6	99.9	2.4	93.8			2.7	52.4
3C 286[a]	9.5	33.0	9.8	33.0	10.1	33.0	11.0	33.0	11.2	33.0	11.7	33.0	11.8	33.0	12.0	33.0
3C 295	<0.3		<0.3		<0.3		<0.3		0.9	28.7	1.7	155.2	1.9	95.4		

Notes to Table

Positions of these radio sources are found on the previous page.

m   Degree of polarization

χ   Polarization angle

a   Serves as main reference source, besides NGC 7027 which can be considered unpolarized at all frequencies.

Name	Right Ascension	Declination	Flux[1]	Mag.[2]	Identified Counterpart	Type of Source
	h m s	° ′ ″	mCrab			
Tycho's SNR	00 25 20.0	+64 08 18	9.4		Tycho's SNR	SNR
4U 0037−10	00 41 34.7	−09 21 00	3.1	12.8	Abell 85	C
4U 0053+60	00 56 42.5	+60 43 00	4.8 − 10.6	2.5	Gamma Cas	Be Star
SMC X−1	01 17 05.1	−73 26 36	0.5 − 54.7	13.3	Sanduleak 160	HMXB
2S 0114+650	01 18 02.7	+65 17 30	3.8	11.0	LSI+65 010	HMXB
4U 0115+634	01 18 31.9	+63 44 33	1.9 − 336.0	15.2	V 635 Cas	HMXB
4U 0316+41	03 19 48.0	+41 30 44	50.1	12.5*	Abell 426	C
V 0332+53	03 34 59.9	+53 10 23	0.48 − 1076.2	15.3V	BQ Cam	HMXB
4U 0352+309	03 55 23.1	+31 02 45	8.6 − 35.5	6.1	X Per	HMXB
4U 0431−12	04 33 36.1	−13 14 43	2.7	15.3*	Abell 496	C
4U 0513−40	05 14 06.6	−40 02 36	5.8	8.1	NGC 1851	LMXB
LMC X−2	05 20 28.7	−71 57 37	8.6 − 42.2	18.5*X		BHC
LMC X−4	05 32 49.6	−66 22 13	2.9 − 57.6	14.0	O7 IV Star	HMXB
Crab Nebula	05 34 31.3	+22 00 53	1000.0		Crab Nebula	SNR+P
A 0538−66	05 35 44.8	−66 50 25	0.01 − 172.8	13.8	Be star	HMXB
A 0535+262	05 38 54.6	+26 18 57	2.9 − 2687.9	9.2	HD 245770	HMXB
LMC X−3	05 38 56.7	−64 05 03	1.6 − 42.2	17.2	B3 V Star	BHC
LMC X−1	05 39 40.1	−69 44 34	2.9 − 24.0	14.5	O8 III Star	BHC
4U 0614+091	06 17 08.0	+09 08 37	48.0	18.8*	V 1055 Ori	BHC
IC 443	06 18 01.4	+22 33 48	3.6		IC 443	SNR
A 0620−00	06 22 44.5	−00 20 44	0.02 − 47998.5	18.2	V 616 Mon	BHC
4U 0726−260	07 28 53.6	−26 06 29	1.2 − 4.5	11.6	LS 437	HMXB
EXO 0748−676	07 48 33.7	−67 45 08	0.1 − 57.6	16.9	UY Vol	B
Pup A	08 24 07.1	−42 59 55	7.9		Pup A	SNR
Vela SNR	08 34 11.4	−45 45 10	9.6		Vela SNR	SNR
GRS 0834−430	08 36 51.4	−43 15 00	28.8 − 288.0	20.4X		HMXB
Vela X−1	09 02 06.9	−40 33 17	1.9 − 1056.0	6.9	GP Vel	HMXB
3A 1102+385	11 04 27.3	+38 12 31	4.4	13.0	MRK 421	Q
Cen X−3	11 21 15.2	−60 37 27	9.6 − 299.5	13.3V	V 779 Cen	HMXB
4U 1145−619	11 48 00.0	−62 12 25	3.8 − 960.0	8.9	V 801 Cen	HMXB
4U 1206+39	12 10 32.6	+39 24 21	4.5	11.9	NGC 4151	AGN
GX 301−2	12 26 37.6	−62 46 13	8.6 − 960.0	10.8V	Wray 977	HMXB
3C 273	12 29 06.7	+02 03 09	2.8	12.5	3C 273	Q
4U 1228+12	12 30 49.4	+12 23 27	22.9	8.6	M 87	AGN
4U 1246−41	12 48 49.3	−41 18 39	5.4		Centaurus Cluster	C
4U 1254−690	12 57 37.7	−69 17 15	24.0	18V	GR Mus	B
4U 1257+28	12 59 35.8	+27 57 44	15.6	10.7	Coma Cluster	C
GX 304−1	13 01 17.1	−61 36 07	0.3 − 192.0	13.4V	V 850 Cen	HMXB
Cen A	13 25 27.6	−43 01 09	8.9	6.8	NGC 5128	Q
Cen X−4	14 58 22.4	−32 01 06	0.1 − 19199.4	18.2*	V 822 Cen	B
SN 1006	15 02 22.2	−41 53 47	2.5		SN 1006	SNR
Cir X−1	15 20 40.9	−57 09 59	4.8 − 2879.9	21.4*	BR Cir	LMXB
4U 1538−522	15 42 23.4	−52 23 10	2.9 − 28.8	16.3	QV Nor	HMXB
4U 1556−605	16 01 01.5	−60 44 26	15.4	18.6V	LU TrA	LMXB
4U 1608−522	16 12 42.8	−52 25 20	1.0 − 105.6		QX Nor	LMXB
Sco X−1	16 19 55.1	−15 38 25	13439.6	11.1	V 818 Sco	LMXB
4U 1627+39	16 28 38.3	+39 33 05	4.1	12.6	Abell 2199	C
4U 1627−673	16 32 16.7	−67 27 40	24.0	18.2V	KZ TrA	LMXB
4U 1636−536	16 40 55.6	−53 45 05	211.2	16.9V	V 801 Ara	B
GX 340+0	16 45 47.9	−45 36 42	480.0			LMXB

Name	Right Ascension	Declination	Flux[1]	Mag.[2]	Identified Counterpart	Type of Source
	h m s	° ′ ″	mCrab			
GRO J1655−40	16 54 00.2	−39 50 45	3132.0	14.0V	V 1033 Sco	BHC
Her X−1	16 57 49.8	+35 20 33	14.4 − 48.0	13.8	HZ Her	LMXB
4U 1704−30	17 02 06.3	−29 56 45	3.3	13.0*V	V 2134 Oph	B
GX 339−4	17 02 49.4	−48 47 23	1.4 − 864.0	15.4	V 821 Ara	BHC
4U 1700−377	17 03 56.8	−37 50 39	10.6 − 105.6	6.5	V 884 Sco	HMXB
GX 349+2	17 05 44.5	−36 25 23	792.0	18.3V	V 1101 Sco	LMXB
4U 1722−30	17 27 33.2	−30 48 06	7.3		Terzan 2	LMXB
Kepler's SNR	17 30 35.9	−21 28 55	4.4	19	Kepler's SNR	SNR
GX 9+9	17 31 43.9	−16 57 43	288.0	17.1*	V 2216 Oph	LMXB
GX 354−0	17 31 57.3	−33 49 58	144.0			B
GX 1+4	17 32 02.2	−24 44 44	96.0	18.7V	V 2116 Oph	LMXB
Rapid Burster	17 33 23.6	−33 23 26	0.1 − 192.0		Liller 1	B
4U 1735−444	17 38 58.2	−44 27 00	153.6	17.4V	V 926 Sco	LMXB
1E 1740.7−2942	17 44 02.7	−29 43 25	3.8 − 28.8			BHC
GX 3+1	17 47 56.5	−26 33 50	384.0	14.0V	V 3893 Sgr	B
4U 1746−37	17 50 12.7	−37 03 08	30.7	8.0	NGC 6441	LMXB
4U 1755−338	17 58 40.2	−33 48 25	96.0	18.3V	V 4134 Sgr	BHC
GX 5−1	18 01 07.9	−25 04 54	1200.0			LMXB
GX 9+1	18 01 31.1	−20 31 39	672.0			LMXB
GX 13+1	18 14 30.3	−17 09 28	336.0		V 5512 Sgr	LMXB
GX 17+2	18 16 01.4	−14 02 12	1440.0	17.5V	NP Ser	LMXB
4U 1820−30	18 23 40.5	−30 21 42	403.2	9.1	NGC 6624	LMXB
4U 1822−37	18 25 46.9	−37 06 19	9.6 − 24.0	15.8*	V 691 CrA	B
Ser X−1	18 39 57.6	+05 02 11	216.0	19.2*	MM Ser	B
4U 1850−08	18 53 05.1	−08 42 23	9.6	8.7	NGC 6712	LMXB
Aql X−1	19 11 15.6	+00 35 14	0.1 − 1248.0	14.8V	V 1333 Aql	LMXB
SS 433	19 11 49.6	+04 58 58	2.5 − 9.9	13.0	V 1343 Aql	BHC
GRS 1915+105	19 15 11.7	+10 56 46	288.0		V 1487 Aql	BHC
4U 1916−053	19 18 48.0	−05 14 10	24.0	21.4*	V 1405 Aql	B
Cyg X−1	19 58 21.7	+35 12 06	225.6 − 1267.2	8.9	V 1357 Cyg	BHC
4U 1957+11	19 59 24.0	+11 42 30	28.8	18.7V	V 1408 Aql	LMXB
Cyg X−3	20 32 26.1	+40 57 20	86.4 − 412.8		V 1521 Cyg	BHC
4U 2129+12	21 29 58.3	+12 10 03	5.8	6.2	AC 211	LMXB
4U 2129+47	21 31 26.2	+47 17 25	8.6	15.6V	V1727 Cyg	B
SS Cyg	21 42 42.8	+43 35 10	3.5 − 19.9	12.1	SS Cyg	T
Cyg X−2	21 44 41.2	+38 19 17	432.0	14.4*	V 1341 Cyg	LMXB
Cas A	23 23 21.4	+58 48 45	56.4		Cassiopeia A	SNR

Notes to Table

[1] (2-10) keV flux of X-ray source
[2] V magnitude of optical counterpart
    * indicates B magnitude given instead of V
    V indicates variable magnitude
    X indicates magnitude is for X-ray source and not optical counterpart

AGN	active galactic nuclei	LMXB	low mass X-ray binary
B	X-ray burster	P	pulsar
BHC	black hole candidate	Q	quasar
C	cluster of galaxies	SNR	supernova remnant
HMXB	high mass X-ray binary	T	transient (nova-like optically)

LQAC–2 ID	Right Ascension	Declination	V	B–V	Flux 20 cm	Flux 13 cm	z	M_B	Criteria[1]
	h m s	° ′ ″			Jy	Jy			
009−002_001	00 38 20.53	−02 07 40.55	18.02	+0.28	5.33	0.34	0.220	−21.8	Flux
017+013_002	01 08 52.87	+13 20 14.27	13.93	−1.28	12.82		0.060	−24.5	Flux
017+014_010	01 09 34.33	+14 23 00.84	18.33	−1.68			3.990	−31.6	M_B
024+033_002	01 37 41.30	+33 09 35.13	16.46	+0.19	16.50	0.59	0.367	−25.3	Flux
030+001_015	02 03 41.42	+01 11 51.33	18.00	−2.86			3.808	−32.6	M_B
037+072_001	02 31 06.07	+72 01 17.63	10.14	+1.70			1.808		V
040−023_001	02 40 08.17	−23 09 15.73	16.63	+0.15	6.30	5.79	2.225	−28.7	Flux
040+072_001	02 43 25.00	+72 21 25.80	11.98	+1.51			1.808		V
047+004_007	03 11 21.52	+04 53 16.74	19.04	+1.56			6.833		Z
049+041_007	03 19 48.16	+41 30 42.10	12.48	−3.90	23.90	26.61	0.017		Flux
072+011_002	04 48 45.84	+11 21 23.13	18.90	+1.66			6.836		Z
080+016_001	05 21 09.89	+16 38 22.05	18.84	+0.53	8.47	1.94	0.759		Flux
083+019_001	05 34 44.51	+19 27 21.49	17.57	−0.34	6.80	0.05	0.000		Flux
085+049_001	05 42 36.14	+49 51 07.23	17.80	+0.65	22.50	2.78	0.545		Flux
114+027_009	07 38 20.10	+27 50 45.34	21.82				6.725		Z
118+019_005	07 53 01.57	+19 52 27.46	15.71	+0.63			4.316	−32.5	M_B
120+037_001	08 00 10.50	+37 10 13.80	15.77	−0.17			3.885	−32.4	M_B
120+055_004	08 02 48.19	+55 13 28.94	18.65	+0.55			6.787		Z
123+048_012	08 13 36.05	+48 13 02.26	17.79	+0.57	13.90		0.871	−25.2	Flux
124+043_014	08 19 40.24	+43 15 29.44	14.22	−1.35			1.317	−31.5	M_B
125+038_008	08 23 37.16	+38 38 16.51	19.18	+0.29			6.517		Z
128+055_003	08 34 54.90	+55 34 21.07	17.21	+0.88	8.80	7.07	0.242	−22.3	Flux
132+031_012	08 49 32.22	+31 42 38.39	16.12	−1.06			3.187	−31.7	M_B
135+030_010	09 02 47.57	+30 41 20.81	17.26	+0.16			4.760	−32.7	M_B
138+024_010	09 15 01.72	+24 18 12.13	20.38	+0.54			6.515		Z
140+045_005	09 21 08.62	+45 38 57.40	16.01	+0.26	8.75		0.175	−23.3	Flux
143+007_010	09 34 42.30	+07 03 39.33	17.56	−0.70			4.269	−31.9	M_B
146+007_008	09 47 45.15	+07 25 20.58	15.82	−0.66	6.94		0.086	−22.8	Flux
147+003_011	09 49 13.32	+03 58 49.25	17.65	−0.72			4.193	−31.7	M_B
150+028_009	10 01 49.52	+28 47 08.97	16.23	+0.57	5.47		0.185	−22.9	Flux
152+056_004	10 08 43.16	+56 20 44.93	18.87	+0.91			6.918		Z
153+059_004	10 12 44.20	+59 35 31.15	18.85	+0.26			6.889		Z
154+023_002	10 16 39.81	+23 56 31.39	23.32				6.677		Z
156+060_013	10 27 38.54	+60 50 16.52	17.67	+0.95	0.01		6.640		Z
165+040_002	11 00 48.55	+40 42 10.58	10.13	+1.28			1.794		V
170+003_005	11 21 06.93	+03 28 07.82	19.09	−2.76			4.048	−32.0	M_B
172−014_001	11 30 07.05	−14 49 27.39	16.74	+0.27	5.33	5.16	1.187	−26.9	Flux
173+032_006	11 34 24.64	+32 38 02.45	17.97	+2.40			6.983		Z
174+063_003	11 36 27.34	+63 36 29.08	17.61	−0.04			4.342	−31.3	M_B
175+004_001	11 40 54.92	+04 13 09.59	17.02	−1.96			4.318	−33.7	M_B
176+019_004	11 45 05.01	+19 36 22.74	8.73	+0.33	5.59	0.17	0.021	−25.8	Flux
176+004_013	11 47 49.59	+04 11 36.79	17.51	−0.30			4.281	−31.5	M_B
178+023_001	11 52 18.13	+23 03 01.08	17.78	+0.63			4.624	−31.3	M_B
179+019_007	11 57 27.69	+19 55 06.45	18.90	−1.95			4.017	−31.3	M_B
184+005_012	12 19 23.22	+05 49 29.70	12.87	−0.74	19.43	0.26	0.007		Flux
185−000_004	12 20 12.15	+00 03 06.78	19.33	+1.31	0.01		6.687		Z
186+012_005	12 25 03.74	+12 53 13.14	12.31	−0.65	6.50	0.15	0.003		Flux
186+046_006	12 27 28.70	+46 18 25.86	17.74	+0.17			4.585	−31.6	M_B
187+011_003	12 28 23.97	+11 25 13.58	18.16	−2.16			3.838	−31.8	M_B
187+012_009	12 30 49.42	+12 23 28.04	12.86	−1.83	22.37	2.32	0.004		Flux

[1] See Section L for explanation of the criteria column

LQAC-2 ID	Right Ascension	Declination	V	B−V	Flux 20 cm	Flux 13 cm	z	M_B	Criteria[1]
	h m s	° ′ ″			Jy	Jy			
194+020_002	12 56 37.30	+20 51 05.90	18.40	+2.15			6.691		Z
194+027_021	12 59 01.63	+27 32 12.95	16.17	−2.06			3.117	−32.5	M_B
199+027_012	13 19 35.27	+27 25 02.25	19.07	+0.94			6.501		Z
200+062_005	13 23 10.99	+62 06 57.05	17.63	−0.59			6.517		Z
202+025_008	13 30 37.69	+25 09 10.88	17.67	+0.56	6.80	0.13	1.055	−26.0	Flux
202+029_007	13 30 42.12	+29 47 33.62	18.70	−4.11			3.570	−32.9	M_B
202+030_007	13 31 08.29	+30 30 32.96	17.25	+0.13	15.00	5.33	0.849	−25.7	Flux
204+054_005	13 36 19.95	+54 07 38.43	13.02	+0.72			1.858	−31.1	M_B
206+012_011	13 47 33.36	+12 17 24.24	18.44		5.20	5.13	0.120		Flux
214+006_009	14 19 08.18	+06 28 34.80	16.79	+0.33	5.80	0.40	1.436	−27.3	Flux
217+045_007	14 29 36.58	+45 57 40.40	16.29	+0.33			4.898	−33.8	M_B
219+014_011	14 39 59.94	+14 37 11.02	17.93	−1.37			4.412	−32.4	M_B
222+046_014	14 50 45.56	+46 15 04.23	19.18	+1.67			6.908		Z
224+054_007	14 57 05.31	+54 30 13.28	15.34	−1.19			4.883	−36.2	M_B
224+071_001	14 59 07.58	+71 40 19.87	16.78	+0.46	7.60	2.25	0.905	−26.3	Flux
226+017_006	15 05 31.71	+17 59 04.78	14.42	−0.73			2.910	−32.7	M_B
228+058_002	15 12 25.69	+58 57 52.23	18.95	+1.94			6.903		Z
229+047_008	15 17 12.69	+47 03 33.41	18.02	−0.51			4.730	−32.5	M_B
234+014_007	15 37 53.45	+14 01 47.41	18.85	−1.18			4.269	−31.1	M_B
240+026_003	16 00 31.70	+26 52 28.77	10.88	+0.98			1.272		V
240+027_006	16 00 36.87	+27 26 23.66	10.95	+1.21			1.272		V
240+028_004	16 01 41.67	+28 03 15.04	11.02	+0.94			1.272		V
240+027_011	16 01 43.52	+27 05 48.07	11.78	+1.36			1.271		V
240+015_005	16 01 43.76	+15 02 37.74	17.15	+0.53			6.699		Z
240+026_012	16 02 10.34	+26 49 23.13	11.74	+1.09			1.271	−31.4	V, M_B
240+027_017	16 02 38.01	+27 22 44.72	11.79	+1.56			1.271		V
240+027_019	16 02 40.98	+27 12 26.18	12.99	+0.08			1.343	−31.3	M_B
240+027_020	16 02 46.87	+27 19 05.65	10.64	+1.23			1.272		V
240+027_022	16 02 53.07	+27 03 47.78	12.03	+1.11			1.272	−31.1	M_B
240+026_017	16 02 59.24	+26 53 21.10	11.92	+0.94			1.270		V
241+027_007	16 04 45.01	+27 54 56.42	11.80	+1.57			1.271		V
241+026_005	16 04 48.90	+26 49 45.82	11.54	+1.67			1.272		V
244+032_009	16 17 42.54	+32 22 34.32	16.29	+0.29			4.011	−31.6	M_B
246+017_003	16 24 15.13	+17 01 05.53	16.62	−2.71			2.601	−32.0	M_B
250+039_021	16 42 58.81	+39 48 36.99	15.96	+0.23	8.00	7.12	0.595	−24.8	Flux
257+062_003	17 09 08.38	+62 43 19.67	18.16	−0.08			6.519		Z
257+021_007	17 09 27.19	+21 12 48.53	18.89	−0.21			6.991		Z
263−013_001	17 33 02.71	−13 04 49.55	18.50	−0.59	5.20	4.61	0.902		Flux
277+048_002	18 29 31.78	+48 44 46.16	16.81	+0.24	14.20	2.13	0.692	−26.3	Flux
277+022_001	18 30 32.64	+22 14 39.60	17.17	+0.81			6.533		Z
278+032_001	18 35 03.39	+32 41 46.86	12.36	+0.21	5.12	0.20	0.058	−24.7	Flux
291−029_001	19 24 51.06	−29 14 30.12	16.82	+1.83	6.00	9.82	0.352	−22.9	Flux
309+051_001	20 38 37.03	+51 19 12.66	20.00	+1.00	5.80	2.52	1.686		Flux
330+042_001	22 02 43.29	+42 16 39.98	15.14	+0.97	6.07	2.88	0.069		Flux
331−018_016	22 06 10.42	−18 35 38.75	18.50	+0.43	6.44	0.78	0.619	−23.7	Flux
332+011_004	22 10 11.26	+11 54 28.90	18.88	−2.20			4.370	−32.5	M_B
336−004_001	22 25 47.26	−04 57 01.39	17.19	+0.45	5.70	3.04	1.404	−27.9	Flux
338+011_001	22 32 36.41	+11 43 50.90	17.66	+0.42	6.50	5.46	1.037	−27.1	Flux
343+016_001	22 53 57.75	+16 08 53.56	16.10	+0.47	10.00	11.03	0.859	−27.5	Flux

[1] See Section L for explanation of the criteria column

Name	Right Ascension	Declination	Period	$\dot{P}$	Epoch	DM	S_{400}	S_{1400}	Type
	h m s	° ′ ″	s	10^{-13} ss^{-1}	MJD	cm^{-3}pc	mJy	mJy	
B0021−72C	00 23 50.4	−72 04 31.5	0.005 756 780	0.00000	51600	24.6	1.53	0.6	
J0024−7204R	00 24 05.7	−72 04 52.6	0.003 480 463		51000	24.4			b
J0030+0451	00 30 27.4	+04 51 39.7	0.004 865 453	0.00000	50984	4.3	7.9	0.6	gx
B0031−07	00 34 08.9	−07 21 53.4	0.942 950 995	0.00408	46635	11.4	52	11	
J0034−0534	00 34 21.8	−05 34 36.6	0.001 877 182	0.00000	50690	13.8	17	0.61	b
J0045−7319	00 45 35.2	−73 19 03.0	0.926 275 905	0.04463	49144	105.4	1	0.3	b
J0218+4232	02 18 06.4	+42 32 17.4	0.002 323 090	0.00000	50864	61.3	35	0.9	bxg
B0329+54	03 32 59.4	+54 34 43.6	0.714 519 700	0.02048	46473	26.8	1500	203	
J0437−4715	04 37 15.9	−47 15 09.0	0.005 757 452	0.00000	52005	2.6	550	149	bxg
B0450−18	04 52 34.1	−17 59 23.4	0.548 939 223	0.05753	49289	39.9	82	5.3	
B0456−69	04 55 47.6	−69 51 34.3	0.320 422 712	0.10212	48757	94.9	0.6		ox
B0525+21	05 28 52.3	+22 00 04.0	3.745 539 250	0.40053	54200	50.9	57	9	oxg
B0531+21	05 34 32.0	+22 00 52.1	0.033 084 716	4.22765	40000	56.8	550	14	
J0537−6910	05 37 47.4	−69 10 19.9	0.016 122 222	0.51784	52061			0.00	x
B0540−69	05 40 11.2	−69 19 54.2	0.050 498 818	4.78925	51197	146.5	0.0	0.024	
J0613−0200	06 13 44.0	−02 00 47.2	0.003 061 844	0.00000	53114	38.8	21	2.3	gb
B0628−28	06 30 49.4	−28 34 42.8	1.244 418 596	0.07123	46603	34.5	206	23	x
J0633+1746	06 33 54.2	+17 46 12.9	0.237 099 442	0.10971	50498				g
B0656+14	06 59 48.1	+14 14 21.5	0.384 891 195	0.55003	49721	14.0	6.5	3.7	oxg
B0655+64	07 00 37.8	+64 18 11.2	0.195 670 945	0.00001	48806	8.8	5	0.3	b
J0737−3039A	07 37 51.2	−30 39 40.7	0.022 699 379	0.00002	53156	48.9		1.6	bx
J0737−3039B	07 37 51.2	−30 39 40.7	2.773 460 770	0.00892	53156	48.9		1.3	b
B0736−40	07 38 32.3	−40 42 40.9	0.374 919 985	0.01616	51700	160.8	190	80	
B0740−28	07 42 49.1	−28 22 43.8	0.166 762 292	0.16821	49326	73.8	296	15.0	
J0751+1807	07 51 09.2	+18 07 38.6	0.003 478 771	0.00000	51800	30.2	10	3.2	bg
J0806−4123	08 06 23.4	−41 22 30.9	11.370 385 930	0.56000	54771				o
B0818−13	08 20 26.4	−13 50 55.9	1.238 129 544	0.02105	48904	40.9	102	7	
B0820+02	08 23 09.8	+01 59 12.4	0.864 872 805	0.00105	49281	23.7	30	1.5	b
B0826−34	08 28 16.6	−34 17 07.0	1.848 918 804	0.00996	48132	52.2	16	0.25	
B0833−45	08 35 20.6	−45 10 34.9	0.089 328 385	1.25008	51559	68.0	5000	1100	oxg
B0834+06	08 37 05.6	+06 10 14.6	1.273 768 292	0.06799	48721	12.9	89	4	
B0835−41	08 37 21.2	−41 35 14.4	0.751 623 618	0.03539	51700	147.3	197	16.0	
B0950+08	09 53 09.3	+07 55 35.8	0.253 065 165	0.00230	46375	3.0	400	84	x
B0959−54	10 01 38.0	−55 07 06.7	1.436 582 629	0.51396	46800	130.3	80	6.3	
J1012+5307	10 12 33.4	+53 07 02.6	0.005 255 749	0.00000	50700	9.0	30	3	b
J1022+1001	10 22 58.0	+10 01 52.8	0.016 452 930	0.00000	53589	10.3	20	6.1	b
J1024−0719	10 24 38.7	−07 19 19.2	0.005 162 205	0.00000	53000	6.5	4.6	1.5	x
J1028−5819	10 28 28.0	−58 19 05.2	0.091 403 231	0.16100	54562	96.5		0.36	g
J1045−4509	10 45 50.2	−45 09 54.1	0.007 474 224	0.00000	53050	58.2	15	2.7	b
B1055−52	10 57 59.0	−52 26 56.3	0.197 107 608	0.05834	43556	30.1	80		xg
B1133+16	11 36 03.2	+15 51 04.5	1.187 913 066	0.03734	46407	4.8	257	32	
J1141−6545	11 41 07.0	−65 45 19.1	0.393 898 815	0.04307	54637	116.1		3.3	b
J1157−5112	11 57 08.2	−51 12 56.1	0.043 589 227	0.00000	51400	39.7			b
B1154−62	11 57 15.2	−62 24 50.9	0.400 522 048	0.03931	46800	325.2	145	5.9	
B1237+25	12 39 40.5	+24 53 49.3	1.382 449 103	0.00960	46531	9.2	110	10	

Name	Right Ascension	Declination	Period	$\dot{P}$	Epoch	DM	S_{400}	S_{1400}	Type
	h m s	° ′ ″	s	10^{-13} ss^{-1}	MJD	cm^{-3}pc	mJy	mJy	
B1240−64	12 43 17.2	−64 23 23.9	0.388 480 921	0.04501	46800	297.3	110	13.0	
B1257+12	13 00 03.6	+12 40 56.5	0.006 218 532	0.00000	49750	10.2	20	2	b
B1259−63	13 02 47.6	−63 50 08.7	0.047 762 508	0.02279	50357	146.7	·	1.70	b
B1323−58	13 26 58.3	−58 59 29.1	0.477 990 867	0.03238	47782	287.3	120	9.9	
B1323−62	13 27 17.4	−62 22 44.6	0.529 913 192	0.18879	47782	318.8	135	16.0	
B1356−60	13 59 58.2	−60 38 08.0	0.127 500 777	0.06339	43556	293.7	105	7.6	
B1426−66	14 30 40.9	−66 23 05.0	0.785 440 757	0.02770	46800	65.3	130	8.0	
B1449−64	14 53 32.7	−64 13 15.6	0.179 484 754	0.02746	46800	71.1	230	14.0	
J1453+1902	14 53 45.7	+19 02 12.2	0.005 792 303	0.00000	53337	14.0	2.2		
J1455−3330	14 55 48.0	−33 30 46.4	0.007 987 205	0.00000	50598	13.6	9	1.2	b
B1451−68	14 56 00.2	−68 43 39.3	0.263 376 815	0.00098	46800	8.6	350	80	
B1508+55	15 09 25.6	+55 31 32.4	0.739 681 923	0.04998	49904	19.6	114	8	
B1509−58	15 13 55.6	−59 08 09.0	0.151 251 258	15.31468	52835	252.5	1.5	0.94	xg
J1518+4904	15 18 16.8	+49 04 34.3	0.040 934 989	0.00000	52000	11.6	8	4	b
B1534+12	15 37 10.0	+11 55 55.6	0.037 904 441	0.00002	50300	11.6	36	0.6	b
B1556−44	15 59 41.5	−44 38 45.9	0.257 056 098	0.01019	46800	56.1	110	40	
B1620−26	16 23 38.2	−26 31 53.8	0.011 075 751	0.00001	48725	62.9	15	1.6	b
J1643−1224	16 43 38.2	−12 24 58.7	0.004 621 642	0.00000	49524	62.4	75	4.8	b
B1641−45	16 44 49.3	−45 59 09.5	0.455 059 775	0.20090	46800	478.8	375	310	
B1642−03	16 45 02.0	−03 17 58.3	0.387 689 698	0.01780	46515	35.7	393	21	
B1648−42	16 51 48.8	−42 46 11.0	0.844 080 666	0.04812	46800	482.0	100	16.0	
B1706−44	17 09 42.7	−44 29 08.2	0.102 459 246	0.92985	50042	75.7	25	7.3	xg
J1713+0747	17 13 49.5	+07 47 37.5	0.004 570 137	0.00000	52000	16.0	36	10.2	b
J1719−1438	17 19 10.1	−14 38 00.9	0.005 790 152	0.00000	55236	36.9		0.42	b
J1730−2304	17 30 21.7	−23 04 31.3	0.008 122 798	0.00000	53300	9.6	43	3.9	
B1727−47	17 31 42.1	−47 44 34.6	0.829 828 785	1.63626	50939	123.3	190	12	
B1737−30	17 40 33.8	−30 15 43.5	0.606 886 624	4.66124	54780	152.2	24.6	6.4	
J1744−1134	17 44 29.4	−11 34 54.7	0.004 074 546	0.00000	53742	3.1	18	3.1	g
B1744−24A	17 48 02.3	−24 46 36.9	0.011 563 148	0.00000	48270	242.2		0.61	b
J1748−2446ad	17 48 04.8	−24 46 45.0	0.001 395 955	0.00000	53500	235.6			b
B1749−28	17 52 58.7	−28 06 37.3	0.562 557 636	0.08129	46483	50.4	1100	18.0	
B1800−27	18 03 31.7	−27 12 06.0	0.334 415 427	0.00017	50261	165.5	3.4	1.00	b
J1804−2717	18 04 21.1	−27 17 31.2	0.009 343 031	0.00000	51041	24.7	15	0.4	b
B1802−07	18 04 49.9	−07 35 24.7	0.023 100 855	0.00000	50337	186.3	3.1	1.0	b
J1808−2024	18 08 39.3	−20 24 39.9	7.555 920 000	5490.0	53254				
J1819−1458	18 19 34.2	−14 58 03.6	4.263 164 033	5.75171	54451	196.0			
B1818−04	18 20 52.6	−04 27 38.1	0.598 075 930	0.06331	46634	84.4	157	6.1	
B1820−11	18 23 40.3	−11 15 11.0	0.279 828 697	0.01379	49465	428.6	11	3.2	b
B1820−30A	18 23 40.5	−30 21 40.1	0.005 440 004	0.00003	55049	86.9	16	0.72	
B1830−08	18 33 40.3	−08 27 31.3	0.085 284 251	0.09171	50483	411.0		3.6	
B1831−03	18 33 41.9	−03 39 04.3	0.686 704 444	0.41565	49698	234.5	89	2.8	
B1831−00	18 34 17.3	−00 10 53.3	0.520 954 311	0.00011	49123	88.7	5.1	0.29	b
J1841−0456	18 41 19.3	−04 56 11.2	11.788 978 400	409.2	55585				
J1846−0258	18 46 24.9	−02 58 30.1	0.326 571 288	71.07450	54834				
B1855+09	18 57 36.4	+09 43 17.3	0.005 362 000	0.00000	50481	13.3	31	5.0	b

Name	Right Ascension	Declination	Period	$\dot{P}$	Epoch	DM	S_{400}	S_{1400}	Type
	h m s	° ′ ″	s	10^{-13} ss^{-1}	MJD	cm^{-3}pc	mJy	mJy	
B1857−26	19 00 47.6	−26 00 43.8	0.612 209 204	0.00205	48891	38.0	131	13	
B1859+03	19 01 31.8	+03 31 05.9	0.655 450 239	0.07459	50027	402.1	165	4.2	
J1903+0327	19 03 05.8	+03 27 19.2	0.002 149 912	0.00000	55000	297.5		1.3	b
J1906+0746	19 06 48.7	+07 46 28.6	0.144 071 930	0.20280	53590	217.8	0.9	0.55	b
J1909−3744	19 09 47.4	−37 44 14.4	0.002 947 108	0.00000	53631	10.4		2.1	b
J1911−1114	19 11 49.3	−11 14 22.3	0.003 625 746	0.00000	50458	31.0	31	0.5	b
B1911−04	19 13 54.2	−04 40 47.7	0.825 935 803	0.04068	46634	89.4	118	4.4	
B1913+16	19 15 28.0	+16 06 27.4	0.059 030 003	0.00009	52984	168.8	4	0.9	b
B1919+21	19 21 44.8	+21 53 02.3	1.337 302 160	0.01348	48999	12.4	57	6	
B1929+10	19 32 13.9	+10 59 32.4	0.226 517 635	0.01157	46523	3.2	303	36	x
B1931+24	19 33 37.8	+24 36 39.6	0.813 690 303	0.08110	50629	106.0	7.5		
B1933+16	19 35 47.8	+16 16 40.0	0.358 738 411	0.06003	46434	158.5	242	42	
B1937+21	19 39 38.6	+21 34 59.1	0.001 557 806	0.00000	47900	71.0	240	13.2	x
B1946+35	19 48 25.0	+35 40 11.1	0.717 311 174	0.07061	49449	129.1	145	8.3	
B1951+32	19 52 58.2	+32 52 40.5	0.039 531 193	0.05845	49845	45.0	7	1.0	xg
B1953+29	19 55 27.9	+29 08 43.5	0.006 133 167	0.00000	54500	104.5	15	1.1	b
B1957+20	19 59 36.8	+20 48 15.1	0.001 607 402	0.00000	48196	29.1	20	0.4	bx
B2016+28	20 18 03.8	+28 39 54.2	0.557 953 480	0.00148	46384	14.2	314	30	
J2019+2425	20 19 31.9	+24 25 15.3	0.003 934 524	0.00000	50000	17.2			b
J2021+3651	20 21 05.5	+36 51 04.8	0.103 740 952	0.95721	54710	367.5		0.1	g
J2043+2740	20 43 43.5	+27 40 56.0	0.096 130 563	0.01270	49773	21.0	15		g
B2045−16	20 48 35.6	−16 16 44.6	1.961 572 304	0.10958	46423	11.5	116	13	
J2051−0827	20 51 07.5	−08 27 37.8	0.004 508 642	0.00000	51000	20.7	22	2.8	b
B2111+46	21 13 24.3	+46 44 08.7	1.014 684 793	0.00715	46614	141.3	230	19	
J2124−3358	21 24 43.9	−33 58 44.7	0.004 931 115	0.00000	53174	4.6	17	3.6	gx
B2127+11B	21 29 58.6	+12 10 00.3	0.056 133 036	0.00010	50000	67.7	1.0		
J2144−3933	21 44 12.1	−39 33 56.9	8.509 827 491	0.00496	49016	3.4	16	0.8	
J2145−0750	21 45 50.5	−07 50 18.4	0.016 052 424	0.00000	53040	9.0	100	8.9	b
B2154+40	21 57 01.8	+40 17 46.0	1.525 265 634	0.03433	49277	70.9	105	17	
B2217+47	22 19 48.1	+47 54 53.9	0.538 468 822	0.02765	46599	43.5	111	3	
J2229+2643	22 29 50.9	+26 43 57.8	0.002 977 819	0.00000	49718	23.0	13	0.9	b
J2235+1506	22 35 43.7	+15 06 49.1	0.059 767 358	0.00000	49250	18.1	3		
B2303+46	23 05 55.8	+47 07 45.3	1.066 371 072	0.00569	46107	62.1	1.9		b
B2310+42	23 13 08.6	+42 53 13.0	0.349 433 682	0.00112	48241	17.3	89	15	
J2317+1439	23 17 09.2	+14 39 31.2	0.003 445 251	0.00000	49300	21.9	19	4	b
J2322+2057	23 22 22.4	+20 57 02.9	0.004 808 428	0.00000	48900	13.4			

Notes to Table

b Pulsar is a member of a binary system.
g Pulsar has been observed in the gamma ray.
o Pulsar has been observed in the optical.
x Pulsar has been observed in the X-ray.

Name	Alternate Name	RA	Dec.	Flux[1]		E_{low}[2]	E_{high}	Type
		h m s	° ′ ″	photons cm^{-2}s^{-1}		MeV	MeV	
PSR J0007+7303	3FGL J0007.0+7302	00 07 02	+73 03 08	6.5E−8	±5.7E−10	1000	100000	P
3C66A	3FGL J0222.6+4301	02 22 38	+43 02 09	1.9E−8	3.6E−10	1000	100000	Q
AO 0235+164	3FGL J0238.6+1636	02 38 42	+16 37 27	1.0E−8	2.7E−10	1000	100000	Q
LSI +61 303	3FGL J0240.5+6113	02 40 31	+61 13 30	4.6E−8	5.1E−10	1000	100000	B
LSI +61 303		02 40 31	+61 13 30	2.2E−11	7.0E−12	>200000		B
NGC 1275	3FGL J0319.8+4130	03 19 52	+41 30 45	2.1E−8	±3.7E−10	1000	100000	Q
EXO 0331+530		03 34 58	+53 10 06	2.9E−3	4.8E−5	0.04	0.1	B
X Per	4U 0352+30	03 55 23	+31 02 45	2.9E−3	8.7E−5	0.04	0.1	B
GRO J0422+32	Nova Per 1992	04 21 43	+32 54 35	9.0E−4	3.1E−4	0.75	2	P
PKS 0426−380	3FGL J0428.6−3756	04 28 41	−37 56 00	2.0E−8	3.6E−10	1000	100000	Q
3FGL J0433.6+2905	MG2 J043337+2905	04 33 37	+29 05 55	3.7E−9	±2.0E−10	1000	100000	Q
PKS 0454−234	3FGL J0457.0−2324	04 57 04	−23 25 38	1.8E−8	3.3E−10	1000	100000	Q
LMC	3FGL J0526.6−6825e	05 26 36	−68 25 12	2.0E−8	4.2E−10	1000	100000	G
Crab		05 34 32	+22 00 52	9.7E−2	2.9E−5	0.04	0.1	P,N
Crab	3FGL J0534.5+2201	05 34 32	+22 00 52	1.6E−7	1.1E−9	1000	100000	P,N
Crab		05 34 32	+22 00 52	2.0E−10	±5.0E−12	>200000		P,N
SN 1987A		05 35 28	−69 16 11	6.5E−3	1.4E−3	0.85	line[3]	R
PKS 0537−441	3FGL J0538.8−4405	05 38 52	−44 04 51	3.3E−8	4.4E−10	1000	100000	Q
PSR J0540−6919		05 40 11	−69 19 54	2.5E−8	8.0E−9	>200		P
PSR J0614−3329	3FGL J0614.1−3329	06 14 10	−33 29 01	1.7E−8	3.6E−10	1000	100000	P
SNR G189.1−03.0	3FGL J0617.2+2234e	06 17 14	+22 34 48	6.3E−8	±7.3E−10	1000	100000	R
PSR J0633+0632	3FGL J0633.7+0632	06 33 33	+06 34 41	1.7E−8	4.7E−10	1000	100000	P
Geminga	3FGL J0633.9+1746	06 33 54	+17 46 13	6.9E−7	2.1E−9	1000	100000	P
S5 0716+71	3FGL J0721.9+7120	07 21 54	+71 20 58	2.2E−8	3.1E−10	1000	100000	Q
PKS 0727−11	3FGL J0730.2−1141	07 30 17	−11 41 44	1.8E−8	3.6E−10	1000	100000	Q
PKS 0805−07	3FGL J0808.2−0751	08 08 14	−07 50 59	9.7E−9	±2.8E−10	1000	100000	Q
Vela−X	3FGL J0833.1−4511e	08 33 09	−45 11 24	1.8E−7	3.0E−8	200	100000	N
Vela−X	HESS J0835−455	08 35 00	−45 36 00	1.3E−11	0.4E−11	>1000000		N
Vela Pulsar	3FGL J0835.3−4510	08 35 20	−45 10 35	1.3E−6	2.9E−9	1000	100000	P
RX J0852.0−4622	HESS J0852−463	08 52 00	−46 22 00	1.9E−11	0.6E−11	>1000000		N
Vela X−1	4U 0900−40	09 02 06	−40 33 16	5.3E−3	±1.9E−5	0.04	0.1	B
1FGL J1018.6−5856	3FGL J1018.9−5856	10 18 55	−58 56 46	2.7E−8	6.4E−10	1000	100000	B
PSR J1023−5746	3FGL J1023.1−5745	10 23 03	−57 46 05	2.0E−8	7.8E−10	1000	100000	P
PSR J1028−5819	3FGL J1028.4−5819	10 28 30	−58 19 55	3.3E−8	7.3E−10	1000	100000	P
PSR J1044−5737	3FGL J1044.5−5737	10 44 33	−57 37 19	1.6E−8	4.3E−10	1000	100000	P
Eta Carinae	3FGL J1045.1−5941	10 45 00	−59 41 31	1.7E−8	±7.3E−10	1000	100000	B
PSR J1048−5832	3FGL J1048.2−5832	10 48 17	−58 31 48	2.7E−8	5.4E−10	1000	100000	P
PSR J1057−5226	3FGL J1057.9−5227	10 57 59	−52 26 54	4.9E−8	5.8E−10	1000	100000	P
MRK 421	3FGL J1104.4+3812	11 04 30	+38 12 39	3.0E−8	4.1E−10	1000	100000	Q
MRK 421		11 04 30	+38 12 39	1.5E−10	3.0E−12	>250000		Q
NGC 4151	H 1208+396	12 10 33	+39 24 35	2.3E−6	±3.5E−8	0.07	0.3	Q
4C +21.35	3FGL J1224.9+2122	12 24 54	+21 22 48	2.6E−8	3.8E−10	1000	100000	Q
4C +21.35		12 24 54	+21 22 48	4.6E−10	5.0E−11	>100000		Q
NGC 4388		12 25 47	+12 39 00	6.4E−4	5.8E−5	0.05	0.15	Q
3C 273	3FGL J1229.1+0202	12 29 06	+02 03 09	9.4E−9	2.5E−10	1000	100000	Q

Name	Alternate Name	RA	Dec.	Flux[1]		E_{low}[2]	E_{high}	Type
		h m s	° ′ ″	photons cm^{-2}s^{-1}		MeV	MeV	
PSR J1231–1411	3FGL J1231.2–1411	12 31 16	–14 11 13	1.8 E–8	±3.8E–10	1000	100000	P
3C 279	3FGL J1256.1–0547	12 56 13	–05 47 28	2.1 E–8	3.6E–10	1000	100000	Q
HESS J1303–631		13 03 00	–63 11 55	1.2 E–11	0.2E–11	>380000		N
Cen A		13 25 39	–43 00 40	3.9 E–3	2.9E–5	0.04	0.1	Q
PSR J1410–6132	3FGL J1409.7–6132	14 09 42	–61 32 06	5.3 E–9	5.2E–10	1000	100000	P
PSR J1413–6205	3FGL J1413.4–6205	14 13 26	–62 04 30	2.8 E–8	±6.4E–10	1000	100000	P
NGC 5548	H 1415+253	14 18 00	+25 07 47	3.8 E–4	7.4E–5	0.05	0.15	Q
PSR J1418–6058	3FGL J1418.6–6058	14 18 42	–60 58 11	4.1 E–8	1.2E–9	1000	100000	P
PSR J1420–6048	3FGL J1420.0–6048	14 20 07	–60 47 49	1.7 E–8	1.0E–9	1000	100000	P
H 1426+428	RGB J1428+426	14 28 33	+42 40 25	2.0 E–11	3.5E–12	>280000		Q
PKS 1502+106	3FGL J1504.4+1029	15 04 25	+10 29 34	2.4 E–8	±3.8E–10	1000	100000	Q
PKS 1510–08	3FGL J1512.8–0906	15 12 50	–09 06 09	4.1 E–8	5.1E–10	1000	100000	Q
PSR B1509–58		15 13 55	–59 08 24	9.4 E–4	4.8E–5	0.05	5	P
MSH 15–52	HESS J1514–591	15 14 07	–59 09 27	2.3 E–11	0.6E–11	>280000		N
B2 1520+31	3FGL J1522.1+3144	15 22 10	+31 44 37	1.8 E–8	3.1E–10	1000	100000	Q
XTE J1550–564	V381 Nor	15 50 58	–56 28 36	3.2 E–3	±1.9E–5	0.04	0.1	B
HESS J1614–518		16 14 19	–51 49 12	5.8 E–11	7.7E–12	>200000		U
HESS J1616–508		16 16 24	–50 54 00	4.3 E–11	2.0E–12	>200000		N
PSR J1620–4927	3FGL J1620.8–4928	16 20 52	–49 28 30	2.5 E–8	7.2E–10	1000	100000	P
4U 1630–47		16 34 00	–47 23 39	2.0 E–3	9.7E–6	0.04	0.1	T
HESS J1632–478	3FGL J1633.0–4746e	16 36 21	–47 40 58	2.3 E–8	±8.4E–10	1000	100000	N
MRK 501		16 53 52	+39 45 37	2.8 E–11	5.0E–12	>300000		Q
OAO 1657–415	H 1657–415	17 00 47	–41 40 23	3.7 E–3	9.7E–6	0.04	0.1	B
GX 339–4	1H 1659–487	17 02 50	–48 47 23	4.2 E–3	1.9E–5	0.04	0.1	B
4U 1700–377	V884 Sco	17 03 56	–37 50 38	1.2 E–2	9.7E–6	0.04	0.1	B
HESS J1708–443		17 08 11	–44 20 00	3.8 E–12	±8.0E–13	>1000000		U
PSR J1709–4429	3FGL J1709.7–4429	17 09 43	–44 29 08	1.9 E–7	1.2E–9	1000	100000	P
RX J1713.7–3946	G 347.3–0.5	17 13 33	–39 45 44	5.3 E–12	9 E–13	>1800000		R
GX 1+4	4U 1728–24	17 32 02	–24 44 44	4.0 E–3	9.7E–6	0.04	0.1	B
PSR J1732–3131	3FGL J1732.5–3130	17 32 34	–31 31 21	3.1 E–8	7.4E–10	1000	100000	P
PSR J1741–2054	3FGL J1741.9–2054	17 41 58	–20 54 50	1.6 E–8	±4.3E–10	1000	100000	P
1E 1740.7–2942		17 44 02	–29 43 26	3.5 E–3	9.7E–6	0.04	0.1	T
IGR J17464–3213	H 1743–32	17 45 02	–32 13 36	6.9 E–3	3.4E–5	0.04	0.1	B
PSR J1747–2958	3FGL J1747.2–2958	17 45 22	–29 03 47	2.2 E–8	±8.1E–10	1000	100000	P
Galactic Center	HESS J1745–290	17 45 40	–29 00 22	2.0 E–12	1.0E–13	>1000000		U
3FGL J1745.3–2903c	3EG J1746–2851	17 45 40	–28 50 38	3.9 E–8	2.0E–9	1000	100000	U
GRO J1753+57		17 51 40	+57 10 47	5.8 E–4	1.0E–4	0.75	8	U
Swift J1753.5–0127		17 53 29	–01 27 24	6.6 E–3	1.9E–5	0.04	0.1	B
GRS 1758–258	INTEGRAL1 79	18 01 12	–25 44 36	7.2 E–3	9.7E–6	0.04	0.1	B
W28	3FGL J1801.3–2326e	18 01 22	–23 26 24	5.3 E–8	1.0E–9	1000	100000	N
PMN J1802–3940	3FGL J1802.6–3940	18 02 39	–39 40 45	1.0 E–8	±2.9E–10	1000	100000	Q
PSR J1803-2149	3FGL J1803.1–2147	18 03 12	–21 47 30	1.4 E–8	7.5E–10	1000	100000	P
HESS J1804–216		18 04 31	–21 42 00	5.32E–11	2.0E–12	>200000		U
W30	3FGL J1805.6–2136e	18 05 38	–21 36 42	2.4 E–8	8.9E–10	1000	100000	N
PSR J1809–2332	3FGL J1809.8–2332	18 09 50	–23 33 35	6.4 E–8	8.1E–10	1000	100000	P

Name	Alternate Name	RA	Dec.	Flux[1]		E_{low}[2]	E_{high}	Type
		h m s	° ′ ″	photons cm^{-2}s^{-1}		MeV	MeV	
PSR J1813−1246	3FGL J1813.4−1246	18 13 24	−12 45 59	2.7E−8	±5.9 E−10	1000	100000	P
M 1812−12	4U 1812−12	18 15 12	−12 05 00	2.5E−3	1.9 E−5	0.04	0.1	B
HESS J1825−137	3FGL J1824.5−1351e	18 26 05	−13 45 36	3.9E−11	2.2 E−12	>200000		N
PSR J1826−1256	3FGL J1826.1−1256	18 26 08	−12 56 33	5.3E−8	9.5 E−10	1000	100000	P
LS 5039	3FGL J1826.2−1450	18 26 21	−14 50 13	1.9E−8	7.0 E−10	1000	100000	B
GS 1826−24		18 29 28	−24 48	6.4E−3	±9.7 E−6	0.04	0.1	B
PSR J1836+5925	3FGL J1836.2+5925	18 36 14	+59 25 30	9.9E−8	7.1 E−10	1000	100000	P
PSR J1838−0537	3FGL J1838.9−0537	18 38 56	−05 37 33	2.1E−8	1.1 E−9	1000	100000	P
W44	3FGL J1855.9+0121e	18 55 58	+01 21 18	7.1E−8	1.3 E−9	1000	100000	R
MGRO J1908+06	HESS J1908+063	19 07 54	+06 16 07	3.8E−12	8.0 E−13	>1000000		U
PSR J1907+0602	3FGL J1907.9+0602	19 07 55	+06 02 17	3.8E−8	±7.2 E−10	1000	100000	P
W 49B	3FGL J1910.9+0906	19 11 03	+09 05 39	2.0E−8	6.8 E−10	1000	100000	N
GRS 1915+105	Nova Aql 1992	19 15 11	+10 56 45	1.2E−2	9.7 E−6	0.04	0.1	B
W51C	3FGL J1923.2+1408e	19 23 16	+14 08 42	4.0E−8	7.5 E−10	1000	100000	N
2HWC J1928+177		19 28 36	+17 46 48	9.3E−12	4.5 E−12	>1000000		U
NGC 6814	QSO 1939−104	19 42 40	−10 19 12	3.2E−4	±8.3 E−5	0.05	0.15	Q
PSR J1952+3252	3FGL J1952.9+3253	19 52 58	+32 52 41	2.0E−8	4.3 E−10	1000	100000	P
PSR J1954+2836	3FGL J1954.2+2836	19 54 18	+28 36 18	1.5E−8	4.6 E−10	1000	100000	P
Cyg X−1	4U 1956+35	19 58 21	+35 12 00	6.6E−4	7.4 E−5	0.75	2	B
1ES 1959+650	QSO B1959+650	20 00 00	+65 08 55	4.7E−11	1.6 E−11	>180000		Q
MAGIC J2001+435	3FGL J2001.1+4352	20 01 13	+43 52 53	6.8E−10	±7.0 E−11	>100000		Q
VER J2019+407		20 20 05	+40 45 26	5.2E−12	2.0 E−12	>320000		U
PSR J2021+3651	3FGL J2021.1+3651	20 21 05	+36 51 48	6.9E−8	8.1 E−10	1000	100000	P
PSR J2021+4026	3FGL J2021.5+4026	20 21 52	+40 26 26	1.2E−7	9.7 E−10	1000	100000	P
EXO 2030+375		20 32 13	+37 37 48	3.3E−3	1.9 E−5	0.04	0.1	B
PSR J2032+4127	3FGL J2032.2+4126	20 32 13	+41 27 25	2.5E−8	±5.8 E−10	1000	100000	P
Cyg X−3		20 32 26	+40 57 28	6.8E−3	1.9 E−5	0.04	0.1	B
J2124.6+5057	IGR J21247+5058	21 24 39	+50 58 26	6.5E−4	2.9 E−5	0.04	0.1	Q
PKS 2155−304	HESS J2158−302	21 58 52	−30 13 32	1.3E−11	0.1 E−11	>300000		Q
PKS 2155−304	3FGL J2158.8−3013	21 58 52	−30 13 32	2.2E−8	3.9 E−10	1000	100000	Q
PSR J2229+6114	3FGL J2229.0+6114	22 29 05	+61 14 29	2.9E−8	±4.6 E−10	1000	100000	P
3C 454.3	3FGL J2254.0+1608	22 53 59	+16 08 58	1.1E−7	7.3 E−10	1000	100000	Q
Cas A	1H 2321+585	23 23 12	+58 48 36	2.8E−4	6.60E−5	0.04	0.25	R

Notes to Table

[1] Integrated flux over the low (< 100 KeV), high (100 MeV to 100 GeV), or very high (> 100 GeV) energy range; some sources are bright in multiple energy ranges.

[2] > indicates a lower limit energy value; flux is the integral observed flux.

[3] For SN1987A, flux is only for single observed spectral line.

B   Binary system
G   Galaxy
N   Nebula/diffuse
P   Pulsar
Q   Quasar
R   Supernova remnant
T   Transient
U   Unknown

CONTENTS OF SECTION J

NOTES

Beginning with the 1997 edition of *The Astronomical Almanac*, observatories in the general list are alphabetical first by country and then by observatory name within the country. If the country in which an observatory is located is unknown, it may be found in the index list. Taking Ebro Observatory as an example, the index list refers the reader to Spain, under which Ebro is listed in the general list.

Observatories in England, Northern Ireland, Scotland and Wales will be found under United Kingdom. Observatories in the United States will be found under the appropriate state, under United States of America (USA). Thus, the W.M. Keck Observatory is under USA, Hawaii. In the index list it is listed under Keck, W.M. and W.M. Keck, with referrals to Hawaii (USA) in the general list.

The "Location" column in the general list gives the city or town associated with the observatory, sometimes with the name of the mountain on which the observatory is actually located. Since some institutions have observatories located outside of their native countries, the "Location" column indicates the locale of the observatory, but not necessarily the ownership by that country. In the "Observatory Name" column of the general list, observatories with radio instruments, infrared instruments, or laser instruments are designated with an 'R', 'I', or 'L', respectively. The height of the observatory is given, in the final column, in meters (m) above mean sea level (m.s.l.); observatories for which the height is unknown at the time of publication have a "——" in the "Height" column.

Beginning with the 2012 edition of *The Astronomical Almanac*, the general list includes observatory codes as designated by the IAU Minor Planet Center (MPC), for some observatories; these codes are given in the "MPC Code" column.

Finally, readers interested in only a subset of the observatories—for example, those from a certain country (or few countries) or those with radio (or infrared or laser) instruments—may wish to use the observatory search feature on *The Astronomical Almanac Online* (see below).

OBSERVATORIES, 2019

INDEX LIST

INDEX LIST

INDEX LIST

INDEX LIST

OBSERVATORIES, 2019

INDEX LIST

INDEX LIST

Observatory Name	Location	Observatory Name	Location
Tomsk University	Russia	Vainu Bappu	India
Tortugas Mountain Station	New Mexico (USA)	Valašské Meziříčí	Czech Republic
Toulouse University	France	Valongo	Brazil
Toyokawa	Japan	Van Vleck	Connecticut (USA)
Tremsdorf	Germany	Vatican	Vatican City State
Trieste	Italy	Vatican (Branch)	Arizona (USA)
Tübingen University	Germany	Vienna University	Austria
Tübitak National	Turkey	Villanova University	Pennsylvania (USA)
Tumamoc Hill Station	Arizona (USA)	Vilnius	Lithuania
Tuorla	Finland		
Turin	Italy	W.M. Keck	Hawaii (USA)
		Wallace Jr., George R.	Massachusetts (USA)
U.S. Air Force Academy	Colorado (USA)	Warner and Swasey (Branch)	Arizona (USA)
U.S. Naval	District of Columbia (USA)	Warsaw University	Poland
U.S. Naval (Branch)	Arizona (USA)	Washburn	Wisconsin (USA)
Uluk–Bek Station	Uzbekistan	Wendelstein	Germany
Univ. Guanajuato	Mexico	Westerbork	Netherlands
University of Alabama	Alabama (USA)	Western Connecticut State Univ.	Connecticut (USA)
University of Ankara	Turkey	Westford Antenna Facility	Massachusetts (USA)
University of Florida	Florida (USA)	Whipple, Fred L.	Arizona (USA)
University of Glasgow	United Kingdom	Whitin	Massachusetts (USA)
University of Graz	Austria	Wilhelm Foerster	Germany
University of Helsinki	Finland	Wilhelm Struve	Estonia
University of Lausanne	Switzerland	Wise, Florence and George	Israel
University of London	United Kingdom	Wroclaw University	Poland
University of Maryland	Maryland (USA)	Wuchang	China
University of Michigan	Michigan (USA)	Wyoming	Wyoming (USA)
University of South Carolina	South Carolina (USA)		
University of St. Andrews	United Kingdom	Yerkes	Wisconsin (USA)
University of Thessaloníki	Greece	Yunnan	China
Urania	Austria		
Urania	Hungary	Zenas Crane	Kansas (USA)
		Zimmerwald	Switzerland

Observatory Name	MPC Code	Location	East Longitude	Latitude	Height (m.s.l.)
			° ′	° ′	m
Algeria					
Algiers Obs.	008	Bouzaréa	+ 3 02.1	+ 36 48.1	345
Argentina					
Argentine Radio Ast. Inst.	R	Villa Elisa	− 58 08.2	− 34 52.1	11
Córdoba Ast. Obs.	822	Córdoba	− 64 11.8	− 31 25.3	434
Córdoba Obs. Astrophys. Sta.	821	Bosque Alegre	− 64 32.8	− 31 35.9	1250
Dr. Carlos U. Cesco Sta.		San Juan/El Leoncito	− 69 19.8	− 31 48.1	2348
El Leoncito Ast. Complex	808	San Juan/El Leoncito	− 69 18.0	− 31 48.0	2552
Félix Aguilar Obs.		San Juan	− 68 37.2	− 31 30.6	700
La Plata Ast. Obs.	839	La Plata	− 57 55.9	− 34 54.5	17
National Obs. of Cosmic Physics		San Miguel	− 58 43.9	− 34 33.4	37
Naval Obs.		Buenos Aires	− 58 21.3	− 34 37.3	6
Armenia					
Byurakan Astrophysical Obs.	R 123	Yerevan/Mt. Aragatz	+ 44 17.5	+ 40 20.1	1500
Australia					
Anglo–Australian Obs.	I	Coonabarabran/Siding Spg., NSW	+ 149 04.0	− 31 16.6	1164
Australian Natl. Radio Ast. Obs.	R	Parkes, NSW	+ 148 15.7	− 33 00.0	392
CSIRO Ast. and Space Sci. (CASS)	R	Culgoora, NSW	+ 149 33.7	− 30 18.9	217
Deep Space Sta.	R	Tidbinbilla, ACT	+ 148 58.8	− 35 24.1	656
Fleurs Radio Obs.	R	Kemps Creek, NSW	+ 150 46.5	− 33 51.8	45
Molonglo Radio Obs.	R	Hoskinstown, NSW	+ 149 25.4	− 35 22.3	732
Mopra Radio Obs.	R	Coonabarabran, NSW	+ 149 06.0	− 31 16.1	866
Mount Pleasant Radio Ast. Obs.	R	Hobart, Tasmania	+ 147 26.4	− 42 48.3	43
Mount Stromlo Obs.	414	Canberra/Mt. Stromlo, ACT	+ 149 00.5	− 35 19.2	767
Perth Obs.	323	Bickley, Western Australia	+ 116 08.1	− 32 00.5	391
Riverview College Obs.		Lane Cove, NSW	+ 151 09.5	− 33 49.8	25
Siding Spring Obs.	413	Coonabarabran/Siding Spg., NSW	+ 149 03.7	− 31 16.4	1149
Austria					
Kanzelhöhe Solar Obs.		Klagenfurt/Kanzelhöhe	+ 13 54.4	+ 46 40.7	1526
Kuffner Obs.		Vienna	+ 16 17.8	+ 48 12.8	302
L. Figl Astrophysical Obs.	562	St. Corona at Schöpfl	+ 15 55.4	+ 48 05.0	890
Lustbühel Obs.	580	Graz	+ 15 29.7	+ 47 03.9	480
Purgathofer Obs.	A96	Klosterneuburg	+ 16 17.2	+ 48 17.8	399
Univ. of Graz Obs.		Graz	+ 15 27.1	+ 47 04.7	375
Urania Obs.	602	Vienna	+ 16 23.1	+ 48 12.7	193
Vienna Univ. Obs.	045	Vienna	+ 16 20.2	+ 48 13.9	241
Belgium					
Ast. and Astrophys. Inst.		Brussels	+ 4 23.0	+ 50 48.8	147
Cointe Obs.	623	Liège	+ 5 33.9	+ 50 37.1	127
Royal Obs. Radio Ast. Sta.	R	Humain	+ 5 15.3	+ 50 11.5	293
Royal Obs. of Belgium	R 012	Uccle	+ 4 21.5	+ 50 47.9	105
Brazil					
Abrahão de Moraes Obs.	R 860	Valinhos	− 46 58.0	− 23 00.1	850
Antares Ast. Obs.		Feira de Santana	− 38 57.9	− 12 15.4	256
Itapetinga Radio Obs.	R	Atibaia	− 46 33.5	− 23 11.1	806
Morro Santana Obs.		Porto Alegre	− 51 07.6	− 30 03.2	300
National Obs.	880	Rio de Janeiro	− 43 13.4	− 22 53.7	33
Pico dos Dias Obs.	874	Itajubá/Pico dos Dias	− 45 35.0	− 22 32.1	1870
Piedade Obs.		Belo Horizonte	− 43 30.7	− 19 49.3	1746
Valongo Obs.		Rio de Janeiro/Mt. Valongo	− 43 11.2	− 22 53.9	52

Observatory Name	MPC Code	Location	East Longitude	Latitude	Height (m.s.l.)
			° ′	° ′	m
Bulgaria					
Belogradchik Ast. Obs.		Belogradchik	+ 22 40.5	+ 43 37.4	650
Rozhen National Ast. Obs.	071	Rozhen	+ 24 44.6	+ 41 41.6	1759
Canada					
Algonquin Radio Obs.	R	Lake Traverse, Ontario	− 78 04.4	+ 45 57.3	260
Climenhaga Obs.	657	Victoria, British Columbia	− 123 18.5	+ 48 27.8	74
Devon Ast. Obs.		Devon, Alberta	− 113 45.5	+ 53 23.4	708
Dominion Astrophysical Obs.		Victoria, British Columbia	− 123 25.0	+ 48 31.2	238
Dominion Radio Astrophys. Obs.	R	Penticton, British Columbia	− 119 37.2	+ 49 19.2	545
Elginfield Obs.	440	London, Ontario	− 81 18.9	+ 43 11.5	323
Mont Mégantic Ast. Obs.	301	Mégantic/Mont Mégantic, Quebec	− 71 09.2	+ 45 27.3	1114
Rothney Astrophysical Obs.	I	661 Priddis, Alberta	− 114 17.3	+ 50 52.1	1272
Chile					
Cerro Calán National Ast. Obs.	806	Santiago/Cerro Calán	− 70 32.8	− 33 23.8	860
Cerro El Roble Ast. Obs.	805	Santiago/Cerro El Roble	− 71 01.2	− 32 58.9	2220
Cerro Tololo Inter–Amer. Obs.	R,I	807 La Serena/Cerro Tololo	− 70 48.9	− 30 09.9	2215
European Southern Obs.	R	809 La Serena/Cerro La Silla	− 70 43.8	− 29 15.4	2347
Gemini South Obs.		I11 La Serena/Cerro Pachón	− 70 44.2	− 30 14.4	2748
Las Campanas Obs.		304 Vallenar/Cerro Las Campanas	− 70 42.0	− 29 00.5	2282
Maipu Radio Ast. Obs.	R	Maipu	− 70 51.5	− 33 30.1	446
Manuel Foster Astrophys. Obs.		Santiago/Cerro San Cristobal	− 70 37.8	− 33 25.1	840
Paranal Obs.		309 Antofagasta/Cerro Paranal	− 70 24.2	− 24 37.5	2635
China, People's Republic of					
Beijing Normal Univ. Obs.	R	Beijing	+ 116 21.6	+ 39 57.4	70
Beijing Obs. Sta.	R	Miyun	+ 116 45.9	+ 40 33.4	160
Beijing Obs. Sta.	R,L	324 Shahe	+ 116 19.7	+ 40 06.1	40
Beijing Obs. Sta.		Tianjing	+ 117 03.5	+ 39 08.0	5
Beijing Obs. Sta.	I	327 Xinglong	+ 117 34.5	+ 40 23.7	870
Purple Mountain Obs.	R	330 Nanjing/Purple Mtn.	+ 118 49.3	+ 32 04.0	267
Shaanxi Ast. Obs.	R	Lintong	+ 109 33.1	+ 34 56.7	468
Shanghai Obs. Sta.	R,L	Sheshan	+ 121 11.2	+ 31 05.8	100
Shanghai Obs. Sta.	R	Urumqui	+ 87 10.7	+ 43 28.3	2080
Shanghai Obs. Sta.	R	Xujiahui	+ 121 25.6	+ 31 11.4	5
Wuchang Time Obs.	L	Wuhan	+ 114 20.7	+ 30 32.5	28
Yunnan Obs.	R	286 Kunming	+ 102 47.3	+ 25 01.5	1940
Colombia					
National Ast. Obs.		Bogotá	− 74 04.9	+ 4 35.9	2640
Croatia, Republic of					
Geodetical Faculty Obs.		Zagreb	+ 16 01.3	+ 45 49.5	146
Hvar Obs.		Hvar	+ 16 26.9	+ 43 10.7	238
Czech Republic					
Charles Univ. Ast. Inst.		541 Prague	+ 14 23.7	+ 50 04.6	267
Nicholas Copernicus Obs.		616 Brno	+ 16 35.0	+ 49 12.2	304
Ondřejov Obs.	R	557 Ondřejov	+ 14 47.0	+ 49 54.6	533
Prostějov Obs.		Prostějov	+ 17 09.8	+ 49 29.2	225
Valašské Meziříčí Obs.		Valašské Meziříčí	+ 17 58.5	+ 49 27.8	338

Observatory Name		MPC Code	Location	East Longitude	Latitude	Height (m.s.l.)
				° ′	° ′	m
Denmark						
Copenhagen Univ. Obs.		054	Brorfelde	+ 11 40.0	+ 55 37.5	90
Copenhagen Univ. Obs.		035	Copenhagen	+ 12 34.6	+ 55 41.2	——
Ole Rømer Obs.		155	Aarhus	+ 10 11.8	+ 56 07.7	50
Ecuador						
Quito Ast. Obs.		781	Quito	− 78 29.9	− 0 13.0	2818
Egypt						
Helwân Obs.		087	Helwân	+ 31 22.8	+ 29 51.5	116
Kottamia Obs.		088	Kottamia	+ 31 49.5	+ 29 55.9	476
Estonia						
Wilhelm Struve Astrophys. Obs.			Tartu	+ 26 28.0	+ 58 16.0	——
Finland						
European Incoh. Scatter Facility	R		Sodankylä	+ 26 37.6	+ 67 21.8	197
Metsähovi Obs.			Kirkkonummi	+ 24 23.8	+ 60 13.2	60
Metsähovi Obs. Radio Rsch. Sta.	R		Kirkkonummi	+ 24 23.6	+ 60 13.1	61
Tuorla Obs.		063	Piikkiö	+ 22 26.8	+ 60 25.0	40
Univ. of Helsinki Obs.		569	Helsinki	+ 24 57.3	+ 60 09.7	33
France						
Besançon Obs.		016	Besançon	+ 5 59.2	+ 47 15.0	312
Bordeaux Univ. Obs.	R	999	Floirac	− 0 31.7	+ 44 50.1	73
Côte d'Azur Obs.		020	Nice/Mont Gros	+ 7 18.1	+ 43 43.4	372
Côte d'Azur Obs. Calern Sta.	I,L		St. Vallier–de–Thiey	+ 6 55.6	+ 43 44.9	1270
Grenoble Obs.	R		Gap/Plateau de Bure	+ 5 54.5	+ 44 38.0	2552
Lyon Univ. Obs.		513	St. Genis Laval	+ 4 47.1	+ 45 41.7	299
Meudon Obs.		005	Meudon	+ 2 13.9	+ 48 48.3	162
Millimeter Radio Ast. Inst.	R		Gap/Plateau de Bure	+ 5 54.4	+ 44 38.0	2552
Obs. of Haute–Provence		511	Forcalquier/St. Michel	+ 5 42.8	+ 43 55.9	665
Paris Obs.		007	Paris	+ 2 20.2	+ 48 50.2	67
Paris Obs. Radio Ast. Sta.	R		Nançay	+ 2 11.8	+ 47 22.8	150
Pic du Midi Obs.		586	Bagnères–de–Bigorre	+ 0 08.7	+ 42 56.2	2861
Strasbourg Obs.		522	Strasbourg	+ 7 46.2	+ 48 35.0	142
Toulouse Univ. Obs.		004	Toulouse	+ 1 27.8	+ 43 36.7	195
Georgia						
Abastumani Astrophysical Obs.	R	119	Abastumani/Mt. Kanobili	+ 42 49.3	+ 41 45.3	1583
Germany						
Archenhold Obs.		604	Berlin	+ 13 28.7	+ 52 29.2	41
Bochum Obs.			Bochum	+ 7 13.4	+ 51 27.9	132
Central Inst. for Earth Physics			Potsdam	+ 13 04.0	+ 52 22.9	91
Einstein Tower Solar Obs.	R		Potsdam	+ 13 03.9	+ 52 22.8	100
Friedrich Schiller Univ. Obs.		032	Jena	+ 11 29.2	+ 50 55.8	356
Göttingen Univ. Obs.		528	Göttingen	+ 9 56.6	+ 51 31.8	159
Hamburg Obs.		029	Bergedorf	+ 10 14.5	+ 53 28.9	45
Hoher List Obs.		017	Daun/Hoher List	+ 6 51.0	+ 50 09.8	533
Inst. of Geodesy Ast. Obs.			Hannover	+ 9 42.8	+ 52 23.3	71
Karl Schwarzschild Obs.		033	Tautenburg	+ 11 42.8	+ 50 58.9	331
Lohrmann Obs.		040	Dresden	+ 13 52.3	+ 51 03.0	324
Max Planck Inst. for Radio Ast.	R		Effelsberg	+ 6 53.1	+ 50 31.6	369
Munich Univ. Obs.		532	Munich	+ 11 36.5	+ 48 08.7	529
Potsdam Astrophysical Obs.		042	Potsdam	+ 13 04.0	+ 52 22.9	107

Observatory Name	MPC Code	Location	East Longitude	Latitude	Height (m.s.l.)
			° ′	° ′	m
Germany, cont.					
Remeis Obs.	521	Bamberg	+ 10 53.4	+ 49 53.1	288
Schauinsland Obs.		Freiburg/Schauinsland Mtn.	+ 7 54.4	+ 47 54.9	1240
Sonneberg Obs.	031	Sonneberg	+ 11 11.5	+ 50 22.7	640
State Obs.	024	Heidelberg/Königstuhl	+ 8 43.3	+ 49 23.9	570
Stockert Radio Obs.	R	Eschweiler	+ 6 43.4	+ 50 34.2	435
Stuttgart Obs.		Welzheim	+ 9 35.8	+ 48 52.5	547
Swabian Obs.	025	Stuttgart	+ 9 11.8	+ 48 47.0	354
Tremsdorf Radio Ast. Obs.	R	Tremsdorf	+ 13 08.2	+ 52 17.1	35
Tübingen Univ. Ast. Obs.		Tübingen	+ 9 03.5	+ 48 32.3	470
Wendelstein Solar Obs.	230	Brannenburg	+ 12 00.8	+ 47 42.5	1838
Wilhelm Foerster Obs.	544	Berlin	+ 13 21.2	+ 52 27.5	78
Greece					
Kryonerion Ast. Obs.		Kiáton/Mt. Killini	+ 22 37.3	+ 37 58.4	905
National Obs. Sta.	R	Pentele	+ 23 51.8	+ 38 02.9	509
National Obs. of Athens	066	Athens	+ 23 43.2	+ 37 58.4	110
Stephanion Obs.		Stephanion	+ 22 49.7	+ 37 45.3	800
Univ. of Thessaloníki Obs.		Thessaloníki	+ 22 57.5	+ 40 37.0	28
Greenland					
Incoherent Scatter Facility	R	Søndre Strømfjord	− 50 57.0	+ 66 59.2	180
Hungary					
Heliophysical Obs.		Debrecen	+ 21 37.4	+ 47 33.6	132
Heliophysical Obs. Sta.		Gyula	+ 21 16.2	+ 46 39.2	135
Konkoly Obs.	053	Budapest	+ 18 57.9	+ 47 30.0	474
Konkoly Obs. Sta.	561	Piszkéstetö	+ 19 53.7	+ 47 55.1	958
Urania Obs.		Budapest	+ 19 03.9	+ 47 29.1	166
India					
Aryabhatta Res. Inst. of Obs. Sci.		Naini Tal/Manora Peak	+ 79 27.4	+ 29 21.7	1927
Gauribidanur Radio Obs.	R	Gauribidanur	+ 77 26.1	+ 13 36.2	686
Gurushikhar Infrared Obs.	I	Abu	+ 72 46.8	+ 24 39.1	1700
Indian Ast. Obs.		Hanle/Mt. Saraswati	+ 78 57.9	+ 32 46.8	4467
Japal–Rangapur Obs.	R	219	Japal	+ 78 43.7	+ 17 05.9	695
Kodaikanal Solar Obs.		Kodaikanal	+ 77 28.1	+ 10 13.8	2343
National Centre for Radio Aph.		Khodad	+ 74 03.0	+ 19 06.0	650
Nizamiah Obs.		Hyderabad	+ 78 27.2	+ 17 25.9	554
Radio Ast. Center	R	Udhagamandalam (Ooty)	+ 76 40.0	+ 11 22.9	2150
Vainu Bappu Obs.	220	Kavalur	+ 78 49.6	+ 12 34.6	725
Indonesia					
Bosscha Obs.	299	Lembang (Java)	+ 107 37.0	− 6 49.5	1300
Ireland					
Dunsink Obs.		Castleknock	− 6 20.3	+ 53 23.2	75
Israel					
Florence and George Wise Obs.	097	Mitzpe Ramon/Mt. Zin	+ 34 45.8	+ 30 35.8	874
Italy					
Arcetri Astrophysical Obs.	030	Arcetri	+ 11 15.3	+ 43 45.2	184
Asiago Astrophysical Obs.	043	Asiago	+ 11 31.7	+ 45 51.7	1045
Bologna Univ. Obs.	598	Loiano	+ 11 20.2	+ 44 15.5	785
Brera–Milan Ast. Obs.	096	Merate	+ 9 25.7	+ 45 42.0	340

Observatory Name	MPC Code	Location	East Longitude		Latitude		Height (m.s.l.)
			°	′	°	′	m
Italy, cont.							
Brera–Milan Ast. Obs.	027	Milan	+	9 11.5	+ 45	28.0	146
Cagliari Ast. Obs.	L	Capoterra	+	8 58.6	+ 39	08.2	205
Capodimonte Ast. Obs.	044	Naples	+	14 15.3	+ 40	51.8	150
Catania Astrophysical Obs.	156	Catania	+	15 05.2	+ 37	30.2	47
Catania Obs. Stellar Sta.		Catania/Serra la Nave	+	14 58.4	+ 37	41.5	1735
Chaonis Obs.	567	Chions	+	12 42.7	+ 45	50.6	15
Collurania Ast. Obs.	037	Teramo	+	13 44.0	+ 42	39.5	388
Damecuta Obs.		Anacapri	+	14 11.8	+ 40	33.5	137
International Latitude Obs.		Carloforte	+	8 18.7	+ 39	08.2	22
Medicina Radio Ast. Sta.	R	Medicina	+	11 38.7	+ 44	31.2	44
Mount Ekar Obs.	098	Asiago/Mt. Ekar	+	11 34.3	+ 45	50.6	1350
Padua Ast. Obs.	533	Padua	+	11 52.3	+ 45	24.0	38
Palermo Univ. Ast. Obs.	535	Palermo	+	13 21.5	+ 38	06.7	72
Rome Obs.	034	Rome/Monte Mario	+	12 27.1	+ 41	55.3	152
San Vittore Obs.	552	Bologna	+	11 20.5	+ 44	28.1	280
Trieste Ast. Obs.	R A82	Trieste	+	13 52.5	+ 45	38.5	400
Turin Ast. Obs.	022	Pino Torinese	+	7 46.5	+ 45	02.3	622
Japan							
Dodaira Obs.	L 387	Tokyo/Mt. Dodaira	+ 139	11.8	+ 36	00.2	879
Hida Obs.		Kamitakara	+ 137	18.5	+ 36	14.9	1276
Hiraiso Solar Terr. Rsch. Center	R	Nakaminato	+ 140	37.5	+ 36	22.0	27
Kagoshima Space Center	R	Uchinoura	+ 131	04.0	+ 31	13.7	228
Kashima Space Research Center	R	Kashima	+ 140	39.8	+ 35	57.3	32
Kiso Obs.	381	Kiso	+ 137	37.7	+ 35	47.6	1130
Kwasan Obs.	377	Kyoto	+ 135	47.6	+ 34	59.7	221
Kyoto Univ. Ast. Dept. Obs.		Kyoto	+ 135	47.2	+ 35	01.7	86
Kyoto Univ. Physics Dept. Obs.		Kyoto	+ 135	47.2	+ 35	01.7	80
Mizusawa Astrogeodynamics Obs.		Mizusawa	+ 141	07.9	+ 39	08.1	61
Nagoya Univ. Fujigane Sta.	R	Kamiku Isshiki	+ 138	36.7	+ 35	25.6	1015
Nagoya Univ. Radio Ast. Lab.	R	Nagoya	+ 136	58.4	+ 35	08.9	75
Nagoya Univ. Sugadaira Sta.	R	Toyokawa	+ 138	19.3	+ 36	31.2	1280
Nagoya Univ. Toyokawa Sta.	R	Toyokawa	+ 137	22.2	+ 34	50.1	25
National Ast. Obs.	R 388	Mitaka	+ 139	32.5	+ 35	40.3	58
Nobeyama Cosmic Radio Obs.	R	Nobeyama	+ 138	29.0	+ 35	56.0	1350
Nobeyama Solar Radio Obs.	R	Nobeyama	+ 138	28.8	+ 35	56.3	1350
Norikura Solar Obs.	I 382	Matsumoto/Mt. Norikura	+ 137	33.3	+ 36	06.8	2876
Okayama Astrophysical Obs.	371	Kurashiki/Mt. Chikurin	+ 133	35.8	+ 34	34.4	372
Sendai Ast. Obs.	D93	Sendai	+ 140	51.9	+ 38	15.4	45
Simosato Hydrographic Obs.	R,L	Simosato	+ 135	56.4	+ 33	34.5	63
Sirahama Hydrographic Obs.		Sirahama	+ 138	59.3	+ 34	42.8	172
Tohoku Univ. Obs.		Sendai	+ 140	50.6	+ 38	15.4	153
Tokyo Hydrographic Obs.		Tokyo	+ 139	46.2	+ 35	39.7	41
Toyokawa Obs.	R	Toyokawa	+ 137	22.3	+ 34	50.2	18
Kazakhstan							
Mountain Obs.	210	Alma–Ata	+	76 57.4	+ 43	11.3	1450
Korea, Republic of							
Bohyunsan Optical Ast. Obs.	344	Youngchun/Mt. Bohyun	+ 128	58.6	+ 36	10.0	1127
Daeduk Radio Ast. Obs.	R	Taejeon	+ 127	22.3	+ 36	23.9	120
Korea Ast. Obs.		Taejeon	+ 127	22.3	+ 36	23.9	120
Sobaeksan Ast. Obs.	245	Danyang	+ 128	27.4	+ 36	56.0	1390

Observatory Name	MPC Code	Location	East Longitude ° '	Latitude ° '	Height (m.s.l.) m
Latvia					
Latvian State Univ. Ast. Obs.	L	Riga	+ 24 07.0	+ 56 57.1	39
Riga Radio–Astrophysical Obs.	R	Riga	+ 24 24.0	+ 56 47.0	75
Lithuania					
Moletai Ast. Obs.	152	Moletai	+ 25 33.8	+ 55 19.0	220
Vilnius Ast. Obs.	570	Vilnius	+ 25 17.2	+ 54 41.0	122
Mexico					
Guillermo Haro Astrophys. Obs.		Cananea/La Mariquita Mtn.	− 110 23.0	+ 31 03.2	2480
Large Millimeter Telescope (LMT)	R	Sierra Negra	− 97 10.9	+ 18 59.1	4600
National Ast. Obs.		San Felipe (Baja California)	− 115 27.8	+ 31 02.6	2830
National Ast. Obs.	R	Tonantzintla	− 98 18.8	+ 19 02.0	2150
Univ. Guanajuato Obs.		Mineral de La Luz (Guanajuato)	− 101 19.5	+ 21 03.2	2420
Netherlands					
Catholic Univ. Ast. Inst.		Nijmegen	+ 5 52.1	+ 51 49.5	62
Dwingeloo Radio Obs.	R	Dwingeloo	+ 6 23.8	+ 52 48.8	25
Kapteyn Obs.		Roden	+ 6 26.6	+ 53 07.7	12
Leiden Obs.	013	Leiden	+ 4 29.1	+ 52 09.3	12
Simon Stevin Obs.	R 505	Hoeven	+ 4 33.8	+ 51 34.0	9
Sonnenborgh Obs.	015	Utrecht	+ 5 07.8	+ 52 05.2	14
Westerbork Radio Ast. Obs.	R	Westerbork	+ 6 36.3	+ 52 55.0	16
New Zealand					
Auckland Obs.	467	Auckland	+ 174 46.7	− 36 54.4	80
Carter Obs.	485	Wellington	+ 174 46.0	− 41 17.2	129
Carter Obs. Sta.	483	Blenheim/Black Birch	+ 173 48.2	− 41 44.9	1396
Mount John Univ. Obs.	474	Lake Tekapo/Mt. John	+ 170 27.9	− 43 59.2	1027
Norway					
European Incoh. Scatter Facility	R	Tromsø	+ 19 31.2	+ 69 35.2	85
Skibotn Ast. Obs.	093	Skibotn	+ 20 21.9	+ 69 20.9	157
Philippine Islands					
Manila Obs.	R	Quezon City	+ 121 04.6	+ 14 38.2	58
Pagasa Ast. Obs.		Quezon City	+ 121 04.3	+ 14 39.2	70
Poland					
Astronomical Latitude Obs.	L 187	Borowiec	+ 17 04.5	+ 52 16.6	80
Jagellonian Obs. Ft. Skala Sta.	R	Cracow	+ 19 49.6	+ 50 03.3	314
Jagellonian Univ. Ast. Obs.	055	Cracow	+ 19 57.6	+ 50 03.9	225
Mount Suhora Obs.		Koninki/Mt. Suhora	+ 20 04.0	+ 49 34.2	1000
Piwnice Ast. Obs.	R 092	Piwnice	+ 18 33.4	+ 53 05.7	100
Poznań Univ. Ast. Obs.	L 047	Poznań	+ 16 52.7	+ 52 23.8	85
Warsaw Univ. Ast. Obs.	060	Ostrowik	+ 21 25.2	+ 52 05.4	138
Wroclaw Univ. Ast. Obs.		Wroclaw	+ 17 05.3	+ 51 06.7	115
Wroclaw Univ. Bialkow Sta.		Wasosz	+ 16 39.6	+ 51 28.5	140
Portugal					
Coimbra Ast. Obs.		Coimbra	− 8 25.8	+ 40 12.4	99
Lisbon Ast. Obs.	971	Lisbon	− 9 11.2	+ 38 42.7	111
Prof. Manuel de Barros Obs.	R	Vila Nova de Gaia	− 8 35.3	+ 41 06.5	232

Observatory Name	MPC Code	Location	East Longitude	Latitude	Height (m.s.l.)
			° ′	° ′	m
Puerto Rico					
Arecibo Obs.	R 251	Arecibo	− 66 45.2	+ 18 20.6	496
Romania					
Bucharest Ast. Obs.	073	Bucharest	+ 26 05.8	+ 44 24.8	81
Cluj–Napoca Ast. Obs.		Cluj–Napoca	+ 23 35.9	+ 46 42.8	750
Russia					
Engelhardt Ast. Obs.	136	Kazan	+ 48 48.9	+ 55 50.3	98
Irkutsk Ast. Obs.		Irkutsk	+ 104 20.7	+ 52 16.7	468
Kaliningrad Univ. Obs.	058	Kaliningrad	+ 20 29.7	+ 54 42.8	24
Kazan Univ. Obs.	135	Kazan	+ 49 07.3	+ 55 47.4	79
Pulkovo Obs.	R 084	Pulkovo	+ 30 19.6	+ 59 46.4	75
Pulkovo Obs. Sta.		Kislovodsk/Shat Jat Mass Mtn.	+ 42 31.8	+ 43 44.0	2130
Sayan Mtns. Radiophys. Obs.		Sayan Mountains	+ 102 12.5	+ 51 45.5	832
Special Astrophysical Obs.	R 115	Zelenchukskaya/Pasterkhov Mtn.	+ 41 26.5	+ 43 39.2	2100
St. Petersburg Univ. Obs.		St. Petersburg	+ 30 17.7	+ 59 56.5	3
Sternberg State Ast. Inst.	105	Moscow	+ 37 32.7	+ 55 42.0	195
Tomsk Univ. Obs.	236	Tomsk	+ 84 56.8	+ 56 28.1	130
Serbia					
Belgrade Ast. Obs.	057	Belgrade	+ 20 30.8	+ 44 48.2	253
Slovakia					
Lomnický Štít Coronal Obs.	059	Poprad/Mt. Lomnický Štít	+ 20 13.2	+ 49 11.8	2632
Skalnaté Pleso Obs.	056	Poprad	+ 20 14.7	+ 49 11.3	1783
Slovak Technical Univ. Obs.		Bratislava	+ 17 07.2	+ 48 09.3	171
South Africa, Republic of					
Boyden Obs.	074	Mazelspoort	+ 26 24.3	− 29 02.3	1387
Hartebeeshoek Radio Ast. Obs.	R	Hartebeeshoek	+ 27 41.1	− 25 53.4	1391
Leiden Obs. Southern Sta.	081	Hartebeespoort	+ 27 52.6	− 25 46.4	1220
South African Ast. Obs.	051	Cape Town	+ 18 28.7	− 33 56.1	18
South African Ast. Obs. Sta.		Sutherland	+ 20 48.7	− 32 22.7	1771
Southern African Large Telescope	B31	Sutherland	+ 20 48.6	− 32 22.8	1798
Spain					
Deep Space Sta.	R	Cebreros	− 4 22.0	+ 40 27.3	789
Deep Space Sta.	R	Robledo	− 4 14.9	+ 40 25.8	774
Ebro Obs.	R	Roquetas	+ 0 29.6	+ 40 49.2	50
German Spanish Ast. Center		Gérgal/Calar Alto Mtn.	− 2 32.2	+ 37 13.8	2168
Millimeter Radio Ast. Inst.	R	Granada/Pico Veleta	− 3 24.0	+ 37 04.1	2870
National Ast. Obs.	990	Madrid	− 3 41.1	+ 40 24.6	670
National Obs. Ast. Center	R 491	Yebes	− 3 06.0	+ 40 31.5	914
Naval Obs.	L	San Fernando	− 6 12.2	+ 36 28.0	27
Ramon Maria Aller Obs.		Santiago de Compostela	− 8 33.6	+ 42 52.5	240
Roque de los Muchachos Obs.		La Palma Island (Canaries)	− 17 52.9	+ 28 45.6	2326
Teide Obs.	R,I	Tenerife Island (Canaries)	− 16 29.8	+ 28 17.5	2395
Sweden					
European Incoh. Scatter Facility	R	Kiruna	+ 20 26.1	+ 67 51.6	418
Kvistaberg Obs.	049	Bro	+ 17 36.4	+ 59 30.1	33
Lund Obs.	039	Lund	+ 13 11.2	+ 55 41.9	34
Lund Obs. Jävan Sta.		Björnstorp	+ 13 26.0	+ 55 37.4	145
Onsala Space Obs.	R	Onsala	+ 11 55.1	+ 57 23.6	24
Stockholm Obs.	052	Saltsjöbaden	+ 18 18.5	+ 59 16.3	60

Observatory Name	MPC Code	Location	East Longitude		Latitude		Height (m.s.l.)
			° ′		° ′		m
Switzerland							
Arosa Astrophysical Obs.		Arosa	+	9 40.1	+ 46	47.0	2050
Basle Univ. Ast. Inst.		Binningen	+	7 35.0	+ 47	32.5	318
Cantonal Obs.	019	Neuchâtel	+	6 57.5	+ 46	59.9	488
Geneva Obs.	517	Sauverny	+	6 08.2	+ 46	18.4	465
Gornergrat North & South Obs.	R,I	Zermatt/Gornergrat	+	7 47.1	+ 45	59.1	3135
High Alpine Research Obs.		Mürren/Jungfraujoch	+	7 59.1	+ 46	32.9	3576
Inst. of Solar Research (IRSOL)		Locarno	+	8 47.4	+ 46	10.7	500
Specola Solar Obs.		Locarno	+	8 47.4	+ 46	10.4	365
Swiss Federal Obs.		Zürich	+	8 33.1	+ 47	22.6	469
Univ. of Lausanne Obs.		Chavannes–des–Bois	+	6 08.2	+ 46	18.4	465
Zimmerwald Obs.	026	Zimmerwald	+	7 27.9	+ 46	52.6	929
Tadzhikistan							
Inst. of Astrophysics	191	Dushanbe	+	68 46.9	+ 38	33.7	820
Taiwan (Republic of China)							
National Central Univ. Obs.		Chung–li	+	121 11.2	+ 24	58.2	152
Taipei Obs.		Taipei	+	121 31.6	+ 25	04.7	31
Turkey							
Ege Univ. Obs.		Bornova	+	27 16.5	+ 38	23.9	795
Istanbul Univ. Obs.	080	Istanbul	+	28 57.9	+ 41	00.7	65
Kandilli Obs.		Istanbul	+	29 03.7	+ 41	03.8	120
Tübitak National Obs.	A84	Antalya/Mt. Bakirlitepe	+	30 20.1	+ 36	49.5	2515
Univ. of Ankara Obs.	R	Ankara	+	32 46.8	+ 39	50.6	1266
Çanakkale Univ. Obs.		Ulupinar/Çanakkale	+	26 28.5	+ 40	06.0	410
Ukraine							
Crimean Astrophysical Obs.	095	Nauchnyi	+	34 01.0	+ 44	43.8	550
Crimean Astrophysical Obs.	R 094	Simeis	+	34 00.0	+ 44	32.4	676
Inst. of Radio Ast.	R	Kharkov	+	36 56.0	+ 49	38.0	150
Kharkov Univ. Ast. Obs.	101	Kharkov	+	36 13.9	+ 50	00.2	138
Kiev Univ. Obs.	085	Kiev	+	30 29.9	+ 50	27.2	184
Lvov Univ. Obs.	067	Lvov	+	24 01.8	+ 49	50.0	330
Main Ast. Obs.		Kiev	+	30 30.4	+ 50	21.9	188
Nikolaev Ast. Obs.	089	Nikolaev	+	31 58.5	+ 46	58.3	54
Odessa Obs.	086	Odessa	+	30 45.5	+ 46	28.6	60
United Kingdom							
Armagh Obs.	981	Armagh, Northern Ireland	−	6 38.9	+ 54	21.2	64
Cambridge Univ. Obs.	503	Cambridge, England	+	0 05.7	+ 52	12.8	30
Chilbolton Obs.	R	Chilbolton, England	−	1 26.2	+ 51	08.7	92
City Obs.	961	Edinburgh, Scotland	−	3 10.8	+ 55	57.4	107
Godlee Obs.		Manchester, England	−	2 14.0	+ 53	28.6	77
Jodrell Bank Obs.	R	Macclesfield, England	−	2 18.4	+ 53	14.2	78
Mills Obs.		Dundee, Scotland	−	3 00.7	+ 56	27.9	152
Mullard Radio Ast. Obs.	R	Cambridge, England	+	0 02.6	+ 52	10.2	17
Royal Obs. Edinburgh		Edinburgh, Scotland	−	3 11.0	+ 55	55.5	146
Satellite Laser Ranger Group	L 501	Herstmonceux, England	+	0 20.3	+ 50	52.0	31
Univ. of Glasgow Obs.		Glasgow, Scotland	−	4 18.3	+ 55	54.1	53
Univ. of London Obs.	998	Mill Hill, England	−	0 14.4	+ 51	36.8	81
Univ. of St. Andrews Obs.		St. Andrews, Scotland	−	2 48.9	+ 56	20.2	30

Observatory Name	MPC Code	Location	East Longitude	Latitude	Height (m.s.l.)
			° ′	° ′	m
United States of America					
Alabama					
Univ. of Alabama Obs.		Tuscaloosa	− 87 32.5	+ 33 12.6	87
Arizona					
Fred L. Whipple Obs.	696	Amado/Mt. Hopkins	− 110 52.6	+ 31 40.9	2344
Kitt Peak National Obs.	695	Tucson/Kitt Peak	− 111 36.0	+ 31 57.8	2120
Lowell Obs.	690	Flagstaff	− 111 39.9	+ 35 12.2	2219
Lowell Obs. Sta.	688	Flagstaff/Anderson Mesa	− 111 32.2	+ 35 05.8	2200
MMT Obs.		Amado/Mt. Hopkins	− 110 53.1	+ 31 41.3	2608
McGraw–Hill Obs.	697	Tucson/Kitt Peak	− 111 37.0	+ 31 57.0	1925
Mount Lemmon Infrared Obs. I	686	Tucson/Mt. Lemmon	− 110 47.5	+ 32 26.5	2776
National Radio Ast. Obs. R		Tucson/Kitt Peak	− 111 36.9	+ 31 57.2	1939
Northern Arizona Univ. Obs.	687	Flagstaff	− 111 39.2	+ 35 11.1	2110
Steward Obs.	692	Tucson	− 110 56.9	+ 32 14.0	757
Steward Obs. Catalina Sta.		Tucson/Mt. Bigelow	− 110 43.9	+ 32 25.0	2510
Steward Obs. Catalina Sta.		Tucson/Mt. Lemmon	− 110 47.3	+ 32 26.6	2790
Steward Obs. Catalina Sta.		Tucson/Tumamoc Hill	− 111 00.3	+ 32 12.8	950
Steward Obs. Sta.	691	Tucson/Kitt Peak	− 111 36.0	+ 31 57.8	2071
Submillimeter Telescope Obs. R		Safford/Mt. Graham	− 109 53.5	+ 32 42.1	3190
U.S. Naval Obs. Sta.	689	Flagstaff	− 111 44.4	+ 35 11.0	2316
Vatican Obs. Research Group I	290	Safford/Mt. Graham	− 109 53.5	+ 32 42.1	3181
Warner and Swasey Obs. Sta.		Tucson/Kitt Peak	− 111 35.9	+ 31 57.6	2084
California					
Big Bear Solar Obs.		Big Bear City	− 116 54.9	+ 34 15.2	2067
Chabot Space & Science Center	G58	Oakland	− 122 10.9	+ 37 49.1	476
Goldstone Complex R	252	Fort Irwin	− 116 50.9	+ 35 23.4	1036
Griffith Obs.		Los Angeles	− 118 17.9	+ 34 07.1	357
Hat Creek Radio Ast. Obs. R		Cassel	− 121 28.4	+ 40 49.1	1043
Leuschner Obs.	660	Lafayette	− 122 09.4	+ 37 55.1	304
Lick Obs.	662	San Jose/Mt. Hamilton	− 121 38.2	+ 37 20.6	1290
MIRA Oliver Observing Sta.		Monterey/Chews Ridge	− 121 34.2	+ 36 18.3	1525
Mount Laguna Obs. L		Mount Laguna	− 116 25.6	+ 32 50.4	1859
Mount Wilson Obs. R	672	Pasadena/Mt. Wilson	− 118 03.6	+ 34 13.0	1742
Owens Valley Radio Obs. R		Big Pine	− 118 16.9	+ 37 13.9	1236
Palomar Obs.	675	Palomar Mtn.	− 116 51.8	+ 33 21.4	1706
Radio Ast. Inst. R		Stanford	− 122 11.3	+ 37 23.9	80
SRI Radio Ast. Obs. R		Stanford	− 122 10.6	+ 37 24.3	168
San Fernando Obs. R		San Fernando	− 118 29.5	+ 34 18.5	371
Stanford Center for Radar Ast. R		Palo Alto	− 122 10.7	+ 37 27.5	172
Table Mountain Obs.	673	Wrightwood	− 117 40.9	+ 34 22.9	2285
Colorado					
Chamberlin Obs.	708	Denver	− 104 57.2	+ 39 40.6	1644
Chamberlin Obs. Sta.	707	Bailey/Dick Mtn.	− 105 26.2	+ 39 25.6	2675
Meyer–Womble Obs.		Georgetown/Mt. Evans	− 105 38.4	+ 39 35.2	4305
Sommers–Bausch Obs.	463	Boulder	− 105 15.8	+ 40 00.2	1653
Tiara Obs.		South Park	− 105 31.0	+ 38 58.2	2679
U.S. Air Force Academy Obs.	712	Colorado Springs	− 104 52.5	+ 39 00.4	2187
Connecticut					
John J. McCarthy Obs.	932	New Milford	− 73 25.6	+ 41 31.6	79
Van Vleck Obs.	298	Middletown	− 72 39.6	+ 41 33.3	65
Western Conn. State Univ. Obs.		Danbury	− 73 26.7	+ 41 24.0	128
Delaware					
Mount Cuba Ast. Obs.	788	Greenville	− 75 38.0	+ 39 47.1	92
District of Columbia					
Naval Rsch. Lab. Radio Ast. Obs. R		Washington	− 77 01.6	+ 38 49.3	30
U.S. Naval Obs.	786	Washington	− 77 04.0	+ 38 55.3	92

Observatory Name	MPC Code	Location	East Longitude	Latitude	Height (m.s.l.)
			° ′	° ′	m
USA, cont.					
Florida					
Brevard Community College Obs.	758	Cocoa	− 80 45.7	+ 28 23.1	17
Rosemary Hill Obs.	831	Bronson	− 82 35.2	+ 29 24.0	44
Univ. of Florida Radio Obs.	R	Old Town	− 83 02.1	+ 29 31.7	8
Georgia					
Bradley Obs.		Decatur	− 84 17.6	+ 33 45.9	316
Emory Univ. Obs.		Atlanta	− 84 19.6	+ 33 47.4	310
Fernbank Obs.		Atlanta	− 84 19.1	+ 33 46.7	320
Hard Labor Creek Obs.		Rutledge	− 83 35.6	+ 33 40.2	223
Hawaii					
C.E.K. Mees Solar Obs.		Kahului/Haleakala, Maui	− 156 15.4	+ 20 42.4	3054
Caltech Submillimeter Obs.	R	Hilo/Mauna Kea, Hawaii	− 155 28.5	+ 19 49.3	4072
Canada–France–Hawaii Tel. Corp.	I	Hilo/Mauna Kea, Hawaii	− 155 28.1	+ 19 49.5	4204
Gemini North Obs.		Hilo/Mauna Kea, Hawaii	− 155 28.1	+ 19 49.4	4213
Joint Astronomy Centre	R,I	Hilo/Mauna Kea, Hawaii	− 155 28.2	+ 19 49.3	4198
LURE Obs.	L	Kahului/Haleakala, Maui	− 156 15.5	+ 20 42.6	3049
Mauna Kea Obs.	I	568	Hilo/Mauna Kea, Hawaii	− 155 28.2	+ 19 49.4	4214
Mauna Loa Solar Obs.		Hilo/Mauna Loa, Hawaii	− 155 34.6	+ 19 32.1	3440
Subaru Tel.		Hilo/Mauna Kea, Hawaii	− 155 28.6	+ 19 49.5	4163
Submillimeter Array (SMA)	R	Hilo/Mauna Kea, Hawaii	− 155 28.7	+ 19 49.5	4080
W.M. Keck Obs.	917	Hilo/Mauna Kea, Hawaii	− 155 28.5	+ 19 49.6	4160
Illinois					
Dearborn Obs.	756	Evanston	− 87 40.5	+ 42 03.4	195
Indiana					
Goethe Link Obs.	760	Brooklyn	− 86 23.7	+ 39 33.0	300
Iowa					
Erwin W. Fick Obs.		Boone	− 93 56.5	+ 42 00.3	332
Grant O. Gale Obs.		Grinnell	− 92 43.2	+ 41 45.4	318
North Liberty Radio Obs.	R	North Liberty	− 91 34.5	+ 41 46.3	241
Kansas					
Clyde W. Tombaugh Obs.		Lawrence	− 95 15.0	+ 38 57.6	323
Zenas Crane Obs.		Topeka	− 95 41.8	+ 39 02.2	306
Kentucky					
Moore Obs.		Brownsboro	− 85 31.8	+ 38 20.1	216
Maryland					
GSFC Optical Test Site		Greenbelt	− 76 49.6	+ 39 01.3	53
Maryland Point Obs.	R	Riverside	− 77 13.9	+ 38 22.4	20
Univ. of Maryland Obs.	R	College Park	− 76 57.4	+ 39 00.1	53
Massachusetts					
Clay Center	I01	Brookline	− 71 08.0	+ 42 20.0	47
Five College Radio Ast. Obs.	R	New Salem	− 72 20.7	+ 42 23.5	314
George R. Wallace Jr. Aph. Obs.	810	Westford	− 71 29.1	+ 42 36.6	107
Harvard–Smithsonian Ctr. for Aph.	R	802	Cambridge	− 71 07.8	+ 42 22.8	24
Haystack Obs.	R	254	Westford	− 71 29.3	+ 42 37.4	146
Hopkins Obs.	R	Williamstown	− 73 12.1	+ 42 42.7	215
Judson B. Coit Obs.		Boston	− 71 06.3	+ 42 21.0	——
Maria Mitchell Obs.	811	Nantucket	− 70 06.3	+ 41 16.8	20
Millstone Hill Atm. Sci. Fac.	R	Westford	− 71 29.7	+ 42 36.6	146
Millstone Hill Radar Obs.	R	Westford	− 71 29.5	+ 42 37.0	156
Oak Ridge Obs.	R	Harvard	− 71 33.5	+ 42 30.3	185
Sagamore Hill Radio Obs.	R	Hamilton	− 70 49.3	+ 42 37.9	53
Westford Antenna Facility	R	Westford	− 71 29.7	+ 42 36.8	115
Whitin Obs.		Wellesley	− 71 18.2	+ 42 17.7	32
Michigan					
Brooks Obs.	746	Mount Pleasant	− 84 46.5	+ 43 35.3	258
Michigan State Univ. Obs.	766	East Lansing	− 84 29.0	+ 42 42.4	274
Univ. of Mich. Radio Ast. Obs.	R	Dexter	− 83 56.2	+ 42 23.9	345

Observatory Name	MPC Code	Location	East Longitude	Latitude	Height (m.s.l.)
			° ′	° ′	m
USA, cont.					
Minnesota					
O'Brien Obs.		Marine–on–St. Croix	− 92 46.6	+ 45 10.9	308
Missouri					
Morrison Obs.		Fayette	− 92 41.8	+ 39 09.1	228
Nebraska					
Behlen Obs.		Mead	− 96 26.8	+ 41 10.3	362
Nevada					
MacLean Obs.		Incline Village	− 119 55.7	+ 39 17.7	2546
New Hampshire					
Grainger Obs.		Exeter	− 70 56.5	+ 42 58.8	10
Shattuck Obs.		Hanover	− 72 17.0	+ 43 42.3	183
New Jersey					
Crawford Hill Obs.	R	Holmdel	− 74 11.2	+ 40 23.5	114
FitzRandolph Obs.	785	Princeton	− 74 38.8	+ 40 20.7	43
New Mexico					
Apache Point Obs.	705	Sunspot	− 105 49.2	+ 32 46.8	2781
Capilla Peak Obs.		Albuquerque/Capilla Peak	− 106 24.3	+ 34 41.8	2842
Magdalena Ridge Obs.	H01	Socorro/South Baldy Peak	− 107 11.4	+ 33 59.1	3244
National Radio Ast. Obs.	R	Socorro	− 107 37.1	+ 34 04.7	2124
National Solar Obs.		Sunspot	− 105 49.2	+ 32 47.2	2811
New Mexico State Univ. Obs. Sta.		Las Cruces/Blue Mesa	− 107 09.9	+ 32 29.5	2025
New Mexico State Univ. Obs. Sta.		Las Cruces/Tortugas Mtn.	− 106 41.8	+ 32 17.6	1505
New York					
C.E. Kenneth Mees Obs.		Bristol Springs	− 77 24.5	+ 42 42.0	701
Hartung–Boothroyd Obs.	H81	Ithaca	− 76 23.1	+ 42 27.5	534
Reynolds Obs.	H91	Potsdam	− 74 57.1	+ 44 40.7	140
Rutherfurd Obs.	795	New York	− 73 57.5	+ 40 48.6	25
Syracuse Univ. Obs.		Syracuse	− 76 08.3	+ 43 02.2	160
North Carolina					
Dark Sky Obs.		Boone	− 81 24.7	+ 36 15.1	926
Morehead Obs.		Chapel Hill	− 79 03.0	+ 35 54.8	161
Pisgah Ast. Rsch. Inst. (PARI)		Rosman	− 82 52.3	+ 35 12.0	892
Three College Obs.		Saxapahaw	− 79 24.4	+ 35 56.7	183
Ohio					
Cincinnati Obs.	765	Cincinnati	− 84 25.4	+ 39 08.3	247
Nassau Ast. Obs.	774	Montville	− 81 04.5	+ 41 35.5	390
Perkins Obs.	H69	Delaware	− 83 03.3	+ 40 15.1	280
Ritter Obs.		Toledo	− 83 36.8	+ 41 39.7	201
Pennsylvania					
Allegheny Obs.	778	Pittsburgh	− 80 01.3	+ 40 29.0	380
Bucknell Univ. Obs.		Lewisburg	− 76 52.9	+ 40 57.1	170
Kutztown Univ. Obs.		Kutztown	− 75 47.1	+ 40 30.9	158
Sproul Obs.		Swarthmore	− 75 21.4	+ 39 54.3	63
Strawbridge Obs.	R 437	Haverford	− 75 18.2	+ 40 00.7	116
The Franklin Inst. Obs.		Philadelphia	− 75 10.4	+ 39 57.5	30
Villanova Univ. Obs.	R	Villanova	− 75 20.5	+ 40 02.4	——
Rhode Island					
Ladd Obs.		Providence	− 71 24.0	+ 41 50.3	69
South Carolina					
Melton Memorial Obs.		Columbia	− 81 01.6	+ 33 59.8	98
Univ. of S.C. Radio Obs.	R	Columbia	− 81 01.9	+ 33 59.8	127
Tennessee					
Arthur J. Dyer Obs.	759	Nashville	− 86 48.3	+ 36 03.1	345
Montgomery Bell Academy Obs.		McMinville/Long Mountain	− 85 36.6	+ 35 40.8	538

Observatory Name		MPC Code	Location	East Longitude	Latitude	Height (m.s.l.)
				° ′	° ′	m
USA, cont.						
Texas						
George R. Agassiz Sta.	R		Fort Davis	− 103 56.8	+ 30 38.1	1603
McDonald Obs.	L	711	Fort Davis/Mt. Locke	− 104 01.3	+ 30 40.3	2075
Millimeter Wave Obs.	R		Fort Davis/Mt. Locke	− 104 01.7	+ 30 40.3	2031
Virginia						
Leander McCormick Obs.		780	Charlottesville	− 78 31.4	+ 38 02.0	264
Leander McCormick Obs. Sta.			Charlottesville/Fan Mtn.	− 78 41.6	+ 37 52.7	566
Washington						
Manastash Ridge Obs.		664	Ellensburg/Manastash Ridge	− 120 43.4	+ 46 57.1	1198
West Virginia						
National Radio Ast. Obs.	R	256	Green Bank	− 79 50.5	+ 38 25.8	836
Naval Research Lab. Radio Sta.	R		Sugar Grove	− 79 16.4	+ 38 31.2	705
Wisconsin						
Pine Bluff Obs.			Pine Bluff	− 89 41.1	+ 43 04.7	366
Thompson Obs.			Beloit	− 89 01.9	+ 42 30.3	255
Washburn Obs.		753	Madison	− 89 24.5	+ 43 04.6	292
Yerkes Obs.		754	Williams Bay	− 88 33.4	+ 42 34.2	334
Wyoming						
Wyoming Infrared Obs.	I		Jelm/Jelm Mtn.	− 105 58.6	+ 41 05.9	2943
Uruguay						
Los Molinos Ast. Obs.		844	Montevideo	− 56 11.4	− 34 45.3	110
Montevideo Obs.			Montevideo	− 56 12.8	− 34 54.6	24
Uzbekistan						
Maidanak Ast. Obs.			Kitab/Mt. Maidanak	+ 66 54.0	+ 38 41.1	2500
Tashkent Obs.		192	Tashkent	+ 69 17.6	+ 41 19.5	477
Uluk–Bek Latitude Sta.		186	Kitab	+ 66 52.9	+ 39 08.0	658
Vatican City State						
Vatican Obs.		036	Castel Gandolfo	+ 12 39.1	+ 41 44.8	450
Venezuela						
Cagigal Obs.			Caracas	− 66 55.7	+ 10 30.4	1026
Llano del Hato Obs.		303	Mérida	− 70 52.0	+ 8 47.4	3610

CONTENTS OF SECTION K

 This symbol indicates that these data or auxiliary material may also be found on *The Astronomical Almanac Online* at **http://asa.usno.navy.mil** and **http://asa.hmnao.com**

CONVERSION FOR PRE–JANUARY AND POST–DECEMBER DATES

Tabulated Date	Equivalent Date in Previous Year	Tabulated Date	Equivalent Date in Previous Year	Tabulated Date	Equivalent Date in Subsequent Year	Tabulated Date	Equivalent Date in Subsequent Year
Jan. − 39	Nov. 22	Jan. − 19	Dec. 12	Dec. 32	Jan. 1	Dec. 52	Jan. 21
− 38	23	− 18	13	33	2	53	22
− 37	24	− 17	14	34	3	54	23
− 36	25	− 16	15	35	4	55	24
− 35	26	− 15	16	36	5	56	25
Jan. − 34	Nov. 27	Jan. − 14	Dec. 17	Dec. 37	Jan. 6	Dec. 57	Jan. 26
− 33	28	− 13	18	38	7	58	27
− 32	29	− 12	19	39	8	59	28
− 31	30	− 11	20	40	9	60	29
− 30	1	− 10	21	41	10	61	30
Jan. − 29	Dec. 2	Jan. − 9	Dec. 22	Dec. 42	Jan. 11	Dec. 62	Jan. 31
− 28	3	− 8	23	43	12	63	Feb. 1
− 27	4	− 7	24	44	13	64	2
− 26	5	− 6	25	45	14	65	3
− 25	6	− 5	26	46	15	66	4
Jan. − 24	Dec. 7	Jan. − 4	Dec. 27	Dec. 47	Jan. 16	Dec. 67	Feb. 5
− 23	8	− 3	28	48	17	68	6
− 22	9	− 2	29	49	18	69	7
− 21	10	− 1	30	50	19	70	8
− 20	11	Jan. 0	Dec. 31	51	20	71	9

JULIAN DAY NUMBER, 1950–2000

OF DAY COMMENCING AT GREENWICH NOON ON:

Year	Jan. 0	Feb. 0	Mar. 0	Apr. 0	May 0	June 0	July 0	Aug. 0	Sept. 0	Oct. 0	Nov. 0	Dec. 0
1950	243 3282	3313	3341	3372	3402	3433	3463	3494	3525	3555	3586	3616
1951	3647	3678	3706	3737	3767	3798	3828	3859	3890	3920	3951	3981
1952	4012	4043	4072	4103	4133	4164	4194	4225	4256	4286	4317	4347
1953	4378	4409	4437	4468	4498	4529	4559	4590	4621	4651	4682	4712
1954	4743	4774	4802	4833	4863	4894	4924	4955	4986	5016	5047	5077
1955	243 5108	5139	5167	5198	5228	5259	5289	5320	5351	5381	5412	5442
1956	5473	5504	5533	5564	5594	5625	5655	5686	5717	5747	5778	5808
1957	5839	5870	5898	5929	5959	5990	6020	6051	6082	6112	6143	6173
1958	6204	6235	6263	6294	6324	6355	6385	6416	6447	6477	6508	6538
1959	6569	6600	6628	6659	6689	6720	6750	6781	6812	6842	6873	6903
1960	243 6934	6965	6994	7025	7055	7086	7116	7147	7178	7208	7239	7269
1961	7300	7331	7359	7390	7420	7451	7481	7512	7543	7573	7604	7634
1962	7665	7696	7724	7755	7785	7816	7846	7877	7908	7938	7969	7999
1963	8030	8061	8089	8120	8150	8181	8211	8242	8273	8303	8334	8364
1964	8395	8426	8455	8486	8516	8547	8577	8608	8639	8669	8700	8730
1965	243 8761	8792	8820	8851	8881	8912	8942	8973	9004	9034	9065	9095
1966	9126	9157	9185	9216	9246	9277	9307	9338	9369	9399	9430	9460
1967	9491	9522	9550	9581	9611	9642	9672	9703	9734	9764	9795	9825
1968	243 9856	9887	9916	9947	9977	*0008	*0038	*0069	*0100	*0130	*0161	*0191
1969	244 0222	0253	0281	0312	0342	0373	0403	0434	0465	0495	0526	0556
1970	244 0587	0618	0646	0677	0707	0738	0768	0799	0830	0860	0891	0921
1971	0952	0983	1011	1042	1072	1103	1133	1164	1195	1225	1256	1286
1972	1317	1348	1377	1408	1438	1469	1499	1530	1561	1591	1622	1652
1973	1683	1714	1742	1773	1803	1834	1864	1895	1926	1956	1987	2017
1974	2048	2079	2107	2138	2168	2199	2229	2260	2291	2321	2352	2382
1975	244 2413	2444	2472	2503	2533	2564	2594	2625	2656	2686	2717	2747
1976	2778	2809	2838	2869	2899	2930	2960	2991	3022	3052	3083	3113
1977	3144	3175	3203	3234	3264	3295	3325	3356	3387	3417	3448	3478
1978	3509	3540	3568	3599	3629	3660	3690	3721	3752	3782	3813	3843
1979	3874	3905	3933	3964	3994	4025	4055	4086	4117	4147	4178	4208
1980	244 4239	4270	4299	4330	4360	4391	4421	4452	4483	4513	4544	4574
1981	4605	4636	4664	4695	4725	4756	4786	4817	4848	4878	4909	4939
1982	4970	5001	5029	5060	5090	5121	5151	5182	5213	5243	5274	5304
1983	5335	5366	5394	5425	5455	5486	5516	5547	5578	5608	5639	5669
1984	5700	5731	5760	5791	5821	5852	5882	5913	5944	5974	6005	6035
1985	244 6066	6097	6125	6156	6186	6217	6247	6278	6309	6339	6370	6400
1986	6431	6462	6490	6521	6551	6582	6612	6643	6674	6704	6735	6765
1987	6796	6827	6855	6886	6916	6947	6977	7008	7039	7069	7100	7130
1988	7161	7192	7221	7252	7282	7313	7343	7374	7405	7435	7466	7496
1989	7527	7558	7586	7617	7647	7678	7708	7739	7770	7800	7831	7861
1990	244 7892	7923	7951	7982	8012	8043	8073	8104	8135	8165	8196	8226
1991	8257	8288	8316	8347	8377	8408	8438	8469	8500	8530	8561	8591
1992	8622	8653	8682	8713	8743	8774	8804	8835	8866	8896	8927	8957
1993	8988	9019	9047	9078	9108	9139	9169	9200	9231	9261	9292	9322
1994	9353	9384	9412	9443	9473	9504	9534	9565	9596	9626	9657	9687
1995	244 9718	9749	9777	9808	9838	9869	9899	9930	9961	9991	*0022	*0052
1996	245 0083	0114	0143	0174	0204	0235	0265	0296	0327	0357	0388	0418
1997	0449	0480	0508	0539	0569	0600	0630	0661	0692	0722	0753	0783
1998	0814	0845	0873	0904	0934	0965	0995	1026	1057	1087	1118	1148
1999	1179	1210	1238	1269	1299	1330	1360	1391	1422	1452	1483	1513
2000	245 1544	1575	1604	1635	1665	1696	1726	1757	1788	1818	1849	1879

OF DAY COMMENCING AT GREENWICH NOON ON:

Year	Jan. 0	Feb. 0	Mar. 0	Apr. 0	May 0	June 0	July 0	Aug. 0	Sept. 0	Oct. 0	Nov. 0	Dec. 0
2000	245 1544	1575	1604	1635	1665	1696	1726	1757	1788	1818	1849	1879
2001	1910	1941	1969	2000	2030	2061	2091	2122	2153	2183	2214	2244
2002	2275	2306	2334	2365	2395	2426	2456	2487	2518	2548	2579	2609
2003	2640	2671	2699	2730	2760	2791	2821	2852	2883	2913	2944	2974
2004	3005	3036	3065	3096	3126	3157	3187	3218	3249	3279	3310	3340
2005	245 3371	3402	3430	3461	3491	3522	3552	3583	3614	3644	3675	3705
2006	3736	3767	3795	3826	3856	3887	3917	3948	3979	4009	4040	4070
2007	4101	4132	4160	4191	4221	4252	4282	4313	4344	4374	4405	4435
2008	4466	4497	4526	4557	4587	4618	4648	4679	4710	4740	4771	4801
2009	4832	4863	4891	4922	4952	4983	5013	5044	5075	5105	5136	5166
2010	245 5197	5228	5256	5287	5317	5348	5378	5409	5440	5470	5501	5531
2011	5562	5593	5621	5652	5682	5713	5743	5774	5805	5835	5866	5896
2012	5927	5958	5987	6018	6048	6079	6109	6140	6171	6201	6232	6262
2013	6293	6324	6352	6383	6413	6444	6474	6505	6536	6566	6597	6627
2014	6658	6689	6717	6748	6778	6809	6839	6870	6901	6931	6962	6992
2015	245 7023	7054	7082	7113	7143	7174	7204	7235	7266	7296	7327	7357
2016	7388	7419	7448	7479	7509	7540	7570	7601	7632	7662	7693	7723
2017	7754	7785	7813	7844	7874	7905	7935	7966	7997	8027	8058	8088
2018	8119	8150	8178	8209	8239	8270	8300	8331	8362	8392	8423	8453
2019	8484	8515	8543	8574	8604	8635	8665	8696	8727	8757	8788	8818
2020	245 8849	8880	8909	8940	8970	9001	9031	9062	9093	9123	9154	9184
2021	9215	9246	9274	9305	9335	9366	9396	9427	9458	9488	9519	9549
2022	9580	9611	9639	9670	9700	9731	9761	9792	9823	9853	9884	9914
2023	245 9945	9976	*0004	*0035	*0065	*0096	*0126	*0157	*0188	*0218	*0249	*0279
2024	246 0310	0341	0370	0401	0431	0462	0492	0523	0554	0584	0615	0645
2025	246 0676	0707	0735	0766	0796	0827	0857	0888	0919	0949	0980	1010
2026	1041	1072	1100	1131	1161	1192	1222	1253	1284	1314	1345	1375
2027	1406	1437	1465	1496	1526	1557	1587	1618	1649	1679	1710	1740
2028	1771	1802	1831	1862	1892	1923	1953	1984	2015	2045	2076	2106
2029	2137	2168	2196	2227	2257	2288	2318	2349	2380	2410	2441	2471
2030	246 2502	2533	2561	2592	2622	2653	2683	2714	2745	2775	2806	2836
2031	2867	2898	2926	2957	2987	3018	3048	3079	3110	3140	3171	3201
2032	3232	3263	3292	3323	3353	3384	3414	3445	3476	3506	3537	3567
2033	3598	3629	3657	3688	3718	3749	3779	3810	3841	3871	3902	3932
2034	3963	3994	4022	4053	4083	4114	4144	4175	4206	4236	4267	4297
2035	246 4328	4359	4387	4418	4448	4479	4509	4540	4571	4601	4632	4662
2036	4693	4724	4753	4784	4814	4845	4875	4906	4937	4967	4998	5028
2037	5059	5090	5118	5149	5179	5210	5240	5271	5302	5332	5363	5393
2038	5424	5455	5483	5514	5544	5575	5605	5636	5667	5697	5728	5758
2039	5789	5820	5848	5879	5909	5940	5970	6001	6032	6062	6093	6123
2040	246 6154	6185	6214	6245	6275	6306	6336	6367	6398	6428	6459	6489
2041	6520	6551	6579	6610	6640	6671	6701	6732	6763	6793	6824	6854
2042	6885	6916	6944	6975	7005	7036	7066	7097	7128	7158	7189	7219
2043	7250	7281	7309	7340	7370	7401	7431	7462	7493	7523	7554	7584
2044	7615	7646	7675	7706	7736	7767	7797	7828	7859	7889	7920	7950
2045	246 7981	8012	8040	8071	8101	8132	8162	8193	8224	8254	8285	8315
2046	8346	8377	8405	8436	8466	8497	8527	8558	8589	8619	8650	8680
2047	8711	8742	8770	8801	8831	8862	8892	8923	8954	8984	9015	9045
2048	9076	9107	9136	9167	9197	9228	9258	9289	9320	9350	9381	9411
2049	9442	9473	9501	9532	9562	9593	9623	9654	9685	9715	9746	9776
2050	246 9807	9838	9866	9897	9927	9958	9988	*0019	*0050	*0080	*0111	*0141

JULIAN DAY NUMBER, 2050–2100

OF DAY COMMENCING AT GREENWICH NOON ON:

Year	Jan. 0	Feb. 0	Mar. 0	Apr. 0	May 0	June 0	July 0	Aug. 0	Sept. 0	Oct. 0	Nov. 0	Dec. 0
2050	246 9807	9838	9866	9897	9927	9958	9988	*0019	*0050	*0080	*0111	*0141
2051	247 0172	0203	0231	0262	0292	0323	0353	0384	0415	0445	0476	0506
2052	0537	0568	0597	0628	0658	0689	0719	0750	0781	0811	0842	0872
2053	0903	0934	0962	0993	1023	1054	1084	1115	1146	1176	1207	1237
2054	1268	1299	1327	1358	1388	1419	1449	1480	1511	1541	1572	1602
2055	247 1633	1664	1692	1723	1753	1784	1814	1845	1876	1906	1937	1967
2056	1998	2029	2058	2089	2119	2150	2180	2211	2242	2272	2303	2333
2057	2364	2395	2423	2454	2484	2515	2545	2576	2607	2637	2668	2698
2058	2729	2760	2788	2819	2849	2880	2910	2941	2972	3002	3033	3063
2059	3094	3125	3153	3184	3214	3245	3275	3306	3337	3367	3398	3428
2060	247 3459	3490	3519	3550	3580	3611	3641	3672	3703	3733	3764	3794
2061	3825	3856	3884	3915	3945	3976	4006	4037	4068	4098	4129	4159
2062	4190	4221	4249	4280	4310	4341	4371	4402	4433	4463	4494	4524
2063	4555	4586	4614	4645	4675	4706	4736	4767	4798	4828	4859	4889
2064	4920	4951	4980	5011	5041	5072	5102	5133	5164	5194	5225	5255
2065	247 5286	5317	5345	5376	5406	5437	5467	5498	5529	5559	5590	5620
2066	5651	5682	5710	5741	5771	5802	5832	5863	5894	5924	5955	5985
2067	6016	6047	6075	6106	6136	6167	6197	6228	6259	6289	6320	6350
2068	6381	6412	6441	6472	6502	6533	6563	6594	6625	6655	6686	6716
2069	6747	6778	6806	6837	6867	6898	6928	6959	6990	7020	7051	7081
2070	247 7112	7143	7171	7202	7232	7263	7293	7324	7355	7385	7416	7446
2071	7477	7508	7536	7567	7597	7628	7658	7689	7720	7750	7781	7811
2072	7842	7873	7902	7933	7963	7994	8024	8055	8086	8116	8147	8177
2073	8208	8239	8267	8298	8328	8359	8389	8420	8451	8481	8512	8542
2074	8573	8604	8632	8663	8693	8724	8754	8785	8816	8846	8877	8907
2075	247 8938	8969	8997	9028	9058	9089	9119	9150	9181	9211	9242	9272
2076	9303	9334	9363	9394	9424	9455	9485	9516	9547	9577	9608	9638
2077	247 9669	9700	9728	9759	9789	9820	9850	9881	9912	9942	9973	*0003
2078	248 0034	0065	0093	0124	0154	0185	0215	0246	0277	0307	0338	0368
2079	0399	0430	0458	0489	0519	0550	0580	0611	0642	0672	0703	0733
2080	248 0764	0795	0824	0855	0885	0916	0946	0977	1008	1038	1069	1099
2081	1130	1161	1189	1220	1250	1281	1311	1342	1373	1403	1434	1464
2082	1495	1526	1554	1585	1615	1646	1676	1707	1738	1768	1799	1829
2083	1860	1891	1919	1950	1980	2011	2041	2072	2103	2133	2164	2194
2084	2225	2256	2285	2316	2346	2377	2407	2438	2469	2499	2530	2560
2085	248 2591	2622	2650	2681	2711	2742	2772	2803	2834	2864	2895	2925
2086	2956	2987	3015	3046	3076	3107	3137	3168	3199	3229	3260	3290
2087	3321	3352	3380	3411	3441	3472	3502	3533	3564	3594	3625	3655
2088	3686	3717	3746	3777	3807	3838	3868	3899	3930	3960	3991	4021
2089	4052	4083	4111	4142	4172	4203	4233	4264	4295	4325	4356	4386
2090	248 4417	4448	4476	4507	4537	4568	4598	4629	4660	4690	4721	4751
2091	4782	4813	4841	4872	4902	4933	4963	4994	5025	5055	5086	5116
2092	5147	5178	5207	5238	5268	5299	5329	5360	5391	5421	5452	5482
2093	5513	5544	5572	5603	5633	5664	5694	5725	5756	5786	5817	5847
2094	5878	5909	5937	5968	5998	6029	6059	6090	6121	6151	6182	6212
2095	248 6243	6274	6302	6333	6363	6394	6424	6455	6486	6516	6547	6577
2096	6608	6639	6668	6699	6729	6760	6790	6821	6852	6882	6913	6943
2097	6974	7005	7033	7064	7094	7125	7155	7186	7217	7247	7278	7308
2098	7339	7370	7398	7429	7459	7490	7520	7551	7582	7612	7643	7673
2099	7704	7735	7763	7794	7824	7855	7885	7916	7947	7977	8008	8038
2100	248 8069	8100	8128	8159	8189	8220	8250	8281	8312	8342	8373	8403

The Julian date (JD) corresponding to any instant is the interval in mean solar days elapsed since 4713 BC January 1 at Greenwich mean noon (12^h UT). To determine the JD at 0^h UT for a given Gregorian calendar date, sum the values from Table A for century, Table B for year and Table C for month; then add the day of the month. Julian dates for the current year are given on page B3.

A. Julian date at January 0^d 0^h UT of centurial year

Year	1600†	1700	1800	1900	2000†	2100
Julian date	230 5447·5	234 1971·5	237 8495·5	241 5019·5	245 1544·5	248 8068·5

† Centurial years that are exactly divisible by 400 are leap years in the Gregorian calendar. To determine the JD for any date in such a year, subtract 1 from the JD in Table A and use the leap year portion of Table C. (For 1600 and 2000 the JDs tabulated in Table A are actually for January 1^d 0^h.)

B. Addition to give Julian date for January 0^d 0^h UT of year

Year	Add	Year	Add	Year	Add	Year	Add
0	0	25	9131	50	18262	75	27393
1	365	26	9496	51	18627	76*	27758
2	730	27	9861	52*	18992	77	28124
3	1095	28*	10226	53	19358	78	28489
4*	1460	29	10592	54	19723	79	28854
5	1826	30	10957	55	20088	80*	29219
6	2191	31	11322	56*	20453	81	29585
7	2556	32*	11687	57	20819	82	29950
8*	2921	33	12053	58	21184	83	30315
9	3287	34	12418	59	21549	84*	30680
10	3652	35	12783	60*	21914	85	31046
11	4017	36*	13148	61	22280	86	31411
12*	4382	37	13514	62	22645	87	31776
13	4748	38	13879	63	23010	88*	32141
14	5113	39	14244	64*	23375	89	32507
15	5478	40*	14609	65	23741	90	32872
16*	5843	41	14975	66	24106	91	33237
17	6209	42	15340	67	24471	92*	33602
18	6574	43	15705	68*	24836	93	33968
19	6939	44*	16070	69	25202	94	34333
20*	7304	45	16436	70	25567	95	34698
21	7670	46	16801	71	25932	96*	35063
22	8035	47	17166	72*	26297	97	35429
23	8400	48*	17531	73	26663	98	35794
24*	8765	49	17897	74	27028	99	36159

* Leap years

Examples

a. 1981 November 14

Table A	
1900 Jan. 0	241 5019·5
+ Table B	+ 2 9585
1981 Jan. 0	244 4604·5
+ Table C (n.y.)	+ 304
1981 Nov. 0	244 4908·5
+ Day of Month	+ 14
1981 Nov. 14	244 4922·5

b. 2000 September 24

Table A	
2000 Jan. 1	245 1544·5
− 1 (for 2000)	− 1
2000 Jan. 0	245 1543·5
+ Table B	+ 0
2000 Jan. 0	245 1543·5
+ Table C (l.y.)	+ 244
2000 Sept. 0	245 1787·5
+ Day of Month	+ 24
2000 Sept. 24	245 1811·5

c. 2006 June 21

Table A	
2000 Jan. 1	245 1544·5
+ Table B	+ 2191
2006 Jan. 0	245 3735·5
+ Table C (n.y.)	+ 151
2006 June 0	245 3886·5
+ Day of Month	+ 21
2006 June 21	245 3907·5

C. Addition to give Julian date for beginning of month (0^d 0^h UT)

	Jan.	Feb.	Mar.	Apr.	May	June	July	Aug.	Sept.	Oct.	Nov.	Dec.
Normal year	0	31	59	90	120	151	181	212	243	273	304	334
Leap year	0	31	60	91	121	152	182	213	244	274	305	335

WARNING: prior to 1925 Greenwich mean noon (i.e. 12^h UT) was usually denoted by 0^h GMT in astronomical publications.

Conversions between Calendar dates and Julian dates may be performed using the USNO utility which is located under "Data Services" on the Astronomical Applications web pages (see page x).

Selected Astronomical Constants

The IAU 2009 System of Astronomical Constants (1) as published in the Report of the IAU Working Group on Numerical Standards for Fundamental Astronomy (NSFA, 2011) and updated by resolution B2 of the IAU XXVIII General Assembly (2012), (2) planetary equatorial radii, taken from the report of the IAU WG on Cartographic Coordinates and Rotational Elements: 2009 (2011), and lastly (3) other useful constants. For each quantity the list tabulates its description, symbol and value, and to the right, as appropriate, its uncertainty in units that the quantity is given in. Further information is given at the foot of the table on the next page.

1   IAU 2009/2012 System of Astronomical Constants[1]

1.1 Natural Defining Constant:

Speed of light $\qquad c = 299\ 792\ 458\ \mathrm{m\,s^{-1}}$

1.2 Auxiliary Defining Constants:

Astronomical unit[2]	$au = 149\ 597\ 870\ 700\ \mathrm{m}$	
$1 - d(TT)/d(TCG)$	$L_G = 6\cdot969\ 290\ 134 \times 10^{-10}$	
$1 - d(TDB)/d(TCB)$	$L_B = 1\cdot550\ 519\ 768 \times 10^{-8}$	
$TDB - TCB$ at $T_0 = 244\ 3144\cdot5003\ 725(TCB)$	$TDB_0 = -6\cdot55 \times 10^{-5}\ \mathrm{s}$	
Earth rotation angle (ERA) at J2000·0 UT1	$\theta_0 = 0\cdot779\ 057\ 273\ 2640$ revolutions	
Rate of advance of ERA	$\dot{\theta} = 1\cdot002\ 737\ 811\ 911\ 354\ 48$ revolutions UT1-day^{-1}	

1.3 Natural Measurable Constant:

Constant of gravitation $\qquad G = 6\cdot674\ 28 \times 10^{-11}\ \mathrm{m^3\,kg^{-1}\,s^{-2}} \qquad \pm6\cdot7 \times 10^{-15}$

1.4 Other Constants:

Average value of $1 - d(TCG)/d(TCB)$ $\qquad L_C = 1\cdot480\ 826\ 867\ 41 \times 10^{-8} \qquad \pm2 \times 10^{-17}$

1.5 Body Constants:

Solar mass parameter[2]	$GM_S = 1\cdot327\ 124\ 420\ 99 \times 10^{20}\ \mathrm{m^3\,s^{-2}}$ (TCB)	$\pm1 \times 10^{10}$
	$= 1\cdot327\ 124\ 400\ 41 \times 10^{20}\ \mathrm{m^3\,s^{-2}}$ (TDB)	$\pm1 \times 10^{10}$
Equatorial radius for Earth	$a_E = a_e = 6\ 378\ 136\cdot6\ \mathrm{m}$ (TT)	$\pm0\cdot1$
Dynamical form-factor for the Earth	$J_2 = 0\cdot001\ 082\ 635\ 9$	$\pm1 \times 10^{-10}$
Time rate of change in J_2	$\dot{J}_2 = -3\cdot0 \times 10^{-9}\ \mathrm{cy^{-1}}$	$\pm6 \times 10^{-10}$
Geocentric gravitational constant	$GM_E = 3\cdot986\ 004\ 418 \times 10^{14}\ \mathrm{m^3\,s^{-2}}$ (TCB)	$\pm8 \times 10^{5}$
	$= 3\cdot986\ 004\ 415 \times 10^{14}\ \mathrm{m^3\,s^{-2}}$ (TT)	$\pm8 \times 10^{5}$
	$= 3\cdot986\ 004\ 356 \times 10^{14}\ \mathrm{m^3\,s^{-2}}$ (TDB)	$\pm8 \times 10^{5}$
Potential of the geoid	$W_0 = 6\cdot263\ 685\ 60 \times 10^{7}\ \mathrm{m^2\,s^{-2}}$	$\pm0\cdot5$
Nominal mean angular velocity of the Earth	$\omega = 7\cdot292\ 115 \times 10^{-5}\ \mathrm{rad\,s^{-1}}$ (TT)	
Mass Ratio: Moon to Earth	$M_M/M_E = 1\cdot230\ 003\ 71 \times 10^{-2}$	$\pm4 \times 10^{-10}$

Ratio of the mass of the Sun to the mass of the Body

Mass Ratio: Sun to Mercury[3]	$M_S/M_{Me} = 6\cdot023\ 6 \times 10^{6}$	$\pm3 \times 10^{2}$
Mass Ratio: Sun to Venus	$M_S/M_{Ve} = 4\cdot085\ 237\ 19 \times 10^{5}$	$\pm8 \times 10^{-3}$
Mass Ratio: Sun to Mars	$M_S/M_{Ma} = 3\cdot098\ 703\ 59 \times 10^{6}$	$\pm2 \times 10^{-2}$
Mass Ratio: Sun to Jupiter	$M_S/M_J = 1\cdot047\ 348\ 644 \times 10^{3}$	$\pm1\cdot7 \times 10^{-5}$
Mass Ratio: Sun to Saturn	$M_S/M_{Sa} = 3\cdot497\ 9018 \times 10^{3}$	$\pm1 \times 10^{-4}$
Mass Ratio: Sun to Uranus[3]	$M_S/M_U = 2\cdot290\ 298 \times 10^{4}$	$\pm3 \times 10^{-2}$
Mass Ratio: Sun to Neptune	$M_S/M_N = 1\cdot941\ 226 \times 10^{4}$	$\pm3 \times 10^{-2}$
Mass Ratio: Sun to (134340) Pluto[3]	$M_S/M_P = 1\cdot365\ 66 \times 10^{8}$	$\pm2\cdot8 \times 10^{4}$
Mass Ratio: Sun to (136199) Eris	$M_S/M_{Eris} = 1\cdot191 \times 10^{8}$	$\pm1\cdot4 \times 10^{6}$

Ratio of the mass of the Body to the mass of the Sun

Mass Ratio: (1) Ceres to Sun	$M_{Ceres}/M_S = 4\cdot72 \times 10^{-10}$	$\pm3 \times 10^{-12}$
Mass Ratio: (2) Pallas to Sun	$M_{Pallas}/M_S = 1\cdot03 \times 10^{-10}$	$\pm3 \times 10^{-12}$
Mass Ratio: (4) Vesta to Sun[3]	$M_{Vesta}/M_S = 1\cdot35 \times 10^{-10}$	$\pm3 \times 10^{-12}$

All values of the masses from Mars to Eris are the sum of the masses of the celestial body and its satellites.

continued ...

Selected Astronomical Constants (continued)

1.6 Initial Values at J2000·0:

Mean obliquity of the ecliptic $\quad \epsilon_{J2000\cdot0} = \epsilon_0 = 23° \ 26' \ 21''406 \ = 84 \ 381''406 \quad \pm0''001$

2 Constants from IAU WG on Cartographic Coordinates and Rotational Elements 2009

Equatorial radii in km:

Mercury	2 439·7	±1·0	Jupiter	71 492 ± 4	(134340) Pluto	1 195 ±5
Venus	6 051·8	±1·0	Saturn	60 268 ± 4		
Earth	6 378·1366	±0·0001	Uranus	25 559 ± 4	Moon (mean)	1 737·4 ±1
Mars	3 396·19	±0·1	Neptune	24 764 ±15	Sun	696 000

3 Other Constants

Light-time for unit distance[2]	$\tau_A = au/c = 499^s004 \ 783 \ 84$	
	$1/\tau_A = 173 \ 144 \ 632 \ 674 \ au/d$	
Mass Ratio: Earth to Moon	$M_E/M_M = 1/\mu = 81·300 \ 568$	$\pm3 \times 10^{-6}$
Mass Ratio: Sun to Earth	$GM_S/GM_E = 332 \ 946·0487$	$\pm7 \times 10^{-4}$
Mass of the Sun	$M_S = S = GM_S/G = 1·9884 \times 10^{30} \ kg$	$\pm2 \times 10^{26}$
Mass of the Earth	$M_E = E = GM_E/G = 5·9722 \times 10^{24} \ kg$	$\pm6 \times 10^{20}$
Mass Ratio: Sun to Earth + Moon	$(S/E)/(1+\mu) = 328 \ 900·5596$	$\pm7 \times 10^{-4}$
Earth, reciprocal of flattening (IERS 2010)	$1/f = 298·256 \ 42$	$\pm1 \times 10^{-5}$

Rates of precession at J2000·0 (IAU 2006)

General precession in longitude	$p_A = 5028''796 \ 195$ per Julian century (TDB)
Rate of change in obliquity	$\dot{\epsilon} = -46''836 \ 769$ per Julian century (TDB)
Precession of the equator in longitude	$\dot{\psi} = 5038''481 \ 507$ per Julian century (TDB)
Precession of the equator in obliquity	$\dot{\omega} = -0''025 \ 754$ per Julian century (TDB)
Constant of nutation at epoch J2000·0	$N = 9''2052 \ 331$
Solar parallax	$\pi_\odot = \sin^{-1}(a_e/A) = 8''794 \ 143$
Constant of aberration at epoch J2000·0	$\kappa = 20''495 \ 51$

Masses of the larger natural satellites: mass satellite/mass of the planet (see pages F3, F5)

Jupiter	Io	$4·705 \times 10^{-5}$	**Uranus**	Ariel	$1·49 \ \times 10^{-5}$
	Europa	$2·528 \times 10^{-5}$		Umbriel	$1·41 \ \times 10^{-5}$
	Ganymede	$7·805 \times 10^{-5}$		Titania	$3·94 \ \times 10^{-5}$
	Callisto	$5·667 \times 10^{-5}$		Oberon	$3·32 \ \times 10^{-5}$
Saturn	Titan	$2·367 \times 10^{-4}$	**Neptune**	Triton	$2·089 \times 10^{-4}$

The IAU Working Group on Numerical Standards for Fundamental Astronomy maintains a website, http://maia.usno.navy.mil/NSFA, which contains an agreed list of **Current Best Estimates** together with detailed information about the constants, and relevant references. See footnotes below for more details.

This almanac, in certain circumstances, may not use constants from this list. The reasons and those constants used will be given at the end of Section L *Notes and References*.

The units meter (m), kilogram (kg), and SI second (s) are the units of length, mass and time in the International System of Units (SI).

The astronomical unit of time is a time interval of one day (D) of 86400 seconds. An interval of 36525 days is one Julian century. Some constants that involve time, either directly or indirectly need to be compatible with the underlying time scales. In order to specify this (TDB) or (TCB) or (TT), as appropriate, is included after the unit to indicate that the value of the constant is compatible with the specified time scale, for example, TDB-compatible.

[1] The IAU 2009 System of Astronomical Constants classifies the constants into the groups shown. This may be redefined and users should check the NSFA website for updates.

[2] The astronomical unit of length (au) in metres is re-defined as a conventional unit of length (resolution B2, IAU XXVIII GA 2012) in agreement with the value adopted by IAU 2009 Resolution B2; it is to be used with all time scales such as TCB, TDB, TCG, TT, etc. Also the heliocentric gravitational constant GM_S is renamed the solar mass parameter. Further details are given in Section L *Notes and References*.

[3] In May 2015 new best estimates were agreed (http://maia.usno.navy.mil/NSFA/NSFA_cbe.html). Values printed here are those of the IAU 2009 System of Astronomical Constants.

$$\Delta T = \text{ET} - \text{UT}$$

Year	ΔT	Year	ΔT	Year	ΔT	Year	ΔT	Year	ΔT	Year	ΔT
	s		s		s		s		s		s
1620·0	+124	1665·0	+32	1710·0	+10	1755·0	+14	1800·0	+13·7	1845·0	+6·3
1621	+119	1666	+31	1711	+10	1756	+14	1801	+13·4	1846	+6·5
1622	+115	1667	+30	1712	+10	1757	+14	1802	+13·1	1847	+6·6
1623	+110	1668	+28	1713	+10	1758	+15	1803	+12·9	1848	+6·8
1624	+106	1669	+27	1714	+10	1759	+15	1804	+12·7	1849	+6·9
1625·0	+102	1670·0	+26	1715·0	+10	1760·0	+15	1805·0	+12·6	1850·0	+7·1
1626	+ 98	1671	+25	1716	+10	1761	+15	1806	+12·5	1851	+7·2
1627	+ 95	1672	+24	1717	+11	1762	+15	1807	+12·5	1852	+7·3
1628	+ 91	1673	+23	1718	+11	1763	+15	1808	+12·5	1853	+7·4
1629	+ 88	1674	+22	1719	+11	1764	+15	1809	+12·5	1854	+7·5
1630·0	+ 85	1675·0	+21	1720·0	+11	1765·0	+16	1810·0	+12·5	1855·0	+7·6
1631	+ 82	1676	+20	1721	+11	1766	+16	1811	+12·5	1856	+7·7
1632	+ 79	1677	+19	1722	+11	1767	+16	1812	+12·5	1857	+7·7
1633	+ 77	1678	+18	1723	+11	1768	+16	1813	+12·5	1858	+7·8
1634	+ 74	1679	+17	1724	+11	1769	+16	1814	+12·5	1859	+7·8
1635·0	+ 72	1680·0	+16	1725·0	+11	1770·0	+16	1815·0	+12·5	1860·0	+7·88
1636	+ 70	1681	+15	1726	+11	1771	+16	1816	+12·5	1861	+7·82
1637	+ 67	1682	+14	1727	+11	1772	+16	1817	+12·4	1862	+7·54
1638	+ 65	1683	+14	1728	+11	1773	+16	1818	+12·3	1863	+6·97
1639	+ 63	1684	+13	1729	+11	1774	+16	1819	+12·2	1864	+6·40
1640·0	+ 62	1685·0	+12	1730·0	+11	1775·0	+17	1820·0	+12·0	1865·0	+6·02
1641	+ 60	1686	+12	1731	+11	1776	+17	1821	+11·7	1866	+5·41
1642	+ 58	1687	+11	1732	+11	1777	+17	1822	+11·4	1867	+4·10
1643	+ 57	1688	+11	1733	+11	1778	+17	1823	+11·1	1868	+2·92
1644	+ 55	1689	+10	1734	+12	1779	+17	1824	+10·6	1869	+1·82
1645·0	+ 54	1690·0	+10	1735·0	+12	1780·0	+17	1825·0	+10·2	1870·0	+1·61
1646	+ 53	1691	+10	1736	+12	1781	+17	1826	+ 9·6	1871	+0·10
1647	+ 51	1692	+ 9	1737	+12	1782	+17	1827	+ 9·1	1872	−1·02
1648	+ 50	1693	+ 9	1738	+12	1783	+17	1828	+ 8·6	1873	−1·28
1649	+ 49	1694	+ 9	1739	+12	1784	+17	1829	+ 8·0	1874	−2·69
1650·0	+ 48	1695·0	+ 9	1740·0	+12	1785·0	+17	1830·0	+ 7·5	1875·0	−3·24
1651	+ 47	1696	+ 9	1741	+12	1786	+17	1831	+ 7·0	1876	−3·64
1652	+ 46	1697	+ 9	1742	+12	1787	+17	1832	+ 6·6	1877	−4·54
1653	+ 45	1698	+ 9	1743	+12	1788	+17	1833	+ 6·3	1878	−4·71
1654	+ 44	1699	+ 9	1744	+13	1789	+17	1834	+ 6·0	1879	−5·11
1655·0	+ 43	1700·0	+ 9	1745·0	+13	1790·0	+17	1835·0	+ 5·8	1880·0	−5·40
1656	+ 42	1701	+ 9	1746	+13	1791	+17	1836	+ 5·7	1881	−5·42
1657	+ 41	1702	+ 9	1747	+13	1792	+16	1837	+ 5·6	1882	−5·20
1658	+ 40	1703	+ 9	1748	+13	1793	+16	1838	+ 5·6	1883	−5·46
1659	+ 38	1704	+ 9	1749	+13	1794	+16	1839	+ 5·6	1884	−5·46
1660·0	+ 37	1705·0	+ 9	1750·0	+13	1795·0	+16	1840·0	+ 5·7	1885·0	−5·79
1661	+ 36	1706	+ 9	1751	+14	1796	+15	1841	+ 5·8	1886	−5·63
1662	+ 35	1707	+ 9	1752	+14	1797	+15	1842	+ 5·9	1887	−5·64
1663	+ 34	1708	+10	1753	+14	1798	+14	1843	+ 6·1	1888	−5·80
1664·0	+ 33	1709·0	+10	1754·0	+14	1799·0	+14	1844·0	+ 6·2	1889·0	−5·66

For years 1620 to 1955 the table is based on an adopted value of $-26''/\text{cy}^2$ for the tidal term ($\dot{n}$) in the mean motion of the Moon from the results of analyses of observations of lunar occultations of stars, eclipses of the Sun, and transits of Mercury (see F. R. Stephenson and L. V. Morrison, *Phil. Trans. R. Soc. London*, 1984, A **313**, 47-70).

To calculate the values of ΔT for a different value of the tidal term ($\dot{n}'$), add to the tabulated value of ΔT

$$-0.000\ 091\ (\dot{n}' + 26)\ (\text{year} - 1955)^2 \text{ seconds}$$

For 1956 through 1997 the table is derived from the direct comparison between TAI and UT1 taken from the Annual Reports of the BIH and from the IERS Bulletin B for 1988 onwards.

1890–1983, $\Delta T = $ ET − UT
1984–2000, $\Delta T = $ TDT − UT
From 2001, $\Delta T = $ TT − UT

Extrapolated Values

TAI − UTC

Year	ΔT s	Year	ΔT s	Year	ΔT s	Year	ΔT s
1890·0	− 5·87	1935·0	+23·93	1980·0	+50·54	2018	+69·0
1891	− 6·01	1936	+23·73	1981	+51·38	2019	+69
1892	− 6·19	1937	+23·92	1982	+52·17	2020	+70
1893	− 6·64	1938	+23·96	1983	+52·96	2021	+70
1894	− 6·44	1939	+24·02	1984	+53·79	2022	+71
1895·0	− 6·47	1940·0	+24·33	1985·0	+54·34		
1896	− 6·09	1941	+24·83	1986	+54·87		
1897	− 5·76	1942	+25·30	1987	+55·32		
1898	− 4·66	1943	+25·70	1988	+55·82		
1899	− 3·74	1944	+26·24	1989	+56·30		
1900·0	− 2·72	1945·0	+26·77	1990·0	+56·86		
1901	− 1·54	1946	+27·28	1991	+57·57		
1902	− 0·02	1947	+27·78	1992	+58·31		
1903	+ 1·24	1948	+28·25	1993	+59·12		
1904	+ 2·64	1949	+28·71	1994	+59·98		
1905·0	+ 3·86	1950·0	+29·15	1995·0	+60·78		
1906	+ 5·37	1951	+29·57	1996	+61·63		
1907	+ 6·14	1952	+29·97	1997	+62·29		
1908	+ 7·75	1953	+30·36	1998	+62·97		
1909	+ 9·13	1954	+30·72	1999	+63·47		
1910·0	+10·46	1955·0	+31·07	2000·0	+63·83		
1911	+11·53	1956	+31·35	2001	+64·09		
1912	+13·36	1957	+31·68	2002	+64·30		
1913	+14·65	1958	+32·18	2003	+64·47		
1914	+16·01	1959	+32·68	2004	+64·57		
1915·0	+17·20	1960·0	+33·15	2005·0	+64·69		
1916	+18·24	1961	+33·59	2006	+64·85		
1917	+19·06	1962	+34·00	2007	+65·15		
1918	+20·25	1963	+34·47	2008	+65·46		
1919	+20·95	1964	+35·03	2009	+65·78		
1920·0	+21·16	1965·0	+35·73	2010·0	+66·07		
1921	+22·25	1966	+36·54	2011	+66·32		
1922	+22·41	1967	+37·43	2012	+66·60		
1923	+23·03	1968	+38·29	2013	+66·91		
1924	+23·49	1969	+39·20	2014	+67·28		
1925·0	+23·62	1970·0	+40·18	2015·0	+67·64		
1926	+23·86	1971	+41·17	2016	+68·10		
1927	+24·49	1972	+42·23	2017	+68·59		
1928	+24·34	1973	+43·37				
1929	+24·08	1974	+44·49				
1930·0	+24·02	1975·0	+45·48				
1931	+24·00	1976	+46·46				
1932	+23·87	1977	+47·52				
1933	+23·95	1978	+48·53				
1934·0	+23·86	1979·0	+49·59				

Date	ΔAT s
1972 Jan. 1	+10·00
1972 July 1	+11·00
1973 Jan. 1	+12·00
1974 Jan. 1	+13·00
1975 Jan. 1	+14·00
1976 Jan. 1	+15·00
1977 Jan. 1	+16·00
1978 Jan. 1	+17·00
1979 Jan. 1	+18·00
1980 Jan. 1	+19·00
1981 July 1	+20·00
1982 July 1	+21·00
1983 July 1	+22·00
1985 July 1	+23·00
1988 Jan. 1	+24·00
1990 Jan. 1	+25·00
1991 Jan. 1	+26·00
1992 July 1	+27·00
1993 July 1	+28·00
1994 July 1	+29·00
1996 Jan. 1	+30·00
1997 July 1	+31·00
1999 Jan. 1	+32·00
2006 Jan. 1	+33·00
2009 Jan. 1	+34·00
2012 July 1	+35·00
2015 July 1	+36·00
2017 Jan. 1	+37·00

In critical cases descend

$$\Delta\text{ET} = \Delta\text{AT} + 32\overset{\text{s}}{\cdot}184$$
$$\Delta\text{TT}$$

From 1990 onwards, ΔT is for January 1 0^{h} UTC.

Page B6 gives a summary of the notation for time scales. See *The Astronomical Almanac Online* www for plots showing "Delta T Past, Present and Future".

WITH RESPECT TO THE INTERNATIONAL TERRESTRIAL REFERENCE SYSTEM (ITRS)

Date	1970 x (″)	1970 y (″)	1980 x (″)	1980 y (″)	1990 x (″)	1990 y (″)	2000 x (″)	2000 y (″)	2010 x (″)	2010 y (″)
Jan. 1	−0·140	+0·144	+0·129	+0·251	−0·132	+0·165	+0·043	+0·378	+0·099	+0·193
Apr. 1	−0·097	+0·397	+0·014	+0·189	−0·154	+0·469	+0·075	+0·346	−0·061	+0·319
July 1	+0·139	+0·405	−0·044	+0·280	+0·161	+0·542	+0·110	+0·280	+0·061	+0·483
Oct. 1	+0·174	+0·125	−0·006	+0·338	+0·297	+0·243	−0·006	+0·247	+0·234	+0·366

Date	1971 x	1971 y	1981 x	1981 y	1991 x	1991 y	2001 x	2001 y	2011 x	2011 y
Jan. 1	−0·081	+0·026	+0·056	+0·361	+0·023	+0·069	−0·073	+0·400	+0·131	+0·203
Apr. 1	−0·199	+0·313	+0·088	+0·285	−0·217	+0·281	+0·091	+0·490	−0·033	+0·279
July 1	+0·050	+0·523	+0·075	+0·209	−0·033	+0·560	+0·254	+0·308	+0·044	+0·436
Oct. 1	+0·249	+0·263	−0·045	+0·210	+0·250	+0·436	+0·065	+0·118	+0·180	+0·377

Date	1972 x	1972 y	1982 x	1982 y	1992 x	1992 y	2002 x	2002 y	2012 x	2012 y
Jan. 1	+0·045	+0·050	−0·091	+0·378	+0·182	+0·168	−0·177	+0·294	+0·119	+0·263
Apr. 1	−0·180	+0·174	+0·093	+0·431	−0·083	+0·162	−0·031	+0·541	−0·010	+0·313
July 1	−0·031	+0·409	+0·231	+0·239	−0·142	+0·378	+0·228	+0·462	+0·094	+0·409
Oct. 1	+0·142	+0·344	+0·036	+0·060	+0·055	+0·503	+0·199	+0·200	+0·169	+0·334

Date	1973 x	1973 y	1983 x	1983 y	1993 x	1993 y	2003 x	2003 y	2013 x	2013 y
Jan. 1	+0·129	+0·139	−0·211	+0·249	+0·208	+0·359	−0·088	+0·188	+0·075	+0·290
Apr. 1	−0·035	+0·129	−0·069	+0·538	+0·115	+0·170	−0·133	+0·436	+0·051	+0·375
July 1	−0·075	+0·286	+0·269	+0·436	−0·062	+0·209	+0·131	+0·539	+0·143	+0·391
Oct. 1	+0·035	+0·347	+0·235	+0·069	−0·095	+0·370	+0·259	+0·304	+0·133	+0·294

Date	1974 x	1974 y	1984 x	1984 y	1994 x	1994 y	2004 x	2004 y	2014 x	2014 y
Jan. 1	+0·115	+0·252	−0·125	+0·089	+0·010	+0·476	+0·031	+0·154	+0·039	+0·319
Apr. 1	+0·037	+0·185	−0·211	+0·410	+0·174	+0·391	−0·140	+0·321	+0·044	+0·421
July 1	+0·014	+0·216	+0·119	+0·543	+0·137	+0·212	−0·008	+0·510	+0·171	+0·415
Oct. 1	+0·002	+0·225	+0·313	+0·246	−0·066	+0·199	+0·199	+0·432	+0·189	+0·289

Date	1975 x	1975 y	1985 x	1985 y	1995 x	1995 y	2005 x	2005 y	2015 x	2015 y
Jan. 1	−0·055	+0·281	+0·051	+0·025	−0·154	+0·418	+0·149	+0·238	+0·031	+0·281
Apr. 1	+0·027	+0·344	−0·196	+0·220	+0·032	+0·558	−0·029	+0·243	+0·014	+0·396
July 1	+0·151	+0·249	−0·044	+0·482	+0·280	+0·384	−0·040	+0·397	+0·142	+0·448
Oct. 1	+0·063	+0·115	+0·214	+0·404	+0·138	+0·106	+0·059	+0·417	+0·210	+0·316

Date	1976 x	1976 y	1986 x	1986 y	1996 x	1996 y	2006 x	2006 y	2016 x	2016 y
Jan. 1	−0·145	+0·204	+0·187	+0·072	−0·176	+0·191	+0·053	+0·383	+0·051	+0·257
Apr. 1	−0·091	+0·399	−0·041	+0·139	−0·152	+0·506	+0·103	+0·374	−0·008	+0·421
July 1	+0·159	+0·390	−0·075	+0·324	+0·179	+0·546	+0·128	+0·300	+0·152	+0·484
Oct. 1	+0·227	+0·158	+0·062	+0·395	+0·267	+0·227	+0·033	+0·252	+0·234	+0·331

Date	1977 x	1977 y	1987 x	1987 y	1997 x	1997 y	2007 x	2007 y	2017 x	2017 y
Jan. 1	−0·065	+0·076	+0·146	+0·315	−0·023	+0·095	−0·049	+0·347	+0·080	+0·263
Apr. 1	−0·226	+0·362	+0·096	+0·212	−0·191	+0·329	+0·023	+0·479	+0·005	+0·378
July 1	+0·085	+0·500	−0·003	+0·208	+0·019	+0·536	+0·209	+0·412	+0·156	+0·449
Oct. 1	+0·281	+0·230	−0·053	+0·295	+0·221	+0·379	+0·134	+0·206		

Date	1978 x	1978 y	1988 x	1988 y	1998 x	1998 y	2008 x	2008 y
Jan. 1	+0·007	+0·015	−0·023	+0·414	+0·103	+0·175	−0·081	+0·258
Apr. 1	−0·231	+0·240	+0·134	+0·407	−0·110	+0·252	−0·064	+0·490
July 1	−0·042	+0·483	+0·171	+0·253	−0·068	+0·439	+0·211	+0·498
Oct. 1	+0·236	+0·353	+0·011	+0·132	+0·125	+0·445	+0·265	+0·220

Date	1979 x	1979 y	1989 x	1989 y	1999 x	1999 y	2009 x	2009 y
Jan. 1	+0·140	+0·076	−0·159	+0·316	+0·139	+0·296	−0·017	+0·146
Apr. 1	−0·107	+0·133	+0·028	+0·482	+0·026	+0·241	−0·119	+0·406
July 1	−0·117	+0·351	+0·238	+0·369	−0·032	+0·310	+0·130	+0·534
Oct. 1	+0·092	+0·408	+0·167	+0·106	+0·006	+0·379	+0·266	+0·331

The orientation of the ITRS is consistent with the former BIH system (and the previous IPMS and ILS systems). The angles, *x y*, are defined on page B84. From 1988 their values have been taken from the IERS Bulletin B, published by the IERS Central Bureau, Bundesamt für Kartographie und Geodäsie, Richard-Strauss-Allee 11, 60598 Frankfurt am Main, Germany. Further information about IERS products may be found via *The Astronomical Almanac Online*.

Introduction

In the reduction of astrometric observations of high precision, it is necessary to distinguish between several different systems of terrestrial coordinates used to specify the positions of points on or near the surface of the Earth. The formulae on page B84 for the reduction for polar motion give the relationships between representations of a geocentric vector referred to either the equinox-based celestial reference system of the true equator and equinox of date, or the Celestial Intermediate Reference System, and the current terrestrial reference system, realized by the International Terrestrial Reference Frame, ITRF2014 (Altamimi, Z., et al., "ITRF2014: A new release of the International Terrestrial Reference Frame modeling non-linear station motions"). ITRF realizations have been published at intervals since 1989 in the form of the geocentric rectangular coordinates and velocities of observing sites around the world.

ITRF2014 is a rigorous combination of space geodesy solutions from the techniques of VLBI, SLR, LLR, GPS and DORIS from 1499 stations located at 975 sites. For the first time, ITRF2014 is generated with an enhanced modeling of non-linear station motions, including seasonal (annual and semi-annual) signals of station positions and post-seismic deformation for sites that were subject to major earthquakes. The ITRF2014 origin is defined by the Earth-system centre of mass sensed by SLR and its scale by the mean scale of the VLBI and SLR solutions. The ITRF axes are consistent with the axes of the former BIH Terrestrial System (BTS) to within $\pm 0''005$, and the BTS was consistent with the earlier Conventional International Origin to within $\pm 0''03$. The use of rectangular coordinates is precise and unambiguous, but for some purposes it is more convenient to represent the position by its longitude, latitude and height referred to a reference spheroid (the term "spheroid" is used here in the sense of an ellipsoid whose equatorial section is a circle and for which each meridional section is an ellipse).

The precise transformation between these coordinate systems is given below. The spheroid is defined by two parameters, its equatorial radius and flattening (usually the reciprocal of the flattening is given). The values used should always be stated with any tabulation of spheroidal positions, but in case they should be omitted a list of the parameters of some commonly used spheroids is given in the table on page K13. For work such as mapping gravity anomalies, it is convenient that the reference spheroid should also be an equipotential surface of a reference body that is in hydrostatic equilibrium, and has the equatorial radius, gravitational constant, dynamical form factor and angular velocity of the Earth. This is referred to as a Geodetic Reference System (rather than just a reference spheroid). It provides a suitable approximation to mean sea level (i.e. to the geoid), but may differ from it by up to 100m in some regions.

Reduction from geodetic to geocentric coordinates

The position of a point relative to a terrestrial reference frame may be expressed in three ways:

(i) geocentric equatorial rectangular coordinates, x, y, z;

(ii) geocentric longitude, latitude and radius, λ, ϕ', ρ;

(iii) geodetic longitude, latitude and height, λ, ϕ, h.

The geodetic and geocentric longitudes of a point are the same, while the relationship between the geodetic and geocentric latitudes of a point is illustrated in the figure on page K12, which represents a meridional section through the reference spheroid. The geocentric radius ρ is usually expressed in units of the equatorial radius of the reference spheroid. The following relationships hold between the geocentric and geodetic coordinates:

$$x = a\,\rho\,\cos\phi'\cos\lambda = (aC + h)\,\cos\phi\,\cos\lambda$$
$$y = a\,\rho\,\cos\phi'\sin\lambda = (aC + h)\,\cos\phi\,\sin\lambda$$
$$z = a\,\rho\,\sin\phi' \qquad\quad = (aS + h)\,\sin\phi$$

where a is the equatorial radius of the spheroid and C and S are auxiliary functions that depend on the geodetic latitude and on the flattening f of the reference spheroid. The polar radius b and the eccentricity e of the ellipse are given by:

$$b = a\,(1 - f) \qquad e^2 = 2f - f^2 \qquad \text{or} \qquad 1 - e^2 = (1 - f)^2$$

It follows from the geometrical properties of the ellipse that:

$$C = \{\cos^2\phi + (1 - f)^2\sin^2\phi\}^{-1/2} \qquad S = (1 - f)^2 C$$

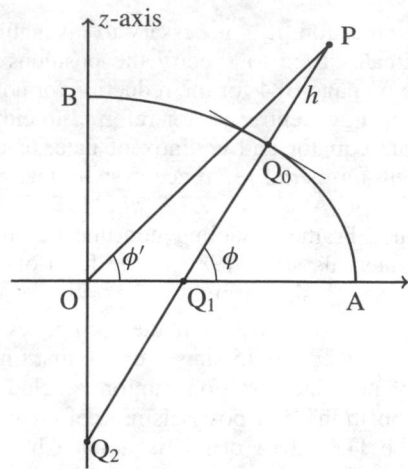

O is centre of Earth

OA = equatorial radius, a

OB = polar radius, b
$\quad = a(1 - f)$

OP = geocentric radius, ap

PQ_0 is normal to the reference spheroid

$Q_0Q_1 = aS$

$Q_0Q_2 = aC$

ϕ = geodetic latitude

ϕ' = geocentric latitude

Geocentric coordinates may be calculated directly from geodetic coordinates. The reverse calculation of geodetic coordinates from geocentric coordinates can be done in closed form (see for example, Borkowski, *Bull. Geod.* **63**, 50-56, 1989), but it is usually done using an iterative procedure.

An iterative procedure for calculating λ, ϕ, h from x, y, z is as follows:

Calculate: $\lambda = \tan^{-1}(y/x)$ $r = (x^2 + y^2)^{1/2}$ $e^2 = 2f - f^2$

Calculate the first approximation to ϕ from: $\phi = \tan^{-1}(z/r)$

Then perform the following iteration until ϕ is unchanged to the required precision:

$$\phi_1 = \phi \qquad C = (1 - e^2 \sin^2 \phi_1)^{-1/2} \qquad \phi = \tan^{-1}((z + aCe^2 \sin \phi_1)/r)$$

Then:

$$h = r/\cos \phi - aC$$

Series expressions and tables are available for certain values of f for the calculation of C and S and also of ρ and $\phi - \phi'$ for points on the spheroid ($h = 0$). The quantity $\phi - \phi'$ is sometimes known as the "reduction of the latitude" or the "angle of the vertical", and it is of the order of $10'$ in mid-latitudes. To a first approximation when h is small the geocentric radius is increased by h/a and the angle of the vertical is unchanged. The height h refers to a height above the reference spheroid and differs from the height above mean sea level (i.e. above the geoid) by the "undulation of the geoid" at the point.

Other geodetic reference systems

In practice, most geodetic positions are referred either (a) to a regional geodetic datum that is represented by a spheroid that approximates to the geoid in the region considered or (b) to a global reference system, ideally the ITRF2014 or earlier versions. Data for the reduction of regional geodetic coordinates or those in earlier versions of the ITRF to ITRF2014 are available in the relevant geodetic publications, but it is hoped that the following notes, formulae and data will be useful.

(a) Each regional geodetic datum is specified by the size and shape of an adopted spheroid and by the coordinates of an "origin point". The principal axis of the spheroid is generally close to the mean axis of rotation of the Earth, but the centre of the spheroid may not coincide with the centre of mass of the Earth. The offset is usually represented by the geocentric rectangular coordinates (x_0, y_0, z_0) of the centre of the regional spheroid. The reduction from the regional geodetic coordinates (λ, ϕ, h) to the geocentric rectangular coordinates referred to the ITRF (and hence to the geodetic coordinates relative to a reference spheroid) may then be made by using the expressions:

$$x = x_0 + (aC + h) \cos \phi \cos \lambda$$
$$y = y_0 + (aC + h) \cos \phi \sin \lambda$$
$$z = z_0 + (aS + h) \sin \phi$$

(b) The global reference systems defined by the various versions of ITRF differ slightly due to an evolution in the multi-technique combination and constraints philosophy as well as through observational and modelling improvements, although all versions give good approximations to the latest reference frame. The transformations from the latest to previous ITRF solutions involve coordinate and velocity translations, rotations and scaling (i.e. 14 parameters in all), and all of these are given online (see http://www.iers.org) for the ITRF2014 frame in the IERS Conventions (2010, *IERS Technical Note 36*). For example, translation parameters T_1, T_2 and T_3 from ITRF2014 to ITRF2008 are (1·6, 1·9, 2·4) millimetres, with scale difference -0.02 parts per billion.

The space techniques of the multi-constellation global navigation satellite systems (GNSS) such as GPS, GLONASS and Galileo are now widely used for position determination. Since January 1987 the broadcast orbits of the GPS satellites have been referred to the WGS84 terrestrial frame, and so positions determined directly using these orbits will also be referred to this frame, which at the level of a few centimetres is close to the ITRF. The parameters of the spheroid used are listed below, and the frame is defined to agree with the BIH frame. However, with the ready availability of data from a large number of geodetic sites whose coordinates and velocities are rigorously defined within ITRF2014, and with GNSS orbital solutions also being referred by the International GNSS Service (IGS) analysis centres to the same frame, it is straightforward to determine directly new sites' coordinates within ITRF2014.

GEODETIC REFERENCE SPHEROIDS

Name and Date	Equatorial Radius, a m	Reciprocal of Flattening, $1/f$	Gravitational Constant, GM $10^{14} m^3 s^{-2}$	Dynamical Form Factor, J_2	Ang. Velocity of earth, ω $10^{-5} rad\ s^{-1}$
WGS 84	637 8137	298·257 223 563	3·986 005	0·001 082 63	7·292 115
GRS 80 (IUGG, 1980)[†]	8137	298·257 222	3·986 005	0·001 082 63	7·292 115
IAU 1976	8140	298·257	3·986 005	0·001 082 63	—
GRS 67 (IUGG, 1967)	8160	298·247 167	3·986 03	0·001 082 7	7·292 115 146 7
IAU 1964	8160	298·25	3·986 03	0·001 082 7	7·292 1
International 1924 (Hayford)	8388	297	—	—	—
Clarke 1866	8206·4	294·978 698	—	—	—
Airy 1830	637 7563·396	299·324 964	—	—	—

[†]H. Moritz, Geodetic Reference System 1980, *Bull. Géodésique*, **58**(3), 388-398, 1984.

Astronomical coordinates

Many astrometric observations that historically were used in the determination of the terrestrial coordinates of the point of observation used the local vertical, which defines the zenith, as a principal reference axis; the coordinates so obtained are called "astronomical coordinates". The local vertical is in the direction of the vector sum of the acceleration due to the gravitational field of the Earth and of the apparent acceleration due to the rotation of the Earth on its axis. The vertical is normal to the equipotential (or level) surface at the point, but it is inclined to the normal to the geodetic reference spheroid; the angle of inclination is known as the "deflection of the vertical".

The astronomical coordinates of an observatory may differ significantly (e.g. by as much as 1′) from its geodetic coordinates, which are required for the determination of the geocentric coordinates of the observatory for use in computing, for example, parallax corrections for solar system observations. The size and direction of the deflection may be estimated by studying the gravity field in the region concerned. The deflection may affect both the latitude and longitude, and hence local time. Astronomical coordinates also vary with time because they are affected by polar motion (see page B84).

Introduction and notation

The interpolation methods described in this section, together with the accompanying tables, are usually sufficient to interpolate to full precision the ephemerides in this volume. Additional notes, formulae and tables are given in the booklets *Interpolation and Allied Tables* and *Subtabulation* and in many textbooks on numerical analysis. It is recommended that interpolated values of the Moon's right ascension, declination and horizontal parallax are derived from the daily polynomial coefficients that are provided for this purpose on *The Astronomical Almanac Online* (see page D1).

f_p denotes the value of the function $f(t)$ at the time $t = t_0 + ph$, where h is the interval of tabulation, t_0 is a tabular argument, and $p = (t - t_0)/h$ is known as the interpolating factor. The notation for the differences of the tabular values is shown in the following table; it is derived from the use of the central-difference operator δ, which is defined by:

$$\delta f_p = f_{p+1/2} - f_{p-1/2}$$

The symbol for the function is usually omitted in the notation for the differences. Tables are given for use with Bessel's interpolation formula for p in the range 0 to +1. The differences may be expressed in terms of function values for convenience in the use of programmable calculators or computers.

Arg.	Function	1st	2nd	3rd	4th	Differences in terms of Function Values

Arg.	Function	1st	2nd	3rd	4th	Differences in terms of Function Values
t_{-2}	f_{-2}		δ^2_{-2}			$\delta_{1/2} = f_1 - f_0$
		$\delta_{-3/2}$		$\delta^3_{-3/2}$		$\delta^2_0 = \delta_{1/2} - \delta_{-1/2}$
t_{-1}	f_{-1}		δ^2_{-1}		δ^4_{-1}	$= f_1 - 2f_0 + f_{-1}$
		$\delta_{-1/2}$		$\delta^3_{-1/2}$		$\delta^2_0 + \delta^2_1 = f_2 - f_1 - f_0 + f_{-1}$
t_0	f_0		δ^2_0		δ^4_0	$\delta^3_{1/2} = \delta^2_1 - \delta^2_0$
		$\delta_{1/2}$		$\delta^3_{1/2}$		$= f_2 - 3f_1 + 3f_0 - f_{-1}$
t_{+1}	f_{+1}		δ^2_1		δ^4_1	$\delta^4_0 = \delta^3_{1/2} - \delta^3_{-1/2}$
		$\delta_{3/2}$		$\delta^3_{3/2}$		$= f_2 - 4f_1 + 6f_0 - 4f_{-1} + f_{-2}$
t_{+2}	f_{+2}		δ^2_2			$\delta^4_0 + \delta^4_1 = f_3 - 3f_2 + 2f_1 + 2f_0 - 3f_{-1} + f_{-2}$

$$p \equiv \text{the interpolating factor} = (t - t_0)/(t_1 - t_0) = (t - t_0)/h$$

Bessel's interpolation formula

In this notation, Bessel's interpolation formula is:

$$f_p = f_0 + p\,\delta_{1/2} + B_2\,(\delta^2_0 + \delta^2_1) + B_3\,\delta^3_{1/2} + B_4\,(\delta^4_0 + \delta^4_1) + \cdots$$

where
$$B_2 = p\,(p-1)/4 \qquad B_3 = p\,(p-1)\,(p-\tfrac{1}{2})/6$$
$$B_4 = (p+1)\,p\,(p-1)\,(p-2)/48$$

The maximum contribution to the truncation error of f_p, for $0 < p < 1$, from neglecting each order of difference is less than 0·5 in the unit of the end figure of the tabular function if

$$\delta^2 < 4 \qquad \delta^3 < 60 \qquad \delta^4 < 20 \qquad \delta^5 < 500.$$

The critical table of B_2 opposite provides a rapid means of interpolating when δ^2 is less than 500 and higher-order differences are negligible or when full precision is not required. The interpolating factor p should be rounded to 4 decimals, and the required value of B_2 is then the tabular value opposite the interval in which p lies, or it is the value above and to the right of p if p exactly equals a tabular argument. B_2 is always negative. The effects of the third and fourth differences can be estimated from the values of B_3 and B_4, given in the last column.

Inverse interpolation

Inverse interpolation to derive the interpolating factor p, and hence the time, for which the function takes a specified value f_p is carried out by successive approximations. The first estimate p_1 is obtained from:

$$p_1 = (f_p - f_0)/\delta_{1/2}$$

This value of p is used to obtain an estimate of B_2, from the critical table or otherwise, and hence an improved estimate of p from:

$$p = p_1 - B_2 (\delta_0^2 + \delta_1^2)/\delta_{1/2}$$

This last step is repeated until there is no further change in B_2 or p; the effects of higher-order differences may be taken into account in this step.

CRITICAL TABLE FOR BESSEL'S INTERPOLATION FORMULA COEFFICIENTS

p	B_2		p	B_2		p	B_2		p	B_2		p	B_2		p	B_3
0·0000	—		0·1101	—		0·2719	—		0·7280	—		0·8898	—		0·0	0·000
	·000			·025			·050			·049			·024		0·1	+0·006
0·0020			0·1152			0·2809			0·7366			0·8949			0·2	+0·008
	·001			·026			·051			·048			·023		0·3	+0·007
0·0060			0·1205			0·2902			0·7449			0·9000			0·4	+0·004
	·002			·027			·052			·047			·022			
0·0101			0·1258			0·3000			0·7529			0·9049			0·5	0·000
	·003			·028			·053			·046			·021			
0·0142			0·1312			0·3102			0·7607			0·9098			0·6	−0·004
	·004			·029			·054			·045			·020		0·7	−0·007
0·0183			0·1366			0·3211			0·7683			0·9147			0·8	−0·008
	·005			·030			·055			·044			·019		0·9	−0·006
0·0225			0·1422			0·3326			0·7756			0·9195			1·0	0·000
	·006			·031			·056			·043			·018			
0·0267			0·1478			0·3450			0·7828			0·9242			p	B_4
	·007			·032			·057			·042			·017		0·0	0·000
0·0309			0·1535			0·3585			0·7898			0·9289			0·1	+0·004
	·008			·033			·058			·041			·016		0·2	+0·007
0·0352			0·1594			0·3735			0·7966			0·9335			0·3	+0·010
	·009			·034			·059			·040			·015		0·4	+0·011
0·0395			0·1653			0·3904			0·8033			0·9381				
	·010			·035			·060			·039			·014		0·5	+0·012
0·0439			0·1713			0·4105			0·8098			0·9427				
	·011			·036			·061			·038			·013		0·6	+0·011
0·0483			0·1775			0·4367			0·8162			0·9472			0·7	+0·010
	·012			·037			·062			·037			·012		0·8	+0·007
0·0527			0·1837			0·5632			0·8224			0·9516			0·9	+0·004
	·013			·038			·061			·036			·011		1·0	0·000
0·0572			0·1901			0·5894			0·8286			0·9560				
	·014			·039			·060			·035			·010			
0·0618			0·1966			0·6095			0·8346			0·9604				
	·015			·040			·059			·034			·009			
0·0664			0·2033			0·6264			0·8405			0·9647				
	·016			·041			·058			·033			·008			
0·0710			0·2101			0·6414			0·8464			0·9690				
	·017			·042			·057			·032			·007			
0·0757			0·2171			0·6549			0·8521			0·9732				
	·018			·043			·056			·031			·006			
0·0804			0·2243			0·6673			0·8577			0·9774				
	·019			·044			·055			·030			·005			
0·0852			0·2316			0·6788			0·8633			0·9816				
	·020			·045			·054			·029			·004			
0·0901			0·2392			0·6897			0·8687			0·9857				
	·021			·046			·053			·028			·003			
0·0950			0·2470			0·7000			0·8741			0·9898				
	·022			·047			·052			·027			·002			
0·1000			0·2550			0·7097			0·8794			0·9939				
	·023			·048			·051			·026			·001			
0·1050			0·2633			0·7190			0·8847			0·9979				
	·024			·049			·050			·025			·000			
0·1101			0·2719			0·7280			0·8898			1·0000				

In critical cases ascend. B_2 is always negative.

Polynomial representations

It is sometimes convenient to construct a simple polynomial representation of the form

$$f_p = a_0 + a_1\, p + a_2\, p^2 + a_3\, p^3 + a_4\, p^4 + \cdots$$

which may be evaluated in the nested form

$$f_p = (((a_4\, p + a_3)\, p + a_2)\, p + a_1)\, p + a_0$$

Expressions for the coefficients a_0, a_1, ... may be obtained from Stirling's interpolation formula, neglecting fifth-order differences:

$$a_4 = \delta_0^4/24 \qquad a_2 = \delta_0^2/2 - a_4 \qquad a_0 = f_0$$
$$a_3 = (\delta_{1/2}^3 + \delta_{-1/2}^3)/12 \qquad a_1 = (\delta_{1/2} + \delta_{-1/2})/2 - a_3$$

This is suitable for use in the range $-\frac{1}{2} \le p \le +\frac{1}{2}$, and it may be adequate in the range $-2 \le p \le 2$, but it should not normally be used outside this range. Techniques are available in the literature for obtaining polynomial representations which give smaller errors over similar or larger intervals. The coefficients may be expressed in terms of function values rather than differences.

Examples

To find (a) the declination of the Sun at 16^h 23^m 14^s8 TT on 1984 January 19, (b) the right ascension of Mercury at 17^h 21^m 16^s8 TT on 1984 January 8, and (c) the time on 1984 January 8 when Mercury's right ascension is exactly 18^h 04^m.

Difference tables for the Sun and Mercury are constructed as shown below, where the differences are in units of the end figures of the function. Second-order differences are sufficient for the Sun, but fourth-order differences are required for Mercury.

	Sun					Mercury			
Jan.	Dec.	δ	δ^2		Jan.	R.A.	δ	δ^2	δ^3	δ^4
	° ′ ″					h m s				
18	−20 44 48·3				6	18 10 10·12				
		+7212					−18709			
19	−20 32 47·1		+233		7	18 07 03·03		+4299		
		+7445					−14410		−16	
20	−20 20 22·6		+230		8	18 04 38·93		+4283		−104
		+7675					−10127		−120	
21	−20 07 35·1				9	18 02 57·66		+4163		−76
							−5964		−196	
					10	18 01 58·02		+3967		
							−1997			
					11	18 01 38·05				

(a) *Use of Bessel's formula*

The tabular interval is one day, hence the interpolating factor is 0·68281. From the critical table, $B_2 = -0.054$, and

$$f_p = -20° \ 32' \ 47''\!1 + 0.68281 \ (+744''\!5) - 0.054 \ (+23''\!3 + 23''\!0)$$
$$= -20° \ 24' \ 21''\!2$$

(b) *Use of polynomial formula*

Using the polynomial method, the coefficients are:

$a_4 = -1^s04/24 = -0^s043$ $\qquad\qquad$ $a_1 = (-101^s27 - 144^s10)/2 + 0^s113 = -122^s572$

$a_3 = (-1^s20 - 0^s16)/12 = -0^s113$ $\qquad$ $a_0 = 18^h + 278^s93$

$a_2 = +42^s83/2 + 0^s043 = +21^s458$

where an extra decimal place has been kept as a guarding figure. Then with interpolating factor $p = 0.72311$

$$f_p = 18^h + 278^s93 - 122^s572 \, p + 21^s458 \, p^2 - 0^s113 \, p^3 - 0^s043 \, p^4$$
$$= 18^h \ 03^m \ 21^s46$$

(c) *Inverse interpolation*

Since $f_p = 18^h \ 04^m$ the first estimate for p is:

$$p_1 = (18^h \ 04^m - 18^h \ 04^m \ 38^s93)/(-101^s27) = 0.38442$$

From the critical table, with $p = 0.3844$, $B_2 = -0.059$. Also

$$(\delta_0^2 + \delta_1^2)/\delta_{1/2} = (+42.83 + 41.63)/(-101.27) = -0.834$$

The second approximation to p is:

$$p = 0.38442 + 0.059 \, (-0.834) = 0.33521 \quad \text{which gives } t = 8^h \ 02^m \ 42^s;$$

as a check, using the polynomial found in (b) with $p = 0.33521$ gives

$$f_p = 18^h \ 04^m \ 00^s25.$$

The next approximation is $B_2 = -0.056$ and $p = 0.38442 + 0.056(-0.834) = 0.33772$ which gives $t = 8^h \ 06^m \ 19^s$: using the polynomial in (b) with $p = 0.33772$ gives

$$f_p = 18^h \ 03^m \ 59^s98.$$

Subtabulation

Coefficients for use in the systematic interpolation of an ephemeris to a smaller interval are given in the following table for certain values of the ratio of the two intervals. The table is entered for each of the appropriate multiples of this ratio to give the corresponding decimal value of the interpolating factor p and the Bessel coefficients. The values of p are exact or recurring decimal numbers. The values of the coefficients may be rounded to suit the maximum number of figures in the differences.

BESSEL COEFFICIENTS FOR SUBTABULATION

Ratio of intervals											Bessel Coefficients			
$\frac{1}{2}$	$\frac{1}{3}$	$\frac{1}{4}$	$\frac{1}{5}$	$\frac{1}{6}$	$\frac{1}{8}$	$\frac{1}{10}$	$\frac{1}{12}$	$\frac{1}{20}$	$\frac{1}{24}$	$\frac{1}{40}$	p	B_2	B_3	B_4
										1	0·025	−0·006094	0·00193	0·0010
									1		0·0416	−0·009983	0·00305	0·0017
								1		2	0·050	−0·011875	0·00356	0·0020
										3	0·075	−0·017344	0·00491	0·0030
							1		2		0·0833	−0·019097	0·00530	0·0033
						1		2		4	0·100	−0·022500	0·00600	0·0039
					1				3	5	0·125	−0·027344	0·00684	0·0048
								3		6	0·150	−0·031875	0·00744	0·0057
				1			2		4		0·1666	−0·034722	0·00772	0·0062
										7	0·175	−0·036094	0·00782	0·0064
			1			2		4		8	0·200	−0·040000	0·00800	0·0072
									5		0·2083	−0·041233	0·00802	0·0074
										9	0·225	−0·043594	0·00799	0·0079
		1			2		3	5	6	10	0·250	−0·046875	0·00781	0·0085
										11	0·275	−0·049844	0·00748	0·0091
									7		0·2916	−0·051649	0·00717	0·0095
						3		6		12	0·300	−0·052500	0·00700	0·0097
										13	0·325	−0·054844	0·00640	0·0101
	1			2			4		8		0·3333	−0·055556	0·00617	0·0103
								7		14	0·350	−0·056875	0·00569	0·0106
					3				9	15	0·375	−0·058594	0·00488	0·0109
			2			4		8		16	0·400	−0·060000	0·00400	0·0112
							5		10		0·4166	−0·060764	0·00338	0·0114
										17	0·425	−0·061094	0·00305	0·0114
								9		18	0·450	−0·061875	0·00206	0·0116
									11		0·4583	−0·062066	0·00172	0·0116
										19	0·475	−0·062344	0·00104	0·0117
1		2		3	4	5	6	10	12	20	0·500	−0·062500	0·00000	0·0117
										21	0·525	−0·062344	−0·00104	0·0117
									13		0·5416	−0·062066	−0·00172	0·0116
								11		22	0·550	−0·061875	−0·00206	0·0116
										23	0·575	−0·061094	−0·00305	0·0114
							7		14		0·5833	−0·060764	−0·00338	0·0114
			3			6		12		24	0·600	−0·060000	−0·00400	0·0112
					5				15	25	0·625	−0·058594	−0·00488	0·0109
								13		26	0·650	−0·056875	−0·00569	0·0106
	2			4			8		16		0·6666	−0·055556	−0·00617	0·0103
										27	0·675	−0·054844	−0·00640	0·0101
						7		14		28	0·700	−0·052500	−0·00700	0·0097
									17		0·7083	−0·051649	−0·00717	0·0095
										29	0·725	−0·049844	−0·00748	0·0091
		3			6		9	15	18	30	0·750	−0·046875	−0·00781	0·0085
										31	0·775	−0·043594	−0·00799	0·0079
									19		0·7916	−0·041233	−0·00802	0·0074
			4			8		16		32	0·800	−0·040000	−0·00800	0·0072
										33	0·825	−0·036094	−0·00782	0·0064
				5			10		20		0·8333	−0·034722	−0·00772	0·0062
								17		34	0·850	−0·031875	−0·00744	0·0057
					7				21	35	0·875	−0·027344	−0·00684	0·0048
						9		18		36	0·900	−0·022500	−0·00600	0·0039
							11		22		0·9166	−0·019097	−0·00530	0·0033
										37	0·925	−0·017344	−0·00491	0·0030
								19		38	0·950	−0·011875	−0·00356	0·0020
									23		0·9583	−0·009983	−0·00305	0·0017
										39	0·975	−0·006094	−0·00193	0·0010

The following are some useful formulae involving vectors and matrices.

Position vectors

Positions or directions on the sky can be represented as column vectors in a specific celestial coordinate system with components that are Cartesian (rectangular) coordinates. The relationship between a position vector $\mathbf{r}$ its three components r_x, r_y, r_z, and its right ascension (α), declination (δ) and distance (d) from the specified origin have the general form

$$\mathbf{r} = \begin{bmatrix} r_x \\ r_y \\ r_z \end{bmatrix} = \begin{bmatrix} d\cos\alpha\cos\delta \\ d\sin\alpha\cos\delta \\ d\sin\delta \end{bmatrix} \quad \text{and} \quad \begin{aligned} \alpha &= \tan^{-1}\left(r_y/r_x\right) \\ \delta &= \tan^{-1} r_z/\sqrt{(r_x^2 + r_y^2)} \\ d &= |\mathbf{r}| = \sqrt{(r_x^2 + r_y^2 + r_z^2)} \end{aligned}$$

where α is measured counterclockwise as viewed from the positive side of the z-axis. A two-argument arctangent function (e.g., atan2) will return the correct quadrant for α if r_y and r_x are provided separately. The above is written in terms of equatorial coordinates (α, δ), however they are also valid, for example, for ecliptic longitude and latitude (λ, β) and geocentric (but not geodetic) longitude and latitude (λ, ϕ').

Unit vectors are often used; the unit vector $\hat{\mathbf{r}}$ is a vector with distance (magnitude) equal to one, and may be calculated thus;

$$\hat{\mathbf{r}} = \frac{\mathbf{r}}{|\mathbf{r}|}$$

For stars and other objects "at infinity" (beyond the solar system), d is often set to 1.

Vector dot and cross products

The dot or scalar product ($\mathbf{r}_1 \cdot \mathbf{r}_2$) of two vectors $\mathbf{r}_1$ and $\mathbf{r}_2$ is the sum of the products of their corresponding components in the same reference frame, thus

$$\mathbf{r}_1 \cdot \mathbf{r}_2 = x_1 x_2 + y_1 y_2 + z_1 z_2$$

The angle (θ) between two unit vectors $\hat{\mathbf{r}}_1$ and $\hat{\mathbf{r}}_2$ is given by

$$\hat{\mathbf{r}}_1 \cdot \hat{\mathbf{r}}_2 = \cos\theta$$

Note, also, that the magnitude (d) of $\mathbf{r}$ is given by

$$d = |\mathbf{r}| = \sqrt{(\mathbf{r}\cdot\mathbf{r})} = \sqrt{r_x^2 + r_y^2 + r_z^2}$$

The cross or vector product ($\mathbf{r}_1 \times \mathbf{r}_2$) of two vectors $\mathbf{r}_1$ and $\mathbf{r}_2$ is a vector that is perpendicular to plane containing both $\mathbf{r}_1$ and $\mathbf{r}_2$ in the direction given by a right-handed screw, and

$$\mathbf{r}_1 \times \mathbf{r}_2 = \begin{bmatrix} y_1 z_2 - y_2 z_1 \\ x_2 z_1 - x_1 z_2 \\ x_1 y_2 - x_2 y_1 \end{bmatrix}$$

where $\mathbf{r}_1$ and $\mathbf{r}_2$ have column vectors (x_1, y_1, z_1) and (x_2, y_2, z_2), respectively. A cross product is not commutative since

$$\mathbf{r}_1 \times \mathbf{r}_2 = -\mathbf{r}_2 \times \mathbf{r}_1$$

The magnitude of the cross product of two unit vectors is the sine of the angle between them

$$|\hat{\mathbf{r}}_1 \times \hat{\mathbf{r}}_2| = \sin\theta \quad \text{and} \quad 0 \le \theta \le \pi$$

The vector triple product

$$(\mathbf{r}_1 \times \mathbf{r}_2) \times \mathbf{r}_3 = (\mathbf{r}_1 \cdot \mathbf{r}_3)\,\mathbf{r}_2 - (\mathbf{r}_2 \cdot \mathbf{r}_3)\,\mathbf{r}_1$$

is a vector in the same plane as $\mathbf{r}_1$ and $\mathbf{r}_2$. Note the position of the brackets. The latter is used on page B67 in step 3 where $\mathbf{r}_1 = \mathbf{q}$, $\mathbf{r}_2 = \mathbf{e}$ and $\mathbf{r}_3 = \mathbf{p}$.

Matrices and matrix multiplication

The general form of a 3×3 matrix $\mathbf{M}$ used with 3-vectors is usually specified

$$\mathbf{M} = \begin{bmatrix} m_{11} & m_{12} & m_{13} \\ m_{21} & m_{22} & m_{23} \\ m_{31} & m_{32} & m_{33} \end{bmatrix}$$

If each element of $\mathbf{M}$ (m_{ij}) is the result of multiplying matrices $\mathbf{A}$ and $\mathbf{B}$, i.e. $\mathbf{M} = \mathbf{A}\,\mathbf{B}$, then $\mathbf{M}$ is calculated from

$$m_{ij} = \sum_{k=1}^{3} a_{ik}\, b_{kj} \qquad \text{thus} \qquad \mathbf{M} = \begin{bmatrix} \sum a_{1k}\, b_{k1} & \sum a_{1k}\, b_{k2} & \sum a_{1k}\, b_{k3} \\ \sum a_{2k}\, b_{k1} & \sum a_{2k}\, b_{k2} & \sum a_{2k}\, b_{k3} \\ \sum a_{3k}\, b_{k1} & \sum a_{3k}\, b_{k2} & \sum a_{3k}\, b_{k3} \end{bmatrix}$$

where $i = 1, 2, 3$, $j = 1, 2, 3$ and k is summed from 1 to 3. Note that matrix multiplication is associative, i.e. $\mathbf{A}\,(\mathbf{B}\,\mathbf{C}) = (\mathbf{A}\,\mathbf{B})\,\mathbf{C}$, but it is **not** commutative i.e. $\mathbf{A}\,\mathbf{B} \neq \mathbf{B}\,\mathbf{A}$.

Rotation matrices

The rotation matrix $\mathbf{R}_n(\phi)$, for $n = 1, 2$ and 3 transforms column 3-vectors from one Cartesian coordinate system to another. The final system is formed by rotating the original system about its own n^{th}-axis (i.e. the x, y, or z-axis) by the angle ϕ, counterclockwise as viewed from the $+x$, $+y$ or $+z$ direction, respectively.

The two columns below give $\mathbf{R}_n(\phi)$ and its inverse $\mathbf{R}_n^{-1}(\phi)$ (see below), respectively,

$$\mathbf{R}_1(\phi) = \begin{bmatrix} 1 & 0 & 0 \\ 0 & \cos\phi & \sin\phi \\ 0 & -\sin\phi & \cos\phi \end{bmatrix} \qquad\qquad \mathbf{R}_1^{-1}(\phi) = \begin{bmatrix} 1 & 0 & 0 \\ 0 & \cos\phi & -\sin\phi \\ 0 & \sin\phi & \cos\phi \end{bmatrix}$$

$$\mathbf{R}_2(\phi) = \begin{bmatrix} \cos\phi & 0 & -\sin\phi \\ 0 & 1 & 0 \\ \sin\phi & 0 & \cos\phi \end{bmatrix} \qquad\qquad \mathbf{R}_2^{-1}(\phi) = \begin{bmatrix} \cos\phi & 0 & \sin\phi \\ 0 & 1 & 0 \\ -\sin\phi & 0 & \cos\phi \end{bmatrix}$$

$$\mathbf{R}_3(\phi) = \begin{bmatrix} \cos\phi & \sin\phi & 0 \\ -\sin\phi & \cos\phi & 0 \\ 0 & 0 & 1 \end{bmatrix} \qquad\qquad \mathbf{R}_3^{-1}(\phi) = \begin{bmatrix} \cos\phi & -\sin\phi & 0 \\ \sin\phi & \cos\phi & 0 \\ 0 & 0 & 1 \end{bmatrix}$$

Generally, a rotation matrix $\mathbf{R}$ is a matrix formed from products of the above rotational matricies $\mathbf{R}_n(\phi)$ that implements a transformation from one Cartesian coordinate system to another, the two systems sharing a common origin. Any such matrix is orthogonal; that is, the transpose $\mathbf{R}^{\text{T}}$ (where rows are replaced by columns) equals the inverse, $\mathbf{R}^{-1}$. Therefore

$$\mathbf{R}^{\text{T}}\,\mathbf{R} = \mathbf{R}^{-1}\,\mathbf{R} = \mathbf{I}$$

where $\mathbf{I}$ is the unit (identity) matrix. Sometimes $\mathbf{R}^{\text{T}}$ is denoted $\mathbf{R}'$. It is also worth noting the following relationships

$$\mathbf{R}_n^{-1}(\theta) = \mathbf{R}_n^{\text{T}}(\theta) = \mathbf{R}_n(-\theta)$$

which is shown in the right-hand column above. The initial and final Cartesian coordinate systems are right handed ($\hat{\mathbf{e}}_x \times \hat{\mathbf{e}}_y = \hat{\mathbf{e}}_z$), where $\hat{\mathbf{e}}_n$ are the unit vectors along the axes. Matrices interconnecting such systems have their determinant equal to $+1$ and are called *proper orthogonal matrices* or *proper rotation matrices*. Such a matrix can always be represented as a product of three matrices of the types $\mathbf{R}_n(\phi)$.

Example: The transformation between a geocentric position with respect to the Geocentric Celestial Reference System $\mathbf{r}_{\text{GCRS}}$ and a position with respect to the true equator and equinox of date $\mathbf{r}_t$, and vice versa, is given by.

$$\mathbf{r}_t = \mathbf{N}\,\mathbf{P}\,\mathbf{B}\,\mathbf{r}_{\text{GCRS}}$$
$$\mathbf{B}^{-1}\mathbf{P}^{-1}\mathbf{N}^{-1}\mathbf{r}_t = \mathbf{B}^{-1}\,[\mathbf{P}^{-1}\,(\mathbf{N}^{-1}\mathbf{N})\,\mathbf{P}]\,\mathbf{B}\,\mathbf{r}_{\text{GCRS}}$$

Rearranging gives
$$\mathbf{r}_{\text{GCRS}} = \mathbf{B}^{-1}\,\mathbf{P}^{-1}\,\mathbf{N}^{-1}\,\mathbf{r}_t = \mathbf{B}^{\text{T}}\,\mathbf{P}^{\text{T}}\,\mathbf{N}^{\text{T}}\,\mathbf{r}_t$$

where $\mathbf{B}$, $\mathbf{P}$ and $\mathbf{N}$ are the frame bias, precession and nutation matrices, respectively, and are all proper rotation matrices. Note that the order the transformations are applied is crucial.

CONTENTS OF SECTION L

This section specifies the sources for the theories and data used to construct the ephemerides in this volume, explains the basic concepts required to use the ephemerides, and where appropriate states the precise meaning of tabulated quantities. Definitions of individual terms appear in the Glossary (Section M). The *Explanatory Supplement to the Astronomical Almanac* (Urban and Seidelmann, 2012) contains additional information about the theories and data used.

The companion website *The Astronomical Almanac Online* provides, in machine-readable form, some of the information printed in this volume as well as closely related data. Two mirrored sites are maintained. The URL [1] for the website in the United States is http://asa.usno.navy.mil and in the United Kingdom is http://asa.hmnao.com. The symbol ^{WW}w is used throughout this edition to indicate that additional material can be found on *The Astronomical Almanac Online*.

To the greatest extent possible, *The Astronomical Almanac* is prepared using standard data sources and models recommended by the International Astronomical Union (IAU). The data prepared in the United States rely heavily on the US Naval Observatory's NOVAS software package [2]. Data prepared in the United Kingdom utilize the IAU Standards of Fundamental Astronomy (SOFA) library [3]. Although NOVAS and SOFA were written independently, the underlying scientific bases are the same. Resulting computations typically are in agreement at the microarcsecond level.

Fundamental Reference System

The fundamental reference system for astronomical applications is the International Celestial Reference System (ICRS), as adopted by the IAU General Assembly (GA) in 1997 (Resolution B2, IAU, 1999). At the same time, the IAU specified that the practical realization of the ICRS in the radio regime is the International Celestial Reference Frame (ICRF), a space-fixed frame based on high accuracy radio positions of extragalactic sources measured by Very Long Baseline Interferometry (VLBI); see Ma et al. (1998). Beginning in 2010, the ICRS is realized in the radio by the ICRF2 catalog (IERS, 2009); also available at [4]. The ICRS is realized in the optical regime by the Hipparcos Celestial Reference Frame (HCRF), consisting of the *Hipparcos Catalogue* (ESA, 1997) with certain exclusions (Resolution B1.2, IAU, 2001). Although the directions of the ICRS coordinate axes are not defined by the kinematics of the Earth, the ICRS axes (as implemented by the ICRF and HCRF) closely approximate the axes that would be defined by the mean Earth equator and equinox of J2000.0 (to within 0.1 arcsecond).

In 2000, the IAU defined a system of space-time coordinates for the solar system, and the Earth, within the framework of General Relativity, by specifying the form of the metric tensors for each and the 4-dimensional space-time transformation between them. The former is called the Barycentric Celestial Reference System (BCRS), and the latter, the Geocentric Celestial Reference System (GCRS) (Resolution B1.3, *op.cit.*). The ICRS can be considered a specific implementation of the BCRS; the ICRS defines the spatial axis directions of the BCRS. The GCRS axis directions are derived from those of the BCRS (ICRS); the GCRS can be considered to be the "geocentric ICRS," and the coordinates of stars and planets in the GCRS are obtained from basic ICRS reference data by applying the algorithms for proper place (*e.g.*, for stars, correcting the ICRS-based catalog position for proper motion, parallax, gravitational deflection of light, and aberration).

Precession and Nutation Models

The IAU Resolution B1 adopts the IAU 2006 precession theory (Capitaine et al., 2003) recommended by the Working Group on Precession and the Ecliptic (Hilton et al., 2006) and the IAU 2000A nutation theory (IAU 2000 Resolution B1.6) based on the transfer functions of Matthews et al. (2002), MHB2000. However, at the highest precision (μas), implementing these precession and nutation theories will not agree with the combined precession-nutation approach using the X,Y of the CIP as implemented by the IERS Conventions (IERS, 2010, Chapter 5, and the updates at [7]). This is due to some very small adjustments that are needed in a few of the IAU 2000A nutation amplitudes in order to ensure compatibility with the IAU 2006 values for ϵ_0 and the J_2 rate (see IERS (2010), 5.6.3).

Sections C, E, F use IAU 2000A nutation without the adjustments (see USNO Circular 179, Kaplan (2005) available at [8]) and Sections A, B, D and G use IAU SOFA software, which includes the adjustments. Note that these adjustments are well below the precision printed. These IAU recommendations have been implemented into this almanac since the 2009 edition.

Section B describes the transformation (rotations for precession and nutation) from the GCRS to the of date system. This includes the offsets of the ICRS axes from the axes of the dynamical system (mean equator and equinox of J2000.0, termed frame bias). Users are reminded that both variants of formulation, with and without frame bias, are often given, and the difference matters.

Timescales

Two fundamentally different types of time scales are used in astronomy: coordinate timescales such as International Atomic Time (TAI), Terrestrial Time (TT), and Barycentric Dynamical Time (TDB), and those based on the rotation of the Earth such as Universal Time (UT) and sidereal time.

A coordinate timescale is one associated with a coordinate system. To be of use, a coordinate timescale must be related to the proper time of an actual clock. This connection is made from the proper times of an ensemble of atomic clocks on the geoid, through a relativistic transformation, to define the TAI coordinate timescale. The realization of TAI is the responsibility of the Bureau International de Poids et Mesures (BIPM).

The Earth is subject to external torques and changes to its internal structure. Thus, the Earth's rotation rate varies with time. And those timescales, such as UT, that are based on the Earth's rotation do not have a fixed relationship to coordinate timescales.

The fundamental unit of time in a coordinate time scale is the SI second defined as 9 192 631 770 cycles of the radiation corresponding to the ground state hyperfine transition of Cesium 133. As a simple count of cycles of an observable phenomenon, the SI second can be implemented, at least in principle, by an observer anywhere. According to relativity theory, clocks advancing by SI seconds according to a co-moving observer (*i.e.*, an observer moving with the clock) may not, in general, appear to advance by SI seconds to an observer on a different space-time trajectory from that of the clock. Thus, a coordinate time scale defined for use in a particular reference system is related to the coordinate time scale defined for a second reference system by a rather complex formula that depends on the relative space-time trajectories of the two reference systems. Simply stated, different astronomical reference systems use different time scales. However, the universal use of SI units allows the values of fundamental physical constants determined in one reference system to be used in another reference system without scaling.

The IAU has recommended relativistic coordinate time scales based on the SI second for theoretical developments using the Barycentric Celestial Reference System or the Geocentric Celestial Reference System. These time scales are, respectively, Barycentric Coordinate Time (TCB) and Geocentric Coordinate Time (TCG). Neither TCB nor TCG appear explicitly in this volume (except here and in the Glossary), but may underlie the physical theories that contribute to the data, and are likely to be more widely used in the future.

International Atomic Time (TAI) is a commonly used time scale with a mean rate equal, to a high level of accuracy, to the mean rate of the proper time of an observer situated on the Earth's surface (the rotating geoid). TAI is the most precisely determined time scale that is now available for astronomical use. This scale results from analyses, by the BIPM in Sèvres, France, of data from atomic time standards of many countries. Although TAI was not officially introduced until 1972, atomic time scales have been available since 1956, and TAI may be extrapolated backwards to the period 1956–1971 (for a history of TAI, see Nelson et al. (2001)). TAI is readily available as an integral number of seconds offset from UTC, which is extensively disseminated.

UTC is discussed at the end of this section.

The astronomical time scale called Terrestrial Time (TT), used widely in this volume, is an idealized form of TAI with an epoch offset. In practice it is TT = TAI + 32$^\text{s}$184. TT was so defined to preserve continuity with previously used (now obsolete) "dynamical" time scales, Terrestrial Dynamical Time (TDT) and Ephemeris Time (ET).

Barycentric Dynamical Time (TDB, defined by the IAU in 1976 and 1979 and modified in 2006 by Resolution B3) is defined such that it is linearly related to TCB and, at the geocenter, remains close to TT. Barycentric and heliocentric data are therefore often tabulated with TDB shown as the time argument. Values of parameters involving TDB (see pages K6–K7) which are not based on the SI second, will, in general, require scaling to convert them to SI-based values (dimensionless quantities such as mass ratios are unaffected).

The coordinate time scale TDB is used as the independent argument of various fundamental solar system ephemerides. In particular, it is the coordinate time scale of the Jet Propulsion Laboratory (JPL) ephemerides DE430/LE430. Previous JPL ephemerides, *e.g.* DE405/LE405 used the coordinate time scale T_{eph} (see Glossary). The DE430/LE430 ephemerides are the basis for many of the tabulations in this volume (see the Ephemerides Section on page L5). They were computed in the barycentric reference system. The linear drift between TDB and TCB (by about 10^{-8}) is such that the rates of TDB and TT are as close as possible for the time span covered by the particular ephemeris (Resolution B3, IAU, 2006).

The second group of time scales, which are also used in this volume, are based on the (variable) rotation of the Earth. In 2000, the IAU (Resolution B1.8, IAU, 2001) defined UT1 (Universal Time) to be linearly proportional to the Earth rotation angle (ERA) (see page B8), which is the geocentric angle between two directions in the equatorial plane called, respectively, the celestial intermediate origin (CIO) and the terrestrial intermediate origin (TIO). The TIO rotates with the Earth, while the motion of the CIO has no component of instantaneous motion along the celestial equator, thus ERA is a direct measure of the Earth's rotation.

Greenwich sidereal time is the hour angle of the equinox measured with respect to the Greenwich meridian. Local sidereal time is the local hour angle of the equinox, or the Greenwich sidereal time plus the longitude (east positive) of the observer, expressed in time units. Sidereal time appears in two forms, apparent and mean, the difference being the *equation of the equinoxes*; apparent sidereal time includes the effect of nutation on the location of the equinox. Greenwich (or local) sidereal time can be observationally obtained from the equinox-based right ascensions of celestial objects transiting the Greenwich (or local) meridian. The current form of the expression for Greenwich mean sidereal time (GMST) in terms of ERA (which is a function of UT1) and the accumulated precession in right ascension (which is a function of TDB or TT), was first adopted for the 2006 edition of the almanac. The current expression for GMST is on page B8.

Universal Time (formerly Greenwich Mean Time) is widely used in astronomy, and in this volume always means UT1. Historically, prior to the 2006 edition of *The Astronomical Almanac*, which implemented the IAU resolutions adopted in 2000, UT1 as a function of GMST was specified by IAU Resolution C5 (IAU, 1983) adopted from Aoki et al. (1982). For the 2006-2008 editions of the almanac, consistent with IAU 2000A precession-nutation, the expression is given by Capitaine, Wallace, and McCarthy (2003). Beginning with the 2009 edition, which implemented the IAU resolutions from 2006, the expression for UT1 in terms of GMST (consistent with the IAU 2006 precession) is given in Capitaine et al. (2005). No discontinuities in any time scale resulted from any of the changes in the definition of UT1.

UT1 and sidereal time are affected by variations in the Earth's rate of rotation (length of day), which are unpredictable. The lengths of the sidereal and UT1 seconds are therefore not constant when expressed in a uniform time scale such as TT. The accumulated difference in time measured by a clock keeping SI seconds on the geoid from that measured by the rotation of the Earth is

$\Delta T = \text{TT} - \text{UT1}$. In preparing this volume, an assumption had to be made about the value(s) of ΔT during the tabular year; a table of observed and extrapolated values of ΔT is given on page K9. Calculations of positions relative to the terrestrial frame, such as precise transit times and hour angles, are often referred to the *ephemeris meridian*, which is $1.002\,738\,\Delta T$ east of the Greenwich meridian, and thus independent of the Earth's actual rotation. Only when ΔT is specified can such predictions be referred to the Greenwich meridian. Essentially, the ephemeris meridian rotates at a uniform rate corresponding to the SI second on the geoid, rather than at the variable (and generally slower) rate of the real Earth.

The worldwide system of civil time is based on Coordinated Universal Time (UTC), which is now ubiquitous and tightly synchronized. UTC is a hybrid time scale, using the SI second on the geoid as its fundamental unit, but subject to occasional 1-second adjustments to keep it within 0^s9 of UT1. Such adjustments, called "leap seconds," are normally introduced at the end of June or December, when necessary, by international agreement. Tables of the differences UT1 − UTC, called ΔUT made available by the International Earth Rotation and Reference System Service's *Bulletin B*. DUT1, an approximation to UT1 − UTC, is transmitted in code with some radio time signals, such as those from WWV. As previously noted, UTC and TAI differ by an integral number of seconds, which increases by 1 whenever a positive leap second is introduced into UTC. Only positive leap seconds have ever been introduced. The TAI − UTC difference is referred to as ΔAT, tabulated on page K9. Therefore $\text{TAI} = \text{UTC} + \Delta\text{AT}$ and $\text{TT} = \text{UTC} + \Delta\text{AT} + 32^s184$.

From 2016, in order to provide UT1 directly via a time server rather than only UTC, the Time and Frequency Division of the US National Institute of Standards and Technology (NIST) transmits UT1 time in the Network Time Protocol format [32]. The time difference between UT1 and UTC is updated every day at 0^hUTC from IERS Bulletin A. The accuracy of UT1(NIST) at the server is approximately $4\,\text{ms}$, and is determined by the uncertainty in the prediction of the difference UT1-UTC. The accuracy of the time received by a user will usually be further limited by the stability of the network delay from the user's system to the time server.

In many astronomical applications multiple time scales must be used. In the astronomical system of units, the unit of time is the day of 86400 seconds. For long periods, however, the Julian century of 36525 days is used. With the increasing precision of various quantities it is now often necessary not only to specify the date but also the time scale. Thus the standard epoch for astrometric reference data designated J2000.0 is 2000 January 1, 12^h TT (JD 245 1545.0 TT). The use of time scales based on the tropical year and Besselian epochs was discontinued in 1984. Other information on time scales and the relationships between them may be found on pages B6–B12.

Ephemerides

The fundamental ephemerides of the Sun, Moon, and major planets were calculated by numerical integration at the Jet Propulsion Laboratory (JPL). These ephemerides, designated DE430/LE430, provide barycentric equatorial rectangular coordinates for the period JD2287184.5 (1549 Dec. 21.0) through JD2688976.5 (2650 Jan. 25.0) (Folkner et al., 2014). *The Astronomical Almanac* for 2015 was the first edition that used the DE430/LE430 ephemerides; the volumes for 2003 through 2014 used the ephemerides designated DE405/LE405 (Standish, 1998a). Optical, radar, laser, and space-craft observations were analyzed to determine starting conditions for the numerical integration and values of fundamental constants such as the planetary masses and the length of the astronomical unit in meters. The reference frame for the basic ephemerides is the ICRF; the alignment onto this frame has an estimated accuracy of 1–2 milliarcseconds. As described above, the JPL DE430/LE430 ephemerides have been developed in a barycentric reference system using a barycentric coordinate time scale TDB.

The geocentric ephemerides of the Sun, Moon, and planets tabulated in this volume have been computed from the basic JPL ephemerides in a manner consistent with the rigorous reduction methods presented in Section B. For each planet, the ephemerides represent the position of the center of mass, which includes any satellites, not the center of figure or center of light. The precession-nutation model used in the computation of geocentric positions follows the IAU resolutions adopted in 2000 and 2006; see the Precession and Nutation Models section above.

Section A: Summary of Principal Phenomena

In 2006, the IAU agreed on resolution 5B, which provides the definition for "planet" and also introduces the new class of "dwarf planets". Following those resolutions, only eight solar system objects – Mercury, Venus, Earth, Mars, Jupiter, Saturn, Uranus and Neptune – classify as planets. Along with Pluto, Ceres is now in the new class of dwarf planets.

The lunations given on page A1 are numbered in continuation of E.W. Brown's series, of which No. 1 commenced on 1923 January 16 (Brown, 1933).

The list of occultations of planets and bright stars by the Moon starting on page A2 gives the approximate times and areas of visibility for the planets, the dwarf planets Ceres and Pluto, the minor planets Pallas, Juno and Vesta, and the five bright stars *Aldebaran*, *Antares*, *Regulus*, *Pollux* and *Spica*. However, due primarily to precession, it is known that *Pollux* has not, nor will be, occulted by the Moon for hundreds of years. Maps of the area of visibility of these occultations and for the minor planets published in Section G are available on *The Astronomical Almanac Online*. IOTA, the International Occultation Timing Association [6], is responsible for the predictions and reductions of timings of lunar occultations of stars by the Moon.

Times tabulated on page A3 for the stationary points of the planets are the instants at which the planet is stationary in apparent geocentric right ascension; but for elongations of the planets from the Sun, the tabular times are for the geometric configurations. From inferior conjunction to superior conjunction for Mercury or Venus, or from conjunction to opposition for a superior planet, the elongation from the Sun is west; from superior to inferior conjunction, or from opposition to conjunction, the elongation is east. Because planetary orbits do not lie exactly in the ecliptic plane, elongation passages from west to east or from east to west do not in general coincide with oppositions and conjunctions. For the selected dwarf planets Pluto and Ceres and minor planets Pallas, Juno and Vesta conjunctions, oppositions and stationary points are tabulated at the bottom of page A4 while their magnitudes, every 40 days, are given on page A5.

Dates of heliocentric phenomena are given on page A3. Since they are determined from the actual perturbed motion, these dates generally differ from dates obtained by using the elements of the mean orbit. The date on which the radius vector is a minimum may differ considerably from the date on which the heliocentric longitude of a planet is equal to the longitude of perihelion of the mean orbit. Similarly, when the heliocentric latitude of a planet is zero, the heliocentric longitude may not equal the longitude of the mean node.

The magnitudes and elongations of the planets are tabulated on pages A4–A5. For Mercury and Venus (page A4) they are tabulated every 5 days and the expressions for the magnitudes are given by Hilton (2005a) with amendments from Hilton (2005b). Magnitudes are not tabulated for a few dates around inferior and superior conjunction. In terms of the phase angle (ϕ) magnitudes are given for Mercury when $2°\!.1 < \phi < 169°\!.5$, and for Venus when $2°\!.2 < \phi < 170°\!.2$. For the other planets (page A5), the elongations and magnitudes are given every 10 days. These magnitude expressions are due to Harris (1961) and Irvine et al. (1968). Daily tabulations are given in Section E.

Configurations of the Sun, Moon and planets (pages A9–A11) are a chronological listing, with times to the nearest hour, of geocentric phenomena. Included are eclipses; lunar perigees, apogees and phases; phenomena in apparent geocentric longitude of the planets, dwarf planets Ceres and Pluto and the minor planets Pallas, Juno and Vesta; times when these planets are stationary in right ascension and when the geocentric distance to Mars is a minimum; and geocentric conjunctions in apparent right ascension of the planets with the Moon, with each other, and with the five bright stars *Aldebaran*, *Regulus*, *Spica*, *Pollux* and *Antares*, provided these conjunctions are considered to occur sufficiently far from the Sun to permit observation. Thus conjunctions in right ascension are excluded if they occur within 20° of the Sun for Uranus and Neptune; 15° for the Moon, Mars and Saturn; within 10° for Venus and Jupiter; and within $\approx 10°$ for Mercury, depending on Mercury's brightness. For Venus the occasion of its greatest illuminated extent is included. The occurrence of occultations of planets and bright stars is indicated by "Occn."; the areas of visibility are given in the list on page A2 while the maps are available on *The Astronomical Almanac Online*. Geocentric phenomena differ from the actually observed configurations by the effects of the geocentric parallax at the place of observation, which for configurations with the Moon may be quite large.

The explanation for the tables of sunrise and sunset, twilight, moonrise and moonset is given on page A12; examples are given on page A13.

Eclipses

The elements and circumstances are computed according to Bessel's method from apparent right ascensions and declinations of the Sun and Moon based, for the eclipses only, on the JPL ephemerides DE430/LE430. Semidiameters of the Sun and Moon used in the calculation of eclipses do not include irradiation. The adopted semidiameter of the Sun at unit distance is $15' 59''.64$ from the IAU (1976) Astronomical Constants (IAU, 1976). The apparent semidiameter of the Moon is equal to $\arcsin(k \sin \pi)$, where π is the Moon's horizontal parallax and k is an adopted constant. In 1982, the IAU adopted $k = 0.272\,5076$, corresponding to the mean radius of the Watts' datum (Watts, 1963) as determined by observations of occultations and to the adopted radius of the Earth. Corrections to the ephemerides, if any, are noted in the beginning of the eclipse section.

In calculating lunar eclipses the radius of the geocentric shadow of the Earth is increased by one-fiftieth part to allow for the effect of the atmosphere. Refraction is neglected in calculating solar and lunar eclipses. Because the circumstances of eclipses are calculated for the surface of the ellipsoid, refraction is not included in Besselian elements. For local predictions, corrections for refraction are unnecessary; they are required only in precise comparisons of theory with observation in which many other refinements are also necessary.

Descriptions of the maps and use of Besselian elements are given on pages A78–A83, while maps of the areas of visibility are available on *The Astronomical Almanac Online*.

Section B: Timescales and Coordinate Systems

Calendar

Over extended intervals civil time is ordinarily reckoned according to conventional calendar years and adopted historical eras; in constructing and regulating civil calendars and fixing ecclesiastical calendars, a number of auxiliary cycles and periods are used. In particular the Islamic calendar printed is determined from an algorithm that approximates the lunar cycle and is independent of location. In practice the dates of Islamic fasts and festivals are determined by an actual sighting of the appropriate new crescent moon.

To facilitate chronological reckoning, the system of Julian day (JD) numbers maintains a continuous count of astronomical days, beginning with JD 0 on 1 January 4713 B.C., Julian proleptic calendar. Julian day numbers for the current year are given on page B3 and in the Universal and Sidereal Times pages, B13–B20, and the Universal Time and Earth rotation angle table on pages B21–B24. To determine JD numbers for other years on the Gregorian calendar, consult the Julian Day Number tables on pages K2–K5.

Note that the Julian day begins at noon, whereas the calendar day begins at the preceding midnight. Thus the Julian day system is consistent with astronomical practice before 1925, with the astronomical day being reckoned from noon. The Julian date should include a specification as to the time scale being used, *e.g.*, JD 245 1545.0 TT or JD 245 1545.5 UT1.

At the bottom of pages B4–B5, dates are given for various chronological cycles, eras, and religious calendars. Note that the beginning of a cycle or era is an instant in time; the date given is the Gregorian day on which the period begins. Religious holidays, unlike the beginning of eras, are not instants in time but typically run an entire day. The tabulated date of a religious festival is the Gregorian day on which it is celebrated. When converting to other calendars whose days begin at different times of day (*e.g.*, sunset rather than midnight), the convention utilized is to tabulate the day that contains noon in both calendars.

For a discussion on timescales see page L3 of this section.

IAU XXVI General Assembly, 2006

The resolutions of the IAU 2006 GA that impacted on this section were a result of the IAU Division I Working Groups on Nomenclature for Fundamental Astronomy (WGNFA) and the Working Group on Precession and the Ecliptic (WGPE).

The 2006 edition of this almanac introduced the recommendations of the WGNFA adopted at the 2006 GA (Resolution B2, IAU, 2006). This included replacing the terms Celestial Ephemeris Origin and Terrestrial Ephemeris Origin, the "non-rotating" origins of the Celestial and Terrestrial Intermediate Reference Systems of the IAU 2000 resolution B1.8 (IAU, 2001), with the terms Celestial Intermediate Origin (CIO), and the Terrestrial Intermediate Origin (TIO), respectively.

Beginning with the 2009 edition, resolution B1, which relates to the report of the WGPE (Hilton et al., 2006) has been implemented. Table 1 of this report gives a useful list of "The polynomial coefficients for the precession angles". The WGPE adopted the precession theory designated P03 (Capitaine, Wallace, and Chapront, 2003). The two papers of Capitaine and Wallace (2006) and Wallace and Capitaine (2006), have also been used. The updated Chapter 5 of the IERS (2010), which replaces IERS (2004), is available from their website [7] which describes the ITRS to GCRS conversion. In addition to updated precession angles the WGPE report includes updates to Greenwich mean sidereal time and other related quantities.

The IAU SOFA library has been used in the software that has generated the data in this section. The code is available from the IAU Standards Of Fundamental Astronomy (SOFA) website [3] and contains code for all the fundamental quantities related to various systems

A detailed explanation and implementation of the IAU Resolutions on Astronomical Reference Systems, Timescales, and Earth Rotation Models is given in *USNO Circular 179* (Kaplan, 2005).

Universal and Sidereal Times and Earth Rotation Angle

The tabulations of Greenwich mean sidereal time (GMST) at 0^h UT1 are calculated from the defining relation between the Earth rotation angle (ERA), which is a function of UT1, and the accumulated precession (P03, see reference above) in right ascension, which is a function of TDB or TT (see pages B8 and L3).

The tabulations of Greenwich apparent sidereal time (GAST, or GST as it is designated in the papers above), is calculated from ERA and the equation of the origins. The latter is a function of the CIO locator s and precession and nutation (see Capitaine and Wallace (2006) and Wallace and Capitaine (2006)). This formulation ensures that whichever paradigm is used, equinox or CIO based, the resulting hour angles will be identical. Greenwich mean and apparent sidereal times and the equation of the equinoxes are tabulated on pages B13–B20, while ERA and equation of the origins are tabulated on pages B21–B24.

Bias, Precession and Nutation

The WGPE stated that the choice of the precession parameters should be left to the user. It should be noted that the effect of the frame bias (see page B50), the offset of the ICRS from the

J2000.0 system, is not related to precession. However, the Fukushima-Williams angles (see page B56), which are used by SOFA, and the series method (see page B46) of calculating the ICRS-to-date matrix, have the frame bias offset included.

The approximate formulae (see page B54) using the precessional constants M, N, a, b, c and c' for the reduction of precession that transform positions and orbital elements from and to J2000.0 are accurate to $0\!''\!.5$ within half a century of J2000.0 and to $1''$ within one century of J2000.0 for the position formulae (α, δ, λ, β) and accurate to $0\!''\!.5$ within half a century of J2000.0 and to $1\!''\!.5$ within one century of J2000.0 for the orbital element formulae. These differences were found, in the case of transforming positions, by comparing values of right ascension such that $0° \leq \alpha \leq 360°$ in steps of $30°$ and declination such that $-75° \leq \delta \leq +75°$ in steps of $5°$ every 10 days. In the case of transforming orbital elements the differences were found by comparing values for each of the planets every 10 days.

The formulae given at the bottom of the page B54 which are for the approximate reduction from the mean equinox and equator or ecliptic of the middle of the year (*e.g.* mean places of stars) to a date within the year (*i.e.* $-0.5 \leq \tau \leq +0.5$) were compared daily with a similar range of positions as above. These formulae use the annual rates m, n, p, π for the middle of the year, which are given at the top of the following page. The years analyzed were 1950 to 2050 and the formulae are accurate to $0\!''\!.002$ for right ascension and declination and accurate to $0\!''\!.006$ for ecliptic longitude and latitude. All these traditional approximate formulae break down near the poles.

Reduction of Astronomical Coordinates

Formulae and methods are given showing the various stages of the reduction from an International Celestial Reference System (ICRS) position to an "of date" position consistent with the IAU 2012 resolution B2 (IAU, 2012). This reduction may be achieved either by using the long-standing equinox approach or the CIO-based method, thus generating apparent or intermediate places, respectively. The examples also show the calculation of Greenwich hour angle using GAST or ERA as appropriate. The matrices for the transformation from the GCRS to the "of date" position for each method are tabulated on pages B30–B45. The Earth's position and velocity components (tabulated on pages B76-B83) are extracted from the JPL ephemeris DE430/LE430, which is described on page L5.

The determination of latitude using the position of Polaris or σ Octantis may be performed using the methods and tables on pages B87-B92.

Section C: The Sun

The formulae for the Sun's orbital elements found on page C1 — the geometric mean longitude (λ), the mean longitude of perigee (ϖ), the mean anomaly (l') and the eccentricity (e) — are computed using the values from Simon et al. (1994): λ, the expression $\lambda = F + \Omega - D$ is used where F and D are the Delaunay arguments found in § 3.5b and Ω is the longitude of the Moon's node found in § 3.4 3.b; the expression $\varpi = \lambda - l'$ is used, where l' is taken from § 3.5b; e is taken directly from § 5.8.3. Mean obliquity, ε, is from Capitaine, Wallace, and Chapront (2003), Eq. 39 with ε_0 from Eq. 37. Rates for all of the mean orbital elements are the time derivatives of the above expressions.

The lengths of the principal years are computed using the rates of the orbital elements as describe in the previous paragraph. They are:

- Tropical year: the period of time for the ecliptic longitude of the Sun to increase 360 degrees. The tropical year is then $360°/\dot{\lambda}$.
- Sidereal year: the period of revolution of the Earth around the Sun in a fixed reference frame, computed as $360°/(\dot{\lambda} - \dot{P})$ where $\dot{P}$ is the precession rate found in Simon et al. (1994), Eq. 5.

- Anomalistic year: the period between successive passages of the Earth through perihelion; it is computed as $360°/\dot{l}'$.
- Eclipse year: the period between successive passages of the Sun—as seen from the geocenter—through the same lunar node. The mean eclipse year is $360°/\dot{\lambda} - \dot{\Omega})$.

The coefficients for the equation of time formula are computed using Smart (1956), § 90; in that formula the value for L is the same as λ (explained above) but corrected for aberration and rounded for ease of computation.

The rotation elements listed on page C3 are due to Carrington (1863). The synodic rotation numbers tabulated on page C4 are in continuation of Carrington's Greenwich photoheliographic series of which Number 1 commenced on November 9, 1853.

Low precision formulae for the Sun are given on page C5. The position are apparent places; that is, they are given with respect to the equator and equinox of date.

The JPL DE430/LE430 ephemeris, which is described on page L5, is the basis of the various tabular data for the Sun on pages C6–C25.

Daily geocentric coordinates of the Sun are given on the even pages of C6–C20; the tabular argument is Terrestrial Time (TT). The ecliptic longitudes and latitudes are referred to the mean equinox and ecliptic of date. These values are geometric, that is they are not antedated for light-time, aberration, etc. The apparent equatorial coordinates, right ascension and declination, are referred to the true equator and equinox of date and are antedated for light-time and have aberration applied. The true geocentric distance is given in astronomical units and is the value at the tabular time; that is, the values are not antedated.

Daily physical ephemeris data are found on the odd pages of C7–C21 and are computed using the techniques outlined in *The Explanatory Supplement to the Astronomical Almanac* (Urban and Seidelmann, 2012); the tabular argument is TT. The solar rotation parameters are from *Report of the IAU/IAG Group on Cartographic Coordinates and Rotational Elements: 2009* (Archinal et al., 2011a); the data are based on Carrington (1863). Prior to *The Astronomical Almanac* for 2009, neither light-time correction nor aberration were applied to the solar rotation because they were presumably already in Carrington's meridian. Since the Earth-Sun distance is relatively constant, this is possible only for the Sun. At the 2006 IAU General Assembly, the Working Group on Cartographic Coordinates and Rotational Elements decided to make the physical ephemeris computations for the Sun consistent with the other major solar system bodies. The W_0 value for the Sun was "foredated" by about 499s; using the new value, the computation must take into account the light travel time. To further unify the process with other solar system objects, aberration is now explicitly corrected. Differences between the pre-2009 technique and the current recommendation are negligible at the Earth; for *The Astronomical Almanac*, differences of one in the least significant digit are occasionally seen in P, B_0 and L_0 with no other values being affected. Further explanation is found on the *The Astronomical Almanac Online* in the Notes and References area.

The Sun's daily ephemeris transit times are given on the odd pages of C7–C21. An ephemeris transit is the passage of the Sun across the *ephemeris meridian*, defined as a fictitious meridian that rotates independently of the Earth at the uniform rate. The ephemeris meridian is $1.002738 \times \Delta T$ east of the Greenwich meridian.

Geocentric rectangular coordinates, in au, are given on pages C22–C25. These are referred to the ICRS axes, which are within a few tens of milliarcseconds of the mean equator and equinox of J2000.0. The time argument is TT and the coordinates are geometric, that is there is no correction for light-time, aberration, etc.

Section D: The Moon

The geocentric ephemerides of the Moon are based on the JPL DE430/LE430 numerical integration described on page L5, with the tabular argument being TT. Additional formulae and data pertaining to the Moon are given on pages D1–D5 and D22.

For high precision calculations, a polynomial ephemeris (ASCII or PDF) is available at *The Astronomical Almanac Online* along with the necessary procedures for its evaluation. Daily apparent ecliptic latitude and longitude (to nearest second of arc) and apparent geocentric right ascension and declination (to $0''.1$) are given on the even numbered pages D6–D20. Although the tabular apparent right ascension and declination are antedated for light-time, the true distance and the horizontal parallax are the geometric values for the tabular time. The horizontal parallax is derived from $\arcsin(a_E/r)$, where r is the true distance and $a_E = 6378.1366$ km is the Earth's equatorial radius (see page K6).

The semidiameter s is computed from $s = \arcsin(R_M/r)$, where r is the true distance and $R_M = 1737.4$ km is the mean radius of the Moon (see page K7). From the 2013 edition, the semidiameter is tabulated on odd pages D7–D21.

The values for the librations of the Moon are calculated using rigorous formulae. The optical librations are based on the mean lunar elements of Simon et al. (1994) while the total librations are computed from the LE430 rotation angles (LE403 was used for 2011 through 2014). The rotation angles have been transformed from the Principal Moment of Inertia system used in the JPL ephemeris to librations that are defined in the mean-Earth direction, mean pole of rotation system given in Section D, by means of specific rotations provided by Folkner et al. (2014) and Williams et al. (2013). The rotation ephemeris and hence the derived librations are more accurate than those of Eckhardt (1981) which have been used in the editions from 1985 to 2010, inclusive; (see also, Calame, 1982). The value of $1°\,32'\,32''.6$ for the inclination of the mean lunar equator to the ecliptic (also given on page D2) has been taken from Newhall and Williams (1996). Since apparent coordinates of the Sun and Moon are used in the calculations, aberration is fully included, except for the inappreciable difference between the light-time from the Sun to the Moon and from the Sun to the Earth. A detailed description of this process can found in *NAO Technical Note*, No. 74 (Taylor et al., 2010). From the 2013 edition the physical librations, the difference between the total and optical librations, are no longer tabulated.

The selenographic coordinates of the Earth and Sun specify the points on the lunar surface where the Earth and Sun, respectively, are in the selenographic zenith. The selenographic longitude and latitude of the Earth are the total geocentric (optical and physical) librations with respect to the coordinate system in which the x-axis is the mean direction towards the geocentre and the z-axis is the mean pole of lunar rotation. When the longitude is positive, the mean central point is displaced eastward on the celestial sphere, exposing to view a region on the west limb. When the latitude is positive, the mean central point is displaced toward the south, exposing to view the north limb.

The tabulated selenographic colongitude of the Sun is the east selenographic longitude of the morning terminator. It is calculated by subtracting the selenographic longitude of the Sun from $90°$ or $450°$. Colongitudes of $270°$, $0°$, $90°$ and $180°$ approximately correspond to New Moon, First Quarter, Full Moon and Last Quarter, respectively.

The position angles of the axis of rotation and the midpoint of the bright limb are measured counterclockwise around the disk from the north point. The position angle of the terminator may be obtained by adding $90°$ to the position angle of the bright limb before Full Moon and by subtracting $90°$ after Full Moon.

For precise reduction of observations, the tabular librations and position angle of the axis must be reduced to topocentric values via the formulae by Atkinson (1951) that are given on page D5.

Section E: Planets

The physical and phometric data for planets include the geometric flattening, which is the ratio of the difference of the mean equatorial and polar radii to the equatorial radius. For Mars, the flattening is calculated by using the average of its north and south polar radii.

Except for the Earth, the period of rotation is the time required for a point on the equator of the planet to twice cross the XY-plane of the ICRS. The length of the sidereal day is given for the Earth, because its equator is nearly coincident with the XY-plane (see B9). A negative sign indicates that the rotation is retrograde with respect to the pole that lies north of the invariable plane of the solar system. The period is measured in days of 86 400 SI seconds. The rotation rates of Uranus and Neptune were determined from the Voyager mission in 1986 and 1989. The uncertainty of those rotation rates are such that the uncertainty in the rotation angle is more than a complete rotation in each case.

The tabulated maximum angular diameter of planets is based on the equatorial diameter when the planet is at the tabulated minimum geocentric distance during the interval 1950-2050.

The geometric albedo given for planets is the ratio of the illumination of a planet at zero phase angle to the illumination produced by a plane, absolutely white Lambert surface of the same radius and position as the planet.

The quantity $V(1,0)$ is the visual magnitude of a planet reduced to a distance of 1 au from both the Sun and Earth and with phase angle zero. V_0 is the mean opposition magnitude. For Saturn the photometric quantities refer to the disk only. Mercury and Venus values are valid over a range in phase angles (see page E3).

The heliocentric and geocentric ephemerides of the planets are based on the numerical integration DE430/LE430 described on page L5. These data are given in TDB, which is the timescale used for the fundamental solar system ephemerides (DE430). The values for heliocentric positions and elements, and the geocentric coordinates are for the planet-satellite barycenters. The longitude of perihelion for both Venus and Neptune is given to a lower degree of precision due to the fact that they have nearly circular orbits and the point of perihelion is nearly undefined.

Although the apparent right ascension and declination are antedated for light-time, the true geocentric distance in astronomical units is the geometric distance for the tabular time.

The physical ephemerides of the planets depend upon the fundamental solar system ephemerides DE430/LE430 described on page L5. Physical data on E5 — and the mean equatorial radius, flattening and sidereal period of rotation found on E6 — are based on the *Report of the IAU/IAG Working Group on Cartographic Coordinates and Rotational Elements: 2009* (Archinal et al. (2011a), hereafter the WGCCRE Report) and its erratum (Archinal et al., 2011b). This report contains tables giving the dimensions, directions of the north poles of rotation and the prime meridians of the planets, Pluto, some of the satellites, and asteroids.

The orientation of the pole of a planet is specified by the right ascension α_0 and declination δ_0 of the north pole, with respect to the ICRS. According to the IAU definition, the north pole is the pole that lies on the north side of the invariable plane of the solar system. Because of precession of a planet's axis, α_0 and δ_0 may vary slowly with time; values for the current year are given on page E5.

For the four gas giant planets, the outer layers rotate at different rates, depending on latitude, and differently from their interior layers. The rotation rate is therefore defined by the periodicity of radio emissions, which are presumably modulated by the planet's internal magnetic field; this is referred to as "System III" rotation. For Jupiter, "System I" and "System II" rotations have also been defined, which correspond to the apparent rotations of the equatorial and mid-latitude cloud tops, respectively, in the visual band. Recent observations by the Cassini spacecraft provided evidence that the variation in the radio emissions of Saturn are not anchored in the bulk of Saturn, and show variation in its period on the order of 1% over a time span of several years (Gurnett et al., 2007).

This casts doubt on the reliability of the current methods to predict Saturns rotation parameters, because the influence of Saturn's moon Enceladus may be affecting the results.

The masses of the planets are calculated using the values for GM_S and the masses of the planet-satellite systems, found on K6, and the planet-satellite mass ratios found on pages F3 and F5.

All tabulated quantities in the physical ephemeris tables are corrected for light-time, so the given values apply to the disk that is visible at the tabular time. The tabulated latitudes and longitudes are planetographic. Except for planetographic longitudes, all tabulated quantities vary so slowly that they remain unchanged if the time argument is considered to be UT rather than TT. Conversion from TT to UT affects the tabulated planetographic longitudes by several tenths of a degree for all but Mercury and Venus.

Expressions for the visual magnitudes of the planets are due to Harris (1961), with the exception of Mercury and Venus which are derived using constants given by Hilton (2005a,b) and Jupiter which uses those of Irvine et al. (1968). The apparent magnitudes of the planets do not include variations from albedo markings or atmospheric disturbances. For example, the albedo markings on Mars may cause variations of approximately 0.05 magnitudes. If there is a major dust storm, the apparent magnitude can be highly variable and be as much as 0.2 magnitudes brighter than the predicted value. Beginning with the 2014 edition, the surface brightness of Saturn's disk and rings are computed separately. For Saturn, the magnitude includes the contribution due to the rings, but the surface brightness applies only to the disk of the planet.

The apparent disk of an oblate planet is always an ellipse, with an oblateness less than or equal to the oblateness of the planet itself, depending on the apparent tilt of the planet's axis. For planets with significant oblateness, the apparent equatorial and polar diameters are separately tabulated. The WGCCRE Report gives two values for the polar radii of Mars because there is a location difference between the center of figure and the center of mass for the planet. For the purposes of the physical ephemerides, the calculations use the mean value of the polar radii for Mars which produces the same result as using either radii at the precision of the printed table.

More information, along with some useful data and formulae, is provided on pages E3–E6.

Section F: Natural Satellites

The data given in Section F for the positions of the satellites at specific times in their orbits are intended only for search and identification, not for the exact comparison of theory with observation; they are calculated only to the accuracy sufficient for facilitating observations. The positions and reference planes for the satellite orbits are based on the individual theories cited below. They are corrected for light-time. The value of ΔT used to prepare the ephemerides is given on page F1.

Beginning with the 2013 edition of *The Astronomical Almanac*, the orbital data given for the planetary satellites of Mars, Jupiter (satellites I - XVI), Saturn (satellites I - IX), and Neptune (satellites I - VIII) in the table on pages F2 and F4 are given with respect to the local Laplace Plane. The Laplace Plane is an auxiliary concept convenient for describing the orbital plane evolution of a satellite in a nearly circular orbit within the "star - oblate planet - weightless satellite" setting, provided the orbit is not too close to polar. In an ideal situation where a planet is perfectly spherical and its satellite feels no influence from the Sun, the orbital plane of that satellite would be coplanar with the planet's equatorial plane with its normal vector parallel to the spin axis of the planet. In a real situation, however, planets are oblate and the gravitational influence of the Sun cannot be ignored. The oblateness of the planet and the gravitational influence of the Sun causes the satellite's orbital normal vector to precess in an elliptical pattern about another vector which serves as the normal vector to the Laplace Plane. For satellite orbits close to the planet, the Laplace Plane lies close to the planet's equatorial plane; for satellite orbits high above the planet, the Laplace Plane lies close to the planet's orbital plane.

Beginning with the 2006 edition of *The Astronomical Almanac*, a set of selection criteria has been instituted to determine which satellites are included in the table; those criteria appear on page F5. As a result, many newer satellites of Jupiter, Saturn, and Uranus have been included. However, some satellites that were included in previous editions have now been excluded. A more complete table containing all of the data from this edition as well as many of the previously included satellites is available on *The Astronomical Almanac Online*. The following sources were used to update the data presented in this table: Jacobson et al. (1989); the Jupiter Planet Satellite and Moon Page at [11]; the JPL Planetary Satellite Mean Orbital Parameters at [9], and references therein; Nicholson (2008); Jacobson (2000); Owen, Jr. et al. (1991).

Ephemerides, elongation times, and phenomena for planetary satellites are computed using data from a mixed function solution for twenty short-period planetary satellite orbits presented in Taylor (1995). The printed apparent satellite orbits are projections of their true orbits in three dimensions onto the two dimensional plane of the sky. The time of greatest eastern (or northern) elongation of an orbit is when the separation between satellite and planet is at a maximum on the eastern (or northern) side of the orbit. Starting with the 2007 edition, the offset data generated are used to produce satellite diagrams for Mars, Jupiter, Uranus, and Neptune. Beginning with the 2010 edition the paths of the satellites are computed at six minute intervals for Mars, eighty minute intervals for Jupiter, eighty-one minute intervals for Uranus, and thirty-five minute intervals for Neptune. As a consequence of these choices, the paths of the satellites for these planets appear as dotted lines in the satellite diagrams. The new diagrams give a scale (in arcseconds) of the orbit of the satellites as seen from Earth. Approximate formulae for calculating differential coordinates of satellites are given with the relevant tables.

The tables of apparent distance and position angle have been discontinued in *The Astronomical Almanac* starting with the 2005 edition. They are available on *The Astronomical Almanac Online* along with the offsets of the satellites from the planets.

Satellites of Mars

The Phobos and Deimos ephemerides are computed via the orbital elements from Sinclair (1989).

Satellites of Jupiter

The ephemerides of Satellites I–IV are based on the theory presented in Lieske (1977), with constants from Arlot (1982).

Elongations of Satellite V are computed from circular orbital elements given in Sudbury (1969). The differential coordinates of Satellites VI–XIII are computed by numerical integration, using starting coordinates and velocities calculated at the U.S. Naval Observatory (Rohde and Sinclair, 1992).

The use of ".. .. .." for the Terrestrial Time of Superior Geocentric Conjunction data for satellites I–IV indicates times of the year when Jupiter is too close to the Sun for any conjunctions to be observed which occurs when the angular separation between Jupiter and the Sun is less than 20 degrees.

The actual geocentric phenomena of Satellites I–IV are not instantaneous. Since the tabulated times are for the middle of the phenomena, a satellite is usually observable after the tabulated time of eclipse disappearance (Ec D) and before the time of eclipse reappearance (Ec R). In the case of Satellite IV the difference is sometimes quite large. Light curves of eclipse phenomena are discussed in Harris (1961).

To facilitate identification, approximate configurations of Satellites I–IV are shown in graphical form on pages facing the tabular ephemerides of the geocentric phenomena. Time is shown by the vertical scale, with horizontal lines denoting 0^h UT. For any time the curves specify the relative positions of the satellites in the equatorial plane of Jupiter. The width of the central band, which represents the disk of Jupiter, is scaled to the planet's equatorial diameter.

For eclipses, the points d of immersion into the shadow and points r of emersion from the shadow are shown pictorially at the foot of the right-hand pages for the superior conjunctions nearest the middle of each month. At the foot of the left-hand pages, rectangular coordinates of these points are given in units of the equatorial radius of Jupiter. The x-axis lies in Jupiter's equatorial plane, positive toward the east; the y-axis is positive toward the north pole of Jupiter. The subscript 1 refers to the beginning of an eclipse, subscript 2 to the end of an eclipse.

Satellites and Rings of Saturn

The apparent dimensions of the outer edge of ring A and the factors for computing relative dimensions of rings B and C were originally from Esposito et al. (1984). Observations from the Cassini spacecraft have provided updated values [31]. The appearance of the rings depends upon the Saturnicentric positions of the Earth and Sun. The ephemeris of the rings is corrected for light-time.

The positions of Mimas, Enceladus, Tethys and Dione are based upon orbital theories presented in Kozai (1957), elements from Taylor and Shen (1988), with mean motions and secular rates from Kozai (1957) and Garcia (1972). The positions of Rhea and Titan are based upon orbital theories given in Sinclair (1977) with elements from Taylor and Shen (1988), mean motions and secular rates by Garcia (1972). The theory and elements for Hyperion are from Taylor (1984). The theory for Iapetus is from Sinclair (1974) with additional terms from Harper et al. (1988) and elements from Taylor and Shen (1988). The orbital elements used for Phoebe are from Zadunaisky (1954).

For Satellites I–V times of eastern elongation are tabulated; for Satellites VI–VIII times of all elongations and conjunctions are tabulated. On the diagram of the orbits of Satellites I–VII, points of eastern elongation are marked "0^d". From the tabular times of these elongations the apparent position of a satellite at any other time can be marked on the diagram by setting off on the orbit the elapsed interval since last eastern elongation. For Hyperion, Iapetus, and Phoebe, ephemerides of differential coordinates are also included.

Solar perturbations are not included in calculating the tables of elongations and conjunctions, distances and position angles for Satellites I–VIII. For Satellites I–IV, the orbital eccentricity e is neglected.

Satellites and Rings of Uranus

Data for the Uranian rings are from NASA's Planetary Data System archive [33] and references presented there. Ephemerides of the satellites are calculated from orbital elements determined in Laskar and Jacobson (1987).

Satellites of Neptune

The ephemerides of Triton and Nereid are calculated from elements given in Jacobson (1990). The differential coordinates of Nereid are apparent positions with respect to the true equator and equinox of date.

Satellites of Pluto

The ephemeris of Charon is calculated from the elements given in Tholen (1985). The remaining satellites' mean opposition magnitudes (> 23.0) are deemed too faint for inclusion.

Section G: Dwarf Planets and Small Solar System Bodies

This section contains data on a selection of 5 dwarf planets, 92 minor planets and short period comets.

Astrometric positions for selected dwarf planets and minor planets are given daily at 0^h TT for 60 days on either side of an opposition occurring between January 1 of the current year and January 31 of the following year. Also given are the apparent visual magnitude and the time of ephemeris transit over the ephemeris meridian. The dates when the object is stationary in apparent right ascension are indicated by shading. It is occasionally possible for a stationary date to be outside the period tabulated. Linear interpolation is sufficient for the magnitude and ephemeris transit, but for the astrometric right ascension and declination second differences may be significant.

Astrometric ephemerides (right ascension and declination) of these objects are tabulated, so their position can be directly comparable with the catalogue positions of background stars in the same area of the sky, after the star positions are updated for proper motion and parallax.

Dwarf Planets

The dwarf planets are those acknowledged by the IAU in the year of production (see IAU website [10]). For the 2019 edition, these are the following objects: (1) Ceres, (134340) Pluto, (136108) Haumea, (136199) Eris and (136472) Makemake.

From those five, we currently provide more detailed information for Ceres, Pluto and Eris. Ceres and Pluto have been chosen due to their long observational history and the availability of high quality positions, which make the published ephemeris reliable. While Eris may be seen as the object which (historically) had a major influence on the process of reclassification within the solar system, it can also be targeted by amateur astronomers. In addition to these three objects, Makemake and Haumea are included in this list of dwarf planets, and their physical properties are tabulated.

Osculating elements are tabulated for ecliptic and equinox J2000.0 for Ceres, Pluto and Eris for three dates per year (100 day dates). For any of these three objects that are at opposition during the year, like the minor planets, an astrometric ephemeris is tabulated daily for a 120-day window centered on the opposition date, 60 days on either side of opposition. Two star charts are also provided, one showing the astrometric positions around opposition and the other the path during the year. The stars plotted with Ceres and any dwarf planet brighter than magnitude V=10.0 are from a hybrid catalogue (Urban, 2010 private communication) that was generated from the *Tycho 2 Catalogue* (Høg et al., 2000) and *Hipparcos Catalogue* (ESA, 1997). For other fainter dwarf planets (*i.e.*, trans-Neptunian objects), the stars that are plotted are taken from the NOMAD database [17]. This selection of stars is related to the opposition magnitude of the particular dwarf planet and includes all those stars whose magnitudes are at least brighter than the opposition magnitude. Depending on the density of the stars, other selection criteria may be used. The magnitude range has thus been chosen to fit with each object and is given at the bottom of each chart. All of the charts show astrometric J2000.0 positions.

The astrometric positions of Pluto are based on the JPL DE430 ephemeris while those of Ceres and Eris are based on data from JPL Horizons [18]. Astrometric positions of Pluto based on data from JPL Horizons may differ significantly from those based on the JPL DE430 ephemeris. A physical ephemeris is also included for those dwarf planets for which reliable data are available; see E4 for explanations of the quantities. Currently, reliable data exist for (1) Ceres and (134340) Pluto. The data are taken from the 2009 IAU Working Group on Cartographic Coordinates and Rotational Elements report of Archinal (2011a, 2011b). The tabulated coordinates are planetographic. Basic physical properties are listed for all five dwarf planets. Due to the recent discovery of Eris, Makemake and Haumea data have been collected from several sources:

- Ceres: values as published in earlier editions of *The Astronomical Almanac*; mass as given in Pitjeva and Standish (2009)
- Pluto: values as published previously in Section E of the 2013 edition of *The Astronomical Almanac*; the minimum Earth distance has been taken from the JPL Small-Body Database [12]

- Eris: values as given in Brown et al. (2005); Brown (2008).
- Makemake: period of rotation from Heinze and de Lahunta (2009); see JPL Small-Body Database [12] and and the IAU Minor Planet Center [13] for other parameters.
- Haumea: period of rotation from Lacerda et al. (2008); see JPL Small-Body Database [12] and the IAU Minor Planet Center [13] for other parameters.

The absolute visual magnitude at zero phase angle (H) and the slope parameter for magnitude (G) are taken from the Minor Planet Center database. For Ceres, the values are the same as used previously, and were taken from the Minor Planet Ephemerides produced by the Institute of Applied Astronomy, St. Petersburg.

For Pluto, the visual magnitude is that of the Pluto and Charon combined system as many photometric observations include a significant contribution from Charon. Predicting the apparent visual magnitude is difficult for several reasons. Pluto has significant, possibly dynamic, albedo markings. Its pole of rotation is close to the plane of the ecliptic. Finally, Pluto has been observed for less than half of its orbital period. Consequently, the values of H and G, taken from the Minor Planet Center database, may fluctuate from year to year.

Minor Planets

The 92 minor planets are divided into two sets. The main set of the fourteen largest asteroids are (2) Pallas, (3) Juno, (4) Vesta, (6) Hebe, (7) Iris, (8) Flora, (9) Metis, (10) Hygiea, (15) Eunomia, (16) Psyche, (52) Europa, (65) Cybele, (511) Davida, and (704) Interamnia. Their astrometric ephemerides are based on data from JPL Horizons [18]. These particular asteroids were chosen because they are large (> 300 km in diameter), have well observed histories, and/or are the largest member of their taxonomic class. The remaining 78 minor planets constitute the set with opposition magnitudes < 11, or < 12 if the diameter ≥ 200 km. Their positions are also based on data from JPL Horizons [18]. A table of the JPL Horizons solution reference numbers for each of the dwarf and minor planets is available on *The Astronomical Almanac Online*. The absolute visual magnitude at zero phase angle (H) and the slope parameter (G), which depends on the albedo, arc from the Minor Planet Ephemerides produced by the Institute of Applied Astronomy, St. Petersburg. The purpose of the selection of objects is to encourage observation of the most massive, largest and brightest of the minor planets.

A chronological list of the opposition dates of all the objects is given together with their visual magnitude and apparent declination. Those oppositions printed in bold also have a sixty-day ephemeris around opposition. All phenomena (dates of opposition and dates of stationary points) are calculated to the nearest hour (UT1). It must be noted, as with phenomena for all objects, that opposition dates are determined from the apparent longitude of the Sun and the object, with respect to the mean ecliptic of date. Stationary points, on the other hand, are defined to occur when the rate of change of the apparent right ascension is zero.

Osculating orbital elements for all the minor planets are tabulated with respect to the ecliptic and equinox J2000.0 for, usually, a 400-day epoch. Also tabulated are the H and G parameters for magnitude and the diameters. The masses of most of the objects have been set to an arbitrary value of 1×10^{-12} M$_\odot$. The masses of 13 minor planets tabulated by Hilton (2002) have been used. However, the masses of Pallas and Vesta have been updated with the adopted IAU 2009 Best Estimates [14] which are taken from Pitjeva and Standish (2009). The values for the diameters of the minor planets were taken from a number of sources which are referenced on *The Astronomical Almanac Online*.

Periodic Comets

The osculating elements for periodic comets returning to perihelion in the year have been supplied by Daniel W. E. Green, Department of Earth and Planetary Sciences, Harvard University, with collaboration from S. Nakano, Sumoto, Japan.

The innate inaccuracy of some of the elements of the Periodic Comets tabulated on the last page of section G can be more of a problem, particularly for those comets that have been observed for no more than a few months in the past (*i.e.*, those without a number in front of the P). It is important to note that elements for numbered comets may be prone to uncertainty due to non-gravitational forces that affect their orbits. In some cases, these forces have a degree of predictability. However, calculations of these non-gravitational effects can never be absolute, and their effects, in common with short-arc uncertainties, mainly affect the perihelion time.

Up-to-date elements of the comets currently observable may be found at the web site of the IAU Minor Planet Center [13].

Section H: Stars and Stellar Systems

The positional data in Section H are mean places, *i.e.*, barycentric. Except for the tables of ICRF radio sources, radio flux calibrators, pulsars, gamma ray sources and X-ray sources, positions tabulated in Section H are referred to the mean equator and equinox of J2019.5 = 2019 July 2.875 = JD 245 8667.375. The positions of the ICRF radio sources provide a practical realization of the ICRS. The positions of radio flux calibrators, pulsars, quasars, gamma ray sources and X-rays are referred to the mean equator and equinox of J2000.0 = JD 245 1545.0.

Bright Stars

Included in the list of bright stars are 1469 stars chosen according to the following criteria:

a. all stars of visual magnitude 4.5 or brighter, as listed in the fifth revised edition of the *Yale Bright Star Catalogue* (BSC: Hoffleit and Warren, 1991);

b. all stars brighter than 5.5 listed in the *Basic Fifth Fundamental Catalogue* (FK5) (Fricke et al., 1988);

c. all MK atlas standards in the BSC (Morgan et al., 1978; Keenan and McNeil, 1976);

d. all stars selected according to the criteria in a, b, or c above and also listed in the *Hipparcos Catalogue* (ESA, 1997).

Flamsteed and Bayer designations are given with the constellation name and the BSC number.

Positions and proper motions are taken from the *Hipparcos Catalogue* and converted to epoch, equator, and equinox of the middle of the current year; radial velocities are included in the calculation where available. However, FK5 positions and proper motions are used for a few wide binary stars given the requirement for center of mass positions to generate their orbital positions. Orbital elements for these stars are taken from the *Sixth Catalog of Orbits of Visual Binary Stars* at [15]. See also the *Fifth Catalog of Orbits of Visual Binary Stars* (Hartkopf et al., 2001). Stars marked as spectroscopic binaries are those identified as such in the BSC.

The V magnitudes and color indices $B-V$ and $V-I$ are taken from the Hipparcos Catalogue. Spectral types were provided by W.P. Bidelman and updated by R.F. Garrison. Codes in the Notes column are explained at the end of the table (page H31). Stars marked as MK Standards are from either of the two spectral atlases listed above. Stars marked as anchor points to the MK System are a subset of standard stars that represent the most stable points in the system (Garrison, 1994). Further details about the stars marked as double stars may be found at [16].

Tables of bright star data for several years are available in both PDF and ASCII formats on *The Astronomical Almanac Online* as is a searchable database from current epochs.

Double Stars

The table of Selected Double Stars contains recent orbital data for 87 double star systems in the Bright Star table where the pair contains the primary star and the components have a separation $> 3.''0$ and differential visual magnitude < 3 magnitudes. A few other systems of interest are present. Data given are the most recent measures except for 21 systems, where predicted positions are given based on orbit or rectilinear motion calculations. The list was provided by B. Mason and taken from the *Washington Double Star Catalog* (WDS) (Mason et al., 2001); also available at [16].

The positions are for those of the primary stars and taken directly from the list of bright stars. The Discoverer Designation contains the reference for the measurement from the WDS and the Epoch column gives the year of the measurement. The column headed Δm_v gives the relative magnitude difference in the visual band between the two components.

The term "primary" used in this section is not necessarily the brighter object, but designates which object is the origin of measurements.

Tables of double star data for several years are available in both PDF and ASCII formats on *The Astronomical Almanac Online*.

Photometric Standards

The table of *UBVRI* Photometric Standards are selected from Table 2 in Landolt (2009). Finding charts for stars are given in the paper. These data are an update of and additions to Landolt (1992). They provide internally consistent homogeneous broadband standards for the Johnson-Kron-Cousins photometric system for telescopes of intermediate and large size in both hemispheres. The filter bands have the following effective wavelengths: *U*, 3600Å; *B*, 4400Å; *V*, 5500Å; *R*, 6400Å; *I*, 7900Å.

The positions are taken from the Naval Observatory Merged Astronomical Database (NOMAD, [17], Zacharias et al. (2004)) which provides the optimum ICRS positions and proper motions for stars taken from the following catalogs in the order given: *Hipparcos*, *Tycho-2*, *UCAC2*, or *USNO-B*. Positions are converted to the epoch, equator, and equinox of the middle of the current year; radial velocities are included in the calculation where available.

The list of bright Johnson standards which appeared in editions prior to 2003 is given for J2000 on *The Astronomical Almanac Online*. Also available is a searchable database of Landolt Standards for current epochs.

The selection and photometric data for standards on the Strömgren four-color and Hβ from Perry et al. (1987) have been discontinued in *The Astronomical Almanac* starting with the 2016 edition. These tables are available on *The Astronomical Almanac Online*.

The spectrophotometric standard stars are suitable for the reduction of astronomical spectroscopic observations in the optical and ultraviolet wavelengths. As recommended by the IAU Standard Stars Working Group, data for the spectrophotometric standard stars listed here are taken from the European Southern Observatory's (ESO) site at [19] except for the positions taken from the NOMAD database as described above. Finding charts for the sources and explanation are found on the website.

The standards on the ESO list are from four sources. The ultraviolet standards are from the Hubble Space Telescope (HST) ultraviolet spectrophotometric standards which are based on International Ultraviolet Explorer (IUE) and optical spectra and calibrated by the primary white dwarf standards (Turnshek et al., 1990; Bohlin et al., 1990). The optical standards are based on Hale 5m observations in the 7 to 16 magnitude range (Oke, 1990) and CTIO observations of southern hemisphere secondary and tertiary standard stars (Hamuy et al., 1992, 1994). Some of the Hamuy standards were misidentified in the original reference and have since been corrected. Data for four white dwarf primary spectrophotometric standards in the 11–13 magnitude range based on model atmospheres and HST Faint Object Spectrograph (FOS) observations in 10Å to 3 microns are also included (Bohlin et al., 1995).

Radial Velocity Standards

The radial velocity standards are taken from the pre-launch release of the catalogue of radial velocity standard stars for Gaia (Soubiran et al., 2013). The stars selected as standards by C. Soubiran are those with more than 10 radial velocity measurements over 10 years and a standard deviation, σv_r, less than 33 m/s. Positions are taken from the *Hipparcos Catalogue* processed by the procedures used for the table of bright stars.

Variable Stars

The list of variable stars was compiled by J.A. Mattei using as reference the fourth edition of the *General Catalogue of Variable Stars* (Kholopov et al., 1996), the *Sky Catalog 2000.0, Volume 2* (Hirshfeld and Sinnott, 1997), *A Catalog and Atlas of Cataclysmic Variables, 2nd Edition* (Downes et al., 1997), and the data files of the American Association of Variable Star Observers (AAVSO) International Database (AID at [20]). It was updated for the 2018 edition by S. Otero using as reference the AAVSO International Variable Star Index (VSX, at [20]) and the AID.

The brightest stars for each class with amplitude of 0.5 magnitude or more have been selected. The following magnitude criteria at maximum brightness are used:

a. eclipsing variables brighter than magnitude 7.0;

b. pulsating variables:
>   RR Lyrae stars brighter than magnitude 9.0;
>
>   Cepheids brighter than 6.0;
>
>   Mira variables brighter than 7.0;
>
>   Semiregular variables brighter than 7.0;
>
>   Irregular variables brighter than 8.0;

c. eruptive variables:
>   U Geminorum, Z Camelopardalis, SS Cygni, SU Ursae Majoris,
>
>   WZ Sagittae, recurrent novae, very slow novae, nova-like and
>
>   DQ Herculis variables brighter than magnitude 11.0;

d. other types:
>   RV Tauri variables brighter than magnitude 9.0;
>
>   R Coronae Borealis variables brighter than 10.0;
>
>   Symbiotic stars (Z Andromedae) brighter than 10.0;
>
> δ Scuti variables brighter than 9.0;
>
>   S Doradus variables brighter than 6.0;
>
>   SX Phoenicis variables brighter than 7.0.

The epoch for eclipsing variables and RV Tauri stars is for time of minimum. The epoch for pulsating, eruptive, and other types of variables is for time of maximum.

For UG variables, the period if the duration of the "outburst cycle", which is an approximate outburst recurrence time and may not represent the observed behavior.

Positions and proper motions are taken from NOMAD as described in the photometric standards section.

Several spectral types were too long to be listed in the table and are given here:

T Mon: F7Iab-K1Iab + A0V
R Leo: M6e–M8IIIe–M9.5e
TX CVn: B1–B9Veq + K0III–M4
VV Cep: M2epIa–Iab + B8:eV

Exoplanets and Host Stars

The table of exoplanets and their host stars draws from the Exoplanet Orbit Database and the Exoplanet Data Explorer at [21] where data for host star characteristics are also available. A subset from this growing online data set is represented in the table by using a host star magnitude limit of $V < 7.75$. As suggested by P. Butler, useful properties of the exoplanets such as orbital period, eccentricity, and time of periastron are included in the table to calculate data such as time of transit for the transiting planets. Stellar properties such $B - V$, parallax, and metallicity are also included for those interested in the study of the host stars.

The data are assembled by S.G. Stewart and taken from the 2015 version of the online catalog with the exception of the coordinates of the host stars. Positions, proper motions and parallax (where available) were taken independently from NOMAD as described on page L18.

Star Clusters

The list of open clusters comprises a selection of open clusters which have been studied in some detail so that a reasonable set of data is available for each. With the exception of the magnitude and Trumpler class data, all data are taken from the *New Catalog of Optically Visible Open Clusters and Candidates* (Dias et al., 2002) supplied by W. Dias and updated current to 2014 (version 3.4 of the catalog). The catalog is available at [22]. The "Trumpler Class" and "Mag. Mem." columns are taken from fifth (1987) edition of the Lund-Strasbourg catalog (original edition described by Lyngå (1981)), with updates and corrections to the data current to 1992.

For each cluster, two identifications are given. First is the designation adopted by the IAU, while the second is the traditional name. Alternate names for some clusters are given in the notes at the end of the table.

Positions are for the central coordinates of the clusters, referred to the mean equator and equinox of the middle of the Julian year. Cluster mean absolute proper motion and radial velocity are used in the calculation when available.

Apparent angular diameters of the clusters are given in arcminutes and distances between the clusters and the Sun are given in parsecs. The logarithm to the base 10 of the cluster age in years is determined from the turnoff point on the main sequence. Under the heading "Mag. Mem." is the visual magnitude of the brightest cluster member. $E_{(B-V)}$ is the color excess. Metallicity is mostly determined from photometric narrow band or intermediate band studies. Trumpler classification is defined by R.S. Trumpler (Trumpler, 1930).

The list of Milky Way globular clusters is compiled from the December 2010 revision of a *Catalog of Parameters for Milky Way Globular Clusters* supplied by W. E. Harris. The complete catalog containing basic parameters on distances, velocities, metallicities, luminosities, colors, and dynamical parameters, a list of source references, an explanation of the quantities, and calibration information is accessible at [23]. The catalog is also briefly described in Harris (1996).

The present catalog contains objects adopted as certain or highly probable Milky Way globular clusters. Objects with virtually no data entries in the catalog still have somewhat uncertain identities. The adoption of a final candidate list continues to be a matter of some arbitrary judgment for certain objects. The bibliographic references should be consulted for excellent discussions of these individually troublesome objects, as well as lists of other less likely candidates.

The adopted integrated V magnitudes of clusters, V_t, are the straight averages of the data from all sources. The integrated $B-V$ colors of clusters are on the standard Johnson system.

Measurements of the foreground reddening, $E_{(B-V)}$, are the averages of the given sources (up to 4 per cluster), with double weight given to the reddening from well calibrated (120 clusters) color-magnitude diagrams. The typical uncertainty in the reddening for any cluster is on the order of 10 percent, i.e., $\Delta[E_{(B-V)}] = 0.1\ E_{(B-V)}$.

The primary distance indicator used in the calculation of the apparent visual distance modulus, $(m - M)_V$, is the mean V magnitude of the horizontal branch (or RR Lyrae stars), V_{HB}. The absolute calibration of V_{HB} adopted here uses a modest dependence of absolute V magnitude on metallicity, $M_V(HB) = 0.15\ [Fe/H] + 0.80$. The $V(HB)$ here denotes the mean magnitude of the HB stars, without further adjustments to any predicted zero age HB level. Wherever possible, it denotes the mean magnitude of the RR Lyrae stars directly. No adjustments are made to the mean V magnitude of the horizontal branch before using it to estimate the distance of the cluster. For a few clusters (mostly ones in the Galactic bulge region with very heavy reddening), no good [Fe/H] estimate is currently available; for these cases, a value $[Fe/H] = -1$ is assumed.

The heavy-element abundance scale, [Fe/H], adopted here is the one established by Zinn and West (1984). This scale has recently been reinvestigated as being nonlinear when calibrated against the best modern measurements of [Fe/H] from high-dispersion spectra (see Carretta and Gratton, 1997; Rutledge et al., 1997). In particular, these authors suggest that the Zinn-West scale overestimates the metallicities of the most metal-rich clusters. However, the present catalog maintains the older (Zinn-West) scale until a new consensus is reached in the primary literature.

The adopted heliocentric radial velocity, v_r, for each cluster is the average of the available measurements, each one weighted inversely as the published uncertainty.

A 'c' following the value for the central concentration index denotes a core-collapsed cluster. Trager et al. (1993) arbitrarily adopt $c = 2.50$ for such clusters, and these have been carried over to the present catalog. The 'c:' symbol denotes an uncertain identification of the cluster as being core-collapsed.

The central concentration $c = \log(r_t/r_c)$, where r_t is the tidal radius and r_c is the core radius, are taken primarily from the comprehensive discussion of Trager et al. (1995). The half light radius, r_h, is an observationally "secure" measured quantity and gives an idea of how big a cluster actually looks on the sky.

Bright Galaxies

This is a list of 198 galaxies brighter than $B_T^w = 11.50$ and larger than $D_{25} = 5'$, drawn primarily from *The Third Reference Catalogue of Bright Galaxies* (de Vaucouleurs et al., 1991), hereafter referred to as RC3. The data have been reviewed and corrected where necessary, or supplemented by H.G. Corwin, R.J. Buta, and G. de Vaucouleurs.

Two recently recognized dwarf spheroidal galaxies (in Sextans and Sagittarius) that are not included in RC3 are added to the list (Irwin and Hatzidimitriou, 1995; Ibata et al., 1997).

Catalog designations are from the *New General Catalog* (NGC) or from the *Index Catalog* (IC). A few galaxies with no NGC or IC number are identified by common names. The Small Magellanic Cloud is designated "SMC" rather than NGC 292. Cross-identifications for these common names are given in Appendix 8 of RC3 or at the end of the table.

In most cases, the RC3 position is replaced with a more accurate weighted mean position based on measurements from many different sources, some unpublished. Where positions for unresolved nuclear radio sources from high-resolution interferometry (usually at 6- or 20-cm) are known to coincide with the position of the optical nucleus, the radio positions are adopted. Similarly, positions have been adopted from the Two Micron All-Sky Survey (2MASS, Jarrett et al., 2000) where these coincide with the optical nucleus. Positions for Magellanic irregular galaxies without nuclei (*i.e.*, LMC, NGC 6822, IC 1613) are for the centers of the bars in these galaxies. Positions for the dwarf spheroidal galaxies (*i.e.*, Fornax, Sculptor, Carina) refer to the peaks of the luminosity distributions. The precision with which the position is listed reflects the accuracy with which it is known. The mean errors in the listed positions are 2–3 digits in the last place given.

Morphological types are based on the revised Hubble system (see de Vaucouleurs, 1959, 1963).

The mean numerical van den Bergh luminosity classification, L, refers to the numerical scale adopted in RC3 corresponding to van den Bergh classes as follows:

L	1	2	3	4	5	6	7	8	9	(10)	(11)
class	I	I–II	II	II–III	III	III–IV	IV	IV–V	V	(V–VI)	(VI)

Classes V–VI and VI (10 and 11 in the numerical scale) are an extension of van den Bergh's original system, which stopped at class V.

The column headed Log (D_{25}) gives the logarithm to base 10 of the diameter in tenths of arcminute of the major axis at the 25.0 blue mag/arcsec^2 isophote. Diameters with larger than usual standard deviations are noted with a colon. With the exception of the Fornax and Sagittarius Systems, the diameters for the highly resolved Local Group dwarf spheroidal galaxies are core diameters from fitting of King models to radial profiles derived from star counts (Irwin and Hatzidimitriou, *op.cit.*). The relationship of these core diameters to the 25.0 blue mag/arcsec^2 isophote is unknown. The diameter for the Fornax System is a mean of measured values given by de Vaucouleurs and Ables (1968) and Hodge and Smith (1974), while that of Sagittarius is taken from Ibata *et al.* (*op.cit.*) and references therein.

The heading Log (R_{25}) gives the logarithm to base 10 of the ratio of the major to the minor axes (D/d) at the 25.0 blue mag/arcsec^2 isophote. For the dwarf spheroidal galaxies, the ratio is a mean value derived from isopleths.

The position angle of the major axis is for the equinox 1950.0, measured from north through east.

The heading B_T^w gives the total blue magnitude derived from surface or aperture photometry, or from photographic photometry reduced to the system of surface and aperture photometry, uncorrected for extinction or redshift. Because of very low surface brightnesses, the magnitudes for the dwarf spheroidal galaxies (see Irwin and Hatzidimitriou, *op.cit.*) are very uncertain. The total magnitude for NGC 6822 is from Hodge (1977). A colon indicates a larger than normal standard deviation associated with the magnitude.

The total colors, $B-V$ and $U-B$, are uncorrected for extinction or redshift. RC3 gives total colors only when there are aperture photometry data at apertures larger than the effective (half-light) aperture. However, a few of these galaxies have a considerable amount of data at smaller apertures, and also have small color gradients with aperture. Thus, total colors for these objects have been determined by further extrapolation along standard color curves. The colors for the Fornax System are taken from de Vaucouleurs and Ables (*op.cit.*), while those for the other dwarf spheroidal systems are from the recent literature, or from unpublished aperture photometry. The colors for NGC 6822 are from Hodge (*op.cit.*). A colon indicates a larger than normal standard deviation associated with the color.

Radio Sources

Beginning in 2010, the fundamental reference system in astronomy, ICRS, is actualized by the second realization of the International Celestial Reference Frame, ICRF2 (see Fundamental Reference System section on L1; IAU (2010), Res. B3; IERS (2009)). The ICRF2 contains precise positions of 3414 compact radio sources. Maintenance of ICRF2 will be made using a set of 295 defining sources selected on the basis of positional stability, lack of extensive intrinsic source structure, and spatial distribution. These 295 defining sources are presented in the table. Positions of all ICRF2 sources are available at [4].

Information on the known physical characteristics of the ICRF2 radio sources includes, where known, the object type, 8.4 Ghz and 2.3 Ghz flux, spectral index, V magnitude, redshift, a classification of spectrum and comments for each ICRF2 defining sources.

This table was compiled by A.-M. Gontier by sequentially assembling the data from the following primary sources:

a. *Large Quasar Astrometric Catalog (LQAC)*, a compilation of 12 largest quasar catalogues contains 113666 quasars, providing information when available on photometry, redshift, and radio fluxes (Souchay et al. (2009), available at [24] as catalogue J/A+A/494/799). This source was used to provide information on fluxes at 8.4 GHz and 2.3 GHz and initial information for the redshift and the magnitude.

b. *Optical Characteristics of Astrometric Radio Sources* which includes over 9000 radio sources with J2000.0 coordinates, redshift, V magnitude, object type and comments (Malkin (2016), [25]).

c. *Catalogue of Quasars and Active Galactic Nuclei, 12th Edition)* which includes 85221 quasars, 1122 BL Lac objects and 21737 active galaxies together with known lensed quasars and double quasars (Véron-Cetty and Véron (2006), available at [24] as catalogue VII/248).

d. *An all-sky survey of flat-spectrum radio sources* providing precise positions, subarcsecond structures, and spectral indices for some 11000 sources (Healey et al. (2007), available at [24] as catalogue J/ApJS/171/61).

e. *The Optical spectroscopy of 1Jy, S4 and S5 radio source identifications* which gives position, magnitude, type of the optical identification, flux at 5GHz and two-point spectral index between 2.7 GHz and 5 GHz (Stickel and Kuehr (1994); Stickel et al. (1989), available at at [24] as catalogue III/175).

Data for the list of radio flux standards are due to Baars et al. (1977), as updated by Kraus, Krichbaum, Pauliny-Toth, and Witzel (private communication, current to 2009). Flux densities S, measured in Janskys, are given for twelve frequencies ranging from 400 to 43200 MHz. Positions are referred to the mean equinox and equator of J2000.0. Positions of 3C 48, 3C 147, 3C 274 and 3C 286 come from the ICRF database [4]. Positions of the other sources are due to Baars et al. (1977).

A table with polarization data for the most prominent sources is provided by A. Kraus, current to 2012. This table gives the polarization degree and angle for a number of frequencies.

X-Ray Sources

The primary criterion for the selection of X-ray sources is having an identified optical counterpart. However, well-studied sources lacking optical counterparts are also included. Positions are for those of the optical counterparts, except when none is listed in the column headed Identified Counterpart. Positions and proper motions are taken from NOMAD described on page L18. The X-ray flux in the 2–10 keV energy range is given in micro-Janskys (μJy) in the column headed Flux. In some cases, a range of flux values is presented, representing the variability of these sources. The identified optical counterpart (or companion in the case of an X-ray binary system) is listed in the column headed Identified Counterpart. The type of X-ray source is listed in the column headed Type. Neutron stars in binary systems that are known to exhibit many X-ray bursts are designated "B" for "Burster." X-ray sources that are suspected of being black holes have the "BHC" designation for "Black Hole Candidate." Supernova remnants have the "SNR" designation. Other neutron stars in binaries which do not burst and are not known as X-ray pulsars have been given the "NS" designation. All codes in the Type column are explained at the end of the table.

The data in this table are assembled by M. Stollberg. For the X-ray binary sources, the catalogs of van Paradijs (1995), Liu et al. (2000, 2001) are used. Other sources are selected from the *Fourth*

Uhuru Catalog (Forman et al., 1978), hereafter referred to as 4U. Fluxes in μJy in the 2–10 keV range for X-ray binary sources were readily given by van Paradijs (1995) and Liu et al. (2000, 2001). These fluxes were converted back to Uhuru count rates using the conversion factor found in Bradt and McClintock (1983). For some sources Uhuru count rates were taken directly from the 4U catalog. Count rates for all the sources were divided by the 4U count rate for the Crab Nebula and then multiplied by 1000 to obtain the 2-10 keV flux in mCrabs.

The tabulated magnitudes are the optical magnitude of the counterpart in the V filter, unless marked by an asterisk, in which case the B magnitude is given. Variable magnitude objects are denoted by "V"; for these objects the tabulated magnitude pertains to maximum brightness. For a few cases where the optical counterpart of the X-ray source remains unidentified, the magnitude given is that for the X-ray source itself. An "X" indicates these magnitudes

Tables of X-Ray source data for several years are available in both PDF and ASCII formats on *The Astronomical Almanac Online*.

Quasars

A set of quasars is selected from the second release of the *Large Quasar Astrometric Catalog (LQAC-2)* (Souchay et al., 2012) which offers a complete set of sources and associated data while maintaining precision and accuracy of coordinates with respect to the ICRF-2.

The data are compiled by S.G. Stewart based on the selection criteria suggested by J. Souchay. As noted by the code contained in the column headed "Criteria" in the data table, the following selection criteria that are not mutually exclusive, are used:

V = $V < 12.0$ and $z > 1.0$ (13 quasars);
$M_B = M_B < -31.0$ (32 quasars);
Z = z (redshift) > 6.5 (21 quasars);
Flux = 20 cm flux density > 5.0 Jy (34 quasars).

The redshift criterion is used in the visual magnitude selection of the quasars in order to avoid very extended galaxies in the sample.

Since they originate from different photometric systems, the apparent magnitudes are not measured in a homogeneous bandwith. The photometric magnitude in optical B-band is between 400 and 500nm and the photometric magnitude in the optical V-band is between 500 and 600nm.

Pulsars

Data for the pulsars presented in this table are compiled by S.G. Stewart. Data are taken from the *ATNF Pulsar Catalogue* described by Manchester et al. (2005), available at [26].

Pulsars chosen are either bright, with S_{400}, the mean flux density at 400 MHz, greater than 80 milli-Janskys; fast, with spin period less than 100 milliseconds; or have binary companions. Pulsars without measured spin-down rates and very weak pulsars (with measured 400 MHz flux density below 0.9 milli-Jansky) are excluded. A few other interesting systems suggested by D. Manchester are also included.

Positions are referred to the equator and equinox of J2000.0. For each pulsar the period P in seconds and the time rate of change $\dot{P}$ in $10^{-13}\,\mathrm{s\,s^{-1}}$ are given for the specified epoch. The group velocity of radio waves is reduced from the speed of light in a vacuum by the dispersive effect of the interstellar medium. The dispersion measure DM is the integrated column density of free electrons along the line of sight to the pulsar; it is expressed in units $\mathrm{cm^{-3}}$ pc. The epoch of the period is in Modified Julian Date (MJD), where MJD = JD $-$ 2400000.5.

Gamma Ray Sources

The table of gamma ray sources is compiled by David J. Thompson (David.J.Thompson@nasa.gov) and contains a selection of historically important sources, well known sources, and bright sources. Because the gamma ray band covers such a broad energy range, the sources come primarily from three different catalogs:

a. Low-energy gamma rays (photon energies < 100 keV): *The Fourth IBIS/ISGRI Soft Gamma-Ray Survey Catalog* (Bird et al., 2010) available online at [27];

b. High-energy gamma rays (photon energies between 100 MeV and 100 GeV): *Fermi Large Area Telescope Second Source Catalog* (The Fermi-LAT Collaboration 2012) available at [28];

c. Very-high-energy gamma rays (photon energies above 100 GeV): *TeVCat Online Catalog for TeV Astronomy* available at [29].

Some sources are bright in two or all three energy ranges.

The observed flux of the source is given with the upper and lower limits on the energy range (in MeV) over which it has been observed. The flux, in photons $cm^{-2}s^{-1}$ is an integrated flux over this energy range. In many cases, no upper limit energy is given. For those cases, the flux is the integral observed flux. Many gamma ray sources, particularly quasars, are highly variable. The flux values given are taken from the literature and may not represent the state at any given time. Gamma ray telescopes typically measure source locations with uncertainties of $1-10$ arcmin. The positions in the table often refer to the counterparts seen at longer wavelengths.

Tables of gamma ray source data for several years are available in both PDF and ASCII formats on *The Astronomical Almanac Online*.

Section J: Observatories

The list of observatories is intended to serve as a finder list for planning observations or other purposes not requiring precise coordinates. Members of the list are chosen on the basis of instrumentation, and being active in astronomical research, the results of which are published in the current scientific literature. Most of the observatories provided their own information, and the coordinates listed are for one of the instruments on their grounds. Thus the coordinates may be astronomical, geodetic, or other, and should not be used for rigorous reduction of observations. A searchable list of observatories is available on *The Astronomical Almanac Online*.

Since 2012, the list of observatories includes observatory codes from the IAU's Minor Planet Center website [30]. Codes are given for observatories where a reasonable match between *The Astronomical Almanac* and Minor Planet Center lists could be made based on coordinates and name.

Section K: Tables and Data

Astronomical constants are a topic that is in the purview of the IAU Working Group on Numerical Standards for Fundamental Astronomy [14]. At the 2009 XXVII GA, Resolution B2 on "Current Best Estimates of Astronomical Constants" was adopted. This list of constants (Luzum et al., 2011), modified by the re-definition of the astronomical unit, is tabulated in items 1 and 2 of pages K6–K7.

Resolution B2 passed at the IAU XXVIII General Assembly (2012), recommends

1. that the astronomical unit be redefined as a conventional unit of length equal to 149 597 870 700 m exactly, in agreement with the value adopted in the IAU 2009 Resolution B2,

2. that this definition of the astronomical unit be used with all time scales such as TCB, TDB, TCG, TT, etc.,

3. that the Gaussian gravitational constant k be deleted from the system of astronomical constants,

4. that the value of the solar mass parameter (previously known as the heliocentric gravitational constant), GM_S, be determined observationally in SI units, and

5. that the unique symbol "au" be used for the astronomical unit.

Both ASCII and PDF versions of pages K6–K7 may be downloaded from *The Astronomical Almanac Online*; the IAU 1976 and IAU 2009 constants are also available.

The NSFA, via their website at [14], will be keeping the list of "Current Best Estimates" up-to-date, together with detailed notes and references.

The ΔT values provided on pages K8–K9 are not necessarily those used in the production of *The Astronomical Almanac* or its predecessors. They are tabulated primarily for those involved in historical research. Estimates of ΔT are derived from data published in Bulletins B and C of the International Earth Rotation and Reference Systems Service [5].

Since 2003, the pole is the Celestial Intermediate Pole. However, the coordinates of the celestial pole tabulated on page K10 are with respect to the celestial pole definition for the relevant year. The orientation of the ITRS is consistent with the former BIH system and the previous IPMS and ILS systems (1974-1987). Prior to 1988, values were taken from Circular D of the BIH, while since 1988 the values have been taken from the IERS Bulletin B.

Pages K11–K13, on "Reduction of Terrestrial Coordinates", which include information on the International Terrestrial Reference Frame (Altamimi et al., 2016), have been updated by G. Appleby, Head of the UK Space Geodesy Facility at Herstmonceux.

Section M: Glossary

The definitions provided in the glossary have been composed by staff members of Her Majesty's Nautical Almanac Office and the US Naval Observatory's Astronomical Applications Department. Various astronomical dictionaries and encyclopedia are used to ensure correctness and to develop particular phrasing. E. M. Standish (Jet Propulsion Laboratory, California Institute of Technology) and S. Klioner (Technischen Universität Dresden) were also consulted in updating the content of the definitions in recent editions.

Definitions of some glossary entries contain terms that are defined elsewhere in the section. These are given in italics.

The glossary is not intended to be a complete astronomical reference, but instead clarify terms used within *The Astronomical Almanac* and *The Astronomical Almanac Online*. A PDF version and an HTML version are found on *The Astronomical Almanac Online*.

References

[1]. The Astronomical Almanac Online
   http://asa.usno.navy.mil or http://asa.hmnao.com.

[2]. USNO Vector Astrometry Software (NOVAS)
   http://aa.usno.navy.mil/software/novas/novas_info.php.

[3]. IAU Standards of Fundamental Astronomy (SOFA)
   http://www.iausofa.org.

[4]. ICRS Product Center
   http://hpiers.obspm.fr/icrs-pc/newwww/index.php.

[5]. IERS Earth Orientation Data
http://www.iers.org/IERS/EN/DataProducts/EarthOrientationData/eop.html.

[6]. The International Occultation Timing Association (IOTA)
http://lunar-occultations.com/iota.

[7]. IERS Conventions
http://tai.bipm.org/iers/convupdt/convupdt.html.

[8]. USNO Publications
http://aa.usno.navy.mil/publications/.

[9]. JPL Planetary Satellite Mean Orbital Parameters
http://ssd.jpl.nasa.gov/?sat_elem.

[10]. IAU, Pluto and the Developing Landscape of Our Solar System
http://www.iau.org/public/pluto/.

[11]. Scott Sheppard's Jupiter Satellite Page
http://www.dtm.ciw.edu/users/sheppard/satellites.

[12]. JPL Small-Body Database
http://ssd.jpl.nasa.gov/sbdb.cgi.

[13]. IAU Minor Planet Center
http://www.minorplanetcenter.net/iau/Ephemerides/Comets/index.html.

[14]. IAU Numerical Standards for Fundamental Astronomy (NSFA)
http://maia.usno.navy.mil/NSFA/.

[15]. USNO Sixth Catalog of Orbits of Visual Binary Stars
http://www.usno.navy.mil/USNO/astrometry/optical-IR-prod/wds/orb6/.

[16]. USNO Washington Double Star Catalog
http://www.usno.navy.mil/USNO/astrometry/optical-IR-prod/wds/WDS.

[17]. NOMAD Database
http://www.nofs.navy.mil/nomad.

[18]. JPL Horizons
http://ssd.jpl.nasa.gov/horizons.cgi.

[19]. ESO Optical and UV Spectrophotometric Standard Stars
http://www.eso.org/sci/observing/tools/standards/spectra/.

[20]. American Association of Variable Star Observers (AAVSO)
http://www.aavso.org/.

[21]. Exoplanet Data Explorer
http://exoplanets.org/index.html.

[22]. Open Clusters and Galactic Structure Database
http://www.wilton.unifei.edu.br/ocdb/.

[23]. William Harris' Globular Clusters Database
http://physwww.mcmaster.ca/~harris/mwgc.dat.

[24]. Centre de Données Astronomiques de Strasbourg (CDS)
http://cdsweb.u-strasbg.fr/.

[25]. Optical Characteristics of Astrometric Radio Sources
http://www.gao.spb.ru/english/as/ac_vlbi/ocars.txt.

[26]. ATNF Pulsar Catalog
http://www.atnf.csiro.au/research/pulsar/psrcat.

[27]. The Fourth IBIS/ISGRI Soft Gamma-ray Survey Catalog
http://heasarc.gsfc.nasa.gov/W3Browse/integral/ibiscat4.html.

[28]. Fermi Large Area Telescope Second Source Catalog
http://heasarc.gsfc.nasa.gov/W3Browse/fermi/fermilpsc.html.

[29]. TeVCat online catalog for TeV Astronomy
http://tevcat.uchicago.edu/.

[30]. IAU Minor Planet Center List of Observatory Codes
http://www.minorplanetcenter.org/iau/lists/ObsCodesF.html.

[31]. Saturnian Rings Fact Sheet
http://nssdc.gsfc.nasa.gov/planetary/factsheet/satringfact.html.

[32]. NIST note on UT1 NTP Time Dissemination
http://www.nist.gov/pml/div688/grp40/ut1_ntp_description.cfm.

[33]. NASA's Planetary Data System Uranian Rings Page
https://pds-rings.seti.org/uranus/uranus_tables.html.

Altamimi, Z., P. Rebischung, L. Métivier, and X. Collilieux (2016). ITRF2014: A new release of the International Terrestrial Reference Frame modeling non-linear station motions . *Journal of Geophysical Research: Solid Earth* **121**, 6109 – 6131.

Aoki, S., H. Kinoshita, B. Guinot, G. H. Kaplan, D. D. McCarthy, and P. K. Seidelmann (1982). The new definition of universal time. *Astronomy and Astrophysics* **105**, 359–361.

Archinal, B. A., M. F. A'Hearn, E. Bowell, A. Conrad, G. J. Consolmagno, R. Courtin, T. Fukushima, D. Hestroffer, J. L. Hilton, G. A. Krasinsky, G. Neumann, J. Oberst, P. K. Seidelmann, P. Stooke, D. J. Tholen, P. C. Thomas, and I. P. Williams (2011a). Report of the IAU/IAG Working Group on Cartographic Coordinates and Rotational Elements: 2009. *Celestial Mechanics and Dynamical Astronomy* **109**, 101–135.

Archinal, B. A., M. F. A'Hearn, E. Bowell, A. Conrad, G. J. Consolmagno, R. Courtin, T. Fukushima, D. Hestroffer, J. L. Hilton, G. A. Krasinsky, G. Neumann, J. Oberst, P. K. Seidelmann, P. Stooke, D. J. Tholen, P. C. Thomas, and I. P. Williams (2011b). Erratum to: Report of the IAU/IAG Working Group on Cartographic Coordinates and Rotational Elements: 2006 & 2009. *Celestial Mechanics and Dynamical Astronomy* **110**, 401–403.

Arlot, J. E. (1982). New Constants for Sampson-Lieske Theory of the Galilean Satellites of Jupiter. *Astronomy and Astrophysics* **107**, 305–310.

Atkinson, R. d. (1951). The Computation of Topocentric Librations. *Monthly Notices of the Royal Astronomical Society* **111**, 448.

Baars, J. W. M., R. Genzel, I. I. K. Pauliny-Toth, and A. Witzel (1977). The Absolute Spectrum of CAS A - an Accurate Flux Density Scale and a Set of Secondary Calibrators. *Astronomy and Astrophysics* **61**, 99–106.

Bird, A. J., A. Bazzano, L. Bassani, F. Capitanio, M. Fiocchi, A. B. Hill, A. Malizia, V. A. McBride, S. Scaringi, V. Sguera, J. B. Stephen, P. Ubertini, A. J. Dean, F. Lebrun, R. Terrier, M. Renaud, F. Mattana, D. Götz, J. Rodriguez, G. Belanger, R. Walter, and C. Winkler (2010). The Fourth IBIS/ISGRI Soft Gamma-ray Survey Catalog. *The Astrophysical Journal Supplement Series* **186**, 1–9.

Bohlin, R. C., L. Colina, and D. S. Finley (1995). White Dwarf Standard Stars: G191-B2B, GD 71, GD 153, HZ 43. *Astronomical Journal* **110**, 1316.

Bohlin, R. C., A. W. Harris, A. V. Holm, and C. Gry (1990). The Ultraviolet Calibration of the Hubble Space Telescope. IV - Absolute IUE Fluxes of Hubble Space Telescope Standard Stars. *Astrophysical Journal Supplement Series* **73**, 413–439.

Bradt, H. V. D. and J. E. McClintock (1983). The Optical Counterparts of Compact Galactic X-ray Sources. *Annual Review of Astronomy and Astrophysics* **21**, 13–66.

Brown, E. W. (1933). Theory and Tables of the Moon: The Motion of the Moon, 1923-31. *Monthly Notices of the Royal Astronomical Society* **93**, 603–619.

Brown, M. (2008). The Largest Kuiper Belt Objects. In M. A. Barucci, H. Boehnhardt, D. P. Cruikshank, A. Morbidelli, and R. Dotson (Eds.), *The Solar System Beyond Neptune*, pp. 335–344.

Brown, M. E., C. A. Trujillo, and D. L. Rabinowitz (2005). Discovery of a Planetary-sized Object in the Scattered Kuiper Belt. *The Astrophysical Journal* **635**, L97–L100.

Calame, O. (Ed.) (1982). *Proceedings of the 63rd Colloquium of the International Astronomical Union*, Volume 94 of *IAU Colloquia*.

Capitaine, N. and P. T. Wallace (2006). High Precision Methods for Locating the Celestial Intermediate Pole and Origin. *Astronomy and Astrophysics* **450**, 855–872.

Capitaine, N., P. T. Wallace, and J. Chapront (2003). Expressions for IAU 2000 Precession Quantities. *Astronomy and Astrophysics* **412**, 567–586.

Capitaine, N., P. T. Wallace, and J. Chapront (2005). Improvement of the IAU 2000 Precession Model. *Astronomy and Astrophysics* **432**, 355–367.

Capitaine, N., P. T. Wallace, and D. D. McCarthy (2003). Expressions to Implement the IAU 2000 Definition of UT1. *Astronomy and Astrophysics* **406**, 1135–1149.

Carretta, E. and R. G. Gratton (1997). Abundances for Globular Cluster Giants. I. Homogeneous Metallicities for 24 Clusters. *Astronomy and Astrophysics Supplement Series* **121**, 95–112.

Carrington, R. C. (1863). *Observations of the Spots on the Sun: From November 9, 1853, to March 24, 1861, Made at Redhill*. London: Williams and Norgate.

de Vaucouleurs, G. (1959). Classification and Morphology of External Galaxies. *Handbuch der Physik* **53**, 275.

de Vaucouleurs, G. (1963). Revised Classification of 1500 Bright Galaxies. *Astrophysical Journal Supplement* **8**, 31.

de Vaucouleurs, G. and H. D. Ables (1968). Integrated Magnitudes and Color Indices of the Fornax Dwarf Galaxy. *Astrophysical Journal* **151**, 105.

de Vaucouleurs, G., A. de Vaucouleurs, H. Corwin, R. J. Buta, G. Paturel, and P. Fouque (1991). *Third Reference Catalogue of Bright Galaxies (RC3)*. New York: Springer-Verlag.

Dias, W. S., B. S. Alessi, A. Moitinho, and J. R. D. Lepine (2002). New Catalog of Optically Visible Open Clusters and Candidates. *Astronomy and Astrophysics* **389**, 871–873.

Downes, R., R. F. Webbink, and M. M. Shara (1997). A Catalog and Atlas of Cataclysmic Variables-Second Edition. *Publications of the Astronomical Society of the Pacific* **109**, 345–440.

Eckhardt, D. H. (1981). Theory of the Libration of the Moon. *Moon and Planets* **25**, 3–49.

Elliot, J. L., R. G. French, J. A. Frogel, J. H. Elias, D. J. Mink, and W. Liller (1981). Orbits of Nine Uranian Rings. *Astronomical Journal* **86**, 444–455.

ESA (1997). *The Hipparcos and Tycho Catalogues*. Noordwijk, Netherlands: European Space Agency. SP-1200 (17 volumes).

Esposito, L. W., J. N. Cuzzi, J. H. Holberg, E. A. Marouf, G. L. Tyler, and C. C. Porco (1984). *Saturn's Rings: Structure, Dynamics, and Particle Properties*. In: T. Gehrels and M. S. Matthews (Eds.), Saturn, pp. 463-545. University of Arizona Press.

Folkner, W., J. Williams, D. Boggs, R. Park, and P. Kuchynka (2014). *Interplanetary Network Progress Report* **196**, 1.

Forman, W., C. Jones, L. Cominsky, P. Julien, S. Murray, G. Peters, H. Tananbaum, and R. Giacconi (1978). The Fourth Uhuru Catalog of X-ray Sources. *Astrophysical Journal Supplement Series* **38**, 357–412.

Fricke, W., H. Schwan, T. Lederle, U. Bastian, R. Bien, G. Burkhardt, B. Du Mont, R. Hering, R. Jährling, H. Jahreiß, S. Röser, H. Schwerdtfeger, and H. G. Walter (1988). *Fifth Fundamental Catalogue Part I*. Heidelberg: Veroeff. Astron. Rechen-Institut.

Garcia, H. A. (1972). The Mass and Figure of Saturn by Photographic Astrometry of Its Satellites. *Astronomical Journal* **77**, 684–691.

Garrison, R. F. (1994). A Hierarchy of Standards for the MK Process. *Astronomical Society of the Pacific Conference Series* **60**, 3–14.

Groten, E. (2000). Report of Special Commission 3 of IAG. In Johnston, K. J. and McCarthy, D. D. and Luzum, B. J. and Kaplan, G. H. (Ed.), *IAU Colloq. 180: Towards Models and Constants for Sub-Microarcsecond Astrometry*, pp. 337.

Gurnett, D. A., A. M. Persoon, W. S. Kurth, J. B. Groene, T. F. Averkamp, M. K. Dougherty, and D. J. Southwood (2007). The Variable Rotation Period of the Inner Region of Saturn's Plasma Disk. *Science* **316**, 442.

Hamuy, M., N. B. Suntzeff, S. R. Heathcote, A. R. Walker, P. Gigoux, and M. M. Phillips (1994). Southern Spectrophotometric Standards, 2. *Publications of the Astronomical Society of the Pacific* **106**, 566–589.

Hamuy, M., A. R. Walker, N. B. Suntzeff, P. Gigoux, S. R. Heathcote, and M. M. Phillips (1992). Southern Spectrophotometric Standards. *Publications of the Astronomical Society of the Pacific* **104**, 533–552.

Harper, D., D. B. Taylor, A. T. Sinclair, and K. X. Shen (1988). The Theory of the Motion of Iapetus. *Astronomy and Astrophysics* **191**, 381–384.

Harris, D. L. (1961). *Photometry and Colorimetry of Planets and Satellites*. Chicago, IL.

Harris, W. E. (1996). A Catalog of Parameters for Globular Clusters in the Milky Way. *Astronomical Journal* **112**, 1487.

Hartkopf, W., B. Mason, and C. Worley (2001). The 2001 US Naval Observatory Double Star CD-ROM. II. The Fifth Catalog of Orbits of Visual Binary Stars. *Astronomical Journal* **122**, 3472–3479.

Healey, S. E., R. W. Romani, G. B. Taylor, E. M. Sadler, R. Ricci, T. Murphy, J. S. Ulvestad, and J. N. Winn (2007). CRATES: An All-Sky Survey of Flat-Spectrum Radio Sources. *The Astrophysical Journal Supplement Series* **171**, 61–71.

Heinze, A. N. and D. de Lahunta (2009). The Rotation Period and Light-Curve Amplitude of Kuiper Belt Dwarf Planet 136472 Makemake (2005 FY9). *Astronomical Journal* **138**, 428–438.

Hilton, J. L. (1999). US Naval Observatory Ephemerides of the Largest Asteroids. *Astronomical Journal* **117**, 1077–1086.

Hilton, J. L. (2002). Asteroid Masses and Densities. *Asteroids III*, 103–112.

Hilton, J. L. (2005a). Improving the Visual Magnitudes of the Planets in The Astronomical Almanac. I. Mercury and Venus. *Astronomical Journal* **129**, 2902–2906.

Hilton, J. L. (2005b). Erratum: "Improving the Visual Magnitudes of the Planets in The Astronomical Almanac. I. Mercury and Venus". *Astronomical Journal* **130**, 2928.

Hilton, J. L., N. Capitaine, J. Chapront, J. M. Ferrandiz, A. Fienga, T. Fukushima, J. Getino, P. Mathews, J.-L. Simon, M. Soffel, J. Vondrak, P. T. Wallace, and J. Williams (2006). Report of the International Astronomical Union Division I Working Group on Precession and the Ecliptic. *Celestial Mechanics and Dynamical Astronomy* **94**, 351–367.

Hirshfeld, A. and R. W. Sinnott (1997). *Sky catalogue 2000.0. Volume 2: Double Stars, Variable Stars and Nonstellar Objects*.

Hodge, P. W. (1977). The Structure and Content of NGC 6822. *Astrophysical Journal Supplement* **33**, 69–82.

Hodge, P. W. and D. W. Smith (1974). The Structure of the Fornax Dwarf Galaxy. *Astrophysical Journal* **188**, 19–26.

Hoffleit, E. D. and W. Warren (1991). *The Bright Star Catalogue (5th edition)*. New Haven: Yale University Observatory.

Høg, E., C. Fabricius, V. V. Makarov, S. Urban, T. Corbin, G. Wycoff, U. Bastian, P. Schwekendiek, and A. Wicenec (2000). The Tycho-2 Catalog of the 2.5 Million Brightest Stars. *Astronomy and Astrophysics* **355**, L27–L30.

IAU (1957). In P. T. Oosterhoff (Ed.), *Transactions of the International Astronomical Union*, Volume IX, Cambridge, pp. 442. Cambridge University Press. Proc. 9th General Assembly, Dublin, 1955.

IAU (1968). In L. Perek (Ed.), *Transactions of the International Astronomical Union*, Volume XIII B, Dordrecht, pp. 170. Reidel. Proc. 13th General Assembly, Prague, 1967.

IAU (1973). In C. de Jager (Ed.), *Transactions of the International Astronomical Union*, Volume XV A, Dordrecht, Holland, pp. 409. Reidel. Reports on Astronomy.

IAU (1976). Report of joint meetings of commissions 4, 8 and 31 on the new system of astronomical constants. In *Transactions of the International Astronomical Union*, Volume XVI B, Dordrecht, Holland. Reidel.

IAU (1983). In R. M. West (Ed.), *Transactions of the International Astronomical Union*, Volume XVIII B, Dordrecht, Holland. Reidel. Proc. 18th General Assembly, Patras, 1982.

IAU (1992). In J. Bergeron (Ed.), *Transactions of the International Astronomical Union*, Volume XXI B, Dordrecht. Kluwer. Proc. 21st General Assembly, Beunos Aires, 1991.

IAU (1999). In J. Andersen (Ed.), *Transactions of the International Astronomical Union*, Volume XXIII B, Dordrecht. Kluwer. Proc. 23rd General Assembly, Kyoto, 1997.

IAU (2001). In H. Rickman (Ed.), *Transactions of the International Astronomical Union*, Volume XXIV B, San Francisco. Astronomical Society of the Pacific. Proc. 24th General Assembly, Manchester, 2000.

IAU (2006). In K. van der Hucht (Ed.), *Transactions of the International Astronomical Union*, Volume XXVI B, San Francisco. Astronomical Society of the Pacific. Proc. 26th General Assembly, Prague, 2006.

IAU (2010). In I. F. Corbett (Ed.), *Transactions of the International Astronomical Union*, Volume XXVII B. Proc. 27th General Assembly, Rio de Janeiro, 2009.

IAU (2012). In *Transactions of the International Astronomical Union*. Proc. 28th General Assembly, Beijing, China, 2012.

Ibata, R. A., R. F. G. Wyse, G. Gilmore, M. J. Irwin, and N. B. Suntzeff (1997). The Kinematics, Orbit, and Survival of the Sagittarius Dwarf Spheroidal Galaxy. *Astrophysical Journal* **113**, 634.

IERS (2004). Conventions (2003). Technical Note 32, International Earth Rotation Service, Frankfurt am Main. Verlag des Bundesamts für Kartographie und Geodäsie, D. D. McCarthy and G. Petit (Eds.).

IERS (2009). The second realization of the international celestial reference frame by very long baseline interferometry. Technical Note 35, International Earth Rotation Service. A. L. Fey, D. Gordon, and C. S. Jacobs (Eds.).

IERS (2010). Conventions (2010). Technical Note 36, International Earth Rotation Service, Frankfurt am Main. Verlag des Bundesamts für Kartographie und Geodäsie, G. Petit and B. Luzum (Eds.).

Irvine, W. M., T. Simon, D. H. Menzel, C. Pikoos, and A. T. Young (1968). Multicolor Photoelectric Photometry of the Brighter Planets. III. Observations from Boyden Observatory. *Astronomical Journal* **73**, 807.

Irwin, M. and D. Hatzidimitriou (1995). Structural parameters for the Galactic dwarf spheroidals. *Monthly Notices of the Royal Astronomical Society* **277**, 1354.

Jacobson, R. A. (1990). The Orbits of the Satellites of Neptune. *Astronomy and Astrophysics* **231**, 241–250.

Jacobson, R. A. (2000). The Orbits of the Outer Jovian Satellites. *Astronomical Journal* **120**, 2679–2686.

Jacobson, R. A., S. P. Synnott, and J. K. Campbell (1989). The Orbits of the Satellites of Mars from Spacecraft and Earthbased Observations. *Astronomy and Astrophysics* **225**, 548–554.

Jarrett, T. H., T. Chester, R. Cutri, S. Schneider, M. Skrutskie, and J. P. Huchra (2000). 2MASS Extended Source Catalog: Overview and Algorithms. *Astronomical Journal* **119**, 2498–2531.

Kaplan, G. H. (2005). The IAU Resolutions on Astronomical Reference Systems, Time Scales, and Earth Rotation Models : Explanation and Implementation. *U.S. Naval Observatory Circulars* **179**.

Keenan, P. C. and R. C. McNeil (1976). *Atlas of Spectra of the Cooler Stars: Types G, K, M, S, and C.* Ohio: Ohio State University Press.

Kholopov, P. N., N. N. Samus, M. S. Frolov, V. P. Goranskij, N. A. Gorynya, N. N. Kireeva, N. P. Kukarkina, N. E. Kurochkin, G. I. Medvedeva, and N. B. Perova (1996). *General Catalogue of Variable Stars, 4th edition.* Moscow: Nauka Publishing House.

Kozai, Y. (1957). On the Astronomical Constants of Saturnian Satellites System. *Annals of the Tokyo Observatory, Series 2* **5**, 73–106.

Lacerda, P., D. Jewitt, and N. Peixinho (2008). High-Precision Photometry of Extreme KBO 2003 EL_{61}. *Astronomical Journal* **135**, 1749–1756.

Landolt, A. U. (1992). UBVRI Photometric Standard Stars in the Magnitude Range 11.5-16.0 Around the Celestial Equator. *Astronomical Journal* **104**, 340–371.

Landolt, A. U. (2009). UBVRI Photometric Standard Stars Around the Celestial Equator: Updates and Additions. *Astronomical Journal* **137**, 4186–4269.

Laskar, J. and R. A. Jacobson (1987). GUST 86. An Analytical Ephemeris of the Uranian Satellites. *Astronomy and Astrophysics* **188**, 212–224.

Lieske, J. H. (1977). Theory of Motion of Jupiter's Galilean Satellites. *Astronomy and Astrophysics* **56**, 333–352.

Liu, Q. Z., J. van Paradijs, and E. P. J. van den Heuvel (2000). A Catalogue of High-Mass X-ray Binaries. *Astronomy and Astrophysics Supplement* **147**, 25–49.

Liu, Q. Z., J. van Paradijs, and E. P. J. van den Heuvel (2001). A catalog of Low-Mass X-ray Binaries. *Astronomy and Astrophysics* **368**, 1021–1054.

Lyngå, G. (1981). Astronomical Data Center Bulletin. Circular 2, NASA/GSFC, Greenbelt, MD.

Ma, C., E. F. Arias, T. M. Eubanks, A. L. Fey, A. M. Gontier, C. S. Jacobs, O. J. Sovers, B. A. Archinal, and P. Charlot (1998). The International Celestial Reference Frame as Realized by Very Long Baseline Interferometry. *Astronomical Journal* **116**, 516–546.

Malkin, Z. M. (2016). The Second Version of the OCARS Catalog of Optical Characteristics of Astrometric Radio Sources. *Astronomy Reports* **60**(11), 996–1005.

Manchester, R. N., G. B. Hobbs, A. Teoh, and M. Hobbs (2005). The Australia Telescope National Facility Pulsar Catalogue. *Astronomical Journal* **129**, 1993–2006.

Mason, B. D., G. L. Wycoff, W. I. Hartkopf, G. Douglass, and C. E. Worley (2001). The Washington Double Star Catalog. *Astronomical Journal* **122**, 3466–3471.

Matthews, P. M., T. A. Herring, and B. Buffett (2002). Modeling of nutation and precession: New nutation series for nonrigid Earth and insights into the Earth's interior. *Journal of Geophysical Research* **107(B4)**, 2068.

Morgan, W. W., H. A. Abt, and J. W. Tapschott (1978). *Revised MK Spectral Atlas for Stars Earlier than the Sun.* Williams Bay, WI and Tucson, AZ: Yerkes Obs. and Kitt Peak Nat. Obs.

Nelson, R. A., D. D. McCarthy, S. Malys, J. Levine, B. Guinot, H. F. Fliegel, R. L. Beard, and T. R. Bartholomew (2001). The Leap Second: its History and Possible Future. *Metrologia* **38**, 509–529.

Newhall, X. X. and J. G. Williams (1996). Estimation of the Lunar Physical Librations. *Celestial Mechanics and Dynamical Astronomy* **66**, 21–30.

Nicholson, P. D. (2008). *Natural Satellites of the Planets.* Toronto, Ontario, Canada: University of Toronto Press.

Oke, J. B. (1990). Faint Spectrophotometric Standard Stars. *Astronomical Journal* **99**, 1621–1631.

Owen, Jr., W. M., R. M. Vaughan, and S. P. Synnott (1991). Orbits of the Six New Satellites of Neptune. *Astronomical Journal* **101**, 1511–1515.

Perry, C. L., E. H. Olsen, and D. L. Crawford (1987). A Catalog of Bright UVBY Beta Standard Stars. *Publications of the Astronomy Society of the Pacific* **99**, 1184–1200.

Pitjeva, E. V. and E. M. Standish (2009). Proposals for the Masses of the Three Largest Asteroids, the Moon-Earth Mass Ratio and the Astronomical Unit. *Celestial Mechanics and Dynamical Astronomy* **103**, 365–372.

Rohde, J. R. and A. T. Sinclair (1992). Orbital Ephemerides and Rings of Satellites. In P. K. Seidelmann (Ed.), *Explanatory Supplement to The Astronomical Almanac*, pp. 353. Mill Valley, CA: University Science Books.

Rutledge, G. A., J. E. Hesser, and P. B. Stetson (1997). Galactic Globular Cluster Metallicity Scale from the Ca II Triplet II. Rankings, Comparisons, and Puzzles. *Publications of the Astronomical Society of the Pacific* **109**, 907–919.

Simon, J. L., P. Bretagnon, J. Chapront, M. Chapront-Touzé, G. Francou, and J. Laskar (1994). Numerical Expressions for Precession Formulae and Mean Elements for the Moon and the Planets. *Astronomy and Astrophysics* **282**, 663–683.

Sinclair, A. T. (1974). A Theory of the Motion of Iapetus. *Monthly Notices of the Royal Astronomical Society* **169**, 591–605.

Sinclair, A. T. (1977). The Orbits of Tethys, Dione, Rhea, Titan and Iapetus. *Monthly Notices of the Royal Astronomical Society* **180**, 447–459.

Sinclair, A. T. (1989). The Orbits of the Satellites of Mars Determined from Earth-based and Spacecraft Observations. *Astronomy and Astrophysics* **220**, 321–328.

Smart, W. M. (1956). *Text-Book on Spherical Astronomy.* Cambridge: Cambridge University Press.

Soubiran, C., G. Jasniewicz, L. Chemin, F. Crifo, S. Udry, D. Hestroffer, and D. Katz (2013). The catalogue of radial velocity standard stars for Gaia. Pre-launch release. *Astronomy and Astrophysics* **552**, A64.

Souchay, J., A. H. Andrei, C. Barache, S. Bouquillon, A.-M. Gontier, S. B. Lambert, C. Le Poncin-Lafitte, F. Taris, E. F. Arias, D. Suchet, and M. Baudin (2009). Large Quasar Astrometric Catalog. *Astronomy and Astrophysics* **494**, 799.

Souchay, J., A. H. Andrei, C. Barache, S. Bouquillon, D. Suchet, F. Taris, and R. Peralta (2012). The second release of the Large Quasar Astrometric Catalog (LQAC-2). *Astronomy and Astrophysics* **537**, A99.

Standish, E. M. (1998a). JPL Planetary and Lunar Ephemerides, DE405/LE405. *JPL IOM 312.F-98-048*.

Standish, E. M. (1998b). Time Scales in the JPL and CfA Ephemerides. *Astronomy and Astrophysics* **336**, 381–384.

Stickel, M., J. W. Fried, and H. Kuehr (1989). Optical Spectroscopy of 1 Jy BL Lacertae Objects and Flat Spectrum Radio Sources. *Astronomy and Astrophysics Supplement Series* **80**, 103–114.

Stickel, M. and H. Kuehr (1994). An Update of the Optical Identification Status of the S4 Radio Source Catalogue. *Astronomy and Astrophysics Supplement Series* **103**, 349–363.

Sudbury, P. V. (1969). The Motion of Jupiter's Fifth Satellite. *Icarus* **10**, 116–143.

Taylor, D. B. (1984). A Comparison of the Theory of the Motion of Hyperion with Observations Made During 1967-1982. *Astronomy and Astrophysics* **141**, 151–158.

Taylor, D. B. (1995). Compact Ephemerides for Differential Tangent Plane Coordinates of Planetary Satellites. *NAO Technical Note* **No. 68**.

Taylor, D. B., S. A. Bell, J. L. Hilton, and A. T. Sinclair (2010). Computation of the Quantities Describing the Lunar Librations in The Astronomical Almanac. *NAO Technical Note* **No. 74**.

Taylor, D. B. and K. X. Shen (1988). Analysis of Astrometric Observations from 1967 to 1983 of the Major Satellites of Saturn. *Astronomy and Astrophysics* **200**, 269–278.

The Fermi-LAT Collaboration (2012 submitted). Fermi Large Area Telescope First Source Catalog. *Astrophysical Journal Supplement Series*. arXiv:1108.1435 [astro-ph.HE].

Tholen, D. J. (1985). The Orbit of Pluto's Satellite. *Astronomical Journal* **90**, 2353–2359.

Trager, S. C., S. Djorgovski, and I. R. King (1993). Structural Parameters of Galactic Globular Clusters. In Djorgovski, S. G. and Meylan, G. (Ed.), *Structure and Dynamics of Globular Clusters*, Volume 50 of *Astronomical Society of the Pacific Conference Series*, pp. 347.

Trager, S. C., I. R. King, and S. Djorgovski (1995). Catalogue of Galactic Globular-Cluster Surface-Brightness Profiles. *Astronomical Journal* **109**, 218–241.

Trumpler, R. J. (1930). Preliminary Results on the Distances, Dimensions and Space Distribution of Open Star Clusters. *Lick Observatory Bulletin* **XIV**, 154.

Turnshek, D. A., R. C. Bohlin, R. L. Williamson, O. L. Lupie, J. Koornneef, and D. H. Morgan (1990). An Atlas of Hubble Space Telescope Photometric, Spectrophotometric, and Polarimetric Calibration Objects. *Astronomical Journal* **99**, 1243–1261.

Udry, S. Mayor, M., E. Maurice, J. Andersen, M. Imbert, H. Lindgren, J. C. Mermilliod, B. Nordström, and L. Prévot (1999). 20 years of CORAVEL Monitoring of Radial-Velocity Standard Stars. In J. Hearnshaw and C. Scarfe (Eds.), *Precise Stellar Radial Velocities, Victoria, IAU Coll. 170*, pp. 383.

Urban, S. and P. K. Seidelmann (Eds.) (2012). *Explanatory Supplement to The Astronomical Almanac*. Mill Valley, CA: University Science Books.

van Paradijs, J. (1995). A Catalogue of X-Ray Binaries. In W. H. G. Lewin, J. van Paradijis, and E. P. J. van den Heuvel (Eds.), *X-ray Binaries*, pp. 536. University of Chicago Press. Volume IX of Stars and Stellar Systems.

Véron-Cetty, M. P. and P. Véron (2006). A Catalogue of Quasars and Active Nuclei: 12th edition. *Astronomy and Astrophysics* **455**, 773–777.

Wallace, P. T. and N. Capitaine (2006). Precession-Nutation Procedures Consistent with IAU 2006 Resolutions. *Astronomy and Astrophysics* **459**, 981–985.

Watts, C. B. (1963). The Marginal Zone of the Moon. In *Astronomical Papers of the American Ephemeris and Nautical Almanac*, Volume 17. Washington, DC: U.S. Government Printing Office.

Williams, J. G., D. H. Boggs, and W. M. Folkner (2013). DE430 Lunar Orbit, Physical Librations, and Surface Coordinates. *JPL IOM 335-JW,DB,WF-20080314-001*.

Zacharias, N., D. G. Monet, S. E. Levine, S. E. Urban, R. Gaume, and G. L. Wycoff (2004). The Naval Observatory Merged Astrometric Dataset (NOMAD). In *American Astronomical Society Meeting Abstracts*, Volume 36 of *Bulletin of the American Astronomical Society*, pp. 1418.

Zadunaisky, P. E. (1954). A Determination of New Elements of the Orbit of Phoebe, Ninth Satellite of Saturn. *Astronomical Journal* **59**, 1–6.

Zinn, R. and M. J. West (1984). The Globular Cluster System of the Galaxy. III - Measurements of Radial Velocity and Metallicity for 60 Clusters and a Compilation of Metallicities for 121 Clusters. *Astrophysical Journal Supplement Series* **55**, 45–66.

ΔT: the difference between *Terrestrial Time (TT)* and *Universal Time (UT)*: $\Delta T = TT - UT1$.

ΔUT1 (or ΔUT): the value of the difference between *Universal Time (UT)* and *Coordinated Universal Time (UTC)*: $\Delta UT1 = UT1 - UTC$.

aberration (of light): the relativistic apparent angular displacement of the observed position of a celestial object from its *geometric position*, caused by the motion of the observer in the reference system in which the trajectories of the observed object and the observer are described. (See *aberration, planetary.*)

    aberration, annual: the component of *stellar aberration* resulting from the motion of the Earth about the Sun. (See *aberration, stellar.*)

    aberration, diurnal: the component of *stellar aberration* resulting from the observer's *diurnal motion* about the center of the Earth due to Earth's rotation. (See *aberration, stellar.*)

    aberration, E-terms of: the terms of *annual aberration* which depend on the *eccentricity* and longitude of *perihelion* of the Earth. (See *aberration, annual; perihelion.*)

    aberration, elliptic: see *aberration, E-terms of.*

    aberration, planetary: the apparent angular displacement of the observed position of a solar system body from its instantaneous geometric direction as would be seen by an observer at the geocenter. This displacement is produced by the combination of *aberration of light* and *light-time displacement.*

    aberration, secular: the component of *stellar aberration* resulting from the essentially uniform and almost rectilinear motion of the entire solar system in space. Secular *aberration* is usually disregarded. (See *aberration, stellar.*)

    aberration, stellar: the apparent angular displacement of the observed position of a celestial body resulting from the motion of the observer. Stellar *aberration* is divided into diurnal, annual, and secular components. (See *aberration, annual; aberration, diurnal; aberration, secular.*)

altitude: the angular distance of a celestial body above or below the *horizon*, measured along the great circle passing through the body and the zenith. Altitude is 90° minus the *zenith distance.*

annual parallax: see *parallax, heliocentric.*

anomaly: the angular separation of a body in its *orbit* from its *pericenter.*

    anomaly, eccentric: in undisturbed elliptic motion, the angle measured at the center of the *orbit* ellipse from *pericenter* to the point on the circumscribing auxiliary circle from which a perpendicular to the major axis would intersect the orbiting body. (See *anomaly, mean; anomaly, true.*)

    anomaly, mean: the product of the *mean motion* of an orbiting body and the interval of time since the body passed the *pericenter*. Thus, the mean *anomaly* is the angle from the pericenter of a hypothetical body moving with a constant angular speed that is equal to the mean motion. In realistic computations, with disturbances taken into account, the mean anomaly is equal to its initial value at an *epoch* plus an integral of the mean motion over the time elapsed since the epoch. (See *anomaly, eccentric; anomaly, mean at epoch; anomaly, true.*)

    anomaly, mean at epoch: the value of the *mean anomaly* at a specific *epoch*, i.e., at some fiducial moment of time. It is one of the six *Keplerian elements* that specify an *orbit*. (See *Keplerian elements; orbital elements.*)

    anomaly, true: the angle, measured at the focus nearest the *pericenter* of an *elliptical orbit*, between the pericenter and the *radius vector* from the focus to the orbiting body; one of the standard *orbital elements*. (See *anomaly, eccentric; anomaly, mean; orbital elements.*)

aphelion: the point in an *orbit* that is the most distant from the Sun.

apocenter: the point in an *orbit* that is farthest from the origin of the reference system. (See *aphelion; apogee.*)

apogee: the point in an *orbit* that is the most distant from the Earth. Apogee is sometimes used with reference to the apparent orbit of the Sun around the Earth.

apparent place (or position): the *proper place* of an object expressed with respect to the *true (intermediate) equator and equinox* of date.

apparent solar time: see *solar time, apparent.*

appulse: the least apparent distance between one celestial object and another, as viewed from a third body. For objects moving along the *ecliptic* and viewed from the Earth, the time of appulse is close to that of *conjunction* in *ecliptic longitude.*

Aries, First point of: another name for the *vernal equinox.*

aspect: the position of any of the *planets* or the Moon relative to the Sun, as seen from the Earth.

asteroid: a loosely defined term generally meaning a small solar system body that is orbiting the Sun, does not show a comet-like appearance, and is not massive enough to be a *dwarf planet.* The term is usually restricted to bodies with *orbits* interior or similar to Jupiter's. "Asteroid" is often used interchangeably with *"minor planet"*, although there is no implicit contraint that a minor *planet* be interior to Jupiter's orbit.

astrometric ephemeris: an *ephemeris* of a solar system body in which the tabulated positions are *astrometric places.* Values in an astrometric ephemeris are essentially comparable to catalog *mean places* of stars after the star positions have been updated for *proper motion* and *parallax.*

astrometric place (or position): direction of a solar system body formed by applying the correction for *light-time displacement* to the *geometric position.* Such a position is directly comparable with the catalog positions of background stars in the same area of the sky, after the star positions have been updated for *proper motion* and *parallax.* There is no correction for *aberration* or *deflection of light* since it is assumed that these are almost identical for the solar system body and background stars. An astrometric place is expressed in the reference system of a star catalog; in *The Astronomical Almanac*, the reference system is the *International Celestial Reference System (ICRS).*

astronomical coordinates: the longitude and latitude of the point on Earth relative to the *geoid.* These coordinates are influenced by local gravity anomalies. (See *latitude, terrestrial; longitude, terrestrial; zenith.*)

astronomical refraction: see *refraction, astronomical.*

astronomical unit (au): a conventional unit of length equal to 149 597 870 700 m exactly. Prior to 2012, it was defined as the radius of a circular *orbit* in which a body of negligible mass, and free of *perturbations*, would revolve around the Sun in $2\pi/k$ *days*, k being the *Gaussian gravitational constant.* This is slightly less than the *semimajor axis* of the Earth's orbit.

astronomical zenith: see *zenith, astronomical.*

atomic second: see *second, Système International (SI).*

augmentation: the amount by which the apparent *semidiameter* of a celestial body, as observed from the surface of the Earth, is greater than the semidiameter that would be observed from the center of the Earth.

autumnal equinox: see *equinox, autumnal.*

azimuth: the angular distance measured eastward along the *horizon* from a specified reference point (usually north). Azimuth is measured to the point where the great circle determining the *altitude* of an object meets the horizon.

barycenter: the center of mass of a system of bodies; *e.g.*, the center of mass of the solar system or the Earth-Moon system.

barycentric: with reference to, or pertaining to, the *barycenter* (usually of the solar system).

Barycentric Celestial Reference System (BCRS): a system of *barycentric* space-time coordinates for the solar system within the framework of General Relativity. The metric tensor to be used in the system is specified by the *IAU* 2000 resolution B1.3. For all practical applications, unless otherwise stated, the BCRS is assumed to be oriented according to the *ICRS* axes. (See *Barycentric Coordinate Time (TCB).*)

Barycentric Coordinate Time (TCB): the coordinate time of the *Barycentric Celestial Reference System (BCRS)*, which advances by *SI seconds* within that system. TCB is related to *Geocentric Coordinate Time (TCG)* and *Terrestrial Time (TT)* by relativistic transformations that include a secular term. (See *second, Système International (SI).*)

Barycentric Dynamical Time (TDB): A time scale defined by the *IAU* (originally in 1976; named in 1979; revised in 2006) for use as an independent argument of *barycentric ephemerides* and equations of motion. TDB is a linear function of *Barycentric Coordinate Time (TCB)* that on average tracks *TT* over long *periods* of time; differences between TDB and TT evaluated at the Earth's surface remain under 2 ms for several thousand *years* around the current *epoch*. TDB is functionally equivalent to T_{eph}, the independent argument of the JPL planetary and lunar ephemerides DE405/LE405. (See *second, Système International (SI).*)

Besselian elements: quantities tabulated for the calculation of accurate predictions of an *eclipse* or *occultation* for any point on or above the surface of the Earth.

calendar: a system of reckoning time in units of solar *days*. The days are enumerated according to their position in cyclic patterns usually involving the motions of the Sun and/or the Moon.

    calendar, Gregorian: The *calendar* introduced by Pope Gregory XIII in 1582 to replace the *Julian calendar*. This calendar is now used as the civil calendar in most countries. In the Gregorian calendar, every *year* that is exactly divisible by four is a leap year, except for centurial years, which must be exactly divisible by 400 to be leap years. Thus 2000 was a leap year, but 1900 and 2100 are not leap years.

    calendar, Julian: the *calendar* introduced by Julius Caesar in 46 B.C. to replace the Roman calendar. In the Julian calendar a common *year* is defined to comprise 365 *days*, and every fourth year is a leap year comprising 366 days. The Julian calendar was superseded by the *Gregorian calendar*.

    calendar, proleptic: the extrapolation of a *calendar* prior to its date of introduction.

catalog equinox: see *equinox, catalog.*

Celestial Ephemeris Origin (CEO): the original name for the *Celestial Intermediate Origin (CIO)* given in the *IAU* 2000 resolutions. Obsolete.

celestial equator: the plane perpendicular to the *Celestial Intermediate Pole (CIP)*. Colloquially, the projection onto the *celestial sphere* of the Earth's *equator*. (See *mean equator and equinox; true equator and equinox.*)

Celestial Intermediate Origin (CIO): the non-rotating origin of the *Celestial Intermediate Reference System*. Formerly referred to as the *Celestial Ephemeris Origin (CEO)*.

Celestial Intermediate Origin Locator (CIO Locator): denoted by *s*, is the difference between the *Geocentric Celestial Reference System (GCRS) right ascension* and the intermediate right ascension of the intersection of the GCRS and intermediate *equators*.

Celestial Intermediate Pole (CIP): the reference pole of the *IAU* 2000A *precession nutation* model. The motions of the CIP are those of the Tisserand mean axis of the Earth with *periods* greater than two *days*. (See *nutation; precession.*)

Celestial Intermediate Reference System: a *geocentric* reference system related to the *Geocentric Celestial Reference System (GCRS)* by a time-dependent rotation taking into account *precession-nutation*. It is defined by the intermediate *equator* of the *Celestial Intermediate Pole (CIP)* and the *Celestial Intermediate Origin (CIO)* on a specific date.

celestial pole: see *pole, celestial*.

celestial sphere: an imaginary sphere of arbitrary radius upon which celestial bodies may be considered to be located. As circumstances require, the celestial sphere may be centered at the observer, at the Earth's center, or at any other location.

center of figure: that point so situated relative to the apparent figure of a body that any line drawn through it divides the figure into two parts having equal apparent areas. If the body is oddly shaped, the center of figure may lie outside the figure itself.

center of light: same as *center of figure* except referring only to the illuminated portion.

central meridian: see *meridian*, central

conjunction: the phenomenon in which two bodies have the same apparent *ecliptic longitude* or *right ascension* as viewed from a third body. Conjunctions are usually tabulated as *geocentric* phenomena. For Mercury and Venus, geocentric inferior conjunctions occur when the *planet* is between the Earth and Sun, and superior conjunctions occur when the Sun is between the planet and Earth. (See *longitude, ecliptic*.)

constellation: 1. A grouping of stars, usually with pictorial or mythical associations, that serves to identify an area of the *celestial sphere*. **2.** One of the precisely defined areas of the celestial sphere, associated with a grouping of stars, that the *International Astronomical Union (IAU)* has designated as a constellation.

Coordinated Universal Time (UTC): the time scale available from broadcast time signals. UTC differs from *International Atomic Time (TAI)* by an integral number of *seconds*; it is maintained within $\pm 0\overset{s}{.}9$ seconds of *UT1* by the introduction of *leap seconds*. (See *International Atomic Time (TAI); leap second; Universal Time (UT)*.)

culmination: the passage of a celestial object across the observer's *meridian*; also called "meridian passage".

> **culmination, lower:** (also called "*culmination* below pole" for circumpolar stars and the Moon) is the crossing farther from the observer's zenith.

> **culmination, upper:** (also called "*culmination* above pole" for circumpolar stars and the Moon) or *transit* is the crossing closer to the observer's zenith.

day: an interval of 86 400 *SI seconds*, unless otherwise indicated. (See *second, Système International (SI)*.)

declination: angular distance on the *celestial sphere* north or south of the *celestial equator*. It is measured along the *hour circle* passing through the celestial object. Declination is usually given in combination with *right ascension* or *hour angle*.

defect of illumination: (sometimes, greatest defect of illumination): the maximum angular width of the unilluminated portion of the apparent disk of a solar system body measured along a radius.

deflection of light: the angle by which the direction of a light ray is altered from a straight line by the gravitational field of the Sun or other massive object. As seen from the Earth, objects appear to be deflected radially away from the Sun by up to $1\overset{''}{.}75$ at the Sun's *limb*. Correction for this effect, which is independent of wavelength, is included in the transformation from *mean place* to *apparent place*.

deflection of the vertical: the angle between the astronomical *vertical* and the geodetic vertical. (See *astronomical coordinates; geodetic coordinates; zenith*.)

delta T: see ΔT.

delta UT1: see $\Delta UT1$ *(or* ΔUT*)*.

direct motion: for orbital motion in the solar system, motion that is counterclockwise in the *orbit* as seen from the north pole of the *ecliptic*; for an object observed on the *celestial sphere*, motion that is from west to east, resulting from the relative motion of the object and the Earth.

diurnal motion: the apparent daily motion, caused by the Earth's rotation, of celestial bodies across the sky from east to west.

diurnal parallax: see *parallax, geocentric*.

dwarf planet: a celestial body that is in *orbit* around the Sun, has sufficient mass for its self-gravity to overcome rigid body forces so that it assumes a hydrostatic equilibrium (nearly round) shape, has not cleared the neighbourhood around its orbit, and is not a satellite. (See *planet*.)

dynamical equinox: the ascending *node* of the Earth's mean *orbit* on the Earth's *true equator*; i.e., the intersection of the *ecliptic* with the *celestial equator* at which the Sun's *declination* changes from south to north. (See *catalog equinox; equinox; true equator and equinox*.)

dynamical time: the family of time scales introduced in 1984 to replace *ephemeris time (ET)* as the independent argument of dynamical theories and *ephemerides*. (See *Barycentric Dynamical Time (TDB); Terrestrial Time (TT)*.)

Earth Rotation Angle (ERA): the angle, θ, measured along the *equator* of the *Celestial Intermediate Pole (CIP)* between the direction of the *Celestial Intermediate Origin (CIO)* and the *Terrestrial Intermediate Origin (TIO)*. It is a linear function of *UT1*; its time derivative is the Earth's angular velocity.

eccentricity: 1. A parameter that specifies the shape of a conic secton. **2.** One of the standard *elements* used to describe an elliptic or *hyperbolic orbit*. For an *elliptical orbit*, the quantity $e = \sqrt{1 - (b^2/a^2)}$, where a and b are the lengths of the *semimajor* and semiminor axes, respectively; for a hyperbolic *orbit*, the quantity $e = \sqrt{1 + (b^2/a^2)}$. (See *orbital elements*.)

eclipse: the obscuration of a celestial body caused by its passage through the shadow cast by another body.

    eclipse, annular: a *solar eclipse* in which the solar disk is not completely covered but is seen as an annulus or ring at maximum *eclipse*. An annular eclipse occurs when the apparent disk of the Moon is smaller than that of the Sun. (See *eclipse, solar*.)

    eclipse, lunar: an *eclipse* in which the Moon passes through the shadow cast by the Earth. The eclipse may be total (the Moon passing completely through the Earth's *umbra*), partial (the Moon passing partially through the Earth's umbra at maximum eclipse), or penumbral (the Moon passing only through the Earth's *penumbra*).

    eclipse, solar: actually an *occultation* of the Sun by the Moon in which the Earth passes through the shadow cast by the Moon. It may be total (observer in the Moon's *umbra*), partial (observer in the Moon's *penumbra*), annular, or annular-total. (See *eclipse, annular*.)

ecliptic: 1. The mean plane of the *orbit* of the Earth-Moon *barycenter* around the solar system barycenter. **2.** The apparent path of the Sun around the *celestial sphere*.

ecliptic latitude: see *latitude, ecliptic*.

ecliptic longitude: see *longitude, ecliptic*.

elements: a set of parameters used to describe the position and/or motion of an astronomical object.

    elements, Besselian: see *Besselian elements*.

    elements, Keplerian: see *Keplerian elements*.

    elements, mean: see *mean elements*.

    elements, orbital: see *orbital elements*.

elements, osculating: see *osculating elements.*

elements, rotational: see *rotational elements.*

elongation: the *geocentric* angle between two celestial objects.

elongation, greatest: 1. For satellites, the maximum value of a *satellite elongation* during an *orbit* about its primary. Often a general direction is given. For example, greatest eastern *elongation* is the maximum value of a satellite elongation that occurs on the eastern half of the apparent orbit. **2.** For bodies that orbit the Sun, the maximum value of elongation during an orbit about the Sun. Only practical for solar system bodies that remain interior to the Earth's orbit.

elongation, planetary: the *geocentric* angle between a *planet* and the Sun. Planetary *elongations* are measured from 0° to 180°, east or west of the Sun.

elongation, satellite: the *geocentric* angle between a satellite and its primary. The *elongation* is usually designated as being east or west of the primary, but on rare occasions could be designated north or south.

epact: 1. The age of the Moon. **2.** The number of *days* since new moon, diminished by one day, on January 1 in the Gregorian ecclesiastical lunar cycle. (See *calendar, Gregorian; lunar phases.*)

ephemeris: a tabulation of the positions of a celestial object in an orderly sequence for a number of dates.

ephemeris hour angle: an *hour angle* referred to the *ephemeris meridian.*

ephemeris longitude: longitude measured eastward from the *ephemeris meridian.* (See *longitude, terrestrial.*)

ephemeris meridian: see *meridian, ephemeris.*

ephemeris time (ET): the time scale used prior to 1984 as the independent variable in gravitational theories of the solar system. In 1984, ET was replaced by *dynamical time.*

ephemeris transit: the passage of a celestial body or point across the *ephemeris meridian.*

epoch: an arbitrary fixed instant of time or date used as a chronological reference datum for *calendars*, celestial reference systems, star catalogs, or orbital motions. (See *calendar; orbit.*)

equation of the equinoxes: the difference apparent *sidereal time* minus mean sidereal time, due to the effect of *nutation* in longitude on the location of the *equinox.* Equivalently, the difference between the *right ascensions* of the true and *mean equinoxes*, expressed in time units. (See *sidereal time.*)

equation of the origins: the arc length, measured positively eastward, from the *Celestial Intermediate Origin (CIO)* to the *equinox* along the intermediate *equator*; alternatively the difference between the *Earth Rotation Angle (ERA)* and *Greenwich Apparent Sidereal Time (GAST)*, namely, *(ERA - GAST).*

equation of time: the difference *apparent solar time* minus *mean solar time.*

equator: the great circle on the surface of a body formed by the intersection of the surface with the plane passing through the center of the body perpendicular to the axis of rotation. (See *celestial equator.*)

equinox: 1. Either of the two points on the *celestial sphere* at which the *ecliptic* intersects the *celestial equator.* **2.** The time at which the Sun passes through either of these intersection points; i.e., when the apparent *ecliptic longitude* of the Sun is 0° or 180°. **3.** The *vernal equinox.* (See *mean equator and equinox; true equator and equinox.*)

equinox, autumnal: 1. The decending *node* of the *ecliptic* on the *celestial sphere.* **2.** The time which the apparent *ecliptic longitude* of the Sun is 180°.

equinox, catalog: the intersection of the *hour angle* of zero *right ascension* of a star catalog with the *celestial equator.* Obsolete.

equinox, dynamical: the ascending *node* of the *ecliptic* on the Earth's *true equator*.

equinox, vernal: **1.** The ascending *node* of the *ecliptic* on the *celestial equator*. **2.** The time at which the apparent *ecliptic longitude* of the Sun is $0°$.

era: a system of chronological notation reckoned from a specific event.

ERA: see *Earth Rotation Angle (ERA)*.

flattening: a parameter that specifies the degree by which a *planet*'s figure differs from that of a sphere; the ratio $f = (a - b)/a$, where a is the equatorial radius and b is the polar radius.

frame bias: the orientation of the *mean equator and equinox* of J2000.0 with respect to the *Geocentric Celestial Reference System (GCRS)*. It is defined by three small and constant angles, two of which describe the offset of the mean pole at J2000.0 and the other is the GCRS *right ascension* of the mean inertial *equinox* of J2000.0.

frequency: the number of *periods* of a regular, cyclic phenomenon in a given measure of time, such as a *second* or a *year*. (See *period; second, Système International (SI); year.*)

frequency standard: a generator whose output is used as a precise *frequency* reference; a primary frequency standard is one whose frequency corresponds to the adopted definition of the *second*, with its specified accuracy achieved without calibration of the device. (See *second, Système International (SI).*)

GAST: see *Greenwich Apparent Sidereal Time (GAST)*.

Gaussian gravitational constant: (k = 0.017 202 098 95). The constant defining the astronomical system of units of length (*astronomical unit (au)*), mass (solar mass) and time (*day*), by means of Kepler's third law. The dimensions of k^2 are those of Newton's constant of gravitation: $L^3 M^{-1} T^{-2}$.

geocentric: with reference to, or pertaining to, the center of the Earth.

Geocentric Celestial Reference System (GCRS): a system of *geocentric* space-time coordinates within the framework of General Relativity. The metric tensor used in the system is specified by the *IAU* 2000 resolutions. The GCRS is defined such that its spatial coordinates are kinematically non-rotating with respect to those of the *Barycentric Celestial Reference System (BCRS)*. (See *Geocentric Coordinate Time (TCG).*)

Geocentric Coordinate Time (TCG): the coordinate time of the *Geocentric Celestial Reference System (GCRS)*, which advances by *SI seconds* within that system. TCG is related to *Barycentric Coordinate Time (TCB)* and *Terrestrial Time (TT)*, by relativistic transformations that include a secular term. (See *second, Système International (SI).*)

geocentric coordinates: **1.** The latitude and longitude of a point on the Earth's surface relative to the center of the Earth. **2.** Celestial coordinates given with respect to the center of the Earth. (See *latitude, terrestrial; longitude, terrestrial; zenith.*)

geocentric zenith: see *zenith, geocentric*.

geodetic coordinates: the latitude and longitude of a point on the Earth's surface determined from the geodetic *vertical* (normal to the reference ellipsoid). (See *latitude, terrestrial; longitude, terrestrial; zenith.*)

geodetic zenith: see *zenith, geodetic*.

geoid: an equipotential surface that coincides with mean sea level in the open ocean. On land it is the level surface that would be assumed by water in an imaginary network of frictionless channels connected to the ocean.

geometric position: the position of an object defined by a straight line (vector) between the center of the Earth (or the observer) and the object at a given time, without any corrections for *light-time, aberration*, etc.

GHA: see *Greenwich Hour Angle (GHA)*.

GMST: see *Greenwich Mean Sidereal Time (GMST)*.

greatest defect of illumination: see *defect of illumination.*

Greenwich Apparent Sidereal Time (GAST): the *Greenwich hour angle* of the *true equinox* of date.

Greenwich Hour Angle (GHA): angular distance on the *celestial sphere* measured westward along the *celestial equator* from the *Greenwich meridian* to the *hour circle* that passes through a celestial object or point.

Greenwich Mean Sidereal Time (GMST): the *Greenwich hour angle* of the *mean equinox* of date.

Greenwich meridian: see *meridian, Greenwich.*

Greenwich sidereal date (GSD): the number of *sidereal days* elapsed at Greenwich since the beginning of the Greenwich sidereal *day* that was in progress at the *Julian date (JD)* 0.0.

Greenwich sidereal day number: the integral part of the *Greenwich sidereal date (GSD).*

Gregorian calendar: see *calendar, Gregorian.*

height: the distance above or below a reference surface such as mean sea level on the Earth or a planetographic reference surface on another solar system *planet.*

heliocentric: with reference to, or pertaining to, the center of the Sun.

heliocentric parallax: see *parallax, heliocentric.*

horizon: **1.** A plane perpendicular to the line from an observer through the zenith. **2.** The observed border between Earth and the sky.

    horizon, astronomical: the plane perpendicular to the line from an observer to the *astronomical zenith* that passes through the point of observation.

    horizon, geocentric: the plane perpendicular to the line from an observer to the *geocentric zenith* that passes through the center of the Earth.

    horizon, natural: the border between the sky and the Earth as seen from an observation point.

horizontal parallax: see *parallax, horizontal.*

horizontal refraction: see *refraction, horizontal.*

hour angle: angular distance on the *celestial sphere* measured westward along the *celestial equator* from the *meridian* to the *hour circle* that passes through a celestial object.

hour circle: a great circle on the *celestial sphere* that passes through the *celestial poles* and is therefore perpendicular to the *celestial equator.*

IAU: see *International Astronomical Union (IAU).*

illuminated extent: the illuminated area of an apparent planetary disk, expressed as a solid angle.

inclination: **1.** The angle between two planes or their poles. **2.** Usually, the angle between an orbital plane and a reference plane. **3.** One of the standard *orbital elements* that specifies the orientation of the *orbit.* (See *orbital elements.*)

instantaneous orbit: see *orbit, instantaneous.*

intercalate: to insert an interval of time (e.g., a *day* or a *month*) within a *calendar*, usually so that it is synchronized with some natural phenomenon such as the seasons or *lunar phases.*

intermediate place (or position): the *proper place* of an object expressed with respect to the true (intermediate) *equator* and *CIO* of date.

International Astronomical Union (IAU): an international non-governmental organization that promotes the science of astronomy. The IAU is composed of both national and individual members. In the field of positional astronomy, the IAU, among other activities, recommends standards for data analysis and modeling, usually in the form of resolutions passed at General Assemblies held every three *years.*

International Atomic Time (TAI): the continuous time scale resulting from analysis by the Bureau International des Poids et Mesures of atomic time standards in many countries. The fundamental unit of TAI is the *SI second* on the *geoid*, and the *epoch* is 1958 January 1. (See *second, Système International (SI)*.)

International Celestial Reference Frame (ICRF): 1. A set of extragalactic objects whose adopted positions and uncertainties realize the *International Celestial Reference System (ICRS)* axes and give the uncertainties of those axes. **2.** The name of the radio catalog whose defining sources serve as fiducial points to fix the axes of the ICRS, recommended by the *International Astronomical Union (IAU)*. The first such catalog was adopted for use beginning in 1997. The second catalog, termed ICRF2, was adopted for use beginning in 2010.

International Celestial Reference System (ICRS): a time-independent, kinematically non-rotating *barycentric* reference system recommended by the *International Astronomical Union (IAU)* in 1997. Its axes are those of the *International Celestial Reference Frame (ICRF)*.

international meridian: see *meridian, Greenwich*.

International Terrestrial Reference Frame (ITRF): a set of reference points on the surface of the Earth whose adopted positions and velocities fix the rotating axes of the *International Terrestrial Reference System (ITRS)*.

International Terrestrial Reference System (ITRS): a time-dependent, non-inertial reference system co-moving with the geocenter and rotating with the Earth. The ITRS is the recommended system in which to express positions on the Earth.

invariable plane: the plane through the center of mass of the solar system perpendicular to the angular momentum vector of the solar system.

irradiation: an optical effect of contrast that makes bright objects viewed against a dark background appear to be larger than they really are.

Julian calendar: see *calendar, Julian*.

Julian date (JD): the interval of time in *days* and fractions of a day, since 4713 B.C. January 1, Greenwich noon, Julian *proleptic calendar*. In precise work, the timescale, e.g., *Terrestrial Time (TT)* or *Universal Time (UT)*, should be specified.

Julian date, modified (MJD): the *Julian date (JD)* minus 2400000.5.

Julian day number: the integral part of the *Julian date (JD)*.

Julian year: see *year, Julian*.

Keplerian elements: a certain set of six *orbital elements*, sometimes referred to as the Keplerian set. Historically, this set included the *mean anomaly* at the *epoch*, the *semimajor axis*, the *eccentricity* and three Euler angles: the *longitude of the ascending node*, the *inclination*, and the *argument of pericenter*. The time of *pericenter* passage is often used as part of the Keplerian set instead of the mean *anomaly* at the epoch. Sometimes the longitude of pericenter (which is the sum of the longitude of the ascending *node* and the argument of pericenter) is used instead of the argument of pericenter.

Laplacian plane: 1. For *planets* see *invariable plane*. **2.** For a system of satellites, the fixed plane relative to which the vector sum of the disturbing forces has no orthogonal component.

latitude, celestial: see *latitude, ecliptic*.

latitude, ecliptic: angular distance on the *celestial sphere* measured north or south of the *ecliptic* along the great circle passing through the poles of the ecliptic and the celestial object. Also referred to as *celestial latitude*.

latitude, terrestrial: angular distance on the Earth measured north or south of the *equator* along the *meridian* of a geographic location.

leap second: a *second* inserted as the 61st second of a minute at announced times to keep *UTC* within 0^{s}9 of *UT1*. Generally, leap seconds are added at the end of June or December as necessary, but may be inserted at the end of any *month*. Although it has never been utilized, it is possible to have a negative leap second in which case the 60th second of a minute would be removed. (See *Coordinated Universal Time (UTC); second, Système International (SI); Universal Time (UT)*.)

librations: the real or apparent oscillations of a body around a reference point. When referring to the Moon, librations are variations in the orientation of the Moon's surface with respect to an observer on the Earth. Physical librations are due to variations in the orientation of the Moon's rotational axis in inertial space. The much larger optical librations are due to variations in the rate of the Moon's orbital motion, the *obliquity* of the Moon's *equator* to its orbital plane, and the diurnal changes of geometric perspective of an observer on the Earth's surface.

light, deflection of: see *deflection of light*.

light-time: the interval of time required for light to travel from a celestial body to the Earth.

light-time displacement: the difference between the geometric and *astrometric place* of a solar system body. It is caused by the motion of the body during the interval it takes light to travel from the body to Earth.

light-year: the distance that light traverses in a vacuum during one *year*. Since there are various ways to define a year, there is an ambiguity in the exact distance; the *IAU* recommends using the *Julian year* as the time basis. A light-year is approximately 9.46×10^{12} km, 5.88×10^{12} statute miles, 6.32×10^4 *au*, and 3.07×10^{-1} *parsecs*. Often distances beyond the solar system are given in parsecs. (See *parsec (pc)*.)

limb: the apparent edge of the Sun, Moon, or a *planet* or any other celestial body with a detectable disk.

limb correction: generally, a small angle (positive or negative) that is added to the tabulated apparent *semidiameter* of a body to compensate for local topography at a specific point along the *limb*. Specifically for the Moon, the angle taken from the Watts lunar limb data (Watts, C. B., APAE XVII, 1963) that is used to correct the semidiameter of the Watts mean limb. The correction is a function of position along the limb and the apparent *librations*. The Watts mean limb is a circle whose center is offset by about $0''.6$ from the direction of the Moon's center of mass and whose radius is about $0''.4$ greater than the semidiameter of the Moon that is computed based on its *IAU* adopted radius in kilometers.

local place: a *topocentric place* of an object expressed with respect to the *Geocentric Celestial Reference System (GCRS)* axes.

local sidereal time: the *hour angle* of the *vernal equinox* with respect to the local *meridian*.

longitude of the ascending node: given an *orbit* and a reference plane through the primary body (or center of mass): the angle, Ω, at the primary, between a fiducial direction in the reference plane and the point at which the orbit crosses the reference plane from south to north. Equivalently, Ω is one of the angles in the reference plane between the fiducial direction and the line of *nodes*. It is one of the six *Keplerian elements* that specify an orbit. For planetary orbits, the primary is the Sun, the reference plane is usually the *ecliptic*, and the fiducial direction is usually toward the *equinox*. (See *node; orbital elements*.)

longitude, celestial: see *longitude, ecliptic*.

longitude, ecliptic: angular distance on the *celestial sphere* measured eastward along the *ecliptic* from the *dynamical equinox* to the great circle passing through the poles of the ecliptic and the celestial object. Also referred to as *celestial longitude*.

longitude, terrestrial: angular distance measured along the Earth's *equator* from the *Greenwich meridian* to the *meridian* of a geographic location.

luminosity class: distinctions in intrinsic brightness among stars of the same *spectral type*, typically given as a Roman numeral. It denotes if a star is a supergiant (Ia or Ib), giant (II or

III), subgiant (IV), or main sequence — also called dwarf (V). Sometimes subdwarfs (VI) and white dwarfs (VII) are regarded as luminosity classes. (See *spectral types or classes.*)

lunar phases: cyclically recurring apparent forms of the Moon. New moon, first quarter, full moon and last quarter are defined as the times at which the excess of the apparent *ecliptic longitude* of the Moon over that of the Sun is 0°, 90°, 180° and 270°, respectively. (See *longitude, ecliptic.*)

lunation: the *period* of time between two consecutive new moons.

magnitude of a lunar eclipse: the fraction of the lunar diameter obscured by the shadow of the Earth at the greatest *phase* of a *lunar eclipse*, measured along the common diameter. (See *eclipse, lunar.*)

magnitude of a solar eclipse: the fraction of the solar diameter obscured by the Moon at the greatest *phase* of a *solar eclipse*, measured along the common diameter. (See *eclipse, solar.*)

magnitude, stellar: a measure on a logarithmic scale of the brightness of a celestial object. Since brightness varies with wavelength, often a wavelength band is specified. A factor of 100 in brightness is equivalent to a change of 5 in stellar magnitude, and brighter sources have lower magnitudes. For example, the bright star Sirius has a visual-band magnitude of −1.46 whereas the faintest stars detectable with an unaided eye under ideal conditions have visual-band magnitudes of about 6.0.

mean distance: an average distance between the primary and the secondary gravitating body. The meaning of the mean distance depends upon the chosen method of averaging (i.e., averaging over the time, or over the *true anomaly*, or the *mean anomaly*. It is also important what power of the distance is subject to averaging.) In this volume the mean distance is defined as the inverse of the time-averaged reciprocal distance: $(\int r^{-1}\, dt)^{-1}$. In the two body setting, when the disturbances are neglected and the *orbit* is elliptic, this formula yields the *semimajor axis*, a, which plays the role of mean distance.

mean elements: average values of the *orbital elements* over some section of the *orbit* or over some interval of time. They are interpreted as the *elements* of some reference (mean) orbit that approximates the actual one and, thus, may serve as the basis for calculating orbit *perturbations*. The values of mean elements depend upon the chosen method of averaging and upon the length of time over which the averaging is made.

mean equator and equinox: the celestial coordinate system defined by the orientation of the Earth's equatorial plane on some specified date together with the direction of the *dynamical equinox* on that date, neglecting *nutation*. Thus, the mean *equator* and *equinox* moves in response only to *precession*. Positions in a star catalog have traditionally been referred to a catalog *equator* and equinox that approximate the mean equator and equinox of a *standard epoch*. (See *catalog equinox; true equator and equinox.*)

mean motion: defined for bound *orbits* only. **1.** The rate of change of the *mean anomaly*. **2.** The value $\sqrt{Gm/a^3}$, where G is Newton's gravitational constant, m is the sum of the masses of the primary and secondary bodies, and a is the *semimajor axis* of the relative orbit. For unperturbed elliptic or circular orbits, these definitions are equivalent; the mean motion is related to the *period* through $nT = 2\pi$ where n is the mean motion and T is the period. For perturbed bound orbits, the two definitions yield, in general, different values of n, both of which are time dependent.

mean place: coordinates of a star or other celestial object (outside the solar system) at a specific date, in the *Barycentric Celestial Reference System (BCRS)*. Conceptually, the coordinates represent the direction of the object as it would hypothetically be observed from the solar system *barycenter* at the specified date, with respect to a fixed coordinate system (e.g., the axes of the *International Celestial Reference Frame (ICRF)*), if the masses of the Sun and other solar system bodies were negligible.

mean solar time: see *solar time, mean.*

meridian: a great circle passing through the *celestial poles* and through the zenith of any location on Earth. For planetary observations a meridian is half the great circle passing through the *planet*'s poles and through any location on the planet.

> **meridian, central (planetary):** half of the great circle passing through the *planet*'s poles and through the *sub-earth point.* This is the same as the longitude of the sub-earth point. Do not confuse with planetary *prime meridian.* See diagram on page E4.

> **meridian, ephemeris:** a fictitious *meridian* that rotates independently of the Earth at the uniform rate implicitly defined by *Terrestrial Time (TT).* The *ephemeris* meridian is 1.002 738 ΔT east of the *Greenwich meridian*, where $\Delta\text{T} = \text{TT} - \text{UT1}$.

> **meridian, Greenwich:** (also called international or *prime meridian*) is a generic reference to one of several origins of the Earth's longitude coordinate (zero-longitude). In *The Astronomical Almanac*, it is the plane defining the astronomical zero *meridian*; it contains the geocenter, the *Celestial Intermediate Pole* and the *Terrestrial Intermediate Origin.* Other definitions are: the x-z plane of the *International Terrestrial Reference System (ITRS)*; the zero-longitude meridian of the World Geodetic System 1984 (WGS-84); and the meridian that passes through the *transit* circle at the Royal Observatory, Greenwich. Note that the latter meridian is about 100 m west of the others.

> **meridian, international:** see *meridian, Greenwich.*

> **meridian, prime:** on Earth, same as *Greenwich meridian.* On other solar system objects, the zero-longitude *meridian*, typically defined via international convention by an observable surface feature or *rotational elements.*

minor planet: a loosely defined term generally meaning a small solar system body that is orbiting the Sun, does not show a comet-like appearance, and is not massive enough to be a *dwarf planet.* The term is often used interchangeably with *"asteroid"*, although there is no implicit constraint that a minor *planet* be interior to Jupiter's *orbit.*

month: a calendrical unit that approximates the *period* of revolution of the Moon. Also, the period of time between the same dates in successive *calendar* months.

> **month, sidereal:** the *period* of revolution of the Moon about the Earth (or Earth-Moon *barycenter*) in a fixed reference frame. It is the mean period of revolution with respect to the background stars. The mean length of the sidereal *month* is approximately 27.322 *days.*

> **month, synodic:** the *period* between successive new moons (as seen from the geocenter). The mean length of the synodic *month* is approximately 29.531 *days.*

moonrise, moonset: the times at which the apparent upper *limb* of the Moon is on the *astronomical horizon.* In *The Astronomical Almanac*, they are computed as the times when the true *zenith distance*, referred to the center of the Earth, of the central point of the Moon's disk is 90° 34' + $s - \pi$, where s is the Moon's *semidiameter*, π is the *horizontal parallax*, and 34' is the adopted value of *horizontal refraction.*

nadir: the point on the *celestial sphere* diametrically opposite to the zenith.

node: either of the points on the *celestial sphere* at which the plane of an *orbit* intersects a reference plane. The position of one of the nodes (the *longitude of the ascending node*) is traditionally used as one of the standard *orbital elements.*

nutation: oscillations in the motion of the rotation pole of a freely rotating body that is undergoing torque from external gravitational forces. Nutation of the Earth's pole is specified in terms of components in *obliquity* and longitude.

obliquity: in general, the angle between the equatorial and orbital planes of a body or, equivalently, between the rotational and orbital poles. For the Earth the obliquity of the *ecliptic* is the angle between the planes of the *equator* and the ecliptic; its value is approximately 23°.44.

occultation: the obscuration of one celestial body by another of greater apparent diameter; especially the passage of the Moon in front of a star or *planet*, or the disappearance of a satellite behind the disk of its primary. If the primary source of illumination of a reflecting body is cut off by the occultation, the phenomenon is also called an *eclipse*. The occultation of the Sun by the Moon is a *solar eclipse*. (See *eclipse, solar.*)

opposition: the phenomenon whereby two bodies have apparent *ecliptic longitudes* or *right ascensions* that differ by 180° as viewed by a third body. Oppositions are usually tabulated as *geocentric* phenomena.

orbit: the path in space followed by a celestial body, as a function of time. (See *orbital elements.*)

> **orbit, elliptical:** a closed *orbit* with an *eccentricity* less than 1.

> **orbit, hyperbolic:** an open *orbit* with an *eccentricity* greater than 1.

> **orbit, instantaneous:** the unperturbed two-body *orbit* that a body would follow if *perturbations* were to cease instantaneously. Each orbit in the solar system (and, more generally, in any perturbed two-body setting) can be represented as a sequence of instantaneous ellipses or hyperbolae whose parameters are called *orbital elements*. If these *elements* are chosen to be osculating, each instantaneous orbit is tangential to the physical orbit. (See *orbital elements; osculating elements.*)

> **orbit, parabolic:** an open *orbit* with an *eccentricity* of 1.

orbital elements: a set of six independent parameters that specifies an *instantaneous orbit*. Every real *orbit* can be represented as a sequence of instantaneous ellipses or hyperbolae sharing one of their foci. At each instant of time, the position and velocity of the body is characterised by its place on one such instantaneous curve. The evolution of this representation is mathematically described by evolution of the values of orbital *elements*. Different sets of geometric parameters may be chosen to play the role of orbital elements. The set of *Keplerian elements* is one of many such sets. When the Lagrange constraint (the requirement that the instantaneous orbit is tangential to the actual orbit) is imposed upon the orbital elements, they are called *osculating elements*.

osculating elements: a set of parameters that specifies the instantaneous position and velocity of a celestial body in its perturbed *orbit*. Osculating *elements* describe the unperturbed (two-body) orbit that the body would follow if *perturbations* were to cease instantaneously. (See *orbit, instantaneous; orbital elements.*)

parallax: the difference in apparent direction of an object as seen from two different locations; conversely, the angle at the object that is subtended by the line joining two designated points.

> **parallax, annual:** see *parallax, heliocentric.*

> **parallax, diurnal:** see *parallax, geocentric.*

> **parallax, geocentric:** the angular difference between the *topocentric* and *geocentric* directions toward an object. Also called *diurnal parallax.*

> **parallax, heliocentric:** the angular difference between the *geocentric* and *heliocentric* directions toward an object; it is the angle subtended at the observed object. Also called *annual parallax.*

> **parallax, horizontal:** the angular difference between the *topocentric* and a *geocentric* direction toward an object when the object is on the *astronomical horizon.*

> **parallax, solar:** the angular width subtended by the Earth's equatorial radius when the Earth is at a distance of 1 *astronomical unit (au)*. The value for the solar *parallax* is

8.794143 arcseconds.

parallax in altitude: the angular difference between the *topocentric* and *geocentric* direction toward an object when the object is at a given *altitude*.

parsec (pc): the distance at which one *astronomical unit (au)* subtends an angle of one arcsecond; equivalently the distance to an object having an *annual parallax* of one arcsecond. One parsec is $1/\sin(1'') = 206264.806$ au, or about 3.26 *light-years*.

penumbra: 1. The portion of a shadow in which light from an extended source is partially but not completely cut off by an intervening body. **2.** The area of partial shadow surrounding the *umbra*.

pericenter: the point in an *orbit* that is nearest to the origin of the reference system.   (See *perigee; perihelion.*)

pericenter, argument of: one of the *Keplerian elements*. It is the angle measured in the *orbit* plane from the ascending *node* of a reference plane (usually the *ecliptic*) to the *pericenter*.

perigee: the point in an *orbit* that is nearest to the Earth. Perigee is sometimes used with reference to the apparent orbit of the Sun around the Earth.

perihelion: the point in an *orbit* that is nearest to the Sun.

period: the interval of time required to complete one revolution in an *orbit* or one cycle of a periodic phenomenon, such as a cycle of *phases*. (See *phase.*)

perturbations: 1. Deviations between the actual *orbit* of a celestial body and an assumed reference orbit. **2.** The forces that cause deviations between the actual and reference orbits. Perturbations, according to the first meaning, are usually calculated as quantities to be added to the coordinates of the reference orbit to obtain the precise coordinates.

phase: 1. The name applied to the apparent degree of illumination of the disk of the Moon or a *planet* as seen from Earth (crescent, gibbous, full, etc.). **2.** The ratio of the illuminated area of the apparent disk of a celestial body to the entire area of the apparent disk; i.e., the fraction illuminated. **3.** Used loosely to refer to one *aspect* of an *eclipse* (partial phase, annular phase, etc.). (See *lunar phases.*)

phase angle: the angle measured at the center of an illuminated body between the light source and the observer.

photometry: a measurement of the intensity of light, usually specified for a specific wavelength range.

planet: a celestial body that is in *orbit* around the Sun, has sufficient mass for its self-gravity to overcome rigid body forces so that it assumes a hydrostatic equilibrium (nearly round) shape, and has cleared the neighbourhood around its orbit. (See *dwarf planet.*)

planetocentric coordinates: coordinates for general use, where the z-axis is the mean axis of rotation, the x-axis is the intersection of the planetary *equator* (normal to the z-axis through the center of mass) and an arbitrary *prime meridian*, and the y-axis completes a right-hand coordinate system. Longitude of a point is measured positive to the prime *meridian* as defined by *rotational elements*. Latitude of a point is the angle between the planetary equator and a line to the center of mass. The radius is measured from the center of mass to the surface point.

planetographic coordinates: coordinates for cartographic purposes dependent on an equipotential surface as a reference surface. Longitude of a point is measured in the direction opposite to the rotation (positive to the west for direct rotation) from the cartographic position of the *prime meridian* defined by a clearly observable surface feature. Latitude of a point is the angle between the planetary *equator* (normal to the z-axis and through the center of mass) and normal to the reference surface at the point. The *height* of a point is specified as the distance above a point with the same longitude and latitude on the reference surface.

polar motion: the quasi-periodic motion of the Earth's pole of rotation with respect to the Earth's solid body. More precisely, the angular excursion of the *CIP* from the *ITRS* z-axis. (See *Celestial Intermediate Pole (CIP); International Terrestrial Reference System (ITRS)*.)

polar wobble: see *wobble, polar*.

pole, celestial: either of the two points projected onto the *celestial sphere* by the Earth's axis. Usually, this is the axis of the *Celestial Intermediate Pole (CIP)*, but it may also refer to the instantaneous axis of rotation, or the angular momentum vector. All of these axes are within $0''1$ of each other. If greater accuracy is desired, the specific axis should be designated.

pole, Tisserand mean: the angular momentum pole for the Earth about which the total internal angular momentum of the Earth is zero. The motions of the *Celestial Intermediate Pole (CIP)* (described by the conventional theories of *precession* and *nutation*) are those of the Tisserand mean pole with *periods* greater than two *days* in a celestial reference system (specifically, the *Geocentric Celestial Reference System (GCRS)*).

precession: the smoothly changing orientation (secular motion) of an orbital plane or the *equator* of a rotating body. Applied to rotational dynamics, precession may be excited by a singular event, such as a collision, a progenitor's disruption, or a tidal interaction at a close approach (free precession); or caused by continuous torques from other solar system bodies, or jetting, in the case of comets (forced precession). For the Earth's rotation, the main sources of forced precession are the torques caused by the attraction of the Sun and Moon on the Earth's equatorial bulge, called precession of the equator (formerly known as lunisolar precession). The slow change in the orientation of the Earth's orbital plane is called precession of the *ecliptic* (formerly known as planetary precession). The combination of both motions — that is, the motion of the equator with respect to the ecliptic — is called general precession.

prime meridian: see *meridian, prime*.

proleptic calendar: see *calendar, proleptic*.

proper motion: the projection onto the *celestial sphere* of the space motion of a star relative to the solar system; thus the transverse component of the space motion of a star with respect to the solar system. Proper motion is usually tabulated in star catalogs as changes in *right ascension* and *declination* per *year* or century.

proper place: direction of an object in the *Geocentric Celestial Reference System (GCRS)* that takes into account orbital or space motion and *light-time* (as applicable), light deflection, and *annual aberration*. Thus, the position (*geocentric right ascension* and *declination*) at which the object would actually be seen from the center of the Earth if the Earth were transparent, non-refracting, and massless. Unless otherwise stated, the coordinates are expressed with respect to the GCRS axes, which are derived from those of the *ICRS*.

quadrature: a configuration in which two celestial bodies have apparent longitudes that differ by $90°$ as viewed from a third body. Quadratures are usually tabulated with respect to the Sun as viewed from the center of the Earth. (See *longitude, ecliptic*.)

radial velocity: the rate of change of the distance to an object, usually corrected for the Earth's motion with respect to the solar system *barycenter*.

radius vector: an imaginary line from the center of one body to another, often from the heliocenter. Sometimes only the length of the vector is given.

refraction: the change in direction of travel (bending) of a light ray as it passes obliquely from a medium of lesser/greater density to a medium of greater/lesser density.

    refraction, astronomical: the change in direction of travel (bending) of a light ray as it passes obliquely through the atmosphere. As a result of *refraction* the observed *altitude* of a celestial object is greater than its geometric altitude. The amount of refraction depends on the altitude of the object and on atmospheric conditions.

refraction, horizontal: the *astronomical refraction* at the *astronomical horizon*; often, an adopted value of 34′ is used in computations for sea level observations.

retrograde motion: for orbital motion in the solar system, motion that is clockwise in the *orbit* as seen from the north pole of the *ecliptic*; for an object observed on the *celestial sphere*, motion that is from east to west, resulting from the relative motion of the object and the Earth. (See *direct motion*.)

right ascension: angular distance on the *celestial sphere* measured eastward along the *celestial equator* from the *equinox* to the *hour circle* passing through the celestial object.   Right ascension is usually given in combination with *declination*.

rotational elements: typically, a set of six time-dependent parameters used to describe the instantaneous orientation (attitude) and the instantaneous spin (angular velocity) of a celestial body.   When the orientation and spin are described in inertial space, the set of rotational *elements* is often chosen to comprise the two angular coordinates of the direction of the north (or positive) pole and the location of the *prime meridian* at a *standard epoch*, and the time derivatives of each of those three angles.   Additional parameters may be required when the object is a non-rigid body.

second, Système International (SI): the duration of 9 192 631 770 cycles of radiation corresponding to the transition between two hyperfine levels of the ground state of cesium 133.

selenocentric: with reference to, or pertaining to, the center of the Moon.

semidiameter: the angle at the observer subtended by the equatorial radius of the Sun, Moon or a *planet*.

semimajor axis: 1. Half the length of the major axis of an ellipse. **2.** A standard element used to describe an *elliptical orbit* or a *hyperbolic orbit*. (For a hyperbolic *orbit*, the semimajor axis is negative). (See *orbital elements*.)

SI second: see *second, Système International (SI)*.

sidereal day: the *period* between successive *transits* of the *equinox*. The mean sidereal *day* is approximately 23 hours, 56 minutes, 4 *seconds*. (See *sidereal time*.)

sidereal hour angle: angular distance on the *celestial sphere* measured westward along the *celestial equator* from the *equinox* to the *hour circle* passing through the celestial object. It is equal to 360° minus *right ascension* in degrees.

sidereal month: see *month, sidereal*.

sidereal time: the *hour angle* of the *equinox*. If the *mean equinox* is used, the result is mean sidereal time; if the *true equinox* is used, the result is apparent sidereal time. The hour angle can be measured with respect to the local *meridian* or the *Greenwich meridian*, yielding, respectively, local or Greenwich (mean or apparent) sidereal times.

solar parallax: see *parallax, solar.*

solar time: the measure of time based on the *diurnal motion* of the Sun.

  solar time, apparent: the measure of time based on the *diurnal motion* of the true Sun. The rate of diurnal motion undergoes seasonal variation caused by the *obliquity* of the *ecliptic* and by the *eccentricity* of the Earth's *orbit*. Additional small variations result from irregularities in the rotation of the Earth on its axis.

  solar time, mean: a measure of time based conceptually on the *diurnal motion* of a fiducial point, called the fictitious mean Sun, with uniform motion along the *celestial equator*.

solstice: either of the two points on the *ecliptic* at which the apparent longitude of the Sun is 90° or 270°; also the time at which the Sun is at either point. (See *longitude, ecliptic*.)

spectral types or classes: categorization of stars according to their spectra, primarily due to differing temperatures of the stellar atmosphere. From hottest to coolest, the commonly used

Morgan-Keenan spectral types are O, B, A, F, G, K and M. Some other extended spectral types include W, L, T, S, D and C.

standard epoch: a date and time that specifies the reference system to which celestial coordinates are referred. (See *mean equator and equinox*.)

stationary point: the time or position at which the rate of change of the apparent *right ascension* of a *planet* is momentarily zero. (See *apparent place (or position)*.)

sub-earth point: the point on a body's surface that lies directly beneath the Earth on the line (geodesic) connecting the body's center to the geocenter. For spherical bodies, the Earth would be at the zenith for an observer at the sub-earth point. As viewed from the Earth, a body's sub-earth point appears at the center of the body's disk. In *The Astronomical Almanac*, the sub-earth point is typically described by a planetographic longitude and latitude. See diagram on page E4.

sub-solar point: the point on a body's surface that lies directly beneath the Sun on the line (geodesic) connecting the body's center to the heliocenter. For spherical bodies, the Sun would be at the zenith for an observer at the sub-solar point. In *The Astronomical Almanac*, the sub-solar point of a *planet* is typically described by a planetographic longitude and latitude, its distance from the *sub-earth point* (center of disk), and its position angle (north through east). See diagram on page E4.

sunrise, sunset: the times at which the apparent upper *limb* of the Sun is on the *astronomical horizon*. In *The Astronomical Almanac* they are computed as the times when the true *zenith distance*, referred to the center of the Earth, of the central point of the disk is $90°50'$, based on adopted values of $34'$ for *horizontal refraction* and $16'$ for the Sun's *semidiameter*.

surface brightness: the visual *magnitude* of an average square arcsecond area of the illuminated portion of the apparent disk of the Moon or a *planet*.

synodic month: see *month, synodic*.

synodic period: the mean interval of time between successive *conjunctions* of a pair of *planets*, as observed from the Sun; or the mean interval between successive conjunctions of a satellite with the Sun, as observed from the satellite's primary.

synodic time: pertaining to successive *conjunctions*; successive returns of a *planet* to the same *aspect* as determined by Earth.

syzygy: 1. A configuration where three or more celestial bodies are positioned approximately in a straight line in space. Often the bodies involved are the Earth, Sun and either the Moon or a *planet*. **2.** The times of the new moon and full moon.

T_{eph}: the independent argument of the JPL planetary and lunar *ephemerides* DE405/LE405; in the terminology of General Relativity, a *barycentric* coordinate time scale. T_{eph} is a linear function of *Barycentric Coordinate Time (TCB)* and has the same rate as *Terrestrial Time (TT)* over the time span of the ephemeris. T_{eph} is regarded as functionally equivalent to *Barycentric Dynamical Time (TDB)*. (See *Barycentric Coordinate Time (TCB); Barycentric Dynamical Time (TDB); Terrestrial Time (TT)*.)

TAI: see *International Atomic Time (TAI)*.

TCB: see *Barycentric Coordinate Time (TCB)*.

TCG: see *Geocentric Coordinate Time (TCG)*.

TDB: see *Barycentric Dynamical Time (TDB)*.

TDT: see *Terrestrial Dynamical Time (TDT)*.

terminator: the boundary between the illuminated and dark areas of a celestial body.

Terrestrial Dynamical Time (TDT): the time scale for apparent *geocentric ephemerides* defined by a 1979 *IAU* resolution. In 1991, it was replaced by *Terrestrial Time (TT)*. Obsolete.

Terrestrial Ephemeris Origin (TEO): the original name for the *Terrestrial Intermediate Origin (TIO)*. Obsolete.

Terrestrial Intermediate Origin (TIO): the non-rotating origin of the *Terrestrial Intermediate Reference System (TIRS)*, established by the *International Astronomical Union (IAU)* in 2000. The TIO was originally set at the *International Terrestrial Reference Frame (ITRF)* origin of longitude and throughout 1900-2100 stays within 0.1 mas of the ITRF zero-*meridian*. Formerly referred to as the *Terrestrial Ephemeris Origin (TEO)*.

Terrestrial Intermediate Reference System (TIRS): a *geocentric* reference system defined by the intermediate *equator* of the *Celestial Intermediate Pole (CIP)* and the *Terrestrial Intermediate Origin (TIO)* on a specific date. It is related to the *Celestial Intermediate Reference System* by a rotation of the *Earth Rotation Angle*, θ, around the Celestial Intermediate Pole.

Terrestrial Time (TT): an idealized form of *International Atomic Time (TAI)* with an *epoch* offset; in practice TT = TAI + $32^{s}.184$. TT thus advances by *SI seconds* on the *geoid*. Used as an independent argument for apparent *geocentric ephemerides*. (See *second, Système International (SI)*.)

topocentric: with reference to, or pertaining to, a point on the surface of the Earth.

topocentric place (or position): the *proper place* of an object computed for a specific location on or near the surface of the Earth (ignoring atmospheric *refraction*) and expressed with respect to either the *true (intermediate) equator and equinox* of date or the true *equator* and *CIO* of date. In other words, it is similar to an apparent or *intermediate place*, but with corrections for *geocentric parallax* and *diurnal aberration*. (See *aberration, diurnal; parallax, geocentric*.)

transit: 1. The passage of the apparent center of the disk of a celestial object across a *meridian*. **2.** The passage of one celestial body in front of another of greater apparent diameter (e.g., the passage of Mercury or Venus across the Sun or Jupiter's satellites across its disk); however, the passage of the Moon in front of the larger apparent Sun is called an *annular eclipse*. (See *eclipse, annular; eclipse, solar*.)

>   **transit, shadow:** The passage of a body's shadow across another body; however, the passage of the Moon's shadow across the Earth is called a *solar eclipse*.

true equator and equinox: the celestial coordinate system defined by the orientation of the Earth's equatorial plane on some specified date together with the direction of the *dynamical equinox* on that date. The true *equator* and *equinox* are affected by both *precession* and *nutation*. (See *mean equator and equinox; nutation; precession*.)

TT: see *Terrestrial Time (TT)*.

twilight: the interval before *sunrise* and after sunset during which the scattering of sunlight by the Earth's atmosphere provides significant illumination. The qualitative descriptions of astronomical, civil and *nautical twilight* will match the computed beginning and ending times for an observer near sea level, with good weather conditions, and a level *horizon*. (See *sunrise, sunset*.)

>   **twilight, astronomical:** the illumination level at which scattered light from the Sun exceeds that from starlight and other natural sources before *sunrise* and after sunset. Astronomical *twilight* is defined to begin or end when the geometric *zenith distance* of the central point of the Sun, referred to the center of the Earth, is 108°.

>   **twilight, civil:** the illumination level sufficient that most ordinary outdoor activities can be done without artificial lighting before *sunrise* or after sunset. Civil *twilight* is defined to begin or end when the geometric *zenith distance* of the central point of the Sun, referred to the center of the Earth, is 96°.

>   **twilight, nautical:** the illumination level at which the *horizon* is still visible even on a

moonless night allowing mariners to take reliable star sights for navigational purposes before *sunrise* or after sunset. Nautical *twilight* is defined to begin or end when the geometric *zenith distance* of the central point of the Sun, referred to the center of the Earth, is 102°.

umbra: the portion of a shadow cone in which none of the light from an extended light source (ignoring *refraction*) can be observed.

Universal Time (UT): a generic reference to one of several time scales that approximate the mean *diurnal motion* of the Sun; loosely, *mean solar time* on the *Greenwich meridian* (previously referred to as Greenwich Mean Time). In current usage, UT refers either to a time scale called UT1 or to *Coordinated Universal Time (UTC)*; in this volume, UT always refers to UT1. UT1 is formally defined by a mathematical expression that relates it to *sidereal time*. Thus, UT1 is observationally determined by the apparent diurnal motions of celestial bodies, and is affected by irregularities in the Earth's rate of rotation. UTC is an atomic time scale but is maintained within $0\overset{s}{.}9$ of UT1 by the introduction of 1-*second* steps when necessary. (See *leap second.*)

UT0: a rarely used local approximation to *Universal Time*; not corrected for *polar motion*.

UT1: see *Universal Time (UT).*

UTC: see *Coordinated Universal Time (UTC).*

vernal equinox: see *equinox, vernal.*

vertical: the apparent direction of gravity at the point of observation (normal to the plane of a free level surface).

week: an arbitrary *period* of *days*, usually seven days; approximately equal to the number of days counted between the four *phases of the Moon.* (See *lunar phases.*)

wobble, polar: 1. In current practice including the phraseology used in *The Astronomical Almanac*, it is identical to *polar motion.* **2.** In certain contexts it can refer to specific components of polar motion, *e.g.* Chandler wobble or annual wobble. (See *polar motion.*)

year: a *period* of time based on the revolution of the Earth around the Sun, or the period of the Sun's apparent motion around the *celestial sphere.* The length of a given year depends on the choice of the reference point used to measure this motion.

    year, anomalistic: the *period* between successive passages of the Earth through *perihelion.* The anomalistic *year* is approximately 25 minutes longer than the *tropical year.*

    year, Besselian: the *period* of one complete revolution in *right ascension* of the fictitious mean Sun, as defined by Newcomb. Its length is shorter than a *tropical year* by $0.148 \times$T *seconds*, where T is centuries since 1900.0. The beginning of the Besselian *year* occurs when the fictitious mean Sun is at mean right ascension 18h 40m. Now obsolete.

    year, calendar: the *period* between two dates with the same name in a *calendar*, either 365 or 366 *days*. The *Gregorian calendar*, now universally used for civil purposes, is based on the *tropical year.*

    year, eclipse: the *period* between successive passages of the Sun (as seen from the geocenter) through the same lunar *node* (one of two points where the Moon's *orbit* intersects the *ecliptic*). It is approximately 346.62 *days.*

    year, Julian: a *period* of 365.25 *days*. It served as the basis for the *Julian calendar.*

    year, sidereal: the *period* of revolution of the Earth around the Sun in a fixed reference frame. It is the mean period of the Earth's revolution with respect to the background stars. The sidereal *year* is approximately 20 minutes longer than the *tropical year.*

    year, tropical: the *period* of time for the *ecliptic longitude* of the Sun to increase 360 degrees. Since the Sun's *ecliptic* longitude is measured with respect to the *equinox*, the tropical *year* comprises a complete cycle of seasons, and its length is approximated in the long term by the civil *(Gregorian) calendar*. The mean tropical year is approximately 365 *days*, 5 hours, 48 minutes, 45 *seconds*.

zenith: in general, the point directly overhead on the *celestial sphere*.

    zenith, astronomical: the extension to infinity of a plumb line from an observer's location.

    zenith, geocentric: The point projected onto the *celestial sphere* by a line that passes through the geocenter and an observer.

    zenith, geodetic: the point projected onto the *celestial sphere* by the line normal to the Earth's geodetic ellipsoid at an observer's location.

zenith distance: angular distance on the *celestial sphere* measured along the great circle from the zenith to the celestial object. Zenith distance is 90° minus *altitude*.

Users may be interested to know that a hypertext linked version of the glossary is available on *The Astronomical Almanac Online* (see below).

 This symbol indicates that these data or auxiliary material may also be found on *The Astronomical Almanac Online* at **http://asa.usno.navy.mil** and **http://asa.hmnao.com**

Definitions of astronomical terms are provided in the Glossary, Section M. Entries in the Glossary are not cited in the Index.

Definitions of astronomical terms are provided in the Glossary, Section M. Entries in the Glossary are not cited in the Index.

Definitions of astronomical terms are provided in the Glossary, Section M. Entries in the Glossary are not cited in the Index.

Definitions of astronomical terms are provided in the Glossary, Section M. Entries in the Glossary are not cited in the Index.

Definitions of astronomical terms are provided in the Glossary, Section M. Entries in the Glossary are not cited in the Index.

Definitions of astronomical terms are provided in the Glossary, Section M. Entries in the Glossary are not cited in the Index.

Definitions of astronomical terms are provided in the Glossary, Section M. Entries in the Glossary are not cited in the Index.

Definitions of astronomical terms are provided in the Glossary, Section M. Entries in the Glossary are
not cited in the Index.

Definitions of astronomical terms are provided in the Glossary, Section M. Entries in the Glossary are not cited in the Index.

Definitions of astronomical terms are provided in the Glossary, Section M. Entries in the Glossary are not cited in the Index.

Definitions of astronomical terms are provided in the Glossary, Section M. Entries in the Glossary are not cited in the Index.

Definitions of astronomical terms are provided in the Glossary, Section M. Entries in the Glossary are not cited in the Index.

Definitions of astronomical terms are provided in the Glossary, Section M. Entries in the Glossary are not cited in the Index.

Definitions of astronomical terms are provided in the Glossary, Section M. Entries in the Glossary are not cited in the Index.

Definitions of astronomical terms are provided in the Glossary, Section M. Entries in the Glossary are not cited in the Index.

Definitions of astronomical terms are provided in the Glossary, Section M. Entries in the Glossary are not cited in the Index.

Definitions of astronomical terms are provided in the Glossary, Section M. Entries in the Glossary are not cited in the Index.

Definitions of astronomical terms are provided in the Glossary, Section M. Entries in the Glossary are not cited in the Index.